Die Stiftung in der Beraterpraxis

Herausgegeben von
Rechtsanwalt Dr. K. Jan Schiffer, Bonn

Bearbeitet von
Rechtsanwalt Matthias Pruns, Bonn
Rechtsanwältin Kornelia Reinke, Bonn
Rechtsanwalt Dr. K. Jan Schiffer, Bonn
Rechtsanwalt Christoph J. Schürmann, Bonn
Rechtsanwalt Mario Sommer, Berlin

4. Auflage 2016

zerb verlag

Hinweis:
Die Formulierungsbeispiele in diesem Buch wurden mit Sorgfalt und nach bestem Wissen erstellt, sie stellen jedoch lediglich Anregungen für die Lösung typischer Fallgestaltungen dar. Autoren und Verlag übernehmen keine Haftung für die Richtigkeit und Vollständigkeit der in dem Buch enthaltenen Ausführungen und Formulierungsmuster.

Bibliographische Information der Deutschen Nationalbibliothek
Die Deutsche Nationalbibliothek verzeichnet diese Publikation in der Deutschen Nationalbibliografie; detaillierte bibliografische Daten sind im Internet über http://dnb.d-nb.de abrufbar

Schiffer (Hrsg.)
Die Stiftung in der Beraterpraxis
4. Auflage 2016
zerb verlag, Bonn

ISBN: 978-3-95661-030-1

zerb verlag GmbH
Rochusstraße 2-4
53123 Bonn

Satz: Cicero Computer GmbH, Bonn
Druck: Druckhaus Nomos, Sinzheim

Schiffer

Die Stiftung in der Beraterpraxis

Vorwort

„Stiften macht glücklich"
Dr. Christian Weizmann, Anstifter

Sehr geehrte Leserinnen und Leser!

Liebe Mitstreiterinnen und Mitstreiter!

Liebe Freundinnen und Freunde des „gehobenen" Stiftungswesens![1]

Beinahe täglich liest man in der Presse von und über Stiftungen. Das zeigt, wie wichtig das Thema geworden ist. Auch deshalb erscheint dieses Buch nun erfreulicherweise in der 4. Auflage. Es ist unverändert ein Praktikerhandbuch. Ich verweise dazu auf die Vorworte der Vorauflagen.

Das Buch, das wir vollständig überarbeitet und vielfach ergänzt haben, beispielsweise um einem Schwerpunkt über die Tätigkeit der einmal errichteten Stiftung, befasst sich nach wie vor mit den wesentlichen Grundlagen des Stiftungswesens. Es ist und bleibt ein „Werkzeug" für die Praxis. Die Wissenschaft bleibt dabei aber wie auch schon in den Vorauflagen nicht auf der Strecke. Die traditionell scharfe Trennung zwischen einerseits (hoch-)wissenschaftlichen und andererseits praxisbezogenen Ausarbeitungen hat mich noch nie überzeugt. Es geht uns um die Lehre, das Lernen und um die wissenschaftliche Erkenntnis in der Auseinandersetzung mit anderen Fachleuten, mit der Verwaltung und den Gerichten auf der Basis der eigenen Erfahrungen und Beobachtungen. Heißt doch Wissenschaft, Wissen zu schaffen durch Beobachtung, Beschreibung und Bewertung mit dem Ziel der Erkenntnis – und das alles mit möglichst hohem Gewinn für die Praxis.

Wir haben uns sehr bemüht, für Sie, liebe Leser, bei unseren Nachweisen einen Überblick aus dem Wust der Veröffentlichungen zum Stiftungswesen herauszufiltern. Dabei ging es uns um möglichst anschauliche und erreichbare Quellen. Das Buch ist auch ein Lernbuch, und das für die Leser und für uns Autoren, die wir beim Schreiben, Aufbereiten und Weiterdenken fortwährend weiter lernen durften. Deshalb gibt es in dieser Auflage noch mehr Praxiserfahrungen, Anmerkungen und Praxishinweise, Beispielsformulierungen und pointierte Stellungnahmen.

Alle Mitautoren der 4. Auflage stammen aus unserer Kanzlei, die nebenbei bemerkt 2015 ihr 20-jähriges Bestehen feiert. Die Bearbeitung durch eine Kanzlei hat den Dialog der Autoren untereinander deutlich erleichtert. Allen aktuellen und bisherigen Mitautoren sowie den „alten" und neuen Verfassern

1 Im weiteren Text nehmen Sie als geneigte Leserin und geneigter Leser bitte ggf. auch die männliche für die weibliche Form und umgekehrt.

der O-Töne danke ich ebenso herzlich wie den zahlreichen Gesprächspartnern aus der Stiftungsszene und unserer Mandantschaft, den Seminar- und Lehrgangsteilnehmern, den Lesern des Buches und des Stiftungsportals www.stiftungsrecht-plus.de. Alle haben uns immer wieder inspiriert und angeregt. Ein ganz besonderer Dank gilt dem Verlag und konkret „unseren" Lektoren Andrea Albers und Marita Blaschko und dem Verlagsleiter Andreas Zens, die uns einmal mehr vielfach unterstützt, aber vor allem auch immer wieder ermutigt haben.

Eine 4. Auflage: Eine so freundliche Aufnahme in der Leserschaft wird wirklich nicht jedem Fachbuch zuteil. Ebenso freut uns die Aufmerksamkeit für www.stiftungsrecht-plus.de, das Stiftungsportal. Wir haben da tatsächlich bis zu 2.800 unterschiedliche „User" im Monat. Das spornt an! Auch dafür sage ich Ihnen, unseren Lesern, ein ganz herzliches Danke! Sie als geneigte Leser finden auf www.stiftungsrecht-plus.de nach wie vor die aktualisierten **Formulierungsbeispiele**. Hier ist Ihr Zugangscode für diesen Bereich: **7YHUZ3**.

Wem in dem Buch oder auf dem Stiftungsportal etwas fehlt, wer Anregungen und Kritik loswerden möchte, wer Fragen hat oder auch nur Anmerkungen, Hinweise oder Kommentare, der melde sich bitte sehr gerne bei mir unter schiffer@schiffer.de. Er wird immer herzlich willkommen sein.

Mein Anteil an diesem Buch ist meiner Familie und meinem Vater gewidmet, der als weltweitgereister Praktiker immer wieder darauf gedrängt hat, dass ich als „Theoretiker" möglichst „verständlich" formuliere. Ich bin da noch immer auf dem Weg.

Bonn, im September 2015

K. Jan Schiffer

Vorwort zur 3. Auflage

Sehr geehrte Leserinnen und Leser!

Liebe Mitstreiterinnen und Mitstreiter im Stiftungswesen!

Ja, man fühlt sich im Stiftungswesen gerne wie in einer kleinen Gemeinschaft. Was heißt klein? Die Gemeinschaft wächst stetig. Bis zu 1.000 neue rechtsfähige Stiftungen pro Jahr. Über 20.000 rechtsfähige Stiftungen insgesamt. Geschätzte 45.000 treuhänderische Stiftungen. Dazu noch StiftungsGmbHs und Stiftungs-Vereine. Ungezählte Stiftungstage, Fachseminare, Vorträge und Workshops zum Thema und natürlich auch zahlreiche Aufsätze und Bücher zum Stiftungswesen. Trotzdem oder deshalb hat dieses Praktikerhandbuch auch in der zweiten Auflage gemeinsam mit dem Stiftungsportal www.stiftungsrecht-plus.de eine sehr freundliche Aufnahme gefunden.

Die Ausrichtung dieses Praktikerhandbuches ist unverändert. Ich verweise dazu auf das nachfolgend abgedruckte Vorwort für die zweite Auflage. Das Buch befasst sich nach wie vor mit den wesentlichen Grundlagen des Stiftungswesens, aber noch mehr als bisher schon mit den aktuellen Fragen aus der Beratungspraxis. Bei der dritten Auflage gibt es deshalb einige Neuerungen. Sie gehen auf Erfahrungen aus meinen Vorträgen, aber überwiegend auf ihre freundlichen Anregungen zurück, für die ich herzlich danke. Sie werden z. B: noch mehr Praxishinweise finden und auch Kommentare sowie Zwischenrufe. Wir haben uns auch noch vermehrt bemüht, für Themen, die wir im Buch nicht wirklich vertiefen können, weiterführende nachweise für den interessierten Leser zu geben.

Die Beratungspraxis ist seit 2009 fortgeschritten. Nicht nur zahlreiche neue Rechtsfragen finden sich in der Neuauflage, sondern vor allem auch viele zusätzliche Praxiserfahrungen. Da das alles neben z.B. der Kommentierung (mit RA Matthias Pruns) des Stiftungsrechts im NomosKommentar zum BGB nun endgültig die Möglichkeiten eines einzelnen Autors, der im Hauptberuf Rechtsanwalt ist, übersteigt, habe ich Mitautoren im Kreise meiner langjährigen Mitstreiter gesucht und gefunden. Ich freue mich sehr, dass Frau Steuerberaterin Christel Fries, Frau Rechtsanwältin Kornelia Reinke, Herr Dipl. Finanzwirt Paul Noel, Herr Rechtsanwalt Mario Sommer, Herr Rechtsanwalt Christoph Schürmann und Herr Rechtsanwalt Matthias Pruns tatkräftig an der Neuauflage mitdiskutiert und mitgeschrieben haben. Meine Mitautoren haben eine gründliche Durchsicht und Überarbeitung der Darstellung ermöglicht. Als Ergebnis konnten wir Wünschen aus dem Leserkreis folgen und die einzelnen Punkte anders gewichten.

Sehr danken möchte ich auch den noch zahlreicheren Mitstreitern, die ihre Erfahrungen als O-Tone beigesteuert haben. Es sind in alphabetischer Reihenfolge:

Roland Beckers, Horst Eckhard, Werner Euskirchen, Hans Fleisch, Martin Franke, Christel Fries, Stefan Fritz, Arndt P. Funken, Jutta Giffels, Klaus Gmeiner, Winfried Helmes, Hans Walter Hütter, Axel Janitzki, Heike Kreten-Lenz, Martin Lenz, Evelin Manteuffel, Christoph Mecking, Markus Metz, Achim Mohr, Michael Oetermann, Herbert Pruns, Volker Reichardt, Jürgen Reifarth, Jürgen Reske, Eberhard Rott, Michael Rudolf, Peer Saalström-Leyh, Ambros Schindler, Mario Sommer, Erich Steinsdörfer, Michael Urselmann, Dominikus Wagner, Christian Weizmann, Matthias Wesseling, Gerhard Wildmoser; Katharina Wildmoser.

Sehr zu danken habe ich auch wieder zahlreichen Gesprächspartnern aus der Stiftungsszene, Seminar- und Lehrgangsteilnehmern, den Lesern des Buches und des Stiftungsportals für zahlreiche Anregungen.

Das Buch erscheint nun im zerb verlag, dem Tochterverlag des Deutschen Anwaltsverlages, und das mit einem „Hardcover“. Das erhöht die Gebrauchsfähigkeit deutlich. Habe ich doch von vor lauter Lesen und Nachschlagen recht zerfledderten Exemplaren der 2. Auflage gehört. Es ist eben ein echtes Praktikerhandbuch, das nicht im Regal verstaubt.

Im Stiftungsportal www.stiftungsrecht-plus.de finden Sie ständig aktuelle Informationen zum Stiftungswesen, z.B. Interviews, Kommentare, den Schiffer-Blog, Antworten auf typische Fragen (FAQs) und auch auf Fragen aus dem Leserkreis. Sie finden dort auch die aktualisierten Muster, die sich bisher auch im Anhang des Buches fanden. Hier ist Ihr Zugangscode für diesen Bereich: 7YHUZ3.

Wem in dem Buch oder auf dem Stiftungsportal etwas fehlt, wer Anregungen und Kritik loswerden möchte, wer Fragen hat, der melde sich bitte schiffer@schiffer.de. Er wird immer herzlich willkommen sein.

Bonn, im August 2012

K. Jan Schiffer

Vorwort zur 2. Auflage

Sehr geehrte, liebe Leserinnen und Leser!

Ebenso wie es einen Stiftungsboom von bis zu ca. 1.000 neuen rechtsfähigen Stiftungen pro Jahr gibt, gibt es einen Stiftungsbücherboom: Handbücher, Einführungsbücher, Monographien zu Spezialthemen im Stiftungswesen, etc. An Neuerscheinungen mangelt es nicht. Warum erscheint da noch eine Neuauflage dieses Buches?

Erstens, weil die Vorauflage ausverkauft ist und das Buch eine wirklich freundliche Aufnahme gefunden hat, wofür ich sehr herzlich danke. Zweitens, weil es ein Buch für die Beratungspraxis ist. Allerdings ein etwas anderes Buch für die Beratungspraxis. Ein Buch nicht etwa nur für die Beratungspraxis von Rechtsanwälten, sondern auch für sonstige Stiftungsberater z.B. bei Banken, in Vermögens- sowie Unternehmensberatungen, in Steuerberatungs- und Wirtschaftsprüfungskanzleien.

Das Buch fußt in mehrfacher Hinsicht auf der Beratungspraxis. Eingeflossen sind in die Neuauflage persönliche Beratungserfahrungen aus über 20 Jahren als Wirtschaftsanwalt – und ganz konkret aus der Beratung von sehr kleinen treuhänderischen Stiftungen bis zu großen rechtsfähigen Stiftungen mit einem Milliardenvermögen, von gemeinnützigen und privatnützigen sowie unternehmensverbundenen Stiftungen einschließlich verschiedener Familienstiftungen. Zurückgreifen konnte ich zudem auf die Erkenntnisse aus ungezählten Vorträgen, Seminaren sowie Workshops und aus noch mehr Gesprächen mit Stiftern und Stiftungsinteressierten, mit Stiftungsbehörden und Finanzbeamten. Einen neuartigen Ausdruck findet das alles darin, dass zahlreiche Mitstreiter im Stiftungswesen aus ihren persönlichen Erfahrungen mit Praxisstatements zu dem Buch beigetragen haben.

In diesem Buch befasse ich mich mit den wesentlichen Grundlagen des Stiftungswesens, aber vor allem mit aktuellen Fragen aus der Beratungspraxis. Natürlich kann ich dabei nicht alle denkbaren Fragen ausführlich behandeln. Manche Fragen können in dem vorgegebenen Rahmen nicht einmal angesprochen werden. Dafür bitte ich ausdrücklich um Nachsicht. Ich habe aber den Ehrgeiz, dem geneigten Leser solche weiterführenden Hinweise zu Fachliteratur und Rechtsprechung zu geben, dass er sich über diese auch in ein nicht näher behandeltes Thema einarbeiten kann. In der Darstellung beschränke ich mich ganz bewusst nicht darauf, die (echte oder angeblich) herrschende Meinung zu referieren, sondern versuche, Meinungen zu hinterfragen und Begründungen für andere mögliche Ansichten zu geben sowie natürlich auch eigene Meinungen zu vertreten. Für alles andere verweise ich auf die mit der zweiten Auflage dieses Buches entstehende Web-Präsenz unter **www.stiftungsrecht-plus.de**, auf die ich Sie als Interessierte herzlich einlade. Nehmen Sie teil und greifen Sie die dortigen Angebote und Möglichkeiten auf! Das wird Ihr Eintritt in die Stiftungswelt!

Hier finden Sie u.a. die Muster aus dem Anhang als Download. Ihr Zugangscode: 7YHUZ3.

Seit beinahe zwanzig Jahren bilde ich Rechtsanwälte, Steuerberater, Finanzberater, Banker und andere in verschiedenen Themenbereichen, aber vor allem im Stiftungswesen aus. Ich kenne die Stiftungsszene und die Fortbildungsszene recht gut. Dabei bin ich immer auf der Suche nach einem Erfolg versprechenden

Weg, die wesentlichen Inhalte und Fragen zu vermitteln. Der Deutsche Anwaltverlag bietet hier mit www.stiftungsrecht-plus.de eine neue Möglichkeit.

Wir werden Persönlichkeiten und Fachleute aus dem Stiftungswesen vorstellen und nach ihrer Meinung befragen. Es wird Kommentare zu aktuellen Themen geben, aber auch Fachliches, wie Buchbesprechungen und Musterformulierungen. Und natürlich wichtige Links. Spezialisten werden Ihre Fachfragen beantworten. Ganz wichtig ist uns bei allem: Im Mittelpunkt steht der Mensch. Über ihn transportieren wir den fachlichen Punkt und die fachliche Frage. Wir wollen nicht eine weitere Anhäufung von Fachaufsätzen und Vortragsfolien im www. Das haben andere schon gemacht. Das müssen wir nicht wiederholen.

Wem in dem Buch oder auf www.stiftungsrecht-plus.de etwas Wichtiges fehlt, wer Anregungen und Kritik loswerden möchte, wer Fragen hat, dessen Nachricht ist unter schiffer@schiffer.de immer herzlich willkommen.

Sehr zu danken habe ich zahlreichen Gesprächspartnern aus der Stiftungsszene und vor allem denen, die ein Praxisstatement für das Buch abgegeben haben. Ob sie meine Ansichten teilen oder nicht oder ob sie in ihren Bewertungen und Aussagen auch untereinander abweichen, in jedem Fall bereichern sie alle das vorliegende Werk um Hinweise aus ihrem reichen Erfahrungsschatz. Ich nenne sie hier dankend ganz bewusst alle (in alphabethischer Reihenfolge), denn ihr Engagement ist nicht selbstverständlich:

Roland Beckers, Horst Eckhard, Werner Euskirchen, Martin Franke, Christel Fries, Stefan Fritz, Arndt P. Funken, Klaus Gmeiner, Winfried Helmes, Hans Walter Hütter, Axel Janitzki, Heike Kreten-Lenz, Martin Lenz, Evelin Manteuffel, Christoph Mecking, Markus Metz, Michael Oetermann, Herbert Pruns, Volker Reichardt, Jürgen Reifarth, Jürgen Reske, Eberhard Rott, Michael Rudolf, Peer Saalström-Leyh, Ambros Schindler, Mario Sommer, Erich Steinsdörfer, Dominikus Wagner, Christian Weizmann, Matthias Wesseling, Gerhard Wildmoser.

Besonderen Dank schulde ich zudem Herrn Rechtsanwalt Matthias Pruns, Bonn, der dafür gesorgt hat, dass es ein formal ordentliches Manuskript geworden ist, Frau Steuerberaterin Christel Fries, Montabaur, die mir unermüdlich für steuerliche Diskussionen zur Verfügung stand, und meiner Socia Rechtsanwältin Kornelia Reinke, die mir während des Schreibens oftmals den Rücken in der Kanzlei freigehalten hat. Schließlich danke ich Petra, Julian und Yannik, die den „Kummer" eines schreibenden Ehemanns und Vaters zwar allmählich gewöhnt sind, aber dennoch wieder viel Geduld aufbringen mussten und aufgebracht haben.

Bonn, im August 2009

K. Jan Schiffer

Vorwort zur 1. Auflage

»Der einzige Mist,
auf dem nichts wächst,
ist der Pessimist.«
Theodor Heuss, 1884–1963

Durch das neue Stiftungssteuerrecht, das ab 01.09.2002 gilt, und das neue Stiftungszivilrecht ist die Rechtsfigur der Stiftung in das Blickfeld einer breiten Öffentlichkeit gerückt. Auch die Fachöffentlichkeit beschäftigt sich zunehmend mit Stiftungsgestaltungen. Stiftungen sind zu einem interessanten Tätigkeitsfeld für Anwälte und auch Steuerberater in einem sich rasant verändernden Beratermarkt geworden. Das Stiftungsrecht ist allerdings eine Spezialmaterie, die Kenntnisse aus vielen Bereichen erfordert.

Dieses Buch will vor allem dem interessierten Anwalt ermöglichen, sich mit dem Phänomen Stiftung als denkbarem Gestaltungsansatz auseinanderzusetzen, sich in die Materie einzuarbeiten und Stiftungsideen zu bewerten sowie Stiftungsprojekte aktiv zu begleiten. So kann sich der Anwalt ein neues Geschäftsfeld erschließen.

Dieses Praxishandbuch, das aus Sicht eines Anwalts geschrieben ist, gibt eine praxiserprobte Auswahl der wesentlichen Themen, einen Apparat mit praxisbezogenen und weiterführenden Fundstellen, zahlreiche Praxishinweise und im Anhang das neue Stiftungszivilrecht, Checklisten, umfassende Formulierungsbeispiele sowie nützliche Adressen. So ist es ein Werkzeug für die Praxis.

Dieses Buch geht auf eine langjährige Beratungstätigkeit und auf diverse Veröffentlichungen für Laien und Fachleute zum Stiftungswesen und zum Wirtschaftsrecht zurück. Es kann und will dennoch ausdrücklich nicht alle Spezialfragen im Zusammenhang mit Stiftungen in größtmöglicher Tiefe unter Beachtung aller auch nur theoretisch denkbaren rechtlichen und sonstigen Aspekte sowie der jemals dazu geäußerten Ansichten auflisten und rechtswissenschaftlich beleuchten. Dazu sei auf die im Literaturverzeichnis nachgewiesenen Monographien und Aufsätze verwiesen, die in die Tiefe der beinahe unerschöpflichen Äußerungen zum Thema Stiftungen führen.

Zu so einem Buch tragen viele bei. Ich danke allen Stiftern und Diskussionspartnern, die mir als Anwalt eine immer tiefergehende Beschäftigung mit der Stiftung ermöglicht haben und hoffentlich weiter ermöglichen. Da jedes Buch aus anderen Schriften entsteht,[2] danke ich allen Autoren, die zum Stiftungswesen geschrieben und es weiterentwickelt haben. Vor allem danke ich natürlich

2 So sagt es ganz plastisch *Orsenna*, Portrait eines glücklichen Menschen – Der Gärtner von Versailles, 2002, S. 141.

denen, die im Literaturverzeichnis aufgeführt sind und auf deren Schriften ich zurückgegriffen habe.

Zu besonderem Dank bin ich dem Bundesverband Deutscher Stiftungen, Berlin, und dem Stifterverband für die Deutsche Wissenschaft, Essen, für vielfache und langjährige Unterstützung sowie jederzeitige Offenheit für fachliche Diskussionen verpflichtet. Meiner lieben Frau Petra und unseren Jungs Julian und Yannik, dem Kanzleiteam (insbesondere meinem Partner Michael von Schubert) danke ich für mannigfaltige Unterstützung und sehr viel Verständnis. Frau Ass. iur. Nathalie Hecker danke ich für ihren unermüdlichen Einsatz bei der unter großem Zeitdruck erfolgten Manuskripterstellung. Den Mitstreitern der AGT (Arbeitsgemeinschaft der Testamentsvollstrecker, Bonn) danke ich für ihre freundliche Ermunterung zum Thema Stiftungen. Frau Rechtsanwältin Kornelia Reinke danke ich für die Durchsicht der Fahnen. Ganz besonders danken möchte ich meinem leider so früh verstorbenen Vetter Rechtsanwalt Dr. Reinhard Wildmoser, Linz/Austria, der mir den Anwaltsberuf nahegebracht und vorgelebt hat wie kein anderer.

Dem geneigten Leser bin ich für jegliche Kritik und Anregung zu dem Buch sehr verbunden, die bitte an meine Kanzleianschrift (Mainzer Str. 47, 53179 Bonn) oder an »schiffer@schiffer.de« zu richten sind.

Bonn, im Juni 2003 *K. Jan Schiffer*
(www.schiffer.de)

Geleitwort zur 1. Auflage

»8–0–0–0–0–0–0–0–0–0–0–0–0« – Bitte zählen Sie nach! Die Zahl hat zwölf Nullen. Acht Billionen Euro – so groß wird das Vermögen der Deutschen geschätzt, je zur Hälfte in Bar- und Sachanlagen gebunden. Damit kann man viel anfangen. Jedem Bürger könnte etwa ein Fahrzeug der Oberklasse spendiert oder für jeden Haushalt ein Einfamilienhaus bereitgestellt werden. Man sieht: Es gibt ergiebige Kraftquellen in privater Hand. Auf der anderen Seite ist immer mehr von öffentlicher Armut die Rede. Bund, Länder und Kommunen sind längst nicht mehr in der Lage, die Verantwortung für alle öffentlichen Aufgaben allein zu übernehmen und aus dem allgemeinen Steueraufkommen zu finanzieren.

Diese Situation legt jeder wohlhabenden Person die Überlegung nahe, ihr Geld für gemeinnützige Zwecke zur Verfügung zu stellen. Will man dies besonders wirksam und auf Dauer tun, bietet sich die Rechtsform der Stiftung an. Die Stiftung ist ein Zweckvermögen und damit die Verbindung von Geld mit einer Idee. Über 12.000 Stiftungen aller Arten sind dem Bundesverband Deutscher Stiftungen derzeit in Deutschland bekannt. Die ältesten bestehen seit über tausend Jahren. Doch gerade in jüngerer Zeit erleben wir eine Renaissance des Stiftens. Es gehört zu den erfreulichsten Erscheinungen der gesellschaftlichen Entwicklung der letzten Jahre, dass immer mehr Menschen bereit sind, sich durch die Errichtung einer privaten Stiftung nachhaltig für das Gemeinwohl einzusetzen oder sich gemeinsam mit anderen in einer Bürgerstiftung zu engagieren. Dabei helfen die kürzlich verbesserten rechtlichen Rahmenbedingungen mit.

Die im Hintergrund einer Stiftungsinitiative stehenden Überlegungen sind vielfältig. Selten steht ein Motiv allein; das Motivbündel ist der Normalfall. In der Praxis sind die Beweggründe, eine Stiftung zu errichten, so unterschiedlich wie die Stifterpersönlichkeiten selbst. So mag die Stiftungsgründung denWunsch verwirklichen helfen, das eigene Unternehmen zu erhalten und fortzuführen – immerhin wird geschätzt, dass in über 700.000 Familienunternehmen eine Nachfolgeregelung ansteht; sie mag der dauerhaften Sicherung des privaten Nachlassvermögens dienen. Neben solchen eher praktischen Überlegungen ist meist eine ideelle Überzeugung wesentlich, die vom persönlichen Werdegang des Stifters, seinen Wertvorstellungen, Neigungen und Interessen geprägt ist. Mancher wird sich für frühere Förderungen seiner Person, seinen wirtschaftlichen Erfolg oder ein gelungenes Leben dankbar erweisen wollen. Andere verleihen ihrer persönlichen Betroffenheit Ausdruck, wenn sie etwa über ihre Stiftung einen Beitrag zur Bekämpfung einer Krankheit leisten wollen, der ein naher Angehöriger zum Opfer gefallen ist. Manche wollen Zeichen setzen und eine bestimmte Idee nachhaltig verbreiten. Mitunter geht es darum, eine Sammlung oder ein Denkmal dauerhaft zu sichern. Die meisten wollen den eigenen Namen, den des Partners oder der Familie verewigen und mit einer guten Tat verbinden. Stifter ohne Angehörige sehen in der Stiftung die Persönlichkeit, die sie als »Wunscherbe« einsetzen können. Manche bedenken ihre oft selbst gut situierten Abkömmlinge lediglich mit dem Pflichtteil und versuchen, sie durch einen Platz im Stiftungsgremium zur Übernahme sozialer Verantwortung zu führen.

In einer langfristigen Perspektive will der Stifter zur Bewältigung von gesellschaftlichen Problemen beitragen, die er für besonders wesentlich erachtet. Er errichtet die Stiftung in aller Regel auf »ewige Dauer« und bestimmt, dass ihr Vermögen grundsätzlich unangetastet bleibt. Nur die Erträge fließen in den vom Stifter bestimmten, von ihm als besonders förderungswürdig erachteten, gemeinnützigen Zweck. Das zum 1. September 2002 in Kraft getretene »Gesetz zur Modernisierung des Stiftungsrechts« hat das Recht des Bürgers, eine Stiftung zu errichten, als Ausdruck grundrechtlicher Freiheit garantiert. Die Rechtsordnung hat darüber hinaus besondere Mechanismen geschaffen, dies sicherzustellen. Stiftungsvermögen und Stifterwille sind unantastbar; sie stehen unter dem besonderen Schutz der Rechtsordnung. Die Stifter können auf dieser

Grundlage darauf vertrauen, dass sie mit ihrem Engagement auf Dauer einen Beitrag zur Verbesserung menschlicher Lebensbedingungen leisten werden. Sie können sicher sein, dass in der Stiftung ihre Persönlichkeit weiter lebt und ihr Wille weiter wirkt. Der Bundesverband Deutscher Stiftungen als die Dachorganisation und Interessenvertretung der Stiftungen in Deutschland wird auch in Zukunft darüber wachen, dass dieses Vertrauen von Gesellschaft und Staat nicht enttäuscht wird. Wer sich mit dem Gedanken befasst, eine Stiftung zu errichten, bedarf der Informationen, des Gesprächs und des Rats. Praxisorientierte Vorträge oder Publikationen sowie der Rat der Stiftungsbehörden können als Einstieg hilfreich sein. Wenn große Vermögen zur Weitergabe anstehen oder mit Hilfe des Instruments der Stiftung ein Führungswechsel in einem mittelständischen Unternehmen geplant ist, sollte unbedingt professioneller Rat eingeholt werden. Hier ist in erster Linie der Anwalt oder Steuerberater gefragt. Eine wirksame und sinnvolle Stiftungskonstruktion muss über eine lange ungewisse Zeit hindurch funktionstüchtig bleiben. Und so ist dann oft guter Rat teuer, um durch den mit der Stiftungsgründung verbundenen, vermeintlich undringlichen Vorschriften und Paragraphendschungel zu navigieren.

Herrn Kollegen Schiffer ist ausdrücklich zu danken, dass er mit dem hier vorgelegten Band die Thematik des Stiftungswesens für die anwaltliche Praxis auffächert und in seinen vielfältigen Facetten darstellt. Für die wenigen Anwälte, die sich schon seit langem in dieser Materie bewegen, mag die Lektüre eine willkommene Reflektion ihrer Beratungsansätze ermöglichen. Für viele andere Kollegen bietet dieses Buch einen ersten Einstieg in ein Verständnis des Stiftungswesens, den sie mit Hilfe der beigegebenen, umfassenden Literaturhinweise noch vertiefen mögen. Viele von ihnen werden sich bei vertiefter Beschäftigung als so genannter »Freund des Stiftungswesens« dem Bundesverband Deutscher Stiftungen mitgliedschaftlich verbinden, um in direktem Kontakt ein Gefühl für die Stiftungen zu erhalten. Sie werden Chancen für eine, auch in dieser Hinsicht abgerundete Betreuung ihrer Mandanten erhalten und können insoweit auch wichtige Multiplikatoren für die Stiftungsidee sein.

Für einige Puristen und Theoretiker mögen manche der Ausführungen einer reinen Idee des Stiftens widersprechen. Die damit verbundene Diskussion, die in diesem Band nicht ausgespart bleibt, sollte bei aller Notwendigkeit einer Vergewisserung des Kerns der Stiftungsidee pragmatische Wege nicht versperren. Nach Jahren stetigen Wachstums haben wir im Jahre 2002 eine Konsolidierung der Errichtungszahlen auf hohem Niveau erlebt. 789 neue rechtsfähige Stiftungen bürgerlichen Rechts wurden errichtet. Hinzu treten die Gründung von unselbstständigen Stiftungen, Stiftungen öffentlichen Rechts, Stiftungsvereinen und Stiftungsgesellschaften. Auch dieser Band mag dazu beitragen, dass wir in den nächsten Jahren wieder einen verstärkten Anstieg erleben können.

Schon mit kleinen Beträgen kann man sich in einer Stiftung engagieren, etwa als Zustifter. Soll eine kraftvolle selbstständige Stiftung errichtet werden, sollte freilich ein Stiftungsvermögen von mindestens 500.000 EUR bereit gestellt werden. Wenn nur ein Hundertstel des eingangs erwähnten privaten Vermögens in Deutschland in solche gemeinnützige Stiftungen fließen würde, könnten 40.000 neue Stiftungen entstehen. Auch mit dieser Perspektive wünsche ich diesem Werk eine erfolgreiche Aufnahme.

Berlin, im Juni 2003

Rechtsanwalt Dr. Christoph Mecking
Geschäftsführer des Bundesverbandes
Deutscher Stiftungen

Inhaltsübersicht

Abkürzungsverzeichnis

a.A.	anderer Auffassung
a.a.O.	am angegebenen Ort
a.E.	am Ende
a.F.	alte Fassung
a.M.	anderer Meinung
abl.	ablehnend
AblEG	Amtsblatt der Europäischen Gemeinschaften
Abs.	Absatz
Abschn.	Abschnitt
abw.	abweichend
AEAO	Anwendungserlass zur Abgabenordnung
AG	Aktiengesellschaft; Die Aktiengesellschaft (Zeitschrift)
AGBGB	Ausführungsgesetz zum Bürgerlichen Gesetzbuch
AktG	Aktiengesetz
AktStR	Aktuelles Steuerrecht
allg.M.	allgemeine Meinung
Alt.	Alternative
ÄndG	Änderungsgesetz
Anh.	Anhang
Anm.	Anmerkung
AnwBl	Anwaltsblatt
AO	Abgabenordnung
ArbG	Arbeitsgericht
arg.	argumentum
Art.	Artikel
AStG	Außensteuergesetz
Aufl.	Auflage
Az.	Aktenzeichen
Bay	Bayern
BaWü	Baden-Württemberg
BB	Der Betriebs-Berater
Bd.	Band
BDI	Bundesverband der Deutschen Industrie
Beschl.	Beschluss
BW	Baden-Württemberg
BewG	Bewertungsgesetz
BFH	Bundesfinanzhof

BFH/NV	Sammlung amtlich nicht veröffentlichter Entscheidungen des Bundesfinanzhofs
BFHE	Sammlung der Entscheidungen des Bundesfinanzhofs
BGB	Bürgerliches Gesetzbuch
BGBl I, II	Bundesgesetzblatt, mit oder ohne Ziffer = Teil I; mit II = Teil II
BGH	Bundesgerichtshof
BGHZ	Entscheidungen des Bundesgerichtshofs in Zivilsachen
Bl	Blatt
BMF	Bundesministerium der Finanzen
BR	Bundesrat
BRAK-Mitt.	Mitteilung der Bundesrechtsanwaltskammer
BRAO	Bundesrechtsanwaltsordnung
BR-Drucks	Bundesrats-Drucksache
BReg	Bundesregierung
BSG	Bundessozialgericht
BStBl	Bundessteuerblatt
BT	Bundestag
BT-Drucks	Bundestags-Drucksache
BVerfG	Bundesverfassungsgericht
BVerfGE	Entscheidungen des Bundesverfassungsgerichts
BVerwG	Bundesverwaltungsgericht
BVerwGE	Entscheidungen des Bundesverwaltungsgerichts
bzgl.	bezüglich
bzw.	beziehungsweise
ca.	circa
d.h.	das heißt
DB	Der Betrieb
DBA	Doppelbesteuerungsabkommen
DBW	Die Betriebswirtschaft
ders.	derselbe
Drucks	Drucksache
DStR	Deutsches Steuerrecht
DStRE	DStR-Entscheidungsdienst
DStZ	Deutsche Steuer-Zeitung, Ausgabe A und B
DSWR	Datenverarbeitung Steuer, Wirtschaft, Recht
DZWiR	Deutsche Zeitschrift für Wirtschaftsrecht
e.G.	eingetragene Genossenschaft
e.V.	eingetragener Verein
EFG	Entscheidungen der Finanzgerichte
EG	Europäische Gemeinschaft; Einführungsgesetz
EGAO	Einführungsgesetz zur Abgabenordnung

EGInsO	Einführungsgesetz zur Insolvenzordnung
Einf.	Einführung
Entsch.	Entscheidung
Entw.	Entwurf
ErbSt	Erbschaftsteuer
ErbStDV	Erbschaftsteuer-Durchführungsverordnung
ErbStG	Erbschaft- und Schenkungsteuergesetz
ErbStR	Erbschaftsteuer-Richtlinien
Erg.	Ergänzung
ESt	Einkommensteuer
EStB	Der Ertrag-Steuer-Berater
EStDV	Einkommensteuer-Durchführungsverordnung
EStG	Einkommensteuergesetz
EStR	Einkommensteuer-Richtlinien
etc.	et cetera
EU	Europäische Union
EU-ErbVO	Europäische Erbrechtsverordnung
EuGH	Europäischer Gerichtshof
EUR	Euro
evtl.	eventuell
EWG	Europäische Wirtschaftsgemeinschaft
f., ff.	folgende, fortfolgende
F.	Fach
FA	Finanzamt
FamRZ	Zeitschrift für das gesamte Familienrecht
FAZ	Frankfurter Allgemeine Zeitung
FG	Finanzgericht
FGO	Finanzgerichtsordnung
FinMin	Finanzministerium
Fn	Fußnote
FR	Finanz-Rundschau
FS	Festschrift
GBl	Gesetzblatt
GbR	Gesellschaft des bürgerlichen Rechts
GenG	Genossenschaftsgesetz
GewO	Gewerbeordnung
GewSt	Gewerbesteuer
GewStDV	Gewerbesteuer-Durchführungsverordnung
GewStG	Gewerbesteuergesetz
GewStR	Gewerbesteuer-Richtlinien
GG	Grundgesetz
ggf.	gegebenenfalls

GmbH	Gesellschaft mit beschränkter Haftung
GmbHG	GmbH-Gesetz
GmbHR	GmbH-Rundschau
GmbH-StB	Der GmbH-Steuer-Berater
grds.	grundsätzlich
GrEStG, GrErwSG	Grunderwerbsteuergesetz
GrStG	Grundsteuergesetz
h.M.	herrschende Meinung
HH	Hansestadt Hamburg
HessStiftG	Hessisches Stiftungsgesetz
HFA	Hauptfachausschuss
HGB	Handelsgesetzbuch
Hrsg.	Herausgeber
hrsg.	herausgegeben
Hs.	Halbsatz
i.d.F.	in der Fassung
i.d.R.	in der Regel
i.d.S.	in diesem Sinne
i.H.v.	in Höhe von
i.S.d.	im Sinne des
i.Ü.	im Übrigen
i.V.m.	in Verbindung mit
IDW	Institut der Wirtschaftsprüfer in Deutschland
IHK	Industrie- und Handelskammer
INF	Die Information über Steuer und Wirtschaft
insg.	insgesamt
InsO	Insolvenzordnung
InvZulG 1999	Investitionszulagengesetz
IStR	Internationales Steuerrecht
IWB	Internationale Wirtschaftsbriefe
JbFAStR	Jahrbuch der Fachanwälte für Steuerrecht
JStG	Jahressteuergesetz
Kap.	Kapitel
KG	Kommanditgesellschaft
KGaA	Kommanditgesellschaft auf Aktien
KonTraG	Gesetz zur Kontrolle und Transparenz im Unternehmensbereich
krit.	kritisch
KSt	Körperschaftsteuer
KStDV	Körperschaftsteuer-Durchführungsverordnung
KStG	Körperschaftsteuergesetz
KStR	Körperschaftsteuer-Richtlinien

LG	Landgericht
LSG	Landessozialgericht
m.w.N.	mit weiteren Nachweisen
MinBl	Ministerialblatt
mind.	mindestens
Mio.	Million
MittBayNot	Mitteilungen des Bayerischen Notarvereins, der Notarkasse und der Landesnotarkasse Bayern
MittRhNotK	Mitteilungen der Rheinischen Notarkammer
MwSt	Mehrwertsteuer
Nds	Niedersachsen
n.F.	neue Fassung
n.rk.	nicht rechtskräftig
NJW	Neue Juristische Wochenschrift
NJW-RR	NJW-Rechtsprechungs-Report
Nr.	Nummer
NRW	Nordrhein-Westfalen
NVwZ	Neue Zeitschrift für Verwaltungsrecht
NWB	Neue Wirtschaftsbriefe
o.g.	oben genannt
OFD	Oberfinanzdirektion
OFH	Oberfinanzhof
OHG	Offene Handelsgesellschaft
OLG	Oberlandesgericht
OLGR	OLG-Report
OVG	Oberverwaltungsgericht
PPP	Public Private Partnership
Reg.	Regierung
Rn	Randnummer
RP	Rheinland Pfalz
Rspr.	Rechtsprechung
RVG	Rechtsanwaltsvergütungsgesetz
S.	Satz; Seite
s.	siehe
Saarl	Saarland
sog.	so genannte/r/s
Sachs	Sachsen
Sachs-Anh	Sachsen-Anhalt
SH	Schleswig-Holstein
StB	Der Steuerberater (Zeitschrift)
StBp	Die steuerliche Betriebsprüfung
StEntlG	Steuerentlastungsgesetz

StiftG	Stiftungsgesetz (Gesetz über rechtsfähige Stiftungen des bürgerlichen Rechts)
StiftG BaWü	Stiftungsgesetz für das Land Baden-Württemberg
StiftG Bbg.	Stiftungsgesetz für das Land Brandenburg
StiftG NRW	Stiftungsgesetz für das Land Nordrhein-Westfalen
StiftG Rh.-Pf.	Stiftungsgesetz für das Land Rheinland-Pfalz
str.	streitig
StuB	Steuern und Bilanzen
StuW	Steuer und Wirtschaft
taz	tageszeitung
Thür	Thüringen
u.U.	unter Umständen
UmwBerG	Gesetz zur Bereinigung des Umwandlungsrechts
UmwG	Umwandlungsgesetz
UmwStG	Umwandlungssteuergesetz
UrhG	Urhebergesetz
Urt.	Urteil
UStDV	Umsatzsteuer-Durchführungsverordnung
UStG	Umsatzsteuergesetz
UStR	Umsatzsteuerrichtlinien
usw.	und so weiter
v.H.	vom Hundert
VereinsG	Gesetz zur Regelung des öffentlichen Vereinsrechts
VG	Verwaltungsgericht
vgl.	vergleiche
vor	Vorbemerkung
VStG	Vermögensteuergesetz
VZ	Veranlagungszeitraum
WHU	Wissenschaftliche Hochschule für Unternehmensführung
WiB	Wirtschaftsrechtliche Beratung
WiR	Wirtschaftsrecht
WiWo	WirtschaftsWoche
WPg	Die Wirtschaftsprüfung
z.B.	zum Beispiel
ZEV	Zeitschrift für Erbrecht und Vermögensnachfolge
ZfbF	Schmalenbachs Zeitschrift für betriebswirtschaftliche Forschung
ZHR	Zeitschrift für das gesamte Handelsrecht und Wirtschaftsrecht
Ziff.	Ziffer
ZIP	Zeitschrift für Wirtschaftsrecht und Insolvenzpraxis

zit.	zitiert
ZSt	Zeitschrift zum Stiftungswesen
zust.	zustimmend
zzgl.	zuzüglich

Literaturverzeichnis

Nicht erst seit den vielfältigen Plagiatsdiskussionen wissen wir es: Jedes Buch entsteht aus anderen Büchern und Schriften, aus fremder sowie aus eigener Feder, aus eigenen und aus fremden Gedanken, aus Gedanken, die Allgemeingut sind, und aus Gedanken, die einzelnen findigen Köpfen entsprungen sind. Deshalb danken wir vor allem den nachfolgend aufgeführten Verfassern an dieser Stelle ausdrücklich und sehr herzlich. Wir haben auf ihre Schriften für die Ausführungen jetzt und früher zurückgegriffen und uns mit ihnen auseinandergesetzt. Wir danken ihnen unabhängig davon, ob wir ihren Auffassungen gefolgt sind oder gerade nicht. Ohne alle diese Autoren hätten wir die 4. Auflage des vorliegenden Buches und die ihm vorangehenden Schriften, auf denen es auch in der Neuauflage beruht, nicht schreiben können. Wir danken auch allen Autoren etwa aus der Wirtschaftspresse, deren Gedanken uns mittelbar und unbewusst genutzt haben und die wir nicht zitiert haben. Außerdem danken wir den Verlagen und den Fachredaktionen, in deren Fachpublikationen wir uns schon vor dieser Neuauflage mit zahlreichen Fragen aus dem Stiftungswesen auseinandersetzen durften. Wir haben uns sehr bemüht, alle Helfer, Vor- und Mitdenker passend zu zitieren. Sollte uns das an der einen oder anderen Stelle nicht gelungen sein, so bitten wir um einen entsprechenden freundlichen Hinweis für die nächste Auflage. Danke.

K. Jan Schiffer

Hinweis:

In diesem Buch zitierte Veröffentlichungen der Tagespresse sowie Urteilsanmerkungen, welche in direktem Zusammenhang mit der Veröffentlichung des Urteils stehen, werden in diesem Literaturverzeichnis nicht gesondert aufgeführt. Wir haben uns aufgrund der „Flut“ von Fachaufsätzen ebenfalls entschlossen, diese hier nicht gesondert zu nennen. Wir verweisen auf die Zitate in den Fußnoten.

Bücher und Schriften

Achilles, Die Aufsicht über die kirchlichen Stiftungen der evangelischen Kirchen in der Bundesrepublik Deutschland, 1986

Arbeitsgruppe „Steuerliche FuE-Förderung“ der Forschungsunion Wirtschaft-Wissenschaft, Steuerliche Förderung von Forschung und Entwicklung in Deutschland – Ökonomische Begründung, Handlungsbedarf und Reformoptionen, DStR 2009, 179

Andrick/Suerbaum, Stiftung und Aufsicht, 2001

Andrick/Suerbaum, Stiftung und Aufsicht, Nachtrag: Das modernisierte Stiftungsrecht (Stand: September 2002)

Arens, AnwaltFormulare Gesellschaftsrecht – Schriftsätze, Verträge, Erläuterungen, 3. Aufl. 2007

Arnhold, Die selbstständige Stiftung und der Testamentsvollstrecker, 2010

Aust/Ammann, Die Porsche Saga, 2012

Bach, Die Insolvenz der Stiftung, Dissertation Jena 2002 (unveröffentlicht)

Beauftragter der Bundesregierung für Angelegenheiten der Kultur und Medien u.a. (Hrsg.), Kulturstiftungen – Ein Handbuch für die Praxis, 2. Aufl. 2004

Beermann/Gosch, Abgabenordnung Finanzgerichtsordnung, Kommentar (Loseblatt)

Bengel/Reimann, Handbuch der Testamentsvollstreckung, 5. Aufl. 2013

Berndt/Götz, Stiftung und Unternehmen, 8. Aufl. 2009

Bertelsmann Stiftung (Hrsg.), Handbuch Bürgerstiftungen, 2. Aufl. 2004

Bertelsmann Stiftung (Hrsg.), Handbuch Stiftungen – Ziele, Projekte, Management, rechtliche Gestaltung, 1. Aufl. 1998 und 2. Aufl. 2004

Bezirksregierung Köln, Der Weg zur Stiftung – Ein Leitfaden durch das Gründungsverfahren, Stand: 06/2011

Bilsdorfer, Die Informationsquellen und -wege der Finanzverwaltung, 8. Aufl. 2009

Binz/Sorg, Die GmbH & Co. KG, 11. Aufl. 2010

Bloemer, Stifterinnen. Frauen erzählen von ihrem Engagement – ein Lesebuch, 2010

Bösch, Liechtensteinisches Stiftungsrecht, 2005

Brandmüller/Lindner, Gewerbliche Stiftungen – Unternehmensträgerstiftung, Stiftung & Co. KG, Familienstiftung, 3. Aufl. 2005

Bruns, StiftG Baden-Württemberg, 6. Aufl. 2010

Buchna/Seeger/Brox, Gemeinnützigkeit im Steuerrecht, 10. Aufl. 2010

Budäus (Hrsg.), Kooperationsformen zwischen Stiftung und Markt – Theoretische Grundlagen und praktische Ausprägungen von Public Private Partnership, 2006

Bundesministerium für Wirtschaft und Technologie, Der Mittelstand in der Bundesrepublik Deutschland, 2007

Bundesverband Deutscher Stiftungen (Hrsg.), Social Franchising, 2008

Bundesverband Deutscher Stiftungen (Hrsg.), Bürgerstiftungen stellen sich vor, 2006

Bundesverband Deutscher Stiftungen (Hrsg.), Das Rechnungswesen einer Stiftung, 2004

Bundesverband Deutscher Stiftungen, Die Errichtung einer Stiftung, 5. Aufl. 2002

Bundesverband Deutscher Stiftungen (Hrsg.), Bürgerstiftungen in Deutschland – Entstehung. Struktur. Projekte. Netzwerke, Forum Deutscher Stiftungen, Bd. 15, 2002

Bundesverband Deutscher Stiftungen (Hrsg.), Die unternehmensverbundene Stiftung, Forum Deutscher Stiftungen, Bd. 10, 2001

Bundesverband Deutscher Stiftungen (Hrsg.), Ein modernes Stiftungsprivatrecht zur Förderung und zum Schutz des Stiftungsgedankens, Forum Deutscher Stiftungen, Bd. 8, 2001

Bundesverband Deutscher Stiftungen (Hrsg.), Bürgerstiftungen in Deutschland – Porträts deutscher Bürgerstiftungen, Forum Deutscher Stiftungen, Bd. 7, 2000

Bund-Länder-Arbeitsgruppe (beim Bundesjustizministerium) Stiftungsrecht, Bericht vom 19.12.2002

Burgard, Gestaltungsfreiheit im Stiftungsrecht, 2006

Carstensen, Vermögensverwaltung, Vermögenserhaltung und Rechnungslegung gemeinnütziger Stiftungen, 2. Aufl. 1996

Damrau/Tanck (Hrsg.), Praxiskommentar Erbrecht, 3. Aufl. 2014

Deininger/Lang, Wegzug aus steuerlichen Gründen, 2. Aufl. 2009

Deininger/Götzenberger, Internationale Vermögensplanung mit Auslandsstiftungen und Trusts, 2006

Delp, Die Stiftung & Co. KG, 1991

Dickmann, Wohn- und Teilhabegesetz, 2009

Dreier/Schulze, Urheberrechtsgesetz, 4. Aufl. 2013

DSZ – Deutsches Stiftungszentrum GmbH (Hrsg.), Stiftung und Erbe, 2012

DSZ – Deutsches Stiftungszentrum GmbH (Hrsg.), Die Treuhandstiftung – Ein Traditionsmodell mit Zukunft, 2012

DSZ – Deutsches Stiftungszentrum GmbH (Hrsg.), Stiftung und Unternehmen, 2010

Ebersbach, Handbuch des deutschen Stiftungsrechts, 1972

Eglau, Erbe Macht & Liebe – Unternehmerfamilien zwischen Interessen und Emotionen, 2001

Eiselberg (Hrsg.), Stiftungsrecht. Jahrbuch 2009, 2009

Ettinger, Wohnsitzverlegung ins Ausland: Ein umfassender Überblick, 3. Aufl. 2009

Fabisch, Fundraising – Spenden, Sponsoring und mehr ..., 2. Aufl. 2006

Feick (Hrsg.), Stiftung als Nachfolgeinstrument – Zivilrecht, Steuerrecht und internationales Recht, 2015

Fest (Hrsg.), Die großen Stifter – Lebensbilder, Zeitbilder, 1997

Fischer, Strafgesetzbuch, 62. Aufl. 2015

Fischer/Jüptner/Pahlke/Wachter, Erbschaftsteuergesetz, Kommentar, 5. Aufl. 2014 (zit.: *Bearbeiter*, in: F/J/P/W)

Flick/Piltz, Der internationale Erbfall, 2. Aufl. 2008

Frankenberger, Der funktionale Stiftungsbegriff als Denkmodell eines rechtsformübergreifenden Stiftungsrechts, 2013

Franz, Grundlagen der Besteuerung gemeinnütziger Körperschaften bei wirtschaftlicher Betätigung, 1991

Franzen, Anwaltskunst, 3. Aufl. 2001

Friedrich, Die Anlage des Stiftungsvermögens, 2012

Frieser/Sarres/Stückemann/Tschichoflos, Handbuch des Fachanwalts Erbrecht, 6. Aufl. 2015

Fritsche/Kilian, StiftG Brandenburg, StiftG Mecklenburg-Vorpommern. Kommentar zu den Landesstiftungsgesetzen, 2007

Fritz, Stifterwille und Stiftungsvermögen, 2009

Fritz Thyssen Stiftung (Hrsg.), Jahresbericht 2011, 2012

Fritz Thyssen Stiftung (Hrsg.), 50 Jahre Fritz Thyssen Stiftung in Köln, 2011

Gertlberger/Schneider, Öffentlich Private Partnerschaften. Zwischenbilanz, empirische Befunde und Ausblick, 2008

Gierhake, Rechtliche Fragen der Vermögensnachfolge für deutsche Unternehmer mit deutschen, österreichischen und liechtensteinischen Stiftungen, 2013

Graf Strachwitz/Then (Hrsg.), Kultureinrichtungen in Stiftungsform, 2004

Haegele/Winkler, Der Testamentsvollstrecker, 20. Aufl. 2010

Härtl, Ist das Stiftungsrecht reformbedürftig? Eine Untersuchung der Landesstiftungsgesetze unter Berücksichtigung der Stiftungspraxis bei den staatlichen Stiftungsgenehmigungs- und Aufsichtsbehörden, 1990

Hävelmann, Die Stiftung & Co. KG als Unternehmensnachfolge, 2006

Hahn, Die organschaftliche Änderung der Stiftungssatzung nach der Reform der Landesstiftungsgesetze, 2010

Haibach, Handbuch Fundraising. Spenden, Sponsoring, Stiftungen in der Praxis, 4. Aufl. 2012

Hannes (Hrsg.), Formularbuch Vermögens- und Unternehmensnachfolge, 2011

Hennerkes/Schiffer, Stiftungsrecht – Gutes tun und Vermögen sichern – privat und im Unternehmen, 3. Aufl. 2001

Hensel, Steuerrecht, 1986

Herbert, Der wirtschaftliche Geschäftsbetrieb des gemeinnützigen Vereins, 1988

Herrman, Unternehmenskontrolle durch Stiftungen, 1996

Heuel, StiftG Nordrhein-Westfalen, 2. Aufl. 2014

Heuel, Die Entwicklung der Unternehmensträgerstiftung in Deutschland, 2000

Hierl/Huber, Rechtsformen und Rechtsformwahl: Recht, Steuern, Beratung, 2008

Hoffmann, Zusammenlegung und Zulegung rechtsfähiger Stiftungen des bürgerlichen Rechts, 2011

Hopt/Reuter (Hrsg.), Stiftungsrecht in Europa, 2001

Hübner, Erbschaftsteuerreform 2009, 2009

Hübschmann/Hepp/Spitaler, Abgabenordnung – Finanzgerichtsordnung. Kommentar, (Loseblatt, Stand: 230. Lieferung)

Hüffer, Aktiengesetz, 11. Aufl. 2014

Hüttemann, Gemeinnützigkeits- und Spendenrecht, 3. Aufl. 2015

Hüttemann, Wirtschaftliche Betätigung und steuerliche Gemeinnützigkeit, 1991

Hüttemann/Schön, Vermögensverwaltung und Vermögenserhaltung im Stiftungs- und Gemeinnützigkeitsrecht, 2007

Hunnius, Die Vorstiftung, Diss. Jena 2000 (unveröffentlicht)

IDW (Hrsg.), Stiftungen – Rechnungslegung, Kapitalerhaltung, Prüfung und Besteuerung, 1997

Jachmann (Hrsg.), Gemeinnützigkeit, 2003

Jakob, Schutz der Stiftung, 2006

Jakob/v. Orelli (Hrsg.), Der Stifterwille: Ein Phänomen zwischen Vergangenheit, Gegenwart und Ewigkeit, 2014

Kaper, Bürgerstiftungen, 2005

Kapp/Ebeling, Erbschaftsteuer- und Schenkungsteuergesetz. Kommentar (Loseblatt, Stand: 65. Lieferung)

Kiefer, Die Abgrenzung von Vermögensverwaltung und wirtschaftlichem Geschäftsbetrieb – unter besonderer Berücksichtigung der Stiftungsproblematik, 2000

Kilian/Sabel/Stein, Das neue Rechtsdienstleistungsrecht, 2008

Kirchhain, Die Familienstiftung im Außensteuerrecht – Zurechnungsbesteuerung bei ausländischen Familienstiftungen und Trusts nach § 15 AStG, 2010

Klein, Abgabenordnung, Kommentar, 12. Aufl. 2014

Koch/Scholtz, Abgabenordnung, Kommentar, 5. Aufl. 1996

Koenig, Abgabenordnung. Kommentar, 3. Aufl. 2014

Kohnke, Die Pflichten des Stiftungsvorstands aus Bundes- und Landesrecht, 2009

Kraft, Außensteuergesetz. Kommentar, 2009

Krug/Rudolf/Kroiß/Bittler, Anwaltformulare Erbrecht, 5. Aufl. 2015

Larenz, Methodenlehre der Rechtswissenschaft, 4. Aufl. 2014

Lehleiter, Die Familienstiftung als Instrument zur Sicherung der Unternehmenskontinuität bei Familienunternehmen, 1996

Lehmann, StiftG Schleswig-Holstein, Kommentar, 2. Aufl. 2002

Liermann, Geschichte des Stiftungsrechts, 2. Aufl. 2002 (unveränderter Nachdruck der 1. Aufl. 1963)

Linnartz/Linnartz/Maibach/Becker, Bankauskunft im Erbfall, 2008

Lutter/Hommelhoff, GmbH-Gesetz, Kommentar, 18. Aufl. 2012

Maier, Gemeinnützige Stiftungen und Generationengerechtigkeit, 2012

Martin/Wiedemeier (Hrsg.), Stiftungen fördern mit Gewinn, Einsatzmöglichkeiten, Chancen, Perspektiven, 2002

Martin/Wiedemeier (Hrsg.), Stiftungsideen – Moderne Wege zur langfristigen Vermögenssicherung, 2000

Mayer/Bonefeld, Testamentsvollstreckung, 4. Aufl. 2015

Mayer/Süß/Tanck/Bittler/Wälzholz, Handbuch Pflichtteilsrecht, 3. Aufl. 2013

Mecking, Das Stiftungswesen in Rheinland-Pfalz. Kommentar zum Landesstiftungsgesetz, 2006

Mecking/Schindler/Steinsdörfer, Stiftung und Erbe, 3. Aufl. 1997

Mecking/Schulte (Hrsg.), Grenzen der Instrumentalisierung von Stiftungen, 2003

Meincke, Erbschaftsteuergesetz, Kommentar, 16. Aufl. 2012

Meyn/Richter, Die Stiftung, 2004

Münchener Handbuch des Gesellschaftsrechts, Bd. V: Verein. Stiftung bürgerlichen Rechts, 3. Aufl. 2009

Münchener Kommentar zum Aktiengesetz, Bd. I, 3. Aufl. 2008

Münchener Kommentar zum Bürgerlichen Gesetzbuch, Bd. I, 7. Aufl. 2015

Müller, Die Bundesstiftung, 2009

Muscheler, Erbrecht (Band I u. II), 2010

Muscheler, Stiftungsrecht. Gesammelte Beiträge, 2005

Nährich/Strachwitz/Hinterhuber/Müller, Bürgerstiftungen in Deutschland, 2005

Nieder/Kössinger, Handbuch der Testamentsgestaltung, 4. Aufl. 2011

Nissel, Das neue Stiftungsrecht – Stiftungen bürgerlichen Rechts, 2002

NomosKommentar BGB, Bd. 1, 2. Aufl. 2012, Bd. 5, 4. Aufl. 2014 (zit.: NK-BGB/*Bearbeiter*)

Otto, Handbuch Stiftungspraxis, 2. Aufl. 2015

Palandt, Bürgerliches Gesetzbuch, Kommentar, 74. Aufl. 2015

Peiker, HessStiftG. Kommentar, 3. Aufl. 2005

Plottek, Vermögensanfall bei Verein und Stiftung – Zivil- und Gemeinnützigkeitsrecht, 2014

Pohley/Backert, Kommentar zum Bayerischen Stiftungsgesetz, 5. Aufl. 2009

Porsche/Molter, Ferry Porsche – Mein Leben, 6. Aufl. 2004

Poser/Backes, Sponsoringvertrag, 4. Aufl. 2010

Pues/Scherbarth, Gemeinnützige Stiftungen im Zivil- und Steuerrecht, 3. Aufl. 2008

Randa-Campani (Hrsg.), WunderbareWerbeWelten – Marken, Macher, Mechanismen, 2001

Rawert, Die Genehmigungsfähigkeit der unternehmensverbundenen Stiftung, 1990

Rawert, Jahrbuch der Fachanwälte für Steuerrecht 1999/2000

Richter, Rechtsfähige Stiftungen und Charitable Corporation, 2001

Richter/Wachter (Hrsg.), Handbuch des internationalen Stiftungsrechts, 2007

Riedel (Hrsg.), Praxishandbuch Unternehmensnachfolge, 2012

Ring/Grziwotz (Hrsg.), Systematischer Praxiskommentar GmbH-Recht, 2. Aufl. 2012

Roggencamp, Public Private Partnership – Entstehung und Funktionsweise kooperativer Arrangements zwischen öffentlichem Sektor und Privatwirtschaft, 1999

Rotberg/Broo/Frey, StiftG Baden-Württemberg, 4. Aufl. 2000

Rott/Kornau/Zimmermann, Testamentsvollstreckung. Vermögensnachfolgegestaltung für Steuerberater und Vermögensverwalter, 2. Aufl. 2012

Sagasser/Bula/Brünger, Umwandlungen, 4. Aufl. 2011

Sandberg/Mecking, Vergütung haupt- und ehrenamtlicher Führungskräfte in Stiftungen, 2007

Sarres, Erbrechtliche Auskunftsansprüche, 2. Aufl. 2011

Sauter/Schweyer/Waldner, Der eingetragene Verein, 19. Aufl. 2010

Schaumburg/Rödder (Hrsg.), Unternehmensteuerreform 2001, 2000

Schauhoff (Hrsg.), Handbuch der Gemeinnützigkeit. Verein. Stiftung. GmbH, 3. Aufl. 2010

Schiffer (Hrsg.), Schiedsverfahren und Mediation, 2. Aufl. 2005

Schiffer, Der Unternehmensanwalt, 1997

Schiffer/Rott/Pruns, Die Vergütung des Testamentsvollstreckers, 2014

Schiffer/Pruns, Unternehmensnachfolge mit Stiftungen – Ein ganz besonderes Rezept, Rote Seiten – Stiftung & Sponsoring 5/2011

Schiffer/v. Schubert, Haftung. Persönliche Risiken in Beruf und Unternehmen vermeiden, 2. Aufl. 2007

Schiffer/v. Schubert, Recht, Wirtschaft und Steuern im E-Business, 2002

Schindler, Die Familienstiftung, 1975

Schindler/Steinsdörfer, Treuhänderische Stiftungen, 7. Aufl. 2002

Schmidt, M., Steuerliche Aspekte der Rechtsformwahl bei privaten gemeinnützigen Organisationen, 2001

Schlaugat, Soziales Ehrenamt – Motive freiwilliger sozialer Tätigkeiten unter Berücksichtigung der Hypothese einer bestehenden eigenen Betroffenheit als Auswahlkriterium in Bezug auf das Tätigkeitsfeld, Diss. Bonn 2010

Schlüter, Stiftungsrecht zwischen Privatautonomie und Gemeinwohlbindung, 2004

Schlüter/Stolte, Stiftungsrecht, 2. Aufl. 2013

Schmidt, L., Einkommensteuergesetz (EStG). Kommentar, 34. Aufl. 2015

Schurr, Die Stiftung mit unternehmerischer Verantwortung, 1998

Otto/Schwarze/Krause (Hrsg.), Die Haftung des Arbeitnehmers, 4. Aufl. 2014

Schwintek, Vorstandskontrolle in rechtsfähigen Stiftungen bürgerlichen Rechts – Eine Untersuchung zu Pflichten und Kontrolle von Leitungsorganen im Stiftungsrecht, insbesondere in Unternehmensträgerstiftungen, 2001

Seer/Wolsztynski, Steuerrechtliche Gemeinnützigkeit der öffentlichen Hand, 2002

Seibert/Kiem/Schüppen, Handbuch der kleinen AG, 5. Aufl. 2008

Seyfarth, Der Schutz der unselbstständigen Stiftung, 2009

Siegmund-Schultze, Kommentar zum Niedersächsischen Stiftungsgesetz, 9. Aufl. 2005

Soergel/Neuhoff, Stiftungen §§ 80–88 BGB, Sonderdruck aus: Soergel, Kommentar zum Bürgerlichen Gesetzbuch, 13. Aufl., Band 1: Allgemeiner Teil 1 (Stand: Frühjahr 2000), 2001

Sontheimer, Das neue Stiftungsrecht – Die Stiftung privaten Rechts im Zivil- und Steuerrecht, 2002

Stallmann, Fehlerhafte Beschlüsse in der Stiftung bürgerlichen Rechts, 2014

Staudinger, Kommentar zum Bürgerlichen Gesetzbuch mit Einführungsgesetz und Nebengesetzen, §§ 80–89 (Stiftungsrecht), Neubearbeitung 2011

Steffek, Die Anforderung an das Stiftungsgeschäft von Todes wegen, 1996

Stengel, Kommentar zum Hessischen Stiftungsgesetz, 2012

Stengel, Stiftung und Personengesellschaft, 1993

Stifterverband für die Deutsche Wissenschaft (Hrsg.), Private internationale Hochschulen – Profile und Bewertungen, 2002 (erweiterter Sonderdruck aus „Wirtschaft & Wissenschaft", 1. Quartal 2002)

Stifterverband für die Deutsche Wissenschaft (Hrsg.), Reformuniversitäten – Leistungsfähigkeit durch Eigenverantwortung, 2000

Stiftung Rheinland-Pfalz für Kultur (Hrsg.), Freude am Stiften – Stiftungskultur in Rheinland-Pfalz, 2000

Streck/Schwedhelm/Olgemöller, Körperschaftsteuergesetz, 8. Aufl. 2014

Studen, Die Dachstiftung, 2011

Stumpf/Suerbaum/Schulte/Pauli, Stiftungsrecht, 2. Aufl. 2015

Süß, Erbrecht in Europa, 3. Aufl. 2015

Teufel, Steuerliche Rechtsformoptimierung, 2002

Tipke, Die Steuerrechtsordnung, Bd. I: Wissenschaftsorganisatorische, systematische und grundrechtlich-rechtsstaatliche Grundlagen, 2. überarb. Aufl. 2003

Tipke/Kruse, Abgabenordnung. Finanzgerichtsordnung. Kommentar zur AO und FO (Loseblatt, Stand: 138. Lieferung)

Timmer, Stiften in Deutschland, Die Ergebnisse der Stifterstudie, 2005

Timmer/v. Schnurbein (Hrsg.), Die Förderstiftung, Strategie – Führung – Management, 2. Aufl., 2015

Tolksdorf, Stiftungsgeschäftliche Vermögensausstattung und Schenkung, 2008

Troll/Gebel/Jülicher, Erbschaftsteuer- und Schenkungsteuergesetz (Loseblatt, Stand: 48. Lieferung)

Urselmann, Fundraising. Professionelle Mittelbeschaffung für Nonprofit-Organisationen, 6. Aufl. 2014

v. Campenhausen/Richter, Stiftungsrechts-Handbuch, 4. Aufl. 2014

v. Holt/Koch, Gemeinnützige GmbH, 3. Aufl. 2015

v. Kirchmann, Die Wertlosigkeit der Jurisprudenz als Wissenschaft, 1848 (Nachdruck 1988)

v. Kuenheim Stiftung/ZEIT Stiftung Ebelin und Gerd Bucerius (Hrsg.), Verantwortung übernehmen, 2004 *v. Löwe*, Familienstiftung und Nachfolgegestaltung, 1999

v. Löwe, Familienstiftungen – Gründung und Gestaltung – ein Leitfaden für Stifter und Berater, 2010

v. Oertzen/Ponath, Asset Protection im deutschen Recht, 2. Aufl. 2012

v. Werthern, Unternehmensverfassungsrecht und Stiftungen: ordnungspolitische Gesichtspunkte einer Neuregelung unter besonderer Berücksichtigung des Stiftungsunternehmens, 1986

Voll/Störle, Bayerisches Stiftungsgesetz. Kommentar, 5. Aufl. 2009

Wallenhorst/Halaczinsky, Die Besteuerung gemeinnütziger Vereine, Stiftungen und der juristischen Personen des öffentlichen Rechts, 6. Aufl. 2009

Weber/Schäfer/Hausmann, Praxishandbuch Public Private Partnership, 2005

Weitz u.a., Rechtshandbuch für Stiftungen (Stand Mai 2009)

Werheim/Gösele, Inside Steuerfahndung, 2011

Wachter, Stiftungen – Zivil- und Steuerrecht in der Praxis, 2001

Werner, A., Die Zustiftung, 2003

Werner, O./Saenger (Hrsg.), Die Stiftung – Recht, Steuern, Wirtschaft, 2008

Widmann/Mayer, Umwandlungsrecht (Loseblatt, Stand: 146. Lieferung, 2014)

Wigand/Haase-Theobald/Heuel/Stolte, Stiftungen in der Praxis, 2. Aufl. 2009

Wuketits, Der freie Wille. Die Evolution einer Illusion, 2007

Zimmer (Hrsg.), Das Museum als Nonprofit-Organisation, 1996

§ 1 Stiftungsberater und Stiftungen in der Praxis

Was bietet dieses Kapitel?
Es betrachtet die Stiftungsszene und die „Zunft“ der Stiftungsberater. Dabei wirft es vor allem einen Blick auf den Gegenstand der Beratertätigkeit, also auf die Stiftung und die mit ihr typischerweise verbundenen Lebenssachverhalte. Nur wer die typischen Lebenssachverhalte in der Welt der Stiftung und die Motive der Stifter kennt, kann passend und angemessen beraten.

Eine Stiftung ist ein großer Haufen Geld, umringt von Leuten, die welches wollen.

Unbekannter Aphoristiker

Übersicht:

A. Die Stiftungsberaterszene

1 Stiftungen haben in Deutschland eine lange, durchaus fromm und religiös fundierte Tradition.[1] Sie sind nach wie vor oder sogar heute mehr denn je en vogue! Die Fachveröffentlichungen zum Thema Stiftungen erschlagen zunehmend selbst die Fachleute. Neuerdings kommt ein aus meiner Sicht bedenkliches Phänomen hinzu. Unbekannte und auch bekannte Mitstreiter in der Beraterszene erhalten die Möglichkeit, sich durch eine Werbeanzeige in eine Sonderveröffentlichung „einzukaufen“ und zugleich einen „Fachbeitrag“ zu liefern.[2] Sind das echte und verlässliche Fachbeiträge? Werden sie von einer Redaktion oder von Herausgebern (fachlich) geprüft? Gibt es eine Qualitätskontrolle? Die bisher zu Recht gepflegte Trennung von redaktionellen Beiträgen und Werbung geht mit solchen Beiträgen verloren. Aus der Welt der bunten Magazine zu verschiedenen Themen kennen wir das schon länger. Schade, dass wir es nun auch in der **Stiftungswelt** beobachten müssen.

1 Siehe etwa *Schlüter/Stolte*, Kapitel 1 Rn 1 ff.

2 Jeder Leser schaue einmal selbst genau hin, was da zunehmend so alles auf dem Markt ist – gedruckt und im Internet.

2 Erheblich geprägt wird die Stiftungsszene vom **Bundesverband Deutscher Stiftungen**, Berlin,[3] und vom **Stifterverband für die Deutsche Wissenschaft**, Essen,[4] was sich für beide auch in den Fußnoten dieses Buches immer wieder zeigt.

Es ist auch zu beobachten, dass wohl beinahe jede Bank und Sparkasse eine „Stiftungsabteilung“ hat[5] und mit mehr oder weniger gelungenen Broschüren sowie Veranstaltungen für die Errichtung rechtsfähiger und vor allem treuhänderischer Stiftungen wirbt. „Vermögensnachfolgegestaltung“, „Werte sichern und weitergeben“, „Ihre eigene Stiftung“, „Vermögen stiften“ und ähnlich lauten die lockenden, aber nicht immer ganz treffenden Schlagwörter. Auch in Presse, Funk und Fernsehen liest, hört und sieht man beinahe täglich über und zu Stiftungen.

Bei alledem wird immer wieder und immer noch vieles zur Stiftung durcheinander geworfen und verwechselt. Dieses Buch soll helfen, dem entgegenzuwirken. Nach wie vor gibt es auch kritische Stimmen[6] und leider auch deutlich abzulehnende Auswüchse (siehe § 9 Rn 290 ff.). Die „Stiftung für jeden“ gibt es leider auch nicht wirklich. Jeder kann aber zustiften oder spenden.

3 Das alles bleibt natürlich nicht ohne Auswirkung auf die **Beraterszene**. Wen findet man in der Stiftungslandschaft **als Stiftungsberater**?

Da sich zunehmend breitere Beraterkreise für das Thema Stiftung interessieren, findet man spezialisierte Rechtsanwälte, Steuerberater und Wirtschaftsprüfer, aber auch Bankmitarbeiter, Unternehmensberater unterschiedlicher Couleur sowie Financial Planner und Estate Planner. Auch wenn das **Rechtsdienstleistungsgesetz** den Beratungsberufen zusätzliche Möglichkeiten in der Rechts- und Steuerberatung gibt,[7] so bleibt doch festzuhalten: Wer unter die zweite Gruppe fällt, ist, auch wenn er etwa als Stiftungsberater zertifiziert sein sollte, eben immer noch kein Rechtsanwalt oder Steuerberater (siehe auch § 14 Rn 1 ff.).

---

3 Homepage: www.stiftungen.org; s. auch *Fleisch*, FuS 2014, 157 („Der Bundesverband deutscher Stiftungen stellt sich vor“).

4 Homepage: www.stifterverband.info.

5 Beispiele bei *Wittrock*, Zeit-online, 8.12.2011: „Überdauern bis in alle Zeit – Die Deutschen stiften, was das Zeug hält. Warum eigentlich?“; *Klesse/Hielscher/Kroker*, www.handelbsblatt.com, 26.3.2012: „Deutschland ist Stiftungsland“.

6 Siehe dazu etwa *Schiffer*, Blog-Kommentar vom 7.7.2012 auf www.stiftungsrecht-plus.de; *Graf Strachwitz*, Die Stiftung 03/2012, S. 15.

7 Siehe dazu neben der einschlägigen Kommentarliteratur einführend etwa den anwaltlichen Berufsrechtler *Römermann*, NJW 2008, 1249.

Daran ändert auch die anhaltende Diskussion in Bankenkreisen zu dem Urteil des OLG Karlsruhe vom 23.12.2010[8] zur Frage der Zulässigkeit von Rechtsdienstleitungen durch ein Kreditinstitut[9] aus meiner Sicht sehr wenig. Genau betrachtet geht es hier gar nicht in erster Linie und nur um die Frage nach den Grenzen des rechtlich Zulässigen. Zuallererst geht es um die Fachkompetenz des betreffenden Beraters.[10] Einem verantwortungsbewussten Berater, der nicht aus der Gruppe der Rechtsanwälte, Steuerberater und Wirtschaftsprüfer stammt, stellt sich hier aber nicht nur die Frage nach der betreffenden eigenen Fachkompetenz, sondern auch nach der drohenden Haftung für etwaige Beratungsfehler in rechtlichen und steuerlichen Fragen.

Die Frage nach der etwaigen Haftung stellt sich auch deshalb besonders dringend, weil ein solcher Berater, anders als Rechtsanwälte, Steuerberater und Wirtschaftsprüfer, in der Regel keine entsprechende Berufshaftpflichtversicherung haben muss und haben wird. Sinnvollerweise wird ein solcher Berater sich für eine passende Beratung auch zur Vermeidung von Haftungsproblemen die ihm gegebenenfalls fehlende Fachkompetenz von außen hinzuholen. Den **Aufbau eines Netzwerkes** mit geeigneten Beraterkollegen kann ich nur dringend empfehlen. Auch ein erfahrener Stiftungsberater kann nicht „alles“ wissen. Nach meinen Erfahrungen ist der **Umgang der Berater unter- und miteinander** in der Stiftungsszene durchaus angenehm und kollegial. Das lässt sich nicht unbedingt von jeder anderen Beraterszene so sagen. 4

Angemerkt: „Unpassende“ Beratung

Ausgesprochenen unpassend, ärgerlich und genau genommen sogar täuschend ist es schon wegen der Bedeutung des Themas für den potentiellen Stifter und wegen der Komplexität des Lebenssachverhaltes, wenn eine „**fundierte Beratung**“ zur Errichtung einer rechtsfähigen oder unselbstständigen Stiftung in „ein bis zwei Stunden“ angeboten wird. Solange dauert typischerweise schon ein Sondierungsgespräch für eine erste Abklärung der Wünsche des Stifters.

Leider findet man solche „Angebote“ in der Praxis durchaus (siehe § 14 Rn 3 f.), und das obwohl es für einen Stifter genau betrachtet keine „Stiftung von der Stange“ geben kann. Ist doch die Errichtung einer Stiftung für ihn

8 Az. 4 U 109/10 = ZIP 2012, 20.

9 Da wird dann auf Seminaren und Workshops lange diskutiert, ob und wann eine Rechtsdienstleistung noch eine nach dem Rechtsdienstleistungsgesetz zulässige Nebendienstleistung ist. Als ob ein Stiftungsberater das im Einzelfall sicher beurteilen kann. Tatsächlich wird es doch i.d.R. eine nicht zweifelsfreie Grenzwanderung sein, die dann ggf. ein Gericht viele Jahre später nach umfangreichem Schriftwechsel zu beurteilen hat.

10 Siehe auch *Stackmann*, Klagen gegen Finanzberater – Beobachtungen von der Bodenstation, NJW 2011, 2616, zu den Pflichten von Anlageberatern und -vermittlern.

grundsätzlich eine außergewöhnliche und eben einmalige Angelegenheit, die auch deshalb individuell auf ihn zugeschnitten sein sollte, jedenfalls aber ihm persönlich passen muss. Da wundert es nicht, dass man nicht nur vereinzelt auf den **Vorwurf missbräuchlicher Stiftungsberatung** trifft. Dieser Vorwurf mag mitunter gar nicht auf einer tatsächlichen „Missbrauchsabsicht", sondern vielmehr ggf. auch darauf beruhen, dass in unserer heutigen Zeit der „(Über-)Spezialisierung" der bei Stiftungsgestaltungen unerlässliche „Blick auf das Ganze"[11] verloren gegangen ist.

5 Ein Vorwurf missbräuchlicher Stiftungsberatung trifft einerseits die Beraterzunft. Er hängt andererseits aber auch mit der **Erwartung potentieller Stifter** zusammen. Wir müssen uns über Folgendes im Klaren sein:

Eine Stiftung ist und bleibt **eine spezielle Rechtsfigur** für spezielle Fälle. Das Stiftungszivilrecht und das Stiftungssteuerrecht (Gemeinnützigkeitsrecht) sind zu kompliziert und zu komplex, als dass der Laie sich alleine zurechtfinden könnte. Hier kann auch der typische ehrenamtliche Stiftungsschaffende bei seiner Arbeit für die Stiftung leicht auf falsche Wege und in Probleme geraten.

Zunächst ist vor allem für einen potentiellen Stifter schon aufgrund der Vielzahl einschlägiger Gesetze, zunehmender Gerichtsurteile und fast unüberschaubarer Fachbeiträge, einerseits eine intensive Auseinandersetzung mit dem Thema und andererseits eine kompetente fachliche Begleitung unerlässlich. Zudem muss ein Stifter bestimmte persönliche Qualifikationen erfüllen, die sich parallel zu dem Begriff „Börsenreife", den wir vor allem im Zusammenhang mit Börseneinführungen kennen, bekanntlich unter dem Schlagwort **„Stiftungsreife"** zusammenfassen lassen.

6 Ein Stifter und seine Familie sowie etwaige Mitstifter und auch Zustifter müssen vor allem gewillt sein zu akzeptieren, dass mit der Stiftung eine eigenständige, von ihrem zukünftigen Willen unabhängige juristische Person ins Leben gerufen wird, der das erforderliche Stiftungsvermögen dauerhaft übertragen wird, so dass man mit diesem Vermögen dann nicht mehr wie mit eigenem Vermögen verfahren darf. Mit dem Stiftungsvermögen dürfen nur die Zwecke der Stiftung erfüllt werden. Die einmal genehmigte Stiftung genießt mit ihrem jeweiligen spezifischen, ggf. gemeinnützigen Stiftungszweck staatlichen Bestandsschutz – und zwar auch gegenüber den Stiftern. Das ist von potentiellen Stiftern und ihren Stiftungsberatern durchgehend zu beachten. Auf diese Zusammenhänge und das damit einschlägige, 1999 „erfundene" Schlagwort der **Stiftungsreife** sowie die Beratungspraxis werde ich im letzten Kapitel näher eingehen (siehe dazu § 14 Rn 50 ff.). Im nachfolgenden Abschnitt möchte ich

11 Dazu *Schiffer*, StiftungsBrief 2014, 41.

zunächst einen Blick auf die Stiftungen und typische zugehörige Lebenssachverhalte sowie Stiftermotive richten, die wir in der Praxis vorfinden.

B. Stiftungen in der Praxis

I. Das Schlagwort „Stiftung"

Zumindest wir Juristen verstehen unter einer Stiftung nach wie vor zuallererst die rechtsfähige Stiftung nach §§ 80 ff. BGB. Die **rechtsfähige Stiftung des Privatrechts** als Rechtsform wird im BGB und den Landesstiftungsgesetzen allerdings nicht näher definiert, sondern einfach vorausgesetzt. Da verwundert es nicht, dass es einige Diskussionen zu dem Stiftungsbegriff gibt.[12] Zu nennen ist hier etwa die vor einigen Jahren geführte Diskussion zu Zulässigkeit der unternehmensverbundenen Stiftung (siehe § 2 Rn 32 ff.), die u.a. auch mit einem unterschiedlichen Verständnis des Inhalts des Begriffs Stiftung zusammenhing. Der „funktionale Stiftungsbegriff" (siehe sogleich Rn 9) gehört auch in diesen Zusammenhang. Die Stiftung ist unabhängig davon in ihrer Grundform eine juristische Person ohne Eigentümer, Gesellschafter oder Mitglieder und ist als eine Zusammenfassung vermögenswerter Gegenstände, die einem oder mehreren privaten oder sonstigen Zwecken gewidmet sind, grundsätzlich auf Dauer angelegt[13] und in ihrer Grundform eine **wertneutrale, steuerpflichtige juristische Person des Privatrechts**, die z.B. wegen gemeinnütziger Zwecke steuerbefreit sein kann, es aber nicht sein muss. 7

In der Praxis wird die **Bezeichnung „Stiftung"** allerdings bei weitem nicht nur für Stiftungen im eigentlichen Sinne verwendet. Neben rechtsfähigen selbstständigen Stiftungen gibt es auch nicht rechtsfähige, unselbständige Stiftungen, auch Treuhandstiftungen genannt (siehe § 12 Rn 1 ff.). Unter bestimmten Voraussetzungen wird die Bezeichnung Stiftung etwa auch für Vereine oder Gesellschaften mit beschränkter Haftung verwendet (zu diesen „Ersatzformen" siehe § 2 Rn 78 ff.). Diese Verwendung des Schlagwortes „Stiftung" in der Firma einer GmbH (Paradebeispiel: Robert Bosch Stiftung GmbH) ist jedenfalls zulässig, wenn die Gesellschaft ein einem bestimmten Zweck gewid- 8

12 Überblick bei Staudinger/*Hüttemann/Rawert* (2011), Vorbem zu §§ 80 ff. Rn 1 ff.; kritisch dazu NK-BGB/*Schiffer/Pruns*, Vor §§ 80 ff. Rn 1.

13 „Nachhaltigkeit" ist hier das Stichwort, das einem allenthalben entgegenschallt. Ausnahme: Verbrauchsstiftung (siehe dazu § 2 Rn 14 ff.).

metes Vermögen verwaltet.[14] Entsprechend muss auch ein **Stiftungs-Verein**[15] anders als ein „normaler" gemeinnütziger Verein über eine kapitalartige Vermögensausstattung oder jedenfalls über eine gesicherte Anwartschaft darauf verfügen, damit eine dem Wesen einer Stiftung entsprechende Aufgabenerfüllung zumindest über einen gewissen Zeitraum sichergestellt ist (Beispiel: Konrad Adenauer Stiftung e.V.). Verfolgt ein Verein seinen Zweck alleine mit Mitgliedsbeiträgen und/oder Spenden, darf er sich nicht „Stiftung" nennen. Das alles führt natürlich nicht selten zu einer an sich unnötigen Verwirrung, weshalb ich auch kein Freund dieser „Fehlbezeichnungen" bin. In jedem Fall muss eine Verwechslungsgefahr mit der „echten" Stiftung ausgeschlossen sein.[16] Es darf keine Täuschung im Rechtsverkehr stattfinden. Leider ist dennoch zunehmend zu beobachten, dass z.B. unselbstständige Stiftungen durch ihre Treuhänder im Rechtsverkehr ohne jeglichen Zusatz nur als „Stiftung" auftreten, also wie eine rechtsfähige Stiftung. Das ist unzulässig, weil es den Rechtsverkehr täuscht. Unterlassungs- und Schadensersatzforderungen können die Folge sein – von Imageschäden ganz zu schweigen.[17]

9 Daneben treten einige für einen **funktionalen Stiftungsbegriff** ein.[18] Der Begriff soll als „Denkmodell" dienen, um Fragestellungen wie den Grundrechtsschutz des Stifters, die Zustiftung zu Teilzwecken der Empfängerstiftung, die Vermögensbindung im Fall der Auflösung oder des Rechtsformwechsels der Stiftung sowie die Behandlung von Stiftungskörperschaften im Gemeinnützigkeitsrecht zu erörtern. Mir scheint dieser Stiftungsbegriff ggf. in der Tat für Denkmodelle hilfreich, tatsächlich für die Praxis aber eher verwirrend. Er leistet damit (ungewollt) solchen nicht überzeugenden Gedanken wie dem einer „rechtsfähigen treuhänderischen Stiftung" Vorschub (siehe § 12 Rn 9). Mir scheint bei diesem weiteren Schlagwort, das ausdrücklich nicht auf die Terminologie des Bürgerlichen Gesetzbuches abstellt, sondern auf den „allgemeinen Sprachgebrauch", wo der Begriff der Stiftung eine von der Rechtsform losgelöste Bedeutung gewinne,[19] große **Vorsicht** geboten. Der allgemeine Sprachgebrauch ist doch bekanntlich schlagwortartig ungenau. Damit scheint

14 Grundlegend, aber wenig überzeugend OLG Stuttgart NJW 1964, 1231 = GmbHR 1964, 116. Sogar noch weniger streng: OLG Frankfurt, Beschl. v. 20.11.2000 – 20 W 192/2000, 20 W 192/00, NJW-RR 2002, 176 ff. m.w.N.

15 *Sauter/Schweyer/Waldner*, Rn 59.

16 So auch *Wochner*, DStR 1998, 1835.

17 *Schiffer*, ZStV 2015, 61, 62 f. zu BVerwG, Urt. v. 9.4.2014 – 8 c 23/13, ZStV 2015, 59 ff.

18 *Frankenberger*, Der funktionale Stiftungsbegriff als Denkmodell eines rechtsformübergreifenden Stiftungsrechts, Frankfurt 2013 unter Hinweis auf den von *Schlüter* entwickelten entsprechenden Ansatz: *Schlüter*, Stiftungsrecht zwischen Privatautonomie und Gemeinwohlbindung, 2004, dort insb. S. 21 ff.

19 So klar und ausdrücklich *Schlüter*, a.a.O., 21.

er mir für rechtliche Folgerungen eine zweifelhafte Grundlage. Rechtliche verbindliche Aussagen können nur aufgrund einer Auslegung des Gesetzes getroffen werden.

Für **Verwirrung auch in der (wissenschaftlichen) Diskussion** hat denn auch gerade vor dem Hintergrund dieser rechtswissenschaftlichen Überlegungen immer wieder die falsche Annahme gesorgt, in dem Begriff „Stiftung" schwinge der Gedanke der Gemeinnützigkeit mit. Die rechtsfähige Stiftung ist entgegen manchem Missverständnis und Vorurteil nach dem BGB und dem KStG eine steuerpflichtige juristische Person, die – wie andere Rechtsformen (in der Praxis insbesondere Vereine und GmbHs) auch – gemeinnützig im Sinne der §§ 51 ff. AO sein kann, es aber nicht sein muss. Auf dieses für die Praxis und verschiedene Fachdiskussionen bedeutsame Missverständnis wird im weiteren Verlauf dieses Buches noch an mehreren Stellen eingegangen. 10

Körperschaftsrecht (Zivilrecht) und Steuerrecht sind als zwei gesonderte Rechtsgebiete auch bei den Stiftungen zu trennen! Sofern eine Stiftung unmittelbar oder mittelbar unternehmerisch tätig ist, kann sie sich den Gesetzmäßigkeiten des Wirtschaftslebens, wie insbesondere der Steuerpflicht, nicht entziehen. Das wird ausführlich in § 8 und § 9 behandelt. 11

II. Typische Lebenssachverhalte bei Stiftungen

Stiftungen sind ein thematisch breites und interessantes Beratungsfeld.[20] Es stimmt: „Stiftungen bewegen"![21] Während in früheren Zeiten[22] Stiftungen sehr häufig ergänzend sozialen und/oder kirchlichen Zwecken dienten, die vom Staat oder der Kirche nicht erfüllt werden konnten oder von diesen nicht als ihre Aufgabe angesehen wurden (Spitäler, Anstalten),[23] sind **Stiftungen** nach aktuellem Verständnis nicht mehr nur Instrumente zur Umverteilung materieller Werte von einem Einzelnen in den öffentlichen Bereich. Stiftungen **dienen** 12

20 Siehe etwa den Übersichtsaufsatz zu „Einsatzmöglichkeiten von Stiftungen": *Kirchdörfer*, FuS, 2012, 62 ff.

21 Siehe dazu die Beiträge in dem Buch von *Haas/Verstl* (Hrsg.), Stiftungen bewegen – Ein Perspektivwechsel zur Gestaltung des Sozialen, 2013; *Sarholz* bespricht dieses Buch in FuS 2013, 80.

22 Die älteste noch „lebende" Stiftung soll die „evangelische Stiftung zu St. Goar" sein, die im Jahre 765 errichtet wurde, siehe *Brinkhus*, Deutsche Stiftungen, 01/2003, 121. Frau Anke Pätsch vom Bundesverband Deutscher Stiftungen hat mich darauf hingewiesen, dass nach heutigem Stand der im Jahre 1127 in Lüneburg errichtete Hospitalfonds Sankt Benedikti die älteste bestehende deutsche Stiftung ist (siehe www.stiftungsrecht-plus.de „Schiffer-Blog" vom 22.9.2010).

23 Lehrreich und anschaulich zur Geschichte des Stiftungswesens *Liermann*; Werner/Saenger/*Lingelbach*, Rn 36 ff.

- der Umverteilung von Vermögen wohlhabender Bürger auf ärmere Bürger angesichts der nach wie vor diskutierten „Reichensteuer“[24] und des zunehmenden Grabens zwischen Arm und Reich,
- der Umverteilung von einer Generation auf die nächste Generation[25] oder
- der Förderung bestimmter öffentlicher (gemeinnütziger und mildtätiger) Zwecke wie z.B. Wissenschaft,[26] Kunst und Kultur, soziale Arbeit („Stiftungen stopfen Löcher im sozialen Netz der Städte“)[27] sowie Umweltschutz, etwa auch im Zusammenhang mit Bemühungen großer und kleiner Unternehmen um (neudeutsch) „Corporate Social Responsibility“, worüber z.T. ganz erhebliche Beträge in den gemeinnützigen Sektor fließen, was dort durchaus zu erheblichen Diskussionen führt. Ich durfte z.B. erleben, dass die „Zusammenarbeit“ einer Umweltinitiative mit einem Großkonzern durchaus „ungewohnt“ ist.
- der Gestaltung eines unabhängigen Bereiches, der nicht dem Zugriff der nächsten Generationen (Stichwort „Unternehmensnachfolge“, siehe dazu § 11) oder etwa der Politik[28] ausgesetzt ist,
- der Absicherung einer oder mehrerer Stifterfamilien, oder
- auch „nur“ generell der (neudeutschen) „asset protection“ (siehe dazu sogleich Rn 20).
- Venture Philanthropy, Social Entrepreneurship, Social Business sind weitere moderne, im unvermeidlichen (?) Englisch verfasste Schlagworte aus der aktuellen Stiftungswelt.[29]

13 Stiftungen sind ein **globales Thema** vor allem in den Industrienationen. *Jungheim* betitelte in diesem Zusammenhang einmal eines seiner Editorials plastisch mit „**Beruf Weltretter**“, vermerkte aber zugleich, dass sich mit einer Stiftung natürlich auch bodenständigere sinnstiftende Tätigkeiten verfolgen lassen.[30] Zumindest aus der Presse bekannt sind uns die teilweise durchaus kontrovers

---

24 Siehe etwa Handelsblatt v. 9.1.2009, S. 3 („Einigung bei Reichensteuer offen“). Auch die Wiedereinführung der Vermögenssteuer wird zunehmend diskutiert.

25 Siehe hier auch *Maier*, Gemeinnützige Stiftungen und Generationengerechtigkeit, 2012.

26 Zur steuerlichen Förderung von Forschung und Entwicklung in Deutschland siehe *Arbeitsgruppe „Steuerliche FuE-Förderung“ der Forschungsunion Wirtschaft-Wissenschaft*, DStR 2009, 179.

27 So titelte schon das Handelsblatt vom 10.12.1996, S. 8.

28 Beispiel: Laut Handelsblatt v. 13./14./15.2.2009, S. 26, spricht sich der Vorsitzende der Mittelbrandenburgischen Sparkasse *Schubert* für eine Umwandlung von öffentlich-rechtlichen Sparkassen in Stiftungen aus. Sparkassen als Stiftungen könnten vor „politischen Beliebigkeiten des Gesetzgebers und vor möglichen wirtschaftlichen Überforderungen durch den Träger gesichert werden.“

29 Siehe dazu etwa *Ritter*, Rote Seiten zu Stiftung & Sponsoring 2/2012.

30 *Jungheim*, Die Stiftung 2/2012, 3.

diskutierten Beispiele berühmter Persönlichkeiten, die mit Stiftungen oder stiftungsähnlichen Gestaltungen versuchen, gegen Armut, Krankheiten und Umweltverschmutzung anzugehen.[31] Wer beruflich international unterwegs ist, erhält aber in der Tat einen Einblick in die Bedürfnisse vor Ort. Hier ein Beispiel dazu:

Dipl.-Ing. Christoph Jatzwauk, Vorstand Forschung & Entwicklung – Technologie eines weltweit tätigen Unternehmens, Ploessberg: **Bildungspatenschaften**
Aufgrund meiner beruflichen Tätigkeit im Bereich des Vertriebs für Schmelzanlagen in der Glasindustrie habe ich viel im Ausland zu tun. Indien, Guatemala oder Brasilien sind einige der Länder, die ich regelmäßig besuche. Man kommt mit den Kunden vor Ort zusammen und hat auch einen näheren Einblick in die dortigen Verhältnisse. So sieht man z.B., wie wichtig Bildung an sich ist. Wir vergessen das allzu häufig und klagen auf einem sehr hohen Niveau über Dinge, die uns im deutschen System verbesserungswürdig erscheinen.
Diese grundsätzliche Erkenntnis wurde durch das Engagement meiner Frau Anfang der 90er Jahre bestärkt, die aktiv für eine gewisse Zeit in einem Waisenhaus auf den Philippinen war. Das Waisenhaus wird von der „Mabuhay Kinderhilfe Philippinen" (www.mabuhay-kinderhilfe.de), einem Verein mit Sitz in Bamberg unterstützt, der vor Ort Kindern ohne Eltern oder aus Problemverhältnissen eine Unterkunft und die Ausbildung in einer Schule ermöglicht. Ein Ziel dieses Vereins ist es, dass dort lebende Kinder bei entsprechender Begabung auch weiterführende Schulen besuchen können – über die Highschool bis hin zum Studium. Da helfen dann Patenschaften für einen Zugang zur Bildung und damit zu einer beruflichen Entwicklung.

Angemerkt: Sinn und Unsinn der Klassifizierung von Stiftungen 14
Schlagworte zu Klassifizierung und Einteilung von Stiftungen finden wir viele und auch immer wieder neu: Unmittelbar fördernde Stiftungen z.B. werden als **„Förderstiftungen"**[32] bezeichnet. Fast **zwei Drittel aller Stiftungen sollen fördernd tätig sein**, ca. 20 % sollen als Projekt- oder Einrich-

31 Siehe dazu etwa schon DER SPIEGEL 30/2007, Titelgeschichte „Die Retter der Welt – Der Feldzug der Reichen gegen Armut, Aids und Klimawandel". Das Thema bleibt im Fokus, man „google" das Thema und finde unzählige Hinweise.

32 Ausf. zur Förderstiftung – allerdings insb. aus Schweizer Sicht: *von Schnurbein/Timmer*, Die Förderstiftung: Strategie – Führung – Management, 2. Aufl. 2015 (Basel).

tungsträgerstiftungen operativ tätig sein und ebenfalls ca. 20 % der Stiftungen sollen sowohl fördernd als auch operativ tätig sein.[33]
Daneben findet man etwa auch noch die Klassifizierung als **„Anstaltsstiftung/Trägerstiftung"** (= die Stiftung betreibt/trägt eine Anstalt – etwa Krankenanstalt) oder als **„Kapitalstiftung/Hauptgeldstiftung"** (= die Stiftung leistet finanzielle Unterstützung). Wir finden „unternehmensverbundene Stiftungen", „Unternehmensträgerstiftungen" und „Beteiligungsträgerstiftungen". Solche dem Gesetz fremden Begrifflichkeiten und wissenschaftlich motivierte Systematisierungen, wie etwa auch der Begriff **„operative Stiftung"** (= die Stiftung ist selbst operativ tätig, d.h. betreibt selbst Projekte und unterstützt nicht nur fremde Projekte),[34] helfen in der Praxis allerdings regelmäßig wenig weiter – zumal sich häufig Mischformen finden.
Besonders misslich ist es, was aber leider in der Praxis und auch der wissenschaftlichen Diskussion immer wieder vorkommt, wenn aus solchen Begrifflichkeiten und Systematisierungen unmittelbar Folgerungen für oder gegen eine Ansicht, für oder gegen ein weiteres Vorgehen in einer konkreten Angelegenheit ohne Blick auf deren spezifische Sachverhaltseigenheiten abgeleitet werden. Ein solcher Denkansatz wird regelmäßig zu falschen Annahmen und Ergebnissen führen, denn besagte Begrifflichkeiten können immer „nur" **ein kennzeichnendes Schlagwort** sein, aber nicht etwa den mit dem Schlagwort umschriebenen Sachverhalt definieren, bestimmen oder mit rechtlichen Konsequenzen versehen. Entsprechendes gilt für Systematisierungen, die letztlich auch nur dazu dienen, dass man zu dem Thema den Überblick behält.

- So ist es eben falsch, aber tatsächlich so geschehen, wenn eine Finanzverwaltung aus dem Umstand, dass eine Stiftung nicht steuerbefreit war, vorschnell geschlossen hat, es müsse sich um eine Familienstiftung handeln.[35]
- Ebenso irreführend ist es beispielsweise, aus dem zu § 58 Nr. 6 AO geprägten Schlagwort „gemeinnützige Familienstiftung" für eine steuerbefreite Stiftung Folgerungen aus dem Bereich der echten Familienstiftung zu ziehen.[36]

---

33 So eine Statistik des Bundesverbandes Deutscher Stiftung von 2010, abrufbar unter www.stiftungen.org.

34 Zur operativen Stiftung siehe *Neuhoff*, ZSt 2009, 16.

35 So vom Verfasser in der Praxis in einem FG-Verfahren erlebt.

36 So aber *Schwarz*, BB 2001, 2381 (2387). Dazu *Schiffer/v. Schubert*, BB 2002, 265 (266).

Stiftungen sind oft auch **Institutionen aus der Mitte unserer Gesellschaft,** mit deren Hilfe Bürger[37] versuchen, im Sinne des Gemeinwohls **Wandel** zu bewirken, ohne dabei Stabilität aufzugeben. Ein wesentliches Stichwort ist hier das der **Bürgerstiftung** (dazu näher siehe § 2 Rn 47 ff.). Man spricht ja auch von **Bürgergesellschaft,**[38] in der die Stiftungen heute häufig ihre Rolle finden. Stiftungen lassen sich vor diesem Hintergrund heute u.a. beschreiben als 15
- Wohltäter der Gesellschaft
- Innovationsagenturen
- Think Tanks
- Politikberatungen
- Familienstiftungen.

Praxishinweis: „Fußball-Stiftungen“
Auch die deutschen Fußballvereine folgen dem Trend, sich institutionalisiert gesellschaftlich zu engagieren und das zunehmend mit Stiftungen. Eine gute Bestandsaufnahme dazu mit zahlreichen Statistiken gibt *Wrzesinski*, stellvertretender Geschäftsführer der DFB-Stiftungen Egidius Braun und Sepp Herberger, beide Hennef.[39]
So hat sich etwa auch **BVB Borussia Dortmund** für eine rechtsfähige Stiftung entschieden: „leuchte auf – Die BVB Stiftung“.[40]

Die Lebenssachverhalte, die mit Stiftungen verbunden sind, sind also durchaus vielfältig. Eines haben aber alle diese **Lebenssachverhalte** gemeinsam: Sie betreffen jeweils die **Bereiche Wirtschaft, Recht, Steuern und menschliche Aspekte** und erfordern deshalb eine **wertende Gesamtbetrachtung** von Stifter und Berater. Wer hier nur eine reine Rechtsbetrachtung betreiben will, wird bei einer Beratung zu diesen Lebenssachverhalten regelmäßig scheitern. 16

Es gibt, wenn man den Statistiken glauben darf, gegenwärtig über 21.000 **selbstständige (= rechtsfähige) Stiftungen** in Deutschland,[41] die ganz **überwiegend gemeinnützig** sind.[42] 17

37 Interessante Portraits einiger großer Stifter von Jakob Fugger über Alfred Nobel, John D. Rockefeller, Daniel Guggenheim, Robert Bosch, Hernry Ford, Amélie Thyssen bis zu Kurt A. Körber und Reinhard Mohn und anderer finden sich bei *Fest* (Hrsg.), Die großen Stifter, 1997.

38 Siehe dazu schon den Tagungsband zur 57. Jahrestagung 2001 des Bundesverbandes Deutscher Stiftungen, Auf dem Weg zur Bürgergesellschaft – Die Rolle der Stiftungen. Man gebe das Stichwort in eine Suchmaschine eine und wird unzählige Hinweise finden.

39 ZStV 2014, 66.

40 Näher dazu *Rühmann*, ZStV 2014, 79.

41 Zu der Stiftungslandschaft im Ausland siehe auch § 14. Ausführlich etwa: *Richter/Wachter*, Handbuch des internationalen Stiftungsrechts, 2007.

42 Zu den jeweils aktuellen, hier angesprochenen Zahlen siehe www.stiftungen.org unter „Forschung und Statistik“.

Unternehmensverbundene Stiftungen gibt es in Deutschland wohl einige Hundert. Familienstiftungen soll es gegen 550 geben.[43] Lange Jahre wurden ca. 800 bis 1.000 rechtsfähige Stiftungen bürgerlichen Rechts pro Jahr errichtet. Das hat zwischenzeitlich etwas nachgelassen. Von einem Boom wird man zumindest aktuell nicht mehr sprechen können. Die **treuhänderischen Stiftungen** (siehe dazu § 12) sind ungezählt. Man hört aus verschiedenen Quellen Schätzungen, die von etwas mehr als 20.000 bis hin zu 50.000. gehen.

Betrachtet man die **Bundesländer**, so liegen Nordrhein-Westfalen und Bayern an der Spitze, gefolgt von Baden-Württemberg, Niedersachsen, Hessen und Hamburg. Nur knapp 7 % der erfassten rechtsfähigen Stiftungen haben ihren Sitz in den neuen Bundesländern ohne Berlin. Dort haben nur wenige Stiftungen die Deutsche Demokratische Republik überdauert. Als Schlagworte dazu seien genannt: Die Bodenreform, die Zusammenlegungsgesetze (1948/49) und das Zivilgesetzbuch der DDR.

18 Stiftungen verfügen über **Vermögen** von wenigen zehntausend EUR bis zu mehreren Milliarden EUR. Die Stiftung gerät aktuell auch immer mehr in das Blickfeld der Öffentlichkeit. Davon zeugen auch die Stiftungstage, die in zahlreichen Städten regelmäßig ausgerichtet werden. Nach einer erkennbaren „Sättigung" der Nachfrage bei den Stiftungen und den Stiftungsinteressierten ist hier inzwischen eine gewisse rückläufige Tendenz zu beobachten.

Angemerkt: Stiftungstage und andere Veranstaltungen[44]
Wie wichtig und wertvoll sind die zahlreichen Stiftungstage! Etwa der vom Bundesverband Deutscher Stiftungen ausgerichtete. Zu nennen sind beispielhaft aber auch der jährliche Stiftungstag des Deutschen Sparkassen- und Giroverbandes in Berlin oder auch lokale Initiativen wie der Bonner Stiftungstag. Bei solchen Veranstaltungen ist das „Kontakten" und „Netzwerken" ganz wichtig. Es stellen sich i.d.R. zahlreiche Stiftungen und ggf. auch Dienstleister rund um das Stiftungswesen vor. Es gibt typischerweise Vorträge und/oder Diskussionsrunden zu Fachfragen, z.B.: Wie organisiere ich erfolgreiche Bildung? Wie kann ich soziale Medien in der Stiftungswelt sinnvoll nutzen? Was bedeutet zeitnahe Mittelverwendung? Welche rechtlichen und steuerlichen Neuerungen gibt es? Wir sollte das Zusammenwirken von ehrenamtlich und hauptamtlich Tätigen in einer Stiftung organisiert werden?
Zahlreiche solcher Veranstaltungen habe ich besucht oder sie mitorganisiert. Immer wieder habe ich dort auch Vorträge gehalten. Daher weiß ich, dass

43 Siehe den Bericht der Bund-Länder-Arbeitsgruppe vom 10.1.2002, S. 46 („535 Familienstiftungen") und dort Anhang 9.

44 Siehe auch *Schiffer*, StiftungsBrief 2013, 83.

solche Veranstaltungen typischerweise einen ganz erheblichen Aufwand bedeuten – übrigens auch für die Besucher, die sich ggf. einige Tage frei nehmen müssen. Sehr bewusst sind mir die hohen Kosten solcher Veranstaltungen, die in aller Regel nur durch ein umfangreiches Sponsoring aufgebracht werden können. Ganz unabhängig von den verschiedenen steuerrechtlichen Fragen rund um das Sponsoring werden die Veranstaltungen dann natürlich von den als Sponsoren auftretenden Unternehmen mitgeprägt. Der eine oder andere beklagt das. Tatsächlich ist es unvermeidbar. Nicht selten hört man auch den kritischen Hinweis, wie sehr sich die Veranstaltungen ähneln und wiederholen. Das betrifft den besonders, der mehrere solcher Veranstaltungen besucht. Schließlich wird auch angemerkt, dass die Veranstaltungen einfach zu groß geworden seien. Da bleibt aus meiner Sicht nur die Antwort, dass der Besuchererfolg der besagten Veranstaltung Recht gibt.
Wir sollten die genannten und weitere kritische Anmerkungen als Denkanstöße begreifen. Es dürfte sich lohnen, über optimierte Formate und Inhalte von Stiftungstagen nachzudenken. Tatsächlich lässt sich ja nicht leugnen, dass kleinere Formate den Dialog unter den Teilnehmern fördern. Richtig ist grundsätzlich auch, dass zielgruppengenauere Angebote etwa für Stiftungen, die sich der Bildung verschrieben haben, konkretere Informationen für die Teilnehmer ermöglichen. Möglicherweise kann man auch Vorträge über den Weg zu Errichtung einer Stiftung, die wir schon zigmal gehört und gehalten haben, durch die Möglichkeit einer Erstinformation in einem Vieraugengespräch ersetzen. Wir sollten vermehrt nachdenken, wie wir mit „optimierten" Stiftungstagen und anderen Veranstaltungen das Stiftungswesen weiter fördern können.

III. Stiftermotive

Ausgangspunkt einer jeden Beratung im Zusammenhang mit einer Stiftungserrichtung ist das **Motiv des Stifters** für die angedachte Stiftung. 19

Die Motive, aufgrund derer Stiftungen errichtet werden, sind ausgesprochen vielfältig. Es lassen sich jedoch **drei Hauptgruppen von Motiven** als Fallgruppen für die Errichtung von Stiftungen identifizieren,[45] die einzeln oder auch kombiniert auftreten können: 20

- Gemeinnützige, mildtätige und auch kirchliche Motive vielfältiger Art (näher dazu § 9), die die Stifter mehr oder weniger eigenständig verfolgen wollen. Ein Beispiel ist etwa die „Lothar & Ingrid Hemshorn Stiftung" zur

45 Eingehend zu den Motiven der Stifter *Timmer*, Stiften in Deutschland, Die Ergebnisse der Stifterstudie, 2005.

Förderung überdurchschnittlich intelligenter Kinder aus sozial schwachen Familien. Die Stiftung wird eines Tages das gesamte Vermögen der Stifter in Höhe von mehreren Millionen EUR erben.[46] Die Stiftungen können natürlich auch deutlich kleiner sein. Dabei wird allerdings, wie uns der aktuelle Kapitalmarkt gelehrt hat, sehr genau zu prüfen sein, ob solche kleineren Stiftungen wirklich lebensfähig sind (näher dazu § 3 Rn 95 ff.).
- Der Wunsch, die Selbstständigkeit eines (Familien-)Unternehmens aufrechtzuerhalten, die Unternehmensnachfolge zu sichern, das eigene Lebenswerk oder das Werk, das von der Familie über viele Generationen aufgebaut wurde, zu erhalten (ausführlich dazu § 11).
- Der Wunsch nach einer langfristigen finanziellen Absicherung der Familie (näher dazu siehe § 2 Rn 21 ff.).

Die beiden letztgenannten Motive lassen sich auch unter dem Schlagwort **„Vermögenssicherung durch Stiftungen"** zusammenfassen. Neudeutsch lautet dazu das aktuelle Schlagwort **„asset protection"**.[47] Als wesentliche generelle Punkte sind hier mit *v. Oertzen* zu nennen: Inländische privatnützige Stiftungen, Ausländische Anstalten, Familienstiftungen und Trusts, die als legale Ansätze sämtlich im Folgenden näher angesprochen werden. Auch bei *v. Oertzen* nachlesen kann man zu weiteren Vermögensschutzansätzen wie Güterstandsschaukeln, inländischen und ausländischen Lebensversicherungen, Vermeidung pfändbaren Vermögensanfalls sowie Familienfonds mit Abfindungsbeschränkungen. *Werner* hat sich dazu ausführlich mit der **„Familienheimstiftung"** befasst.[48]

Bedroht sind entsprechende Vorgehensweisen immer wieder durch die Möglichkeiten der **Anfechtung** (Anfechtungsgesetz und Insolvenzanfechtung). Zu bedenken ist bei alledem aber auch die Möglichkeit der **strafrechtlichen Relevanz** des schützenden Tuns. In den Fokus der Strafverfolgungsbehörden kann das Tun hier vor allem mit Blick auf folgende Tatbestände geraten: Betrug (§ 263 StGB), Untreue (§ 266 StGB), Bankrott (§ 283 StGB), Gläubigerbegünstigung (§ 283c StGB), Vereitelung der Zwangsvollstreckung (§ 288 StGB) und Schuldnerbegünstigung (§ 283d StGB). Im Fall einer Straftat wird es oftmals neben den eigentlichen Tätern auch Teilnehmer und Gehilfen (Beihilfe) geben. Das neben den zulässigen Ansätzen denkbare strafrechtliche Feld ist also weit.

21 Stiftungen werden heute überwiegend von **Privatpersonen** errichtet, die ihr Vermögen schon zu Lebzeiten und auch nach ihrem Tod ganz oder zum Teil

46 Interview mit *Lothar Hemshorn*, Der Spiegel, 48/2002, S. 103; www.hemshorn-stiftung.de.

47 Ausführlich dazu und nicht nur im Zusammenhang mit Stiftungen: *v. Oertzen*, Asset protection im deutschen Recht, 3. Aufl. 2012.

48 *Werner*, ZEV 2014. 66.

für einen guten Zweck arbeiten lassen wollen und so ihre Erbfolge zumindest teilweise „gemeinnützig" gestalten, um „der Gesellschaft etwas zurückzugeben".[49] Dabei ist ein Trend zu beobachten, dass Stiftungen nicht mehr nur von „Reichen" und Prominenten, über deren Stiftungen wir aus „Presse, Funk und Fernsehen" immer wieder hören,[50] sondern auch von „Normalbürgern" errichtet werden, die vor allem auf die Möglichkeit der unselbstständigen (treuhänderischen) Stiftung (näher dazu § 12) oder auch auf Stiftungsfonds (siehe § 2 Rn 73 ff.) zurückgreifen.

„Hören" wir beispielhaft zwei Stifter aus unserer Mitte und gerade nicht aus der Welt der „Promis": 22

Dr. Christian Weizmann, ein für sein Engagement besonders ausgezeichneter Stifter, Bad Homburg: **Stiften macht glücklich**
„Mit der Errichtung einer eigenen Stiftung sendet der Stifter eine Rakete in die Ewigkeit" hörte ich einen Berliner Anwaltskollegen in Berlin vor zwei Jahren auf einer Veranstaltung sagen. Ist das übertrieben? Natürlich ein bisschen. Doch es liegt eine tiefe Wahrheit darin. Mit einer eigenen Stiftung, die in der Regel den Namen des Stifters trägt, lebt er weiter. Und es ist nicht irgendetwas, das fortdauert, sondern es ist ein Zeichen von Verantwortung, vielleicht sogar Liebe für Mitmenschen, für die Gesellschaft. Gerade im Moment besinnen wir uns nach einer Phase mancher wirtschaftlichen Übertreibung auf unsere eigentlichen Werte. Das Stiften gehört sicher zu ihnen, der eine mit größeren Kapitalien, der andere mit kleinerem Fokus. Und das Bewusstsein, in einem solchen Kontext fortzuleben, kann zu einem glücklichen Menschen beitragen."

Heike Kreten-Lenz, Coach und vormalige Verbandsgeschäftsführerin, Ochtendung: **Mitstifterin** 23
„Der Berufsverband, dem ich gemeinsam mit neun Kollegen/innen eine treuhänderische gemeinnützige und mildtätige Stiftung geschenkt habe, war lange Jahre meine berufliche Heimat. Mit meinem persönlichen Beitrag als Mitstifterin möchte ich einerseits allen danken, die mir dieses Gefühl der beruflichen Heimat gegeben haben und mit denen ich seit vielen Jahren freundschaftlich verbunden bin. Andererseits betrachte ich die Stiftung als lohnende Zukunftsinvestition zur Förderung und Weiterentwicklung unse-

49 Anschauliche Beispiele finden sich etwa in *Stiftung Rheinland-Pfalz für Kultur* (Hrsg.), Freude am Stiften – Stiftungskultur in Rheinland-Pfalz, 2000.

50 Beispiele: Franz Beckenbauer, Uwe Seeler, Michael Stich, Peter Maffay, Udo Lindenberg.

res Berufsstandes und als Anstoß für alle, die wie ich der Meinung sind, dass Stillstand ein Rückschritt ist."

24 Der Kreis der potenziellen Stifter hat sich aktuell deutlich ausgeweitet. Der Fall der gemeinnützigen Stiftung von Privatpersonen ist zwar wohl derjenige, der in der Öffentlichkeit am bekanntesten ist. Aber Stiftungen werden auch von erfolgreichen Start-Up-Unternehmern[51] und aus dem **unternehmerischen Mittelstand** heraus zur Vermögenssicherung unternehmensbezogen errichtet. Über die Möglichkeit einer **unternehmensverbundenen Stiftung** denken Unternehmer aus steuerlichen Erwägungen und vor allem dann nach, wenn im Kreise der Familie niemand bereit oder in der Lage ist, das Familienunternehmen fortzuführen (siehe auch § 11).[52] Viele Familienunternehmer befürchten, dass **Interessenkonflikte unter ihren Erben** oder das generelle **Fehlen geeigneter Unternehmerpersönlichkeiten** in den Folgegenerationen den Bestand des Familienunternehmens gefährden. Erinnert sei hier nur an die bekannten Beispielsfälle: Bahlsen, „4711", Benteler, Adidas, Neckermann, Grundig, Imhof (Stollwerck).[53] Da wundert es nicht, dass sich auch Betriebswirtschaftler und Kaufleute näher mit dem Thema Stiftungen befassen und dafür „Modelle" erarbeiten.[54]

25 Den Gefahren eines Erbenstreites[55] kann ggf. mit einer **Stiftung als Erbin** entgegengewirkt werden, wobei allerdings durch eine Stiftung an sich, das sei schon hier ausdrücklich angemerkt, **Pflichtteilsansprüche** (Pflichtteils- und Pflichtteilsergänzungsansprüche) **nicht vermieden** werden können (siehe § 10 Rn 21 ff.). Dennoch ist die Stiftung auch bei der Unternehmensnachfolgegestaltung nicht selten ein Thema (siehe § 11).

26 Es muss wohl noch deutlicher hervorgehoben werden, weil ich die Fragen dazu immer noch und immer wieder gestellt bekomme:

---

51 Siehe *Schiffer*, in: Schiffer/v. Schubert, Recht, Wirtschaft und Steuern im E-Business, 2002, S. 691.

52 Ausführlich etwa schon *Hennerkes/Schiffer*, BB 1992, 1940.

53 **Hinweis**: Aus Gründen der Diskretion und der Pflicht zur anwaltlichen Verschwiegenheit werden in dieser Darstellung nur solche namentlichen Beispiele erwähnt, die bereits in der Presse veröffentlicht worden sind – und auch nur in einem Umfang, der diesen Veröffentlichungen entspricht.

54 Beispiel: *Jansen*, Stiftungsformen zur Gestaltung der Vermögensnachfolge – Entwicklung eines Modells zur Entscheidungsfindung, 2013; Besprechung des Buches: *Schiffer*, ZErb, 2014, 36.

55 Ausführlich und anschaulich mit zahlreichen Praxisbeispielen *Eglau*, Erbe Macht & Liebe – Unternehmerfamilien zwischen Interessen und Emotionen, 2001.

Ebenso wenig wie die Errichtung einer Stiftung grundsätzlich ein tragfähiger Gestaltungsansatz zur Vermeidung von Pflichtteilsansprüchen ist, ist aus entsprechenden Erwägungen eine Stiftung dazu geeignet, Zugewinnausgleichsansprüche zu verkürzen.[56] § 1375 Abs. 2 Nr. 1 BGB entspricht hier § 2325 BGB. Vermögenszuwendungen an eine Stiftung innerhalb der letzten zehn Jahre vor der Beendigung der Zugewinngemeinschaft (§ 1375 Abs. 3 BGB) dürften grundsätzlich unabhängig von der konkreten Ausgestaltung der Stiftung als unentgeltliche Zuwendungen im Sinne der Vorschrift dem Endvermögen desjenigen, der der Stiftung etwas zugewendet hat, hinzuzurechnen sein. Sie fallen also in den Zugewinnausgleich.

Praxishinweis: Zugewinnausgleich 27
Einem Stifter, der im gesetzlichen Ehestand der Zustiftung lebt, ist mit Blick auf § 1375 Abs. 3 2. Fall BGB dringend zu empfehlen, die Zustimmung des Ehegatten zu der Stiftung ausdrücklich einzuholen oder mit diesem gemeinsam die Stiftung zu errichten.
Wirklich sicher ist nach heutigem Stand nur der Abschluss eines notariellen Ehevertrages (modifizierte Zugewinngemeinschaft[57]), wonach das auf die Stiftung übertragene Vermögen aus dem Zugewinnausgleich ausgenommen wird. Zumindest bei größeren Vermögen ist das zu empfehlen.

In den nachfolgenden Kapiteln wird die hier umrissene Thematik mit Blick 28
auf viele Einzelaspekte aus der Praxis des Stiftungswesens beleuchtet. Der folgende O-Ton eines engagierten Stiftungsberaters, umreißt das weite Feld, das wir hier betrachten wollen.

Achim Mohr, Stiftungsvorstand und Stiftungsmanager (DSA), Köln: **Zum Begriff „Stiftung"**
Die „Stiftung" genießt in der allgemeinen Wahrnehmung einen besonderen Stellenwert. Die mannigfaltigen Facetten der Stiftungen fußen grundsätzlich auf vier Aspekten: Auf der gesetzlich fest verankerten Idee der Stifterfreiheit, auf der damit unmittelbar verbundenen Verstetigung des Stifterwillens sowie auf der nachhaltigen Zweckerfüllung und i.d.R. auf den Regelungen der Steuerbegünstigungen. Im Kontext gemeinnütziger Stiftungen wird dabei häufig das Wort Altruismus verwendet. Bei näherem Hinsehen werden hier auch Adjektive wie moralisch, ethisch und tugendhaft genutzt. In der heutigen Stiftungslandschaft bewegen sich viele Akteure und unbestritten sind viele darunter, die Gutes tun wollen. Doch Gutes will auch gut getan sein. Sich häufende Verfügungen, Urteile und Steuerrichtlinien deuten daraufhin,

56 Wie hier etwa schon *Wachter*, Kap. B Rn 111.
57 Siehe etwa *Schiffer/Reinke*, Erbfolgebesteuerung 2002, 253.

dass besagte Stifterfreiheit ein Fluch sein kann. Gemeinnützige Stiftungen tun gut daran, sich nicht an den Grenzen des möglicherweise gerade noch Erlaubten zu orientieren, sondern vielmehr aus wahrem Altruismus heraus eine im Einzelfall unstrittig gemeinwohlkonforme Zweckverwirklichung zu verfolgen.

Auch betriebswirtschaftliche Grundsätze sind wesentliche Grundlage für eine effiziente Stiftungsarbeit. Die Einhaltung dieser Grundsätze ist quasi die Pflicht, die nicht durch gezieltes Ausnutzen von Grenzbereichen bestimmt werden sollte. Hohes Ziel und gleichermaßen die Kür der Stiftungsarbeit ist die nachhaltige (gemeinnützige) Projektarbeit und/oder Fördertätigkeit. Deren Ergebnisse, in zielgruppengeeigneter Form publiziert, werden dann zwangsläufig zum guten Bild der Stiftung.

Jeder Akteur, sei er Stifter, Organmitglied oder Ehrenamtler, sollte sich hier immer mit dem eigenen Bewusstsein auseinandersetzen. Wohl ein jeder von uns unterliegt bei seinem Tun inneren und äußeren Zwängen und Interessenskonflikten. Dazu kommt die zunächst „neue“ Notwendigkeit, Entscheidungen in diesem Spannungsfeld zu treffen und diese sinnvollerweise von der Idee über die Projektierung bis zur Evaluation hin zu dokumentieren.

Regelmäßig werden die genannten Akteure gerade in ihrer Anfangsphase als „Treuhänder“ der Stiftung, die über fremdes Vermögen zu bestimmen haben, der Entscheidungsfindung in einem ihnen bis dahin unbekannten Terrain ausgesetzt sein. Das ist normal. Mit zunehmender Erfahrung und der Bereitschaft, das eigene einschlägige Wissen gezielt auf- und auszubauen, werden sie ein nachhaltig gutes Ergebnis für die Stiftung erzielen. Es wäre allerdings ein Trugschluss, irgendwann zu behaupten, dass Wissens- und Erfahrungsziel erreicht zu haben.

Wie jeder andere Lebensbereich unterliegt der dritte Sektor einem ständigen Wandel und das ganz besonders im Steuerrecht. Die Verantwortlichen tun gut daran, die für sie wichtigen Vorschriften und Grundlagen ständig zu beobachten und mit dem eigenen Stiftungshandeln abzugleichen. Frei nach dem Motto: „Eine erkannte Gefahr ist keine Gefahr.“ Oder anders ausgedrückt: „Lieber den Weg bereiten und agieren, als zur reagieren und sich dem Verlust der Gemeinnützigkeit auszusetzen.“

Abschließen möchte ich dieses Kapitel mit einer kleinen (nicht ganz ernst gemeinten) Typologie. 29

Angemerkt: Stiftertypen und Beratertypen – eine nicht ganz ernst gemeinte Typologie

Nach ihrer Erwartungshaltung kann man typisiert folgende potentielle Stiftertypen unterscheiden:

1. Der Steuersparer

Der Gedanke des Steuersparens zumindest als einer von gegebenenfalls mehreren Beweggründen für ein Vorhaben steht in Deutschland nach meinen Beobachtungen angesichts „unserer" Steuerlast immer noch weit oben – auch bei potentiellen Stiftern.

2. Der „Gutmensch"

Das ist der Haupttyp potentieller Stifter. Der gemeinnützige Gedanke steht klar im Vordergrund – auch wenn er nicht der einzige Beweggrund sein mag (siehe Ziffer 1.). Bekanntlich sind rund 95 % aller Stiftungen „gemeinnützig".

3. Der Familienmensch

Hier geht es um die Versorgung der Familie. Es gibt einige hundert Familienstiftungen.

4. Der Unternehmer[58]

Hier geht es vor allem um die Bewahrung des (Familien-)Unternehmens. Viele berühmte Unternehmernamen findet man hier.

5. Der Kombinierer

Auch der Kombinationstyp, der alle oder mehrere der vier genannten Motive in seiner Person vereint, findet sich bei potentiellen Stiftern häufig.

Beratertypen? Gibt es natürlich auch die Entsprechenden. Hier bestimmt i.d.R. die Nachfrage das Angebot. Zunehmend wird aber auch versucht, einen Markt für die eigene (standardisierte) Beratungsleistung zu schaffen. Hervorzuheben ist der **„Steueroptimierungsberater"**, auf den in diesem Buch noch mehrfach einzugehen sein wird (siehe etwa § 14 Rn 13 ff.).

Jeder Berater kennt sie – die mehr oder weniger guten Beraterwitze. Zum Beispiel den von den Anwälten auf dem Meeresgrund, die ein guter Anfang sein sollen. (Für was eigentlich?) Oder den von dem theoretisch sehr versierten Berater, der praktisch ohne jede Erfahrung ist. Darin liegt oft nicht nur ein Kern Wahrheit. Beratung will erfahren und gelernt sein und das Lernen hört da niemals auf – etwa bei der gemeinsamen Lösungsfindung. Wer gelernt hat, sich durchzuboxen und sich einseitig durchzusetzen, wird als

58 Zu „Unternehmertypen" und deren Beratern siehe etwa *Gießen*, FuS 2013, 189; siehe auch schon *Schiffer*, Unternehmensanwalt, 1997, S. 160 ff („Mandantentypologie").

Berater und Begleiter für gemeinsame Lösungen zweier oder mehrerer Seiten kaum erfolgreich sein können. Wer nur seine Seite sieht, auch nicht. Wer einmal Familienunternehmer und Familienunternehmen längerfristig begleitet hat, kann ein Lied davon singen. Etwa davon, dass es nicht immer ganz einfach ist, bei „seinem" Mandanten dafür zu werben, auch die Sicht der andere Seite wahrzunehmen und in den Lösungsansatz mit einfließen zu lassen. Diese „Weisheit" gilt ersichtlich nicht nur bei Familienunternehmen, sondern nach meiner Erfahrung bei jedem Beratungsprojekt. Natürlich muss der Berater auch etwas (= viel) vom Fach verstehen. Und auch richtig: Das Stiftungswesen kann man sich nicht einfach mal „so eben anlesen" oder in einem Kurs „reinziehen".

§ 2 Stiftungsformen und Alternativen

Was bietet dieses Kapitel?
In diesem Kapitel wird erklärt, was eine Stiftung ist. Es werden die für die Beratungspraxis wesentlichen Stiftungsformen sowie einige Spezialfälle und auch neuere Gestaltungsansätze näher erläutert, wie etwa der immer aktuellere Stiftungsfonds. Da die Stiftung in der Praxis nicht „alternativlos" ist, werden auch die wesentlichen Rechtsformen vorgestellt, die im konkreten Einzelfall statt einer Stiftung in Frage kommen.

Stiftungen reicher Leute sind ein Ausdruck tätiger Reue.

Sinclair Lewis, amerikanischer Schriftsteller, 1885–1951

Übersicht: Rn

A. Die Stiftung als juristische Person

I. Die rechtsfähige Stiftung des Privatrechts

1 Nun, das Zitat zu Beginn dieses Kapitals ist natürlich provokativ gemeint, aber es regt auch zum Nachdenken an. Wenn es so wäre, wie es das Zitat sagt, dann wäre es auch in Ordnung. Tätige Reue ist ja nichts Schlechtes, wird sie doch sogar im Strafrecht bei der Strafzumessung honoriert. Tatsächlich finden sich aber auch viele andere Motive für das Stiften (siehe § 1 Rn 29).

Die rechtsfähige Stiftung des Privatrechts, egal von wem und aus welchem Motiv sie errichtet worden ist, ist die Grundform der Stiftung. Sie ist eine juristische Person ohne Eigentümer, Gesellschafter oder Mitglieder: Sie ist „nur" eine Zusammenfassung vermögenswerter Gegenstände. Sie ist mit ihrem Vermögen einem oder mehreren privaten oder sonstigen Zwecken gewidmet. Sie ist in der Regel auf Dauer angelegt (zur sog. Verbrauchsstiftung siehe Rn 14 ff.). Ihr Vermögen darf grundsätzlich nicht angegriffen werden, es ist in seinem Bestand zu erhalten (**Grundsatz der Vermögenserhaltung**), denn die Stiftung besteht ja eben nur aus diesem Vermögen (ausführlich dazu siehe § 5 Rn 56 ff.).[1] Die Rechtsform Stiftung und die Tätigkeit der Stiftung stehen damit besonders auch für die heute so oft strapazierte **Nachhaltigkeit.**[2]

2 Die Stiftung ist in ihrer Grundform eine **wertneutrale, steuerpflichtige juristische Person des Privatrechts**, die – wie andere Rechtsformen (in der Praxis insbesondere Vereine und GmbH; Paradebeispiel: Robert Bosch Stiftung GmbH) auch – gemeinnützig im Sinne der §§ 51 ff. AO sein kann, es aber nicht sein muss. Zivilrecht und Steuerrecht sind als zwei gesonderte Rechtsgebiete auch bei den Stiftungen zu trennen!

3 Eine rechtsfähige Stiftung des Privatrechts wird nach aktueller Rechtslage durch das Stiftungsgeschäft des Stifters nebst Stiftungsverfassung mit Vermögensausstattung und durch die staatliche Anerkennung (früher: Genehmigung) nach seinem Willen **errichtet.**[3] Der **Stifterwille** ist der Maßstab aller Dinge (näher dazu siehe § 3 Rn 53 ff.). Er bindet die Organe der Stiftung. Seine Einhaltung wird auch von der Stiftungsaufsicht überwacht (näher dazu siehe § 4 Rn 29 ff.).

4 Die Stiftung ist nicht irgendeine Rechtsform. Wer sich mit dem Stiftungswesen beschäftigt, dem öffnet sich **ein ganz weites Feld** und ein besonderer Blick auf

---

1 Siehe Palandt/*Ellenberger*, § 80 Rn 5.

2 Siehe beispielsweise: Lexikon zur Nachhaltigkeit: www.nachhaltigkeit.info; *Berg*, FUS, 2012, 85.

3 §§ 80, 81 BGB.

unsere Gesellschaft mit vielen absolut beeindruckenden Mitbürgern. In diesem Buch wird das immer wieder angesprochen. Stiftungen finden sich auch nicht nur in Deutschland, sondern weltweit (einige Hinweise zu ausländischen Stiftungen, siehe § 13). Die Stiftung ist in ihrer dortigen spezifischen(!) Ausgestaltung beispielsweise gerade auch in den USA sehr populär.[4] Wir erinnern uns an die Initiativen von Bill Gates und Warren Buffet, die auch andere wirklich reiche Menschen veranlasst haben, die Hälfte ihres Vermögens für wohltätige Zwecke zu verwenden. Wie alles hat auch das eine zweite Seite. So beklagt etwa *Kejias*, dass die Spenden in den USA nicht nur ein neues Statussymbol seien, sondern den Reichen auch ermöglichen zu entscheiden, welche Schulen reformiert oder welche Arzneimittel zu erschwinglichen Preisen verteilt werden.[5] Das Sagen hätten alleine die Spender. So ist es, und die Spender können dann im Rahmen der Gesetze auch etwas entscheiden, was anderen Menschen nicht wirklich passt. Das ist ein ganz wesentlicher Aspekt dessen, was wir **Stifterfreiheit** nennen.

5 Oft hört man noch von dem Stiftungsboom in Deutschland. **„Stiftungen sind populär"**, sagt auch *Graf Strachwitz*[6] und fragt zugleich: **„Sind sie auch legitim?"**, um eine Debatte über Stiftungen anzustoßen, die es seit 100 Jahren in Deutschland nicht in größerem Umfange gegeben habe.[7] In der Tat stellen sich Fragen zum Stiftungswesen. *Mecking* und *Schulte* haben für den Bundesverband Deutscher Stiftungen bereits 2003 ein ganzes Buch zum Thema **„Grenzen der Instrumentalisierung von Stiftungen"** mit 14 interessanten Diskussionsbeiträgen herausgegeben.[8] Sie meinen auf der ersten Seite ihres Vorwortes, aufgrund der Gestaltungsfreiheit des Stifters falle die Abgrenzung zwischen zulässiger und unzulässiger Instrumentalisierung von Stiftungen nicht leicht. Die **öffentliche Hand als Stifter** (siehe Rn 12 f.) ist ein zunehmend wichtiges Thema.[9] So wird etwa die **Stiftung Datenschutz** als Ansatz gesehen, um das Datenschutzniveau zu verbessern.[10] Verwiesen sei etwa auch auf die **„Hildesheimer Rede: Stiftungen in Zeiten hoher Veränderungsdynamik"** von *Chro-*

---

4 Siehe dazu rechtsvergleichend: *Richter*, Rechtsfähige Stiftung und Charitable Corporation; 2001; *Winheller*, ZStV 2010, 81 („Nonprofit-Oganisationen in Deutschland und den USA").

5 *Mejias*, FAZ.NET (www.faz.net) am 10.8.2010 („Amerikas Milliardenspender: Profitgeier im Schafspelz").

6 *Graf Strachwitz*, ZStV 2011, 1.

7 *Graf Strachwitz*, ZStV 2011, 1 (2).

8 *Mecking/Schulte*, Grenzen der Instrumentalisierung von Stiftungen, 2003.

9 Dazu siehe etwa *Redbarke/Theuffel/Werhan*, ZStV, 2010, 154; siehe etwa auch *Bellezza/Kilian/Vogel*, Der Staat als Stifter – Stiftungen als Public-Private Partnerships im Kulturbereich, 2003.

10 *Bräutigam/v. Sonnleithner*, AnwBl. 2011, 240.

hog, der u.a. fordert, Stiftungen sollten gerade in solchen Zeiten in „ethisch orientierte und kompetente leadership investieren".[11]

6 Es wird beispielsweise die Bertelsmann Stiftung von einigen heftig kritisiert, weil sie eine bestimmte Politik mache, womit der Autor besagten Buches natürlich selbst Politik betreibt.[12] Es stört auch den einen oder anderen, wenn beispielsweise inländische oder auch ausländische **Familienstiftungen** (siehe hierzu auch § 13)[13] in mehr oder weniger profunden Beiträgen als Ansatz zur „**Asset Protection**",[14] als Schutz „vor dem Zugriff von Gläubigern der Begünstigten" empfohlen werden. Mit Blick auf die in Deutschland zulässige „gemeinwohlkonforme Allzweckstiftung" (siehe im Einzelnen Rn 31 ff.) sehe ich da allerdings vor allem bei inländischen Familienstiftungen keinen grundsätzlichen Einwand.

7 Deutlich weiter geht das, was *Winheller* aufgrund eigener Erfahrungen als einen „**Angriff auf die Stiftungswelt**" bewertet, wobei er sogar einen „Teufelspakt zwischen Treuhändern und (Finanz-)Vertrieben" sieht.[15] In der Tat ist auch in der Stiftungswelt nicht alles Gold, was glänzt. Das war schon in der ersten Auflage und ist auch in der nunmehr schon vierten Auflage dieses Buches festzuhalten. Umso mehr ist die Beraterzunft aufgerufen, schonend mit der Stiftung umzugehen. Dazu will auch dieses Buch beitragen, was nicht heißt, dass Randbereiche des Stiftungswesens und Neuerscheinungen per se abzulehnen sind. Es ist vielmehr ein **genauer Blick im Einzelfall** gefragt.

II. Kirchliche und staatliche Stiftungen

8 Ein althergebrachter „Randbereich" des Stiftungswesens, der in früheren Jahrhunderten deutlich mehr im sozialen Mittelpunkt stand, sind die **kirchlichen**

11 Die Rede hat der Bundesverband deutscher Stiftungen 2010 in einem kleinen Bändchen herausgegeben. Die Forderung findet sich auf S. 12 f.

12 *Schuller*, Bertelsmann Republik Deutschland – Eine Stiftung macht Politik, 2010. Die Darstellung auf Seite 233 ff. unter der Überschrift „Angriff auf die Stiftung – Der Versuch einer Stiftungsreform" stimmt übrigens nicht mit meinem eigenen Erleben der Abläufe überein, soweit ich selbst dabei war. Nun, ich bin da aber als Teilnehmer der (damaligen) Fachdiskussion letztlich wohl genau so befangen wie der Autor.

13 Hier ganz konkret die Liechtensteinische Familienstiftung: *Hosp/Langer*, BB, 2011, 1948.

14 *v. Oertzen/Hosser*, ZEV 2010, 168.; *Feick/Thon*, ZEV 2011, 404 und auch (recht knapp, im Wesentlichen unter Hinweis auf die Vorgenannten und nebenbei Reuter mit Säcker verwechselnd) *Bisle*, DStR 2012, 525. Siehe auch allgemein: *v. Oertzen*, Asset Protection im deutschen Recht.

15 *Winheller*, npoR 2/2011, 48; siehe auch Rn 70 f.

Stiftungen.[16] Sie können privatrechtlich oder öffentlich-rechtlich organisiert sein. In jedem Fall gehören diese Stiftungen zum Ordnungsbereich einer Kirche und sind in deren Organisation eingegliedert. Kirchliche Stiftungen sind vor allem ortskirchliche Stiftungen und Pfründestiftungen. Die kirchliche Stiftung ist „etwas Besonderes". So ist die Rechtslage in dem Sonderbereich der Abgrenzung kirchlicher Stiftungen von „weltlichen" Stiftungen dadurch geprägt, dass Art. 140 GG in Verbindung mit Art. 137 Abs. 3 WRV (Weimarer Reichsverfassung) den Kirchen die Freiheit garantiert, ihre Angelegenheiten innerhalb der Schranken der für alle geltenden Gesetze zu ordnen und zu verwalten. Innerkirchliche Rechtsakte sind der staatlichen Gerichtsbarkeit entzogen.[17]

Welche Zwecke eine Stiftung wie und mit welcher internen Organisation verfolgen soll, wird auch nach dem neuen Stiftungsrecht im BGB von dem Stifter in dem Stiftungsgeschäft einschließlich der damit der Stiftung gegebenen Stiftungssatzung nach seinem Willen abschließend festgelegt. Für die Abgrenzung von kirchlichen und weltlichen Stiftungen sind nach aktuellem Stand der Rechtswissenschaft deshalb folgende drei Merkmale entscheidend, die in eine Gesamtbetrachtung einzubeziehen sind:[18] 9

- ein entsprechender Stifterwille, eine kirchlich verwaltete oder beaufsichtigte Stiftung zu errichten,
- überwiegend kirchliche Zwecke der Stiftung und
- eine organisatorische Nähe der Stiftung zur Kirche.

Die grundlegende „Goch-Entscheidung" des BVerfG[19] hat das bestätigt. In dem dortigen Fall war die betreffende Stiftung erstens nach den mit der Gründung zusammenhängenden kirchennahen Umständen einschließlich des Stifterwillens, zweitens nach dem Zweck der Anstalt (Hospital für arme Kranke) und drittens nach der Beteiligung von Ordensschwestern an der Erfüllung des

16 Näher dazu *Risch*, ZSt 2006, 21; *Saenger/Veltmann*, ZSt 2006, 16; *Schiffer*, ZSt 2005, 199; Werner/Saenger/*Schulte/Meyer*, Rn 1184 ff. (Evangelische Kirche); Werner/Saenger/*Röder*, Rn 1219 ff. (Katholische Kirche); v. Campenhausen/Richter/*v. Campenhausen*, § 23 Rn 10 ff. Siehe auch *Achilles*, Die Aufsicht über die kirchlichen Stiftungen der evangelischen Kirchen in der Bundesrepublik Deutschland, 1986.Siehe auch *Englisch*, DStR 2011, 1692 zu „Leistungen rechtlich verselbstständigter Werke im kirchlichen Binnenbereich".

17 BVerfG, Beschluss v. 9.12.2008 – 2 Bvr 717/08. Die Entscheidung kann im Volltext unter www.bverfg.de eingesehen werden.

18 Der *Arbeitskreis Kirchen im Bundesverband Deutscher Stiftungen* hat auf seiner Herbsttagung 2013 die „Merkmale kirchlicher Stiftungen" zusammengestellt, ZStV, 2014, 34. Dort finden sich auch „Grundsätze guter kirchlicher Stiftungspraxis. Zu solchen Grundsätzen siehe auch § 14 Rn 56 ff. Näher zur kirchlichen Stiftung siehe etwa auch MüKo-BGB/*Weitemeyer*, 7. Aufl. 2015, § 80 Rn 116 ff.

19 BVerfGE 46, 73.

Stiftungszwecks sowie nach der besonderen Zusammensetzung des Kuratoriums (mit kirchlichen Funktionsträgern) als einziges entscheidendes Stiftungsorgan und nach den satzungsmäßigen Mitwirkungsbefugnissen des Ortsbischofs als kirchliche Stiftung einzuordnen.

10 **Praxishinweis: Einordnung als kirchliche Stiftung**

- In der Praxis finden sich zunehmend Fälle, in denen angesichts der allgemeinen Mittelknappheit um die Einstufung als kirchliche Stiftung gestritten wird, da die entsprechende Einstufung den Kirchen natürlich einen entsprechenden Einfluss auf die Mittelverwendung gibt.
- Unstimmigkeiten in der Handhabung, der Einordnung und der Umsetzung der damaligen Stiftungssatzung etwa aus der Zeit vor 1900 gibt es in der Praxis nichts selten auch dann, wenn eine Privatperson eine Stiftung kirchennah, d.h. insbesondere mit kirchlichen Zwecken und mit Organmitgliedern aus der Kirche, errichten will, aber eben nicht als kirchliche Stiftung unter (zusätzlicher) kirchlicher Aufsicht.
- Eine vormals gute Zusammenarbeit der in der Sache vor Ort tätigen Personen funktioniert mitunter nicht mehr, nachdem die übergeordnete Kirchenverwaltung versucht hat, von oben ohne genauen Blick auf die örtlichen Gegebenheiten einzugreifen. Da wird dann regelmäßig einiges an aktiver Aufklärungsarbeit und „Mediation“ des Stiftungsberaters notwendig.

11 **Praxishinweis: Rechtsprechung zur „Kirchlichen Stiftung“**

Das **VG Sigmaringen** hat in einem Fall, in dem es um die „Umwandlung“ einer kirchlichen Stiftung in eine bürgerliche, nicht kirchliche Stiftung ging, unter Hinweis auf § 23 i.V.m. § 6 sowie § 2 StiftG BW ausdrücklich auch für Satzungsänderungen bei kirchlichen Stiftungen den **Stifterwillen als Maßstab** betont.[20] Die Stiftungsaufsicht habe die Verwirklichung des Stiftungszwecks im öffentlichen Interesse zu beachten und zu bewahren. Mit der im konkreten Fall streitigen Genehmigung einer Satzungsänderung, durch die eine nach dem Willen des Stifters kirchliche Stiftung zu einer bürgerlichen Stiftung wurde, habe die Genehmigungsbehörde den Stifterwillen und den Stiftungszweck verletzt. Die Satzungsänderung hob das Gericht deshalb als rechtswidrig auf.

Die Entscheidung des VG Sigmaringen überzeugt. Das BVerfG hat in der bereits erwähnten Goch-Entscheidung (siehe Rn 9)[21] schon früher in diesem

---

20 VG Sigmaringen ZSt 2007, 135. Die Berufung wurde wegen grundsätzlicher Bedeutung zugelassen. Der Verwaltungsgerichtshof Baden-Württemberg (Az.: 1 S 2859/06 bzw. 1 S 2860/06) hat mit Urt. v. 8.5.2009 die Berufung zurückgewiesen. Die Revision wurde nicht zugelassen.

21 BVerfGE 46, 73.

Sinne entschieden und den Stifterwillen betont. In dem dortigen Fall war die betreffende Stiftung erstens nach den mit der Gründung zusammenhängenden kirchennahen Umständen einschließlich des entsprechenden Stifterwillens, zweitens nach dem Zweck der Anstalt ebenfalls als kirchliche Stiftung einzuordnen.

Schließlich finden sich auch **staatliche Stiftungen**[22] in vielfältiger Form und 12
mit den verschiedensten Zwecken zwischen den Sphären von Staat einerseits und Gesellschaft andererseits und das mit zunehmender Tendenz. Gemeint sind mit dem Schlagwort „staatliche Stiftungen" solche Stiftungen, die in welcher rechtlichen Gestalt auch immer (etwa rechtsfähige Stiftung des Privatrechts oder staatliche Stiftung per Gesetz) **von Bund** (Bundesstiftungen),[23] **Ländern und Gemeinden (Kommunale Stiftungen)**[24] sowie der mittelbaren Staatsverwaltung des Bundes und der Länder unmittelbar oder mittelbar errichtet worden sind.[25] Die Einzelheiten sind vielfach umstritten[26] und erscheinen noch keineswegs ausdiskutiert. Zunehmend erörtert werden Fragen der „Grenzen der Instrumentalisierung von Stiftungen".[27] So verweist etwa *O. Werner* auf die Gefahr des Missbrauchs der Rechtsform Stiftung als „öffentlicher Nebenhaushalt".[28] Das klassische Beispiel, dass ein Museum in eine (neue) Stiftung abgeschoben wird. Die Stiftung kann „natürlich" die mit dem Museum verbundenen erheblichen Kosten nicht durch Eintrittsgelder erwirtschaften. So gibt es denn einen staatlichen Zuschuss und ggf. auch einen Förderverein. Tatsächlich zeigt sich dann aber nach einiger Zeit, dass das alles langfristig nicht ausreicht. Das ist dann ggf. das Ende der Stiftung, wenn nicht etwa bspw. engagierte Bürger eine Rettungsaktion initiieren. Einzelheiten der vielfältigen Diskussionen zu diesem Themenfeld hier zu erörtern, würde den vorgegebenen Rahmen sprengen, weshalb ich auf die angegebenen Fundstellen verweise.

In § 89 BGB werden Stiftungen auch als juristische Personen des öffentlichen 13
Rechts genannt.[29] Unterscheidungsmerkmale zur rechtsfähigen Stiftung des Privatrechts werden allerdings nicht angegeben.[30] **Stiftungen des öffentlichen**

22 Siehe Werner/Saenger/*Kilian*, Rn 993 ff..

23 Ausf. *Müller*, Die Bundesstiftung, 2009.

24 Näher v. Campenhausen/Richter/*v. Campenhausen*, §§ 29 ff.

25 Werner/Saenger/*Kilian*, Rn 996.

26 Werner/Saenger/*Kilian*, Rn 1025 ff.

27 *Mecking/Schulte*, Grenzen der Instrumentalisierung von Stiftungen, 2003.

28 Mecking/Schulte/*O. Werner*, Grenzen der Instrumentalisierung von Stiftungen, S. 15, 17.

29 Näher dazu v. Campenhausen/Richter/*v. Campenhausen*, §§ 15 ff.

30 Siehe aber §§ 17 Abs. 2, 18 StiftG BW; Art. 1 Abs. 3 StiftG Bay; § 2 Abs. 2 StiftG HH; § 2 Abs. 1 StiftG Hessen; § 3 Abs. 4 StiftG RP; § 12 Abs. 1 StiftG Sachsen; § 24 StiftG Sachs-Anh; § 24 StiftG Thür.

Rechts haben die Grundmerkmale (Stiftungszweck, Stiftungsvermögen, Stiftungsorganisation) mit der Stiftung des Privatrechts gemeinsam, sind jedoch in das System der staatlichen Verwaltung (Stichwort: „mittelbare Staatsverwaltung“) eingegliedert. Sie erfüllen öffentliche Aufgaben (Beispiele: Stiftung Preußischer Kulturbesitz, Stiftung Bundeskanzler Adenauer-Haus). Die Zugehörigkeit einer Stiftung zum Bereich des öffentlichen oder privaten Rechts richtet sich nach den gesamten Umständen des Einzelfalles, insbesondere nach der Entstehungsform und dem Stiftungszweck.[31] Solche Stiftungen sind nicht Thema dieses Buches. Staatliche Stiftungen des Privatrechts sind zwar umstritten, aber nach herrschender Meinung zulässig.[32]

III. Die Verbrauchsstiftung

14 Die Stiftung ist in ihrer Grundform als eine einem oder mehreren Zwecken gewidmete Zusammenfassung von vermögenswerten Gegenständen **auf Dauer angelegt**. Für sie gilt der an anderer Stelle (siehe § 5 Rn 56 ff.) näher zu behandelnde (stiftungsrechtliche) **Grundsatz der Vermögenserhaltung**. Man kann es plastisch ausdrücken: Die Stiftung ist das Vermögen. Dieses ist grundsätzlich zu erhalten. Davon gibt es aber ausdrückliche Ausnahmen in verschiedenen Landesstiftungsgesetzen.[33] Ausnahmen werden etwa dann zugelassen, wenn der Stifterwille oder der Stiftungszweck anders nicht verwirklicht werden können und der Bestand der Stiftung für angemessene Zeit gewährleistet ist.[34] Zum Teil erlauben die Landesstiftungsgesetze auch, dass durch die Stiftungssatzung und/oder das Stiftungsgeschäft Ausnahmen zugelassen werden.[35] Diese Art von Ausnahmen von dem Grundsatz der Vermögenserhaltung kennzeichnete

31 BFH BB 2003, 993.

32 Zu den besonderen Anforderungen an die (Mit.)Errichtung privatrechtlicher Stiftungen durch die öffentliche Hand: *Muscheler*, Non Profit Law Yearbook 2007, 2008, 149 ff. *Muscheler* hält die Staatsstiftung bürgerlichen Rechts aus zivilrechtlichen Gründen generell für unzulässig, sieht diese „These“ jedoch gegenwärtig selbst nicht als konsensfähig (186).

33 Ausführlich dazu schon *Carstensen*, in: IDW (Hrsg.), Stiftungen – Rechnungslegung, Kapitalerhaltung, Prüfung und Besteuerung, S. 61 (77 ff.); siehe auch Werner/Saenger/*Fritz*, Rn 462 f.; v. Campenhausen/Richter/*Hof*, § 9 Rn 60.

34 § 7 Abs. 2 StiftG BW; § 7 Abs. 1 StiftG Bremen; § 4 Abs. 2 S. 2 StiftG HH; § 6 Abs. 1 StiftG Hessen; § 6 Abs. 1 S. 2 StiftG Nds; § 4 Abs. 2 S. 1 StiftG NRW; § 7 Abs. 2 S. 1 StiftG RP; § 6 Abs. 1 S. 2 StiftG Saarl; § 4 Abs. 3 S. 1 StiftG Sachs; § 4 Abs. 2 S. 1 SH.

35 § 7 Abs. 2 StiftG BW; § 3 StiftG Berlin; § 4 Abs. 2 S. 2 StiftG HH; § 4 Abs. 2 S. 1 StiftG NRW; § 7 Abs. 2 S. 1 StiftG RP; § 4 Abs. 3 S. 1 StiftG Sachs; § 14 Abs. 2 S. 1 StiftG Sachs-Anh; § 4 Abs. 2 S. 1 StiftG SH; § 14 Abs. 2 StiftG Thür.

man traditionell mit dem Stichwort **„Verbrauchsstiftung“**.[36] Sie sind als Sonderfälle besonders genau zu gestalten und zu prüfen.[37]

Mit dem Gesetz zur Stärkung des Ehrenamts vom 28.3.2013 hat der Gesetzgeber in § 80 Abs. 2 BGB den bisherigen Wortlaut 15

> *„Die Stiftung ist als rechtsfähig anzuerkennen, wenn das Stiftungsgeschäft den Anforderungen des § 81 Abs. 1 BGB genügt, die dauernde und nachhaltige Erfüllung des Stiftungszwecks gesichert erscheint und der Stiftungszweck das Gemeinwohl nicht gefährdet.“*

um folgenden Satz 2 ergänzt:

> *„Bei einer Stiftung, die für eine bestimmte Zeit errichtet und deren Vermögen für die Zweckverfolgung verbraucht werden soll (Verbrauchsstiftung), erscheint die dauernde Erfüllung des Stiftungszwecks gesichert, wenn die Stiftung für einen im Stiftungsgeschäft festgelegten Zeitraum bestehen soll, der mindestens zehn Jahre umfasst.“*

In § 81 Abs. 1 S. 2. BGB hat der Gesetzgeber den Wortlaut:

> *„Es [das Stiftungsgeschäft, d. V.] muss die verbindliche Erklärung des Stifters enthalten, ein Vermögen zur Erfüllung eines von ihm vorgegebenen Zwecks zu widmen“*

ergänzt durch den Wortlaut:

> *„das auch zum Verbrauch bestimmt werden kann.“*

Gleichzeitig hat er gesetzlich geregelt, dass für Spenden in das verbrauchbare Vermögen einer Stiftung die erhöhte Abzugsmöglichkeit des § 10b Abs. 1a EStG (siehe § 9 Rn 57 ff.) nicht besteht. In § 10b Abs. 1a EStG ist nach Satz 1 der folgende Satz eingefügt worden:

> *„Nicht abzugsfähig nach Satz 1 sind Spenden in das verbrauchbare Vermögen einer Stiftung.“*

Mit alledem hat der Gesetzgeber mit dem „Gesetz zur Stärkung des Ehrenamts“ die Verbrauchsstiftung jedenfalls in der im Gesetz festgehaltenen Form ausdrücklich anerkannt. Eine Verbrauchsstiftung erscheint z.B. dann sinnvoll, wenn es um zeitlich begrenzte Vorhaben geht oder wenn der Stiftungszweck

---

36 Ausführlich zur Zulässigkeit der Verbrauchsstiftung, aber auch zu Gegenstimmen: *Schiffer/Pruns*, nwb 46/2011, 3858.; NK-BGB/*Schiffer/Pruns*, § 80 Rn 18 ff.; als Beispiele aus der umfangreichen Diskussion seien hier genannt: *Muscheler*, FS Werner, 2009, S. 129, 133 ff.; *Reuter*, npoR 2010, 69; *Hushahn*; npoR 2011, 73.

37 Zu praktischen Einsatzmöglichkeiten der Verbrauchstiftung siehe etwa *Werner*, ZStV 2015, 25.

eher dadurch erreicht werden kann, dass für den Stiftungszweck – etwa eine wissenschaftliche Untersuchung – nicht nur die Erträge, sondern das gesamte Stiftungsvermögen zu verbrauchen ist. Gerade die aktuelle Situation am Kapitalmarkt kann einen solchen Ansatz nahe legen.

Es überrascht angesichts der schon vorher umstrittenen Rechtslage[38] und der Formulierung des Gesetzestextes nicht, dass nach wie vor über die Einzelheiten zur Verbrauchstiftung gestritten wird.[39] Das **BMF-Schreiben vom 15.9.2014** hat einige Punkte aus Sicht der Finanzverwaltung geklärt.[40]

Axel Janitzki, Bochum, Rechtsanwalt und Notar, Fachanwalt für Erbrecht, hat die neue Gesetzeslage am 13.6.2013 auf www.stiftungsrecht-plus.de wie folgt kommentiert:

> **Kommentierung zur Zulassung von Verbrauchsstiftungen von Axel Janitzki: Die Beratungspraxis ist jetzt gefragt**
>
> 1.
>
> Das Auseinanderfallen von Stiftungszivilrecht und Stiftungssteuerrecht mutet merkwürdig an und wird sich auf Dauer nicht halten lassen. Wird die Verbrauchsstiftung im Verhältnis zu der Stiftung auf „Ewigkeit" als gleichwertige, ja möglicherweise sogar effektivere Stiftungsform anerkannt, so kann sich das Steuerrecht dieser Anerkennung nicht verschließen und muss beide zumindest gleichberechtigte Stiftungsformen auch steuerlich gleich behandeln.
>
> 2.
>
> Gleichwohl wird sich die Stiftungsberatungspraxis zunächst auf dieses Auseinanderklaffen einzustellen haben.
>
> Sicherlich wird es weiterhin Stiftungsgründungen geben, die aus berechtigtem Anlass den strikten Vermögenserhalt vorsehen. Eine Anstaltsstiftung wird ihre Vermögensbestandteile und insbesondere Immobilien erhalten wollen, eine Unternehmensbeteiligungsstiftung wird ihre Beteiligung zu erhalten haben. In Bezug auf die Frage, ob ein Vermögenserhalt vorgesehen wird, kommt es allein auf den Stifterwillen an. Die ganz überwiegende Auffassung hat auch bisher die Verbrauchsstiftung zugelassen und zwar „sowohl, wenn ihr Zweck den Verbrauch des Stiftungsvermögens erfordert,

38 Siehe dazu in der 3. Auflage dieses Buches § 2 Rn 14 ff. Siehe dort auch zu damaligen Formulierungsbeispielen von *Janitzki*.

39 Siehe etwa *Meyn*, Stiftung & Sponsoring – Rote Seiten 3/2013; *Pruns*, StiftungsBrief 2013, 122; *Tielmann*, NJW 2013, 2934; MüKo-BGB/*Weitemeyer*, 7. Aufl. 2015, § 80 Rn 77 ff.

40 BMF-Schreiben vom 15.9.2014 – IV C 4 – S 2223/07/0006 :005, BStBl I 14, 1278); siehe zu dem BMF-Schreiben *Werner*, ZStV 2015, 25 und *Sauer/Wägele*, StiftungsBrief 2014, 223.

als auch, wenn der Stifter die Stiftung trotz ihres an sich zeitlich unbeschränkten Zweckes auf eine bestimmte Lebenszeit mit dem Auftrag begrenzt hat, das zugewendete Vermögen bis dahin vollständig zu verausgaben" (*Reuter*, Die Verbrauchsstiftung, npoR Heft 3, 2010).
Diese Auffassung wird durch die gesetzliche Neuregelung bestätigt, die eine Stiftungsdauer von 10 Jahren ohne weitere Voraussetzung (etwa eine Zweckerledigung) vorsieht. Es besteht, darauf haben sich die Stiftungsbehörden in Nordrhein-Westfalen bereits verständigt, folglich auch bei einem Verbrauch keine Wiederauffüllungsverpflichtung.

3.
Abzuwarten bleibt, ob neue Anforderungen an die in § 80 Abs. 2 BGB unverändert gebliebene Voraussetzung „nachhaltige Erfüllung des Stiftungszweckes" gestellt werden. Einerseits ist sicherlich darauf zu achten, dass die Zulässigkeit der Verbrauchsstiftung keinen Missbrauch ermöglichen sollte in der Weise, dass schon nach kurzer Zeit das Stiftungsvermögen im Wesentlichen verwendet wird und nur ein Rest des Vermögens der Form halber über den Zeitraum von 10 Jahren erhalten bleibt. Andererseits sollte die Verwaltungsbehörde keine 10-jährigen Verwendungsstrategien verlangen, so dient doch die gesetzliche Neuregelung einer größeren Flexibilisierung und nicht einer verstärkten Bürokratie. Hier gilt es einen vernünftigen Mittelweg zu finden. Auch sollte der Versuchung widerstanden werden, neue Anforderungen an die Ausstattung von Stiftungen mit Gründungskapital zu stellen.

4.
Für viele Stifter werden sich Mischformen anbieten: Ein bestimmter Teil des Stiftungsvermögens und Zustiftungen, die ausdrücklich hierzu bestimmt werden, sind stets ungeschmälert zu erhalten. Für diesen Teil des Stiftungsvermögens besteht die Abzugsmöglichkeit des § 10b Abs. 1a EStG. Für den verbrauchbaren Teil des Vermögens besteht eine solche Abzugsmöglichkeit nicht.

5.
Ein Arbeitsauftrag für Stiftungsberater besteht nun darin, mit bestehenden Stiftungen zu beraten, ob die Zulässigkeit eines (teilweisen) Verbrauchs in bestehende Stiftungssatzungen eingearbeitet und somit als Option vorgesehen werden sollte. Bislang sahen die Mustersatzungen ohne Einschränkungen oder gar Alternativvorschläge stereotyp vor: Das Stiftungsvermögen ist stets ungeschmälert zu erhalten. Gerade auch aus diesem Grunde müssten jetzt auch Satzungsänderungen möglich sein. Es wird durch die Stiftungsbehörden im Einzelfall zu entscheiden sein, ob das Einführen der Option, auch das Stiftungsvermögen zur Förderung der Stiftungsziele verwenden zu können, als „wesentliche Änderung" anzusehen ist. Selbst wenn dies der Fall ist, liegt aber auch eine „wesentliche Änderung der Verhältnisse" vor,

da die Stiftungsbehörden bislang in aller Regel den Verbrauch des Stiftungsvermögens als unzulässig angesehen und wenn im Ausnahmefall genehmigt, die Wiederauffüllung des Stiftungsvermögens nach Verbrauch vorgeschrieben haben. Wesentliche Änderungen der tatsächlichen Verhältnisse rechtfertigen in jedem Fall Satzungsänderungen. Nach den meisten Landesstiftungsgesetzen sind die Stifterinnen und Stifter im Falle gewünschter Satzungsänderungen zumindest anzuhören. Es empfiehlt sich somit noch zu Lebzeiten mit den Stifterinnen und Stiftern ein Gespräch über die nachträgliche Einführung einer Verbrauchsoption in die bestehende Satzung zu führen und Neuregelungen insofern nicht auf die auf die lange Bank zu schieben.

6.

Da der Begriff der Verbrauchsstiftung nach wie vor gesetzlich nicht definiert ist, besteht eine weitere Aufgabe darin, Stiftungssatzungen daraufhin zu überprüfen, ob eine Verbrauchsstiftung überhaupt vorliegt. Dies kann bei der sehr entfernten Möglichkeit des Verbrauches oder bei Mischformen durchaus zweifelhaft sein.

7.

Ein interessanter Punkt ergibt sich in Bezug auf Zustiftungen:
Wenn der Zustifter die Zustiftung mit der Auflage verbindet, dass das zugeteilte Vermögen nicht verbraucht werden darf, liegt aus meiner Sicht – unabhängig von der Satzungsgestaltung – keine Spende in das verbrauchbare Vermögen einer Stiftung vor mit der Folge, dass eine Spendenbescheinigung gem. § 10b Abs. 1a EStG erteilt werden kann.

16 Der im Gesetz genannte **Verbrauchszeitraum** (*„im Stiftungsgeschäft festgelegter Zeitraum ..., der mindestens zehn Jahre umfasst.“)* setzt schon nach seinem Wortlaut und auch nach dem historisch-systematischen Zusammenhang der Vorschrift nicht voraus, dass in der Stiftungssatzung die genaue Dauer der Stiftung festgeschrieben ist, denn das Gesetz enthält nur eine Mindestdauer. Umstritten war bisher letztlich nur die Frage, ob statt der vollständigen Zweckerreichung auch der Zeitablauf als **„Verbrauchsereignis“** treten kann,[41] wobei von einer Seite die Befristung einer Stiftung auf einen genau bestimmten Zeitpunkt als unzulässig erachtet wurde.[42]

Als Festlegung des **„Verbrauchszeitpunkts“** reicht es auch, wenn die Stiftung bis zu dem (bei der Errichtung noch unbekannten) Zeitpunkt errichtet wird, in dem der Stiftungszweck und damit der geplante Vermögensverbrauch erreicht sind.[43]

41 *Tielmann*, NJW 2013, 2934, 2935.

42 *Muscheler*, in: FS Werner, 2009, S. 129, 133 f.; a.A. NK-BGB/*Schiffer/Pruns*, § 80 BGB Rn 19.

43 So auch *Tielmann*, NJW 2013, 2934, 2935 m.w.N.

Tielmann befürwortet auch die Möglichkeit einer „**Öffnungsklausel**" in einer Stiftungssatzung, wonach die **Änderung des Stiftungscharakters von einer Dauerstiftung in eine Verbrauchstiftung** möglich ist.[44] Dem stimme ich zu, jedenfalls für einen Zeitpunkt nach Ablauf der gesetzlichen Mindestfrist von 10 Jahren, da eine Stiftung mit einer solchen Öffnungsklausel ein Minus gegenüber der gesetzlich ausdrücklich zulässigen Verbrauchsstiftung ist.

Etwas anderes wird für Stiftungen gelten, die vor der gesetzlichen Neuregelung errichtet worden sind und in deren Satzungen dann typischerweise keine Öffnungsklausel enthalten ist. Hier wird wohl nur ein klar belegter, anderslautender Stifterwille ganz ausnahmsweise die Änderung des Stiftungscharakters von einer Dauerstiftung in eine Verbrauchstiftung ermöglichen können.

Die **Verlängerung einer Verbrauchsstiftung** sollte ebenso möglich sein[45] wie eine – ggf. auch nur potentielle – **Teilverbrauchsstiftung**[46] (auch „**Hybridstiftung**"[47] genannt) als Minus gegenüber einer Vollverbrauchsstiftung.

Man mag den Umstand, dass nach dem Gesetz Zuwendungen an Verbrauchsstiftungen nicht nach § 10b Abs. 1a EStG zu begünstigen sind, bedauern. Das Gesetz ist jedoch anzuwenden. In der Praxis kann versucht werden, in Abstimmung mit der Finanzverwaltung einem früheren Vorschlag von *Janitzki* zu folgen,[48] wonach der Stifter den Verbrauch des Stiftungsvermögens nur bis zu einem gewissen Betrag zulässt, der dann ungeschmälert zu erhalten ist, so dass eine Art Mischform aus „normaler" Stiftung und Verbrauchsstiftung entsteht (siehe auch das sogleich folgende Praxisbeispiel in der nächsten Rn) 17

Formulierungsbeispiel (Janitzki)
„Das Stiftungsvermögen ist in Höhe von EUR … stets ungeschmälert zu erhalten. Es besteht keine Verpflichtung, darüber hinaus vorhandenes Vermögen der Stiftung stets ungeschmälert zu erhalten. Zuwendungen und sonstige Vergaben von Stiftungsmitteln können somit auch aus dem weiteren Vermögen der Stiftung erfolgen, wenn dadurch die gemeinnützigen Zwecke im Sinne der Satzung gefördert werden und der Stiftungszweck nicht gefährdet wird."

Nicht alles, was auf den ersten Blick wie eine „Verbrauchsstiftung" mit einem zeitlich begrenzten Stiftungszweck wirkt, ist auch eine solche. Das zeigt das Beispiel der Stiftung Frauenkirche Dresden: 18

44 *Tielmann*, NJW 2013, 2934, 2936-
45 So auch *Tielmann*, NJW 2013, 2934, 2936 f.
46 *Schiffer*, StiftungsBrief 2011, 141.
47 Siehe etwa *Feitsch/George*, Stiftung & Sponsoring 03/2015, 32.
48 Siehe 3. Aufl. des Buches § 2 Rn 16.

Praxisbeispiel: Frauenkirche Dresden
Bis zur Vollendung des Wiederaufbaus bestand die wesentliche Aufgabe der Stiftung Frauenkirche Dresden satzungsgemäß in der Rekonstruktion der Dresdner Frauenkirche als Kirche und einmaliges Zeugnis der Weltarchitektur und als tragendes Erscheinungsbild des europäischen Kulturzentrums Dresden nach dem Entwurf des Erbauers George Bähr. Seit der Vollendung des Wiederaufbaus stehen die gemeinnützige, kirchliche Nutzung und der Erhalt des Baues im Mittelpunkt der Stiftungsarbeit.[49]
Die Stifter haben also auch hier – praxiserprobt! – neben einem begrenzten Zweck einen dauerhaften Zweck gewählt. Damit haben wir hier allenfalls so etwas wie eine Teilverbrauchsstiftung.

19 Neue Möglichkeiten führen zu neuer Phantasie, zu neuen Gedanken und Vorschlägen. So propagiert *Tielmann* die nicht steuerbefreite **„Familienverbrauchsstiftung"**[50] etwa als „Unterhalts- und Ausbildungsstiftung".[51] Wenn man über einen solchen Ansatz nachdenkt, dann aber bitte im Einzelfall ganz genau. Es muss wirklich alles passen. Was ist beispielsweise bei der Familienverbrauchsstiftung mit der Erbersatzsteuer (siehe § 8 Rn 49 ff.), wenn die Stiftung vor Ablauf der ersten 30 Jahre schon „verbraucht" ist? Ist das ggf. ein Missbrauch i.S.d. § 42 AO?[52]

20 Es stellen sich weitere Gestaltungsfragen, wie etwa die **Frage nach der nachträglichen Umwandlung einer Ewigkeitsstiftung in eine Verbrauchsstiftung**. Hier ist grundsätzlich § 87 BGB (Zweckänderung; Aufhebung) einschlägig. Danach kann die zuständige Behörde der Stiftung eine andere Zweckbestimmung geben oder sie aufheben, wenn die Erfüllung des Stiftungszwecks unmöglich geworden ist (Abs. 1). Bei der Umwandlung des Zweckes soll der Wille des Stifters berücksichtigt werden, insbesondere soll dafür gesorgt werden, dass die Erträge des Stiftungsvermögens dem Personenkreis, dem sie zustattekommen sollten, im Sinne des Stifters erhalten bleiben. Die Behörde kann die Verfassung der Stiftung ändern, soweit die Umwandlung des Zweckes es erfordert (Abs. 2). Vor der Umwandlung des Zweckes und der Änderung der Verfassung soll der Vorstand der Stiftung gehört werden (Abs. 3). Mir scheint hier „verbrauchen" als das ggf. mildere Mittel gegenüber einer Aufhebung oder Zweckänderung der Stiftung, denn der Stifter wollte ja gerade den besagten Zweck erfüllen. Damit dürfte der Verbrauch, d.h. die „Umwandlung in eine

---

49 So zu lesen unter http://www.frauenkirche-dresden.de/leitlinien.html (zuletzt abgerufen am 30.3.2012).

50 *Tielmann*, NJW 2013, 2934.

51 *Tielmann*, NJW 2013, 2938.

52 Generell zu Steuerfragen dieser besonderen Stiftungsform, ohne dass dort der § 42 AO thematisiert würde: *v. Oertzen/Fritz*, BB 2014, 87.

Verbrauchsstiftung", oft auch dem hypothetischen Stifterwillen entsprechen. Man ändert dann eben nicht den Zweck, sondern „nur" die Dauer der Stiftung.

Mit einem weiteren neuen Ansatz hat sich *Pruns* am 7.6.2013 auf www.stiftungsrechtplus.de in dem folgenden Kommentar mit der „Mini-Verbrauchsstiftung" befasst.

Nachgefragt: Pruns, Gibt es bald die Miniverbrauchsstiftung

Mit dem Ehrenamtsstärkungsgesetz hat der Gesetzgeber erstmals die Verbrauchsstiftung ausdrücklich im Stiftungszivilrecht geregelt (§ 80 Abs. 2 S. 3, § 81 Abs. 1 S. 1 BGB). Eine Stiftung ist danach auch dann anzuerkennen, wenn sie ihr Vermögen für die Zweckerfüllung verbrauchen darf. Voraussetzung für die Anerkennung der Stiftung ist es auch in solchen Fällen allerdings, dass *„die dauernde und nachhaltige Erfüllung des Stiftungszwecks gesichert erscheint"* (§ 80 Abs. 2 S. 1 BGB). Das ist nach dem neuen § 80 Abs. 2 S. 3 BGB nur dann der Fall, wenn die Stiftung für einen Zeitraum von mindestens zehn Jahren errichtet wurde. Das entspricht der Anerkennungspraxis der Stiftungsbehörden bereits vor der Ergänzung des BGB durch das Ehrenamtsstärkungsgesetz.

Hier stellt sich die Frage: Welches Mindestvermögen müssen solche Verbrauchsstiftungen haben? Auf den ersten Blick scheint die Antwort einfach: Das Vermögen muss mindestens genau so hoch sein wie das einer auf unbestimmte Zeit errichteten Stiftung. Doch so einfach ist es nicht!

Stiftungen müssen ihren Zweck dauernd und nachhaltig erfüllen. So fordert es § 80 Abs. 2 S. 1 BGB. Ob eine Stiftung ihren Stiftungszweck dauernd und nachhaltig erfüllen kann, hängt von ihrem Stiftungsvermögen ab. Ab welchem Mindestvermögen eine Stiftung ihren Stiftungszweck dauernd und nachhaltig erfüllen kann, hat der Gesetzgeber nicht festegelegt. Die Stiftungsbehörden verfahren in der Praxis grundsätzlich so, dass sie eine Stiftung nur anerkennen, wenn sie bei ihrer Errichtung mit einem Mindestvermögen von 50.000 EUR ausgestattet werden.

Mit einem solchen Vermögensstock (Vermögensstock = zu erhaltendes Vermögen, siehe § 10b Abs. 1a S. 1 EStG) kann eine auf unbegrenzte Zeit errichtete Stiftung bei der aktuellen Zinssituation nicht wirklich hohe Erträge erwirtschaften. Nehmen wir einmal an, eine Stiftung erwirtschaftet mit besagten 50.000 EUR aktuell 3 % Zinsen p.a., was tatsächlich viel zu hoch gegriffen sein dürfte. Das sind dann 1.500 EUR im Jahr. Vergleichen wir das mit folgender typisierter Fallkonstellation, die uns der Gesetzgeber mit den neuen Regelungen zur Verbrauchsstiftung „beschert" hat:

Stifter S möchte eine Verbrauchsstiftung errichten, die ihren Stiftungszweck über zehn Jahre verwirklichen soll und dazu in diesem Zeitraum ihr gesamtes Vermögen verbrauchen darf. Ausstatten will er die Stiftung mit einem Vermögen in Höhe von 15.000 EUR. Die Stiftungsbehörde weist ganz im

Sinne der oben angesprochenen Praxis der Stiftungsbehörden darauf hin, dass dieses Stiftungsvermögen für eine Stiftungserrichtung nicht ausreiche. Erst bei einem Mindestkapital in Höhe von 50.000 EUR erscheine die dauernde und nachhaltige Zweckerfüllung durch die Stiftung als gesichert.
Stifter S argumentiert gegenüber der Stiftungsbehörde, die von ihm geplante Stiftung werde ihren Stiftungszweck durchaus dauernd verwirklichen können, da er sie ja für zehn Jahre errichten wolle. Er verweist dazu auf den neuen § 80 Abs. 2 S. 2 BGB („*...erscheint die dauernde Erfüllung des Stiftungszwecks gesichert, wenn die Stiftung für einen im Stiftungsgeschäft festgelegten Zeitraum bestehen soll, der mindestens zehn Jahre umfasst.*“).
Auch die **Nachhaltigkeit der Zweckerfüllung** sei gesichert, da der Stiftung jedes Jahr 1.500 EUR zur Verfügung stünden, also in etwa genau so viel wie auch einer zeitlich unbegrenzt errichteten Stiftung mit einem Mindestkapital in Höhe von 50.000 EUR.
Wer hat Recht? Die Stiftungsbehörde oder der Stifter S? Ich meine, die Grenze von 50.000 EUR für ein Grundstockvermögen kann für eine Verbrauchsstiftung, wie der vorstehende Vergleich zeigt, nicht gelten. Streng genommen gilt sie auch für eine „normale“ Stiftung nicht, da die in der Praxis gezogene Grenze gerade nicht gesetzlich festgeschrieben ist und nur der verfolgte Stiftungszweck maßgeblich ist. Auch das Beispiel einer Stiftung mit einem Zweckbetrieb, der ihre Einnahmen deckt, belegt das zwanglos. Jedenfalls stehen wir hier vor einer interessanten Diskussion. Wir dürfen gespannt sein, wann der erste Stifter mit einer solchen Idee „stiften geht“ und wie die Stiftungsbehörden in der Praxis entscheiden werden!

B. Wichtige Sonderfälle

I. Familienstiftungen

1. Sonderform der rechtsfähigen Stiftung des Privatrechts

21 Die schon seit Jahren vielfach wissenschaftlich behandelte Familienstiftung[53] ist eine Sonderform der rechtsfähigen Stiftung des Privatrechts, die typischerweise die gemischten Zweckschwerpunkte Familie und Unternehmen aufweist. Über eine als unternehmensverbundene Stiftung ausgestaltete Familienstiftung kann die Sicherung der Zukunft des Unternehmens bei gleichzeitiger finanziel-

53 Auswahl: *Lehleiter*, Die Familienstiftung als Instrument zur Sicherung der Unternehmenskontinuität bei Familienunternehmen, 1996; *Leisner*, DB 2005, 2434; *Muscheler*, Stiftungsrecht, 2005, S. 317 ff.; *Saenger*, FS Kollhosser, Bd. II., 2004, S. 591 ff.; *Blumers*, DStR 2012, 1.; *Zensus/Schmitz*, NJW 2012, 1323; *Schiffer*, FS für Binz, 2014, S. 596 ff.

ler Versorgung der Familienangehörigen erreicht werden. Der Bogen spannt sich von kleinen, vermögensverwaltenden Familienstiftungen mit nur wenigen Destinatären über Familienstiftungen mit Mehrheitsbeteiligung an großen Unternehmen, bis zu jahrhundertealten Familienstiftungen mit über 1.000 potentiellen Destinatären. Es soll etwa 550 Familienstiftungen geben,[54] wobei es wegen der Verschwiegenheit dieser Stiftungen und der umstrittenen Abgrenzung wirklich verlässliche Zahlen nicht gibt. Propagiert wird im Zuge der nun auch vom Gesetzgeber ausdrücklich zugelassenen Verbrauchsstiftung neuerdings auch die **„Familienverbrauchsstiftung"** (siehe dazu oben Rn 19).[55] Sie kann in besonderen Fällen etwa als Ausbildungsstiftung passen.

Die Familienstiftung ist jedenfalls bei weitem nicht so verbreitet wie es gemeinnützige Stiftungen sind, aber auch bei der Familienstiftung steht die Entwicklung vor allem im Steuerrecht nicht still. Das gilt vor allem für die spezielle Familienstiftungssteuer, die **Ersatzerbschaftsteuer** (mitunter auch „Erbersatzsteuer" genannt), die 1974 für das Vermögen von Familienstiftungen eingeführt worden ist. (Zu dieser besonderen Steuer siehe § 8 Rn 49 ff.).

Einerseits wird die echte oder angebliche **Renaissance der Familienstiftung** 22
immer einmal wieder behauptet. Tatsächlich ist die Behauptung einer Renaissance hier kritisch zu sehen.[56] Es wurde und wird in der Diskussion andererseits aber auch immer wieder einmal gefordert, die Familienstiftung abzuschaffen oder zeitlich zu begrenzen. So wurde in der Debatte zur Reform des Stiftungszivilrechts insbesondere in dem von Bündnis 90/Die Grünen vorgelegten Gesetzesentwurf der Gedanke vertreten, eine Familienstiftung längstens für 30 Jahre zuzulassen und zwar mit Fortsetzungsmöglichkeit durch zustimmenden Beschluss aller Begünstigten.[57] Dieser Gedanke setzte sich bei der Reform des Stiftungszivilrechts nicht durch (ausführlich dazu siehe § 3 Rn 1 ff.). Er ist auch systemfremd für das Stiftungsrecht. Stiftungen sind, wenngleich ihre Errichtung auf Zeit möglich ist (insb. als „Verbrauchsstiftung"),[58] dennoch grundsätzlich auf **ewig** angelegt[59] und werden in ihren Aufgaben, ihrem Umfang und ihrer Dauer nach dem Grundsatz der Stifterfreiheit eben gerade von dem Stifter oder den Stiftern festgelegt und damit eben nicht von deren Nachkommen (Destinatären). In Österreich ist das anders (siehe auch § 13 Rn 26 ff.).

---

54 *Freundl*, DStR 2004, 1509.
55 Siehe etwa *Tielmann*, NJW 2013, 2934.
56 *Schiffer*, StiftungsBrief 2014, 161 f.
57 *Sorg*, Stiftung und Sponsoring 02/2000, 14 (16).
58 Siehe v. Campenhausen/Richter/*Hof*, § 6 Rn 30.
59 v. Campenhausen/Richter/*Hof*, § 6 Rn 30.

23 Familienstiftungen werden, etwa auch in der Form der **„Familienheimstiftung“**,[60] als Mittel zur **„Asset Protection“** empfohlen und vor allem im **Unternehmensbereich** eingesetzt (siehe § 11 Rn 31), wie auch schon die in § 1 erwähnten Praxisbeispiele gezeigt haben. Über eine Familienstiftung kann die von den Familienmitgliedern unabhängige Sicherung der Zukunft des Unternehmens bei gleichzeitiger finanzieller Versorgung der Familienangehörigen erreicht werden. In 2010 hat beispielsweise **Ferdinand Piëch** „seine“ Unternehmensnachfolge mit Stiftungen geregelt. Er soll laut Presseberichten[61] u.a. seine unternehmerischen Beteiligungen auf zwei österreichische Privatstiftungen übertragen haben. Ob das wirklich, wie von ihm laut den Berichten gewollt, nachhaltig ist, dürfte noch nicht feststehen. Denn nach österreichischem Privatstiftungsrecht wird die Stiftung nach 100 Jahren aufgelöst, wenn nicht die Letztbegünstigten entscheiden, dass die Stiftung für maximal weitere 100 Jahre fortbestehen soll.[62]

> **Nachgefragt: Modell Ehepartner?**
> Was die Ehemänner von Frau **Mohn** und Frau **Springer** vorgemacht haben, will auch der Ehemann von Ursula Piëch nachmachen. Sie soll neben Ferdinand **Piëch** in die Führung des Unternehmens einziehen, das von ihrem Gatten (mit-)geführt wird. Frau Piëch soll Mitglied im Aufsichtsrat von VW werden.[63] Ihre Wahl auf der nächsten Hauptversammlung von Volkswagen gilt als sicher, da Porsche-Holding die Mehrheit an VW hält. Frau Piëch ist bereits in den vorstehend genannten Piëch-Stiftungen Stellvertreterin ihres Gatten.
> Das **Ehefrauen-Modell** scheint sich als beliebter Gestaltungsansatz bei „Familien-Großunternehmen“ herauszukristallisieren. Beobachten wir die weitere Entwicklung und vor allem den Weg in die nächste Generation nach der „Zwischenlösung“ Ehefrau!

2. Keine einheitliche Definition

24 Eine **einheitliche Definition** für die Familienstiftung gibt es bisher in den einschlägigen Gesetzen leider nicht. Die Besonderheit einer Familienstiftung liegt aber jedenfalls darin, dass sie nach ihrem Stiftungszweck in erster Linie oder jedenfalls wesentlich den Interessen einer oder mehrerer Familien dient. Welchen Umfang diese **Familienförderung** haben muss, ist allerdings beinahe

60 *Werner*, ZEV, 2014, 66.

61 Siehe etwa www.stiftung-sponsoring.de/organisation-finanzen/nachrichten/pi%EBch-uebertraegt-porsche-anteile-an-stiftung.html (zuletzt abgerufen am 30.3.2012).

62 § 35 Abs. 2 Nr. 3 PSG (österr. Privatstiftungsgesetz).

63 S. nur www.ntv.de am 11.3.2012 (http://www.n-tv.de/wirtschaft/Piech-holt-seine-Frau-zu-VW-article5731116.html – eingesehen am 11.3.2012).

schon „traditionell“ umstritten.[64] Die Frage wird zudem für das Stiftungszivilrecht anders beantwortet als für das Stiftungssteuerrecht. Daraus ergeben sich vor allem im Zusammenhang mit der Ersatzerbschaftsteuer erhebliche Probleme (siehe § 8 Rn 49 ff.). Die Einzelheiten der wissenschaftlichen Diskussion können hier nicht nachgezeichnet werden. Zu vermerken sind jedoch die folgenden Grundzüge:

Die Familienstiftung als Stiftung des privaten Rechts wird im Stiftungszivilrecht, im Erbschaftsteuergesetz und im Außensteuergesetz unterschiedlich definiert. Allen Definitionen gemeinsam ist jedoch das Erfordernis der **Begünstigung** einer oder mehrerer Familien. Welchen Umfang diese Begünstigung zu haben hat, legen die einzelnen Gesetze allerdings in unterschiedlicher Weise fest. Familienstiftungen werden danach definiert als: 25
- wesentlich im Interesse einer bestimmten Familie errichtet (§ 1 Abs. 1 Nr. 4 ErbStG);
- Stiftungen, bei denen der Stifter, seine Angehörigen und deren Abkömmlinge zu mehr als der Hälfte bezugsberechtigt oder anfallsberechtigt sind (§ 15 Abs. 2 AStG);
- *überwiegend* dem Wohle der Mitglieder einer oder mehrerer bestimmter Familien dienend (z.B. § 17 S. 1 StiftG Bremen).

Wesentlich für die Bestimmung dessen, was eine Familienstiftung ist, sind der auch bei der neuen Gesetzesfassung im BGB betonte **Grundsatz der Zulässigkeit der gemeinwohlkonformen Allzweckstiftung** (siehe hierzu Rn 31 ff.) und die Frage danach, was ggf. die Landesgesetze in diesem Rahmen aus ihrer jeweiligen Definition der Familienstiftung ableiten. Da das BGB die Frage der Stiftungsaufsicht nicht regelt, vielmehr die Stiftungsaufsicht weiterhin in den Landesstiftungsgesetzen geregelt ist, haben die dortigen Definitionen der Familienstiftung insoweit weiterhin ihre rechtliche Bedeutung.[65] 26

Außerhalb des Steuerrechts entscheidet die Einordnung als Familienstiftung vor allem darüber, ob und in welchem Umfang die jeweilige Stiftung der **staatlichen Stiftungsaufsicht** unterliegt. So entfällt beispielsweise bei der Familienstiftung nach § 13 Abs. 3 StiftG BW die ansonsten gem. § 13 Abs. 1 und 2 für die Stiftung geltende Verpflichtung, bestimmte Rechtsgeschäfte der Stiftung im Voraus anzuzeigen. Keine Einschränkung der Beaufsichtigung von Familienstiftungen kennt das Stiftungsrecht der Länder Mecklenburg-Vorpommern, Sachsen, Sachsen-Anhalt und Thüringen. In den übrigen Ländern sind, weil man dort zu Recht auf die Kontrolle durch die von der Stiftung begüns- 27

64 Siehe schon bei *Schindler*, Familienstiftungen, 1975, S. 21 ff.
65 Wie hier Palandt/*Ellenberger*, § 80 Rn 8; siehe ferner etwa Münch. Hdb. GesR/*Schwake*, Bd. V, § 79 Rn 9.

tigte Familie vertraut, die sonst gültigen Vorschriften zur Stiftungsaufsicht insbesondere für Familienstiftungen nur in eingeschränktem Umfang gültig.[66] In der Praxis kommt ein Einschreiten der Stiftungsaufsicht ohnehin eher selten vor, da sich die Familienstiftungen – auch nach den Erfahrungen der Behörden – in aller Regel korrekt verhalten. Das rechtfertigt grundsätzlich eine recht großzügige Aufsichtsführung.[67]

28 **Tabelle der Regelungen zur Familienstiftung/privatnützigen Stiftungen in den einzelnen Landesstiftungsgesetzen**[68]

Baden-Württemberg	Bayern	Berlin	Brandenburg	Bremen	Hamburg	Hessen	Mecklenburg-Vorpommern
§ 13 Abs. 3	Art. 10 Abs. 1	§ 10	§§ 2 Abs. 2, 4 Abs. 3 S. 2	§ 17	§§ 2 Abs. 1, 5 Abs. 1 S. 2	§ 21	–
Niedersachsen	Nordrhein-Westfalen	Rheinland-Pfalz	Saarland	Sachsen	Sachsen-Anhalt	Schleswig-Holstein	Thüringen
§ 10 Abs. 2	§ 7 Abs. 4	§§ 2 Abs. 2, 9 Abs. 1 S. 3	§ 10 Abs. 3	–	–	§ 19	–

29 **Praxishinweis: Liberalität des Stiftungsrechts**

Manche Landesstiftungsgesetze behaupteten früher eine **Einschränkung der „Genehmigungsfähigkeit“ (neu: Anerkennungsfähigkeit)** von Familienstiftungen.[69] Diese früheren Einschränkungen der Genehmigungsfähigkeit von Familienstiftungen in den Landesstiftungsgesetzen sind durch das

66 In Bayern unterstehen von vornherein nur solche Stiftungen der staatlichen Aufsicht, die öffentliche Zwecke verfolgen (vgl. Art. 1 Abs. 3 S. 2, 10 Abs. 1 S. 1 StiftG Bay). In NRW gelten die Einschränkungen der Aufsicht für alle Stiftungen, „die ausschließlich oder überwiegend privaten Zwecken dienen.“ Ähnlich ist es in Hamburg, Niedersachsen, Rheinland-Pfalz und im Saarland.

67 Siehe Bericht der Bund-Länder-Arbeitsgruppe Stiftungsrecht vom 19.1.2001, S. 56 f.; *Sorg*, Stiftung & Sponsoring 02/2000, 14; kritisch *Seyfahrt*, ZSt 2008, 145.

68 Unter www.stiftungen.org (Stifter und Stiftungen → Recht und Steuern → Landesstiftungsgesetze) können die Landesstiftungsgesetzte in aktueller Fassung eingesehen werden.

69 Siehe *Sorg*, Stiftung & Sponsoring 02/2000, 14.

neue Stiftungsrecht im BGB überholt.[70] Dieser Befund zeigt beispielhaft die **Liberalität des neuen Stiftungszivilrechts.**

II. Unternehmensverbundene Stiftungen

1. Zulässigkeit

In § 1 wurden bereits Praxisbeispiele unternehmensverbundener Stiftungen genannt. Die **unternehmensverbundene Stiftung,**[71] oder anders ausgedrückt: die **Stiftung im Unternehmensbereich** als spezielle Form der Stiftung, ist auch nach der Reform des Stiftungszivilrechts im BGB nicht ausdrücklich geregelt. Dennoch ist die Diskussion zu der Frage der Zulässigkeit der unternehmensverbundenen Stiftung rechtlich überholt, auch wenn das manche Fachdiskussionsteilnehmer, wie sogleich zu zeigen sein wird, immer noch nicht wahrhaben wollen.[72] 30

Basis für das seit 2002 geltende aktuelle Stiftungsrecht ist die Arbeit der damaligen Bund-Länder-Arbeitsgruppe zur Reform des Stiftungszivilrechts im Bundesministerium der Justiz.[73] Alle Zwecke, die das Gemeinwohl nicht gefährden (§ 80 Abs. 2 BGB, siehe auch § 3 Rn 63), sind entgegen Forderungen aus Wissenschaft und Politik auf Anraten der Praxis auch weiterhin zulässig, sog. **Grundsatz der Zulässigkeit der gemeinwohlkonformen Allzweckstiftung.**[74] 31

Ausgehend davon ist entgegen manchen argumentativen Verwischungen streng darauf zu achten, dass Gemeinwohlkonformität nicht mit Gemeinnützigkeit[75] 32

---

70 Wie hier etwa Palandt/*Ellenberger*, § 80 BGB Rn 8; siehe auch *Hüttemann/Rawert*, ZIP 2002, 2019.

71 *Muscheler*, ErbR 2008, 134 ff. und 174 ff. betont zu Recht, dass der Begriff „Unternehmensstiftung" nicht wirklich passt, weshalb „unternehmensverbundene Stiftung" vorzuziehen ist. Siehe dazu schon die Überschriften seiner beiden Beiträge. Siehe bei *Muscheler* auch allg. zu der Thematik.

72 Ausführlich m. zahlreichen Nachw. jüngst Münch. Hdb. GesR/*Gummert*, Bd. V, § 81 Rn 7 ff., der bei einigen Differenzierungen im Detail der auch hier vertretenen Ansicht folgt (a.a.O. Rn 26). Vgl. auch *Muscheler*, Stiftungsrecht, S. 361 ff. und (kurz und prägnant) Palandt/*Ellenberger*, § 80 Rn 9. Aus der älteren Lit. siehe etwa *Rawert*, ZEV 1999, 294 und 426; *Schiffer*, ZEV 1999, 424; Soergel/*Neuhoff*, vor § 80 Rn 65 ff.

73 Bericht der Bund-Länder-Arbeitsgruppe Stiftungsrecht vom 19.1.2001 (Der Verfasser war einer der Sachverständigen der Arbeitsgruppe in der Anhörung am 5.9.2001).

74 Siehe nur v. Campenhausen/Richter/*Hof*, § 4 Rn 46 ff. und § 7 Rn 61; Palandt/*Ellenberger*, § 80 Rn 6; Münch. Hdb. GesR/*Schwake*, Bd. V, § 79 Rn 30 f.; NK-BGB/*Schiffer/Pruns*, § 80 Rn 24 ff.

75 Die ja eben auch gesondert im Steuerrecht und insbesondere in der Abgabenordnung (AO) geregelt ist.

oder Gemeinwohlförderung verwechselt wird. In der **rechtswissenschaftlichen Diskussion** wird entgegen dem klaren Wortlaut des Gesetzes („… der Stiftungszweck das Gemeinwohl nicht gefährdet.“) und dem sich daraus ergebenden Sinn des Gesetzes teilweise dennoch ein anderer, verwirrender Begriff der Gemeinwohlkonformität behauptet oder gefordert, wonach sehr wohl eine (aktive) Gemeinwohlförderung durch jede Stiftung erforderlich sein soll.[76] Es überrascht ebenso wenig, wie es im rechtswissenschaftlichen Ergebnis überzeugt, dass man, wenn man „rechtswissenschaftliche Folgerungen“[77] aus diesem anderen Ausgangspunkt ableitet, in seiner Betrachtung dann auch zu anderen Ergebnissen als die herrschende Meinung gelangt.[78] Obwohl ich schon lange Jahre an juristischen Fachdiskussionen teilnehme, überrascht es mich immer noch, mit welch erheblicher „Emotionalität“ unter Verlust der an sich doch wohl gebotenen Sachlichkeit einige ausgewiesene und verdiente Fachleute[79] an der Diskussion meinen, teilnehmen zu „sollen“.[80] Da fordert dann ab und an ein grober Keil einen groben (= deutlichen) Klotz.

33 **Praxishinweis zur oft verkannten Bedeutung des Vorverständnisses in der Rechtswissenschaft**

Burgard konnte seine ausführliche Habilitationsschrift „Gestaltungsfreiheit im Stiftungsrecht – zur Einführung korporativer Strukturen bei der Stiftung, 2006“, vor allem deshalb so spannend schreiben und dort Streitfragen aus

76 Siehe MüKo-BGB/*Reuter*, 6. Aufl. 2012, vor § 80 Rn 48 ff. schon moderater als noch in der Vorauflage vor § 80 Rn 44 ff.; siehe aber 6. Aufl., §§ 80/81 Rn 64, 103 ff., 110. In dieser Richtung auch, aber nur „de lege ferenda“, d.h. mit einer Aufforderung an den Gesetzgeber, entsprechende Regeln künftig zu schaffen, MüKo-BGB/*Weitemeyer*, 7. Aufl. 2015, § 80 Rn 101, unklar aber *dies.*, a.a.O. Rn 100.

77 Zur Einstufung der Rechtswissenschaft siehe die berühmte Schrift (Rede) von *Julius Herrmann von Kirchmann*, Die Wertlosigkeit der Jurisprudenz als Wissenschaft, 1848, Nachdruck 1988.

78 Zur generellen Kritik an solchen Zirkelschlüssen („circulus in probando“) in der Rechtsmethodik siehe auch die überzeugenden Ausführungen von *Schlehofer*, JuS 1992, 572 (576) – absoluter Lesetipp! – ähnlich auch *Herzberg*, NJW 1992, 2525.

79 Siehe etwa den Geburtstagsgruß von *Lutter* für K. Schmidt, GmbHR 2009, 113.

80 Beispiele: *K. Schmidt*, ZHR 166 (2002), 145 (147) gegen das Erfordernis der Stiftungsreife und gegen die angeblich „vorfreudige“, „erwartungsfrohe Beratergemeinde mit schwärmerischem Blick“ (unter Hinweis vor allem auf *Schiffer/v. Schubert*, BB 2002, 265 polemisierend), der das neue Stiftungsrecht für Rechtsformen wie eine Stiftung & Co. KGaA „just in time“ geliefert worden sei, was eine ganz neue, nur zu erträgliche Leichtigkeit des Seins für den vom Gesellschaftsrecht ach so gebeutelten Mittelstand verspreche; siehe auch MüKo-BGB/*Reuter*, (5. Aufl.) vor § 80 Rn 45 a.E.: „Rufe aus der Praxis (*Schiffer*, ZSt 2003, 252 ff.) oder mit ex-cathedra-Attitüde verkündete ‚Machtworte' in Kurzkommentaren (so seinerzeit noch *Heinrichs* in der damaligen Palandt-Kommentierung zu § 80 BGB) können daran nichts ändern.“

dem Stiftungsrecht so pointiert diskutieren, weil andere anerkannte Kenner des Stiftungsrechts wie etwa *Reuter* und *Rawert*, die er immer wieder zitiert, zur wissenschaftlichen Auseinandersetzung mit Blick auf die Praxis besonders einladen. *Burgard* ist dabei die so wünschenswerte Verzahnung der Wissenschaft und ihrer argumentativen Grundlagen mit der Praxis gelungen. So zeigt er etwa anhand der Habilitationsschrift von *Reuter*[81] exemplarisch auf,[82] wie ein bestimmtes Vorverständnis eines Autors naturgemäß[83] dessen fachwissenschaftliche Forderungen und Folgerungen für die Praxis beeinflusst.

Schon in seiner Habilitationsschrift trat *Reuter* für eine Sozialisierung wirtschaftlicher Macht durch eine Beschneidung rechtlicher Gestaltungsfreiheit ein. Das kann man durchaus so sehen wie *Reuter*, nur sind aus einem solchen Vorverständnis eben nicht wissenschaftlich (vorgeblich) zwingend bestimmte Rechtsfolgen abzuleiten, sondern eben „nur“ Wertungen/Meinungen. Das sind dann eigene Wertungen/Meinungen des Autors. Man mag sich dann überlegen, welchen Stellenwert diese bezogen auf vom demokratisch legitimierten (!) Gesetzgeber[84] getroffene Wertungen zu Sinn und Zweck eines Gesetzes haben.

Alle Teilnehmer der rechtswissenschaftlichen Diskussion gehen von einem mehr oder weniger deutlichen Vorverständnis aus. Für die einen, wie etwa für mich, ist beispielsweise – salopp gesagt – „erlaubt, was nicht (ausdrücklich) verboten ist“ und für die anderen ist „verboten, was nicht (ausdrücklich) erlaubt ist“.

Macht man sich diese Zusammenhänge und deren Bedeutung für die Praxis klar, was *Burgard* mit erfrischender Deutlichkeit getan hat, so überraschen die unterschiedlichen Ergebnisse der einzelnen Autoren bei genauer Betrachtung nicht mehr. Diese Erkenntnis ist nicht neu. Schon *Julius Hermann von Kirchmann* (1802–1844) hat sie in seinem berühmten Vortrag „Die Wertlosigkeit der Jurisprudenz als Wissenschaft“ angesprochen. Wenn wir diese **Bedingtheit unseres rechtswissenschaftlichen Strebens** erkennen, so verliert die Rechtswissenschaft und verlieren einzelne fachliche Äußerungen indessen nicht an Wert, zeigen uns aber die Relativität unseres Strebens. Recht „weise“ sprechen wir Juristen ja auch nur von „herrschender Meinung“ oder eben von „Mindermeinung“, was gar nicht despektierlich ge-

81 Privatrechtliche Schranken der Perpetuierung von Unternehmen, Frankfurt/M., 1973.

82 *Burgard*, Gestaltungsfreiheit im Stiftungsrecht – zur Einführung korporativer Strukturen bei der Stiftung, 2006, S. 61 ff.

83 Und da es bei Juristen „nur“ um (mehr oder weniger herrschende) Meinungen geht und gehen kann, ist das auch gar nicht vorwerfbar.

84 Zum Demokratieprinzip des Art. 20 Abs. 1 und 2 GG als Legitimation der historischen Auslegung von Gesetzen siehe *Schlehofer*, JuS 1992, 572 (575 f.).

meint ist. Wissenschaftlich zwingend ist die jeweilige Meinung grundsätzlich nicht, sondern im aktuellen, u.a. vom Zeitgeist beeinflussten Kontext „nur“ mehr oder weniger überzeugend. Das gilt auch für die in der Praxis besonders bedeutsame aktuell herrschende Meinung, die fortlaufend auf dem Prüfstand bleibt, ob sich nicht Überzeugenderes findet.

34 Die herrschende Ansicht bejahte auch bisher schon vor allem die Zulässigkeit der unternehmensverbundenen (Beteiligungs-)Stiftung.[85] Es war und ist auch nicht wirklich zu befürchten, dass dadurch **„Geist und Gestalt des Stiftungsrechts“** Schaden nehmen,[86] denn wirkliche Probleme in der Praxis konnte die Bund-Länder-Arbeitsgruppe nicht feststellen.[87] Dieser Befund ist auch deshalb besonders bedeutend, weil vor allem die nachfolgend noch näher anzusprechenden Stimmen aus der Wissenschaft nachdrücklich immer wieder echte oder vermeintliche Missbrauchsfälle behauptet hatten. Wenn aber der Gesetzgeber nach Prüfung der Praxis dennoch der bisher schon herrschenden Ansicht und gerade nicht besagten Stimmen gefolgt ist, sollten diese an sich verstummen, wenn sie keine neuen Argumente vorlegen.

35 Einzelne echte oder angebliche **Missbrauchsfälle**, die in der Fachdiskussion immer wieder betont worden sind, können an der Vorzugswürdigkeit der herrschenden Meinung zur Zulässigkeit der unternehmensverbundenen Stiftung nichts ändern. Selbst echte Missbrauchsfälle würden als Ausnahmen die Regel nur bestätigen. Der in solchen Fällen immer wieder zu hörende quasi „ewige Schrei“ nach dem Gesetzgeber wurde hier erfreulicherweise nach entsprechender Untersuchung und Hinterfragung der Praxis nicht gehört. Regelmäßig lassen sich Missbrauchsfälle ja auch über das geltende Recht lösen, denn das erlaubt naturgemäß Missbräuche eben gerade nicht.

36 Nach alledem ist es mit der Reform des Stiftungszivilrechts in 2001/2002 bei dem bisherigen **liberalen Stiftungsrecht** geblieben, das Stiftungsgestaltungen wie etwa die Familienstiftung & Co. KG und die Doppelstiftung (zu beiden Gestaltungsansätzen siehe § 11 Rn 52 ff.) in der Praxis zulässt, solange sie nicht im Einzelfall das Gemeinwohl gefährden.

37 **Angemerkt: Die Stiftung muss nicht gemeinnützig sein**
Eine Stiftung ist und bleibt eine neutrale Rechtsfigur, die gemeinnützig und damit steuerbefreit sein kann, es aber nicht sein muss. Das kann angesichts bestehender Vorurteile in der Praxis nicht oft genug betont werden!

---

85 Siehe etwa die Vorauflagen des *Palandt* bei § 80 BGB.
86 So aber wohl *K. Schmidt*, ZHR 166 (2002), 149; kritisch dazu schon *Schiffer*, BB Heft 42/2002, Die erste Seite (Kommentar).
87 Bericht der Bund-Länder-Arbeitsgruppe Stiftungsrecht vom 19.1.2001, S. 52.

Prominente Vertreter aus der (man könnte sagen) **„norddeutschen Schule“** kritisieren, nachdem sie auch in der Vergangenheit (für eine rechtswissenschaftliche Diskussion) mitunter erstaunliche und starke Worte fanden,[88] das neue Stiftungszivilrecht gerade zum Thema der unternehmensverbundenen Stiftung trotz alledem nach wie vor. Diese Stimmen, denen für ihren Einsatz zur Weiterentwicklung bei allen Meinungsunterschieden, die zwischen uns bestehen, auch an dieser Stelle ausdrücklich zu danken ist, befürchten (oder befürchteten) vor allem einen Missbrauch des Stiftungsgedankens und fordern eine Beschränkung der zulässigen Stiftungszwecke: 38

- So warnte *Rawert*, der sich im Gesetzgebungsverfahren vielfach für die Durchsetzung der abweichenden Meinung eingesetzt hatte und den Gesetzesentwurf von Bündnis 90/Die Grünen maßgeblich formuliert hatte,[89] den Gesetzgeber schon vor der Verabschiedung des Gesetzes mit einem deutlichen Kommentar „So nicht“,[90] hat aber inzwischen seine diesbezügliche Meinung ausdrücklich aufgegeben.[91]
- *K. Schmidt* hat, nachdem er schon 15 Jahre zuvor fragte „Wohin steuert die Stiftungspraxis?“,[92] zu dem neuen Recht vor allem die bange Frage gestellt: „Brave New World: Deutschland und seine Unternehmenserben auf dem Weg in ein Stiftungs-Dorado?“[93] So „ärmlich“ nach *K. Schmidt* „falsch verstandene Freiheit“ im Stiftungsrecht sein mag, so sehr dient richtig verstandene Freiheit auch im Stiftungsrechts unserer Rechtsgemeinschaft in der Praxis. Darüber, was richtig ist, mag ich mit ihm gerne streiten. Nur „ärmlich“ sollte er eben vor allem in einem von ihm wissenschaftlich gemeinten Beitrag eine Ansicht nicht nennen.
- *Reuter* und wohl auch *Weitemeyer* wollen die bisherige Diskussion zum angeblichen „Gemeinwohlvorbehalt“ für Stiftungen irgendwie doch fortsetzen (siehe oben Rn 32).[94]

---

88 Beispiele: *K. Schmidt*, DB 1987, 261; *Rawert*, in einem Interview von *Mecking* mit ihm und dem Verfasser in: Deutsche Stiftungen (Mitteilungen des Bundesverbandes Deutscher Stiftungen) 03/1999, S. 45 ff., insb. S. 49 („[...] Ich sehe – salopp gesagt – keinen Sinn darin, den VEB durch eine gesetzlich neu geschaffene ‚Unternehmensstiftung' wieder einzuführen [...].“); *Rawert*, ZEV 1999, 294, 296 (angebliche Gefahr von „Selbstbedienungsläden der Organe“) – dazu *Schiffer*, ZEV 1999, 424; *Rawert*, ZEV 1999, 426; *Schiffer*, Stiftung & Sponsoring 2/2000, 25.

89 Siehe *Thomsen*, taz vom 13.1.2001.

90 *Rawert*, FAZ vom 13.11.2001.

91 *Rawert*, Non Profit Law Yearbook, 2003, 1 (5 f.).

92 *K. Schmidt*, DB 1987, 261.

93 *K. Schmidt*, ZHR 166 (2002), 145.

94 MüKo-BGB/*Reuter*, 6. Aufl. 2012, §§ 80, 81 Rn 61 ff., 103 ff. 110, vor § 80 Rn 50 mit resignierenden Anklängen und MüKo-BGB/*Weitemeyer*, 7. Aufl. 2015, § 80 Rn 98 ff.

39 Diese kritischen Stimmen tragen bei allem Respekt vor den geschätzten Autoren zu einer gewissen Verwirrung in der Praxis bei, der hier vor allem im Interesse der (schon bisher) funktionierenden Praxis ausdrücklich entgegenzutreten ist. Es wird insbesondere bei *Reuter* mitunter nicht wirklich klar, ob er seine Meinung de lege lata oder de lege ferenda vertritt.[95] Das kritisierte in anderem Zusammenhang an rechtswissenschaftlichen Ausführungen von *Reuter* übrigens auch schon *K. Schmidt*.[96] Deutliche und **abschließende Worte** hat in diesem Zusammenhang damals *Heinrichs* im Palandt gefunden.[97] Damit sei es auch an dieser Stelle genug zu diesem Fachstreit,[98] der uns aber durchaus als Beispiel einer „wissenschaftlichen" Diskussion vor Augen bleiben sollte. Der Streit hat exemplarisch gezeigt, wie kritisch „wissenschaftliche" Meinungsbildung in der Rechtswissenschaft zu betrachten ist.

40 Eine ganz andere, von der zu bejahenden Frage nach der Zulässigkeit der unternehmensverbundenen Stiftung deutlich zu trennende Frage ist die nach der **Zulässigkeit der Unternehmensselbstzweckstiftung.** In der Praxis dürfte diese Stiftungsform in der (reinen) etwa von *Hüttemann*[99] kritisierten Form tatsächlich kaum bis gar nicht vorkommen. Typisch sind vielmehr Mischzwecke einer unternehmensverbundenen Stiftung – etwa zum gleichzeitigen Nutzen einer Familie und eines Unternehmens. Aber auch eine (unterstellte) reine Unternehmensselbstzweckstiftung erschöpfte sich streng genommen eben nicht nur in der (kritisierten) Unternehmensperpetuierung an sich, sondern erhielte das Unternehmen für Dritte wie etwa die Arbeitnehmer aufrecht.[100] Schon ein kurzer Blick auf den aktuellen Arbeitsmarkt zeigt, dass das nicht eben ein abzulehnender Zweck wäre. Vielmehr würde so sogar uns allen gedient und das Gemeinwohl gefördert. Das betrifft aber nicht nur „die personellen Ressourcen des Unternehmens", was kein über die Verwaltung und Erhaltung der Unternehmenssubstanz hinausgehender Zweck sein soll. Wer aber so argumentiert, verkennt vor allem, dass ein Unternehmen keine bloße „Unternehmenssubstanz" ist, sondern auch eine aus Menschen bestehende und Menschen

95 Ähnlich auch *Berndt/Götz*, Rn 64 m.w.N. zur Streitfrage. Deutlicher jetzt MüKo-BGB/*Weitemeyer*, 7. Aufl. 2015, § 80 Rn 101 („De lege ferenda…").

96 Hopt/Reuter/*K.Schmidt*, Stiftungsrecht in Europa, S. 187.

97 Palandt (66. Aufl. 2007)/*Heinrichs*, § 80 Rn 9. So jetzt auch Palandt/*Ellenberger*, § 80 Rn 9.

98 Wegen Einzelheiten der Fachdiskussion sei auf die hier zitierten Fundstellen und die ausführliche Darstellung bei Münch. Hdb. GesR/*Gummert*, Bd. V, § 81 Rn 7 ff., 12 ff., 20 ff. m.w.N. verwiesen.

99 *Hüttemann*, ZHR 167 (2003), 35 und 61.

100 So auch v. Campenhausen/Richter/*Hof*, § 7 Rn 60. Kritisch dagegen Münch. Hdb. GesR/*Gummert*, Bd. V, § 81 Rn 9 und MüKo-BGB/*Weitemeyer*, 7. Aufl. 2015, § 80 Rn 100.

dienende soziale Einheit, in der gemeinsam etwas „unternommen“ wird, was hier aber nicht wirklich vertieft werden kann.[101] Festzuhalten bleibt aber, dass der Lehrsatz vom Verbot der Selbstzweckstiftung im eigentlichen Sinne einen anderen Inhalt hat, als herkömmlich angenommen wird. Einmal mehr ist ein genauer Blick erforderlich, weil ein Schlagwort nicht ausreicht, wie an anderer Stelle ausführlich begründet worden ist.[102]

Unabhängig von alledem bleibt auch hier einmal mehr festzuhalten und zu 41
betonen: Die Stiftung ist entgegen mancher „Vorgaukelei“, über die mir immer wieder berichtet wird, weder ein Steuersparansatz noch ein Allheilmittel zur Regelung der Unternehmensnachfolge im Mittelstand. Die Stiftung ist eine spezielle Rechtsfigur für spezielle Fälle. Dabei muss ein Stifter bestimmte persönliche Qualifikationen erfüllen, die sich als **„Stiftungsreife“** bezeichnen lassen (siehe dazu § 14 Rn 31 ff.). Auch ein Unternehmer muss wie jeder andere Stifter mit seiner Familie vor allem gewillt sein, zu akzeptieren, dass mit der Stiftung eine eigenständige, von seinem zukünftigen (!) Willen unabhängige, juristische Person ins Leben gerufen wird, der das erforderliche Stiftungsvermögen dauerhaft übertragen wird. Die einmal genehmigte Stiftung genießt mit ihrem jeweiligen spezifischen Stiftungszweck staatlichen Bestandsschutz – und zwar auch gegenüber dem Stifter.

2. Klassifizierung der unternehmensverbundenen Stiftungen

Man unterscheidet ausgehend von der Zweckrichtung und den Motiven des 42
Stifters **zwei Grundtypen**[103] der unternehmensverbundenen Stiftung:[104]

- Eine **Unternehmensträgerstiftung** betreibt das Unternehmen unmittelbar selbst. Diese Stiftungsform ist wenig praktikabel und hat sich deshalb in der Praxis nicht durchgesetzt. Sie ist für eine Nachfolge-Gestaltung grundsätzlich uninteressant.
- Hält eine Stiftung eine Beteiligung an einer Personen- oder Kapitalgesellschaft, so bezeichnet man sie als **Beteiligungsträgerstiftung** (auch „Kapital-

101 Es sei nur auf die sozialwissenschaftliche und die soziologische Diskussion zum Unternehmensbegriff verwiesen.

102 NK-BGB/*Schiffer/Pruns*, § 80 Rn 27 ff.; *dies.*, ZStV 2012, 1 ff.

103 Ebenso Münch. Hdb. GesR/*Gummert*, Bd. V, § 81 Rn 45 ff., *Wachter*, Stiftungen, 2001, Kap. C Rn 2. S. auch *Berndt/Götz*, Rn 1681 ff., wo zusätzlich „Funktionsträger-Stiftungen und Anstaltsträger-Stiftungen“ unterschieden werden (a.a.O. Rn 1687 f.).

104 Ausf. zu dieser Stiftungsform etwa auch *Herrman*, Unternehmenskontrolle durch Stiftungen, 1996; *Schurr*, Die Stiftung mit unternehmerischer Verantwortung, 1998; *Heuel*, Die Entwicklung der Unternehmensträgerstiftung in Deutschland, 2000; Werner/Saenger/*Saenger*, Rn 194 ff.

fondsträger-Stiftung" genannt).[105] Diese Form der unternehmensverbundenen Stiftung ist bei richtiger Gestaltung in geeigneten Fällen durchaus praktikabel. Die Stiftung ist alleinige Gesellschafterin oder Mitgesellschafterin. Das Unternehmen wird als Personen- oder Kapitalgesellschaft betrieben, so dass das Unternehmen den Vorschriften für diese Rechtsformen unterfällt,[106] weshalb auch die erforderliche Flexibilität des Unternehmens selbst grundsätzlich erhalten bleiben kann. Eine Beteiligungsträgerstiftung kann für eine Nachfolgegestaltung interessant sein (siehe § 11).

Angemerkt: Schlagwörter
Aus gegebenem Anlass sowie aufgrund der Erfahrungen aus zahlreichen Seminaren und Vorträgen möchte ich auch hier betonen:
Die verschiedenen begrifflichen Klassifizierungen sind auch bei der unternehmensverbundenen Stiftung letztlich nur Schlagwörter zur Kennzeichnung bestimmter Sachverhalte, aus denen nicht auf rechtliche Konsequenzen zu schließen ist. Sie dienen lediglich dem besseren Verständnis der Materie. Das wird immer wieder verkannt – mitunter sogar in der Fachdiskussion.

43 Die Beteiligungsträgerstiftung kann als Dotationsquelle für durchaus verschiedene Zwecke, als Familientreuhänder oder auch als Führungsinstrument für das Unternehmen, dienen. Dabei können die genannten Aufgaben im Einzelfall auch miteinander kombiniert werden. Bei der Stiftung als **Dotationsquelle** steht das Motiv des Stifters im Vordergrund, die für die Erfüllung des Stiftungszwecks erforderlichen Mittel über die Unternehmensbeteiligung bereitzustellen. Die Unternehmensbeteiligung ist für diese in der Praxis regelmäßig gemeinnützigen Stiftungen folglich nur das Mittel zur Erfüllung des gemeinnützigen Stiftungszwecks.

44 Ist eine Stiftung als **Familientreuhänder** eingesetzt, soll sie vorrangig dafür Sorge tragen, dass bei einer Unternehmensbeteiligung die Beteiligungsrechte im Sinne des Stifters/der Familie ausgeübt werden und dass die Beteiligung der Familie erhalten bleibt. In einem solchen Fall erhalten die Familienmitglieder regelmäßig keinen Zugriff auf die in der Beteiligung enthaltene Unternehmenssubstanz. Als Begünstigte der Stiftung kommen sie aber in den Genuss der Unternehmenserträge. Steuerlich ist diese Familienstiftung nicht begünstigt, sondern wird neben den „normalen" Steuerpflichten in Analogie zu dem Fall einer natürlichen Person als Erbe sogar zusätzlich mit der sog. **Erbersatzsteuer** belastet. Deshalb war bei genauer Betrachtung auch der Vorwurf der angebli-

105 *Berndt/Götz*, Rn 1686.

106 Schon deshalb wird – anders als wohl *Rawert* (ZEV 1999, 294 [295]) meint – hier nicht die angebliche „frappierende Regellosigkeit" der Rechtsform Stiftung ausgenutzt. Wie hier etwa *Schwintek*, ZRP 1999, 25 (29); *Muscheler*, Stiftungsrecht, 2005, S. 362.

chen „Feudalisierung“ großer Familienvermögen über Stiftungsgestaltungen[107] nie nachvollziehbar.

Als Hauptfall des Einsatzes einer Stiftung als **Führungsinstrument** ist der der Stiftung & Co. KG zu nennen (siehe § 11 Rn 53 ff.). 45

Praxisbeispiel: Unternehmensverbundene Stiftungen im Wandel 46
Die Heinz Nixdorf Stiftung, München, und die Stiftung Westfalen, Paderborn, sind zwei unternehmensunabhängige, gemeinnützige Stiftungen bürgerlichen Rechts, die aus dem Nachlass des 1986 verstorbenen Unternehmers Heinz Nixdorf hervorgegangen sind. Das Vermögen der Stiftungen bestand ursprünglich aus von Heinz Nixdorf gehaltenen Stammaktien der Nixdorf Computer AG. Das derzeitige Stiftungsvermögen stammt aus der Veräußerung dieser Unternehmensbeteiligung. Die Heinz Nixdorf Stiftung und die Stiftung Westfalen gehören heute zu den großen privaten Stiftungen in Deutschland.[108]

III. Die Bürgerstiftung

Mit dem zur Vererbung anstehenden großen Vermögen der Nachkriegsgenera- 47
tion gewinnt gegenwärtig nicht nur traditionelles soziales Engagement an Bedeutung, sondern auch etwas, was man als besonderes **bürgerschaftliches Engagement** beschreiben kann. Bürger setzen sich vor Ort konkret für ihr Gemeinwesen ein. Eine Auswirkung dieses Engagements sind die sog. **Bürgerstiftungen,**[109] die in den letzten Jahren zunehmend errichtet worden sind. Bürgerstiftungen lassen sich **definieren** als „Stiftungen von Bürgern für Bürger zur Förderung sozialer, kultureller oder ökologischer Zwecke in einem geographisch begrenzten, lokalen oder regionalen Raum“ oder als „selbstständige und unabhängige Institutionen zur Förderung verschiedener gemeinnütziger und mildtätiger Zwecke in einem geographisch begrenzten, d.h. lokalen

107 So aber *Antje Vollmer* in einem Interview in: Stiftung & Sponsoring 02/1998, 8. Ausführlich zur „Zuwendung von unternehmerisch genutztem Vermögen an Stiftungen“ *Diedrichs*, Stiftung & Sponsoring 03/2000, 12; *ders.*, 05/2000, 14; *ders.*, 06/2000, 25.

108 So zu lesen unter: www.heinz-nixdorf-stiftung.de/ („Entstehungsgeschichte“, zuletzt abgerufen am 30.3.2012).

109 *Hellmann*, ZStV 2015, 148; *Bertelsmann Stiftung* (Hrsg.), Handbuch Bürgerstiftungen; *Bundesverband Deutscher Stiftungen* (Hrsg.), Bürgerstiftungen stellen sich vor, 2006; *de Courcy Hero/Walkenhorst* (Hrsg.), Auf dem Weg in die globale Zivilgesellschaft – Bürgerstiftungen im 21. Jahrhundert, 2009; v. Campenhausen/Richter/*Hof*, § 14; *Kaper*, Bürgerstiftungen, 2005; *Nährich/Strachwitz/Hinterhuber/Müller* (Hrsg.), Bürgerstiftungen in Deutschland, 2005; *Schiffer*, NJW 2004, S. 2498; *ders.*, NJW 2006, S. 2529; Werner/Saenger/*O. Werner*, Rn 365 ff.; www.die-deutschen-buergerstiftungen.de. Siehe dort auch zu den folgenden Ausführungen.

oder regionalen Wirkungsraum, die einen langfristigen Vermögensaufbau betreiben und ihre Organisationsstruktur und Mittelvergabe transparent machen".[110] Bürgerstiftungen sind hier eine Sonderform der steuerbefreiten Stiftung. Das Ziel der so definierten Bürgerstiftung wird dabei dahin beschrieben,[111] dass sie es einer größeren Zahl von Bürgerinnen und Bürgern sowie Unternehmen (Corporate Citizens) ermöglicht, ihre spezifischen Beiträge zum Gemeinwohl unter einem gemeinsamen Dach zu verfolgen. Sie diene dabei als ein Sammelbecken für Spenden und Zustiftungen. Aktuell gibt es wohl über **300 Bürgerstiftungen** und zahlreiche Gründungsinitiativen.[112]

48 Das Interesse an dieser besonderen Form der Stiftung nimmt zu. Stifter sind vielfach Bürger mit einem durchaus überschaubaren Vermögen, die ihrerseits nicht unbedingt eine eigene Stiftung errichten würden, andererseits aber dieser modernen Form der Unterstützung des Gemeinwohls, die etwa neben die bekannten Service-Clubs[113] tritt, aufgeschlossen gegenüberstehen. Die Bürgerstiftung erscheint als eine Fortentwicklung der aus den USA bekannten „community foundations" (Stichwort: „Stiftung für Dich und mich"). In aller Regel sind die Bürgerstiftungen operativ tätig. Neben den Geld-Spendern leisten die **Zeit-Spender** oder **Ideen-Spender** einen ganz wichtigen Beitrag zu der Arbeit der Bürgerstiftungen, die oftmals einen ausgesprochen umfangreichen Zweckkatalog in ihrer Satzung haben. Das ist zumindest aus der Sicht von Teilen der Finanzverwaltung nicht unproblematisch (Stichwort: **Vorratszwecke**, siehe § 9 Rn 20 ff.).

49 Wie Erfolg versprechend der Gedanke ist, zeigt sich auch darin, dass über das „reine" Modell der „Stiftung von Bürgern für Bürger" hinaus sich auch große Institutionen diesem Gedanken anschließen und Stiftungen errichten, die um Zustiftungen werben, die sie Bürgerstiftungen nennen. Ein prominentes Beispiel ist die Sparkasse KölnBonn, die als damals noch „nur" Sparkasse Bonn eine sehr rührige und in Bonn besonders erfolgreiche Bürgerstiftung initiiert hat.[114]

---

110 Siehe www.buergerstiftungen.org unter Grundlagen.

111 Siehe www.buergerstiftungen.org unter Grundlagen.

112 Siehe www.buergerstiftungen.org unter „über Bürgerstiftungen", „Statistiken" (Faktenblatt 2013).

113 Lions, Rotary, Round Table, Zonta etc.

114 Als ehrenamtliches Mitglied des Fachbeirates dieser Stiftung bin ich bei dieser Wertung natürlich befangen. Der geneigte Leser mag sich ein eigenes Urteil bilden und unter www.buergerstiftung-bonn.de schauen.

Jürgen Reske, Geschäftsführer Bürgerstiftung Bonn – Eine Initiative der Sparkasse, **zu einer Bürgerstiftung**[115] 50
„Die Bürgerstiftung Bonn ist eine Drehscheibe für das soziale und kulturelle Engagement in der Stadt. Dabei steht die positive Entwicklung der Bürgerstiftung in unmittelbarem Zusammenhang mit der Bereitschaft von Menschen, sich ehrenamtlich zu engagieren: Fast 200 Personen sind in den Gremien und Projekten der Bürgerstiftung als Zeitstifter aktiv. Sowohl die Bürgerstiftung selbst als auch viele der unter ihrem Dach geführten zweckgebundenen Stiftungen entwickeln eigene Projekte, die das Leben in der Stadt bereichern. Hierzu gehören z.B. die „Offenen Bücherschränke“, die Kinderbibliothek „Das Bücherei“, der „Bonner Bildungsfonds“, der „BONNi & BO-Klimaführerschein“ für Grundschüler und das „Hospiztelefon Bonn“. Durch die Anbindung an die Sparkasse KölnBonn werden die Verwaltungskosten minimal gehalten – die Mittel fließen weitestgehend in die gemeinnützige Arbeit.“

Die Diskussion, **welche Art von Stiftung sich „Bürgerstiftung“ nennen darf** 51
und welche Bürgerstiftungen eine entsprechendes **Gütesiegel** erhalten,[116] scheint mir bei genauer Betrachtung überflüssig, falls nicht im Einzelfall ein echter Missbrauch vorliegt, denn bei der Bezeichnung „Bürgerstiftung“ handelt es sich nur um ein Schlagwort und nicht etwa um eine spezielle Rechtsform. Die Bürgerstiftung ist grundsätzlich eine rechtsfähige Stiftung, allerdings mit der Besonderheit einer recht großen Anzahl von Stiftern. Aus dem Schlagwort „Bürgerstiftung“ an sich sind keine rechtlichen und/oder steuerlichen Folgerungen abzuleiten. Entscheidend ist ohnehin nur, dass ausreichende Mittel für den gemeinnützigen Zweck der jeweiligen Bürgerstiftung aufgebracht werden (§ 80 Abs. 2 S. 1 BGB).

Bei genauer Betrachtung ergibt sich bei einer Bürgerstiftung **ein grundsätzliches Problem**. Die Stiftung ist in einem gewissen Gegensatz zu dem eben 52
beschriebenen Ansatz der Zusammenfassung kollektiven bürgerschaftlichen Engagements in einer Bürgerstiftung eine juristische Person an sich gerade ohne kollektives Element, d.h. ohne Mitglieder oder Gesellschafter (siehe Rn 1). Es ist indessen geradezu das Ziel einer Bürgerstiftung, möglichst viele engagierte Bürger (kollektiv) unter ihrem Dach zu versammeln. Problematisch kön-

---

115 Siehe auch *Reske* in „mitmachen – Das Mitmach.M.AGAZIN der Bürgerstiftung Bonn, 2013, 4. „Mitmachen bereichert! Mit Geld, Zeit Ideen“ (Interview).

116 Siehe www.die-deutschen-buergerstiftungen.de (zuletzt eingesehen am 2.1.2015): definierte Merkmale, Gütesiegel); siehe auch „10 Merkmale einer Bürgerstiftung“, verabschiedet vom Arbeitskreis Bürgerstiftungen des Bundesverbandes Deutscher Stiftungen, ZStV 2013, 238.

nen Bürgerstiftungen deshalb vor allem dann werden, wenn der Kreis der Stifter so groß wird, dass sich die Rechtsfigur Stiftung tatsächlich der des Vereins deutlich annähert. Stiftergruppen von 50 und mehr engagierten Personen bei der Stiftungserrichtung und später in der „Stifterversammlung"[117] lassen sich typischerweise nur schwer unter einen (einheitlichen) Stifterwillen fassen und noch weniger unter einen ggf. auszulegenden hypothetischen Stifterwillen. Der damalige Stifterwille bei Errichtung der Stiftung ist aber der grundlegende Maßstab für die staatliche Stiftungsaufsicht, denn diese dient in erster Linie dem öffentlichen Interesse an der Verwirklichung des Stifterwillens.[118]

53 *Rawert* hat diese Problemzusammenhänge vor einiger Zeit hervorgehoben und dazu mit Blick auf die hier skizzierte Besonderheit der Bürgerstiftung unter Hinweis auf Erwägungen von *Richter*[119] den Gedanken betont, bei Bürgerstiftungen oder anderen Gemeinschaftsstiftungen weniger auf den damaligen Stifterwillen als Maßstab für die Stiftungsaufsicht (und die etwaige Auslegung der Stiftungssatzung) abzustellen, sondern eher auf eine noch näher zu diskutierende „Vermögens-Zweck-Beziehung".[120] Die Fachdiskussion scheint hier immer noch am Anfang, endgültige Antworten liegen noch nicht vor. Die Diskussion zeigt aber bereits, dass „Ausdehnungen" der Rechtsform Stiftung auf eher stiftungsuntypische Sachverhalte genau zu betrachten sind. Hier sind differenzierte Antworten erforderlich, wie sie *Rawert* ansatzweise versucht hat. Nicht ganz selten dürfte bei entsprechenden Bürgervorhaben doch der Verein die richtige Rechtsform sein, auch wenn ein Verein typischerweise in der Öffentlichkeit nicht denselben „guten Ruf" genießen dürfte wie eine Stiftung (Stichwort: „Vereinsmeierei"), was in der Praxis z.B. das Spendensammeln erschweren kann.

54 **Angemerkt: Stifterwille bei Bürgerstiftungen?**

Da bei Bürgerstiftungen faktisch nicht auf den damaligen Stifterwillen als Maßstab für die Stiftungsaufsicht und die etwaige Auslegung der Stiftungssatzung abgestellt werden kann und weil die von *Rawert* ersatzweise als Maßstab vorgeschlagene „Vermögens-Zweck-Beziehung" jedenfalls bisher noch „nur" ein Denkansatz, d.h. letztlich ein unbestimmtes Schlagwort mit nicht konkretisiertem Inhalt ist, bleiben als Ansatz um Aufsichts- und

117 Siehe dazu etwa *Rawert*, in: Nährlich u.a. (Hrsg.), Bürgerstiftungen in Deutschland, 2005, S. 39, 46 f.

118 *Andrick/Suerbaum*, Stiftung und Aufsicht, 2001, 211; NK-BGB/*Schiffer/Pruns*, § 80 Rn 93 ff; § 2 StiftG-NRW; § 2 StiftG-BadWürtt; Art 2 Abs. 1 StiftG-Bay; § 1 Abs. 1 StiftG-RhPf; § 3 StiftG-Brem; § 2 StifG-MecklVorP; § 2 StiftG-Nds.

119 *Richter*, Rechtsfähige Stiftungen und Charitable Corporation, S. 366 ff.

120 *Rawert*, Rechtsfähige Stiftungen und Charitable Corporation, S. 48.

Auslegungsprobleme zu vermeiden, nur möglichst genaue und ausführliche Satzungsregelungen.

IV. Weitere Stiftungsspezialitäten

Neben den Vorgenannten sind noch weitere Spezialitäten der Rechtsform Stiftung zu erwähnen: 55

Die unselbstständige Stiftung[121] (auch **treuhänderische** oder **fiduziarische Stiftung** oder **Treuhandstiftung** genannt) wird in § 12 ausführlich behandelt. 56

Steuerbefreite Stiftungen, d.h. die Steuerregeln zur Steuerbefreiung wegen der Förderung gemeinnütziger, mildtätiger oder kirchlicher Zwecke werden in § 9 erörtert. 57

Stiftungen in der ehemaligen DDR wurden in aller Regel enteignet, aufgehoben und tatsächlich fast vollständig vernichtet.[122] Auch wenn dieser Themenkreis nicht im Vordergrund aktueller Diskussionen zum Stiftungsrecht steht, kann er als Spezialmaterie im Einzelfall doch eine ganz erhebliche Rolle spielen, wie *O. Werner* in einer spezifischen Untersuchung gezeigt hat.[123] Zwischenzeitlich erlebte die Stiftungslandschaft im Osten Deutschlands eine erhebliche Renaissance,[124] doch ist der Anteil der neuen Bundesländer an der Gesamtzahl der Stiftungen in Deutschland mit 6 %[125] noch relativ gering. 58

Schon im Februar 2009 hat die Europäische Kommission im Anschluss an eine Machbarkeitsstudie aus 2008 eine öffentliche Konsultation zu einem möglichen **Statut einer Europäischen Stiftung** initiiert. Auf dieser Grundlage hat die Europäische Kommission am 8.2.2012 einen „Vorschlag für eine Ratsverordnung zum Statut einer Europäischen Stiftung (Fundatio Europaea, FE)“ veröffentlicht.[126] Die Errichtung einer FE hatte danach zwei wesentliche Voraussetzungen, nämlich die Verfolgung eines grenzüberschreitenden gemeinnützigen 59

---

121 Näher auch *Küstermann*, ZSt 2008, 161; *Neuhoff*, ZSt 2008, 23; *Schiffer*, Erbfolgebesteuerung, 2001, S. 173 ff.; *Schindler/Steinsdörfer*, Treuhänderische Stiftungen, 7. Aufl. 2002; *A. Werner*, ZSt 2008, 51; *O. Werner*, ZSt 2008, 58.

122 *Mecking*, Der Rotarier 2/99, 23.

123 *O. Werner*, FS Leser, 1998, 119.

124 Näher dazu *Mecking*, Der Rotarier 2/99, 23.

125 Werner/Saenger/*Mecking*, Rn 121.

126 Zu der aktuellen Entwicklung siehe etwa: MüKo-BGB/*Weitemeyer*, 7. Aufl. 2015, § 80 Rn 236 ff.; *Siegen*, ZStV 2014, 7; *Zimmermann*, NJW 2012, 3278; *Schiffer/Pruns*, nwb 2013, 772; *Schiffer*, Stiftungen: Gutes tun in ganz Europa?, BB 2012, 457 („Stiftungen: Gutes tun in ganz Europa?); *ders.*, StiftungsBrief 2012, 62; *Stöber*, DStR 2012, 804; *Theuffel-Werhahn*, StiftungsBrief, 2012, 91 ff.; *Werner*, ZStV 2012, 65 ff. Die aktuellen Unterlagen finden sich unter http://ec.europa.eu; *Nissel*, ZSt 2003, 89.

Zwecks sowie ein Stiftungsvermögen von mindestens 25.000 EUR. Die FE soll wie auch die deutsche Stiftung durch eine natürliche oder eine juristische Person errichtet werden können und zwar auch durch Umwandlung einer bestehenden Stiftung oder den Zusammenschluss zweier bestehender Stiftungen. Vor allem der erste Punkt ist von praktischem Interesse.

Der erste Entwurf enthielt auch eine eigenständige Regelung der Gemeinnützigkeit, die neben die nationalen Gemeinnützigkeitsregelungen treten soll, und einen Zweckkatalog, der dem des deutschen Gemeinnützigkeitsrechts ähnelte. Es fehlte, entsprechend dem Ziel des Vorschlages, nationale Besonderheiten und die Schranken grenzübergreifender Gemeinnützigkeit abzubauen, der deutsche Vorbehalt des „strukturellen Inlandsbezugs“ (siehe dazu § 9 Rn 39 ff.).[127] Besagter deutscher Vorbehalt wurde als Reaktion auf die liberale Rechtsprechung des EuGH in Sachen Stauffer und Persche entwickelt; er erschwert bisher ein Tätigwerden ausländischer gemeinnütziger Stiftungen in Deutschland.

Eine Stellungnahme des Bundesrates vom 30.3.2012 zu dem Vorschlag der Kommission ist überwiegend kritisch ausgefallen. Kritisiert wurde insbesondere auch, dass der Vorschlag der Europäischen Kommission nicht im Einklang mit dem europarechtlichen Subsidiaritätsprinzip stehe, da er konkrete Regelungen im Bereich der direkten Steuern vorsehe, wofür es der EU an der Regelungskompetenz und auch an einer Harmonisierungskompetenz fehle. Zudem sieht der Bundesrat „weder Bedarf noch die Notwendigkeit“, eine europäische Stiftung als neues Rechtsinstitut zu gründen.[128] Die EU-Kommission nahm die Kritik des Bundesrates zur Kenntnis, hält jedoch grundsätzlich an der Zweckmäßigkeit eines Statuts zur europäischen Stiftung fest.[129]

Ab der ersten Jahreshälfte 2014 sollte auf EU-Ebene ein neuer Kompromissvorschlag unter Verzicht auf steuerliche Bestimmungen erarbeitet werden.[130] Nach dem von der EU-Kommission am 17.12.2014 vorgelegten Arbeitsprogramm 2015 wurde das Vorhaben einer EU-Stiftung allerdings wieder von der Vorhabenliste gestrichen.[131] Mit einer Umsetzung des Projektes ist damit zumindest in absehbarer Zeit nicht mehr zu rechnen.

---

127 § 51 Abs. 2 AO.

128 BR-Drs 74/12 v. 30.3.2012.

129 Unterrichtung durch die Europäische Kommission v. 19.10.2012, zu BT-Drs 74/12 (Beschluss) (abrufbar unter: www.bundesrat.de).

130 Zum aktuellen Stand siehe etwa *Ruhlmann*, RBS RoeverBrennerSusat Newsletter NPO 1/2014, S. 25 ff.

131 http://ec.europa.eu/index_de.htm; siehe auch die Pressemitteilung des Bundesverbandes Deutscher Stiftungen vom 17.12.2014 unter www.stiftungen.org; *Zimmermann*, NJW 2015, 290, 293.

60 Gemeinnützige Stiftungen sind heute auch vermehrt ein Thema im Kulturbereich,[132] u.a. im Zusammenhang mit der Frage der **Museums- und Ausstellungsfinanzierung.**[133] Auch dort ist angesichts der weitgehend leeren öffentlichen Kassen ein neues, wirtschaftliches Denken und Handeln erforderlich. Die öffentliche Hand wird wegen steigender Finanznot zunehmend weniger in der Lage sein, den Kulturbetrieb zu finanzieren. Mithin sind Finanzmittel aus dem Privat- und dem Unternehmensbereich gefragt. Erfolgreiche Museen werden sich zukünftig dadurch auszeichnen, dass sie durch geeignete Organisationsformen und moderne Denkansätze private Finanzmittel akquirieren.

61 Stichworte im Zusammenhang mit Stiftungen sind hier etwa: gemeinnützige Stiftungen zur zusätzlichen finanziellen Absicherung oder auch als Träger eines Museums, Kultursponsoring, Museen als Marketingplattform etc. Auch solche Stiftungen werden in der Praxis zur (teilweisen) Regelung der Erbfolge errichtet. Der Umstand, dass gegenwärtig das gewaltige, von der Nachkriegsgeneration erarbeitete Vermögen zur „Vererbung" ansteht, und die jüngst erfolgte Reform des Stiftungssteuerrechts stimmen optimistisch für eine zunehmende Zahl von (gemeinnützigen) Stiftungen auch im Kulturbereich.

62 *Prof. Dr. Hans Walter Hütter*, Präsident Stiftung Haus der Geschichte der Bundesrepublik Deutschland, Bonn: **Museum und Stiftung**
„Vielgestaltig und facettenreich präsentiert sich die Museumslandschaft der Bundesrepublik Deutschland ihren Besuchern. Überwiegend finanziert sich diese Vielfalt in Deutschland aus öffentlichen Mitteln – so unterschiedlich die Rechtsformen der einzelnen Häuser auch sein mögen. Nach meiner Erfahrung kann keine Rechtsform die inhaltliche Unabhängigkeit der Museumstätigkeit besser garantieren als eine rechtsfähige Stiftung. Im Falle der Stiftung Haus der Geschichte der Bundesrepublik Deutschland als einer selbstständigen Stiftung öffentlichen Rechts gewährt die vertrauensvolle Zusammenarbeit der Stiftungsorgane Kuratorium, Wissenschaftlicher Beirat, Arbeitskreis gesellschaftlicher Gruppen und Präsident größtmögliche wis-

---

132 Einen guten Überblick geben: *Nietsch/Weller/Kiesel* (Hrsg). Kulturstiftungen,; siehe auch *Die Beauftragte der Bundesregierung für Kultur und Medien/Bundesverband Deutscher Stiftungen/Deutscher Kulturrat* (Hrsg.), Kulturstiftungen – Ein Ratgeber für die Praxis, 2. Aufl. 2004: *Graf Strachwitz/Then* (Hrsg.), Kultureinrichtungen in Stiftungsform, 2004; Röckrath/Poser/*Mecking*, Kultur und Recht (Stand: 46. Lieferung), C 2.2, 1. Zur Organisation von Orchestern, etwa den Berliner Philharmonikern, in Form von öffentlich-rechtlichen Stiftungen siehe *Bastuck*, NJW 2009, 719 (720 f.).

133 *Boochs*, NWB F. 3, 10525; *Zimmer* (Hrsg.), Das Museum als Nonprofit-Organisation, 1996.

senschaftliche Freiheit. Der institutionellen Unabhängigkeit und der wissenschaftlichen Seriosität ihrer Aktivitäten ist es vor allem zu verdanken, dass die Stiftung heute in Deutschland zu den führenden und in Europa zu den viel beachteten Institutionen zur Vermittlung von Zeitgeschichte gehört.“

63 Nicht erst seit den vielfach zitierten Pisa-Studien ist das Thema Bildung im Lande der „Dichter und Denker“ ein besonderes Thema. Der Bildungsmisere wollen u.a. zahlreiche private Initiativen an **Hochschulen**[134] und **Schulen**[135] entgegenwirken. Auch dabei ist die Stiftung ein wichtiges Thema.

64 Stiftungen werden hier als Wege aus der staatlichen Abhängigkeit diskutiert.[136] Will man allerdings eine Stiftung mit Erträgen (!) ausstatten, die auf absehbare Zeit beispielsweise die Unabhängigkeit einer Hochschule oder Schule sicherstellen, so dürften angesichts des Finanzbedarfs einer solchen Einrichtung für eine Universität durchaus mehrere Milliarden EUR kein unsinniger Betrag sein. Solche Beträge sind allerdings zumindest aktuell in Deutschland ersichtlich utopisch. Eine Förderstiftung beispielsweise oder auch eine Hochschule in der Rechtsform einer Stiftung kann dennoch sinnvoll sein, wenn das Gesamtkonzept und der Businessplan stimmen. Das ist z.B. bei der langjährig eingeführten „Wissenschaftlichen Hochschule für Unternehmensführung (WHU) – Otto-Beisheim-Hochschule“ und der Trägerstiftung „Stiftung Wissenschaftliche Hochschule für Unternehmensführung“[137] ersichtlich der Fall, die durch zahlreiche weitere Initiativen und Personen unterstützt wird. Als wesentliche Stichworte für ein solches Konzept (zur Einwerbung von Drittmitteln unter Ausnutzung des Stiftungssteuerrechts) sind zu nennen:
- Zustiftungen (siehe § 3 Rn 98 ff.)
- Stiftungsfonds (siehe Rn 73 ff.)
- unselbstständige (treuhänderische) Stiftungen (siehe § 12)
- mildtätige Stiftungen zur Förderung bedürftiger Studenten (siehe § 9 Rn 12 ff.)

134 *Stifterverband für die Deutsche Wissenschaft e.V.* (Hrsg.), Private internationale Hochschulen, 2002; *ders.*, Reformuniversitäten, 2000; Deutsche Stiftungen (Mitteilungen des Bundesverbandes Deutscher Stiftungen), 3/2002: Themenheft Stiftung und Hochschule – Formeln für Erfolg und Lehre?

135 *Hohlmeier*, Stiftung & Sponsoring 6/2002, 3 (Interview); *Gottfried*, Stiftung & Sponsoring 6/2002, 30.

136 Siehe dazu die Beiträge etwa von *Sandberg*, *Herfurth/Kirmse*, *Müller-Böling* und *Baumanns*, in: Deutsche Stiftungen 3/2002; *Battis/Grigoleit*, ZRP 2002, 65.

137 Siehe www.whu.edu.

- Spenden (siehe § 9 Rn 57 ff.) (zeitnahe Mittelverwendung beachten)
  - für Lehrstühle
  - für Forschungszentren
  - für Lehrmaterialien und sonstige Ausstattung
- Förderverein
- Ehemaligenverein
- Merchandising
- Sponsoring (siehe § 9 Rn 207 ff.).

Die Freiheit in der Verwendung der so erzielten Mittel und der Aufbau eines eigenen Vermögens sind als besondere Vorteile einer entsprechenden Stiftungsgestaltung zu nennen.

Aktuell ist die so genannte **Studienstiftung** ein besonderes Thema. Die Zukunftsfähigkeit unserer Gesellschaft in sozialer, kultureller, aber auch in wirtschaftlicher Hinsicht wird ersichtlich entscheidend beeinflusst durch die Leistungsfähigkeit des deutschen Hochschulsystems. 65

Evelin Manteuffel, Rechtsanwältin, Essen: **Hochschulstiftungen** 66
„Hochschulen sehen sich heute zwei gegenläufigen Tendenzen ausgesetzt: Staatliche Mittel werden zurückgefahren und gleichzeitig steigen die Qualitätsansprüche an Forschung und Lehre. Nur die Hochschulen werden künftig zur Spitze gehören, die es verstehen, in ausreichendem Maße private Mittel zu akquirieren – um staatliche Mittel zu ergänzen und um sich den nötigen finanziellen Freiraum zu schaffen.
‚Für die finanzielle Wettbewerbsbereitschaft ist es unerlässlich, dass Eigeninitiative durch Stiftungen abgesichert wird. Universitätsstiftungen sind ein ausgezeichnetes Mittel, um institutionelle Langzeitperspektiven zu ermöglichen', so hat es einmal Prof. Gerhard Casper ausgedrückt, President Emeritus der Stanford University in Kalifornien.
Hochschulstiftungen sind das ideale Modell, das beiden Seiten Rechnung trägt: Die Hochschule wird durch sie finanziell unabhängiger und erhält verlässliche, nachhaltige, zusätzliche Einnahmen für Leuchtturmprojekte, die sie aus dem Kreis der übrigen Hochschulen heraus heben. Dem Stifter bietet das Stiftungsmodell die Möglichkeit, selbst Akzente zu setzen, und die Arbeit in den Bereichen zu befördern, die ihm besonders wichtig sind."

V. Moderne Stiftungsansätze

Im Zusammenhang mit dem bereits angesprochenen Thema „Stiftungen und Hochschulen, Stiftung und Schulen" und angesichts der zunehmend leeren 67 öffentlichen Kassen gewinnt auch das **Public Private Partnership (PPP)**[138] zunehmend an Bedeutung. Unter dem Schlagwort „PPP" werden sehr verschiedene Arten der Kooperation und Zusammenarbeit von öffentlicher Verwaltung und Privatpersonen bei der Erfüllung „öffentlicher" Aufgaben zusammengefasst.[139] Bereiche für PPP sind neben Schule und Hochschule etwa die Innenstadtentwicklung, die Forschung und auch Baudienstleistungen.[140] Typischerweise werden hier, wenn nicht nur ein loses Netzwerk gewählt wird, Kooperationsverträge zwischen den Partnern[141] geschlossen, es ist aber auch durchaus denkbar, dass die Partner eine Gesellschaft[142] oder eben eine Stiftung errichten, beispielsweise als Basisfinanzierung für ein gemeinsames Projekt. Eine solche Stiftung wird häufig gemeinnützig sein – etwa im Themenbereich Wissenschaft oder Ausbildung oder z.B. auch Denkmalschutz oder Kulturförderung –, muss es aber nicht. Dabei kann sich im Einzelfall die Problematik des wirtschaftlichen Geschäftsbetriebes stellen (siehe hierzu § 9 Rn 118 ff.),[143] der die Gemeinnützigkeit ausschließt.

Beispielhaft dürfen wir hier darauf verweisen, dass in 2014/2015 die Technische Universität Wien (Prof. Dietmar *Wiegand*) im Auftrag des Wirtschaftsministeriums Rheinland-Pfalz im Rahmen der Initiative „Neue Wege für innerstädtische Netzwerke" eine **Machbarkeitsstudie** „Konzeption und Machbarkeitsprüfung neuer gemeinnütziger regionaler Rechtsformen und regionaler Finanzprodukte" erarbeitet hat, an der u.a. der Herausgeber dieses Buches mitarbeiten durfte. Die Machbarkeitsstudie zeigt privatwirtschaftliche Wege auf, um sich finanziell und ideell für seine Innenstadt zu engagieren und wie innerstädtische Netzwerke den Herausforderungen der Digitalisierung im Handel, dem damit verbundenen Strukturwandel, der negativen demografischen Entwicklung so-

138 Näher dazu: *Gertlberger/Schneider*, Öffentlich Private Partnerschaften. Zwischenbilanz, empirische Befunde und Ausblick, 2008; *Budäus* (Hrsg.), Kooperationsformen zwischen Staat und Markt – Theoretische Grundlagen und praktische Ausprägungen von Public Private Partnership, 2006; *Weber/Schäfer/Hausmann*, Praxishandbuch Public Private Partnership, 2005; *Tettinger*, NWVBl. 2005, 1; *Bellezza/Kilian/Vogel*, Der Staat als Stifter – Stiftungen als Public-Private Partnerships im Kulturbereich, 2003; *Roggencamp*, Public Private Partnership, 1999.

139 Siehe nur *Becker*, ZRP 2002, 303.

140 Siehe etwa *Stifterverband für die deutsche Wissenschaft* (Hrsg.), Mehr Innovation, 2002.

141 *Becker*, ZRP 2002, 303 (306).

142 *Becker*, ZRP 2002, 303 (306).

143 Siehe auch *Seer/Wolsztynski*, Steuerrechtliche Gemeinnützigkeit der öffentlichen Hand, 2002.

wie der Urbanisierung begegnen können. Ein Beispiel von mehreren ist hier die gemeinnützige Stiftung. Die Studie steht zum Herunterladen im Netz.[144]

Im Zusammenhang mit bestimmten Regeln aus dem Stiftungssteuerrecht (siehe dazu § 9) werden in der Praxis ausgehend von den neuen steuerlichen Privilegien vor allem für Stifter immer wieder neue Ideen und Ansätze entwickelt. Ein Beispiel ist der in verschiedenen Variationen auftauchende Ansatz, die Dotation in eine gemeinnützige Stiftung mit der Investition in ein Kapitalanlageprodukt zu verbinden. Es werden etwa ein Teil des Anlagebetrages in eine gemeinnützige Stiftung und ein anderer Teil in einen Immobilienfonds eingebracht.[145] 68

Beispielsweise sind unter dem Stichwort **„Publikumsstiftung“** unselbstständige Stiftungen mit einer einheitlichen Satzung errichtet worden, die in einer Verwaltungsstruktur zusammengefasst und jeweils mit der Unterhaltsmöglichkeit nach § 58 Nr. 5 AO und einer klassischen Kapitalanlage kombiniert wurden (siehe auch § 9 Rn 302). Das Ganze wurde über verschiedene Kapitalmarkts-Vertriebswege mit entsprechenden Prospekten an den Markt gebracht, um „auf die Ressourcen des Kapitalmarktes zuzugreifen“.[146] 69

Hier setzt die Kritik an, denn Stiftungen sind kein Steuersparmodell. *Wilkes* kritisiert, dass die steuerlichen Rahmenbedingungen für Stiftungen in solchen Fällen nicht „genutzt“, sondern „benutzt“ werden. Er verweist zudem auf den Missbrauchstatbestand (§ 42 AO) und auf das Ausschließlichkeitskriterium des Gemeinnützigkeitsrechts (§ 56 AO).[147] 70

In der Tat sollte auch der gestaltungsfreudigste Jurist und/oder Steuerberater aufpassen, den Bogen nicht zu überspannen und seine steuerliche Gestaltungsfreudigkeit nicht so in den Vordergrund heben, dass der Gedanke der Gemeinnützigkeit in den Hintergrund tritt. Das wird auch einen Stifter auf Dauer nicht zufrieden stellen. Stiften ist das eine und Kapitalanlage ist das andere. Der Sinn und die steuerliche Haltbarkeit (§ 42 AO und §§ 51 ff. AO) einer solchen Kombination werden im Einzelfall sehr gründlich zu prüfen sein. Die dauerhafte gemeinnützige Zweckerreichung steht bei einer steuerbefreiten 71

---

144 www.mwkel.rlp.de/Wirtschaft/Handel/Neue-Wege-fuer-innerstaedtische-Netzwerke/Regionale-Finanzprodukte-und-Privates-Kapital-fuer-die-Innenstadtentwicklung/

145 Ausführlich dazu schon das Interview von *Mecking* mit *Ohlmann* und *Christoph*, Betreiber und Befürworter eines solches Ansatzes, und mit *Wilkes*, der den Ansatz kritisiert, in: Deutsche Stiftungen – Mitteilungen des Bundesverbandes Deutscher Stiftungen 02/2002, S. 77 ff. Siehe aktuell dazu beispielsweise das Interview aus 10/2011 mit *Winheller* auf www.stiftungsrecht-plus.de; siehe auch § 9 Rn 289.

146 *Ohlmann*, in: Deutsche Stiftungen – Mitteilungen des Bundesverbandes Deutscher Stiftungen 02/2002, S. 77 f.

147 In dem oben zitierten Interview.

Stiftung im Vordergrund. Neue Wege sind nicht von vorneherein abzulehnen, aber eben kritisch auf ihre „Haltbarkeit" hin zu prüfen. Auf eine schiefe und missverständliche Darstellung solcher Modelle, die die Gemeinnützigkeit einer entsprechenden Stiftung in den Hintergrund drängt und aus Vertriebsgründen einseitig die positiven steuerlichen (Neben-)Effekte betont, sollte unbedingt verzichtet werden.

72 **Praxishinweis: Vermögensübertragung unter Auflage**
Unproblematisch erscheint beispielsweise der Ansatz, dass ein Stifter oder Spender Vermögen auf die Stiftung mit der **Auflage** überträgt, die Zustiftung oder die Errichtungsdotation in bestimmter Weise und zu bestimmten Konditionen „anzulegen" (Vermögensverwaltung), etwa als Darlehen für ein Unternehmen und/oder für den Stifter. Entsprechende Auflagen, die im konkreten Fall dem steuerlichen Drittvergleich standhalten müssen, sind anzuerkennen und von der Finanzverwaltung durchaus auch schon anerkannt worden, auch wenn in der Praxis mit der Finanzverwaltung über den Vorrang des Zivilrechts vor dem Steuerrecht mitunter „ausführlich diskutiert" werden muss. Hier empfiehlt sich im Einzelfall ggf. eine (kostenpflichtige) „verbindliche Auskunft" der Finanzverwaltung.

VI. Eine Besonderheit: Der Stiftungsfonds

73 Ein **Stiftungsfonds**[148] ist eine Zustiftung in das Grundstockvermögen einer Stiftung mit der **Auflage** (Zweckbindung) des Zustifters, die Erträge aus dem Zustiftungsbetrag für einen bestimmten Zweck oder Teilzweck aus den satzungsmäßigen Zwecken der Stiftung zu verwenden. Der Zustiftungsbetrag wird insoweit von dem sonstigen Grundstockvermögen der Stiftung separiert. Ein Stiftungsfonds kann ebenso wie eine treuhänderische Stiftung einen **eigenen Namen** führen. Ein Stiftungsfonds ist aber anders als eine unselbstständige Stiftung **kein eigenständiges Steuersubjekt** (siehe auch § 12 Rn 75 ff.). Stiftungsfonds sind sowohl bei rechtsfähigen Stiftungen[149] als auch bei treuhänderischen Stiftungen möglich.

---

148 Die Terminologie ist uneinheitlich. Siehe *Schiffer*, StiftungsBrief 2013, 222; näher zum Ganzen etwa schon *A. Werner*, Die Zustiftung, 2003, 124 ff. m.w.N.; siehe auch *Nährlich/Hellmann* in Aktive Bürgerschaft e.V. (Hrsg.), Vermögensverwaltung und Rechnungslegung – Mit Mustersatzungen für Treuhandstiftung und Fonds, 2008, 18 ff.

149 Auf der Homepage der Bürgerstiftung Bonn (www.buergerstiftung-bonn.de/home/) lassen sich mehrere Stiftungsfonds recherchieren („Stiftungen unter unserem Dach").

In der Praxis gibt es – wohl mit Blick auf die Verbrauchsstiftung (siehe oben Rn 14 ff.) sogar **Verbrauchsfonds.**[150] Hier haben wir die Besonderheit, dass es sich von Anfang an um einen solchen Fonds gehandelt hat. Der Stifterwille ist hier einmal mehr der Maßstab.

Begriffsverwirrung beim Stiftungsfonds 74
Der Begriff Stiftungsfonds wird für den vorstehend beschriebenen Sachverhalt verwendet.[151]
Es gibt aber etwa auch den **Kölner Gymnasial- und Stiftungsfonds**, der sich auf seiner Homepage (www.stiftungsfonds.org) als eine erfahrene Stiftungsverwaltung für Bildungsstiftungen in der Rechtsform einer Stiftung des öffentlichen Rechts beschreibt, die seit über 200 Jahren die Bildung junger Menschen fördere.
Daneben werden auch Geldanlagemöglichkeiten in Fondsform, die besonders für Stiftungen konzipiert sein sollen, als „Stiftungsfonds" bezeichnet.[152]
Man schaue also immer genau hin, was im Einzelfall gemeint ist.

Der **Bundesverband Deutscher Stiftungen** definiert den Stiftungsfonds wie folgt:[153] 75

„Der Stiftungsfonds ist eine besondere Form der Zustiftung. Sie kann sowohl aufgrund testamentarischer Verfügung als auch als Zuwendung zu Lebzeiten erfolgen. Der Betrag oder Vermögensgegenstand geht in das Grundstockvermögen der Stiftung ein, der gegenüber die Zuwendung erfolgt. Als Teil des Grundstockvermögens der Stiftung ist der Fonds kein eigenes Steuersubjekt. Die Stiftung erhält die Zustiftung lediglich mit der Auflage, sie nachvollziehbar und fortdauernd buchungsmäßig erkennbar festzuhalten. Der Stifter seinerseits kann sich vorbehalten, mit weiteren Zustiftungen zu Lebzeiten oder von Todes wegen den Fonds aufzustocken. Der Fonds kann

150 http://www.sos-kinderdoerfer.de/helfen/stiften-foerdern-vererben/hermann-gmeiner-stiftung/sos-verbrauchsfonds; https://www.sos-kinderdoerfer.de/getmedia/e21ed6af-05c3–415d-a26c-f55f78313c43/SOS-Stiftungsbroschuere_310713.pdf; http://www.barnim-uckermark-stiftung.de/spenden3.html.

151 Siehe etwa die Sonderbeilage „Stiftungsfonds – Portfoliomanagement für jede Stiftung" zum Magazin „Die Stiftung" aus Juli 2013. Der geneigte Leser gebe im Übrigen nur einmal „Stiftungsfonds" in eine Suchmaschine ein.

152 So heißt es unter dem 21.6.2010 auf www.faz.net: „Stiftungsfonds: Auf dem Weg zum Massengeschäft – Stiftungsfonds waren lange Zeit Spezialvehikel für eine begrenzte Kundschaft. Doch mittlerweile sind sie auch bei Privatanlegern sehr beliebt. …" (www.faz.net/aktuell/finanzen/fonds-mehr/stiftungsfonds-auf-dem-weg-zum-massengeschaeft-1937149.html).

153 www.stiftungen.org/de/news-wissen/recht-steuern-finanzen/spende-zustiftung-stiftungsfonds-stifterdarlehen.html (11.3.2012).

den Namen des Stifters oder eines ihm nahestehenden Verwandten oder Bekannten oder eine Sachbezeichnung tragen. Die Stiftung kann aufgrund einer Vereinbarung mit dem Stifter dazu verpflichtet sein, im Rahmen der Berichterstattung den Stifter des Fonds zu nennen und so dessen gemeinwohlorientiertes Engagement in der Öffentlichkeit darzustellen. Als Teil des Grundstockvermögens dient der Fonds ausschließlich und unmittelbar der Förderung steuerbegünstigter Zwecke gemäß der Stiftungssatzung. Nur in diesem Rahmen ist es möglich, einen speziellen Fondszweck festzulegen."

76 **Praxishinweis: Steuerliche Begünstigung der Zustiftung**
Zustiftungen sind als **„Spenden in den Vermögensstock"** bei steuerbefreiten Stiftungen während deren gesamter Lebensdauer nach § 10b Abs. 1a EStG in der aktuellen Fassung steuerlich abziehbar, während bis zur Neufassung der Vorschrift (2007) nur sogenannte „Errichtungsdotationen", die bis ein Jahr nach Errichtung der Stiftung von Stiftern und Zustiftern in das Grundstockvermögen geleistet wurden, steuerlich begünstigt waren (siehe auch § 9 Rn 57 ff.). Nicht abzugsfähig sind Zustiftungen in das verbrauchbare Vermögen einer Stiftung (§ 10b Abs. 1a S. 2 AO).

77 Ein Stiftungsfonds hat nicht zwingend **eine eigene Organstruktur**, der Zustifter kann aber sehr wohl in seiner Auflage Personen bestimmen, die intern über die Verwendung der Erträge aus der Zustiftung bestimmen, und z.B. einen mit entsprechenden Fachleuten für den (Auflagen-)Zweck des Stiftungsfonds besetzten **„Stiftungsfondsbeirat"** vorschreiben. Das wäre dann eine weitere Auflage für die besondere Zustiftung. Die Umsetzung erfolgt dann durch den Stiftungsvorstand. Eine solche Auflage lässt sich aber natürlich nur umsetzen, wenn das nach der Satzung der Stiftung, die die Zustiftung empfängt, zulässig ist und wenn die Stiftung dem überhaupt zustimmt, denn die Stiftung muss die Zustiftung ja nicht annehmen. Ein Stiftungsfondsbeirat mag der Stiftung beispielsweise als zuviel Aufwand erscheinen. Tatsächlich wird ein solches „internes Organ" erst ab einer gewissen, nicht unerheblichen Größenordnung der Zustiftung sinnvoll sein. Einzelheiten dazu können in der Stiftungssatzung festgeschrieben werden. Typischerweise werden sich der Stiftungsvorstand und der Zustifter über die Handhabung im konkreten Fall innerhalb der jeweiligen Grenzen der Stiftungssatzung vorweg einigen und so zueinander finden.

C. Nicht nur die Stiftung ist eine Stiftung

I. „Unechte" Stiftungen als Alternative?

78 Jede Stiftung ist ein einzigartiges Vorhaben. Der Stifter gibt ihr das Gepräge. Nicht jedem potenziellen Stifter liegt die Stiftung als Rechtsform. Sie ist auch

nicht für jede Konstellation geeignet. Aus unterschiedlichsten Gründen kommen für manchen potentiellen „Stifter“ die klassischen Rechtsformen der rechtsfähigen oder treuhänderischen/nichtrechtsfähigen Stiftung (zur nichtrechtsfähigen Stiftung siehe § 11) nicht in Betracht. So hat man etwa auch bei der berühmten „Bosch-Stiftung“[154] nicht wirklich zur Rechtsform Stiftung gegriffen. Auch bei der ebenfalls bekannten „Adenauer Stiftung“[155] handelt es sich in Wirklichkeit nicht um eine Stiftung. Es bieten sich hier in der Tat alternative Rechtsformen an. Das sind in der Praxis insbesondere gemeinnützige Vereine (gVerein) und die gemeinnützige GmbH (gGmbH).[156] Typischerweise wünschen Stifter aber eine dauerhafte Vermögenswidmung, wie sie ein Verein oder eine GmbH grundsätzlich nicht bieten. Die Widmung von Vermögen zu einem dauerhaften Zweck kann bei genauer Betrachtung aber nicht nur über eine Stiftung erfolgen. Das führt zu der Frage, welche alternativen Gestaltungsmöglichkeiten und Ersatzformen[157] im Rahmen der Beratung durch den Anwalt bei „Stiftungsprojekten“ gegebenenfalls anzusprechen sind. Zu nennen sind:

- die Stiftungs-GmbH
- die Stiftungs-AG
- der Stiftungs-Verein und
- die Dauertestamentsvollstreckung.

Auf Trusts und auf ausländische Stiftungen wird in § 13 des Buches eingegangen.

Praxishinweis: Spenden, Zustiftungen und Stiftungsfonds als Ersatzlösungen

Auch wenn es sich nicht um eigene Rechtformen handelt, sind die Zustiftung, der Stiftungsfonds und auch die „einfache“ Spende als ggf. sinnvolle Alternativen zur Errichtung einer (rechtsfähigen) Stiftung anzusprechen. Gerade wenn sich in der Beratung ergibt, dass das für das Projekt zur Verfügung stehende Vermögen bei realistischer Betrachtung für eine „eigene“ Stiftungserrichtung doch nicht ausreicht, sind diese Möglichkeiten stets in Betracht zu ziehen.

154 www.bosch-stiftung.de.

155 www.kas.de.

156 Die steuerlichen Vergünstigungen gem. §§ 51 ff. AO werden allen Körperschaften i.S.d. § 1 Abs. 1 KStG gewährt.

157 Näher *Berndt/Götz*, Rn 1981 ff.; v. Campenhausen/Richter/*v. Campenhausen*, § 2 Rn 19 ff.; *Schlüter/Stolte*, Stiftungsrecht, 2007, Kap. 4 Rn 27 ff.; *Wachter*, Stiftungen, 2001, Kap. G Rn 1 ff.; *Wochner*, Die Roten Seiten zum Magazin Stiftung & Sponsoring 2/1999.

79 Wie bereits in § 1 angesprochen, ist die **Bezeichnung „Stiftung"** etwa auch für Vereine oder Gesellschaften mit beschränkter Haftung zulässig. Die insoweit eher verwirrende Verwendung des Schlagwortes „Stiftung" in der Firma einer GmbH ist zulässig, wenn die Gesellschaft ein einem bestimmten Zweck gewidmetes Vermögen verwaltet.[158] Entsprechendes gilt für den **Stiftungs-Verein,**[159] der anders als ein „normaler" gemeinnütziger Verein über eine kapitalartige Vermögensausstattung (oder jedenfalls über eine gesicherte Anwartschaft darauf) verfügen muss, damit eine dem Wesen der Stiftung entsprechende Aufgabenerfüllung zumindest über einen gewissen Zeitraum sichergestellt ist.

80 **Praxisbeispiele: Stiftungs-Verein, Stiftungs-GmbH, Stiftungs-AG**
Ein bekanntes Beispiel aus der Praxis ist etwa die **Konrad-Adenauer-Stiftung e.V.**, die gemeinnützige Zwecke auf christlich-demokratischer Grundlage fördert und insbesondere politische Bildung vermittelt sowie die wissenschaftliche Aus- und Fortbildung begabter junger Menschen fördert. Außerdem seien genannt: die Stiftung Jugend forscht e.V. und die Studienstiftung des deutschen Volkes e.V. Für den Unternehmensbereich sind beispielhaft die **„Robert Bosch Stiftung GmbH"** zu nennen (sie ist mit über 90 % an der Unternehmung Robert Bosch GmbH, Stuttgart beteiligt) und etwa die **Ammon Stiftungs-AG** (München).

81 Die Alternativformen (Verein, GmbH und AG) dürfen sich dann als Stiftung bezeichnen, wenn sie ein einem bestimmten Zweck gewidmetes Vermögen verwalten, insoweit also einer Stiftung entsprechen.

II. Die Stiftungs-GmbH

82 Die GmbH ist die in Deutschland am weitesten verbreitete Gesellschaftsform.[160] Auf deren Eigenheiten, Voraussetzungen und Gestaltungsmöglichkeiten ist hier nicht näher einzugehen. Es sei auf die Spezialliteratur verwiesen. Da eine GmbH zur Erreichung jedes beliebigen Zwecks errichtet werden kann, kann sie auch für einen gemeinnützigen und/oder mildtätigen Zweck als gGmbH errichtet werden.

Praxishinweis: gGmbH
Das OLG München hat in einem Beschluss v. 13.12.2006 noch die Ansicht vertreten, die Abkürzung „gGmbH" stelle keine zulässige Angabe der Gesellschaftsform bei einer gemeinnützigen GmbH dar und könne nicht ins Handelsregister eingetragen werden. Nach der Neuregelung des **§ 4 S. 2**

158 Ausf. OLG Stuttgart NJW 1964, 1231 = GmbHR 1964, 116.
159 Siehe *Sauter/Schweyer/Waldner*, Der eingetragene Verein, 18. Aufl. 2006, Rn 59.
160 *Hansen*, GmbHR 1999, 24; *Lutter/Hommelhoff*, GmbHG, Einleitung Rn 1.

GmbHG durch das Ehrenamtsstärkungsgesetz vom 21.3.2013 besteht aber nunmehr Klarheit, dass die **Abkürzung„gGmbH“ ausdrücklich zulässig** ist, wenn die Gesellschaft ausschließlich und unmittelbar steuerbegünstigte Zwecke nach den §§ 51 bis 68 der Abgabenordnung verfolgt.

Von der „simplen“ gGmbH ist die Stiftungs-GmbH[161] zu unterscheiden. Die gGmbH findet sich häufig, aber auch die Stiftungs-GmbH ist nicht selten.

1. Die GmbH – Überblick zur Rechtsform

Die GmbH ist im GmbH-Gesetz (GmbHG) geregelt.[162] 83

Eine GmbH-Satzung muss notariell beurkundet werden. Anschließend ist die GmbH beim Handelsregister anzumelden. Die Anmeldung darf erst erfolgen, wenn mindestens ein Viertel der Stammeinlage und mindestens ein Betrag in Höhe der Hälfte des Mindeststammkapitals eingezahlt sind. Wenn nur ein Gesellschafter vorhanden ist, ist für den übrigen Teil der Geldeinlage eine Sicherung zu bestellen (§ 7 Abs. 2 GmbHG). Mit ihrer Eintragung in das Handelsregister ist die GmbH errichtet. An einer GmbH können sich natürliche und juristische Personen als Gesellschafter beteiligen.

Praxishinweis: Besteuerung der GmbH
Eine GmbH unterliegt mit ihrem Einkommen der Körperschaftsteuer (aktueller Steuersatz 15 % (seit 1.1.2008, vorher 25 %) zuzüglich 5,5 % Solidaritätszuschlag auf die Steuer). Schüttet die Gesellschaft Gewinne aus, muss sie davon Kapitalertragsteuer an das Finanzamt abführen (aktueller Steuersatz 20 %). Die GmbH ist Gewerbebetrieb kraft Rechtsform und unterliegt unabhängig von ihrem Unternehmenszweck der Gewerbesteuer.

2. GmbH-Satzung

Die Satzung der GmbH muss enthalten: 84

- Firmenname (einschließlich Bezeichnung „Gesellschaft mit beschränkter Haftung“ oder eine allgemein verständliche Abkürzung dazu, z.B. „GmbH“)

---

161 Näher Werner/Saenger/*Saenger*, Rn 937 ff.; NK-BGB/*Schiffer/Pruns*, § 80 Rn 14; *Schröder*, DStR 2008, 1069; *Schlüter*, GmbHR 2002, 535 und 578; *Schlüter/Stolte*, Stiftungsrecht, 2007, Kap. 4 Rn 27 ff.; *von Holt/Koch*, Gemeinnützige GmbH, 2. Aufl. 2009; *Wengel/Kiel*, StuB 2002, 952 ff.; *Priester*, GmbHR 1999, 149; *Wochner*, DStR 1998, 1835. Zum Steuerrecht der gemeinnützigen GmbH siehe *Grabau*, DStR 1994, 1032.

162 Ausf. zur GmbH siehe etwa *Baumbach/Hueck*, GmbHG, 20. Aufl. 2013; Beck’sches Handbuch der GmbH, 5. Aufl. 2014, siehe dort auch zum Folgenden.

- Sitz der GmbH (der Ort, den der Gesellschaftsvertrag bestimmt). Er muss in Deutschland liegen. Die GmbH kann daneben auch (deutsche und ausländische) Zweigniederlassungen unterhalten
- Gesellschaftsgegenstand (= jeder gesetzlich zulässige Zweck)
- die Höhe des Stammkapitals (zzt. mindestens 25.000 EUR. Die von den einzelnen Gesellschaftern übernommenen Stammeinlagen können verschieden hoch sein).

3. GmbH-Organe

85 Die GmbH muss einen oder mehrere **Geschäftsführer** haben, die sie nach außen vertreten. Die Geschäftsführer führen die Geschäfte der GmbH nach den Weisungen der Gesellschafterversammlung und im Rahmen von Gesetz und Satzung. In der Satzung der GmbH kann ein überwachender Aufsichtsrat vorgesehen werden. Ein Aufsichtsrat muss gebildet werden, wenn die GmbH mehr als 500 Arbeitnehmer beschäftigt. Das oberste Organ der GmbH sind die Gesellschafter in Form der Gesellschafterversammlung.

4. Haftung

86 Die GmbH hat sämtliche Verbindlichkeiten aus ihrem Gesellschaftsvermögen unbeschränkt zu begleichen. Die Gesellschafter haften nicht mit ihrem Privatvermögen (Ausnahme: Durchgriffshaftung aufgrund besonderer Sachverhalte).

Die Hauptpflicht eines jeden Gesellschafters besteht darin, seine Stammeinlage zu bringen. Der Anteil kann mit einem notariell beurkundeten Vertrag verkauft und auch vererbt oder verschenkt werden. Die Gesellschafter haben Anspruch auf ihren Anteil am Jahresüberschuss, soweit sie nicht zulässigerweise von der Beteiligung ausgeschlossen sind (§ 29 Abs. 1 GmbHG).

5. Auflösung

87 Eine GmbH wird insbesondere aufgelöst:
- durch Ablauf der im Gesellschaftsvertrag bestimmten Zeit,
- durch Beschluss der Gesellschafter (mehr als 3/4 der Gesellschafterversammlung),
- durch gerichtliches Urteil,
- durch Eröffnung des Insolvenzverfahrens,
- mit Rechtskraft des Beschlusses, durch den die Eröffnung eines Insolvenzverfahrens mangels Masse abgelehnt worden ist.

Checkliste: Gründung einer GmbH 88

- Erforderlich: **Stammkapital** i.H.v. mindestens 25.000 EUR (Bar- und/oder Sacheinlagen) und mindestens ein **Gesellschafter** (natürliche oder juristische Person).
- **Gesellschaftsvertrag** (Satzung) – Mindestinhalt:
  - Firma und Sitz der Gesellschaft,
  - Gegenstand des Unternehmens,
  - Betrag des Stammkapitals und
  - Höhe der Stammeinlage jedes Gesellschafters.
  - Bei Gründung einer gGmbH sind zusätzlich die Anforderungen der Mustersatzung (Anlage 1 zu § 60 AO) zu beachten!
  - Zwingend erforderliche **Organe**: Mindestens ein Geschäftsführer (natürliche Person) und Gesellschafterversammlung.
  - Zweckmäßig bei **gGmbH**: Vorabstimmung des Satzungsentwurfes mit dem zuständigen Finanzamt.
  - **Notarielle Beurkundung** des Gesellschaftsvertrages.
- Anmeldung der GmbH zur **Eintragung in das Handelsregister** (Notar). Die GmbH entsteht erst mit Registereintragung!
- Bei **gGmbH**: Antrag beim zuständigen Finanzamt nach Registereintragung auf **Feststellung der satzungsmäßigen Voraussetzungen** der Gemeinnützigkeit (§ 60a AO; früher: „Vorläufige Freistellungsbescheinigung").

Neben den allgemeinen Voraussetzungen des GmbH-Gesetzes zur Gründung 89
einer GmbH ist bei einer **Stiftungs-GmbH** vor allem das Folgende zu beachten.

Da eine GmbH als Zusammenschluss von ggf. durchaus vielen Anteilseignern anders als die Stiftung grundsätzlich nicht auf Ewigkeit angelegt ist, sind die typischen Merkmale der Organisationsform GmbH „zu unterdrücken", um die GmbH untypisch entsprechend einer Stiftung auszugestalten und so insbesondere die Dauerhaftigkeit wie bei einer Stiftung sicherzustellen. Dafür ist im Rahmen des Gesellschaftsvertrags/der Satzung dafür Sorge zu tragen, dass die Zahl der Gesellschafter langfristig bewusst klein gehalten wird. Zudem sollten die Gesellschaftsrechte treuhänderisch übertragen werden, wobei sicherzustellen ist, dass sie unveräußerlich und nicht vererblich sind. Auch sollten Änderungen der Satzung oder Zweckänderungen durch Einstimmigkeits- und/oder zusätzliche Anerkennungserfordernisse (Beirat/Kuratorium) erschwert werden.

Am 1.11.2008 ist das Gesetz zur Modernisierung des GmbH-Rechts und zur 90
Bekämpfung von Missbräuchen (**MoMiG**) in Kraft getreten. Das Gesetz eröffnet mit der „haftungsbeschränkten Unternehmergesellschaft" („UG") die

Möglichkeit, eine „Mini-GmbH" mit einem Stammkapital von nur 1 EUR zu errichten und das „normale" Stammkapital von 25.000 EUR dann anzusparen.

Eine GmbH kann selbstverständlich „wegen Gemeinnützigkeit" steuerbefreit sein.[163] Angesichts des äußerst geringen Startkapitals der Unternehmergesellschaft stellt sich die Frage, ob auch eine Unternehmergesellschaft gemeinnützig sein kann.[164] Die Frage ist noch nicht abschließend zu beantworten, jedenfalls wäre ein neues weites Verständnis der Rücklagenbildung nach § 58 Nr. 6 AO erforderlich, damit diese Vorschrift entgegen der bisher herrschenden Meinung[165] auch die neue Pflichtrücklage nach § 5a Abs. 3 GmbHG erfassen kann.[166] Das bayerische Landesamt für Steuern sieht konsequenterweise die Mittel der Rücklage nach § 5a Abs. 3 GmbHG als ebenso wie das Stammkapital der GmbH nicht dem Grundsatz der zeitnahen Mittelverwendung unterliegend.[167] Es ist zu hoffen, dass sich diese Ansicht durchsetzt.

Ausgeschlossen ist wegen der besonderen Anforderungen an die Kapitalausstattung (siehe § 3 Rn 95 ff.) grundsätzlich jedenfalls eine „Stiftungs-UG".

91 **Übersicht: Besonderheiten der UG im Vergleich zur GmbH**

- Das erforderliche **Mindeststammkapital** beträgt lediglich 1 EUR (§§ 5a Abs. 1, 5 Abs. 2 GmbHG), wobei eine solche geringe Kapitalausstattung tatsächlich kaum einmal Sinn machen dürfte. Das gesamte Stammkapital muss jedoch vor Anmeldung eingezahlt sein, wobei Sacheinlagen ausgeschlossen sind (§ 5a Abs. 2 GmbHG).

---

163 Siehe § 51 Abs. 1 AO i.V.m. § 1 Abs. 1 KStG.

164 Siehe dazu *Oberbeck/Winheller*, DStR 2009, 516.

165 Zulässig sind bisher nach h.M. nur zweckgebundene Rücklagen für konkrete Zweckverwirklichungsmaßnahmen, siehe *Buchna*, Gemeinnützigkeit im Steuerrecht, 10. Aufl., S. 26.

166 *Oberbeck/Winheller*, DStR 2009, 516 (519). Siehe dazu *Winheller/Ullrich*, GmbHR 2009, 750 unter besonderer Beachtung von „eigenkapitalersetzenden Gesellschafterdarlehen".
§ 5a Abs. 3 GmbHG lautet:
„In der Bilanz des nach den §§ 242, 264 des Handelsgesetzbuchs aufzustellenden Jahresabschlusses ist eine gesetzliche Rücklage zu bilden, in die ein Viertel des um einen Verlustvortrag aus dem Vorjahr geminderten Jahresüberschusses einzustellen ist. Die Rücklage darf nur verwandt werden
1. für Zwecke des § 57c
2. zum Ausgleich eines Jahresfehlbetrags, soweit er nicht durch einen Gewinnvortrag aus dem Vorjahr gedeckt ist;
3. zum Ausgleich eines Verlustvortrags aus dem Vorjahr, soweit er nicht durch einen Jahresüberschuss gedeckt ist."

167 Bayerisches Landesamt für Steuern, Verf. v. 31.3. 2009, S 0174.2.1–2/2 St 31, Stiftung & Sponsoring 3/2009, 52.

- Die Gesellschaft muss im Rechtsverkehr zwingend den **(Rechtsform)zusatz** *„Unternehmergesellschaft (haftungsbeschränkt)"* oder *„UG (haftungsbeschränkt)"* führen (§ 5a Abs. 1 GmbHG).
- Bis das Stammkapital der UG die Höhe des Mindeststammkapitals der GmbH nach § 5 Abs. 1 GmbHG (25.000 EUR) erreicht hat, muss die UG jeweils 1/4 des um den Verlustvortrag aus dem Vorjahr geminderten Jahresüberschusses in eine **gesetzliche Rücklage** einstellen (§ 5a Abs. 3 GmbHG). Sie darf demnach in dieser Zeit ihre Gewinne nicht unbegrenzt ausschütten.
- Abweichend von § 49 Abs. 3 GmbHG muss bei der UG die Gesellschafterversammlung unverzüglich bei **drohender Zahlungsunfähigkeit** einzuberufen (§ 5 Abs. 4 GmbHG).
- Erreicht das Stammkapital der UG nach Kapitalerhöhung den Betrag des Mindeststammkapitals der GmbH (25.000 EUR), wird diese, ohne gesonderte Umwandlung im Rechtssinne, zu einer **„vollwertigen" GmbH**, indem die Sonderregelungen des § 5a ab diesem Zeitpunkt keine Anwendung mehr finden (§ 5a Abs. 5 GmbHG).

Ob eine gemeinnützige Unternehmergesellschaft gUG tatsächlich in besonderen Einzelfällen als „eine interessante Alternative für gut beratene Gründer" im Gemeinnützigkeitsbereich gesehen werden kann,[168] erscheint nach meinen Erfahrungen sehr fraglich, denn gemeinnützige Arbeit ohne einen Grundstock an Kapital ist zumindest ausgesprochen schwierig. Das wird in jedem konkreten Einzelfall sehr genau zu prüfen – etwa auch, indem ein entsprechender Finanzierungs- und Businessplan aufgestellt wird – und zur Vermeidung überflüssigen Aufwandes auch frühzeitig mit dem zuständigen Finanzamt abzustimmen sein. 92

III. Die Stiftungs-AG

Nichts anderes als für die Stiftungs-GmbH gilt für die Stiftungs-AG.[169] Besonders hinzuweisen ist hier auf den Grundsatz der Satzungsstrenge[170] und die Möglichkeit der sog. kleinen AG.[171] Die Stiftungs-AG ist deshalb ganz selten, weil das AktG wesentlich weniger Gestaltungsfreiheit als das GmbH-Gesetz 93

168 So aber die Überschrift zu Gliederungspunkt 6. von *Oberbeck/Winheller*, DStR 2009, 516 (519) („Fazit: Die gUG als interessante Alternative für gut beratene Gründer").

169 Werner/Saenger/*Saenger*, Rn 942; *Schlüter/Stolte*, Stiftungsrecht, 2007, Kap. 4 Rn 35; *Wachter*, Stiftungen, 2001, Kap. G Rn 22.

170 Siehe § 23 Abs. 5 AktG. Zu diesem ausführlich MüKo-AktG/*Pentz*, Bd. I, § 23 Rn 148 ff.

171 Grundlegend hierzu *Seibert/Kiem/Schüppen* (Hrsg.), Handbuch der kleinen AG, 5. Aufl. 2008.

gibt. So leitet bei der AG der Vorstand die Gesellschaft nach § 76 Abs. 1 AktG in eigener Verantwortung, wohingegen die Gesellschafter einer GmbH einen starken Einfluss auf die Geschäftsführung der Gesellschaft nehmen können.

IV. Verein und Stiftungs-Verein

94 Es soll über 200 Stiftungs-Vereine in Deutschland geben, die nicht mit den „normalen“ gemeinnützigen Vereinen zu verwechseln sind,[172] von denen es hunderttausende gibt.[173]

1. Vereine

a) Rechtsfähiger Verein

95 Vereine finden wir nicht nur häufig im Bereich von Kultur und Sport, auch Verbände sind oft als Verein organisiert (z.B. Bundesverband Deutscher Stiftungen e.V., Bundesverband der Bilanzbuchhalter und Controller e.V.). Ein e.V. ist eine juristische Person, d.h. er ist **rechtsfähig**, und kann somit Träger von Rechten und Pflichten sein. Er kann vor Gericht klagen und verklagt werden.

Mindestvoraussetzungen für die Gründung eines rechtsfähigen Vereins (e.V.) sind **sieben Vereinsmitglieder** und eine **Satzung**, in der insbesondere die Befugnisse des Vereinsvorstands, der den Verein rechtlich vertritt, definiert sind. Vereine bestimmen ihre Satzung unter Berücksichtigung der Vorschriften der §§ 21 bis 79 BGB relativ frei. Ein e.V. wird in das **Vereinsregister** des jeweils zuständigen Amtsgerichts (Vereinssitz) eingetragen und erlangt damit seine Rechtsfähigkeit. Dies ist jedoch nur nicht-wirtschaftlichen Vereinen (= Idealvereinen) vorbehalten.

Die **Mitgliederversammlung** entscheidet in allen Vereinsangelegenheiten, die nicht durch den Vorstand oder ein anderes, je nach Vereinsgröße in der Satzung bestimmtes, fakultatives Vereinsorgan (z.B. Vereinsrat, Obmann, Schiedsrat) zu besorgen sind. Rechte aus der **Mitgliedschaft** sind nicht übertragbar und nicht vererblich.

Für Verbindlichkeiten, die der Verein über den Vorstand eingeht, **haften** nicht die einzelnen Mitglieder, sondern als juristische Person nur der Verein mit dem Vereinsvermögen. Nur ganz ausnahmsweise kann es wie auch sonst bei juristischen Personen zu einer der Durchgriffshaftung der Vorstands- und der

172 Siehe *Sauter/Schweyer/Waldner*, Der eingetragene Verein, Rn 59.

173 Abwägend und im Ergebnis positiv zum Verein als Organisationsform für moderne Dienstleistungs-NPOs: *Schmidt*, ZStV 2014, 233.

Vereinsmitglieder kommen, wenn diese dafür einen besonderen Grund gesetzt haben. Für **unerlaubte Handlungen**, die ein Mitglied eines Vereinsorgans begeht, haftet dieses natürlich persönlich. Geschah die Handlung in Ausübung der Tätigkeit für den Verein, haftet der Verein zusätzlich.

Ein Verein wird durch Beschluss der Mitgliederversammlung oder durch Eröffnung des Insolvenzverfahrens **aufgelöst**. Dem e.V. kann die **Rechtsfähigkeit** auch auf Antrag oder von Amts wegen **entzogen** werden, wenn durch einen gesetzeswidrigen Vorstands- oder Mitgliederversammlungsbeschluss das Gemeinwohl gefährdet ist, der Verein satzungswidrig wirtschaftliche Zwecke verfolgt oder die Zahl der Vereinsmitglieder unter drei sinkt.

Checkliste: Gründung eines rechtsfähigen Vereins 96

- Erforderlich: Mindestens sieben **Gründungsmitglieder**
- Entwurf der **Vereinssatzung**
- Mindestinhalt: Zweck, Name und Sitz des Vereins sowie die Angabe, dass der Verein in das Vereinsregister eingetragen werden soll
- Außerdem regelmäßig zur Eintragung erforderlich: Bestimmungen über den Ein- und Austritt von Mitgliedern, Mitgliedsbeiträge, Bildung des Vorstandes, die Mitgliederversammlung, die Niederschrift der Versammlungsbeschlüsse sowie das Errichtungsdatum und die Unterschriften von mindestens sieben Mitgliedern
- Zwingend erforderliche **Organe**: Vorstand (eine oder mehrere Personen) und Mitgliederversammlung. Weitere fakultative Organe sind möglich
- Zweckmäßig: Vorlage des Satzungsentwurfes zur **Vorprüfung** bei Vereinsregister (Eintragungsfähigkeit) und Finanzamt (Voraussetzungen der Gemeinnützigkeit)
- **Gründungsversammlung**: Beschluss der Gründungsmitglieder über die Vereinssatzung, Wahl des ersten Vorstandes und ggf. weitere erste Beschlüsse; Erstellung eines Gründungsprotokolls
- **Anmeldung** des Vereins durch den Vorstand zur Eintragung in das Vereinsregister. Erfolgt i.d.R. über einen Notar (öffentlich beglaubigte Erklärung, §§ 77, 129 Abs. 1 BGB) – ggf. sind landesrechtliche Besonderheiten sind zu beachten.

Aufnahme der Vereinsarbeit. Wichtig: Antrag beim zuständigen Finanzamt auf **Feststellung der satzungsmäßigen Voraussetzungen** der Gemeinnützigkeit (§ 60a AO; früher: „Vorläufige Freistellungsbescheinigung“).

b) Nicht rechtsfähiger Verein

Der nicht rechtsfähige Verein ist die Urform des Vereins. Er ist besonders für kurzfristige Ziele (z.B. Bürgerinitiativen, Gewerkschaften) geeignet. 97

Auf den nicht rechtsfähigen Verein finden nach dem Wortlaut des § 54 BGB die Vorschriften über die Gesellschaft bürgerlichen Rechts Anwendung. Aus verfassungsrechtlichen Gründen gehen jedoch die Regelungen zum e.V. vor, soweit diese nicht an die Rechtsfähigkeit anknüpfen. Die Mitglieder erklären schriftlich in ihrer Satzung, welches gemeinsame Ziel sie verfolgen. Lücken sind dabei durch Auslegung und entsprechende Anwendung der §§ 21 ff. BGB zu schließen, so dass tatsächlich für die Regelungen aus dem Recht der GbR kaum ein Anwendungsbereich bleibt.

Der nicht rechtsfähige Verein ist tatsächlich dem rechtsfähigen Verein in der Praxis weitgehend nachgebildet. Er kann ein Ideal- oder Wirtschaftsverein (§ 22 BGB) sein.

Aus einem Rechtsgeschäft, das im Namen eines solchen Vereins einem Dritten gegenüber vorgenommen wird, haftet der Handelnde persönlich. Handeln mehrere, so haften sie als Gesamtschuldner.

2. Wirtschaftliche Vereine – Idealvereine

98 Ein wirtschaftlicher Verein, d.h. ein Verein, dessen Zweck auf einen wirtschaftlichen Geschäftsbetrieb gerichtet ist, erlangt in Ermangelung besonderer Bundesgesetzlicher Vorschriften Rechtsfähigkeit durch staatliche Verleihung (§ 22 BGB). Grundsätzlich hat eine juristische Person aus Gründen des Minderheiten- und Gläubigerschutzes die speziellen Gesellschaftsformen (GmbH, Genossenschaft etc.) zu wählen. Nur wenn das wegen besonderer Umstände im Einzelfall nicht zumutbar ist, kann dem Verein ausnahmsweise die Rechtsfähigkeit verliehen werden. **Der wirtschaftliche Verein hat deshalb kaum eine Bedeutung in der Praxis**.

99 **Praxishinweis: Wirtschaftliche Geschäftstätigkeit**
Eine wirtschaftliche Geschäftstätigkeit eines Vereins steht dessen Einstufung als Idealverein dann nicht entgegen, wenn sie nur Hilfsmittel zur Erreichung des nichtwirtschaftlichen Zwecks (Ideals) ist und im Vergleich zu der nichtwirtschaftlichen Tätigkeit relativ gering ist (Nebenzweckprivileg; Wochenendbewirtschaftung einer Vereinshütte, Würstchenbude beim Sommerfest etc.). Eine Überschreitung dieser **im Einzelfall nach den konkreten Umständen zu prüfende Grenze** (Rechtssicherheit?) kann dazu führen, dass ein Idealverein von Amts wegen aus dem Register gelöscht wird. Man greift dann ggf. zu Ausgründungen (Service-GmbH eines Automobilclubs).
Erinnert sei in diesem Zusammenhang an die Überprüfung des Vereinsstatus des „ADAC“. Abseits von solchen großen Fällen kommen die Registergerichte in der Praxis aber selten dazu, diesen Punkt zu prüfen. Eher schon fallen Probleme hier der Finanzverwaltung auf, was dann zum Verlust der Gemeinnützigkeit führen kann.

3. Stiftungs-Vereine

Stiftungs-Vereine[174] müssen im Gegensatz zum „normalen“ Verein über eine kapitalartige Vermögensausstattung (oder jedenfalls über eine gesicherte Anwartschaft darauf) verfügen, damit eine dem Wesen der Stiftung entsprechende Aufgabenerfüllung zumindest über einen gewissen Zeitraum sichergestellt ist. Verfolgt ein Verein seinen Zweck alleine mit Mitgliedsbeiträgen und/oder Spenden, darf er sich nicht „Stiftung“ nennen. 100

Abgesehen von dieser „kapitalartigen Vermögensausstattung“ sind insbesondere die folgenden Punkte zu beachten, um bei einem Verein zur stiftungstypischen Dauerhaftigkeit zu gelangen:
- Die Zahl der Mitglieder ist langfristig bewusst klein zu halten.
- Die Mitgliedschaftsrechte sollten nur treuhänderisch übertragen werden, wobei sicherzustellen ist, dass sie unveräußerlich und nicht vererblich sind.
- Satzungsänderungen und Zweckänderungen sind durch Einstimmigkeitserfordernisse und/oder zusätzliche Anerkennungserfordernisse (Beirat/Kuratorium) zu erschweren.

Der konkrete Einzelfall gibt jeweils vor, wie die Satzung solcher "Stiftungen" zu gestalten ist.

Die Privatautonomie des Vereinsrechts und die Vereinsautonomie[175] eröffnen dabei aktuell einen großen Gestaltungsspielraum. In den letzten Jahren wurden allerdings zwei Entwürfe zur Reform des über 100 Jahre alten Vereinsrechts vorgelegt: 2004 vom Bundesministerium der Justiz (BMJ)[176] und 2006 vom Land Baden-Württemberg.[177] Der Entwurf des BMJ sieht die Abschaffung des in § 22 BGB geregelten konzessionierten Wirtschaftsvereins vor. Es soll nur noch den „nichtwirtschaftlichen (Ideal-)Verein“ geben. Nach dem Entwurf soll § 21 BGB außerdem so neu gefasst werden, dass ein e.V. einen eigenen wirtschaftlichen Geschäftsbetrieb nur „als Hilfsmittel zur Errichtung seines nichtwirtschaftlichen Vereinszecks unterhalten“ darf; „dieser muss gegenüber der nichtwirtschaftlichen Vereinstätigkeit verhältnismäßig geringfügig bleiben.“ Für nicht rechtsfähige Vereine soll künftig auch ausdrücklich nach dem Gesetz das Recht der rechtsfähigen Vereine entsprechend gelten. Der Entwurf 101

174 Siehe *Sauter/Schweyer/Waldner*, Der eingetragene Verein, 19. Aufl. 2010, Rn 59.

175 Siehe nur *Sauter/Schweyer/Waldner*, Der eingetragene Verein, Rn 39a ff.; *Wachter*, Stiftungen, 2001, Kap. G Rn 24.

176 BMJ, Entwurf eines Gesetzes zur Veränderung des Vereinsrechts, Stand 25.8.2004. Zu diesem ausführlich Münch. Hdb. GesR/*Beuthien*, Bd. V, § 1 Rn 67 ff.; Münch. Hdb. GesR/*Schwarz van Berk*, Bd. V, § 4 Rn 3 ff. jew. m.w.N.

177 Land Baden-Württemberg, Entwurf eines Gesetzes zur Modernisierung des Vereinsrechts vom 3.2.2006, BR-Drucksache 99/06, S. 1 ff.

ist überwiegend kritisch aufgenommen worden.[178] Gleiches gilt für den Entwurf des Landes Baden-Württemberg,[179] der im Grundsatz die Beibehaltung der bisherigen Regelungen für die wirtschaftlichen Vereine vorsieht. Für die Idealvereine soll die Unterscheidung zwischen rechtsfähigen und nicht rechtsfähigen Vereinen abgeschafft und durch die Unterscheidung zwischen eingetragenem und nicht eingetragenem Verein ersetzt werden, wobei beide Vereinstypen rechtsfähig sein sollen. Beide Entwürfe wurden bis heute nicht umgesetzt.[180]

V. Gemeinnützige eingetragene Genossenschaft (eG)

102 Im Vergleich zu den vorgenannten Körperschaften handelt es sich bei der eingetragenen Genossenschaft (eG)[181] um eine in der Praxis relativ seltene Rechtsform. Nach einer grundlegenden Modernisierung des veralteten Genossenschaftsrechts im Jahre 2006 lässt sich jedoch wieder eine vermehrte Anzahl von Neugründungen, gerade auch im gemeinnützigen Bereich, beobachten. Unter Umständen ist auch die eG eine mögliche Alternative zur Stiftung.

1. Grundlagen; Parallelen zum Vereinsrecht

103 **§ 1 Abs. 1 GenG** definiert Genossenschaften als *„Gesellschaften von nicht geschlossener Mitgliederzahl, deren Zweck darauf gerichtet ist, den Erwerb oder die Wirtschaft ihrer Mitglieder oder deren soziale oder kulturelle Belange durch gemeinschaftlichen Geschäftsbetrieb zu fördern"*. Dieser **unabdingbare Förderzweck** zugunsten ihrer Mitglieder ist das zentrale Charakteristikum der eingetragenen Genossenschaft. Die eG dient typischerweise der Förderung gemeinsamer wirtschaftlicher Interessen ihrer Mitglieder („Selbsthilfe" der Mitglieder), und ist im Wesentlichen auf diese Zwecke beschränkt. Andere (gemeinwirtschaftliche) Zwecke, die dieser Förderung der Mitglieder nicht dienen, sind nur als Nebenzweck zulässig.

178 Siehe etwa *Deutscher Anwaltverein*, Stellungnahme zum Referenten-Entwurf eines Gesetzes zur Änderung des Vereinsrechts vom 15.12.2004. Ausf. Münch. Hdb. GesR/*Beuthien*, Bd. V, § 1 Rn 70 ff.; Münch. Hdb. GesR/*Schwarz van Berk*, Bd. V, § 4 Rn 9 ff. m.w.N. zu zustimmenden und kritischen Stimmen dort in Fn 4 zu Rn 1.

179 Siehe *Deutscher Notarverein*, Stellungnahme zum Gesetzesantrag des Landes Baden-Württemberg vom 3.2.2006 zur Modernisierung des Vereinsrechts vom 21.2.2006, S. 9; Münch. Hdb. GesR/*Schwarz van Berk*, Bd. V, § 4 Rn 22 m.w.N.

180 Zum Stand der Umsetzung siehe Münch. Hdb. GesR/*Schwarz van Berk*, Bd. V, § 4 Rn 26.

181 Zur eG allgemein siehe etwa *Beuthien*, Genossenschaftsgesetz, 15. Aufl. 2001; *Helios/Strieder* (Hrsg.), Beck'sches Handbuch der Genossenschaft, 2009; *Glenk*, Genossenschaftsrecht, 2. Aufl. 2013; dort auch zum Folgenden.

Zum besseren Verständnis der Genossenschaft bietet sich ein **Vergleich** mit der gängigeren Rechtsform des **e.V.** an, da grundsätzliche Parallelen zum Vereinsrecht bestehen. Oft kommt die Genossenschaft gerade dann als passende Rechtsform in Betracht, wenn ansonsten die (in aller Regel nicht mögliche) Gründung eines **wirtschaftlichen Vereins** (siehe oben Rn 98) erforderlich wäre. Die eG ist praktisch eine Sonderform des wirtschaftlichen Vereins, die wegen der *besonderen bundesrechtlichen Vorschrift* (vgl. § 22 S. 1 BGB) des Genossenschaftsgesetzes ausnahmsweise die Rechtsfähigkeit erlangen kann.

Übersicht: Wesentliche Gemeinsamkeiten von e.V. und eG 104

- Erlangung der Rechtsfähigkeit durch Registereintragung (Vereins-/ Genossenschaftsregister).
- Grundlage: Schriftliche Satzung. Notarielle Beurkundung nicht erforderlich.
- Beide dienen der Verwirklichung eines gemeinsamen Zwecks (zweckgebundene Rechtsformen), wobei sich jeweils die rechtlich möglichen Zwecke unterscheiden.
- Kein festes (Mindest-)kapital erforderlich. Nur das Vereins-/Genossenschaftsvermögen haftet den Gläubigern.
- Beide sind in ihrem Bestand unabhängig von Mitgliederwechseln oder -austritten, solange die erforderliche Mindestanzahl nicht unterschritten wird.
- Grundsätzlich: Gesamtgeschäftsführungs- und Vertretungsbefugnis des Vorstands. Abweichende Satzungsregelungen sind möglich.
- Beschlussfassung in Mitglieder- bzw. Generalversammlung. Jedes Mitglied hat eine Stimme.
- Auflösung z.B. durch Beschluss der Mitglieder-/Generalversammlung oder Zeitablauf. Liquidation durch den Vorstand aufgrund gesetzlicher Vorschriften.

2. Zweck der eG

Während beim e.V. grundsätzlich jeder Zweck möglich ist, solange er nicht auf einen wirtschaftlichen Geschäftsbetrieb gerichtet ist (§ 21 BGB), sind mögliche Zwecke der eG die **Förderung des Erwerbes oder der Wirtschaft der Mitglieder oder die Förderung deren sozialer und kultureller Belange** gerade durch einen **gemeinschaftlichen Geschäftsbetrieb** (§ 1 Abs. 1 GenG). Die Zulassung sozialer und kultureller Zwecke seit der Gesetzesänderung 2006 nähert die möglichen Zwecke der eG denen eines e.V. teilweise an. Dies bedeutet aber nicht, dass eine eG nun vorrangig zur Förderung des Allgemeinwohls verpflichtet werden kann. Der Förderzweck darf weiterhin nur auf die Förderung 105 der Mitglieder gerichtet sein. Nur gemeinwirtschaftliche Nebenzwecke sind zulässig.

3. Gemeinnützigkeit bei der eG

106 Die eG kann aber nach heute wohl überwiegender Ansicht gemeinnützige Zwecke im steuerrechtlichen Sinne (§ 52 AO) verfolgen und die damit verbundenen Steuerbegünstigungen erlangen. Zu beachten ist dabei jedoch das grundsätzlich problematische Spannungsverhältnis zwischen der erforderlichen „Förderung der Mitglieder" nach § 1 Abs. 1 GenG einerseits und der nach § 52 Abs. 1 Abs. 1 AO erforderlichen **„Förderung der Allgemeinheit"** andererseits. So hat die Finanzverwaltung in der Vergangenheit die Auffassung vertreten, dass das Gebot der nutzerbezogenen Mitgliederförderung mit dem gemeinnützigkeitsrechtlichen Grundsatz der Selbstlosigkeit (§ 55 AO) nicht zu vereinbaren sei.

107 Entscheidend für eine gemeinnützige Förderung der Allgemeinheit durch die Genossenschaft wird auch sein, dass der Kreis ihrer potentiell begünstigten Personen (Mitglieder) nicht von Vornherein begrenzt ist. Auch die Förderung eines engen Personenkreises kann aber als Förderung der Allgemeinheit anzusehen sein, wenn dieser enge Kreis als **Ausschnitt aus der Allgemeinheit** angesehen werden kann und in ihm zugleich das Wohl der weiteren Allgemeinheit gefördert wird.

Vor diesem Hintergrund dürften jedenfalls nicht alle der in § 52 Abs. 2 AO genannten gemeinnützigen Zwecke für die Verwirklichung durch eine eG geeignet sein. In jedem Fall sollte dazu eine frühzeitige Abstimmung mit der Finanzverwaltung erfolgen.

Eine **Beteiligung** der eG an anderen Gesellschaften mit gemeinnütziger Zielsetzung (die nicht der Förderung der Mitglieder der eG dienen muss) ist nach § 1 Abs. 2 Nr. 2 GenG zulässig, wenn diese lediglich einen Nebenzweck der eG bildet.

4. Kaufmannseigenschaft, Anzahl der Mitglieder, Kapital und gesetzlich vorgesehene Organe

108 Im Gegensatz zum e.V. ist die eG **Formkaufmann** (§ 17 Abs. 2 GenG), d.h. sie unterliegt zwingend den handelsrechtlichen Vorschriften des HGB, auch wenn sie kein Handelsgewerbe nach § 1 ff. HGB ausübt.

Die eG muss **mindestens dreiMitglieder** haben (§ 4 GenG). Bei Unterschreiten der Mitgliederzahl erfolgt die Löschung von Amts wegen und Zwangsliquidation (§ 80 GenG).

Im Gegensatz zu dem „beitragsorientierten“ e.V. ist die eG „einlagen- und geschäftsbeziehungsorientiert“. Jedes Mitglied muss einen Geschäftsanteil (kein Mindestbetrag) zeichnen, auf den Einzahlungen geleistet werden müssen. Außerdem erwirtschaftet die eG Erträge durch Geschäftsbeziehungen zu ihren Mitgliedern. Ausgeschiedene Mitglieder haben grundsätzlich Anspruch auf Rückzahlung der Einlage (§ 73 GenG).

Die zwingenden Organe einer eG sind Abhängig von der Anzahl ihrer Mitglieder (§§ 9, 24 GenG).

Bei einer Genossenschaft mit **mehr als 20 Mitgliedern** sind neben der **Generalversammlung** (= Mitgliederversammlung) ein aus mindestens zwei Personen bestehender **Vorstand** sowie ein aus mindestens drei Personen bestehender **Aufsichtsrat** zwingend erforderlich.

Handelt es sich hingegen um eine **„kleine Genossenschaft“** mit nicht mehr als 20 Mitgliedern, ist wie beim e.V. ein **Ein-Personen-Vorstand** ausreichend. Zudem kann dann auf den sonst zwingenden Aufsichtsrat durch entsprechende Satzungsbestimmung verzichtet werden.

5. Prüfung/Jahresabschluss/Publizität

Eine alleinige Besonderheit der eG ist deren **Zwangszugehörigkeit zu einem Prüfungsverband** (§§ 53 ff. GenG: Gründungsprüfung und regelmäßige Abschlussprüfungen). Der Prüfungsverband hat Anspruch auf Vergütung durch die eG (§ 61 GenG). 109

Die Genossenschaft ist zu fristgemäßer Aufstellung des Jahresabschlusses durch den Vorstand und Feststellung durch die Generalversammlung (Bilanz, Gewinn- und Verlustrechung, Anhang) verpflichtet. Zudem ergeben sich für die eG als Formkaufmann grundsätzlich die üblichen **Rechnungslegungs- und Publizitätsvorschriften** (siehe insb. §§ 238 ff., §§ 336 ff. HGB).

6. Fazit

Trotz grundsätzlicher struktureller Gemeinsamkeiten von e.V. und eG bestehen doch entscheidende Unterschiede. 110

Nachteilig bei der eG können im Einzelfall insbesondere sein:
- die Zwangsmitgliedschaft in einem Prüfungsverband mit regelmäßigen Prüfungspflichten und den daraus resultierenden Kosten (Rechtsformkosten),
- die zwingende Kaufmannseigenschaft, die zur Anwendung der strengeren handelsrechtlichen Vorschriften des HGB führt,

- die aus der Kaufmannseigenschaft resultierenden weitreichenden Pflichten zur Aufstellung und Einreichung von Jahresabschluss, Lagebericht und Aufsichtsratsbericht,
- die zwingende Einrichtung eines Aufsichtsrats bei mehr als 20 Mitgliedern (Personalaufwand).

Für die gemeinsame Zweckverfolgung, die keinen wirtschaftlichen Geschäftsbetrieb darstellt und nicht dem speziellen Förderzweck der eG entspricht, ist der e.V. grundsätzlich die geeignetere, weil kostengünstigere und unkompliziertere Rechtsform.

VI. Wesentliche Merkmale der Alternativen im Vergleich zur Stiftung

111 Die Entscheidung, ob eine Stiftung oder gegebenenfalls eine Ersatzform der richtige Ansatz für ein bestimmtes Projekt ist, lässt sich nur treffen, wenn man von den wesentlichen Merkmalen der unterschiedlichen Gestaltungsformen ausgeht.

112 Eine **Stiftung** ist vor allem durch ihre Stetigkeit ausgezeichnet. **Wesentliche Merkmale** der Stiftung sind:
- dass sie keine Mitglieder/Gesellschafter hat;
- dass sie tendenziell auf „ewig“ angelegt ist;
- dass ihr Vermögen bestimmten Zwecken dient;
- dass sie außer im Fall der treuhänderischen Stiftung staatlich anerkannt werden muss, um als juristische Person zu entstehen;
- dass bei Erfüllung der gesetzlichen Voraussetzungen ein Anspruch auf Anerkennung besteht („Recht auf Stiftung“);
- dass sie außer (regelmäßig) im Fall der Familienstiftung und im Fall der treuhänderischen Stiftung der staatlichen (Dauer-)Aufsicht unterliegt;
- dass Satzungsänderungen nur unter engen Voraussetzungen erfolgen können;
- dass durch das Stiftungssteuerrecht bestimmte Steuervorteile nur für Stiftungen bestehen. Vor allem § 58 Nr. 6 AO gilt nur für Stiftungen.

113 Demgegenüber sind die GmbH, Aktiengesellschaften und eingetragenen Vereine als Rechtsformen deutlich flexibler umgestaltbar. **Wesentliche grundsätzliche Merkmale** dieser Körperschaften sind:
- dass sie Mitglieder/Gesellschafter haben;
- dass sie auf einen vorübergehenden Zeitraum angelegt sind;
- dass sie einem bestimmten Zweck dienen;
- dass bei Erfüllung der gesetzlichen Voraussetzungen ein Anspruch auf Eintragung in das betreffende Register besteht;
- dass sie keiner staatlichen Daueraufsicht unterliegen;

– dass Satzungsänderungen problemlos durch die jeweiligen Mitglieder/Gesellschafter beschlossen werden können.

Die Stetigkeit der Stiftung durch **„Verewigung des Stifterwillens“** kann wegen mangelnder Flexibilität zugleich ihr Nachteil sein; da ist gegebenenfalls gestalterisch gegenzusteuern (siehe auch § 11 Rn 38 ff.). Die grundsätzlich vorteilhafte Flexibilität der Alternativformen ist in Sachen Kontinuität deren Nachteil. Entscheidend ist bei ihnen nicht der (damalige) Wille des oder der Stifter. Entscheidend sind der aktuelle Wille und die jeweiligen Vorstellungen der Gesellschafter/Mitglieder. Dauerhafte Vermögensbindung und Zweckverfolgung i.S.d. „Gründer“ sind damit allerdings nicht „garantiert“. 114

Praxisfall: Die Elterninitiative 115
Wer kennt sie nicht, die Fälle der Elterninitiative, in denen der Gründungsvorstand nach einiger Zeit „unrühmlich“ verabschiedet wird?
Eine Hand voll engagierter Eltern hat einen eingetragenen Verein gegründet, um z.B. einen Kindergarten zu errichten. Sie arbeiten ganz angestrengt, gewinnen neue Mitglieder und haben schließlich Erfolg. Nun entwickeln aber die neuen Mitglieder eigene Vorstellungen, die durchaus von denen der Gründungsmitglieder abweichen. Es kommt zu Auseinandersetzungen, an deren Ende der Gründungsvorstand abgewählt wird. Das kann man nun gut finden oder auch nicht. Bei einer Stiftung jedenfalls kann der Stifter das verhindern, denn maßgebend ist sein **Stifterwille** bei Errichtung der Stiftung, den er in der Satzung sogar ausdrücklich und mehr oder weniger ausführlich festschreiben kann.

Will man über die Alternativformen dennoch die Verstetigung des „Gründerwillens“ und die dauerhafte Verfolgung des gewählten Zwecks erreichen, so ist **ausgefeilte juristische Vertragstechnik** gefragt. Da die vorgestellten Alternativen in der Regel als Zusammenschluss von Gesellschaftern eben nicht auf Ewigkeit angelegt sind, sind in Gesellschaftsvertrag und Satzung Regelungen zu treffen, die die Dauerhaftigkeit sicherstellen. Das bedeutet sowohl für den Stiftungs-Verein als auch für die Stiftungs-GmbH: 116
– Die Zahl der Mitglieder ist langfristig bewusst klein zu halten.
– Die Mitgliedschaftsrechte, Geschäftsanteile und Aktien sollten nur treuhänderisch übertragen werden, wobei sicherzustellen ist, dass sie unveräußerlich und nicht vererblich sind.
– Satzungsänderungen und Zweckänderungen sind durch Einstimmigkeitserfordernisse und/oder Genehmigungserfordernisse (Beirat/Stiftungsrat) zu erschweren.
– Der konkrete Einzelfall gibt jeweils vor, wie die Satzung solcher „Stiftungen“ zu gestalten ist.

117 Es lässt sich nicht bestreiten, dass das einen erheblichen Aufwand bedeutet, der dennoch keine wirkliche Sicherheit gibt, denn beispielsweise können Satzungen zumindest einstimmig geändert werden. Insgesamt wird man sagen müssen, dass „Stiftungen"

- im Sinne einer Vermögensverselbstständigung
- unter eigenständiger Organisation (mit einer Aufsichtsbehörde!)
- zu einem auf Dauer angelegten Zweck

am ehesten über die Rechtsform der rechtsfähigen Stiftung des Privatrechts vollzogen werden. Die genannten Ersatzformen sind nur „Lösungen zweiter Klasse", die versuchen, den Stiftungsansatz künstlich zu imitieren (zur steuerlichen Vorteilhaftigkeit der Stiftung als Rechtsform für gemeinnützige Zwecke siehe ausführlich § 9).[182] Es sei im Übrigen hervorgehoben, dass die steuerliche Vergünstigung nach § 58 Nr. 6 AO nur für Stiftungen gilt. Danach ist es steuerlich nur bei einer steuerbefreiten Stiftung und nicht bei anderen Rechtsformen unschädlich, ein Drittel ihres Einkommens, also auch der Erträge, zu verwenden, um in angemessener Weise den Stifter und seine nächsten Angehörigen zu unterhalten. Darüber hinaus bietet auch das Spendenrecht einige wesentliche Steuervorteile nur den Stiftungen.

118 Die nachfolgende Übersicht soll noch einmal unter der Prämisse der Gemeinnützigkeit die Unterschiede der einzelnen Alternativen verdeutlichen, wie ich sie mit verschiedenen DSA-Kursteilnehmern immer wieder „erarbeitet" habe. Dabei sind die in den einzelnen Spalten angegebenen Schlagwörter nicht zwingend, sondern nur typisierend gemeint. Sie sind ersichtlich auch nicht abschließend.

182 Siehe ferner *Schmidt, M.*, Steuerliche Aspekte der Rechtsformwahl bei privaten gemeinnützigen Organisationen, 2001; Wigand/Haase-Theobald/Heuel/Stolte/*Wigand*, Stiftungen in der Praxis, § 5 Rn 3 ff.

	g. Verein	**g. selbst. Stiftung**	**g. treuh. Stiftung**	**g. Alternativen (GmbH/AG)**
„Personen“	viele Mitglieder	wenige Stifter **Ausnahme:** Bürgerstiftung = viele Stifter	wenige Stifter/ Treugeber + ein „dauerhafter Treuhänder“	eher viele Mitglieder/ Gesellschafter
Vermögen	grundsätzlich **kein** Grundstockvermögen **Ausnahme: Stiftungsverein**	Grundstockvermögen (mind. 50.000 Euro?)	Grundstockvermögen (mind. 25.000 Euro?)	Stammkapital (mind. 25.000 Euro) Bei der AG Grundkapital = **mind.** 50.000 Euro
Besondere Steuervorteile	(–)	§ 10b Abs. 1a EStG § 29 Abs. 1 Ziffer 4 ErbStG	§ 10b Abs. 1a EStG § 29 Abs. 1 Ziffer 4 ErbStG	(–)
Dauer	(–)	„Ewigkeit“ **Ausnahme:** Verbrauchsstiftung	langfristig	(–)
Image	„grau“, da häufig	guter Ruf, da selten **Liechtenstein?**	guter Ruf, da selten	(–)
Errichtung	„billige Errichtung“	Tatsächlich aufwendiger	Tatsächlich aufwendiger	Tatsächlich aufwendiger
Laufende Kosten	gering	(WP?)	(WP?)	Notar = teuer; (WP?)
Kontrolle über FA hinaus	(–)	**Stiftungsaufsicht**	(–)	**Publizitätspflicht**

Haftung	Durchgriff möglich Haftung im Ehrenamt = oft unterschätzt	Haftung im Ehrenamt = oft unterschätzt	Haftung im Ehrenamt = oft unterschätzt	Durchgriff möglich
Satzungsänderung	eher leicht, je nach Satzung	eher schwer, da **Stiftungsaufsicht** grundsätzlich mitwirken muss	eher leicht, je nach Treuhandvereinbarung	eher leicht, je nach Satzung

VII. Testamentsvollstreckung als zusätzliche Alternative?

1. Grundsätzliches

119 In gewisser Weise kann man auch die Dauertestamentsvollstreckung als Alternativgestaltung für eine Stiftung sehen,[183] denn auch sie läuft lange und lässt sich nach § 2210 S. 1 BGB auf 30 Jahre und ggf. nach § 2210 S. 2 BGB auch auf einen längeren Zeitraum erstrecken. Da die Testamentsvollstreckung aber durch die gesetzlichen Höchstfristen immer zeitlich begrenzt ist, empfiehlt sich für eine darüber hinausgehende langfristige Sicherung des Unternehmens die stiftungsrechtliche Lösung.[184] Je größer die Zahl der Erben, je schutzbedürftiger ein Erbe, je komplizierter der Nachlass ist, je weniger einträchtig die Erben vermutlich sein werden, desto näher liegt der Gedanke an die Einsetzung eines Testamentsvollstreckers.[185]

120 Ein Testamentsvollstrecker kann die Umsetzung des Erblasserwillens absichern.[186] Der Erblasser kann einen oder, etwa in umfangreichen Erbsachen z.B. zur Regelung der Unternehmensnachfolge, auch mehrere Testamentsvollstre-

183 Zu unterscheiden ist davon die Frage, wie ein Testamentsvollstrecker im Zusammenhang mit einer Stiftung „helfen" kann, siehe dazu § 10 Rn 43 ff.

184 Siehe etwa auch: *Reimann*, GmbHR 2011, 1297, 1304 ff.

185 Sehr praxisnah: *Mayer/Bonefeld (Hrsg.)*, Testamentsvollstreckung, 4. Aufl. 2015; *Haegele/Winkler*, Der Testamentsvollstrecker, 21. Aufl. 2013; *Rott/Kornau/Zimmermann*, Testamentsvollstreckung, 2. Aufl., 2012; zur Testamentsvollstreckung siehe auch die Tagungsbände der AGT, herausgegeben von *Pruns*, zu den jährlichen Testamentsvollstreckertagen (dazu www.agt-ev.de).

186 Siehe zu den nachfolgenden Ausführungen schon *Rott/Schiffer*, in: Pruns (Hrsg.), Tagungsband 3. Deutscher Testamentsvollstreckertag 2009, S. 105 ff.; siehe etwa auch *Mayer*, in: Mayer/Bonefeld, Testamentsvollstreckung, § 2; *Schiffer/Rott*, in: Schiffer/Rott/Pruns (Hrsg.), Die Vergütung des Testamentsvollstreckers, 2014, § 1, siehe dort im Zweifel auch zu den nachfolgenden Ausführungen.

cker ernennen. Es handelt sich stets um eine einseitige, jederzeit frei widerrufbare Verfügung des Erblassers. Der Erblasser darf die Auswahl der Person des Testamentsvollstreckers einem Dritten zuweisen (Beispiele: Präsident des örtlichen OLG oder Testamentsvollstrecker bestimmt seinen Nachfolger). Für den Fall, dass ein ernannter Testamentsvollstrecker wegfällt, sollte der Erblasser Vorsorge treffen und zugleich einen **Ersatztestamentsvollstrecker** bestimmen.

Der vom Erblasser in seiner letztwilligen Verfügung bestimmte Testamentsvollstrecker (§§ 2197 ff. BGB) hat dessen Anordnungen zur Ausführung zu bringen (§ 2203 BGB). Testamentsvollstrecker kann gem. § 2201 BGB jede natürliche Person werden, die bei Amtsantritt nicht geschäftsunfähig oder in der Geschäftsfähigkeit beschränkt ist oder die nach § 1896 BGB einen Betreuer zur Besorgung ihrer Vermögensangelegenheiten erhalten hat. Auch juristische Personen können, unabhängig von ihrer Rechtsform, Testamentsvollstrecker werden. Der Erblasser kann die Auswahl der konkreten Person auch einem Dritten überlassen (§ 2198 BGB). 121

Das Testamentsvollstreckeramt **beginnt**, wenn der Ernannte das Amt durch – regelmäßig privatschriftliche – Erklärung gegenüber dem Nachlassgericht angenommen hat (§ 2202 BGB; §§ 342, 343 FamFG). Da das Amt mit dem Tod des Testamentsvollstreckers, bei juristischen Personen mit deren Liquidation oder Verschmelzung (§§ 36 Abs. 1 S. 1, 20 Abs. 1 Nr. 2 S. 1 UmwG) erlischt, ist die Bestimmung eines Ersatztestamentsvollstreckers so überaus wichtig. Im Übrigen **endet** das Amt mit der Erfüllung der Aufgaben bzw. zu dem vom Erblasser bestimmten Termin oder Ereigniseintritt. Bei der sog. **Auseinandersetzungsvollstreckung** (§ 2204 BGB) hat der Testamentsvollstrecker die Auseinandersetzung des Nachlasses und die Verteilung an die Miterben zu bewirken. Bei der **Dauertestamentsvollstreckung** (§ 2205 BGB) gilt es, den Nachlass nach der Inbesitznahme entsprechend den Anordnungen des Erblassers auf längere Zeit zu verwalten (§ 2216 BGB). 122

Praxishinweis: Testamentsvollstreckerzeugnis 123
Das Testamentsvollstreckerzeugnis dient dem Testamentsvollstrecker zum Nachweis seiner Rechte gegenüber Dritten. Außerdem dürfen gutgläubige Dritter auf die Richtigkeit des Testamentsvollstreckerzeugnisses vertrauen (§§ 2368 Abs. 3, 2365, 2267 BGB) und zwar dahin, dass die in dem Zeugnis als Testamentsvollstrecker genannte Person rechtsgültig Testamentsvollstrecker wurde, ihm das Amt in seinem regelmäßigen gesetzlichen Umfang zusteht und er mit keinen anderen als den im Zeugnis genannten Anordnungen beschwert ist.

Soweit es für die ordnungsgemäße Verwaltung des Nachlasses erforderlich ist, ist der Testamentsvollstrecker berechtigt, **Verbindlichkeiten für den Nachlass** einzugehen (§ 2206 BGB). Auch **einzelkaufmännische Unternehmen und** 124

Gesellschaftsbeteiligungen können grundsätzlich der Testamentsvollstreckung unterliegen. Allerdings sind hier die Einzelheiten für die Verwaltungsvollstreckung kompliziert und je nach Gesellschaftsform z.T. umstritten. Denkbar sind vor allem Vollmacht- und Treuhandgestaltungen und die Beschränkung der Testamentsvollstreckung auf einzelne Gegenstände. Immer ist darauf zu achten, welche Regelungen der **Gesellschaftsvertrag** zur Testamentsvollstreckung enthält.

125 Sofern bei dem plötzlichen Ableben des Erblassers der vorgesehene Erbe die **Unternehmerfunktion** voraussichtlich nicht voll wahrnehmen werden kann, bietet sich die **Dauertestamentsvollstreckung** durchaus an. Der Testamentsvollstrecker übernimmt zeitlich begrenzt die Unternehmensführung oder die Ausübung des Stimmrechts für eine Gesellschaftsbeteiligung. Da die Testamentsvollstreckung aber durch die gesetzlichen Höchstfristen immer **zeitlich begrenzt** ist, empfiehlt sich jedenfalls für eine darüber hinausgehende langfristige Sicherung des Unternehmens die stiftungsrechtliche Lösung.[187]

126 Neben den damit verbundenen rechtlichen Schwierigkeiten und **Bedenken**[188] sprechen oft auch **betriebswirtschaftliche Erwägungen** gegen eine Dauertestamentsvollstreckung im unternehmerischen Bereich:

- Der Leiter/Geschäftsführer eines Unternehmens muss ein „Profi“ mit entsprechender Führungs- und Branchenerfahrung sein. Er benötigt gänzlich andere Qualifikationen, als sie von einem Testamentsvollstrecker typischerweise verlangt werden.
- Beim Aussuchen des erforderlichen Geschäftsführers wird ein Testamentsvollstrecker, falls er nicht über besondere Erfahrungen verfügt, regelmäßig überfordert sein.
- Sinnvoll erscheint es allenfalls, dass ein Testamentsvollstrecker zur Überwachung der Geschäftsführung tätig wird. Aber auch in einem solchen Fall benötigt er entsprechende Spezialkenntnisse und Erfahrungen, etwa als Beirats- oder Aufsichtsratsmitglied. Insgesamt erscheint mir hier ein entsprechend besetzter **Beirat**[189] grundsätzlich sinnvoller.

127 Testamentsvollstreckung ist eine sehr anspruchsvolle Dienstleistung. Sie ist, wie soeben angesprochen, ein ganz besonderes Tätigkeitsfeld und erfordert vor allem Verantwortungsbewusstsein, Durchsetzungsvermögen sowie wirtschaftlichen und rechtlichen Sachverstand. Es steht daher außer Frage, dass eine

---

187 Siehe etwa: *Reimann*, GmbHR 2011, 1297, 1304 ff.

188 Siehe nur *Lorz/Kirchdörfer*, Unternehmensnachfolge, 2. Aufl. 2011, S. 98 ff. mit zahlreichen Praxisbeispielen.

189 Zum freiwilligen Unternehmensbeirat siehe *Schiffer*, in: Arens/Tepper (Hrsg.), Praxisformularbuch Gesellschaftsrecht, 4. Aufl. 2013, § 16.

derart verantwortungsvolle Tätigkeit grundsätzlich zu vergüten ist.[190] Die gesetzliche Regelung ist kurz und einfach gehalten. § 2221 BGB bestimmt: *„Der Testamentsvollstrecker kann für die Führung seines Amtes eine angemessene Vergütung verlangen, sofern nicht der Erblasser ein anderes bestimmt hat."*

Der Ausgangspunkt der gesetzlichen Regelung erscheint zunächst sehr einfach. 128
Der Erblasser bestimmt, ob und ggf. welche Vergütung ein Testamentsvollstrecker erhält. Trifft der Erblasser in seinem Testament keine Aussagen, erhält der Testamentsvollstrecker nach § 2221 BGB eben eine angemessene Vergütung. Wohl gerade weil die gesetzliche Regelung so kurz ist, führt sie in der Praxis immer wieder zu vehementen Streitigkeiten über die **Testamentsvollstreckervergütung**. Der Testamentsvollstrecker fühlt sich für seine Tätigkeit häufig nicht ausreichend vergütet, die Erben hingegen meinen, der Nachlass werde über Gebühr belastet. Eine passende Regelung trifft der Erblasser selten. Oft wird bei dem Entwurf der letztwilligen Verfügung gar nicht über den Punkt Testamentsvollstreckerhonorar gesprochen.

Die sich im Zusammenhang mit der Vergütung stellenden Fragen offen mit 129
dem künftigen Erblasser zu erörtern, setzt vor allem viel Detailkenntnis des Testamentsgestalters von den Aufgaben eines Testamentsvollstreckers, von der sich daraus ergebenden angemessenen Vergütung und gerade auch von den bestehenden auch modernen Vergütungsmöglichkeiten voraus.[191] Die Praxis zeigt uns, dass es daran ganz oft fehlt. Nur wer Bescheid weiß, kann sich hier im Einzelfall passend entscheiden.

2. Aufgaben des Testamentsvollstreckers

Man kann die Maßnahmen und Aufgaben zugleich im Sinne einer Checkliste, 130
die allerdings wegen der vielfältigen Sachverhaltskonstellationen keinen Anspruch auf Vollständigkeit erheben kann, wie folgt unterscheiden:[192]

Checkliste: Aufgaben des Testamentsvollstreckers

1. Sofortmaßnahmen
- Testamentsvollstreckerakte anlegen
- Passenden Bankenkontakt herstellen und Anderkonto als Sonderkonto für den Nachlass anlegen und verzinsliche Tages-/Festgeldkonten ermöglichen
- Testamentseröffnung veranlassen

---

190 Siehe schon *Schiffer/Rott/Pruns* im Vorwort von „Die Vergütung des Testamentsvollstreckers", 2014, S. V.

191 Ausf. *Schiffer/Rott/Pruns* (Hrsg.), Die Vergütung des Testamentsvollstreckers, 2014.

192 Siehe dazu ausf. *Rott/Kornau/Zimmermann*, Testamentsvollstreckung, 2. Aufl. 2012, S. 172 ff.

- ggf. Testamentsvollstreckerzeugnis beantragen
- Bestattung veranlassen
- Postnachsendeantrag einrichten

2. Inbesitznahme und Sicherung des Nachlasses: Bestandsaufnahme[193]

- Inbesitznahme von Immobilien (Wohnung, Haus etc.): ggf. Schlösser austauschen
- Kontaktaufnahme insbesondere zu verwandten, Arbeitgeber, Vermieter, Steuerberater, Berufsgenossenschaft, Kfz-Meldestelle, Kirche, Krankenkasse, Bank etc.
- Ermittlung der Nachlassaktiva. Das ist in unserem globalisierten Reisezeitalter nicht selten recht schwierig, weil das Vermögen auch im Ausland verstreut ist. Von „verschwiegenem Vermögen“ ganz zu schweigen.
- Ermittlung der Nachlasspassiva.
- Beendigung von Vertragsverhältnissen, damit der Nachlass nicht mit unnötigen Kosten belastet wird

3. Errichtung des Nachlassverzeichnisses

4. Führung der Geschäfte für den Nachlass

5. Informationspflichten des Testamentsvollstreckers

6. Auseinandersetzung des Nachlasses

7. Klärung und Erledigung von Steuerfragen

Steuerlich wird das Nachlassvermögen grundsätzlich dem Erben/dem Vermächtnisnehmer zugeordnet, wohingegen die Verwaltungsbefugnis bei dem Testamentsvollstrecker liegt. Daran knüpft unmittelbar die Frage an, wem die steuerlichen Pflichten zugewiesen werden sollen. Das Steuerrecht weist die verschiedenen Steuerpflichten teilweise dem Erben und teilweise dem Testamentsvollstrecker zu, dem insbesondere die Abgabe der Erbschaftsteuererklärung obliegt.

3. Einzelne besondere Tätigkeitsfelder in der Testamentsvollstreckung

131 Alles das, was vorstehend angedeutet wurde, kann im Einzelfall in besonderen Tätigkeitsfeldern ein ganz besonderes Ausmaß annehmen. Dabei meinen wir noch nicht einmal bestimmte „Sondernachlässe“ und „Sonderfragen“[194] wie

---

193 Hier hilft es ganz besonders, wenn der Erblasser, die erforderlichen Informationen in einer Notfallakte zusammengestellt hat, siehe dazu etwa schon *Schiffer*, StuB 2007, 120.

194 Siehe dazu auch *Rott/Kornau/Zimmermann*, Testamentsvollstreckung, 2. Aufl. 2012, S. 187 ff.

etwa den Umgang mit digitalen Nachlässen,[195] Kunstnachlässe, Prozessführungen, Pflichtteilsfragen und z.B. überschuldete Nachlässe, sondern vor allem die nachfolgend angesprochenen Sonderkonstellationen.[196]

- Testamentsvollstreckung und Unternehmensnachfolge
- Testamentsvollstreckung und Estate Planning
- Testamentsvollstreckung und Stiftung.[197]

Ein Testamentsvollstrecker kann im Zusammenhang mit Stiftungen beispielsweise wie folgt tätig werden:[198]

- Er errichtet die Stiftung für den Erblasser.
- Er „schützt" eine bereits errichtete Stiftung – etwa indem er sie gegen Pflichtteilsansprüche der Erben „verteidigt".
- Er stattet eine bereits errichtete Stiftung mit Nachlassvermögen aus (Erbeinsetzung, Vermächtnis).
- Er wird Mitglied eines Stiftungsorgans.

4. Anforderungsprofil für einen Testamentsvollstrecker

Die Anforderungen an einen Testamentsvollstrecker sind zahlreich. Idealerweise sollte ein Testamentsvollstrecker 132

- das volle und umfassende Vertrauen des Erblassers und möglichst auch der Erben genießen;
- über bestimmte menschliche Qualifikation verfügen (insbesondere Standfestigkeit im Rahmen der Auseinandersetzung mit den Erben);
- ausreichende Kenntnisse der konkreten wirtschaftlichen, rechtlichen, steuerlichen und menschlichen Zusammenhänge bezogen auf den Erbfall besitzen;
- sein Amt unabhängig von Eigeninteressen oder den Interessen eines Arbeitgebers führen;
- über eine ausreichende, im Idealfall durch eine Vermögensschadenhaftpflichtversicherung abgesicherte Bonität im Schadensfall verfügen;
- ein Alter und einen Gesundheitszustand haben, die die Aufgabenerfüllung noch während der – voraussichtlichen – Dauer der Testamentsvollstreckung erwarten lassen;
- über einen hinreichend organisatorischen Background sowie Zeit haben, um sich dem Amt zu widmen.

---

195 *Pruns*, NWB 2014, 2175.

196 Einzelheiten dazu bei *Schiffer/Rott/Pruns*, a.a.O., § 2.

197 Siehe dazu § 10 Rn 43 ff.

198 Siehe auch die Unterlagen zum Seminar „Stiftung, Erbrecht und Testamentsvollstreckung", der Deutschen Stiftungsakademie (DSA) vom 6.4.2013 (Referenten: Rott/Schiffer); *Rott/Kornau/Zimmermann*, Testamentsvollstreckung, 2. Aufl. 2012, § 7 Rn 108.

5. Wesentliche Erfolgsparameter bei der Testamentsvollstreckung

133 Neben den rechtlichen und steuerlichen Fachkenntnissen zur Testamentsvollstreckung sind nach unseren Erfahrungen einige „weiche“ Erfolgsfaktoren für das Gelingen einer Testamentsvollstreckung im Sinne des Erblassers von entscheidender Bedeutung:

- Fachliche Fähigkeiten und Zertifizierung,
- allseitiges Vertrauen,
- Durchsetzungsfähigkeit,
- einen passenden Blick auf die allfälligen menschliche Aspekte,
- Unabhängigkeit,
- Bonität,
- eine professionelle Infrastruktur.[199]

6. Gerne übersehen: Haftungsgefahren für Testamentsvollstrecker

134 Wer die Testamentsvollstreckung betrachtet, muss auch einen Blick auf die Haftungsgefahren bei der Ausübung eines Testamentsvollstreckeramtes werfen. Das ist vor allem deshalb erforderlich, weil nach unseren Erfahrungen diese Haftungsgefahren noch immer gerne übersehen werden.

Auch als Testamentsvollstrecker gilt es, zahlreiche Haftungsfallen zu vermeiden.[200] Mit den folgenden praktischen Handlungsoptionen kann er einem Haftungsrisiko entgegenwirken:

- Einen bestimmten, aber vertrauensvollen Umgang mit den Erben pflegen.
- Durch permanente Fortbildung auf dem aktuellen Stand bleiben.
- Rspr. und Gesetzesentwicklung fortlaufend beobachten.
- Nach Beendigung der Vollstreckung eine Entlastungsvereinbarung mit den Erben herbeiführen.
- Ausreichende Haftpflichtversicherung bereithalten.
- Unterlagen (einschließlich der Versicherungsunterlagen) mindestens 30 Jahre aufbewahren.

---

199 Siehe dazu etwa *Rott/Kornau/Zimmermann*, Testamentsvollstreckung, 2. Aufl. 2012, S. 171.

200 Näher dazu auch *Schiffer/Rott/Pruns*, Die Vergütung des Testamentsvollstreckers, S. 23 ff.

§ 3 Die Rechtsgrundlagen und die Errichtung von Stiftungen

Was bietet dieses Kapitel?
Nach einem kurzen Blick auf die Reformen des Stiftungs- und Steuerrechts ab den 2000er Jahren stellen wir in diesem Kapitel vor, wie eine Stiftung errichtet wird und beleuchten vor allem folgende wesentliche Aspekte der Stiftungserrichtung: Die Person des Stifters, das Stiftungsgeschäft und die Möglichkeiten der Satzungsgestaltung. Wir beantworten beispielsweise auch die Frage, ob eine Stiftung möglichst zu Lebzeiten oder von Todes wegen errichtet werden soll. Auch zu der oftmals unterschätzten Aufgabe der nachhaltigen Besetzung der Stiftungsorgane mit fachlich wie menschlich passenden Persönlichkeiten finden Sie hier praktische Hinweise.

Übersicht:

A. Skizze: Entwicklung des Stiftungsrechts und die Politik

1 Ende der 90er Jahre entdeckte die „Politik“, nicht zuletzt angesichts der zunehmend leeren öffentlichen Kassen, die Stiftung. Zunächst wurden das Stiftungssteuerrecht (siehe § 8) und das Spendenrecht (siehe § 9 Rn 61 ff. und sogleich Rn 6) reformiert.[1] Sodann wurde die Reform des Stiftungszivilrechts intensiv diskutiert und durchgeführt. Das aktuelle Stiftungsrecht trat am 1.9.2002 in Kraft.[2] Bei der Diskussion der Reform taten sich die politischen Parteien mit unterschiedlich gelungenen, weil von leider sehr unterschiedlicher Fachkenntnis geprägten Vorschlägen hervor. Das aktuelle Stiftungs(zivil)recht basiert im Wesentlichen auf dem Abschlussbericht der von der damaligen Bundesjustizministerin eingesetzte **Bund-Länder-Arbeitsgruppe zur Reform des Stiftungs(zivil)rechts**.[3] Schließlich wurde in der Folgezeit auch mehrfach das Stiftungssteuerrecht geändert, um u.a. noch mehr zum Stiften anzuregen.

Seit dem „Gesetz zur Modernisierung des Stiftungsrechts“ aus 2002 haben sich in der Stiftungswelt und auch unter Politikern wesentliche neue Erkenntnisse ergeben.[4] Erfahrung macht klug!
- Die Anzahl der rechtsfähigen Stiftungen hat sich seit Anfang der 2000er Jahre in etwa verdoppelt.
- Das Spenden- und Gemeinnützigkeitsrecht ist mehrfach verbessert worden (siehe Rn 5 ff.).
- Der Kapitalmarkt hat sich dramatisch geändert. Genannt sei hier nur das Schlagwort „Negativzins“.

Vor diesem Hintergrund hat die Justizministerkonferenz auf Initiative der Hamburger Justizsenatorin im Juni 2014 das Bundesjustizministerium gebeten, eine „Bund-Länder-Arbeitsgruppe zur Ausarbeitung von Vorschlägen auf dem Gebiet des Stiftungsrechts“ einzusetzen.[5] Ziel der geplanten Überprüfung des

---

1 Siehe den historischen Überblick zum Stiftungsrecht von Werner/Saenger/*Lingelbach*, Rn 36 ff. Zur jüngeren Geschichte des deutschen Stiftungsrechts siehe *Doppstadt*, FS Spiegelberger, 2009, S. 1264 ff. Zu der damaligen Diskussion und zu der Reform siehe auch die 2. Auflage dieses Buches, dort in § 3.

2 Ausf. *Nissel*, Das neue Stiftungsrecht, 2002.

3 Bericht vom 19.10.2001 (www.bmj.bund.de/files/-/405/Abschlussbericht.pdf). Dazu die ausführliche Darstellung von *Nissel*, Das neue Stiftungsrecht; siehe zu den Ergebnissen der Arbeitsgruppe auch *Schiffer*, Stiftung & Sponsoring 6/2001, 17; *Schiffer/v. Schubert*, BB 2002, 265.

4 Siehe dazu etwa *Hüttemann/Rawert*, DB 2014, 5; *Fleisch*, Stiftung & sponsoring 04/2015, 36.

5 www.hamburg.de, 25.6.2014, „Justizminister wollen Stiftungsrecht überarbeiten“; StiftungsBrief 2014, 163. Siehe auch die Reformvorschläge des Bundesverbandes zur Reform des Stiftungsrechts, die sich auf www.stiftungen.org finden.

Stiftungsrechts ist es, die Arbeit gemeinnütziger rechtsfähiger Stiftungen i.S.d. § 80 BGB in Deutschland zu erleichtern und zusätzliche Anreize für Stifterinnen und Stifter zu schaffen. Unter Betonung der hohen Bedeutung des Ehrenamts für das Gemeinwohl in Deutschland und das herausragende Engagement von Stifterinnen und Stiftern sollen dem Beschluss zufolge folgende Fragen im Mittelpunkt der Überprüfung stehen:

- Die Rechte von Stifterinnen und Stiftern zu deren Lebzeiten.
- Die Möglichkeit der Bündelung von Ressourcen nicht überlebensfähiger Stiftungen.
- Eine Steigerung der Transparenz im Stiftungswesen.
- Die Schaffung und Verbesserung bundeseinheitlicher rechtlicher Rahmenbedingungen.
- Die Absicherung von Stiftungen in Zeiten niedriger Erträge.

Die Einrichtung der Arbeitsgruppe ist zu begrüßen.[6] Was ist das Ziel der neuerlichen Reform?

Die Gestaltungsfreiheit von Stifterinnen und Stiftern nach Stiftungserrichtung soll vergrößert werden. Herrschend im Stiftungsrecht ist der Maßstab des Stifterwillens im Zeitpunkt der Stiftungserrichtung. Die damit einhergehende Flexibilität ist gerade in der heutigen Zeit eines „schwierigen Kapitalmarktes" erforderlich. Bedeutet dieser Kapitalmarkt doch, dass kleinere Stiftungen kaum noch sinnvoll überleben können. Hier ist eine Flexibilität gefragt, die etwa die Zusammenlegung von Stiftungen oder die Zulegung einer Stiftung zu einer anderen ermöglicht. So spricht in der Tat einiges dafür, dass Stifter sich künftig in der Satzung ein Recht auf Satzungsänderung vorbehalten können, ohne dass das zu einem Ausstieg aus der Gemeinnützigkeit führt. So können Fehlentscheidungen in der Gründungsphase besser korrigiert werden. Besonders wichtig sind, wie die Praxis zunehmend zeigt, Erleichterungen von Zusammen- und Zulegung „notleidender" Stiftungen (siehe auch § 6 Rn 36 ff.). Angesichts des Kapitalmarkts wird hier in Zukunft ein vermehrter Bedarf bestehen. Weitere wichtige Punkte sind aus der Praxis adressiert. Sie werden auch immer wieder in diesem Buch angesprochen.

Hüttemann/Rawert bezweifeln, dass eine solche Kommission aus Ministerialbeamten das richtige Gremium für eine „ergebnisoffene Überprüfung" darstellt.[7] Sie sehen die „konzertierte Aktion" von Bund und Ländern ohnehin nur der verworrenen Gesetzgebungskompetenz im Stiftungsrecht geschuldet, die größere Änderungen nur im Konsens möglich macht. Das muss man nach unseren Erfahrungen mit eben diesen Beamten insbesondere bei der Stiftungs-

6 So schon *Schiffer*, www.stiftungsrecht-plus.de, Kommentar vom 25.6.2014.

7 *Hüttemann/Rawert*, DB 2014, 5.

aufsicht nicht so kritisch sehen. Die Arbeitsgruppe, die die Reform in 2002 vorbereitet hat, war nach inzwischen wohl allgemeiner Ansicht auch erfolgreich. Zu prüfen wäre allerdings aus unserer Sicht auch der Reformbedarf bei nicht gemeinnützigen Stiftungen und Alternativformen zur Stiftung.

Diskutiert wird immer wieder einmal, inwieweit die Gestaltungsfreiheit von Stiftern und Stiftungen durch etwaige Erlaubnispflichten etwa im Zusammenhang mit Finanzmarktregulierungen erforderlich ist.[8] Einen Beispielsfall einer angeblich erforderlichen **BaFin-Erlaubnis** behandeln wir in § 9 (siehe § 9 Rn 261) und in § 12 (siehe § 12 Rn 6). Hier ist zukünftig ein noch genauerer Blick erforderlich. Das Thema zeigt zudem einmal mehr, wie sehr wir hier als Berater nicht nur einen stiftungsrechtlichen, sondern einen **Gesamtüberblick** benötigen.

I. Stiftungszivilrecht im BGB

2 Das Stiftungsrecht des BGB in seiner aktuellen Fassung verfolgt einen sehr pragmatischen und praxisnahen Ansatz ohne wesentliche materielle Änderungen gegenüber dem bis 2002 geltenden Stiftungszivilrecht.[9]

- Die Reform des BGB stärkte vor allem die **Stifterfreiheit**, indem durch eine **bundeseinheitliche Regelung** die **rechtlichen Anforderungen für die Errichtung** einer Stiftung transparent und einfach im Gesetz vorgegeben werden.
- Es ist ausdrücklich geregelt, dass die Rechtsfähigkeit der Stiftung anzuerkennen ist, wenn die gesetzlichen Voraussetzungen erfüllt sind. Es ist also ein **Recht auf die Errichtung von Stiftungen festgeschrieben** worden (§ 80 Abs. 2 BGB).
- Dem Stifterwillen wird dadurch besonderes Gewicht beigemessen, dass für Stiftungen **alle gemeinwohlkonformen Zwecke** zulässig sind (siehe Rn 62 ff.). Die von verschiedenen Seiten diskutierten Vorbehalte gegenüber Familienstiftungen und unternehmensverbundenen Stiftungen sind nach ganz überwiegender Auffassung überholt.[10]

II. Landestiftungsrecht

3 Mit dem Bundesstiftungsrecht im BGB sind die Voraussetzungen für das Entstehen einer rechtsfähigen Stiftung bundeseinheitlich geregelt. Neben dem Stif-

---

8 Siehe etwa *Meyn*, Stiftung & Sponsoring 04/2015, 34.

9 Siehe die hilfreiche Synopse von altem und neuem Recht bei *Schwarz*, DStR 2002, 1767 (1771 ff.).

10 NK-BGB/*Schiffer/Pruns*, § 80 Rn 42 ff., Rn 53 ff.

tungszivilrecht im BGB gelten die verschiedenen Landesstiftungsgesetze,[11] soweit (!) nicht im BGB eine vorrangige und abschließende materiellrechtliche Regelung getroffen wurde,[12] was insbesondere bei der Regelung der Anerkennung von Stiftungen der Fall ist.[13] Die Landesstiftungsgesetze wurden inzwischen[14] alle an das modernisierte Stiftungszivilrecht angepasst.[15] Dazu hatten *Hüttemann* und *Rawert* einen verdienstvollen **Modellentwurf eines Landesstiftungsgesetzes** vorgelegt.[16] Die aktuellen Landesstiftungsgesetze findet man u.a. auf der Internetseite des Bundesverbandes Deutscher Stiftungen.[17] Als beispielhaft sei hier das Landesstiftungsgesetz von Rheinland-Pfalz[18] hervorgehoben.

Im Einzelnen umstritten ist das Verhältnis des Bundes- zum Landesrecht. 4
Unstreitig ist, dass die Landesgesetzgeber befugt sind, die öffentlich-rechtlichen Fragen des Anerkennungsverfahrens sowie der Stiftungsaufsicht zu regeln.[19] Problematisch sind allerdings alle Regelungen, die sich in ihrem Regelungsgehalt mit denen der §§ 80 ff. BGB überschneiden können. Das sind z.B. landesrechtliche Vorgaben zur Verwaltung des Stiftungsvermögens (vgl. etwa Art. 6 StiftG Bayern, § 6 StiftG Hessen) oder zur Zweckänderung und Aufhebung der Stiftung (vgl. etwa § 9 Abs. 2 StiftG Hessen, § 6 Abs. 1 StiftG Schleswig-Holstein). Hier sind noch viele Einzelfragen umstritten,[20] worauf in diesem Buch jeweils an geeigneter Stelle eingegangen wird.

Vor allem durch die geänderten §§ 80 und 81 BGB waren ab 2002 viele Vorschriften in den bisherigen Landesstiftungsgesetzen obsolet geworden.[21] Inzwischen sind alle Landesstiftungsgesetze angepasst und zum Teil schon wieder

---

11 Ausf. *Hüttemann/Richter/Weitemeyer*, (Hrsg.), Landesstiftungsrecht, 2011.

12 Palandt/*Ellenberger*, vor § 80 Rn 13; *Hüttemann/Rawert*, ZIP 2002, 2019.

13 Staudinger/*Hüttemann/Rawert* (2011), Vorbem zu §§ 80 ff. Rn 75 m.w.N.

14 Zuletzt das StiftG des Landes Sachsen-Anhalt v. 20.1.2011, in Kraft getreten am 1.2.2011, GVBl LSA 2011, 14.

15 Siehe dazu etwa *Schwintek*, Stiftung & Sponsoring, 1/2004, 19; *Schindler/Lewitzki*, Stiftung & Sponsoring, 1/2004, 23.

16 ZIP 2002, 2019.

17 Siehe www.stiftungen.org unter „News & Wissen“ (zuletzt aufgerufen am 13.1.2015); siehe auch www.stiftungsgesetze.de.

18 LT-Drucks 14/3129.

19 Vgl. nur v. Campenhausen/Richter/*v. Campenhausen/Stumpf*, § 3 Rn 8; Staudinger/*Hüttemann/Rawert* (2011), Vorbem zu §§ 80 ff. Rn 75.

20 Näher zur Diskussion und teilweise mit unterschiedlichen Ergebnissen *Burgard*, Gestaltungsfreiheit im Stiftungsrecht, 2006, S. 358 f; *Muscheler*, Stiftungsrecht, S. 71 ff., 79 ff.; MüKo-BGB/*Reuter*, 6. Aufl. 2012, § 85 Rn 4, § 87 Rn 14 ff.; v. Campenhausen/Richter/*Hof*, § 7 Rn 136 f.; Staudinger/*Hüttemann/Rawert* (2011), Vorbem zu §§ 80 ff. Rn 27 ff.

21 Siehe *Hüttemann/Rawert*, ZIP 2002, 2019.

erneut reformiert worden.[22] Wesentliche Einzelheiten zu den Landesstiftungsrechten werden im Folgenden jeweils im thematischen Zusammenhang angesprochen. Dabei werden auch wesentliche Kommentierungen zu den Landesstiftungsgesetzen zitiert.[23]

III. Gemeinnützigkeitsrecht

5 Die Rufe nach Reformen im Stiftungsrecht sind nicht verstummt. Bereits in einer Presseerklärung vom 21.1.2003 hatte der Bundesverband Deutscher Stiftungen beispielhaft Überlegungen zu einer grundlegenden Reform des Gemeinnützigkeitsrechts veröffentlicht.[24]

6 Der Gesetzgeber hat zwischenzeitlich Anregungen aus der Praxis aufgegriffen und mit dem Gesetz „Hilfen für Helfer" (2007)[25] und dem „Ehrenamtsstärkungsgesetz" (2013; näher dazu siehe § 9 Rn 61 ff.).) diverse Änderungen des für den Großteil der Stiftungen relevanten Gemeinnützigkeitsrechts (§§ 51 ff. AO) beschlossen. Das Gemeinnützigkeitsrecht wird in Kapitel 9 behandelt.

B. Die Errichtung einer Stiftung

7 Die wesentlichen Voraussetzungen für die Errichtung einer Stiftung sind in den §§ 80, 81 BGB geregelt.[26]

I. Stifterfreiheit und Recht auf Stiftung

8 Der Gesetzgeber hat den bisherigen Akt der Genehmigung bei der Reform des Stiftungszivilrechts in **„Anerkennung"** umbenannt.[27] Hierdurch sollte der

---

22 Die jeweils aktuellen Fassungen der Landesstiftungsgesetze findet man etwa unter www.stiftungsgesetze.de.

23 Die einzelnen Kommentare lassen sich über den Stifterverband in Essen beziehen: Stifterverband für die Deutsche Wissenschaft e.V., Barkhovenallee 1, 45239 Essen.

24 Siehe auch *Jachmann*, ZSt 2003, 35.

25 BGBl I, S. 2332; Übersicht bei *Augsten/Höreth/Franken*, ZErb 2007, 153; *Schauhoff/Kirchhain*, DStR 2007, 1985; ausf. *Manteuffel*, Stiftung & Sponsoring – Rote Seiten 04/2007.

26 Zu den besonderen Anforderungen an die (Mit.)Errichtung privatrechtlicher Stiftungen durch die öffentliche Hand: *Muscheler*, Non Profit Law Yearbook 2007, 2008, S. 149 ff. *Muscheler* hält die Staatsstiftung bürgerlichen Rechts aus zivilrechtlichen Erwägungen generell für unzulässig, räumt jedoch sein, dass diese „These" gegenwärtig nicht konsensfähig sein dürfte (186).

27 Siehe nur *Schwarz*, DStR 2002, 1719.

Gedanke des Obrigkeitsstaates, der im Begriff „Genehmigung" steckt und nicht mehr zeitgemäß ist, aus dem Stiftungsrecht entfallen. Ehrlich gesagt empfanden wir das zunächst nicht als wirklich wesentlich. Inzwischen hat sich aber herausgestellt, dass dadurch tatsächlich der Geist der Zusammenarbeit von Stiftungsbehörden, Stiftern und Beratern positiv geprägt worden ist.

Eine Stiftung ist nach dem Stiftungszivilrecht als rechtsfähig anzuerkennen, wenn sie die Voraussetzungen erfüllt, die in **§ 80 Abs. 2 BGB** genannt sind (**Recht auf Stiftung,Rechtsanspruch auf Anerkennung**). Die Anerkennungsbehörde hat damit nur einen Spielraum 9

- bei der Beurteilung hinsichtlich der Frage der „Gemeinwohlgefährdung" und
- bei der Prognoseentscheidung zur angemessenen Vermögensausstattung der Stiftung.

Stiftungen mit einer zu geringen Vermögensausstattung werden grundsätzlich nicht anerkannt.

> **Praxishinweis: Probleme lösen durch Kommunikation** 10
> Auch bei Problemen hinsichtlich der Anerkennung einer Stiftung empfiehlt es sich trotz des Rechtsanspruchs auf Anerkennung anstelle des Rechtsweges in der Praxis eher, gemeinsam mit der Anerkennungsbehörde eine Lösung zu suchen oder die Stiftung in dem Bezirk einer „offeneren" Anerkennungsbehörde zu errichten. Rechtsstreitigkeiten sind auch in diesem Bereich oft langwierig, aufwändig und wenig ergiebig.[28]

Bestehen aus Sicht der Stiftungsbehörde **Unklarheiten** oder **Mängel,** etwa hinsichtlich des Stiftungsgeschäftes oder der Stiftungssatzung, so kann sie diese im Laufe des Anerkennungsverfahrens aufklären und beseitigen lassen. Sinnvollerweise werden der Stifter und sein Berater ihre jeweiligen Entwürfe mit der Anerkennungsbehörde und ggf. der Finanzverwaltung im Vorhinein abklären, denn die Usancen der Behörden sind immer noch unterschiedlich. Manche Behörde möchte etwa bestimmte Gesetzestexte auch in der Stiftungssatzung wiederholt haben, was den Vorteil der Übersichtlichkeit (Motto: „Alles auf einen Blick ohne Verweise ins Gesetz") für die „Nutzer" der Satzung für sich hat. Mitunter möchte eine Stiftungsbehörde auch ganz konkrete Formulierungen („Muster") in der Satzung finden, die erprobt sind und deshalb nicht mehr konkret überprüft werden müssen. Man mag solche „Forderungen" mit Blick auf die **Stifterfreiheit** kritisch sehen, hier lohnen aber ersichtlich kein Streiten und kein Diskutieren. 11

Das Anerkennungsverfahren wird eröffnet durch einen **Antrag** des Stifters, seines Vertreters, seiner Erben oder seines Testamentsvollstreckers bei der zu- 12

28 Siehe nur *Schiffer*, Der Unternehmensanwalt, S. 144 ff.

ständigen Anerkennungsbehörde (§ 81 Abs. 2 S. 2 BGB). Bei der Stiftung von Todes wegen ist ein Antrag verzichtbar. Der Antrag wird in diesem Fall nach dem BGB ersetzt durch die Verpflichtung des Nachlassgerichtes, die Anerkennung einzuholen (§ 83 BGB). Mehrere Stifter müssen den Antrag gemeinsam stellen.

13 Neben dem Stiftungszivilrecht im BGB gelten weiterhin die verschiedenen **Landesstiftungsgesetze**, soweit nicht im BGB eine vorrangige materiell-rechtliche Regelung getroffen wurde.[29]

II. Die Person des Stifters

14 Sowohl **natürliche Personen** als auch **juristische Personen** können **Stifter** sein.[30]

- So können etwa auch rechtsfähige Stiftungen wiederum rechtsfähige Stiftungen, d.h. **„Unterstiftungen"**, errichten.[31] Das bisher einschränkende steuerrechtliche **„Endowment-Verbot"** für gemeinnützige Stiftungen ist mit dem Ehrenamtsstärkungsgesetz 2013 deutlich gelockert worden.[32]
- Die Betreiber von Betreuungseinrichtungen haben die landesrechtlichen **Wohn- und Teilhabegesetze**, die den früheren Heimgesetzen gefolgt sind, zu beachten,[33] d.h. sie können nicht etwa ohne Weiteres steuerbefreite Stiftungen errichten, denen „ihre" Bewohner dann spenden.[34] Auch bei formal getrennten juristischen Personen (Betreiber-GmbH und Stiftung) kann das **„Annahmeverbot"** anzuwenden sein, wenn die beiden Rechtsträger so miteinander verbunden sind, dass diese Verbindung für jeden Außenstehenden erkennbar ist und er davon ausgehen kann, dass die Zuwendung an die Stiftung auch der Betreiber-GmbH zugutekommt.[35] Die Einzelheiten scheinen hier noch nicht abschließend geklärt.

In jedem Fall muss der Stifter unbeschränkt geschäftsfähig sein. Der Stifter ruft durch Vorgabe des Stiftungszwecks und durch Übertragung von Vermögen auf die Stiftung die Stiftung ins Leben. Durch dieses sog. **Stiftungsgeschäft**[36] und

29 Siehe nur Palandt/*Ellenberger*, vor § 80 BGB Rn 13.

30 Ausf. zur Rolle des Stifters in der Binnenverfassungsstruktur von Stiftungen: *Saenger*, ZStV 2012, 94 ff.

31 Bei der Errichtung durch eine Stiftung fällt Schenkungsteuer an, soweit nicht eine Steuerbefreiung eingreift: BFH, Urt. v. 13.4.2011 – II R 45/09.

32 Dazu etwa *Augstein*, npoR 2013, 220.

33 Beispiel: Wohn- und Teilhabegesetz NRW (WTG-NRW) v. 2.10.2014.

34 Siehe z.B. § 7 WTG-NRW (§ 10 WTG-NRW a.F.): Annahmeverbot.

35 So *Dickmann*, Landesrecht Nordrhein-Westfalen; Wohn- und Teilhabegesetz, 2009, § 10 [a.F.] Rn 26.

36 Siehe die Formulierungsbeispiele online auf www.stiftungsrecht-plus.de.

die Satzung drückt er seinen Stifterwillen aus, der über die Stiftungssatzung für die Stiftung auch nach seinem Tode bestimmend bleibt (**Grundsatz der Maßgeblichkeit des Stifterwillens**, siehe Rn 53 ff.).

Praxisfrage: Stiften Frauen anders als Männer? 15
Adam teilt uns zu Beginn seiner Untersuchung „Stiften Frauen anders als Männer?“ für den Zeitraum von 1800 bis 1945[37] mit, die Rolle von Frauen im Stiftungswesen habe bisher unter deutschen Historikern nur wenig Beachtung gefunden. *Adam* forscht zu solchen und anderen Themen der transnationalen Geschichte im 19. Jahrhundert sowie zur stadtbürgerlichen Stiftungskultur im transatlantischen Vergleich als Professor an der University of Texas at Arlington. Es ist richtig gut, dass er auch in einer deutschen Fachzeitschrift veröffentlicht. Nach 6,5 Seiten gelangt er zu dem für Wissenschaftler (Historiker und Juristen) wohl nicht wirklich überraschenden Ergebnis: Die eingangs gestellte Frage lasse sich nicht so klar und eindeutig beantworten. Frauen stiften[38] nicht erkennbar anders als Männer. Trotzdem ist es ein lesenswerter Artikel geworden, können wir doch aus der Geschichte nur lernen, wenn wir uns mit ihr beschäftigen. Lesen Sie den Artikel und urteilen Sie selbst!

Die Stiftung ist eine spezielle Rechtsfigur für spezielle Fälle. Dabei muss ein 16
Stifter in der Praxis bestimmte persönliche Qualifikationen erfüllen, die sich als „**Stiftungsreife**“ bezeichnen lassen (siehe § 14 Rn 31 ff.).[39] Ein Stifter und seine Familie müssen vor allem gewillt sein, zu akzeptieren, dass mit der Stiftung eine eigenständige, von seinem/ihrem zukünftigen Willen unabhängige, juristische Person ins Leben gerufen wird, der das erforderliche Stiftungsvermögen dauerhaft übertragen wird.[40] Die einmal genehmigte Stiftung genießt mit ihrem jeweiligen spezifischen Stiftungszweck **staatlichen Bestandsschutz** – und zwar auch gegenüber dem Stifter. Wird das von potenziellen Stiftern und Stiftungsberatern beachtet, so wird das deutsche Stiftungszivilrecht, wie vom Reformgesetzgeber gewünscht, das Stiften in Deutschland zum Wohle der Gemeinschaft tatsächlich nachhaltig fördern. Berater und (potenzielle) Stifter seien zu einem verantwortungsvollen und „reifen“ Umgang mit der aktuellen Stifterfreiheit aufgerufen.

---

37 *Adam*, ZStV 2011, 217 ff.

38 Zu Frauen als Stifterinnen siehe eben so umfassend wie instruktiv: *Bloemer*, Stifterinnen – Frauen erzählen von ihrem Engagement – ein Lesebuch, 2010 (Bundesverband Deutscher Stiftungen).

39 Vgl. auch NK-BGB/*Schiffer/Pruns*, § 80 Rn 90 ff m.w.N.

40 Der stetige Wandel wird dennoch durch die Stiftung und deren Organe zu beachten sein, siehe in diesem Zusammenhang etwa *Mohr*, StiftungsBrief, 2012, 102 f. („Stifterfreiheit und Altruismus – ewiger Stifterwille und wandelnde Praxisanforderungen“).

III. Das Stiftungsgeschäft

17 Bei dem Stiftungsgeschäft ist zwischen einem solchen **unter Lebenden** und dem Stiftungsgeschäft **von Todes wegen** (§ 83 BGB) zu unterscheiden. In den meisten Fällen wird eine Stiftung zu Lebzeiten des Stifters errichtet, worauf noch näher einzugehen sein wird (siehe Rn 28 ff.).

1. Keine Höchstpersönlichkeit, Auflagen, Fristen

18 Das Stiftungsgeschäft muss der Stifter **nicht höchstpersönlich** vornehmen, er kann sich durch einen Bevollmächtigten vertreten lassen.[41] Auch mehrere Stifter können die Stiftung gemeinsam in einer Urkunde oder durch gesonderte Erklärungen errichten.

19 Das Stiftungsgeschäft ist als **einseitige, nicht empfangsbedürftige Willenserklärung** grundsätzlich[42] bedingungsfeindlich, denn jede Unsicherheit über die Existenz der Stiftung muss im Interesse des Rechtsverkehrs vermieden werden. Nicht möglich wäre also beispielsweise die Errichtung einer Stiftung für den Fall des Eintritts eines bestimmten Ereignisses (Beispiel: Errichtung einer Stiftung unter der Bedingung, dass ein Enkel des Stifters geboren wird).

20 **Auflagen** (Fall der „Beschenkung der Stiftung unter einer Auflage") und **Fristen** in einem Stiftungsgeschäft sind nur statthaft, wenn sie den Bestand der Stiftung nicht berühren.[43] Eine Auflage, die in Ausführung des Stiftungsgeschäftes auf die Stiftung übergeht, vermindert das der Stiftung zugewendete Vermögen von vornherein. Darüber besteht, nachdem das FG München dazu eine unhaltbare andere Auffassung vertreten hatte,[44] durch ein diese Auffassung deutlich zurückweisendes Urteil des BFH[45] an sich Einigkeit. Der zur Erfüllung derartiger Ansprüche notwendige Teil des Vermögens steht den satzungsmäßigen Zwecken der Stiftung von Anfang an nicht zur Verfügung. Die Erfüllung derartiger Ansprüche stellt, so der BFH ausdrücklich, keinen Verstoß gegen die Gebote der Selbstlosigkeit und Ausschließlichkeit dar. Die Finanzverwaltung folgt dem BFH in den Anmerkungen Nr. 11–13 zu § 55 AO ihres Anwendungserlasses zur AO vom 31.1.2014 allerdings nur bedingt (siehe § 9 Rn 177 ff.).

41 Siehe BayObLG NJW-RR 1991, 523; Palandt/*Ellenberger*, § 81 Rn 2.
42 Zu Ausnahmen siehe v. Campenhausen/Richter/*Hof*, § 6 Rn 14.
43 Ausf. *Berndt/Götz*, Stiftung und Unternehmen, Rn 203 ff.
44 FG München EFG 1995, 650.
45 BFH BStBl II 1998, 758.

Zulässige Auflagen sind z.B. 21
- der Vorbehalt von Nießbrauch-, Wohn- und anderen Nutzungsrechten bei der Vermögensübertragung auf die Stiftung (Vermögensausstattung),
- die Übernahme/"Übergabe" von Verbindlichkeiten, Hypotheken und
- Rentenzahlungsverpflichtungen.

Eine Auflage darf das Stiftungsvermögen keinesfalls soweit reduzieren, dass realistischerweise der Stiftungszweck nicht mehr dauerhaft erfüllt werden kann. In einem solchen Fall ist die Stiftung nicht anerkennungsfähig (§ 80 Abs. 2 BGB).

2. Form

Nach § 81 Abs. 1 S. 1 BGB bedarf das Stiftungsgeschäft unter Lebenden der **schriftlichen Form** des § 126 BGB. Nach § 126a BGB kann die Schriftform durch die **elektronische Form** ersetzt werden. Die Stiftungsurkunde ist in Schriftform eigenhändig durch Namensunterschrift oder mittels notariell beglaubigten Handzeichens zu unterzeichnen. Das Stiftungsgeschäft kann auch im Wege der notariellen Beurkundung erfolgen (§ 81 Abs. 2 S. 3 BGB). 22

Praxishinweis: Notarielle Form des Stiftungsgeschäfts? 23
Die **einfache Schriftform** genügt nach wohl herrschender Ansicht sogar dann, wenn im Stiftungsgeschäft die Übertragung von **Grundstücken** oder von Geschäftsanteilen an einer GmbH auf die Stiftung vorgesehen ist, denn die Sonderformvorschriften für die Übertragung von Grundstücken und **GmbH-Anteilen** gelten nur für Verträge, also nicht für einseitige Erklärungen wie ein Stiftungsgeschäft.[46] Dafür spricht, dass das staatliche Anerkennungsverfahren für Stiftungen dieselbe Richtigkeitsgewähr und denselben oder sogar besseren Schutz vor „Übereilung“[47] wie die ansonsten erforderliche notarielle Form bietet. Das ist jedoch umstritten! Nach anderer An-

---

46 *Berndt/Götz*, Rn 188 unter Hinweis auf OLG Schleswig-Holstein DNotZ 1996, 770 (771 f.); *Burgard*, Gestaltungsfreiheit im Stiftungsrecht, S. 77; v. Campenhausen/Richter/*Hof*, § 6 Rn 17 m.w.N.; MüKo-BGB/*Reuter*, 6. Aufl. 2012, § 81 Rn 1; NK-BGB/*Schiffer/Pruns*, § 81 Rn 8.; Staudinger/*Hüttemann/Rawert* (2011), § 81 Rn 15; Werner/Saenger/*O. Werner*, Rn 310. Auch FG Schleswig-Holstein, Urt. v. 8.3.2012 – 3 K 118/11 = DStRE 2012, 945, verneint das Erfordernis der notariellen Form: „Ein Stiftungsgeschäft zur Errichtung einer Stiftung des Privatrechts, in dem der Stifter die Übertragung des Eigentums an einem Grundstück zusichert, bedarf nicht der notariellen Beurkundung.“ Der BFH (Urt. v. 27.11.2013 – II R 11/12) hat diese Entscheidung in der Revisionsinstanz aus anderen Gründen aufgehoben und die Frage offen gelassen: „Auf die Frage, ob das Stiftungsgeschäft der notariellen Beurkundung bedurft hätte, […] braucht danach nicht eingegangen zu werden.“

47 Trotz der nicht selten zu erlebenden Schnell-Lese-Künste mancher Notare.

sicht[48] soll die Schriftform in diesen Fällen nicht genügen. Im Zweifelsfall sollten sich ein Stifter und sein Berater mit der zuständigen Stiftungsbehörde (auch) über diesen Punkt vorweg abstimmen. Zu beurkunden ist jedenfalls die nach der Anerkennung der Stiftung erforderliche Auflassung, wobei die Notarkosten bei einer Beurkundung bereits des Stiftungsgeschäfts insgesamt niedriger ausfallen können.[49]

3. Inhalt

24 Das Stiftungsgeschäft hat einen bestimmten **Mindestinhalt** (§ 81 Abs. 1 S. 2 BGB). Der Stifter muss verbindlich erklären, dass ein bestimmter Teil seines Vermögens auf Dauer der Erfüllung eines oder mehrerer von ihm vorgegebenen Zwecke gewidmet wird (**Vermögensausstattung**) und dass er eine **selbstständige Stiftung** errichten will. Bei Zweifeln am Stiftungsgeschäft ist die Stiftungsbehörde zu Lebzeiten des Stifters gehalten, ihn zur Präzisierung zu veranlassen.

25 In den **Stiftungsgesetzen der Länder** wurden in der Vergangenheit die Anforderungen aus dem BGB zum Stiftungsgeschäft präzisiert und ergänzt. Einige Bundesländer hatten mit bis zu 12 Einzelpunkten einen umfangreichen Katalog von Anforderungen an das Stiftungsgeschäft und die Stiftungssatzung aufgestellt.[50] Diese Kataloge sind durch die fünf Punkte des **§ 81 Abs. 1 S. 3 BGB** ersetzt worden.[51] Das Stiftungsgeschäft ist also seit 2002 durch das aktuelle Stiftungszivilrecht einfacher geworden.

26 **Praxishinweis: Bezugnahme auf die Stiftungsverfassung**
In der **Praxis** werden hier mögliche Zweifelsfragen dadurch vermieden, dass in dem Stiftungsgeschäft auf die jeweils **beigefügte Stiftungsverfassung** (Stiftungssatzung) Bezug genommen und die Stiftungsverfassung ausdrücklich zum Bestandteil des Stiftungsgeschäftes erklärt wird.

27 **Checkliste Stiftungsgeschäft: Errichtung einer selbstständigen Stiftung (§ 81 BGB)**

- Zwingende **Inhalte**
  - Name der Stiftung
  - Sitz der Stiftung
  - Stiftungszweck(e)

---

48 Palandt/*Ellenberger*, § 81 Rn 3; Palandt/*Grüneberg*, § 311b Rn 16 („§ 311b Abs. 1 entsprechend anzuwenden“); *Schwarz*, DStR 2002, 1721; *Wachter*, Stiftungen, 2001, Kap. B Rn 12.

49 Staudinger/*Hüttemann/Rawert* (2011), § 81 Rn 15.

50 Siehe bei *Schwarz*, DStR 2002, 1720.

51 Palandt/*Ellenberger*, vor § 80 Rn 13; *Rawert/Hüttemann*, ZIP 2002, 2019.

  - Vermögensausstattung
  - Vorstand
- **Nicht zwingende Inhalte, die aber zumindest bei größeren Stiftungen sinnvoll sind**
  - weitere Organe der Stiftung (Stiftungsrat, Kuratorium, Beirat)
  - Regelungen zur Vermögenserhaltung und Vermögensverwaltung
- **Form**
  - Schriftform
  - bedingungsfeindlich

IV. Stiften von Todes wegen oder zu Lebzeiten?

1. Stiftung von Todes wegen

Ein potenzieller Stifter mag sich, etwa weil er sein Vermögen zu seinen Lebzeiten für andere Zwecke nutzen oder unmittelbar selbst verwalten will, die Frage stellen, ob er die Stiftung zu seinen Lebzeiten vorbereiten, aber erst nach seinem Tod tatsächlich errichten soll. Die besonderen Verknüpfungen von Stiftungs- und Erbrecht werden in § 10 dieses Buches erläutert. Hier werden „nur“ die wesentlichen Grundlagen angesprochen. 28

Eine Stiftung kann nach dem Tod des Stifters errichtet werden (§§ 83, 84 BGB).[52] Das Stiftungsgeschäft kann in einer **Verfügung von Todes wegen** bestehen, wobei die Vermögenszuwendung an die Stiftung erfolgt durch 29
- Erbeinsetzung,
- Vermächtnis oder
- Auflage.

Das Stiftungsgeschäft unterliegt dann den besonderen **erbrechtlichen Formvorschriften**, d.h. es kann als handschriftliches oder notarielles Testament oder in einem Erbvertrag nur vom Stifter persönlich verfasst werden. Die Stellvertretung ist beim Stiftungsgeschäft von Todes wegen ausgeschlossen. Regelmäßig wird für die Stiftungserrichtung durch Verfügung von Todes wegen ein **Testament des Stifters** in Frage kommen.

Die Errichtung einer Stiftung von Todes wegen kann in der Weise erfolgen, dass der Erblasser in der letztwilligen Verfügung seinen Stifterwillen, die Errichtung der Stiftung und die Vermögenszuwendung ohne alle Einzelheiten festlegt. In diesem Falle ist die Einsetzung eines **Testamentsvollstreckers**, der den Willen des Stifters umsetzt, zu empfehlen (ausführlich siehe § 10 Rn 43 ff.). 30

52 *Schewe*, ZSt 2004, 270 (Teil 1), 301 (Teil 2); Werner/Saenger/*O. Werner*, Rn 332 ff. Zu steuerrechtlichen Aspekten siehe *O. Schmidt/Schick*, ZSt 2004, 239.

Der Testamentsvollstrecker hat insbesondere für die Einholung der Anerkennung der Stiftung Sorge zu tragen. Es ist auch möglich und oftmals sinnvoll, die Satzung der Stiftung in ihrer endgültigen Fassung dem Testament beizufügen. Nach Errichtung der Stiftung ist der Testamentsvollstrecker zur Freigabe des für die Stiftung vorgesehenen Vermögens auf die Stiftung verpflichtet.[53]

31 **Praxishinweise: Testamentsvollstrecker und Stiftung**

Ein Testamentsvollstrecker kann im Zusammenhang mit Stiftungen beispielsweise wie folgt tätig werden:[54]

- Er errichtet die Stiftung für den Erblasser.
- Er „schützt" eine bereits errichtete Stiftung – etwa indem er sie gegen Pflichtteilsansprüche der Erben „verteidigt".
- Er stattet eine bereits errichtete Stiftung mit Nachlassvermögen aus (Erbeinsetzung, Vermächtnis).
- Er wird Mitglied eines Stiftungsorgans.

32 Es sollte in jedem Fall besonders darauf geachtet werden, dass der Erblasser in seinem Testament unmittelbar selbst seinen **Stifterwillen formgültig mit den wesentlichen Merkmalen festlegt**, die eine Stiftung kennzeichnen, wie das LG Berlin umfassend noch zu der alten Rechtslage forderte.[55] Genügt das Stiftungsgeschäft nicht den Erfordernissen des § 81 Abs. 1 S. 3 BGB, wird nach dem aktuellen Stiftungszivilrecht (§ 83 S. 2 BGB) in deutlich liberalerer Haltung, als sie das LG Berlin zur alten Rechtslage eingenommen hatte, der Stiftung durch die zuständige Behörde vor der Anerkennung eine Satzung gegeben oder eine unvollständige Satzung ergänzt; dabei soll der Wille des Stifters berücksichtigt werden. Der Gesetzgeber geht jetzt hier von einem heilbaren Rechtsmangel aus.[56]

33 Das ist konsequent, gilt doch für letztwillige Verfügungen die vom BGH entwickelte sog. **Andeutungstheorie**,[57] wonach dem letzten Willen auch bei einer nur geringen Andeutung in der Verfügung mit Blick auf die Unwiederholbarkeit der Erklärung des Erblassers, wenn eben möglich, zur Geltung verholfen wird. Eine solche Satzungsergänzung dürfte indes nur dann in Betracht kommen, wenn im Stiftungsgeschäft/in der letztwilligen Verfügung der Stifter/Erblasser den Stiftungszweck eindeutig angibt und wenn er zugleich eine ver-

53 OLG Frankfurt, Urt. v. 15.10.2010 – 4 U 134/10; MüKo-BGB/*Reuter*, 6. Aufl. 2012, § 83 Rn 12.

54 Siehe Unterlagen zum Seminar der Deutschen Stiftungsakademie (DSA) vom 2.4.2009 (Referenten: *Rott/Schiffer*); siehe ausf. § 10 Rn 43 ff.

55 LG Berlin FamRZ 2001, 450.

56 RegE BT-Drucks 14/8765, S. 11.; siehe auch v. Campenhausen/Richter/*Hof*, § 6 Rn 319 ff.

57 BGHZ 86, 45; BGHZ 94, 36; *Schiffer/Scherf*, ZErb 2006, 335.

bindliche Vermögenszusage macht.[58] Zumindest diese beiden Grundelemente sind unverzichtbar.[59] Sie lassen sich nicht nur andeuten und dann ergänzen.

Wichtig
Es reicht also – zumindest nach herrschender Ansicht – nicht aus, diese beiden zentralen Elemente (Stiftungszweck und Vermögensausstattung) einfach nur und ohne weiteres in einer maschinenschriftlich abgefassten Satzung als Anlage zu dem handschriftlichen Testament festzulegen.

Der Stifter kann seiner letztwilligen Verfügung unter den genannten Vorausset- 34
zungen (!) die von ihm vorgesehene Satzung der Stiftung beifügen, anstatt den Testamentsvollstrecker mit der Fertigung einer Satzung gemäß der letztwilligen Verfügung zu beauftragen. Regelmäßig wird das sinnvoll sein, da der Stifter ja bestrebt ist, seinen konkreten Willen umzusetzen. Er wird ihn deshalb in der Regel nicht von dem Testamentsvollstrecker ausformulieren lassen wollen, sondern ihn zu Lebzeiten mit einem Fachmann selbst verfassen.

Um Probleme im Anerkennungsverfahren zu vermeiden, wird der Stifter sinn- 35
vollerweise den Testamentsvollstrecker bevollmächtigen, etwaige Mängel des Stiftungsgeschäftes bzw. der Stiftungssatzung durch entsprechende Änderungen und Ergänzungen zu beheben.

Ist kein Testamentsvollstrecker bestellt, die Stiftung aber zur Erbin bestimmt 36
worden, wird vom Nachlassgericht nach Eröffnung des Testamentes ein so genannter **Nachlasspfleger** als gesetzlicher Vertreter der zu errichtenden Stiftung bestimmt (§ 1960 BGB).[60] Ist die Stiftung nur Miterbin oder Vermächtnisnehmerin, so reicht die Bestellung eines Pflegers nach § 1913 BGB.

Praxishinweis: Vermeidung eines Nachlasspflegers
Zu der Bestimmung eines Nachlasspflegers sollte es ein Stifter nicht kommen lassen. Er sollte nicht die Möglichkeit versäumen, durch die Einsetzung eines Testamentsvollstreckers seiner Wahl auf die Umsetzung seines Stiftungsprojektes nach seinem Tode einzuwirken.

Die rechtsfähige Stiftung des Privatrechts entsteht auch bei einem Stiftungsge- 37
schäft von Todes wegen **formal** erst mit der **Anerkennung** (§ 83 BGB). Die Anerkennung gilt jedoch für die Zuwendungen des Stifters/Erblassers **rückwirkend** als schon vor dessen Tode entstanden (§ 84 BGB).

58 RegE BT-Drucks 14/8765, S. 11; Rechtsausschuss, BT-Drucks 14/8894, S. 11.
59 *Schewe*, ZSt 2004, 301; *Schwarz*, DStR 2002, 1723.
60 v. Campenhausen/Richter/*Hof*, § 6 Rn 80.

38 **Checkliste: Errichtung einer Stiftung von Todes wegen**

- Möglich durch:
  - handschriftliches Testament
  - notarielles Testament
  - notariellen Erbvertrag
- Vermögenszuwendung durch:
  - Erbeinsetzung
  - Vermächtnis oder
  - Auflage
- Zur Absicherung im Sinne des Erblassers sinnvoll: Testamentsvollstreckung

2. Vorteile einer Stiftungserrichtung zu Lebzeiten

39 Die Stifter „verschenken“ bei einer Stiftung von Todes wegen die Möglichkeit, maßgeblichen und aktiven Einfluss auf „ihre“ Stiftung und deren Arbeit zu nehmen. Deutlich sinnvoller ist es in der Regel, die Stiftung bereits zu Lebzeiten mit einem vergleichsweise geringen Vermögen zu errichten und das Vermögen der Stiftung durch **Zustiftungen** von Todes wegen aufzustocken.[61] Auf diese Weise behalten die Stifter zu Lebzeiten die finanzielle Absicherung durch ihr eigenes Vermögen und erhalten gleichzeitig die Gelegenheit, die Stiftung in ihren Gründungsjahren – sei es als Vorstands- oder Stiftungsratsmitglied – wesentlich **mitzugestalten** und die Stiftung über den Text der Stiftungsverfassung hinaus deutlich zu **prägen**.

40 Zu Lebzeiten der Stifter lässt sich vor allem auch eine etwaig erforderliche **Änderung der Stiftungssatzung**, sei es zur Anpassung an geänderte Verhältnisse oder zur Korrektur eventueller Fehlvorstellungen, leichter bei den Stiftungsbehörden durchsetzen.

41 Wirklich wichtig ist es auch, dass ein Stifter zu seinen Lebzeiten die **Leitungspersonen auswählen** und anleiten kann, die die Stiftung verwalten. Gerade die ersten Stiftungsvorstände und Stiftungsräte prägen das Bild und die Kultur einer Stiftung für die Nachfolger. Wollen die Stifter nicht selbst konkret in der Stiftung tätig werden und so Maßstäbe setzen, können sie jedenfalls die geeigneten Persönlichkeiten bestimmen und deren Wirken verfolgen.

---

61 So schon Martin/Wiedemeier/*Schiffer*, Stiftungsideen, S. 24; siehe auch NK-BGB/*Schiffer*/*Pruns*, § 83 Rn 27; in dieser Richtung etwa auch *Regierer*, Stiftung & Sponsoring 1/2012, 28 f., der allerdings den fehlleitenden Ausdruck der „Vorratsgründung“ verwendet. Der Ausdruck ist schon deshalb verwirrend, weil die Stiftung und nicht nur die Steuerbefreite wegen § 55 Abs. 1 Nr. 5 AO ihren Zweck grundsätzlich von Anfang an erfüllen muss. Sie bleibt also nicht, was aber die hier kritisierte Wortwahl suggeriert, „auf Vorrat“ inaktiv.

Praxisübersicht: Vorteile einer Stiftungserrichtung zu Lebzeiten 42
Wählen die Stifter diesen Weg, können sie zu Lebzeiten mit ihrer Stiftung „üben". Sie können vor allem:
- Fehlentwicklungen der Stiftung entgegenwirken,
- eigene Fehleinschätzungen korrigieren,
- auf Änderungen im gesellschaftlichen, politischen und wirtschaftlichen Umfeld der Stiftung reagieren,
- neue Ideen integrieren,
- die Stiftungsorganisation optimieren sowie die Organmitglieder ihres Vertrauens anleiten und
- das Bild der Stiftung in der Öffentlichkeit mitbestimmen.

All die genannten Möglichkeiten kann nur der lebende Stifter optimal nutzen. 43
Die Stiftungserrichtung zu Lebzeiten und deren sukzessive Ausstattung mit größeren Vermögenswerten durch Zustiftungen zu Lebzeiten und von Todes wegen sind deshalb grundsätzlich empfehlenswert. Das gilt vor allem für die gemeinnützige Stiftung. Steuerliche Nachteile gibt es hier wegen der Steuerbefreiung nicht. Eine **Zustiftung** genießt bei der steuerbefreiten Stiftung inzwischen dieselbe Steuerprivilegierung wie die Errichtungsdotation (siehe § 9 Rn 34).[62]

Auch im Bereich der **Familienstiftung** ist das Modell bedenkenswert. Auf 44
diese Weise kann flexibel auf steigende Versorgungsbedürfnisse der Familie reagiert werden. Allerdings ist hier die steuerliche Benachteiligung von Zustiftungen zu beachten, worauf noch näher einzugehen sein wird (siehe § 8 Rn 43 ff.).

V. Die Endgültigkeit des Stiftungsgeschäfts

Sehr oft stellen potenzielle Stifter die Frage nach der Endgültigkeit ihrer Erklä- 45
rungen im Zusammenhang mit der Errichtung einer Stiftung. Hier sind verschiedene Fälle zu unterscheiden:
- Eine Stiftung ist grundsätzlich „auf ewig" angelegt. Die Verbrauchsstiftung (siehe § 2 Rn 14 ff.) ist der Ausnahmefall.
- Die Umgestaltung der von ihm gewählten Stiftungskonstruktion und -konzeption kann der Stifter u.U. auch nach der Anerkennung durch eine **Änderung der Stiftungssatzung** erreichen.
- Nur bis zur Erteilung der Anerkennung der Stiftung kann der Stifter das Stiftungsgeschäft formfrei (!) **widerrufen** (§ 81 Abs. 2 S. 1 BGB). Widerruft er das Stiftungsgeschäft tatsächlich, so ist die Entstehung der Stiftung ausge-

62 Zum alten Rechtszustand siehe etwa *Mecking*, Deutsche Stiftungen – Mitteilungen des Bundesverbandes Deutscher Stiftungen 02/2002, 77 (83).

schlossen. Hat der Stifter bereits bei der zuständigen Stiftungsbehörde wegen der Anerkennung nachgesucht, so kann der Widerruf nur der Behörde gegenüber erklärt werden (§ 81 Abs. 2 S. 2 BGB).

- Bei mehreren Stiftern macht im Zweifel der Widerruf nur eines Stifters das Stiftungsgeschäft im Ganzen in analoger Anwendung von **§ 139 BGB** unwirksam.[63]
- Der Erbe/die Erben des Stifters ist/sind zum Widerruf nicht berechtigt, wenn der Stifter den Antrag bei der zuständigen Behörde gestellt oder im Falle der notariellen Beurkundung des Stiftungsgeschäfts den Notar bei oder nach der Beurkundung mit der Antragstellung betraut hat (§ 81 Abs. 2 S. 3 BGB).
- Ist die Anerkennung einer Stiftung einmal erfolgt, kann das Stiftungsgeschäft nicht mehr widerrufen, sondern nur noch wegen Irrtums, Täuschung oder Drohung angefochten werden.[64] Solche Fälle sind allerdings kaum praxisrelevant. Seine **Anfechtungserklärung** hat der Stifter an die Stiftung zu richten. Für die Stiftung ist dann ggf. ein Pfleger durch das Amtsgericht zu bestellen, der die Frage der rechtsgültigen Anfechtung des Stiftungsgeschäftes im Wege der Feststellungsklage klären lassen kann. Ein angefochtenes Stiftungsgeschäft wird als von Anfang an nichtig angesehen. Die Stiftung als Organisation und Körperschaft wird durch die Anfechtung nach richtiger Ansicht jedoch nicht in ihrem Bestand berührt.[65] Faktisch wird das Erreichen des Stiftungszwecks in einem solchen Fall allerdings regelmäßig unmöglich werden, da die wirksame Anfechtung den Anspruch der Stiftung gegen den Stifter auf Übertragung des Stiftungsvermögens hemmt. Die Stiftung ist dann von der Anerkennungsbehörde richtigerweise nach § 87 Abs. 1 BGB aufzuheben.

46 **Praxisrelevante Rechtsprechung: Der Bayerische Verwaltungsgerichtshof und die Genehmigung/Anerkennung einer rechtsfähigen Stiftung**
Der Bayerische Verwaltungsgerichtshof hält die Genehmigung einer rechtsfähigen Stiftung bürgerlichen Rechts nach § 48 VwVfG jedenfalls dann für rücknehmbar, wenn der Stifter die Genehmigung durch eine arglistige Täuschung erschlichen hat.[66] Das frühere Genehmigungs- und jetzige Anerkennungsgebot in § 80 BGB gehört zu den öffentlich-rechtlichen Vorschriften

63 Palandt/*Ellenberger*, § 81 Rn 12 a.E.
64 MüKo-BGB/*Reuter*, 6. Aufl. 2012, § 83 Rn 14.
65 MüKo-BGB/*Reuter*, 6. Aufl. 2012, § 80 Rn 8.
66 BayVGH, Urt. v. 12.10.2005 – 5 BV 03.2841 (zuvor VG München – M 7 K 02.4714), teilw. abgedr. bei *Andrick*, ZSt 2006, 41.

im BGB.[67] Die Anerkennung (vor dem 1.9.2002: Genehmigung) einer Stiftung ist ein privatrechtsgestaltender Verwaltungsakt.
Es ging in dem Fall des Bayerischen Verwaltungsgerichtshofs um einen Stifter, der von Anfang an nicht über das für die Stiftungserrichtung erforderliche Mindestvermögen verfügte und darüber die Stiftungsbehörde durch eine „Luftbuchung" täuschte und sich so die damalige Genehmigung (heute Anerkennung) der Stiftung durch die Behörde erschlichen hatte.
Mit *Andrick*[68] ist zu der Entscheidungsbegründung kritisch anzumerken, dass der Weg über § 48 VwVfG nicht der Richtige sein dürfte. Lex specialis ist hier § 87 Abs. 1 BGB, der die Zweckänderung und Aufhebung einer rechtsfähigen Stiftung regelt. Er muss im Wege einer systemgerechten teleologischen Ausweitung in Bezug auf von Anfang an vorliegende, jedoch erst nach Errichtung der Stiftung bekannt gewordene die Genehmigung/Anerkennung hindernde Umstände zur Anwendung gelangen, denn der Rechtsverkehr muss sich darauf verlassen können, dass eine genehmigte/anerkannte Stiftung als rechtsfähig besteht. Mit der verwaltungsverfahrensrechtlichen Rücknahme des Genehmigungs-/Anerkennungsverwaltungsaktes nach § 48 VwVfG wird die „Rücknahme" für den Rechtsverkehr aber nicht ohne weiteres erkennbar und auch in seiner rechtlichen Tragweite nicht überschaubar.
Das Stiftungsrecht bedarf hier einer eigenständigen speziellen Korrekturmöglichkeit, die in der von *Andrick* näher begründeten Auslegung des § 87 Abs. 1 BGB auch tatsächlich gegeben ist. In dem Fall, der dem Bayerischen Verwaltungsgerichtshof vorlag, wollte und konnte der Stifter von vornherein die Stiftung nicht mit dem erforderlichen Vermögen ausstatten. Darin liegt bei genauer Betrachtung wegen des fehlenden Vermögens eine schon anfängliche Unmöglichkeit der Erfüllung des Stiftungszwecks im Sinne des § 87 Abs. 1 BGB.[69] Der Bayerische Verwaltungsgerichtshof hat hier also die Grundlagen des Stiftungsrechts, die sich insbesondere in den §§ 80 ff. BGB finden, unnötigerweise verlassen.

Fehlt dem Stiftungsgeschäft die **vorgeschriebene Form**, verstößt das Stiftungsgeschäft gegen gesetzliche Vorschriften, ist es sittenwidrig oder ist gar der Stifter geschäftsunfähig, so ist das **Stiftungsgeschäft** ebenfalls **nichtig** und zwar mit den entsprechenden Folgen wie bei der wirksamen Anfechtung. 47

67 Herrschende Meinung, siehe etwa *Andrick*, ZSt 2006, 41.
68 *Andrick*, ZSt 2006, 41, 42 f.
69 Siehe schon NK-BGB/*Schiffer/Pruns*, § 87 Rn 4 m.w.N.

C. Zentrale Gestaltungsaufgabe: Die Stiftungssatzung

48 Die Stiftungssatzung bildet zusammen mit dem Stiftungsgeschäft das rechtliche **Herzstück der Stiftung**. Bei der Gestaltung einer Stiftungssatzung (auch Stiftungsverfassung) ist zwischen dem notwendigen und dem möglichen Inhalt zu unterscheiden.[70]

49 Notwendig und zwingend für eine Stiftungsverfassung sind zunächst Angaben zu Namen, Sitz, Zweck und Vermögen der Stiftung (§ 81 Abs. 1 S. 3 Nr. 1–4 BGB). Außerdem muss in der Satzung zur Leitung der Stiftung zumindest die Bildung des Vorstandes geregelt sein (§ 81 Abs. 1 S. 3 Nr. 5 BGB).

50 **Checkliste: Notwendiger Inhalt einer Stiftungssatzung gemäß § 81 Abs. 1 S. 3 BGB**
- Name der Stiftung
- Sitz der Stiftung
- Stiftungszweck(e)
- Stiftungsvermögen
- Vorstand der Stiftung (mindestens: Ein-Personen-Vorstand)

I. Möglicher Satzungsinhalt: Privatautonomie und Stifterwille

51 Neben den vorstehend genannten notwendigen Angaben, die wir weiter unten näher betrachten (siehe Rn 58 ff.) kann eine Stiftungssatzung zahlreiche weitere Regelungen enthalten. Obwohl auch hier anzumerken ist, dass trotz des Stiftungsbooms die rechtsfähige Stiftung ersichtlich kein Gestaltungsansatz für jeden ist,[71] bleibt doch festzuhalten, dass das geltende Stiftungszivilrecht eine große Gestaltungsfreiheit gibt,[72] um die **Nachhaltigkeit** der Stiftung und zugleich deren **Flexibilität** in der Zukunft zu sichern (siehe § 11 Rn 38).[73] Das ist die große Gestaltungsaufgabe für den Berater. Unser Lieblings-**Merksatz** dazu macht deutlich, wie weit für eine Stiftung in die Zukunft zu blicken und wie ggf. wenig an aktuellen Gedanken festzuhalten ist:

> *„Der klügste Mensch, der heute lebt, weiß weniger darüber, was für die Stiftung in 100 Jahren richtig ist, als der dümmste Mensch, der dann lebt!"*

---

70 Siehe auch NK-BGB/*Schiffer/Pruns*, § 81 Rn 15 m.w.N.
71 Siehe dazu etwa *Jungheim*, Die Stiftung 6/2010, 40 f. („Wenn Witwe Bolte stiften geht").
72 Zur Gestaltung der Stiftungssatzung im Spannungsfeld zwischen Stifterfreiheit, Stiftungsautonomie und staatlicher Stiftungsaufsicht siehe *Fritsche*, ZSt 2009, 21.
73 Siehe auch *Schlichting*, Rote Seiten zu Stiftung & Sponsoring 03/2015.

Durch Regelungen in der Stiftungssatzung können vor allem
- die Wege zur Erreichung des Stiftungszwecks näher konkretisiert,
- Vorgaben zur Art und Weise der Vermögensverwaltung der Stiftung gegeben,
- der Ein-Personenvorstand erweitert (Vieraugenprinzip, Vertretung nur durch zwei Vorstandsmitglieder, Regelungen zu den internen Entscheidungsvorgängen des Stiftungsvorstandes und der Geschäftsführung) und
- neben dem Vorstand weitere Organe für die Stiftung zur Kontrolle des Vorstandes und/oder dessen Beratung festgelegt werden.

Die elektronisch zu diesem Buch verfügbaren Beispiele für Stiftungssatzungen[74] verdeutlichen einige der für den Stifter bestehenden zahlreichen Möglichkeiten. Letztlich lässt sich für jedes konkrete Stiftungsprojekt eine maßgeschneiderte Satzung entwerfen. Es besteht ein sehr **weiter Gestaltungsspielraum.** Eine Standardsatzung gibt es nicht. Jeder Fall ist anders und benötigt, je ambitionierter und größer das Stiftungsprojekt ist, desto eher einen „Maßanzug" in Form einer spezifischen Satzung.

Im Regelfall ist es vor allem bei Stiftungen mit einem größeren Vermögen 52
sinnvoll, als weiteres Organ einen **Stiftungsrat** (auch **Stiftungsbeirat** genannt) zu bestimmen, dem die Beratung, Beaufsichtigung und Kontrolle des Stiftungsvorstandes sowie – nach dem Tod des Stifters – die Bestellung des Stiftungsvorstandes zugewiesen wird. Sogar in der Wirtschaftspresse wurde schon vor Jahren[75] eine Kontrolle der Stiftungsvorstände gefordert. Daneben kann dann ein Freundes-, Förder- und Beraterkreis treten, der oftmals als **Kuratorium** bezeichnet wird. Die Begriffsverwendung ist in der Praxis allerdings uneinheitlich.

Das Schicksal einer Stiftung wird nicht, wie etwa dasjenige eines Vereins, von 53
dem Willen einer Mehrheit von Mitgliedern bestimmt. Es hängt vielmehr davon ab, was die Stifter bei Errichtung der Stiftung entschieden und festgelegt haben. Maßgebend ist deren so genannter **Stifterwille,**[76] dessen Einhaltung und Beach-

74 Siehe auf www.stiftungsrecht-plus.de.

75 WiWo vom 7.6.1991, 150 („Stiftungen: Wer kontrolliert da wen? Unangefochtene Macht – In stiftungseigenen Unternehmen kann das Management oft schalten und walten, wie es will – manchmal, bis es nicht mehr geht."). Dies hat *Schwintek*, Vorstandskontrolle in rechtsfähigen Stiftungen des bürgerlichen Rechts, 2001, sehr gründlich untersucht.

76 Zu diesem siehe etwa *Jakob/von Orelli* (Hrsg), Der Stifterwille. Ein Phänomen zwischen Vergangenheit, Gegenwart und Ewigkeit, Bern 2014, dort insb. *Hof*, S. 45 ff., 51 ff., *Rawert*, S. 113 ff.; v. Campenhausen/Richter/*Hof*, § 7 Rn 7 ff.; NK-BGB/*Schiffer/Pruns*, § 80 Rn 1 ff. Ausdrücklich festgehalten wird die Maßgeblichkeit des Stifterwillens etwa in § 83 S. 2 BGB (Stiftung von Todes wegen) und § 87 Abs. 2 BGB (Zweckänderung).

tung die Stiftungsaufsicht zu überwachen hat,[77] soweit die Überwachung nicht schon durch geeignete Satzungsvorschriften und eine geeignete Organisation der Stiftung ausdrücklich sichergestellt ist.[78]

54 Der Stifterwille ist das **oberste Prinzip des Stiftungsrechts**.[79] Er ist damit der Maßstab für das Handeln der Stiftungsorgane[80] und wird von der Stiftungsaufsicht überwacht.[81] Letzteres gilt – wenn auch in der Regel nach den einzelnen Landesstiftungsgesetzen eingeschränkt – ausdrücklich auch für Familienstiftungen.[82] Die Stiftung ist die Vollstreckerin des Stifterwillens.[83] Mit der Anerkennung der Stiftung wird der Stifterwille verselbstständigt, d.h. dem künftigen Einfluss der Stifter entzogen, und objektiviert.[84] Auf einen etwaigen späteren geänderten Willen der Stifter kommt es damit nicht mehr an.[85] Der ursprüngliche Wille ist maßgeblich, aber eben auch der ursprüngliche hypothetische Wille, der mithin von einem etwaig später geänderten (ausdrücklichen) Willen streng zu unterscheiden ist.[86]

55 Auch das **Bundesverfassungsgericht** hat den Stifterwillen als grundlegenden Maßstab für eine Stiftung hervorgehoben und dazu 1977 wörtlich ausgeführt:[87]

> *„[...] Jede Stiftung ist in das historisch-gesellschaftliche Milieu eingebunden, innerhalb dessen sie entstanden ist. [...] Das eigentümliche einer Stiftung ist, dass der Stifterwille für die Stiftung dauernd konstitutiv bleibt. Charakter und Zweck der Stiftung liegen mit diesem Anfang in die Zukunft hinein und für die Dauer der Existenz der Stiftung fest. Deshalb sind auch die*

77 Hier soll nicht diskutiert werden, ob einer Ansicht aus der Evolutionstheorie zu folgen ist, wonach der Mensch unfähig sein soll, rationale Entscheidungen zu treffen, siehe dazu etwa *Wuketits*, Handelsblatt v. 7.2.2008, 9 („Trügerische Vernunft, unfreier Wille – Der Wiener Evolutionstheoretiker Franz M. *Wuketits* schreibt über die Unfähigkeit des Menschen, rationale Entscheidungen zu treffen"); *Wuketits*, Der freie Wille – Die Evolution einer Illusion, Stuttgart, 2007. Für den Stifterwillen in dem hier zugrunde gelegten Sinne „reicht" aus meiner Sicht durchaus auch eine irrationale Entscheidung.

78 *Andrick/Suerbaum*, Stiftung und Aufsicht, 2001, § 4 Rn 20 unter Hinweis auf OVG-NRW NVwZ-RR 1996, 425 (426).

79 BVerfG NJW 1978, 581; BGH NJW 1987, 2364 (2365); *Bruns*, StiftG BW, § 2 Erl. 1; Werner/Saenger/*O. Werner*, Rn 313.

80 *Burgard*, S. 188 ff.; NK-BGB/*Schiffer/Pruns*, § 80 Rn 1.

81 Beispiel: § 6 Abs. 2 StiftG NRW. Siehe auch NK-BGB/*Schiffer/Pruns*, § 80 Rn 2, 93.

82 BGH NJW 1987, S. 2364, 2366; v. Campenhausen/Richter/*Hof*, § 8 Rn 20 f.

83 NK-BGB/*Schiffer/Pruns*, § 80 Rn 2.

84 NK-BGB/*Schiffer/Pruns*, § 80 Rn 2; *Schwarz*, ZSt 2004, 64.

85 BGH NJW 1987, 2364; v. Campenhausen/Richter/*Hof*, § 8 Rn 21 f.; *Hüttemann*, FG für Flume, 1998, S. 69 (74).

86 NK-BGB/*Schiffer/Pruns*, § 80 Rn 2 f.; siehe auch § 5 StiftG Hessen.

87 BVerfGE 46, 73 (83) = NJW 1978, 581, siehe in dem Beschluss unter B. I. 1. d).

Erklärungen der Stifter aus dem zu ihrer Zeit herrschenden örtlichen Zeitgeist heraus auszulegen. […]"

Der Stifterwille manifestiert sich ausdrücklich und vorrangig in der Stiftungssatzung und dem Stiftungsgeschäft oder zeigt sich als nur hypothetischer (mutmaßlicher) Wille.[88] Mit der Anerkennung der Stiftung wird der Stifterwille verselbstständigt, d.h. auch dem künftigen Einfluss des Stifters entzogen, und objektiviert. Auf einen etwaigen späteren (subjektiven) geänderten Willen des Stifters kommt es damit nicht mehr an.[89] Die grundlegende Bedeutung des Stifterwillens wird etwa auch in § 87 BGB betont. Der bei der Stiftungserrichtung manifestierte **(damalige) Wille** der Stifter dazu, welchen Zweck die Stiftung wie und mit welcher Organisation verfolgen soll, ist dem Gesamtverhalten der jeweiligen Stifter zu entnehmen; so können z.B. auch außerhalb des Stiftungsgeschäfts liegende Urkunden oder Umstände den Stifterwillen zum Ausdruck bringen.[90] 56

So kann der Stifter etwa in einer besonderen schriftlichen Erklärung anlässlich der Stiftungserrichtung („**Stiftertestament**") seine Beweggründe, die Hintergründe und seinen Willen (Stifterwillen) zur Errichtung der Stiftung konkretisierend erläutern und für die Folgegenerationen festhalten.

Der **mutmaßliche (hypothetische) Stifterwille** ist, falls ein ausdrücklicher Stifterwillen zu einem Punkt nicht feststellbar ist, erforderlichenfalls aus den Umständen in Zusammenhang mit dem formbedürftigen (= Schriftform) Stiftungsgeschäft einschließlich Stiftungssatzung zu ermitteln und **auszulegen**.[91] 57

In einem ersten Schritt ist bei der Ermittlung des mutmaßlichen Stifterwillens festzustellen, wie die Erklärung (des Stifters) unter Berücksichtigung aller maßgebenden Umstände auszulegen ist.[92] Dabei dürfen Umstände außerhalb der Urkunde (Stiftungsgeschäft und Stiftungsverfassung) nur berücksichtigt werden, soweit sie bewiesen sind.[93] In einem zweiten Schritt ist zu prüfen, ob die ausgelegte Erklärung der Form genügt.[94] Dabei folgt die Rechtsprechung der

---

88 Siehe nur § 4 Abs. 1 StiftG NRW; § 5 StiftG Hess.

89 BGH NJW 1987, 2364 ff.; v. Campenhausen/Richter/*Hof*, § 8 Rn 21; *Hüttemann*, FG für Flume, 1998, S. 69, 74.

90 *Bruns*, StiftG BW, § 2 Erl. 4 f.; Werner/Saenger/*O. Werner*, Rn 315 m.w.N.

91 Zu den Auslegungsfragen und -grundsätzen bei formbedürftigen Willenserklärungen siehe etwa Palandt/*Ellenberger*, § 133 Rn 19; ausführlich zur Auslegung der Stiftungssatzung NK-BGB/*Schiffer/Pruns*, § 81 Rn 57 ff. im Zusammenhang mit dem Vermögenserhaltungsgrundsatz; zur Auslegung des Stiftungsgeschäfts NK-BGB/*Schiffer/Pruns*, § 83 Rn 6 f.

92 BGHZ 80, 250; 86, 47.

93 Palandt/*Ellenberger*, § 133 Rn 29.

94 Siehe etwa BGH NJW 2000, 1569.

sog. **Andeutungstheorie**, d.h. der aus Umständen außerhalb der Urkunde ermittelte (Stifter-)Wille muss in der Urkunde einen – wenn auch (nur) unvollkommenen – Ausdruck, eine Andeutung gefunden haben.[95]

II. Der Sitz der Stiftung

58 Über die ihm freistehende Wahl des Sitzes der Stiftung hat der Stifter die Möglichkeit, das für die Stiftung einschlägige Landesstiftungsgesetz zu wählen. Als **Sitz der Stiftung**[96] galt nach § 80 S. 3 BGB a.F., wenn nicht ein anderes bestimmt war, der Ort, an welchem die Verwaltung geführt wird (**Verwaltungssitz**). Eine solche ausdrückliche Regelung zum Sitz der Stiftung enthält das neue Recht nicht mehr. Es gilt jedoch nach wie vor, dass der Ort, an dem die Verwaltung der Stiftung geführt werden soll, in der Regel der Stiftungssitz ist.[97] Das lässt in der Praxis ggf. Ausnahmen zu, die im Einzelfall sinnvollerweise mit den zuständigen Behörden geklärt werden.

59 Der **Rechtssitz**, nach dem sich gemäß § 80 Abs. 1 BGB die Zuständigkeit der für die Anerkennung der Rechtsfähigkeit der Stiftung zuständigen Behörde bestimmt, und der **Verwaltungssitz** können tatsächlich auseinander fallen.[98] Das spielte nach altem Recht vor allem dann eine Rolle, wenn sich ein Stifter für die „Anerkennung" seiner Stiftung ein „stiftungsfreundliches" Bundesland[99] beispielsweise zur Errichtung einer unternehmensverbundenen Stiftung suchen wollte, der ja nach altem Recht einige Skepsis entgegengebracht wurde (siehe § 11 Rn 26). Solche Überlegungen mögen auch heute noch in dem einen oder anderen Fall wesentlich sein. Im Gegensatz zu einer offiziellen Sitzverlegung durch An- und Abmeldung bei den betreffenden Stiftungsbehörden ist eine „schleichende Sitzverlegung" unzulässig, schon weil dann nicht die innerhalb der Stiftung nach deren Satzung zuständigen Organe entscheiden. Sie erscheint auch deshalb als problematisch, weil dadurch ggf. faktisch die Behördenzuständigkeit umgangen wird.

95 BGH NJW 2000, 1569 m.w.N.

96 Ausf. *Mecking*, ZSt 2004, 199.

97 RegE BT-Drucks 14/8765, S. 10. Wie hier *Schwarz*, DStR 2002, 1718 (1722).

98 *Hennerkes/Schiffer*, BB 1992, 1940 (1941); *Mecking*, ZSt 2004, 199 (201 f.); *Schwarz*, DStR 2002, 1718 (1722).

99 Siehe dazu *Hennerkes/Schiffer/Fuchs*, BB 1995, 209 (210 f.).

III. Der Name der Stiftung

Potenzielle Stifter fragen häufig, ob sie bei der Wahl des Namens ihrer Stiftung[100] ähnlich strenge Regeln zu beachten haben wie bei der Wahl der Firmierung für ein Unternehmen. Diese Frage ist mit „Nein“ zu beantworten. Der Stifter ist bei der **Wahl des Namens** der Stiftung grundsätzlich **frei**. Eine gesetzlich geschützte Firma oder einen anderweitig geschützten Namen sowie sonstige Rechte Dritter Personen wie etwa eine Marke dürfen Stifter und Stiftung aber natürlich mit dem Namen der Stiftung nicht verletzen. 60

Praxishinweise und -beispiele: Klärung der Namensrechte/Erinnerung an den Stifter 61

Eine Namensrecherche im Internet kann erste Anhaltspunkte geben.

Durch Individualisierungen kann regelmäßig die Verletzung anderer „Namensrechte“ vermieden werden.

Beispiele: Name der Stifter – Stiftung (z.B. „Tenten-Stiftung“) oder ein lokaler Bezug (z.B. „Bürgerstiftung Bonn“).

Durch den Namen der Stiftung kann insbesondere auch deren Zwecksetzung umrissen werden (Beispiele: „Studienstiftung des deutschen Volkes“; XY-Stiftung – gemeinnützige Stiftung zur Förderung von Wissenschaft und Forschung).

Vor allem auch um die **Erinnerung an den Stifter wachzuhalten**, wird dessen Name häufig in den Namen der Stiftung aufgenommen werden. Ein prominentes Beispiel hierfür ist die „Dr. Mildred Scheel Stiftung“. Etwas weniger bekannt sein dürfte die „Ingeborg Schmidt Gedächtnis-Stiftung“, die aber ebenfalls ein typisches Beispiel darstellt. Ebenso kann der Stifter aber auch den Namen eines erinnerungswürdigen Vorfahrens oder verstorbenen Kindes wählen (Beispiel: „Isabel Zachert Stiftung“).

Von dem Namen der Stiftung zu unterscheiden ist die Firmierung einer Gesellschaft, an der eine unternehmensverbundene Stiftung beteiligt ist (Beispiel: Stiftung & Co. KG). In Ausnahmefällen kann eine Stiftung kraft Gewerbebetriebes[101] selbst Kaufmann sein (§ 1 Abs. 1 HGB). Dann hat sie eine Firma zu führen (§§ 18, 30 HGB), die Unterscheidungskraft besitzen muss und nicht irreführend sein darf.[102]

---

100 Siehe auch *Berndt/Götz*, Stiftung und Unternehmen, Rn 286 ff.; *Gromberg*, Stiftung & Sponsoring 2/2006, 32; Münch. Hdb. GesR/*Mecking*, Bd. V, § 86 Rn 1 ff.

101 Der handelsrechtliche Begriff des Gewerbebetriebes ist von dem des wirtschaftlichen Geschäftsbetriebes i.S.d. § 14 AO zu unterscheiden!

102 Ausf. dazu *Berndt/Götz*, Stiftung und Unternehmen, Rn 406 ff.

IV. Der Stiftungszweck

62 Der Zweck einer Stiftung entspricht in seiner Funktion dem Unternehmensgegenstand eines Gewerbebetriebes und ist von entsprechender Wichtigkeit. Der **Stiftungszweck** bezeichnet die spezifischen, der Stiftung vom Stifter zugedachten Aufgaben und kann nach dem Tod des Stifters faktisch kaum noch, oder nur sehr schwer, geändert werden (siehe § 4 Rn 57 ff.). Vor allem durch die Formulierung des Stiftungszwecks legt der Stifter seinen Stifterwillen verbindlich nieder.

Praxishinweis: Mehrere Stiftungszwecke (Vorratszwecke)
Eine Stiftung kann auch mehreren Zwecken dienen, etwa gleichzeitig mehreren gemeinnützigen und/oder mildtätigen Zwecken. Sie muss ihre Zwecke, was der oder die Stifter vorsorglich ausdrücklich in der Satzung festlegen sollte(n), nicht alle gleichzeitig und in gleichem Umfang verfolgen.
Allerdings tendiert eine Entwicklung der Praxis der Finanzverwaltung dazu, die Anerkennung der Gemeinnützigkeit bei vermeintlich „zu vielen" Satzungszwecken zu verweigern, wenn die satzungsgemäßen Zwecke nicht auch tatsächlich alle (gleichzeitig) verwirklicht werden. Die Diskussion zu diesen **„Vorratszwecken"** befindet sich noch im Fluss und wird je nach Finanzamt durchaus unterschiedlich gehandhabt.[103]
Die kritische Auffassung einiger Teile der Finanzverwaltung erscheint vor allem mit Blick auf die ja allseits begrüßten Bürgerstiftungen wenig überzeugend (siehe auch § 9 Rn 33), haben doch Bürgerstiftungen in der Regel eher wenig Vermögen, aber ganz viele Zwecke.

63 Die gesetzlichen Vorschriften enthalten keine besonderen Voraussetzungen für die Zulässigkeit von Stiftungszwecken. Allerdings darf die Stiftung nicht das Gemeinwohl gefährden. Das Gemeinwohl ist gefährdet, wenn die Erfüllung des Stiftungszwecks Gesetze verletzt oder der Stiftungszweck im Widerspruch zu Grundentscheidungen der Rechts- oder Verfassungsordnung steht.[104] Gemeinwohlgefährdung überschneidet sich als Gesetzesverletzung mit der rechtlichen Unmöglichkeit (§ 87 BGB). Mit Rücksicht auf die grundrechtlich geschützte[105] und im Stiftungszivilrecht ausdrücklich betonte Stiftungs- und Stifterfreiheit (§ 80 Abs. 2 BGB) ist der unbestimmte Rechtsbegriff des

103 Siehe auch *Dietz*, StiftungsBrief 2013, 108.

104 Vgl. den sog. Republikanerfall, der über drei Instanzen lief: VG Düsseldorf NVwZ 1994, 811 f.; OVG Münster NVwZ 1996, 913 ff.; BVerwG NJW 1998, 2545 ff.; krit. zu diesem Urteil *Hopt/Reuter*, S. 139 ff.; verteidigend: *Andrick*, Stiftung & Sponsoring, 06/2002, 23, 25.

105 NK-BGB/*Schiffer/Pruns*, § 80 Rn 4.

Gemeinwohls eng auszulegen.[106] Bei Einhaltung dieser Grenzen kann eine Stiftung nach dem neuen Stiftungszivilrecht ausdrücklich beliebige private wie öffentliche Zwecke verfolgen („gemeinwohlkonforme Allzweckstiftung“).[107]

Die Stiftungsgesetze der Länder knüpften bisher im Einzelnen unterschiedliche Voraussetzungen an die Zulassung privater Stiftungen. Sie zeigten sich etwa den unternehmensverbundenen Stiftungen gegenüber skeptisch. 64

Praxishinweis: Unterschiedliche Praxis der Stiftungsbehörden 65
Es war schon unter dem alten Stiftungszivilrecht bis 2002 angesichts der recht unterschiedlichen Landesstiftungsgesetze eine leidige Erfahrung aus der Praxis, dass die einzelnen Stiftungsbehörden mitunter das Stiftungsrecht unterschiedlich auslegen und handhaben. Die konkrete Handhabung hing stark von dem einzelnen Sachbearbeiter der Behörde ab. Mit der Reform des Stiftungszivilrechts 2002 und der vorangegangenen ausführlichen Fachdiskussionen scheinen sich die Divergenzen grundsätzlich verringert zu haben. Wo Menschen Recht anwenden, wird es aber aus vielen Gründen immer unterschiedliche Auffassungen geben. In potenziellen Problemfällen sollten mögliche Streitfragen deshalb durch den Berater des Stifters mit der Stiftungsbehörde vorab geklärt werden.
Lässt sich eine Klärung im Sinne des Stifters nicht erzielen, bietet sich als Ausweg an, den Sitz der Stiftung in den Bereich einer „offeneren“ Anerkennungsbehörde zu verlegen. Die Tätigkeit einer Stiftung ist nicht auf das Bundesland beschränkt, in dem sie ihren formellen Sitz hat. Sie kann also bei einem Sitz in einem anderen Bundesland trotzdem in dem ursprünglich vorgesehenen Bundesland tätig werden.

Über den Gemeinwohlvorbehalt des § 80 Abs. 2 BGB hinaus werden zwei weitere Einschränkungen zulässiger Stiftungszwecke gefordert. Zum einen sollen **„Selbstzweckstiftungen“** unzulässig sein, zum anderen **„Stiftungen für den Stifter“**. Der Lehrsatz vom Verbot der Selbstzweckstiftung hat zum Inhalt, dass nur „außerhalb der bloßen Vermögenserhaltung liegende Zweck[e] für die Errichtung einer Stiftung in Betracht“ kommen.[108] Der Lehrsatz vom Verbot der Stiftung für den Stifter besagt, dass der Stifter nicht selbst Begünstigter (Destinatär) der von ihm errichteten Stiftung sein darf.[109] Unsere Kennzeichnung dieser Einschränkungen als „Lehrsätze“ zeigt bereits die Problematik 66

106 VG Düsseldorf NVwZ 1994, 811, 812 f.; Bamberger/Roth/*Schwarz*, § 87 Rn 2.
107 NK-BGB/*Schiffer*/*Pruns*, § 80 Rn 24 ff.
108 *Stumpf*/*Suerbaum*/*Schulte*/*Pauli*, Stiftungsrecht, Kap B 1 Rn 8.
109 *Andrick*, ZSt 2003, 3, 10; Staudinger/*Hüttemann*/*Rawert* (2011), Vorbem zu §§ 80 ff. Rn 8 m.w.N.

auf: Die geforderten Einschränkungen folgen nicht aus dem Gesetz[110] und sind in der Sache nicht berechtigt, wie wir weiter unten sehen werden (siehe Rn 102 ff.).[111]

V. Die Organe der Stiftung

67 Die konkrete Ausgestaltung der Organisation einer Stiftung richtet sich zunächst nach deren jeweiligem Stiftungszweck oder jeweiligen Stiftungszwecken, insbesondere aber auch nach der Vermögensausstattung der Stiftung, die wiederum auch von den Zwecken abhängt.[112] Die spezifische Organisation muss den zu erwartenden Erträgen und dem tatsächlichen Geschäftsumfang entsprechen. Sie divergiert z.B. deutlich im Fall einer kleinen Familienstiftung zur Versorgung der Familiengrabstätte und im Fall einer unternehmensbezogenen Familienstiftung, die in Bezug auf ein großes (Familien-)Unternehmen errichtet wird. Typischerweise verfügen nur größere Stiftungen, die nicht auf ein ehrenamtliches Mitwirken angewiesen sind, sondern eine leistungsgerechte Vergütung zahlen können, über eine ausgefeilte Organisation und mehrere die Stiftung leitende Personen.[113] Regelmäßig fallen unternehmensverbundene Stiftungen in diese Kategorie.

1. Der Stiftungsvorstand

68 Das wesentliche und das einzige nach dem Gesetz vorgeschriebene (§ 81 Abs. 1 Nr. 5 BGB) Organ einer Stiftung ist deren (Ein-Personen-)**Vorstand.**[114] Seine Größe und Funktion richten sich nach der konkreten Geschäftstätigkeit der Stiftung. Davon hängt insbesondere auch ab, ob er ehrenamtlich, nebenamtlich oder hauptamtlich tätig wird. Nach dem BGB (§ 86 BGB i.V.m. § 26 BGB) hat der Vorstand die Stellung eines **gesetzlichen Vertreters** der Stiftung, d.h. er vertritt die Stiftung gerichtlich und außergerichtlich. Er setzt den Stifterwillen um. Die Vertretungsberechtigung kann in der Satzung wie bei einem Unternehmen als Einzelvertretungsmacht oder als Gesamtvertretungsberechtigung mehrerer Vorstandsmitglieder ausgestaltet werden.

---

110 Zur methodischen Kritik *Schiffer/Pruns*, NWB-EV 2012, 229, 230; kritisch auch v. Campenhausen/Richter/*Hof*, § 6 Rn 339.

111 Zusammenfassend *Schiffer/Pruns*, NWB-EV 2012, 229.

112 Zur Binnenverfassungsstruktur von Stiftungen: *Saenger*, ZStV 2012, 94 ff.

113 Zur arbeitsrechtlichen Einordnung der Stiftungsorgane siehe *Kilian*, ZSt 2007, 34.

114 Zum Stiftungsvorstand siehe NK-BGB/*Schiffer/Pruns*, § 81 Rn 25 ff., § 86 Rn 2 ff.; Werner/Saenger/*O. Werner*, Rn 391 ff. jew. m.w.N. Ausf. auch *Schwintek*, Vorstandskontrolle in rechtsfähigen Stiftungen des bürgerlichen Rechts, S. 96 ff.

Die Aufsichtsbehörde stellt im Bedarfsfall für den Vorstand eine **Vertretungsbescheinigung** aus, die den Vorstand im Rechtsverkehr legitimieren soll. Eine solche Vertretungsbescheinigung ist in einigen Landesstiftungsgesetzen ausdrücklich vorgesehen;[115] ihre Erteilung entspricht aber auch in den anderen Bundesländern ständiger Übung.[116] Eine Vertretungsbescheinigung begründet keinen öffentlichen Glauben wie etwa eine Eintragung in das Handelsregister.[117] Sie soll aber in analoger Anwendung des § 172 BGB ähnliche Wirkungen wie eine Vollmachtsurkunde entfalten.[118] 69

Die **Geschäftsführungsbefugnis,** d.h. die Befugnis des Vorstandes **im Innenverhältnis** zur Stiftung und etwaigen weiteren Stiftungsorganen, kann, ebenso wie wir es etwa aus dem Unternehmensbereich kennen, in der Satzung, im Anstellungsvertrag oder auch in einer Geschäftsordnung für die Vorstandsmitglieder detailliert geregelt werden.[119] So kann der Stifter beispielsweise 70

- bestimmte Geschäfte der Geschäftsführungsbefugnis des Vorstandes entziehen oder
- das Erfordernis der vorherigen Zustimmung beispielsweise des Stiftungsrates für solche Geschäfte festlegen oder
- dem Stiftungsrat die Befugnis erteilen, in einer Geschäftsordnung für den Vorstand entsprechende Regeln festzulegen.

Ihre Grenze findet diese Regelungsmacht des Stifters nach allgemeinen Rechtsgrundsätzen wie auch sonst im Körperschaftsrecht darin, dass die Organstellung des Vorstandes und die Funktionsfähigkeit der Stiftung nicht ausgehöhlt werden dürfen.

Ist der Stiftungsvorstand rechtlich oder tatsächlich nicht in der Lage, seine Funktion auszuüben, beispielsweise weil er durch den Wegfall einzelner Vorstandsmitglieder beschlussunfähig geworden ist, so kann gem. §§ 86, 29 BGB 71

115 Etwa § 3 StiftG BW.

116 Nähere Erläuterung bei Staudinger/*Hüttemann*/*Rawert* (2011), Vorbem zu §§ 80 ff. Rn 112 ff.

117 So ausdrücklich § 17a Abs. 5 S. 2 StiftG Hessen; *Peiker*, ZSt 2003, 2019, 2028.

118 Staudinger/*Hüttemann*/*Rawert*, (2011), Vorbem zu §§ 80 ff. Rn 114 ff. m.w.N.

119 Grundsätzlich kann die Vertretungsmacht nicht mit Wirkung nach außen wirksam beschränkt werden. Hier gilt nur aufgrund etwaiger Besonderheit im Sachverhalt u.U. im Einzelfall etwas anders. Zur ausnahmsweisen Möglichkeit der Beschränkung der Vertretungsmacht des Vereinsvorstandes mit Außenwirkung siehe etwa OLG Nürnberg, Beschl. v. 20.5.2015 – 12 W 882/15 (rkr.), DStR 2015, 1698.

das für den Sitz der Stiftung zuständige Amtsgericht auf Antrag eines der Beteiligten in dringenden Fällen einen **Notvorstand** bestellen.[120]

72 Hat die Stiftung nur den **Vorstand** als einziges Organ, so hat dieser natürlich alle für die Erfüllung des Stiftungszwecks anfallenden Aufgaben zu erledigen.

73 **Praxishinweise: Überwachung des Vorstands**

- Ein (potenzieller) Stifter sollte sich unbedingt vor Augen führen, dass der Vorstand in dem ihm durch die Satzung und den Stiftungszweck vorgegebenen Rahmen über eine **sehr große Handlungsfreiheit** verfügt, da dem Stifter mit der Anerkennung der Stiftung grundsätzlich keine Einwirkungsmöglichkeiten mehr zustehen.
- Häufig bestellt sich deshalb der Stifter selbst zum ersten Vorstand der Stiftung, um jedenfalls in der Anfangsphase den entscheidenden Einfluss auf die Stiftung ausüben zu können.
- Eine Befreiung der Vorstandsmitglieder von dem Verbot, im Namen der Stiftung Geschäfte mit sich selbst abzuschließen (Selbstkontrahierungsverbot),[121] halte ich grundsätzlich wegen der damit verbundenen Missbrauchsgefahr (Motto: „... und führe mich nicht in Versuchung.") für problematisch. Nicht selten enthalten Förderrichtlinien großer gemeinnütziger Organisationen den Passus, dass sie Projekte gemeinnütziger Körperschaften, deren Satzungen entsprechende Befreiungen enthalten, nicht fördern.
- Überdies werden zumindest bei größeren Stiftungen zur Beschränkung der „Allmacht" des Vorstandes vom Stifter Beratungs- und Kontrollorgane eingesetzt.

74 Lesen wir beispielhaft, wie ein langjähriger ehrenamtlicher Stiftungsvorstand diese Tätigkeit sieht:

Dr. jur. Herbert Pruns, Ministerialdirigent a. D., Bonn: **Zur Tätigkeit eines Stiftungsvorstands**

„Insbesondere kleine und mittlere Stiftungen mit einem Vermögen von nur wenigen Millionen EUR oder auch deutlich darunter pflegen ihre Vorstandsmitglieder und ihren Vorstandsvorsitzenden in der Regel aus dem Stiftungsrat, dem Basis- und Entscheidungsorgan einer Stiftung, zu wählen. So war es auch im konkreten Fall gewesen. Nach einer mehr als 15-jährigen aufgrund von Wiederwahlen bestehenden Mitgliedschaft im Stiftungsrat er-

120 NK-BGB/*Schiffer/Pruns*, § 86 Rn 3. Zur Bestellung eines Sachwalters zur Wahrnehmung der Aufgaben des Stiftungsvorstandes siehe OLG Hamm, Urt. v. 9.6.2010 – 1–8 U 133/09, ZStV 2010, 183 f.

121 Siehe etwa Art. 14 BayStiftG und allg. § 181 BGB.

folgte die Wahl zum Vorstandsvorsitzenden überwiegend aus folgenden Überlegungen: Gesucht wurde die Fachkompetenz eines Juristen für die Koordinierung der Stiftungsorgane, zur Klärung von fast regelmäßig auftauchenden Rechtsfragen sowie für die Vertretung der Stiftung nach außen in den materiellen Stiftungsaufgaben. Zu der Vertretung der Stiftung nach außen zählt auch die jährliche Berichterstattung an die Stiftungsaufsichtsbehörde und der Kontakt zum Finanzamt zur Prüfung und Sicherung der Gemeinnützigkeit einer Stiftung. Im Innenbereich zur Erfüllung von Stiftungsaufgaben ist ein Jurist auch bei der Vorbereitung von Kapitalanlagen und der Prüfung von Haftungsangelegenheiten gefragt.

Zu den sehr wichtigen stiftungsinternen Aufgaben eines Vorstandes zählen insbesondere die Sicherung des Stiftungsvermögens als Grundkapital und die Bewirtschaftung der Erträge gemeinsam mit einer Geschäftsführung nach Maßgabe anerkannter haushaltsrechtlicher Vorschriften. Zur Vorbereitung der Anlage von Stiftungsvermögen sollte nicht nur ein enger Kontakt innerhalb des Vorstandes bestehen, sondern auch zu einer Bank des Vertrauens. Vorstandsmitglieder sollten regelmäßig an allgemeinen Anlageberatungsgesprächen und Vorträgen für institutionelle Kunden der Bank teilnehmen, um sich rechtzeitig über Anlagemöglichkeiten und deren Risiken zu informieren und beraten zu lassen. Vor dem Abschluss einer Anlage insbesondere hinsichtlich der Ertragshöhe und der Anlagedauer muss der Vorstand die Zustimmung des Stiftungsrates einholen und nach dem Vertragsabschluss darüber dem Rat schriftlich berichten. Insbesondere bei Kapitalanlagen muss auch ein gesichertes Vertrauensverhältnis zwischen Vorstand und Stiftungsrat bestehen.

Zu den Aufgaben des Stiftungsvorstandes gehört es auch, den Stiftungsrat über Ertragstendenzen und Ertragsverluste rechtzeitig zu unterrichten. So ist gegenwärtig zu beobachten, dass vermehrt Anfragen nach Zuwendungen für Förderprojekte deshalb von dritter Seite eingehen, weil erteilte Zusagen von Stiftungen mit gleichen oder vergleichbaren Zwecken mangels sicherer Zinserträge und ausreichender Spenden widerrufen werden müssen.

Auch wenn rechtlich nicht zwingend, sollten ausgabewirksame Vertragsabschlüsse und Geldverfügungen stets nur durch zwei zeichnungsberechtigte Personen (z.B. Vorstand und Geschäftsführung oder zwei Vorstandsmitglieder) möglich sein („Vieraugenprinzip“). Dies sollte ausdrücklich auch mit dem beteiligten Geldinstitut verabredet werden, so dass Verfügungen durch Einzelne unzulässig sind, auch wenn dadurch zeitliche Verzögerungen in der Geschäftserledigung eintreten können. Der organisatorische Mehraufwand ist im Interesse einer haftungsrechtlichen Sicherung unbedingt geboten.

Dem Stiftungsvorstand obliegt es auch, neue Mitglieder über die materiellen Aufgaben und die ideellen Zwecke der Stiftung aufzuklären, um die Gemeinnützigkeit der Stiftung gemäß §§ 52 ff. AO sicherzustellen.
Zu den Aufgaben eines Vorstandes gehören auch die Ausarbeitung von Wirtschafts-, Stellen- und Arbeitsplänen sowie die Erstellung des Jahresabschlusses und des Tätigkeitsberichts über die Arbeit des Vorstandes für den Stiftungsrat. Vorstand und Geschäftsführung klären neue Mitglieder auch über die Schwerpunkte eines Wirtschaftsplans und einer Jahresabrechnung auf. Der Vorstand muss auch für eine ordnungsgemäße und zeitnahe Buchführung sorgen und diese überwachen. Die Geschäftsführung kann zusätzlich zu ihren gesetzlichen und satzungsgemäßen Aufgaben auch mit Buchführungsangelegenheiten als zusätzliche entgeltliche Aufgabe betraut werden.
Ein Vorstand hat auch die Durchführung der Beschlüsse des Stiftungsrates sicherzustellen. Er muss aber im Vorfeld der Ratsbeschlüsse darauf achten, dass diese dem geltenden Recht und der Satzung entsprechen werden.[122] Daraus folgt die Beachtung einer ständigen Sorgfaltspflicht durch Abstimmung in grundsätzlichen Angelegenheiten mit den Mitgliedern des Stiftungsrates insbesondere durch Teilnahme des Vorstandes an den Ratssitzungen.
Zu den Pflichten eines Juristen im Vorstand zählt es auch, Stiftungsratsmitglieder über Haftungsfragen und den Haftungsrahmen aufzuklären. Mitglieder des Stiftungsrates müssen auch über die Folgen im Falle eines Verstoßes gegen Sorgfaltspflichten aufgeklärt werden. Verstößt ein Mitglied des Rates durch ein vorsätzliches oder grob fahrlässiges Handeln oder durch entsprechendes Unterlassen einer Pflicht insbesondere gegen ideelle Zwecke einer gemeinnützigen Stiftung, so ist der Vorstand verpflichtet, beim Vorsitzenden des Stiftungsrates ein Abwahlverfahren zu beantragen. Der Antrag ist zu begründen.
Zu den Pflichten eines Vorstandes und einer Geschäftsführung einer Stiftung zählt es auch, Wahlen in den Stiftungsrat vorzubereiten.
Vor einer Wahl in den Vorstand muss dem Kandidaten bewusst sein, dass er die hier skizzenhaft beschriebenen Aufgaben ehrenamtlich erfüllt. Als ehrenamtlich Handelnder wird ein Vorstand im Wesentlichen nach denselben Vorschriften und in demselben Grad der Verantwortlichkeit wie ein entgeltlich handelnder Vorstand oder Geschäftsführer für schuldhafte Fehler zur Verantwortung gezogen und ist gegenüber der Stiftung ggf. schadensersatzpflichtig. Nach dem Gesetz (§§ 86, 31a BGB) und ggf. auch nach der Satzung kann die Haftung eines ehrenamtlich handelnden Vorstandsmitglie-

122 Siehe dazu: *Stallmann*, Fehlerhafte Beschlüsse in der Stiftung bürgerlichen Rechts, 2014.

des auf Vorsatz und grobe Fahrlässigkeit beschränkt werden. Etwaige Versicherungsprämien trägt die Stiftung.
Schließlich empfiehlt es sich, dass eine Stiftung nicht nur im Interesse eines allgemeinen Gedankenaustauschs und nicht nur wegen der Beratung über materielle Themen, sondern auch wegen der vielfältigen risikobehafteten Verwaltungsaufgaben dem Bundesverband Deutscher Stiftungen angehört.
Die vielfältigen Aufgaben des Vorstandes setzen in der Regel eine mehrmalige wöchentliche Präsenz zumindest einzelner Vorstandsmitglieder in der Geschäftsstelle oder entsprechende fernmündliche Kontakte voraus.

2. Das Kontrollorgan: Der Stiftungsrat

Die (freiwilligen) Kontrollorgane bei einer Stiftung ähneln dem Aufsichtsrat 75
bei der Aktiengesellschaft und dem Beirat bei sonstigen Gesellschaften.[123] Sie werden als **Stiftungsrat**, **Verwaltungsrat**, **Kuratorium** oder auch als **Beirat** bezeichnet. Der Stiftungsrat überwacht die Umsetzung des Stifterwillens und ist regelmäßig zuständig für die vorherige Zustimmung zu bestimmten wesentlichen Geschäften des Stiftungsvorstandes („**Zustimmungskatalog**"), für die Entlastung des Vorstandes, die Jahresrechnung, die Prüfung der Wirtschaftspläne und die Prüfung der Haushalts- und Wirtschaftsführung.[124] Fachlich versierte und „prominente" Mitglieder des Stiftungsrates können einen Ansatz für eine erfolgreiche **Öffentlichkeitsarbeit** der Stiftung darstellen.

Sowohl für die Tätigkeit des Vorstandes als auch des Stiftungsrates werden 76
üblicherweise **Geschäftsordnungen** verabschiedet. Sie werden entweder vom Stifter oder von den Organen erlassen. Als sinnvoll hat sich dabei herausgestellt, dass der Stiftungsrat die Geschäftsordnung für den von ihm zu kontrollierenden Vorstand entweder selbst festlegt oder jedenfalls dadurch auf deren Inhalt Einfluss nimmt, dass sie zur Wirksamkeit seiner Zustimmung bedarf, wenn sie vom Vorstand selbst vorgeschlagen und entwickelt wird. Der Stifter sollte das ausdrücklich in der Stiftungssatzung festlegen.

---

123 Ausf. zur Vorstandskontrolle siehe *Schwintek*, Vorstandskontrolle in rechtsfähigen Stiftungen des bürgerlichen Rechts, insb. S. 350 ff.; siehe ferner v. Campenhausen/Richter/*Hof*, § 8 Rn 80 ff.; *Kilian*, Die Roten Seiten zum Magazin Stiftung & Sponsoring 05/2002; Werner/Saenger/*O. Werner*, Rn 411 ff. Zu dem Parallelfall des freiwilligen Unternehmensbeirates siehe *Schiffer*, in: Arens/Tepper, Praxisformularbuch Gesellschaftsrecht, 4. Aufl. 2012, § 16.

124 Ausf. zum Verhältnis zwischen Stiftungsvorstand und fakultativem Kontrollorgan v. Campenhausen/Richter/*Hof*, § 8 Rn 83 ff.; *Jakob*, Schutz der Stiftung, S. 232 ff.; *Kilian*, Die Roten Seiten zum Magazin Stiftung & Sponsoring 05/2002.

77 Außerdem sollte die Geschäftsordnung innerhalb des vom Stifter mit der Stiftungsverfassung vorgegebenen Rahmens abänderbar sein, um sie geänderten Anforderungen anpassen zu können, die sich z.B. aus einem erhöhten oder verringerten Verwaltungs-/"Geschäfts"- Volumen der Stiftung ergeben. Von einer starren Geschäftsordnung ist grundsätzlich abzuraten. Sie würde die erforderliche Flexibilität der Gesamtkonstruktion unnötig beschränken. Eine flexibel gestaltete Geschäftsordnung für den Vorstand und/oder den Stiftungsrat ist – ähnlich wie die aus dem unternehmerischen Bereich bekannten Geschäftsordnungen – ein gutes Instrument zur Fernsteuerung der Verwaltung der Stiftung.

78 Lesen wir beispielhaft, wie ein vormaliges Mitglied eines Stiftungsrates diese Tätigkeit sieht:

Dr. jur. Herbert Pruns, Ministerialdirigent a. D., Bonn: **Aus der Praxis eines Stiftungsratsmitgliedes**

„Die Mitglieder des Stiftungsrates sollten für Neuwahlen und Nachwahlen Kandidaten in dem Bewusstsein auswählen, dass sie die von ihnen als Stiftungsratsmitglieder zu erwartenden satzungsgemäßen Aufgaben auch erfüllen können. Ein (neues) Mitglied des Stiftungsrates hat sich als Teil eines Entscheidungs- und vor allem eines Kontrollorgans einer Stiftung auf einen Kreis neuer materieller, oft ideeller sowie organisatorisch und verwaltungsrechtlich bisher fremder Aufgaben einzustellen. Bei Nachwahlen zum Stiftungsrat sollte geprüft werden, ob auch berufliches Fachwissen zur Unterstützung der Organisations- und Verwaltungsaufgaben sowie zur Anlage des Stiftungsvermögens eingebracht werden kann.

Ein neu gewähltes Mitglied des Stiftungsrates muss sich möglichst schnell insbesondere auf die materiellen, organisatorischen und verwaltungsmäßigen Aufgaben einer Stiftung einstellen. Zu den materiellen Aufgaben gehört die Einarbeitung in die ideellen Zwecke der Stiftung zur Vorbereitung der Ratsentscheidungen auch im Interesse der Sicherung der Gemeinnützigkeit gemäß §§ 52 ff. AO. Ein Ratsmitglied bringt also nicht nur sein materielles Fachwissen ein, sondern es muss auch dafür sorgen, dass die materiellen Stiftungsaufgaben erfüllt und in diesem Sinne bei gemeinnützigen Stiftungen insbesondere die ideellen Zwecke ausschließlich und unmittelbar verfolgt werden. Ein Mitglied muss auch seine verwaltungsbezogene Kenntnisse im Interesse der Stiftung erweitern. Zu den regelmäßigen Organisations- und Entscheidungsaufgaben zählen Sitzungen des Stiftungsrates und innerhalb dieser Sitzungen auch die Beratungen und Abstimmungen über Förderprojekte und deren Kostenfolgen sowie über die Jahresabrechnung und den Tätigkeitsbericht.

Entschieden werden muss auch über Wirtschafts-, Stellen- und Arbeitspläne. Wichtig sind außerdem Personalgespräche und Einstellungen für die Verwaltung der Stiftung. Jahresabrechnungen, Wirtschafts- und Projektpläne müssen den Ratsmitgliedern rechtzeitig übersandt werden, damit diese sich sorgfältig auf deren Inhalte und auf die Abstimmungen vorbereiten können. Die Stiftungsratsmitglieder sollten sich in ihren Sitzungen fachlich austauschen. Zur Einschränkung von etwaigen persönlichen Schadensersatzfolgen sollten Stiftungsratsmitglieder die Annahme ihrer Wahl mit einer Absprache an den Vorstand verbinden, gegen typische Haftungsrisiken einer Stiftung versichert zu werden. Die Stiftung sollte prüfen, ob sie entsprechende Haftpflichtversicherungen auf ihre Kosten abschließt."

3. Die Besetzung der Stiftungsorgane

Entweder **beruft** der Stifter die Organmitglieder selbst oder es berufen sie die in der Satzung festgelegte Personen/Instanzen.[125] In der Regel bestellt der Stifter jedenfalls die ersten Organmitglieder. Er kann sich selbst oder auch engen Vertrauten die Mitgliedschaft in den Organen zeitlich befristet oder auf Lebenszeit vorbehalten. Er kann sich auch vorbehalten, die Besetzung bestimmter Positionen durch lebzeitige oder letztwillige Verfügung zu regeln. Es ist allerdings zu beachten, dass die Eigenständigkeit der Stiftung als juristische Person erhalten bleibt und die Stiftung nicht lediglich als „verlängerter Arm" des Stifters oder seiner Vertrauten erscheint. Das würde der Anerkennung der Stiftung entgegenstehen. Spätere Neu- oder Wiederbestellungen von Organmitgliedern kann der Stifter sich ebenfalls selbst vorbehalten. 79

Praxishinweis: Juristische Personen als Organmitglieder 80

Neben **natürlichen** Personen können an sich auch **juristische Personen** Mitglieder von Stiftungsorganen sein.[126] Letztere sind ebenso wie die Stiftung vom Ansatz her „unsterblich". Juristische Personen sollten jedoch nur in besonderen Ausnahmefällen ernannt werden, etwa wenn der Stifter auf den besonderen Sachverstand einer Organisation für seine Stiftung Wert legt (Beispiel: „Greenpeace" als Fachorganisation für Umweltschutz). Einem solchen Bestreben kann der Stifter aber regelmäßig sinnvoller dadurch Rechnung tragen, dass er in der Satzung bestimmte Anforderungen an die fachliche oder sonstige Qualifikation der Organmitglieder festlegt (siehe Rn 86). Die Mitgliederzahl für die einzelnen Organe bestimmt sich im kon-

125 Ausf. zur Bestellung der Organmitglieder in einer Stiftung Werner/Saenger/*O. Werner*, Rn 401 ff.

126 Siehe v. Campenhausen/Richter/*Hof*, § 8 Rn 12 m.w.N.

kreten Einzelfall nach dem Zweck der Stiftung und dem Umfang der Geschäftstätigkeit der Organe.
Etwas anderes gilt etwa bei kleineren Stiftungen die dadurch mit größeren Stiftungen kooperieren können, dass die größere Stiftung vertreten durch ihren Vorstand zum Vorstand der kleineren Stiftung berufen wird.[127] Diese Kooperation bei der Verwaltung darf nicht mit der Zusammen- oder Zulegung verwechselt werden.[128] Sie ist gestalterisch der einfachere Weg und kann im Einzelfall die kompliziertere Zusammen- oder Zulegung überflüssig machen. Damit dürfte sie im Regelfall eher dem Stifterwillen entsprechen.

81 Für die Zeit nach dem Tod des Stifters wird es regelmäßig sinnvoll sein, dass der Stiftungsrat, wenn der Stifter einen solchen in der Satzung festgelegt hat, die Mitglieder des Vorstandes bestimmt. Für den Stiftungsrat selbst empfiehlt sich zur Wahrung und Betonung der Autonomie dieses Kontrollorgans die **Kooptation**, d.h. die Selbstergänzung durch einstimmigen oder jedenfalls mehrheitlich gefassten Beschluss. Der Stifter kann – und das nicht nur, wenn die Stiftung über keinen Stiftungsrat verfügt – Neu- oder Wiederbestellungen auch dritten Personen, wie etwa seinen Erben, juristischen Personen, Inhabern bestimmter Ämter, oder bestimmten Personengruppen überlassen. Er kann z.B. auch ein Stiftungsratsmitglied oder ein Vorstandsmitglied befugen, seinen Nachfolger selbst zu ernennen. In der Praxis ist die Mischung mehrerer der vorstehend angesprochenen Bestellungsverfahren häufig. Der Stifter hat hier aufgrund der knappen gesetzlichen Regelung in § 81 Abs. 1 Nr. 5 BGB einen großen Gestaltungsspielraum, den er in Abstimmung mit seinem Berater aufgrund seiner persönlichen Vorlieben und Erfahrungen nutzen wird. Außer dem Hinweis, Interessenkonflikte zu vermeiden, gibt es hier nach unseren Erfahrungen keine allgemeingültigen Empfehlungen für ein bestimmtes Besetzungsverfahren. Doppelmitgliedschaften in Vorstand und Aufsichtsorgan sind, wenn eben möglich, zu vermeiden. Die Lösung liegt in der jeweiligen Fallkonstellation, wobei natürlich die üblichen persönlichen Voraussetzungen (Vertrauenswürdigkeit, Zeit, Engagement, Fachkenntnis, etc.) jeweils zu beachten sind.

82 **Praxishinweis: Interessenkonflikte vermeiden**
Eine Personalunion von Mitgliedern verschiedener Organe oder sonstiger Mitwirkender einer Stiftung sollte grundsätzlich vermieden werden, um eine möglichst ungehinderte Ausübung der verschiedenen Organfunktionen – insbesondere der Kontrollfunktion des Stiftungsrates – zu gewährleisten und etwaige Interessenkonflikte zu vermeiden. In der Praxis wird hier be-

127 Zur gemeinsamen Verwaltung bei Stiftungen siehe v. Campenhausen/Richter/*Hof*, § 11 Rn 52.

128 Siehe Werner/Saenger/*Fritsche*, Rn 711.

dauerlicherweise oft recht unkritisch verfahren. So habe ich beispielsweise den Fall erlebt, dass Organmitglieder zweier Stiftungen jeweils auch in den Organen der anderen Stiftung saßen, und zwar auch dann noch, als die beiden Stiftungen einen wichtigen Vertrag miteinander abgeschlossen haben. Bei diesem Vertragsabschluss beriet zudem ein Wirtschaftsprüfer, der zugleich der Jahresabschlussprüfer beider Stiftungen war. Die Betroffenen setzten sich in solchen Fällen unnötig dem Eindruck möglicher Interessenkonflikte aus! Der Stifter kann durch entsprechende ausdrückliche Satzungsregelungen vermeiden, dass überhaupt jemand in eine solche Situation kommen kann.

Die Erfahrung zeigt, dass die Erstbesetzung der Organe bei der nötigen Sorgfalt 83
des Stifters und seiner Berater keine unüberwindbaren Schwierigkeiten bereitet. Wirklich schwierig gestaltet sich dagegen oft die **Suche nach geeigneten Nachfolgern** für die Besetzung der Stiftungsorgane (siehe auch § 11 Rn 41 ff.). Es geht um zwei im Grunde recht einfache Fragen: „1. Wen brauchen wir?" und 2. „Wie suchen wir sie/ihn?". Dazu gibt es keine Patentrezepte. Man muss sich aber vor Augen führen, dass eine Stiftung mit einem Vorstand, der etwa aus drei Personen besteht, und einem Stiftungsrat der bspw. fünf Mitglieder hat, in regelmäßigen Abständen acht (!) Nachfolger benötigt. Benötigt werden Menschen die Zeit, Engagement und Motivation mitbringen, ganz zu schweigen von der nötigen Kompetenz! Klare, aber auch nicht zu starre Satzungsregelungen („Soll-Vorschriften") können hier eine Hilfestellung sein. Zu berücksichtigen ist etwa das Verfahren zur Suche nach geeigneten Personen (Auswahlgremien) und zur Wahl der geeigneten Person. Da aber die Zukunft bekanntlich unbekannt ist und bleibt, sollte der Stifter auch Änderungsmöglichkeiten in der Satzung schaffen. In der praktischen Umsetzung ist ein gewisser Aufwand unvermeidlich, lohnt aber auch. Das heißt: Vorausschauen und planen (Kandidatenliste), geeignete Kandidaten über längere Zeit beobachten – ggf. auch als Gast z.B. im Stiftungsrat, miteinander sprechen, sich kennen lernen, testen (Gaststatus) etc.

Wir alle hören immer wieder, dass ehrenamtliches Engagement gefördert wer- 84
den müsse.[129] Tatsächlich müssen wir uns aber auch in der Stiftungswelt zunehmend der Erkenntnis stellen, dass wir die angesichts der auch in diesem Buch vielfach beschriebenen Komplexität der Materie die erforderliche **Professionalisierung in den Stiftungsorganen** nicht erhalten werden ohne eine angemes-

129 Siehe dazu etwa *Jungheim*, Die Stiftung, 2012, 32 ff. („Spitzenleistung für null Euro"). Siehe auch, *Schlaugat*, Soziales Ehrenamt – Motive freiwilliger sozialer Tätigkeiten unter Berücksichtigung der Hypothese einer bestehenden eigenen Betroffenheit als Auswahlkriterium in Bezug auf das Tätigkeitsfeld, 20120 (Dissertation an der Philosophischen Fakultät der Universität Bonn).

sene Vergütung der Stiftungsarbeit.[130] Das Ehrenamt scheint zunehmend überfordert. Es wird schon von der „Ehrenamtsfalle“ gesprochen und es werden für unsere alternde Gesellschaft neue Formen und ein neues Verständnis freiwilliger Arbeit gefordert.[131]

Die Nachfolge im Stiftungsamt und vor allem im Ehrenamt ist in der Praxis auch ein echtes Problem[132] und das nicht nur in Deutschland.[133] Im Ehrenamtsbereich können **Netzwerke** ein hilfreicher Einstieg sein, wie uns etwa kommunale Einrichtungen zeigen.[134] Kritisch anzumerken ist, dass ehrenamtlich Tätige trotz beruhigender Untersuchungen nicht selten überfordert werden.[135] Wie schwierig es zudem sein kann, überhaupt eine Möglichkeit zu finden, sich „passend“ ehrenamtlich zu engagieren, zeigt das folgende Beispiel.

85 *Dr. jur. Martin Lenz*, Ministerialrat a. D. und Ehrenamtler, Bonn: **Der schwere Weg in ein Ehrenamt**

„Nach meiner Pensionierung suchte ich eine etwas anspruchsvollere ehrenamtliche, juristisch- soziale Aufgabe und sprach im Bonner Raum bei einigen Wohlfahrtsverbänden vor. Viel kam dabei nicht heraus. Eine Einrichtung bot mir „Kleiderkammer oder Fundraising“ an. Bei einem Verband verbuchte mich der Berater in seiner Strichliste und verabschiedete mich mit Broschüren. Mit zwei weiteren Vereinen für Menschen in Notlagen sprach ich ausführlicher, beide wollten sich bald wieder bei mir melden, taten es aber nicht.

Mein nächster Versuch war eine große, bekannte gemeinnützige Organisation. Auf meine beiden schriftlichen Anfragen erhielt ich keine Antwort. Die Organisation reagierte erst, als ich daraufhin meine Spenden einstellte.

Dann kam Ende 2007 der 1. Bonner Stiftungstag. Dort zeigte man sich am Stand des Vereins für Bonner Stiftungen auf Anhieb interessiert und lud mich zum Gespräch ein. Seit Anfang 2008 arbeite ich gerne in diesem Verein mit, der mit seinen vielfältigen Initiativen (Stiftungstage und andere Veranstaltungen, Bonner Stiftungsgespräche, Öffentlichkeitsarbeit) den Stiftungsgedanken im Großraum Bonn aktiv fördern will.

---

130 Siehe schon *Schiffer*, StiftungsBrief 2012, 23.

131 So etwa *Wein*, Bonner General-Anzeiger 24./25.1.2015 – journal, S. 1.

132 Siehe *Salaw-Hanslmaier*, ZStV 2012, 72 ff., die deshalb für den gVerein (!) nach Auswegen sucht. Die von ihr angesprochene gGmbH, die aus Haftungsgründen (!) die Geschäftsbesorgung übernehmen soll, benötigt aber wiederum auch Organmitglieder, die zudem typischerweise zu vergüten sein werden.

133 Siehe zu den Erfolgsfaktoren für den Generationenwechsel in der österreichischen Privatstiftung *Müller/Melzer*, Journal für Erbrecht und Vermögensnachfolge, 2012, 91.

134 Siehe etwa Bonner Generalanzeiger vom 12.2.2015.

135 Siehe den Kommentar von *Schiffer* auf www.stiftungsrecht-plus.de vom 19.3.2015.

Abgesehen von dieser letzten, positiven Erfahrung bleibt mein persönlicher Eindruck, dass viele gemeinnützige Einrichtungen quasi nur ehrenamtliche „Hand- und Spanndienste“ benötigen, jedoch auf Anfragen für ihre etwas interessanteren Aufgaben nicht positiv reagieren.“

4. Modalitäten

Die Stiftungssatzung sollte die Modalitäten, zu denen die Organmitglieder tätig 86
sind, einschließlich der Frage der **Vergütung** der Organmitglieder (ehrenamtlich[136] oder entgeltlich? Höhe der Vergütung?[137] Sitzungsgelder? etc.) detailliert regeln. Gegebenenfalls wird es im konkreten Einzelfall sinnvoll sein, in der Stiftungsverfassung je nach Zweck der Stiftung die Mitgliedschaft im Vorstand oder Stiftungsrat an bestimmte berufliche **Qualifikationen** (Rechtsanwalt, Steuerberater, Bankier, etc.) oder **Erfahrungen** (im kulturellen Bereich, in der Jugendhilfe, etc.) oder auch an bestimmte Ämter (z.B. IHK-Präsident, Vorsitzender des örtlichen Tierschutzvereins) zu binden. Der (potenzielle) Stifter sollte sich jedoch darüber im Klaren sein, dass er durch solche Festlegungen Fehlbesetzungen nicht verhindern kann, sie u.U. etwa bei der Koppelung an bestimmte Ämter sogar heraufbeschwören mag. Die jeweiligen das hinzutretende Stiftungsratsmitglied auswählenden verbleibenden bisherigen Stiftungsratsmitglieder etwa werden bei verantwortungsbewusster Amtsführung regelmäßig in der konkreten künftigen Situation besser wissen, mit welcher Qualifikation zur Ergänzung des Stiftungsorgans welche Person aktuell geeignet erscheint. Das gilt zunehmend mit fortschreitendem Zeitablauf nach dem Tod des Stifters. Kein noch so vorausplanender Stifter kann über Jahrzehnte in die Zukunft schauen. Die Geschichte zeigt uns immer wieder überraschende, so nicht erwartete Wendungen. (Bonmot: *„Ein kluger Mensch von heute wird schlechter darüber Bescheid wissen, was in beispielsweise 100 Jahren angeraten ist, als ein dummer Mensch, der in 100 Jahren lebt.“*) Die Satzung einer Stiftung sollte daher hinsichtlich der Qualifikation der Mitglieder der Stiftungsorgane sinnvollerweise grundsätzlich nur sog. **Soll-Vorschriften** enthalten, von denen

136 Ausf. *Pankoke*, in: Bertelsmann-Stiftung (Hrsg.), Handbuch Stiftungen, 2. Aufl. 2003, S. 593 ff.; *Badelt*, in: Badelt u.a. (Hrsg.), Handbuch der Nonprofit Organisation, S. 503 ff. Zu den rechtlichen Aspekten des Ehrenamtes: *Menges*, Die Roten Seiten zum Magazin Stiftung & Sponsoring 2/2000.

137 Zur Frage der Angemessenheit der Organbezüge siehe *Herfurth/Dehesselles*, Stiftung & Sponsoring 1/2000, 22 und 2/2000, 17; *Richter/Werz*, Stiftung & Sponsoring 4/2006, 23. Zur Vergütung von Vorständen und Geschäftsführern einer gemeinnützigen Stiftung siehe auch *Feick*, ZSt 2007, 152. Eine empirische Untersuchung dazu haben vorgelegt *Sandberg/Mecking*, Vergütung haupt- und ehrenamtlicher Führungskräfte in Stiftungen, 2007.

im Einzelfall begründet abgewichen werden kann. Etwas anderes mag gelten, wenn der Stifter die Organmitgliedschaft eines im Stiftungswesen erfahrenen Rechtsanwalts für erforderlich hält, den er als eine Art Justitiar der Stiftung und als „Garant" für ein rechtlich „geordnetes" Stiftungsleben ansieht.

87 Organmitglieder können theoretisch auf Lebenszeit bestimmt werden. Das ist jedoch in aller Regel nicht sinnvoll. Üblich ist jedenfalls eine **Höchstaltersbegrenzung**. Größere Flexibilität bietet die von vornherein begrenzte **Amtsdauer** der Organmitglieder, wie wir sie etwa für den Vorstand und die Aufsichtsratsmitglieder einer Aktiengesellschaft kennen. Die Stiftungsverfassung sollte überdies eine Regelung dazu enthalten, dass und wie oft die **Wiederbestellung** von Organmitgliedern zulässig ist. Von sich aus kann sowohl ein Mitglied des Vorstandes als auch des Stiftungsrates sein Amt grundsätzlich jederzeit **niederlegen**, es sei denn, aus der Satzung oder dem Anstellungsvertrag ergibt sich ausnahmsweise etwas anderes. Keinesfalls darf die Niederlegung zur Unzeit erfolgen. Auch durch die ernennende Instanz kann das einzelne Organmitglied – etwa aus wichtigem Grund – **abberufen** werden. Die Einzelheiten ergeben sich wiederum aus der Stiftungssatzung und etwaigen Anstellungsverträgen.

88 Die meisten Stiftungsgesetze sehen überdies in schwerwiegenden Fällen (vor allem bei grober Pflichtverletzung oder bei Unfähigkeit zur Amtsführung wegen schwerer Krankheit) die Möglichkeit der **Abberufung** von Organmitgliedern durch die **Stiftungsaufsicht** vor (siehe § 4 Rn 36 ff.).[138] Ein einmaliges Versagen des Organmitgliedes reicht hierzu in der Regel nicht aus.

89 Das Verhältnis zwischen der Stiftung und ihren Organmitgliedern bestimmt sich nach den vereinbarten **Anstellungsmodalitäten**. Insbesondere bei kleineren Stiftungen kann die Tätigkeit auch ehrenamtlich erfolgen. Jedenfalls bei größeren Stiftungen und bei unternehmensverbundenen Stiftungen ist eine professionelle Führung der Stiftung erforderlich. Die Anstellungsmodalitäten von Vorstands- und Stiftungsratsmitgliedern sind hier in der Praxis denen von Geschäftsführern/Vorständen und Beirats-/Aufsichtsratsmitgliedern in gewerblichen Unternehmen zumindest angenähert. Dabei gibt es nicht selten durchaus unterschiedliche Vorstellungen zu der Höhe der angemessenen Vergütung (siehe auch § 9 Rn 113 ff.).

---

138 Siehe ferner VG Düsseldorf, Beschluss v. 4.5.2005 – 1 L 3762/04, ZSt 2006, 139; OLG Jena, Urt. v. 27.11.1998, ZSt 2003, 24. m. Anm. *Saenger*; *O. Werner*, Stiftung & Sponsoring 3/2000, 15; Kötz/Rawert/Schmidt/Walz/*Reuter*, S. 157 ff.

VI. Das Stiftungsvermögen

1. Vermögensausstattung zur Zweckerfüllung

Eine Stiftung dient der Erfüllung ihres Stiftungszwecks. Damit die Organe der Stiftung den Stiftungszweck verwirklichen können, bedürfen sie eines **für die dauernde und nachhaltige Zweckerfüllung der Stiftung** ausreichenden Stiftungsvermögens (§ 80 Abs. 2 BGB). Es kann aus Finanzmitteln, Sachen und Rechten jeder Art bestehen und wird der Stiftung bei Errichtung oder später durch Zustiftungen von den Stiftern oder auch von Dritten, die natürlich auch Zustifter[139] sein können, übertragen. Dieses Vermögen dient der Erfüllung des Stiftungszwecks.[140] Der **Stiftungszweck** ist das eigentliche konstitutive Merkmal einer Stiftung, es wird von den Stiftern als **„zentrales Wesensmerkmal"** verbindlich insbesondere für die Stiftungsorgane vorgegeben. Eine Stiftung ohne irgendeinen über die Erhaltung ihres eigenen Vermögens hinausgehenden Zweck ist als **„Selbstzweckstiftung" unzulässig**, denn die Erträge des Stiftungsvermögens kommen dann keinem von der Stiftung verschiedenen Personenkreis zustatten, wie es § 87 Abs. 2 S. 2 BGB voraussetzt. Allerdings ist **nicht jede Vermögenserhaltung zwingend ein Selbstzweck.**[141] Die Erhaltung des Stiftungsvermögens kann anderen zustattenkommen, wenn das Stiftungsvermögen so beschaffen ist, dass Dritte daran partizipieren können. So ist es etwa bei den sog. **„Anstaltstiftungen"**. Gemeint sind etwa solche Stiftungen, die selbst ein Krankenhaus oder ein Museum betreiben. Aber auch hier ist die **Zulässigkeit nicht auf gemeinnützige Zwecke beschränkt.**[142] 90

Die herrschende Meinung sieht in der Vermögensausstattung ein *Rechtsgeschäft sui generis*, auf das die Vorschriften des Schenkungsrechts (§§ 516 ff. BGB) ggf. entsprechend anzuwenden sind.[143] Umstritten ist insbesondere, ob die 91

139 Instruktiv StiftungsInfo Nr. 5 – Stand 7/2015 des Bundesverbandes Deutscher Stiftungen: „Wie Stiftungen erfolgreich Zustiftungen einwerben".

140 Arg. aus § 80 Abs. 2 BGB i.V.m. § 81 Abs. 1 Nr. 4 BGB. Siehe auch Werner/Sanger/*Fritz*, Rn 456 ff., 469; Münch. Hdb. GesR/*Helios/Friedrich*, Bd. V, § 95 Rn 7 ff.; v. Campenhausen/Richter/*Hof*, § 7 Rn 32 ff., § 9 Rn 42; MüKo-BGB/*Reuter*, 6. Aufl. 2012, §§ 80, 81 Rn 12, § 85 BGB, Rn 14 („Mittel der Zweckeverfolgung"); NK-BGB/*Schiffer/Pruns*, § 81 Rn 43 ff. Siehe etwa auch § 7 Abs. 1 S. 2 StiftG BW.

141 Näher NK-BGB/*Schiffer/Pruns*, § 80 Rn 36 ff.; ausf. *dies.*, ZStV 2012, 1 ff.

142 *Schiffer/Pruns*, ZStV 2012, 1 ff.

143 v. Campenhausen/Richter/*Hof*, § 9 Rn 33; MüKo-BGB/*Reuter*, 6. Aufl. 2012, §§ 80, 81 Rn 22 ff.; *Schwarz*, DStR 2002, 1721 m.w.N.; *Tolksdorf*, Stiftungsgeschäftliche Vermögensausstattung und Schenkung, S. 282 („fingierter Schenkungsvertrag"); Werner/Saenger/*O. Werner*, Rn 282.

Schenkungsvorschriften auch zugunsten des Stifters anzuwenden sind,[144] was wesentlich für ein etwaiges Rückforderungsrecht ist. Die Vermögensausstattung ist eine Grundlage für die Anerkennung der Stiftung, die aufgrund der gesetzlichen Vorgaben (§§ 80 Abs. 2, 87 Abs. 1 BGB) zu einer besonders intensiven Vermögensbindung führt (**Grundsatz der Vermögenserhaltung**, siehe § 5 Rn 56 ff.). Die Stiftung besteht nur aus dem Vermögen. Die Regeln des Stiftungszivilrechts gehen als Spezialregeln denen des Schenkungsrechts vor. Diese Zusammenhänge kommen deutlich in der Einordnung der Vermögensausstattung als Vertrag *sui generis* zum Ausdruck. Damit sind dann konsequenterweise schenkungsrechtliche Rückforderungsrechte abzulehnen.

92 Die Verbindung zwischen Stiftungszweck und Vermögen der Stiftung, wie sie § 80 Abs. 2 BGB vornimmt („dauernde und nachhaltige Erfüllung des Stiftungszwecks"), ist der Grund dafür, dass das Stiftungsvermögen grundsätzlich zu erhalten ist.

Lange Zeit umstritten war die Frage, ob ein Stifter eine Stiftung auch für einen zeitlich begrenzten Zweck (Beispiel: Wiederaufbau eines historischen Gebäudes) oder überhaupt zeitlich begrenzt (**Stiftung auf Zeit**) errichten darf und ob eine Stiftung für die Zweckerfüllung ihr Vermögen zum Teil oder auch ganz verbrauchen darf (**Verbrauchsstiftung**).[145] Mit dem Ehrenamtsstärkungsgesetz vom 21.1.2013 wurde nunmehr eine gesetzliche Grundlage für den Ausnahmefall der Verbrauchsstiftung geschaffen, so dass sich die Diskussion um deren grundsätzliche Zulässigkeit erledigt hat. Gleichwohl gibt es dazu auch nach der Reform neue Kontroversen und Unklarheiten in der Praxis (ausf. zur Verbrauchsstiftung siehe § 2 Rn 14 ff.).

93 Auch wenn der Gesetzgeber davon ausging, dass Stiftungen grundsätzlich auf unbegrenzte Dauer angelegt sind,[146] musste aber bereits vor der Reform von 2013 die Stiftung entgegen dem verbreiteten Schlagwort von der „Ewigkeitstendenz der Stiftung" nicht zwingend „auf ewig" angelegt sein. So hat es auch der Gesetzgeber gemeint, der es als zulässig angesehen hat, dass ein *„Stifter privatautonom auch eine Stiftung ins Leben rufen kann, deren Zweckerfüllung ebenfalls auf eine längere Dauer gerichtet, [die] aber dennoch mit einem zeitlichen Ende verbunden"* ist. Als Beispiel hat er *„die Wiederherstellung eines*

---

144 Zum Streitstand siehe etwa MüKo-BGB/*Reuter*, 6. Aufl. 2012, §§ 80, 81 Rn 18 ff.; Münch. Hdb. GesR/*Schwake*, Bd. V, § 79 Rn 206 ff.; *Schwarz*, DStR 2002, 1721 jew. m.w.N.

145 Siehe dazu etwa: *Schiffer/Pruns*, nwb 46/2011, 3858; NK-BGB/*Schiffer/Pruns*, § 80 Rn 18 ff. Als Beispiele aus der umfangreichen Diskussion seien hier genannt: *Wallenhorst*, DStR 2002, 984; *Muscheler*, in: FS Werner, 2009, S. 129, 133 ff.; *Reuter*, npoR 2010, 69; *Hushahn*, npoR 2011, 73.

146 BT-Drucks 14/8765, 8.

kunsthistorischen Bauensembles oder Ähnliches" genannt.[147] Eine Stiftung auf Zeit war also auch damals nach Ansicht des Gesetzgebers zulässig. Die vom Gesetzgeber als Beispiel genannte Stiftung zur Wiederherstellung eines kunsthistorischen Bauensembles macht praktisch zudem nur als Verbrauchsstiftung Sinn, da sonst mit der Vollendung des Stiftungszwecks eine Stiftung mit Vermögen aber ohne Zweck dastehen würde.

Zuzugeben ist den Bemühungen zur Einschränkung der Zulässigkeit von Stiftungen auf Zeit und von Verbrauchsstiftungen aber, dass das Merkmal der dauernden und nachhaltigen Zweckerfüllung tatsächlich nach wie vor ernst genommen werden muss.

2. Umfang der Vermögensausstattung

Eine für die dauernde und nachhaltige Erfüllung des Stiftungszwecks **angemessene Vermögensausstattung** wird zwar allseits für erforderlich gehalten, es ist jedoch nirgendwo gesetzlich geregelt, um welche Mindestausstattung es sich handeln muss. Der Gedanke einer festen Mindestkapitalausstattung für Stiftungen ist zu Recht verworfen worden. Zu groß sind in der Praxis die Unterschiede zwischen den einzelnen Stiftungen. Entscheidend ist, welche Vermögensausstattung der Stiftungszweck erfordert. Es besteht damit in jedem Einzelfall für die Vermögensausstattung der Stiftung ein erheblicher Ermessensspielraum. Die Anerkennungsbehörde hat eine **Prognoseentscheidung** zu treffen (§ 80 Abs. 2 BGB: *„[...] die dauerhafte und nachhaltige Erfüllung des Stiftungszwecks gesichert erscheint."*). Dabei sind auch künftige Zuwendungen zu berücksichtigen, soweit diese mit einer gewissen Sicherheit zu erwarten sind.[148] Ein **„Businessplan"**,[149] der sich auch dazu verhält, welche Eingänge realistischerweise zu erwarten sind, hat sich in der Praxis immer wieder als ausgesprochen hilfreich erwiesen. 94

Ein typischer Beispielsfall für den Ansatz der Erwartung wesentlicher zukünftiger Zuwendungen ist die **Bürgerstiftung** (siehe § 2 Rn 47 ff.). Die Beantwortung der Frage nach der ausreichenden Vermögensausstattung hängt vorrangig vom jeweiligen Stiftungszweck und von der konkreten Praxis der einzelnen Stiftungsbehörden ab. Nicht vergessen werden darf schließlich, dass **bereits in der Anlaufphase einer Stiftung Kosten entstehen**, die gedeckt werden müssen, obwohl das Stiftungsvermögen noch keine Erträge abgeworfen hat und auch noch keine Spenden gesammelt werden konnten. Hier muss der Stifter Vorsorge treffen, indem er etwa einen Teil der anfänglichen Vermögensausstat-

147 Vgl. BT-Drucks 14/8765, 8.
148 RegE BT-Drucks 14/8765, S. 8.
149 Siehe dazu etwa *Dildei*, Stiftung & Sponsoring 04/2015, 33.

tung gezielt der Deckung der Kosten der Anlaufphase widmet oder weitere Zuwendungen in der Anlaufphase verspricht.[150]

95 Für eine selbstständige **Stiftung** wurde lange Zeit relativ unumstritten die Auffassung vertreten, dass **grundsätzlich jedenfalls** ein Mindeststiftungsvermögen in Höhe von **50.000 EUR** (oder jedenfalls 25.000 EUR[151]) faktisch erforderlich ist.[152] Angesichts der „niedrigen Zinsen" am Kapitalmarkt sind hier Zweifel angebracht,[153] so dass durchaus damit zu rechnen ist, dass die zuständige Stiftungsbehörde ein Mindestvermögen von 100.000 EUR „verlangt". Das alles steht zwar nirgendwo im Gesetz – ganz im Gegenteil: § 80 Abs. 2 BGB enthält gerade eine andere abstrakte Regelung. Die genannte Mindestsumme entspricht aber allgemeiner Auffassung bei den **Stiftungsbehörden**. Verschiedene Stiftungsbehörden haben in der Vergangenheit ggf. auch deutlich niedrigere oder höhere Mindestbeträge gefordert. Nach einer Untersuchung aus dem Jahre 1994[154] lagen schon damals z.B. für unternehmensverbundene Familienstiftungen die geforderten Beträge zwischen 10.000 EUR (Regierungspräsident Darmstadt) und 250.000 EUR (Chemnitz und Dessau). Eine solche Diskrepanz, die sich auch aus einer unterschiedlichen Vertrautheit mit dem Thema Stiftung ergeben haben dürfte, wird sich aktuell bei einer vergleichbaren Umfrage wohl nicht mehr ergeben. Durch die Diskussion zum neuen Stiftungszivilrecht und durch die Neuregelung im BGB haben sich die Kenntnisse zum Thema Stiftungen auch in der Stiftungsverwaltung deutlich verbessert und untereinander angepasst. Überwiegend trifft man dort aktuell auf ganz vorzügliche Fachleute, die sich dem Thema mit großem Einsatz und Interesse widmen.

Im Übrigen ist es in der Tat eher wenig sinnvoll, für **kleinere Vermögen** eine eigenständige Stiftung zu gründen.[155] Derartige Stiftungen werden kaum in der Lage sein, aus ihrem Vermögen ausreichende Erträge zu erwirtschaften, um ihren Zweck „dauernd und nachhaltig" (§ 80 Abs. 2 S. 1 BGB) zu erfüllen und die Stiftung mit Leben zu erfüllen. Vor dem Hintergrund der aktuellen Situation auf dem Kapitalmarkt gilt das umso mehr. Für solche Fälle bietet sich vielmehr die Möglichkeit einer **Zustiftung** zu einer anderen Stiftung oder die Möglichkeit einer steuerlich günstigen gemeinnützigen **unselbstständigen,**

150 *Weger*, Stiftung & Sponsoring 1/2012, 30.

151 Auch diese Summe ergab sich in 2015 bei einer Stiftungsbehörde.

152 Kritisch zu solchen „kleinen" Stiftungen und zu etwaigen Ausnahmefällen *Schiffer*, StiftungsBrief 2011, 21.

153 Siehe etwa *Schiffer*, StiftungsBrief 2013, 122; *ders.*, StiftungsBrief 2011, 21.

154 *Hennerkes/Schiffer/Fuchs*, BB 1995, 209 (DM-Beträge umgerechnet in EUR und gerundet).

155 Siehe *Benke*, Stiftung& Sponsoring 4/2006, 30; *Schiffer*, StiftungsBrief 2011, 21. Siehe auch die einschlägigen Beiträge von *Pruns* und *Mohr* auf www.stiftungsrecht-plus.de.

treuhänderischen Stiftung (siehe § 12) an. Anders wird man die Angelegenheit aber wohl bewerten müssen, wenn zunächst zu Lebzeiten eine Stiftung mit relativ geringem Vermögen errichtet wird, um der Stiftung später durch letztwillige Verfügung ein größeres Vermögen zukommen zu lassen. Denkbar ist z.B. auch der Fall, dass eine kleine Stiftung nur der Nukleus ist, der von vielen unterstützt wird. Nicht wenige Bürgerstiftungen folgen diesem Ansatz. Der Bundesverband deutscher Stiftungen hat vor diesem hier skizzierten Hintergrund ein Heft seiner Zeitschrift Stiftungswelt den kleinen Stiftungen gewidmet.[156]

Ein altes „Stiftungsmodell" wird aktuell vor dem Hintergrund der nur noch geringen Ertragsmöglichkeiten am Kapitalmarkt und der wachsenden Anforderungen an die Höhe eines Grundstockvermögens in der Praxis neu diskutiert: Die **Einkommensstiftung** oder auch **„Zuwendungsstiftung"**.[157] Bei diesem Modell ist die Stiftung von vornherein für ihre Zweckerfüllung neben den Erträgen des Grundstockvermögens auf laufende Zuwendungen der Stifter und/oder Dritter angewiesen. Die Satzung einer solchen Stiftung, die typischerweise nur über ein geringes Grundstockvermögen verfügt, enthält beispielsweise folgende Regelung: *„Die Stifter tragen die Kosten der Stiftung je anteilig nach Köpfen im Rahmen der von ihnen bewilligten jährlichen Planung."* Dazu findet sich dann sich ergänzend eine konkretisierende Zusatzvereinbarung mit der Stiftung, u.a. mit folgendem Passus: *„Die Stifter X und Y verpflichten sich zur Zahlung von jährlich EUR 50.000,00 ab … (Jahr)."* 96

Eine solche Stiftungsgestaltung ist nur bedingt zulässig, denn die Erfüllung des Stiftungszwecks ist nur gewährleistet, wenn die Stiftung eine ausreichende Vermögensausstattung erhält, deren konkrete Höhe von dem jeweiligen Stiftungszweck abhängt. Mit Blick auf die nach § 80 Abs. 2 BGB von der Stiftungsbehörde dazu anzustellende Prognose zur dauerhaften und nachhaltigen Zweckerfüllung ist eine Einkommensstiftung ersichtlich „bedenklich", weil sie nicht „autark" aufgrund ihres eigenen Grundstockvermögens existieren kann. Sie ist vielmehr auf externe „Zuschüsse" und damit auf Entscheidungen und auch wirtschaftliche Verhältnisse Dritter angewiesen, die von der Stiftung nicht beeinflusst werden können. Regelmäßig wird deshalb die Anerkennungsfähigkeit von Einkommensstiftungen nach unseren Erfahrungen zumindest sehr restriktiv gehandhabt. Soll eine Stiftung sich aus laufenden Zuwendungen der Stifter und/oder Dritter speisen, ist sie jedenfalls nur dann anzuerkennen, wenn

156 Stiftungswelt 02/2014: „Klein, aber kraftvoll – Rückenwind für kleine Stiftungen – ein Servicehaft".

157 Ausf. dazu *Schiffer/Schürmann*, StiftungsBrief 2015, 130 ff.

auf diese Zuwendungen überhaupt ein durchsetzbarer Anspruch besteht. Dabei ist zugleich unbedingt zu beachten, dass bei solchen Dauerleistungsversprechen stets ein außerordentliches und regelmäßig auch ein ordentliches Kündigungsrecht besteht, so dass ohne eine Befristung (Verbrauchsstiftung) die nach § 80 Abs. 2 BGB erforderliche Dauerhaftigkeit und Nachhaltigkeit fehlt.[158] So wird denn auch aus unserer Sicht nachvollziehbar vertreten, dass durchsetzbare Ansprüche auf die Zuwendungen Privater ihrerseits nur für Stiftungen auf Zeit wirksam begründet werden können, denn Zusagen auf unbestimmte Zeit liefen auf eine von der Privatautonomie nicht gedeckte unzulässige Ewigkeitsbindung hinaus.[159] Anders ist das nur bei Finanzierungszusagen der öffentlichen Hand, da dort anstelle der Privatautonomie die weniger restriktiven Grenzen für die Ewigkeitsbindung der Verwaltung gelten.[160]

Die Einkommensstiftung ist, wie an der angegebenen anderen Stelle ausführlicher dargelegt, nur als Stiftung auf Zeit/Verbrauchsstiftung zulässig. Sie ist also entgegen mancher Hoffnung findiger Zeitgenossen kein grundsätzlicher Ausweg aus der Ertragskrise, die gegenwärtig die Stiftungswelt trifft.

97 **Praxishinweis: Stiftungsvermögen**

Während in den USA, wo eine gänzlich andere Stiftungskultur herrscht als in Deutschland, Stiftungen, beispielsweise die der bekannten Elite-Universitäten, über hohe Milliarden-Vermögen verfügen, sind solche Stiftungsvermögen in Deutschland ganz selten.[161] Zwei der bezogen auf das Vermögen drei größten Stiftungen sind gGmbHs (Robert Bosch Stiftung GmbH: 5,159 Mrd. EUR, Dietmar-Hopp-Stiftung gGmbH: 4,5 Mrd. EUR). Die größte echte Stiftung ist in dieser Statistik die Else Kröner-Fresenius-Stiftung mit 5,3 Mrd. EUR. Es verfüg(t)en bezogen auf Stiftungen und gGmbHs in Deutschland überhaupt „nur" neun „Stiftungen" über ein Milliarden-Vermögen. Die Bertelsmann Stiftung z.B. verfügt über ein Stiftungsvermögen von knapp 0,897 Mrd. EUR und die Körber-Stiftung über ein solches von ca. 0,507 Mrd. EUR.

158 Siehe dazu etwa Staudinger *Hüttemann/Rawert*, 2011, § 80 Rn 27; *Reuter*, in: FS Mestmäcker, S. 387, 405.

159 MüKo-BGB/*Weitemeyer*, 7. Aufl. 2015, § 81 Rn 18, so auch schon MüKo-BGB/*Reuter*, 6. Auflage 2012, §§ 80, 81 Rn 16.; ausf. *Schiffer/Schürmann*, StiftungsBrief 2015, 130 ff.

160 MüKo-BGB/*Weitemeyer*, 7. Aufl. 2015, § 81 Rn 18.

161 Siehe www.stiftungen.org unter „Statistik". Hier wird der aktuell verfügbare Stand zum 31.12.2013 zitiert.

3. Zustiftungen

Zustiftungen[162] sind **Zuwendungen des Stifters oder von dritter Seite** nach Errichtung der Stiftung, d.h. von außerhalb der Stiftung, die dem Stiftungszweck dienen und dem Stiftungsvermögen zufließen (sollen). Zustiftungen können auch in Form von Erbeinsetzungen und Vermächtnissen erfolgen. Eine Stiftung durfte früher bei ihrer Errichtung grundsätzlich nicht auf Zustiftungen angewiesen sein. In der Praxis fanden sich allerdings durchaus Fälle, in denen eine Stiftung mit einem an sich zu geringen Vermögen anerkannt wurde, wenn sie belegen konnte, dass ihr ausreichend Zustiftungen zufließen würden. Nach dem aktuellen Recht (§ 80 Abs. 2 BGB) hat die Anerkennungsbehörde nunmehr eine entsprechende Prognoseentscheidung zu treffen (siehe Rn 94 ff.), so dass dieses Problem im Zusammenhang mit Zustiftungen überholt ist. Zustiftungen unterliegen den Formvorschriften des Schenkungsrechts (§ 518 BGB) und damit auch der Heilungswirkung nach § 518 Abs. 2 BGB bei fehlender notarieller Beurkundung des Schenkungsversprechens.[163] Zu dem sich rasch verbreitenden Phänomen des „Stiftungsfonds" als Sonderform einer Zustiftung siehe § 2 Rn 73 ff. 98

Praxishinweis: Abgrenzung von Zustiftungen und Spenden 99
Anders als Zustiftungen in das Vermögen einer gemeinnützigen Stiftung unterliegen Spenden an eine solche dem Gebot der zeitnahen Mittelverwendung (siehe § 9 Rn 84 ff.). Zustiftungen, die dem Stiftungsvermögen zuzuführen sind und deshalb nicht diesem Gebot unterliegen, sollten deshalb ausdrücklich als Zustiftungen bezeichnet werden, damit gar nicht erst ein Missverständnis aufkommen kann.

Ob eine Stiftung Zustiftungen annehmen darf, richtet sich nach dem **Stifterwillen**.[164] In der Stiftungssatzung sollte die Möglichkeit der Annahme von Zustiftungen ausdrücklich und eindeutig vorgesehen werden. Es liegt keine Zustiftung vor, wenn ein Stifter in der Stiftungssatzung festlegt, dass ein Teil der Stiftungserträge zur Erhöhung des Stiftungsvermögens dienen soll.[165] „Zu"-Stiftungen müssen von außen kommen. Das ist bei einer solchen Satzungsregelung gerade nicht der Fall. Eine solche Satzungsregelung engt zudem grundsätzlich die erforderliche Dispositionsfreiheit der Stiftungsorgane unnötig ein. 100

162 Zu Zustiftungen siehe etwa v. Campenhausen/Richter/*Hof*, § 9 Rn 13 ff.; *Rawert*, DNotZ 2008, 5; NK-BGB/*Schiffer/Pruns*, § 81 Rn 37 f.; *A. Werner*, Die Zustiftung, 2003; Werner/Saenger/*A. Werner*, Rn 514 ff.

163 Siehe nur *Rawert*, DNotZ 2008, 5 (7 f.) m.w.N.

164 Siehe NK-BGB/ *Schiffer/Pruns*, § 80 Rn 3 ff.; Werner/Saenger/*O. Werner*, Rn 512 und 515.

165 Wie hier v. Campenhausen/Richter/*Hof*, § 9 Rn 14. A.A. *Carstensen*, WPg 1996, 781 (787).

Eine derartige Regelung kann im Übrigen die stiftungssteuerrechtlichen Grenzen, die das Gebot der zeitnahen Mittelverwendung setzt, nicht sprengen.

101 Soll eine sog. Zustiftung einem anderen Zweck dienen als dem der Stiftung, kann sie nicht Teil deren Grundstockvermögens werden. Sie kann allenfalls von der Stiftung als treuhänderische unselbstständige Stiftung (siehe § 12) gesondert verwaltet werden.

4. Die Destinatäre und der Lehrsatz von der „Unzulässigkeit der Stiftung für den Stifter"

102 Eine Stiftung hat **keine Mitglieder** oder **Gesellschafter**. Sie hat nur **Nutzer**, „Destinatäre" genannt. **Destinatäre** sind also diejenigen natürlichen oder juristischen Personen, denen die Vorteile der Stiftung (Stiftungsleistungen) zugutekommen sollen. Das Gesetz spricht in § 87 Abs. 2 S. 2 BGB davon, dass die Erträge des Stiftungsvermögens einem durch den Stiftungszweck näher bestimmten Personenkreis zustattenkommen. Damit ist nicht zwingend eine Auszahlung der Erträge des Stiftungsvermögens an die Destinatäre gemeint. Ein Beispiel: Ist es Zweck einer Stiftung, ein stiftungseigenes Museum und die in ihm ausgestellten Kunstgegenstände zu erhalten, so kommen die Erträge des Stiftungsvermögens den Besuchern des Museums zustatten, ohne dass sie einen unmittelbaren finanziellen Vorteil erlangen.

103 Wer Destinatär einer Stiftung ist, wird generell durch den Stiftungszweck und konkret, wenn es zu einer Auszahlung kommt, durch eine entsprechende Regelung in der Stiftungssatzung sowie die Entscheidung des zuständigen Organs innerhalb der Stiftung bestimmt. Als Destinatäre können

- einzelne Personen,
- bestimmte Personenkreise oder
- die Allgemeinheit bzw. Öffentlichkeit

eingesetzt werden. Bei echten Familienstiftungen[166] werden die Familienmitglieder des Stifters oder bestimmte Mitglieder der Familie als Destinatäre bestimmt.

104 Bei der Bestimmung der Destinatäre ist der Stifter frei, allerdings soll im Stiftungsrecht der **„Grundsatz der Unzulässigkeit der Stiftung für den Stifter"** gelten.[167] Besser spräche man von einem „Lehrsatz", denn dass der Stifter nicht Destinatär der von ihm errichteten Stiftung sein kann, ist nirgendwo gesetzlich

166 Zur Abgrenzungsproblematik siehe § 2 Rn 24 ff.

167 Staudinger/*Hüttemann*/*Rawert* (2011), Vorbem zu §§ 80 ff. Rn 8 ff. m.w.N.; *v. Oertzen*, Asset Protection im deutschen Recht, 2. Aufl. 2012, 66 ff.

niedergelegt.[168] Begründet wird der Lehrsatz damit, dass bei der Stiftungserrichtung aus Sicht des Stifters die Uneigennützigkeit dessen Handelns zu fordern sei. Das sei dem Stiftungsbegriff immanent.[169] Der von *v. Oertzen* hierzu angesprochene Fall, dass eine Stiftung einzig und alleine die Versorgung des Stifters zum Zweck hat,[170] erscheint im Übrigen durchaus als praxisfern; er dient ihm wohl auch nur als Schulungsfall im Sinne der Extremfallmethode (siehe auch § 14 Rn 23).

Dieser Forderung nach der Uneigennützigkeit des Stiftungszwecks aus Sicht des Stifters ist indes nicht zu folgen.[171] Man betrachte nur das Beispiel der Familienstiftung, die auch nach dem neuen Stiftungszivilrecht zweifelsfrei und unbeschränkt zulässig ist (siehe § 2 Rn 21 ff.). Entscheidend ist nur, dass der Stiftungszweck nach dem **„Grundsatz der gemeinwohlkonformen Allzweckstiftung“**[172] nicht das Gemeinwohl gefährdet.[173] So sagt es auch § 80 Abs. 2 BGB. Eine Uneigennützigkeit oder gar eine aktive Gemeinwohlförderung ist demnach nicht erforderlich, auch wenn sich dieses Vorurteil hartnäckig hält (siehe § 2 Rn 32 ff.). Der eigentliche Gedanke hinter dem Lehrsatz von der „Unzulässigkeit der Stiftung für den Stifter“ dürfte denn auch eher darin liegen, dass der Stifter sich durch die Stiftung des ihr gewidmeten Vermögens entäußert, es in die unabhängige Körperschaft Stiftung entlässt. Dieses Vermögen bildet losgelöst vom Stifter an sich nach den von ihm vorgegebenen Regeln und nach der staatlichen Anerkennung die Stiftung. Folglich kann es, anders als etwa bei einer GmbH, keinen absoluten Einfluss des Stifters geben, der etwa die besagten Regeln beliebig aufhebt. Der Stifter muss vielmehr die Grenzen des Stiftungsrechts einhalten (Stichwort: „Stiftungsreife“, siehe § 14 Rn 31 ff.). Damit ist das **Schlagwort** von der **„Unzulässigkeit einer Stiftung für den Stifter“** eher **verwirrend,** als dass es größere Erkenntnis fördert. Typischerweise errichtet ein Stifter eine Stiftung immer irgendwie auch für sich, da sie einen von ihm gewählten Zweck verfolgen soll. Fazit: Es ist im Einzelfall 105

168 Man mag kaum daran erinnern wollen, aber in unserem Staat ist immer noch erlaubt, was nicht verboten ist.

169 So Staudinger/*Hüttemann/Rawert* (2011), Vorbem zu §§ 80 ff. Rn 8 ff. m.w.N.

170 *v. Oertzen*, Asset Protection im deutschen Recht, S. 67 Rn 93.

171 NK-BGB/*Schiffer/Pruns*, § 80 Rn 33 ff.; *dies.*, NWB-EV 2012, 229, 233 m.w.N.

172 Siehe dazu nur Palandt/*Ellenberger*, § 80 Rn 6; v. Campenhausen/Richter/*Hof*, § 7 Rn 58 ff., 61 ff.; *v. Oertzen*, Asset Protection im deutschen Recht, S. 67 Fn 190, scheint diesen Grundsatz aus von ihm nicht näher dargelegten Erwägungen anzuzweifeln.

173 Etwa *Andrick/Suerbaum*, Stiftung und Aufsicht, Nachtrag 2003, § 2 Rn 9; Münch. Hdb. GesR/*Mecking*, Bd. V, § 87 Rn 7 ff.; Palandt/*Ellenberger*, § 80 Rn 6; Werner/Saenger/*O. Werner*, Rn 285 ff. m.w.N. Zum „Fall Gäfgen“ (Sittenwidrigkeit der Errichtung durch einen Mörder?) siehe *Veltmann*, ZSt 2006, 250; *Neuhoff*, ZSt 2007, 20 und wiederum *Veltmann*, ZSt 2007, 64.

sehr genau zu prüfen, ob die Grenzen des Stiftungszivilrechts und ggf. des Stiftungssteuerrechts eingehalten werden. Schlagworte helfen da zur rechtlichen Bewertung nicht weiter!

106 Gegen den Begründungsansatz der Uneigennützigkeit spricht auch § 58 Nr. 6 AO[174] (siehe § 9 Rn 171 ff.).[175] Der Gesetzgeber hat dort nämlich sogar für gemeinnützige Stiftungen ausdrücklich anerkannt, dass sie bis zu einem Drittel ihres Einkommens verwenden dürfen, um in angemessener Weise den Stifter und seine nächsten Angehörigen zu unterhalten, ihre Gräber zu pflegen und ihr Andenken zu ehren, ohne dass die Steuervergünstigung (Steuerbefreiung) hierdurch ausgeschlossen wird. Das ist ein klarer Fall der (teilweisen) Eigennützigkeit. Dennoch ist in diesem Zusammenhang ein Fall aus der Praxis aus der Zeit des alten Stiftungszivilrechts bekannt, in dem ein Stifter eine gemeinnützige Stiftung errichten wollte, um bestimmte Projekte im Ausland zu fördern, die federführend von ihm geleitet werden sollten. Hier hat die Anerkennungsbehörde in überzogener Anwendung des so nicht überzeugenden Gedankens der Uneigennützigkeit erklärt, dass sie darin eine Stiftung für den Stifter sehe, die aus ihrer Sicht nicht zu genehmigen sei. Das Projekt wurde daraufhin von dem potenziellen Stifter fallen gelassen.

107 Es bleibt zu hoffen, dass solche **Fehleinschätzungen** mit dem neuen Stiftungszivilrecht und der zunehmenden Kenntnis des Stiftungsrechts der Vergangenheit angehören. Bei einer rechtsmethodisch sauberen Betrachtung, die von der herrschenden Auffassung zur gemeinwohlkonformen Allzweckstiftung ausgeht, dürfte man nicht zu solchen Ergebnissen kommen. Allerdings werden in der Wissenschaft hier über den klaren Wortlaut des § 80 Abs. 2 BGB hinaus eben teilweise weitere Einschränkungen gefordert.

108 Das Problem der Unzulässigkeit der „Stiftung für den Stifter“ kann sich in der **Praxis** sowohl im Anerkennungsverfahren als auch später bei der Beaufsichtigung der Stiftung auswirken. Im Rahmen der Stiftungsaufsicht (!) entschärft sich das Problem allerdings ganz wesentlich, wenn eine Familienstiftung gegründet wird. Familienstiftungen unterliegen grundsätzlich nur einer eingeschränkten (Rechts-) Aufsicht (siehe § 2 Rn 27 f.). Die Verwendung der Mittel wird regelmäßig nicht kontrolliert.[176] In aller Regel unterliegen sie nur insoweit der Aufsicht, als sicherzustellen ist, dass ihr Bestand und ihre Betätigung nicht dem öffentlichen Interesse zuwiderlaufen. Damit beaufsichtigt die Stiftungsbehörde also nicht, an wen die Familienstiftung tatsächlich Ausschüttungen vornimmt. Das entspricht der grundsätzlichen Tendenz der Landesgesetzgeber,

174 Bis 31.12.2013: § 58 Nr. 5 AO.

175 Siehe dazu auch *Muscheler*, DAI-Skript, Die Stiftung im Zivil- und Steuerrecht, Tagung vom 29. und 30.10.2004, 148.

176 Siehe aber etwa § 10 Abs. 2 StiftG Berlin.

die Regelung und die Kontrolle dieses Aspektes der Familie zu überlassen. Damit wird sich in der Praxis die Frage der etwaigen Unzulässigkeit der „Stiftung für den Stifter" grundsätzlich nur im Rahmen des Anerkennungsverfahrens stellen – und dort vorrangig für gemeinnützige Stiftungen. Für diese enthält die Abgabenordnung insoweit aber, wie eben angesprochen, mit § 58 Nr. 6 AO eine klare gesetzliche Regelung zur Begünstigung des Stifters und seiner nächsten Angehörigen.

Die Destinatäre sind weder Mitglieder noch Gesellschafter der Stiftung. Damit 109 haben sie grundsätzlich auch **keine „Mitgliedschaftsrechte"**, wie insbesondere Verwaltungs- oder Kontrollbefugnisse. Dem Stifter ist es aber unbenommen, in geeigneten Fällen den Destinatären in der Stiftungssatzung entsprechende Rechte einzuräumen. Er kann die Stellung der Destinatäre durch **Organisations- und Verwaltungsbestimmungen in der Stiftungssatzung** deutlich stärken. So kann er ihnen z.B. klagbare Ansprüche auf Stiftungsleistungen einräumen oder bestimmte Verwaltungs- und Kontrollrechte (z.B. ein Recht zur Einsichtnahme in die Bücher der Stiftung) übertragen. Hierfür kann der Stifter die Destinatäre auch zu einem eigenen Stiftungsorgan, einem Kuratorium etwa, zusammenschließen und diesem Organ konkrete Verwaltungsbefugnisse und/ oder etwa die Überwachung des Stiftungsvorstandes übertragen.

D. Die Anerkennung der Stiftung

I. Rechtsanspruch auf Anerkennung

In dem bereits oben (vgl. Rn 7 ff.) angesprochenen Anerkennungsverfahren 110 prüft die Behörde, ob die gesetzlichen Anforderungen an eine selbstständige Stiftung bürgerlichen Rechts gegeben sind. Nach § 80 Abs. 1 BGB ist zur Entstehung einer rechtsfähigen Stiftung[177] des Privatrechts neben dem Stiftungsgeschäft die Anerkennung[178] durch die zuständige Behörde in dem Bundesland erforderlich, in dessen Gebiet die Stiftung ihren Sitz haben soll. Die Stiftung ist nach § 80 Abs. 2 BGB als rechtsfähig anzuerkennen (**„Recht auf Stiftung"**), wenn das Stiftungsgeschäft den Anforderungen des § 81 Abs. 1 BGB genügt, die dauernde und nachhaltige Erfüllung des Stiftungszwecks

177 Ausf. dazu auch NK-BGB/*Schiffer/Pruns*, § 80 Rn 1 ff., § 81 Rn 1 ff.; *Berndt/Götz*, Stiftung und Unternehmen, Rn 186 ff.; v. Campenhausen/Richter/*Hof*, § 6 Rn 1 ff.; Werner/ Saenger/*O. Werner*, Rn 266 ff. Ein „Grundgerüst" zur Errichtung von Stiftungen stellt *George*, Stiftung & Sponsoring 1/2006, 22 und 2/2006, 23 vor.

178 Zum Anerkennungsverfahren siehe etwa *Hüttemann/Richter/Weitemeyer/Backert*, Kap. 9 und 10.

gesichert erscheint und der Stiftungszweck das Gemeinwohl nicht gefährdet. Die Anerkennungsbehörde hat nur noch einen Spielraum

- bei der Beurteilung hinsichtlich der Frage der „Gemeinwohlgefährdung" und
- bei der Prognoseentscheidung zur angemessenen Vermögensausstattung der Stiftung.

111 Stiftungen mit einer zu geringen Vermögensausstattung werden grundsätzlich nicht anerkannt. Das Anerkennungsverfahren wird eröffnet durch einen **Antrag** des Stifters, seines Vertreters, seiner Erben oder seines Testamentsvollstreckers bei der zuständigen Anerkennungsbehörde (§ 81 Abs. 2 S. 2 BGB). Bei der Stiftung von Todes wegen ist ein Antrag verzichtbar. Der Antrag wird in diesem Fall nach dem BGB ersetzt durch die Verpflichtung des Nachlassgerichtes, die Anerkennung einzuholen (§ 83 BGB). Mehrere Stifter müssen den Antrag gemeinsam stellen.

II. „Vorstiftung"?

112 Umstritten ist (oder besser: war?, siehe Rn 114), ob es vergleichbar der Vor-GmbH[179] eine **„Vorstiftung"** oder etwas Ähnliches gibt.[180] Zwischen Antragstellung und der Anerkennung einer selbstständigen Stiftung kann einige Zeit vergehen. Nehmen der Stifter oder künftige Stiftungsorgane bereits während dieser „Schwebezeit" irgendwelche Rechtshandlungen für die noch nicht anerkannte Stiftung vor, mieten sie etwa Büroräume an oder tätigen Anschaffungen für den künftigen Stiftungsbetrieb, so sehen manche darin Handlungen einer Vor-Stiftung.[181] Diese soll für entsprechende Rechtshandlungen gegenüber den Gläubigern einzustehen haben und die künftige Stiftung entsprechend den für den **Vor-Verein** entwickelten Grundsätzen wirksam verpflichten oder als **unselbstständige Stiftung**[182] einzustufen sein.

---

179 Siehe auch *Lieder*, DStR 2014, 2464 zur „Vorgründungsgesellschaft, Vorbeteiligungsgesellschaft und anderen Vorbereitungsgesellschaften".

180 Ausf. *Schiffer/Pruns*, NWB 2011, 1258 ff; *Hüttemann*, in: FS Spiegelberger, 2009, S. 1292 ff. jew. m.w.N.

181 Siehe insb. *R. Werner*, ZErb 2011, 237; Münch. Hdb. GesR/*Schwake*, Bd. V, § 84 Rn 11 ff. und Werner/Saenger/*O. Werner*, Rn 379, der auf *Hunnius*, Die Vorstiftung, Diss. Jena 2000 (unveröffentlicht) verweist. LG Heidelberg NJW-RR 1991, 969 wendet die für den Vorverein herausgearbeiteten Grundsätze an. So auch Palandt/*Ellenberger*, § 80 Rn 2.

182 So *Hennerkes/Binz/Sorg*, DB 1986, 2269,2270; *Autenrieth*, in: FS für Binz, 2014, S. 15,19 ff.

Dieser Ansicht widersprechen weite Teile der Literatur[183] und insbesondere die jüngere Rechtsprechung der Finanzgerichte[184] (zu den steuerlichen Fragen siehe Rn 116). In der Tat gibt es einen wesentlichen Unterschied: Anders als die selbstständige Stiftung müssen Vereine, Genossenschaften und Kapitalgesellschaften zum Zeitpunkt der Rechtskrafterlangung die gesetzlichen Voraussetzungen[185] vorweisen. Sie sind damit **faktisch gegründet**. Diese faktische Gründung, ist Voraussetzung für die Erlangung der Rechtspersönlichkeit und rechtfertigt die Annahme, dass bei diesen Rechtsformen ein handlungsfähiges Rechtsgebilde auch schon vor der förmlichen Rechtskrafterlangung bestanden hat. Insbesondere existieren gesetzliche Vorschriften, nach denen die jeweiligen Vorgebilde bereits Inhaber von Rechten sein können. Deutlich wird das etwa in § 7 Abs. 2, 3 GmbHG. In Abs. 3 heißt es: „Die Sacheinlagen sind vor der Anmeldung der Gesellschaft zur Eintragung in das Handelsregister so an die Gesellschaft zu bewirken, dass sie endgültig zur freien Verfügung des Geschäftsführer stehen." Vor der Entstehung der GmbH als juristischer Person muss es also eine mit der späteren durch Eintragung entstehenden GmbH identische Vorgesellschaft als „Personenvereinigung eigener Art" geben, die bereits einen Geschäftsführer hat und an die die Sacheinlage bewirkt werden kann. In diesen Fällen ist deshalb die Annahme eines Vor-Vereins, einer Vor-GmbH, etc. sachlich gerechtfertigt. Bei der Errichtung einer Stiftung liegt es jedoch anders. 113

Eine rechtsfähige Stiftung entsteht weniger in einem allmählichen Prozess als vielmehr „mit einem Schlag" durch Anerkennung (§ 80 BGB). Eine zumindest gewisse **Vermögensverselbstständigung**, wie sie bei Vor-Gesellschaften regelmäßig vorliegt, **findet im Vorfeld einer Stiftungserrichtung nicht statt**. So überzeugt denn auch nicht das behauptete Vorstadium der unselbstständigen 114

183 *Burgard*, Gestaltungsfreiheit im Stiftungsrecht, S. 87 ff.; *Hüttemann*, FS Spiegelberger, 2009, S. 1292; v. Campenhausen/Richter/*Hof*, § 6 Rn 271 ff.; MüKo-BGB/*Weitemeyer*, § 81 Rn 52 ff.; NK-BGB/*Schiffer/Pruns*, § 80 Rn 14 ff.; *dies.* NWB 2011, 1258 ff.; *dies.*, StiftungsBrief 2010, 203 und 207.

184 FG Hessen EFG 2003, 569 f.; FG Schleswig-Holstein DStRE 2009, 1386 f.; zuletzt FG Baden-Württemberg, Urt. v 8.2.2011 – 4 K 4080/09, DStRE 2012, 537 ff. (Revision auch Anfang 2015 noch anhängig beim BFH unter dem Az.: X R 36/11); in der Tendenz, allerdings für eine von Todes wegen errichtete Stiftung, auch BFH, Urt. v. 17.9.2003 – I R 85/02, Rn 9.

185 Ausreichende Anzahl an Gründungsmitgliedern, vgl. § 56 BGB (Verein), § 4 GenG (Genossenschaft); erforderliche Kapitalausstattung, vgl. § 7 AktG (AG und über § 278 Abs. 3 AktG auch für KGaA), § 278 Abs. 3, § 5 Abs. GmbHG (GmbH).

(treuhänderischen) Stiftung auf dem Weg in die rechtsfähige Stiftung.[186] Die steuerliche Gleichbehandlung der rechtsfähigen und der unselbstständigen Stiftung als Argument[187] überzeugt schon deshalb nicht, weil hier ganz bewusst die allseits als unterschiedlich angesehenen Sachverhalte einer rechtsfähigen und einer nicht rechtsfähigen Stiftung steuerlich (!) gleich behandelt werden.

Der Stifter der rechtsfähigen Stiftung will grundsätzlich auch gar keine unselbstständige (nicht rechtsfähige) Stiftung errichten,[188] denn sonst hätte er es getan. Er will doch grundsätzlich auch gar nicht Treuhänder sein.[189] Kann er das im Übrigen überhaupt, wenn er gleichzeitig Treugeber ist? Wer soll aber sonst der Treuhänder sein? Schon diese Punkte zeigen, wie wenig überzeugend die Begründungen zur Vorstiftung sind.

Noch deutlicher wird das durch § 84 BGB, der die Existenz der Stiftung für den Fall des Versterbens des Stifters vor der Anerkennung fingiert. Gäbe es eine Vorstiftung, wäre diese Regelung überflüssig, denn dann bestünde ja kein Bedürfnis für eine solche gesetzliche Fiktion. Eine Fiktion ersetzt eben typischerweise gerade dasjenige, was nicht vorhanden ist, in diesem Fall die (Vor-)Stiftung.[190]

Der Stifter ist als Folge daraus auch erst nach Anerkennung der Stiftung zur Übertragung des zugesicherten Vermögens verpflichtet (§ 82 S. 1 BGB). Auch sonstige Rechte, zu deren Übertragung ein Abtretungsvertrag genügt, gehen erst mit der Genehmigung auf die Stiftung über (§ 82 S. 2 BGB). Bis zu diesem Zeitpunkt kann der Stifter das Stiftungsgeschäft jederzeit formfrei widerrufen (§ 81 Abs. 2 S. 1 BGB; siehe auch Rn 45). Der Ansatz einer Vorstiftung ist nach alledem abzulehnen.

Dem hat sich inzwischen auch der **BFH** als Folgeinstanz der oben zitierten Entscheidung des FG Baden-Württemberg vom 8.2.2011 mit Urteil vom

186 Entsprechend vorsichtig drückt sich etwa *Autenrieth*, in: FS für Binz, 2014, S. 19, *aus („… kann man zu einer Anerkennung der Vorstiftung gelangen, wenn … als unselbstständige Stiftung behandelt werden kann.“).*

187 Siehe *Autenrieth*, in: FS für Binz, 2014, S. 19.

188 Anders die Behauptung von *Autenrieth*, in: FS für Binz, 2014, S. 22.

189 Die Problematik übergeht *Autenrieth*, in: FS für Binz, 2014, S. 23, wenn er meint ein „Konto“, über das der Stifter nicht mehr Verfügungsberechtigt sei, reiche aus. Wer soll denn mangels Treuhänder verfügungsberechtigt und Inhaber des Kontos sein? Die unselbstständige Stiftung ist, wie das BVerwG am 9.4.2014 (Az 8 C 23.12) entschieden hat gerade nicht rechtsfähig. An anderer Stelle (S. 25) meint *Autenrieth*, der Stiftungsvorstand könne schon für die unselbstständige Stiftung handeln. Der Stiftungsvorstand wird aber doch im Stiftungsgeschäft gerade erst für die rechtsfähige Stiftung bestimmt/eingesetzt.

190 v. Campenhausen/Richter/*Hof*, § 6 Rn 271.

11.2.2015 unter Hinweis auf die oben zitierte Literatur angeschlossen.[191] Damit ist es amtlich: Es gibt **keine Vorstiftung.**[192] Die Diskussion zu dem Thema sollte damit beendet sein.

Praxishinweis: Vorgeschäfte 115

Als **pragmatische Lösung** kann der Stifter ggf. etwaige Vorgeschäfte im Stiftungsgeschäft berücksichtigen. Das ist bis zur Anerkennung der Stiftung möglich (arg. § 81 Abs. 2 S. 1 BGB). Dazu ein Formulierungsbeispiel:

„1. Die folgenden Bürogegenstände ... übertrage ich der Stiftung: ...

2.Mit Zustimmung des Vermieters vom... tritt die Stiftung mit ihrer Anerkennung

und Rechtsfähigkeit als Mieterin in den von mir am ... geschlossen Mietvertrag über die

Büroräume in ... ein.

3. Mit Zustimmung der ... vom ... übernimmt die Stiftung mit ihrer Anerkennung und

Rechtsfähigkeit die von mir am ... gegebene Förderzusage."

Bei der Stiftung von Todes wegen können etwaig erforderliche Vor-Geschäfte von einem Testamentsvollstrecker bzw. Pfleger wahrgenommen werden.

Wenn es, wie dargelegt keine Vorstiftung gibt, andererseits aber eine Rückwirkung der Stiftungserrichtung gemäß § 84 BGB stattfindet (siehe Rn 28 ff.), stellt sich bereits hier die Frage, **ab wann die Steuerpflicht und steuerrechtliche Privilegierung** (Steuerbefreiung) der Stiftung beginnt.[193] 116

Bei der Anerkennung der Stiftung zu Lebzeiten des Stifters kommen weder eine Körperschaftssteuerpflicht noch eine Steuerbefreiung der Stiftung in Frage, insbesondere da, wie oben dargelegt, eine Vor-Stiftung nicht existiert. Die Finanzverwaltung verfolgt bisher einen eher pragmatischen Ansatz und zieht eine Steuerbefreiung der Stiftung im Errichtungsstadium unter gewissen Umständen in Betracht.[194]

Für den Fall der Errichtung der Stiftung von Todes wegen sieht der BFH aufgrund der Rückwirkungsfiktion des § 84 BGB die Stiftung im Falle ihrer Anerkennung bereits ab dem Zeitpunkt des Vermögensanfalls als steuerpflich-

191 BFH, Urt. v. 11.2.2015, X R 36/11; DStRE 2015, 715; siehe dazu etwa auch *Grewe*, Erbfolgebesteuerung 2015, 181.

192 Näher dazu und zu der Argumentation des BFH: *Schiffer*, StiftungsBrief 2015, 81 und *Schiffer/Pruns*, BB 2015, 1756; *Fiand*, NWB 29/2015, 2061.

193 NK-BGB/*Schiffer/Pruns*, § 84 Rn 10.

194 *Buchna/Seeger/Brox*, S. 49 f.; ob das angesichts insbesondere der Entscheidung des FG Schleswig-Holstein (DStRE 2009, 1386 f.) so bleibt, kann bezweifelt werden.

tig nach § 1 Abs. 1 Nr. 4 KStG an.[195] Folgt man dem, muss Gleiches auch für den Fall gelten, dass der Stifter vor Anerkennung der Stiftung verstirbt, also ein Stiftungsgeschäft noch zu Lebzeiten verfasst und auf den Weg gebracht hat, denn § 84 BGB gilt auch für diesen Fall.[196]

Die in § 84 BGB angeordnete Rückwirkung soll sich nach Auffassung des BFH auf die Steuerbefreiung nach § 5 Abs. 1 Nr. 9 KStG allerdings nicht auswirken. Der BFH argumentiert gegen die Erstreckung der Rückwirkungsfiktion des § 84 BGB auf die Steuerbefreiung, es fehle dafür eine eigenständige steuerrechtliche Anordnung der Rückwirkung. Für die Körperschaftssteuerpflicht der Stiftung gibt es eine solche eigenständige steuerrechtliche Anordnung der Rückwirkung aber auch nicht! Dort genügt es dem BFH, sich allein auf § 84 BGB zu berufen. Es ist für den BFH „nicht ersichtlich, warum diese [zivilrechtliche] Zuordnung" des Vermögens zur Stiftung „für das Steuerrecht nicht gelten sollte." Das erscheint uns als eine widersprüchliche und gegen Art. 3 Abs. 1 GG verstoßende Argumentation. Oder pointiert ausgedrückt: Die Argumentation wirkt durchaus fiskalisch motiviert. Entweder sind Steuerpflicht und Steuerbefreiung zu bejahen oder beide sind zu verneinen.

Wir meinen: Beides ist zu verneinen, denn § 84 BGB ordnet die Fiktion nur „für die Zuwendungen" des Stifters an. Nur insoweit gilt die Stiftung als existent. Die Zuwendungen des Stifters fallen aber in die Vermögenssphäre der Stiftung und nicht in deren Einkommenssphäre. Davon abgesehen kann es hier jedenfalls kein Rosinenpicken geben.[197]

E. Zusammenfassung: In 7 Schritten zur Stiftung

117 Auch wenn es uns manche Berater vorgaukeln:[198] Mit einem kurzen Beratungsgespräch und dem Ausfüllen von ein paar Formularen ist es nicht getan. Ein so wichtiges und in einem Leben in der Regel einzigartiges Ereignis wie die

195 BFH, Urt. v. 17.9.2003 – I R 85/02, BStBl II 2005, 149 = DStRE 2004, 2299 – unter II.1; BFH, Urt. v. 16.2.2011 – X R 46/09, DStRE 2011, 670 unter Rn 20. Danach sind Zuwendungen in den Vermögensstock einer nach Erbeinsetzung von Todeswegen errichteten Stiftung sind keine Sonderausgaben des Erblassers, da sie erst mit dem Tod zufließen. § 84 BGB berührt den Abflusszeitpunkt von Stiftungsgründungsspenden nicht. Siehe dazu *Grewe*, Erbfolgebesteuerung 2011, 183 f.

196 NK-BGB/*Schiffer/Pruns*, § 84 Rn 2.

197 Vgl. zu weiteren Kritikpunkten *Hüttemann*, in: FS Spiegelberger, 2009, S. 1292, 1299 f.

198 Wir könnten hier Beispiele nennen, die wir in den Rechercheunterlagen zu dem Buch auch archiviert haben, wollen jedoch keine Kollegen an den „Pranger" stellen, weil es uns hier nicht um einzelne Berater und Personen geht, sondern um das abzulehnende Praxisphänomen.

Errichtung einer Stiftung erfordert tatsächlich einige Zeit. Nachfolgend fassen wir den Ablauf des Gründungsprozess in einer Übersicht zusammen.

Es ist nicht nur eine Stiftungsidee erforderlich, sondern auch ein gewisses Maß an Stiftungsreife (siehe § 14 Rn 31 ff.), die Formulierung einer Satzung und in der Regel die Auseinandersetzung mit zwei Behörden. Wer an der Errichtung einer rechtlich selbstständigen Stiftung interessiert ist, muss sich vor allem über eines im Klaren sein: Stiften heißt, eine bestimmtes Vermögen der Stiftung zu übertragen und es damit endgültig abzugeben. Die Stiftungserrichtung ist grundsätzlich eine „Einbahnstraße" und damit ein Schritt, der sehr sorgfältig vorbereitet sein will.

Gleichwohl ist dieser Prozess kein undurchschaubarer Vorgang, wie die folgenden sieben Grundschritte zeigen. Diese gelten sowohl für die Gründung einer gemeinnützigen Stiftung als auch für die einer unternehmensverbundenen Stiftung oder einer Familienstiftung.

I. Die erste Idee

Der Beginn jeder Stiftung ist stets die erste Idee des zukünftigen Stifters. 118
Die Gedanken sind typischerweise noch unstrukturiert und noch gar nicht spezifisch auf eine Stiftung ausgerichtet. In der Regel geht es dabei um einen bestimmten Zweck oder auch mehrere Zwecke, die der potenzielle Stifter möglichst nachhaltig und dauerhaft unter Einsatz seines Vermögens verwirklichen möchte.

In der überwiegenden Zahl der Fälle wird der Stifter einfach nur „Gutes tun" wollen, also gemeinnützige Zwecke verfolgen. Es kann sich aber auch um den Wunsch nach der Fortführung eines Familienunternehmens über die nachfolgenden Generationen hinaus und/oder nach einer dauerhaften Versorgung der Stifterfamilie handeln. Früher oder später kommt bei solchen Ideen meist der Gedanke an eine Stiftung auf – sei es durch Lektüre einschlägiger Informationsquellen oder nach Hinweisen aus dem Bekannten- oder Beraterkreis.

II. Verdichtung des Stiftungsgedankens

Nun gilt es, die Ideen und Ziele zu strukturieren und zu prüfen, ob eine 119
Stiftungserrichtung tatsächlich in Frage kommt. Hierzu ist es unumgänglich, dass der Stifter das Gespräch mit einem im Stiftungsrecht versierten Berater sucht, um die Möglichkeiten und die Erfordernisse eines solchen Schrittes ausführlich zu sondieren.

Aufgabe des verantwortungsvollen Beraters ist es dabei auch, die „Stiftungsreife" als persönliche Qualifikation des potenziellen Stifters zu prüfen und ihn umfassend über die möglichen Folgen einer Stiftungserrichtung aufzuklären, damit keine falschen Erwartungen entstehen. Der künftige Stifter muss insbesondere akzeptieren, dass er nach der Stiftungserrichtung nicht mehr frei über das gestiftete Vermögen verfügen kann und dass er in seinem Handeln ebenso an die Stiftungssatzung gebunden sein wird wie jedes andere Mitglied der Stiftungsorgane.

Unter Umständen muss auch das immer noch häufige Missverständnis ausgeräumt werden, bei der Stiftung handele es sich um ein „Steuersparmodell". Einzubeziehen haben der potenzielle Stifter und sein Berater zudem die Familie des Stifters. Auch diese muss die Stiftungsgestaltung akzeptieren und mittragen.

Geklärt werden muss in diesem Stadium auch, ob überhaupt eine ausreichende Vermögensausstattung für eine rechtsfähige Stiftung vorhanden ist. Unter einem Anfangsvermögen von derzeit wohl mindestens 50.000 EUR, wenn nicht 100.000 EUR, ist eine Anerkennung der Stiftung von vornherein ausgeschlossen. Je nachdem, welche Zwecke verwirklicht werden sollen und wie sich der Personalaufwand der Stiftung gestaltet, wird aber oft angesichts der aktuell geringen Erträge auf dem Kapitalmarkt auch ein deutlich höheres Stiftungsvermögen erforderlich sein, um sinnvoll zu stiften. In der Praxis erweist es sich zudem immer wieder als zweckmäßig, wenn der Stifter zu Lebzeiten mit einem kleineren Betrag „anstiftet" und der Stiftung den Großteil ihres Vermögens im Wege der letztwilligen Verfügung zuwendet. Anders als bei einer durch letztwillige Verfügung errichteten Stiftung kann der Stifter in einem solchen Fall mit der Stiftung „üben", die Stiftungstätigkeit selbst vorbildhaft prägen und die Stiftung „feinjustieren".

III. Entwurf von Satzung und Stiftungsgeschäft

120 Sind diese wichtigen Punkte vorab geklärt und ist der künftige Stifter von der Stiftungserrichtung überzeugt, geht es an die Ausarbeitung der Stiftungssatzung. Da es sich hierbei um die entscheidende Grundlage der künftigen Stiftungsarbeit handelt, muss die Satzung präzise formuliert werden. Für diesen Prozess sollte sich der Stifter ausreichend Zeit nehmen.

In der Regel wird er seine Wünsche über die Organisation und die Zweckverwirklichung zunächst im Dialog mit seinem Berater erarbeiten. Es liegt dann an diesem, die gefundenen Ergebnisse in einer passenden Satzung niederzulegen. Mit der Verwendung eines Musters ist es dabei nicht getan. Die Erfahrung zeigt, dass häufig mehrere Entwürfe zwischen dem Stifter und seinem Berater hin und her gehen, bis schließlich die passende Endfassung gefunden ist.

Bei der Arbeit an der Satzung stellt sich zwangsläufig die Frage, wie der Stiftungsvorstand und gegebenenfalls weitere Stiftungsorgane besetzt werden sollen. Spätestens in diesem Stadium muss der potenzielle Stifter aktiv Mitstreiter finden, die bereit und geeignet sind, diese (ehren- oder hauptamtlichen) Aufgaben zu übernehmen.

Entweder beruft der Stifter die Organmitglieder selbst oder die Organmitglieder werden von den in der Satzung festgelegten Instanzen oder Personen berufen. Spätere Neu- oder Wiederbestellungen von Organmitgliedern kann der Stifter sich ebenfalls vorbehalten. Nicht vergessen darf der Stifter dabei, dass auch, soweit möglich, für die Nachfolge in die Stiftungsorgane in den kommenden Jahren gesorgt sein muss. Denn die Stiftung existiert grundsätzlich auf unbestimmte Zeit und benötigt für ihre erfolgreiche Arbeit immer wieder „frisches Blut". Hier heißt es: Vorausschauen und planen (Kandidatenliste), geeignete Kandidaten über längere Zeit beobachten, miteinander sprechen, sich kennen lernen, testen (Gaststatus im Stiftungsorgan) etc.

Bewährt haben sich hier klare, aber auch nicht zu starre Satzungsregelungen („Soll-Vorschriften"). Festgelegt werden kann etwa das Verfahren zur Suche nach geeigneten Personen (Auswahlgremien) und zu deren Wahl. Da aber die Zukunft bekanntlich unbekannt ist und bleibt, sollte der Stifter auch Änderungsmöglichkeiten in der Satzung schaffen.

Wenn die (Erst-)Besetzung der Stiftungsorgane und die Vermögensausstattung geklärt sind, kann abschließend auch der Entwurf des Stiftungsgeschäfts erfolgen. Gemeint ist damit das Dokument, mit dem der Stifter erklärt, eine Stiftung zu errichten, und sich verpflichtet, ein bestimmtes Vermögen auf die künftige Stiftung zu übertragen.

IV. Vorprüfung von Satzung und Stiftungsgeschäft

Es ist zwar nicht gesetzlich vorgeschrieben, aber dringend zu empfehlen, die 121
finalen Entwürfe von Satzung und Stiftungsgeschäft an die Stiftungsbehörde zur Vorprüfung zu übersenden. Soll eine gemeinnützige Stiftung errichtet werden, sollten die Dokumente auch vorab dem zuständigen Finanzamt zugeleitet werden, das ohnehin von der Stiftungsbehörde in das Verfahren der Anerkennung der Stiftung eingebunden werden wird. Auf diese Weise können in einem konstruktiven Dialog mit den Behörden etwaige Hindernisse, Bedenken oder auch Formulierungswünsche vorab „informell" geklärt werden.

Die Erfahrung zeigt leider, dass diese Zusammenarbeit mit den Behörden nicht immer ganz reibungslos verläuft. Vermutlich aus Personalmangel oder sonstigen Rationalisierungsgründen ist es schon vorgekommen, dass ein Finanzamt die Vorprüfung als „Service-Leistung" gar nicht mehr anbietet. Zuweilen stellt auch die Bearbeitungsdauer einiger Stiftungsbehörden für den erwartungsvollen Stifter eine gewisse Geduldsprobe dar. Sollte es hier zu unzumutbaren und auch mit der Behördenleitung ausnahmsweise nicht zu klärenden Hindernissen kommen, bleibt die Option, durch die Wahl eines anderen Sitzes für die künftige Stiftung die Zuständigkeit anderer Behörden zu erreichen.

Bei außergewöhnlichen Stiftungsgestaltungen hat es sich bewährt, schon vor der Erstellung des Satzungsentwurfes in den Dialog mit den Behörden zu treten und „kniffelige“ Fragen vorab mit diesen zu erörtern und zu klären.

V. Fertigstellung von Satzung und Stiftungsgeschäft

122 Liegen die behördlichen Stellungnahmen zu den Entwürfen vor, sind deren etwaige Kritikpunkte und Änderungswünsche zu prüfen und die Satzung sowie das Stiftungsgeschäft gegebenenfalls entsprechend anzupassen oder mit den Behörden zu klären, dass es doch bei den ursprünglichen Satzungsformulierungen bleibt. Naturgemäß ist die Kooperationsbereitschaft der verschiedenen Behörden dabei durchaus unterschiedlich ausgeprägt. In aller Regel ist aber ein ergebnisorientierter Dialog möglich.

Nachdem alle offenen Fragen geklärt sind, können die Satzung und das Stiftungsgeschäft abschließend fertiggestellt werden.

VI. Einreichung der Dokumente zur Anerkennung

123 Die fertige Satzung und das Stiftungsgeschäft können nun zur Anerkennung bei der Stiftungsbehörde eingereicht werden. Je nach Verwaltungspraxis wird diese gegebenenfalls noch einige zusätzliche Dokumente anfordern. Dazu zählen etwa schriftliche Bestätigungen der ersten Vorstandsmitglieder zur Bereitschaft der Amtsübernahme, eine Bankbestätigung über das Bereitstehen des zu übertragenden Anfangsvermögens oder auch eine aktuelle steuerliche Freistellungsbescheinigung der für den Fall der Stiftungsauflösung bedachten Institution (§ 61 Abs. 1 AO).

Wenn, wie hier angeregt, die Anerkennungsfähigkeit der Stiftung durch die Behörde bereits im Wege der Vorprüfung geklärt worden ist, handelt es sich bei der abschließenden Anerkennung nur noch um den formellen Akt. Dieser ist in der Regel nach wenigen Wochen abgeschlossen.

VII. Abschließende Maßnahmen und Beginn der Stiftungsarbeit

124 Sobald die Anerkennungsurkunde dem Stifter zugestellt worden ist, ist die Stiftung als juristische Person entstanden. Es ist dann unverzüglich das im Stiftungsgeschäft zugesicherte Anfangsvermögen auf die Stiftung zu übertragen.

Anschließend beginnt die Stiftungsarbeit mit der Konstituierung der Stiftungsorgane entsprechend den satzungsgemäßen Vorgaben. Sofern es sich um eine gemeinnützige Stiftung handelt, ist es eine der ersten Aufgaben des Vorstandes, die „Feststellung der Satzungsmäßigkeit" nach § 60a AO beim zuständigen Finanzamt zu beantragen. Damit bescheinigt die Behörde verbindlich, dass die Satzung den Vorgaben der Abgabenordnung für eine Steuervergünstigung entspricht. Dies schafft nicht nur Rechtssicherheit, sondern ermöglicht der Stiftung auch die Ausstellung von Spendenbescheinigungen.

Damit sind vorerst die notwendigen organisatorischen und behördlichen Schritte abgeschlossen. Die Stiftung ist nun bereit, ihre satzungsmäßigen Zwecke erfolgreich zu verwirklichen, worauf in § 4 und § 5 näher eingegangen wird.

§ 4 Praxis der Stiftungsarbeit und Stiftungsaufsicht

> **Was bietet dieses Kapitel?**
> Ist eine Stiftung einmal errichtet, beginnt die eigentliche Arbeit erst richtig und es stellen sich ganz praktische Fragen, auf die im Folgenden näher eingegangen werden soll: Wie konstituieren sich die Stiftungsorgane? Wie gestaltet sich der Alltag der Stiftung, also die Arbeit und die Verwaltung der Stiftung? Wie wird die Stiftung geprüft und wie funktioniert die Rechnungslegung einer Stiftung? Welche Rolle spielt die Stiftungsaufsicht und wie gestaltet sich die Zusammenarbeit mit ihr?

The more you reason the less you create.

Raymond Chandler (1888–1959)

Übersicht:

A. „Konstituierung" der Stiftungsarbeit

Um das Zitat *Raymond Chandlers*, dem Erfinder des Prototyps des knallharten und unbestechlichen Privatdetektivs Philip Marlowe, aufzugreifen: Wer erfolgreich in und mit einer Stiftung arbeiten will, muss sicher kreativ und phantasievoll sein. Klar ist aber auch, dass letztlich möglichst überzeugende Begründungen für das einmal Kreierte erforderlich sind.[1] Nur so kann das eigene Handeln auch bei Meinungsverschiedenheiten Dritten gegenüber erfolgreich gerechtfertigt werden, etwa gegenüber der Stiftungsaufsicht, gegenüber dem Finanzamt oder auch gegenüber den anderen Stiftungsorganen. Das setzt aber ein Bewusstsein der Akteure für die Gründe und Grundlagen ihres jeweiligen Handelns voraus (siehe auch § 14 Rn 34). 1

1 Siehe *Schiffer*, „Begründungen bitte", StiftungsBrief 2011, 223; siehe auch www.stiftungsrecht-plus.de Kommentar vom 16.12.2011 (mit Anm. von *Klement)* sowie vom 2.1.2012.

2 Wie beginnen die Mitstreiter in der Stiftung (Organmitglieder und sonstige Personen) mit ihrer Stiftungsarbeit?[2]

Ausgangspunkte dafür sind das **Stiftungsgeschäft** und die **Stiftungssatzung**. Dort müssen sich insbesondere Regelungen für die Berufung der Organmitglieder finden. In der Praxis werden die ersten Organmitglieder in dem Stiftungsgeschäft benannt und die Modalitäten der Neuberufung nach Ablauf der ersten Amtszeit sind in der Satzung geregelt.

Die designierten Organmitglieder, insbesondere der Vorstand, müssen die Annahme des Amts erklären. Sie werden nicht automatisch Amtsinhaber, denn das Amt ist mit Pflichten verbunden und niemand darf gegen seinen Willen verpflichtet werden.[3] Eine Ausnahme gilt insoweit der Stifter sich selbst zum Vorstandsmitglied bestimmt hat.

Wem gegenüber die Annahme erklärt werden muss, wird in der stiftungsrechtlichen Fachliteratur, soweit ersichtlich, kaum einmal gefragt.[4] Die Erklärung der Annahme gegenüber der Stiftung selbst scheidet vor der Anerkennung der Stiftung bereits deshalb aus, weil die Stiftung vor der Anerkennung durch die Stiftungsbehörde noch gar nicht existiert, insbesondere auch nicht als Vorstiftung (siehe § 3 Rn 112 ff.). Aber auch nach der Anerkennung der Stiftung ist eine solche Annahme gegenüber der Stiftung nicht möglich, da es noch gar keine Organmitglieder gibt, durch die die Stiftung handeln und denen gegenüber die Annahme erklärt werden könnte.[5]

In der Praxis hat es sich deshalb durchgesetzt, dass die Stiftungsbehörden vor der Anerkennung der Stiftung schriftliche Erklärungen der in dem Stiftungsgeschäft benannten Organmitglieder oder jedenfalls der designierten Mitglieder des Vorstands darüber verlangt, ob sie bereit sind, das Amt anzunehmen. So kann die Stiftungsbehörde feststellen, ob die Stiftung ab der Anerkennung auch handlungsfähig ist. Dieses Vorgehen passt aus unserer Sicht auch am besten zur Regelung in § 80 Abs. 2 S. 1 BGB, denn nur wenn ein Vorstand bereitsteht, kann die Zweckerfüllung durch die Stiftung sichergestellt sein und die Stiftungsbehörde dazu eine Prognoseentscheidung treffen.

2 Siehe zu den wichtigsten Fragen der Stiftungsarbeit nach Anerkennung der Stiftung auch *Schiffer/Pruns/Schürmann*, StiftungsBrief 2015, 146 und anschließender 2. Teil.

3 Siehe nur Staudinger/*Hüttemann/Rawert* (2011), § 81 Rn 61.

4 Ausnahme Staudinger/*Hüttemann/Rawert* (2011), § 81 Rn 61.

5 Die entsprechenden Überlegungen von Staudinger/*Hüttemann/Rawert* (2011), § 81 Rn 61 sind deshalb nicht wirklich praktikabel.

Praxishinweis: Offizieller Hinweis des Ministeriums des Innern des Landes Brandenburg zur Besetzung vertretungsberechtigter Stiftungsorgane (gilt nicht für kirchliche Stiftungen)[6] 3

„Nach § 7 Abs. 1 StiftGBbg ist die Stiftung verpflichtet, mir als Stiftungsbehörde unverzüglich die Personen des vertretungsberechtigten Organs und die besonderen Vertreter sowie diesbezügliche Änderungen anzuzeigen. Dieser Verpflichtung hat die Stiftung ohne besondere Aufforderung durch die Stiftungsbehörde nachzukommen.

Das vertretungsberechtigte Organ ist stets der Vorstand der Stiftung. Mitunter räumt die Stiftungssatzung jedoch darüber hinaus auch anderen Personen (z.B. Geschäftsführern) oder Mitgliedern anderer Organe (z.B. Stiftungsrat) das Recht ein, die Stiftung in einem beschränkten Umfang nach außen zu vertreten. In diesem Fall sind auch diese Personen und deren Veränderungen anzuzeigen. Diese Anzeigepflicht besteht insbesondere aus zwei Gründen:[7]

a) Zum einen habe ich als Stiftungsbehörde auch im Interesse der Stiftung darüber zu wachen, dass die Stiftung im Einklang mit der Stiftungssatzung und den Gesetzen verwaltet wird (vgl. § 6 Abs. 1 StiftGBbg). Dazu gehört auch die Kontrolle, dass die Stiftung durch Personen vertreten wird, die entsprechend der Vorschriften der Stiftungssatzung berufen wurden. Um dies feststellen zu können, benötige ich folgende Informationen/Unterlagen, die der Anzeige beizufügen sind:
   - Name und Wohnsitz des berufenen Organmitglieds,
   - Angabe der Dauer der Amtszeit, für die das Organmitglied berufen ist,
   - unterzeichnetes Protokoll der Sitzung, in dem die Bestimmung des Organmitglieds erfolgte,
   - sofern aus dem Protokoll nicht ersichtlich:
     - die Angabe mit welchem Stimmenverhältnis die Wahl/der Berufungsakt erfolgte,
     - unterzeichnete Erklärung des berufenen Organmitglieds, dass es die Wahl annimmt bzw. zur Übernahme des Amtes bereit ist.[8]
b) Zum anderen kann ich ohne diese Angaben keine Vertretungsbescheinigung ausstellen. Die Anzeigepflicht gilt daher auch, wenn nach Ablauf

6 Stiftungsinformationsbrief r. 1/2009 v. 29.7.2009, Ziffer 1. (Bearbeiter: *Rüdebusch/Scheiper*): http://www.mik.brandenburg.de/media_fast/4055/Stiftungsinformatons brief%20Nr. 1_2009.15813085.pdf (zuletzt eingesehen am 13.1.2015).

7 Wie schön hier der Forderung „Begründung bitte“ gefolgt wird! Siehe auch Rn 1.

8 Die Bereitschaftserklärungen werden üblicherweise mit dem Stiftungsgeschäft und der Stiftungssatzung dem Antrag auf Anerkennung der Stiftung beigefügt.

der Amtszeit die bisherigen Mitglieder des vertretungsberechtigten Organs wiederbestellt werden."

4 In dem Zusammenhang ist immer wieder von der **Konstituierung** und der konstituierenden Sitzung der Stiftungsorgane die Rede. Der Begriff kommt von dem lateinischen Verbum constituere (= errichten, beschließen). Gemeint ist **das grundlegende Sich-Organisieren** bei der ersten Versammlung des neu gebildeten Gremiums/Organs, wobei dann i.d.R. die grundlegenden Organisationsbeschlüsse gefasst werden (je nach Stiftungssatzung etwa die Wahl des Vorsitzenden, seines Stellvertreters, Klärung organisatorischer Fragen etc.). In Deutschland hat z.B. nach Art. 39 Abs. 2 GG der neu gewählte deutsche Bundestag spätestens am dreißigsten Tag nach der Wahl zu einer konstituierenden Sitzung zusammenzutreten.

Die Stiftungsorgane sind vorbehaltlich anderer Regelungen in der Stiftungssatzung aber bereits vor der Durchführung einer konstituierenden Sitzung handlungsfähig. Besonders eilige Maßnahmen sollten deshalb unmittelbar nach der Anerkennung der Stiftung durchgeführt werden. In Betracht kommen hier insbesondere die Beantragung einer Vertretungsbescheinigung bei der Stiftungsbehörde (siehe Rn 64 ff.) und bei steuerbegünstigten Stiftungen der Antrag auf Feststellung der Satzungsmäßigkeit gem. § 60a AO (siehe § 9 Rn 108 ff.) bei dem zuständigen Finanzamt.

5 Auch wenn eine konstituierende Sitzung keine zwingende Voraussetzung für die Aufnahme der Arbeit durch die Stiftungsorgane ist, sollte eine solche Sitzung gleichwohl möglichst bald nach der Anerkennung der Stiftung abgehalten werden.

Praxisbeispiel: Tagesordnung für die „Konstituierende Sitzung eines Stiftungsvorstands"
Die Tagesordnung der konstituierenden Sitzung, zu der sich möglichst alle Mitglieder zusammenfinden oder vertreten lassen sollten, könnte wie folgt lauten:
„Konstituierende Sitzung eines Stiftungsvorstandes"
Tagesordnung
Begrüßung durch den Stifter
1. Feststellung der ordnungsgemäßen Einladung und der Beschlussfähigkeit
2. Wahl des Protokollführers
3. Bericht über die Anerkennung der Stiftung
4. Wahlen
   a) Vorsitzender des Stiftungsvorstandes
   b) stellvertretender Vorsitzender des Stiftungsvorstandes
   c) …

5. Beratung über die Stiftungsarbeit und anstehende Aufgaben
   a) Vorstand und Stellvertreter der Stiftungsbehörde anzeigen sowie Vertretungsbescheinigung für die Vorstandsmitglieder X und Y bei der Stiftungsbehörde anfordern (falls noch nicht geschehen)
   b) Antrag auf Feststellung der Satzungsmäßigkeit gem. § 60a AO bei dem zuständigen Finanzamt stellen
   c) Bankverbindung: Verfügungsberechtigung
   d) Besetzung des freiwilligen Fachbeirates
   e) erste Projekte
   f) erste Spendensammelaktionen
   g) Anlage des Stiftungsvermögens
   h) …
6. Termine: Sitzungstermine und sonstige Treffen
7. Sonstiges

Ist in dem Stiftungsgeschäft oder der Satzung noch kein Vorsitzender des Vorstands gewählt, stellt sich die Frage, wer zu der konstituierenden Sitzung einlädt. Entsprechendes gilt für etwaige andere Stiftungsorgane. Es kann dann etwa eine entsprechende Regelung in das Stiftungsgeschäft aufgenommen werden: 6

Formulierungsbeispiel: Satzungsregelung zur Einladung zur „konstituierende Sitzung des Stiftungsvorstands"
„Zu der ersten konstituierenden Sitzung des Vorstandes und auch des Stiftungsrates lädt der Stifter die jeweiligen Organmitglieder unter Übersendung einer Tagesordnung mit einer Frist von 14 Tagen unverzüglich nach Anerkennung der Stiftung ein."

B. Stiftungsalltag: Tätigkeit und Verwaltung einer Stiftung

Der Begriff **„Management"** war im Zusammenhang mit gemeinnützigen Stiftungen bis Ende der neunziger Jahre des letzten Jahrhunderts noch nicht en vogue. Es ist ein Verdienst vor allem des Bundesverbandes Deutscher Stiftungen[9] und einiger engagierte Streiter für das Thema,[10] das geändert zu haben. 7

9 Siehe etwa den dortigen „Gesprächskreis Stiftungsmanagement" und die einschlägigen Publikationen (www.stiftungen.org – Stichwort: Stiftungsmanagement).

10 Grundlegend vor allem *Weger*, Die Roten Seiten zum Magazin Stiftung & Sponsoring 02/1999; *ders.*; Blick durch die Wirtschaft 1992, 1 ff. (Sonderdruck). Die Ergebnisse einer empirischen Studie zum Management von Stiftungen präsentiert *Sandberg*, ZSt 2006, 99; jüngst ausführlich *Schlichting*, Die Roten Seiten zum Magazin Stiftung & Sponsoring 03/2015.

Klar ist, dass auch in der Welt der NPO (vulgo: „Welt der Gutmenschen") guter Wille allein nicht reicht.[11] **Man muss nicht nur Gutes tun, man muss es auch gut tun**, sprich: Den Stiftungszweck professionell erfüllen.

I. Generelle Hinweise für Stiftungsmanager und Stiftungsberater

8 *Prof. Dr. Hans Fleisch*, ein besonders erfahrener Mistreiter im Stiftungswesen[12] und seit 2005 Generalsekretär des Bundesverbandes Deutscher Stiftungen sowie Geschäftsführer der Deutschen StiftungsAkademie (DSA), hat einen sehr schönen Leitfaden für eine erfolgreiche Stiftungsarbeit vorgelegt.[13] Dort gibt er einleitend „Elf Ratschläge"[14] für Stiftungsmanager, die wir hier gerne nennen und dringend zur Lektüre empfehlen, wobei wir der Ansicht sind, dass auch die Stiftungsberater das alles beherzigen sollten – einschließlich der Rechtsanwälte, Steuerberater und Wirtschaftsprüfer.

Praxishinweis: Elf Ratschläge für Stiftungsmanager (von Fleisch)
Rat 1: Seien Sie verschwenderisch![15]
Rat 2: Fokussieren Sie!
Rat 3: Setzen Sie Ziele!
Rat 4: Planen Sie!
Rat 5: Informieren Sie sich!
Rat 6: Seien Sie kooperativ!
Rat 7: Regeln Sie!
Rat 8: Seien Sie menschlich!
Rat 9: Interessieren Sie sich für Geldfragen
Rat 10: Seien Sie optimistisch!
Rat 11: Managen Sie sich selbst!

9 Dabei bleibt *Fleisch* aber nicht stehen. Er konkretisiert die Ratschläge, indem er versucht, die Voraussetzungen für erfolgreiches Stiftungsmanagement in

---

11 So lautet denn auch passend die Überschrift in dem Bericht von *Gesellensetter* im HB vom 30.5.2014, 13, zum Stiftungstag 2014 des Bundesverbandes Deutscher Stiftungen. Siehe etwa auch *Saß*, FuS 2014, 119 unter Ziffer II. „Stiftungshandeln professionalisieren".

12 http://www.stiftungsrecht-plus.de/stiftungspersoenlichkeiten-11-fragen-an/prof-dr-hans-fleisch/index.html.

13 *Fleisch*, Stiftungsmanagement. Ein Leitfaden für erfolgreiche Stiftungsarbeit, Stiftungs-Ratgeber Band 4 (Bundesverband Deutscher Stiftungen), 2013; siehe dazu auch die Rezension von *Schiffer*, http://www.stiftungsrecht-plus.de, Rubrik „Für Sie gelesen" vom 17.10.2013.

14 *Fleisch*, Stiftungsmanagement, 2013, S. 16 ff.

15 „Bescheidenheit ist" aber dennoch auch „eine Zier", siehe dazu *Schiffer*, StiftungsBrief, 2014, 141.

„Neun Erfolgsvoraussetzungen“ zu umschreiben.[16] Ergänzend ist auf die „Grundsätze guter Stiftungspraxis des Bundesverbandes Deutscher Stiftungen zu verweisen (siehe § 14 Rn 56 ff.). Dort finden sich praxisnahe Erläuterungen, Hinweise und Anwendungsbeispiele aus dem Stiftungsalltag.

Praxishinweis: Neun Erfolgsvoraussetzungen nach Fleisch für das Stiftungsmanagement (kommentiert)

Erfolgsvoraussetzung 1: Das Recht beachten!

Jawohl, denn ohne Beachtung des rechtlichen und steuerrechtlichen Rahmens geht die Stiftungsarbeit ganz sicher früher oder später schief. Davon handeln deshalb weite Teile dieses Buches.

Erfolgsvoraussetzung 2: Selbstverständnis klären und Strategie entwickeln

Eine Stiftung ist, auch wenn sie keine unternehmensverbundene Stiftung ist und auch wenn sie gemeinnützig ist, immer ein Unternehmen[17] und das braucht eine Strategie, und zwar eine sorgsam durchdachte und erarbeitete schriftliche Strategie (strategische Planung), die immer wieder einmal auch zu überdenken und zu aktualisieren ist.

Erfolgsvoraussetzung 3: Planung und Controlling

Planen (mit Zwischenzielen und Meilensteinen!) ist wichtig. Wer die „Einhaltung“ der operativen Planung[18] nicht kontrolliert, braucht gar nicht erst zu planen. Wer aber den (Powerpoint-)Controllern im Ergebnis die Führung des Unternehmens Stiftung überlässt, liegt auch daneben. Controller sind keine „Manager“, sie üben eine wichtige, aber letztlich dienende Funktion für das Management der Stiftung aus. Motto: Statistiken, Zahlenbalken und Powerpoints erleichtern das Management, sind aber noch kein Management.

Wie inzwischen in der Stiftungsszene „geprüft“ wird, zeigt ein kleiner Aufsatz von *Berg*, wonach die bisher vielfach übliche „Evaluierung“ nicht mehr die Erwartungen erfüllen soll.[19] Stattdessen werde eine „Wirkungsmessung“ dahingehend gefordert, ob die Stiftungsarbeit eine Veränderung erreicht habe. Geht man einfach einmal mit dem entsprechenden Schlagwort bei „wikipedia“ davon aus, dass unter Evaluation (Evaluierung) „meist die Bewertung von Projekten, Prozessen und Organisationseinheiten verstanden“ wird, so verstehen wir die feine Begriffsdifferenzierung von *Berg* nicht ganz. Es sind doch nur Schlagworte, aus denen der Autor dann (leider) versucht,

16 *Fleisch*, Stiftungsmanagement, 2013, S. 52 ff.

17 Dazu jüngst *Schlichting*, Rote Seiten zum Magazin Stiftung & Sponsoring 3/2015.

18 Siehe zu solchen Kontrollaufgaben eines Kontrollorgans *Schiffer*, in: Arens/Tepper, Praxisformulare Gesellschaftsrecht, 4. Aufl. 2013, § 16 (S. 1063 ff.).

19 *Berg*, FuS 2013, 67.

Bedeutungsinhalte abzuleiten. Es kann auch nicht überraschen, dass mit einer zunehmenden Professionalisierung in der Stiftungswelt und mit zunehmenden Erfahrungen Schlagworte breitere und aktualisierte Bedeutungen erhalten. Das ist die Folge gewachsener Erkenntnisse. Sprich: Evaluierung bedeutet eben nach aktueller Auffassung überzeugenderweise auch Wirkungsmessung. Es gibt ja auch genügend (kleinere) Projekte, wie auch *Berg* anmerkt,[20] bei denen sich eine Wirkungsmessung nicht wirklich durchführen lässt oder wegen ihres geringen Umfanges nicht opportun ist.

Erfolgsvoraussetzung 4: Regeln aufstellen

Ja, die Regeln der Zusammenarbeit innerhalb der Stiftung (etwa Geschäftsordnung; siehe § 3 Rn 76 f.) und der Projektarbeit, des Projektmanagements[21] („Zuwendungsreglement", „Förderreglement" etc.; siehe auch § 5 Rn 73 f.) sollten feststehen. Sie sind neben der Satzung der Rahmen. Da weiß dann jeder, woran er ist. Das erleichtert ganz deutlich das Management. Hier gilt Entsprechendes wie es bereits zu Planung und Controlling gesagt wurde.

Erfolgsvoraussetzung 5: Systematische Kooperation

Systematische Kooperationen im Sinne der Zweckerfüllung (Kooperationsstrategie, Kooperationspartner, Kooperationsstruktur etc.) werden immer wichtiger. Das geht noch weit über ein funktionierendes Netzwerk (siehe auch § 14 Rn 19 f.) hinaus. Gerade das Gemeinnützigkeitsrecht stellt für Kooperationen aber einige Hürden auf (siehe § 9 Rn 253 ff.).[22]

Erfolgsvoraussetzung 6: Hebelnutzung

Das ist in Zeiten eines danieder liegenden „Zinsmarktes" unerlässlich und ist quasi die Optimierung der Nr. 5.

Erfolgsvoraussetzung 7: Kompetentes Personal

Als Einzelkämpfer geht oft erstaunlich Vieles, aber eben lange nicht alles. Kompetente Mitstreiter sind deshalb unerlässlich.

Erfolgsvoraussetzung 8: Effektive Kommunikation[23]

Das betrifft nicht nur die Öffentlichkeitsarbeit zur Stiftung und deren Arbeit und das entsprechende Marketing (siehe Rn 20 f.), sondern erfahrungsgemäß auch die interne Kommunikation innerhalb der Stiftung,[24] die beson-

20 *Berg*, FuS 2013, 67, 68.

21 Siehe dazu schon *Schiffer/Steinmann*, DSWR 1996, 271; *Schiffer*, Der Unternehmensanwalt, 1997, S. 221 ff.

22 Siehe dazu etwa *Schunk*, Kooperation zwischen gemeinnützigen Körperschaften und das Unmittelbarkeitsgebot nach § 57 AO, 2014.

23 Siehe dazu etwa auch *Braun/Lotter*, Stiftung & Sponsoring 2/2009, 20; *Rehländer*, Wie Stiftungen vom Web 2.0 profitieren, Stiftung & Sponsoring – Rote Seiten 04/2013; *Hieninger*, Stiftung & Sponsoring 1/2015, 16.

24 *Rummel*, ZStV 2013, 236, 237.

ders fehleranfällig ist. Die Kommunikationsmissverständnisse unter uns Menschen sind (negativ) „legendär". Die Welt- und Geschichtsliteratur ist voll davon.

Erfolgsvoraussetzung 9: Finanzielle Ressourcen

Vermögensverwaltung (siehe § 5 Rn 56 ff.) und Fundraising (siehe § 5 Rn 111 ff.) sind hier ganz wesentliche Schlagworte.

Ein weiterer wesentlicher allgemeiner Punkt bei der Stiftungsarbeit ist die **„Fehlerkultur"**, der „Umgang mit Fehlern und Misserfolgen in Stiftungen".[25] Es geht letztlich um das alte „Aus-Fehlern-Lernen", d.h. um eine **„Lernkultur"**! Dabei beinhaltet die Lernkultur natürlich sinnvollerweise nicht nur den Blick nach innen, sondern auch den Austausch mit anderen.[26] 10

II. Stiftungsmanagement

Hier können die vielfältigen Einzelheiten und Überlegungen zum erfolgversprechenden **„Stiftungsmanagement"** ersichtlich nicht im Einzelnen dargestellt werden. Dem geneigten Leser sollen jedoch die wesentlichen Schlagworte, verschiedene praxisnahe Fundstellen und einige Original-Töne an die Hand gegeben werden. 11

Horst Görgen, Bankkaufmann, Dipl.-Betriebsw., Stiftungsmanager, Bonn, zum Thema: **Management von Stiftungen** 12

Das Management von Stiftungen ist mit dem Führen eines rein betriebswirtschaftlich ausgerichteten Unternehmens nur bedingt zu vergleichen. Die Fokussierung auf gemeinnützige oder mildtätige Zwecke erfordert besonderes Know-how und langjährige Erfahrung. Dabei geht es nicht nur um die Herausforderungen, denen sich Stifter und Stiftungen in regulativer und steuerrechtlicher Hinsicht stellen müssen – vielmehr noch ist darüber hinaus der Faktor Mensch besonders zu berücksichtigen.

Denn im Kern geht es bei Stiftungen doch darum, dass sich Menschen (zumeist ehrenamtlich, und damit seitens der Führung nur bedingt sanktionierbar) engagieren, um gemeinsame Ziele zu realisieren. Die Vermittlung von Wertschätzung des Einzelnen und seiner Arbeit ist dabei genauso wichtig wie das Zusammenbringen von unterschiedlichen Gruppen mit gleichgerichteten Interessen. Eine Stiftung kann langfristig keine One-Man-Show sein.

---

25 Siehe dazu mit Umfrageergebnissen *Rummel*, ZStV 2013, 236, 237; *Bischoff/Hagedorn/Lassalle/Rummel*, Aus Fehlern lernen – Potenziale für die Stiftungsarbeit, 2013 (kostenlos abrufbar unter https://shop.stiftungen.org/aus-fehlern-lernen-ebook).

26 Siehe dazu etwa *Saß*, FuS 2014, 119, 120.

Der Logistik, den Partnern und dem Netzwerk, in das eine Stiftung eingebettet ist, fallen deshalb ganz besondere Rollen zu, die schon bei Stiftungsgründung mit Bedacht geplant werden sollten. Hier effiziente Strukturen aufzubauen ist nur möglich, wenn die Stiftung nachhaltig in ihrer Gesamtheit begriffen wird. Manager von Stiftungen sind so mit der Herausforderung konfrontiert, eine komplexe Struktur in allen Facetten bedarfsadäquat zu bedienen.
Unsere Sparkasse hat in den letzten gut vierzig Jahren in der Region Köln/Bonn neun eigene Stiftungen mit einem aggregierten Stiftungskapital von über 90 Millionen EUR begründet, die sich zu einem wesentlichen Baustein der Stiftungslandschaft in Köln und Bonn entwickelt haben. Im Management dieser Stiftungen haben wir über die Jahrzehnte ein breites und nachhaltiges Verständnis für die Bedarfe von Stiftungen entwickelt. Dies ist die Grundlage, auf der wir aufbauen, wenn wir für fast neunzig Stiftungen von Kunden unseres Hauses mit ganz individuellen Dienstleistungsangeboten tätig sind.
Wir wissen: Um bei der Begleitung von Stiftungen langfristig erfolgreich zu sein, reicht es nicht aus, nur einen Teil der Stiftungsarbeit abzudecken. Banken, die nur die Vermögensanlage für Stiftungen anbieten, werden ihre Kunden nie ausreichend verstehen. Unsere Philosophie ist deshalb: Wir bieten ein umfassendes Repertoire an Managementdienstleistungen, aus denen unsere Kunden das auswählen, was sie benötigen.

13 Strategische Projektarbeit, Projektauswahl, Projektmanagement, Personalentwicklung und Ressourcenmanagement, Kooperationen von Stiftungen, Netzwerke als Instrument von Projektarbeit, aber etwa auch **Social Franchising**[27] sind hier wichtige Begriffe, mit denen sich auch der Stiftungsbegleiter und der Stiftungsmanager vertraut machen sollten.

14 **Gemeinnützige Unternehmensstiftungen** können besonders erfolgreich wirken. Sie können im Idealfall Unternehmertum mit einer professionellen Förderung der Allgemeinheit verbinden. Mit profunden Hinweisen zur Konzeption, Gestaltung und Arbeitsweise solcher Stiftungen hat sich auch hier immer wieder *Weger* hervorgetan.[28]

15 Die **Projektarbeit** und die **Förderpraxis** von Stiftungen werden generell genauer betrachtet. Mit der zunehmenden Ausbildung und Erfahrung der in den Stiftungen tätigen Menschen wird sie je nach Themenbereich immer genauer durchdacht und hinterfragt. So gibt es zwischenzeitlich beispielsweise einen

27 Grundlegend *Fleisch* (Hrsg. für den Bundesverband Deutscher Stiftungen), Social Franchising – Praktische Richtlinien, Fallbeispiele, Checklisten, 2008.

28 Siehe nur *Weger*, Die Roten Seiten zum Magazin Stiftung & Sponsoring 04/2000.

Entwurf zur Erarbeitung von „Grundsätzen guter Förderpraxis für wissenschaftliche Stiftungen".[29] Der Entwurf ist bei der Tagung des Arbeitskreises Wissenschaft und Forschung des Bundesverbandes Deutscher Stiftungen im Februar 2014 in Bonn diskutiert worden.[30]

Wie es dagegen leider noch immer nicht ganz selten im Stiftungsalltag läuft, 16
zeigt der nachfolgende „Zwischenruf".[31]

Zwischenruf: Auswahl gemeinnütziger Projekte und Förderungen

Kennen Sie das auch? Die Stiftungsorganmitglieder sitzen zusammen und beratschlagen, welche Projekte durchgeführt und/oder welche Projekte gefördert werden sollen. Da gibt es dann immer wieder einmal die eine Mitstreiterin oder den einen Mitstreiter, die ganz fröhlich und ausdauernd, ihnen „nahestehende" Projekte nach ihrem Gusto vorschlagen. Projekte, bei denen etwa auch ihre Freunde und/oder ihre Ehepartner engagiert sind. Deshalb kennen sie die Projekte ja so gut, die sie zudem seit Jahren auch schon unterstützen. Man kenne sich ja! (In der Tat ist die Szene oft klein.) Oder sie sitzen gar bei den betreffenden Körperschaften selbst im Vorstand. Die Projekte seien jedenfalls toll.

Geht das? Nun, das kommt darauf an. Es lassen sich für die hier typisiert skizzierte Situation durchaus einige einschränkende Regeln identifizieren, denn die Organmitglieder verwalten innerhalb der Stiftung fremdes Vermögen und fremdes Geld, nämlich Vermögen und Geld der Stiftung. Die Organmitglieder sind nicht Eigentümer der Stiftung. Sie sind treuhänderisch für die Stiftung tätig. Mit dem fremden Geld können sie nicht einfach „nach eigenem Geschmack" verfahren, sondern nur in dem durch den Stifterwillen (die Stiftung) und das Gesetz gesteckten Rahmen. Ihr eigener Wille ist überhaupt nur in diesem Rahmen zulässig.

Oberster Maßstab für die Stiftungsorgane und deren Mitglieder ist der Stifterwille. Da ist es nicht ausreichend, dass das betreffende Projekt (formal noch) im Rahmen der Stiftungszwecke liegt, wenn es nicht von dem ggf. engeren Stifterwillen gedeckt ist.

Beispiel: Wenn der Stifter bedürftige Jugendliche in seiner Stadt unterstützen wollte und die Stiftung das entsprechend dem Stiftungszweck bisher auch getan hat, dürfte die Unterstützung von Jugendlichen in einer anderen Stadt, die das oben angedachte Organmitglied präferiert, nicht möglich sein. Ganz ausgeschlossen ist es, dass Organmitglieder klaren Eigeninteressen dienen. Grund für eine Förderentscheidung darf gar nicht sein, dass man

29 Abrufbar unter www.stiftungen.org, AK Wissenschaft und Forschung, Bonn 2014.

30 Siehe dazu http://www.stiftungen.org/de/veranstaltungen/arbeitskreise-und-foren/ak-wissenschaft-und-forschung/bonn-2014.html.

31 Siehe auch schon *Schiffer*, StiftungsBrief 2014, 181.

seinem Ehegatten und dessen Engagement dienen will oder der NPO, bei der man (auch) im Vorstand sitzt. Der Schwabe sagt dazu etwas beschönigend **„Das hat Geschmäckle."** Der Jurist sieht da eher unzulässige Insichgeschäfte und/oder Interessenkonflikte, die bis zur Straftat der Untreue (§ 266 StGB) führen können.
Was ist zu tun? In der Stiftungssatzung kann man das Problem deutlich ansprechen und den Organmitgliedern vor Augen führen. Hier ein Beispiel für eine Satzungsklausel:
„Die Mitglieder des Stiftungsvorstands und des Stiftungsrats dienen bei ihrer Tätigkeit für die Stiftung ausschließlich dem Stiftungsinteresse und sind nur diesem verpflichtet. Keines der Organmitglieder darf bei seinen Entscheidungen im Rahmen der Stiftung unmittelbar oder mittelbar persönliche Interessen verfolgen. Kein Organmitglied darf bei Entscheidungen zur Mittelvergabe mitwirken, wenn es unmittelbar oder mittelbar selbst betroffen ist oder wenn es einem durch die Entscheidung unmittelbar oder mittelbar Betroffenen nahe steht."

17 Natürlich wird in der Folge auch der konkreten **Evaluation** und der **Qualitätssicherung** zur Projektarbeit und Förderpraxis in der Stiftungspraxis erfreulicherweise zunehmend mehr Aufmerksamkeit gewidmet.[32] Um eine langfristig erfolgreiche Stiftungstätigkeit sicherzustellen, reicht es nicht, einfach nur die Mittelverwendung zu dokumentieren und zu kontrollieren. Es sind sinnvollerweise Nützlichkeitsstandards, Durchführungsstandards (einschließlich Fairnessstandards) und Genauigkeitsstandards zu erarbeiten (siehe auch § 14 Rn 56 ff.).

Dr. Ambros Schindler, Essen, Mitglied des Stiftungsrates des DSZ – Deutsches Stiftungszentrum, Vorstand in (Unternehmens-)Stiftungen im Stifterverband: **Erfolgsfaktoren der Stiftungsarbeit Weitsicht, Erfahrung, Professionalität – Garanten für erfolgreiche Stiftungen**
„Maßgeschneiderte Satzungen sind die Basis für erfolgreiches Stiftungswirken. Viel entscheidender ist es aber, den Stifterwillen auf dieser Grundlage auch effizient und nachhaltig umzusetzen. Ein professionelles Stiftungsmanagement trägt wesentlich zum Gelingen des Unternehmens Stiftung bei.
Die Planungsphase bietet dem Berater die Chance, seine Erfahrungen im Bereich der Stiftungstätigkeit einfließen zu lassen. Mit welchen Mitteln lassen sich die stifterischen Ziele möglichst effektiv erreichen? Es gibt die unterschiedlichsten Maßnahmen, beispielsweise die musikalische Früherzie-

32 Ausf. schon *Beywl/Henze/Mäder/Speer*, Die Roten Seiten zum Magazin Stiftung & Sponsoring 02/2002; Stiftung & Sponsorin 4/2014 (Themenheft); *Schober/Then*, Praxishandbuch Social Return on Investment, Wirkungen sozialer Investitionen messen, 2015.

hung zu fördern. Will die Stiftung Instrumente bereitstellen, Kinder in die Oper bringen – Vor oder auf der Bühne? –, Musikschulprojekte unterstützen oder sich auf die Ausbildung der Erzieher und Lehrer fokussieren? Hier ist ein gewachsenes Netzwerk in die Förderlandschaft von unschätzbarem Wert.
Eine schlanke Gremienstruktur minimiert den Verwaltungsaufwand und lässt mehr zeitlichen und finanziellen Raum für die Zweckverwirklichung.
Ein stiftungsspezifisches Rechnungswesen und EDV-basiertes Projektmanagement sind Grundlage für die Entscheidungen der Stiftungsgremien, die Berichterstattung gegenüber den Behörden sowie für die Information der Förderer und der interessierten Öffentlichkeit.
Weitsicht in der Planung, Erfahrung in der Stiftungsarbeit und Professionalität im Management sind unabdingbar für erfolgreiche Stiftungen."

Kostenrechnung ist nicht nur etwas für die Wirtschaft. Vermehrt wird auch 18
erkannt, dass eine **professionelle Kostenrechnung** zumindest für größere Stiftungen unerlässlich ist zur Planung und Kontrolle der „Unternehmung" Stiftung, für ein effizientes „Berichtswesen" und ganz allgemein zur Steuerung einer Stiftung.[33] Die Kostenrechnung bildet die Basis eines effektiven **Stiftungs-Controlling** (siehe auch schon oben Rn 9).

Werner Euskirchen, Bad Honnef, Steuerberater und vereidigter Buchprüfer: 19
Mit Businessplan und Controlling Stiftungen steuern
„Wie ein Navigationsgerät Autofahrer zum Ziel führt, hilft ein der Größe und den Besonderheiten der Stiftung angepasstes Controlling, ihre Ziele zu erreichen. Controlling bedeutet eben nicht ‚kontrollieren' sondern ‚planen, lenken und steuern'.
Mit der richtigen Software und fähigen Anwendern können Zukunftserwartungen zahlenmäßig abgebildet werden und durch Soll(Plan)- und Ist-Analysen abgeglichen werden, um frühzeitig Fehlentwicklungen, Liquiditätsengpässe einerseits, aber auch krasses Missmanagement oder Unterschlagungen und Veruntreuungen zu erkennen.
So wie ein Auto auch heute noch ohne Navigationsgerät, aber mit viel unnötigem Zeitaufwand und Stress zum Ziel kommen kann, kann auch eine Stiftung theoretisch ohne Controlling auskommen. Vertrauen in den Weitblick, die Professionalität und das Verantwortungsbewusstsein von Vorständen, Geschäftsführern oder Kontrollorganen ist ohne ein funktionierendes Controlling allerdings nicht denkbar. Dem weit verbreiteten Widerstand gegen Planung und Controlling kann nur entgegengehalten werden: (be-

33 Ausf. *Sandberg*, Die Roten Seiten zum Magazin Stiftung & Sponsoring 01/2001.

triebs-) wirtschaftliche Ziele werden nicht verfehlt, weil sie unscharf formuliert sind, sondern weil Zielverfehlungen keine Konsequenzen haben.
Dies erfahren wir in unserer täglichen Arbeit insbesondere dann, wenn Spender, Stifter, Kreditinstitute und öffentliche Zuwendungsgeber über die Wirksamkeit und den Erfolg ihrer Finanzbeiträge nachdenken.
Tipp: Europäische und nationale Beratungskostenzuschüsse[34] für die Implementierung von Controllingmodulen in Stiftungen stehen abrufbereit!"

20 Zu einer professionellen Stiftungsarbeit[35] gehört nicht zuletzt auch ein professionelles **Marketing**[36] und eine gute **Öffentlichkeitsarbeit**[37] für die einzelnen Projekte der Stiftung im Speziellen[38] und für die jeweilige Stiftung im Allgemeinen. Dazu kann es etwa auch gehören, dass eine Stiftung regelmäßig ihre Destinatäre, Kooperationspartner oder auch abgelehnte Antragsteller befragt und um ihre Meinung bittet, ihre Arbeit also evaluiert.[39]

Jutta Giffels, Regionalreferentin Fundraising, Leiterin des Kompetenz-Center Stiftungen einer Bank, Düsseldorf, zum Thema: **Stiftungsmarketing – von Anfang an und für die Ewigkeit**
„Stiftungsgründer und neu gegründete Stiftungen haben durch die vielen, oft komplizierten Detailfragen einen hohen Beratungsbedarf. Neben den Überlegungen zu Stiftungsform, Satzung, Anlagerichtlinien und Zweck ist es jedoch ebenso wichtig, schon früh an die spätere Wirkung der Stiftung in der Öffentlichkeit zu denken. Die Erfahrung zeigt, dass schon die Namensgebung einer der wichtigsten Bausteine für nachhaltigen Erfolg in der Außenwahrnehmung und damit auch der erste Schritt zu erfolgreichem Fundraising ist. Oft haben Gründer bereits feste Vorstellungen vom Stiftungsnamen, beispielsweise den Wunsch nach Erhalt des Familiennamens. Zu bedenken ist dabei, wie dieser Name auf mögliche Spender oder Zustifter wirkt und ob er für die Stiftung auch langfristig „funktioniert". Kurze,

34 Generell zum Thema „Gewährung von Zuschüssen unter beihilferechtlichen Gesichtspunkten" siehe *Ritter*, StiftungsBrief 2015, 30.

35 Zu einem dienstleistungsorientierten Stiftungsmanagement *Schnurbein*, Stiftung & Sponsoring – Die Roten Seiten 5/2010.

36 Siehe etwa aus der Praxis *Giffels*, Die Stiftung 4/2010, 27 f.; siehe aus jüngerer Zeit auch Ausgabe 2/2012 des Magazins Fundraiser mit dem Themenschwerpunkt Werbung von Non-Profit-Organisationen; *Hieninger*, Stiftung & Sponsoring 3/2015, 16.

37 Siehe etwa den Leitfaden der *Stiftung Mitarbeit*: http://www.mitarbeit.de/753.html („Ein Leitfaden für Projekte, die Fördermittel von der Robert-Bosch-Stiftung erhalten").

38 Siehe dazu etwa auch schon *Hamann*, Stiftung & Sponsoring 5/2002, 16.

39 *Jungheim*, Die Stiftung 5/2011, 32; *Berg*, FuS 2014, 182.

einprägsame und Internet-taugliche Stiftungsnamen, die sich selbst erklären, sind die beste Wahl. Am Ende sollten sich alle mit dem Namen der Stiftung wohl fühlen, denn die Gründung einer Stiftung ist für viele durchaus vergleichbar mit der Geburt eines eigenen Kindes – und damit eine höchst emotionale Angelegenheit.
Bewährt hat sich außerdem, bereits in der Gründungsphase mit der Erstellung eines Stiftungsprofils zu beginnen. Dabei sind alle gefragt: Stifter, Gremienmitglieder und alle in der Stiftung tätigen Mitarbeiter – sie geben der Stiftung die individuelle Prägung. Durch Festlegung auf Zielgruppen sowie Planung der Instrumente zur jeweiligen Ansprache werden weitere Rahmenbedingungen festgelegt. Je interessanter und authentischer eine Stiftung über ihre Historie, die Stiftungszwecke und deren Erfüllung informiert, desto höher ist der Grad an Aufmerksamkeit. Die Zahl eingehender Spendengelder ist eng mit guter Informationspolitik verbunden. Junge Stiftungen sollten daher nicht fragen, worüber sie gerne informieren möchten, sondern erkunden, was die Öffentlichkeit interessiert. So werden die wirklich interessanten, berührenden und zum Spenden anregenden Details herausgestellt. Erst wenn sich der potenzielle Zustifter/Spender gut informiert fühlt, die Projektarbeit transparent, seriös und förderungswürdig hält, wird er sich dazu entschließen, dieser Stiftung – und keiner anderen – sein Geld anzuvertrauen.
Gerade im Bereich Stiftungsmarketing sind daher Kreativität, Ideenreichtum und Menschenkenntnis der Berater unabdingbar, um gemeinsam mit den Stiftern neue Corporate Designs zu gestalten, die der Stiftung nach innen und außen ein einprägsames und unverwechselbares Image verleihen. Auch kleinere Stiftungen können schon mit geringem Aufwand eigenständige Marketingkonzepte entwerfen und realisieren. Alle Werbeaktivitäten werden dann in die übergeordnete PR-Strategie integriert und, jeweils nach Möglichkeit, durch Pressearbeit unterstützt. Ein individuell erstelltes Fundraising-Konzept hilft langfristig beim Einwerben von Spenden, Zustiftungen und anderen Fremdmitteln. Gemeinsam können so tragfähige Lösungen erarbeitet werden, um die Stiftung gut aufzustellen – für die Ewigkeit."

Die neuen Medien machen natürlich auch vor der Stiftungswelt nicht halt. 21
www.stiftungsrecht-plus.de ist nur ein Beispiel dafür. Die dazu nicht selten auffallend kontrovers geführten Diskussionen zum Thema veranlassten den Autor *Schiffer* zu dem folgenden Zwischenruf:[40]

40 Siehe auch *Schiffer*, StiftungsBrief 2012, 82.

Zwischenruf: Soziale Netzwerke, Web 2.0, ... als Spaltpilze?

Unsere Kinder lieben es: Facebook, Twitter & Co. Mir begegnet das, was Kenner locker Web 2.0 oder Social Media nennen, natürlich auch immer öfter und das auch in der Stiftungswelt. (Bitte jetzt keine Begriffsdiskussion, weil ich mich mit einer leicht unscharfen Begriffsverwendung als Laie geoutet habe! Irgendwie bin ich ja z.B. mit www.schiffer.de seit 1995 auch dabei, aber wohl nicht auf dem neuesten Stand, wie mir Web-Fans jeglichen Alters immer wieder gerne erläutern: „Twitter doch auch".)

Worum geht es?

Auch die Gemeinnützigkeitswelt setzt wie die Wirtschaftswelt zunehmend auf die „Neuen Medien". Sogar und vermehrt auch in Kreisen älterer Herrschaften (Ich bin auch schon 57 (2015)!) finden sich zunehmend solche, die vorschlagen: „Wir (in der Stiftung, im Verein, ...) müssen jetzt auch bei Facebook mitmachen. Wir wollen doch auch die jungen Leute erreichen. Ich habe da schon einmal einen möglichen Auftritt für uns vorbereitet." Dann werden einige schöne Bilder an die Wand geworfen, wie der Auftritt etwa bei Facebook für besagte Stiftung oder besagten Verein aussehen könnte.

So weit, so gut! Der geneigte Leser dieser Zeilen ist ja auch schon mittendrin. Aber dann geht es los. Es finden sich nämlich auch immer solche, die auf die immer wieder mehr oder weniger kenntnisreich diskutierten „ganzen Gefahren" hinweisen, die damit verbunden sind: Datensicherheit, Datenschutz,[41] Datenspeicherung und Datenklau – ausspionieren, Nutzerprofile etc.

Und dann? Dann versteht man sich kaum noch. Man führt fast einen „Glaubenskrieg". (Weil die Materie eben nicht so ganz simpel ist, bleibt dann oft nur noch das Glauben!) Die einen sind absolute Fans des Neuen, das sie vermeintlich oder wirklich gut kennen. Die anderen sind profunde Skeptiker und wenden sich gegen das Neue, das sie vermeintlich oder wirklich nicht gut kennen. Ich will die Diskussion hier nicht nachzeichnen. Sie wird leider ähnlich geführt, wie wohl (ich war nicht dabei, habe es aber gelesen) die Diskussion bei der Einführung der Eisenbahn und der Kfz. Als hätten wir nichts gelernt. Was hätten wir denn lernen können?

Einige Punkte hätten wir schon lernen können, d.h. könnten wir bei der Diskussion im Sinne der Sache sehr wohl beachten. Ich möchte hier einmal 7 Punkte nennen und das absolut subjektiv aufgrund meiner durchaus auch zufälligen Erfahrungen:

1. Natürlich sollte man wissen, wovon man redet. Umso wichtiger ist es, aufzuklären und möglichst alle Facetten eines Themas zu beleuchten.

41 Speziell zum Datenschutz in Stiftungen siehe *Richter* (Leiter der Stiftung Datenschutz), Stiftungswelt 02/2014, 84.

Bilder sind dabei hilfreich, aber reichen nicht. Die Argumente in der Sache zählen. So wenig wie mir von einer Bank zur Vermögensverwaltung die unsäglichen PowerPoint-Präsentationen reichen, tun sie es bei diesem Thema.

2. Jeder sollte mit seinen Gedanken und Ängsten auch bei diesem Thema sehr ernst genommen werden. Es geht darum, die Skeptiker zu überzeugen. Die einhergehenden Gefahren sollten jedenfalls sehr ernst genommen werden,[42] aber dazu muss man sich damit befassen, um die Gefahren überhaupt erst einmal zu erkennen.
3. Wir wissen wohl alle, dass diese Art der Kommunikation „mainstream" ist oder werden wird. Das beantwortet im konkreten Fall allerdings noch nicht die Frage, ob und wie man dabei sein soll/will. Und auch nicht die Frage, warum (!) man überhaupt dabei sein soll/will.
4. Der allgemeine Hinweis, dass man auf diese Weise junge Menschen besser erreicht, überzeugt nicht. Entscheidend ist doch, welche konkrete Zielgruppe man mit Facebook, Twitter & Co. erreichen will. Und eben auch, was man bei dieser Zielgruppe erreichen will.
5. Im nächsten Schritt, sollte man dann wissen, ob man das, was man sich vorgenommen hat, wirklich in richtig guter Qualität leisten kann und das nachhaltig. In einer Qualität, die sich abhebt und nicht als ein reines „Me-Too"-Produkt irgendwie mitschwimmt. (*„Das machen doch tausende andere auch so!"*) Unter anderem nach *Kurt A. Niehaus* gelten auch hier **die berühmten 5 As** als Motto: **Angenehm anders als alle anderen.**
6. Diverse Rechtsfragen, wie auch die unumgänglichen konkreten Verantwortungszuweisungen (Es soll ja schon mal Haftungsfragen im www. gegeben haben.) lassen sich in den Griff bekommen.
7. Schließlich wird zu überlegen sein, ob sich der Aufwand, wenn er den tatsächlich nachhaltig geleistet werden kann, auch wirklich lohnt. Gerade die Entscheider in gemeinnützigen Organisationen müssen mit den ihnen treuhänderisch anvertrauten Mitteln ja gut und zweckbezogen wirtschaften. Ein einfaches „Machen wir doch mal!" reicht nicht, wie schon diese wenigen Punkte zeigen.

Fazit: Wenn man Glück hat, gibt es einen Brückenbauer in der Stiftung oder dem Verein, der sich auskennt und die vorstehenden und sicherlich zusätzliche Punkte im Sinne der Sache als Mediator mit den Diskutanten abarbeitet. Mir mailte zu dem Thema ein älterer Freund. Er berichtete auch,

42 So etwa auch *Leist/Koschker*, BB 2229, 2235. Siehe dort auch allgemein zu den arbeitgeberseitigen Möglichkeiten, Chancen und Risiken des Webs 2.0 zu steuern und auf betrieblicher Ebene verbindlich zu regeln. Daraus lässt sich Honig für den Stiftungsalltag saugen.

wie er auf einem einschlägigen Kongress um verbale Abrüstung in der Diskussion gebeten hatte. Und meinte weiter: „Laut einer Umfrage des Bitkom, des größten Branchenverbandes für die Informations- und Telekommunikationsindustrie in Deutschland, haben mehr als 80 % der Deutschen Ängste zum Thema Internet."
Nehmen wir diese Ängste doch einfach ernst, schauen sie uns genauer an und argumentieren „abgerüstet" in der Sache. Dann klappt das in unseren NPOs auch (schneller und besser) mit dem Internet und mit Web 2.0.

III. Gremiensitzungen

22 Effiziente Gremiensitzungen – sei es im Stiftungsvorstand oder im Stiftungsrat (Kuratorium, Stiftungsbeirat etc.) mit den „richtigen" Entscheidungen zu den wesentlichen Themen der Stiftungen sind ein Wunsch und das Ziel.[43] Für die Mitglieder im Stiftungsrat scheint das besonders schwer, treffen Sie sich doch anders als typischerweise die Vorstandsmitglieder, die die Geschäfte der Stiftung führen, deutlich seltener. (Wir kennen Fälle, da trifft sich der Stiftungsrat nur ein- oder zweimal im Jahr zu einem „eher gemütlichen Zusammensein", das der Vorstand schön ausrichtet.) Trotzdem sollen die Mitglieder des Stiftungsrates den Stiftungsvorstand effizient beraten, unterstützen und eben auch kontrollieren.

Wir wissen, dass es vorkommt – vor allem in der Welt des oftmals überlasteten Ehrenamtes:
- Wesentlichen Punkte werden in den Sitzungen kaum oder gar nicht behandelt.
- Unwichtiges steht im Vordergrund. Probleme werden übergangen.
- „Man kommt nicht auf den Punkt."
- Ab und an fehlt sogar eine Tagesordnung.

Solche Sitzungen sind ineffizient (und ermüden). Ganz häufig geht das in der Praxis dennoch irgendwie gut aus. Die Erfahrung zeigt aber immer wieder, dass auf diese Weise sogar wirklich wichtige Entscheidungen unterbleiben oder nur oberflächlich getroffen werden. Da ist dann im Einzelfall eine Schadensersatzforderung nicht nur Theorie – und das auch in einem Ehrenamt (ausführlich zur Haftung siehe § 5 Rn 1 ff.). Die Grenze der haftungsfreien einfachen Fahrlässigkeit zur haftungsbegründenden groben Fahrlässigkeit (§ 86 BGB i.V.m. § 31a BGB) ist fließend.

23 Am besten weiß man als Stiftungsratsmitglied wirklich, was man tut und worauf es ankommt. Jedes Stiftungsratsmitglied muss wissen, worauf es im Gene-

43 Siehe schon *Schiffer*, StiftungsBrief 2013, 201.

rellen bei der Stiftung und im Speziellen bei der zur Entscheidung anstehenden Frage ankommt. Es muss ganz einfach informiert sein. Dabei hilft es, wenn der Stiftungsrat durch seinen Vorsitzenden und nach meiner Erfahrung auch durch einzelne Stiftungsratsmitglieder Kontakt zum Vorstand hält. So baut sich zugleich ein konstruktives Vertrauensverhältnis auf, welches übrigens nicht mit unkritischer Nähe verwechselt werden sollte. Die Organmitglieder haben in der Tat aus unserer Sicht auch eine gewisse Informationsholschuld.

Vor allem hat aber hier der Stiftungsvorstand eine Bringschuld. Er muss die Stiftungsratsmitglieder ausreichend und rechtzeitig informieren und das auch mit entsprechenden Unterlagen. Was heißt das? Nun, die Lösung liegt auch hier im Einzelfall. 14 Tage vor der nächsten Sitzung sollten die Unterlagen und Informationen zu der ggf. vorher abgestimmten und übermittelten Tagesordnung i.d.R. schon vorliegen. Da gilt bei Stiftungen nichts anderes als in der Unternehmenswelt. Nur dann hat das Stiftungsratsmitglied wirklich eine realistische eine Chance, sich mit den Unterlagen vertraut zu machen, ggf. eigene Recherchen anzustellen, weitere Unterlagen anzufordern etc. und so die Sitzung vorzubereiten. **„Tischvorlagen“** sind nur in begründeten Ausnahmefällen zulässig. Wird die Gremiensitzung in dem Sinne vorbereitet, klappt es im Sinne des guten Zwecks in aller Regel auch mit dem Zusammenwirken von Vorstand und Stiftungsrat.

C. Rechnungslegung und Prüfung von Stiftungen

Das Institut der Wirtschaftsprüfer (IDW) erlässt zwar keine Gesetze, aber schafft ähnliches durch die „normative Kraft des Faktischen“ mit seinen Stellungnahmen und Verlautbarungen. Die Rechnungslegung bei Stiftungen[44] ist ein schwieriges und teilweise auch kontroverses Thema. Sie dient den Stiftungsorganen und der Finanzverwaltung, aber auch der Stiftungsaufsicht als **Informationsquelle** und im Rahmen ihrer jeweiligen Aufgaben als **Entscheidungsgrundlage.** In den einzelnen Landesstiftungsgesetzen finden sich üblicherweise einschlägige Vorschriften. Außerdem finden sich Vorschriften im BGB (§§ 86 i.V.m. 27 Abs. 3, 259, 260, 666 BGB), im Handelsrecht (§§ 238 ff. HGB) und in der Abgabenordnung (§§ 140, 141, 63 Abs. 3 AO). Eine Stiftung kann sich auch freiwillig oder nach ihrer Satzung einer Prüfung durch einen Wirtschafts- 24

44 Näher und ausführlich *Kußmaul/Meyering/Richter*, DStR 2015. 1328; *Seidemann*, ZStV 2012, 6 ff. und 48 ff.; *Spiegel*, in: Hüttemann/Richter/Weitemeyer, Landesstiftungsrecht, Kap. 19 ff. (S. 571 ff.); v. Campenhausen/Richter/*Römer/Spiegel*, § 37 (S. 701 ff.). *Oser/Kopf* legen in FuS 2011, 159 ff. dar, dass für Stiftungen keine Konzernrechnungslegung nach BilMoG besteht.

prüfer oder eine sonstige anerkannte Prüfungseinrichtung unterwerfen. Sie kann dann natürlich auch freiwillig den Prüfungsbericht der Stiftungsaufsichtsbehörde vorlegen.

25 Der **Hauptfachausschuss (HFA) des Instituts der Wirtschaftsprüfer in Deutschland (IDW)** hat, weil mit dem auslaufenden Jahrtausend die Wirtschaftsprüfer Stiftungen zunehmend als Klientel entdeckten, am 25.2.2000 eine erste Stellungnahme zur Rechnungslegung und Prüfung von Stiftungen vorgelegt,[45] die naturgemäß durch die Vorgabe „anerkannter" Regeln auch der Haftungsvermeidung der Prüfer dient. Das IdW hat diese Regeln fortgeschrieben, worauf wir sogleich eingehen werden. Bedauerlicherweise kommt es dennoch auch heute noch immer wieder einmal vor, dass Prüfer die Besonderheiten bei Stiftungen nicht kennen oder verkennen, ja sogar, dass ihnen die „IDW-Grundsätze" für Stiftungen unbekannt sind. Besonders problematisch im Rahmen der Rechnungslegung[46] und der Prüfung von Stiftung erscheint die Frage nach der Vermögenserhaltung. Ganz wesentlich in diesem Zusammenhang ist die diskussionsträchtige Frage der **Bewertung des Stiftungsvermögens**.[47] Hier kommt es bezogen auf die Vermögenserhaltung entgegen der sonstigen Tätigkeit der Wirtschaftsprüfer – überspitzt gesagt – nicht „nur" auf ein Zahlenwerk, sondern, wie an anderer Stelle dargelegt, auf den Stifterwillen als Maßstab an (siehe § 5 Rn 69 ff.). Das ist immer wieder eine Quelle für endlose Diskussionen mit manch einem Wirtschaftsprüfer, der sich leider oftmals ohne nähere fachliche Kenntnis den stiftungsrechtlichen Rahmenbedingungen verweigert. In Zeiten der Niedrigzinsen stellt sich vermehrt die Frage nach der Vermögensanlage in Sachwerten (zu Anlageformen siehe auch § 5 Rn 94 ff.). Damit rücken auch bei der Rechnungslegung die **Sachwerte** vermehrt in den Fokus.[48]

Diese Stellungnahme aus 2000 wurde 2013 überarbeitet. Zu dem Entwurf teilte das IDW am **25.3.2013** mit:[49]

> *„Nach IDW ERS HFA 5 n.F. soll künftig auch eine Einnahmenüberschussrechnung in Anlehnung an § 4 Abs. 3 EStG als alternative Form der Einnahmen-/Ausgaben-Rechnung von Stiftungen anerkannt werden. Ferner ist*

45 Siehe IDW RS HFA 5, IDW-Nachrichten 2000, 129 = WPg 2000, 391; IDW PS 740, IDW-Nachrichten 2000, 142 = WPg 2000, 385.; siehe auch *Hermann*, ZSt 2009, 66 zur Rechnungslegung spendensammelnder Stiftungen und zum damaligen Entwurf der IDW-Verlautbarung RS HFA 21 n.F., der inzwischen verabschiedet ist; siehe zu den IDW-Verlautbarungen auch *Seidemann*, ZStV 2012, 48 ff., siehe auch sogleich Rn 26.

46 Dazu schon *Spiegel*, Die Roten Seiten zum Magazin Stiftung & Sponsoring 03/2000.

47 v. Campenhausen/Richter/*Römer/Spiegel*, § 37 Rn 134 ff.

48 Siehe dazu etwa *Fritz/Römer*, Fondszeitung 01/2015, 32.

49 Siehe *Schiffer*, www.stiftungsrecht-plus.de, Kommentar vom 25.4.2014 („IdW zur Rechnungslegung bei Stiftungen").

eine geringere Tiefe für die Gliederung der Vermögensübersicht vorgesehen. Bei der endgültigen Verabschiedung der Stellungnahme ist zu entscheiden, ob diese Vereinfachungen auch für Vereine in IDW RS HFA 14 übernommen werden.
Weitere Neuerungen des IDW ERS HFA 5 n.F. betreffen u.a. die Erläuterungen zur Kapitalerhaltung, die Empfehlung zur Gliederung der Gewinn- und Verlustrechnung nach dem Umsatzkostenverfahren sowie zum Eigenkapitalausweis. …"

Am **7.1.2014** teilte das IDW dann abschließend u.a. mit:

> *„IDW RS HFA 5 weist gegenüber dem Entwurf einige klarstellende Änderungen auf. Die Erläuterungen zur Kapitalerhaltung und zu deren Nachweis wurden deutlicher formuliert. Ausführungen zu Verbrauchsstiftungen sind ergänzt worden. Die bereits im Entwurf vorgesehenen Regelungen, wonach eine Einnahmenüberschussrechnung in Anlehnung an § 4 Abs. 3 EStG als alternative Form der Einnahmen-/Ausgaben-Rechnung zulässig ist und für die Vermögensübersicht eine geringere Gliederungstiefe gefordert wird, wurden als Folgeänderungen für Vereine in IDW RS HFA 14 übernommen. …"*[50]

Die Rechnungslegung ist besonders für die Organmitglieder bei kleinen und mittleren Stiftungen ein schwieriges Thema[51] – zumal eben, wie angesprochen, nicht ganz selten auch Steuerberater und Wirtschaftsprüfer keine Stiftungsspezialisten sind. Die **„Neufassung der IDW-Stellungnahme zur Rechnungslegung von Stiftungen"** vom 16.12.2013 ist da eine wertvolle Hilfe.[52] Der Aspekt des „realen Kapitalerhalts" findet dort besondere Aufmerksamkeit. Durch ein gezieltes Konzept soll danach der Erhalt des Stiftungsvermögens in den Fokus gerückt werden. Wobei auch der IDW den einschlägigen Stifterwillen natürlich nicht übergehen darf. 26

Im ersten Teil eines Fachbeitrags von *Cornelius/Loleit*[53] wird ein Überblick zur vereinfachten Rechenschaftslegung von kleineren und mittleren Stiftungen gegeben, die ihren Schwerpunkt in der Anlage von Finanzvermögen haben. Ihr

50 Stand: 6.12.2013; siehe dazu etwa *Berndt*, ZStV 2013, 201; *Theuffel-Werhahn*, StiftungsBrief 2013, 88; *Sassen/Führer/Behrmann*, BB 2014, 619 (auch zu europäischen Harmonisierungspotentialen bei der Rechnungslegung von Stiftungen) *Berg*, FuS 2014, 75; *Lang/Farwick*, BBK 2015, 407.

51 Siehe auch schon *Schiffer*, www.stiftungsrecht-plus.de, Kommentar vom 29.1.2014 („Rechnungslegung bei kleineren und mittelern (gemeinnützigen) Stiftungen").

52 Hier findet sich die Stellungnahme des Bundesverbandes dazu: http://www.stiftungen.org/fileadmin/bvds/de/Verband/Positionen/Stellungnahme_Entwurf_einer_Neufassung_der_IDW_Rechnungslegung.pdf. (zuletzt eingesehen am 13.1.2015).

53 Siehe *Cornelius/Loleit*, StiftungsBrief 2013, 235.

zweiter Beitrag macht Vorschläge zur Bilanzstruktur und -politik für diese Stiftungen.[54]

27 **Praxishinweis: Prüfung des Jahresabschlusses von Stiftungen**
In der Praxis regen die Anerkennungsbehörden bei Errichtung größerer Stiftungen nicht selten an, eine **Prüfungspflicht** in der Satzung festzuschreiben, um so auch die Stiftungsaufsicht etwa bei unternehmensverbundenen Stiftungen zu erleichtern.[55] Das sollte nicht etwa als „Gängelung" verstanden werden. Die Prüfungspflicht ist regelmäßig eine sinnvolle Grundlage für eine erfolgreiche Stiftungsarbeit.
Kleinere Stiftungen können sich eine Prüfung oft gar nicht leisten, da ihre Einkünfte zu gering sind. Für diese Stiftungen bietet es sich ggf. an, ehrenamtliche Rechnungsprüfer aus ihrem Umfeld zu wählen. Das entspricht dem bekannten Modell aus der Vereinswelt, wo Rechnungsprüfer aus der Mitgliederversammlung gewählt werden, die die „Kassenführung" überprüfen.

28 Beispielhaft sei hier abschließend **§ 12 des StiftG** Hessen zitiert, in dem es zur Prüfung einer Stiftung heißt:

> ***„§ 12 Unterrichtung und Prüfung***
> *(1) Die Aufsichtsbehörde kann sich über die Angelegenheiten der Stiftung unterrichten, soweit es zur ordnungsgemäßen Aufsicht erforderlich ist. Sie kann insbesondere Einrichtungen der Stiftung besichtigen, Berichte, Akten und sonstige Unterlagen anfordern sowie die Geschäfts- und Kassenführung prüfen oder sie auf Kosten der Stiftung prüfen lassen.*
> *(2) Die Aufsichtsbehörde prüft die Jahresabrechnung mit der Vermögensübersicht und dem Bericht über die Erfüllung des Stiftungszwecks nach § 7 Nr. 2. Sie kann bei Stiftungen, die jährlich im Wesentlichen gleichbleibende Einnahmen und Ausgaben aufweisen, die Prüfung der Rechnungen für mehrere Jahre zusammenfassen.*
> *(3) Wird eine Stiftung durch einen unabhängigen Wirtschaftsprüfer oder eine andere zur Erteilung eines gleichwertigen Bestätigungsvermerks befugte unabhängige Person oder Gesellschaft geprüft, so muss sich die Prüfung auch auf die Erhaltung des Stiftungsvermögens und die satzungsgemäße Verwendung der Stiftungsmittel erstrecken. Liegt ein entsprechender Bestätigungsvermerk vor, kann die Aufsichtsbehörde von einer eigenen Prüfung absehen.*
> *(4) Die Aufsichtsbehörde kann verlangen, dass eine Stiftung durch einen unabhängigen Wirtschaftsprüfer oder andere zur Erteilung eines gleichwer-*

54 *Cornelius/Loleit,* StiftungsBrief 2014, 10.
55 Siehe auch § 8 Abs. 1 Nr. 2, Abs. 2 StiftG Berlin.

tigen Bestätigungsvermerks befugte unabhängige Personen oder Gesellschaften geprüft wird. Der Prüfungsauftrag muss sich auf die Erhaltung des Stiftungsvermögens und die satzungsgemäße Verwendung der Stiftungsmittel erstrecken. Liegt ein entsprechender Bestätigungsvermerk vor, so kann die Aufsichtsbehörde von einer eigenen Prüfung absehen.

D. Stiftungsaufsicht

Die Stiftungsaufsicht wird nicht nur in dem Verfahren zur Anerkennung der 29
Stiftung tätig (siehe § 3 Rn 8 ff.). Neben der Prüfung, ob die gesetzlichen Voraussetzungen für die Anerkennung der Stiftung vorliegen, übt sie nach der Anerkennung der Stiftung die **Verwaltungsaufsicht** über die Stiftung aus. Ihre Aufgabe besteht dabei darin, die Einhaltung des in dem Stiftungsgeschäft und in der Stiftungssatzung zum Ausdruck kommenden Stifterwillens (siehe § 3 Rn 54 ff.) sowie von Gesetz und Recht durch die Organe der Stiftung zu überwachen und sicherzustellen.[56]

I. Rechtsaufsicht

Die Stiftungsaufsicht[57] ist der **„Garant des Stifterwillens"** und der Stiftungsau- 30
tonomie. Sie ist in den jeweiligen Bundesländern im Einzelnen unterschiedlich ausgestaltet, ist aber überall auf eine **reine Rechtsaufsicht** beschränkt (siehe bspw. jeweils § 6 Abs. 1 StiftG NRW und StiftG Sachsen).[58] Sie betrifft mithin nicht Fragen der Zweckmäßigkeit. In Fragen der Zweckmäßigkeit ihres Vorgehens zur Erreichung des Stiftungszweckes sind der Stifter und die Stiftungsorgane frei von staatlicher Aufsicht. Die Rechtsaufsicht wird im Sinne einer betreuenden Fürsorge ausgeübt.[59] Es besteht keine Aufsicht bei fachlichen Fragen (Fachaufsicht), d.h. die Stiftungsorgane sind hinsichtlich ihrer Entscheidung über die Art und Weise der Verwaltung der Stiftung frei.

---

56 Siehe bspw. die Formulierung in § 6 Abs. 2 StiftG NRW; siehe ferner Hüttemann/Richter/Weitemeyer/*Schulte*, Landesstiftungsrecht, Kap. 28 (S. 775 ff.).

57 Ausf. *Andrick/Suerbaum*, Stiftung und Aufsicht, 2001; Werner/Saenger/*Backert*, Rn 678 ff. und 1256 ff.; v. Campenhausen/Richter/*Hof*, § 10 (S. 347 ff.); IDW-*Büermann*, S. 23 ff.; Hüttemann/Richter/Weitemeyer/*Schulte*, Landesstiftungsrecht, Kap. 28 f. (S. 769 ff.).

58 Näher dazu *Andrick/Suerbaum*, Stiftung und Aufsicht, 2001, § 4 Rn 12 f.; Werner/Saenger/*Backert*, Rn 1275 ff; Hüttemann/Richter/Weitemeyer/*Schulte*, Landesstiftungsrecht, Kap. 28 Rn 28 ff., insbes. Rn 31.

59 *Andrick/Suerbaum*, Stiftung und Aufsicht, § 4 Rn 14 ff.

31 In der Praxis kommt es hier mitunter zu **Abgrenzungsproblemen**. So ist etwa die Rechtmäßigkeit wirtschaftlicher Entscheidungen der Stiftungsorgane nicht nur an den Gesetzen, sondern auch an den abstrakt formulierten Satzungsregelungen des Stifters zu messen. **Praxisbeispiele** solcher Entscheidungen sind die Frage der Büroeinrichtung des Stiftungsvorstandes, die Einstellung einer Vollzeitsekretärin anstelle einer Teilzeitkraft oder die Frage der Vergütung des Stiftungsvorstandes.

32 **Praxishinweis: Stiftungsaufsicht zur „sparsamen und wirtschaftlichen" Verwaltung der Stiftung**

In vielen Stiftungssatzungen hat der Stifter abstrakt und „unbestimmt" festgelegt, dass die Verwaltung der Stiftung „sparsam und wirtschaftlich" zu erfolgen habe. Auch in diesen Fällen darf die Aufsichtsbehörde nicht ihre eigene Einschätzung zur Sparsamkeit und Wirtschaftlichkeit an die Stelle der Einschätzung der Stiftungsorgane setzen. Vielmehr ist der Wille des Stifters zu ermitteln. Auch hier bleibt die Behörde auf die Rechtsaufsicht beschränkt.

33 Nach den einzelnen Stiftungsgesetzen der Länder ließen sich vor der Reform des Stiftungsrechts verschiedene Erscheinungsformen der Stiftungsaufsicht unterscheiden. In den neuen Landesstiftungsgesetzen findet sich eine Tendenz zur Beschränkung auf eine sog. **„Anlass-Aufsicht"** Zahlreiche früher bestehende Genehmigungserfordernisse für Stiftungen sind entfallen. Die in Folge der Reform des Stiftungszivilrechts angepassten Landesstiftungsgesetze ähneln sich in punkto Stiftungsaufsicht nunmehr stärker.

34 Nach der Rechtsprechung des BVerwG[60] darf die Stiftungsaufsicht nicht zur Durchsetzung öffentlicher Interessen gegenüber der Stiftung missbraucht werden. **Öffentliche Interessen** können vielmehr nur dann und insoweit als Maßstab für die Stiftungsaufsicht dienen, wenn sie als solche in dem Stiftungszweck und dem Stifterwillen erkennbar aufgenommen worden sind.

35 Ausgehend von diesem Grundgedanken wird in einigen Landesstiftungsgesetzen für rein privatnützige Stiftungen, d.h. insbesondere für Familienstiftungen, die in den einzelnen Bundesländern durchaus unterschiedlich definiert sind, der Umfang der staatlichen Aufsicht und Kontrolle ausdrücklich eingeschränkt (siehe Rn 44).

60 BVerwGE 40, 347; siehe auch v. Campenhausen/Richter/*Hof*, § 10 Rn 50.

II. Die Aufsichtsmittel

Damit die Stiftungsaufsichtsbehörde die Einhaltung der gesetzlichen Anforderungen und des Stifterwillens sicherstellen kann, werden ihnen in den Landesstiftungsgesetzen **verschiedene rechtliche Instrumente**, die sich in präventive Aufsichtsmaßnahmen[61] und in repressive Aufsichtsmaßnahmen[62] unterteilen lassen, an die Hand gegeben. 36

Zu nennen sind insbesondere:
- **Präventive Aufsichtsmaßnahmen:**
  - Informationspflichten
  - Auskunftsansprüche
  - Anzeige- und Vorlagepflichten
  - Genehmigungsvorbehalte
- **Repressive Aufsichtsmaßnahmen:**
  - die Beanstandung des Vorgehens der Stiftungsorgane
  - die Anordnung bestimmter Maßnahmen der Stiftungsorgane
  - die Ersatzvornahme (teilw. In Form der Aufhebung)
  - die Abberufung und Bestellung von Organmitgliedern
  - Aufhebung und Umwandlung der Stiftung.

Neben diesen formalen rechtlichen Mitteln, die auf die Herbeiführung einer bestimmten Rechtsfolge gerichtet sind, kommt der **Beratung der Stiftung durch die Stiftungsaufsicht** in der Praxis eine bedeutende Rolle zu.[63] Die Stiftungsaufsicht hilft der Stiftung so, Rechtsverstöße zu vermeiden und unterstützt sie bei der Erfüllung ihrer satzungsmäßigen Aufgaben (siehe etwa Art. 11 StiftG Bayern). 37

In der nachfolgenden Tabelle findet sich eine Übersicht über die **landesgesetzlichen Vorschriften** zu den einzelnen formalen Aufsichtsmitteln. 38

---

61 Ausf. dazu *Andrick/Suerbaum*, Stiftung und Aufsicht, § 7 Rn 1 ff.; Werner/Saenger/*Backert*, Rn 1293 ff.; Hüttemann/Richter/Weitemeyer/*Schulte*, Landesstiftungsrecht, Kap. 29 Rn 2 ff.

62 Ausf. dazu *Andrick/Suerbaum*, Stiftung und Aufsicht, § 8 Rn 1 ff.; Werner/Saenger/*Backert*, Rn 1324 ff.; Hüttemann/Richter/Weitemeyer/*Schulte*, Landesstiftungsrecht, Kap. 29 Rn 24 ff.

63 Hüttemann/Richter/Weitemeyer/*Schulte*, Landesstiftungsrecht, Kap. 29 Rn 5.

	Recht zur Unterrichtung/ Auskunftspflichten	Prüfung	Beanstandung, Anordnungen, Ersatzvornahme	Abberufung und Bestellung von Organen	Anzeige- bzw. Genehmigungspflichten
Baden-Württemberg[64]	§ 9 Abs. 1	§ 9 Abs. 3	§ 10, § 11	§ 12	§ 9 Abs. 2, § 13
Bayern[65]	Art. 12 Abs. 3	Art. 16 Abs. 2, 3, 4	Art. 12 Abs. 4, Art. 15	Art. 13	Art. 12 Abs. 2; Art. 19
Berlin	§ 9 Abs. 1	§ 8 Abs. 1 Nr. 2, Abs. 2, 3; § 9 Abs. 2	§ 9 Abs. 3, 4	§ 9 Abs. 5	§ 5 Abs. 1 S. 3, Abs. 3; § 8 Abs. 1 Nr. 1
Brandenburg[66]	§ 7 Abs. 2 S. 1, 2	§ 7 Abs. 2 S. 2, 3	§ 8	§ 9	§ 7 Abs. 1, § 10 Abs. 1 S. 2, 3, 4
Bremen	§ 12 Abs. 1 S. 1, 2	§ 12 Abs. 1 S. 3	§ 13 Abs. 1, 2, 4	§ 13 Abs. 3, 4; § 14	§ 8 Abs. 2; § 12 Abs. 2 Nr. 1
Hamburg	§ 6 Abs. 1	§ 5 Abs. 2, 3; § 6 Abs. 1	§ 6 Abs. 2	§ 6 Abs. 3	§ 3 Abs. 3, § 5 Abs. 5, § 7 Abs. 3
Hessen[67]	§ 12 Abs. 1	§ 12 Abs. 1 a.E., 2, 3, 4	§ 13, § 14	§ 15	§ 7; § 9 Abs. 1 S. 3
Mecklenburg-Vorpommern[68]	§ 5	§ 4 Abs. 2 Nr. 2, § 5	§ 6	§ 7	§ 4 Abs. 2, § 9 Abs. 1 S. 1

64 Näher *Bruns*, Kommentar zum Stiftungsgesetz für Baden-Württemberg, 5. Auflage 2005.

65 Näher *Voll/Störle*, Bayerisches Stiftungsgesetz – Kommentar, 5. Auflage 2009.

66 Näher *Fritsche/Kilian*, StiftG Brandenburg (bearbeitet v. *Fritsche*), StiftG Mecklenburg-Vorpommern (bearbeitet v. *Kilian*). Kommentar zu den Landesstiftungsgesetzen, 2007.

67 Näher *Peiker*, Hessisches Stiftungsgesetz – Kommentar, 4. Aufl. 2009.

68 Näher *Fritsche/Kilian*, StiftG Brandenburg (bearbeitet v. *Fritsche*), StiftG Mecklenburg-Vorpommern (bearbeitet v. *Kilian*), Kommentar zu den Landesstiftungsgesetzen, 2007.

	Recht zur Unterrichtung/ Auskunftspflichten	Prüfung	Beanstandung, Anordnungen, Ersatzvornahme	Abberufung und Bestellung von Organen	Anzeige- bzw. Genehmigungspflichten
Niedersachsen[69]	§ 11 Abs. 1	§ 11 Abs. 3, 4	§ 12, § 13	§ 14, § 15	§ 7 Abs. 3 S. 3, Abs. 4; § 11 Abs. 2
Nordrhein-Westfalen[70]	§ 7 Abs. 1 S. 1	§ 7 Abs. 1 S. 2, 3	§ 8	§ 9	§ 5 Abs. 1 S. 2, Abs. 2 S. 3; § 7 Abs. 2
Rheinland-Pfalz[71]	§ 9 Abs. 2 S. 1, 3	§ 9 Abs. 2, 3	§ 9 Abs. 4	§ 9 Abs. 5	§ 8 Abs. 3
Saarland	§ 11 Abs. 1	§ 11 Abs. 2, 3, 4	§ 12, § 13	§ 14, § 15	§ 7 Abs. 3 S. 2; § 11 Abs. 2 Nr. 1
Sachsen	§ 7 Abs. 1	§ 6 Abs, 2, 3, 4; § 7 Abs. 1	§ 7 Abs. 2, 3	§ 7 Abs. 4, 5, 6	§ 8 Abs. 2; § 9 Abs. 1 S. 2, 4; § 10 Abs. 2
Sachsen-Anhalt	§ 7 Abs. 4 S. 2; § 10 Abs. 2	§ 7 Abs. 5, 6	§ 10 Abs. 4, 5, 6	§ 10 Abs. 7, 8	§ 5 Abs. 3; § 7 Abs. 4; § 9 Abs. 3, Abs. 5
Schleswig-Holstein[72]	§ 8 Abs. 2	§ 8 Abs. 2; § 10	§§ 11, 12	§ 13	§ 5 Abs. 2 S. 1, Abs. 3; § 8 Abs. 4; § 9
Thüringen[73]	§ 12 Abs. 3	§ 8 Abs. 4; § 12 Abs. 3 S. 3	§ 12 Abs. 4	§ 12 Abs. 5	§ 5 Abs. 3; § 9 Abs. 3; § 10

69 Näher *Siegmund-Schultze*, Kommentar zum Niedersächsischen Stiftungsgesetz, 9. Aufl. 2005.

70 Näher *Heuel*, StiftG Nordrhein-Westfalen, 2009.

71 Näher *Mecking*, Das Stiftungswesen in Rheinland-Pfalz – Kommentar zum Landesstiftungsgesetz, 2006.

72 Näher *Lehmann*, StiftG Schleswig-Holstein – Kommentar, 2. Aufl. 2002.

73 Näher *O. Werner*, ZSt 2009, 3.

39 Damit die Stiftungsbehörden ihrer Aufsichtspflicht überhaupt wirkungsvoll nachkommen können, bestehen nach den einzelnen Landesstiftungsgesetzen **Informationspflichten** der Stiftung und **Informationsansprüche** der Stiftungsaufsichtsbehörde. Der Behörde steht es im Rahmen der einschlägigen landesgesetzlichen Regelungen grundsätzlich frei, wie sie sich von der Stiftung die für die Aufsicht erforderlichen Informationen verschafft.

40 **Praxishinweis: Auskunftspflichten**
Wichtig zu wissen ist in diesem Zusammenhang, dass die einzelnen Landesstiftungsgesetze Regelungen dazu enthalten, welche **Auskunftspflichten der Stiftungsorgane** gegenüber den Stiftungsbehörden bestehen. So ist etwa grundsätzlich in den Landesstiftungsgesetzen festgelegt, dass eine Jahresrechnung mit einer Vermögensübersicht und mit einem Bericht über die Erfüllung des Stiftungszwecks von den Stiftungsorganen der Stiftungsaufsichtsbehörde vorzulegen ist.

41 Ein gänzlich anderes Instrument zur Durchsetzung der Rechtsaufsicht der Stiftungsbehörde waren die in den Landesstiftungsgesetzen für verschiedene wesentliche Rechtsgeschäfte der Stiftungen vorgesehenen **Genehmigungsvorbehalte**. In den reformierten Landesstiftungsgesetzen findet sich indes nur noch in Art. 19 des Bayerischen Stiftungsgesetzes ein solcher Vorbehalt betreffend den Abschluss von Bürgschaftsverträgen und Verträgen ähnlicher Art, die das Einstehen der Stiftung für eine fremde Schuld zum Inhalt haben.

42 Den Genehmigungsvorbehalten ähneln die nunmehr in § 13 StiftG BW, § 9 StiftG SH zu findenden **qualifizierten Anzeigevorbehalte.**[74] Anzeigepflichtig sind beispielsweise die Veräußerung und Belastung von Grundstücken oder unentgeltliche Zuwendungen, die nicht der Erfüllung des Stiftungszwecks dienen. In Baden-Württemberg darf die Stiftung die anzeigepflichtige Maßnahme erst nach Bestätigung durch die Stiftungsaufsichtsbehörde oder nach Ablauf von zwei Wochen ohne Beanstandung durch die Behörde vornehmen. In Schleswig-Holstein greift nach vier Wochen ohne Beanstandung durch die Behörde eine Genehmigungsfiktion.

43 Eine **Anzeigepflicht** ohne weitere Verpflichtungen der Stiftungen wird in § 7 Abs. 2 StiftG NRW statuiert. Sie greift ein bei der Veräußerung und Belastung von Grundstücken und anderen Vermögenswerten, wenn der Geschäftswert der beabsichtigten Maßnahme ein Fünftel des Stiftungsvermögens, mindestens aber 100.000 EUR beträgt. Es wird dort allerdings keine Sanktion für den Fall des Verstoßes genannt, so dass die Stiftungsbehörde im Problemfall nach § 8 Abs. 1 StiftG NRW beanstanden und ggf. die Rückgängigmachung der Maßnahme verlangen wird.

74 Ausf. Werner/Saenger/*Backert*, Rn 1307 ff.

Für privatnützige Stiftungen, insbesondere Familienstiftungen, gelten solche Vorbehalte und Pflichten allerdings regelmäßig nicht oder allenfalls eingeschränkt (siehe auch § 2 Rn 27 f.). Bei den Familienstiftungen gehen die Landesgesetzgeber von dem Grundsatz aus, dass es Sache der Familie, d.h. der durch die Stiftung begünstigten Familienmitglieder ist, im eigenen Interesse die Einhaltung des Stifterwillens und der Stiftungssatzung zu überwachen. 44

Die einzelnen Aufsichtsmittel sind hier nicht im Einzelnen zu erläutern. Das würde den Rahmen dieser Schrift sprengen. Es sei auf die einzelnen Landesstiftungsgesetze und die hier nachgewiesene Spezialliteratur verwiesen.[75] 45

Vor allem für die **Praxis** ist als wesentlich zu vermerken, dass die Eingriffe der Behörde in jedem Fall nur unter den einzelnen, jeweils in den betreffenden Landesstiftungsgesetzen genannten Voraussetzungen und unter **Beachtung des Grundsatzes der Verhältnismäßigkeit** zur Anwendung kommen dürfen. Bei Verletzung ihrer Amtspflichten im Zusammenhang mit der Stiftungsaufsicht haftet die Stiftungsbehörde wie alle öffentlichen Behörden nach den Grundsätzen der Amtshaftung.[76] 46

Gegen Maßnahmen der Stiftungsaufsicht besteht verwaltungsgerichtlicher Rechtsschutz, so dass die Vorschriften des allgemeinen Verwaltungsrechts gelten.[77] Soweit nach dem jeweiligen Landesrecht noch ein Widerspruchsverfahren vorgesehen ist, ist gegen einen belastenden Verwaltungsakt der Stiftungsbehörde Widerspruch einzulegen. Andernfalls oder in dem Fall, dass die Stiftungsaufsicht dem Widerspruch nicht abhilft, ist Anfechtungsklage zu erheben. Wird die Anerkennung der Stiftung verweigert, so ist die Verpflichtungsklage (ggf. nach Durchführung eines Widerspruchsverfahrens) die statthafte Klageart. Bei der Abberufung eines Organmitglieds ist eine Besonderheit zu beachten: Nur wenn die Stiftungsbehörde selbst das Organmitglied abberuft, ist der Klageweg zu den Verwaltungsgerichten eröffnet. Ordnet die Stiftungsbehörde die Abberufung dagegen nur an und kommt die Stiftung dieser Anordnung nach, so ist der zivilgerichtliche Klageweg eröffnet.[78] 47

Unabhängig von der etwaigen Prüfung der Verwaltung der Stiftung durch die Aufsichtsbehörde steht es dem Stifter frei, in der Stiftungssatzung stiftungseigene oder auch externe Kontrollinstanzen festzulegen. Eine derartige interne Kontrollinstanz ist der bereits angesprochene **Stiftungsrat** (siehe § 3 Rn 75 ff.). 48

---

75 Siehe insb. Werner/Saenger/*Backert*, Rn 1293 ff; Hüttemann/Richter/Weitemeyer/*Schulte*, Landesstiftungsrecht, Kap. 29.

76 Ausf. v. Campenhausen/Richter/*Hof*, § 10 Rn 391 ff.

77 Ausf. *Andrick/Suerbaum*, Stiftung und Aufsicht, § 9 Rn 1 ff.; Münch. Hdb. GesR/*Schwarz van Berk*, Bd. V, § 101 Rn 29 ff.

78 *Andrick/Suerbaum*, Stiftung und Aufsicht, § 9 Rn 6.

Dessen Kontrollkompetenz kann (!) der Stifter so ausgestalten, dass der Stiftungsrat den Vorstand gerade auch in fachlichen Fragen beaufsichtigt. Empfehlenswert ist die Einrichtung einer solchen Kontrollinstanz insbesondere in den Fällen der schlicht privatnützigen Stiftung oder der Familienstiftung, die nach dem jeweils anzuwendenden Landesrecht nur einer eingeschränkten Aufsicht durch die Stiftungsbehörde unterliegen.[79]

49 Eine externe Prüfung der Verwaltung der Stiftung könnte beispielsweise auch im Wege der Prüfung der Jahresrechnung durch einen **Wirtschaftsprüfer** erfolgen, wenn das das Landesstiftungsgesetz[80] oder die Stiftungssatzung fordert oder der Stiftungsrat nach der Satzung entsprechend beschließen kann (siehe auch Rn 24 ff.).

III. Die Aufsicht in der Praxis

50 In der Praxis[81] kontrollieren die Behörden vor allem die Einhaltung der für die betreffende Stiftung jeweils einschlägigen Regelungen des BGB und der jeweiligen Landesgesetze sowie die in der Satzung enthaltenen Rechtsregelungen. Sie stellen auf diese Weise die Einhaltung des Stifterwillens sicher.

51 Die einzelnen landesrechtlichen Regelungen zur Ausübung der Rechtsaufsicht sind aber durchaus unterschiedlich. Nach § 11 Abs. 4 des saarländischen Stiftungsgesetzes ist beispielsweise eine Prüfung der Stiftungsverwaltung nur bei Vorliegen eines wichtigen Grundes vorgesehen. Die Handhabung der Stiftungsaufsicht hängt überdies wesentlich von der spezifischen (Rechts-)Auffassung der jeweiligen Behörde ab.[82]

52 Stellt die Behörde Verstöße gegen gesetzliche Vorschriften oder Satzungsregelungen fest, so hat sie **unverzüglich Maßnahmen** zu ergreifen, die die Erhaltung der Stiftung oder etwa die Rückerlangung unzulässig verwendeten Stiftungsvermögens sicherstellen. Sie wird das betreffende rechtswidrige Verhalten beanstanden und die **Beanstandung** gegebenenfalls mit der Ankündigung weitergehender aufsichtsrechtlicher Maßnahmen, etwa der Androhung eines Zwangsgeldes, verbinden. Als zusätzliches Mittel steht der Stiftungsaufsichtsbehörde nach den unterschiedlichen Landesgesetzen in geeigneten Fällen regelmäßig die **Aufhebung** der beanstandeten Maßnahme zu. Erfüllen die Stiftungsorgane ihre Verpflichtungen nicht, so kann die Behörde die erforderlichen Maßnahmen unter Setzung einer angemessenen Frist **anordnen**. Wird die Maß-

---

79 Hüttemann/Richter/Weitemeyer/*Richter/Gollan*, Landesstiftungsrecht, Kap. 30 Rn 68.

80 Z.B. § 8 Abs. 1 Nr. 2 i.V.m. Abs. 2 StiftG Berlin.

81 Anschauliche Praxisberichte für NRW geben: *Neuhoff*, Stiftung & Sponsoring 4/2006, 20; *Schönfeld*, Stiftung & Sponsoring 5/2005, 25.

82 Siehe dazu schon *Hennerkes/Schiffer/Fuchs*, BB 1995, 209.

nahme auch dann nicht vorgenommen, so hat die Behörde die Möglichkeit der **Ersatzvornahme**, d.h. sie kann die Maßnahme selbst durchführen oder durch Dritte durchführen lassen.[83]

Für den Fall, dass ein entsprechend wichtiger Grund in der Person eines Stiftungsorganmitgliedes vorliegt, sehen die meisten Landesstiftungsgesetze die Möglichkeit vor, dieses **Organmitglied abzuberufen**. Ein **wichtiger Grund** wird jedoch in der Regel nur in Fällen grober Pflichtverletzung oder der Unfähigkeit zu ordnungsgemäßer Geschäftsführung gegeben sein. Eine **grobe Pflichtverletzung** liegt etwa dann vor, wenn der Betreffende seine Kompetenzen in schwer wiegender Weise und mehrfach missbraucht, die Vermögensinteressen der Stiftung grob vernachlässigt oder sich beharrlich weigert, den Stiftungszweck zu erfüllen. Die **Unfähigkeit zur ordnungsgemäßen Geschäftsführung** ist z.B. dann anzunehmen, wenn das betreffende Organmitglied dauerhaft schwer erkrankt oder für einen längeren Zeitraum ortsabwesend ist. Hohes Alter allein rechtfertigt die Abberufung dagegen nicht; hier sollte der Stifter in der Stiftungsverfassung durch Festschreibung einer Altersgrenze Vorsorge treffen. Mangelnde Eignung und mangelnde Vertrauenswürdigkeit hingegen können die Unfähigkeit zur ordnungsgemäßen Geschäftsführung begründen. Liegt ein entsprechender wichtiger Grund bei einem Organmitglied vor, so hat die Aufsichtsbehörde keine Wahl – sie muss das Organmitglied abberufen. 53

Um in **Eilfällen** eine Reaktion der Stiftungsbehörde zu ermöglichen, gewähren einige Stiftungsgesetze auch die Möglichkeit, einem Organmitglied die Ausübung seiner Funktionen auf Zeit zu untersagen. Nach richtiger Auffassung obliegt wegen des Grundsatzes der Verhältnismäßigkeit bei der Stiftungsaufsicht die Bestellung des Nachfolgers eines abberufenen Organmitgliedes in erster Linie den Organen der Stiftung entsprechend der Stiftungssatzung und erst dann, falls dieser Weg in angemessener Frist nicht zum Erfolg führt, der Aufsichtsbehörde. Für den Fall, dass sich ein abberufenes Organmitglied schadensersatzpflichtig gemacht hat, besteht nach einigen Landesstiftungsgesetzen die Möglichkeit, dass die Aufsichtsbehörde diese Ansprüche für die Stiftung auf deren Kosten gerichtlich geltend macht, sofern dies nicht die Stiftungsorgane innerhalb einer angemessenen Frist tun. 54

Reichen die übrigen Befugnisse der Aufsichtsbehörde nicht aus, um eine rechtmäßige Verwaltung der Stiftung durchzusetzen, besteht nach einigen Landesstiftungsgesetzen die Möglichkeit, dass die Behörde ausnahmsweise sog. **Beauftragte oder Sachwalter** bestellt.[84] Da in diesen Fällen besonders die Gefahr 55

83 Siehe bspw. § 8 StiftG NRW.

84 § 6 Abs. 4 StiftG HH; § 16 StiftG Hess; § 9 Abs. 3 StiftG NRW; § 9 Abs. 6 StiftG RP.; § 16 StiftG Saarl; § 14 StiftG SH. Näher dazu *Andrick/Suerbaum*, Stiftung und Aufsicht, § 8 Rn 26 ff.

besteht, dass die Rechtsaufsicht der Stiftungsbehörde in eine Zweckmäßigkeitsaufsicht umschlägt, ist eine entsprechende Anordnung der Stiftungsaufsichtsbehörde allerdings in der Regel unverhältnismäßig, d.h. nur ganz ausnahmsweise zulässig.

56 **Praxisrelevante Rechtsprechung: Rechtsschutz gegen Handlungen der Stiftungsaufsicht**

Über einen in diesem Zusammenhang sehr interessanten und nicht untypischen Sachverhalt hatte Ende 2014 das Verwaltungsgericht Hannover zu entscheiden.[85]

Konkret (und vereinfacht) ging es in dem Rechtsstreit um einen Sachverhalt, in dem mehrere Organmitglieder einer Stiftung durch ein Testament des Stifters als Vermächtnisnehmer eingesetzt waren und der Testamentsvollstrecker, der zu diesen Organmitgliedern gehörte, nunmehr die Vermächtnisse gegenüber der Stiftung geltend machten.

Da aber die Wirksamkeit des Testaments und damit auch der Vermächtnisanordnungen unklar war, richtete die zuständige Stiftungsbehörde ein Schreiben an den betroffenen Vorstand und die ebenfalls betroffenen Kuratoriumsmitglieder. Darin erklärte die Stiftungsbehörde, „dass die Binnenaufsicht der [...] Stiftung als geschwächt angesehen werde. Es bestehe daher Anlass, die Stiftungsaufsicht präventiv zu intensivieren. Von hoheitlichen Maßnahmen werde derzeit noch abgesehen, es werde aber davon ausgegangen, dass Vorstand und Kuratorium gemeinsam alle notwendigen Schritte zur Abwehr der Ansprüche aus den Vermächtnissen einleiten werden und sich dabei u.a. von der ‚Rahmenbedingung' leiten lassen, dass die Stiftung von der Unwirksamkeit aller Vermächtnisse ausgehe und die Rechtsauffassung vertrete, dass ihr als Schlusserbin der Großteil des Nachlasses [...] zustehe."

In einem späteren Schreiben der Stiftungsbehörde kündigte diese den betroffenen Organmitgliedern an, ihnen „einstweilig die Geschäftsführung für den Bereich der erbrechtlichen Angelegenheiten nach dem Tod der [...] zu untersagen, weil Vorstand und Mitglieder des Kuratoriums trotz objektiv kollidierender Privatinteressen an den diesbezüglichen Beratungen und Entscheidungen der Stiftungsorgane teilnahmen, mitwirkten, dadurch gegen gesetzliche und satzungsimmanente Vorgaben verstießen und dabei grob pflichtwidrig handelten. ..."

Die gegen diese beiden Schreiben gerichtete Klage der betroffenen Organmitglieder hat das Verwaltungsgericht Hannover als unzulässig abgewiesen. Die Aussagen in den angegriffenen Schreiben der Stiftungsbehörde stellten,

85 VG Hannover, Urt. v. 17.12.2014 – 1 A 2700/13.

so das Gericht, noch keine angreifbaren Verwaltungsakte dar, sondern allenfalls Ankündigungen eines späteren Handelns durch Verwaltungsakt.
Kommentar:
Der Sachverhalt zeigt das Spektrum des möglichen Verhaltens der Stiftungsbehörde auf, die mit mehreren „Eskalationsstufen“ arbeiten kann. Die Entscheidung selbst ist richtig, da die Stiftungsbehörde eben noch keine der ihr zur Verfügung stehenden Maßnahmen ergriffen, sondern diese nur angekündigt hatte.
Der Sachverhalt selbst zeigt einmal mehr, wie wichtig es ist, dass der Stifter im Sinne einer erfolgreichen Stiftungserrichtung und einer professionellen Stiftungsarbeit klare Regelungen trifft und Interessenkollisionen möglichst vermeidet. Andernfalls muss die Stiftungsaufsicht hier regulierend im objektiven Interesse der Stiftung eingreifen.

IV. „Anerkennung" von Satzungsänderungen

Satzungsänderungen bedürfen als besonders grundlegendes Ereignis für eine 57
Stiftung ebenfalls der **Genehmigung** der Aufsichtsbehörde.[86] Eine Ausnahme stellt insofern § 5 Abs. 1 S. 3 StiftG NRW dar, wonach die Aufsichtsbehörde über eine Satzungsänderung, die den Stiftungszweck oder die Stiftungsorganisation nicht wesentlich verändert, lediglich unterrichtet werden muss. Die Abgrenzung zwischen wesentlicher und unwesentlicher Satzungsänderung ist in der Praxis nicht immer ganz einfach. In einem Fall aus unserer Beratungspraxis gab es zu der organisatorischen Änderung einer Satzung einen regen Austausch mit der Aufsichtsbehörde um die konkrete Formulierung der beabsichtigten Änderung. Als die mit der Aufsichtsbehörde abgestimmte Satzungsänderung dann offiziell zur Genehmigung bei der Aufsichtsbehörde eingereicht wurde, erhielten wir die überraschende Antwort, es handele sich nicht um eine wesentliche Änderung der Satzung und eine Genehmigung sei deshalb nicht erforderlich.

Ganz allgemein lassen die Landesstiftungsgesetze vorbehaltlich der einschlägigen Satzungsregelungen Satzungsänderungen durch die zuständigen Stiftungsorgane in recht weitem Umfang zu. Demnach sind Satzungsänderungen in der Regel zulässig, wenn die Satzung eine Änderung nicht ausdrücklich ausschließt, wobei aber auch die Art der Satzungsänderung zu berücksichtigen ist. In Hes-

86 Zur Satzungsänderung nach den Landesstiftungsgesetzen siehe etwa *A. Werner*, ZStV 2012, 189 ff; *Hahn*, Die organschaftliche Änderung der Stiftungssatzung nach der Reform der Landesstiftungsgesetze, 2010; *von Hippel*, in: Hüttemann/Richter/Weitemeyer, Landesstiftungsrecht, 2011, Rn 23.1 ff. (Zweckänderungen), 24. 1 ff. (Sonstige Satzungsänderungen).

sen können der Vorstand oder das sonst zuständige Stiftungsorgan eine Satzungsänderung allerdings nur bei der Aufsichtsbehörde beantragen (vgl. § 9 Abs. S. 1 StiftG Hess).

58 **Wesentlicher Maßstab** für die Grenze der Zulässigkeit der Satzungsänderung ist der **Stifterwille.** Ein Stifter ist daher insbesondere im Unternehmensbereich sehr gut beraten, wenn er, um eine Anpassung an geänderte wirtschaftliche Rahmenbedingungen zu ermöglichen, in der Verfassung der unternehmensverbundenen Stiftung ausdrücklich entsprechende Änderungen der Stiftungsverfassung zulässt und, wenn möglich, Beispielsfälle nennt („Eine Änderung der Stiftungsverfassung ist *insbesondere* zulässig, wenn ...“). Außerdem sollte der Stifter in der Verfassung ausdrücklich feststellen, in welchem Verfahren und mit welchen Mehrheiten die Stiftungsorgane hierüber zu beschließen haben. Ob die Anerkennung einer Änderung in dem durch die Stiftungsgesetze und den Stifterwillen begrenzten Ermessen der Aufsichtsbehörde steht oder ob sie auch hier allein die Befugnis zu einer Prüfung der rechtlichen Voraussetzungen hat, ist umstritten.[87] Richtig ist aus unserer Sicht der Ausgangspunkt, dass die Stiftungsaufsicht auf eine reine Rechtsaufsicht beschränkt ist, was in den meisten Landesstiftungsgesetzen auch ausdrücklich festgehalten ist. Da es aber bei der Frage nach der Zulässigkeit einer Satzungsänderung entscheidend auf den Stifterwillen ankommt, muss die Stiftungsbehörde diesen ermitteln und interpretieren, Deshalb dürfte es in der Praxis sehr schwierig sein, festzustellen, ab wann die Stiftungsbehörde die Grenzen der reinen Rechtsaufsicht überschreitet und eine Ermessensentscheidung trifft.

59 Relativ häufig sind in der Praxis **Verfassungsänderungen zur Umgestaltung der Organisation der Stiftung**. Beispielsweise dann, wenn sich die vom Stifter vorgesehene Organisation als nicht tragfähig erweist, etwa weil sich die Stiftung anders als erwartet nicht allein durch ehrenamtliche Kräfte führen lässt. Seltener sind solche Organisationsänderungen im Bereich der unternehmensverbundenen Stiftungen. Hier ist die Organisation in Anlehnung an weithin übliche Gestaltungen anderer Rechtsformen für Unternehmungen durch Einsatz eines Vorstandes und eines kontrollierenden Stiftungsrates in der Regel praktikabel gestaltet. Auch in diesen Fällen sollten allerdings vor allem die Satzungsregelungen zur Besetzung der Organe flexibel gestaltet sein.

60 Es ist beispielsweise hier wenig hilfreich, bestimmte persönliche Eigenschaften der Organmitglieder als zwingende Anforderungen in der Satzung festzuschreiben (negatives Praxisbeispiel: „Ein Stiftungsratsmitglied *muss* ein langjäh-

87 Für ein Ermessen v. Campenhausen/Richter/*Hof*, § 7 Rn 132 a.E.; für eine reine Rechtsaufsicht *von Hippel*, in: Hüttemann/Richter/Weitemeyer, Landesstiftungsrecht, 2011, Rn 23.8 m.w.N.

riger Mitarbeiter des Familienunternehmens sein."). Findet sich in dem Unternehmen keine – auch fachlich – geeignete Persönlichkeit, so wäre die rein formale Erfüllung der Satzungsregelung sicher ein schlechter Dienst für das Unternehmen. Auf eine entsprechende Satzungsregelung sollte daher möglichst verzichtet werden, jedenfalls aber sollte sie Ausnahmen zulassen. Sie wäre also etwa als **„Soll"-Regelung** abzufassen und in einem entsprechenden Fall möglichst zu ändern.

Ein Sonderfall der Änderung der Stiftungssatzung ist die **Änderung des** 61
Zwecks der Stiftung. Nach § 87 Abs. 1 BGB ist eine Änderung des Stiftungszwecks durch die zuständige Behörde möglich, wenn die Erfüllung des ursprüngliche Stiftungszweckes unmöglich geworden ist oder sie das Gemeinwohl gefährden würde. Im Übrigen können Stiftungsorgane aufgrund der Stiftungssatzung zur Zweckänderung befugt sein. Dabei ist aber zu beachten, dass der Stiftungszweck für die Stiftungsorganisation, Vermögensbindung und die tägliche Arbeit der Stiftung grundlegende Bedeutung hat. Seine **Änderung** darf daher **nur unter besonderen Voraussetzungen zulässig** sein und muss im Einklang mit dem in der Satzung ausdrücklich geäußerten oder mutmaßlichen Willen des Stifters erfolgen. Die Zweckänderung muss entweder in der Stiftungsverfassung ausdrücklich zugelassen werden oder es müssen sich die bei der Errichtung der Stiftung für die Stiftung maßgebenden Verhältnisse wesentlich geändert haben. Einzelheiten in diesem Bereich sind nicht abschließend geklärt, so dass sich für die Praxis vorsorglich eine abgestufte **Vorgehensweise** empfiehlt:

- Zunächst kann der Stifter den **Stiftungszweck** – wenn möglich – **thematisch** weit fassen und ihn auf diese Weise so flexibel gestalten, dass die Stiftungsorgane innerhalb dieses Zwecks zumindest den Schwerpunkt verlagern können.
- Überdies kann der Stifter **Ersatzzwecke** festlegen. Dieser Ansatz ist allerdings etwas zweischneidig, da der Stifter kaum voraussehen kann, welcher Ersatzzweck nach mehreren Jahrzehnten sinnvoll ist.
- Schließlich kann der Stifter in der Satzung eine **Zweckänderungsklausel** aufnehmen, wonach bei wesentlicher Änderung der für die Stiftung maßgebenden Verhältnisse der Zweck der Stiftung geändert werden kann. Dabei wird er zur Erläuterung sinnvollerweise einige denkbare Fälle angeben, in denen **insbesondere** die Zweckänderung zulässig sein soll.

62 Nach § 87 BGB[88] hat außerdem die Stiftungsbehörde, falls die Erfüllung des Stiftungszwecks unmöglich geworden oder das Gemeinwohl gefährdet ist (zu diesem Kriterium siehe § 3 Rn 63), die Möglichkeit, den Zweck der Stiftung zu ändern. Vor einer solchen Änderung soll sie den Vorstand der Stiftung **hören.** Außerdem hat sie bei der Zweckänderung den Willen des Stifters tunlichst zu berücksichtigen und insbesondere dafür Sorge zu tragen, dass die Erträge des Stiftungsvermögens dem vom Stifter vorgesehenen Personenkreis erhalten bleiben.

63 **Praxisrelevante Rechtsprechung: Genehmigung einer Satzungsänderung**

Eine Stiftung, sei sie selbstständig oder unselbstständig, hat keine Gesellschafter oder Mitglieder. Das Schicksal einer Stiftung hängt deshalb nicht, wie etwa das Schicksal eines Vereins, von dem Willen einer Personenmehrheit (Mitgliederversammlung) ab, sondern von dem insbesondere in der Stiftungssatzung ausgedrückten Stifterwillen. Der ausdrückliche oder notfalls hypothetische Stifterwille bei Errichtung der Stiftung ist, wie angesprochen, als Maßstab für das Handeln der Stiftungsorgane das oberste Prinzip des Stiftungsrechts (siehe § 3 Rn 54 ff.).

Der Wille einzelner anderer Personen, die der Stiftung verbunden sind, ist folglich nicht entscheidend. So hat das **VG Magdebur**g die Klage eines Destinatärs gegen die Genehmigung der Satzungsänderung einer Stiftung wegen fehlender Klagebefugnis als unzulässig abgewiesen.[89]

Entscheidend für die etwaige Klagebefugnis eines Destinatärs ist die schutzfähige Rechtposition des Klagenden. Es fehle im konkreten Fall die Möglichkeit einer tatsächlichen oder rechtlichen Betroffenheit nach jeder rechtlichen Betrachtungsweise, betonte das VG Magdeburg.

Ähnlich hat auch der **Verwaltungsgerichtshof Baden-Württemberg** argumentiert und die Klagebefugnis eines hartnäckig klagenden Vorstandsmitglieds einer selbstständigen Stiftung auf Feststellung der Nichtigkeit der Auflösung einer Stiftung verneint.[90]

88 In einigen Landesstiftungsgesetzen wird Stiftungsorganen die Befugnis zur Zweckänderung eingeräumt, *„wenn […] eine wesentliche Änderung der Verhältnisse dies erfordert"*; vgl. z.B. § 7 Abs. 1 StiftG Nds. Zur kompetenzrechtlichen Bedenklichkeit solcher Regelungen angesichts der bundesgesetzlichen Regelungen zum Stiftungszweck siehe *Muscheler*, ZSt 2004, 3 (8); *Reuter*, NZG 2004, 939.

89 VG Magdeburg – 9 A 160/02 MB v. 6.7.2005, ZSt 2005, 295.

90 VGH Baden-Württemberg – 1 S 2115/05 v. 31.3.2006, ZSt 2007, 88. Die Revision wurde wegen grundsätzlicher Bedeutung der Rechtssache zugelassen. Die zunächst eingelegte Revision wurde zurückgenommen.

Der Vorstand der Stiftung hatte in einer Sitzung, an der das klagende Vorstandsmitglied wegen Krankheit nicht teilnahm, u.a. die Auflösung der Stiftung beschlossen. Der Stiftungsrat stimmte dem entsprechenden Antrag des Vorstandes zu. Das Regierungspräsidium genehmigte nach § 14 Abs. 2 B.-W. StiftG die Auflösung. Das VG Stuttgart wies die Klage ab, für die Verpflichtungsklage auf Feststellung der Nichtigkeit des Bescheids der Stiftungsbehörde fehle das Rechtsschutzbedürfnis. Die hilfsweise erhobene Nichtigkeitsfeststellungsklage sei wegen fehlender Klagebefugnis unzulässig.

Der Verwaltungsgerichtshof folgte dem im Ergebnis. Der Kläger sei nicht in eigenen Rechten betroffen; er habe hier keine schutzfähige Rechtsposition. Die Stiftungsaufsicht diene insbesondere der Verwirklichung des Stiftungszwecks, der gerade wegen der mitglieder- und eignerlosen Organisationsstruktur der Stiftung besonderen Schutzes bedürfe. Die Stiftungsaufsicht solle dem im Stiftungsgeschäft und in der Stiftungssatzung zum Ausdruck gekommenen Stifterwillen nicht zuletzt auch gegen abweichendes Verhalten der Organe zur Durchsetzung verhelfen.

Kommentar:

Beide Entscheidungen überzeugen mit Blick auf den Stifterwillen als Maßstab für das Handeln der Stiftungsorgane. Die Stiftungsbehörde hat im Rahmen ihrer Rechtsaufsicht im Sinne des Stifters eine besondere Überwachungsaufgabe.[91] Sie hat zu prüfen, wem der Stifter konkret überhaupt Rechte oder eine eigene Rechtsposition und ggf. in welchem Umfang zuweisen wollte. Es überrascht den Fachmann, dass das klagende Vorstandsmitglied das nicht wahrhaben wollte, allerdings irrt sich hier, wie die Praxis zeigt, nicht ganz selten auch ein Stifter, der die Stiftung nach Errichtung als „seine" Stiftung betrachtet, wie er etwa auch „seine" GmbH hat, mit der er schaltet und waltet (Stichwort: „Stiftungsreife", siehe § 14 Rn 31 ff.). Die beiden Urteile sind also ggf. die Spitze eines Eisbergs von Fehlvorstellungen in der Praxis.

91 Siehe etwa § 8 Abs. 1 B.-W. StiftG.

V. Vertretungsbescheinigungen

64 Einige Länder sehen in ihren Landesstiftungsgesetzen oder in anderen Gesetzen ausdrücklich die Erteilung einer Vertretungsbescheinigung vor,[92] nämlich in § 3 AGBGB Baden-Württemberg, § 11 Abs. 2 StiftG Berlin, § 1 Bremer Gesetz über die Ausstellung von Vertretungsbescheinigungen, § 5 Abs. 4 StiftG Hamburg, § 17a Abs. 5 StiftG Hessen, § 4 Abs. 3 StiftG Mecklenburg- Vorpommern, § 11 Abs. 2 S. 2 StiftG Niedersachsen, § 12 Abs. 4 StiftG Nordrhein-Westfalen, § 9 Abs. 7 StiftG Rheinland-Pfalz, § 5 Abs. 5 StiftG Sachsen-Anhalt, § 8 Abs. 3 StiftG Schleswig-Holstein und § 5 Abs. 5 StiftG Thüringen.

Erfahrungsgemäß stellen auch Stiftungsbehörden, denen es an einer solchen konkreten gesetzlichen Grundlage in den jeweiligen Landesgesetzen fehlt, entsprechende Bescheinigungen aus. Sehr anschaulich hat das Ministerium des Innern des Landes Brandenburg zur Vertretungsbescheinigung Stellung genommen, obwohl es auch dort keine konkrete Gesetzesgrundlage im Landesstiftungsgesetz gibt:

65 **Praxishinweis: Das Ministerium des Innern des Landes Brandenburg zur Vertretungsbescheinigung**

„…

2. Vertretungsbescheinigungen (gilt nicht für kirchliche Stiftungen)
Teilweise verlangen Behörden wie Amtsgerichte oder Grundbuchämter oder private Institutionen wie Banken von den Mitgliedern der Stiftungsorgane eine Bescheinigung, dass die Mitglieder die Stiftung vertreten und das Rechtsgeschäft vornehmen dürfen. Als eine solche Legimitation stelle ich auf Antrag der Stiftung so genannte Vertretungsbescheinigungen aus. Diese führen die Mitglieder, die dem vertretungsberechtigten Organ der Stiftung angehören, sowie deren Amtszeiten und einen Auszug aus der Stiftungssatzung, aus denen sich die Vertretungsbefugnisse der Organmitglieder ergeben, also ob diese einzelvertretungsberechtigt sind oder zusammen mit einem weiteren oder mehreren Organmitgliedern, auf.
Die Vertretungsbescheinigungen werden von mir befristet. Da die Behörden und private Institutionen vielfach nur bei besonderen Rechtsgeschäften aktuelle Vertretungsbescheinigungen verlangen, bitte ich, Vertretungsbescheinigungen nicht „auf Vorrat" zu beantragen, sondern nur, wenn dritte Stellen tatsächlich den Nachweis einer Legitimation verlangen.

92 *Suerbaum*, in: Stumpf/Suerbaum/Schulte/Pauli, Stiftungsrecht, C. Rn 156 ff.; Hüttemann/Richter/Weitemeyer/*Rawert*, Landesstiftungsrecht, 2013, Kap. 12 (S. 331 ff.).

Für Stiftungen, die nicht als gemeinnützig anerkannt sind, ist die Ausstellung von Vertretungsbescheinigungen gebührenpflichtig."[93]

Aus einer Vertretungsbescheinigung folgt ebenso wie die in einigen Landesgesetzen vorgesehenen Stiftungsverzeichnisse im Rechtsverkehr keine Vermutung des Inhalts, dass der dort festgestellte Inhalt richtig ist, sie begründen also **keinen öffentlichen Glauben**.[94] 66

Abschließend ist hier über ein Praxisproblem zu berichten: Was geschieht mit den Vertretungsbescheinigungen bei Streit oder Ungewissheit über den einschlägigen Funktionsstatus einer Person?[95] In einem Praxisfall hatte die Stiftungsbehörde die Auffassung vertreten, die vertretungsberechtigten Stiftungsvorstandsmitglieder hätten vor der Anzeige zu prüfen, ob die Abwahl eines Mitglieds des Stiftungsvorstandes ordnungsgemäß erfolgt sei.[96] Die anmeldenden Vorstandsmitglieder trügen die Verantwortung für eine ordnungsgemäße Anzeige gegenüber der Stiftungsaufsichtsbehörde. Meinungsverschiedenheiten im Stiftungsvorstand in diesem Zusammenhang gingen nicht in die Anzeige und dementsprechend auch nicht in die Vertretungsbescheinigung ein. 67

Richtigerweise betont *von Arps-Aubert* dazu den von der Vertretungsbescheinigung erzeugten Rechtsschein und hebt hervor, dass eine unrichtige Vertretungsbescheinigung sowohl die Interessen des Rechtsverkehrs als auch die der Stiftung berühre.[97] Er folgert daraus, dass entgegen der Auffassung der besagten Stiftungsbehörde in der Anzeige an die Behörde sehr wohl die einschlägigen Meinungsverschiedenheiten offen zu legen seien. Das ergibt sich unabhängig von den zusätzlichen juristischen Erwägungen, die uns *von Arps-Aubert* vorstellt, schon daraus, dass die Behörde die Vertretungsberechtigung eben für den Rechtsverkehr bescheinigt. Sie entscheidet über die Bescheinigung, d.h. sie muss prüfen, ob sie die Bescheinigung ausstellt, die beantragt wurde. Die Antragsteller haben dazu die erforderlichen Fakten vorzulegen, damit (fundiert) geprüft werden kann (siehe auch vorangehenden Praxishinweis, Rn 65). Unterlassen sie das und es wird eine unrichtige Bescheinigung ausgestellt, ist zu prüfen, ob die Anzeigenden ggf. für eine aus der falschen Bescheinigung entstandenen Schaden haften. 68

93 Stiftungsinformationsbrief des Ministeriums des Inneren des Landes Brandenburg 1/2009 v. 29.7.2009, Ziffer 2. (Bearbeiter: *Rüdebusch/Scheiper*), http://www.mik.brandenburg.de/media_fast/4055/Stiftungsinformatonsbrief%20Nr. 1_2009.15813085.pdf (zuletzt eingesehen am 13.1.2015).

94 Hüttemann/Richter/Weitemeyer/*Rawert*, Landesstiftungsrecht, 2013, Rn 12.11 m.w.N.

95 Ausf. dazu *von Arps-Aubert*, ZStV 2014, 72.

96 Berichtet von *von Arps-Aubert*, ZStV 2014, 72.

97 *Von Arps-Aubert*, ZStV 2014, 72, 73.

69 Nach *von Arps-Aubert* soll die Behörde die Meinungsverschiedenheiten in die Bescheinigung aufnehmen und auf eine Klärung hinwirken.[98] Eine Bescheinigung mit einem solchen Hinweis dürfte in der Praxis allerdings für den Rechtsverkehr i.d.R. unbrauchbar sein. Ihr fehlt schon aus sich heraus der Rechtsschein einer wirksamen Vertretungsmacht. Damit setzt sich die Behörde zwar keinem Haftungsvorwurf aus dem Rechtsverkehr wegen falscher Bescheinigung aus, denn sie hat ja ersichtlich aufgeklärt. Aber sie gibt der Stiftung genau betrachtet Äpfel statt Birnen. Wer will sich in der Praxis als Vertragspartner der Stiftung schon auf eine ungewisse Vertretungsmacht einlassen? Nach unserer Meinung darf die Behörde nach dem Sinn und Zweck der Bescheinigung eine solche überhaupt nur ausstellen, wenn sie nach ihrer Prüfung keinen Zweifel an der Vertretungsberechtigung hat. Die Stiftung sollte unabhängig von diesen rechtlichen Erwägungen, in einer solchen Angelegenheit mit der Behörde kooperieren, um den Streit unverzüglich zu erledigen.

98 *Von Arps-Aubert*, ZStV 2014, 72, 75.

§ 5 Neuralgische Punkte bei der Stiftungsarbeit

Was bietet dieses Kapitel?
Bei der Führung von Stiftungen gibt es einige regelmäßig auftretende neuralgische Punkte. Das sind Themen wie die Haftung der Stiftung und ihrer Organmitglieder, die Vermögensverwaltung, die Mittelbeschaffung bei steuerbefreiten Stiftungen und schließlich der Arbeitsplatz in der Stiftung. Diese Themen werden in diesem Kapitel behandelt.

Wo gehobelt wird, da fallen Späne.
Volksmund

Übersicht: Rn

A. Haftung von Stiftung und Organmitgliedern

Auf den Volksmund geschaut, könnte man sagen: Ja, wo gearbeitet wird, da werden auch Fehler gemacht. Vornehmer ausgedrückt: Insbesondere vorbeugende **Corporate Governance** und **Compliance** sind auch **bei Stiftungen** ein 1 wichtiges Thema geworden (siehe § 14 Rn 56 ff.).[1] Zur Corporate Governance werden hier insbesondere Fragen nach der Kontrolle der Stiftungsorgane,[2] nach den Grundsätzen einer ordnungsgemäßen Stiftungsverwaltung[3] oder nach den Grundsätzen guter Stiftungspraxis[4] gestellt.

Hier sollen zunächst die Haftungsgrundlagen für die Stiftung und die Stiftungsorgane betrachtet werden. Die Mitglieder von Stiftungsorganen sollten wissen, woran sie sind.

I. Übersicht

2 Beginnen wir mit einem der wohl am meisten **unterschätzten** Probleme bei der Stiftungsarbeit. Die Frage nach der Haftung von Organmitgliedern bei Stiftungen[5] wird in der Praxis häufig auf die leichte Schulter genommen. Es haften ggf. eben auch nicht nur Vorstandsmitglieder, sondern auch die Mitglieder in den anderen Stiftungsaufsichtsorganen (Stiftungsrat, Stiftungsaufsichtsrat etc.); die Schwachstellen in der Aufsichtsarbeit sind in jüngerer Zeit mehrfach beschrieben worden.[6]

Im Gegensatz dazu wird die Frage nach der Haftung von Vorständen und Aufsichtsräten bei Aktiengesellschaften wesentlich deutlicher als **mitunter sogar existenzvernichtend** klar benannt.[7] Nach einer nicht näher begründeten prominenten Meinung aus der Wissenschaft soll die Haftung von Stiftungsorganmitgliedern in der Praxis dagegen so gut wie keine Rolle spielen.[8] Das

1 Mahnende Wort finden sich bei *Burgard*, ZStV 2015, 1.

2 *Steuber*, DStR 2006, 1182 („Kontrolle oder Moral").

3 *Neuhoff*, Die Roten Seiten zu Stiftung & Sponsoring 2/2003 („Versuch einer Stiftungsethik"); Deutsches Stiftungszentrum, Grundsätze guter Stiftungsverwaltung, 2009, einsehbar unter: http://dsz.stifterverband.info/stiftungsgruendung/grundsaetze_guter_stiftungsverwaltung/grundsaetze_guter_stiftungsverwaltung.pdf.

4 Bspw. Bundesverband Deutscher Stiftungen, Grundsätze Guter Stiftungspraxis, 2010, einsehbar unter:http://www.stiftungen.org/fileadmin/bvds/de/News_und_Wissen/Grundsaetze_Guter_Stiftungspraxis/BvDS_Grundsaetze_Guter_Stiftungspraxis_erw._Neuauflage_2010.pdf.

5 Siehe dazu etwa BGH Urt. v 20.11.2014 – III ZR 509/13, ZiP2015, 166; v. Campenhausen/Richter/*Hof*, § 8 Rn 292 ff.; Hüttemann/Richter/Weitemeyer/*Roth*, Landesstiftungsrecht, Rn 17.26 ff.; *Graewe*, ZStV 2014, 103.

6 *Schiffer*, StiftungsBrief 2014, 201. Speziell zum Bereich der Wohlfahrtspflege *Münster*, ZStV 2013, 90.

7 Siehe etwa *Hoffmann*, NJW 2012, 1393 ff.; *Theisen*, BB 38/2012, Die Erste Seite (Editorial).

8 *Reuter*, in: Kötz/Rawert/Schmidt/Walz (Hrsg.), Non Profit Law Yearbook 2002, S. 157 (176). Von einem „praktischen Ausnahmefall" spricht ohne weitere Begründung auch Werner/Saenger/*Kilian*, Rn 528 Fn 3.

Gegenteil dürfte richtig sein. So schreibt etwa *Burgard*[9] unter Hinweis auf *Steuber*:[10] „*Nach alledem verwundert es nicht, dass Mittelfehlverwendungen,*[11] *Selbstbeauftragung von Organmitgliedern, Anstellung von Angehörigen und überhöhte Vergütungen keine Seltenheit sind.*" Zwar sind Selbstbeauftragungen und Anstellungen von Angehörigen; wenn sie einem Fremdvergleich standhalten, nicht per se unzulässig, aktuelle Haftungsfälle aus der Beratungspraxis bestätigen aber die von *Burgard* angesprochene Richtung – und zwar mit oftmals „überraschenden" Folgen vor allem für ehrenamtlich tätige Stiftungsorganmitglieder, was 2009 sogar den Gesetzgeber auf den Plan gerufen hat. Deshalb wird die Haftungsproblematik zu Beginn dieses Paragraphen behandelt.

Interessenkonflikte in einer Stiftung sind nicht selten. Es kann z.B. Interessen- 3
konflikte geben, wenn ein Organmitglied sowohl Interessen bei der gebenden Förderstiftung als auch bei der empfangenden geförderten Körperschaft vertritt oder wenn der verstorbene Stifter, der die Stiftung als Erbin eingesetzt hat, einem Organmitglied ein Vermächtnis versprochen hat. Natürlich kann es auch Interessenkonflikte geben, wenn über die Tätigkeit eines Organmitgliedes bei der Stiftung abgestimmt wird, wenn ein Stiftungsvorstandsmitglied „ein Geschäft" lieber für seine private Stiftung abschließt als für die, als deren Vorstand er in dem Zusammenhang tätig war. Die Aufzählung ließe sich fortsetzen.

Aus solchen Interessenkonflikten kann ein Schaden für die betreffende Stiftung entstehen und anschließend eine Haftung desjenigen, der falsch gehandelt hat. Im Extremfall können sich auch strafrechtliche Folgen ergeben. Zu denken ist hier an § 266 StGB (Untreue) und an § 263 StGB (Betrug). Wenn die anderen Organmitglieder und ein etwaiger Stiftungsrat gegenüber einem Vorstandsmitglied hier schuldhaft nicht eingreifen, trifft sie gegebenenfalls eine eigene Haftung. Das alles liegt auf der Hand, wenngleich es bisher eher im Gesellschaftsrecht untersucht wird[12] als bei der Stiftung.[13] Es gelten aber jeweils dieselben Grundüberlegungen. Es handelt sich grundsätzlich um allgemeine Rechtsre-

9 *Burgard*, in: Nietsch/Weller/Kiesel (Hrsg.), Kulturstiftungen, 2013, 87, 89.

10 *Steuber*, DStR 2006, 1182.

11 Siehe dazu, dass etwa auch Wirtschaftsprüfer wegen Verletzung von Aufklärungspflichten aus einem Mittelverwendungskontrollvertrag haften können: BGH, Urt. 11.4.2013 – III ZR 79/12, DStR 2013, 1562.

12 Siehe etwa: *Borsdorff*, Interessenkonflikte bei Organmitgliedern. Eine Untersuchung zum deutschen und US-amerikanischen Aktienrecht, 2010.

13 Siehe aber auch Bundesverband Deutscher Stiftungen, Grundsätze guter Stiftungspraxis, 2010; *Schmidt*, ZStV 2014, 21; *Koss*, ZStV 2014, 171.

geln, die sich letztlich auch ohne konkrete gesetzliche Regelungen[14] aus dem Grundsatz von Treu und Glauben und aus den für Organmitglieder geltenden Treuepflichten gegenüber der Stiftung ergeben. Ein persönliches Interesse darf eben nicht das primäre Interesse der Stiftung gefährden, dem das Organmitglied zu dienen hat. Man kann nur einem Herrn in einer Sache dienen. Durch eine entsprechende Formulierung in der Stiftungssatzung kann dem Problem in der Praxis vorgebeugt werden.

4 **Formulierungsbeispiel: Regelung zu Interessenkonflikten in der Geschäftsordnung einer Stiftung:**
„Interessenkonflikte und/oder Befangenheitsgründe sind zu vermeiden. Besteht bei einem Organmitglied der Verdacht oder auch nur der Anschein eines Interessenkonfliktes und/oder Befangenheitsgrundes, so ist das gegenüber den anderen Organmitgliedern unverzüglich offenzulegen.
Die Mitglieder des Stiftungsvorstandes stimmen sich dann unverzüglich über die Handhabung des Sachverhaltes ab.
Von einer betreffenden Beschlussfassung sind solche Organmitglieder ausgeschlossen, die persönliche Vor- oder Nachteile durch die zu treffende Entscheidung vergegenwärtigen könnten oder die wegen persönlicher, finanzieller oder geschäftlicher Beziehung zu Destinatären oder Projektbeteiligten befangen sein könnten. Anhaltspunkte für entsprechende Interessenkonflikte sind unverzüglich aktiv durch die betreffenden Organmitglieder selbst gegenüber den anderen Organmitgliedern offenzulegen, aber auch von den anderen Organmitgliedern erforderlichenfalls unverzüglich aufzugreifen.“

5 Der Inhalt und der Umfang der **Verschwiegenheitspflicht** von Organmitgliedern in Stiftungen sind bislang noch nicht eingehender untersucht worden, obwohl sie in der Praxis nicht selten Anlass für Streitigkeiten sind.[15] Jedes Organmitglied und damit auch eines in einem Stiftungsorgan unterliegt nach allgemeinen Rechtsgrundsätzen für die Ausübung seines Amtes einer Verschwiegenheitspflicht. So heißt es etwa für den Vorstand einer Aktiengesellschaft in § 93 Abs. 1 S. 3 AktG: „*Über vertrauliche Angaben und Geheimnisse der Gesellschaft, namentlich Betriebs- oder Geschäftsgeheimnisse, die den Vorstandsmitgliedern durch ihre Tätigkeit im Vorstand bekannt geworden sind, haben sie Stillschweigen zu bewahren.*“ Für Aufsichtsratsmitglieder gilt das über § 116 AktG sinngemäß.

14 Siehe z.B. die gesetzliche Regelungen von Interessenkonflikten bei Vorstandsmitgliedern im AktG: § 88 AktG: Wettbewerbsverbot und § 89 AktG: Kreditgewährung an Vorstandsmitglieder.

15 Das konstatiert *Seifert*, ZStV 2014, 41 ff. in der Einleitung zu seinem Beitrag zu diesem Thema.

Für die Stiftungsorganmitglieder kommt *Seifert* zu dem Ergebnis,[16] dass sie ebenso wie die Mitglieder von Organen anderer juristischer Personen auch zur Verschwiegenheit verpflichtet sind. Er sieht dabei als rechtliche Grundlage eine entsprechende Geltung der genannten aktienrechtlichen Vorschriften als Ausfluss der allgemeinen Loyalitätspflicht (Treuepflicht, siehe oben) von Organmitgliedern, der sie im Verhältnis zur Stiftung unterworfen sind. Diese Verschwiegenheitspflicht erfasst mit *Seifert* grundsätzlich sämtliche vertraulichen Angaben über die Stiftung (insb. Stiftungsgeheimnisse: Betriebs- und Geschäftsgeheimnisse, aber auch Angaben über Sitzungen der Stiftungsorgane). 6

Von der Verschwiegenheitspflicht bestehen ebenfalls mit *Seifert* indessen **Ausnahmen** – etwa bei einer gesetzliche Pflicht zur Weitergabe von Informationen, die beispielsweise die Stiftungsbehörde nach ihrem Landesstiftungsgesetz anfordern kann oder die Arbeitnehmervertretern (Betriebsrat und Wirtschaftsausschuss) nach den gesetzlichen Vorgaben anfordern. Zudem kann die Stiftungssatzung den gesetzlich geltenden Umfang der Verschwiegenheitspflicht ggf. modifizieren. Weitere Besonderheiten können auch für die Kommunikation zwischen Organmitgliedern und den Einrichtungen, die sie ggf. repräsentieren, gelten. So wird etwa bei kommunalen Stiftungen die stiftungsrechtliche Verschwiegenheitspflicht ggf. aus Gründen eingeschränkt, die im Kommunalrecht liegen: Kommunikation zwischen dem in ein Organ der kommunalen Stiftung entsandten Vertreter der Gemeinde und der Gemeinde selbst. Die Wertungen der §§ 394, 395 AktG sind insoweit mit *Seifert* auf das Stiftungsrecht übertragbar. 7

Außerdem ist die Weitergabe vertraulicher Angaben zur Stiftung an externe Berater sowie an Hilfspersonen des Beraters und auch an solche eines Organmitgliedes zulässig, wenn sie im Rahmen ordnungsgemäßer Aufgabenerfüllung liegen. Allerdings hat der Betreffende sicherzustellen, dass die Verschwiegenheitspflicht auf diese Personen vertraglich ausgeweitet ist oder wird.

In der Stiftungssatzung kann natürlich eine Informationsweitergabe auch ausdrücklich erlaubt sein.

Verstöße gegen die Verschwiegenheitspflicht können zur Abberufung des pflichtwidrig handelnden Organmitgliedes führen und die Kündigung seines Anstellungsvertrages nach sich ziehen. Zudem können Ansprüche der Stiftung auf Schadensersatz ausgelöst werden 8

Bei steuerbefreiten Stiftungen ist die ehrenamtliche Tätigkeit der Normalfall. Aber gerade bei steuerbefreiten Stiftungen sind die oft komplizierten Steuervorschriften zu beachten und die Gefahr von Fehlern ist groß. Die **steuerliche** 9

16 *Seifert*, ZStV 2014, 41, 48.

Haftung für Stiftungsvorstandsmitglieder wird hier sogar als **„persönliche Existenzbedrohung“** eingestuft.[17] Dennoch herrscht bei den ehrenamtlich Tätigen oft die Vorstellung, dass sie auch für solche von ihnen verursachte Schäden nicht haften. Im Steuerrecht gilt aber gem. §§ 69 und 34 AO, dass die gesetzlichen Vertreter juristischer Personen die steuerlichen Pflichten der juristischen Person zu erfüllen haben und für die grob fahrlässige oder vorsätzliche Verletzung dieser Pflichten haften. Eine von den Ländern Baden-Württemberg und Saarland im März 2011 vorgeschlagene Beschränkung der Haftung für die Verletzung steuerlicher Pflichten auf solche Mitglieder eines Vereinsvorstands, denen die Erfüllung der steuerlichen Pflichten als spezielle Aufgabe zugewiesen wurde, hat der Bundesrat in den Gesetzesentwurf vom 18.3.2011, aus dem dann später das „Gesetz zur Stärkung des Ehrenamts“ hervorging, nicht aufgenommen.[18]

10 Zivilrechtlich hafteten ehrenamtlich tätige Organmitglieder vor noch nicht allzu langer Zeit sogar vollumfänglich für durch sie schuldhaft verursachte Schäden, also bereits bei leichter Fahrlässigkeit.

Erst 2009 wurde § 31a BGB in das Vereinsrecht eingeführt[19] und § 86 BGB so geändert, dass er auf § 31a BGB verweist. Nicht für Entgelt oder nur gegen eine jährliche Vergütung von nicht mehr als 500 EUR tätige Vorstandsmitglieder hafteten demnach **zivilrechtlich** nur noch bei Vorliegen von Vorsatz oder grober Fahrlässigkeit.

Das galt aber eben nur für Mitglieder des Vorstands und nicht für die Mitglieder anderer Organe der Stiftung, was für entsprechende Kritik sorgte.[20] Mit dem **Gesetz zur Stärkung des Ehrenamts (Ehrenamtsstärkungsgesetz)**[21] hat der Gesetzgeber auf diese Kritik reagiert und § 31a BGB so geändert, dass er **nunmehrauch Mitglieder anderer Organe** erfasst. Gleichzeitig hat er die Grenze der jährlichen Vergütung auf 720 EUR erhöht (ausführlich siehe unten Rn 34 ff.).

17 Deutlich sagt das z.B. *Lorenz*, ZStV 2013, 222.

18 BR-Drucks 41/11, einsehbar unter http://dipbt.bundestag.de/extrakt/ba/WP17/328/32855.html.

19 Eingefügt durch das Gesetz zur Begrenzung der Haftung von ehrenamtlich tätigen Vereinsvorständen vom 28.9.2009 (BGBl I S. 3161) mit Wirkung vom 3.10.2009.

20 Siehe nur NK-BGB/*Schiffer/Pruns* (2. Aufl. 2012), § 86 BGB Rn 18 m.w.N.

21 Gesetz vom 21.3.2013, BGBl I S. 556.

Ein typisierter Praxisfall: Fehlverwendung von Stiftungsmitteln 11
Die gemeinnützige Stiftung A in NRW hat ein erhebliches Vermögen und in ihrem Dreier-Vorstand ein sehr fleißiges geschäftsführendes Vorstandsmitglied.[22] Um Kosten zu sparen, traf man vor 15 Jahren im Vorstand und im Stiftungsrat die Entscheidung, den Jahresabschluss nicht mehr von einer WP-Gesellschaft, sondern von einem Unternehmensberater prüfen zu lassen. Der Unternehmensberater war weder Wirtschaftsprüfer, noch Steuerberater oder Rechtsanwalt. Ein schriftlicher Auftrag mit konkretem Prüfungsinhalt lag nicht vor. Ab 1995 erhielt das geschäftsführende Vorstandsmitglied „zur Vereinfachung" Einzelvertretungsmacht. Die beiden anderen Vorstandsmitglieder wohnten zwischenzeitlich einige 100 km weit entfernt. Die Jahresabschlüsse der Stiftung enthielten immer Bar-Kassenbestände von einigen zehntausend EUR und einen „uneingeschränkten" Bestätigungsvermerk des Unternehmensberaters. Seit 10 Jahren wurde kein Kassenbuch mehr geführt. Der Stiftungsrat verabschiedete jeweils ohne Diskussion den Jahresabschluss, der ihm von dem Dreier-Vorstand vorgelegt wurde. Es wurden keine kritischen Fragen gestellt. Der Vorstand wurde immer entlastet. Im Jahre 2006 merkte der Unternehmensberater, dass 200.000 EUR fehlen, denn das Girokonto wies einen Negativsaldo auf, während sich 190.000 EUR angeblich in der Kasse befinden sollten. Er legte sein Amt nieder. Der fehlende Betrag hatte sich über 10 Jahre „angesammelt". Das geschäftsführende Vorstandsmitglied gestand die Entnahmen. Es war aufgrund eines privaten Schicksalsschlages weitgehend mittellos, gerade deshalb hatte es in die Kasse gegriffen, um private Verbindlichkeiten zurückzuführen. Die Stiftungssatzung enthält keine Beschränkung der Haftung der Organmitglieder auf grobe Fahrlässigkeit und Vorsatz. Eine D&O- Versicherung ist nicht abgeschlossen worden (zur „Lösung" des Falles siehe Rn 54).

Die Stiftung haftet gegenüber Dritten nach dem Bürgerlichen Gesetzbuch zwingend für jeden Schaden, den ein Stiftungsorgan, ein Organmitglied oder ein sonstiger für die Stiftung Mitwirkender in Ausführung der ihm übertragenen Aufgaben schuldhaft verursacht (**Außenhaftung**); grundsätzlich kann die Stiftung Rückgriff bei den betreffenden Organmitgliedern nehmen (**Innenhaftung**), wobei diese auch für leicht fahrlässige Pflichtverletzungen haften, wenn keine Haftungsbefreiung greift (siehe Rn 33 ff.). Um es einmal plastisch auszudrücken: **„Es reicht nicht, Gutes zu tun, man muss es auch gut tun"** (siehe auch § 4 Rn 8 ff.). 12

22 Siehe zu dem hier typisiert skizzierten Fall schon *Schiffer/Behring*, StiftungsBrief 2009, 8.

II. Einzelheiten

1. Allgemeine Haftungsverschärfung durch KonTraG, Rechtsprechung und modernisiertes Schuldrecht

13 Das Gesetz zur Kontrolle und Transparenz im Unternehmensbereich (KonTraG) aus 1998 hat das Thema Corporate Governance auch über den Unternehmensbereich in den Fokus gerückt. Schon früh war man sich einig, dass es auch für die Organe von Stiftungen zu wesentlichen Neuerungen geführt hat. Das Gesetz hat anerkanntermaßen eine erhebliche **psychologische Bedeutung** und strahlt weit über die Kapitalgesellschaften und auch auf Stiftungen aus; es verdeutlicht insbesondere die Risikoüberwachungspflicht für die Leitungsorgane.[23] Wer (mehr) Einfluss hat, hat auch (mehr) Verantwortung! Auf die Haftungsrisiken insbesondere von Aufsichtsorganen bleibt dies, wie Gerichtsentscheidungen zur Haftung von Aufsichtsräten[24] zeigen, nicht ohne Einfluss.

14 Besonders wesentlich ist außerdem die **weit reichende Rechtsprechung des BGH** zum **Organisationsverschulden**.[25] Bei der zitierten grundlegenden Entscheidung ging es vordergründig um den Eingriff in das Eigentum des Vorbehaltsverkäufers durch Weiterverarbeitung seitens des Vorbehaltskäufers. Der Eingriff war rechtswidrig, weil die Weiterverarbeitung ohne Vorausabtretung der jeweiligen Kundenforderungen stattfand, was, wie üblich, Voraussetzung war. Obwohl dem Unternehmensleiter eine persönliche Beteiligung an der Entscheidung zur Weiterverarbeitung des gelieferten Materials nicht nachgewiesen werden konnte, wurde er dennoch dem Vorbehaltsverkäufer gegenüber zum Schadensersatz verurteilt. Zum Vorwurf wurde ihm mangelnde Organisation seines Betriebes gemacht. Als „Beschützergarant“ für die dem Unternehmen anvertrauten Rechtsgüter Dritter hätte er nach Ansicht des BGH darauf hinwirken müssen, dass durch eine geeignete Organisation rechtswidrige Eingriffe in solche Rechtsgüter unterbleiben. Diese Entscheidung zum Organisationsmangel hat besonders weit reichende Auswirkungen, da sie für den Unternehmensleiter eine deliktische Haftung ohne direkte Tatbeteiligung begründet. Ihr Rechtsgedanke lässt sich auch bei anderen absolut geschützten Rechtsgütern problemlos einsetzen, wie z.B. im Bereich des Patentrechts oder des Produkthaftungsrechts. Im Bereich der Stiftungen, wo es zu den Hauptpflichten des Stiftungsvorstands gehört, das Stiftungsvermögen zu erhalten, weil es das Mittel zur Verfolgung des Stiftungszwecks darstellt, lassen sich sehr schnell Parallelen bilden, wenn das Eigentum der Stiftung geschädigt wird.

---

23 Wie hier etwa: *Schüller*, Die Roten Seiten zum Magazin Stiftung & Sponsoring 03/2002, 4.

24 Siehe etwa BGH BB 2007, 283.

25 BGHZ 109, 297 („Baustoff“).

Die allgemeinen Haftungsvoraussetzungen sind durch das Gesetz zur Modernisierung des Schuldrechts, das am 1.1.2002 in Kraft trat, zusätzlich verschärft worden. Nach § 280 Abs. 1 S. 2 BGB obliegt der Entlastungsbeweis, die Pflichtverletzung nicht zu vertreten zu haben, dem (Stiftungs-)Organmitglied als Schuldner. Verletzt der Schuldner eine Pflicht aus dem Schuldverhältnis, so kann der Gläubiger Ersatz des hierdurch entstehenden Schadens verlangen (§ 280 Abs. 1 S. 1 BGB). Als Schuldverhältnis zwischen z.B. dem Organmitglied und der Stiftung kommt der Bestellungsakt oder das organschaftliche Rechtsverhältnis, gegebenenfalls konkretisiert durch einen entsprechenden Anstellungsvertrag, oder ein Auftrag in Betracht. Typischerweise handelt es sich um einen Auftrag, für den grundsätzlich keine Haftungserleichterung gegeben ist.[26] 15

2. Haftung der Stiftung und der Organmitglieder

a) Außenhaftung der Stiftung

Die Außenhaftung einer Stiftung bestimmt sich nach **§§ 86, 31 BGB.**[27] Eine Stiftung haftet danach gegenüber Dritten zwingend für jeden Schaden, den ein Stiftungsorgan (auch Stiftungsbeirat o.Ä.) oder ein Organmitglied **in Ausführung der ihm übertragenen Aufgaben schuldhaft** verursacht, da Wille und Handlungen der Organe der Stiftung dieser als eigene zuzurechnen sind. Voraussetzung der Haftung nach § 31 BGB ist aber ein innerer Zusammenhang zwischen der schädigenden Handlung und der Organtätigkeit. Auf die Vertretungsmacht und deren Grenzen kommt es dabei nicht an. Besteht die schädigende Handlung indes lediglich in einer Überschreitung der Vertretungsmacht, so haftet dafür nicht die Stiftung, sondern das Organmitglied selbst (§ 179 BGB). Auch Schadenszufügung „nur“ bei Gelegenheit der Organtätigkeit führt nicht zu einer Haftung der Stiftung. 16

Für **unerlaubte Handlungen** haftet nach außen neben der Stiftung auch das betreffende Organglied nach **§ 840 BGB** und zwar beide als Gesamtschuldner. Für ihre sonstigen Bediensteten und für **Bevollmächtigte** haftet die Stiftung nach den allgemeinen Vorschriften (**§§ 278, 831 BGB**). Es kommt außerdem eine gesonderte (Außen-)Haftung der Stiftung nach §§ 31, 823 BGB wegen **Verletzung von Organisations- und Aufsichtspflichten** in Betracht.[28] 17

26 Palandt/*Sprau*, § 662 Rn 11; MüKo-BGB/*Seiler*, § 662 Rn 54 ff. m.w.N. auch zu Gegenstimmen.

27 v. Campenhausen/Richter/*Hof*, § 8 Rn 292 ff.

28 Siehe Palandt/*Ellenberger*, § 31 Rn 7.

18 **BFH: Haftungsmaßstab**
Der BFH hat im Vereinsrecht schon vor einiger Zeit eine klare Linie gezogen.[29] Danach hat auch ein ehrenamtlich und unentgeltlich tätiger Vorsitzender eines Vereins, der sich als solcher wirtschaftlich betätigt und zur Erfüllung seiner Zwecke Arbeitnehmer beschäftigt, für die Erfüllung der steuerlichen Verbindlichkeiten des Vereins **grundsätzlich nach denselben Grundsätzen wie ein Geschäftsführer einer GmbH zu haften**.
Für eine Stiftung haben das FG Berlin und der BFH als Revisionsinstanz[30] das bestätigt und die Haftung einer selbstständigen gemeinnützigen Stiftung als Arbeitgeberin für nicht eingehaltene und nicht abgeführte Abgaben ausdrücklich bejaht. Es ging um die Lohnsteuer auf die Tätigkeitsvergütung des einzigen Stiftungsvorstandes, wobei, was hier nicht näher interessiert, auch noch Doppelbesteuerungsfragen hineinspielten, die in dem Fall zur Aufhebung des erstinstanzlichen Urteils führten. Im vorliegenden Zusammenhang von Interesse ist, dass nach § 42d Abs. 1 Nr. 1 EStG der Arbeitgeber für die Lohnsteuer haftet, die er einzuhalten und abzuführen hat. Der Finanzverwaltung gegenüber haftet insoweit der Vorstand einer Stiftung nach §§ 69, 34 AO, wenn er vorsätzlich oder grob fahrlässig die steuerlichen Pflichten der Stiftung als Arbeitgeber verletzt und der Fiskus dadurch weniger Steuer erhält. Lässt man die Fragen der Doppelbesteuerung außen vor, hat das für den Fall letztlich die Folge, dass der einzige Stiftungsvorstand der Stiftung gegenüber dafür haftet, dass er es versäumt hat, die Lohnsteuer auf die Vergütung seiner eigenen Tätigkeit einzubehalten. Der Schaden dürfte auf den Mehraufwand beschränkt sein, der durch die falsche Handhabung entstanden ist.
Wie oben bereits angesprochen (siehe Rn 9), haben sich Bemühungen um eine Beschränkung der Haftung für die Verletzung steuerlicher Pflichten nicht durchsetzen können.

b) Innenhaftung – Rückgriff der Stiftung

19 In allen Fällen der Außenhaftung der Stiftung stellt sich zugleich die Frage nach der **Innenhaftung** der Organe, d.h. nach dem Rückgriff der Stiftung auf die Organmitglieder wegen des ihr entstandenen Schadens. Diese Frage stellt sich natürlich auch, wenn der Stiftung ein Schaden nicht durch einen Fall der Außenhaftung, sondern etwa auf sonstige Weise (z.B. Vermögensverlust) entstanden ist.

29 BFH BStBl II 1998, 761.
30 FG Berlin ZSt 2007, 43; BFH, Urt. v. 19.9.2007 – I R 93/06.

Im **Rückgriff** wurde früher vor der Schuldrechtsreform eine Haftung der Organmitglieder gegenüber der Stiftung im Innenverhältnis aus einer positiven Forderungsverletzung der aus §§ 86, 27 Abs. 3 BGB resultierenden Geschäftsführungspflicht hergeleitet.[31] Soweit Stiftungsorgane im Rahmen eines Dienstvertrages, Geschäftsbesorgungsvertrages oder Auftrages tätig werden, ergibt sich seit der Schuldrechtsreform eine Anspruchsgrundlage für den Rückgriff unmittelbar aus § 280 Abs. 1 BGB wegen Verletzung einer Pflicht aus dem jeweiligen Schuldverhältnis.[32] 20

Welche Pflichten, die verletzt werden können, kommen typischerweise in Betracht?[33] Für die Mitglieder des Stiftungsvorstandes ebenso wie für die „sonstigen Mitarbeiter" gegenüber der Stiftung insbesondere folgende zwei „Pflichten" und ein korrespondierendes Verbot:[34] 21

- Die Pflicht zur Verwirklichung des Stiftungszwecks.
- Die Vermögenserhaltungspflicht (Grundsatz der Vermögenserhaltung).[35]
- Das Verbot der Förderung eigener Interessen und der Interessen dritter Personen zulasten der Stiftung.

Wer für eine Stiftung tätig ist, unterliegt diesen hier skizzierten Pflichten im Rahmen der von ihm übernommen Aufgaben: Sei er Mitglied des Vorstandes, des Aufsichtsorgans (z.B. Stiftungsrat), sei er Bediensteter/Angestellter/Beauftragter/Dienstleister oder „Helfer" der Stiftung. Verletzt er eine seiner Pflichten, so haftet er gegenüber der Stiftung gemäß § 280 Abs. 1 S. 1 BGB. Daneben steht die Haftung wegen unerlaubten Handlungen (§§ 823 und 826 BGB). Sowohl die Pflichtverletzung aus einem Schuldverhältnis als auch die unerlaubte Handlung setzt ein Verschulden des Organmitglieds voraus, wobei nach § 276 Abs. 1 BGB für Vorsatz und Fahrlässigkeit gehaftet wird, wenn nicht eine Haftungserleichterung eingreift (zu diesen siehe Rn 33 ff.). Die Schwelle zur leichten Fahrlässigkeit ist sehr schnell überschritten, denn im deutschen Zivilrecht gilt, anders als im Strafrecht, kein individueller, sondern ein objektiv

---

31 Seifart/v. Camphausen/*Hof*, (2. Aufl. 1999), § 9 Rn 218.

32 Siehe Werner/Saenger/*Kilian*, Rn 547; Hüttemann/Richter/Weitemeyer/*Roth*, Landesstiftungsrecht, Rn 17.26 ff.

33 Ausführlich *Kohnke*, Die Pflichten des Stiftungsvorstands aus Bundes- und Landesrecht.

34 Hüttemann/Richter/Weitemeyer/*Hüttemann*, Landesstiftungsrecht, Rn 13.4 ff., 14.3 ff., 14.20 ff.; *Reuter*, in: Kötz/Rawert/Schmidt/Walz, Non Profit Year-Book 2002, S. 157 (158 ff.).

35 Haftungsträchtig sind neben der Fehlverwendung von Stiftungsmitteln insb. fehlerhafte Anlageentscheidungen (siehe dazu etwa *Müller*, Stiftung aktuell, 01/2012, 4; *Rödel*, NZG 2004, 754; *Wachter*, Rote Seiten zum Magazin Stiftung & Sponsoring 06/2002, 9) und das Spendenrecht (siehe dazu *Geserich*, Die Roten Seiten zum Magazin Stiftung & Sponsoring 03/2001, 8).

abstrakter Sorgfaltsmaßstab.[36] Mit dem Volksmund (und juristisch nicht ganz korrekt) gesagt: „Unwissenheit schützt nicht vor Strafe."

22 Im Widerspruch dazu soll nach einer Ansicht eine Innenhaftung/ein Rückgriff bei Verletzung des Grundsatzes der Vermögenserhaltung gegen Organmitglieder nur dann in Frage kommen, wenn diese „bei deutlich erkennbaren, konkreten Vermögensverlusten grob pflichtwidrig im Einzelfall tatsächlich und rechtlich verfügbare und Erfolg versprechende Gegenmaßnahmen unterlassen haben".[37] Gehaftet wird nach § 276 Abs. 1 BGB aber grundsätzlich für Vorsatz und jede Art von Fahrlässigkeit. Die Fahrlässigkeitshaftung beschränkt sich nach dem Gesetz nicht auf Fälle grober Fahrlässigkeit. Die genannte Ansicht verliert weiter an Überzeugungskraft, wenn man sich nicht am Leitbild eines ehrenamtlich handelnden Vorstandes, sondern etwa an dem einer unternehmensverbundenen Stiftung orientiert. Natürlich kann aber ein die Haftung begründendes Verschulden nicht vorliegen, wenn es im konkreten Fall überhaupt keine tatsächlich und rechtlich verfügbaren und Erfolg versprechende Gegenmaßnahmen gab, denn dann war ein anderes, den Schaden vermeidendes oder abwendendes Verhalten nicht möglich. Das ist indessen eine Selbstverständlichkeit.

23 Für die Antwort auf die Frage, ob fahrlässig gehandelt wurde, ist zu berücksichtigen, dass die meisten Entscheidungen, insbesondere Entscheidungen zur Vermögensanlage, Prognoseentscheidungen sind. In diesem Zusammenhang wird die Anwendung der **Business Judgement Rule** auf Entscheidungen von Stiftungsorganen diskutiert.[38] Für Aktiengesellschaften ist diese in § 93 Abs. 1 S. 2 AktG wie folgt festgeschrieben worden: *„Eine Pflichtverletzung liegt nicht vor, wenn das Vorstandsmitglied bei einer unternehmerischen Entscheidung vernünftigerweise annehmen durfte, auf der Grundlage angemessener Information zum Wohle der Gesellschaft zu handeln."*

So oder so haben die Stiftungsorgane jedenfalls einen **Ermessensspielraum** bei ihren Entscheidungen.[39] Die Grenzen dieses Ermessensspielraums werden insbesondere durch die Satzung und die gesetzlichen Vorgaben gezogen. Im Übrigen bietet die gesetzliche Formulierung in § 93 Abs. 1 S. 2 AktG eine gute Orientierung, da dort insbesondere betont wird, dass eine Entscheidung auf der Basis angemessener Informationen zu treffen ist und dem Wohle der Stiftung dienen muss.

---

36 Palandt/*Ellenberger*, § 276 Rn 15.

37 Seifart/v. Campenhausen/*Hof*, § 9 Rn 185 unter irrtümlichen Verweis auf *Burgard*, Gestaltungsfreiheit im Stiftungsrecht, 2006, S. 167. *Burgard* vertritt diese Auffassung aber gerade nicht! Siehe vielmehr *Burgard*, a.a.O., S. 603 f.

38 Ausf. *Gollan*, Vorstandshaftung in der Stiftung, 2009, S. 267 ff.

39 Siehe etwa OLG Oldenburg, Urt. v. 8.11.2013 – 6 U 50/13.

Mehrere Organmitglieder, die eine (schuldhafte) Pflichtverletzung begangen haben, haften als **Gesamtschuldner**, was insbesondere zur Folge hat, dass sich kein Organ auf das Mitverschulden (§ 254 BGB) eines anderen Organs berufen kann.[40] Dabei ist besonders zu berücksichtigen, dass die Organe, vor allem der Vorstand, hinsichtlich der Vermögensinteressen der Stiftung eine treuhänderische Funktion besitzen, deren Bindungskraft besonders beim Fehlen eines Kontrollorgans beträchtlich höher als bei normalen Anstellungsverträgen zu veranschlagen ist. Im Umkehrschluss wirft dieser Zusammenhang zugleich ein deutliches Licht auf die Haftungsmaßstäbe für Organmitglieder eines entsprechenden Kontrollorgans. 24

OLG Oldenburg und BGH: Haftung des Stiftungsvorstands 25
In diesem Zusammenhang hat das **OLG Oldenburg** im Jahr 2013 ein sehr lesenswertes Urteil zur Haftung von Stiftungsorganmitgliedern gefällt.[41] Ebenso lesenswert ist die anschließende Entscheidung des BGH, der in demselben Verfahren 2014 als Revisionsinstanz über einen Teil der Angelegenheit zu entschieden hatte.[42]

Gegenstand des Verfahrens war eine Schadensersatzforderung der klagenden Stiftung gegen einen Stiftungsvorstand wegen verlustreicher Vermögensanlage zu entscheiden.[43] Die Klägerin ist eine im Jahre 1993 gegründete rechtsfähige kirchliche Stiftung bürgerlichen Rechts, deren Stiftungszweck die wissenschaftliche, theologische und historische Forschung und Lehre sowie die persönliche Fortbildung aller Interessierten im Bereich der Evangelischen Kirche umfasst. Der Beklagte war deren alleiniger Vorstand. Die Klägerin begehrte von dem Beklagten Schadensersatz, weil dieser als Vorstand durch pflichtwidrige Vermögensverwaltung durch zu hohe laufende Ausgaben i.R.d. Stiftungsbetriebes sowie durch pflichtwidrige Ankäufe für einen erheblichen Verlust des Stiftungsvermögens verantwortlich sein soll. Der Beklagte hat ein pflichtwidriges Verhalten bestritten.

Der Beklagte hat, so betonte das OLG, als Vorstand der Stiftung die ihm obliegende Verpflichtung, das Stiftungsvermögen in seinem Bestand unge-

40 Siehe jüngst BGH, Urt. v. 20.11.2014 – III ZR 509/13, ZStV 2015, 93 unter Verweis auf *Hüttemann/Herzog*, Non Profit Law Yearbook 2006, S. 33, 42; siehe zu dem Urteil des BGH auch sogleich in der folgenden Rn.

41 OLG Oldenburg, Urt. v. 8.11.2013 – 6 U 50/13; mit dem Urteil befasst sich *Theuffel-Werhahn*. Er betrachtet in StiftungsBrief, 2014, 31, die Haftung des Vorstandes und in StiftungsBrief 2014, 51, das Mitverschulden des Kuratoriums. Siehe dazu auch *Weidlich/Foppe*, ZStV 2014, 100; *Graewe*, ZStV 2014, 103.

42 BGH, Urt. v. 20.11.2014 – III ZR 509/13, ZStV 2015, 93.

43 Siehe dazu auch schon *Schiffer* auf www.stiftungsrecht-plus.de, Kommentar vom 25.9.2014.

schmälert zu erhalten, schuldhaft verletzt. Diese ihm nach § 6 Abs. 1 und 3 StiftG Nds. sowie § 12 Abs. 2 der Satzung obliegende Pflicht verletzte der Beklagte bei der von ihm getroffenen Anlageentscheidung. Eine Schadensersatzpflicht könne sich aus einer risikoreichen Anlage des Stiftungsvermögens in Aktien ergeben.[44] Als Haftungsfälle für den Vorstand kämen insbesondere Entscheidungen zur Vermögensanlage und satzungswidrige Verwendung von Mitteln in Betracht.[45] Dabei hafteten, so betont das OLG, die Organmitglieder bei schuldhaften Pflichtverletzungen grundsätzlich mit ihrem gesamten Privatvermögen.

Die Vermögensverwaltung und Vermögensbewirtschaftung einer Stiftung habe vor allem zwei Aufgaben zu erfüllen: Zunächst müsse sie nach dem in § 6 Abs. 1 StiftG Nds. niedergelegten Grundsatz der Vermögenserhaltung den Bestand des Stiftungsvermögens wahren. Aus ihrem Vermögensbestand müsse die Stiftung Erträge erzielen, um die Stiftungszwecke erfüllen zu können. Diese Aufgaben seien eng miteinander verbunden, sie könnten aber auch kollidieren. Damit beschäftigte sich das OLG dann sehr ausführlich. Im Ergebnis kam das OLG unter dem Gesichtspunkt des Mitverschuldens des Aufsichtsorgans der Stiftung (Kuratorium) zu einem Schadensersatzanspruch der klagenden Stiftung in Höhe von rund 450.000 EUR, nachdem der beklagte Vorstand in der ersten Instanz bereits einen Teil der insgesamt eingeklagten Forderung in Höhe von rund 65.000 EUR Zug um Zug gegen Übereignung der von ihm getätigten Anschaffungen anerkannt hatte.

Der BGH hat der Revision der Stiftung stattgegeben und der Stiftung einen weiteren Schadensersatzanspruch in Höhe von rund 300.000 EUR zugestanden. Entgegen der Auffassung des OLG könne der Beklagte sich nicht gem. § 254 BGB auf ein seine Schadensersatzpflicht minderndes Mitverschulden des Aufsichtsorgans der Stiftung (hier: Kuratorium) berufen.[46] Zur Begründung verweist der BGH auf seine Rechtsprechung zur Haftung bei der GmbH und bei der AG. Die Pflichten der Organe bestehen dort, so der der BGH, eigenständig nebeneinander und die Organe vertreten im Innenverhältnis nicht die Gesellschaft, so dass diese sich nicht ein Mitverschulden eines Organs zurechnen lassen müsse. Nicht anders sei auch bei der Stiftung.[47]

---

44 Hinweis des OLG auf Palandt/*Ellenberger*, (72. Aufl. 2013), § 86 Rn 1; *Rödel*, NZG 2004, 754; einschränkend *Kiethe*, NZG 2007, 810.

45 Hinweis des OLG auf Seifart/v. Campenhausen/*Hof* (3. Aufl. 2009), § 8 Rn 291.

46 BGH Urt. v. 20.11.2014 – III ZR 509/13 Rn 19 ff., ZStV 2015, 93, 95 f.

47 BGH Urt. v. 20.11.2014 – III ZR 509/13 Rn 23 unter Hinweis auf *Hüttemann/Herzog*, Non Profit Law Yearbook 2006, S. 33, 42, ZStV 2015, 93, 96.

c) Strafrechtliche Haftung der Stiftungsorgane

Die Mitglieder der Organe einer Stiftung können nicht nur zivilrechtlich haften. Für etwaige rechtswidrige Handlungen haben sie ggf. auch **strafrechtlich** persönlich einzustehen. Besondere Bedeutung kommt dabei dem Tatbestand der **Untreue** (§ 266 StGB) zu.[48] Mitglieder des Stiftungsvorstands, je nach Aufgabenzuweisung aber ggf. auch die Mitglieder weiterer Stiftungsorgane, haben aufgrund ihres Amtes die Pflicht, das Vermögen der Stiftung zu betreuen. Wer eine solche Pflicht vorsätzlich verletzt und dadurch dem betreuten Vermögen einen Nachteil zufügt, kann sich nach § 266 StGB strafbar machen. Besonders deutlich wird das in der Fassung des Untreuetatbestandes, der in das Reichsstrafgesetzbuch vom 15.5.1871 aufgenommen wurde. Dort wurden bestimmte Personengruppen als mögliche Täter hervorgehoben. Aus stiftungsrechtlicher Sicht ist dabei insbesondere die dortige Ziffer 1 von Interesse: 26

> *Aus § 266 des **Reichsstrafgesetzbuchs** vom 15.5.1871:*
> *„Wegen Untreue werden bestraft ... Verwalter von Stiftungen, wenn sie absichtlich zum Nachteil der ihrer Aufsicht anvertrauten Personen oder Sachen handeln; ...“*

Der **heutige Untreuetatbestand** setzt, wie gesagt, keine Absicht mehr voraus, sondern **lässt Vorsatz genügen**. Zu beachten ist zudem, dass Organmitglieder, die nach Kenntnis von einem strafbaren Verhalten ihrer Kollegen zu Lasten der Stiftung, untätig bleiben, sich ggf. wegen **Beteiligung durch Unterlassen** strafbar machen, wenn ihr Amt die Pflicht begründet, Schaden von der Stiftung abzuwenden, was regelmäßig der Fall ist (sog. Garantenpflicht, § 13 StGB).[49]

Neben der Untreue können aber natürlich auch weitere Straftatbestände verwirklicht werden. So können z.B. bei **Hospitality-Einladungen** gegenüber Amtsträgern die §§ 331 ff. StGB (Vorteilsannahme und -gewährung, Bestechlichkeit und Bestechung) und in der Privatwirtschaft § 299 StGB (Bestechung und Bestechlichkeit) verwirklicht werden.[50]

Nach § 30 OWiG kann auch gegen die Stiftung ein **Bußgeld** (Verbandsbußgeld) verhängt werden, wenn etwa ein vertretungsberechtigtes Organ oder ein Mitglied eines solchen Organs eine Straftat oder Ordnungswidrigkeit in Ausübung seiner Funktion begeht.[51] Auch Einziehung und Verfall gem. §§ 22 ff. OWiG oder §§ 73 ff. StGB kommen in Betracht.

---

48 Ausf. *Lassmann*, Stiftungsuntreue, 2008.

49 Siehe für den Leiter einer Rechtsabteilung in einem Unternehmen BGH Urt. v. 17.7.2009 – 5 StR 394/08.

50 *Blask/Curtius*, Stiftung & Sponsoring 2/2012, 36 f.

51 Zum Ganzen siehe Werner/Saenger/*Th. Maier*, Rn 845 ff.

d) Zwischenfazit

27 Stiftungsorgane und sonstige Helfer im Stiftungssektor sind nach alledem **in einer verzwickten Haftungslage**: Obwohl sie typischerweise unentgeltlich und ehrenamtlich mit oftmals mehr gutem Willen als Erfahrung und Problembewusstsein tätig sind, haften sie wie gut entlohnte Profis gemäß § 276 Abs. 1 BGB. Zusammenfassend lässt sich festhalten, dass Stiftungsorganmitglieder und die sonstigen Helfer grundsätzlich schon bei nur leicht fahrlässigen Pflichtverletzungen einem erheblichen Haftungsrisiko ausgesetzt sind. Erst seit kurzem ist die Haftung bei unentgeltlich oder gegen ein 720 EUR nicht übersteigendes Entgelt tätigen Organmitgliedern auf Vorsatz und grobe Fahrlässigkeit beschränkt. Im Übrigen bleibt es bei der hier beschriebenen Haftungslage.

28 *Eberhard Rott*, Rechtsanwalt, Fachanwalt für Steuerrecht und Erbrecht, Bonn: **Haftung von Stiftungsorganmitgliedern**
„Aller Verschwiegenheit der Szene und nur gelegentlicher Rechtsprechung zum Trotz:
Stiftungsorganmitglieder haften, nicht nur für Vorsatz, sondern grundsätzlich auch für jede Form von Fahrlässigkeit. Die Haftungserleichterung der §§ 86, 31a BGB gilt eben nur für die ehrenamtlich oder gegen geringes Entgelt tätigen Stiftungsorgane. Die Stiftungsaufsicht schreckt in der Praxis auch keineswegs davor zurück, Anwälte zu beauftragen, im Namen und auf Kosten der Stiftung deren Schadensersatzansprüche gegen die Organe geltend zu machen. Anderenfalls wäre sie auch schlecht beraten, bestünde doch die Gefahr, dass sie sich wegen Verletzung ihrer Aufsichts- und Beratungspflichten selbst einem Amtshaftungsanspruch aussetzen würde.
Die gesetzlichen Regelungen, die wenigstens ehrenamtlichen Organmitgliedern eine Haftungsbeschränkung auf Vorsatz und grobe Fahrlässigkeit verschaffen, helfen in der Praxis nicht wirklich weiter. Es bleibt als gewichtiger Pferdefuß: Die Haftung im Außenverhältnis, besonders relevant im Bereich der Haftung für Steuern und Sozialversicherungsbeiträge, wird nicht gemindert. Das eigene Haftungsrisiko als Stiftungsorgan zu vernachlässigen, stellt daher ein Verschulden gegen sich selbst dar.“

3. Die Rolle der Stiftungsaufsicht

29 Als wichtiger „Sonderfaktor“ tritt bei Haftungsfragen im Zusammenhang mit Stiftungen – anders als bei anderen Körperschaften, wo diese Instanz fehlt – die **staatliche Stiftungsaufsicht** hinzu. Wird etwa der z.B. in § 7 Nr. 2 StiftG Hess vorgeschriebene **Rechenschaftsbericht** des Stiftungsvorstandes von der Aufsichtsbehörde gebilligt, so kann darin **keine Entlastung** des Vorstandes

gesehen werden.[52] Etwa bestehende Regressansprüche der Stiftung gegen Organmitglieder entfallen durch eine Billigung seitens der Stiftungsaufsicht in keinem Fall, denn die Aufsichtsbehörde hat lediglich auf gesetzes- und satzungsgetreues Verhalten der Stiftungsorgane zu achten und ist zur Verfügung über Rechte der Stiftung nicht befugt. Wenn sie ein Verhalten der Organe „billigt", heißt das nur, dass sie von sich aus kein Aufsichtsmittel ergreifen wird.

Praxisbeispiel: Satzungswidrige Mittelverwendung 30
Hat der Stiftungsvorstand Mittel der Stiftung satzungswidrig, d.h. entgegen dem Stiftungszweck, verwendet, so soll er der Stiftung nach einem vereinzelt gebliebenen Urteil dafür **nicht** haften, wenn der Aufsichtsbehörde der Sachverhalt **in vollem Umfang** bekannt war und sie ihn gleichwohl nicht beanstandet hat.[53] In der Praxis wird eine so umfassende Information der Stiftungsaufsicht allerdings kaum einmal gegeben sein.
Unabhängig davon hat nach unserer Auffassung die Stiftungsaufsicht in Haftungsfragen anders als der Stiftungsrat für den Stiftungsvorstand (siehe vorstehend Rn 29) keine Entlastungsfunktion.[54]

Eine etwaige **Haftung der Aufsichtsbehörde** bestimmt sich nach Art. 34 GG, 31 § 839 BGB.[55] Eine Haftung setzt hier vor allem voraus, dass die Behörde eine gerade gegenüber dem Anspruchsteller bestehende Amtspflicht verletzt hat. Solche Amtspflichten bestehen aufgrund der gesetzlichen Aufsichtsbefugnisse zunächst gegenüber der einzelnen Stiftung. Erfährt die Behörde auf irgendeine Weise davon, dass der Stiftung Schaden droht, so verstößt sie gegen ihre Aufsichts- und Beratungspflichten, wenn sie die ihr verfügbaren Aufsichtsmittel nicht oder nur unzureichend nutzt. Damit verletzt sie zugleich ihre Amtspflichten gegenüber der Stiftung.[56] Das gilt insbesondere, wenn die Behörde nicht gegen eine zweckwidrige Verwendung von Stiftungsmitteln durch Stiftungsorgane einschreitet oder einen Zugriff auf das Stiftungskapital zulässt, den die Satzung nicht erlaubt.

Ansprüche der Stiftung gegen Mitglieder vertretungsberechtigter Organe kön- 32 nen, was nicht ganz selten in der Praxis übersehen wird, von der Stiftungsauf-

52 So auch v. Campenhausen/Richter/*Hof*, § 8 Rn 309; Werner/Saenger/*Kilian*, Rn 552 jew. m.w.N.
53 KG StiftRspr. III, S. 35 ff.
54 Kritisch zum Urteil des KG auch Werner/Saenger/*Kilian*, Rn 552; zustimmend hingegen v. Campenhausen/Richter/*Hof*, § 10 Rn 394.
55 Zur Haftung der Stiftungsaufsicht siehe v. Campenhausen/Richter/*Hof*, § 10 Rn 391 ff.; Hüttemann,/Richter/Weitemeyer/*Schulte*, Landesstiftungsrecht, Rn 29.55 ff.
56 v. Campenhausen/Richter/*Hof*, § 10 Rn 389 m.w.N.

sicht im Namen und auf Kosten der Stiftung geltend gemacht werden.[57] Es liegt auf der Hand, dass die Stiftungsbehörde in der Regel entsprechend vorgehen wird, wenn die Frage ihrer etwaigen Haftung auch nur im Raume steht. Nach § 839 Abs. 1 S. 2 BGB scheidet ein **Amtshaftungsanspruch** bei wohl allenfalls in Frage stehendem fahrlässigen Verhalten der Aufsichtsbehörde nämlich aus, soweit die Stiftung ihr pflichtwidrig handelndes Organmitglied in Anspruch nehmen kann. Das ist von der Aufsichtsbehörde zu prüfen und notfalls durchzusetzen. Im Verhältnis zum Stifter können Amtspflichten insoweit in Betracht kommen, als die Behörde ihm die Überwachung der Einhaltung seines Stifterwillens garantieren muss oder Beratungsfunktionen ihm gegenüber wahrgenommen hat, und daraus für ihn selbst ein Schaden entsteht. Wie die Stiftungsaufsicht in einem konkreten Fall tatsächlich reagieren wird, lässt sich kaum vorhersagen.

4. Haftungsbeschränkung, Haftungsfreistellung und D&O-Versicherung

33 Für Organmitglieder und die sonstigen Helfer im Stiftungsrecht gibt es entgegen manchem Vorurteil grundsätzlich **keine automatischen Haftungsbeschränkungen.**

a) Gesetzliche Haftungsbeschränkungen: § 31a BGB und Ehrenamtsstärkungsgesetz

34 Eine wichtige **Ausnahme** ist die in § 31a BGB (i.V.m. § 86 BGB) im Jahr 2009 zunächst für Mitglieder des Stiftungsvorstand und nunmehr durch das **Ehrenamtsstärkungsgesetz** auch für sonstige Organmitglieder oder besondere Vertreter geltende Haftungsbeschränkung auf Vorsatz und grobe Fahrlässigkeit. Sie greift bei einer **unentgeltlichen Tätigkeit** oder einer entgeltlichen Tätigkeit, bei der das Entgelt **720 EUR jährlich nicht übersteigt**.

Die Haftungserleichterungen nach § 31a Abs. 1 S. 1 und Abs. 2 BGB sind im Vereinsrecht zwingendes Recht (vgl. § 40 BGB). Ob das auch im Stiftungsrecht gilt oder ob der Stifter die Haftung abweichend von den §§ 86, 31a BGB verschärfen kann, ist umstritten.[58] Die vergleichbare Interessenlage bei Verein und Stiftung sowie das Ziel des Gesetzgebers, ehrenamtliches Engagement zu fördern, sprechen für eine Unabdingbarkeit der Haftungserleichterung.

Die Grenze von 720 EUR orientiert sich an dem Steuerfreibetrag des § 3 Nr. 26a EStG. Die Haftungsfreistellung umfasst zum einen (§§ 86, 31a Abs. 1 S. 1 BGB)

57 Ausdrücklich geregelt in Art. 15 S. 1 StiftG Bayern für den Fall, dass der Anspruch nicht in angemessener Zeit vom zuständigen Stiftungsorgan geltend gemacht wird. Ausf. zur Durchsetzung der Regressforderung Werner/Saenger/*Kilian*, Rn 560 ff. Zur Durchsetzung durch die Stiftungsaufsicht siehe dort Rn 561.

58 Siehe MüKo-BGB/*Reuter*, 6. Aufl. 2012, § 86 Rn 21 m.w.N.

die Fälle der Innenhaftung und zum anderen (§§ 86, 31a Abs. 2 BGB) die Fälle, in denen der Betroffene von einem Dritten in Anspruch genommen wird. Soweit also ein unentgeltlich oder nur geringfügig vergütetes Organmitglied oder ein unentgeltlich oder nur geringfügig vergüteter besonderer Vertreter **in Ausübung seiner Pflichten als Organmitglied oder als besonderer Vertreter** einen Schaden verursacht, kann die Stiftung in Fällen der leicht oder normal fahrlässigen Verursachung keinen Rückgriff nehmen und ist dem Betroffenen gegenüber zur Befreiung von der Verbindlichkeit gegenüber dem Dritten verpflichtet. Der Freistellungsanspruch wandelt sich in einen Anspruch auf Ersatz um, wenn der so privilegierte Betroffene den Schaden des Dritten bereits selbst beglichen hat.[59] **Unentgeltlich** heißt, dass der Betroffene keinerlei Gegenleistung für seine Tätigkeit erhält, weder finanzieller Art noch in Naturalien. Die Zahlung von Aufwandsentschädigungen ist unschädlich.[60]

Abweichende Regelungen in den Landesstiftungsgesetzen sind spätestens 35
durch die bundeseinheitliche Regelung des §§ 86, 31a BGB nicht mehr zulässig. Bereits vorher fehlte den Landesgesetzgebern aber die Gesetzgebungskompetenz für haftungsbeschränkende Regelungen.[61]

In dem Landesstiftungsgesetz des Landes Hessen findet sich allerdings ein Tatbestand zur Haftung der Stiftungsorgane, der zu Missverständnissen Anlass gibt.[62] Danach sind Mitglieder der Stiftungsorgane *„[b]ei einer vorsätzlichen oder grobfahrlässigen Verletzung ihrer Obliegenheiten … unbeschadet von Haftungsvorschriften in anderen Gesetzen der Stiftung gegenüber zum Schadensersatz verpflichtet.“*

Mit § 8 S. 2 HessStiftG soll nach einer älteren Ansicht gerade dem Umstand Rechnung getragen werden, dass viele Organmitglieder ehrenamtlich tätig sind.[63]*Peiker* deutet die Vorschrift anders.[64] Danach gilt die Vorschrift ausschließlich für das Verhältnis zwischen Stiftungsaufsichtsbehörde und Organen der Stiftung. Dem ist zu folgen, denn landesrechtliche Vorschriften können mangels entsprechender Gesetzgebungskompetenz des Landesgesetzgebers[65]

59 Palandt/*Ellenberger*, § 31a Rn 5.

60 BT-Drucks 16/10 120, S. 7.

61 Hüttemann/Richter/Weitemeyer/*Roth*, Landesstiftungsrecht, Rn 17.45,

62 Siehe ferner § 6 Abs. 3 S. 2 StiftG Nds.; § 12 Abs. 2 StiftG SachsA.

63 *Stengel*, HessStiftG-Kommentar, 2. Aufl. 2000, § 8 Anm. 1.

64 *Peiker*, HessStiftG-Kommentar, 4. Aufl. 2009, § 8 Anm. 1.

65 Siehe dazu etwa *Andrick*, ZSt 2005, 155 (159); Werner/Saenger/*Kilian*, Rn 553; Münch. Hdb. GesR/*Lüke*, Bd. V, § 94 Rn 22; *Rawert/Hüttemann*, Stiftung & Sponsoring 1/2003 19; *Schwintek*, ZSt 2005, 108 (112); Staudinger/*Rawert*, § 86 Rn 13; MüKo-BGB/*Reuter*, 6. Aufl. 2012, § 86 Rn 19; Werner/Saenger/*O. Werner*, Rn 34. A.A.: *Wehnert*, ZSt 2007, 67 (70).

nicht zivilrechtlich in das Verhältnis zwischen Stiftung und haftendem Organmitglied sowie zwischen Geschädigtem und Organmitglied eingreifen, weil Bundesrecht nach Art. 31 GG nun einmal Landesrecht „bricht". Die Vorschriften können demnach allenfalls so verstanden werden, dass bei Vorsatz und grober Fahrlässigkeit ein Einschreiten der Stiftungsbehörde zwingend ist.

36 Vor der Einführung des § 31a BGB wurden **Haftungseinschränkungen** insbesondere durch eine Übertragung der Grundsätze der Rechtsprechung aus dem Vereinsrecht in den Fällen der Übertragung besonders schadensträchtiger Aufgaben diskutiert.[66] Von der Haftung eines Ehrenamtlers wegen einfacher und mittlerer Fahrlässigkeit sah der BGH[67] bei Vereinen dann ab, wenn dem Ehrenamtler als „Mitarbeiter" eine schadensträchtige Aufgabe übertragen wurde. In diesem Fall wendete der BGH die aus dem Arbeitsrecht entwickelte Haftungsmilderung für Arbeitnehmer an. Das sollte für Vorstandsmitglieder des Vereins aber nur gelten, wenn sie ausnahmsweise die Stellung einer arbeitnehmerähnlichen Person hatten,[68] was in der Praxis eher selten der Fall ist.

Nach Einführung des § 31a BGB besteht keine Notwendigkeit mehr für die Fortführung dieser Rechtsprechung.

b) Entlastung

37 Ob **Regressansprüche der Stiftung erlöschen**, wenn dem für den Schaden verantwortlichen Organ von dem zuständigen Kontrollgremium der Stiftung **Entlastung** erteilt wird, dieses mit der Entlastung also über etwaige Ansprüche der Stiftung verfügen kann, ist im Einzelnen umstritten.[69]

38 Sicher ist jedenfalls, dass eine Entlastung **nur dann in Frage kommt, wenn die die Haftungsfrage betreffenden Umstände dem Kontrollgremium bekannt waren oder hätten bekannt sein müssen,**[70] was in der Praxis häufig gerade

66 Siehe in der Vorauflage: § 6 Rn 26 m.w.N.

67 BGH, Urt. v. 5.12.1983 – II ZR 252/82, BGHZ 89 S. 153 (157); BGH, Urt. v. 13.12.2004 – II ZR 17/03, NJW 2005 981. Siehe auch Palandt/*Ellenberger*, § 27 Rn 6 für Vereine.

68 So LG Bonn NJW-RR 1995, 1435.

69 Für eine Entlastung ohne jede weitere Problematisierung jüngst OLG Oldenburg Urt. v. 8.11.2013 – 6 U 50/13; dazu *Hüttemann*, npoR 2014, 143, 145 f.; siehe auch *Saenger*, ZStV 2015, 97 f. Ausf. m.w.N. *Rösing*, Die Entlastung im Stiftungsrecht, 2013.

70 So jüngst auch OLG Oldenburg Urt. v. 8.11.2013 – 6 U 50/13. Ausf. *Rösing*, Die Entlastung im Stiftungsrecht, 2013 und dazu die Rezension von *Schiffer* auf www.stiftungsrecht-plus de, Rubrik „Für Sie gelesen" vom 4.10.2013; siehe dort auch zum nachfolgenden Text; siehe ferner Werner/Saenger/*Kilian*, Rn 556 m.w.N.; v. Campenhausen/Richter/*Hof*, § 8 Rn 310.Generell zu Inhalt, Zweck und Rechtsfolgen der gesellschaftsrechtlichen Entlastung: *Beuthien*, GmbHR 2014, 682 (693: Beweislastumkehr).

nicht der Fall sein wird. So wird die Entlastung denn auch nicht selten „nur" als Vertrauensbekundung gesehen.[71]

Die Entlastung betrifft zudem nur den Stiftungsvorstand, der durch das Kontrollorgan (z.B. Stiftungsrat) entlastet werden kann. Für das Kontrollorgan selbst existiert grundsätzlich kein „Entlastungsorgan", es sei denn man schafft ein solches Entlastungsorgan (z.B. „Familienrat"), aber für dieses Stiftungsorgan ist dann natürlich wiederum das Fehlen eines Entlastungsorgans festzustellen. Eine etwaige Entlastung wirkt im Übrigen nicht gegenüber Dritten, sondern nur stiftungsintern.

Betrachten wir diese Zusammenhänge mit *Rösing*, der hierzu eine ausführliche Studie[72] vorgelegt hat, einmal etwas näher, denn die Entlastung ist immer wieder Gegenstand von Fragen aus der Praxis.

Rösing beschreibt die im Recht der Personenverbände seit langem anerkannte 39 Entlastung mit der herrschenden Meinung als „einseitige organschaftliche Erklärung, durch die ein Personenverband die Amtsführung seiner Verwaltungsorgane billigt" und verweist dazu auf § 120 Abs. 2 S. 1 AktG, der bekanntlich dazu insoweit eine verallgemeinerungsfähige Definition enthält.[73] Er spricht der Entlastung richtigerweise „weit mehr als nur eine symbolische Bedeutung" zu. Sie wirke sich auch unmittelbar auf das Haftungssystem im Verband aus. Soweit der Entlastungsbeschluss reiche, werden Schadenersatzansprüche und sonstige Sanktionen gegen das Geschäftsführungsorgan wegen dessen Geschäftsführung grundsätzlich ausgeschlossen. Eine Ausnahme bestehe nur im Aktienrecht, wo § 120 Abs. 2 S. 2 AktG die „Präklusionswirkung" der Entlastung stark einschränke.

Auch sonst, so möchten wir hinzufügen, reicht eine Entlastung aber eben nur so weit, wie sie eben reicht. Erfasst werden insbesondere nicht solche Ansprüche, für die bei der Abstimmung weder im Bericht des Vorstands noch sonst Hinweise vorlagen. Eine verweigerte Entlastung ist i.d.R. dagegen ein deutlicher Hinweis auf einen Vertrauensentzug, aber eben auch nicht mehr.

Bis heute ist, wie *Rösing*[74] zu Recht konstatiert, **nicht abschließend geklärt**, 40 ob es auch im Stiftungsrecht überhaupt eine Entlastung gibt. Das sei nicht zuletzt auch vor dem Hintergrund der in den letzten Jahren aufkommenden Diskussion zur „Foundation Governance" interessant (siehe § 14 Rn 56 ff.). Ein Ausgangspunkt dieser Diskussion sei die Erkenntnis, dass es bei Stiftungen in ähnlicher Weise wie bei Körperschaften zu Interessenskonflikten zwischen

71 Siehe etwa in der Einleitung zu dem Beitrag von *Beuthien*, GmbHR 2014, 682.

72 *Rösing*, Die Entlastung im Stiftungsrecht, 2013.

73 *Rösing*, Die Entlastung im Stiftungsrecht, 2013, S. 1.

74 *Rösing*, Die Entlastung im Stiftungsrecht, 2013, S. 1.

Stiftungsvorstand und Stiftung sowie zu Kontrolldefiziten kommen könne. Diese Interessenkonflikte treten nach Ansicht des Autors bei der Stiftung häufig sogar noch deutlich stärker als bei Körperschaften hervor, weil es hier an Mitgliedern fehlt, die das Geschäftsführungsorgan im eigenen Interesse kontrollieren.

Dem ist auch aus unserer praktischen Erfahrung zustimmen, weshalb ein stiftungsinternes Aufsichtsorgan (Stiftungsrat) jedenfalls bei größeren Stiftungen i.d.R. eine gute Idee ist (siehe § 3 Rn 75 ff.). Man denke nur an eine Satzung, nach der der Stiftungsvorstand über seine eigene Vergütung entscheidet. So eine Regelung sollte ein Stifter den Organmitgliedern (und auch der Stiftung) nicht zumuten.

41 Zu dem Aufsichtsorgan stellt *Rösing* die zwangsläufige Frage, welche Aufgaben dem Organ zugewiesen werden sollen und ob es auch die Befugnis haben kann, den Stiftungsvorstand zu entlasten.[75] *Rösing* hat herausgefunden, dass die gängigen Muster für Stiftungssatzungen diese Frage uneinheitlich regeln. Die Mehrzahl normiert die Entlastungszuständigkeit ausdrücklich, andere sehen hingegen davon ab.

In der Fachdiskussion fordern einige Autoren die ausdrückliche Normierung einer Entlastungskompetenz. Andernfalls komme eine solche Kompetenz nicht in Betracht.[76] Die ausdrückliche Normierung einer Entlastungskompetenz in der Satzung erscheint uns dagegen nicht unbedingt erforderlich. Es entscheidet der ggf. auch konkludent zum Ausdruck gekommene Stifterwille.[77] Die Entlastungskompetenz wird man aus unserer Sicht deshalb ohne weiteres als Annexkompetenz der eigenen Kontrollkompetenz des Aufsichtsorgans sehen können.[78] So wird es nach unseren Beobachtungen in der Praxis auch gehandhabt, wenn man überhaupt einen Entlastungsbeschluss fasst.

75 *Rösing*, Die Entlastung im Stiftungsrecht, 2013, S. 2.

76 So etwa *Schwintek*, Vorstandskontrolle in rechtsfähigen Stiftungen bürgerlichen Rechts, 2001, S. 203, Ebenso *Saenger*, ZStV 2015, 97 f., der irrtümlich etwa MüKo-BGB/*Reuter*, 6. Aufl. 2012, § 86 Rn 22 für seine Ansicht zitiert.
§ 86 Rn 22.

77 *Hüttemann*, npoR 2014, 143, 145.

78 In OLG Oldenburg Urt. v. 8.11.2013 – 6 U 50/13 wird die Frage nach einer Entlastungskompetenz des dortigen Kuratoriums gar nicht erst gestellt. Ähnlich wie hier *Burgard*, Gestaltungsfreiheit im Stiftungsrecht, 2006, S. 609; MüKo-BGB/*Reuter*, 6. Aufl. 2012, § 86 Rn 22, der aber ein Erlöschen von Schadensersatzansprüchen durch die Entlastung „nur in Ausnahmefällen" annehmen will. *Hüttemann*, npoR 2014, 143, 14 weist darauf hin, dass der Stifter „durch die Schaffung eines Kontrollorgans mit Berufungskompetenz – zumindest konkludent – die Möglichkeit einer Entlastung im Stiftungsgeschäft bzw. in der Stiftungssatzung vorgesehen haben" muss.

Fraglich sei zudem, so *Rösing*, ob es neben einem stiftungsinternen Aufsichtsorgan auch andere Gremien geben könne, die über entsprechende Kompetenzen verfügen.[79] Die Stifterfreiheit (siehe § 3 Rn 8 ff.) dürfte hier sehr weit reichen. 42

Rösing zeigt mit überzeugenden Argumenten, dass auch bei der selbstständigen Stiftung grundsätzlich ein Bedürfnis für eine Entlastung besteht.[80] So entspreche die Ausgangs- und Interessenlage der Beteiligten im Wesentlichen der bei Verbänden. Auch könne die Entlastung im Stiftungsrecht ähnliche Funktionen wie im Verbandsrecht erfüllen. Da die Stiftung aber bekanntlich keine Mitgliederversammlung habe, stelle sich die Frage, ob es bei ihr überhaupt ein Gremium geben könne, das über die für die Entlastungserteilung erforderlichen Kompetenzen verfüge. Dabei begründet er auch, dass eine Entlastungserteilung allein durch ein stiftungsinternes Aufsichtsgremium möglich ist, nicht hingegen durch die Stiftungsbehörden, den Stiftungsvorstand selbst oder dritte Personen.[81] 43

Zu den dritten Personen dürfen wir hier aufgrund der Stifterfreiheit zweifeln! Ist doch etwa auch die Anordnung eines Schiedsgerichts oder eines Schiedsgutachtens möglich. Es kommt eben immer darauf an, was der Stifter in der Satzung ausdrücklich oder stillschweigend angeordnet hat. Der Stifterwille ist bekanntlich der Maßstab.

Eine **„Präklusionswirkungen"**, d.h. den Ausschluss von Schadensersatzforderungen der Stiftung gegen das entlastete Organmitglied, könne, so *Rösing*, auch eine von einem solchen Aufsichtsorgan erteilte Entlastung aber nicht entfalten.[82] Dies liege allerdings nicht etwa daran, dass die Präklusionswirkung wegen der damit verbundenen Gefahren für das Stiftungsvermögen dem Stiftungszweck nicht förderlich wäre. Entscheidend sei vielmehr, dass sie zu einer endgültigen Einschränkung der Aufsichtsbefugnisse der Stiftungsbehörden führen würde, die mit dem Verhältnis staatlicher Stiftungsaufsicht zu stiftungsinternen Kontrollmechanismen unvereinbar sei.[83] 44

Das erscheint uns als der „Knackpunkt" der Argumentation. Die Stiftungsaufsicht hat nur die Funktion einer Rechtsaufsicht (siehe § 4 Rn 29 ff.). Der Stifterwille ist hier als Ausfluss der Privatautonomie der entscheidende Rechtsmaßstab. Indem der Stifter die Möglichkeit der Entlastung entweder ausdrücklich eröffnet oder jedenfalls nicht ausdrücklich ausschließt, hat er dem Kontroll-/ 45

79 *Rösing*, Die Entlastung im Stiftungsrecht, 2013, S. 3.
80 *Rösing*, Die Entlastung im Stiftungsrecht, 2013, S. 37 ff.
81 *Rösing*, Die Entlastung im Stiftungsrecht, 2013, S. 52 ff., 76.
82 *Rösing*, Die Entlastung im Stiftungsrecht, 2013,S. 53 ff.
83 *Rösing*, Die Entlastung im Stiftungsrecht, 2013, S. 64 ff.

Entlastungsorgan die entsprechende Rechtskompetenz (Befugnis) zur Entlastung mit Präklusionswirkung zugewiesen. Die Stiftungsbehörde hat dann nur noch die Einhaltung dieses Rechts aus der Satzung zu überwachen.[84] Schutzlos ist die Stiftung dadurch nicht, denn die Mitglieder des Kontroll-/Entlastungsorgans haften hier bei einem schuldhafte fehlerhaften Beschluss, wie auch sonst bei ihrer Tätigkeit. Das ist gerade der Sinn und Zweck eines Kontrollorgans sowie der Kern seiner ihm vom Stifter zugewiesenen spezifischen Verantwortung.

46 In diesem Sinne sind auch die Sonderregelungen zur eingeschränkten Aufsicht bei Familienstiftungen in verschiedenen Landesstiftungsgesetzen zu verstehen. Hier schlägt, da es nicht um öffentliche (etwa auch gemeinnützigkeitsrechtliche) Aspekte geht, die Privatautonomie des Stifters vollumfänglich durch. Es sind eben keine weiteren Rechtskreise betroffen und von dem Kontrollorgan zu beachten. Würde dieses z.B. bei einem ersichtlichen Verstoß gegen Vorschriften des Gemeinnützigkeitsrechts den Stiftungsvorstand einfach „entlasten“, drohte ihm der Regress seitens der Stiftung.

47 **Entlastung bei Treuhandstiftungen**
Rösing fragt auch nach der **Entlastung bei unselbstständigen Stiftungen.**[85] Er kommt dabei zu dem Ergebnis, dass die Entlastung auch auf diesen Stiftungstypus grundsätzlich übertragbar ist und anders als bei der selbstständigen Stiftung mangels Stiftungsaufsicht grundsätzlich ohne Weiteres Präklusionswirkungen entfalten kann.

c) Regelung in der Satzung oder stillschweigender Haftungsausschluss

48 Es empfiehlt sich, was aufgrund der Satzungsautonomie möglich ist, in der **Stiftungssatzung** für die Organmitglieder den Rückgriff auf Fälle von Vorsatz und grober Fahrlässigkeit zu beschränken.[86] Ein entsprechender Haftungsausschluss kann im Einzelfall **auch stillschweigend** (konkludent) vereinbart worden sein oder sich aus einer ergänzenden Vertragsauslegung ergeben.[87] Letztere kommt etwa dann im Innenverhältnis zur Stiftung in Betracht, wenn feststeht, dass das Stiftungsorganmitglied, wenn die Rechtslage vorher besprochen worden wäre, einen Haftungsausschluss gefordert hätte und die geschädigte Stiftung diesen billigerweise nicht hätte ablehnen dürfen.[88]

---

84 So auch *Hüttemann*, npoR 2014, 143, 145.

85 *Rösing*, Die Entlastung im Stiftungsrecht, 2013, S. 115 ff.

86 Zu dieser Möglichkeit siehe *Schwintek*, ZSt 2005, 108 (111 f.); siehe dort auch zu den Argumenten gegen die Ansicht MüKo-BGB/*Reuter*, 6. Aufl. 2012, § 86 Rn 20, der eine Einschränkung der Haftung in der Satzung für nicht möglich hält.

87 Palandt/*Ellenberger*, § 276 Rn 36a m.w.N.

88 Siehe etwa BGH NJW 1989, 3273 (3276); NJW 2003, 578.

Praxishinweis: Vertragliche und faktische Haftungsbeschränkung 49
Eine (vertragliche/satzungsmäßige) Haftungsbeschränkung auf grobe Fahrlässigkeit und Vorsatz ist grundsätzlich sinnvoll, weil unangemessen strenge Haftungsregeln die Akteure typischerweise verunsichern und zu einer „**Rückversicherungsmentalität**" führen können, die der Entschlusskraft der Stiftungsorgane und der Stiftungsautonomie abträglich ist.[89] So könnte beispielsweise in dem unternehmerischen Bereich (zu unternehmensverbundenen Stiftungen siehe § 11) die Zusammenarbeit der Organe leiden. Es besteht z.B. die Gefahr, die Besonderheiten in Familienunternehmen nicht hinreichend zu beachten und sich untypischen „Konzernstrukturen" anzunähern. („*Jeder berichtet vorsorglich an jeden und keiner entscheidet.*").
Nicht verkannt werden darf aber auch, dass eine Haftungsbeschränkung auf Vorsatz und grobe Fahrlässigkeit theoretisch zu einer „lässigen Haltung" des Betreffenden führen kann. Dem kann in der Praxis ggf. dadurch entgegengewirkt werden, dass der Stiftungsberater den Organmitgliedern die fließenden Grenzen von leichter zu grober Fahrlässigkeit und das damit verbundene Risiko verdeutlicht und vor Augen führt.
Ein aus der Wirtschaft bekannter Ansatz zur „Vermeidung von Haftung und Straftaten auf Führungsebene" ist auch der der **Delegation**.[90] Durch Delegation lässt sich ggf. faktisch eine Haftung vermeiden. Den Gedanken des Organisationsverschuldens sowie den des Auswahlverschuldens und die erforderliche Kontrolle[91] sollte der Delegierende allerdings nicht aus den Augen verlieren.

Wird von außen, d.h. von Dritten, eine Schadensersatzhaftung eines Organmitgliedes geltend gemacht, kann eine **Haftungsbeschränkung**, der die Stiftung zugestimmt hat, **gegenüber** dem **Dritten nicht** greifen. Zu Lasten Dritter kann die Stiftung ersichtlich nicht intern eine Haftungsbeschränkung festlegen. Eine solche Haftungsbeschränkung kann sich aber aus dem Verhältnis zwischen dem potenziell haftenden Organmitglied und dem Dritten selbst ergeben. 50

Im Gegensatz zu der Haftungsbeschränkung, die eine Haftung insoweit gar nicht erst entstehen lässt, bedeutet eine echte **„Haftungsfreistellung"** (im eigentlichen Sinne), dass die an sich haftende Person durch einen anderen von der Haftung freigestellt wird, der die Haftung „übernimmt", d.h. im Innenverhältnis den Schadensersatz für die Außenhaftung gegenüber dem Haftenden finanziell ausgleicht. Ein solches Modell macht jedoch grundsätzlich nur Sinn, wenn entweder nur geringe Schadensbeträge drohen oder der Dritte, der freistellt, über ganz erhebliche freie Mittel verfügt. Letzteres wird tendenziell 51

89 So auch v. Campenhausen/Richter/*Hof*, § 8 Rn 298.
90 Siehe dazu etwa *Schulze*, NJW 2014, 3484.
91 *Schulze*, NJW 2014, 3484, 3485.

bei einer Stiftung nicht der Fall sein. Bei geringen Schadensbeträgen ist eine Haftungsfreistellung überflüssig. Das führt uns zur Frage nach Versicherungen.

d) D&O-Versicherung

52 Wegen der verhältnismäßig eingeengten und oft unpraktikablen Haftungsbeschränkungsmöglichkeiten ist auch die Versicherungsdeckung in der Praxis ein wichtiges Thema (D&O-Policen, abgeleitet von directors und officers liability insurance).[92] Für das Organmitglied kann sich daraus sogar ein Freistellungsanspruch gegenüber der Stiftung ergeben; die Stiftung ist aufgrund von § 242 BGB gehalten, sich vorrangig an die Versicherung zu halten.[93] Leider kennt sich noch lange nicht jeder Versicherer mit dem Phänomen Stiftung aus.[94] Hier ist besondere Sorgfalt bei der Auswahl des Versicherers erforderlich. Die Versicherbarkeit dieser Risiken ist im Übrigen in neuerer Zeit von den Versicherungsgesellschaften generell eingeschränkt worden; die Versicherungsprämien wurden deutlich heraufgesetzt.

53 **Praxishinweis: D&O-Versicherung bei Stiftungen**

Ob die Versicherer wirklich passende Angebote für den nicht eben häufigen Spezialfall „Stiftung“ unterbreiten können, ist im Einzelfall sehr genau zu prüfen. Nach meinen Erfahrungen sind hier durchaus Zweifel angebracht. Folgende Eckpunkte sind besonders wesentlich:

- Sorgfältig zu prüfen bleiben in jedem Einzelfall der Deckungsumfang der Policen (Versicherungszeitraum, Ausschlüsse, Rückwärtsversicherung, Nachhaftung etc.) sowie die Angemessenheit der Deckungssumme und des etwaigen Selbstbehaltes, der bei den Versicherungen immer beliebter wird (Stichwort „Verhaltenssteuerung“[95]).
- Versicherte Personen sind typischerweise sämtliche Organe.
- Auch grob fahrlässiges Verhalten wird gedeckt, erst bei Vorsatz scheitert die Versicherungslösung.

Ein weiteres praktisches Versicherungsproblem vor allem auch für Ehrenamtler ist der Schutz in der **gesetzlichen Unfallversicherung**.[96]

---

92 Näher dazu etwa *de Beauregard*, ZStV 2015, 143; *Weiß*, GmbHR 2014, 574; *Sandberg/Magdeburg*, Stiftung & Sponsoring 3/2006, 32; *Kiethe*, BB 2003, 537; zu Nutzen und Nachteilen kontrovers *Schulte*, Die Stiftung 1/2012, 18 einerseits und *Hendricks*, Die Stiftung 2/2012, 20 andererseits.

93 LG Bonn NJW-RR 1995, 1435 für Vereinsvorstand.

94 Zum Wechsel des Versicherers bei einer D&O Versicherung *Peiniger*, Stiftung & Sponsoring 6/2011, 32.

95 *De Beauregard*, ZStV 2015, 143, 146.

96 Siehe dazu *Balke*, ZStV 2013, 168.

5. Lösungshinweis zur Fehlverwendung von Stiftungsmitteln und Praxistipp

Kommen wir zurück zu dem eingangs vorgestellten Fall aus der Praxis (siehe Rn 11): 54

Eine Haftung des Unternehmensberaters durchzusetzen, dürfte schwierig sein – schon weil es an einem schriftlichen Auftrag fehlt, der seine Pflichten konkretisiert. Hinzu kommt im Verhältnis der Stiftung zu ihm ggf. sogar ein überwiegendes Mitverschulden der handelnden Organmitglieder nach § 254 BGB.[97] In dem oben skizzierten Fall haftet das geschäftsführende Vorstandsmitglied nach § 280 Abs. 1 BGB wegen vorsätzlicher Mittelfehlverwendung und Untreue (§ 823 Abs. 2 BGB i.V.m. § 266 StGB). Durch dieses Fehlverhalten ist ein kausaler Schaden in Höhe der entnommenen Summe zuzüglich Zinsen entstanden. Haben wie hier mehrere Vorstandsmitglieder gehandelt, hat jedes pflichtwidrig handelnde Vorstandsmitglied der Stiftung gesamtschuldnerisch für den entstehenden Schaden in voller Höhe zu haften. Untereinander sind die Vorstandsmitglieder zu gleichen Teilen zum Ausgleich verpflichtet. Hier liegen ein fahrlässiges Organisationsverschulden (kein Vieraugenprinzip) und ein Verstoß gegen Aufsichtspflichten nahe, da der Jahresabschluss ohne weiteres dem Stiftungsrat vorgelegt wurde. Ähnliches gilt für die Mitglieder des Stiftungsrates. Da Haftungserleichterungen und -milderungen in dem skizzierten Fall, der sich vor dem Jahr 2009 abspielte, wegen fehlender einschlägiger Satzungsregelungen nicht griffen, waren die Organmitglieder gesamtschuldnerisch zum Schadensersatz verpflichtet. Das traf die nur fahrlässig handelnden Personen besonders schwer, weil das Vorstandsmitglied, das vorsätzlich gehandelt hatte, ohne Vermögen war.

Wie ist die Angelegenheit tatsächlich ausgegangen?

Sowohl bei dem geschäftsführenden Vorstandsmitglied als auch bei dem Unternehmensberater war die finanzielle Situation negativ, so dass die Angelegenheit vorerst nicht weiterverfolgt wurde. Damit blieb nur ein Rückgriff auf die übrigen Vorstandsmitglieder. Nach langem Hin- und Her wurde unter Einbindung der Stiftungsaufsicht und mit Hilfe der Gerichte ein Vergleich zwischen der geschädigten Stiftung und besagten Vorstandsmitgliedern geschlossen.

> **Praxistipp: Haftungsvermeidung** 55
> In der Praxis hat sich eine von uns entwickelte generelle Formel zur Haftungsvermeidung bewährt, die sich auch für die Tätigkeit innerhalb von Stiftungen anwenden lässt. Es gibt **vier Grundregeln zur Haftungsvermeidung**, die wir unter einem Schlagwort zusammenfassen: **P-A-S-D**:[98]

---

97 Siehe dazu etwa Palandt/*Grüneberg*, § 254 Rn 48 ff.

98 Ausf. *Schiffer/von Schubert*, Haftung, S. 120 ff.

Problembewusstsein entwickeln, aufklären, sorgfältig arbeiten, dokumentieren.

Was bedeutet das im Einzelnen?

Problembewusstsein entwickeln

Die Kenntnis eines Problems ist schon dessen halbe Lösung. Hektik, Überarbeitung, „Betriebsblindheit“ aber auch Unerfahrenheit und Unkenntnis können dazu führen, dass Haftungsrisiken, die eigentlich hätten erkannt werden können oder gar müssen, übersehen werden. Gerade in wichtigen Projekten, die regelmäßig unter großem Zeitdruck betrieben werden, ist es deshalb ratsam, sich ab und an eine „Denkpause“ zu gönnen und sich potentielle Probleme zu vergegenwärtigen. Gespräche mit „Kollegen“, das „Vier-Augen-Prinzip“ und fachliche Beratung helfen dabei. Dabei geht es auch immer um Selbstkontrolle.

Aufklären

Schwachstellen kann man verschweigen oder man kann offensiv damit umgehen. Wie viel Offenheit unter verhandlungstaktischen Gesichtspunkten in der Geschäftswelt angebracht ist, hängt vom Einzelfall ab. Die Praxis zeigt jedoch, dass die Masse aller Auseinandersetzungen auf Kommunikationsmängeln beruhen, die vermeidbar waren. Unter haftungsrechtlichen Gesichtspunkten gilt zum Beispiel der Grundsatz: Was der Vertragspartner vorher gewusst hat, kann er seinem Gegenüber später nicht mehr rechtswirksam vorhalten.

Sorgfältig arbeiten

Haftungsrisiken können durch sorgfältige Arbeit wirkungsvoll minimiert werden. Das klingt nach einer Binsenweisheit. Die Praxis und gerade der oben angesprochene Fall zeigen aber, dass hierauf gar nicht oft genug hingewiesen werden kann. Die Vermeidung eines Haftungsrisikos ist regelmäßig den Mehraufwand für sorgfältige Arbeit wert. Das kann eben bei unklarer Rechtslage auch eine Pflicht bedeuten, fachliche Beratung einzuholen, damit die Vor- und Nachteile in der Sache abgewogen werden können.[99] Wesentlich ist eben auch hier ein „Handeln auf Grundlage angemessener Information“.[100]

Dokumentieren

Bei Rechtsstreitigkeiten wegen eines Haftungsfalls geht es entgegen einem weit verbreiteten Vorurteil regelmäßig nicht vorrangig um unterschiedliche Rechtsansichten zu einem feststehenden Sachverhalt, vielmehr streiten sich

99 Generell dazu siehe etwa *Buck-Heeb*, BB 2013, 2247, zur Haftung von Mitgliedern eins Leitungsorgans bei unklarer Rechtslage.

100 Siehe dazu bei der „Managerhaftung“ etwa: *Goette*, DStR 2014, 1776, am Beispiel einer Due-Diligence-Prüfung beim Unternehmenskauf. Auch NPOs kaufen übrigens Unternehmen!

die Prozessparteien über den Sachverhalt selbst. Sie sehen ihn unterschiedlich oder haben ihn unterschiedlich in Erinnerung. Liegt die Angelegenheit bereits längere Zeit zurück, können sich die Beteiligten an die Details oftmals tatsächlich nicht mehr genau erinnern. Die Prozesspartei, die in der Lage ist, den Vorgang anhand ihrer Aufzeichnungen nachzuvollziehen und zu beweisen, hat bei solchen Auseinandersetzungen einen entscheidenden Vorteil.
Selbst Telefonnotizen und Besprechungsprotokolle der ggf. als Zeugen zu benennenden Mitarbeiter können im Streitfall den Ausschlag geben. Im Idealfall sind alle wesentlichen Punkte in einem Schriftwechsel oder Vertrag dokumentiert. Es kostet beispielsweise wenig Zeit, wenn hin und wieder freundliche Briefe ausgetauscht werden, in denen die wesentlichen Punkte „aktenkundig" gemacht werden. Im Haftungsrecht gilt mehr als in jedem anderen Bereich: „Wer schreibt, der bleibt." Eine Dokumentation kann z.B. auch bei einer ggf. Jahre später erfolgenden Überprüfung von vorangegangenen Vermögensanlagen zeigen, dass die Entscheidung auf der Basis der damals zur Verfügung stehenden Informationen gut begründbar war, auch wenn sie sich später als nicht richtig erweist.[101]
Die vier **P-A-S-D-Punkte** sind auch die Grundlage für ein konkretes **Risikomanagement**, ohne das heute zumindest in großen Stiftungen nicht mehr gearbeitet werden sollte.[102]

B. Der „Grundsatz der Vermögenserhaltung"

Die Krise am Finanzmarkt drückt ersichtlich auch auf die Erträge und die Vermögen der Stiftungen.[103] Ganz so schlimm scheint es aber doch nicht zu sein – so meldet jedenfalls der Bundesverband Deutscher Stiftungen in einer Pressemitteilung vom 25.11.2013.[104] Danach kommt die Mehrheit der deutschen Stiftungen bisher offenbar relativ gut durch die Krise. Das ist jedenfalls das an dem Tag veröffentlichte Ergebnis einer Befragung von 250 Stiftungen durch den Bundesverband Deutscher Stiftungen. Der Verband wollte herausfinden, welche Auswirkungen die Niedrigzinsphase für Stiftungen hat. Es gibt kaum Stiftungen, die Vermögensverluste realisiert haben. Bei knapp 40 Prozent der befragten Stiftungen sind die ordentlichen Erträge gleich geblieben. Bei mehr als einem Drittel haben sie abgenommen, bei über einem Viertel haben 56

101 *Funken*, Stiftung & Sponsoring 3/2012, 18, 19.
102 Ausf. *Schiffer/von Schubert*, Haftung, S. 124 ff.
103 Siehe zum Thema Negativzins allgemein etwa *Tröger*, NJW 2015, 657.
104 Siehe dazu näher etwa auch *Schiffer*, www.stiftungsrecht-plus.de, Kommentar vom 25.11.2013: „Aufatmen bei den Erträgen?"

sie aber auch zugenommen. Die Ergebnisse hören sich (noch) nicht schlecht an, zeigen allerdings sehr wohl eine sinkende Tendenz, die sich mit der Dauer der Krise notwendigerweise verstärken wird – zumal Anlagen mit noch relativ ansprechenden Renditen auslaufen werden. Besonders hart wird es wohl kleine Stiftungen treffen.

I. Die gesetzlichen Regelungen

57 Voraussetzung für die Anerkennung einer Stiftung ist nach § 80 Abs. 2 BGB insbesondere, das die **dauernde und nachhaltige Erfüllung des Stiftungszwecks gesichert erscheint**. Die nunmehr auch im Gesetz ausdrücklich geregelte Verbrauchsstiftung (siehe § 2 Rn 14 ff.) ist weiterhin die Ausnahme. Zur dauernden und nachhaltigen Erfüllung des Stiftungszwecks ist das Stiftungsvermögen zu erhalten. Das gilt, entgegen dem einen oder anderen Vorurteil, auch bei der Verbrauchsstiftung innerhalb der Vorgaben ihrer Satzung, denn vorschreitender Verbrauch bedeutet nicht, dass das übrige Vermögen nicht zu erhalten und dazu passend zu verwalten ist.[105]

Wir schwierig das in den heutigen Zeiten geringer Verzinsung ist, zeigt anschaulich das Beispiel der Nobel-Stiftung. Wie man in der Tagespresse lesen konnte, hat sie in im Jahr 2012 das Preisgeld für die von ihr vergebenen Nobelpreise von zehn auf acht Millionen Kronen reduziert, damit eine an die Inflation angepasste Rendite für das Kapital der Stiftung auch in Zukunft gesichert ist.

Dieser Zusammenhang zwischen Kapitalerhaltung und Zweckerfüllung begründet den dem Stiftungsrecht immanenten[106] **Vermögenserhaltungsgrundsatz**, der auch in den Landesstiftungsgesetzen festgehalten ist.

> **Textbeispiel einer solchen Regelung (§ 4 Abs. 2 S. 1 StiftG-NRW):**
> „Soweit nicht in der Satzung etwas anderes bestimmt ist oder der Wille der Stifterin oder des Stifters auf andere Weise nicht verwirklicht werden kann, ist das Stiftungsvermögen ungeschmälert zu erhalten.“

Diese Vorschriften sind jedoch für die Praxis als Anwendungs- und Umsetzungshilfe für den Grundsatz der Vermögenserhaltung ersichtlich wenig hilfreich, worauf sogleich näher einzugehen sein wird (siehe Rn 60 ff.).

58 Eine Reihe von Landesstiftungsgesetzen lassen Ausnahmen von dem Vermögenserhaltungsgrundsatz in der Satzung und/oder durch die Stiftungsaufsicht zu. Den Stiftungsorganen bleibt demnach nichts anderes übrig, als sich **im Einzelfall** – ggf. mit Hilfe ihrer Berater – exakt zu **orientieren**, welcher konkre-

105 Näher dazu *Schiffer*, StiftungsBrief 2015, 141.
106 Siehe dazu an dieser Stelle nur *Schwintek*, Stiftung & Sponsoring, 01/2004, 19.

ten Rechtsgrundlage sie wie zu dienen haben. Grund für die **Ausnahmebestimmungen** in den Landesstiftungsgesetzen ist die ebenso richtige wie grundlegende Erwägung, dass nach dem **Grundsatz der Stifterfreiheit** für die Frage der Vermögenserhaltung in erster Linie der Wille des Stifters und dessen Regelungen in der Stiftungssatzung entscheidend sind.[107] **Oberster Grundsatz** für die Errichtung und die Verwaltung der Stiftung ist der **Stifterwille** (siehe schon § 3 Rn 54 ff.). Es fragt sich nach alldem zunächst, was nach „dem Gesetz“ unter Stiftungsvermögen im Sinne dieses Grundsatzes der Vermögenserhaltung zu verstehen ist.[108] Der Vermögenserhaltungsgrundsatz ist sodann näher zu betrachten. Es fragt sich schließlich auch, welche Konsequenzen sich daraus dann für die Vermögenserhaltung und die „Vermögensbewirtschaftung“ in der Praxis ergeben.

II. Stiftungsvermögen – Grundstockvermögen

Im BGB findet sich keine Definition des Begriffes „Stiftungsvermögen“. Unter dem allgemeinen Schlagwort Stiftungsvermögen[109] werden verschiedene Vermögensmassen verstanden,[110] nämlich insbesondere: 59
- das Anfangsvermögen, das der Stifter bei Errichtung der Stiftung in diese eingebracht hat (Errichtungsdotation),
- das Grundstockvermögen (auch Stiftungskapital, Vermögensstamm oder Grundvermögen genannt), das aus dem Anfangsvermögen zuzüglich späterer Zustiftungen vom Stifter oder von dritten Personen sowie ggf. aufgelösten Rücklagen, die mit dem ursprünglichen Grundstockvermögen „verschmelzen“,[111] besteht,[112]
- das jeweilige aktuelle Nettovermögen einer Stiftung, das etwa auch die etwaigen Rücklagen[113] umfasst.

Gestritten wird etwa auch darüber, ob **„Stiftungskapital“** ein richtiger Ausdruck ist und ob es diesen Ausdruck überhaupt gibt.[114] Das alles kann uns hier nur verwirren und kann mitunter sogar zum Schmunzeln anregen: So ein Streit

107 Ausf. *Hüttemann*, FG für Flume 1998, S. 59 ff.

108 Von *Ebersbach*, Handbuch des deutschen Stiftungsrechts, 1972, S. 115 als „wichtigster Grundsatz für die Verwaltung des Stiftungsvermögens“ bezeichnet.

109 *Peiker*, StiftG Hessen, § 6 Anm. 1: „unbestimmter Rechtsbegriff“.

110 Werner/Saenger/*Fritz*, Rn 445 ff.; Staudinger/*Rawert*, Vorbem. zu §§ 80 ff. Rn 16; NK-BGB/*Schiffer/Pruns*, § 81 Rn 53.

111 *Rawert*, DNotZ 2008, 5 (9).

112 *Peiker*, StiftG Hess., § 6 Anm. 1.1.

113 *Hüttemann*, FG für Flume 1998, S. 59 (93); *Wachter*, Stiftungen, 2001, B Rn 54 ff.

114 Siehe *Neuhoff*, *ZStV* 2013, 149 („Es gibt kein Stiftungskapital“) und *Fritz*, ZStV 2013, 216 („Vermögen oder Kapital? Egal.“).

über Schlagworte, aus denen man dann fälschlich etwas ableiten will, obwohl doch Schlagworte dazu so gar nicht taugen, verwirrt nur und verhilft nicht zu tragfähigen Erkenntnissen. Der Vermögenserhaltungsgrundsatz jedenfalls bezieht sich nach herrschender Ansicht, der wir auch hier folgen, nur auf das Grundstockvermögen.[115] Das EStG spricht in § 10b Abs. 1a S. 1 von dem Vermögensstock. Nur dieses Grundstockvermögen ist entsprechend dem bereits als Maßstab angesprochenem **Stifterwillen** zu erhalten. Der stiftungsrechtliche Grundsatz der „Bestandserhaltung“ des Grundstockvermögens, der sich in den Landesstiftungsgesetzen findet, ist nachrangig gegenüber den einschlägigen Satzungsregelungen zur Vermögenserhaltung,[116] denn diese Regelungen sind vom Stifter verfasst oder aufgrund von ihm nach der Stiftungssatzung zugelassenen Satzungsänderungen autorisiert.

III. Gesetzliche Vorgaben: „Wenig hilfreiche Gemeinplätze“

60 Nach unseren Erfahrungen[117] herrscht in wenigen Bereichen so viel Naivität wie bei dem Verwalten von Stiftungsvermögen. Ein Lieblingszitat aus der erlebten Praxis umschreibt es wunderbar lehrreich: *„Machen wir es doch einfach mündelsicher! Die Bank weiß schon, was sie tut. Das sind ja Experten und ich bin ohnehin Künstler.“* Grundlegend hat sich dazu aus stiftungsrechtlicher Sicht zunächst *Hüttemann* geäußert[118] und dann gemeinsam mit *Schön* „nachgelegt“.[119]

61 Rechtswissenschaftlich werden auch aktuell noch verschiedene Deutungen des Vermögenserhaltungsgrundsatzes/Bestandserhaltungsgrundsatzes vertreten,[120] eben weil **der Gesetzgeber es bis heute bei „wenig hilfreichen Gemeinplätzen“**[121] **zu diesem Grundsatz belassen** und keine abschließende Entscheidung zu dem Inhalt dieses Grundsatzes getroffen hat. Erstaunlicherweise oder genau

115 Werner/Saenger/*Fritz*, Rn 452; Staudinger/*Rawert*, Vorbem. zu §§ 80 ff. Rn 16, 19; NK-BGB/*Schiffer/Pruns*, § 81 Rn 56.

116 Werner/Saenger/*Fritz*, Rn 469; *Rawert*, DNotZ 2008, 5 (7). Siehe z.B. auch § 6 Abs. 2 StiftG Saarl.; § 4 Abs. 2, Satz 1 Stiftg-NRW

117 Bitte bedenken, dass Rechtsanwälte typischerweise nur die problematischen Fälle zur Bearbeitung und Lösung erhalten und eben nicht die, in denen alles glatt läuft.

118 *Hüttemann*, FG für Flume, 1998, S. 59 ff.

119 *Hüttemann/Schön*, Vermögensverwaltung und Vermögenserhaltung im Stiftungs- und Gemeinnützigkeitsrecht, passim.

120 Ausf. *Hüttemann/Schön*, Vermögensverwaltung und Vermögenserhaltung im Stiftungs- und Gemeinnützigkeitsrecht, S. 15 ff.; Münch. Hdb. GesR/*Helios/Friedrich*, Bd. V, § 96 Rn 16; *Friedrich*, Die Anlage des Stiftungsvermögens; *Fritz*, Stifterwille und Stiftervermögen. Anschaulich *Wachter*, Rote Seiten zum Magazin Stiftung & Sponsoring 06/2002.

121 So kritisiert deutlich etwa *Henß*, ZSt 2004, 83.

betrachtet auch gerade eben nicht erstaunlicherweise wird aus diesen nichtssagenden Allgemeinplätzen mitunter recht viel und Weitreichendes abgeleitet – je nach Gusto, könnte man fast meinen.[122] Was aber gilt wirklich? Zumindest zwei grundlegende Punkte lassen sich festhalten:

- Die bloße formale (nominale) **Substanzerhaltung** wird zu dem Vermögenserhaltungsgrundsatz heute nicht mehr herrschend vertreten.[123] Die bloße Nominalwerterhaltung oder Substanzerhaltung ist allenfalls dann eine sinnvolle Vorgabe, wenn die Stifter keine wirtschaftliche Bestimmung des Stiftungsvermögens festgelegt haben,[124] oder wenn die reine Substanzerhaltung von den Stiftern ausdrücklich, stillschweigend oder mutmaßlich vorgegeben ist.
- Bestandserhaltung im Sinne des Gesetzes bedeutet nach aktuell herrschender Meinung grundsätzlich „Werterhaltung“.[125] Gestritten wird dabei über die Bewertungsgrundsätze.[126] Eine Werterhaltung ist aber ersichtlich überhaupt nur möglich, wenn Klarheit über die zugehörigen Bewertungsgrundsätze besteht.[127] Es sind hier verschiedene Wertbegriffe denkbar. Man denke nur an „Substanzwert“, „Verkehrswert“, „realen Wert“, „Ertragswert“, „Marktwert“, „individuelle Wertvorgaben des Stifters“ etc. Alle diese Werte kann ein Stifter im Rahmen seiner **Stiftungsautonomie** bei der Stiftungserrichtung bestimmen und festlegen.

Ein Blick in die USA: Stiftungsvermögen erhalten 62

Amerikanische Stiftungen werden von deutschen Betrachtern immer wieder als Beispiele herangezogen. Das gilt besonders für die amerikanischen Elite-Universitäten. Die Zahlen sind in der Tat beeindruckend.[128] **Harvard** hatte 2008 ein Stiftungsvermögen von 37 Mrd. US-$, **Stanford** ein solches von 17,2 Mrd. US-$ und bei **Princeton** waren es 16 Mrd. US-$. Sehr gut be-

122 Aufschlussreich in diesem Zusammenhang ist etwa das Interview mit *Rüdebusch* auf www.stiftungsrecht-plus.de aus 7/2014.

123 Siehe bei *Hüttemann/Schön*, Vermögensverwaltung und Vermögenserhaltung im Stiftungs- und Gemeinnützigkeitsrecht, S. 16 f.; *Hüttemann/Richter/Weitemeyer*, Landesstiftungsrecht, 2011, Rn 14.24.

124 Siehe etwa *Spiegel*, Die Roten Seiten zum Magazin Stiftung & Sponsoring, 3/2000, 4 f.

125 *Bruns*, StiftG BW, § 7 Erl. 2.2; v. Campenhausen/Richter/*Hof*, § 9 Rn 61; MüKo-BGB/*Reuter*, 6. Aufl. 2012, § 85 Rn 13, 15 („ *Erhaltung der Kaufkraft*“).

126 Ausf. *Hüttemann/Schön*, Vermögensverwaltung und Vermögenserhaltung im Stiftungs- und Gemeinnützigkeitsrecht, 2007, S. 15 ff.; *Hüttemann*, FG für Flume 1998, S. 59 (60 ff.) mit zahlr. Nachw.; siehe auch *Bruns*, StiftG BW, § 7 Erl. 2.2; v. Campenhausen/Richter/*Hof*, § 9 Rn 61; MüKo-BGB/*Reuter*, 6. Aufl. 2012, § 85 Rn 13, 15.

127 Deutlich: *Hüttemann*, FG für Flume 1998, S. 59 (60 f.).

128 Handelsblatt vom 29.5.–1.6.2009, 7, siehe dort zu den nachfolgenden Zahlen und Angaben.

zahlte, d.h. nicht etwa ehrenamtliche Vermögensverwalter erwirtschafteten z.T. aus deutscher Stiftungssicht beinahe unglaubliche Renditen. In **Yale** wurde durch Investitionen in Immobilien, Öl und Holz im Schnitt der letzten 20 Jahre 18 % p.a. erwirtschaftet.
Nach Ergebnissen des Foundation Center, das die in den USA 1.000 finanzstärksten Stiftungen befragte, verloren die Universitäten in den USA im Zuge der Finanzkrise rund ein Viertel ihres Vermögens. Zwei Drittel aller Stiftungen planten, die Anzahl ihrer Projekte stark zu reduzieren. Selbst auf dem hohen Vermögensniveau der US-Stiftungen und trotz der typischerweise professionellen Vermögensverwaltung in den USA hatten also die Verluste erheblich zugeschlagen.
Inzwischen haben sich die genannten Universitäten in den USA erstaunlicherweise von den Verlusten der jüngeren Vergangenheit fast vollständig erholt.[129] Es dürfte sich für deutsche Stiftungen mithin lohnen, die dortigen Anlagestrategien zumindest näher zu analysieren.

63 Über alledem schwebt für die Organmitglieder zudem das **Damoklesschwert der Haftung** (siehe Rn 1 ff.) bei einem schuldhaften Verstoß gegen den Vermögenserhaltungsgrundsatz.

Durch **Marktentwicklungen,** aber etwa auch durch äußere Einflüsse wie Unwetter kann ein vollständiger oder teilweiser **Verlust des Vermögens** der Stiftung drohen.[130] Was haben die Organmitglieder zu tun?
- Die Stiftungsorgane werden in angemessenem Umfang (Maßstab: ordentlicher Kaufmann)[131] Vorsorge treffen müssen, also etwa das Stiftungsvermögen in angemessenem Umfang gegen Naturkatastrophen versichern.

Unabhängig davon bewegen sich Stiftungsorgane bei ihren Anlageentscheidungen grundsätzlich im **Spannungsfeld zwischen Sicherheit und Rendite.**[132] Mit Blick auf die vom Stifter gewünschte Erfüllung des Stiftungszwecks liegt falsch, wer hier einseitig auf Sicherheit setzt (siehe auch Rn 93).
- **Sicherungsgeschäfte** wie etwa Optionsgeschäfte zur Sicherung des Kursverlustes von Aktien sollen schon aufgrund der damit verbundenen Kosten in der Regel nicht vorgenommen werden.[133] Das überzeugt angesichts der Erfahrungen im Zusammenhang mit der so genannten Finanzkrise, die wir 2009/2010 hatten, nicht wirklich.
- Zugleich zeigt dieser Punkt, wie sehr immer wieder neue Erfahrungen unsere Erkenntnisse beeinflussen. Lieber Leser, nehmen Sie das bitte nicht als

129 Siehe *Toller*, Wirtschaftswoche (www.wiwo.de) am 19.2.2015.
130 Siehe dazu etwa auch *Neuhoff*, ZSt 2009, 143, 152.
131 Wie hier etwa: *Schauhoff*, DStR 1998, 704.
132 Siehe dazu statt vieler *Herbert/Brem/Rath/Janson*, FuS 3/2012, 87 ff.
133 So *Wachter*, Rote Seiten zu dem Magazin Stiftung & Sponsoring 06/2002, 3.

Binsenweisheit, sondern als ganz ernsten Hinweis. Ihr Tun als Stiftungsberater oder Organmitglied wird in einem Streitfall erst Jahre später von einem Gericht beurteilt, dessen Richter dann natürlich alle die Erfahrungen aus den Folgejahren in den Akten und im Kopf haben. Sie müssen faktisch deren ex post-Betrachtung ex ante vorwegnehmen, auch wenn das gar nicht geht. (Zitat eines Richters im Jahre 2009: *„Das hätte der Stifter 1968 anders machen müssen.“*).

Ein unerlässliches Mittel der Vorsorge im Zusammenhang mit der Vermögenserhaltung – insbesondere zum Inflationsausgleich – ist eine **freie Rücklage**. Sie ist für steuerbefreite Stiftungen in § 58 Nr. 7a AO geregelt (siehe auch § 9 Rn 94 ff.).

Wie problematisch das alles in der Praxis ist, zeigt folgendes **Beispiel**: 64

Bezweifelt wird, ob sich aus dem Vermögenserhaltungsgrundsatz für die Stiftungsorgane die Pflicht (davon zu unterscheiden ist die Frage nach einer etwaigen Haftung der Stiftungsorgane) ergeben kann, das Vermögen der Stiftung umzustrukturieren.[134] Hat ein Stifter seine Stiftung beispielsweise mit Vermögenswerten ausgestattet, deren **Marktwert kontinuierlich sinkt**, soll die Veräußerung dieser Teile des Stiftungsvermögens und die damit verbundene Realisierung des Wertverlustes in der Regel nicht geboten sein. Etwas anderes soll aber dann gelten, wenn der fortschreitende Vermögensverlust ersichtlich die langfristige Ertragskraft der Stiftung und damit deren Existenz gefährdet.

Solchen pauschalen Hinweisen kann nicht absolut gefolgt werden, denn entscheidend für eine etwaige **Vermögensumschichtungspflicht** ist alleine der tatsächlich geäußerte oder hilfsweise der hypothetische **Stifterwille**. Diesem haben die Stiftungsorgane zu folgen. Der Stifter sollte den Stiftungsorganen allerdings die Angelegenheit erleichtern und seinen Willen zu Vermögensverwaltung klar und deutlich in der Satzung äußern (siehe dazu auch sogleich Rn 69 ff.), wobei er gleichzeitig einen Spielraum für die Stiftungsorgane belassen sollte. Die jeweiligen Organmitglieder haben ersichtlich einen aktuelleren Marktüberblick als etwa der vor Jahrzehnten verstorbene Stifter. **Anlagerichtlinie** ist hier ein wesentliches Stichwort (näher dazu siehe Rn 97 ff.).

Zu obiger These ist etwa auch anzumerken, dass beispielsweise einem aufgrund von Abnutzung (Beispiel: Immobilie) sinkenden Wert durch die Stiftungsorgane mit einer geeigneten Rücklage (Instandhaltungsrücklage, Renovierungsrücklage, Wiederbeschaffungsrücklage etc.) zu begegnen ist.[135]

134 So *Wachter*, Rote Seiten zu dem Magazin Stiftung & Sponsoring 06/2002, 3.
135 Siehe etwa *Buchna/Seeger/Brox*, S. 233 ff.

Erwähnt werden soll auch, dass **der Weg in Sachwerte** sinnvoll sein kann.[136] **Beispiel**: Eine gemeinnützige Stiftung verfügt über erhebliches Vermögen und hat zugleich zahlreiche Büroraume angemietet. Da stellt sich den Stiftungsorganen angesichts niedriger Kapitalmarktzinsen und zugleich recht hoher Mieten die Frage, ob der Bau eines entsprechenden Hauses zur Selbstnutzung und ggf. Teilvermietung (Vermögensverwaltung, siehe auch § 9 Rn 124 ff.) sinnvoll ist. Auch ersparte Kosten dienen der Vermögenserhaltung!

65 **Praxishinweis: Pflicht zur mündelsicheren Anlage?**
In Diskussionen mit Stiftungsorganmitgliedern stößt man immer wieder auf das Vorurteil, das Vermögen einer Stiftung sei **mündelsicher** anzulegen. Tatsächlich war bis Ende 1995 im bayerischen Stiftungsgesetz bestimmt, dass Stiftungen ihr Vermögen nur in mündelsichere Wertpapiere anlegen dürfen.[137] Eine andere Anlageform war nur mit Genehmigung der Stiftungsaufsichtsbehörde zulässig. Im Interesse einer Stärkung der Selbstverwaltung der Stiftungen und einer Entlastung der Stiftungsaufsichtsbehörden wurde diese Beschränkung bei der Anlage des Stiftungsvermögens ersatzlos aufgehoben. Es gibt heute auch anderweitig keine entsprechenden Regelungen oder Vorschriften mehr. Stiftungen sind heute in der Anlage ihres Vermögens unter Beachtung des Stifterwillens grundsätzlich frei! Seien Sie ganz sicher, lieber Leser: Es besteht wirklich **keine Pflicht zur mündelsicheren Anlage** mehr. Eher ist das Gegenteil richtig (siehe auch Rn 93).

66 *Dominikus Wagner*, Dipl. Betriebswirt, Bankkaufmann, Mitinhaber einer Vermögensverwaltungsgesellschaft, Bonn: **Anlage von Stiftungsvermögen**
„Häufig sind die Vermögen von Stiftungen immer noch statisch in die klassischen Anlageklassen Cash, Renten (verzinsliche und festverzinslichen Anlagen/Anleihen), Aktien und Immobilien aufgeteilt. Allerdings werden statische Allokationen in der Zukunft wenig Erfolg versprechend sein. Vielmehr bedarf es auch bei konservativen Anlagestrategien, wie sie bei Stiftungen typischerweise nach dem Stifterwillen gewählt werden müssen, einer sehr aktiven Pflege, verbunden mit einem strikten Risikomanagement. Auch sollten Stiftungen neben den klassischen Anlageklassen, wie z.B. Anleihen und Aktien so genannte „marktneutrale“ Investmentvehikel einsetzen, die sich kapitalmarktunabhängig, also losgelöst vom allgemeinen Kapitalmarktgeschehen, entwickeln. Durch die Hinzunahme solcher Investments nach dem Vorbild sehr erfolgreicher Stiftungen wie Harvard oder Yale wird eine noch deutlich größere Diversifikation der Anlage erzielt (siehe dazu auch den Praxiston von *Funken* in diesem Kapitel Rn 85). Und das einzige „Free

136 Siehe dazu *Fritz/Römer*, ZStV 2012, 86 ff.
137 Art. 14 und 30 StiftG Bayern a.F.

Lunch“ an den Kapitalmärkten ist die Diversifikation. Und diese sollte konsequent genutzt werden.“

Da der Stiftungszweck grundsätzlich dauernd und nachhaltig zu erfüllen ist (§ 80 Abs. 2 BGB), wird der **„Grundsatz einer sicheren und ertragbringenden Vermögensanlage“** behauptet.[138] **Spekulationsgeschäfte** sollen deshalb regelmäßig ausgeschlossen sein.[139] Vielmehr sollen finanzielle Risiken weitgehend vermieden werden.[140] Ob dem wirklich so ist, muss bezweifelt werden, denn dieser Grundsatz nähert sich bedenklich dem aufgegebenen Grundsatz der mündelsicheren Anlage. *Schindler* formuliert es denn auch deutlich anders[141] und betont: *„Für Stiftungen gilt wie für Unternehmen und Privatpersonen die Zielvorschrift, dass der Ertrag unter den Nebenzielen Erhaltung der Leistungskraft und angemessenes Risiko zu maximieren ist.“*[142] Ähnlich hat etwa auch schon *Seifart* die **Erwirtschaftung möglichst hoher Beträge** auch für gemeinnützige Stiftungen betont.[143] Das überzeugt, denn, wie bereits dargestellt, dient die Stiftung der Erfüllung des Stiftungszwecks und der Erfüllung dieses Zweckes dient eben das Stiftungsvermögen und damit auch der Grundsatz der Vermögenserhaltung. Klar sollte uns allen jedenfalls mehr denn je sein: **„Keine Rendite ohne Risiko!“**[144] Das etwa vom Handelsblatt in seiner Ausgabe vom 4./5./6.7.2014 mit einem entsprechenden Titelblatt beschworene allgemeine „Rendite-Geheimnis“ gibt es nach unserer Erfahrung nicht. Es gibt allerdings durchaus Stiftungen, die angesichts des aktuellen Kapitalmarktes Not leiden (siehe auch § 7).[145] 67

Matthias Wesseling, CFP, CFEP, Direktor und Niederlassungsleiter einer Bank in Köln: **Stiftungen und der Finanzdienstleistungsmarkt** 68
„Wandel und Umgestaltung vollziehen sich in allen Bereichen des Finanzdienstleistungsmarktes mit einer vor einigen Jahren noch unvorstellbaren Geschwindigkeit. Auf der einen Seite fallen die Halbwertzeiten von Informationen, Wissen und technologischen Lösungen ineinander und andererseits potenziert sich die Angebotsvielfalt zugunsten der immer anspruchs-

138 *Wachter*, Rote Seiten zum Magazin Stiftung & Sponsoring 06/2002, 5.; siehe auch v. Campenhausen/Richter/*Hof*, § 9 Rn 99 ff.
139 *Wachter*, Rote Seiten zum Magazin Stiftung & Sponsoring 06/2002, 5.
140 v. Campenhausen/Richter/*Hof*, § 9 Rn 71.
141 *Schindler*, Stiftung & Sponsoring 02/2001, 21.
142 Ausf. dazu: *Schindler*, DB 2003, 297.
143 *Seifart*, BB 1997, 1889 (1895).
144 So etwa auch ganz deutlich: *Fabarius*, Vermögensverwaltung für Stiftungen: Keine Rendite ohne Risiko, Fondszeitung, August 2013, 8.
145 Siehe dazu etwa auch *Schiffer*; StiftungsBrief 2014, 2; *ders.*, StiftungsBrief 2014, 221.

volleren und besser informierten Kunden. Auf Seiten der Stiftungen wächst in einem derartigen Umfeld vor allem der individuelle, ganzheitliche und qualitativ hochwertige Beratungsbedarf und mit ihm der Wunsch nach einem allseits gerüsteten Vermögenscoach. Dessen Professionalität akzeptiert der Kunde aber nur dann, wenn kompetente Beratung, leistungsstarke Angebotsstrukturen, exklusiver Service und eine faire Preisgestaltung zusammenkommen.
Auch Spezialthemen wie Vermögensnachfolgeregelungen und Stiftungen werden künftig zwischen dem Vermögensinhaber und seinem Bankberater kompetent erörtert. Das ein derart umfassendes Beratungsangebot dabei im jeweils entscheidenden Zeitpunkt durch externe Spezialisten aus häufig auch organisationsfremden – aber strategisch verbundenen – Unternehmenspartnerschaften ergänzt wird, trägt letztlich sogar dazu bei, dass sich eine Kundenbeziehung zwischen dem gehobenen Privatkunden und seinem Finanzpartner in der gewünschten Form entwickelt.
Auf Dauer entscheidend für den Beratungserfolg wird es letztlich sein, dass immer dort, wo jede Form der spezialisierten Leistungserbringung nicht auf eine im betriebswirtschaftlichen Sinne ausreichend komfortable Marktnachfrage stößt, erst durch die Gestaltung auch institutsexterner intelligenter Beratungsstrukturen sowohl die Kompetenz als auch die betriebswirtschaftliche Effizienz so optimal wie möglich generiert wird.“

IV. Die Regelungen zur Vermögenserhaltung: Stifterwille

1. Vorrang des Stifterwillens

69 Nach einigen Landesgesetzen hat die Stiftungsaufsichtsbehörde Ausnahmen von dem gesetzlichen Grundsatz der Bestandserhaltung (Vermögenserhaltung) zuzulassen, nämlich

- wenn der Stifterwille anders nicht zu verwirklichen und
- der Bestand der Stiftung für angemessene Zeit gewährleistet ist.

Wesentlicher Grund für diese Ausnahmebestimmungen und vor allem den **generellen Vorrang des Stifterwillens** ist die grundlegende Erwägung, die vor allem *Hüttemann*[146] dargestellt hat, dass nach dem bereits oben ausgeführten Grundsatz der Stifterfreiheit (siehe Rn 58 und § 3 Rn 8 ff.) auch für die Antwort auf die Frage der Vermögenserhaltung der (damalige) Stifterwille und dessen

146 *Hüttemann*, FG für Flume 1998, S. 59 ff.; *Hüttemann/Schön*, Vermögensverwaltung und Vermögenserhaltung im Stiftungs- und Gemeinnützigkeitsrecht, 2007, passim.

Regelungen in der Stiftungssatzung entscheidend sind.[147] Das deshalb, weil oberster Grundsatz für die Errichtung und die Verwaltung der Stiftung eben dieser Stifterwille ist (siehe bereits § 3 Rn 54 ff.).[148] Die Stifter bestimmen ausdrücklich oder stillschweigend das **Vermögenserhaltungskonzept**.[149] Fehlt es daran, können die zuständigen Stiftungsorgane nur auf den mutmaßlichen Stifterwillen (siehe dazu Rn 76 ff.) zurückgreifen, wobei sie ihre Überlegungen und Erwägungen ausreichend dokumentieren sollten, damit sie sich später nachvollziehen lassen.

Die Maßgeblichkeit des Stifterwillens für die Antwort auf die Frage nach der Vermögenserhaltung und die Darstellung von *Hüttemann* kritisiert *Reuter*,[150] weil er befürchtet, dass dadurch die Vermögensverwaltung *„selbst Zweck der Stiftung“* oder sogar *„vorrangiger Zweck“* der Stiftung wird. Dem ist schon deshalb nicht zu folgen, weil das Stiftungszivilrecht, wie bereits dargestellt, durchgehend den Stifterwillen als Maßstab in den Vordergrund stellt. Zudem fordert auch *Hüttemann* hier für den Stifterwillen als Maßstab, die Vermögenserhaltung nicht isoliert, sondern zur Erfüllung der *„wirtschaftlichen Bestimmung der Stiftung“* zu betrachten,[151] d.h. zur Erfüllung des Stiftungszwecks. Auch *Reuter* will *Hüttemann* denn auch ausdrücklich insoweit folgen, wie *Hüttemann* die Vermögenserhaltungsaufgabe an den Anforderungen des jeweiligen Stiftungszwecks messen will.[152] Der Stiftungszweck aber ist zentraler Ausdruck des Stifterwillens. Genau betrachtet steht *Reuter* damit nicht in Widerspruch zu *Hüttemann*.[153] 70

147 *Hüttemann*, FG für Flume 1998, S. 59 ff. So oder ähnlich auch *Bruns*, StiftG B.-W., § 7 Erl. 2.2.1 und 2.2.2; Münch. Hdb. GesR/*Helios/Friedrich*, Bd. V, § 96 Rn 16; NK-BGB/*Schiffer/Pruns*, § 81 Rn 55.; *Schwintek*, Vorstandskontrolle in rechtsfähigen Stiftungen bürgerlichen Rechts, S. 102 ff.

148 Siehe ferner NK-BGB/*Schiffer/Pruns*, § 80 Rn 2.

149 *Hüttemann*, FG für Flume 1998, S. 59 (68 ff.); Werner/Saenger/*Fritz*, Rn 559; *Spiegel*, Die Roten Seiten zum Magazin Stiftung & Sponsoring, 03/2000, 5.

150 MüKo-BGB/*Reuter*, 6. Aufl. 2012, § 85 Rn 17.

151 *Hüttemann*, FG für Flume 1998, S. 59 (68).

152 MüKo-BGB/*Reuter*, 6. Aufl. 2012, § 85 Rn 16, 1. Satz.; siehe auch *Hüttemann/Schön*, Vermögensverwaltung und Vermögenserhaltung im Stiftungs- und Gemeinnützigkeitsrecht, S. 27 ff.

153 Siehe auch *Hüttemann/Schön*, Vermögensverwaltung und Vermögenserhaltung im Stiftungs- und Gemeinnützigkeitsrecht, S. 24 ff.

71 *Dipl. Kfm. (FH)Volker Reichardt*, Stiftungsmanager (DSA) und Stiftungsberater (DSA), Düsseldorf: **Verluste im Stiftungskapital, aussitzen oder handeln?**
„Gerade in turbulenten Zeiten zeigt sich vielfach, wie gut Stiftungen mit ihren Geldanlagen gewirtschaftet haben. Einige innovative Stiftungen klagen über Aktienverluste, manche konservative Stiftungen lamentieren über niedrige Zinssätze und die meisten fürchten gar längerfristig um die Realisierung ihrer Stiftungszwecke. Kurzum, viele Verantwortliche im Stiftungssektor sind derzeit sehr verunsichert, was nun zu tun ist.
Aus meiner Beratungspraxis kann ich sagen, dass es keine Patentlösung, aber gute Beispiele und intelligente Konzepte gibt. Manche Förderstiftungen stellen den Kapitalerhalt in den Vordergrund, lösen Rückstellungen auf oder reduzieren vorübergehend die Förderzusagen. Operativ tätige Stiftungen schichten kurzfristige Termingelder in Corporate Bonds oder Mikrofinanzanlagen um. Bei jeder Anlageentscheidung, insbesondere wenn ein Buchwertverlust realisiert wird, ist der Blick in die Stiftungssatzung und (wenn vorhanden) in die Anlagerichtlinien unumgänglich.
Klären Sie Ihre Fragen mit den Experten der Stiftungsaufsicht, der Finanzbehörde, den Vermögensanlageexperten in den Banken und Sparkassen und den beratenden Berufen. Jetzt zeigt sich, wie wichtig die richtigen Anlagerichtlinien sind, um Ihnen und der Stiftung die dringend notwendigen Handlungsräume zu eröffnen.“

72 **Fazit:** Es bleibt es bei dem Befund, dass der **Stifterwille** auch maßgebend für den konkreten Inhalt des Grundsatzes der Vermögenserhaltung ist. Dabei ist die Vermögenserhaltung nicht isoliert zu betrachten, da das Grundstockvermögen, wie schon oben näher dargelegt, der Verfolgung des Stiftungszwecks zu dienen hat. Die von den Stiftern insoweit ausdrücklich oder konkludent getroffenen Entscheidungen haben die Stiftungsorgane und die Stiftungsbehörden ebenso zu respektieren wie den entsprechenden mutmaßlichen Stifterwillen.[154] Der **BGH** hat sehr klar und überzeugend formuliert, dass die Bestimmung des Stiftungszwecks den Stiftungsorganen einen eindeutigen und klar abgegrenzten Auftrag geben soll, um Rechtsunsicherheit, Willkür der Stiftungsverwaltung und ein Verzetteln der Stiftungsleistungen zu verhüten.[155]

154 Siehe nur *Hüttemann*, FG für Flume 1998, S. 59 (69) („[…] bindet die Stiftungsorgane und die Stiftungsaufsicht ebenso […].“); siehe auch *Henß*, ZSt 2004, 83 (88) unter Hinweis auf *Schiffer*, Stiftung & Sponsoring, 06/2002, 28 (29); *Schwintek*, Stiftung & Sponsoring, 01/2004, 19.

155 BGH NJW 1977, S. 1148 (= BGHZ 68, 141).; siehe etwa auch *Schwarz*, ZSt 2004, 64 (66).

Achim Mohr, Stiftungsvorstand und Stiftungsmanager (DSA), Köln: Praxisempfehlung: **Anlagerichtlinie und Zuwendungsrichtlinie** 73

Ein typischer Praxisfall:

Eine Stiftung erhält als Erbschaft oder lebzeitige Zustiftung verschiedene Vermögenswerte. Den Stiftungsorganmitgliedern stellt sich für die Vermögensverwaltung (!) gerade in Zeiten eines stark „schwankungsanfälligen“ Kapitalmarktes die Frage: Was nun?

Es stellen sich Fragen wie: Was wollte der Zustifter bezogen auf die Vermögensanlage? Was ist in der Satzung oder in anderen Unterlagen festgelegt? Hat die Stiftung bereits eine **Anlagerichtlinie**?

Ganz häufig wird sich der Stifter zur Vermögensverwaltung bei der Stiftungserrichtung nicht wirklich konkret geäußert haben, d.h. die Mitglieder der Stiftungsorgane haben sich mit Blick auf den Stiftungszweck selbst Gedanken zu machen und festzulegen, wie die Vermögensanlage erfolgen soll. Das Ergebnis wird dann typischerweise eine generelle Anlagerichtlinie sein. Wie kann eine Anlagerichtlinie aussehen?

In einer Präambel können die relevanten Textpassagen aus der Stiftungssatzung aufgeführt und die Interpretation der Stiftungsorgane dazu dargelegt werden. Im weiteren Text sind die allgemeinen Erwägungen aus der Präambel in Handlungsanweisungen, die auf die jeweils aktuellen Marktgegebenheiten passend angewendet werden können, für alle Beteiligten zu „übersetzen“. Dazu definieren die Stiftungsorgane ggf. ihr konkretes Verständnis für die Stiftung in Bezug auf deren Ertragszwänge, die dazu spezifische Risikotragfähigkeit und die individuelle Risikobereitschaft. Damit einher geht die Festlegung überprüfbarer Handlungsparameter. Aus diesen Vorgaben entwickeln die Stiftungsorgane die Strategie der „Vermögensbewirtschaftung“ und die Vorgaben zur Vermögenserhaltung. Die „operativ taktische“ Umsetzung kann dann delegiert werden – sowohl innerhalb der Organe und der Stiftung als auch an Dritte.

Alles das muss nicht pauschal das gesamte Vermögen der Stiftungen erfassen, sondern kann sich z.B. jeweils auch spezifisch auf bestimmte Zustiftungen beziehen, für die der Zustifter mit Auflagen konkrete Vorgaben festgelegt hat.

Neben die Anlagerichtlinie wird sinnvollerweise eine **Zuwendungsrichtlinie**[156] gesetzt, die sich mit den Zuwendungen Dritter an die Stiftung befasst. Anlagerichtlinien findet man durchaus schon häufig in der Praxis. Die Zu-

156 Davon zu unterscheiden sind etwaige Richtlinien einer Stiftung dazu, nach welchen Kriterien sie fördert und Destinatären Mittel zuwendet.

wendungsrichtlinie ist ein vergleichsweise neuer Ansatz mit vielen Vorteilen für alle Beteiligten.[157]

Mit der Zuwendungsrichtlinie gibt die Stiftung transparent Auskunft darüber, was an Mitteln sie für welche Verwendungen wie einwerben möchte und wie sie konkret mit den ihr anvertrauten Vermögenswerten umgehen will. Damit ist die Zuwendungsrichtlinie ein Aufruf, der jeden Zuwender höflich auffordert, schon im Vorfeld der Vermögensübertragung an die Stiftung mit dieser und ggf. mit geeigneten Beratern über die mögliche und passende Konstellationen zu sprechen. So werden dann die Wünsche des Zustifters mit den Möglichkeiten der Stiftung in Übereinstimmung gebracht. Ein nicht unerwünschter „Nebeneffekt“ ist, dass der Stiftungsvorstand dabei anhand der in der Zuwendungsrichtlinie festgelegten Kriterien mit den Auflagen des Zustifters oder sonstiger Zuwender (z.B. Sponsor) sicher umgehen kann. Dadurch wird zugleich die Haftungsgefahr für ihn in diesem Zusammenhang zumindest stark verringert. Außerdem wird „automatisch“ der Inhalt des Vermögenserhaltungsgrundsatzes konkretisiert:

- So wird beispielsweise zwangsläufig deutlich dokumentiert, dass eine bestimmte, der Stiftung zugewendete Immobilie zur Zweckerfüllung einzusetzen ist (Stichwort: „*Treffpunkt für …*“), d.h. nach dem „Zustifterwillen“ nicht umgeschichtet werden darf.
- Sind etwa marktgängige Finanzinstrumente, die der Stiftung übertragen worden sind, mit einer Auflage zur Vermögensanlage versehen (Beispiel: Aktie und zwar erneuerbare Energie), so ist für den Vorstand im Rahmen der zusätzlichen gesetzlichen Bedingungen des Gemeinnützigkeitsrechts jede Vermögensanlageentscheidung naturgemäß deutlich einfacher zu treffen. Selbst starke Schwankungen betreffender Aktien führen dann aber auch nicht zwangsweise zu einer unverzüglichen Handlungsverpflichtung der Stiftungsorgane, sondern der Vorstand kann in Ruhe und mit Bedacht die weiteren Schritte planen.

Nicht vergessen werden darf angesichts der hier nur kurz skizzierten grundlegenden Punkte allerdings, dass sich auch die Zuwendungsrichtlinie wie die Anlagerichtlinie in einer permanenten Entwicklung befindet. Neue Sachverhalte können dazu führen, dass sich ein Änderungsbedarf ergibt.

157 Eine www-Recherche ergab nur dieses eine Ergebnis: http://www.hof.uni-frankfurt.de/de/Stiftungskodex.html (31.3.2012). Siehe dazu auch den durchaus kritischen Beitrag: http://www.faz.net/aktuell/feuilleton/forschung-und-lehre/richtungsstreit-in-frankfurter-rechtswissenschaften-institute-for-theorieschwund-11665460.html (31.3.2012).

Die von *Mohr* angesprochenen **Anlagerichtlinien** (ausführlich siehe unten Rn 97 ff.) haben natürlich zwei Seiten. Einerseits geben sie den Organmitgliedern und den Vermögensverwaltern Sicherheit in ihrem Tun. Andererseits „verleiten“ sie naturgemäß dazu, nicht mehr über die „Anlageentscheidung“ im Einzelnen nachzudenken. Letzteres ist aber als Kontrolle für den konkreten Einzelfall unerlässlich. Sie sehen, lieber Leser: Man schafft Regeln und man kann sich dann doch nicht wirklich darauf verlassen, sondern muss gedanklich immer am Ball bleiben und die jeweiligen Anlagerichtlinien auch immer wieder **aktualisieren.**[158] Das ist kein Widerspruch in sich, sondern eine bewährte Erkenntnis aus der Praxis. Da hat *Mohr* absolut Recht. 74

Nicht aus den Augen verlieren dürfen die Organmitglieder bei ihren Entscheidungen etwa auch die **Kosten der Verwaltung des Vermögens**. Hier ist angesichts der oft erstaunlichen Phantasie der Finanzdienstleister bei der Kostengestaltung zunächst einmal Kostentransparenz ein Muss[159] – und zwar auch dann, wenn das entscheidende Stiftungsorganmitglied selbst von einem Finanzdienstleister stammt. Als Organmitglied hat man ausschließlich der Stiftung zu dienen, d.h. etwa eben gerade nicht gleichzeitig auch seinem eigentlichen Arbeitgeber (siehe auch Rn 3). 75

In Zeiten schwacher Erträge werden sich die Stiftungsorgane zudem beispielsweise fragen müssen, ob bei prognostizierten Erträgen von beispielsweise 2,0 % eine Vermögensverwaltung tatsächlich 0,7 % des Stiftungsvermögens kosten darf, zumal bei der Stiftung noch weitere Kosten zu denen der Vermögensverwaltung hinzukommen. Es sei hier nur auf den Grundsatz der Beschränkung der Verwaltungskosten bei steuerbefreiten Stiftungen hingewiesen (siehe dazu § 9 Rn 112 ff.).[160] Ein alternatives und im Verhältnis zur prozentualen Vergütung ggf. Kosten sparendes Vergütungsmodell für eine Vermögensverwaltung, das sich in der Praxis seit Jahren im Finanzsektor (anders als bei den Rechtsanwälten siehe § 14 Rn 66 ff.) leider nicht durchsetzt, ist die **Honorarberatung.**[161] Auch eine **„Zweitbank“** kann u.U. zur Kostensenkung beitragen.[162] Konkurrenz belebt bekanntlich das Geschäft.

158 Siehe dazu und insb. zur Ermittlung der grundlegenden Risikotragfähigkeit des jeweiligen Stiftungsvermögens etwa *Cornelius/Loleit*, StiftungsBrief 2013, 147.

159 Siehe etwa *Vetter*, StiftungsBrief 2013, 170.

160 Siehe auch Bezirksregierung Köln – *Richter/Bernsdorf*, Aktuelles aus der Praxis der Stiftungsbehörde (Nov. 2011), S. 6 (50 % als Obergrenze in den ersten zwei Jahren und sodann 30–35 % als Obergrenze für die Kosten der Stiftungs- und der Vermögensverwaltung.).

161 Siehe dazu *Schiesser*, Stiftungswelt 3/2011, 60 ff.

162 Siehe dazu etwa *Vetter*, StiftungsBrief 2013, 193.

2. Auslegung des Stifterwillens – Auslegung der Satzung

76 Finden sich in der Satzung keine klaren und eindeutigen Regelungen, was insbesondere in älteren Satzungen eher der Regelfall als die Ausnahme ist, ist die Satzung der betreffenden Stiftung auszulegen. Falls ein ausdrücklicher (wirklicher) Stifterwillen zu einem Punkt dabei nicht feststellbar ist, ist der **mutmaßliche (hypothetische) Stifterwille** erforderlichenfalls aus den Umständen im Zusammenhang mit dem Stiftungsgeschäft einschließlich Stiftungssatzung durch Auslegung zu ermitteln.[163] Ein Indiz ist dabei das Verhalten des Stifters in der Vergangenheit.

77 **Praxisbeispiele: Primat des Stifterwillens/Zustifterwillens**

- Ein Zustifter, der ein Depot, das Aktien, die landläufig als hoch spekulativ eingestuft würden, mit dem ausdrücklichen Hinweis auf die Stiftung überträgt, in einer solchen Anlage sähe er langfristig die größten Chancen für eine erfolgreiche Vermögensmehrung, wird wohl kaum eine Art mündelsichere Anlage vorgeben wollen.[164]
- Gleiches gilt für einen Stifter, der mit einem entsprechenden ausdrücklichen Hinweis eine Holding mit einem Bündel von Tochtergesellschaften überträgt, deren Bestand unter seiner bisherigen Leitung immer wieder durch Zukäufe und Veräußerungen gewechselt und in seinem Marktwert variiert hat (realer Fall aus der Praxis!).[165] Das Verhalten des Stifters in der Vergangenheit ist ein Indiz für seinen einschlägigen Stifterwillen.
- **Hinweis:** Möchte eine Stiftung solche mit besonderen Risiken verbundenen Vermögenswerte nicht übernehmen,[166] so kann sie eine solche Zustiftung natürlich auch ablehnen.[167] Ggf. wird sie Zuwendungsrichtlinien (siehe Rn 73) erlassen.

---

163 Siehe etwa *Schwintek*, Vorstandskontrolle in rechtsfähigen Stiftungen bürgerlichen Rechts, S. 105. Zu den Auslegungsfragen und -grundsätzen bei formbedürftigen Willenserklärungen siehe etwa Palandt/*Ellenberger*, § 133 Rn 19.

164 *Wachter*, Rote Seiten zum Magazin Stiftung & Sponsoring 06/2002, 9 scheint – ohne nähere Begründung! – eine solche Vorgabe des Stifters trotz des Vorranges des Stifterwillens als unzulässig ansehen zu wollen. Wie hier aber etwa *Schindler*, DB 2003, 297 (300).

165 *Schiffer*, Stiftung & Sponsoring 06/2002, 28.

166 Das gilt etwa auch für andere Vermögenswerte, die der Stiftung nicht „passen". Beispiele: Mietshäuser, die mit einer aufwändigen Verwaltung verbunden sind, oder auch Lizenzen, … Die Stiftung wird dabei beachten, dass ihr die entsprechenden Werte dann entgehen. Vielleicht lässt sich im Einzelfall ein Kompromiss erzielen, etwa indem der Zustifter erlaubt, dass diese Vermögensteile kurzfristig veräußert werden.

167 Gegen die entsprechende Zuwendung des Stifters bei Errichtung kann sie sich natürlich nicht wehren.

Bei der Auslegung nicht empfangsbedürftiger Willenserklärungen, wie sie bei Stiftungsgeschäften vorliegen, ist der wirkliche Wille des Erklärenden zu ermitteln, wie er in den Erklärungen – sei es auch versteckt – zum Ausdruck kommt und wie er nach den Grundsätzen von Treu und Glauben mit Rücksicht auf die Verkehrssitte zu verstehen ist (sog. natürliche Auslegung, § 133 BGB).[168] Gleiches gilt für die Stiftungssatzung, zumindest was ihren vermögensrechtlichen Teil betrifft.[169] Abzustellen ist bei der Auslegung auf das **Gesamtverhalten des Stifters**[170] im Zusammenhang mit der Stiftungserrichtung, d.h. ggf. auch auf sein vergangenes Verhalten (siehe soeben das 2. Praxisbeispiel). Entscheidend ist der **damalige Stifterwille**, nicht etwaige Motive des Stifters oder sein später geänderter Wille, maßgeblich ist[171] alleine die Willensbekundung des Stifters, die Gegenstand des „Genehmigungs-“ (heute: Anerkennungs-) Verfahrens gewesen ist.[172] 78

Die Stiftungsbehörde und die Stiftungsorgane als Auslegende sind bei der „Fortentwicklung des Stifterwillens“ nicht etwa frei, sie müssen vielmehr alle verfügbaren Anhaltspunkte nutzen, die Aufschluss darüber geben, **was der Stifter getan hätte, wenn er den besagten Umstand bedacht hätte**. Anhaltspunkte werden hier vor allem in dem Ziel liegen, das der Stifter verfolgt hat,[173] mit anderen Worten in dem Zweck der Stiftung, den der Stifter festgelegt hat. Wenn ein solches Ziel erkennbar ist, „hat die ergänzende Auslegung dieses Ziel zur Geltung zu bringen“. Die Frage dazu lautet: Was hätte der Stifter veranlasst, wenn er die veränderten Umstände vorausbedacht[174] oder die Unklarheit in der Satzungsformulierung gesehen hätte (hypothetischer Stifterwille). Ein Bonmot unter Juristen sagt, die Ermittlung des hypothetischen Willens gehöre in den „Giftschrank der Jurisprudenz“ – will sagen: Hier ist äußerste Sorgfalt erforderlich. Notfalls ist aber, wie etwa *Bruns* zum StiftG B.-W. betont, sogar darauf abzustellen, was nach der Lebenserfahrung ein „vernünftiger Stifter“ in besagtem Fall veranlasst und unternommen hätte.[175] Das bringt jedenfalls immer noch zumindest einen gewissen Bezug zu dem Stifter. 79

---

168 Werner/Saenger/*O. Werner*, Rn 313; Palandt/*Ellenberger*, § 133 Rn 1.

169 MüKo-BGB/*Reuter*, 6. Aufl. 2012, § 85 Rn 11.

170 Siehe nur *Bruns*, StiftG BW, § 2 Erl. 4.

171 Abgesehen von dem mutmaßlichen Stifterwillen.

172 BGH NJW 1994, 184 (186); Seifart/v. Campenhausen/*Hof*, § 8 Rn 20 f.

173 So ausdrücklich *Bruns*, StiftG BW, § 2 Erl. 6.; siehe dort auch zu den folgenden Ausführungen.

174 *Bruns*, StiftG BW, § 2 Erl. 6 unter Hinweis auf BGHZ 16, 71 (76); VGH BW, ESVGH 5, 127 (130).

175 *Bruns*, StiftG BW, § 2 Erl. 6 unter Hinweis auf OVG Münster, NWVBl 1994, 338.

80 **Praxishinweis: Ermittlung des hypothetischen Stifterwillens**
In einem **ersten Schritt** ist also bei der Ermittlung des mutmaßlichen (hypothetischen) Stifterwillens festzustellen, wie die Erklärung (des Stifters) unter Berücksichtigung aller maßgebenden Umstände auszulegen ist.[176] Dabei dürfen Umstände außerhalb der Urkunde (Stiftungsgeschäft und Stiftungsverfassung) nur berücksichtigt werden, soweit sie bewiesen sind.[177] Hier sind natürlich auch Hinweise des ggf. noch lebenden Stifters beachtlich. In einem **zweiten Schritt** ist zu prüfen, ob die ausgelegte Erklärung der nach § 81 Abs. 1 S. 1 BGB vorgegebenen Schriftform genügt.[178] Dabei folgt die Rechtsprechung der sog. Andeutungstheorie aus dem Erbrecht, d.h. der aus Umständen außerhalb der Urkunde ermittelte (Stifter-) Wille muss in der Urkunde einen wenn auch (nur) unvollkommenen (!) Ausdruck/eine Andeutung gefunden haben.[179]
Man stelle sich hier zur Verdeutlichung beispielsweise eine vom deutschen Kaiser in 1900 errichtete Stiftung zur Unterstützung von Waisenkindern vor und unterstelle, dass erstens keine Quellenlage zum Stifterwillen existiert und das zweitens die Stiftung heute keine hinreichende Anzahl von Waisenkindern mehr findet, die es zu unterstützen gilt. Wen würde heute der deutsche Kaiser durch die Stiftung unterstützen lassen. Straßenkinder, Sozialwaisen?

81 Sind im Einzelfall ein **Stifterwille nicht festgelegt** und auch der **mutmaßliche Wille nicht erkennbar**, ist auch im Stiftungsrecht der **Maßstab des ordentlichen Kaufmanns** anwendbar (siehe schon oben Rn 101). Es ist kein Grund ersichtlich, von diesem bewährten Grundsatz gerade für Stiftungen abzuweichen.

82 Richtig ist auch, dass bei der Anlage des Stiftungsvermögens **in jedem Einzelfall abzuwägen ist zwischen einer möglichen Steigerung der Erträge zur Zweckerfüllung und den damit verbundenen Risiken für die Substanz des Stiftungsvermögens**. Im Zweifel soll nach einer Ansicht jedoch der langfristige Erhalt des Stiftungsvermögens Vorrang vor einer Verbesserung der Ertragskraft haben.[180] Diese Aussage übersieht jedenfalls in ihrer Pauschalität den Vorrang des Stifterwillens und die sich daraus ergebenden Konsequenzen. Gefragt ist ein konkreter Maßstab. Ist ein **Stifterwille** festgelegt oder erkennbar, ergibt

176 BGHZ 80, 250; BGHZ 86, 47.
177 Palandt/*Ellenberger*, § 133 Rn 29.
178 BGH NJW 2000, 1569 (1570); Palandt/*Ellenberger*, § 133 Rn 19.
179 BGH NJW 2000, 1569 (1570); NK-BGB/*Schiffer*/*Pruns*, § 80 Rn 2.
180 *Wachter*, Rote Seiten zum Magazin Stiftung & Sponsoring 06/2002, 5.

sich daraus im Einzelfall der Maßstab; er hat, wie dargelegt, **Vorrang** vor den Vermögenserhaltungsgrundsätzen der Landesstiftungsgesetze.[181]

Michael Oetermann, Betriebswirt (VWA) und Financial Planner (ebs), Köln: 83
Vermögensanlage und Portfoliomanagement bei Stiftungen
„Im Rechnungswesen von Unternehmen wird gerne das Going-Concern-Prinzip angewendet. Bei der Rechnungslegung wird unterstellt, dass weder die Absicht noch die Notwendigkeit besteht, die Unternehmung zu beenden. Gerade Stiftungen, gleich welcher Art, sind im ganzen Denken und Handeln diesem Fortführungsprinzip verpflichtet. Für das Portfoliomanagement einer Stiftung ergibt sich hieraus die schwierige Aufgabe, immer den endlosen Blick zu behalten. Es besteht geradezu die Verpflichtung, bei allen kurzfristigen Meldungen, gleich ob sie positiv oder wie zurzeit negativ sind, einen sehr langfristigen ausgewogenen Anlagenmix zu finden. Chancen und Risikoabwägungen sind bei dieser Suche unverzichtbar. Eine richtige Anlagenentscheidung sollte aus meiner Sicht in erster Linie über die Abwägung von Risiken erfolgen. Zugesagte Zahlungsverpflichtungen von Stiftungen und damit einhergehende gesteigerte Renditebedürfnisse fürs Portfolio sind meiner Meinung nach eine schlechte Grundlage zur Entwicklung einer gut strukturierten Vermögensanlage. Über eine detaillierte Finanzplanung können zugesagte Zahlungsströme identifiziert und eine gut strukturierte Anlage entwickelt werden."

3. Vermögenserhaltungskonzept und konkrete Vermögensminderung

Dient der **Grundsatz der Vermögenserhaltung (Bestandserhaltung)**, wie 84
dargelegt, der Erfüllung des Stiftungszwecks, so ergibt sich der Inhalt des Grundsatzes **im konkreten Fall** aus dem ggf. spezifisch formulierten Stifterwillen. Ist der Stifterwille nicht ausdrücklich formuliert, ergibt er sich typischerweise aus der „wirtschaftlichen Bestimmung des Stiftungsvermögens"[182] durch den Stifter, d.h. mittelbar aus seinem der Stiftung vorgegebenen Vermögensverwendungskonzept[183] oder – wie andere sagen – aus dem Vermögenserhaltungskonzept[184] des Stifters.

181 So auch *Schindler*, DB 2003, 297 (300).
182 *Hüttemann*, FG für Flume, 1998, S. 59 (68 ff.).
183 Werner/Saenger/*Fritz*, Rn 559.
184 Etwa *Schwintek*, Stiftung & Sponsoring, 01/2004, 19 (20).

85 *Arndt P. Funken*, Managing Director bei einer großen deutschen Bank, Frankfurt/M.: **Kapitalerhaltungskonzept**

„Die Kapitalmärkte verändern sich ständig und wenig kalkulierbar. Das unterstreicht die Wichtigkeit eines stringenten Kapitalerhaltungskonzeptes für Stiftungen. Ein solches Konzept wird schon in den IDW-Richtlinien angeraten; an der Umsetzung fehlt es jedoch meistens. Aber auch die klassischen Instrumente der Rücklagenbildung bleiben allzu oft zugunsten möglichst hoher Ausschüttungen für den Stiftungszweck ungenutzt.

Kapitalerhaltungsrücklage und Umschichtungsrücklage sind die Termini, welche Stiftungsvorstände, die langfristig-konservativ gedacht und in guten Zeiten Vorsorge betrieben haben, in Zeiten schwieriger Kapitalmärkte ungleich ruhiger schlafen lassen als solche, die im Schwerpunkt auf eher riskante Anlageformen gesetzt und keine Rücklagen gebildet haben.

Auch wenn es in Zeiten historisch niedriger Zinsen unabdingbar ist, mit einem Teil des Vermögens auch Risikoprämien zu vereinnahmen, sollten Stiftungen den Spatz in der Hand auch in den besten Zeiten den Vorzug gegenüber der Taube auf dem Dach geben. Natürlich sind Stiftungen Rechtskonstruktionen für die Ewigkeit und können in langen Anlagehorizonten denken. Dennoch darf zu keiner Zeit in Vergessenheit geraten, dass Bestandserhaltung und die Ausschüttungserfordernisse für die Zweckerfüllung diesem Anlagehorizont auch Grenzen setzen können. Die Weisheiten „Keine Rendite ohne Risiko" sowie der bekannte Ausspruch von Warren Buffet „Investieren Sie in nichts, dass Sie nicht verstehen", gelten nach wie vor."

86 *Marcus Metz*, Zert. Stiftungsberater (DSA): **Werterhaltung**

Stiftungen als unverzichtbarer Bestandteil unserer Volkswirtschaft erleben eine Renaissance. Dazu haben sie das Stiftungsgrundstockvermögen zu erhalten. Nur so können sie nachhaltig Ausschüttungen an Ihre Destinatäre sichern. Sind Stiftungen als vitale und belebende Instrumente nicht ein exzellentes Vehikel, um über Generationen hinweg Vermögen zu konservieren und Mehrwerte, auch zugunsten der Gesellschaft, zu generieren?

Im Rahmen der strategischen Ausrichtung sollten verschiedene Positionen periodisch überprüft und gegebenenfalls justiert werden:

- konservative Streuung der einzelnen Anlagebausteine im Zins- und Sachwertsegment (Festgelder, Anleihen, offene und geschlossene garantierte Fonds, etc.)
- regelmäßige Überprüfung und stetige Risikobewertung der Anlagestruktur

- Controlling der Duration (gewichtete Kapitalbindungsdauer) und der Liquiditätsströme, um mittel- und langfristig Chancen zu erkennen und Zyklen zu nutzen
- Einbringen von marktneutralen Positionen mit geringer Korrelation zu den Märkten (Marktdelta)
- Kostensensitivität
- Kommunikation der Stiftungstätigkeit und Medienpräsenz, um das Volumen der Stiftung auch durch Zuspenden zu erhöhen.

Aktives Stiftungsmanagement ist ein herausfordernder Prozess. Durch regelmäßige bilaterale Gespräche zwischen externen Beratern, Stiftungsvorstand, Kuratorium, Presse wird meist schon mittelfristig die gewünschte Transparenz und die langfristige Sicherung der regelmäßigen Ausschüttung gewährleistet und meist gar verbessert.

Für die **Auslegung des Vermögenserhaltungskonzeptes des Stifters** ist bei der konkreten zweckbestimmten Vermögenswidmung durch den Stifter anzusetzen; es ist grundsätzlich davon auszugehen, dass das Stiftungsvermögen von dem Stifter nicht zur Veräußerung, sondern eben zur Zweckerfüllung gedacht ist,[185] soweit der **vorrangige Stifterwille** nicht ausnahmsweise etwas anderes besagt. 87

Vorrangiger Auslegungsgesichtspunkt des sich aus dem Stiftungszweck ergebenden **Vermögenserhaltungskonzeptes des Stifters** ist die bisherige wirtschaftliche Bestimmung der von ihm der Stiftung ins Grundstockvermögen übertragenen Vermögenswerte.[186] Ein Stifter legt bei seinen Überlegungen über die Mittelausstattung der Stiftung typischerweise stillschweigend die bisherige Nutzung des übertragenen Vermögens zugrunde. Soweit der Stifter Unternehmensbeteiligungen übertragen hat, wollte er eben gerade kein Geld- oder Wertpapiervermögen übertragen, sondern eine unternehmerische Beteiligung mit der dieser immanenten, bestimmten Nutzungsart. Damit hat der Stifter den Stiftungsorganen von vornherein zumindest nach seinem damaligen mutmaßlichen Willen die entsprechenden unternehmerischen Dispositionsfreiheiten zur Erwirtschaftung von unternehmerischen Erträgen zur Zweckerfüllung eingeräumt.[187] 88

Hat ein Stifter z.B. ein **lebendes Unternehmen mit diversen Tochtergesellschaften übertragen**, so entspricht es der bisherigen wirtschaftlichen Bestimmung des Unternehmens, dass Gesellschaften und Beteiligungen entsprechend 89

185 *Hüttemann*, FG für Flume, 1998, S. 59 (70).

186 *Hüttemann*, FG für Flume, 1998, S. 59 (75).; s. dort auch zu den folgenden Ausführungen in diesem Absatz.

187 *Hüttemann*, FG für Flume 1998, S. 59 (76).

der jeweiligen Geschäftspolitik veräußert werden und damit nach dem Willen des Stifters veräußert werden dürfen. Der Stifter wollte der Stiftung gerade die Erträge zukommen lassen, die sich aus der Bewirtschaftung dieses Unternehmens ergeben.[188] Erträge sind bei einer Unternehmensbeteiligung aber gerade nicht zwangsläufig nur ordentliche und außerordentliche (!) Erträge, sondern auch Wertsteigerungen in Form realisierter stiller Reserven. Außerordentliche Erträge können gerade auch aus der Realisierung von Wertsteigerungen auf der Ebene der operativen Gesellschaften durch die Veräußerung von Beteiligungen erzielt werden. Das ist genau betrachtet sogar ein typischer Fall bei solchen Unternehmen. *Hüttemann* verweist auf die „konkrete Geschäftspolitik" als „notwendigen, aber auch hinreichenden objektiven Maßstab für die Entscheidung über die Gewinnthesaurierung" bei einem auf eine Stiftung übertragenen Unternehmen, wobei kein enger Maßstab angelegt werden dürfe.[189]

90 Gegen diesen Befund kann auch nicht erfolgreich die Rechtslage bei einer **Vermögensumschichtung** ins Feld geführt werden. Solche Umschichtungen sind, wie sogleich im nächsten Abschnitt auszuführen und zu begründen sein wird (siehe Rn 104 ff.), nach dem ausdrücklichen oder dem mutmaßlichen Willen des Stifters zulässig, wenn sie Wert erhaltend oder Wert steigernd sind.[190] Bei solchen Umschichtungen erzielte Buchgewinne sind allerdings grundsätzlich keine Erträge des Stiftungsgrundstockvermögens, sondern Teil desselben, weshalb sie grundsätzlich dem Grundstockvermögen zufließen.[191]

91 Ausnahmsweise sind „Buchgewinne" aber dann „Erträge", die eben nicht in das Grundstockvermögen fallen, wenn der Stifter das bei Errichtung der Stiftung ausdrücklich oder stillschweigend oder ggf. mutmaßlich so gewollt hat. *Hüttemann* bringt dazu ein überzeugendes Beispiel.[192] Danach gehören gemäß der konkreten wirtschaftlichen Bestimmung durch den Stifter auch die Gewinne aus Umschichtungen zum ausschüttungsfähigen „Ertrag" und nicht zum zu erhaltenden Grundstockvermögen, wenn das Stiftungs(grundstock)vermögen (beispielsweise) aus einem Wertpapierdepot besteht, das nach dem Willen des

188 *Schwintek*, Vorstandskontrolle in rechtsfähigen Stiftungen bürgerlichen Rechts 2001, S. 103.; siehe auch *Schwarz*, ZSt 2004, 64 (68 f.) – allerdings mit einer Ausnahme für den Fall, dass der Stifter keine Unternehmenskontinuität wolle.

189 FG für Flume, 1998, S. 59 (81).

190 *Hüttemann*, FG für Flume, 1998, S. 59 (70 f.); NK-BGB/*Schiffer/Pruns*, § 81 Rn 64; *Schwarz*, ZSt 2004, 64 (69 f.). Zurückhaltender v. Campenhausen/Richter/*Hof*, § 9 Rn 130.

191 v. Campenhausen/Richter/*Hof*, § 9 Rn 115; MüKo-BGB/*Reuter*, 6. Aufl. 2012, § 85 Rn 16.

192 *Hüttemann*, FG für Flume, 1998, S. 59 (79) mit Beispiel in Fn 73. Diesem Beispiel und der Ansicht *Hüttemanns* ausdrücklich zustimmend etwa *Schwintek*, Vorstandskontrolle in rechtsfähigen Stiftungen bürgerlichen Rechts 2001, S. 113.

Stifters entsprechend einer gewerblichen Tätigkeit laufend umgeschichtet werden soll. Aus dieser Bindung der Stiftungsorgane folgt eine „positive Pflicht zum bestimmungsgemäßen Einsatz des Stiftungsvermögens" durch die Stiftungsorgane.[193] Das ist in der aktuellen Phase der beginnenden **Negativzinsen** ersichtlich nicht einfach.

Der Bundesverband Deutscher Stiftungen hat dazu am 15.7.2015 **Befragungsergebnisse** zu Renditen, Erträgen und Ausgaben bei Stiftungen veröffentlicht.[194] Bekanntlich wird es in den aktuellen Zeiten niedriger Zinsen für viele Stiftungen immer schwieriger, genügend Erträge aus ihrem Vermögen zu erzielen. An den Ausgaben für ihren (guten) Zweck wollen Stiftungen dennoch nicht sparen. Das hat eine Befragung des Bundesverbandes Deutscher Stiftungen in seinem Stiftungspanel gezeigt. Knapp 60 Prozent der befragten Stiftungen planen, die Ausgaben auch zukünftig konstant zu halten; ein weiteres Viertel will die Ausgaben sogar steigern. Offensichtlich gehen die betreffenden Stiftungen mutig voran. Die Rendite aller befragten Stiftungen lag 2014 durchschnittlich bei 3,3 Prozent (Median). Das ist eine leichte Steigerung gegenüber dem Vorjahr (3,1 Prozent). Diese Verzinsung ist aktuell wirklich nicht schlecht. Sie mag durch einige noch bestehende "Altanlagen" erhöht sein. Stiftungen unter einer Million EUR Stiftungsvermögen ("Kapital") mussten sich 2014 mit 3 Prozent Rendite begnügen, Stiftungen über einer Million EUR "Kapital" erzielten 3,5 Prozent. Die elf teilnehmenden Stiftungen über 100 Millionen EUR erwirtschafteten 2014 sogar 6 Prozent Rendite (Median). Der vom Bundesverband vermutete Grund dafür: Größere Stiftungen profitieren häufig über einen höheren Immobilien- und Aktienanteil vom Erfolg dieser Anlagen. Zudem haben sie in der Regel eigene hauptamtliche Mitarbeiter für das Vermögensmanagement. Diese Unterschiede entsprechen auch unserer Praxiserfahrung

Die Mehrheit der befragten Stiftungen konnte ihre Zweckausgaben im Jahr 2014 steigern (43,3 Prozent) oder auf dem Niveau der beiden Vorjahre halten (37,1 Prozent). Bei einem Fünftel der befragten Stiftungen (19,7 Prozent) sind sie gesunken. Das ist beinahe etwas unerwartet, aber in jedem Fall sehr erfreulich. Es spricht für einen besonders engagierten Einsatz der viele Mitstreiter bei den Stiftungen – seien sie ehrenamtlich oder hauptamtlich tätig. Bei 28,5 Prozent der befragten Stiftungen sind nach der Umfrage im Jahr 2014 die

193 *Hüttemann*, FG für Flume, 1998, S. 59 (68 ff., 80).

194 Die Befragung fand online im Frühling 2015 statt. Sie ist in Auszügen eine Wiederholung der 2013 durchgeführten Befragung "Stiftungsfinanzen in Krisenzeiten". Befragt wurden Stiftungen, die beim StiftungsPanel des Bundesverbandes Deutscher Stiftungen registriert sind. Teilgenommen haben 184, das sind über 40 Prozent, der 456 registrierten Teilnehmer des StiftungsPanels. Quelle: PE des Bundesverbandes, die zugehörige Pressemitteilung und mehr zum Thema zum Download unter: www.stiftungen.org/presse.

ordentlichen Erträge (insb. Zinsen, Dividenden und Mieteinnahmen) gestiegen. Bei 40,8 Prozent sind sie jedoch gesunken. Auch für 2015 rechnen 40 Prozent der Stiftungen mit einer Abnahme. Bei den außerordentlichen Erträgen, zum Beispiel realisierte Kursgewinne, ist das Verhältnis umgekehrt: 36,3 Prozent der Stiftungen hatten 2014 mehr außerordentliche Erträge als in den beiden vorangegangenen Geschäftsjahren, 21,4 Prozent weniger. Wie Stiftungen bei gesunkenen Erträgen die Ausgaben stabil halten wollen, kann auch der Bundesverband nur vermuten: Frühere Befragungen und aktuelle Statements zeigen, dass Stiftungen vor allem auf Fundraising, Wirkungssteigerung, mehr Kooperation und Kostensenkungen setzen.

92 Was findet man dazu nicht alles für Hinweise aus der Praxis? Das ist eine **große Herausforderung** an das Stiftungsmanagement und an die Berater einer Stiftung[195] und nicht nur dort. Hilfreich ist die vom Bundesverband Deutscher Stiftungen für seine Mitglieder herausgegebene Information über den „Weg zur nachhaltigen Vermögensanlage“, in der „Fünf Schritte zur erfolgreichen Integration von sozialen, ökologischen und kulturellen Kriterien in die Verwaltung des Stiftungsvermögens“ vorgestellt werden.[196] Das **Bundesfinanzministerium** hat Anfang 2013 ein Schreiben zum Finanzanlagemanagement von bundesnahen Einrichtungen mit einer **„Empfehlung für Mindestanforderungen an ein Finanzanlagemanagement“** veröffentlicht, wovon auch „bundesnahe Stiftungen betroffen sein können.[197] Es wird **aktives und passives Anlagemanagement** diskutiert.[198] Ehrlich gesagt haben wir den Überblick über die einschlägigen Veröffentlichungen verloren, so dass wir es hier mit einigen Schlagworten und Fundstellen bewenden lassen wollen. Der geneigte Leser mag das ausdrücklich nicht als Empfehlung für „seinen“ Fall verstehen, sondern nur als Beispiele für die Vielfalt in der Praxis. Man findet z.B. folgende Vorschläge:

- „Stock-Picking“: Selektive Aktienkäufe[199] – natürlich nur mit „vertretbarem“ Risiko, wie auch immer dieses zu bestimmen ist.

195 Siehe nur den Überblick von *Theuffel-Werhan/Siebert*, ZStV 2013, 1 und auch die Hinweise von *Koschmieder/Seidemann*, ZStV 2015, 126 („Strategisches Management in Stiftungen“).

196 *Wiener/Häßler*, Der Weg zu nachhaltiger Vermögensverwaltung, Stiftungsinfo „Nachhaltig investieren“, Nr. 3, Stand 09/2014.

197 BMF-Schreiben vom 8.2.2013 – GZ II A 3 – H 1012–2/12/10003.

198 Siehe etwa *Dembowski*, NWB-EV 2012, 352, zur „Anlegergerechten Beratung von Stiftungen“ siehe etwa auch *Hippel*, ZStV 2015, 121, der sich insbesondere auch mit dem als durchaus „scharf“ empfundenen Urteil des OLG Frankfurt /M v. 28.1.2015 – 1 U 32/13 = ZIP 2015, 821 mit Anm. *Theeven*, EWIR 2015, 367, befasst; siehe auch Rn 101.

199 *Vetter*, Stiftunsgbrief 2014, 199.

- Hochzinsanleihen: Eine Alternative für Stiftungen?[200]
- Dynamische Stop-Loss-Verkaufsaufträge[201]
- Darlehen aus dem Stiftungsgrundstockvermögen – und deren Besicherung[202]
- Investition in Immobilien und Realkapital[203]
- Ganz generell: „Alternative Anlagetipps: den negativen Zinsen entfliehen"; Aktien (*„Kauft Dax & Co.!"*), Immobilien (*„Kauft Immobilienfonds!"*), Anleihen (*„Denkt an Schwellenländer"*).[204]
- Nicht vergessen sein wollen schließlich auch die nachhaltigen Vermögensanlagen![205]

Die Liste ließe sich fast beliebig fortsetzen. Das alles ist reichlich kompliziert. *Vetter* hat zur „Orientierung für Stiftungen bei Anlagefragen" einen **hilfreichen Test** veröffentlicht,[206] der helfen kann, dass wir alle unsere Wissenslücken schließen. In unserer Praxis hat tatsächlich immer wieder ein Blick in die Bibel geholfen, um uns ein Grundprinzip zur Vermögensanlage bei Stiftungen vor Augen zu führen.

Zusammenfassender Praxishinweis: Vermögensanlage nach einem Gleichnis aus der Bibel? 93
Trauen wir uns, einmal ganz grundsätzlich zu werden, und betrachten das Bibel-Gleichnis vom anvertrauten Geld (**Matthäus, Kapitel 25,** Vers 14–30)![207]
Da finden Sie jahrtausendealte Erfahrungen – und ehrlich gesagt, sie überzeugen mich. Lesen Sie einmal selbst! Für diejenigen, die gerade keine Bibel zur Hand haben, fasse ich es gerne übersetzend wie folgt zusammen:
Ein (Kauf-)Mann (Stifter) ging auf Reisen und rief vorher seine Diener (Stiftungsberater) zu sich und vertraute ihnen sein Vermögen an. Dem einen Diener gab er fünf Talente Silbergeld (Man lese, um die Phantasie anzuregen, z.B. 555 Mio. EUR), dem anderen Diener gab er zwei und dem dritten Diener gab er nur ein Talent Silbergeld. Er gab jedem Diener nach dessen Fähigkeiten und trat seine Reise an.

---

200 *Weber,* StiftungsBrief 2013, 139.
201 *Weber,* StiftungsBrief 2014, 140.
202 *Gräwe*, ZStV 2013, 26.
203 Man suche das nur einmal bei „Google"!
204 *Scherff*, www.faz.net, 11.6.2014.
205 Siehe etwa *Bundesverband Deutscher Stiftungen*, Der Weg zur nachhaltigen Vermögensanlage, 2014.
206 *Vetter,* Stiftungsbrief 2015, 19.
207 Das ist jahrtausendealtes Wissen der Menschheit. Siehe auch *Fritz*, Stifterwille und Stiftungsvermögen, 1. Aufl. 2009, S. 17; *Kamp*, npoR 02/2011, S. IV f.; siehe auch § 9 Rn 4 (FG Münster).

Sofort begann der Diener, der den größten Betrag erhalten hatte, mit dem Vermögen zu wirtschaften, und verdoppelte es. Der Diener, der das zweitgrößte Vermögen erhalten hatte, verdoppelte dieses Vermögen ebenfalls. Nur der Diener, der nur ein Talent erhalten hatte, ging und grub ein Loch in die Erde und versteckte das ihm gegebene Geld.
Nach seiner langen Reise kehrte der Mann zurück und verlangte Rechenschaft von seinen Dienern.
Den Diener, der fünf Talente erhalten hatte, lobte der Mann als tüchtigen und treuen Diener und beförderte ihn. Den, der zwei Talente erhalten hatte, lobte und beförderte er ebenfalls. Der Diener, der das eine Talent erhalten hatte, gab dieses zurück und entschuldigte sich damit, dass er Angst vor seinem strengen Herrn gehabt und deshalb das Geld vergraben habe. Diesem Diener warf der Mann vor, er sei ein schlechter und fauler Diener! Er hätte doch das das Geld wenigstens auf die Bank bringen können, um Zinsen zurückzuerhalten. Er warf diesen Diener hinaus.
Kommentar:
Dieses Gleichnis beleuchtet aus meiner Sicht sehr plastisch auch die Vermögenserhaltung und Vermögensanlage jedenfalls im typischen Fall bei einer Stiftung. Mein Fazit dazu lautet:
Vergraben alleine genügt (jedenfalls grundsätzlich) nicht – und zwar auch nicht bei einer „strengen" (sprich: ängstlichen) Stiftungsaufsicht. Das heißt in der Übersetzung:
Die Zeiten, in denen die Stiftungsorgane mit einer „mündelsicheren" Anlage auf der sicheren, haftungsfreien Seite waren, sind vorbei. Mündelsicherheit wird in keinem Landesstiftungsgesetz mehr gefordert. Wie dargelegt, ist der Stifterwille die grundlegende Vorgabe, von der ausgehend die Stiftungsorganmitglieder über die Anlage des Stiftungsvermögens entscheiden müssen. Im Einzelfall droht auch hier bei einer schuldhaft falschen Anlageentscheidung die Haftung der betreffenden Organmitglieder.

4. Anlageformen

94 Die Frage, welche **Anlageformen** ausgehend von den vorstehenden Überlegungen in welchem Umfang sachgerecht sind, ist nach alledem nicht generell zu beantworten.[208] Dies gilt vor allem für die sich immer weiterentwickelnden „modernen" Anlageformen für Vermögen („Finanzvehikel"), die nicht nur wegen ihres Ertrages und ihrer finanziellen Sicherheit, sondern auch in

208 Siehe dazu etwa *Funken*, Stiftung & Sponsoring 02/2002, 24, der aus der Sicht eines Bankers für nachhaltige Anlageformen plädiert; siehe ferner *Herbert/Brem/Raith/Janson*, FuS 2012, 87; *Markert* (Stifter und 2. Vorsitzender einer Stiftung), StiftungsBrief 2015, 156.

(steuer-)rechtlicher Hinsicht genau betrachtet werden müssen.[209] Die Ansichten dazu, was eine im konkreten Fall nach dessen Spezifika hinreichend sichere und ausreichend Ertrag bringende Anlage ist, werden nicht nur von Fall zu Fall, sondern auch je nach Typus der handelnden Personen sehr divergieren. Gerade vor dem Hintergrund der Finanz(anlage)krise ab 2009/2010 stellt sich die Frage nach der richtigen Anlageform noch immer mit besonderer Dringlichkeit.[210]

Auch die Kraft des Faktischen wirkt hier mit. Nicht zu jeder Zeit und in 95
jedem Umfang werden die an sich gewünschten Anlageformen für eine Stiftung überhaupt verfügbar sein. Die Möglichkeiten einer etwa angestrebten Risikostreuung wechseln mit der Marktsituation. Sie hängen außerdem von Art und Umfang des Stiftungsvermögens ab.

Entscheidender **Maßstab für die Beurteilung**, ob eine Anlage entsprechend 96
der ausgehend insbesondere vom Stiftungszweck aufzustellenden mehrjährigen Ertrags- und Liquiditätsplanung und nach den Anlagerichtlinien hinreichend sicher und Ertrag bringend ist, um die Erfüllung des Stiftungszwecks zu ermöglichen, ist wiederum der Wille des jeweiligen Stifters. Der Stifter sollte daher in der Stiftungssatzung oder einem gesondert formulierten schriftlichen Stifterwillen seine individuellen Vorstellungen von einer sachgerechten Vermögensanlage darlegen, ohne den Stiftungsorganen zu enge Fesseln anzulegen (**Negativbeispiel**: *„Die Anlage des Stiftungsvermögens darf nur in Schweizer Franken erfolgen."* Hier sollte allenfalls eine Soll-Regelung vorgegeben werden, die begründete Ausnahmen zulässt. **Positivbeispiel**: *„Die Anlage soll möglichst in einer Währung erfolgen, die so sicher ist, wie es der Schweizer Franken zum Zeitpunkt der Errichtung der Stiftung war."*)

5. Anlagerichtlinien

Da die Verwaltung des Stiftungsvermögens vom Gesetzgeber nur in Grundzü- 97
gen geregelt ist, kann ein Stifter von der ihm auf diese Weise gewährten Freiheit Gebrauch machen und die gesetzlichen Rahmenbestimmungen mit seinen eigenen Vorstellungen über die Anlage des von ihm gewidmeten Stiftungsvermögens ausfüllen und dazu Anlagegrundsätze aufstellen.[211] So kann er etwaige

209 Beispiel: geschlossene Immobilienfonds. Dazu *Dissmann/Volland*, Die Stiftung 3/2012, 18.

210 Siehe dazu *Schiffer/Sommer*, BBEV 2009, 267 (269 ff.) m.w.N.; Stiftungswelt, Heft 2/2009 zum Thema nachhaltige Vermögensanlage mit Berichten zu Stiftungen in der Finanzkrise. Eine Stellungnahme verschiedener Stiftungsaufsichtsbehörden zu dem Spannungsfeld Kapitalerhaltung und Ertrag findet sich in Stiftung aktuell 3/2011, 3.

211 Näher Werner/Saenger/*Fritz*, Rn 506 ff.; *Wachter*, Rote Seiten zum Magazin Stiftung & Sponsoring 06/2002, 5.

Unklarheiten bei der Frage nach der zulässigen Vermögensanlage vermeiden und gleichzeitig Haftungsrisiken der Organmitglieder ausschließen.

98 Hier ist wiederum das Stichwort „Anlagerichtlinie“ (siehe schon Rn 73 f.) zu nennen. Um den Stiftungsorganen nicht die für deren zukünftige Tätigkeit auch nach dem Tod des Stifters erforderliche Flexibilität zu nehmen, sollte der Stifter in der **Stiftungssatzung** selbst nur allgemeine Grundsätze und Leitlinien vorgeben. Auf dieser Basis können dann außerhalb der Satzung **Anlagerichtlinien** gesondert abgefasst werden, die als solche flexibler an die sich ändernden Zeitumstände und die Lage an den Finanzmärkten angepasst werden können.

99 Eine **unerlässliche Grundregel** ist, dass die Verwaltung des Stiftungsvermögens ausschließlich nach sachlichen Gesichtspunkten und Erwägungen zu erfolgen hat. Persönliche Interessen der Entscheidungsträger innerhalb der Stiftung und auch solche der Vermögensverwalter dürfen keine Rolle spielen.

Beispiel: Wenn eine als Vermögensverwalter eingesetzte Bank „eigene Produkte“ in das Portfolio der Stiftung nimmt, müssen dafür objektive Gründe vorliegen und auch dokumentiert werden.

> **Formulierungsbeispiel aus der Praxis**
> einer Stiftung mit Sitz in Köln für **„Anlagen mit höherem Risiko und höheren Ertragserwartungen“** (Zitat aus den Anlagerichtlinien)
> „Direktinvestition in Aktien (Einzelwerte)
> Entscheidungsparameter dafür:
> 1. Erwartete Dividendenrendite 20 % > „Rex Rendite 10 Jahre“ (nach Kosten oder Steuern)
> 2. Mindestordervolumen: 5.000 Euro
> 3. Höchstgrenze je Einzelwert: 3 % des Grundstockvermögens
> 4. Aktie muss im DAX, MDAX, SDAX gelistet sein.“

100 Jede auch nur potenzielle **Interessenkollision** eines zur Entscheidung berufenen Organmitglieds sollte vermieden, jedenfalls aber offen gelegt und passend dokumentiert werden. Es ist allgemeinen Rechtsgrundsätzen folgend eine Selbstverständlichkeit, dass sich der Betreffende, auch wenn das nicht ausdrücklich in der Stiftungssatzung oder in einer Geschäftsordnung geregelt sein sollte, bei der Entscheidung enthält.

101 *Dr. Stefan Fritz*, Leiter Stiftungsmanagement einer Deutschen Geschäftsbank, München: **Zielkonflikt zwischen Vermögenserhaltung und Ertragsmaximierung**
„Die Folgen der Finanzmarktkrise haben den ohnehin schon vorhandenen stiftungstypischen Zielkonflikt zwischen Vermögenserhaltung und Ertragsmaximierung noch einmal drastisch verschärft. Die anhaltend niedrigen Zin-

sen gewährleisten kaum noch die Deckung der Projekt- und Verwaltungskosten, geschweige denn die Rücklagenbildung zur Kapitalerhaltung. Andererseits hat die Krise zahlreiche Entscheider in den Stiftungsgremien verunsichert und noch risikoscheuer gemacht. Gerade, wenn bereits Verluste im Depot zu verzeichnen sind, erscheint etwa die Heraufsetzung der Aktienquote zum Zweck einer höheren Rendite vielen als verbotene Spekulation. Patentrezepte zur Lösung dieses Dilemmas halten aber weder die Gesetze noch die Stiftungsaufsicht bereit. Zuerst ist daher die insoweit autonome Stiftung selbst gefordert, die Prämissen ihrer künftigen Anlageentscheidungen im Stile eines ordentlichen Kaufmanns transparent zu machen, etwa in Form einer Anlagerichtlinie. Folgende Fragen sollten darin beispielsweise beantwortet werden, soweit sie nicht bereits durch den Stifter eindeutig geregelt sind:

- Welche angenommenen Kapitalmarktszenarien (z.B. Seitwärtsbewegung der Leitindizes, Anziehen der Inflation etc.) liegen der Anlagestrategie zu Grunde?
- Welche Ziele soll die Anlagepolitik mit welcher Priorität verfolgen (z.B. reale Kapitalerhaltung, Wertaufholung, Ausschüttung einer bestimmten Summe etc.)?
- Inwieweit sollen soziale, ethische oder ökologische Anlagekriterien beachtet werden?
- Welche Anlageinstrumente sind für die Stiftung (un-)zulässig?
- Welche Instrumente sollen zur Risikominimierung eingesetzt werden (z.B. Diversifizierung)?

Ist die so festgelegte Anlagestrategie in sich schlüssig, schulden die Stiftungsverantwortlichen nur ihre Einhaltung, nicht aber den Anlageerfolg.“

Die vorstehende Skizze hat gezeigt, dass die Frage der „richtigen“ Vermögensanlage wirklich ein ganz weites Feld ist. Die dazu immer wieder veröffentlichten Fachaufsätze füllen ganze Ordner.[212] Hier soll deshalb nur ein kurz gefasstes Formulierungsbeispiel für die Satzung gegeben werden. 102

212 *Neuhoff*, ZSt 2009, 142 ff. zu den verfassungsrechtlichen und zu anderen gesetzlichen Schranken bei der Vermögensverwaltung von Stiftungen. *Blisse*, ZStV 2010, 134 ff. gibt einen Überblick über Anlagemöglichkeiten und deren Risiken. Zu dem besonderen Aspekt des Cash Pooling als Finanzinstrument in gemeinnützigen Konzernen: *Seeger/Thier*, DStR 2011, 184 ff.

Formulierungsbeispiel
§ XY Anlagerichtlinien[213]

(1) Das Stiftungsvermögen (Grundstockvermögen) ist in seinem Bestand ungeschmälert zu erhalten. Es ist mit Blick auf den Stiftungszweck, für den die Leistungskraft der Stiftung zu erhalten ist, sicher und Ertrag bringend anzulegen. Die Anlage des Stiftungsvermögens hat ausschließlich auf der Grundlage von sachlichen und objektiven Kriterien zu erfolgen. Persönliche Interessen der Entscheidungsträger innerhalb der Stiftung und der Vermögensverwalter dürfen keine Rolle spielen.

(2) Die näheren Einzelheiten der Verwaltung des Stiftungsvermögens werden in **Anlagerichtlinien** festgelegt. Die Anlagerichtlinien werden vom Stifter festgelegt und vom Stiftungsrat in Abstimmung mit dem Vorstand jeweils zu Beginn eines jeden Geschäftsjahres oder aus gegebenem Anlass kritisch geprüft und auf Vorschlag des Vorstandes durch den Stiftungsrat angepasst.

Alternative Regelung:
Das Grundstockvermögen darf bis zu einem Anteil von 30 % in Anlagen mit höherem Risiko und höheren Ertragserwartungen (z.B. dividendenstarke Aktienwerte) angelegt werden. Im Übrigen sind Anlageformen mit geringerem Risiko zu wählen (z.B. Anleihen guter Emittenten, Immobilien, Anlage- oder Finanzinstrumente mit Institutssicherung oder Ausleihungen gegen reale Grundschuldsicherung). Eine Anlage in Derivativen, spekulativen oder sonstigen hochrisikoreichen Anlageformen oder Finanzinstrumenten darf nicht erfolgen. Wertsteigerungen, die zu einer Überschreitung der zulässigen Höchstgrenze der entsprechenden Anlageklasse führen, lösen keine Vermögensumschichtungspflicht aus.

103 Ganz besonders wichtig ist im Bereich der Vermögensverwaltung ein aussagekräftiges **internes Controlling** einer externen Vermögensverwaltung durch die Stiftung oder ein an einen externen, unabhängigen Spezialisten vergebenes Controlling, wenn das die Stiftung selbst nicht leisten kann. Es reicht in jedem Fall nicht aus, dass der Stiftungsvorstand die Vermögensverwaltung einfach nur an einen Vermögensverwalter oder ein Finanzinstitut abgibt;[214] der Vorstand hat, um seine Pflichten gegenüber der Stiftung nicht zu verletzten, in geeigneter Form zu kontrollieren oder kompetent kontrollieren zu lassen. Tut er das nicht, droht ihm die **Haftung** (siehe Rn 1 ff.) wegen eines „schuldhaften Pflichtenverstoßes“.

---

213 Siehe auch *Wachter*, Rote Seiten zum Magazin Stiftung & Sponsoring 06/2002, 6 ff.

214 Siehe v. Campenhausen/Richter/*Hof*, § 9 Rn 67, der auf OLG Dresden, Beschl. v. 10.2.2004 – 8 U 2225/03 verweist.

V. Vermögensumschichtungen

Zu der Frage der Zulässigkeit von Umschichtungen des zu erhaltenden Grundstockvermögens von Stiftungen enthalten nur wenige Landesstiftungsgesetze Regelungen. Lediglich die Stiftungsgesetze von Hamburg, Nordrhein-Westfalen und Rheinland-Pfalz besagen ausdrücklich, dass Vermögensumschichtungen nach den Regeln einer ordnungsgemäßen Wirtschaftsführung zulässig sind.[215] Das Stiftungsgesetz des Landes Schleswig-Holstein verpflichtet die Stiftung zur Anzeige von Umschichtungen bei der Stiftungsbehörde, die für den Bestand der Stiftung von Bedeutung sind.[216] Unabhängig davon sind Vermögensumschichtungen nach dem vorrangigen Stifterwillen zulässig oder bei entgegenstehendem Stifterwillen eben unzulässig. 104

Umschichtungen im Grundstockvermögen sind, falls sich aus der Satzung oder nach dem Stifterwillen nicht etwas anderes ergibt, zulässig, wenn sie den Wert des Grundstockvermögens erhalten oder steigern,[217] denn Zweck des Bestandsschutzes des Stiftungsvermögens ist es, die Ertragskraft der Stiftung und so die langfristige Verwirklichung des Stiftungszwecks zu gewährleisten. Der entscheidende Maßstab ist auch hier der Stifterwille, er bestimmt auch insoweit Inhalt und die Reichweite des Vermögenserhaltungsgrundsatzes. Das bedeutet zugleich, dass, wenn nicht die Stifter das ausnahmsweise festlegen, nicht etwa einzelne Bestandteile des Grundstockvermögens als solche erhalten bleiben müssen, d.h. der Vermögenserhaltungsgrundsatz bezieht sich grundsätzlich nicht auf einzelne Vermögensgegenstände (zu Ausnahmen siehe aber auch das Formulierungsbeispiel sogleich bei Rn 110).[218] 105

Allerdings sind die bei einer solchen Umschichtung erzielten **Buchgewinne** grundsätzlich keine Erträge des Stiftungsgrundstockvermögens, sondern Teil desselben; anders ausgedrückt, sie fließen grundsätzlich dem Grundstockver- 106

215 § 4 Abs. 2 S. 1 Hs. 2 StiftG HH; § 4 Abs. 2 S. 2 StiftG NRW, § 7 Abs. 2 S. 1 Hs. 2 StiftG RP.

216 Siehe § 9 Abs. 1 Nr. StiftG SH.

217 *Bruns*, StiftG BW, § 7 Erl. 2.2.; *Rotberg/Broo/Frey*, StiftG BW (4. Auflage 2000), § 7 Erl. 2.2 Abs. 1; *Peiker*, StiftG Hess, § 6 Anm. 2.2; NK-BGB/*Schiffer/Pruns*, § 81 Rn 64; *Schwarz*, ZSt 2004, 64 (69 f.). Ausf. Werner/Saenger/*Fritz*, Rn 488 ff. (zur Umschichtung allgemein) und 500 ff. (zur Zulässigkeit der Umschichtung) m.w.N.

218 Siehe nur Werner/Saenger/*Fritz*, Rn 500 m.w.N.

mögen zu,[219] wozu es dann streng genommen noch nicht einmal eines Beschlusses der Stiftungsorgane bedarf. Tatsächlich ist ein solcher klarstellender Beschluss aber oft auch zu Dokumentationszwecken sinnvoll. Unter Hinweis auf AEAO Nr. 28 zu § 55 Abs. 1 Nr. 5 (früher § 55 Abs. 1 Nr. 4) wird in der Literatur eine **Umschichtungsrücklage** als möglich angesehen, die in der Praxis von der Finanzverwaltung und der Stiftungsaufsicht unbefristet anerkannt wird, innerhalb derer Gewinne und auch Verluste aus der Umschichtung verbucht werden können.[220] Faktisch soll sie wie eine freie Rücklage später zur Zweckerfüllung verwendet werden oder auch dem Grundstockvermögen zugeschrieben werden können.[221] Tatsächlich sollte aus meiner Sicht hier, wie gesagt, der Stifterwille entscheidend sein. In jedem Fall rate ich zu einer vorherigen Abstimmung mit den örtlich zuständigen Behörden.

107 Als „Erträge" des Stiftungsgrundstockvermögens, die eben gerade nicht in das Grundstockvermögen fallen, sind „Buchgewinne" aus Umschichtungen nur ausnahmsweise dann zur Zweckerfüllung der Stiftungen als Erträge ausschüttungsfähig, wenn die Stifter das bei Errichtung der Stiftung ausdrücklich oder stillschweigend oder ggf. mutmaßlich so gewollt haben.[222] Der entscheidende Maßstab ist einmal mehr der Stifterwille, er bestimmt auch in dieser Frage die Reichweite des Vermögenserhaltungsgrundsatzes.

108 Deshalb kann auch die konkrete Vermögensausstattung der Stiftung durch den Stifter mit bestimmten Vermögensgegenständen wesentlich für die Beantwortung der Frage sein, ob im konkreten Fall eine Vermögensumschichtung zulässig ist.[223] Wer beispielsweise eine unternehmensverbundene Stiftung mit Aktien „seines" Unternehmens ausstattet, wird deren Verkauf auch bei einem Kursverlust zumindest nach seinem hypothetischen Stifterwillen gerade nicht wollen.[224]

109 Um Missverständnisse zu vermeiden, sollte der Stifter in der Stiftungssatzung ausdrücklich festlegen, ob und in welchem Umfang Vermögensumschichtun-

---

219 v. Campenhausen/Richter/*Hof*, § 9 Rn 115; MüKo-BGB/*Reuter*, 6. Aufl. 2012, § 85 Rn 16; Münch. Hdb. GesR/*Schwake*, Bd. V, § 79 Rn 302; *Wilkes*, Stiftung & Sponsoring 03/2000, 20; AEAO Nr. 28 zu § 55 Abs. 1 Nr. 4 AEAO. **A.A.** *Lex*, Stiftung & Sponsoring 05/1999, 3 (6), der Umschichtungsgewinne nicht dem zu erhaltenden Grundstockvermögen zuschlagen, sondern in eine Rücklage einstellen will, die wie eine freie Rücklage nach § 58 Nr. 7a AO zu behandeln ist. Ebenso: *Koppenhöfer*, Stiftung & Sponsoring 02/2000, 24.

220 Stumpf/Suerbaum/Schulte/*Pauli*, Stiftungsrecht, § 55 AO, Rn 24.

221 Stumpf/Suerbaum/Schulte/*Pauli*, Stiftungsrecht, § 55 AO, Rn 24.

222 *Hüttemann*, FG für Flume, 1998, S. 59 (79) mit einem Beispiel in Fn 73.

223 Anschaulich Münch. Hdb. GesR/*Schwake*, § 79 Rn 300.

224 Zur Vermögensumschichtung bei unternehmensverbundenen Stiftungen siehe auch *Saenger/Veltmann*, ZSt 2005, 281.

gen bei seiner Stiftung zulässig sein sollen. Für eine Stiftung, deren Vermögen aus verschiedenen Kunstgegenständen, einem Wertpapierdepot und einem vermieteten Wohnhaus besteht, schlägt *Wachter* folgende Satzungsregelung vor:[225]

Formulierungsbeispiel von Wachter: Vermögensumschichtung 110
Vermögensanlage und Vermögensumschichtung
(1) Die Bilder des Malers X dürfen von der Stiftung nicht veräußert werden.
(2) Die Veräußerung des Wohnhauses, X-Str. in Z, ist nur zulässig, um dadurch eine Enteignung oder eine enteignungsgleiche Maßnahme zu verhindern. In diesem Fall soll mit dem Veräußerungserlös eine inländische Wohn- oder Gewerbeimmobilie angeschafft werden.
(3) Die Veräußerung der Wertpapiere ist zulässig, wenn sie der langfristigen Sicherung der Ertragskraft der Stiftung dient. Der Veräußerungserlös muss nicht notwendigerweise wieder in Wertpapiere angelegt werden. Mittel- bis langfristig soll der Anteil der Wertpapiere am gesamten Stiftungsvermögen jedoch einen Anteil von 15 % nicht unterschreiten und einen Anteil von 40 % nicht überschreiten.

C. Mittelbeschaffung bei steuerbefreiten Stiftungen

In aktuellen Zeiten eines „unsicheren und schwankenden“ Kapitalmarktes rückt die Frage nach der Mittelbeschaffung für steuerbefreite Stiftungen noch mehr als bisher in den Mittelpunkt des Interesses. 111

I. Fundraising und Drittmittel

Wie mehrfach in diesem Buch angesprochen, sind die Mittel für Stiftungen vielfach durchaus knapp. Es mag zwar noch die Stiftungen geben, die genügend Vermögen haben, so dass es heißt: “Projekte: Ja. Spendenaufrufe. Nein“.[226] Das dürfte aber die große Ausnahme sein. Alle anderen bemühen sich am Fundraisingmarkt und sammeln eben doch auch Spenden. 112

225 Rote Seiten zum Magazin Stiftung & Sponsoring 06/2002, 4.

226 Überschrift eines lesenswerten Artikels von *Schneider* im Handelsblatt vom 21.7.2014, S. 16, zu einem Gespräch mit der „Milliardärswitwe Petra Herz“ über deren Arbeit als Stiftungschefin.

„Spendensammeln" ist ein altmodisches Stichwort. **„Fundraising"**[227] ist das moderne Stichwort, unter dem das Thema Mittelbeschaffung für gemeinnützige Stiftungen diskutiert wird.[228] Es wird versucht, Mittel für die Stiftungsarbeit bei Einzelpersonen, Unternehmen und Institutionen über ein „Erbschaftsmarketing"[229] einzusammeln:

- Spenden (siehe § 9 Rn 57 ff.)
- Stiftungsfonds (siehe § 2 Rn 73 ff.)
- Zustiftungen (siehe § 3 Rn 98 ff.)
- Treuhandstiftungen (siehe § 12)
- Förderstiftungen (siehe auch § 2 Rn 64) oder Fördervereine
- Unternehmen.[230]

113 **Nachgefragt: Fundraising als Einheitsbrei?**

Vor allem das **postalische Fundraising** einschließlich entsprechender Mails scheint sich immer mehr zu ähneln – egal, von wem es kommt.[231] Sofort in den Papierkorb damit – das dürfte ein oftmaliges Schicksal solcher einfallsloser Zusendungen sein.

Beim „Telefon-Fundraising", über das sich angeblich höchste Effektivitätsraten erzielen lassen, geht es ganz ähnlich zu. Am besten, man beendet solche schulmäßigen Anrufe höflich und bestimmt immer nach ganz kurzer Zeit. Die Anrufe wirken meist wie eintrainiert. Das ist auch kein Wunder, werden doch ganz bewusst Musterdialoge gelehrt. Die persönliche Ansprache fehlt.

227 Ausf. und grundlegend: *Urselmann*, Fundraising – Professionelle Mittelbeschaffung für Nonprofit-Organisationen, 6. Aufl. 2014; siehe dazu die Rezension von *Schiffer* auf Stiftungsrecht-plus.de vom 8.5.2014 in der Rubrik „Für sie gelesen" („Quantensprung"). Daneben findet sich natürlich zahlreiche weitere Literatur, die immer wieder in Neuauflagen erscheint. Beispiele: *Baier*, Fundraising – Ein Wegweiser für Stiftungen und den Non-Profit-Bereich, 2008; *Fabisch*, Fundraising, Spenden, Sponsoring und mehr, 3. Aufl. 2013; *Haibach*, Handbuch Fundraising. Spenden, Sponsoring, Stiftungen in der Praxis, 3. Aufl. 2006; *Heinemann*, Die Relevanz von Kennzahlen im Fundraising, 2014.

228 Näher *Haibach*, Anforderungen an eine erfolgreiche Fundraising-Praxis, in: Walz/Hüttemann/Rawert/K. Schmidt (Hrsg.), Non Profit Law Yearbook 2005, S. 229 ff.; *Neubach*, Stiftung & Sponsoring, 5/2014, 30; *Kiefer*, Die Roten Seiten zum Magazin Stiftung & Sponsoring 06/2001; *Manteuffel*, Stiftung & Sponsoring 4/2006, 26 und 5/2006, 32; *Reuter*, Stiftung & Sponsoring 1/2006, 23.

229 Dazu etwa *Freifrau v. Soden*, StiftungsBrief 2010, 76. Bei diesem „modernen" Thema im Bereich des Fundraisings sind offensichtlich Sensibilität und Vorsicht geboten. Ein zu intensives Marketing gerät sonst schnell in den Verdacht der „Erbschleicherei" (zu diesem Phänomen allgemein und instruktiv *Bonefeld*, ZErb 2014, 241).

230 Achtung: Steuerliche Abgrenzung zwischen Spenden und Sponsoring beachten (siehe auch im nächsten Abschnitt unter Rn 118 f. und § 9 Rn 207 ff.).

231 Siehe schon *Schiffer*, StiftungsBrief 2013, 142.

Die Stiftungen müssen aufpassen, dass es nicht zu einem eingepaukten Fundraising-Einheitsbrei kommt – auch weil „Fundraiser“ typischerweise dieselben Lehrgänge besucht und dieselben Autoren gelesen haben, um anschließend das Gelernte oder Angelesene mehr oder weniger eins zu eins „nachzubeten“. So werden Chancen vertan!

Man unterscheidet Projekt-Fundraising und allgemeines Fundraising für eine Stiftung. Direct-Mailing, Spendenwerbung per Telefon und das gezielte persönliche Ansprechen gewünschter Fundraising-Partner, aber auch **Benefizveranstaltungen**[232] sind wesentliche Wege der Mittelbeschaffung. Was aus Sicht der Stiftung einfach nur „Sponsoring“ ist, ist aus der Sicht der Partner-Unternehmen der Stiftung „Sales Promotion“. Das werden sich die Verantwortlichen in einer Stiftung, die Mittel über einen Sponsoring-Ansatz beschaffen wollen, verdeutlichen, wenn sie ihr Konzept erarbeiten. Unerlässlich für die erfolgreiche Mittelbeschaffung ist eine **Gesamtstrategie**, bei der heute regelmäßig erfahrene Spezialisten beraten. Nicht erst der „UNICEF-Fall“ zeigt, welche Probleme sich in der Praxis ergeben können. Von es gut meinenden Laien nicht erkannte „**Steuerfallen**“ können auch hier die Gemeinnützigkeit gefährden.[233] Wegen weiterer Einzelheiten wird auf die für diesen Abschnitt zitierte Literatur verwiesen. 114

Michael Urselmann, Professor für Sozialmanagement mit dem Schwerpunkt Fundraising, Bonn: **Erhöhung des Stiftungskapitals durch Fundraising** 115
„Zahlreiche kleinere Stiftungen wurden bei Errichtung mit einem Vermögen ausgestattet, das ihnen insbesondere in Zeiten niedriger Kapitalmarktzinsen nur geringe Erträge beschert. Gerade in diesen Fällen (aber natürlich auch, wenn eine Stiftung bereits mit einem größeren Vermögen ausgestattet wurde) kann versucht werden, das Anfangsvermögen oder ein bereits aufgestocktes Grundstockvermögen durch Fundraising (weiter) aufzustocken, um den Stiftungszweck noch besser verwirklichen zu können.
Unter Fundraising soll hier die *systematische* Analyse, Planung, Durchführung und Kontrolle sämtlicher Aktivitäten einer *steuerbegünstigten Organisation* (in diesem Fall einer steuerbegünstigten Stiftung) verstanden werden, welche darauf abzielen, *alle benötigten Ressourcen* (Geld-, Sach- und Dienstleistungen) durch eine konsequente Ausrichtung an den *Bedürfnissen der Ressourcenbereitsteller* (Privatpersonen, Unternehmen, Stiftungen, öffentliche Institutionen) *zu möglichst geringen Kosten* zu beschaffen.

232 Hier wird in der Praxis nicht ganz selten die Künstlersozialabgabe übersehen, siehe dazu *Holthaus*, ZStV 2012, 166 ff.

233 Siehe etwa *Manteuffel*, Stiftungswelt, 02/2014, 79; siehe auch § 9 Rn 207 ff. (Sponsoring).

Ziel des Fundraisings ist also, zusätzlich zum Stifter weitere Ressourcenbereitsteller zu mobilisieren. Das wohl prominenteste Beispiel dafür dürfte die „Bill & Melinda Gates Foundation" sein, der es gelang, mit Warren Buffet einen milliardenschweren Zustifter zu gewinnen. Voraussetzung ist freilich, dass eine Stiftung weiteren (potentiellen) Ressourcenbereitstellern überhaupt bekannt ist und deren Vertrauen genießt. Beides setzt wiederum Kommunikation (am besten in Form von Dialog, nicht Monolog) voraus – was wiederum Kosten verursacht, die minimiert werden müssen.
Bezogen auf die wichtigste Gruppe von Ressourcenbereitstellern, die Privatpersonen, bedeutet Fundraising, durch Dialog systematisch ein Vertrauensverhältnis bzw. eine Beziehung aufzubauen (*Ken Burnett* spricht deshalb auch von **„Relationship Fundraising"**), das aus Interessenten am Satzungszweck einer Stiftung Erstspender bzw. Zustifter macht. Im Sinne des Modells der sog. **Spenderpyramide** wird im Fundraising anschließend versucht, aus Erstspendern Schritt für Schritt Mehrfachspender, Dauerspender, Großspender oder gar Testamentsspender zu machen. Eine systematische Darstellung dieses sog. „Upgradings" findet sich bei *Urselmann*: Fundraising – Professionelle Mittelbeschaffung für steuerbegünstigte Organisationen.[234]"

116 In diesem Zusammenhang stoßen wir vermehrt auf den Begriff **„Drittmittel"**.[235] Das ist ein Schlagwort für solche Mittel, die in der Praxis in der Vergangenheit vor allem von Hochschulen insbesondere zur Förderung von Forschung und Entwicklung sowie des wissenschaftlichen Nachwuchses und der Lehre zusätzlich zum regulären Haushalt von öffentlichen Stellen, Unternehmen oder privaten Personen „geworben" werden. Sie können der Hochschule selbst, einer ihrer Einrichtungen (Fakultäten, Fachbereiche, Institute) oder auch einzelnen Wissenschaftlern zur Verfügung gestellt werden. Es sind in der Praxis Geld-, Sach- oder sonstige Leistungen. Tatsächlich sind es oftmals Sponsoringleistungen, oder Spenden oder Erbschaften, die i.d.R. zweckgebunden (Auflage) gegeben werden. Man kann sagen, dass aktuell beinahe alle NPOs auf der Suche nach Drittmitteln, Projektmitteln etc. sind.

Dr. Martina Krechel-Engert – Geschäftsführung der Bonner Universitätsstiftung zum Thema: **Einwerbung von Drittmitteln**
Die Einwerbung von Drittmitteln zur Förderung von Forschung und Lehre gehört schon seit Jahren zum Alltag der Universitäten. Neben den steuerlichen Vorteilen bietet eine Universitätsstiftung insbesondere die Möglichkeit

234 6. Auflage, Wiesbaden 2014.

235 Ein guter Überblick zu Drittmittel findet sich etwa hier: http://www.uke.de/zentrale-dienste/finanzen/index_10762.php.

eine Brücke zwischen Förderern/Sponsoren und der Universität zu bauen und so Türen in die eine, wie auch in die andere Richtung zu öffnen. Durch eine Universitäts-Dachstiftung werden diese Vorteile gesteigert. Für Unternehmen wie Privatpersonen eröffnet sich durch die Option der Gründung eines eigenen Fonds die Möglichkeit zur gezielten Förderung von Forschung und Lehre.
Die Scheu, Projekte zu definieren und sich zu erkundigen, ob sich diese Projekte mit den Forschungsgebieten der Wissenschaftler decken, wird deutlich gemindert. Der direkte Dialog zwischen Wissenschaft und Öffentlichkeit wird gefördert und die Bedeutung der universitären Arbeit für die Gesellschaft wird sichtbar und greifbar. Auf diese Weise wird die Universität in der Öffentlichkeit viel stärker als bisher – neben anderen Non Profit Organisationen – als förderwürdige und dienstleistungsorientierte Institution zum Nutzen von Forschung und Lehre wahrgenommen.

Auch das **EU-Beihilfenrecht** ist zunehmend ein Thema für Stiftungen, um 117
Mittel für ihre Projekte zu generieren.[236]

II. Sponsoring im Speziellen

Ein geradezu verwässertes Stichwort zur Mittelbeschaffung ist „**Sponsoring**". 118
Was wird in der Praxis nicht alles unter diesem Begriff verstanden? Wohl beinahe jede Mittelzuführung in den gemeinnützigen Bereich vor allem aus der Unternehmenswelt, wo ja zunehmend der Gedanke der **„Corporate Social Responsibility"** gelebt wird.[237] Selbst die Fachleute aus den entsprechenden Abteilungen von Großunternehmen verwenden den Begriff oftmals unkonkret und verwirren damit ihre Gesprächspartner. Diese **Begriffsverwirrung** ist in der Praxis nur dann unerheblich, wenn die betroffenen Stiftungsorgane auf der einen Seite und der „Sponsoring-Partner" auf der anderen Seite die steuerlichen Rahmenbedingungen einhalten. Diese sind allerdings nicht ganz einfach, wie nachfolgend im Buch gezeigt werden wird (siehe § 9 Rn 207 ff.).

Wie sehr die Fundraisingmanager ggf. „unter Druck geraten" zeigt der Sachver- 119
halt aus dem folgenden Kommentar.[238]

236 Siehe *Ritter*, StiftungsBrief 2012, 114.

237 Siehe etwa *Lin-Hi*, Die Erste Seite, BB 45/2014: „Versprechen sind zu halten!"; siehe dazu etwa https://www.csr-in-deutschland.de/.

238 Siehe schon *Schiffer* auf www.stiftungsrecht-plus, Kommentar vom 12.12.2014 „gStiftung als kostenfreier Stiftungsverwalter?".

Kommentar von Schiffer zu einem Fundraising-Modell: „gStiftung als kostenfreier Stiftungsverwalter?“

Im Dezember 2014 erhielt ich als Beilage zu einer Fachzeitschrift einen Flyer einer größeren gemeinnützigen Stiftung, die sich bei den Fachleuten und Lesern der Zeitschrift darum bewirbt, „kostenfrei“ als Treuhänderin treuhänderische Stiftungen aus dem Mandantenkreis der die Zeitschrift lesenden Fachleute betreuen zu dürfen. Zitat:

„Die persönliche Treuhandstiftung unter dem Dach der ... Stiftung. ...
Die Gründung einer Stiftung erfolgt nach deutschem Recht. Dabei begleiten wir Sie und Ihre Mandanten Schritt für Schritt. Anschließend übernehmen wir kostenfrei sämtliche administrativen Aufgaben der Stiftungsverwaltung.
...
Vor der Gründung entscheiden Ihre Mandanten über Zweck, Name und Startkapital der Stiftung. Wir verfügen über Musterverträge, bereiten die Gründungsurkunde vor, wickeln das Genehmigungsverfahren ab und sorgen für die Anerkennung der Gemeinnützigkeit. ... Den Stiftungszweck gibt allein Ihr Mandant vor ...“

Das ist eine Ansage! Der Markt für Treuhänder (siehe auch § 12 Rn 39 ff.), die ja oftmals gegen Entgelt tätig werden, wird also ersichtlich härter umkämpft als bisher.

Jede Initiative, die zum Stiften anregt, ist grundsätzlich zu begrüßen. Es stellen sich angesichts des zitierten Texts allerdings auch grundlegende Fragen. Wir wollen hier drei aus unserer Sicht ganz wesentliche Fragen nennen:

1. Wer zahlt letztlich die Verwaltung der treuhänderischen Stiftungen? Irgendwo muss das Geld für die damit betrauten Personen ja herkommen – vor allem wenn die Verwaltung von Treuhandstiftungen, wie es hier den Eindruck erweckt, in größerem Umfang und nicht nur vereinzelt erfolgen soll.

Soll das Geld aus dem Topf der verwaltenden „Dachstiftung“ kommen? Wäre der überhaupt frei für eine solche Verwendung, die einem Zweck nach dem Willen des jeweiligen Treuhandstifters dient? Die für die Verwaltung aufgebrachten Mittel würden dann jedenfalls der Dachstiftung bei der Mittelverwendung fehlen. Da könnte man je nach Sachverhaltskonstellation auf den Gedanken der Mittelfehlverwendung kommen (siehe § 9 Rn 281 ff.) mit allen ihren „hässlichen Folgen“.

2. Was gibt es denn bei der treuhänderischen Stiftung für ein Genehmigungsverfahren, das in dem Flyer ausdrücklich erwähnt wird? Uns ist keines bekannt. Die „Gründungsurkunde“ ist entweder ein Schenkungsvertrag oder ein Treuhandauftrag (siehe § 12 Rn 16 ff.).

3. Sind nicht auch das Rechtsdienstleistungsgesetz und/oder das Steuerberatungsgesetz zu beachten? Geschieht das?

Wir sind gespannt, was wir dazu noch hören werden!
Absolute Transparenz und auch Problembewusstsein erscheinen uns hier angeraten – auch bei einem solchen Werbeprospekt. Am Ende werden hier in Zusammenhang mit der „Geldeinwerbung für Stiftungen" noch **Prospekthaftungsgrundsätze** greifen, die wir ja wegen „bedenklicher" Prospekte im Zusammenhang mit Kapitalanlagen kennen. Auch dort wurden die Grundsätze aus gegebenem Ansatz entwickelt.[239] Es bleibt zu hoffen, dass das zu weit gedacht ist!

D. Der Arbeitsplatz in einer Stiftung

Stiftungen bieten Arbeitsplätze[240] und das nicht nur als Stiftungsvor- 120
stand.[241]*Sandberg* hat sich um das Thema „Arbeiten in Stiftungen" mit ihren Forschungsprojekten und Schriften verdient gemacht.[242] Sie hat uns neue empirische Erkenntnisse geliefert und das Arbeits- und Berufsfeld Stiftung aus „wissenschaftlichen und anwendungsorientierten" Blickwinkeln ausgelotet – ist doch der Arbeitsmarkt „Stiftungswesen" bisher noch weitgehend unerforscht und auch überdurchschnittlich intransparent.[243]

Stiftungen werden aktuell in unserer Gegenwart der „work-life-balance" von 121
Arbeitnehmern zwar durchaus als attraktiv wahrgenommen werden, macht es doch Freude, Gutes zu tun. Es bringt Zufriedenheit. Aber mehr als die Hälfte der Stiftungen haben in der Praxis **Personalprobleme**. Die Bindung von Mitarbeitern durch die Einrichtung von **Langzeit oder Lebensarbeitszeitkonten** kann hier ein Lösungsansatz sein.[244] Zur Abdeckung etwaiger Spitzenanforde-

239 Siehe dazu etwa *Reinelt*, NJW 2009, 1; nur ein neueres Beispiel aus der Rechtsprechung: Prospekthaftung einer auf einen Basiswert bezogene Schuldverschreibungen emittierenden international tätigen Bank, BGH, Urt. v. 15.7.2014 – XI ZR 100/13, einsehbar etwa über www.bundesgerichtshof.de.

240 Zum Thema „Stiftungen und Arbeitsrecht" siehe auch das Interview mit RA *Trieb* aus 6/2014 auf www.stiftungsrecht-plus.de.

241 Zum Anstellungsverhältnis des Stiftungsvorstandes siehe *Grambow*, Organe von Vereinen und Stiftungen – Organstellung und Anstellungsverhältnis, 2011, S. 227 ff.

242 Ausf. *Sandberg* (Hrsg.): Arbeitsplatz Stiftung. Karrierewege im Stiftungsmanagement, Personalmanagement in Stiftungen, 2014, und dort insbes. *dies.*, S. 13 ff; siehe dazu auch die Rezension von *Schiffer* auf www.stiftungsrecht-plus.de in der Rubrik „Für Sie gelesen" vom 20.6.2014.

243 *Sandberg*, Arbeitsplatz Stiftungen, 2014, S. 13 ff.

244 Siehe dazu etwa *Ritter*, StiftungsBrief, 2012, 128.

rungen kann ggf. auch eine **Arbeitnehmerüberlassung** dienen.[245] Ein **Gemeinschaftsbetrieb** kann eine Alternative zur „Personalgestellung“ nach dem Arbeitnehmerüberlassungsgesetz sein.[246] Erinnert sei hier auch an die Möglichkeit der Zurverfügungstellung von Arbeitskräften durch eine gemeinnützige Körperschaft an andere für steuerbegünstigte Zwecke (§ 58 Nr. 4 AO).

122 Bei personalintensiven Stiftungen, die vor allem über Fach- und Führungskräftemangel klagen (siehe auch § 3 Rn 79 ff.), sind Personalprobleme fast der Normalfall.[247] Es stellen sich solche Fragen wie:[248] Welche Tätigkeitsfelder und Qualifizierungsmöglichkeiten gibt es? Wie können Karrierepfade aussehen? Was gehört zu einem strategischen Personalmanagement? Wie gelingt es Stiftungen, motivierte und kompetente Mitarbeiter zu gewinnen? Und was macht erfolgreiche Personalentwicklung für Stiftungen aus? Dazu liefert die Schrift *Sandbergs* empirische Befunde und gibt Handlungsempfehlungen für eine Professionalisierung im Arbeitsfeld "Stiftung" insbesondere zu den folgenden Themen:

- Das Stiftungswesen als Arbeitsmarkt
- Beschäftigungsverhältnisse in Stiftungen
- Der US-amerikanische Arbeitsmarkt Stiftungen
- Tätigkeitsfelder in der administrativen Stiftungsarbeit
- Stiftungsmanager
- Projektmanager
- Kommunikationsmanager
- Fundraising-Manager
- Aus- und Weiterbildung für die Stiftungsarbeit
- Berufseinstieg in das Stiftungswesen
- Stiftungsinterne Personalentwicklung
- Weiterbildung im Stiftungssektor
- Führungskräfteentwicklung

123 Hingewiesen sei hier auch auf ein Interview mit *Kracht*.[249] Er meint, man sei in Deutschland bisher zu sehr auf **Fachkompetenz** fixiert gewesen. Nun habe man festgestellt, dass **Charakterstärke** eine immer wichtigere Rolle spiele. Fachkompetenz könne man lernen. Man suche aufgrund der aktuellen Krisenerfahrung „für Führungsaufgaben Charaktere, die Sinn stiften können und die

245 Siehe etwa BAG Urt. v. 3.6.2014 – 9 AZR 111/13; siehe dazu auch StiftungsBrief 2014, 187 (Krankenhäuser).

246 Siehe dazu etwa *Ritter*, StiftungsBrief, 2014, 87.

247 *Sandberg*, Arbeitsplatz Stiftungen, 2014, S. 25 ff.; siehe auch *Mecking*, StiftungsBrief 2013, 33.

248 Siehe die einzelnen Beiträge in *Sandberg* (Hrsg.), Arbeitsplatz Stiftungen, 2014.

249 Handelsblatt vom 5.5.2014, S. 53.

Bindungskraft der Unternehmen verbessern". Für Stiftungen dürfte das unserer Meinung nach ganz besonders gelten.

Die Stiftung ist Arbeitgeberin und Auftraggeberin – was alle damit zusammen- 124
hängenden Abgrenzungsfragen mit sich bringt. Gerade in Stiftungen sind das Denken und das Arbeiten an Projekten sehr häufig anzutreffen. Wenn sich dann ein Projekt an das andere reiht und immer wieder dieselben **„freien Mitarbeiter"** beauftragt werden, wird die in der Praxis immer wieder auftauchende **Abgrenzungsfrage zwischen sozialversicherungspflichtiger abhängiger Beschäftigung einerseits und sozialversicherungsfreier selbstständiger Tätigkeit**[250] virulent.[251] Die Abgrenzungsfrage stellt sich aber nicht nur in der Projektarbeit.[252] Entscheidend für die Einstufung eines Arbeitsverhältnisses sind neben der Leistungsbeschreibung vor allem die tatsächlichen Umstände,[253] was von den Beteiligten leider immer wieder gerne übersehen wird.

Die Stiftung ist als Arbeitgeberin auch an das am 1.1.2015 in Kraft getretene 125
Mindestlohngesetz (MiLoG) gebunden. Es stellen sich deshalb Fragen danach, wem von den in einer Stiftung Beschäftigten ein Mindestlohn zu zahlen ist. Ehrenamtlich tätige Personen fallen bspw. nicht unter den Schutzbereich des MiLoG. Viel schwieriger ist dagegen die Frage nach dem Schutzbereich etwa bei Praktikanten zu beantworten.[254]

---

250 Siehe dazu etwa *von Medem*, DStR 2013, 1436.

251 In dem Problem hatte sich z.B. die Heinrich Böll Stiftung, Berlin verfangen, siehe http://www.arbeit-und-arbeitsrecht.de/urteile/unerlaubte-arbeitnehmerueberlassung-bei-der-heinrich-boell-stiftung/2013/09/17. Vgl. auch das Gesetzesvorhaben „zur Bekämpfung des Missbrauchs von Werkverträgen und zur Verhinderung der Umgehung von arbeitsrechtlichen Verpflichtungen" (Bundesrat Drucksache 687/13 v. 20.9.2013).

252 Siehe etwa SG Mannheim Urt. v. 2.10.2013 – S 8 R 1769/12: Versicherungspflicht für Museumsmitarbeiter; dazu *Ritter*, StiftungsBrief 2014, 193.

253 Siehe in der Sache der Heinrich Böll Stiftung ArbG Berlin, Teilurteil vom 4.9.2013 – 33 CA 5347/13; siehe aus jüngerer Zeit etwa auch LAG Hamm, Urt. v. 24.7.2013 – 3 Sa 1749/12; LAG Baden-Württemberg, Urt. v. 1.8.2013 – 2 Sa 6/13.

254 Ausf. *Grambow*, ZStV 2015, 51.

§ 6 „Umwandlung" und Auflösung

> **Was bietet dieses Kapitel?**
> Stiftungen sind nachhaltig, aber nicht statisch. Sie „wandeln" sich. Outsourcing, Auslagerung, Ausgliederung/Ausgründung sowie die gesellschaftsrechtliche und stiftungsrechtliche Umwandlung (Zusammenlegung, Zulegung etc.) einer Stiftung sind auch wegen der aktuellen Situation am Kapitalmarkt zunehmend Themen in der Praxis. Dazu wird hier ein Überblick gegeben. Dargestellt wird dabei auch die Auflösung einer Stiftung.

Übersicht: Rn

A. Die „Umwandlung" einer Stiftung und ähnliche Vorgänge

Stiftungen „leben" aktuell in einer sich rasch wandelnden Welt. Die „Umwandlung" von Stiftungen ist deshalb auch in unserer Praxis ein zunehmendes Thema. In der Praxis werden unter dem Schlagwort „Umwandlung" sehr unterschiedliche Vorgänge zusammengefasst, die mit der im Stiftungsbereich voranschreitenden Professionalisierung und Ausdifferenzierung zunehmend eine größere Bedeutung erlangen. Outsourcing,[1] d.h. Auslagerung und Ausgliederung/Ausgründung sowie die gesellschaftsrechtliche und die stiftungsrechtliche 1

1 Das Schlagwort benutzen etwa auch *Orth*, Stiftung & Sponsoring 1/1998, 20; *Werner*, ZStV 2010, 210 und v. Campenhausen/Richter/*Hof*, § 8 Rn 288.

Umwandlung (Zusammenlegung, Zulegung etc.) einer Stiftung sind hier die praxisrelevanten Stichworte.

I. Das Phänomen „Outsourcing"

1. Abgrenzung und Fallgruppen

2 Nicht nur angesichts der aktuellen wirtschaftlichen Situation in Deutschland, die für Stiftungen durch Schlagworte wie Mittelbeschaffung, „Erbschaftsmarketing“, Fundraising, Mittelverwendungsoptimierung, Kostensenkungspotentiale, Finanzierungsoptimierung und „capital-sharing“ sowie „Cash Pooling/ Cash Management“[2] geprägt ist, sondern auch durch die allgemeine stetige Fortentwicklung des Stiftungswesens in Deutschland ist die Frage nach der Auslagerung oder der Ausgründung und Ausgliederung vor allem aus steuerbefreiten Stiftungen ein zunehmend wichtiges Thema.[3] Wir finden heute in der Praxis kleine bis sehr große „Sozialkonzerne“, in die Stiftungen eingebunden sind oder deren Kern Stiftungen sind.[4] Da werden dann ggf. einzelne Bereiche ausgegliedert und in gesonderte Einheiten gegeben. Man spricht von **Outsourcing** und fasst das Thema sehr weit.[5] Gemeint ist, dass aus der steuerbefreiten Stiftung Vermögen und/oder Funktionen herausgenommen und auf einen anderen (eigenen oder fremden) Rechtsträger „übertragen“ werden (siehe Rn 3).[6]

2 Siehe dazu *Seeger/Thier*, DStR 2011, 184 („Cash Pooling – Ein sinnvolles Finanzinstrument zur Nutzung von Kostensenkungspotentialen auch in gemeinnützigen Konzernen“).

3 So schon *Schiffer/Sommer*, in: Weitz u.a. (Hrsg.), Rechtshandbuch für Stiftungen (Stand: Februar 2008), Kap 6.4.; siehe auch *Buchna/Seeger/Brox*, S. 154 ff.; *Orth*, Die Roten Seiten zum Magazin Stiftung & Sponsoring 5/1999; *Raupach*, in: Non Profit Law Yearbook 2003, 195; *Reifarth*, Stiftung & Sponsoring 6/2007, 34; *Schauhoff*, § 19 (S. 1091 ff.); *Schick*, Die Roten Seiten zum Magazin Stiftung & Sponsoring 6/2000; *Schröder*, DStR 2004, 1815 (1859); *Tönnes/Wewel*, DStR 1998, 274.

4 Siehe etwa *Kern*, Stiftung & Sponsoring, 5/2008, 16 („Das Evangelische Johannesstift zwischen unternehmerischem Handeln und Stiftsidentität“).

5 Zur Klarstellung: Outsourcing wird mitunter auch enger im Sinne von Auslagerungen verstanden, so dass insb. Ausgründungen nicht mit erfasst werden.

6 Hiervon abzugrenzen ist bspw. eine Gestaltung wie die Doppelstiftung, die vor allem im Unternehmensbereich eine steuerpflichtige (Familien-) Stiftung und eine steuerbefreite Stiftung kombiniert.

Fallgruppen 3
Es sollen für die vorliegende Darstellung drei wesentliche Fallgruppen aus der Praxis zum „Outsourcing aus einer Stiftung“ heraus unterschieden werden:[7]

1. Fallgruppe:
Übertragung auf eine dritte Person ohne eigene Beteiligung der Stiftung an dieser Person (Fall der Auslagerung eines Bereiches oder einer Tätigkeit).

2. Fallgruppe:
Übertragung auf eine dritte Person, die die Stiftung gemeinsam mit anderen Partnern errichtet (Joint Venture; Fall der Kooperations-Ausgliederung/-Ausgründung).

3. Fallgruppe:
Übertragung auf eine 100 %-ige Tochtergesellschaft der Stiftung (Beispiel einer reinen Ausgliederung/Ausgründung).

Auslagerungen und Ausgliederungen/Ausgründungen können grundsätzlich auch aus unselbstständigen (= treuhänderischen) Stiftungen heraus erfolgen (zur treuhänderischen Stiftung siehe § 12). Typischerweise wird es sich bei der Stiftung aber um eine rechtsfähige Stiftung bürgerlichen Rechts handeln, die wegen Gemeinnützigkeit steuerbefreit ist. Von diesem Fall wird nachfolgend ausgegangen.

2. Die Praxis

a) Ausgangslagen

Die Motivation der Stiftungsorgane für ein Outsourcing (hier als Auslagerung 4
oder Ausgliederung/Ausgründung verstanden) ergibt sich in der Praxis insbesondere aus folgenden Zielen:[8]
- Nutzung oder Bildung von besonderer Expertise (Bündelung von Knowhow),
- Kooperationen,
- Ausgliederung bestimmter Bereiche, etwa neuer Zwecke/Projekte, die noch nicht erprobt sind und ggf. Risiken mit sich bringen,
- Organisationsoptimierung (Trennung verschiedener gemeinnütziger Tätigkeitsbereiche),
- Finanzierungsoptimierung und Kostenersparnis und
- sonstige Synergieeffekte.

---

7 Siehe etwa auch schon *Orth*, Stiftung & Sponsoring 1/1998, 20; v. Campenhausen/Richter/*Hof*, § 8 Rn 288.

8 Siehe etwa auch schon *Orth*, Stiftung & Sponsoring 1/1998, 20; ebenso v. Campenhausen/Richter/*Hof*, § 8 Rn 288.

In jedem konkreten Einzelfall ist eine genaue rechtliche, steuerliche und betriebswirtschaftliche Analyse der vermuteten Vorteilhaftigkeit erforderlich. Eine Ausgliederung sollte in ihren Vor- und Nachteilen vorher planmäßig betriebswirtschaftlich durchgerechnet werden. Wird da nicht gründlich gearbeitet, kann das leicht zu bösen Überraschungen führen.

5 **Praxisbeispiele: Auslagerungen und Ausgliederungen/Ausgründungen**

- Eine Stiftung verwaltet ihr Vermögen nicht mehr selbst, sondern überträgt diese Aufgabe auf einen ausgewiesenen Vermögensverwalter (Fallgruppe 1).[9]
- Eine gemeinnützige Wissenschaftsstiftung überträgt einen Teil ihres Forschungsbereiches auf eine GmbH, die sie gemeinsam mit einem Partner aus der Industrie errichtet (Fallgruppe 2).
- Zwei gemeinnützige Stiftungen errichten eine Tochtergesellschaft, um in einem gemeinsamen Tätigkeitsfeld gemeinnützig zusammenzuarbeiten (Fallgruppe 2).
- Zwei gemeinnützige Stiftungen errichten eine gemeinsame Servicegesellschaft in der Rechtsform einer nicht steuerbefreiten GmbH, die u.a. die wesentlichen Verwaltungsarbeiten für beide Stiftungen übernimmt (Fallgruppen 2 und 3).
- Eine gemeinnützige Stiftung errichtet gemeinsam mit Dritten oder alleine eine Mittelbeschaffungsgesellschaft (Fallgruppen 2 und 3).[10]
- Eine steuerbefreite Stiftung errichtet ihrerseits aus freien Mitteln eine gemeinnützige Gesellschaft (Fallgruppe 3), etwa um einen neuen Bereich aufzubauen, der nicht dem Zweck der Stiftung entspricht[11] oder um in einem neuen Bereich tätig zu werden, ohne den Stammbereich dadurch zu gefährden.[12]

6 Die „ausgegründete“ Einheit (Fallgruppen 2 und 3) kann ihrerseits bei Erfüllung der entsprechenden steuerlichen Anforderungen ebenfalls steuerbefreit sein.

b) Wesentliche Problempunkte in der Praxis

7 Wesentlich ist bei einer **Auslagerung** und einer **Ausgliederung/Ausgründung** nicht nur die vielfach diskutierte, hier an dieser Stelle aber nicht zu vertiefende Frage nach der Abgrenzung von Vermögensverwaltung, wirtschaftlichem Ge-

---

9 Siehe auch *Werner*, ZStV 2010, 210, 211 ff. mit weiteren Beispielen zur Auslagerung.

10 In früheren Zeiten hätte man hier vielleicht einen Förderverein erreichtet. Der hat aber u.a. den „Nachteil“, dass man sieben Gründungsmitglieder benötigt.

11 Siehe *Müller-Stüler*, StiftungsBrief 2010, 6 („Die gemeinnützige Tochtergesellschaft als Gestaltungsinstrument bei Zustiftungen“).

12 Siehe *Theuffel-Werhahn*, StiftungsBrief 2011, 52.

schäftsbetrieb und Zweckbetrieb (siehe § 9 Rn 118 ff.). Wichtig sind vielmehr auch folgende Punkte, denen tendenziell zu wenig Aufmerksamkeit geschenkt wird:

- die notwendigerweise verbleibende eigene Zweckverwirklichung der „ausgliedernden“ steuerbefreiten Stiftung,[13]
- die arbeitsrechtlichen Aspekte bei einem Outsourcing[14] sowie
- die weiteren stiftungsrechtlichen Voraussetzungen und Grenzen (satzungsmäßige Zulässigkeit, Vermögenserhaltungsgrundsatz etc.).[15]

Praxishinweis: Abstimmung mit den zuständigen Behörden 8
Hier wird in weiten Teilen **Neuland** beschritten, d.h. es ist im konkreten Fall in steuerlicher Hinsicht beispielsweise die Abstimmung mit der Finanzverwaltung und in stiftungsrechtlicher Hinsicht die Abstimmung mit der Stiftungsaufsichtsbehörde zu suchen.
Oftmals sind solche Vorhaben auch Neuland für die zuständigen Behördenmitarbeiter. Da hilft nur eine gründliche Vorbereitung und Aufbereitung der Thematik. Der Berater sollte z.B. klar und deutlich die Fragen herausarbeiten, die aus seiner Sicht problematisch sind. Das ist die Grundlage für offene und konstruktive Besprechungen mit den Behörden.

II. Die Auslagerung

Bei diesem oben als **Fallgruppe 1** bezeichneten Typus, bei dem die Stiftung 9
einen Bereich oder eine Tätigkeit auf eine dritte Person ohne eigene Beteiligung der Stiftung an dieser Person auslagert/überträgt, sind vor allem zwei Punkte besonders zu beachten, nämlich die Zweckerfüllung gemäß der Stiftungssatzung und der stiftungs- und steuerrechtliche Grundsatz der Vermögenserhaltung (siehe § 5 Rn 56 ff.).

Praxishinweis: Umsetzung der Auslagerung durch Einzelübertragung 10
Auslagerungen werden schuldrechtlich i.d.R. einen Verkauf, einen Tausch oder eine Schenkung als Grundlage haben. Übertragen wird nach den allgemeinen Regelungen durch Abtretung (Forderungen), Einigung und Übergabe (Sachen) oder durch Auflassung und Eintragung (Immobilien).[16]
Die steuerbefreite Stiftung darf grundsätzlich nur Mittel übertragen, die nicht der Pflicht der zeitnahen Mittelverwendung unterliegen (§ 55 Abs. 1

---

13 *Augsten*, Stiftung & Sponsoring 5/2002, 25.; *Boedicker*, StiftungsBrief 2010, 28, 32 f.

14 *Schweier*, Stiftung & Sponsoring 5/2002, 22; Münch. Hdb. GesR/*Meyn*/*Gottschald*, Bd. V, § 110 Rn 16 (zur Beteiligung des Betriebsrats nach § 126 Abs. 3 UmwG).

15 Siehe dazu etwa *Schwintek*, Stiftung & Sponsoring 3/2002, 19; *Werner*, ZStV 2010, 210, 213 f.; Schauhoff/*Kirchhain*, § 19 Rn 66.

16 Münch. Hdb. GesR/*Meyn*/*Gottschald*, Bd. V, § 106 Rn 16 ff.; § 111 Rn 1 ff.

Nr. 5 AO), also insbesondere Mittel aus einer freien Rücklage (§ 58 Nr. 7a AO). Vermögensumschichtungen sind grundsätzlich zulässig (siehe § 5 Rn 104 ff.)

1. Zweckerfüllung – das Problem der Hilfspersonen

11 Die Stiftung darf mit der Auslagerung nicht gegen ihre Satzung verstoßen. Sie muss zudem auch nach der Auslagerung weiterhin ihrem Satzungszweck unmittelbar nachkommen. Zur Zweckerfüllung darf sie sich nur in dem gesetzlich zulässigen Rahmen einer **Hilfsperson** bedienen (siehe § 9 Rn 253 ff.).

2. Vermögenserhaltung

12 Das Grundstockvermögen der Stiftung darf durch die Auslagerung nicht verringert werden. Es gilt der steuerliche und der stiftungsrechtliche Grundsatz der Vermögenserhaltung mit insbesondere folgenden Konsequenzen in den hier zu betrachtenden Zusammenhängen:
- Von der Körperschaft ggf. an die Stiftung für die Auslagerung gezahlte Entgelte dürfen vor diesem Hintergrund die Grenze der **Angemessenheit** nicht unterschreiten (§ 55 Abs. 1 Nr. 3 AO).[17] Entgelte können hier etwa für die Übergabe eines Geschäftsfeldes anfallen. Es ist jeweils zu prüfen, ob die Entgelte in das Grundstockvermögen fallen müssen.
- Von der Stiftung an die Körperschaft, auf die ausgelagert wurde, für Tätigkeiten gegenüber der Stiftung gezahlte Entgelte müssen ebenfalls angemessen sein (§ 55 Abs. 1 Nr. 3 AO). Das gilt auch für Entgelte im Bereich der Vermögensverwaltung und der Mittelbeschaffung. Beide Bereiche können grundsätzlich unproblematisch ausgelagert werden.[18] Typischerweise stammen die Mittel für solche Entgelte nicht aus dem Grundstockvermögen.

III. Ausgliederung/Ausgründung in eine neue „Einheit“

13 Bei der Ausgliederung/Ausgründung, d.h. wenn die gemeinnützige Stiftung einen Bereich oder eine Tätigkeit auf eine dritte Person mit eigener bis zu 100 %-iger Beteiligung an dieser Person überträgt (siehe die **Fallgruppen 2 und 3**), sind über die soeben bei der Auslagerung behandelten Fragestellungen und Punkte hinaus vor allem die nachfolgend angesprochenen Themenkomplexe zu beachten. Von einer Ausgliederung/Ausgründung zu unterscheiden

17 Die Vorschrift spricht zwar nur von Ausgaben und Vergütungen, meint aber Zuwendungen und Vermögensvorteile jeder Art, siehe etwa Klein/*Gersch*, § 55 AO Rn 22, und damit auch den „Verzicht auf Einnahmen“.

18 So schon *Orth*, Stiftung & Sponsoring 1/1998, 20, 21; *Werner*, ZStV 2010, 210, 211 f.

ist etwa die Kooperation zweier gemeinnütziger Stiftungen in einem „gemeinsamen" Projekt ohne Ausgründung in eine dritte Person.

Praxishinweis: Umsetzung der Ausgliederung/Ausgründung 14
Ausgliederungen werden entweder wie eine Auslagerung umgesetzt (siehe oben Rn 9 ff.) oder etwa durch die Neugründung einer GmbH.[19]

1. Grundsätzliches

Auch gemeinnützige Stiftungen können Gesellschafts- und Unternehmensbeteiligungen halten. Eine wesentliche Voraussetzung für die Steuerbefreiung einer solchen Stiftung ist, dass die steuerbegünstigten gemeinnützigen, mildtätigen und kirchlichen Zwecke selbstlos verwirklicht werden (siehe § 9 Rn 118 ff.). 15

- **Selbstlosigkeit** ist nach § 55 AO gegeben, wenn eine Stiftung nicht in erster Linie eigenwirtschaftliche Zwecke verfolgt.
- Eine steuerschädliche „eigenwirtschaftliche" Zweckverfolgung liegt vor, wenn die Stiftung mit ihrer Tätigkeit eigenen wirtschaftlichen Interessen nachgeht und ihre Tätigkeit darauf abzielt, eigenes Einkommen zu erwirtschaften und das eigene Vermögen zu mehren. Die Steuerbefreiung für gemeinnützige Stiftungen wird deshalb in den einzelnen Steuergesetzen in der Regel insoweit aufgehoben (§ 64 AO i.V.m. § 14 AO), weil die Steuerbefreiung eines wirtschaftlichen Geschäftsbetriebes zu volkswirtschaftlich nicht erwünschten Wettbewerbsvorteilen für diesen Betrieb führen würde.

Die Steuerbefreiung entfällt also für den wirtschaftlichen Geschäftsbetrieb, 16
aber grundsätzlich eben auch nur insoweit, d.h. nicht für sonstige Bereiche der gemeinnützigen Stiftung. Eine steuerunschädliche **Vermögensverwaltung** liegt bekanntlich in der Regel vor, wenn Vermögen genutzt, z.B. Kapitalvermögen verzinslich angelegt oder unbewegliches Vermögen vermietet oder verpachtet wird (§ 14 S. 3 AO). Regelmäßig ist bei einer GmbH-Beteiligung anders als bei einer Beteiligung an einer Personengesellschaft (!) kein wirtschaftlicher Geschäftsbetrieb, sondern eine steuerunschädliche Vermögensverwaltung gegeben (siehe § 9 Rn 124 ff.). Eine Ausgliederung auf eine steuerpflichtige **Tochterkapitalgesellschaft** ist für eine Stiftung nach gegenwärtigem Steuerrecht mithin grundsätzlich als Vermögensverwaltung **steuerunschädlich** – ganz im Gegensatz zu einem steuerpflichtigen wirtschaftlichen Geschäftsbetrieb innerhalb der Stiftung, wenn die Beteiligung nicht selbst auch als wirtschaftlicher Geschäftsbetrieb einzustufen ist.

19 Das kann hier nicht näher dargestellt werden. Es sei auf die einschlägige Literatur verwiesen, z.B. Widmann/Mayer/*Rieger*, § 161 UmwG Rn 75 ff.; *Theuffel-Werhahn*, StiftungsBrief 2011, 52.

17 Bei den nachfolgenden Erwägungen wird deshalb stets vom Beispielsfall der Beteiligung an einer GmbH ausgegangen, weil das der tendenziell unproblematische Fall ist. Nur ausnahmsweise führt die Beteiligung einer gemeinnützigen Stiftung an einer GmbH zu einem steuerpflichtigen wirtschaftlichen Geschäftsbetrieb.[20] Es darf beispielsweise **keine Betriebsaufspaltung** vorliegen. Eine solche ist bei sachlicher Verflechtung wegen Überlassung wesentlicher Betriebsgrundlagen und personaler Verflechtung wegen Beherrschungsmöglichkeit durch die Stiftung gegeben.[21] Hier ist also eine besonders sorgfältige Gestaltung erforderlich.

2. Zulässigkeit nach der Stiftungssatzung

18 Die Ausgliederung/Ausgründung muss dem Stifterwillen entsprechen, d.h. nach der (ggf. auszulegenden) Satzung der Stiftung zulässig sein, denn der Stifterwille ist der oberste Maßstab für das Handeln der Organe der Stiftung (zum Stifterwillen siehe bereits § 3 Rn 54 ff.). Den von dem Stifter gesetzten Rahmen dürfen die Organe der Stiftung nicht überschreiten. Es hat uns nicht nur einmal überrascht, wie unbefangen Stiftungsorganmitglieder meinen, mit diesem Aspekt umgehen zu können. Halten wir uns stets vor Augen:

Die Stiftungsorgane dürfen nicht mehr, als der Stifter in der Stiftungssatzung zugelassen hat!

19
- Um Missverständnisse zu vermeiden, legt der Stifter möglichst in der Stiftungssatzung ausdrücklich fest, ob und in welchem Umfang Ausgliederungen/Ausgründungen aus der Stiftung heraus zulässig sein sollen.
- Das kann Auswirkungen auf den Umfang des erforderlichen Stiftungsvermögens haben, das gemäß § 81 Abs. 1 S. 2 BGB i.V.m. § 80 Abs. 2 BGB für die dauernde und nachhaltige Erfüllung des Stiftungszwecks ausreichen muss (siehe § 3 Rn 90 ff.).[22] Wird eine Ausgliederung/Ausgründung in der Satzung von vornherein zugelassen, liegt es deshalb nahe zu prüfen, ob dadurch nicht eine höhere Vermögensausstattung im Sinne des Gesetzes erforderlich ist.

---

20 AEAO Nr. 3 S. 3 zu § 64 AO: „Die Beteiligung einer steuerbegünstigten Körperschaft an einer Kapitalgesellschaft ist grundsätzlich Vermögensverwaltung…“; siehe etwa auch *Augsten*, ZStV 2012, 21.

21 Wie hier etwa schon *Orth*, Stiftung & Sponsoring 1/1998, 21; siehe für den gemeinnützigen Bereich insbesondere auch bei *Boedicker*, Stiftung & Sponsoring, 3/2006, 24; *ders.*, StiftungsBrief 2010, 28; *Theuffel-Werhahn*, StiftungsBrief, 2011, 192.

22 Siehe etwa Palandt/*Ellenberger*, § 80 Rn 5.

3. Kooperation in einer Einheit mit Dritten (Fallgruppe 2)

a) Kooperation in einer ebenfalls steuerbefreiten Einheit

Sollen durch eine **Kooperationseinheit** (Körperschaft = typischerweise eine GmbH oder eben auch eine Stiftung)[23] Zwecke (!) zweier oder mehrerer steuerbefreiter Körperschaften/Stiftungen gemeinschaftlich erfüllt werden, so werden materielle und immaterielle Vermögenswerte und/oder Barvermögen auf die neue Körperschaft übertragen (siehe oben Rn 2 ff.).[24] Ein typischer Fall ist der der Zusammenlegung wirtschaftlich alleine nicht überlebensfähiger Zweckbetriebe – Praxisbeispiel: Zwei Krankenhäuser werden zusammengelegt. 20

Praxishinweis: Sonderfall Personengesellschaft 21
Als Rechtsform wird hier auch die Personengesellschaft empfohlen, da diese „gemeinnützigkeitsrechtlich transparent“ sei.[25] Problematisch für eine gemeinnützige Stiftung ist hier, dass die Beteiligung an der Personengesellschaft grundsätzlich den steuerunschädlichen Bereich der Vermögensverwaltung verlässt und in einen steuerpflichtigen wirtschaftlichen Geschäftsbetrieb gerät (siehe § 9 Rn 121 ff.). Handelt es sich allerdings um einen Zweckbetrieb (siehe § 9 Rn 150 ff.), verwirklicht die Stiftung als Gesellschafterin der Personengesellschaft unmittelbar eigene gemeinnützige Aufgaben.[26]

Soll durch die Kooperationseinheit kein steuerbegünstigter Zweck erfüllt werden, sondern etwa eine Hilfstätigkeit (z.B. Mittelbeschaffung, Vermögensverwaltung, etc.), so ist die neue Einheit (beispielsweise: GmbH) nicht steuerbefreit. Es wird also insb. Körperschaftsteuer und Gewerbeertragsteuer anfallen. 22

Auch in diesem Zusammenhang ist wiederum auf die **Hilfspersonenproblematik** zu achten (siehe dazu § 9 Rn 253 ff.). 23

b) Kooperation in einer nicht steuerbefreiten Einheit

Ist die **Kooperationseinheit** nicht steuerbefreit, fällt vor allem Ertragsteuer an. Etwas anderes kann sich im Einzelfall ergeben, wenn die Mittelübertragung gerade dem **Stiftungszweck** entspricht. Zu denken ist etwa an Ausgründungen zur Vermarktung wissenschaftlicher Ergebnisse und zur (regionalen) Existenz- 24

---

23 Siehe dazu vor allem schon *Orth*, Stiftung & Sponsoring 1/1998, 20 und aus jüngerer Zeit *Wörle-Himmel*, Die Roten Seiten zum Magazin Stiftung & Sponsoring 2/2007.

24 Generell zur Beteiligung gemeinnütziger Körperschaften an Kapital- und Personengesellschaften siehe *Augsten*, ZStV 2012, 21.

25 So *Orth*, Stiftung & Sponsoring 1/1998, 20.

26 *Schick*, Stiftung & Sponsoring 4/2003, 16, 17; *Wörle-Himmel*, Die Roten Seiten zum Magazin Stiftung & Sponsoring 2/2007, 15.

gründungsförderung. Hier werden neue Modelle gerade auch von der öffentlichen Hand im Interesse der Allgemeinheit initiiert. Die Einzelheiten sind im jeweiligen Fall genau zu prüfen und in Abstimmung mit der Finanzverwaltung zu klären.

25 – Besonders sorgfältig sind hier auch **Sachgründungen** (**Praxisbeispiel**: Einlage eines Patentes der Stiftung in eine GmbH) zu prüfen (Einhaltung der Sachgründungsvorschriften,[27] Bewertungsfragen, etc.).
– Schwierig ist in diesen Fällen auch die Frage des **Ausgleichs etwaiger Verluste** des steuerpflichtigen wirtschaftlichen Geschäftsbereichs der Stiftung, die nach herkömmlicher Auffassung grundsätzlich den gemeinnützigen Bereich nicht belasten dürfen.[28]

4. „Tochtergesellschaft“ (Fallgruppe 3)

26 Der typische Fall ist hier die Ausgliederung/Ausgründung der Stiftung auf eine neu zu errichtende Kapitalgesellschaft, die sich grundsätzlich als Fall der steuerunschädlichen Vermögensverwaltung gestalten lässt (siehe oben Rn 15 ff.). Zivilrechtlich erfolgt die Ausgliederung/Ausgründung gegen Gewährung von Gesellschaftsrechten entweder über eine Gesamtrechtsnachfolge (UmwG), die grundsätzlich steuerneutral ist (Buchwertfortführung), oder über eine Einzelrechtsnachfolge (Sachgründung).[29]

27 Die Ausgliederung eines Zweckbetriebes aus der Stiftung auf eine neue, ebenfalls als gemeinnützig anerkannte Kapitalgesellschaft ist grundsätzlich steuerunschädlich.[30]

28 **Praxishinweise: Prüfung sowie verbindliche Auskunft**

1. Umfassende Prüfung

Unabhängig davon, ob man die Um- oder Neugestaltung des bereits bestehenden Stiftungsmodells im Wege der Auslagerung oder der Ausgründung und Ausgliederung vornimmt, bedarf es stets einer umfassenden rechtlichen, steuerlichen und betriebswirtschaftlichen Prüfung durch Fachberater.

---

27 Siehe dazu etwa Baumbach/Hueck/*Hueck*/*Fastrich*, § 5 Rn 14 ff.; Ring/Grziwotz/*Ring*, § 5 Rn 31 ff.; Schauhoff/*Kirchhain*, § 19 Rn 67 f.

28 BMF-Schreiben IV C 6 – S 0171 – 10/98 v. 19.10.1998, BStBl 1998 I, 1423 ff. Siehe auch *Jost*, Stiftung & Sponsoring 6/1999, 23; *Koppenhöfer*, Stiftung & Sponsoring 3/2003, 30; *Schauhoff*, § 7 Rn 5 f.; *ders.*, DStR 1998, 701. Siehe auch § 9 Rn 126.

29 Ausf. dazu Münch. Hdb. GesR/*Meyn*/*Gottschald*, Bd. V, § 106 Rn 1 ff.

30 S. etwa *Boedicker*, StiftungsBrief 2010, 28, 31 f.; AEAO Nr. 3 S. 7 u. 8 zu § 64 AO: „Die Grundsätze der Betriebsaufspaltung sind nicht anzuwenden, wenn sowohl das Betriebsals auch das Besitzunternehmen steuerbegünstigt sind. Dies gilt aber nur insoweit, als die überlassenen wesentlichen Betriebsgrundlagen bei dem Betriebsunternehmen nicht in einem steuerpflichtigen wirtschaftlichen Geschäftsbetrieb eingesetzt werden.“

2. Verbindliche Auskünfte

Vor allem die steuerlichen Auswirkungen der gewählten Konstruktion sollten mit der zuständigen Finanzverwaltung frühzeitig abgestimmt werden, um ggf. drohende steuerliche Nachteile zu vermeiden. Mit Blick auf potentiell erhebliche steuerliche Konsequenzen tragen insoweit verbindliche Auskünfte im Vorfeld von geplanten Maßnahmen dem Bedürfnis des Steuerpflichtigen nach einer gewissen Planungs- und Rechtssicherheit Rechnung (zur verbindlichen Auskunft und den mit ihr verbundenen Gebühren siehe § 8 Rn 76).[31] Dies gilt umso mehr, als die Komplexität des geltenden Steuerrechts den Steuerpflichtigen häufig außer Lage versetzt, die steuerlichen Folgen seines Verhaltens verlässlich beurteilen zu können.[32]

Mehr als **eine gewisse Sicherheit** gibt es aber nach meinen Erfahrungen nicht, denn die verbindliche Auskunft fußt immer auf einem bestimmten Sachverhalt, den man der Finanzverwaltung zur Prüfung und Stellungnahme vorlegt. Es liegt auf der Hand, dass der Sachverhalt – ggf. auch nur aus Sicht der Finanzverwaltung –, wenn er Jahre später etwa während einer Außenprüfung betrachtet wird, anders gelaufen ist oder auch nur anders gesehen wird (zur Außenprüfung siehe auch § 9 Rn 306 ff.). Es ist dann eben ein anderer Sachverhalt! Damit ist dann auch die damalige Beurteilung durch die Finanzverwaltung hinfällig, denn sie bezieht sich ja nur auf den einen ganz bestimmten Sachverhalt.

IV. Die gesellschaftsrechtliche Umwandlung einer Stiftung

Die Umwandlung einer Stiftung ist zum einen nach den Vorschriften des Umwandlungsgesetzes (gesellschaftsrechtliche Umwandlung) und zum anderen nach den Vorschriften des jeweiligen Landesstiftungsgesetzes (stiftungsrechtliche Umwandlung) möglich, was im Anschluss sogleich näher betrachtet wird. 29

Da eine Stiftung keine Gesellschafter oder Mitglieder hat, sondern nur aus Vermögen besteht, sind ihre „gesellschaftsrechtlichen“ Umwandlungsmöglichkeiten nach dem Umwandlungsgesetz beschränkt. Sie kann nur an Umwandlungsvorgängen beteiligt sein, bei denen die Gegenleistung für die Vermögensübertragung auf der Ebene des übertragenden Rechtsträgers (Stiftung) erfolgt, denn eine Gegenleistung auf der Ebene von Gesellschaftern/Mitgliedern ist unmöglich. 30

31 Siehe *Birk*, NJW 2007, 1325; *Keß/Zillmer*, DStR 2008, 1466; *Lahme/Reiser*, BB 2007, 408; *Lichtinghagen/Verpoorten*, StuB 2007, 381; *Simon*, DStR 2007, 557; *Krumm*, DStR 2011, 2429; BFH v. 30.3. – I R 61/10, DStR 2011, 858 (auch zur Verfassungsmäßigkeit der Gebühr).

32 Siehe dazu etwa *Lahme/Reiser*, BB 2007, 408.

31 **Praxishinweis: Ausgeschlossene Umwandlungsmöglichkeiten bei Stiftungen**
Eine Stiftung kann vor diesem Hintergrund vor allem nicht an einer Auf- oder Abspaltung, bei einer Verschmelzung oder bei einem Formwechsel beteiligt sein.

32 So kann auch die in der Praxis häufiger zu beobachtende und kommentierte **„Umwandlung“ eines eingetragenen Vereins in eine rechtsfähige Stiftung** mangels entsprechender Rechtsgrundlage nicht in der Form einer gesellschaftsrechtlichen Umwandlung nach dem UmwG erfolgen. Hier bleibt, ähnlich wie bei der „Umwandlung“ einer treuhänderischen in eine rechtsfähige Stiftung (siehe § 12 Rn 66 ff.), nur der Umweg über die Errichtung einer neuen Stiftung durch den Verein und/oder seine Mitglieder und die anschließende Übertragung des Vereinsvermögens mit abschließender Liquidation des e.V.[33]

33 Es bleibt einer Stiftung also nur die **Ausgliederung**,[34] denn dabei kommt es zu einem Aktivtausch. Auch bei der Ausgliederung kann sie nur als übertragender (§ 124 UmwG) und nicht als übernehmender Rechtsträger beteiligt sein (§ 161 UmwG). Eine Ausgliederung zur Aufnahme kann nur auf eine Personenhandels- oder Kapitalgesellschaft, eine Ausgliederung zur Neugründung nur auf eine Kapitalgesellschaft erfolgen.

34 Abgesehen von stiftungszivilrechtlichen Grenzen,[35] die sich insbesondere aus dem Stifterwillen, der Stiftungssatzung und vor allem dem Stiftungszweck ergeben, kann das **gesamte Vermögen** einer Stiftung Gegenstand der Ausgliederung sein, ohne dass auch nur ein Teil des Vermögens bei der Stiftung bleiben muss.[36] Die rechtstechnischen Einzelheiten zu der Ausgliederung im Fall einer Stiftung gibt das Gesetz in §§ 161 ff. UmwG vor. Geregelt sind dort:
- Ausgliederungsbericht,
- Ausgliederungsbeschluss,
- **staatliche Genehmigung**: Die Ausgliederung bedarf nach § 164 Abs. 1 UmwG der Genehmigung durch die Stiftungsaufsichtsbehörde, sofern das (Landes-)Stiftungsrecht das vorsieht,[37] was z.B. nach § 5 StiftG-NRW nicht ausdrücklich der Fall ist. Die Genehmigungspflicht kann sich aber daraus ergeben, dass die Ausgliederung andere genehmigungspflichtige Rechtsge-

33 Ausführlich dazu *Theuffel-Werhahn*, StiftungsBrief 2014, 205; *Voigt de Oliveira/Becker*, DStR 2013, 2554.

34 Widmann/Mayer/*Schwarz*, § 124 UmwG Rn 2.3.2.2.; Sagasser/Bula/Brünger/*Sagasser*, § 2 Rn 22; Sagasser/Bula/Brünger/*Sagasser/Bultmann*, § 18 Rn 29.

35 Siehe dazu Widmann/Mayer/*Rieger*, § 161 UmwG Rn 270 ff.

36 Widmann/Mayer/*Rieger*, § 161 UmwG Rn 44.

37 Es handelt sich lediglich um eine Verweisungsvorschrift. Das verkennt wohl MüKo-BGB/*Reuter*, 6. Aufl. 2012, §§ 80, 81 Rn 119.

schäfte mit umfasst. Das ist jeweils im Einzelfall genau zu prüfen. Nach § 7 StiftG-NRW beispielsweise sind bestimmte Rechtsgeschäfte der Stiftung („Veräußerung oder Belastung von Grundstücken oder sonstiger Vermögenswerte, ...“) nur anzuzeigen,[38] wenn der Geschäftswert einen bestimmten Rahmen übersteigt.
- Sachgründungs- und Gründungsbericht und
- zeitliche begrenzte Weiterhaftung der Stiftung.

Die Einzelheiten können hier nicht dargestellt werden.[39] Hinzuweisen ist aber auf vier Punkte: 35
- Bringt eine Stiftung einen Betrieb (Teilbetrieb, Mitunternehmeranteil) nach dem UmwStG steuerbegünstigt in eine Kapitalgesellschaft (§ 20 UmwStG) oder eine Personengesellschaft (§ 24 UmwStG) ein oder spaltet ihn durch Ausgliederung ab, so bleiben die Anteile an der aufnehmenden oder ggf. neu entstehenden Gesellschaft bei der Stiftung. Das ist stiftungszivilrechtlich regelmäßig als ein Fall der **Vermögensumschichtung**[40] zu sehen (siehe auch § 5 Rn 104 ff.).
- Die Ausgliederung eines Unternehmens(teils) aus dem Vermögen der Stiftung hat zur Konsequenz, dass die Stiftung nicht mehr selbst Inhaberin des Unternehmens ist (Fall der Unternehmensträgerstiftungen), sondern insoweit zu einer **Beteiligungsträgerstiftung** wird, d.h. nur noch an dem das Unternehmen betreibenden Rechtsträger beteiligt ist. Frühestens nach Abschluss des Vorgangs kann die Stiftung die Anteile veräußern oder zuwenden, was in aller Regel dann mit steuerlicher Gewinnrealisierung erfolgt.
- *Wachter*[41] empfiehlt, dass im Interesse der dauerhaften Erfüllung des Stiftungszwecks die Stiftung im Fall einer Ausgliederung über maßgeblichen

38 Die Differenzierung zwischen Genehmigungspflicht und Anzeigepflicht sieht als unerheblich an: Widmann/Mayer/*Rieger*, § 164 UmwG Rn 12. Das überzeugt schon wegen des eindeutigen Wortlautes in § 164 Abs. 1 UmWG nicht. (*„Die Ausgliederung bedarf der staatlichen Genehmigung, sofern das Stiftungsrecht dies vorsieht.“*). Auch der Sinn und Zweck der Anzeigepflicht spricht gegen die Auffassung Riegers, denn die Anzeigepflicht soll der Stiftungsbehörde nur die Möglichkeit der Intervention geben, wobei gleichzeitig zahlreiche bisherige Genehmigungspflichten gerade durch das neue StiftG-NRW abgeschafft worden sind; siehe dazu etwa *Heuel*, StiftG Nordrhein-Westfalen, 2009, § 7 Rn 70.

39 Es sei auf die umfassende Kommentierung in Widmann/Mayer/*Rieger*, § 161 UmwG Rn 44 ff. und auf Münch. Hdb. GesR/*Meyn/Gottschald*, Bd. V, §§ 109 f. (S. 1567 ff.) sowie auf die weiteren hier zitierten Nachweise verwiesen.

40 Siehe dazu mit Blick auf die Stiftungsaufsicht und deren Haftungsrisiken *Saenger/Veltmann*, ZSt 2005, 281.

41 *Wachter*, Kap. J Rn 1.

Einfluss auf die Unternehmensführung des aufnehmenden Rechtsträgers verfügen sollte.
- Nicht übersehen werden dürfen dabei allerdings bei einer **steuerbefreiten Stiftung** die Problematik des **wirtschaftlichen Geschäftsbetriebes** und ggf. auch die Probleme mit der Selbstlosigkeit und der unmittelbaren Zweckverfolgung (siehe auch § 9 Rn 118 ff.).

V. Stiftungsrechtliche Umwandlung einer Stiftung

36 Unter dem Oberbegriff der stiftungsrechtlichen Umwandlung werden in der Praxis eine Reihe ganz verschiedener Sachverhalte zusammengefasst, die genau genommen gar keine „Umwandlung" im eigentlichen rechtlichen Sinne darstellen.[42] Mangels klarer oder einheitlicher gesetzlicher Regelungen, sofern solche überhaupt vorhanden sind, ist in diesem Bereich vieles schwierig und umstritten. Die Möglichkeiten der stiftungsrechtlichen Umwandlung für rechtsfähige Stiftungen ergeben sich dabei insbesondere aus dem BGB und aus den Landesstiftungsgesetzen.

Im Überblick zählen wir dazu die folgenden Vorgänge:
1. Die hoheitliche Zweckänderung, Zusammenlegung oder Zulegung von Stiftungen durch die Stiftungsaufsichtsbehörde (siehe Rn 37 ff.).
2. Die autonome Zweckänderung, Zusammenlegung oder Zulegung durch Beschluss der Stiftungsorgane (siehe Rn 44 ff.).
3. Die „Umwandlung" einer treuhänderischen in eine rechtsfähige Stiftung (siehe Rn 56).[43]

1. Die „Umwandlung" durch die Stiftungsbehörde

37 Nach **§ 87 BGB** hat die Stiftungsbehörde, falls die Erfüllung des Stiftungszwecks (dauerhaft)[44] unmöglich geworden oder das Gemeinwohl gefährdet ist, die Möglichkeit, den Zweck der Stiftung zu ändern. Sollte eine Zweckänderung

42 Ausführlich etwa Hüttemann/Richter/Weitemeyer/*Arnold*, Rn 27.1 ff.; *Hoffmann*, Zusammenlegung und Zulegung rechtsfähiger Stiftungen bürgerlichen Rechts, Univ. Diss. Kiel, 2010; Werner/Saenger/*Fritsche*, Rn 711 ff.; *Orth*, Stiftung & Sponsoring 1/2008, 34; *Bayer*, in: Bundesverband Deutscher Stiftungen (Hrsg.), Unternehmensverbundene Stiftung, 2001, S. 42 (58 ff.); *Wachter*, Kap. J Rn 1 ff., 6 ff.

43 Als „Downsizing" wird mitunter auch die Umwandlung einer rechtsfähigen in eine treuhänderische Stiftung diskutiert, siehe etwa die Diskussion von *Krüger*; Die Stiftung 01/2009, 18 und 03/2009, 17, und *Neuhoff*, Die Stiftung 02/2009, Leserbrief.

44 Stumpf/Suerbaum/Schulte/Pauli/*Stumpf*, § 87 BGB Rn 11; NK-BGB/*Schiffer*/*Pruns*, § 87 Rn 5.

nicht möglich sein, kann als ultima ratio auch die Aufhebung der Stiftung durch staatlichen Hoheitsakt erfolgen (siehe Rn 60 ff.).

Alternativ eröffnen einige **Landesstiftungsgesetze** durch Anordnung der Behörde weitere „Umwandlungsmaßnahmen“ für eine Stiftung:[45]
- Die Zusammenlegung (siehe Rn 39) und
- die Zulegung (siehe Rn 42).

So bestimmt beispielsweise Art. 8 Abs. 3 S. 1 BayStiftG:

> *„Die Aufhebung von Stiftungen kann auch in der Weise erfolgen, dass mehrere Stiftungen gleicher Art, bei denen eine der in § 87 Abs. 1 BGB genannten Voraussetzungen vorliegt, zusammengelegt werden.“*

Ob das vor dem Hintergrund der Zuständigkeitsregelung des Grundgesetzes 38
zulässig ist, ist zunehmend umstritten, da es sich bei § 87 BGB um eine insoweit abschließende Regelung handeln dürfte, so dass dem Landesgesetzgeber die Kompetenz zu einer Erweiterung der Befugnisse zur Änderung der Satzung fehlt.[46]

Auch nach Meinung der Kritiker sollen diese Umwandlungsmaßnahmen aber zumindest dann als Spezialfälle der Zweckänderung und Aufhebung zulässig sein, wenn die Eingriffsvoraussetzungen des § 87 BGB vorliegen.[47] Dem ist zuzustimmen, denn die Zusammenlegung oder die Zulegung ist als milderes Mittel gegenüber der endgültigen Aufhebung von der Bestimmung des § 87 BGB mitumfasst und wegen des Verhältnismäßigkeitsgrundsatzes staatlicher Eingriffe insoweit auch vorrangig von den Stiftungsbehörden zu berücksichtigen.[48]

Entscheidend ist in allen diesen Fällen der **Stifterwille**, denn er gibt der Stiftung ihr Existenzrecht. Entspricht die Zweckänderung, Zusammenlegung oder Zulegung nicht dem zumindest hypothetischen Stifterwillen, ist nach § 87 BGB grundsätzlich nur die Aufhebung zulässig, da angenommen werden muss, dass der Stifter alle anderen Maßnahmen nicht gewollt hat.[49]

---

45 Siehe etwa Art. 8 Abs. 3 BayStiftG, § 14 Abs. 3 BaWürttStiftG, § 9 BremStiftG, § 8 NdsStiftG, § 8 SaarlStiftG, § 6 SchlHolstStiftG, § 11 ThürStiftG. Ausf. Werner/Saenger/*Fritsche*, Rn 720 ff., 733 ff.; *Pauls*, ZSt 2007, 123; *Peters/Herms*, ZSt 2004, 323; *Saenger*, ZSt 2007, 81.; Münch. Hdb. GesR/*Meyn/Gottschald*, Bd. V, § 107 und § 108.

46 Nachweise bei Staudinger/*Hüttemann/Rawert*, § 87 Rn 3; *Fritsche*, ZSt 2009, 21 (33 f.) m.w.N.

47 Zu den umstrittenen Einzelheiten siehe etwa Staudinger/*Hüttemann/Rawert*, § 87 Rn 3 ff. und MüKo-BGB/*Reuter*, 6. Aufl. 2012, § 87 Rn 14 ff.

48 Vgl. auch Staudinger/*Hüttemann/Rawert*, § 87 Rn 9.

49 BVerwG 1991, 713.

39 Begrifflich ist, auch wenn die Landesstiftungsgesetze meist nur allgemein etwa den „Zusammenschluss“ nennen,[50] zwischen zwei verschiedenen Arten der Zusammenführung von Stiftungen zu unterscheiden: Einerseits die **Zusammenlegung**, bei der eine neue Stiftung entsteht, und andererseits die **Zulegung**, bei der eine Stiftung von einer bestehenden Stiftung „aufgenommen“ wird. Die Sachverhalte werden auch als „Stiftungsfusion“ bezeichnet.[51]

40 Eine **Zusammenlegung** ist – vergleichbar der Verschmelzung zur Neugründung im Umwandlungsrecht – die Zusammenfassung mehrerer Stiftungen zu einer neuen Stiftung.[52] Davon ist die bloße **Zusammenfassung** mehrerer Stiftungen **unter einer gemeinsamen Stiftungsverwaltung** zu **unterscheiden**, die die Rechtsfähigkeit und den Fortbestand der einzelnen Stiftungen durch die gemeinsame Stiftungsverwaltung nicht berührt. Für eine Zusammenlegung ist in aller Regel erforderlich, dass bei allen beteiligten Stiftungen die **Erreichung des Stiftungszwecks unmöglich** geworden ist (arg. e. § 87 BGB).[53] Es ist also etwa nicht zulässig, eine Stiftung, der die Zweckerreichung unmöglich geworden ist, und eine Stiftung, bei der kein Aufhebungsgrund vorliegt, zusammenzulegen.[54]

41 Das Vermögen der zusammengelegten Stiftungen geht grundsätzlich im Wege der Einzelrechtsnachfolge auf die neue Stiftung über, wofür je nach Regelung in den Stiftungssatzungen die Zustimmung der Anfallberechtigten (§ 88 BGB) erforderlich ist. Die Landesstiftungsgesetze sehen, um hier Probleme im Interesse der Stiftungen zu vermeiden, vielfach eine Gesamtrechtsnachfolge vor,[55] doch ist die Wirksamkeit solcher Vorschriften zweifelhaft, da den Ländern insofern wohl die Gesetzgebungskompetenz fehlen dürfte.[56] Tritt keine Gesamtrechtsnachfolge ein, ist grundsätzlich die Liquidation der Stiftungen nach § 88 S. 3 i.V.m. §§ 47 ff. BGB durchzuführen. Die durch die Zusammenlegung entstandene neue Stiftung bedarf einer neuen Satzung mit einem neuen Zweck, der aus den ursprünglichen Zwecken abzuleiten ist (arg. e. § 87 Abs. 2 BGB).

---

50 Vgl. § 5 Abs. 2 Nr. 1 StiftG NRW.

51 Siehe dazu die Praxisübersicht zum Zivil- und zum Steuerrecht von *Schienke-Ohletz*, Stiftung & Sponsoring 02/2015, 40.

52 Hüttemann/Richter/Weitemeyer/*Arnold*, Rn 27.6; Werner/Saenger/*Fritsche*, Rn 711; *Hoffmann*, S. 22.

53 Der theoretisch auch mögliche Fall der beiderseitigen Gemeinwohlgefährdung ist in der Praxis zu vernachlässigen.

54 So auch *Wachter*, S. 245.

55 Siehe etwa § 14 Abs. 2 StiftG BW.

56 So auch Werner/Saenger/*Fritsche*, Rn 724 ff. m.w.N. auch zu Gegenstimmen (Rn 726 mit Fn 40).

Die übertragenden Stiftungen erlöschen nach Abschluss des Vermögensübergangs ipso iure.[57]

Bei einer **Zulegung** wird das Vermögen einer oder mehrerer dann aufzulösender Stiftungen auf eine **bereits bestehende (!) Stiftung** übertragen.[58] Dieser Vorgang ist der Verschmelzung zur Aufnahme im Umwandlungsrecht vergleichbar. Voraussetzung des behördlichen Eingreifens ist auch hier regelmäßig die beiderseitige Unmöglichkeit der **Erreichung des Stiftungszwecks**. 42

Bei der **Zweckänderung** bleibt die betroffene Stiftung unverändert, es wird nur deren Satzung geändert. Die Stiftung erhält, da die Erreichung des alten Zwecks unmöglich geworden ist, einen neuen Zweck, was ggf. weitere Satzungsänderungen bedingt. Das Gesetz (§ 87 Abs. 2 BGB) spricht von der „Umwandlung" des Zwecks. Dabei soll der **Stifterwille** berücksichtigt und die Erträge sollen dem bisherigen **Begünstigtenkreis** erhalten bleiben. Allerdings besteht bei einer Zweckänderung die Gefahr, dass diese steuerlich als Neuerrichtung gewertet wird, etwa im Zusammenhang mit Familienstiftungen (siehe § 8 Rn 68 ff.). Nach § 87 Abs. 3 BGB soll vor einer Zweckänderung der Stiftungsvorstand gehört werden. Wegen § 28 VwVfG ist die Vorschrift als Mussvorschrift auszulegen und anzuwenden.[59] Lebt der Stifter noch, muss auch er gehört werden.[60] 43

2. Die „Umwandlung" durch Organbeschluss

Von der Umwandlung durch die Aufsichtsbehörde nach § 87 BGB (und ggf. den Landesstiftungsgesetzen) ist die Umwandlung der Stiftung durch Organbeschluss zu unterscheiden. Als Maßnahmen kommen auch hier die Zweckänderung, die Zusammenlegung und die Zulegung in Betracht. 44

Eine Änderung des **Stiftungszwecks** nach Anerkennung der Stiftungssatzung durch die Stiftungsbehörde ist grundsätzlich ausgeschlossen und nur noch unter besonderen Voraussetzungen möglich. Diese liegen regelmäßig nur dann vor, wenn die Zweckänderung durch ein Stiftungsorgan in einer entsprechenden **Zweckänderungsklausel** der Satzung ausdrücklich zugelassen worden ist (Stifterwille),[61] oder sich die bei der Errichtung der Stiftung maßgebenden 45

57 *Hoffmann*, S. 223.

58 Hüttemann/Richter/Weitemeyer/*Arnold*, Rn 27.6; Werner/Saenger/*Fritsche*, Rn 711; *Hoffmann*, S. 22 f.

59 v. Campenhausen/Richter/*Hof*, § 7 Rn 153, § 11 Rn 59.

60 v. Campenhausen/Richter/*Hof*, § 11 Rn 59.

61 Siehe etwa auch § 9 Abs. 2 S. 2 HessStiftG.

Verhältnisse wesentlich geändert haben.[62] Möglich ist auch, dass der Stifter Ersatzzwecke festlegt. Dieser Ansatz ist allerdings „zweischneidig“, da der Stifter eher schlecht voraussehen kann, welcher Ersatzzweck nach mehreren Jahrzehnten tatsächlich sinnvoll ist.

Bei Satzungsänderungen durch die Stiftungsorgane müssen zudem die typischerweise bestehenden **Genehmigungserfordernisse** der Stiftungsaufsichtsbehörden beachtet werden.[63] Nicht selten legen Stifter sogar in der Satzung unabhängig davon ausdrücklich fest, dass eine solche Genehmigung erforderlich ist.

46 Schwierigkeiten in der Praxis bereitet erfahrungsgemäß oft die „freiwillige“ **Zulegung oder Zusammenlegung** von Stiftungen **durch Organbeschluss,** nicht zuletzt deshalb, weil diese (anders als die Zweckänderung) selten in der Satzung ausdrücklich erwähnt wird. Waren solche Fälle in der Vergangenheit nur vereinzelt zu beobachten, stellt sich dem Berater im Zuge des vermehrt auftretenden Problems von nicht mehr lebensfähigen, „notleidenden“ Stiftungen[64] immer häufiger die Frage nach den Möglichkeiten einer solchen „Umwandlung“.

Probleme bereitet hier schon die Bestimmung einer geeigneten **Rechtsgrundlage**. Im Idealfall enthält bereits die **Stiftungssatzung** eine ausdrückliche Bestimmung über die mögliche Zusammenführung der Stiftung durch Organbeschluss.[65] Im Gegensatz zu einer regelmäßig üblichen Zweckänderungsklausel ist eine solche Satzungsbestimmung allerdings (noch) selten zu finden.

47 Fraglich ist, ob ggf. eine regelmäßig vorhandene **Satzungsbestimmung zur Auflösung** der Stiftung durch Organbeschluss unter den dort genannten Voraussetzungen als **milderes Mittel** auch die Ermächtigung für eine Zusammenlegung oder Zulegung enthält. Eine solche, dem Verständnis des § 87 BGB entsprechende Auslegung (siehe oben Rn 38) liegt zwar nahe, jedoch kann aus einer Auflösungsermächtigung nicht geschlossen werden, dass diese immer ohne weiteres als „Minus“ auch eine Zusammenlegung oder Zulegung gestattet.[66] Es gilt auch hier der Vorrang des **Stifterwillens**. Soweit möglich, ist dieser dazu anzuhören, ob die Auflösungsregelung in der Satzung auch die Motivation des Stifters trägt, statt einer Vollbeendigung die Zusammenführung

62 So die typischen Regelungen in den Landesstiftungsgesetzen. Beispiel: § 9 Abs. 2 S. 1 HessStiftG.

63 Siehe etwa Stumpf/Suerbaum/Schulte/Pauli/*Suerbaum*, Teil C. Kap. 1 Rn 88 ff.

64 Ausf. etwa *Hüttemann/Rawert*, Die notleidende Stiftung, Stiftung & Sponsoring – Rote Seiten 1/2014.

65 Siehe ausf. *Hoffmann*, S. 69 ff. und S. 182 ff.

66 Hüttemann/Richter/Weitemeyer/*Arnold*, Rn 27.52; Werner/Saenger/*Fritsche*, Rn 734.

mit einer anderen Stiftung anzustreben. Andernfalls ist der hypothetische Stifterwille unter Würdigung der jeweiligen Umstände und der verfügbaren Erkenntnisquellen zu ermitteln. Nach *Fritsche* soll bei einer Abwägung jedenfalls im Zweifel der Fortsetzung der Stiftung im Wege der Zusammenlegung oder Zulegung gegenüber einer endgültigen Auflösung der Vorrang einzuräumen sein.[67]

Fehlt eine Satzungsbestimmung, existiert, anders als für die hoheitliche Umwandlung (siehe oben Rn 37 ff.), jedenfalls keine einschlägige bundesrechtliche Regelung. **§ 87 BGB** regelt lediglich Eingriffsbefugnisse der Aufsichtsbehörde und kommt deshalb als Rechtsgrundlage für die Umwandlung durch Organbeschluss nicht in Betracht.[68] 48

Mangels Satzungsbestimmung bleibt so nur der Rückgriff auf einschlägige Normen der **Landesstiftungsgesetze**. Außer in den Ländern Bayern, Mecklenburg-Vorpommern und Thüringen sehen die Landesstiftungsgesetze im Einzelnen durchaus unterschiedliche Regelungen für die Zusammenführung durch Organbeschluss vor. Streitig ist allerdings auch hier (vgl. oben Rn 38), ob den Ländern überhaupt die **Gesetzgebungskompetenz** für solche Regelungen zusteht.[69] Gleichwohl existieren die betreffenden Regelungen seit geraumer Zeit und werden, mangels gegenteiliger verfassungsgerichtlicher Entscheidungen, in der Praxis von den jeweiligen Stiftungsbehörden auch angewendet.

Betrachten wir im Folgenden **§ 5 Abs. 2 StiftG NRW** als Beispiel für eine solche landesrechtliche Regelung: 49

> *„Soweit die Satzung es nicht ausschließt, können die zuständigen Stiftungsorgane*
> 1. *wesentliche Änderungen des Stiftungszwecks, wesentliche Änderungen, die die dauernde und nachhaltige Erfüllung des Stiftungszwecks berühren, den Zusammenschluss der Stiftung mit einer anderen oder die Auflösung der Stiftung beschließen, sofern eine wesentliche Veränderung der Verhältnisse eingetreten ist.*
> 2. *[…].*
>
> *Die Stifterinnen und Stifter sind hierzu nach Möglichkeit anzuhören. Die Beschlüsse bedürfen der Genehmigung der Stiftungsbehörde. Mit der Genehmigung der Beschlüsse über den Zusammenschluss und die hierzu erforderlichen Satzungsänderungen ist die neue Stiftung anerkannt.“*

67 Werner/Saenger/*Fritsche*, Rn 734.

68 *Hoffmann*, S. 43 f.; *Happ*, Stifterwille und Zweckänderung, 2007, S. 91. A.A. wohl *Muscheler*, Stiftungsrecht, S. 287, für eine analoge Anwendung von § 87 BGB.

69 Ausf. dazu Hüttemann/Richter/Weitemeyer/*Arnold*, Rn 27.11 ff.; Staudinger/*Hüttemann/Rawert*, § 87 Rn 3 f.; *Hoffmann*, S. 45 ff. und S. 187 ff.

Die Regelung des StiftG NRW verlangt keine ausdrückliche Ermächtigung zur Zusammenführung in der Stiftungssatzung, sondern lässt es genügen, dass die Satzung eine solche nicht positiv ausschließt.

50 Entscheidende materielle Voraussetzung für einen Zusammenlegungs- oder Zulegungsbeschluss, die von der Stiftungsbehörde im Rahmen des erforderlichen Genehmigungsverfahrens geprüft wird, ist „eine **wesentliche Veränderung der Verhältnisse**“. Wann eine solche wesentliche Veränderung vorliegt, kann nicht pauschal, sondern nur durch eine wertende Gesamtbetrachtung im jeweiligen Einzelfall entschieden werden. Möglich ist etwa eine negative Entwicklung der Vermögensverhältnisse, die eine effektive Zweckverwirklichung nicht mehr ermöglicht (z.B. durch ausbleibende Spenden), die nachträgliche Gegenstandslosigkeit des Stiftungszwecks wegen Änderung der äußeren Umstände (z.B. das endgültige Besiegen der nach dem Stiftungszweck zu erforschenden Krankheit) oder auch die in Zukunft mangels entsprechendem Personals nicht mehr gesicherte Besetzung der Stiftungsorgane.

51 Wie die meisten Landesstiftungsgesetze nennt § 5 Abs. 2 Nr. 1 StiftG NRW als Voraussetzung für einen Zusammenschluss nicht, dass die beteiligten Stiftungen im Wesentlichen **die gleichen Zwecke** verfolgen müssen.[70] Gleichwohl soll dies nach einer Ansicht in der Fachliteratur als ungeschriebene Voraussetzung grundsätzlich bei der Zusammenführung von Stiftungen erforderlich sein.[71] Richtigerweise ist auch hier vorrangig der (hypothetische) Stifterwille ausschlaggebend, der jedenfalls im Zweifel dahin gehen wird, dass im Falle einer Zusammenführung zumindest ähnliche Zwecke wie in der ursprünglichen Stiftung weiter verwirklicht werden. In der Praxis wird das ganz überwiegend der Fall sein, zwingend ist es aber nicht.[72]

52 Nicht abschließend geklärt sind auch der Modus des **Vermögensübergangs** und die etwaige Abwicklung der „alten“ Stiftungen im Falle einer Zusammenführung.[73] Anders als etwa § 14 Abs. 2 StiftG BW ordnet das Stiftungsgesetz NRW für den Fall des Zusammenschlusses nicht ausdrücklich den Vermögensübergang im Wege der Gesamtrechtsnachfolge an. In der Fachliteratur wird wohl überwiegend vertreten, dass z.B. im Falle der Zulegung die Vermögensge-

---

70 Anders § 7 Abs. 1 HambStiftG *(„...sofern die beteiligten Stiftungen im Wesentlichen gleiche Zwecke verfolgen.“)* oder § 9 Abs. 1 SachsAnhStiftG *(„...sofern der Stiftungszweck hierdurch nicht oder nur unwesentlich verändert wird...“).*

71 So etwa v. Campenhausen/Richter/*Hof*, § 11 Rn 50; *Hoffmann*, S. 108 ff. *(„Vergleichbarkeit der Stiftungszwecke“ erforderlich, aber auch ausreichend)*; Staudinger/*Hüttemann*/*Rawert*, § 87 BGB Rn 10 (*„Stiftungen gleichartiger oder ähnlicher Zwecksetzung“*).

72 Siehe auch Werner/Saenger/*Fritsche*, Rn 734; Hüttemann/Richter/Weitemeyer/*Arnold*, Rn 27.61 ff.; i.E. auch *Hoffmann*, S. 111.

73 Ausführlich *Hoffmann*, S. 152 ff.

genstände der zulegenden Stiftung erst nach deren **Liquidation** unter Beachtung des „Liquidationsjahres“ (§ 88 S. 2 i.V.m. §§ 47 ff. BGB) im Wege der Einzelrechtsnachfolge übertragen werden.[74] Nach einer gut begründeten Gegenansicht soll jedoch, auch ohne ausdrückliche Anordnung im Landesrecht, der Vermögensübergang durch Gesamtrechtsnachfolge, d.h. ohne Liquidation stattfinden, da sich dies bereits aus Sinn und Zweck einer landesrechtlichen Regelung über den Zusammenschluss ergebe.[75]

Tatsächlich ist nach unserer Ansicht die Durchführung einer Liquidation, unter Einhaltung des Sperrjahres nach § 51 BGB, insbesondere im Falle der **Zulegung** nicht erforderlich, da es sich nicht um eine Auflösung der Stiftung im Sinne einer endgültigen Beendigung handelt. Etwaige Verbindlichkeiten der zulegenden Stiftung werden von der aufnehmenden Stiftung übernommen und das Stiftungsvermögen der zulegenden Stiftung bleibt dort erhalten. Die Einhaltung eines Liquidationsjahres würde die zeitnahe Fortführung der Zweckverwirklichung bei der aufnehmenden Stiftung, die etwa § 5 Abs. 2 StiftG NRW gerade ermöglichen will, unnötig behindern. Es ist deshalb zweckmäßig, den möglichen Verzicht auf eine Liquidation mit der Aufsichtsbehörde im Vorfeld abzustimmen. Vor dem Hintergrund des mit den Liquidationsvorschriften bezweckten Gläubigerschutzes kommt ein Verzicht jedenfalls dann in Betracht, wenn keine umfangreichen und/oder ungeklärten finanziellen Verpflichtungen und Belastungen des Vermögens der zulegenden Stiftung bestehen. Sollte die Stiftungsbehörde die Einhaltung des Liquidationsjahres dennoch für erforderlich halten, besteht hilfsweise die Möglichkeit, das Vermögen bereits vor dessen Ablauf zu übertragen, wenn die aufnehmenden Stiftung eine **Bürgschaft oder Garantie** in Höhe der Übernahme der Vermögenswerte zugunsten der zulegenden Stiftung für die Erfüllung etwaiger Ansprüche Dritter abgibt. Das Vermögen würde dann nicht i.S.d. § 51 BGB „ausgeantwortet“, sondern nur gegen eine vollwertige Rückgriffsmöglichkeit ausgetauscht. 53

Umstritten ist schließlich, ob für die Zusammenführung durch Organbeschluss auch die **Anfallsklausel** in der Satzung der zulegenden Stiftung (im Falle der Zulegung) oder beider Stiftungen (im Falle der Zusammenlegung) dahingehend geändert werden muss, dass die aufnehmende oder die neu entstehende Stiftung als Anfallsberechtigte bestimmt wird.[76] Da es sich bei der Zusammenführung von Stiftungen gerade nicht um deren endgültige Auflösung handelt, sondern die Stiftungen in anderer Form „weiterleben“, liegt es nahe, das Eingreifen der 54

74 Siehe etwa v. Campenhausen/Richter/*Hof*, § 11 Rn 56; Werner/Saenger/*Fritsche*, Rn 741.
75 *Hoffmann*, S. 189.
76 Für das Erfordernis einer Änderung der Anfallsklausel etwa v. Campenhausen/Richter/*Hof*, § 11 Rn 53.

allgemeinen Anfallsklausel und damit auch das Erfordernis ihrer Änderung zu verneinen.

55 Bei der Begründung des Vermögensanfalls ist dann nach dem konkreten Sachverhalt zu differenzieren. Enthält bereits die **Stiftungssatzung** eine ausdrückliche Ermächtigung für die Zusammenführung, wird man dem entsprechenden Organbeschluss (ggf. konkludent) auch eine der generellen Anfallsklausel vorgehende Bestimmung des Vermögensempfängers entnehmen können. Da die Zusammenlegung oder Zulegung einen Vermögensanfall zwingend voraussetzt, hat der Stifter in einer entsprechenden Satzungsregelung auch die erforderliche Anfallsberechtigung bereits hinreichend bestimmbar festgelegt.[77] Vollzieht sich die Umwandlung mangels Satzungsbestimmung nach **Landesrecht** (z.B. § 15 Abs. 2 Nr. 1 StiftG NRW), lässt sich der Vermögensanfall bei der aufnehmenden oder neu entstehenden Stiftung aus § 88 Abs. 2 S. 1 a.E. („*...oder an einen anderen nach dem Recht dieses Landes bestimmten Anfallsberechtigten*") herleiten.[78] Es ist jedenfalls zu raten, auch diesen Punkt vorab mit den zuständigen Behörden zu klären. In der Praxis dürfte es letztlich kaum ein Problem sein, im Zuge der Beschlussfassung über die Zusammenführung erforderlichenfalls auch eine Änderung der Anfallsklausel zu beschließen.

56 Das zweckmäßige Vorgehen bei einer Zusammenführung von Stiftungen durch Organbeschluss lässt sich abschließend in der folgenden **Übersicht** zusammenfassen, wobei stets die hier nicht im Einzelnen darstellbaren Besonderheiten des jeweiligen Landesrechts zu beachten sind:

Übersicht: Zulegung/Zusammenlegung von Stiftungen durch Organbeschluss

1. Bestimmung der vorhandenen Regelungen in Stiftungssatzung und/oder dem einschlägigen Landesstiftungsgesetz und grundlegende Abstimmung zwischen den Organen der Beteiligten Stiftungen.
2. Prüfung der materiellen und formellen Voraussetzungen (z.B. Eintritt einer wesentlichen Veränderung der Verhältnisse) und Aufbau einer schlüssigen Argumentation. Im Falle der Zusammenlegung: Gemeinsamer Entwurf einer Satzung für die neu entstehende Stiftung.[79] Im Falle der Zulegung kann ggf. eine Satzungsänderung bei der aufnehmenden Stiftung (z.B. Anpassung an den Stiftungszweck der zulegenden Stiftung) erforderlich sein.[80]

77 So auch *Hoffmann*, S. 150.

78 *Hoffmann*, S. 151.

79 Mitunter wird für die neu entstehende Stiftung im Falle der Zusammenlegung auch ein Stiftungsgeschäft i.S.d. § 81 BGB verlangt, s. Werner/Saenger/*Fritsche*, Rn 736 ff. Das ist vorsorglich mit der zuständigen Stiftungsbehörde vorab zu klären.

80 Vgl. Hüttemann/Richter/Weitemeyer/*Arnold*, Rn 27.65; *Denecke*, ZSt 2004, 278.

3. Vorlage und Begründung des Vorhabens bei Stiftungsaufsicht und Finanzverwaltung zur Vorprüfung. Erforderlichenfalls Abstimmung und Anpassung der Vorgehensweise mit den Behörden.
4. Ordnungsgemäße und aufeinander abgestimmte Beschlussfassung der zuständigen Stiftungsorgane über die Zusammenführung, im Falle der Zusammenlegung auch über die neue Stiftungssatzung. Im Falle der Zulegung ggf. Beschluss über die Anpassung der Satzung bei der aufnehmenden Stiftung.
5. Erforderlichenfalls auch Änderung der Anfallsklausel(n).[81]
6. Genehmigung der Beschlüsse durch die Stiftungsaufsicht.
7. Im Falle der Zusammenlegung: Anerkennung der neu entstehenden Stiftung.[82]
8. Vermögensübergang im Wege der Gesamt- oder Einzelrechtsnachfolge. Erforderlichenfalls Liquidation der Stiftung(en) nach § 88 S. 2 i.V.m. §§ 47 ff. BGB.[83]
9. Erlöschen der zusammengelegten bzw. der zugelegten Stiftung.

3. Die Umwandlung einer treuhänderischen in eine rechtsfähige Stiftung

Die „Umwandlung“ einer treuhänderischen in eine rechtsfähige Stiftung ist rechtlich eigentlich die Neuerrichtung einer rechtsfähigen Stiftung durch den Treuhänder als (formalen) Stifter. Zu den Einzelheiten verweisen wir auf die Darstellung in § 12 Rn 66 ff. 57

VI. Die „Umwandlung" einer steuerpflichtigen Stiftung in eine gemeinnützige Stiftung

Die „Umwandlung“ einer steuerpflichtigen Stiftung in eine gemeinnützige Stiftung bedeutet im Grunde nur, dass der Stiftungszweck geändert wird.[84] Die 58

81 Siehe oben Rn 54 f.

82 Die Anerkennung erfolgt regelmäßig mit Genehmigung der Beschlüsse über den Zusammenschluss und die dazu erforderlichen Satzungsänderungen, siehe z.B. § 5 Abs. 2 S. 4 StiftG NRW. Kritisch dazu: *Hoffmann*, S. 145.

83 Siehe oben Rn 52 f.

84 Es gibt steuerrechtlich keine vom Stiftungszweck losgelöste Behandlung der Gemeinnützigkeit. Siehe **AEAO Nr. 3 zu § 59 AO**: *„[…] Eine Körperschaft, bei der nach dem Ergebnis dieser Prüfung die gesetzlichen Voraussetzungen für die steuerliche Behandlung als steuerbegünstigte Körperschaft vorliegen, muss deshalb auch als solche behandelt werden, und zwar ohne Rücksicht darauf, ob ein entsprechender Antrag gestellt worden ist oder nicht. Ein Verzicht auf die Behandlung als steuerbegünstigte Körperschaft ist somit für das Steuerrecht unbeachtlich.“* Der Gemeinnützigkeitsstatus folgt also automatisch und „zwingend“, wenn Zweck und Satzung nach den Anforderungen des Gemeinnützigkeitsrechts geändert werden.

Gründe für eine solche Zweckänderung können verschiedener Art sein. Insbesondere bei **Familienstiftungen** kommt es vor, dass der ursprüngliche Zweck einer Versorgung der Nachkommen des Stifters im Laufe der Zeit an Bedeutung verliert oder sich gar nicht mehr verwirklichen lässt. So etwa, wenn die Abkömmlinge Unterstützungsleistungen nicht mehr benötigen oder der begünstigte Familienstamm ausstirbt. In solchen Fällen kann das Bedürfnis entstehen, durch eine Erweiterung des Destinatärkreises auf die Allgemeinheit einen neuen, nunmehr gemeinnützigen Stiftungszweck zu verfolgen.[85]

Ob und wie die Änderung des Stiftungszwecks – sei es durch die Stiftungsorgane oder die Aufsichtsbehörde – im Einzelnen möglich ist, richtet sich nach den allgemeinen Voraussetzungen (siehe oben Rn 37 und Rn 45). Entscheidend ist wie immer, dass die Änderung des Stiftungszwecks hin zu einer gemeinnützigen Stiftung durch den ausdrücklich geäußerten oder durch Auslegung ermittelten (hypothetischen) Stifterwillen gedeckt ist. Eine völlig freie neue Zweckbestimmung durch Dritte ist nicht zulässig.[86]

59 Unter **steuerrechtlichen** Gesichtspunkten sind bei der „Umwandlung" einer Familienstiftung in eine gemeinnützige Stiftung einige Besonderheiten zu beachten.

Die Familienstiftung unterliegt nach § 1 Abs. 1 Nr. 4 ErbStG in Zeitabständen von je 30 Jahren der Ersatzerbschaftsteuer (siehe auch § 8 Rn 49 ff.). Diese Steuerpflicht entfällt jedoch, wenn eine Familienstiftung vor Ablauf des 30-Jahres-Zeitraums in eine andere Stiftung umgewandelt wird.[87]

Zudem gilt die Änderung des Stiftungscharakters einer Familienstiftung durch Satzungsänderung aus Sicht der Finanzverwaltung (!) erbschaft- und schenkungsteuerrechtlich als Errichtung einer neuen Familienstiftung (ausführlich dazu und auch zur Kritik an dieser **„Umwandlungsbesteuerung"** siehe § 8 Rn 68 ff.),[88] wobei die durch Satzungsänderung entstandene „neue" Stiftung als Erwerber des Vermögens der bisherigen Stiftung gilt und grundsätzlich entsprechend nach dem ErbStG zu besteuern ist.[89] Wird jedoch die Familienstiftung durch Satzungsänderung in eine gemeinnützige Stiftung umgewandelt, ist deren „Erwerb" nach § 13 Abs. 1 Nr. 16 Buchst. b ErbStG steuerfrei.[90]

Die Zweckänderung einer Familienstiftung hin zu einer gemeinnützigen Stiftung bietet damit die Möglichkeit der Vermeidung der Ersatzerbschaftsteuer,

85 Siehe auch *Werner*, ZSt 2009, 163 ff.
86 So auch *Werner*, ZSt 2009, 163, 166.
87 R E 1.2 Abs. 1 S. 3 ErbStR.
88 R E 1.2 Abs. 4 S. 1 ErbStR.
89 R E 1.2 Abs. 4 S. 3 und 4 ErbStR.
90 R E 1.2 Abs. 5 ErbStR.

wenn sie vor Ablauf des 30-Jahres-Zeitraums nach § 1 Abs. 1 Nr. 4 ErbStG erfolgt. Denkbar ist etwa auch die **Umwandlung einer Familienstiftung in eine Doppelstiftung**. Neben steuerrechtlichen Fragen ist es insbesondere das Stiftungsrecht, das bei der „Umwandlung" einer bestehenden unternehmensverbundenen Familienstiftung einer besonderen Betrachtung bedarf. Die Errichtung einer steuerbefreiten Stiftung durch die bereits bestehende Stiftung ist stiftungsrechtlich nicht ohne weiteres möglich. Die Satzung kann dem von vornherein entgegenstehen, und zwar sowohl unter dem Gesichtspunkt „Stiftungszweck" als auch unter dem Gesichtspunkt „Vermögenserhaltungsgrundsatz". So verlockend eine Doppelstiftung unter steuerlichen Gesichtspunkten auf den ersten Blick erscheinen mag, so schwierig kann die tatsächliche Umsetzung im Einzelfall sein. Bevor der Weg in eine Doppelstiftung beschritten wird, sollte in jedem Fall ein steuerlicher Belastungsvergleich erfolgen.

B. Die Auflösung einer Stiftung

Mögliche Gründe für die Auflösung einer Stiftung[91] sind: 60
- Auflösung durch staatlichen Hoheitsakt wegen Unmöglichkeit der Zweckerfüllung oder Gemeinwohlgefährdung (§ 87 Abs. 1 BGB),
- die Eröffnung des Insolvenzverfahrens (§§ 88, 42 BGB),
- der Eintritt einer auflösenden Bedingung,
- der entsprechende Beschluss des zuständigen Stiftungsorgans,[92]
- der Eintritt eines Endtermins oder die vollständige Erfüllung des Stiftungszwecks oder
- der Widerruf oder die Rücknahme der Anerkennung der Stiftung.

Der Stifter ist frei, in der Satzung zusätzlich Auflösungsgründe mit Genehmigung durch die Aufsichtsbehörde festzulegen.[93]

Ebenso wie bei der Errichtung hat die Stiftungsaufsichtsbehörde auch bei der 61 Auflösung einer Stiftung mitzuwirken.[94] Dies gilt zum einen für den Fall der Auflösung durch einen entsprechenden Auflösungsbeschluss der Stiftungsorgane. Voraussetzung für einen **Auflösungsbeschluss** ist, dass dieser nach der betreffenden Stiftungssatzung (Stifterwille!) überhaupt zulässig ist. Ist in der Satzung die Aufhebung der Stiftung bei Eintritt bestimmter Auflösungsgründe

91 Siehe dazu etwa *Schiffer/Schürmann*, StiftungsBrief 2012, 103 ff.

92 OLG Koblenz NZG 2002, 135.

93 V. Campenhausen/Richter/*Hof*, § 11 Rn 36; Bamberger/Roth/*Schwarz*, § 87 Rn 1; a.A. MüKo-BGB/*Weitemeyer*, 7. Aufl. 2015, § 87 Rn 5.

94 Werner/Saenger/*Backert*, Rn 678 ff.; Werner/Saenger/*Schwintek*, Rn 694 ff.; v. Campenhausen/Richter/*Hof*, § 11 Rn 7 ff.

(etwa Zeitablauf oder vollständige Erfüllung der Stiftungszwecke) vorgesehen, so stellt das nach der Satzung zuständige Stiftungsorgan das Vorliegen des betreffenden Aufhebungsgrundes fest. Die Aufsichtsbehörde prüft sodann unter dem Aspekt der **Rechtsaufsicht**, ob diese Feststellung richtig ist.

62 Zum anderen kann die Stiftungsaufsicht die Aufhebung der Stiftung unter den Voraussetzungen des § 87 BGB bestimmen, also wenn *„die Erfüllung des Stiftungszwecks unmöglich geworden [ist] oder [die Stiftung] das Gemeinwohl [gefährdet]“*. Die Aufhebung durch die Stiftungsbehörde ist wegen des Grundsatzes der Verhältnismäßigkeit nur letztes Mittel für den Fall, dass eine Änderung der Zweckbestimmung nicht möglich oder nicht ausreichend ist.[95]

63 **Praxisrelevante Rechtsprechung: Stiftungsauflösung oder Fortbestehen einer Familienstiftung**

Über die Frage der angeblichen Auflösung einer Familienstiftung hat das **VG Greifswald** mit Urt. v. 11.1.2007 im Zusammenhang mit der Rückübertragung von Immobilien nach dem Vermögensgesetz entschieden.[96]

Das VG Greifswald betonte in dem hier zu betrachtenden Fall vor allem, dass das Ruhen der Geschäfte besagter Familienstiftung samt der im „Stiftungsvertrag“ vorgesehenen Familientage von 1970 bis zur Deutschen Einheit keine dauernde Unmöglichkeit der Fortführung der Stiftungsgeschäfte begründe, wenn diese sodann wieder aufgenommen worden seien. Die staatlichen Stellen hätten zudem zu Unrecht einen Auflösungsbeschluss der Stiftung angenommen. Auch eine faktische Auflösung habe nicht vorgelegen.

Die Entscheidung überzeugt, denn in der Tat hatte, wie das VG ausführlich darlegt hat, die Stiftung u.a. mit der Anmeldung eines vermögensrechtlichen Rückübertragungsanspruches ihre Tätigkeiten zur Erfüllung des Stiftungszwecks wieder aufgenommen. Der historische Ablauf hat in dem Fall eine eben nur vorübergehende Unmöglichkeit der Zweckerreichung belegt, die auch für eine Aufhebung nach § 87 BGB ersichtlich nicht ausgereicht hätte.[97]

64 Die speziellen **Regelungen der Landesstiftungsgesetze** zur Auflösung einer Stiftung enthält die nachfolgende Tabelle.

95 Siehe Palandt/*Ellenberger*, § 87 Rn 2.

96 VG Greifswald v. 11.1.2007 – 6 A 119/05, ZSt 2007, 138. Die Beschwerde gegen das Urteil vor dem BVerwG hatte keinen Erfolg (BVerwG Beschluss v. 28.9.2007 – 8 B 41.07).

97 Siehe dazu auch NK-BGB/*Schiffer*/*Pruns*, § 87 Rn 5 m.w.N.

Baden-Württemberg	Bayern	Berlin	Brandenburg	Bremen	Hamburg	Hessen	Mecklenburg-Vorpommern
§ 14 Abs. 2, 3	Art. 8	§ 5 Abs. 1, 2	§ 10	§§ 8, 9	§ 7 Abs. 2, 3	§ 9	–
Niedersachsen	**Nordrhein-Westfalen**	**Rheinland-Pfalz**	**Saarland**	**Sachsen**	**Sachsen-Anhalt**	**Schleswig-Holstein**	**Thüringen**
§§ 7, 8	§ 10	§ 8 Abs. 2, 3	§§ 7, 8	§ 10 i.V.m. § 9 Abs. 1	§ 8	§ 5 Abs. 1 S. 2 Nr. 3, Abs. 2, 4; § 6	§ 11

Zu diesen landesgesetzlichen Regelungen gilt das bereits zur Zweckänderung ausgeführte: Der Stifterwille und die in § 87 BGB getroffene Regelung gehen vor. Eine Erweiterung der Auflösungsbefugnisse der Aufsichtsbehörde durch Landesrecht ist wegen des insoweit abschließenden Charakters der bundesgesetzlichen Regelungen nicht möglich.[98]

Praxishinweis: Aufhebung bei Verbot durch den Stifter 65

Ist nach dem Willen des Stifters in der Stiftungssatzung oder dem Stiftungsgeschäft die Aufhebung der Stiftung ausdrücklich oder stillschweigend untersagt, so bleibt zur Beendigung der Stiftung nur der Weg einer hoheitlichen Aufhebung durch eine entsprechende Verfügung der Stiftungsbehörde. Die wesentlichen **Aufhebungsgründe** sind die Insolvenz (siehe dazu § 7 Rn 7 ff.), die Unmöglichkeit der Zweckerfüllung und die Fälle der Gesetzwidrigkeit sowie der Gefährdung des Gemeinwohls.

Die **Rechtsfolgen** des Erlöschens der Stiftung mit der Folge des Verlustes der Rechtsfähigkeit sind unterschiedlich, je nachdem, ob in der Stiftungssatzung ein **Anfallberechtigter** benannt ist oder nicht.[99] 66

98 Ausf. Werner/Saenger/*Backert*, Rn 679 ff., 686.

99 § 88 BGB; siehe auch v. Campenhausen/Richter/*Hof*, § 9 Rn 218 ff.; Werner/Saenger/*Werner*, O, Rn 360.

- In den Satzungen steuerbefreiter Stiftungen ist zu bestimmen, welcher steuerbegünstigten Person das Liquidationsvermögen zufällt.[100] Der Rechtsübergang erfolgt im Rahmen einer **Liquidation**.[101] Die Anfallberechtigten haben einen **schuldrechtlichen Anspruch auf Auskehrung** des nach der Liquidation verbleibenden Überschusses.[102]
- Ist in der Stiftungssatzung kein Anfallberechtigter genannt, so ist der Fiskus Anfallsberechtigter.[103] Dann findet ausnahmsweise eine Gesamtrechtsnachfolge statt.[104]
- Bei der **Auflösung** einer steuerbegünstigten Körperschaft darf das Vermögen nur für steuerbegünstigte Zwecke verwendet werden,[105] weshalb grundsätzlich in der Satzung bestimmt sein muss, welcher steuerbegünstigten Person das Liquidationsvermögen zufällt.[106]

100 §§ 61 Abs. 1, 55 Abs. 1 Nr. 4 AO: gemeinnützigkeitsrechtlicher Grundsatz der Vermögensbindung; siehe auch § 88 S. 1 BGB.

101 § 88 S. 3 BGB i.V.m. §§ 47 bis 53 BGB.

102 *Wachter*, S. 240 f.; Ausführlich zum Vermögensanfall siehe *Plottek*, Vermögensanfall bei Verein und Stiftung: Zivil- und Gemeinnützigkeitsrecht, 2014.

103 § 88 S. 2 BGB.

104 §§ 88 S. 2, 46 BGB i.V.m. §§ 1936, 1942 Abs. 2, 1964, 1966, 2011 und 1994 Abs. 1 S. 2 BGB.; siehe auch *Wachter*, S. 241.

105 § 55 Abs. 1 Nr. 4 AO.; siehe auch *Dehesselles*, Stiftung & Sponsoring 1/2009, 22.

106 §§ 61 Abs. 1, 55 Abs. 1 Nr. 4 AO; Ausnahme: § 61 Abs. 2 AO.

§ 7 Die Stiftung in der Krise und in der Insolvenz

Was bietet dieses Kapitel?
Auch Stiftungen können in eine finanzielle Krise geraten – und das nicht erst nach der viel beschworenen Finanzkrise. In diesem Kapitel werden beispielhaft verschiedene, für die Praxis wesentliche Krisenszenarien der Stiftung beleuchtet. Insbesondere werden der Fall der Insolvenz einer Stiftung sowie der in der Praxis wohl häufigere Fall der Insolvenz einer Tochtergesellschaft einer Stiftung dargestellt.

Übersicht:

A. Die Stiftung in der Krise

Genau betrachtet erlebt Deutschland wohl seit 2008 mit Europa und der Welt eine noch nicht wirklich überstandene große Wirtschafts- und Finanzkrise nach der Spekulations- und den Börsenblasen im Jahr 2000. Diese Krise mit weltweiten Ausmaßen für die Erträge auf dem Kapitalmarkt hat bis heute Auswirkungen auf sämtliche Bereiche des öffentlichen und privaten Lebens und damit auch auf die Stiftungswelt. 1

I. Die aktuelle Situation – insbesondere die Finanzkrise

Durch die Kursverluste an den Börsen sind in der jüngeren Vergangenheit viele Vermögen teilweise stark geschrumpft. Verschont wurden davon auch nicht die Vermögen von Privatpersonen. Da die weit überwiegende Anzahl der Stifter in der Bundesrepublik Deutschland Privatpersonen sind, besteht in Krisenzeiten die Gefahr, dass auch die Kapitalausstattung der Stiftungen bei Neuerrichtungen sinken wird, Zustiftungen ausbleiben oder von vornherein weniger Stiftungen errichtet werden. Zudem ist zu vermerken, dass Stifter im Nachhi- 2 nein feststellen mussten, dass sich ihre an sich sorgfältig gefasste Vermögens- und Ertragsplanung von vor z.B. 20 Jahren heute als falsch erweist. Im Nachhinein betrachtet hätten sie sich eine Stiftung gar nicht leisten können. Sie stellen dann die Frage nach der **Rückabwicklung ihrer Stiftung** (siehe dazu auch § 6 Rn 60 ff.).[1]

3 Die Entwicklung an den internationalen Finanzmärkten trifft ganz deutlich auch die bestehenden rechtsfähigen Stiftungen und dabei insbesondere die Kapitalstiftungen (GmbH, AG etc.). Der für Stiftungen geltende Vermögenserhaltungsgrundsatz (siehe dazu § 5 Rn 56 ff.) mag dazu führen, dass Insolvenzen bei Stiftungen eher selten sind, ausgeschlossen sind sie aber tatsächlich nicht. Stiftungen können an den Kapitalmärkten nicht mehr annähernd so hohe Erträge erwirtschaften wie noch vor ein paar Jahren. Das ist inzwischen eine Binsenweisheit.

4 Da die Handlungsfähigkeit der rechtsfähigen Stiftungen ganz wesentlich von der Ertragskraft des Stiftungsvermögens abhängt, machen der Abschwung an den Börsen und niedrige Zinsen den Stiftungen zum Teil merklich zu schaffen.[2] Die Folge ist, dass einige gemeinnützige Stiftungen aufgrund fehlender Erträge ihren Zweck oder ihre Zwecke nicht mehr ausreichend verfolgen können.[3]

Außerdem machen sich zum Teil notwendig gewordene hohe Abschreibungen auf die gehaltenen Wertpapiere und andere Finanzanlagen nachhaltig bemerkbar. Sofern Finanzanlagen eher spekulativ statt konservativ angelegt sind, können Verluste aus diesen Investments im Einzelfall Stiftungen in die Handlungsunfähigkeit führen. Als letzte Maßnahme bleibt dann oftmals nur noch das Insolvenzverfahren. Letztlich kann aber nicht nur die eigene Anlagestrategie, sondern auch die Insolvenz einer Tochtergesellschaft der Auslöser für die Insolvenz der Stiftung sein.

5 **Praxishinweis: Stiftung in der Krise**
Tatsächlich haben wir in unserer Praxis nur ganz selten die Insolvenz einer Stiftung erlebt und häufiger die Insolvenz einer Tochtergesellschaft.
Im Krisenfall wird ggf. versucht, die Insolvenz einer Stiftung durch die Zusammenlegung der kriselnden Stiftung mit einer gesunden Stiftung zu

1 Siehe zur Problematik auch *Hüttemann/Rawert*, Die notleidende Stiftung, Stiftung & Sponsoring – Die Roten Seiten 1/2014; *Schiffer*, StiftungsBrief 2014, 2; siehe auch schon *Sauer/Schwarz*, StiftungsBrief 2010, 228.

2 Ausführlich zur gesamten Thematik *Sommer*, ZInsO 36/2013, 1715 ff.; *Hüttemann/Rawert*, ZIP 2013, 2136 ff.

3 Siehe *Sauer/Schwarz*, StiftungsBrief 12/2010, 228; aus der Praxis ist als eines der aktuelleren Beispiele die Zahlungsunfähigkeit der Yehudi Menuhin Stiftung Deutschland bekannt, siehe nmz neue musikzeitung vom 23.3.2011: www.nmz.de/tags/yehudi-menuhin-stiftung-deutschland (zuletzt abgerufen am 28.12.2014).

vermeiden (siehe dazu § 6 Rn 36 ff.). Dabei ist vor allem zu beachten, dass durch die „Aufnahme“ der kriselnden Stiftung nicht das Vermögen der bisher gesunden Stiftung gefährdet oder tatsächlich verringert wird. Es sind also ggf. zunächst Stützungsmaßnahmen bei der kriselnden Stiftung erforderlich (Stichworte: Zustiftungen, Forderungsverzichte, …).

II. Beispielhafte Krisenszenarien bei einer Stiftung

Die Insolvenzfähigkeit der Stiftung ist unbestritten (§§ 86, 42 BGB, § 11 Abs. 1 6
S. 1 InsO).[4] Eine Stiftungsinsolvenz kann durch Forderungsausfälle, zu hohe Personalkosten oder ausbleibende Fördermittel oder auch durch unzulässiges Verhalten ausgelöst werden.

Bei Stiftungen, die einen umfangreichen Zweckbetrieb oder einen wirtschaftlichen Geschäftsbetrieb unterhalten, sind Überschuldung (§ 19 InsO) und Zahlungsunfähigkeit (§ 17 InsO) sowie – bei einem Eigenantrag – auch die drohende Zahlungsunfähigkeit (§ 18 InsO) als Insolvenzgründe vorstellbar.[5] Bei reinen Förderstiftungen ist zumindest die Zahlungsunfähigkeit als Insolvenzgrund seltener. Aufwendungen für Förderzwecke sind genauer planbar und mit den künftigen Erträgen des Stiftungsvermögens abzustimmen. Häufiger sind Überschuldungssituationen ein Insolvenzgrund für Stiftungen.

Im Zuge der Wirtschafts- und Finanzkrise sind bei Stiftungen teilweise beträchtliche Verluste in der Vermögensverwaltung mit entsprechendem Abschreibungsbedarf realisiert worden. Bei Stiftungen, die längerfristige Verbindlichkeiten eingegangen sind, kann daraus ohne weiteres eine Überschuldung entstehen.[6]

B. Der Insolvenzfall

Der Ablauf des Insolvenzverfahrens[7] über das Vermögen einer Stiftung unter- 7
scheidet sich nicht grundsätzlich von dem allgemeinen Ablauf eines Insolvenzverfahrens über das Vermögen einer juristischen Person des Privatrechts.[8] Die

4 Siehe *Röcken*, ZStV 2010, 230; *Bach/Knof*, ZInsO 2005, 729, 730.

5 Siehe *Müller*, ZStV 2010, 201.

6 Siehe *Schiffer/Sommer*, NWB 38/2010, 3046 ff.; *Sauer/Schwarz*, StiftungsBrief 2010, 228 ff.

7 Einen aktuellen Blick ins Insolvenzrecht geben etwa *Müller/Rautmann*, DStR 2014, 1981.

8 Ausführlich dazu *Paulus*, DStR 2002, 1865 ff; v. Campenhausen/Richter/*Hof*, § 11, Rn 41 ff.

Insolvenz im Zusammenhang mit der treuhänderischen Stiftung wird an anderer Stelle behandelt (siehe § 12 Rn 71 ff.).

I. Insolvenzantrag

8 Dem Grundsatz nach richtet sich die Notwendigkeit, einen Insolvenzantrag zu stellen, für die rechtsfähige Stiftung selbst, aber auch für die Tochtergesellschaften einer Stiftung, nach dem Insolvenzrecht und den jeweils einschlägigen Vorschriften des BGB, GmbHG oder AktG.

Neben dem Vorstand als gesetzlicher Vertreter der selbstständigen Stiftung kann auch die Stiftungsaufsichtsbehörde zur Mitwirkung an der Stellung des Insolvenzantrags verpflichtet sein, denn sie ist Garant des satzungsmäßigen Stifterwillens.[9] Außerdem obliegt ihr eine Schutzpflicht gegenüber der Allgemeinheit, die auch in zahlreichen Eingriffsbefugnissen außerhalb des Insolvenzverfahrens zum Ausdruck kommt (z.B. Androhung von Zwangsgeld oder Aufhebung von beanstandeten Maßnahmen bei Verstößen gegen gesetzliche Vorschriften oder Satzungsregelungen durch Stiftungsorganmitglieder, siehe § 4 Rn 36 ff.).

9 Da für den Stiftungsvorstand keine ausdrücklichen gesetzlichen Zahlungsbeschränkungen bei Zahlungsunfähigkeit oder Überschuldung bestehen und den Mitgliedern des Vorstands bei Zuwiderhandlung insoweit auch keine Strafe droht, wie dies aber bei Personen- oder Kapitalgesellschaften der Fall ist,[10] kommt einem präventiven und begleitenden Handeln der Stiftungsaufsicht insoweit in der Praxis eine besondere Bedeutung zu.

10 Um infolge der Wirtschafts- und Finanzkrise eine Insolvenzwelle zu vermeiden, wurde zunächst befristet für den Zeitraum vom 1.1.2009 bis 31.12.2013 die Pflicht zur Stellung des Insolvenzantrags modifiziert.[11] Mit Gesetz vom 5.12.2012[12] hat der Deutsche Bundestag mittlerweile die Entfristung des insolvenzrechtlichen Überschuldungsbegriffes verkündet. Der Antrag ist wegen Überschuldung – nunmehr unbefristet – nicht zu stellen, wenn eine Fortführung des Unternehmens und damit auch der Stiftung überwiegend wahrscheinlich ist (positive Fortführungsprognose, § 19 Abs. 2 S. 1 InsO). Strafrechtlich geahndet wird nach § 15a Abs. 4 InsO ein nicht, nicht rechtzeitig oder nicht

9 Siehe u.a. *Fritsche*, ZSt 2003, 211, 219; a.A. *Hirte*, in: Gründen und Stiften, FS für Olaf Werner, 1. Aufl. 2009, S. 227 f.; offen *Schulz*, ZSt 2005, 137, 138.

10 BGH DB 2010, 1055 (zum Vereinsrecht); *Arnold*, Non Profit Law Yearbook 2009, 89, 102; Staudinger/*Hüttemann/Rawert* (2011), § 86 Rn 51; a.A. *Passerge*, NZG 2008, 606 ff.; *Roth/Knof*, KTS 2009, 163, 179 ff.; *Hirte*, FS Werner, S. 222, 228 f.

11 Siehe *Sauer/Schwarz*, StiftungsBrief 12/2010, 229.

12 BGBl I 2012, 2418.

richtig erfolgter Insolvenzantrag allerdings mit einer Geldstrafe oder einer Freiheitsstrafe von bis zu drei Jahren. Handelt der Täter in den Fällen des § 15a Abs. 4 InsO fahrlässig, ist die Strafe Freiheitsstrafe bis zu einem Jahr oder Geldstrafe.

Eine Antragsrücknahme (§ 13 Abs. 2 InsO) kann auch bei der Stiftung nur 11
durch das Organmitglied erfolgen, das den Antrag gestellt hat. Nur ausnahmsweise kann auch die Stiftungsaufsicht selbst den Antrag zurücknehmen. Damit wird dem öffentlichen Interesse an dem Bestand der Stiftung Rechnung getragen.

II. Insolvenzgründe

Insolvenzgründe sind bekanntermaßen Zahlungsunfähigkeit und/oder Über- 12
schuldung. Ein Insolvenzantrag muss, wenn ein Insolvenzgrund vorliegt, vom vertretungsberechtigten Organ innerhalb von drei Wochen gestellt werden (§ 15a InsO). Im Übrigen ergeben sich bei den Insolvenzgründen der §§ 16 bis 19 InsO für die Stiftung keine Besonderheiten.

III. Beteiligte des Insolvenzverfahrens

Das Insolvenzgericht ernennt bei Eröffnung des Insolvenzverfahrens den In- 13
solvenzverwalter[13] (früher Konkursverwalter) und beaufsichtigt ihn. Das Insolvenzverfahren dient dazu, entweder die Gläubiger eines Schuldners durch Vermögensverwertung gemeinschaftlich zu befriedigen oder die Fortführung eines Unternehmens im Rahmen eines Insolvenzplans zu erreichen (§ 1 InsO).[14] Der Stifter als solcher ist grundsätzlich nicht an dem Insolvenzverfahren zu beteiligen. Etwas anderes gilt für ihn nur in seiner etwaigen Funktion als Mitglied des Stiftungsvorstands oder eines anderen Stiftungsorgans[15] oder, falls er als Gläubiger eigene Rechte gegen die Stiftung geltend macht.[16]

Da die Destinatäre/Begünstigten einer Stiftung keine originären mitgliedschaft- 14
lichen oder organschaftlichen Rechte haben, wirken sie an einem Insolvenzverfahren „ihrer" Stiftung als solche ebenfalls nicht mit, sondern allenfalls als etwaige Organmitglieder. Satzungsmäßige Leistungen der Stiftung an die Destinatäre sind nachrangige Insolvenzforderungen (§ 39 Abs. 1 Nr. 4 InsO), die

13 Zur Verantwortlichkeit und Haftung des Insolvenzverwalters siehe etwa *Lissner*, BB 2014, 1419.

14 Siehe dazu *Paulus*, DStR 2002, 1868 f.

15 Zur Ersatzpflicht des Organs für die in der Praxis nicht seltenen Zahlungen nach insolvenzreife siehe etwa BGH, Urt. v. 18.11.2014 – II ZR 231/13, DStR 2015, 180.

16 Siehe *Schiffer/Sommer*, NWB 38/2010, 3046, 3049.

auch erst dann entstehen, wenn der Vorstand dem betreffenden Destinatär eine ausdrückliche Mittelzusage erteilt hat oder wenn ausnahmsweise die Satzung diese Zuwendung verbindlich regelt. Im Übrigen sind diese Leistungen in einem Insolvenzverfahren grundsätzlich anfechtbar (§ 134 Abs. 1 InsO).[17]

IV. Eröffnung des Insolvenzverfahrens

15 Eröffnet wird ein Insolvenzverfahren, wenn das vorhandene Vermögen voraussichtlich für das Verfahren ausreicht, d.h. zumindest dafür, die eigentlichen Kosten des Insolvenzverfahrens zu decken. Wird das Insolvenzverfahren eröffnet, wird die Stiftung aufgelöst (§ 86 BGB i.V.m. § 42 Abs. 1 S. 1 BGB). Sie gilt aber für die Zwecke des Insolvenzverfahrens als insoweit fortbestehend. Die Verfügungsbefugnis über das Stiftungsvermögen und die Vertretungsbefugnis gehen auf den Insolvenzverwalter über (§ 80 Abs. 1 InsO). Dieser muss für die Stiftung entweder einen Insolvenzplan erstellen oder das vorhandene Vermögen verwerten, um die Verbindlichkeiten zu befriedigen. Der Vorstand darf die Stiftung nach Eröffnung des Insolvenzverfahrens nicht mehr vertreten und die Geschäfte der Stiftung nicht mehr führen. Der Vorstand haftet für Zahlungen nach Eintritt der Zahlungsunfähigkeit der Stiftung oder nach Feststellung ihrer Überschuldung nicht. Die Vorschrift des § 64 GmbHG ist mangels planwidriger Regelungslücke nicht analog anwendbar.[18] Wird der Eröffnungsbeschluss nach §§ 6 Abs. 1, 34 Abs. 2 und Abs. 3 InsO aufgehoben, erlangt die Stiftung mit der Rechtskraft dieser Entscheidung wieder die volle Rechtsfähigkeit.[19]

16 Zur Insolvenzmasse der Stiftung gehören neben ihrem anfänglichen Grundstockvermögen vor allem auch grundstockerhöhende Zustiftungen und laufende Zuwendungen.[20]

17 Es besteht keine Verpflichtung, Zustiftungen oder Zuwendungen zu erbringen, die erst nach Eröffnung des Insolvenzverfahrens fällig geworden sind.[21]

18 Unselbstständige Stiftungsvermögen, die von der selbstständigen Stiftung in Trägerschaft verwaltet werden, gehören nur dann zur Insolvenzmasse, wenn sie Folge einer Schenkung unter Auflage sind. Liegt dagegen ein Treuhandvertrag vor, kann der Stifter die Aussonderung des unselbstständigen Stiftungsvermögens verlangen.

---

17 Ausführlich *Stingl*, Vermögensverfall und Insolvenzverfahren im Stiftungswesen, 2006, 136; *Fritsche*, ZSt 2003, 243, 248.
18 Für einen Verein: BGH Beschl. v. 8.2.2010 – II ZR 54/09.
19 v. Campenhausen/Richter/*Hof*, § 11 Rn 42.
20 Siehe *Hirte*, in: FS Werner, S. 222, 231.
21 BGH, Urt. v. 11.11.1985 – II ZR 37/85, BGHZ 96, 253.

Greift ein Insolvenzplan oder verbleibt nach Befriedigung der Gläubiger ein Überschuss, kann der Stiftungsvorstand die Fortsetzung der Stiftung beschließen (§ 86 BGB i.V.m. § 42 S. 2 BGB). Wenn der Stiftungsvorstand diesen Beschluss nicht fasst, greift zu diesem Zeitpunkt die Anfallklausel der Stiftungssatzung, die nach dem Willen des Stifters festlegt, an wen bei Auflösung der Stiftung deren Vermögen geht. Das Restvermögen ist an den Anfallberechtigten auszukehren und die Stiftung ist zu liquidieren. 19

V. Abweisung wegen Masselosigkeit

Die gerichtliche **Abweisung der Insolvenzeröffnung** wegen Masselosigkeit (vgl. § 26 InsO) führt mit Rechtskraft des Beschlusses ebenfalls zur Auflösung der Stiftung (§§ 86, 42 BGB). Die Stiftung tritt dann in die Liquidationsphase ein (§§ 88 S. 3, 47 ff. BGB). Die Stiftung gilt insoweit für die Zwecke des Liquidationsverfahrens als fortbestehend (§§ 88 S. 3, 49 Abs. 2 BGB). Eines Auflösungsbeschlusses der Stiftungsbehörde bedarf es aufgrund der aktuellen Fassung des § 42 Abs. 1 S. 1 BGB weder im Falle der Eröffnung des Insolvenzverfahrens noch im Falle der Ablehnung der Eröffnung mangels Masse.[22] 20

Aufgrund entsprechender Anwendung des § 42 Abs. 1 S. 3 BGB kann, wenn das in der Satzung vorgesehen ist oder es sich aus der Auslegung der Satzung ergibt,[23] der Anfallsberechtigte eine selbstständige (rechtsfähigen) Stiftung nicht rechtsfähige unselbstständige Stiftung fortgeführt werden.

VI. Auswirkungen des Insolvenzantrags der Stiftung auf die Gemeinnützigkeit

Die Eröffnung des Insolvenzverfahrens soll nach einer Entscheidung des BFH[24] zur Folge haben, dass die **Körperschaftsteuerbefreiung** endet, „wenn die eigentliche steuerbegünstigte Tätigkeit eingestellt und über das Vermögen der Körperschaft das Konkurs- oder Insolvenzverfahren eröffnet wird“. Die Finanzverwaltung stimmt dem zu.[25] Indes erging das Urteil zu einem Sachverhalt, in dem die betroffene Stiftung bereits vor der Eröffnung des Konkursverfahrens (jetzt Insolvenzverfahren) ihre gemeinnützige Tätigkeit weitgehend 21

22 Die Ergänzung des § 42 Abs. 1 S. 1 BGB um den Fall der Ablehnung der Eröffnung des Insolvenzverfahrens hat einen Auflösungsbeschluss der Stiftungsbehörde in diesem Fall überflüssig gemacht, vgl. Staudinger/*Hüttemann*/*Rawert* (2011), § 86 Rn 52. Das übersehen viele Autoren, siehe etwa MüKo-BGB/*Reuter*, § 86 Rn 28; MüKo-BGB/*Weitemeyer*, § 86 Rn 37; v. Campenhausen/Richter/*Hof*, § 11 Rn 42 und dort Fn 65.

23 Staudinger/*Hüttemann*/*Rawert* (2011), § 88 Rn 5.

24 BFH Urt. v. 16.5.5007 – I R 14/06, BStBl II 2007, 808.

25 AEAO 2014 Nr. 5 zu § 51 AO.

eingestellt hatte. Ob aus dem Urteil trotzdem abzuleiten ist, dass die Eröffnung des Insolvenzverfahrens zwingend zur Folge hat, dass die Stiftung ihre Körperschaftsteuerbefreiung verliert, ist mithin zweifelhaft – auch wenn der Leitsatz der Entscheidung insoweit zumindest unglücklich formuliert ist.[26]

22 Vielmehr wird man zu prüfen haben, ob die Geschäftstätigkeit vor und nach Eröffnung des Insolvenzverfahrens und im Falle der Liquidation vor und nach der Liquidationsphase noch den Anforderungen der AO an die Gemeinnützigkeit entspricht. Zumindest bei Stiftungen, die im Rahmen eines Insolvenzplanes ihre steuerbegünstigten Zwecke weiterhin operativ verfolgen, ist das zu bejahen. Für die Frage, ob eine Stiftung gemeinnützig tätig ist oder nicht, kann es nicht darauf ankommen, ob das unter dem Schutz des Insolvenzrechts erfolgt. Entscheidend ist nur, ob eine steuerbegünstigte Tätigkeit unter Einhaltung der formellen Voraussetzungen der Abgabenordnung vorliegt. Ein generelles Versagen der Steuerbegünstigung während eines Insolvenzverfahrens würde der gesetzgeberischen Intention des Insolvenzrechts widersprechen, die Fortsetzung der Tätigkeit nach Abschluss des Insolvenzverfahrens zu erreichen.[27]

Der BFH hat in dem Urteil selbst bestätigt, dass zur steuerbegünstigten Tätigkeit auch die Begleichung von Schulden aus laufenden Geschäften der ideellen Tätigkeit gehört.[28] Ausdrücklich offen gelassen hat der BFH zudem die Frage, ob „einer nach § 5 Abs. 1 Nr. 9 KStG i.V.m. §§ 51 ff. AO steuerbefreiten Körperschaft […] eine **Abwicklungsphase** zuzubilligen ist, innerhalb derer trotz Beendigung der eigentlichen steuerbegünstigten Tätigkeit ihre Geschäftsführung noch als auf die Erfüllung der steuerbegünstigten Zwecke gerichtet angesehen werden kann und die Körperschaftsteuerbefreiung daher fortbesteht“.[29] Die Bejahung einer solchen Abwicklungsphase wäre nur konsequent, insbesondere weil der BFH steuerbegünstigten Körperschaften richtigerweise auch eine **Anlaufphase** zugesteht.[30]

---

26 Kritisch zu dem Urteil etwa *Hüttemann*, Gemeinnützigkeits- und Spendenrecht, 3. Aufl. 2015, Rn 2.23 f; *Sauer/Schwarz*, StifungsBrief 2010, 228.

27 Siehe *Sommer*, ZInsO 34/2014, 1642, 1653.

28 BFH Urt. v. 16.5.5007 – I R 14/06 Rn 13 unter Verweis auf *Becker/Meining*, FR 2006, 686.

29 BFH Urt. v. 16.5.5007 – I R 14/06 Rn 12 unter Verweis auf BFH Urt. v. 23.7.2003 – I R 29/09 (Anlaufphase) und *Becker/Meining*, FR 2006, 686 (Abwicklungsphase).

30 BFH Urt. v. 23.7.2003 – I R 29/02. Für die Übertragung dieses Rechtsgedankens und die Anerkennung einer entsprechenden „Auslaufphase“ etwa auch *Buchna*/Seeger/Brox, Gemeinnützigkeit im Steuerrecht, 10. Aufl. 2010, S. 157.

VII. Besonderheiten des Insolvenz- und Sanierungsrechts durch das ESUG

Am 1.3.2012 ist das Gesetz zur weiteren Erleichterung der Sanierung von Unternehmen (ESUG) in Kraft getreten, das im Wesentlichen Änderungen der Insolvenzordnung und der Insolvenzrechtlichen Vergütungsverordnung sowie des Insolvenzstatistikgesetz nach sich gezogen hat.[31] Durch die Gesetzesänderungen sollen Unternehmenssanierungen einfacher, effektiver und schneller möglich sein. Kernpunkte der Gesetzesreform sind insbesondere die frühe Beteiligung der Gläubiger an der Verwalterauswahl und das neue Schutzschirmverfahren. Mit dem ESUG sollen die Chancen zur Sanierung im Vordergrund stehen und nicht das wirtschaftliche Scheitern eines Unternehmens. Das gilt übertragen auch für die Stiftung. 23

Es besteht nunmehr die Möglichkeit, bereits im Eröffnungsverfahren einen vorläufigen Gläubigerausschuss einzusetzen, der bei bestimmten Unternehmen ein wichtiges Mitspracherecht bei der Auswahl des Insolvenzverwalters und der Anordnung der Eigenverwaltung hat. Im Übrigen wurde die Anordnung der Eigenverwaltung erleichtert. 24

Außerdem wird nach dem ESUG einem Schuldner bereits bei drohender Zahlungsunfähigkeit oder bei Überschuldung die Möglichkeit erhalten, innerhalb von drei Monaten in einer Art „Schutzschirmverfahren“ unter Aufsicht eines vorläufigen Sachwalters und frei von Vollstreckungsmaßnahmen, in Eigenverwaltung ein Sanierungskonzept zu erstellen, das im Anschluss als Insolvenzplan umgesetzt werden kann. Das Insolvenzgericht darf im Schutzschirmverfahren weder einen vorläufigen Insolvenzverwalter bestellen noch den Schuldner in seiner Verfügungsbefugnis über sein Vermögen einschränken. 25

VIII. Weitere Besonderheiten zur Insolvenz einer Stiftung

Nachfolgend sind einige Forschungsergebnisse kurz zusammengefasst, die u.a. *Bach*[32] als einer der ersten mit seiner praxisnahen Dissertation zur Insolvenz der Stiftung dargestellt hat: 26

- Ausländische Stiftungen sind in Deutschland ipso jure rechtsfähig. Gegen sie kann ein Insolvenzverfahren unter den Voraussetzungen des Art. 102 Abs. 3 EGInsO eröffnet werden.
- Besonderheiten für die Insolvenz der selbstständigen Stiftung ergeben sich aus dem Fehlen eines zentralen Stiftungsregisters, was zunächst die Bestimmung des für den Insolvenzantrag zuständigen Eröffnungsgerichts erschwert. Zuständig ist das Amtsgericht, in dessen Gerichtsbezirk die Stif-

31 Siehe u.a. *Fuhst*, DStR 2012, 418 ff.; *Römermann*, NJW 2012, 645 ff.

32 *Bach*, Die Insolvenz der Stiftung, 2002 (Diss.).

tung ihren Sitz hat.[33] Eine Ausnahme gilt insofern nur für die gemäß § 33 HGB eintragungspflichtige Unternehmensträgerstiftung. Außerdem wird die erforderliche Bezeichnung der Rechtsform und ihrer organschaftlichen Vertretung durch eine große Formenvielfalt und mangelnde gesetzliche Klarstellungen auch nach dem neuen Stiftungszivilrecht behindert. Die Eintragung in die landesrechtlich vorgesehenen Stiftungsverzeichnisse hat weder eine positive noch eine negative Publizitätswirkung.[34]

– Nach Beendigung des Insolvenzverfahrens fällt das etwaig verbliebene Restvermögen an die nach der Stiftungssatzung und/oder nach Stiftungsrecht vorgesehenen Personen.

C. Praxisbeispiel: Insolvenz einer Tochtergesellschaft der Stiftung

27 Häufiger als die Insolvenz einer Stiftung ist die Insolvenz einer Tochtergesellschaft einer Stiftung. Hier stellt sich die Frage, welche Konsequenzen sich für die Stiftung als Mutterunternehmen ergeben und wie der Stiftungsvorstand im Zweifel reagieren kann. Die insolvenzrechtliche Beurteilung und das Insolvenzverfahren bestimmen sich auch hier nach den allgemeinen insolvenzrechtlichen Grundsätzen.[35]

28 Während steuerpflichtige Unternehmen im Falle der Insolvenz eines Tochterunternehmens „nur" vor der Frage einer eigenen Folgeinsolvenz stehen, stellt sich bei gemeinnützigen Stiftungen zugleich auch die Frage nach Auswirkungen auf die eigene Gemeinnützigkeit.

I. Auswirkungen auf die Gemeinnützigkeit der Stiftung

29 Eine endgültige Insolvenz und die daran anschließende Abwicklung der Tochtergesellschaft bis zur Liquidation bedeutet eine endgültige Verwendung der gemeinnützig gebundenen Mittel der Stiftung. Sollte diese Verwendung nicht mit den Vorschriften der AO in Einklang stehen, so würde die Insolvenz der Tochtergesellschaft unmittelbar die Steuerbegünstigung der Stiftung gefährden:

30 – Die Durchführung eines Insolvenzplanverfahrens oder aber eines Insolvenzverfahrens, das zu einem Überschuss führt, gefährdet hingegen die Gemeinnützigkeit der Stiftung nicht unmittelbar. Wird im Rahmen der Insolvenz das von der Stiftung gewährte Kapital vollständig zurückgezahlt

33 Siehe Werner/Saenger/*Fritsche*, Rn 803.

34 Siehe Staudinger/*Hüttemann/Rawert* (2011), Vorbem 109 ff. zu §§ 80 ff. m.w.N.

35 Siehe *Schiffer/Sommer*, NWB 38/2010, 3046, 3050 f.; *Sauer/Schwarz*, StiftungsBrief 2010,228, 230 f.

oder wird die Tochterunternehmung fortgeführt, so liegt keine endgültige Mittelverwendung vor.

- Soweit es sich um eine steuerbegünstigte Tochtergesellschaft handelt, die bis zur Insolvenz ihren eigenen Satzungszwecken nachgegangen ist, sollte dies für die Frage der satzungsgemäßen Mittelverwendung der Stiftung unproblematisch sein. Ob die Stiftung sich am Stammkapital einer in ihrer ideellen Tätigkeit gescheiterten gGmbH beteiligt hat oder ob sie dieser GmbH einen Zuschuss im Rahmen von § 58 Nr. 2 AO gegeben hat, kann keinen Unterschied machen. Problematisch wird die Insolvenz hier erst, wenn der bei der Stiftung eingetretene Verlust mehr als die Hälfte der zeitnah zu verwendenden Mittel der Stiftung ausmacht.
- Schwieriger ist die Insolvenz einer steuerpflichtigen Tochterunternehmung einzuordnen. Auch hier stellt sich für die Stiftung primär die Frage nach dem Schicksal der eigenen Steuerbegünstigung wegen einer möglichen Mittelfehlverwendung. Das Stammkapital der Tochter und möglicherweise auch weitere Mittel der Stiftung werden in der Insolvenz dauerhaft der gemeinnützigen Sphäre entzogen. Für die Gemeinnützigkeit der Stiftung ist dies nur dann unschädlich, wenn die verwendeten Mittel entweder von vornherein nicht zeitnah und nicht gemeinnützig zu verwenden waren, oder die entstandenen Verluste mit entsprechenden Gewinnen der gleichen Sphäre (Vermögensverwaltung oder wirtschaftlicher Geschäftsbetrieb) wirksam verrechnet werden können. Eine Verrechnung der insolvenzbedingten Verluste der Stiftung mit freien Rücklagen nach § 62 Abs. 1 Nr. 3 AO ist nicht steuerunschädlich möglich. Die in dieser Rücklage ausgewiesenen Beträge sind lediglich von der zeitnahen Mittelverwendung ausgenommen, nicht aber von der ideellen Bindung. Denkbar ist der Ausgleich aber durch eine nicht steuerlich abziehbare Spende in die entsprechende Sphäre der Stiftung.

II. Vorgehen bei drohender Insolvenz eines Tochterunternehmens

Wenn sich bei einem Tochterunternehmen eine Insolvenzlage abzeichnet, stellt 31
sich für den Stiftungsvorstand damit die Frage, wie die Stiftung vorgehen soll.

Anhand der folgenden **Checkliste** lassen sich verschiedene Handlungsszenarien prüfen:[36]

36 Siehe schon *Schiffer/Sommer*, NWB 38/2010, 3046, 3051.

32 **Checkliste zur drohenden Insolvenz bei der Tochtergesellschaft einer Stiftung:**

- Soweit die Insolvenz alleine durch Liquiditätsschwierigkeiten droht, kann die Stiftung Gesellschafterdarlehen zur Verfügung stellen. Dies ist vor allem dann angezeigt, wenn die Liquidität absehbar in der Folge durch Bankdarlehen oder ein verbessertes Cash-Management gesichert werden kann.
- Ist eine Überschuldungssituation absehbar oder bereits eingetreten, ist die entscheidende Frage, ob eine Fortführungsprognose mit ausreichender Wahrscheinlichkeit bejaht werden kann.
- Der von der Insolvenzordnung eigentlich vorgesehene Weg, für Gesellschafterdarlehen einen Rangrücktritt zu erklären (§ 39 Abs. 2 InsO), ist nicht erforderlich. Nach § 19 Abs. 2 S. 2 InsO tritt die Überschuldung als Kriterium hinter die Fortführungsprognose zurück.
- Da ein Rangrücktritt eine Verschlechterung der Lage der Stiftung als Gläubiger bedeutet, kann schon in dieser Maßnahme eine Verschlechterung der Stiftungsansprüche gesehen werden. Eine solche Verschlechterung sollte nur in Kauf genommen werden, um eine zweifelhafte Fortführungsprognose auszugleichen. Gleiches gilt für die Gewährung von Gesellschafterdarlehen an eine bereits überschuldete Tochterunternehmung. Dies sollte ebenfalls nur in unumgänglichen Fällen erfolgen, da sich mit jedem weiteren Darlehen das Risiko der Stiftung erhöht.
- Bei einer gemeinnützigen Tochtergesellschaft besteht die Möglichkeit, die Krise durch einen Zuschuss im Rahmen des § 58 Nr. 2 AO oder, soweit nach der Stiftungssatzung zulässig, auch nach § 58 Nr. 1 AO zu bekämpfen.
- Bei einer drohenden Insolvenz eines Tochterunternehmens sollte eine Stiftung jedenfalls stets eine realistische Einschätzung der Zukunftsaussichten dieses Unternehmens vornehmen.

Zugleich sollte überprüft werden, welche Auswirkungen eine Insolvenz auf die Gemeinnützigkeit der Mutter hat. Wenn eine Insolvenz ohne Schaden für die Stiftung abgewickelt werden kann, sollte nur ein im Kern gesundes Unternehmen weiter unterstützt werden, um der Bindung der Stiftungsgelder an gemeinnützige Zweckverwendung dauerhaft zu entsprechen. Eine rechtzeitige Insolvenz mindert hier möglicherweise den Schaden.

§ 8 Zur Besteuerung der selbstständigen Stiftung

Was bietet dieses Kapitel?
Gerade bei Stiftungen ist der Blick in der Praxis auch immer auf das Steuerrecht gerichtet. Das gilt jedenfalls im Steuerland Deutschland. Wir scheinen ein durchaus steuerfixiertes Volk zu sein. Und das gilt hier nicht nur im Zusammenhang mit steuerbefreiten Stiftungen, die die besondere Steuerregeln einhalten müssen. Es gilt auch für die sonstigen Stiftungen. Dieses Kapitel behandelt wesentliche Praxisfragen der Besteuerung der nicht steuerbefreiten Stiftung von der Errichtung bis zur Auflösung – und zwar mit einem gewissen Schwerpunkt auf der Familienstiftung.

Übersicht: Rn

A. Die Stiftung ist grundsätzlich steuerpflichtig

Es gibt kein einheitliches Steuerrecht für Stiftungen, sondern viele verschiedene 1
Steuertatbestände.[1] Steuerrechtliche Vorschriften zu Stiftungen finden sich verstreut über die Steuergesetze. Von „Stiftungssteuerrecht im engeren Sinne“[2] spricht man in der Praxis nur, wenn man das Steuerrecht der steuerbefreiten

1 Siehe zum „Stiftungssteuerrecht ohne Gemeinnützigkeitsrecht“ etwa: *Drüen*, Unternehmensverbundene Stiftungen und ihre Besteuerung, 2011; *Baumann/Seer/Krumm*, Fachberater für Unternehmensnachfolge (DStV e.V.), 2011, S. 851 ff.; *ders.*, in: Die Stiftung. Jahreshefte zum Stiftungswesen, 3. Jahrgang 2009, S. 89 ff. (Besteuerung von Unternehmensstiftungen); *Götz*, NWB 2008, F. 2, 10107 (Unternehmensverbundene Stiftungen); v. Campenhausen/Richter/*Richter*, §§ 39 ff. *Bianchini-Hartmann/Richter*, FS zum zehnjährigen Bestehen von P+P Pöllath & Partner, 2008, S. 337 ff. (Familienstiftungen).

2 Im Folgenden schlagwortartig auch nur „Stiftungssteuerrecht“ genannt.

Stiftung meint (§§ 51 ff. AO). Es wird, abgesehen von einigen Sonderpunkten, die hier im Gesamtzusammenhang angesprochen werden, in § 9 behandelt.

2 Grundsätzlich ist eine Stiftung zu besteuern wie jede sonstige Körperschaft. Sie ist steuerpflichtig, es sei denn, sie ist etwa wegen Gemeinnützigkeit oder Mildtätigkeit steuerbefreit (siehe dazu § 9 Rn 1 ff.). Eine Stiftung ist schon aus diesem Grunde **kein Steuersparmodell!** Rein steuerliche Gründe sollten ohnehin nicht ausschlaggebend für die Wahl einer Stiftungskonstruktion sein. Dafür ist einerseits das Steuerrecht zu schnelllebig und andererseits eine Stiftung – mit der Ausnahme der Verbrauchsstiftung (siehe § 2 Rn 14 ff.) – zu langfristig angelegt. Dennoch sind die **möglichen echten oder vermeintlichen steuerlichen Vor- und Nachteile** von Stiftungsgestaltungen (Hauptstichworte: Steuerbefreiung und Ersatzerbschaftsteuer) zweifellos ein ganz wesentliches Thema einer jeden Beratung für ein Stiftungsprojekt.

Obwohl – und das nicht nur für den Unternehmensbereich – bei der Entscheidung über die Wahl einer Stiftungskonstruktion steuerliche Erwägungen und etwaige steuerliche Vorteile grundsätzlich nicht ausschlaggebend sein sollten, ist ein **steuerlicher Belastungsvergleich** mit anderen denkbaren Gestaltungsformen (siehe auch § 9)[3] durchaus sinnvoll. Die steuerliche Optimierung einer auch aus sonstigen – etwa betriebswirtschaftlichen oder familiären – Gründen als sinnvoll erkannten Gestaltung ist natürlich ein grundsätzlich richtiger Ansatz gerade zur Erhaltung des Vermögens. Das gilt nach den bisherigen und fortlaufend andauernden Reformen des Unternehmens- und des Stiftungssteuerrechts ganz besonders. Es gilt der bekannte Grundsatz:

„In Steuern denken, aber nicht wegen Steuern lenken."

Allerdings kann auch der detaillierteste steuerliche Belastungsvergleich angesichts des bekanntlich besonders schnelllebigen deutschen Steuerrechts einerseits und der Ewigkeitstendenz (Stichwort: steuerliche Einbahnstraße) der Stiftung andererseits immer nur eine Momentaufnahme sein.

Von daher überzeugt es gar nicht, wenn beispielsweise *Heuser/Frye*[4] in einem Aufsatz zur Familienstiftung als Möglichkeit zur Gestaltung der Unternehmensnachfolge die Erbersatzsteuer nur ganz kurz erwähnen und einerseits ausdrücklich den „Ewigkeitswert der Stiftung" als Gestaltungsgrundlage betonen,[5] dann aber andererseits auf sechs Seiten[6] einen ertragsteuerlichen Belas-

---

3 *Teufel*, Steuerliche Rechtsformoptimierung, 2002; *Hierl/Huber*, Rechtsformen und Rechtsformwahl: Recht, Steuern, Beratung, 2008.

4 *Heuser/Frye*, BB 2011, 983 ff. Ähnlich die ebenfalls einseitig steuerrechtliche Darstellung von *Zensus/Schmitz*, NJW 2012, 1323.

5 *Heuser/Frye*, BB 2011, 983, 984, rechte Spalte oben.

6 *Heuser/Frye*, BB 2011, 983, 986–991.

tungsvergleich natürlich nach dem damalig aktuellen Rechtsstand darstellen. Das leitet den unbefangenen Leser in die Irre. Es mag der deutschen „Steuersparwut" geschuldet sein, die die Autoren bei ihren Ausführungen geleitet haben mag. Das entspricht aber nicht wirklich den Anforderungen an eine profunde Beratung im Stiftungswesen.

In diesem Buch kann natürlich das Steuerrecht der Stiftung ersichtlich nicht vollständig dargestellt werden, es können aber grundsätzliche Aussagen getroffen und in der Praxis besonders wesentliche Fragen behandelt werden. Das versuche ich im Folgenden.

Die in der Praxis wichtige Frage, **ab wann die Steuerpflicht und die Steuerprivilegierung** im Zusammenhang mit der Stiftungserrichtung eintreten, wurde bereits an anderer Stelle behandelt (siehe § 3 Rn 112 ff.). 3

B. Errichtungsbesteuerung

I. Erbschaftsteuer, Schenkungsteuer

Die Übertragung von Vermögenswerten (Zuwendungen zum Grundstockvermögen, aber auch Zustiftungen und „Spenden") auf eine (inländische) Stiftung (zu ausländischen Stiftungen siehe § 13) ist grundsätzlich **schenkung- oder erbschaftsteuerpflichtig.**[7] 4

Das gilt auch, wenn es sich um die Errichtungsdotation (Zahlung in das Grundstockvermögen) für eine von einer Stiftung errichtete Stiftung handelt.[8]

Es gilt natürlich dann nicht, wenn die (Ziel-)Stiftung wegen der Förderung gemeinnütziger, mildtätiger oder kirchlicher Zwecke steuerbefreit ist.[9] Die Steuerbefreiung fällt allerdings nach dem Gesetz mit Wirkung für die Vergangenheit weg,
- wenn die Voraussetzungen für die Anerkennung der Stiftung als kirchliche, gemeinnützige oder mildtätige Institution innerhalb von zehn Jahren nach der Zuwendung entfallen
- und das Vermögen nicht steuerlich begünstigten Zwecken zugeführt wird.

---

7 § 1 Abs. 1 Nr. 2, § 2 Abs. 1 Nr. 2, § 7 Abs. 1 Nr. 8 ErbStG bzw. § 1 Abs. 1 Nr. 1 und § 3 Abs. 2 Nr. 1 ErbStG; siehe auch *Halaczinsky*, Die Erbschaft- und Schenkungsteuererklärung, 3. Aufl. 2014, § 4 Rn 47; siehe auch *ders.* zu Tendenzen in der erbschaftsteuerlichen Rechtsprechung bei Erwerben durch und von Stiftungen, ZErb 2015, 193; allg. zum ErbStG laufend aktualisiert: F/J/P/W, ErbStG (5. Aufl. 2014).

8 BFH, Urt. v. 13.4.2011 – II R 45/09 = ZEV 2011, 441.

9 § 13 Abs. 1 Nr. 16b ErbStG, siehe zur Besteuerung der „steuerbefreiten" Stiftung § 9.

5 Die Schenkung- und Erbschaftsteuer ist unterschiedlich hoch, je nachdem, welchen Verwandtschaftsgrad der Bedachte und der Schenker/Erblasser haben. Die insoweit einschlägigen Steuerklassen ergeben sich aus § 15 Abs. 1 ErbStG. Der Steuersatz ist in Abhängigkeit von der Steuerklasse in § 19 ErbStG geregelt. Dort findet sich aktuell die folgende Tabelle:

Wert des steuerpflichtigen Erwerbs (§ 10) bis einschließlich … EUR	**Prozentsatz in der Steuerklasse**		
	I	II	III
75.000	7	15	30
300.000	11	20	30
600.000	15	25	30
6.000.000	19	30	30
13.000.000	23	35	50
26.000.000	27	40	50
Über 26.000.000	30	43	50

6 Eine Vermögensübertragung auf eine Stiftung ist demnach schenkung- und erbschaftsteuerlich nicht vorteilhafter als die Übertragung auf Abkömmlinge, sondern wegen der jedenfalls grundsätzlich höheren Steuerklasse sogar tendenziell steuerlich ungünstiger:

- Da die Stiftung als juristische Person in keinem Verwandtschaftsverhältnis zum Stifter steht, ist grundsätzlich die **ungünstige Steuerklasse III** anzuwenden. Das gilt etwa auch dann, wenn der Stiftungsvorstand (!) nur aus den Abkömmlingen des Schenkers/Erblassers besteht. Eine andere Steuerklasse kann sich gem. § 15 Abs. 2 ErbStG für eine rechtsfähige inländische Familienstiftung ergeben, wenn der entfernteste Berechtigte zum Erblasser oder Schenker in eine andere Steuerklasse fallen würde. Auf mögliche Steuervorteile (günstigere Steuerklassen) der Familienstiftungen gehe ich sogleich näher ein (siehe Rn 17 ff.).
- Die Steuer entsteht bei bereits lebzeitig errichteten Stiftungen mit der Zuwendung (§ 9 Abs. 1 Nr. 2 ErbStG).
- Die Steuer entsteht bei Stiftungen, die von Todes wegen errichtet werden, mit dem Zeitpunkt der Anerkennung der Stiftung (§ 9 Abs. 1c ErbStG; Fiktion des § 84 BGB).[10]
- In der Zeit zwischen dem Tod des Erblassers und der Anerkennung der Stiftung können sich allerdings **Wertänderungen** bei dem der Stiftung als

10 *Fischer*, in: F/J/P/W, ErbStG, § 9 Rn 48.

Erstausstattung zugewendeten Vermögen ergeben. Diese sind bei der steuerlichen Wertermittlung grundsätzlich zu berücksichtigen.[11]

- Das gilt nach der Rechtsprechung des BFH auch für die postmortalen Erträge dieses Vermögens, was indes in der Fachliteratur kritisch gesehen wird.[12]

Steuerschuldner sind nach § 20 ErbStG im Fall der Schenkung die Stiftung als Beschenkte und der Stifter als Schenker sowie im Erbfall die Stiftung als Erbin. 7

Praxishinweis: Erbschaftsteuer

1. Übernahme der Steuerschuld und Steuerzahlung

Hat der Erblasser die Entrichtung der von dem Erwerber geschuldeten Steuer einem anderen auferlegt oder hat der Schenker die Entrichtung der vom Beschenkten geschuldeten Steuer selbst übernommen oder einem anderen auferlegt, gilt als zu besteuernder Erwerb der Betrag, der sich bei einer Zusammenrechnung des Erwerbs mit der aus ihm errechneten Steuer ergibt.[13]

2. Steuerschulden des Erblassers

Auch vom Erblasser herrührende Steuerschulden für das Todesjahr (!) sind etwa für eine Stiftung als Erbin nach § 10 Abs. 5 Nr. 1 ErbStG abzugsfähige Nachlassverbindlichkeiten. So hat der BFH am 4.7.2012 in Änderung seiner bisherigen Rechtsprechung entschieden.[14]

Die Steuer wird erhoben auf den Reinerwerb der Stiftung, wobei im Fall betrieblichen Vermögens die so genannten **Verschonungsregeln** nach § 13a ErbStG maßgebend sind, jedenfalls solange nach dem Urteil des BVerfG vom 17.12.2014[15] (noch) kein insoweit neues Erbschaftsteuerrecht vorliegt.[16] 8

Das BVerfG hat, wie schon in der Vorauflage angenommen,[17] die Verfassungswidrigkeit der betreffenden Normen festgestellt. Das BVerfG hat damit in dem

---

11 Ausf. *Gebel*, BB 2001, 2554. Aus jüngerer Zeit siehe auch *Bianchini-Hartmann/Richter*, FS zum zehnjährigen Bestehen von P+P Pöllath & Partner, S. 337 (341 f.); v. Campenhausen/Richter/*Richter*, § 40 Rn 12.

12 BFH BB 1996, 731; *Gebel*, BB 2001, 2554 (2559 f.) ist dagegen der Ansicht, dass das erbschaftsteuerliche Stichtagsprinzip ausnahmsweise zu durchbrechen ist, um nicht zu einer systemwidrigen Doppelbesteuerung nach ErbStG und nach KStG zu gelangen. Zur Kritik siehe auch v. Campenhausen/Richter/*Richter*, § 40 Rn 12 m.w.N.

13 Ausf. dazu *Jüptner*, in: F/J/P/W, ErbStG, § 10 Rn 65 ff.

14 BFH, Urt. v. 4.7.2012 – II R 15/11 = DStR 2012, 1698 ff.

15 BVerfG, Urt. v. 17.12.2014 – 1 BvL 21/12 = NJW 2015, 303.

16 Siehe etwa die Besprechung des Urteils von *Schiffer*, npoR 2015, 4 mit zahlreichen Nachweisen. Siehe dort auch zu den folgenden Ausführungen; siehe auch *Brüggemann*, Erbfolgebesteuerung 2015, 56.

17 Siehe Vorauflage, § 7 Rn 8.

von vielen erwarteten Rahmen und auf seiner bisherigen Linie entschieden. Der Gesetzgeber hat einen erheblichen Entscheidungsspielraum, um in den „kleinen" Fällen (unter 20 Mitarbeiter) und den großen Fällen sowie zur Abgrenzung zwischen kleinen und mittleren Unternehmen und Großunternehmen die anstehende gesetzliche Neuregelung zu schaffen. Das ist wieder keine leichte Aufgabe, auch wenn das BVerfG dem Gesetzgeber einige praktische Hinweise gegeben hat. Natürlich wird auch die Nutzung der Steuerbegünstigungen der §§ 13a, 13b ErbStG etwa durch Familienstiftungen propagiert.[18] Das (Gesamt-)Thema ist von politischen, ideologischen und Gerechtigkeitserwägungen besonders betroffen, wie nicht zuletzt das Sondervotum zu dem Urteil zeigt.

Nach einem Referentenentwurf[19] und einer immer weitergehenden umfangreichen (Fach-)Diskussion[20] liegt inzwischen ein **Gesetzesentwurf** vor,[21] der natürlich auch wieder diskutiert wird.[22] Das genaue Ergebnis des Gesetzgebungsverfahrens ist nicht prognostizierbar, die Richtung schon: Zur Panik besteht kein Anlass.[23]

9 **Praxishinweis: Warnung des BVerfG vor überzogenen Gestaltungen**
Das BVerfG konstatiert u.a. nicht gerechtfertigte Ungleichbehandlungen, insoweit das Gesetz gewisse steuerliche Gestaltungen zulasse oder jedenfalls bis zum 6.6.2013 zugelassen habe. Das Gericht nennt als Beispiele die exzessive Ausnutzung der Befreiung von der Lohnsummenpflicht durch die Aufspaltung in Besitz- und Betriebsgesellschaften, die Umgehung der 50 %-Regel (§ 13b Abs. 2 S. 1 ErbStG) für Verwaltungsvermögen durch Nutzung von Konzernstrukturen und die Begünstigung von Geldvermögen durch die Schaffung von „Cash-Gesellschaften" (Rn 255 ff., 280 des Urteils).
Ausgesprochen bemerkenswert finde ich in dem Zusammenhang den Hinweis des BVerfG auf die nicht gewünschte „exzessive Ausnutzung gerade der als gleichheitswidrig befundenen Ausgestaltungen" der (noch weiterhin

18 Siehe etwa *Königer*, ZEV 2013, 433.

19 Dazu etwa *Hannes*, ZEV 2015, 371; *Karezkij*, DStR 2015, 1337 und 1649, *Richter/Eger*, ZStV 2015, 140; *Erkis*, DStR 2015, 1409; *von Oertzen/Reich*, BB 2015, 1559, *Landstittel*, ZErb 2015, 224; *Steger/Königer*, BB 2015, 1623; *Brüggemann*, Erbfolgebesteuerung 2015, 163.

20 Siehe nur *Pahlke*, ZEV, 377; *Spiegelberger*, ZErb 2015, 229; *Kirchhof*, DStR 2014, 1473.

21 Verabschiedet vom Bundeskabinett am 8.7.2015; http://www.bundesfinanzministerium.de/Content/DE/Pressemitteilungen/Finanzpolitik/2015/07/2015–07–08-PM25.html.

22 Siehe etwa *Brüggemann*, Erbfolgebesteuerung 2015, 206; *Stalleiken/Holtz*, ErbR 2015, 423.

23 Siehe schon *Schiffer*, StiftungsBrief 2015, 21.

geltenden) §§ 13a und 13b ErbStG, die ja nach h.M. nicht unter § 42 AO fallen sollen.[24]
In seinem Vorlagebeschluss hatte der BFH ausdrücklich die Gestaltung einer Cash-GmbH anerkannt.[25] Die herrschende Meinung ist dem gefolgt.[26] *Wachter*[27] vermutet, der BFH habe mit der Anerkennung dieser Gestaltung die Fehlanreize der Verschonungsregelungen besonders deutlich machen wollen, habe sie dadurch aber (natürlich) faktisch verstärkt. Zumindest Letzterem ist zuzustimmen. Diese „Cash-GmbH" hatte ja quasi ein besonders positives „BFH-Siegel" erhalten.
Die auch in der Literatur angeführte Begründung, ein Verstoß gegen § 42 AO habe nicht vorgelegen, denn sonst wäre ja die Gesetzesänderung entbehrlich gewesen,[28] überzeugt jedenfalls nicht. Der Gesetzgeber kann hier angesichts der „Beliebtheit" der Cash-GmbH sehr wohl klarstellend und rigoros eingeschritten sein, um sich nicht auf Einzelfallentscheidungen der Finanzverwaltung nach § 42 AO verlassen zu müssen. Das ist hier nicht weiter zu vertiefen. Das Thema ist angesichts der deutlichen Worte des BVerfG obsolet geworden:
Der Gesetzgeber ist nach dem Urteil des BVerfG verpflichtet, eine Neuregelung spätestens bis zum 30.6.2016 zu treffen (Rn 293). *„Außerdem"*, so das BVerfG wörtlich (Rn 292), *„ist zu berücksichtigen, dass die Anordnung der Fortgeltung der verfassungswidrigen Normen keinen Vertrauensschutz gegen eine auf den Zeitpunkt der Verkündung dieses Urteils bezogene rückwirkende Neuregelung begründet, die einer exzessiven Ausnutzung gerade der als gleichheitswidrig befundenen Ausgestaltungen der §§ 13a und 13b ErbStG die Anerkennung versagt."*
Diesen kaum wirklich justitiablen, eher generalklauselartigen Hinweis verstehe ich als eine deutliche Warnung in Richtung von Gestaltungsauswüchsen[29] ähnlich der Cash-GmbH. Ich schließe aus dem ungewöhnlichen Hinweis des BVerfG, dass das durchaus auch generell gemeint ist, weil grenzwertige Gestaltungen dem Rechtssystem nicht dienen. Schon weil eine überzeugende Abgrenzung der exzessiven Ausnutzung ersichtlich sehr schwierig ist, ist das ein ganz weites Feld, das wir noch näher zu untersuchen

24 Siehe dazu kritisch *Schiffer*, npoR 2015, 4.
25 BFH v. 27.9.2012 – II R 9/11, BStBl II 2012, 899 (Rn 120); DStR 2012, 2063, Rn 117 ff.
26 *von Oertzen*, BB 2013, 1559 f. m.w.N.; siehe auch *Brüggemann*, Erbfolgebesteuerung 2012, 289, 291 m.w.N.
27 *Wachter*, DStR 2012, 2301, 2305.
28 Siehe etwa *von Oertzen*, BB 2013, 1559, 1560 unter Hinweis auf BFH, a.a.O., Rn 120 und auf *Geck*, ZEV 2012, 399.
29 *Schiffer*, Zwischenruf: Grenzwertige Gestaltungen provozieren Überreaktionen, StiftungsBrief 2012, 142.

haben werden und das uns auch wegen der grundsätzlichen Bedeutung wohl noch lange beschäftigen wird. Wir Gestaltungsberater sind gut beraten, uns das sehr genau anzusehen und das nicht nur bei der Unternehmensnachfolgegestaltung (siehe auch § 14 Rn 25 ff.).

10 Anzusetzen ist im Erbfall als steuerlicher Wert das **Rohvermögen unter Abzug der Kosten,**[30] die unmittelbar im Zusammenhang mit dem Erwerb durch die Stiftung stehen (z.B. Kosten einer notariell zu beurkundenden Grundstücksübertragung oder einer Handelsregisteranmeldung bei der Übertragung eines Kommanditanteils). Bei der Errichtung einer Stiftung von Todes wegen sind außerdem folgende **Abzugsposten** zu beachten, falls die Stiftung Erbin ist:
- Nachlassverbindlichkeiten,
- Verbindlichkeiten des Erblassers,
- Vermächtnisse und
- Pflichtteils- und Erbersatzansprüche.

Keine den steuerlichen Wert des Stiftungsvermögens mindernde Last ist hingegen die Verpflichtung der Stiftung, das Stiftungsvermögen satzungsgemäß zu verwenden.

11 **Praxishinweis: Nachträgliche Steuergestaltung – § 29 Abs. 1 Nr. 4 ErbStG**[31]
Das Erbschaftsteuerrecht gibt im Zusammenhang mit steuerbefreiten Stiftungen die Möglichkeit der nachträglichen (!) steuerlichen Gestaltung:
Die Steuer **erlischt nachträglich**, soweit Vermögensgegenstände innerhalb von 24 Monaten nach dem Zeitpunkt der Entstehung der Steuer u.a. einer inländischen Stiftung zugewendet werden, die nach der Satzung, dem Stiftungsgeschäft oder der sonstigen Verfassung und ihrer tatsächlichen Geschäftsführung (!) ausschließlich und unmittelbar als gemeinnützig anzuerkennenden Zwecken i.S.d. §§ 52–54 AO mit Ausnahme der Zwecke nach § 52 Abs. 2 Nr. 23 AO (sog. Freizeitzwecke)[32] dient. Das gilt nach dem Gesetz ausdrücklich nicht, wenn die Stiftung Leistungen im Sinne des § 58 Nr. 5 AO (siehe § 8 Rn 133 ff.) an den Erwerber oder seine nächsten Angehörigen zu erbringen hat oder soweit für die Zuwendung die Vergünstigung nach § 10b EStG, § 9 Abs. 1 Nr. 2 KStG oder § 9 Nr. 5 GewStG in Anspruch genommen wird („Spendenregelung“). Für das Jahr der Zuwendung ist (dann) bei der Einkommensteuer oder Körperschaftsteuer und bei der Gewerbesteuer unwiderruflich zu erklären, in welcher Höhe die Zuwendung

30 § 10 Abs. 5–9 ErbStG.
31 Siehe dazu etwa auch *Lüdicke*, ZEV 2007, 254; *Gluth*, ErbStB 2009, 225.
32 Näher *Tipke*, in: Tipke/Kruse, AO/FGO, § 52 AO Tz 52 ff.

als Spende zu berücksichtigen ist. Die Erklärung ist für die Festsetzung der Erbschaftsteuer oder Schenkungsteuer bindend.

Eine **Vermögensübertragung einer nicht steuerbefreiten Stiftung** auf eine von ihr neu errichtete rechtsfähige Stiftung ist nach § 7 Abs. 1 Nr. 8 S. 1 ErbStG ebenfalls schenkungsteuerpflichtig, und zwar unabhängig von den damit verfolgten Zielen und den der neuen Stiftung nach ihrer Satzung obliegenden Aufgaben, soweit nicht eine Steuerbefreiung etwa wegen Gemeinnützigkeit eingreift.[33] Dabei spielt nach Ansicht des BFH insbesondere keine Rolle, wenn die neu gegründete Stiftung nach ihrer Satzung bezogen auf bestimmte Personen weitgehend identischen Zwecken wie die Stifterin dient. Das ändere nämlich nichts an dem für die Besteuerung entscheidenden Umstand, dass die Vermögensübertragung auf die neue Stiftung unentgeltlich erfolgt, soweit keine Gegenleistung wie etwa die Übernahme von Verbindlichkeiten der Stifterin zu erbringen ist.[34] 12

II. Ertragsteuern

Ertragsteuer (Einkommensteuer, Körperschaftsteuer, Gewerbesteuer) fällt bei einer Stiftungserrichtung nur ausnahmsweise an, nämlich nur, wenn die von dem Stifter auf die Stiftung übertragenen **Vermögensgegenstände aus einem Betriebsvermögen** des Stifters stammen. 13

- Die **unentgeltliche Übertragung einzelner Wirtschaftsgüter aus einem Betriebsvermögen** auf eine Stiftung führt als Entnahme im einkommensteuerlichen Sinne grundsätzlich zu einer Besteuerung der in den betreffenden Wirtschaftsgütern enthaltenden stillen Reserven bei dem entnehmenden Stifter (§ 6 Abs. 1 Nr. 4 EStG). Ist beispielsweise eine GmbH die Stifterin, so löst eine solche Entnahme bei ihr entsprechend Körperschaftsteuer aus (§ 8 Abs. 1 KStG).
- Das EStG gibt eine **Sonderregelung für gemeinnützige Stiftungen** (§ 6 Abs. 1 Nr. 4 S. 4 und 5 EStG), die über § 8 Abs. 1 KStG auch für eine Körperschaft als Stifterin gilt und die hier im Gesamtzusammenhang angesprochen werden soll:[35] Wird ein Wirtschaftsgut unmittelbar nach seiner Entnahme einer nach § 5 Abs. 1 Nr. 9 des KStG von der Körperschaftsteuer befreiten Stiftung zur Verwendung für steuerbegünstigte Zwecke im Sinne des § 10b Abs. 1 S. 1 EStG unentgeltlich überlassen, so kann (Wahlrecht!) die Entnahme mit dem Buchwert angesetzt werden („Buchwertprivileg").

33 BFH v. 13.4.2011 – II R 45/09, BB 2011, 1768 ff. = ErbR 2011, 280; siehe dazu *Gemmer*, StiftungsBrief 2011, 156 ff.

34 BFH v. 13.4.2011 – II R 45/09 = ErbR 2011, 280, 281 Rn 17.

35 Grundsätzlich wird die Steuerbefreiung der Stiftung im nächsten Kapitel behandelt.

- Das gilt auch bei der entgeltlichen Übertragung eines Gewerbebetriebes durch einen Einzelunternehmer, wenn der Betrieb bei der steuerbegünstigten Stiftung als Zweckbetrieb (§§ 65 ff. AO) „fortgesetzt" wird.[36]
- Die Sonderregelung gilt nach dem Gesetz aber ausdrücklich nicht für die Entnahme von Nutzungen und Leistungen (S. 5 der Vorschrift).
- Dieses Buchwertprivileg bezieht sich auf alle Wirtschaftsgüter im Sinne des Steuerrechts, d.h. es erfasst u.a. Forderungen, Lizenzen und Gesellschaftsbeteiligungen.[37]
- Im Gegensatz dazu fallen **unentgeltliche Übertragungen eines Betriebes oder Teilbetriebes oder eines Mitunternehmeranteils** auf eine Stiftung unter § 6 Abs. 3 EStG. Hier sind die Buchwerte von der Stiftung fortzuführen.[38]
- Bei der unentgeltlichen Übertragung **von Anteilen/Beteiligungen an Kapitalgesellschaften** ist zu unterscheiden:
  - Befinden sich die Anteile im Betriebsvermögen, so gilt § 6 Abs. 1 Nr. 4 S. 4 EStG („Buchwertprivileg").
  - Handelt es sich um Anteile/Beteiligungen, die im Privatvermögen gehalten werden, so entsteht keine Einkommensteuer.

Eine ganz andere Frage ist die der Ausstellung der Zuwendungsbestätigung für solche „Sachzuwendungen".[39]

III. Sonstige Steuern

14 Da die Vermögensübertragung zur Stiftungserrichtung ersichtlich in die Vermögenssphäre der Stiftung und nicht in deren Einkommenssphäre fällt, löst die Vermögensausstattung der Stiftung bei ihr (Stiftung!) auch **keine Körperschaftsteuer** und **keine Gewerbesteuer** aus. Beide Steuerarten sind Ertragsteuern – auch die Gewerbesteuer. Bei der Gewerbesteuer ist die Bemessungsgrundlage der „Gewerbeertrag", der vom einkommen- und körperschaftsteuerlichen Gewinn durch Hinzurechnungen und Kürzungen berechnet wird.[40]

15 Bei der Umsatzsteuer läuft die steuerliche Bewertung der einzelnen Vorgänge anders als bei der Ertragsteuer. Hier fällt bei der Errichtung der Stiftung grundsätzlich **Umsatzsteuer** an. Es ist zu unterscheiden:

- Die Entnahme von **Vermögensgegenständen** aus einem Einzelunternehmen des Stifters oder aus einer Personengesellschaft zur Übertragung auf

36 *Hüttemann*, DB 2008, 1590; *Buchna/Seeger/Brox*, S. 456.
37 *Hüttemann*, DB 2008, 1590; *Buchna/Seeger/Brox*, S. 451.
38 *Buchna/Seeger/Brox*, S. 456.
39 Ausf. dazu *Buchna/Seeger/Brox*, S. 446 ff.
40 § 7 GewStG; siehe etwa auch v. Campenhausen/Richter/*Richter*, § 41 Rn 66.

die Stiftung bei deren Errichtung ist umsatzsteuerpflichtig (§ 3 Abs. 1b UStG). Auch die unentgeltliche „Lieferung“ von Vermögensgegenständen durch eine Körperschaft, an der der Stifter beteiligt ist, an eine Stiftung unterliegt ebenfalls der Umsatzsteuer.

– Die unentgeltliche Übertragung eines Betriebes oder Teilbetriebes zur Stiftungserrichtung unterliegt nicht der Umsatzsteuer, da es sich um nicht steuerbare „**Geschäftsveräußerung** im Ganzen“ handelt (§ 1 Abs. 1a UStG).

Die voll **unentgeltliche Grundstücksübertragung** im Rahmen eines Stif- 16
tungsgeschäfts ist als Grundstückserwerb von Todes wegen oder als Grundstücksschenkung unter Lebenden von der **Grunderwerbsteuer** befreit.[41] Hier gibt es jedoch ein **Problem**, denn vom Wortlaut der Befreiungsvorschrift ist der Fall der Übertragung einer (jedenfalls) 95 %igen Beteiligung an einer Kapitalgesellschaft nicht erfasst, zu deren Vermögen Grundbesitz gehört. Dieser Vorgang ist an sich grunderwerbsteuerpflichtig.[42] Es fragt sich aber, ob die personenbezogene Befreiungsvorschrift des § 3 GrEStG nach ihrem Sinn und Zweck auf diesen Fall trotzdem anzuwenden ist. Die h.M. sieht das so und wendet § 3 GrEStG ungeachtet des Wortlauts „Grundstückserwerb“ grundsätzlich auf sämtliche Tatbestände von § 1 GrEStG an, mithin auch auf § 1 Abs. 3 Nr. 3 und 4 GrEStG.[43] Der Übergang ist also auch in diesem Fall nach § 3 Nr. 2 GrEStG steuerbefreit.

Die mit der staatlichen Anerkennung einer Stiftung als rechtsfähig entstehende Verpflichtung zur Übereignung eines inländischen Grundstücks gemäß Zusicherung in einem wirksamen Stiftungsgeschäft löst die GrESt-Pflicht aus, nicht erst die nachfolgende Übertragungserklärung und Auflassung.

IV. Steuervorteile bei der Familienstiftung?

Bei der Erbschaft- und Schenkungsteuer kann die Familienstiftung u.U. einen 17
Vorteil bieten. Bei ihr richtet sich die Steuerklasse nach dem Verwandtschaftsverhältnis des nach der Stiftungsurkunde entferntest Berechtigten zu dem Stifter (§ 15 Abs. 2 S. 1 ErbStG). Da sich die Familienstiftung je nach Gegebenheiten im Einzelfall so gestalten lässt, dass als Begünstigte des Stifters nur seine Angehörigen, die unter die günstigeren Erbschaftsteuerklassen I und II fallen,

41 § 3 Nr. 2 GrEStG; *Meßbacher-Hönsch*, in: Boruttau, GrEStG, § 3 Rn 214; ausf. zur Grunderwerbsteuer bei der Stiftungsgründung: *Wachter*, DStR 2012, 1900 ff.; siehe auch BFH, Urt. v. 27.11.2013 – II R 11/12 und die Entscheidung der Vorinstanz FG Schleswig-Holstein, Urt. v. 8.3.3012 – 3 K 118/11.

42 Siehe § 1 Abs. 3 Nr. 3 und 4 GrEStG.

43 Siehe *Götz*, NWB 2005, F. 2, 8603 (8614) m.w.N.; *Meßbacher-Hönsch*, in: Boruttau (Hrsg.), GrEStG, § 3 Rn 18 und Rn 105.

genannt werden, lassen sich hier ggf. wesentliche steuerliche Vorteile erzielen. Bei einer auf „ewig“ angelegten Stiftung, die von vornherein Generationen von Destinatären aus der Familie unterstützen soll, kann dieser Weg aber ersichtlich nicht beschritten werden.

- In die **Steuerklasse I** fallen der Ehegatte des Stifters, seine Kinder und Stiefkinder sowie die Abkömmlinge der Kinder und Stiefkinder; im Falle des Erwerbes von Todes wegen auch die Eltern und Voreltern.
- In die **Steuerklasse II** fallen die Eltern und Voreltern, wenn sie nicht unter Steuerklasse I fallen, die Geschwister, die Abkömmlinge ersten Grades von Geschwistern, die Stiefeltern, die Schwiegerkinder, die Schwiegereltern und der geschiedene Ehegatte.

18 **Enkel und Urenkel** sind erst seit dem 1.1.1996 in allen Fällen in die Steuerklasse I aufgenommen worden. Diese Steuerklasse galt zuvor nur für sog. „Waisenenkel“ (vgl. auch § 1924 Abs. 3 BGB), d.h. die Kinder verstorbener Kinder. Im Rahmen der **persönlichen Freibeträge** wird diese Unterscheidung weiter aufrechterhalten: Kinder und Kinder verstorbener Kinder erhalten gem. § 16 Abs. 1 Nr. 2 ErbStG einen persönlichen Freibetrag i.H.v. 400.000 EUR. Enkel (nicht Urenkel), deren Eltern noch leben, erhalten dagegen gem. § 16 Abs. 1 Nr. 3 ErbStG nur einen persönlichen Freibetrag i.H.v. 200.000 EUR. Im Übrigen gilt ein Freibetrag i.H.v. 100.000 EUR. Kindern und Stiefkindern[44] steht im Falle des Erwerbes von Todes wegen gem. § 17 Abs. 2 ErbStG zudem ein Versorgungsfreibetrag zu, der der Höhe nach je nach Alter des Kindes oder Stiefkindes gestaffelt ist.

19 Maßgebend für die Errichtungsbesteuerung einer inländischen Familienstiftung (!) ist das **Verwandtschaftsverhältnis des nach der Stiftungsurkunde entferntest Berechtigten im Verhältnis zum Schenker/Erblasser/Stifter**. Damit erlangt die Familienstiftung bei der Steuerklasse eine Sonderstellung, ist die Stiftung doch gerade nicht mit dem Stifter verwandt, so dass an sich immer die Steuerklasse III gegeben wäre. Tatsächlich sind nach dem Gesetz die Steuerklassen I, II (z.B. II. Nr. 1 –Eltern – oder Nr. 5 – Schwiegerkinder) und ggf. auch III (früher ErbStR 2003 H 73 ErbStR a.E.: Errichtung allgemein zugunsten der

44 Nach h.M. gilt übrigens der Grundsatz: Einmal Stiefkind = immer Stiefkind, siehe dazu etwa *Schiffer*, Aus der Testamentsvollstreckerpraxis: Das „Stiefkind“ im Erbschaftsteuerrecht, in: Pruns (Hrsg.), AGT – 4. Deutscher Testamentsvollstreckertag 2010 (Tagungsband), Bonn 2011, 99; *Längle*, in: F/J/P/W, ErbStG, § 15 Rn 18; a.A. *Meincke*, ErbStG, § 15 Rn 7.

Familie[45]) möglich. Es ist fraglich, ob das Steuerprivileg aus Billigkeitsgründen auch dann gilt, wenn streng genommen keine Familienstiftung im Sinne der Norm vorliegt (siehe Rn 49 ff.), weil nur ein einziges Familienmitglied berechtigt ist.[46]

Berechtigter ist jeder Bezugs- oder Anfallsberechtigte. Die Finanzverwaltung stellt dabei zur Bestimmung der Steuerklasse auf den nach der Satzung möglichen entferntest Berechtigten ab, der keinen klagbaren Anspruch haben muss. Dieser fiktive Berechtigte soll ausdrücklich auch dann maßgebend sein, wenn er im Zeitpunkt der Errichtung der Familienstiftung noch nicht unmittelbar bezugsberechtigt ist, sondern es erst in der Generationenfolge wird.[47] Das überzeugt schon deshalb nicht, weil die Finanzverwaltung hier mit ggf. erheblichen Steuerfolgen auf ein ungewisses Ereignis abstellt, das ggf. etwa wegen Auflösung der Stiftung gar nicht eintritt,[48] was gegen den Grundsatz der Bestimmtheit verstößt. Das nur mögliche künftige Ereignis wird auf den Besteuerungszeitpunkt zurückbezogen. Bei nachgewiesenem Nichteintritt erfolgt die Korrektur des Steuerbescheides gemäß § 175 Abs. 1, S. 1 Nr. 2 AO (Eintritt eines späteren Ereignisses mit Rückwirkung). 20

Praxishinweis: Zweckerweiterung als Neuerrichtung? 21

Gestalterisch wird auf die Auffassung der Finanzverwaltung typischerweise mit einer je nach Anforderung im konkreten Fall möglichst engen Formulierung zu dem Kreis der Berechtigten reagiert („Ehegatte, Kinder, Stiefkinder und deren Abkömmlinge"). Die Finanzverwaltung stuft eine spätere Erweiterung des Kreises der Berechtigten, die zur Möglichkeit einer höheren Steuerklasse führt, als Errichtung einer neuen Stiftung ein.[49] Das überzeugt außer im Fall eines etwaig schon bei Stiftungserrichtung vorhandenen Gesamtvorsatzes des Stifters betreffend die spätere „Umwandlung" nicht. Die spätere Umwandlung (Besser: Zweckerweiterung) ist tatsächlich keine Neuerrichtung (siehe Rn 68 ff.), bei besagtem Gesamtvorsatz wird aber ggf. ein Fall des § 42 AO vorliegen. Die Finanzverwaltung verkennt allerdings, dass eine solche Satzungsänderung der Genehmigungspflicht durch die Stiftungsaufsicht unterliegt (§ 87 BGB) und typischerweise dem Stifterwillen bei Errichtung der Stiftung widerspricht, weshalb diese Satzungsänderung

---

45 Diese Passage findet sich nun nicht mehr in den ErbStR 2011 zu § 15 ErbStG R E 15.2. Es fragt sich deshalb, ob die FinVerw. ihre frühere Auffassung aus den ErbStR 2003 aufgegeben hat. Man würde so gerne Begründungen hören, damit man ggf. verstehen kann.

46 Dafür *Jülicher*, in: Troll/Gebel/Jülicher, ErbStG, § 15 Rn 101 a.E.

47 Siehe R 73 Abs. 1, S. 1 bis 3 ErbStR 2011.

48 Siehe auch v. Campenhausen/Richter/*Richter*, § 13 Rn 69.

49 R 2 Abs. 4 S. 2 ErbStR 2003 („Umwandlungsbesteuerung").

unzulässig wäre[50] und nicht genehmigungsfähig ist. Die von der Finanzverwaltung angesprochene Umwandlungskonstellation ist also theoretischer Natur.

22 **Praxishinweis: Erbschaft-/Schenkungsteuer**
Unter die **Steuerklasse I** fiele eine Stiftung, nach deren Satzung nur der überlebende Ehegatte des Stifters, dessen Kinder und Enkelkinder bezugsberechtigt sein sollen, d.h. die Stiftung würde danach aufgehoben. Es ließe sich aber wohl an einem Verbleib bei der Steuerklasse I denken, wenn das Fortbestehen der Stiftung nach der zweiten Generation (jeweils) einem besonderen Beschluss der Bezugsberechtigten dieser Generation überlassen bliebe. Diese Generationen wären dann zunächst nur aufschiebend bedingt bezugsberechtigt, wobei der Eintritt der Bedingung nicht etwa einen besonderen (schenkungsteuerpflichtigen) Erwerb zur Folge hätte.
Hier ist **jedoch Vorsicht geboten**. Die Finanzverwaltung folgt dem nämlich nicht, sondern stellt auf die potenzielle Berechtigung künftiger Generationen ab, womit die Steuerklasse I nie zutreffen dürfte.[51] Mit dem Gesetzeswortlaut und dem Sinn des Gesetzes scheint das allerdings nicht vereinbar.[52]

23 Der nicht nur steuerlichen Streitfrage der Abgrenzung der Familienstiftung muss in der Praxis vor allem auch wegen der Ersatzerbschaftsteuer (§ 1 Abs. 1 Nr. 4 ErbStG), auf die sogleich näher einzugehen ist (siehe Rn 49 ff.), ganz besondere Aufmerksamkeit gewidmet werden.

C. Die laufende Besteuerung

I. Besteuerung der Stiftung

24 Die laufende Besteuerung bei einer selbstständigen Stiftung[53] unterscheidet sich nicht wesentlich von der Besteuerung anderer juristischer Personen. Die Stiftung unterliegt mit ihrem Einkommen der **Körperschaftsteuer,** das ist aktuell ein Steuersatz von 15 v.H.,[54] sowie der Belastung mit dem **Solidaritätszu-**

50 NK-BGB/*Schiffer/Pruns*, § 80 Rn 2 ff., § 85 Rn 5, § 87 Rn 9.

51 RE 15.2 Abs. 1 S. 2 ErbStR 2011. Zuvor bereits: Koordinierter Ländererlass FinMin NRW vom 31.1.1992, DB 1992, 451.

52 So schon *Binz/Sorg*, DStR 1994, 229 (230 f.); *Götz*, NWB 2000 F. 2, 7379 (7383); v. Campenhausen/Richter/*Richter*, § 13 Rn 69 m.w.N.

53 Siehe dazu etwa v. Campenhausen/Richter/*Richter*, § 41; *Baumann/Seer/Krumm*, Fachberater für Unternehmensnachfolge (DStV e.V.), 2011, S. 851 ff.

54 § 23 Abs. 1 KStG.

schlag, der auf die Körperschaftsteuer anfällt (5,5 %, d.h. effektive Gesamtbelastung: 15,83 %).[55]

Praxishinweise: Steuerfreibetrag nach § 24 KStG 25
Auch für unbeschränkt steuerpflichtige Stiftungen gilt der Steuerfreibetrag nach § 24 KStG in Höhe von 5.000 EUR (bis 2008: 3.835 EUR).
Liegt das Einkommen der Stiftung nicht über 5.000 EUR, ist sie nicht zur Körperschaftsteuer zu veranlagen und hat einen Anspruch auf eine Nichtveranlagungsbescheinigung.[56]
Die Freibetragsregelung gilt nach dem Gesetz dann nicht, wenn es sich bei der Stiftung um eine solche handelt, deren Leistungen bei den Empfängern zu den Einnahmen im Sinne des § 20 Abs. 1 Nr. 1 oder Nr. 2 EStG handelt.

Satzungsmäßige Leistungen an die Destinatäre mindern das steuerpflichtige 26
Einkommen nicht (§ 10 Nr. 1 KStG).

Die nicht steuerbegünstigte Stiftung (Beispiel: Familienstiftung), die sich an 27
einer Kapitalgesellschaft beteiligt, erhält die **Dividende** nach § 8b Abs. 1 KStG zu 95 % steuerfrei (§ 8b Abs. 5 KStG: 5 % = nicht abzugsfähige Betriebsausgaben). Trotz der Steuerfreistellung wird auf Ausschüttungen aber eine **Kapitalertragsteuer** von 25 v.H. erhoben,[57] allerdings mit der Möglichkeit der Anrechnung auf die Körperschaftsteuer[58] oder Erstattung.[59]

Eine Stiftung ist mit ihren **gewerblichen Einkünften** (Beispiel: Unternehmens- 28
trägerstiftung) gewerbesteuerpflichtig (§ 2 Abs. 1 GewStG).[60] Die reine (!) Verwaltung von Beteiligungsvermögen, ohne das im Zusammenhang damit ein wirtschaftlicher Geschäftsbetrieb geführt wird, ist gewerbesteuerfrei.[61] Eine Stiftung gilt nicht als Gewerbebetrieb kraft Rechtsform, denn § 2 Abs. 2 GewStG erfasst die rechtsfähige Stiftung nicht. Sie ist folglich nur gewerbesteuerpflichtig, soweit sie einen **wirtschaftlichen Geschäftsbetrieb** i.S.v. § 14 AO unterhält[62] oder einen Gewerbebetrieb i.S.v. § 15 Abs. 2 EStG innehat.[63]

55 §§ 2 Nr. 3, 3 Nr. 1 und 4 SolzG.; siehe auch *Drüen*, in: Die Stiftung. Jahreshefte zum Stiftungswesen, 3. Jahrgang 2009, S. 89 (105); v. Campenhausen/Richter/*Richter*, § 4 Rn 59.

56 *Buchna/Seeger/Brox*, S. 540 f.

57 § 43 Abs. 1 Nr. 1 EStG i.V.m. § 43a Abs. 1 Nr. 1 EStG.

58 § 36 Abs. 2 S. 2 Nr. 2 S. 1 EStG.

59 § 44b EStG.

60 Ausf. zur Gewerbesteuer bei der Stiftung: *Berndt/Götz*, S. 251 ff.

61 Ausf. zur Gewerbesteuer bei der Stiftung: *Berndt/Götz*, S. 251, Rn 976.

62 § 2 Abs. 3 GewStG.

63 § 2 Abs. 1 GewStG; Abschn. 11 GewStR.

29 Gewinnanteile von Beteiligungen an gewerblichen Mitunternehmerschaften[64] sind stets Einkünfte aus Gewerbebetrieb. Die Stiftung ist dann steuerrechtlich ein Mitunternehmer. Die Kürzungsvorschriften nach § 9 Nr. 2 GewStG sind zu beachten. Ist die Stiftung hingegen an einer nicht gewerblich tätigen Personengesellschaft (Beispiel: **Immobilienverwaltungsgesellschaft**) beteiligt, erzielt sie keine gewerblichen Einkünfte.

30 Eine Stiftung ist mit allen Umsätzen, die sie als Unternehmerin (§ 2 Abs. 1 UStG) ausführt, **umsatzsteuerpflichtig.** Zuwendungen, die nach der Satzung erfolgen, sind nicht umsatzsteuerpflichtig. Ein etwaiger Leistungsaustausch mit den Destinatären, der in Erfüllung schuldrechtlicher Verträge, d.h. **neben der Satzung** erfolgt, führt zu umsatzsteuerpflichtigen Umsätzen.

In Frage steht in der Praxis immer wieder einmal die **Vorsteueraufteilung** etwa bei gemischt genutzten Gebäuden[65] oder gleichzeitigen wirtschaftlichem und nicht wirtschaftlichem Tätigkeitsbereich.[66] Beispiel: Vorsteuerabzug bei Eingangsleistungen zur Herstellung eines Gebäudes, mit dem später einerseits steuerfreie und zugleich steuerpflichtige Vermietungsumsätze erzielt werden. Für die Aufteilung gilt in der Regel der objektbezogene Flächenschlüssel. Der objektbezogene Umsatzschlüssel gilt für die Aufteilung nur, falls deutliche Unterschiede in der Ausstattung der Räumlichkeiten gegeben sind, die den unterschiedlichen Zwecken dienen.[67]

Wenig erstaunlich erscheint mir, dass kein Vertrauensschutz und folglich auch **kein Vorsteuerabzug** gewährt werden, wenn das leistende Unternehmen „nur“ einen **Briefkastensitz** angibt.[68]

31 Grundstücksschenkungen an eine Stiftung sind nach § 3 Nr. 2 GrEStG von der **Grunderwerbsteuer** befreit (siehe Rn 16).

32 Die Stiftung unterliegt mit ihrem Grundvermögen der **Grundsteuer** wie jeder andere Steuerpflichtige.

33 **Praxisfall: Stiftung & Co. KG**
Verdeutlichen wir uns die Steuersituation am Beispiel der Stiftung & Co. KG. Als Personengesellschaft i.S.d. EStG hat die Stiftung & Co. KG die **Möglichkeit der unmittelbaren Verlustverrechnung** und der Inanspruch-

64 § 15 Abs. 1, Abs. 3 Nr. 1 EStG.

65 Siehe *Ritter*, StiftungsBrief 2014, 135.

66 FG München, Urt. v. 24.4.2013 – 3 K 734/10 = DStRE 2014, 933.; Rev. Eingelegt: BFH XI R 27/13.

67 BFH, Urt. v. 7.5.2014 – V R 1/10 = DStR 2014, 1162; BFH, Urt. v. 22.8.2013 – V R 19/09 = DStR 2013, 2757; siehe auch *Ritter*, StiftungsBrief 2014, 135.

68 FG Düsseldorf, Urt. v. 14.3.2014 – 1 K 4566/10 U = DStRE 2014, 1242; Rev. eingelegt: BFH – XI R 20/14.

nahme aller weiteren Steuervorteile einer Personengesellschaft. Im Vergleich zur GmbH & Co. KG bietet die Stiftung & Co. KG aber noch zusätzliche **Vorteile** bei der laufenden Besteuerung:

- Die Tätigkeit der GmbH & Co. KG als gewerblich geprägte Personengesellschaft gilt unabhängig von der Art ihrer Tätigkeit als Gewerbebetrieb im Sinne des Steuerrechts (§ 15 Abs. 3 Nr. 2 EStG, Kapitalgesellschaft als persönlich haftende Gesellschafterin). Die Tätigkeit einer Stiftung & Co. KG dagegen ist **nur dann als Gewerbebetrieb einzustufen, wenn** sie tatsächlich die betreffenden steuerrechtlichen Voraussetzungen für eine gewerbliche Tätigkeit erfüllt (§ 15 Abs. 3 Nr. 1 EStG). Nur dann ist sie auch gewerbesteuerpflichtig. Sie ist deshalb die einzige Rechtsform, die ggf. eine gewerbesteuerfreie Vermögensverwaltung oder eine gewerbesteuerfreie Vermietungs- und Verpachtungstätigkeit unter Ausschluss der unbeschränkten Haftung ermöglicht.
- Auch die Beteiligung der Stiftung selbst an der Kommanditgesellschaft, die kein Gewerbe betreibt, kann zu keiner Gewerbesteuerpflicht führen, da anderenfalls die Stiftung ausschließlich aufgrund ihrer Beteiligung an der Kommanditgesellschaft gewerbesteuerpflichtig wäre, obwohl die Stiftung & Co. KG selbst nicht gewerbesteuerpflichtig ist.
- Auch bei der Stiftung & Co. KG unterliegt die Stiftung selbst mit ihren Einkünften, wie die GmbH bei der GmbH & Co. KG, der Körperschaftsteuer. Rechtsfähige wie nicht rechtsfähige Stiftungen sind mit ihren Einkünften unbeschränkt steuerpflichtig.

II. Besteuerung der Destinatäre

Die satzungsmäßigen Zuwendungen aus dem Vermögen von Stiftungen fallen den **Bedachten/Destinatären** zwar unentgeltlich, aber dennoch **schenkungsteuerfrei** zu, da sie zur Erfüllung des Stiftungszwecks, aber eben nicht um der Bereicherung des Bedachten Willen geleistet werden.[69] Der Stiftungszweck ist der Rechtsgrund für die Schenkung und zwar im Rahmen von drei Fallgruppen:[70] 34

- In der Tat kann der Anspruch eines Destinatärs auf Leistungen der Stiftung an ihn unmittelbar gegründet sein, etwa schon durch die Satzung oder z.B. durch ein Vermächtnis (siehe dazu sogleich Rn 37 a.E.). Ein solcher Fall ist in der Praxis nach unseren Erfahrungen allerdings die Ausnahme.[71]

69 Ausf. auch *Wystrcil*, Die Besteuerung von Destinatärleistungen privatnütziger Stiftungen, 2014; siehe etwa auch *Halaczinsky*, ZErb 2015, 193, 202.

70 So ausdrücklich etwa auch *Halaczinsky*, a.a.O.; siehe dort auch zu den drei Fallgruppen.

71 Typische Satzungsregelung: „*Die (potentiellen) Destinatäre haben keinen Anspruch auf Stiftungsleistungen.*"

- Der Anspruch kann außerdem durch einen Vertrag zwischen der Stiftung und einem Destinatär begründet werden. Auch das ist nach unseren Erfahrungen eine eher seltene Ausnahme.
- Schließlich – und das scheint uns der Regelfall zu sein[72] – kann der Anspruch durch einseitige Zuerkennung der Leistung aufgrund Beschlusses/Entscheidung der nach der Satzung zuständigen Stiftungsorgane begründet werden. Dabei sind vor allem zu unterscheiden: Grundlagen- und Rahmenbeschlüsse („Zuwendungsreglements"), die grundlegende Voraussetzungen für Leistungen an Destinatäre im Rahmen der Stiftungssatzung konkretisieren und ggf. auch langfristige Zahlungen festlegen, von Beschlüssen/Entscheidungen, die etwa zu einzelnen Zahlungen oder sonstigen Unterstützungen ergehen.

35 Zu der Besteuerung der Destinatäre bei der Familienstiftung hat es einige Diskussionen gegeben.[73] Unstrittig ist bis heute aber jedenfalls, wie eben angesprochen, dass die satzungsmäßigen Zuwendungen aus dem Vermögen von Familienstiftungen bei den bedachten Destinatären einer nicht steuerbefreiten (Familien-)Stiftung zwar unentgeltlich anfallen, aber dennoch schenkungsteuerfrei sind, da sie zur Erfüllung des Stiftungszwecks, aber nicht um der Bereicherung des Bedachten willen geleistet werden. Die Einkünfte unterliegen bei den Destinatären aber grundsätzlich der **Einkommensteuer**.

36 Nach § 20 Abs. 1 Nr. 9 EStG (2002 n.F.) gehören zu den Einkünften aus Kapitalvermögen Einnahmen aus Leistungen einer nicht von der Körperschaftsteuer befreiten Körperschaft, Personenvereinigung oder Vermögensmasse i.S.d. § 1 Abs. 1 Nr. 3 bis 5 des Körperschaftsteuergesetzes (KStG 2002), die Gewinnausschüttungen i.S.d. § 20 Abs. 1 Nr. 1 EStG 2002 n.F. wirtschaftlich vergleichbar sind, soweit sie nicht bereits zu den Einnahmen i.S.d. § 20 Abs. 1 Nr. 1 EStG (2002 n.F.) gehören.[74]

Es bestand bisher Streit darüber, ob die Einkommen-Besteuerung der Auskehrungen von Familienstiftungen an Destinatäre nach dem neuen **§ 20 Abs. 1 Ziffer 9 EStG** oder nach dem Auffangtatbestand (!) des § 22 Ziffer 1 S. 2 Hs. 2 EStG erfolgt. Letztere Ansicht wurde damit begründet, dass der § 22 Ziffer 1

72 Anders wohl *Halaczinsky*, a.a.O. Zitat: Zur Zahlung „häufig schon aufgrund des Stiftungsgeschäftes verpflichtet bzw. berechtigt." Die Unterscheidung dieser beiden Fallkonstellationen ist aus unserer Sicht und so, wie wir die Rechtsprechung verstehen, allerdings ganz entscheidend.

73 Siehe die Zusammenfassung zu der Diskussion bei *Schiffer*, DStR 2005, 508, 511 f.; *Haas*, DStR 2010, 1011.

74 So BFH, Urt. v. 3.11.2010 – I R 98/09 = ErbStB 2011, 93 ff., BB 2011, 930 ff., Rn 11 im Überblick; zur Besteuerung im Veranlagungszeitraum 2001 siehe BFH, Urt. vom 21.1.2015 – X R 31/13, DStRE 2015, 525.

S. 2 Hs. 2 EStG lex specialis sein soll.[75] Das aber kann schon wegen § 22 Ziffer 1 S. 1 EStG grundsätzlich nicht sein („*..., soweit sie nicht zu den in § 2 Abs. 1 Nr. 1 bis 6 bezeichneten Einkunftsarten gehören.*"). Gerade weil der Gesetzgeber den § 20 Abs. 1 Ziffer 9 EStG neu eingeführt hat, greift dieser Tatbestand grundsätzlich für die Besteuerung von Auskehrungen an Destinatäre von nicht steuerbefreiten Stiftungen. § 20 Abs. 1 Ziffer 9 EStG ist lex specialis.[76] Die Auffangregelung in § 22 EStG ist ersichtlich subsidiär. Für die vorrangige Anwendung von § 20 Abs. 1 Ziffer 9 EStG und die nachrangige Anwendung des § 22 EStG sprach sich dem folgend die herrschende Meinung aus.[77] Der Meinungsstreit war/ist praktisch erheblich, denn nur die Einkünfte nach § 20 Abs. 1 Nr. 9 EStG unterliegen hier dem 25-prozentigen Kapitalertragsteuerabzug bei der Stiftung (siehe Rn 38).

Anders sah es das **FG Berlin-Brandenburg.**[78] Danach sollten die Zahlungen 37
an die Destinatäre nicht zu den Einkünften aus Kapitalvermögen im Sinne des § 20 Abs. 1 Nr. 9 EStG gehören. Im Ergebnis war danach die Familienstiftung nicht zur Einbehaltung der Kapitalertragsteuer verpflichtet.[79] Der **BFH** hat dazu klargestellt, dass dem FG nicht zu folgen ist.[80] Er hat zu folgendem Leitsatz gefunden (Hervorhebungen durch den Autor):

> „*Können* ***die Leistungsempfänger*** *einer Stiftung* ***unmittelbar oder mittelbar Einfluss auf das Ausschüttungsverhalten der Stiftung nehmen****, handelt es sich bei den Leistungen um Einkünfte aus Kapitalvermögen i.S. des § 20 Abs. 1 Nr. 9 EStG 2002 i.d.F. des UntStFG.*"

---

75 So Schaumburg/Rödder/*Schauhoff*, Unternehmensteuerreform 2001, S. 299, 315.

76 Das bedeutet nicht, dass nicht im Einzelfall doch ein Fall des § 22 Ziffer 1 S. 2 Hs. 2 EStG gegeben sein kann. Siehe auch *Berndt/Götz*, Stiftung und Unternehmen, S. 264 Rn 1052; *Kessler/Müller*, DStR 2011, 614,615 f. liefern in ihrer Anmerkung zu dem sogleich anzusprechenden einschlägigen BFH-Urteil bereits Vermeidungsstrategien zu § 20 Abs. 1 Nr. 9 EStG.

77 *Weber-Grellet*, in: Schmidt, § 20 EStG Rn 138 zum Diskussionsstand; ausf. *Schiffer*, StuB 2001, 923 f.; *Berndt*, Stiftung & Sponsoring, 03/2004, 16, 19; BMF-Schr. v. 9.5.2006 – IV B 7-S. 2252 – 4/06; *Schiffer/Pruns*, Die Stiftung – Jahreshefte 5. Jahrgang 2011, 107, 121 ff.; a.A. beispielweise *Kirchhain*, ZSt 2004, 22, 27.

78 FG Berlin-Brandenburg, Urt. v. 16.9.2009 – 8 K 9250/07 = DStRE 2010, 385 f.

79 § 44 Abs. 1 S. 3 EStG i.V.m. § 43 Abs. 1 S. 1 Nr. 7a EStG.

80 BFH, Urt. v. 3.11.2010 – I R 98/09, ErbStB 2011, 93. 0 BB 2011, 930 Siehe zu dem BFH-Urteil etwa *Schiffer/Pruns*, Die Stiftung – Jahreshefte 5. Jahrgang 2011, 107, 121 ff.; *Klümpen-Neusel*, StiftungsBrief 2011, 87 ff.; *Kessler/Müller*, DStR 2011, 614 ff.; *Milatz/Herbst*, BB 2011, 1500 ff. Zur Besteuerung vor Anwendbarkeit von § 20 Abs. 1 Nr. 9 EStG siehe BFH v. 14.7.2011 – X R 62/08 = DStRE 2011, 65. Siehe auch schon BFH v. 9.12.2009 – II R 22/08 = BStBl II 2010, 363 ff. – obiter dictum (Rn 13).

Seine Entscheidung begründet der BFH im Wesentlichen wie folgt (Hervorhebungen durch den Autor):

Es spiele entgegen der Auffassung des FG keine Rolle, ob die Leistungsempfänger am Vermögen beteiligt sind. Das folge schon daraus, dass § 20 Abs. 1 Nr. 9 EStG ausdrücklich Leistungen von „Vermögensmassen" aufführt, d.h. auch selbstständige Stiftungen, obwohl bei diesen eine Beteiligung der Leistungsempfänger am Vermögen nicht möglich ist und auch Mitgliedschaftsrechte nicht bestehen.

Ausschlaggebend ist, ob **die Stellung der Destinatäre wirtschaftlich derjenigen eines Anteilseigners entspricht**.[81] Es könne im Streitfall offen bleiben, ob – wie die Gesetzesbegründung zu § 20 Abs. 1 Nr. 9 EStG nahelegt – alle auf Wiederholung angelegten Leistungen der in § 1 Nr. 3 bis 5 KStG 2002 genannten Körperschaften, Personenvereinigungen und Vermögensmassen, denen keine Gegenleistungen der Empfänger gegenüberstehen, unter § 20 Abs. 1 Nr. 9 EStG 2002 fallen. Denn **jedenfalls unter den Gegebenheiten des Streitfalls seien die Zahlungen der Klägerin an die Destinatäre Gewinnausschüttungen i.S. des § 20 Abs. 1 Nr. 1 EStG 2002 n.F. wirtschaftlich vergleichbar**. Dem ist nichts hinzuzufügen.[82]

Das **BVerfG** hat die gegen das Urteil eingelegte Verfassungsbeschwerde durch Beschl. v. 28.10.2011 nicht zur Entscheidung angenommen.[83]

Liegen im Einzelfall die vom BFH genannten, vorstehend hervorgehobenen Voraussetzungen vor, so ist § 20 Abs. 1 Nr. 9 EStG einschlägig. Nach unseren Erfahrungen haben bei Familienstiftungen die potentiellen Destinatäre im Regelfall, was natürlich im konkreten Einzelfall zu überprüfen ist, „unmittelbar oder mittelbar Einfluss auf das Ausschüttungsverhalten der Stiftung". Oftmals sitzen sie in den Organen der Stiftung und üben dort ihren unmittelbaren Einfluss durch Stimmabgabe und ihren mittelbaren Einfluss durch Kontakt und Gespräche mit den anderen Organ- und Familienmitgliedern aus.

Halaczinsky sieht in der Praxis häufig wiederkehrende Leistungen an Destinatäre, die unter § 22 Abs. 1, S. 2 Hs. 2 Buchst. a EStG fallen.[84] Das von ihm dazu angesprochene und soeben zitierte BFH-Urteil betraf jedoch eine ganz andere

81 Gleicher Ansicht, so zitiert das Gericht ausdrücklich: Schleswig-Holsteinisches FG, EFG 2009, 1558; BMF-Schreiben vom 9.5.2006, BStBl I 2006, 417; *Schiffer*, DStR 2005, 508, 511, m.w.N. auf S. 512; *Schiffer/v. Schubert*, BB 2002, 265, 267 f.; *Freundl*, DStR 2004, 1509, 1513; *Jansen/Gröning*, StuW 2003, 140.

82 Siehe schon *Schiffer*, StuB 2001, 923.

83 BVerfG, Beschl. v. 28.210.2011 – 2 BvR 812/11.

84 *Halaczinsky*, ZErb 2015, 193, 202 unter Hinweis auf BFH, Urt. v. 15.7.2014 – X R 41/12, DStR 2014, 2115.

Sachverhaltskonstellation als hier behandelt. Es ging um wiederkehrende Bezüge, die ein Steuerpflichtiger **aufgrund eines Vermächtnisses** von einer gemeinnützigen (!),[85] vom Erblasser mit Vermögen ausgestatteten Stiftung erhielt. Diese Bezüge sind nach Auffassung des BFH, der wir uns problemlos anschließen können, weil hier eben ersichtlich kein Fall des § 20 Abs. 1 Nr. 9 EStG vorliegt, dem Grunde nach gemäß § 22 Nr. 1 S. 2 Hs. 2 Buchst. a EStG steuerbar. Der Höhe nach ist die Besteuerung, wie der BFH betont, allerdings auf den Ertragsanteil begrenzt. Da § 20 Abs. 1 Nr. 9 EStG nur Leistungen einer nicht steuerbefreiten Vermögensmasse erfasst, kam in dem besagten Fall von vorneherein nur eine Besteuerung nach § 22 Nr. 1 EStG überhaupt in Betracht.[86]

Die Einkünfte unterliegen der **Abgeltungsteuer**[87] in Höhe von 25 % nach 38
§ 32d Abs. 1 EStG.[88] Bei einem niedrigeren persönlichen Steuersatz gilt die Veranlagungsoption der „Günstigerprüfung" nach § 32d Abs. 6 EStG.

Erhalten Destinatäre Zuwendungen nicht nach der Satzung, sondern aufgrund 39
gesonderter **schuldrechtlicher Vereinbarungen**, also eben nicht in ihrer Eigenschaft als Destinatär, sind diese Zahlungen bei der Familienstiftung ggf. als Werbungskosten bzw. als Betriebsausgaben zu behandeln.[89] Diese Vergütungen werden, auch wenn sie unangemessen hoch sind, nicht als verdeckte Gewinnausschüttungen behandelt, denn eine verdeckte Gewinnausschüttung setzt voraus, dass der Empfänger der „Ausschüttung" ein mitgliedschaftliches oder mitgliedschaftsähnliches Verhältnis zur Körperschaft hat,[90] was bei Destinatären nicht der Fall sein kann.[91] Beim Empfänger sind die Zuwendungen in Höhe des Zuflusses als Einkünfte aus der jeweiligen Einkunftsart, die sich aus der Rechtsgrundlage ergibt, „ganz normal" **steuerpflichtig.**

85 Dazu, dass ein solches Vermächtnis und eine solche Leibrentenbindung gemeinnützigkeitsrechtlich unschädlich ist, siehe etwa *Weidmann/Kohlhepp*, DStR 2015, 1273, 1284.

86 Das betont im Gegensatz zu *Halaczinsky* etwa auch *Maciejewski*, nporR 2015, 39 in seiner Anmerkung zu dem besagten BFH-Urteil aus 2014.

87 Erste BFH-Rechtsprechung zur Abgeltungsteuer kommentiert *Werth*, DStR 2015, 1343.

88 Siehe nur *Berndt/Götz*, Stiftung und Unternehmen, S. 263 Rn 1051; zu offenen Fragen und allgemein zu Gestaltungsmöglichkeiten bei der Abgeltungsteuer siehe *Schäfer/Scholz*, DStR 2012, 1885 ff.

89 Siehe nur *Berndt/Götz*, Stiftung und Unternehmen, S. 265 Rn 1057.

90 KStR zu § 8 KStG R 36.

91 KStR zu § 8 KStG H 36 I. Grundsätze, Stichwort „Destinatäre".

40 **Praxisrechtsprechung: BGH zu Destinatärsansprüchen**
BGH, Urt. v. 7.10.2009 – Xa ZR 8/08
Der BGH hat in einem Fall, in dem eine Klägerin Zahlung aus einem Finanzierungsvertrag von einer Stiftung forderte, zu folgenden Leitsätzen gefunden:[92]

1. Ein Anspruch des Destinatärs auf Stiftungsleistungen kann durch Satzung, durch einseitige Zuerkennung durch ein Stiftungsorgan oder durch Vertrag begründet werden.
2. Dabei handelt es sich auch dann nicht um ein Schenkungsversprechen, wenn die Zuwendung unentgeltlich erfolgt; Rechtsgrund für derartige Zuwendungen ist der Stiftungszweck selbst.

Die Beklagte war eine rechtsfähige Stiftung bürgerlichen Rechts mit dem Zweck der Förderung der bildenden Kunst, unter anderem durch die „... *Finanzierung der Errichtung und der laufenden Unterhaltungs- und Betriebskosten anderer Museen ... sofern diese Unterstützung die Voraussetzungen steuerbegünstigter Zwecke im Sinne der Abgabenordnung erfüllt.*"

- Der BGH meint in dem Urteil, der Rechtsgrund für den Anspruch des Destinatärs folge in besagtem Fall aus dem Stiftungszweck selbst. Eine Schenkung liege darin nicht, auch nicht bei Unentgeltlichkeit.
- Der BGH hat damit bei genauem Hinsehen nichts Neues gesagt. Die Zurückdrängung des Schenkungsrechts ergibt sich schon aus § 81 Abs. 1 S. 1 BGB.[93]

41 Wie kompliziert die Sachverhalte in der Praxis im Zusammenhang mit der Besteuerung von Destinatären von Familienstiftungen mitunter liegen, zeigen die beiden nächsten Punkte:

- In einem ausgesprochen komplizierten Sachverhalt, der zugleich mehrere internationale Bezüge aufwies, ging es um eine quotenverschiebende Kapitalerhöhung gegen ein zu geringes Entgelt, wobei an dem neuen Gesellschafter mittelbar eine liechtensteinische Stiftung beteiligt war.[94] Der BFH[95] fand in dem **Schenkungsteuerstreit** zu folgendem „Leitsatz": *„Übernimmt eine (mittelbar) zum Vermögen einer rechtsfähigen Stiftung gehörende GmbH im Zuge einer Kapitalerhöhung bei einer anderen Gesellschaft den neuen Geschäftsanteil zu einer Einlage weit unter Wert, liegen keine freigebigen Zuwendungen an die Begünstigten der Stiftung vor."*

92 BGH v. 7.10.2009 – Xa ZR 8/08 = NJW 2010, 234 ff.
93 Näher dazu *Schiffer*, BB 2010, 79 f., a.A. *Muscheler*, NJW 2010, 341 ff., der sehr wohl eine Schenkung sieht; siehe auch *Böttcher*, DNotz 2010, 188 ff.
94 Siehe *Wachter* in seiner Anmerkung in ZEV 2010, 194 f. zu dem sogleich anzusprechenden BFH-Urteil.
95 BFH v. 9.7.2009 – II R 47/07 = ZEV 2010, 103 f.

- Über die Notwendigkeit, ein steuerliches Einlagenkonto für Destinatäre bei einer Familienstiftung zu führen, sinnieren *Kraft/Kraft*.[96] Sie sehen etwa die Möglichkeit einer Einlage durch eine Darlehensgewährung mit zeitlich nachgelagertem Forderungsverzicht an die Stiftung, um etwa eine Insolvenz abzuwehren, und ggf. auch Sach- und Bareinlagen. Daraus folgt dann die Pflicht, ein entsprechendes Einlagenkonto zu führen, das besagte Mittel deutlich kennzeichnet. Wie sehr das die Stiftungswirklichkeit trifft, kann hier dahinstehen. Die Rückzahlung einer etwaigen Einlage ist natürlich nicht steuerpflichtig, was sie eben von den üblichen Destinatärzahlungen unterscheidet, weshalb eben in entsprechenden Spezialfällen ein Einlagenkonto zu führen ist.
- **Wiederkehrende Bezüge**, die ein Destinatär aufgrund eines Vermächtnisses **von einer gemeinnützigen**, von dem Erblasser mit Vermögen ausgestatteten **Stiftung** erhält, sind dem Grunde nach gemäß § 22 Nr. 1 S. 2 Hs. lit. a EStG besteuerbar. Der Höhe nach ist die Besteuerung allerdings auf den Ertragsanteil begrenzt.[97] Nach dieser Vorschrift, so der BFH, seien Bezüge, die von einer Körperschaft, Personenvereinigung oder Vermögensmasse außerhalb der Erfüllung steuerbegünstigter Zwecke i.S.d. §§ 52 bis 54 AO gewährt werden, dem Empfänger zuzurechnen, und zwar auch dann, wenn sie freiwillig oder aufgrund einer freiwillig begründeten Rechtspflicht gewährt werden. Die Stiftung stelle eine Vermögensmasse dar. Sie gewähre die Bezüge außerhalb der Erfüllung steuerbegünstigter Zwecke. Damit lägen alle Voraussetzungen vor, die der Wortlaut der Vorschrift enthalte. Eine vorrangige Einkunftsart sei nicht ersichtlich. Insbesondere seien die Voraussetzungen des § 20 Abs. 1 Nr. 9 EStG nicht erfüllt, da die Stiftung von der Körperschaftsteuer befreit ist (siehe auch Rn 37).

Praxishinweis: Bewertung von Sachbezügen im Einkommensteuerrecht 42
Sachwertbezüge können sowohl bei Arbeitnehmern der Stiftung als auch bei Destinatären vorkommen. Sachwertbezüge sind Waren und Dienstleistungen. In der Grundnorm dazu, in § 8 EStG heißt es dazu insbesondere:[98]
„(1) Einnahmen sind alle Güter, die in Geld oder Geldeswert bestehen und dem Steuerpflichtigen im Rahmen einer der Einkunftsarten des § 2 Absatz 1 Satz 1 Nummer 4 bis 7 zufließen.
(2) [1]Einnahmen, die nicht in Geld bestehen (Wohnung, Kost, Waren, Dienstleistungen und sonstige Sachbezüge), sind mit den um übliche Preisnachlässe geminderten üblichen Endpreisen am Abgabeort anzusetzen. …

96 *Kraft/Kraft*, DStR 2011, 1837 ff.
97 So BFH, Urt. v. 15.7.2014 – X R 41/22 = ZEV 2015, 60; dazu auch *Weber-Grellet*, FR 2015, 48; *Kirschstein*, ErbStB 2014, 330.
98 Näher dazu etwa: *Hilbert/Paul*, BBK, 2013, 904.

(3) [1]Erhält ein Arbeitnehmer aufgrund seines Dienstverhältnisses Waren oder Dienstleistungen, die vom Arbeitgeber nicht überwiegend für den Bedarf seiner Arbeitnehmer hergestellt, vertrieben oder erbracht werden und deren Bezug nicht nach § 40 pauschal versteuert wird, so gelten als deren Werte abweichend von Absatz 2 die um 4 Prozent geminderten Endpreise, zu denen der Arbeitgeber oder der dem Abgabeort nächstansässige Abnehmer die Waren oder Dienstleistungen fremden Letztverbrauchern im allgemeinen Geschäftsverkehr anbietet. [2]Die sich nach Abzug der vom Arbeitnehmer gezahlten Entgelte ergebenden Vorteile sind steuerfrei, soweit sie aus dem Dienstverhältnis insgesamt 1 080 EUR im Kalenderjahr nicht übersteigen."

Der oben erwähnte § 2 Abs. 1 S. 1 Nr. 4 bis 7 EStG lautet:

„*(1) [1]Der Einkommensteuer unterliegen*

…

4. Einkünfte aus nichtselbstständiger Arbeit,
5. Einkünfte aus Kapitalvermögen,
6. Einkünfte aus Vermietung und Verpachtung,
7. sonstige Einkünfte im Sinne des § 22 [EStG],"

…

D. Besteuerung von Zustiftungen

43 Zustiftungen (auch solche vom Stifter selbst) fallen unter § 7 Abs. 1 Nr. 1 ErbStG und nicht unter § 7 Abs. 1 Nr. 8 ErbStG, denn es liegt ja gerade kein „Übergang von Vermögen aufgrund eines Stiftungsgeschäfts unter Lebenden" vor. Es greift die Steuerklasse III. Daneben ist auch alles, was die Stiftung infolge der Vollziehung einer vom Stifter/Zustifter angeordneten Auflage erlangt, als Schenkung zu versteuern.

44 **Praxishinweis: Besteuerung von Zustiftungen**

Die bei der Errichtung einer Familienstiftung geltende steuerrechtliche Vergünstigung greift bei Zustiftungen nicht. Hat allerdings der Stifter **im Stiftungsgeschäft die hinreichend konkretisierte Verpflichtung** zu weiteren Zuwendungen (Zustiftungen) an die Stiftung übernommen, so soll es sich bei der Erfüllung dieser Verpflichtung noch um einen einheitlichen (ersten) Erwerbsvorgang handeln.[99] Dadurch kann sich die Einordnung in eine günstigere Steuerklasse ergeben. Hier besteht also gegebenenfalls Gestaltungsspielraum. Für diesen Gestaltungsansatz ist es konsequenterweise unschäd-

99 Siehe etwa *Götz*, NWB 2000, F. 2, 7379 (7385 f.); *Meincke*, ErbStG, § 7 Rn 112 m.w.N.; *Schiffer*, in: F/J/P/W, ErbStG, § 15 ErbStG Rn 55.

lich, wenn das Vermögen erst mit dem Tod des Stifters auf die Stiftung übergehen soll und übergeht.[100]

Fraglich kann sein, ob Zustiftungen körperschaftsteuerpflichtig sind oder ob es sich um Einlagen handelt, die sich auf der Vermögensebene abspielen. Nach zutreffender Auffassung sind derartige Zuwendungen grundsätzlich **körperschaftsteuerfrei**, da sie unter keine Einkunftsart nach § 2 Abs. 1 EStG fallen.[101] (**Hinweis**: Nur im EStG sind die Einkunftsarten geregelt. § 8 Abs. 1 KStG verweist insoweit auf das EStG.) 45

Praxishinweis: Regelung in der Stiftungssatzung 46
Um Auseinandersetzungen mit der Finanzverwaltung über eine etwaige Körperschaftsteuer auf Zustiftungen möglichst zu vermeiden, sollten bereits in der Stiftungssatzung Zustiftungen ausdrücklich vorgesehen und deren (steuerliche) Behandlung als „Einlage“ in das Grundstockvermögen geregelt werden.[102]

Die **Zustiftung an eine (Familien-)Stiftung** ist auch dann nach § 7 Abs. 1 Nr. 1 ErbStG mit der **Steuerklasse III steuerpflichtig**, wenn der Zuwendende, was ersichtlich einen seltenen Sonderfall darstellt, zugleich der einzige Begünstigte der Stiftung ist.[103] Dieser Sonderfall macht hier die steuerlichen Zusammenhänge besonders deutlich: 47

Bei der Prüfung, wer als Zuwendender und Bedachter an einer freigebigen Zuwendung beteiligt ist, kommt es aus Sicht des BFH ausschließlich auf die Zivilrechtslage und nicht darauf an, wem nach wirtschaftlicher Betrachtungsweise Vermögen oder Einkommen zuzurechnen ist, weil eben die Schenkungsteuer eine Verkehrssteuer sei.[104] Diese zivilrechtliche Prägung des Schenkungsteuerrechts komme auch bei der Besteuerung unentgeltlicher Vermögensübertragungen auf eine rechtsfähige Stiftung zum Tragen. Die durch anerkanntes Stiftungsgeschäft errichtete Stiftung sei eben eine mit eigener Rechtsfähigkeit ausgestattete juristische Person, die eine selbstständige, nicht an Personen gebundene Vermögensmasse mit eigener Vermögenszuständigkeit bilde (§ 80 BGB). Wegen dieser rechtlichen Selbstständigkeit werde mit der Zuwendung das Vermögen der Stiftung und nicht das Vermögen ihrer Begünstigten vermehrt.

100 *Binz/Sorg*, DB 1988, 1822 (1825).

101 *Götz*, NWB 2000, F. 2, 7379 (7386).

102 OFD Köln StEK AO 1977, § 55 Nr. 3.

103 BFH v. 9.12.2009 – II R 22/08 = BStBl II 2010, 363 ff.; siehe dazu *Grewe*, Erbfolgebesteuerung, 2010, S. 86 ff.; *Geck*, ZEV 2010, 202 ff.

104 BFH v. 22.9.1982 – II R 61/80 = BStBl II 1983, 179 ff.; BFH v. 25.1.2001 – II R 39/98, BFH/NV 2001, 908 ff.; BFH v. 9.7.2009 – II R 47/07, DStR 2009, 2590 ff.

Das ist klar und deutlich und kann aus meiner Sicht nicht ernsthaft zweifelhaft sein. Der BFH betont hier die für das Steuerrecht grundlegende zivilrechtliche Ausgangslage. Zweifel können hier überhaupt nur aufkommen, weil im Steuerrecht von der Finanzverwaltung in der Praxis nicht ganz selten unter Hinweis auf §§ 39 bis 42 AO der Verweis auf die Erforderlichkeit der wirtschaftlichen Betrachtungsweise einer Angelegenheit erhoben wird.

48 Die Zuwendung an die Stiftung werde, so der BFH weiter, auch nicht dadurch steuerpflichtig, dass der Zuwendende ihr einziger Begünstigter sei. Auch das führe nicht dazu, dass sein Vermögen mit dem Vermögen der Stiftung verschmelze, so dass seine Zuwendung an die Stiftung als Zuwendung an sich selbst erschiene. Bei einer nach § 80 BGB rechtsfähigen Stiftung sei eben das Vermögen kraft ihrer rechtlichen Selbstständigkeit von dem Vermögen der Begünstigten getrennt. Das unterscheide die im Fall betroffene Stiftung von der nach liechtensteinischem Recht errichteten Stiftung (siehe dazu § 13 Rn 45 ff.), wie sie der BFH-Entscheidung vom 28.6.2007 – II R 21/05[105] zugrunde lag. Dort standen dem Zuwendenden aufgrund von Treuhandabreden umfassende Herrschaftsbefugnisse über das Stiftungsvermögen zu, so dass letztlich er alleine rechtlich und tatsächlich frei über das Stiftungsvermögen verfügen konnte.

Auch das überzeugt in seiner klaren und deutlichen Betonung des Zivilrechts als Grundlage der steuerlichen Betrachtung.

E. Die Ersatzerbschaftsteuer bei der Familienstiftung

I. Der Abgrenzungsstreit

49 Die **Familienstiftung** ist **keine eigene Stiftungsart**, sondern eine Sonderform der rechtsfähigen Stiftung des Privatrechts (siehe § 2 Rn 21 ff.). Die Frage der tatbestandlichen Abgrenzung der Familienstiftung wird für das Stiftungszivilrecht anders beantwortet als für das Steuerrecht.[106] Über die Auslegung des Begriffs Familienstiftung und der einzelnen Tatbestandsmerkmale in § 1 Abs. 1 Nr. 4 ErbStG wird traditionell besonders gestritten.[107]

---

105 BFH BStBl II 2007, 669 ff.

106 Siehe statt vieler nur *v. Löwe*, Familienstiftung und Nachfolgegestaltung, 1999, S. 16 f.

107 Siehe im Folgenden und beispielsweise schon *Schindler*, Die Familienstiftung, 1975, S. 21 ff.; *Schiffer*, DStR 2005, 508, 510. Umso verwunderlicher ist, wenn in wissenschaftlichen Ausführungen dazu nur auf die Erbschaftsteuerrichtlinien verweisen wird, Beispiel: *Alber/Seemann*, FuS 2012, 183, 190 bei Fn 26

Der Gesetzgeber hat sich im Jahre 1974 entschieden, dem eventuellen Vorteil der günstigen Steuerklasse bei der Familienstiftung als Nachteil die **Ersatzerbschaftsteuer**[108] nach § 1 Abs. 1 Nr. 4 ErbStG[109] (auch „Erbersatzsteuer" genannt) gegenüberzustellen, die erstmals zum 1.1.1984 angefallen ist. Die Ersatzerbschaftsteuer fällt **alle 30 Jahre** an,[110] wobei das Gesetz zwei selbstständig zu besteuernde Vermögensteile fingiert. Die Steuer ist als sonstige Personensteuer gem. § 10 Nr. 2 KStG nicht abzugsfähig. Im Ergebnis führt die Steuer zu einer Belastung der Stiftung wie sie anfallen würde, wenn der Nachlass alle 30 Jahre auf zwei (!) natürliche Personen der Steuerklasse I verteilt würde (§ 15 Abs. 2 S. 3 ErbStG; 2 Personen = doppelter Freibetrag; zur Großfamilienstiftung mit deutlich mehr als zwei Destinatären siehe Rn 66). Auf diese Weise räumt das Gesetz auch einen (doppelten) Freibetrag in Höhe von insgesamt 410.000 EUR ein. Die Last der im Gegensatz zu tatsächlichen Erbfällen fest einkalkulierbaren Ersatzerbschaftsteuer kann tatsächlich in ihrer Liquiditätsbelastung dadurch verringert werden, dass die Steuer bei einer Verzinsung von 5,5 % pro Jahr in 30 gleichen Jahresbeträgen entrichtet werden kann (§ 24 ErbStG). Der Zinssatz ist auch in einer Niedrigzinsphase als nicht eben sehr hoch zu bezeichnen. Die Gesamtbelastung entspricht in etwa der bisherigen Vermögensteuer. 50

Was die Zahlen der Stiftungen angeht, ist die Bedeutung dieser Steuer gering. 51
Die Steuer betrifft „nur" etwa 550 Familienstiftungen,[111] wobei es wegen der Verschwiegenheit dieser Stiftungen und der umstrittenen Abgrenzung wirklich verlässliche Zahlen nicht gibt. Der Bogen spannt sich von kleinen, vermögensverwaltenden Familienstiftungen mit nur wenigen Destinatären über Familienstiftungen mit Mehrheitsbeteiligung an großen Unternehmen und bis zu jahrhundertealten Familienstiftungen mit über 1.000 potentiellen Begünstigten (Destinatären). Der relativ geringen Zahl der betroffenen Steuersubjekte stehen allerdings regelmäßig hohe Steuerbeträge gegenüber. Das verschärft in der Praxis im Einzelfall natürlich regelmäßig den Streit mit der Finanzverwaltung darüber, ob überhaupt eine Familienstiftung im Sinne der Vorschrift vorliegt, und auch den Streit darüber, ob die Vorschrift heute überhaupt noch verfassungsgemäß ist (siehe dazu Rn 53).

Die Ersatzerbschaftsteuer ist eine **„Ersatzsteuer"** zur Erbschaft- und Schenkungsteuer, denn sie dient nach der Auffassung des damaligen Gesetzgebers 52

108 Ausf. zur Ersatzerbschaftsteuer bei der Familienstiftung auch *Schiffer*, in: F/J/P/W, ErbStG, § 1 Rn 50 ff., § 15 Rn 50 ff.; § 24 Rn 1 ff.

109 Ausf. dazu *Schiffer*, in: FS Spiegelberger, 2009, S. 1358 (1361 ff.).

110 Zum Stichtag 1.1.2014 gab es deshalb wieder zahlreiche Beiträge, siehe etwa *Höhne* (OFD NRW), NWB-EV 2013, 267; *von Oertzen*, Beihefter zu Heft 11/2012 DStR, 37.

111 Siehe *Freundl*, DStR 2004, 1509.

dazu, „Vermögen, die in Stiftungen verwaltet werden, künftig erbschaftsteuerlich ähnlich wie Vermögen, das in anderen Formen behalten und organisiert wird", zu belasten.[112] Der Gesetzgeber sah damals eine Lücke im Erbschaftsteuerrecht.[113] Dazu wurde vor allem betont, durch die Einbringung in eine Stiftung werde das betreffende Vermögen nicht mehr im Generationenwechsel der Erbschaftsteuer unterworfen, sondern könne **über viele Generationen hinweg ohne Erbschaftsteuer „vererbt"** werden.[114] Die Ersatzerbschaftsteuer ist, da ihr kein wirklicher Erbfall zugrunde liegt, demnach letztlich eine Steuer auf das Vermögen der Stiftung.[115]

Für den Bereich des Steuerrechts ist entgegen der Finanzverwaltung und der Rechtsprechung nach dem Wortlaut und dem Sinn des Gesetzes für die Einstufung als Familienstiftung zu fordern, dass den begünstigten Familienangehörigen (Destinatären) mindestens 75 % der laufenden Bezüge und des bei der Auflösung der Stiftung anfallenden Vermögens zugesagt sein müssen („Löwenanteilstheorie"). Die Finanzverwaltung und die Rechtsprechung haben, wohl um zu den Steuerfolgen der Ersatzerbschaftsteuer (§ 1 Abs. 1 Nr. 4 ErbStG) zu gelangen, die Grenze, ab der eine Familienstiftung angenommen werden soll, auf eine kaum noch wahrnehmbare Schwelle herabgesetzt.[116]

53 Im Dezember 2011 wurden neue **Erbschaftsteuerrichtlinien** veröffentlicht.[117] Nach Ansicht der FinVerw. soll es danach, sogar noch über das einschlägige BFH-Urteil aus 2009[118] hinausgehend, auf eine Ausschüttung und einen Bezug gar nicht mehr ankommen. Wie das mit dem **erbschaftsteuerrechtlichen Bereicherungsprinzip**[119] vereinbar sein soll, verstehe ich nicht. Es fragt sich auch, warum dem Verfasser der ErbStR nicht aufgefallen ist, dass mit dem betreffenden Satz 4 die Sätze 1 bis 3 zum Umfang der Anfalls- und Bezugsberechtigung („*zu mehr als der Hälfte/einem Viertel*") obsolet werden, wenn die tatsächliche Ausschüttung doch unerheblich sein soll. Aber genau in diese Richtung geht

112 So im Gesetzgebungsverfahren *Porzner*, BT-Prot 7/4121.; siehe auch *Meincke*, ErbStG, § 1 Rn 13.

113 Siehe BT-Drucks 7/1333, S. 3.

114 *Huonker*, BT-Prot 7/4115.

115 So auch *Wachter*, in: Richter/Wachter (Hrsg.), Handbuch des internationalen Stiftungsrechts, § 22 Rn 1.

116 Ausführlich zu der Gesamtthematik *Schiffer*, in: F/J/P/W, ErbStG, § 1 Rn 50 ff., § 15 Rn 50 ff.; § 24 Rn 1 ff.

117 Ausf. dazu *Viskorf/Haag*, DStR 2012, S. 219 ff.; *Christ*, ZErb 2012, S. 33 ff.

118 BFH v. 18.11.2009 – II 46/07 = BFH/NV 2010, 898. Das FG der ersten Instanz hatte eine Ersatzerbschaftsteuer noch verneint: FG Berlin-Brandenburg, v. 5.9.2007 – 14 K 5016/03 B = DStRE 2008, 487.

119 *Meincke*, ErbStG, § 1 Rn 4; *Kobor*, in: F/J/P/W, ErbStG, § 8 Rn 2, § 28 Rn 21; *Schiffer*, ebenda, § 1 Rn 52.

ja auch das BFH-Urteil, was etwa der Leitsatz zeigt, wie er in ErbStB[120] veröffentlicht wurde:

> *„Auch eine eher theoretische Bezugsberechtigung Familienangehöriger in Gestalt einer an bestimmte Einkommensgrenzen geknüpften Notfallversorgung, deren Unterschreitung aufgrund erheblichen Eigenvermögens und sonstiger Bezüge der Destinatäre faktisch ausgeschlossen war, kann das Wesen einer Stiftung als Familienstiftung prägen"*

Nun, man lese ggf. selbst.[121] Das alles ist hier nicht zu vertiefen, es sei auf die Nachweise in den Fußnoten verwiesen. Anzumerken ist allerdings, dass das **BVerfG** die Verfassungsbeschwerde gegen die BFH-Entscheidung nicht zur Entscheidung angenommen und keine grundsätzliche Bedeutung gesehen hat.[122] Zitat:

> *„Der Verfassungsbeschwerde kommt keine grundsätzliche verfassungsrechtliche Bedeutung zu, denn die verfassungsrechtliche Zulässigkeit der Erbersatzsteuer für Familienstiftungen als solche ist geklärt (vgl. BVerfGE 63, 312)."*

Anmerkung 54
Man wird es mir bitte nicht verübeln – auch nicht als damaligem Prozessvertreter –, wenn ich das für eine „Scheinbegründung" halte, die auf die konkrete Verfassungsfrage eben leider nicht eingeht. Es ging doch gar nicht um die grundsätzliche Verfassungswidrigkeit der Steuer, sondern um die Frage, ob die konkrete Gesetzesanwendung durch den BFH aufgrund der (besonderen) Sachverhaltsdetails der Angelegenheit und der mündlichen Verhandlung sowie der Urteilsbegründung verfassungswidrig ist/war oder eben nicht. Die grundsätzliche verfassungsrechtliche Zulässigkeit der Erbersatzsteuer war jedem Fachmann ersichtlich auch schon vorher bekannt. Wie soll eine solche Begründung, wie oben zitiert, die bei genauer Betrachtung nur eine Behauptung ist, einen Steuerzahler überzeugen?

Blickt man kritisch auf diese spezielle Rechtsprechung, kann es nicht überra- 55
schen, dass *Theuffel-Werhahn* vorsorglich die an sich nicht wirklich nahe liegende Frage untersucht, ob eine **treuhänderische (unselbstständige) Familienstiftung** der **Erbersatzsteuer** unterliegt.[123] Er legt überzeugend dar, dass das **nicht** der Fall ist.

120 ErbStB 2010, 92 mit Anmerkungen und Hinweise zu dem BFH-Urteil von *Halaczinsky.*

121 Das alles ist hier auch deshalb nicht ausführlich darzustellen, weil der Verfasser *Schiffer* als Parteivertreter an allen genannten Verfahren beteiligt war.

122 BVerfG v. 22.8.2011 – 1 BvR 2570 = ZEV 2012, 51.Kurzbericht: Erbfolgebesteuerung 2012, 63.

123 *Theuffel-Werhahn*, ZEV 2014, 14.

II. Steuerfolgen bei der Ersatzerbschaftsteuer

56 Die Ersatzerbschaftsteuerpflicht für eine Familienstiftung oder einen Familienverein entsteht alle 30 Jahre (§ 9 Abs. 1 Nr. 4 ErbStG), was grob betrachtet früher (!) einer Generation entsprach. Die 30-Jahresfrist läuft erstmalig ab dem Übergang des Grundstockvermögens auf die Stiftung. Die vor dem 1.1.1954 errichteten „alten" Familienstiftungen mussten zum 1.1.2014 zum zweiten Mal Ersatzerbschaftsteuer zahlen.

Die Besteuerung betrifft das Ganze an dem jeweiligen Stichtag vorhandene Vermögen der Stiftung (§ 10 Abs. 1 S. 7 ErbStG), und zwar unabhängig davon, wann es der Stiftung oder dem Verein zugeflossen ist. Es gelten die Bewertungsvorschriften nach dem ErbStG. Leistungen an die Berechtigten, zu denen die Stiftung am Besteuerungsstichtag verpflichtet ist,[124] sind nicht abzugsfähig (§ 10 Abs. 7 ErbStG). Steuerschuldner ist die Stiftung (§ 20 Abs. 1 ErbStG).

57 Nach der Rechtsprechung des BFH[125] ist die Ersatzerbschaftsteuer eine sonstige Personensteuer im Sinne des § 10 Nr. 2 KStG, weshalb sowohl die einzelnen Jahresbeiträge als auch die darin enthaltenen Zinsanteile dem dortigen Abzugsverbot bei der Körperschaftsteuer unterliegen.[126]

58 § 24 ErbStG gibt Familienstiftungen systemfremd[127] die **Möglichkeit der Verrentung** der Ersatzerbschaftsteuer (§ 1 Abs. 1 Nr. 4 ErbStG), woraus sich eine jährliche Belastung ergibt, die der früheren Vermögensteuer entspricht.[128] Nur hier und in keinem anderen Fall kennt das Gesetz eine solche Verrentung. Das Gesetz geht von einer Laufzeit von 30 Jahren und von jeweils gleichen Jahresbeträgen aus, die aus einem Zins- und einem Tilgungsanteil bestehen. Die Verrentung erlaubt es der steuerpflichtigen Familienstiftung, die Steuerbelastung über einen langen Zeitraum gleichmäßig zu verteilen. Die sukzessive Besteuerung von Renten, Nutzungen und Leistungen nach § 23 ErbStG wegen des sukzessiven Eingangs der Beträge bei dem Steuerpflichtigen betrifft gänzlich andere Sachverhalte. Man kann fast vermuten, der Gesetzgeber habe hier ein schlechtes Gewissen gehabt.[129]

59 Auf die Verrentung besteht nach dem Gesetz jederzeit ein Anspruch, ohne dass besondere Voraussetzungen vorliegen müssen. Die Verrentung kann in der

124 Siehe *Ebeling*, in: Kapp/Ebeling, ErbStG, § 10 Rn 172.

125 BStBl II 1995, 207.

126 A.A. *Ebeling*, in Kapp/Ebeling, ErbStG, § 24 Rn 8 ff.: Abzug wie Sonderausgabe im Einkommensteuerrecht. Siehe auch *Jülicher*, in: Troll/Gebel/Jülicher, ErbStG, § 24 Rn 6.

127 *Meincke*, ErbStG, § 24 Rn 1.

128 *Schiffer*, in: F/J/P/W, ErbStG, § 24.

129 Siehe auch schon *Jülicher*, in: Troll/Gebel/Jülicher, ErbStG, § 24 Rn 1: „gewisses Unbehagen des Gesetzgebers".

Praxis nicht nur dann eine sinnvolle Wahl sein, wenn die Ersatzerbschaftsteuer feststeht, sondern etwa auch, wenn über die Berechtigung der Ersatzerbschaftsteuer im konkreten Einzelfall noch gestritten wird, die Finanzverwaltung aber den Antrag auf Aussetzung der Vollziehung ihres Steuerbescheides abgelehnt hat.

Das Gesetz enthält keine Regelungen zur Fälligkeit, mithin bestimmt sich die Fälligkeit der jährlichen Teilbeträge nach § 220 Abs. 2 AO, wobei nach § 220 Abs. 2 S. 2 AO die Fälligkeit nicht vor Bekanntgabe der Festsetzung eintritt. Der erste Jahresteilbetrag ist mit der Entstehung der Steuerschuld fällig und die nächsten Teilzahlungen jeweils ein Jahr später.

Das Gesetz legt einen Jahreszinssatz (Zinsfuß) von 5,5 v.H. fest. Der Zinsanteil in den 30 Jahresbeträgen variiert ersichtlich danach, ob vorschüssig (6,52 v.H.) oder nachschüssig (6,88 v.H.) gezahlt wird.[130]

Praxishinweis: Teilverrentung 60
Die gesetzliche Regelung gibt nach ihrem Wortlaut nur die Möglichkeit einer Verrentung der gesamten Steuerschuld, und das auch nur bezogen auf den gesamten Zeitraum von 30 Jahren, nach dessen Ablauf erneut Ersatzerbschaftsteuer zu entrichten ist. Hier hat die Finanzverwaltung durch den Ländererlass aus 1984 Flexibilität geschaffen.[131] Danach sind ausgehend vom argumentum a maiore ad minus die Verrentung auch nur eines Teilbetrages, die vorzeitige Ablösung verrenteter Jahresbeträge und die Wahl eines kürzeren Zeitraumes als 30 Jahre als Einschränkungen der weitergehenden gesetzlichen Verrentungsmöglichkeit zulässig.

Wird die Familienstiftung vor Ablauf des 30-Jahreszeitraums des § 24 ErbStG 61
aufgehoben, entfällt nicht etwa die verrentete Ersatzerbschaftsteuer, denn entscheidend ist, dass die Steuer mit dem damaligen Besteuerzeitpunkt angefallen ist. Es sind hier mit *Jülicher*[132] zwei Konstellationen zu unterscheiden: Ist die Aufhebung/Auflösung absehbar, ist der entsprechend höhere Jahresbetrag für die Verrentung nach dem verkürzten Zeitraum zu ermitteln. Erfolgt die Aufhebung/Auflösung unvorhersehbar sind die (restlichen) verrenteten Steuerzahlungen in entsprechender Anwendung des § 23 Abs. 2 ErbStG in einem Einmalbetrag (Kapitalwert) abzulösen.

Eine **Stundung** nach **§ 28 ErbStG** kann, wenn deren besondere Voraussetzun- 62
gen nachgewiesen werden, nicht nur alternativ zur Verrentung gewählt werden,

---

130 *Ebeling*, in: Kapp/Ebeling, ErbStG, § 24 Rn 5.

131 FinMin Nds. v. 14.3.1984 – S 3836 – 1- 34, DB 1984, 751; siehe auch *Jülicher*, in: Troll/Gebel/Jülicher, ErbStG (Stand: 37. Lieferung), § 24 Rn 4.

132 In: Troll/Gebel/Jülicher, ErbStG, § 24 Rn 5.

sondern auch gleichzeitig mit dieser.[133] Es fallen Stundungszinsen nach §§ 234, 238 AO an (0,5 % im Monat, 6 % im Jahr).

63 **Praxishinweise: Ausländische Familienstiftung**

Nach § 2 Abs. 1 Nr. 2 ErbStG unterliegen ausländische Familienstiftungen mit Geschäftssitz und Geschäftsleitung im Ausland **nicht** der **Ersatzerbschaftsteuer** und zwar auch dann nicht, wenn ihr Vermögen in Deutschland belegen ist (§ 121 BewG). Nach § 15 Abs. 1 AStG sind allerdings Vermögen und Einkünfte einer Familienstiftung, die Geschäftsleitung und Sitz außerhalb Deutschlands hat, dem Stifter zuzurechnen, wenn er in Deutschland unbeschränkt steuerpflichtig ist. Ist das nicht der Fall, erfolgt eine anteilige Zurechnung bei den unbeschränkt steuerpflichtigen Personen, die bei der Stiftung bezugs- und anfallberechtigt sind (Destinatäre). Zugerechnet werden den Betreffenden nach dem Gesetzestext des § 15 Abs. 1 AStG nur Vermögen und Einkünfte der ausländischen Familienstiftung. Auswirkungen hat das Außensteuergesetz damit nach dem Auslaufen der Vermögensteuer bis zu deren etwaiger Wiedereinführung[134] zunächst nur auf die Besteuerung des Einkommens (Einkommens- und Körperschaftsteuer). Eine Auswirkung auf die Erbschaft- und Schenkungsteuer ist nach dem ausdrücklichen Wortlaut des Gesetzes ausgenommen (§ 15 Abs. 1 S. 2 AStG). Damit führt auch § 15 AStG nicht zu einer Ersatzerbschaftsteuer bei ausländischen Familienstiftungen, so dass selbige bei einer ausländischen Familienstiftung erspart wird.

Die Frage der eventuellen Gemeinschaftsrechtswidrigkeit vom § 15 AStG ist hier nicht zu diskutieren.[135]

Trusts (siehe § 13 Rn 7 ff.) mit Sitz und Geschäftsleitung im Ausland können in Deutschland als (ausländische) Familienstiftung im Sinne des deutschen Außensteuerrechts einzustufen sein.[136]

Unabdingbare Voraussetzung für die gewünschte Steuerersparnis ist, dass die Familienstiftung (oder ein ggf. als solcher einzustufender Trust) weder ihren Sitz noch ihre Geschäftsleitung in Deutschland hat. Hier wird in der Praxis häufig übersehen, dass aufgrund einer ungeschickten Handhabung der Leitung einer ausländischen Familienstiftung sich deren Geschäftsleitung sehr leicht unabsichtlich nach Deutschland verlagern kann (siehe § 13 Rn 39 ff.).

---

133 *Jülicher*, in: Troll/Gebel/Jülicher, ErbStG, § 24 Rn 2; *Schiffer*, in: F/J/P/W, ErbStG, § 24 Rn 9 f.

134 Siehe dazu *Häuselmann*, NJW 2012, 1677; *Kwasniewski*, spiegelonline, 7.8.2012 („Vermögensabgabe & Co: Was die Reichensteuer wirklich bringt").

135 Siehe dazu BMF-Schreiben v. 14.5.2008 – IV B 4 – S 1361/07/0001; *Kraft/Hause*, DB 2006, 414. Ausf. *Kraft*, AStG, § 15 Rn 100 ff.

136 BFH BStBl II 1993, 388.

Stiftungskörperschaften wie StiftungsGmbH und Stiftungsverein (siehe § 2) sowie Trusts und andere Vermögensmassen ausländischen Rechts sind keine Stiftungen i.S.d. § 1 Abs. 1 Nr. 4 ErbStG und unterliegen deshalb nicht der Ersatzerbschaftsteuer.

Wesentlich für die Ersatzerbschaftsteuer sind die ab 1.1.2009 erhöhten Steuerfreibeträge nach § 15 Abs. 2 S. 3 ErbStG i.V.m. § 16 Abs. 1 Nr. 2 ErbStG sowie die seitdem leicht reduzierten Steuersätze in Steuerklasse I (§ 19 ErbStG). 64

Praxishinweis: Verschonungsregelungen 65
Die Höhe der Ersatzerbschaftsteuer folgt aus dem Wert des Stiftungsvermögens am Steuerstichtag.[137] Da setzen verschiedene vermögensplanende Gestaltungsüberlegungen aus der Praxis zur „Steueroptimierung“ an, die aber im Ergebnis in der Regel nicht zielführend sind.[138] Nach § 13a Abs. 9 ErbStG finden auf Betriebsvermögen bei Familienstiftungen die Verschonungsregelungen nach § 13a Abs. 1 bis 8 ErbStG Anwendung.[139] Daran sollte sich auch nach der Entscheidung des BVerfG vom 17.12.2014 (siehe oben Rn 8 f.) nichts ändern.

III. Exkurs: Großfamilien als Sonderfall?

Es gibt zwischenzeitlich „alte“ Familienstiftungen mit **über 1.000 potentiellen Destinatären**. Bei diesen stellt sich schon wegen der Größe des Destinatärkreises die Frage, ob hier überhaupt noch von einer Familienstiftung im steuerlichen Sinne gesprochen werden kann. Das herkömmliche steuerliche Verständnis zur Abgrenzung einer Familienstiftung stößt bei solchen Großfamilien jedenfalls an Grenzen.[140] Auch der Gesetzgeber geht bei der Familienstiftung im Zusammenhang mit der Ersatzerbschaftsteuer von einer Kleinfamilie aus, gewährt er doch bei der Ersatzerbschaftsteuer den doppelten Freibetrag nach § 16 Abs. 1 Nr. 2 ErbStG (§ 15 Abs. 2 S. 3 ErbStG), legt also eine **„Regelfamilie“ mit zwei Kindern** zugrunde. Das entspricht der heute vorherrschenden Kleinfamilie, wird aber dem Tatbestand einer Großfamilie mit zigfachen Freibeträgen (!) nicht gerecht.[141] Das ist erstens de lege ferenda zu diskutieren[142] 66

137 Betont von BVerfG BStBl II 1983, 779.

138 Ausf. *Wachter*, in: Richter/Wachter (Hrsg.), Handbuch des internationalen Stiftungsrechts, § 22 Rn 140 ff., 191.

139 Siehe *Albus*, ZSt 2008, 67.

140 A.A. *Wachter*, in: Richter/Wachter (Hrsg.), Handbuch des internationalen Stiftungsrechts, § 22 Rn 39.

141 Siehe *Schiffer*, NJW 2004, 2497 (2498 f.); *ders.*, DStR 2005,508 (511); *ders.*, in: F/J/P/W, ErbStG, § 15 Rn 69.

142 Siehe *v. Löwe/Droege*, Stiftung & Sponsoring 2/2008, 26.

und zweitens angesichts der sogleich zu betrachtenden umstrittenen Abgrenzung der Familienstiftung bei entsprechenden „Großfamilienstiftungen" auch de lege lata bedeutend, d.h. bei der Auslegung des aktuellen Erbschaftsteuerrechts in der Praxis im konkreten Einzelfall zu beachten.

Praxishinweis: Stiftungsauflösung
Wenn das nach der Stiftungssatzung im Einzelfall zulässig ist, kann es sich aus steuerlichen Erwägungen, insbesondere im Fall einer Großfamilienstiftung anbieten, die Stiftung vor dem Stichtag für die Ersatzerbschaftsteuer aufzulösen.

F. Steuerbefreiung nach § 13 Abs. 1 Nr. 17 ErbStG

67 Nach § 13 Abs. 1 Nr. 17 ErbStG bleiben Zuwendungen steuerfrei, die ausschließlich kirchlichen, gemeinnützigen oder mildtätigen Zwecken gewidmet sind, sofern die Verwendung zu dem bestimmten Zweck gesichert ist.[143] Dazu hat der BFH in einer Entscheidung vom 16.1.2002[144] im Zusammenhang mit einer ausländischen Stiftung wie folgt entschieden:

- § 13 Abs. 1 Nr. 17 ErbStG gilt auch für ausländische Stiftungen – und zwar, ohne dass Gegenseitigkeit vorliegen muss.
- Ist eine Zuwendung von Todes wegen mit einer Auflage zugunsten eines bestimmten Zwecks verbunden, durch den die Bereicherung des Erwerbers gemindert wird, liegen zwei formal zu trennende steuerbare Vorgänge vor, nämlich zum einen ein Erwerb von Todes wegen gemäß § 3 Abs. 1 Nr. 1 ErbStG und zum anderen eine Zweckzuwendung gemäß § 8 ErbStG.
- Eine Zuwendung kann auch dann nach § 13 Abs. 1 Nr. 17 ErbStG in der bis 1992 geltenden Fassung befreit sein, wenn nicht ein zugewendeter Vermögensstamm, sondern nur dessen Erträgnisse zu begünstigten Zwecken verwendet werden sollen.
- Einer Steuerbefreiung nach dieser Vorschrift steht es auch nicht entgegen, wenn die Erträgnisse aus dem zugewendeten Vermögensstamm nicht in vollem Umfang zu den begünstigten Zwecken verwendet werden, sondern in Höhe von 20 v.H. der Verstärkung des Kapitalstamms dienen sollen.

143 Siehe dazu *Meincke*, ErbStG, § 13 Rn 54 ff.
144 BFH NJW 2002, 3047; siehe auch die Anmerkung von *Müller*, ZEV 2002, 290.

G. Besteuerung etwaiger Satzungsänderungen

I. Umwandlungsbesteuerung

Ändert eine Familienstiftung ihre Satzung derart, dass sie nunmehr keine Familienstiftung mehr ist, so stellt sich die Frage, ob diese Umwandlung besteuert wird (sog. **Umwandlungsbesteuerung**). 68

Die Finanzverwaltung hat bereits zehn Jahre nach der Verabschiedung des Gesetzes zur Ersatzerbschaftsteuer im Jahre 1983, somit also vor dem ersten Jahr der Erhebung der Ersatzerbschaftsteuer, befürchtet, die Ersatzerbschaftsteuer werde ggf. durch Minderung der Familienbegünstigung von Familienstiftungen „umgangen". Sie hat deshalb in einem koordinierten Ländererlass die Änderung des Stiftungscharakters durch Satzungsänderung als Aufhebung der Familienstiftung und Errichtung einer neuen Stiftung (z.B. als Unternehmensstiftung) interpretiert.[145] Dieser Erlass hat in erweiterter Form seinen Niederschlag in den Erbschaftsteuerrichtlinien gefunden.[146] Diese von der Finanzverwaltung aufgestellte **Umwandlungsfiktion** wird von der einhelligen Auffassung in der Literatur[147] als nicht gesetzeskonform abgelehnt, denn die Stiftung bleibt auch bei einer „Umwandlung" durch Verlust ihres Familiencharakters als ein- und derselbe Rechtsträger vorhanden. Die Frage, ob die Umwandlungsfiktion fiskalisch motiviert ist, habe ich nicht nur einmal gehört. Ich möchte den Punkt hier deshalb näher betrachten. 69

Wenn die „Umwandlung" einer Stiftung in diesem Sinne steuerpflichtig wäre, bedeutete das u.U. sogar eine schenkungsteuerliche Doppelbesteuerung, nämlich den Eintritt der Steuerfolgen für die Aufhebung der alten Stiftung und für die Errichtung einer (vermeintlich) neuen Stiftung. Mit *Richter*[148] ist, da sich die Beantwortung der Besteuerungsfrage nach den Tatbeständen der Steuergesetze richtet, im konkreten Fall zu fragen, ob eine solche stiftungsrechtliche „Umwandlung" tatsächlich eine faktische „Aufhebung" der alten Stiftung und einen Übergang von Vermögen aufgrund eines Stiftungsgeschäftes unter Lebenden durch Errichtung einer neuen Stiftung beinhaltet. In aller Regel wird das zu verneinen sein, da es an einem tatsächlichen Wechsel des Rechtsträgers fehlt. 70

---

145 FinMin. Nds. v. 6.12.1983, DB 1984, 23.

146 R E 1.2 Abs. 4 ErbStR 2011.

147 Siehe ferner *Ebeling*, in: Kapp/Ebeling, ErbStG, § 1 Rn 55; *Wachter*, in: Richter/Wachter (Hrsg.), Handbuch des internationalen Stiftungsrechts, § 22 Rn 66 ff. jew. m.w.N; *Schiffer*, in: F/J/P/W, ErbStG, § 15 Rn 57.

148 v. Campenhausen/Richter/*Richter*, § 42 Rn 9 f.

71 Bei der (**unselbstständigen) Treuhandstiftung** (siehe § 12 Rn 1 ff.) ist die Angelegenheit weniger problematisch.[149] Die Treuhandstiftung ist reines Zweckvermögen und wird bestimmt durch den bei der Zuwendung bestimmten Verwendungszweck. Ihr Treuhänder (Rechtsträger) kann beliebig wechseln, ohne dass sich an der treuhänderischen Stiftung selbst etwas ändern muss.

72 Problematisch kann es an sich nur sein, wenn der Verwendungszweck erheblich geändert wird, was wiederum regelmäßig nicht der Fall sein dürfte, denn auch bei einer Anpassung des Zwecks an neue Verhältnisse oder sogar bei Bestimmung eines neuen Zwecks muss der Verwalter wegen seiner Treuhandpflichten den Rahmen des ursprünglich vom Stifter bestimmten Zwecks einhalten. Hat der Stifter keinen ausdrücklichen Willen geäußert, gilt auch hier der mutmaßliche Stifterwille. Die Annahme einer zur Steuerpflicht führenden Zweckänderung setzt also zivilrechtlich eine Verletzung der Treuepflichten des Rechtsträgers der unselbstständigen Stiftung voraus, zu der es in aller Regel nicht kommen wird.

73 Nichts anderes sollte für die **rechtsfähige Stiftung** gelten. Hier kommt als Argument für die Annahme eines Fortbestands der Stiftung trotz „Zweck-Umwandlung" noch hinzu, dass die Stiftungsaufsicht dabei nach dem neuen Stiftungszivilrecht ausdrücklich den Stifterwillen zu berücksichtigen hat (§ 87 Abs. 2 BGB). Auch bei einer solchen Anpassung oder Änderung des jeweiligen Zwecks der Stiftung wirkt der vom Stifter ursprünglich bestimmte Zweck also fort, wie er im Stiftungsgeschäft (Satzung) jeweils aktuell zum Ausdruck kommt. Diese Bindung wird nicht aufgehoben und damit die Stiftung als solche auch nicht. Es kommt also nicht zu einem neuen Stiftungsgeschäft oder zu einer ähnlichen Handlung.

74 Eine Erbschaft- und Schenkungsteuerpflicht sollte deshalb selbst dann ausscheiden, wenn das Vermögen von einer nicht mehr lebensfähigen Stiftung auf eine andere übertragen wird, wenn Übertragungsempfänger eine Stiftung mit einer Zwecksetzung im Rahmen des vom Stifter des (hilfsweise mutmaßlich) gesetzten ursprünglichen oder der Entwicklung angepassten Zwecks ist.[150] Denn auch dann wirkt das ursprüngliche Stiftungsgeschäft fort. Die Übertragung auf die neue Stiftung ist ihrerseits nur **Vollzug des ursprünglichen Stifterwillens** und bewegt sich im Rahmen des ursprünglichen Stiftungsgeschäfts. Auch bei einem Destinatärwechsel im Laufe der Jahre käme niemand auf den Gedanken, Schenkungsteuer wegen Auflösung und Neugründung der Stiftung zu fordern. Besteht der maßgebliche Zweck (unter Anpassung oder Ersatz im

---

149 Siehe, auch zu den folgenden Ausführungen, noch ausführlich Seifart/v. Campenhausen/*Pöllath/Richter*, 3. Aufl. 2009, § 42 Rn 33.

150 So noch Seifart/v. Campenhausen/*Pöllath/Richter*, 3. Aufl. 2009, § 42 Rn 34. A.A. nunmehr aber v. Campenhausen/Richter/*Richter*, § 42 Rn 11.

Rahmen des ursprünglichen Stifterwillens) fort, muss ein bloßer Rechtsformwechsel steuerlich unbeachtlich sein. Das gilt etwa für den Übergang von einer nichtrechtsfähigen Stiftung auf eine rechtsfähige Stiftung und umgekehrt. Dann sollte bei Fortbestand dieses Zwecks aber auch der Vermögensübergang von einer rechtsfähigen Stiftung auf eine andere rechtsfähige Stiftung steuerlich unbeachtlich sein. Wenn etwas anderes gewollt ist, muss der Gesetzgeber einen entsprechenden Steuertatbestand schaffen. Solange ein solcher fehlt, kann es hier aus meiner Sicht keine rechtlich fundierte Besteuerung geben. Bei der Besteuerung gilt der Grundsatz der Tatbestandsmäßigkeit und der Tatbestandsbestimmtheit, der „Ausfluss des Rechtsstaatsprinzips" ist und etwa in § 3 Abs. 1 AO seinen Niederschlag gefunden hat.[151] Das sollte aus meiner Sicht bei der Finanzverwaltung an sich zur Zurückhaltung bei der Besteuerung aufgrund von Fiktionen führen.

Obwohl die Argumente überzeugen, wird der Berater in der Praxis angesichts 75
der verbleibenden Unsicherheiten für die von ihm beratene Stiftung – wenn eben möglich – eine vorherige **Abstimmung mit der Finanzverwaltung** und der Stiftungsaufsichtsbehörde suchen.[152] Er wird auch prüfen, ob im konkreten Einzelfall der Stiftung ein Anspruch auf eine verbindliche Zusage oder zumindest auf fehlerfreien Ermessensgebrauch bei der Verfahrensentscheidung über die Erteilung einer Zusage (verbindliche Auskunft) zusteht.

Praxishinweis: Verbindliche Auskunft 76

Das Förderalismusreform-Begleitgesetz vom 5.9.2006[153] hat erstmals das Rechtsinstitut der allgemeinen verbindlichen Auskunft nach Treu und Glauben in § 89 Abs. 2 AO gesetzlich normiert.[154] Danach können die Finanzbehörden auf Antrag verbindliche Auskünfte über die steuerliche Beurteilung von genau bestimmten, noch nicht verwirklichten Sachverhalten erteilen, wenn daran im Hinblick auf die erheblichen steuerlichen Auswirkungen ein besonderes Interesse besteht.[155] Damit schreibt § 89 Abs. 2 AO fest, was schon bisher Verwaltungspraxis war.[156]

Durch das Jahressteuergesetz 2007 vom 18.12.2006[157] wurde sodann eine Gebührenpflicht für die Bearbeitung entsprechender Anträge auf eine ver-

151 Siehe dazu etwa Klein/*Gersch*, § 3 AO Rn 11.

152 Siehe auch v. Campenhausen/Richter/*Richter*, § 42 Rn 10. Vermutlich ist die Meinungsänderung von *Richter* (siehe vorstehende Fn) auch auf entsprechende Praxiserfahrungen mit den zuständigen Finanzbehörden zurückzuführen.

153 BGBl I 2006, 2098.

154 Siehe *Baum*, NWB F. 2, 9725; *Birk*, NJW 2007, 1325; *Franke/Cölln*, BB 2008, 584; *Simon*, DStR 2007, 557.

155 Dazu ausführlich *Birk*, NJW 2007, 1325 (1326).

156 Siehe *Birk*, NJW 2007, 1325 (1326).

157 BGBl I 2006, 2878 ff.

bindliche Auskunft in § 89 Abs. 3 AO aufgenommen, die der BFH für verfassungsgemäß hält.[158] Die Höhe der Gebühr bestimmt sich nach § 34 GKG.[159] Das Gesetz legt den Gegenstandswert auf mindestens 5.000 EUR fest.[160] Bei einem Mindestgegenstandswert von 5.000 EUR fällt demnach eine Gebühr für die Auskunft in Höhe von 121 EUR an. In entsprechender Anwendung des § 39 Abs. 2 GKG ist der Gegenstandswert auf 30 Mio. EUR begrenzt,[161] was eine Höchstgebühr von 91.456 EUR bedeutet.[162]
Die Ablehnung einer beantragten verbindlichen Auskunft sowie ihre Erteilung sind Verwaltungsakte, gegen die Einspruch eingelegt und Klage erhoben werden kann.[163]
Die Finanzverwaltung ist im Fall der Änderung der Rechtslage ohne einen zusätzlichen besonderen Vertrauenstatbestand nicht an eine verbindliche Auskunft gebunden.[164]

II. Besteuerung bei Aufhebung einer Familienstiftung

1. Steuerprivileg

77 Bei der Auflösung einer Familienstiftung gilt nicht generell die Steuerklasse III, sondern das besondere Steuerprivileg nach § 15 Abs. 2 S. 2 ErbStG: Erwerber haben das erlangte Vermögen so zu versteuern, als fiele es ihnen von demjenigen zu, der es auf die Stiftung übertragen hat:[165]

> *„In den Fällen des § 7 Abs. 1 Nr. 9 Satz 1 [Aufhebung einer Stiftung oder Auflösung eines Vereins] gilt als Schenker der Stifter oder derjenige, der das Vermögen auf den Verein übertragen hat, ...“*

Gäbe es das besagte Steuerprivileg nicht, so wäre immer Steuerklasse III anzuwenden, denn die Stiftung ist mit niemandem verwandt. Es überrascht nicht, dass es wegen der Reichweite dieses Steuerprivilegs einige Streitfragen gibt.

---

158 BFH, Beschl. v. 30.3.2011 – I B 136/20 = DStRE 2011, 775 ff.
159 § 89 Abs. 5 S. 1 AO.
160 § 89 Abs. 5 S. 2 AO.
161 BMF-Schreiben v. 8.12.2006 – IV A 4-S 0224–12/06.
162 Siehe *Birk*, NJW 2007, 1325 (1326). Ausf. zu den bei Einholung einer verbindlichen Auskunft anfallenden Gebühren *Keß/Zillner*, DStR 2008, 1466.
163 BFH/NV 1992, 562; *Intemann*, in: Koenig, AO, § 204 Rn 58; siehe auch *Plewka/Pott*, NJW 2012, 2558.
164 BFH, Urt. v. 30.3.2011 – XI R 30/09, DStRE 2011, 760 ff.
165 Ausf. *Schiffer*, in: F/J/P/W, ErbStG, § 15 Rn 59 ff.

2. Inlandsbezug

78 In § 15 Abs. 2 S. 2 ErbStG fehlt anders als in § 15 Abs. 2 S. 1 ErbStG ein ausdrücklicher Inlandsbezug. Es ist dennoch umstritten, ob § 15 Abs. 2 S. 2 ErbStG auf alle Familienstiftungen im In- und Ausland anzuwenden ist.[166] Wesentlich ist, dass hier tatsächlich jeglicher Inlandsbezug in der Gesetzesformulierung fehlt. Es spricht nichts für ein Redaktionsversehen, was ggf. zu einer anderen Auslegung führen könnte. Die Gesetzesformulierung ist bei der Reform des ErbStG in 2008 nicht geändert worden. Erfasst werden von § 15 Abs. 2 S. 2 ErbStG also **Familienstiftungen im In- und Ausland**.

3. Nur Steuerklassenbestimmung?

79 Nach der Rechtsprechung soll sich § 15 Abs. 2 S. 2 ErbStG auf die Bestimmung der Steuerklasse beschränken.[167] Das überzeugt nicht. Wie schon der klare Wortlaut der Vorschrift zeigt, regelt sie entgegen ihrer systematischen Stellung im Gesetz nicht nur die Steuerklassenzuordnung, sie fingiert vielmehr ein besonderes Zuwender-Empfänger-Verhältnis.[168]

80 Besonders umstritten ist im Hinblick auf die o.g. Rechtsprechung, ob sie auch für den **Vermögensrückfall auf den Stifter selbst** als Anfallsberechtigten bei Aufhebung der Familienstiftung gelten soll. Die h.L. versteht die Rechtsprechung, auch wenn sie diese ablehnt, so, dass sie auch in diesem Fall Anwendung finden soll.[169] Dem widerspricht nachdrücklich *Jülicher*,[170] weil er die vorbehaltene eigene Anfallsberechtigung des Stifters bei einem solchen Verständnis nicht ausreichend berücksichtigt sieht. Dieser Ansicht ist mit Blick auf das **Vermögensanfallsprinzip** sowie Sinn- und Zweck der Ersatzerbschaftsteuer zuzustimmen. Aus dem Vermögensanfallprinzip folgt, dass das Gesetz keinen bei dem ursprünglichen Vermögensinhaber endenden Vermögenskreislauf besteuern will.[171] Will der Gesetzgeber mit der Ersatzerbschaftsteuer die Familienstiftung so besteuern, als halte die Familie das Stiftungsvermögen noch selbst, so wäre es ein unzulässiges, widersprüchliches Rosinenpicken, bei § 15 Abs. 2

166 Ausf. *Jülicher*, in: Troll/Gebel/Jülicher, ErbStG, § 15 Rn 117.

167 BFH v. 25.11.1992 – II R 77/90 = BStBl II 1993, 238; BFH v. 25.11.1992 – II R 78/90 = BFH/NV 1993, 438; FG Düsseldorf v. 10.1.2007, EFG 2007, 533; BFH v. 30.11.2009 – II R 06/07 = ZEV 2010, 105 ff. Siehe dort auch konkret zur Steuerberechnung aus Sicht des BFH im Fall der Stiftungsauflösung.

168 Überzeugend *Jülicher*, StuW 1999, 363 (369 ff.). Zuvor schon *Binz/Sorg*, DStR 1994, 229. Siehe auch *Schiffer*, in: F/J/P/W, ErbStG, § 15 Rn 61 f.

169 *Ebeling*, in: Kapp/Ebeling, ErbStG, § 15 Rn 66 ff.; *Meincke*, ErbStG, § 15 Rn 24.

170 In: Troll/Gebel/Jülicher, ErbStG, § 15 Rn 121 f.

171 Siehe *Jülicher*, in: Troll/Gebel/Jülicher, ErbStG, § 15 Rn 121 f.

S. 2 ErbStG die Sache genau andersherum im Sinne einer Vermögenstrennung zu sehen. Mithin ist entgegen der Rechtsprechung mit der früheren Auslegung der Norm kein Steuertatbestand gegeben, wenn die Familienstiftung aufgehoben wird und dabei das Vermögen an den Stifter zurückfällt.[172]

81 Bei **Vermögensrückübertragungen nur in Teilen**, die wegen der Rechtsprechung u.U. als Gestaltungsansatz für einen Ausweg aus einer Besteuerung nach § 7 Abs. 1 Nr. 9 ErbStG gesehen werden könnten, sind die Grenzen aus § 42 AO zu beachten,[173] die sich bekanntlich auch nach der Neufassung ab 1.1.2008 einer allgemeinen Definition entziehen,[174] was für Gestaltungsansätze hier typischerweise einen schwankenden Boden bereitet. In diesen Fällen könnte dann im Übrigen § 7 Abs. 1 Nr. 1 ErbStG greifen, womit § 15 Abs. 2 S. 2 ErbStG nicht anwendbar wäre.

82 **Praxishinweis: Rückübertragung einer Vermögensmasse (insb. ausl. Trust)**
§ 7 Abs. 1 Nr. 9 S. 2 ErbStG erfasst die Auflösung bestimmter ausländischer Vermögensmassen, womit insbesondere ausländische Trusts gemeint sind. Nach § 15 Abs. 2 S. 2 Alt. 2 ErbStG ist in betreffenden Fällen das Verwandtschaftsverhältnis zwischen dem Errichter/Vermögensausstatter der ausländischen Vermögensmasse und dem oder den Berechtigten maßgebend. Die Steuerprivilegierung erfasst auch Erwerbe von Zwischenberechtigten (zu Trusts siehe auch § 13 Rn 7 ff.).[175]

H. Auflösungsbesteuerung

83 Wird die Stiftung aufgelöst (zur Besteuerung der Aufhebung einer Familienstiftung siehe oben Rn 77 ff. und zur „Umwandlungsbesteuerung" siehe Rn 68 ff.), fällt ihr Vermögen an die in der Stiftungssatzung oder im Gesetz (§ 88 BGB, Landesstiftungsgesetze) bestimmten Personen (siehe § 6 Rn 66). Was bei der Aufhebung einer Stiftung erworben wird, gilt als **Schenkung**. Fällt beim Erlöschen der Stiftung das Vermögen an den Stifter oder seine Erben zurück,

172 *Meincke*, ErbStG, § 15 Rn 24.
173 *Jülicher*, in: Troll/Gebel/Jülicher, ErbStG, § 15 Rn 122.
174 *Drüen*, in: Tipke/Kruse, AO/FGO, vor § 42 AO Rn 15, 36.
175 Näher *Jülicher*, in: Troll/Gebel/Jülicher, ErbStG, § 15 Rn 131; *Schiffer*, in: F/J/P/W, ErbStG, § 15 Rn 64.

unterliegt der **Rückerwerb** nach § 7 Abs. 1 Nr. 9 ErbStG der Schenkungsteuer.[176]

Für einen etwaigen Vermögensanfall innerhalb der Stifterfamilie bei Auflösung der Stiftung gilt auch die oben (Rn 77) behandelte Steuerprivilegierung des § 15 Abs. 2 S. 2 ErbStG.[177] 84

176 Zu weiteren Einzelheiten der Besteuerung bei Aufhebung der Stiftung siehe *Baumann/Seer/Krumm*, Fachberater für Unternehmensnachfolge (DStV e.V.), 2011, S. 853 f., Rn 2316 ff.

177 Näher dazu *Schiffer*, in: F/J/P/W, ErbStG, § 15 Rn 59 ff.

§ 9 Gutes tun und Steuerbefreiung

Was bietet dieses Kapitel?
Grundsätzlich sind die Errichtung und die Tätigkeit einer Stiftung mit unterschiedlichen steuerlichen Belastungen verbunden (Schenkungsteuer, Körperschaftsteuer etc.). Da unterscheidet sich eine Stiftung nicht von sonstigen Körperschaften. Stiftungen, die steuerbegünstigte Zwecke i.S.d. §§ 51 ff. AO verfolgen, d.h. insbesondere gemeinnützig oder mildtätig sind, sind im Gegensatz dazu nach den einschlägigen Steuergesetzen beinahe vollständig steuerbefreit. Es wird geschätzt, dass 95 % aller Stiftungen steuerbefreit sind. Die Rechtsprechung und Literatur zu der Thematik und ihre vielen Facetten in der Praxis lassen sich kaum noch überblicken, auch die Gesetzesänderungen sind zahlreich. Es gibt beinahe naturgemäß zahlreiche Streitfragen, die die Steuerhandhabung in der Praxis nicht eben erleichtern. Dieses Kapitel gibt deshalb einen Überblick zu steuerbefreiten Stiftungen und zu wesentlichen aktuellen Praxisfragen aus diesem steuerrechtlichen Spezialbereich.

Übersicht: Rn

A. Steuerbefreite Stiftungen

I. Steuerbefreiung wegen „Gemeinnützigkeit"

95 % aller Stiftungen sollen steuerbefreit sein, so wird geschätzt.[1] Bei der steuerbefreiten Stiftung gibt der Stifter im Grundsatz sein Vermögen unwiderruflich aus der Hand, um damit „gemeinnützige, mildtätige oder kirchliche Zwecke"[2] i.S.d. §§ 51 ff. AO zu verfolgen. Dieses Verhalten des Stifters, durch das das Vermögen quasi gemeinnützig „infiziert" wird, prämiert der Staat (durchaus eigennützig für die Gemeinschaft) mit fast völliger Steuerfreiheit in den betreffenden einzelnen, soeben angesprochenen Steuergesetzen.[3] Der Unterscheidung zwischen mildtätigen (§ 53 AO) und gemeinnützigen (§ 52 AO) Zwecken kommt dabei besondere **praktische Bedeutung** vor allem dann zu, wenn ein begrenzter Personenkreis gefördert werden soll. Darauf wird sogleich näher eingegangen (siehe Rn 11). 1

Gewährt das Gesetz eine Steuervergünstigung, weil eine steuerpflichtige Körperschaft, Personenvereinigung oder Vermögensmasse (vgl. § 1 Abs. 1 KStG) – z.B. eben eine Stiftung – ausschließlich und unmittelbar gemeinnützige, mildtätige oder kirchliche Zwecke (steuerbegünstigte Zwecke) verfolgt, so gelten die gemeinnützigkeitsrechtlichen Vorschriften der §§ 51 ff. AO (so § 51 Abs. 1 AO). Die konkrete Steuerbefreiung richtet sich dann nach den einzelnen Steu- 2

1 Das aktuellste Standardwerk dazu ist bei Drucklegung *Hüttemann*, Gemeinnützigkeits- und Spendenrecht, 3. Aufl. 2015. Besonders lesenswert ist auch *Weidmann/Kohlhepp*, Die gemeinnützige GmbH, 3. Aufl. 2014. Dort finden sich auch zahlreiche Materialien und Beispielsformulierungen.

2 Als Oberbegriff für diese drei Bereiche hat sich in der Praxis der Begriff der Gemeinnützigkeit eingebürgert.

3 Hier ist nicht der Ort dafür, das Gemeinnützigkeitsrecht von A–Z darzustellen. Nachfolgend findet sich vor allem eine Auswahl wesentlicher Praxisfragen. Ausführlich zur Gemeinnützigkeit: *Buchna/Seeger/Brox*, Gemeinnützigkeit im Steuerrecht, 10. Aufl. 2010 (Neuauflage angekündigt für das 2. Quartal 2015); *Hüttemann*, Gemeinnützigkeits- und Spendenrecht, 3. Aufl. 2015; *Schauhoff* (Hrsg.), Handbuch der Gemeinnützigkeit, 3. Aufl. 2010; *Pauli*, in: Sumpf/Suerbaum/Schulte/Pauli, Stiftungsrecht, S. 475 ff. mit jeweils einer kurzen Einstiegs-Kommentierung zu einschlägigen AO-Vorschriften nebst Auszug aus der AEAO und zu weiteren wesentlichen Steuervorschriften (EStG, KStG, GewStG, ErbStG, AStG); *Wallenhorst/Halaczinsky*, Die Besteuerung gemeinnütziger Vereine und Stiftungen, 6. Aufl. 2009; siehe auch *Hüttemann*, ErbR 2012, 5 ff. Zur Rechtsprechung im Gemeinnützigkeitsrecht 2013 siehe auch *Weidmann/Kohlhepp*, DStR 2014, 1197 ff.

ergesetzen, die für die Steuerfreiheit die Gemeinnützigkeit[4] im Sinne der Abgabenordnung fordern.

Davon zu unterscheiden ist etwa die „**Steuerbefreiung von Kunst**". Die einschlägigen gesetzlichen Verschonungsregelungen nach § 13 Abs. 2 ErbStG betreffen insbesondere Kunstgegenstände, Kunstsammlungen, wissenschaftliche Sammlungen, Bibliotheken und Archive. In Zeiten niedriger Zinsen werden **Kunstgegenstände** auch als **Vermögensanlageobjekte** immer attraktiver, weshalb das Thema immer mehr in den Fokus rückt.[5]

Der Gesetzgeber hat hier wiederholt mit Neuregelungen im Stiftungssteuerrecht wesentliche steuerliche **Verbesserungen** normiert. Das Ende der Wünsche an das Gemeinnützigkeitsrecht scheint gleichwohl noch nicht erreicht. Angesichts der leeren staatlichen Kassen erwarten wir hier durchaus noch weitere Steuererleichterungen, die die Steuerpflichtigen zu noch mehr Spenden veranlassen sollen. Positiv zu bewerten sind aus Sicht der Praxis in diesem Zusammenhang verschiedene Erleichterungen, die die Finanzverwaltung seit der Neufassung des **AEAO 2012** gewährt.[6]

Mitunter genießen steuerbefreite Stiftungen auch „**Gebührenvorteile**", und das nicht nur im Anerkennungsverfahren.[7] Bei einer Stiftung, die (überwiegend oder ausschließlich) gemeinnützige Zwecke verfolgt, erhebt die zuständige Behörde in der Regel für die Anerkennung keine Gebühren; bei anderen Stiftungen richtet sich die Gebühr noch dem Sachverhalt des Einzelfalls, d.h. nach dem Verwaltungsaufwand insbesondere unter Berücksichtigung des Grundstockvermögens.[8] Das ist jeweils mit der Behörde zu klären. Die Gebühren belaufen sich deshalb oftmals im Bereich von bis zu einigen hundert Euro.

---

4 Der Begriff wird hier wie auch in der Fachdiskussion weithin üblich als Synonym für Steuerbefreiung im Sinne der Verfolgung gemeinnütziger, mildtätiger oder kirchlicher Zwecke verstanden, §§ 52–54 AO.

5 Siehe dazu etwa *Lindemann*, ZErb 2015, 245; *Barsch*, Erbfolgebesteuerung 2015, 89, FG Münster, Urt. v. 24.9.2014, 3 K 2906/12 Erb, ZEV 2015, 175.

6 Siehe dazu etwa *Hüttemann*, DB 2012, 250 ff.

7 Siehe dazu *Weidmann/Kohlhepp*, DStR 1273, 1285, 1286.

8 Siehe etwa https://rp.baden-wuerttemberg.de/Themen/Stiftung/Seiten/Anerkennung-Stiftung.aspx oder https://www.verwaltungsservice.bayern.de/dokumente/leistung/265990438206 oder http://www.brd.nrw.de/wirtschaft/EU-Dienstleistungsrichtlinie/Stiftung_-_Anerkennung.html oder http://service-bw.de/zfinder-bw-web/processes.do?vbid=105321&vbmid=0#kosten.

Auch die gemeinnützige Stiftung ist als steuerbefreite Körperschaft zur **Abgabe von Steuererklärungen** verpflichtet.[9] Dazu weist etwa das **Landesamt für Steuern (LfSt) Rheinland-Pfalz** in einer Presseerklärung vom 28.4.2015 mit einem besonderen Blick auf Vereine u.a. auf Folgendes hin:

> *„Die Finanzämter prüfen in der Regel alle drei Jahre, ob Vereine und Organisationen, die gemeinnützigen, mildtätigen oder kirchlichen Zwecken dienen (z.B. Sport- und Musikvereine, Fördervereine von Schulen oder Kindergärten, Naturschutzvereine usw.), in der zurückliegenden Zeit mit ihren Tätigkeiten die Voraussetzungen für die Befreiung von der Körperschaft- und Gewerbesteuer erfüllt haben. Zu diesem Zweck müssen die Vereine bei ihrem zuständigen Finanzamt eine Steuererklärung (Vordruck Gem 1) abgeben und Kopien ihrer Kassenberichte und Tätigkeits- bzw. Geschäftsberichte beifügen."*
> *Davon zu unterscheiden ist die Außenprüfung/Betriebsprüfung (siehe nachfolgend Rn 306).*

Die Frage, **ab wann die Steuerprivilegierung** im Zusammenhang mit der Stiftungserrichtung eintreten, wird in § 3 behandelt (siehe § 3 Rn 112 ff.).

Praxishinweis: Kritische Stimmen aus der Wissenschaft 3

Es gibt auch ausgesprochen kritische Stimmen zum deutschen Gemeinnützigkeitsrecht. So hat der **Wissenschaftliche Beirat beim Bundesminister der Finanzen** in 2006 ein bemerkenswertes Gutachten mit dem Titel *„Die abgabenrechtliche Privilegierung gemeinnütziger Zwecke auf dem Prüfstand"* vorgelegt, das sich sehr kritisch äußert[10] und die Gemeinnützigkeit sehr eng sehen will. Die Gutachter haben sich, um hier nur ein Beispiel zu nennen, für mich nicht nachvollziehbar u.a. dafür eingesetzt, den Spendenabzug generell auszuschließen, wenn die Spende von der Namensnennung des Spenders abhängig gemacht wird. Überhaupt will man bei den Spendern einen „Wettbewerb der Eitelkeiten" nicht fördern. Ich finde das absurd. Wie gut, dass, wie man hört, das Gutachten sang- und klanglos in der Schublade verschwunden ist, die sich hoffentlich nicht mehr öffnet.

Es mag ja sein, dass die eine oder andere (größere) gemeinnützige Organisation an die Grenzen des (angeblich) Zulässigen stößt,[11] das rechtfertigt aber

9 Anschaulich dazu etwa *Krönauer/Schmid* (14.6.2012), http://www.die-stiftung.de/recht-steuern/stiftungs-und-gemeinnuetzigkeitsrecht/wann-droht-aerger-mit-dem-fiskus-29903.

10 Kritisch zu dem Gutachten *Schiffer*, StuB, 17/2006, S. I. (Editorial), siehe dort auch zu einzelnen Punkten aus dem Gutachten.

11 In diesem Buch werden auch immer wieder „bedenkliche" Punkte und fragliche Handhabungen in der Praxis deutlich angesprochen und in Frage gestellt.

noch nicht einen Generalangriff gegen das deutsche Gemeinnützigkeitsrecht, denn das hat sich grundsätzlich bewährt.

II. Die gemeinnützige Stiftung

4 Es handelt sich bei der gemeinnützigen Stiftung nicht um eine besondere Rechtsform, sondern vielmehr um eine **Stiftung, der Steuerbefreiungen gewährt** werden, weil sie bestimmte steuerrechtliche Vorgaben einhält.[12] Die Steuerbefreiung setzt voraus, dass eine Stiftung nach ihrer Satzung und tatsächlichen Geschäftsführung ausschließlich und unmittelbar gemeinnützige, mildtätige oder kirchliche Zwecke verfolgt (§ 63 Abs. 1 AO).

Hier muss aus Sicht des **FG Münster**[13] eine vermögenserhaltende **Anlagestrategie** darauf ausgerichtet sein, ausreichende Erträge zu erzielen, so dass bei abnehmendem Zinsniveau auch gegenüber sog. mündelsicheren Anlageformen wegen höherer Ertragschancen auch Anlageformen gewählt werden können und müssen, denen ein größeres Ausfallrisiko anhaftet.[14] Die Umschichtung von Stiftungsvermögen in Anlagen, die einseitig und ganz oder teilweise nicht ausreichend besichert ist, ist aus Sicht des FG aber nicht zulässig, so dass der Entzug der Gemeinnützigkeit aufgrund unzulässiger tatsächlicher Geschäftsführung droht.

In § 51 Abs. 3 AO wird klargestellt, dass die Förderung und Verfolgung verfassungs- und ausländerfeindlicher Ziele kein steuerbegünstigter Zweck sein kann.[15]

5 **Gemeinnützige Zwecke** (§ 52 AO) verfolgt eine Stiftung, wenn ihre Tätigkeit darauf gerichtet ist, die Allgemeinheit (!) auf materiellem, geistigem oder sittlichem Gebiet selbstlos zu fördern.[16] Das Gesetz nennt in § 52 Abs. 2 AO aktuell folgende 25 Zwecke, die unter besagten Voraussetzungen als Förderung der Allgemeinheit anzuerkennen sind:

---

12 „Gemeinnützige" Stiftungen genießen in der Bevölkerung trotz des einen oder anderen Auswuchses ersichtlich nach wie vor eine ganz besondere Wertschätzung. Ausf. dazu schon *Schäfers*, Stiftung & Sponsoring 4/2000, 30 ff. (zu einer vom Zentralinstitut für kirchliche Stiftungen (ZkS) in Mainz/Wiesbaden in Auftrag gegebenen Repräsentativ-Erhebung, die das Institut für Markt- und Politikforschung („dimap"), Bonn, durchgeführt hat).

13 FG Münster, Urt. v. 11.12.2014 – 3 K 323/12 Erb., http://www.iww.de/quellenmaterial/id/175245.

14 Siehe auch oben § 5 Rn 93 („Vergraben alleine genügt nicht").

15 Ausf. dazu *Jäschke*, DStR 2009, 1669 ff. und *von Lersner*, DStR 2012, 1685 ff.

16 Zu dem Praxisproblem der „Nichtanerkennung der Gemeinnützigkeit wegen durch Stiftungsgeschäft übergangener Verpflichtungen" siehe etwa *Berndt*, Stiftung & Sponsoring 5/1999, 16.

1. die Förderung von Wissenschaft und Forschung;
2. die Förderung der Religion;
3. die Förderung des öffentlichen Gesundheitswesens und der öffentlichen Gesundheitspflege, insbesondere die Verhütung und Bekämpfung von übertragbaren Krankheiten, auch durch Krankenhäuser im Sinne des § 67 AO, und von Tierseuchen;
4. die Förderung der Jugend- und Altenhilfe;
5. die Förderung von Kunst und Kultur;
6. die Förderung des Denkmalschutzes und der Denkmalpflege;
7. die Förderung der Erziehung, Volks- und Berufsbildung einschließlich der Studentenhilfe;
8. die Förderung des Naturschutzes und der Landschaftspflege im Sinne des Bundesnaturschutzgesetzes und der Naturschutzgesetze der Länder, des Umweltschutzes,[17] des Küstenschutzes und des Hochwasserschutzes;
9. die Förderung des Wohlfahrtswesens, insbesondere der Zwecke der amtlich anerkannten Verbände der freien Wohlfahrtspflege (§ 23 der Umsatzsteuer-Durchführungsverordnung), ihrer Unterverbände und ihrer angeschlossenen Einrichtungen und Anstalten;
10. die Förderung der Hilfe für politisch, rassisch oder religiös Verfolgte, für Flüchtlinge, Vertriebene, Aussiedler, Spätaussiedler, Kriegsopfer, Kriegshinterbliebene, Kriegsbeschädigte und Kriegsgefangene, Zivilbeschädigte und Behinderte sowie Hilfe für Opfer von Straftaten; Förderung des Andenkens an Verfolgte, Kriegs- und Katastrophenopfer; Förderung des Suchdienstes für Vermisste;
11. die Förderung der Rettung aus Lebensgefahr;
12. die Förderung des Feuer-, Arbeits-, Katastrophen- und Zivilschutzes sowie der Unfallverhütung;
13. die Förderung internationaler Gesinnung, der Toleranz auf allen Gebieten der Kultur und des Völkerverständigungsgedankens;[18]
14. die Förderung des Tierschutzes;
15. die Förderung der Entwicklungszusammenarbeit;
16. die Förderung von Verbraucherberatung und Verbraucherschutz;
17. die Förderung der Fürsorge für Strafgefangene und ehemalige Strafgefangene;
18. die Förderung der Gleichberechtigung von Frauen und Männern;
19. die Förderung des Schutzes von Ehe und Familie;
20. die Förderung der Kriminalprävention;

---

17 Zu gemeinnützigkeitsrechtlichen Handlungs- und Gestaltungsoptionen im Zusammenhang mit einer freiwilligen CO2-Kompensation siehe *Streiter/Brandt*, Stiftung & Sponsoring, 2012, 38 f.

18 Ausf. dazu *Theiner*, Stiftung & Sponsoring – Rote Seiten, 5/2009.

21. die Förderung des Sports[19] (Schach gilt als Sport);
22. die Förderung der Heimatpflege und Heimatkunde;
23. die Förderung der Tierzucht, der Pflanzenzucht, der Kleingärtnerei, des traditionellen Brauchtums einschließlich des Karnevals,[20] der Fastnacht und des Faschings, der Soldaten- und Reservistenbetreuung, des Amateurfunkens, des Modellflugs und des Hundesports;
24. die allgemeine Förderung des demokratischen Staatswesens im Geltungsbereich dieses Gesetzes [AO]; hierzu gehören nicht Bestrebungen, die nur bestimmte Einzelinteressen staatsbürgerlicher Art verfolgen oder die auf den kommunalpolitischen Bereich beschränkt sind;
25. die Förderung des bürgerschaftlichen Engagements zugunsten gemeinnütziger, mildtätiger und kirchlicher Zwecke.

Wir finden im deutschen Gesetz also aktuell 25 Einzeltatbestände zur Gemeinnützigkeit. Daneben gibt es noch eine Generalklausel (siehe dazu Rn 9). In anderen Ländern finden wir hier ganz andere rechtsmethodische Ansätze. In **England** (case law) beispielsweise hat die Rechtsprechung seit dem 19. Jahrhundert die als gemeinnützig anerkannten Zwecke in vier Kategorien („heads") eingeteilt: *relief of poverty*, *advancement of education*, *advancement of religion* und *other purposes beneficial to the community*.[21] Aus deutscher Sicht erscheint der englische Ansatz wesentlich flexibler für neue Entwicklungen.

6 **Praxishinweis: Unterscheidung Steuerbefreiung wegen Gemeinnützigkeit und Steuerbefreiung von z.B. Berufsverbänden und Universitäten**
Berufsverbände und Universitäten an sich sind nicht gemeinnützig nach den §§ 51 ff. AO. Sie sind aber dennoch steuerbefreit nach § 5 Abs. 1 Nr. 5 KStG. Argumentative Anleihen beim Gemeinnützigkeitsrecht können bei dieser Konstellation ersichtlich leicht zu falschen Schlüssen führen.[22] Das wird in der Praxis nicht selten übersehen.
Es gibt allerdings auch in diesem „Rechtsbereich" durchaus ähnliche Problemstellungen zum Gemeinnützigkeitsrecht: Ein nach § 5 Abs. 1 Nr. 5 KStG 2002 steuerbefreiter Berufsverband von Zeitungsverlegern, der gegen Entgelt Presseausweise an Journalisten ausgibt, die nicht bei einem seiner Ver-

19 Ausf. dazu *Ritter*, Stiftung & Sponsoring – Rote Seiten 4/2009.
20 Zum Karneval insb. im Steuerrecht, siehe *Joisten/Vossel*, FR 2013, 57; *Suck*, nwb 2013, 428.
21 Siehe dazu *Catbill/Sturm*, in: Richter/Wachter (Hrsg.), Handbuch des internationalen Stiftungsrechts, 2007, S. 851 ff. mit zahlreichen Nachweisen.
22 Ausf. zu dem Thema und zur Besteuerung von Berufsverbänden: *Eggers*, DStR 2007, 461 ff.

bandsmitglieder beschäftigt sind, unterhält insoweit einen steuerpflichtigen wirtschaftlichen Geschäftsbetrieb[23] (siehe auch Rn 121 ff.).

Zu den einzelnen gemeinnützigen Zwecken ist hier nicht ausführlich Stellung zu nehmen. Es ist auf die oben nachgewiesene Spezialliteratur und insbesondere auf *Buchna/Seeger/Brox*[24] zu verweisen, die nach wie vor weitgehend die Meinung der Finanzverwaltung wiedergeben, was die Beratung in der Praxis aus meiner Sicht deutlich erleichtert. Weiß man doch nach einem Blick in „den Buchna“ i.d.R., wie die andere Seite denkt. Man kann sich auf deren Argumente einstellen und die eigene Argumentation schärfen. 7

Erwähnen möchte ich hier aber doch ausdrücklich, dass **§ 52 Abs. 2 Ziff. 25 AO („bürgerschaftliches Engagement“)** in der Praxis bisher, jedenfalls nach Ansicht der Finanzverwaltung,[25] weitgehend ohne Bedeutung ist. *Buchna/Seeger/Brox* betonen dazu unter Hinweis auf die BT-Drucksache 16/5200, dass die Nennung als Zweck hier letztlich der Hervorhebung der Bedeutung des ehrenamtlichen Engagements in unserer Gesellschaft dient.[26] Das ist nicht überzeugend und erscheint mit Blick auf die anderen Zwecke in dem Zweckkatalog auch als systemwidrig. Soll tatsächlich ein einziger im Gesetz genannter Zweck keine eigenständige Bedeutung haben? *Gersch* kommentiert dazu immerhin, dass sich jedenfalls **Freiwilligenagenturen und Ehrenamtsbörsen** zur Ausbildung ehrenamtlich Tätiger zwecks Weitervermittlung an gemeinnützige Körperschaften der Ziffer 25 zuordnen lassen; es könne insoweit ein Zweckbetrieb vorliegen.[27] Die Finanzverwaltung sollte ihre pauschale und auch gar nicht wirklich begründete und begründbare abweichende Haltung aufgeben! Für die Praxis ist im Einzelfall zur konkreten Abstimmung mit dem zuständigen Finanzamt zu raten. 8

Neben den oben angesprochenen einzelnen Zwecken enthält § 52 Abs. 2 AO in S. 2 zusätzlich eine **Generalklausel**. Sofern der von der Stiftung verfolgte Zweck nicht darunter fällt, aber die Allgemeinheit auf materiellem, geistigem oder sittlichem Gebiet entsprechend selbstlos gefördert wird, kann dieser Zweck für gemeinnützig erklärt werden. Die obersten Finanzbehörden der Länder haben jeweils eine Finanzbehörde im Sinne des Finanzverwaltungsgesetzes zu bestimmen, die für diese Entscheidungen zuständig ist. 9

23 Leitsatz BFH, Urt. v. 7.5.2014 – I R 65/12) = DStRE 2014, 1312.

24 Eine Neuauflage ist für das 2. Quartal 2015 angekündigt.

25 Siehe dazu, zum Stand der Diskussion und zu Einzelheiten etwa *Regierer/Wittke*, Stiftung & Sponsoring, 1/2011, 40; *Hüttemann*, DB 2007, 2053.

26 *Buchna/Seeger/Brox*, S. 87.

27 Klein/*Gersch*, AO, § 52 Rn 49; siehe zu Freiwilligenagenturen auch schon BMF-Schr. v. 15.9.2003, IV C 4 – S 0171 – 97/03, DStR 2003, 1660.

In der Praxis lief diese Generalklausel bisher weitgehend ins Leere.[28] Es gibt zudem **massive rechtliche Zweifel** an der Vorschrift. So wird die Verfassungsmäßigkeit angezweifelt.[29] Es wird zudem bezweifelt, dass die im Gesetz als zuständig angesprochenen Landesfinanzbehörden überhaupt zuständig sein dürfen, oder ob es nicht vielmehr eine Bundesbehörde sein muss[30] oder ob es überhaupt eine Behörde sein darf.[31] Da streiten sich wieder einmal die Gelehrten. Die Praxis hält sich damit (leider?) wohl nicht auf. Das FG Köln hat am 17.10.2013 das Finanzministerium NRW verurteilt, **Turnierbridge** über die Öffnungsklausel des § 52 Abs. 2 S. 2 AO für gemeinnützig zu erklären.[32] Die Gemeinnützigkeit eines **Turnier-Paintballvereins** wurde hingegen **nicht** anerkannt.[33]

10 Die Gemeinnützigkeit ist also ein sogar zunehmend weites Feld. Hören wir zwei Stimmen aus der Praxis zu zwei ganz unterschiedlichen gemeinnützigen Stiftungen:

Dr. iur. Jürgen Reifarth, Leiter Recht/Personal/Presse, Stiftung caesar, Bonn:
caesar – ein Beispiel einer großen gemeinnützigen wissenschaftlichen Stiftung

„Die Stiftung caesar ist eine **gemeinnützige Stiftung privaten Rechts**, die ein Forschungszentrum für Neurowissenschaften betreibt. Sie finanziert es weitgehend aus den Erträgen ihres Stiftungskapitals, das vom Bund und Land Nordrhein-Westfalen bereitgestellt wurde.

Das Forschungszentrum arbeitet auf dem Gebiet der Neurowissenschaften mit Schwerpunkten auf der Erforschung von sensorischen Prozessen und der Frage, wie visuelle Wahrnehmungen für Entscheidungen genutzt werden.

Die unabhängige Stiftung ist eng mit der Max-Planck-Gesellschaft assoziiert. Die caesar-Direktoren sind wissenschaftliche Mitglieder der Max-Planck-Gesellschaft, deren Präsident Vorsitzender des Stiftungsrates caesar ist. Die Berufung der Direktoren, die Begutachtungen und die Sicherung wissenschaftlicher Qualität erfolgen nach Kriterien der Max-Planck-Gesellschaft. Damit verbindet caesar deren wissenschaftlichen Exzellenzanspruch mit stiftungsrechtlichen Freiheiten und den damit gegebenen Spielräumen.“

28 Siehe nur *Buchna/Seeger/Brox*, S. 55 f.

29 So etwa Klein/*Gersch*, AO, § 52 Rn 50.

30 *Schauhof/Kirchhain*, DStR 2007, 1985, 1989 f.

31 *Nacke*, DStZ 2008, 445, 451.

32 FG Köln v. 17.10.2013 – 13 K 3949/09, DStRE 2015, 258; ausf. dazu *Ritter*, StiftungsBrief 2014, 47. Revision derzeit noch beim BFH anhängig (Az. I R 8/14 und I R 9/14).

33 FG Rheinland-Pfalz, Urt. v. 19.2.2014 – 1 K 2423/11, rkr., DStRE 2015, 294, siehe dazu auch *Weidmann/Kohlhepp*, DStR 2015, 1273, 1276 f.

Peer Salström-Leyh, Stifter, Stiftung Leuchtfeuer, Köln: **Eine Stiftung im Sozialbereich**
„Was 1993 als experimentelles Einzelunternehmen gegründet worden war, hatte sich zum Ende der neunziger Jahre am Markt gut entwickelt. Damit wurden Überlegungen hinsichtlich der Unternehmensform immer dringlicher. Traditionell ist der Sozialbereich gemeinnützig, zur Auswahl stehen Verein, GmbH oder Stiftung. Mit Vereinen hatte ich schlechte Erfahrungen gemacht, Mitglieder sind Menschen und Menschen entwickeln sich in die unterschiedlichsten Richtungen. Meinem hierarchischen Führungs- und Machtanspruch hätte auch eine gGmbH genügt. Diese Form ist sehr eindeutig und entspricht in fast allen Bereichen der herkömmlichen GmbH. Ich entschied mich nach vielen Gesprächen für eine Stiftung und das vor allem aus folgenden Gründen:
Die Stiftung ist der gGmbH vom Prestige und der Außenwirkung eindeutig überlegen.
Sie bietet mir die Gewähr, Unternehmenszweck und Ziele langfristig, auch über meinen Tod hinaus, festschreiben zu können.
Sie sichert in hervorragender Weise meine Familie ab und vermeidet Zwistigkeiten, wie ich sie oft unter Erben in meinem Umfeld beobachten musste.
Der Übergang zur Stiftung erfolgte mit dem Neujahrstag 2002. Seither hat sich das Unternehmen organisch weiterentwickelt. Die ursprünglichen Annahmen und Erwartungen sind eingetroffen. Rückblickend war die Gründung der Stiftung die absolut richtige Entscheidung; sie war zudem Vorbild für mittlerweile sechs weitere Stiftungen in Europa (Stand 2015). Die besondere Loyalität meiner Mitarbeiter ist auch auf die Stiftung übergegangen und der besondere Ruf des Unternehmens ist gefestigt.
Der ursprünglich experimentelle Charakter des Unternehmens ist erhalten geblieben und wird durch eine wachsende Zahl von Aktivitäten repräsentiert, die nur durch den Einsatz von Eigenmitteln der Stiftung realisiert werden können."

Um einem in der Praxis nach wie vor recht häufigen Missverständnis zur Förderung der Allgemeinheit entgegenzuwirken, sei in diesem Abschnitt abschließend der folgende Punkt besonders betont: 11

Praxishinweis: „Förderung der Allgemeinheit"
Die erforderliche Förderung der Allgemeinheit bei einer **gemeinnützigen Stiftung** ist dann nicht mehr gegeben (§ 52 Abs. 1 S. 2 AO), wenn der Kreis der Personen, denen die Förderung durch die Stiftung zugute kommt, fest abgeschlossen ist.

Ein solcher geschlossener Kreis ist etwa bei einer Familie oder der Belegschaft eines Unternehmens gegeben – aber auch, wenn die betreffenden Personen nach ihrer Abgrenzung, vor allem nach räumlichen oder beruflichen Merkmalen, dauernd nur einen kleinen Kreis bilden.
Errichtet ein Unternehmen oder der Unternehmer eine gemeinnützige Stiftung, kann er also damit nicht etwa – ausschließlich – seine Belegschaft fördern; zu fördern ist die Allgemeinheit, zu der aber natürlich auch die Belegschaftsmitglieder gehören können. Eine solche gemeinnützige Stiftung bietet für das Unternehmen die Möglichkeit einer positiven Öffentlichkeitsarbeit – etwa im Sinne eines Mäzenatentums des Unternehmers, das dieser über die Stiftung ausführt.
Nicht auf die Allgemeinheit, sondern auf die **Bedürftigkeit von Einzelpersonen** stellt das Gesetz in § 53 AO bei der **Mildtätigkeit** ab, die ebenfalls zur Steuerbefreiung führen kann. Eine Stiftung kann also sehr wohl bedürftige Personen eines Unternehmens fördern. Ein Praxisbeispiel ist die **Porsche Stiftung** aus Stuttgart („Unterstützungen an Betriebsangehörige der Firma oder deren nächsten Angehörigen (Eltern, Ehepartner, minderjährige Kinder) im Falle unverschuldeter Notlage").[34]

III. Die mildtätige Stiftung

12 **Mildtätige Zwecke** (§ 53 AO) verfolgt eine Stiftung, wenn ihre Tätigkeit darauf gerichtet ist, Personen selbstlos zu unterstützen, die infolge ihres körperlichen, geistigen oder seelischen Zustandes oder auch aufgrund ihrer wirtschaftlichen Situation (näher: § 53 Nr. 2 AO) auf die Hilfe anderer angewiesen sind. Hier ist die Leistung der Stiftung also nicht an die Allgemeinheit gerichtet, sondern an einzelne Personen oder Personenkreise, die auch aus der Familie und/oder dem Unternehmen des Stifters stammen können.

13 Die Bedürftigkeit im Sinne des § 53 AO (Mildtätigkeit) ist im Einzelfall zu prüfen und nachzuweisen. Die Finanzverwaltung stellte in der Vergangenheit zunehmend höhere Ansprüche an den **Nachweis der finanziellen Bedürftigkeit**. Es sind grundsätzlich Einkommen und Vermögen (!) zu belegen, damit die Bedürftigkeit geprüft werden kann.[35] Das erschien in der Praxis nicht selten als kontraproduktiv. Wer will sich in einer Gesellschaft, die materielles Vermögen durchaus betont, schon nachhaltig als finanziell bedürftig „outen"?

34 Siehe unter: http://www.rp.baden-wuerttemberg.de/servlet/PB/menu/1227068/index.html.

35 Siehe AEAO Nr. 10 zu § 53 AO; siehe etwa auch *Buchna/Seeger/Brox*, S. 114 ff. und S. 118 ff.

Die Bestätigung etwa eines Arztes oder durch einen Angehörigen einer anderen qualifizierte Berufsgruppe (z.B. Psychiater) zur **persönlichen Hilfsbedürftigkeit**[36] wird da von Betroffenen i.d.R. als problemloser empfunden.

Auch der Gesetzgeber hat die Problemlage erkannt und durch das Ehrenamtsstärkungsgesetz (siehe Rn 63) einen **erleichterten Nachweis** der **wirtschaftlichen Hilfsbedürftigkeit** eingeführt (§ 53 Nr. 2 lit b) AO, ab 1.1.2013). Danach reicht nunmehr als Nachweis für wirtschaftliche Hilfsbedürftigkeit von Leistungsempfängern aus, wenn die Bedürftigkeit bereits durch eine amtliche Stelle geprüft wurde (z.B. Bezug von „Hartz IV“). Zusätzliche Kontrollen durch die mildtätige Körperschaft können dann entfallen. Bei besonderen Konstellationen ist auf Antrag bei dem zuständigen Finanzamt sogar der vollständige Verzicht auf den Nachweis der wirtschaftlichen Hilfsbedürftigkeit möglich. 14

Eine **Familienstiftung**, die einzelne Personen fördert – und damit eben nicht die Allgemeinheit (siehe oben Rn 11) – kann zwar nicht gemeinnützig sein, wohl aber mildtätig, wenn sie den mildtätigen Zweck selbstlos, unmittelbar und ausschließlich verfolgt.[37] Nicht selbstlos tätig ist allerdings nach herrschender Meinung[38] eine Stiftung (ausschließlich) zur Unterstützung des Stifters und seiner Verwandten.[39] Eine solche Stiftung kann demnach nicht wegen Mildtätigkeit steuerbefreit sein. 15

Der **Anwendungserlass zur Abgabenordnung (AEAO)** folgt dieser herrschenden Meinung auch in der Neufassung vom 31.1.2014 (AEAO 2014) und geht sogar noch deutlich weiter. Nach AEAO Nr. 3 zu § 53 AO kann eine Körperschaft, zu deren Satzungszwecken die Unterstützung hilfsbedürftiger Verwandter der Mitglieder, Gesellschafter, Genossen und Stifter gehört, nicht als steuerbegünstigt anerkannt werden. 16

Das ist für mich noch immer wenig überzeugend,[40] aber eben dennoch herrschende Meinung. Mithin müssen hier ansetzende Gestaltungen tatsächlich vorweg mit dem für die betreffende Stiftung zuständigen Finanzamt abgestimmt werden. Das führt mich zu folgenden Argumentationshinweisen:

Praxishinweis: Argumentation zur Selbstlosigkeit unter Verwandten 17
Nach AEAO Nr. 3 zu § 53 AO in der geltenden Fassung kann, wie angesprochen, eine Körperschaft, zu deren **Satzungszwecken** die Unterstützung

36 *Buchna/Seeger/Brox*, S. 113, siehe dort S. 114 f. auch zu der Berechnung mit einem instruktiven Beispiel.
37 Siehe etwa v. Campenhausen/Richter/*Richter*, § 43 Rn 40.
38 v. Campenhausen/Richter/*Richter*, § 43 Rn 80 m.w.N.
39 Siehe aber die Ausnahmevorschrift des § 58 Nr. 6 AO.
40 Zur Kritik an der der Auffassung der FinVerw. siehe schon *Schiffer*, DStR 2003, 14 (18); kritisch auch v. Campenhausen/Richter/*Richter*, § 43 Rn 80 m.w.N.

von hilfsbedürftigen Verwandten der Mitglieder, Gesellschafter, Genossen und Stifter gehört, nicht als steuerbegünstigt anerkannt werden. Bei einer derartigen Körperschaft stehe – so nach wie vor dem Erlass – nicht die Förderung mildtätiger Zwecke, sondern die „Förderung der Verwandtschaft" im Vordergrund. Das sei entgegen § 53 AO nicht selbstlos. § 58 Nr. 6 AO stehe dem als Ausnahmevorschrift von dem Gebot der Selbstlosigkeit nicht entgegen.

In dieser absoluten Formulierung findet aus meiner Sicht diese Wertung des AEAO keine Stütze im Gesetz. Bedenklich stimmt hier schon, dass § 55 AO zur Selbstlosigkeit nur an „Mitglieder und Gesellschafter", aber nicht an deren Verwandte anknüpft. Auch in § 53 AO findet sich anders als im AEAO kein Hinweis auf Verwandte als Anknüpfungspunkt.

Was steuerschädliche „Förderung der Verwandtschaft" heißen soll, sagt der AEAO auch nicht. Sprachlich ist es ganz einfach: Entweder besteht ein Verwandtschaftsverhältnis oder es besteht nicht – im eigentlichen Sinne „zu fördern" ist da nichts.

Wenn der AEAO schon einen Blick auf **§ 58 Nr. 6 AO** bemüht, dann hätte es nahe gelegen, jedenfalls die Förderung bedürftiger Stifter und deren nächster Angehörigen als nicht unter § 53 AO fallend anzusehen, aber nicht generell alle Verwandten auszuschließen und damit wohl die Angehörigen im Sinne des § 15 AO zu meinen, obwohl der AEAO anstatt von „Angehörigen" von „Verwandten" spricht. Soll das auch die Verwandtschaft in Nebenlinien treffen (z.B. Neffen und Nichten)? Der AEAO ist hier bedenklich ungenau formuliert und tatsächlich wird man, was der Text in der AEAO nicht erschließt, die Ausnahme- und Sondervorschrift des § 58 Nr. 6 AO (siehe dazu Rn 171 ff.) als lex specialis vorgehen lassen müssen.

Nur soweit die mildtätige Stiftung in erster Linie dazu dient, die Stifter von eigenen zivilrechtlichen **Unterhaltspflichten** zu befreien, ist aus meiner Sicht die Selbstlosigkeit zu verneinen.[41]

Ganz wohl scheint den Verfassern des AEAO bei ihrer Wertung ohnehin nicht gewesen zu sein. Bei der **tatsächlichen Geschäftsführung** ist die Unterstützung hilfebedürftiger „Angehöriger", grundsätzlich (!) nicht schädlich für die Steuerbegünstigung. Die Verwandtschaft (!) dürfe jedoch kein Kriterium für die Förderleistung der Körperschaft sein. „Hilfebedürftig" und (zufällig) auch „verwandt" dürfen die geförderten Personen also sein, aber nicht (ersichtlich) „verwandt" und „hilfebedürftig". Wie soll denn hier – abgesehen von dem steuerrechtlich unklaren Begriff der Verwandtschaft – abgegrenzt werden?

41 Siehe schon *Schiffer*, DStR 2003, 14 (18); folgend *Hüttemann*, Rn 3.161.

Das BMF sollte klarstellen, was es meint. Im AEAO 2014 ist das leider wieder nicht geschehen. Die bisherige Vorschrift ist insoweit unverändert geblieben.

IV. Die gemeinnützige und mildtätige Kombinationsstiftung

Eine Stiftung kann nach ihrer Satzung ohne weiteres auch **mehrere Zwecke** 18
haben. Sie kann durchaus gleichzeitig auch gemeinnützige und mildtätige Zwecke in ihrer Satzung vorgeben. So finden sich in der Praxis etwa unternehmensnahe oder unternehmensverbundene Stiftungen, die nach ihrer Satzung gleichzeitig einem gemeinnützigen Zweck (z.B. Förderung der Allgemeinheit durch Förderung der Wissenschaft) und einem mildtätigen Zweck (z.B. Unterstützung von Mitarbeitern in Not gem. § 53 AO) dienen. Dabei muss die Stiftung nicht alle ihre Satzungszwecke in gleichem Maße oder auch nur zur gleichen Zeit verfolgen.

Das gemeinnützige Stiftungswesen wurde schon vor über zehn Jahren als 19
„Partner der Kommunen auf dem Weg zur Bürgergesellschaft“ gepriesen.[42] Die **Bürgerstiftung** (siehe § 2 Rn 47 ff.) ist dafür nur ein aktuelles Beispiel. Der Gedanke gilt an sich für alle „gemeinnützigen“ Stiftungen.

V. Vorratszwecke – Kampf der Finanzämter?

Eine Vielzahl von Stiftungszwecken in einer Stiftungssatzung, die nicht alle 20
gleichzeitig oder auch nicht aktuell erfüllt werden, können in der Praxis – zumindest aus Sicht der Finanzverwaltung – schon im Anerkennungsverfahren, aber natürlich auch bei einer späteren Steuerprüfung der Stiftung ein Problem darstellen. Das gilt besonders, wenn das Stiftungsvermögen relativ gering ist, so dass eine gleichzeitige Erfüllung aller gewollten Stiftungszwecke tatsächlich ausgeschlossen ist.

Man spricht hier von **Vorratszwecken**. Sie werden ggf. vorsorglich in die 21
Satzung geschrieben, weil sich eine Stiftungssatzung eben nicht ganz einfach ändern lässt, die Stiftung aber dauernd und nachhaltig den Stiftungszwecke/die Stiftungszwecke erfüllen soll (§ 80 Abs. 2 S. 1 BGB; siehe auch § 6 Rn 36 ff.).

Vorratszwecke werden allerdings bei einer Bürgerstiftung im Gegensatz zu 22
besagter Ansicht einiger Teile der Finanzverwaltung nach wie vor als ein grundlegender Aspekt für diese besondere Art der (rechtsfähigen) Stiftung allseits und ohne weiteres akzeptiert (siehe auch § 2 Rn 47 ff.). Man findet da durchaus alle 25 Zwecke aus § 52 AO und dazu die Mildtätigkeit nach § 53 AO gleichzei-

42 So etwa *Pfeifer*, KommunalPraxis 06/1998, 169.

tig in der Satzung aufgelistet. Angesichts des typischerweise für eine Erfüllung aller dieser Zwecke zu geringen Stiftungsvermögens einer Bürgerstiftung, welches in der Regel auch nicht etwa durch „Zeitspenden", Ideenspenden etc. ausgeglichen wird, können hier in besonders eklatanter Weise alle diese zahlreichen Zwecke gerade nicht aktuell oder auch nur in naher Zukunft[43] tatsächlich („gleichzeitig") verfolgt werden.

23 Während das bei einer Bürgerstiftung nach meinen Erfahrungen in aller Regel allseits – auch von den Behörden (!) – akzeptiert wird, ist das bei der „normalen" steuerbefreiten Stiftung leider nicht unbedingt bei allen Finanzämtern so. Es ist sogar zu beobachten, dass einige Finanzämter zum Erhalt der Gemeinnützigkeit von Stiftungen Satzungsänderungen fordern, wonach aktuell nicht geförderte Zwecke aus der Satzung gestrichen werden sollen.[44] Oder sie verlangen eben schon bei der Stiftungserrichtung die Streichung vermeintlich „zu vieler" Zwecke. Da hier die Finanzämter als Eingriffsverwaltung tätig werden, müsste sich ein tragfähiger Rechtsgrund, eine gesetzliche Befugnis für besagte Forderung im Gemeinnützigkeits(steuer)recht finden lassen. Das folgt schon aus Art. 20 Abs. 3 GG (Rechtsstaatsprinzip). Alleine die in der Praxis nicht selten gehörte „Behauptung", es sei doch „sinnvoll", sich auf einige wenige Zwecke zu konzentrieren, ist hier keine rechtlich tragfähige Begründung, so sinnvoll ein entsprechender Hinweis aus Sicht der Finanzverwaltung und ggf. aus unabhängiger fachlicher Sicht im Einzelfall auch sein mag.

24 Eine gesetzliche Grundlage für besagte Forderung der Finanzverwaltung, die soweit ersichtlich ja auch nur von Teilen der Finanzverwaltung erhoben wird, kann ich nicht erkennen.

Im vorliegenden Zusammenhang hat *Hüttemann,* der zum Thema Gemeinnützigkeit nicht nur mit seinem Standardwerk besonders ausgewiesen ist, den Gedanken geäußert, dass die tatsächliche Geschäftsführung der Stiftung deren Satzung entsprechen müsse. Seine dazu nicht begründete „Erklärung", die Zwecke seien „gegenwärtig" zu verfolgen,[45] ist eine reine Behauptung und taugt schon deshalb als Begründung nicht. Diese **„enge Lesart" des § 59 AO,** wonach die Norm eine gegenwärtige Zweckverfolgung verlangen soll, entspricht auch nicht dem bisherigen Verständnis der Norm. Dafür ist die Behand-

43 Besagte Teile der Finanzverwaltung sehen hier gerne 3 Jahre als passenden Zeitraum.

44 Das konstatiert etwa auch *Dietz*, StiftungsBrief 2013, 108. Die Praxis ist uneinheitlich, wie auch *Dietz* insbesondere unter Hinweis auf die großzügige Praxis in Bayern darlegt.

45 *Hüttemann*, § 4 Rn 130. Auch *Weidmann/Kohlhepp*, Die gemeinnützige GmbH, 3. Aufl. 2014, Abschnitt 2.4.2.2.2 (S. 55) sprechen ohne jede Begründung und ohne irgendeinen Nachweis vom (angeblichen) „Grundsatz zeitnaher Zweckerfüllung" mit dem sich Vorratszwecke „in Widerspruch brächten". Wen will man mit einer solchen Darstellung überzeugen?

lung der Bürgerstiftung nur das prominenteste Beispiel aus der Praxis. Die Ungleichbehandlung zur politisch offensichtlich gewünschten Bürgerstiftung fällt hier deutlich auf. Es kann doch nicht bei der Bürgerstiftung richtig sein, was gleichzeitig bei anderen gemeinnützigen Stiftungen falsch sein soll. Konsequenterweise dürfte die Finanzverwaltung entsprechende gemeinnützige Bürgerstiftungen nicht mehr dulden.

Hüttemann nennt uns für seine Überlegung denn auch, wenig überraschend, keine steuerrechtlichen Nachweise. Der Text der Norm stützt die Meinung von *Hüttemann* nicht, worauf zugleich näher einzugehen sein wird (siehe Rn 38). *Hüttemann* scheint, wenn man genauer bei ihm nachliest, selbst nicht wirklich von seiner Ansicht überzeugt zu sein. So schreibt er an besagter Stelle nur recht zurückhaltend (zweifelnd?), indem er seine einschlägigen Überlegungen mit der deutlich einschränkenden Formulierung *„Geht man davon aus, dass …“* einleitet.

Verkannt wird im vorliegenden Zusammenhang auch, dass der hier oft zu hörende beschwichtigende Hinweis, man könne ja später einfach die Satzung ändern und einen neuen Zweck (wieder) einfügen, nicht richtig ist (siehe auch § 3 Rn 62 ff.). Ich habe Stiftungsbehörden erlebt, die da sogar besonders streng sind.

Da jedenfalls aus besagten Erwägungen *Hüttemanns* eine rechtlich tragfähige Begründung für die angebliche Unzulässigkeit von Vorratszwecken nicht ersichtlich ist, stellt sich die Frage, welche steuerrechtlichen Vorschriften in dem hier betrachteten Zusammenhang überhaupt als Begründung herangezogen werden könnten.

Dietz nennt **§ 56 AO**.[46] Die Vorschrift lautet: 25

> *„Ausschließlichkeit liegt vor, wenn eine Körperschaft nur ihre steuerbegünstigten satzungsmäßigen Zwecke verfolgt.“*

Daraus lässt sich allerdings letztlich nur ableiten, dass mehrere Zwecke gleichzeitig zulässig sind und dass keine anderen Zwecke als die in der Satzung genannten Zwecke (**Plural**) verfolgt werden dürfen. Die Körperschaft darf eben keine anderen als ihre Satzungszwecke verfolgen. *„Ausschließlichkeit erfordert, dass die Körperschaft allein im Rahmen ihres Satzungszwecks tätig wird.“*[47] Für das Thema „Vorratszwecke“ ergibt sich aus dieser Feststellung bei genauer Betrachtung allerdings nichts, da ja alle „Vorratszwecke“ in der Satzung genannt und damit nach § 56 AO und § 59 AO verfolgt werden dürfen

46 *Dietz*, StiftungsBrief 2013, 108, 109 f.

47 So ausdrücklich Klein/*Gersch*, § 56 AO Rn 1. Tipke/Kruse/*Seer*, § 56 AO Rn 1 („Verfolgung nur satzungsgemäßer Zwecke“).

und nur andere Zwecke eben nicht. Da formuliert das Gesetz eindeutig. Es setzt einen **Rahmen**, der nicht überschritten werden darf.

26 Was ergibt sich im vorliegenden Zusammenhang aus dem bereits mehrfach erwähnten **§ 59 AO**? Die Vorschrift lautet (Hervorhebungen durch den Autor):

> *„Die Steuervergünstigung wird gewährt, wenn sich aus der Satzung, dem Stiftungsgeschäft oder der sonstigen Verfassung (Satzung im Sinne dieser Vorschriften) ergibt,* ***welchen Zweck die Körperschaft verfolgt****, dass dieser Zweck den Anforderungen der §§ 52 bis 55 entspricht und dass* ***er ausschließlich und unmittelbar verfolgt wird****; die tatsächliche Geschäftsführung muss diesen Satzungsbestimmungen entsprechen."*

Ich halte es für gewagt, diese Norm als Beleg für das angebliche Verbot von Vorratszwecken heranzuziehen. Es fällt zunächst auf, dass die Vorschrift nur von „Zweck" im **Singular** spricht, nach dem Wortlaut also gar keine Mehrzahl von Zwecken „im Sinn" hat. Zudem verweist die Vorschrift im Kern wieder auf die Ausschließlichkeitsvorschrift (§ 56 AO). Die Vorschrift normiert aus meiner Sicht in dem hier in Frage stehenden Zusammenhang damit letztlich nur das Erfordernis der Übereinstimmung von Geschäftsführung und Satzungsvorgaben mit **der Satzung als Rahmen für das Geschäftsführungshandeln**. Die Geschäftsführung darf nicht von der Satzung abweichen. Sie darf nicht über den Satzungsrahmen hinausgehen. Sie muss innerhalb des von der Satzung gesetzten Rahmens bleiben. Die Steuerbegünstigung entfällt, sofern die Geschäftsführung nicht während eines ganzen Veranlagungszeitraums satzungsgemäß erfolgt.[48] Auch wenn ein Vorratszweck nicht erfüllt wird, bewegt sich die Geschäftsführung der Stiftung aber ersichtlich noch innerhalb der Satzung.

27 Zu betrachten ist in diesem Zusammenhang schließlich **§ 63 Abs. 1 AO**. Die Vorschrift lautet:

> *„Die tatsächliche Geschäftsführung der Körperschaft muss auf die ausschließliche und unmittelbare Erfüllung der steuerbegünstigten Zwecke gerichtet sein und den Bestimmungen entsprechen, die die Satzung über die Voraussetzungen für Steuervergünstigungen enthält."*

Damit wird im Ergebnis nichts anderes gesagt als gerade schon zu § 59 AO angesprochen, auch wenn hier im **Plural** von „Zwecke" gesprochen wird. Der Gesetzgeber hat hier, was Singular und Plural angeht, wohl nicht sehr exakt formuliert. Anders ist nicht zu erklären, dass es in den Vorschriften „unmotiviert" zwischen Singular und Plural wechselt. Daraus negative Folgerungen für den Steuerpflichtigen abzuleiten, entspricht nicht dem Grundsatz der Be-

48 Siehe nur Klein/*Gersch*, § 59 AO Rn 4.

stimmtheit und der Berechenbarkeit des gesetzgeberischen Eingriffs im Steuerrecht.[49]

Ja, die tatsächliche Geschäftsführung der Stiftung darf „nur“ der Satzung entsprechend“ erfolgen.[50] Das ist aber auch dann der Fall, wenn sie nicht alle Zwecke gleichzeitig erfüllt, d.h. den Rahmen, den ihr die Satzung gibt, nicht ausnutzt.

Häufig finden sich in Stiftungssatzungen mit vielen Zwecken sogar ausdrücklich vorausschauende Regelungen, wonach nicht alle Zwecke gleichzeitig erfüllt werden müssen. Damit ist eine Zweckauswahl durch die Stiftungsorgane sogar ausdrücklich satzungskonform (§ 63 Abs. 1 AO: *„... den Bestimmungen entsprechen, die die Satzung über die Voraussetzungen für Steuervergünstigungen enthält.“).*

Es ist im Übrigen auch nicht ungewöhnlich, dass bei der tatsächlichen Geschäftsführung durch den Stiftungsvorstand der von der Satzung ermöglichte **Rahmen** nicht ausgeschöpft wird. Man denke nur an die Möglichkeit von Zustiftungen (Stiftungsfonds) oder der Vermögensumschichtung, an einen etwaig für die Vermögensverwaltung gesetzten Rahmen, an den zulässigen Einsatz von Hilfspersonen und an vieles andere. Es ist doch gerade der Normalfall, dass die Stiftungssatzung Möglichkeiten gewährt, die aktuell von den Stiftungsorganen nicht genutzt werden. In dem Zusammenhang ist die Finanzverwaltung noch nicht auf den Gedanken gekommen, dass auch dieses Nichtnutzen von Möglichkeiten gemeinnützigkeitsrechtlich unzulässig sein soll. Mit dieser steuerrechtlichen Kontrollüberlegung will ich es hier bewenden lassen.

Zwischenfazit: Es fehlt eine steuerrechtliche Begründung für das angebliche Verbot von Vorratszwecken bei der gemeinnützigen Stiftung. Damit bleibt nur noch ein Blick auf das Stiftungszivilrecht.

Hüttemanns Hinweis auf die „vergleichbare Problematik im Stiftungsrecht“ 28
(Stiftungszivilrecht) sowie seine Kommentierung dazu gemeinsam mit

49 Siehe dazu in anderem Zusammenhang *Schiffer*, in: Fischer u.a. (Hrsg.) ErbStG-Kommentar, 5. Aufl. 2014, § 1 Rn 88 m. w. N; siehe beispielsweise auch Klein/*Jäger*, AO, § 370 Rn 10 ff.; BVerfG NJW 1999, 557 („rechtsstaatliches Gebot der Voraussehbarkeit und Berechenbarkeit)“.

50 So Tipke/Kruse/*Seer*, § 63 AO Rn 2, der aus dem Erfordernis der zeitnahen Mittelverwendung (siehe auch Rn 84 ff.) „die Forderung einer „zeitnahen Verwirklichung der Stiftungszwecke“ abzuleiten scheint und deshalb Vorratszwecke als „problematisch“ bezeichnet. Die zeitnahe Mittelverwendung hat allerdings mit der (gleichzeitigen) Erfüllung aller Satzungszwecke nichts zu tun.

Rawert[51] kann weder seine Behauptung für das Stiftungssteuerrecht begründen, noch kann der Hinweis überhaupt für das Stiftungszivilrecht überzeugen.

Beide Autoren beschreiben zunächst **das stiftungsrechtliche Bestimmtheitsgebot,**[52] wonach der Stifterwille nicht so allgemein gehalten sein dürfe, dass er den Stiftungsorganen eine gleichsam körperschaftliche Willensbildung – ich möchte ergänzen „anstelle der des Stifters" – ermöglicht. Die Stiftungsorgane müssen, so die Autoren weiter, einen eindeutigen und abgegrenzten Auftrag erhalten, dessen Erfüllung sich als Vollzug des „ursprünglichen Stifterwillens" darstelle. Das Bestimmtheitsgebot untersage dabei lediglich Stiftungszwecke wie z.B. die „Förderung des Glücks der Menschheit". Das überzeugt.

Ohne irgendeine Begründung folgern die Autoren aus diesem Bestimmtheitsgebot allerdings auch eine Pflicht zur „Zweckwahrheit".[53] Es dürfe in der Stiftungssatzung nur ein Zweck angegeben sein, der nach dem Willen des Stifters tatsächlich verfolgt werden solle.

Ja, natürlich. Das sagt der Stifter ja ausdrücklich gerade dadurch, dass er den Zweck in das Stiftungsgeschäft und die Satzung aufnimmt und ihn dort manifestiert. Es sagt damit aber doch noch gar nichts dazu, wann und unter welchen Bedingungen der Zweck nach seinem Willen verfolgt werden soll.

Angeblich hat der Stifter nach *Hüttemann/Rawert,* die für diese Behauptung wiederum keine Begründung anführen, auch anzugeben, mit welcher Priorität mehrere Zwecke zu verfolgen sind. Fehle eine solche Vorgabe, seien die Zwecke „annähernd gleichmäßig zu verfolgen".

29 Alles, was *Hüttemann/Rawert* fordern, erscheint auch mir grundsätzlich erwägenswert und mag im Einzelfall durchaus sinnvoll sein. Es kann aber, ohne dass dafür tragfähige Rechtsgründe angegeben werden, als angeblich zwingendes Erfordernis nicht überzeugen. Damit ist die Forderung von *Hütteman/Rawert* nur als bloße unverbindliche Meinungsäußerung zu verstehen, die im aktuellen Recht keine Stütze findet.

Dass nach § 80 Abs. 2 S. 1 BGB „*die Stiftung als rechtsfähig anzuerkennen ist, wenn … die dauernde und nachhaltige Erfüllung des Stiftungszwecks gesichert erscheint*", spricht meiner Meinung nach sogar ausdrücklich dafür, dass Vorratszwecke bei der rechtsfähigen Stiftung rechtlich zulässig sind. Erhöhen Vorratszwecke doch über die lange Zeitspanne der tendenziellen Ewigkeit der rechtsfähigen Stiftung die Wahrscheinlichkeit einer „dauernden und nachhaltigen Zweckerfüllung". Wir sollten immer beachten, dass wir bei der rechtsfähi-

51 Staudinger/*Hüttemann/Rawert*, § 80 BGB Rn 42.
52 Staudinger/*Hüttemann/Rawert*, § 80 BGB Rn 41.
53 Staudinger/*Hüttemann/Rawert*, § 80 BGB Rn 42.

gen Stiftung, plakativ gesprochen, in Jahrhunderten denken müssen und nicht (nur) im einzelnen Jahr des Besteuerungsabschnitts. Diese grundsätzliche stiftungsrechtliche Erwägung kann auch durch das Steuerrecht nicht ausgehebelt werden, setzt das Stiftungssteuerrecht doch gerade die entsprechende rechtsfähige Stiftung voraus und knüpft in der Folge erst daran steuerrechtliche Schlussfolgerungen. Damit ist zugleich ausgeschlossen, dass das (Stiftungs-)Steuerrecht in umgekehrter Richtung das Stiftungszivilrecht normativ beeinflusst.[54]

Auch hier geht das Zivilrecht dem Steuerrecht vor, denn die Errichtung der Stiftung und deren Satzungsgestaltung, an die die Finanzverwaltung ggf. steuerliche Folgen anknüpfen will, erfolgt nach dem Zivilrecht, das Vorratszwecke, wie gerade dargelegt, eben nicht untersagt.

Werfen wir hier noch einen ganz konkreten Blick in die Praxis: 30

Eine **OFD** hat sich uns gegenüber kürzlich in einem Schreiben ebenfalls ausdrücklich auf § 59 AO als Begründung für ihre Forderung bezogen, einige Stiftungszwecke zu streichen. Dazu gilt das oben zu § 59 AO Gesagte.

Zudem verweist die OFD in besagtem Schreiben zur Begründung für ihre Auffassung der Unzulässigkeit von Vorratszwecken auf **AEAO Nr. 5 zu § 51 Abs. 1 AO**.

Die dem AEAO hier zugrundeliegende gesetzliche Norm (**§ 51 Abs. 1 AO**) lautet.

> *„Gewährt das Gesetz eine Steuervergünstigung, weil eine Körperschaft ausschließlich und unmittelbar gemeinnützige, mildtätige oder kirchliche Zwecke (steuerbegünstigte Zwecke) verfolgt, so gelten die folgenden Vorschriften. Unter Körperschaften sind die Körperschaften, Personenvereinigungen und Vermögensmassen im Sinne des Körperschaftsteuergesetzes zu verstehen. Funktionale Untergliederungen (Abteilungen) von Körperschaften gelten nicht als selbstständige Steuersubjekte."*

Auch dort ist nicht davon die Rede, dass alle nach der Satzung potentiellen Zwecke „gleichzeitig" oder aktuell zu verwirklichen sind. In Satz 3 AEAO Nr. 5 zu § 51 Abs. 1 AO heißt es:

> *„Die bloße Absicht, zu einem ungewissen Zeitpunkt einen der Satzungszwecke zu verwirklichen, genügt nicht (BFH-Urt. v. 23.7.2003, I R 29/02, BStBl II S. 930)."*

54 Vgl. allg. dazu *Tipke*, Die Steuerrechtsordnung, Bd. I, 1992, S. 90 f.

Das klingt auf den ersten Blick als tragfähige Begründung für die Auffassung der OFD. Skeptisch wird man allerdings schon, wenn man die Sätze 1 und 2 der Ziffer 5 liest. Sie lauten:

> *„Für die Steuerbegünstigung einer Körperschaft reichen Betätigungen aus, mit denen die Verwirklichung der steuerbegünstigten Satzungszwecke nur vorbereitet wird. Die Tätigkeiten müssen ernsthaft auf die Erfüllung eines steuerbegünstigten satzungsmäßigen Zwecks gerichtet sein."*

Das betrifft eindeutig Vorbereitungshandlungen. Von der Erfüllung mehrerer gemeinnütziger Zwecke ist hier ersichtlich auch nicht die Rede – schon gar nicht von deren gleichzeitiger Erfüllung und nicht davon, *„dass im Rahmen der tatsächlichen Geschäftsführung in jedem Fall eine nachhaltige und dauerhafte Verwirklichung* ***sämtlicher***[55] *Zwecke stattfinden muss."* Noch erstaunlicher wird es, wenn man in dem BFH-Urteil nachliest, auf das sich der AEAO in Satz 3 bezieht. Dort heißt es in den beiden Leitsätzen des BFH:[56]

> *„1. Tätigkeiten einer neu gegründeten Körperschaft, die die Verwirklichung der steuerbegünstigten Satzungszwecke nur vorbereiten – wie z.B. der Aufbau einer Vereinsorganisation, das Einsammeln von Mitteln zur Erfüllung der Satzungszwecke – reichen aus, um die tätigkeitsbezogenen Voraussetzungen der Steuerbefreiung zu erfüllen. Die Tätigkeiten müssen jedoch ernsthaft auf die Erfüllung eines steuerbegünstigten satzungsmäßigen Zwecks gerichtet sein. Die bloße Absicht, zu einem unbestimmten Zeitpunkt einen der Satzungszwecke zu verwirklichen, genügt nicht.*
> *2. Zur tatsächlichen Geschäftsführung i.S.d. § 63 Abs. 1 AO 1977 gehören alle der Körperschaft zuzurechnenden Handlungen und somit die Tätigkeiten und Entscheidungen, die der Verwirklichung der Satzungszwecke vorausgehen und sie vorbereiten."*

Das Urteil betrifft, was dessen Lektüre rasch zeigt, in der Sache ausschließlich auch nur Vorbereitungshandlungen. Der Verein, der Gegenstand des Urteils war, hat ausweisweislich des Urteils nur einen einzigen Zweck, also nicht etwa mehrere Zwecke. Das Urteil befasst sich denn auch mit keinem Wort mit dem Thema Vorratszwecke. Die OFD hat sich also für ihren Begründungsversuch ein nicht passendes BFH-Urteil herausgesucht oder anders gesagt, eine AEAO-Nummer aus dem Zusammenhang gerissen. Das kann nicht überzeugen. Damit ist die OFD ihrer Begründungspflicht für ihren Eingriff nicht nachgekommen.

31 **Fazit**: Demnach findet sich insgesamt keine tragfähige Rechtsgrundlage für den Gedanken eines Verbots von Vorratszwecken, vielmehr folgt aus dem

55 Satz der OFD, Unterstreichung von der OFD in besagtem Schreiben aus 2015.
56 BFH, Urt. v. 23.7.2003 – I R 29/02, BB 2003, 2732.

Stiftungszivilrecht gerade die Zulässigkeit von Vorratszwecken. Über die hier kritisierte Ansicht zu dem angeblichen Verbot von Vorratszwecken sollte mithin seitens der Finanzverwaltung noch einmal gründlich nachgedacht werden.

Das gilt auch angesichts der schlechten Ertragslage auf dem Kapitalmarkt. Wird sich doch daraus nicht selten ergeben, dass Stiftungen in der Verfolgung ihrer Stiftungszwecke gegenüber früheren Zeiträumen eingeschränkt sind und deshalb zu überlegen haben, ob nicht der eine oder andere bisher von ihnen verfolgte Zweck (über einen längeren Zeitraum) zu einem „Vorratszweck" zurückgestuft werden muss.

Praxishinweise zu Vorratszwecken 32

Dietz gibt zu dem vorliegenden Zusammenhang den **Praxishinweis**, ggf. in Sitzungsprotokollen der Stiftungsorgane zu dokumentieren, aus welchen Gründen bestimmte Stiftungszwecke im aktuellen Jahr/gegenwärtig nicht verfolgt werden[57] und, so möchte ich ergänzen, warum andere Zwecke aktuell vorrangig verfolgt werden. Ein solcher begründete Beleg könnte ggf. helfen, die Finanzverwaltung zu überzeugen.

Man könnte auch daran denken, durch den gescheiterten Versuch, der Festlegung von Vorratszwecken jedenfalls die nachträgliche Zweckänderung oder Zweckerweiterung in der **Praxis** als erleichtert anzusehen. Denken wir dazu etwa an **§ 5 StiftG NRW** (Satzungsänderung, Zusammenschluss, Selbstauflösung). Die Vorschrift lautet (Hervorhebung durch den Autor):

„*(1) Soweit nicht in der Satzung etwas anderes bestimmt ist, können die zuständigen Stiftungsorgane eine Änderung der Satzung beschließen, wenn hierdurch der Stiftungszweck oder die Organisation der Stiftung nicht wesentlich verändert wird. Die Stiftungsbehörde ist hierüber innerhalb eines Monats nach Beschlussfassung zu unterrichten.*

(2) Soweit die Satzung es nicht ausschließt, können die zuständigen Stiftungsorgane

1. *wesentliche Änderungen des Stiftungszwecks, wesentliche Änderungen, die die dauernde und nachhaltige Erfüllung des Stiftungszwecks berühren, den Zusammenschluss der Stiftung mit einer anderen oder die Auflösung der Stiftung beschließen, sofern eine wesentliche Änderung der Verhältnisse eingetreten ist,*
2. *wesentliche Änderungen der Organisation beschließen, soweit es die Erfüllung des Stiftungszwecks nicht beeinträchtigt.*

   Die Stifterinnen und Stifter sind hierzu nach Möglichkeit anzuhören. *Die Beschlüsse bedürfen der Genehmigung durch die Stiftungsbehörde. Mit der Genehmigung der Beschlüsse über den Zusammenschluss und*

57 *Dietz*, StiftungsBrief 2013, 108, 110.

die hierzu erforderlichen Satzungsänderungen ist die neue Stiftung anerkannt."

Die Vorschrift stellt also auf den Stifterwillen ab. Wie aber ließe sich dieser deutlicher darstellen als mit einem an der Finanzverwaltung gescheiterten Versuch, bestimmte weitere Zwecke in die Stiftungssatzung zu schreiben? Unterstreichen könnte man das in betreffenden Fällen noch durch eine entsprechende ausdrückliche Satzungsregelung.

Formulierungsbeispiel:

„Soweit es für eine Satzungsänderung die Stiftungszwecke betreffend (Änderung der Stiftungszwecke, Streichung von Stiftungszwecken, Aufnahme zusätzlicher Zwecke in die Stiftungssatzung) auf den Stifterwillen ankommt, soll insbesondere auch auf etwaige im Anerkennungsverfahren von der Stiftungsbehörde und/oder der Finanzverwaltung abgelehnte Zwecke abgestellt werden, denn diese Zwecke entsprechen dem damaligen Stifterwillen, der nicht durchgesetzt werden konnte."

Denkbar wäre auch eine Präambel, in der man den ursprünglichen, vergeblichen Versuch der vermehrten Stiftungszwecke – bitte ohne jede Provokation! – kurz darstellt.

B. Hinweise zur Reichweite der Steuerbefreiung

33 Hat ein potenzieller Stifter sich – i.d.R. gemeinsam mit seinem Berater – seine Gedanken zu dem Zweck seiner Stiftung gemacht, stellen sich ihm die Vorfrage zur etwaigen Steuerbefreiung als Gestaltungsansatz und die Hauptfrage, wie weit die gemeinnützigen und/oder mildtätigen Zwecke[58] im Sinne der von ihm angedachten Stiftungszwecke in der Praxis reichen. Die entscheidende Frage ist in der Tat regelmäßig, wie weit die Steuerbefreiung oder Steuervergünstigung tatsächlich reicht. Die jeweilige Steuerbefreiung einer Stiftung richtet sich nach den einzelnen Steuergesetzen (siehe oben Rn 2). In der Abgabenordnung (§§ 51 ff. AO) sind „nur" die hier skizzierten Grundregeln festgehalten.

I. Die Steuerbefreiungen

34 Bei ihrer **Errichtung** und auch bei **Zustiftungen** hat die steuerbefreite Stiftung keine **Erbschaft- und Schenkungsteuer** zu leisten (§ 13 Abs. 1 Nr. 16 lit. b ErbStG).

58 Kirchliche Zwecke nach § 54 AO sind hier nicht Gegenstand der Betrachtung.

Diese Steuerbefreiung entfällt, soweit Vermögen übertragen wird, das einen **wirtschaftlichen Geschäftsbetrieb** bei der gemeinnützigen Stiftung bildet (übertragene Einzelunternehmen oder eingebrachte Mitunternehmeranteile des Stifters).[59] Unschädlich ist dagegen grundsätzlich die Übertragung von Kapitalgesellschaftsanteilen (siehe auch Rn 126 ff.).[60]

Die **unentgeltliche Immobilienübertragung** auf eine gemeinnützige Stiftung ist als Grundstückserwerb von Todes wegen oder als Grundstücksschenkung unter Lebenden nach § 3 Nr. 2 GrEStG von der Grunderwerbsteuer befreit (siehe § 8 Rn 16).

Die Vermögensausstattung der gemeinnützigen Stiftung erfolgt also i.d.R. steuerfrei.

Stiftungen, die ausschließlich und unmittelbar (zur Hilfspersonenproblematik siehe Rn 253 ff.)[61] gemeinnützigen Zwecken dienen (§§ 51 ff. AO),[62] sind zudem als solche, d.h. nicht in ihrem etwaigen wirtschaftlichen Geschäftsbetrieb – auf den später noch näher einzugehen ist –, nach § 5 Abs. 1 Nr. 9 S. 1 KStG von der Körperschaftsteuer befreit. Die Befreiung von der Körperschaftsteuer ist neben der Möglichkeit zum Empfang steuerlich abzugsfähiger Zuwendungen (vgl. § 10b EStG, § 9 Nr. 3 KStG, § 9 Nr. 5 GewStG) der wichtigste steuerliche Vorteil der Gemeinnützigkeit. 35

Weitere Steuervergünstigungen wegen Gemeinnützigkeit bestehen bei der Gewerbesteuer (§ 3 Nr. 6 S. 1 GewStG),[63] der Umsatzsteuer (§ 12 Abs. 2 Nr. 8a UStG)[64] sowie im Bereich der Grundsteuer (§ 3 Abs. 1 Nr. 3b GrStG). 36

Die Umsatzsteuer will ich hier etwas näher betrachten. In bestimmten Fällen ist die gemeinnützige Stiftung auch von der **Umsatzsteuer** befreit oder nur 37

59 Siehe nur *Buchna/Seeger/Brox*, S. 289 ff., 299 f.; *Götz*, NWB 2008, F. 2, 9757 (9769 f.).

60 Siehe nur *Buchna/Seeger/Brox*, S. 295 ff.

61 Siehe § 57 AO.

62 Zu den einzelnen Steuerbefreiungen siehe *Buchna/Seeger/Brox*, S. 510 ff.

63 Zur Neuregelung der Gewerbesteuernbefreiung für Rehabilitationseinrichtungen durch das „Kroatiengesetz" (näher dazu: *Paintner*, DStR 2014, 1621): *Schwaben/von Stralendorf*, DStR 2014, 2211 (§ 3 Nr. 20 lit e) GewStG n.F.), siehe zu den einschlägigen Gewerbesteuervorschriften *Pauli*, in Sumpf/Suerbaum/Schulte/Pauli, Stiftungsrecht, S. 725 ff. mit jeweils einer kurzen Kommentierung.

64 Dazu, wie teuer das Geschenk der Umsatzsteuerbefreiung kommen kann, weil dann der Vorsteuerabzug wegfällt, siehe etwa *Meier/Meyn/Surmatz*, Deutsche Stiftungen 1/2003, 103 („Umsatzsteuerbefreiung kostet gemeinnützige Stiftungen Millionen").

mit ermäßigter Umsatzsteuer belastet.[65] Es ist also immer zu prüfen, ob die Stiftung überhaupt steuerpflichtige Umsätze im Sinne des Umsatzsteuerrechts tätigt. Das ist in der Praxis nicht immer ganz einfach, wie beispielhaft die Initiative **„Deutschland rundet auf"** zeigt. Dort musste einkommensteuerlich und umsatzsteuerlich „nachgebessert" werden, was sich aus einem **BMF-Schreiben vom 3.5.2013** ergibt.[66] Dort heißt es:

> *„Die Umstellung des Geschäftsmodells der „Deutschland rundet auf"-Stiftungs-GmbH (Vereinnahmung und Weiterleitung der gespendeten Beträge im eigenen Namen für eigene Rechnung) führt dazu, dass es sich bei dem Vorhaben nicht mehr um ein erlaubnispflichtiges Finanztransfergeschäft nach § 1 Absatz 2 Nummer 6 ZAG handelt.*
> *Die Umsatzsteuer-Referatsleiter der obersten Finanzbehörden des Bundes und der Länder sehen im o.g. Fall in den im Rahmen der Initiative „Deutschland rundet auf" von den Verbrauchern an die Einzelhändler zugewendeten Beträgen, die von den Einzelhändlern an die Initiative weitergeleitet werden, umsatzsteuerrechtlich nicht relevante Geldzuwendungen. Die Zuwendungen sind kein Entgelt für eine vom Einzelhändler an den Verbraucher erbrachte Leistung.*
> *Ertragsteuerlich sind die Aufrundungsbeträge als Betriebseinnahmen zu erfassen, wenn ein am Projekt „Deutschland rundet auf" beteiligter Einzelhändler Aufrundungsbeträge im Rahmen der Gewinnermittlung durch Betriebsvermögensvergleich nach § 4 Absatz 1 EStG vereinnahmt.*
> *In gleicher Höhe hat der Einzelhändler eine Verbindlichkeit gegenüber der gemeinnützigen Stiftungs-GmbH zu passivieren, so dass sich hier keine Auswirkungen auf den Gewinn ergeben.*
> *Sofern der Einzelhändler seinen Gewinn durch den Überschuss der Betriebseinnahmen über die Betriebsausgaben nach § 4 Absatz 3 EStG ermittelt, sind die Rundungsbeträge im Zeitpunkt der Vereinnahmung als Betriebseinnahmen und im Zeitpunkt der Abführung als Betriebsausgaben zu erfassen. Im Ergebnis ergibt sich somit ebenfalls keine Auswirkung auf den Gewinn.*

65 Ausf. zur Umsatzsteuer etwa: *Werner*, ZStV 2014, 181; *Hüttemann*, Rn 7.107 ff.; *Buchna/Seeger/Brox*, S. 554 ff.; *Pauls*, ZStV, 2011, 17 ff.; *Endbrügger/Liegmann*, DStR 2011, 1157 ff. Zu dem sog. „Seeling-Modell" bei Nonprofit-Organisationen als Gestaltung zur Optimierung der Umsatzsteuerbelastung und den Auswirkungen des EuGH-Urteils vom 12.2.2009 („VNLTO"), DStR 2009, 369 siehe *Spiegel/Heidler*, DStR 2009, 1507. Siehe beispielhaft zu Sportvereinen in der Umsatzsteuer *Wäger*, DStR 2014, 1517 und BFH v. 30.3.2014 – V R 4/13 = DStR 2014, 1539; siehe auch *Klöttschen/Muth/Krumpen/Heun*, Rote Seiten zu Stiftung & Sponsoring 05/2013 (Teil I) und Rote Seiten zu Stiftung & Sponsoring 02/2014 (Teil II.).

66 BMF v. 3.5.2013 – IV D 2 – S 7200/07/10017: 003IV C 6 – S 2130/13/10001, DStR 2013, 1288.

Ich hoffe, Ihnen mit meiner Stellungnahme behilflich gewesen zu sein und wünsche Ihnen weiterhin viel Erfolg für Ihre Initiative. Ich beabsichtige, den obersten Finanzbehörden der Länder jeweils einen Abdruck dieses Schreibens zur Verfügung zu stellen, damit diese ihren jeweils nachgeordneten Bereich unterrichten können."

Eine Stiftung ist unter bestimmten Voraussetzungen bei Umsätzen, die mit dem Betrieb von **Krankenhäusern** verbunden sind, nicht mit Umsatzsteuer belastet (§ 4 Nr. 14b) UStG).[67] Entsprechendes gilt auch für gemeinnützige Stiftungen, die einem Wohlfahrtsverband als Mitglied angeschlossen sind (§ 4 Nr. 18 UStG).[68]

Zahlungen können, etwa im Fall eines Entgeltes für Personalüberlassungen im Rahmen von Kooperationen unter Stiftungen (siehe dazu oben Rn 253), zwar i.d.R. nicht nach deutschem Recht steuerbefreit sein, sie können aber ggf. nach **EU-Recht** steuerfrei sein.[69]

Für nicht befreite Fälle, d.h. für Leistungen gemeinnütziger Stiftungen, die nicht im Rahmen eines wirtschaftlichen Geschäftsbetriebes, sondern im ideellen Bereich oder in einem Zweckbetrieb ausgeführt werden, der Steuersatz nicht 19 %, sondern nur 7 % (§ 12 Abs. 2 Nr. 8 lit. a UStG: „*Leistungen der Körperschaften, die ausschließlich und unmittelbar gemeinnützige, mildtätige oder kirchliche Zwecke verfolgen (§§ 51 bis 68 der Abgabenordnung)*").[70]

Die Umsatzsteuerermäßigung beruht auf Art. 12 Abs. 3 lit. a Unterabs. 3 der Richtlinie 77/388/EWG.[71] Danach können die Mitgliedstaaten nur auf Lieferungen von Gegenständen und Dienstleistungen der in Anlage H genannten Kategorien einen ermäßigten Steuersatz anwenden. In der Anlage H sind steuerpflichtige Leistungen durch von den Mitgliedstaaten anerkannte gemeinnützige Einrichtungen für wohltätige Zwecke und im Bereich der sozialen Sicherheit (Nr. 14 der Anlage H) genannt. Neben dieser unionsrechtlichen Grundlage ist bei der Auslegung von § 12 Abs. 2 Nr. 8 lit. a S. 2 UStG zu berücksichtigen, wie der BFH betont, dass grundsätzlich der normale Steuersatz gilt und der ermäßigte Steuersatz eben die **Ausnahme** ist, deshalb seien, so der BFH, Tatbe-

67 Siehe dazu BFH, Urt. v. 23.10.2014 – V R 20/14, DStR 2015, 478 und etwa auch OFD Frankfurt, Verfügung v. 30.8.2012 – S 7170 A – 92 – St 112.

68 Zur geplanten Neufassung des § 4 Nr. 18 UStG siehe *Ritter*, StiftungsBrief 2014, 227.

69 Siehe FG Münster, Urt. v. 15.10.2014 – 5 K 4314/12 U, siehe dazu StiftungsBrief 2015, 47.

70 Davon zu unterscheiden sind bestimmte Leistungen/Umsätze die per se nur einer Umsatzsteuer von 7 % unterliegen (§ 12 Abs. 2 UStG; Beispiel. Bücher).

71 Siehe dazu etwa BFH, Urt. v. 23.2.2012 – V R 59/09 = DB 2012, 1308.

standsmerkmale, die zu dieser Ausnahme führen, eng auszulegen.[72] Ausgehend davon hat der BFH zu folgendem Leitsatz gefunden:

> *„Eine Körperschaft dient nicht ausschließlich gemeinnützigen Zwecken, wenn die Beschäftigung Behinderter im Rahmen eines Integrationsprojekts nach der Vertragsgestaltung erkennbar dazu dient, den ermäßigten Umsatzsteuersatz zugunsten einer nicht gemeinnützigen Körperschaft zu nutzen.“*[73]

38 Wird eine gemeinnützige Stiftung wider Erwarten **aufgelöst**, fallen allerdings **Erbschaft- und Schenkungsteuer** nur dann nicht an, wenn der Empfänger des durch Auflösung der Stiftung „frei“ gewordenen Vermögens – etwa wegen Gemeinnützigkeit – ebenfalls steuerbefreit ist. Etwaige Veräußerungs-/Liquidationsgewinne im Fall der Auflösung der Stiftung sind, nur soweit sie ein gewerbliches Betriebsvermögen der Stiftung betreffen, ertragsteuerpflichtig.

II. Europarechtliche Rahmenbedingungen und Folgerungen für die Praxis

39 **Europarechtlich** wurde im Zusammenhang mit der Niederlassungs- und Dienstleistungsfreiheit zu grenzüberschreitenden Tätigkeiten bereits früher vor allem die bevorzugte Stellung inländischer gemeinnütziger Einrichtungen im Vergleich zu ausländischen gemeinnützigen und kommerziellen Anbietern von Dienstleistungen problematisiert (§ 5 Abs. 2 Nr. 2 KStG a.F.).[74]

1. Zur Rechtsprechung des EuGH

40 Das **deutsche Gemeinnützigkeitsrecht** stand wegen dieser Bevorzugung im Jahre 2006 durch einen **Vorlagebeschluss des BFH** an den EuGH[75] ganz grundsätzlich auf dem Prüfstand.[76] In dem besagten Fall erzielte eine Stiftung italienischen Rechts (Centro di Musicologia Walter **Stauffer**) mit Sitz in Italien aus einem Geschäftsgrundstück in Deutschland Einkünfte aus Vermietung und Verpachtung. Die Stiftung verfolgt Ausbildungs- und Erziehungszwecke und

---

72 Siehe auch Urt. des EuGH v. 18.1.2001 – C-83/99, Kommission/Spanien, BFH/NV Beilage 2001, 124 m.w.N. zur Rspr. des EuGH.

73 BFH, Urt. v. 23.2.2012 – V R 59/09 = DB 2012, 1308. Siehe dazu auch die Urteilsanmerkung von *Fritz*, ZStV, 2012, 178 f.

74 Ausf. zu der damaligen Diskussion *Helios*, BB 2002, 1893. Siehe auch EuGH DB 2002, 1356 = DStRE 2002, 642; EuGH NWB, F. 1, 3222, Rn 7.

75 BFH DStR 2004, 1644.

76 Dazu *Schiffer*, DStR 2005, 508 und im zusammenfassenden Überblick *Förster*, BB 2011, 663 ff. Zum Thema Umsatzsteuer und Europarecht siehe *Widmann*, npoR 2010, 106 ff.

fördert über **Stipendien**[77] den Aufenthalt junger Schweizer in Italien. Das deutsche Finanzamt wollte die Vermietungseinkünfte der Körperschaftsteuer unterwerfen. Der 1. Senat des BFH hatte in seinem Vorlagebeschluss bezweifelt, ob die (damalige) Einschränkung der Körperschaftsteuerbefreiung nach § 5 Abs. 2 Nr. 2 a.F. des deutschen KStG gemeinschaftsrechtlichen Anforderungen genüge. Am 14.9.2006 entschied der **EUGH**,[78] dass es nicht mit Art. 73b EGV i.V.m. Art. 73d EGV vereinbar ist, wenn ein Mitgliedstaat inländische Vermietungseinkünfte einer als gemeinnützig anerkannten, grundsätzlich unbeschränkt steuerpflichtigen Stiftung mit Niederlassung in diesem Staat von der Körperschaftsteuer befreit, die gleiche Befreiung aber für entsprechende Einkünfte einer als gemeinnützig anerkannten Stiftung des privaten Rechts mit Niederlassung in einem anderen Mitgliedsstaat verweigert, weil diese im Inland nur beschränkt steuerpflichtig ist.

Mit der Entscheidung hat der EuGH allerdings **keine zwangsläufige Gleichbehandlung** von Körperschaften, die das nationale Gemeinwohl fördern, mit solchen, die nur nicht nationalen Belangen dienen, gefordert. Er hat vielmehr Spielraum für eine auf Förderung des nationalen Gemeinwohls gerichtete Gestaltung des steuerlichen Gemeinnützigkeitsrechts belassen.[79] Die Auswirkungen der EuGH-Rechtsprechung sollten nicht überschätzt werden.[80] Darauf wird zugleich mit Blick auch auf aktuelle Rechtsprechung noch näher einzugehen sein. Der deutsche Gesetzgeber hat zudem zwischenzeitlich mit dem neuen § 51 Abs. 2 AO und mit einer Änderung des § 5 Abs. 2 Nr. 2 KStG[81] reagiert. 41

Anfang 2009 hatte der EuGH im Fall **Persche** erneut über einen Vorlagebeschluss des BFH aus dem Jahr 2007 zu entscheiden. Ein deutscher Staatsangehöriger hatte für eine Heimeinrichtung für ältere Mitmenschen und Kinder in Portugal verschiedene Gegenstände im Wert von ca. 18.000 EUR gespendet. Diese Sachspende hat er dann in seiner Einkommensteuererklärung als Sonderausgabe geltend gemacht. Das zuständige Finanzamt lehnte den begehrten Spendenabzug jedoch mit der Begründung ab, dass der Spendenempfänger nicht in Deutschland ansässig war und die portugiesische Bescheinigung über 42

---

77 Zu Forschungsstipendien siehe FG Rheinland-Pfalz Urt. v. 9.12.2014, 3 K 2197/11; dazu *Weidmann/Kohlhepp* DStR 2015, 1273, 1284. Zur Steuerfreiheit von Stipendien nach § 3 Nr. 44 EStG siehe BFH, Urt. v. 24.2.2015, VIII R 43/12; DStRE 2015, 963.

78 EuGH, C-386/04 – Centro di Musicologia Walter Stauffer = DStR 2006, 1736. Zu diesem Urteil siehe etwa *Hüttemann/Helios*, BB 2006, 2481. „Vorinstanzen": FG Münster v. 28.10.2005 – 11 K 2505/05 E = EFG 2006, 357; BFH, Urt. v. 9.5.2007 – XI R 56/05; BStBl II 2010, 260.

79 Ausf. *Jachmann*, Stiftung & Sponsoring 5/2006, 13; *dies,*. BB 2006, 2607; *Buchna/Seeger/Brox*, S. 27 ff.

80 *Hüttemann/Helios*, DB 2006, 2481; *Buchna/Seeger/Brox*, S. 27.

81 Siehe *Melchior*, DStR 2009, 4 (11).

die Spende nicht den in Deutschland geltenden Anforderungen an eine Zuwendungsbestätigung genügte.[82] Mit Urt. v. 27.1.2009 hat der EuGH dazu entschieden, dass **Spenden an ausländische gemeinnützige Organisationen zum Spendenabzug berechtigen.**[83] Nach Ansicht des EuGH liegt bei einer Abzugsbeschränkung ein Verstoß gegen die gemeinschaftsrechtliche Kapitalverkehrsfreiheit vor. Im entschiedenen Fall waren die durch die Sachspende geförderten Zwecke sowohl nach deutschem als auch nach portugiesischem Recht als steuerbegünstigt anerkannt, so dass es nach Ansicht des EuGH keinen Grund gab, diese Spende in der deutschen Steuererklärung unberücksichtigt zu lassen.[84] Der Argumentation der Finanzbehörde, sie könne bei einer ausländischen Einrichtung die Voraussetzungen der Steuerbegünstigung nicht überprüfen, ist der EuGH nicht gefolgt. Vielmehr führt der EuGH in seinen Urteilsgründen aus, der in Deutschland Steuerpflichtige müsse die Möglichkeit haben, das Vorliegen der Steuerbefreiung des ausländischen Spendenempfängers nachzuweisen. Das müsste er dann allerdings auch tatsächlich tun – und da liegt in der Praxis typischerweise das Problem, wie das trotz zugelassener Revision inzwischen rechtskräftige Urteil des FG Münster vom 8.3.2012 im zweiten Rechtsgang des Falls Persche deutlich zeigt.[85]

2. Reaktionen in Deutschland

43 Der deutsche **Gesetzgeber** hat mit der im Rahmen des JStG 2009 erfolgten Verschärfung des **§ 51 Abs. 2 AO** (**struktureller Inlandsbezug**) auf die EuGH-Rechtsprechung reagiert. Nach dem strukturellen Inlandsbezug, setzt die Steuervergünstigung bei der **Verwirklichung steuerbegünstigter Zwecke** im Ausland ab 1.1.2009 voraus, dass natürliche Personen mit Wohnsitz oder gewöhnlichem Aufenthalt im Inland gefördert werden oder die Tätigkeit zumindest zum **Ansehen der Bundesrepublik Deutschland** im Ausland beitragen kann, wobei die Einzelheiten noch unklar und umstritten sind.[86] Zunächst sollte hier eine Förderung der Allgemeinheit Voraussetzung sein. Der aktuell als

82 In der damals geltenden Fassung war die steuerliche Abzugsfähigkeit auf Spenden beschränkt, deren Empfänger seinen Sitz in Deutschland hatte; siehe dazu § 49 EStDV.

83 EuGH v. 27.1.2009, C-318/07 – „Persche“, DStR 2009, 207; siehe dazu etwa *Geserich*, DStR 2009, 1228; *Hüttemann/Helios*, DB 2009, 701 ff.

84 Der EuGH hat jedoch den einzelnen Nationalstaaten das Recht zuerkannt, die steuerbegünstigten Zwecke unterschiedlich zu definieren.

85 FG Münster, Urt. v. 8.3.2012 – 2 K 2608/09 E = DB 2012, 18; siehe dazu auch *Franke-Roericht*, StiftungsBrief 2012, 148 ff und nachfolgend Rn 48.

86 Kritisch: *Hüttemann*, DB 2008, 1061, 1063; *P. Fischer*, FR 2009, 249, 257; Tipke/Kruse/*Tipke*, § 51 AO Rn 7 ff. (Maßstab für den strukturellen Inlandsbezug soll die Sicht des Auslands sein, siehe Rn 9); siehe auch Klein/*Gersch*, AO, § 51 Rn 7 ff., 9; *ders.*, DStR 2009, 1173,1177; *Buchna/Seeger/Brox*, S. 30 ff.; *Weiten/Feldner*, ZErb 2013, 88.

Tatbestandsvoraussetzung für die Steuervergünstigung gültige Inlandsbezug strahlt nicht auf die weiteren Tatbestandsvoraussetzungen für eine Steuerbefreiung aus, hat also insbesondere keinen Einfluss auf Inhalt und Umfang der förderungswürdigen Zwecke in § 52 AO.

Auch aus dem **AEAO** 2014 (**Nr. 7 zu § 51 Abs. 2 AO**) geht nicht wirklich hervor, dass und inwieweit eine Ansehensverbesserung Deutschlands im Ausland erforderlich ist. Zwar nennt auch der Erlass dieses Steuertatbestandsmerkmal, eine spürbare oder messbare Auswirkung auf das Ansehen soll jedoch nicht erforderlich sein. Für inländische Körperschaften soll insoweit ohne besonderen Nachweis eine Indizwirkung bestehen, wenn sie personell, finanziell, planend, schöpferisch oder anderweitig an der Förderung gemeinnütziger und mildtätiger Zwecke im Ausland beteiligt sind. Für ausländische Körperschaften, die gem. § 5 Abs. 2 Nr. 2 KStG mit ihren beschränkt steuerpflichtigen Einkünften steuerbegünstigt sein können, gilt diese Indizwirkung nicht. Sie haben den Ansehensbeitrag nachzuweisen.[87] Wie dies geschehen soll, lässt der Erlass offen. In der Differenzierung zwischen in- und ausländischen Körperschaften könnte eine europarechtlich unzulässige Diskriminierung liegen.[88] 44

Die entscheidende Frage in der Praxis ist und bleibt, wie die **deutschen Finanzbehörden** das EuGH-Urteil vor dem Hintergrund der Änderungen in § 5 Abs. 2 Nr. 2 KStG und § 51 Abs. 2 AO umsetzen, nachdem sich der **BFH** der Entscheidung des EuGH angeschlossen und die Vorgaben des EuGH für das deutsche Recht konkretisiert hat.[89] Der EuGH hat den deutschen Finanzbehörden im Falle des Nachweises der Steuerbefreiung des ausländischen Spendenempfängers durch den Spender das Recht der Prüfung ausdrücklich eingeräumt. Die Ablehnung des Spendenabzuges sei, so der EuGH, weiterhin möglich, wenn die vom steuerpflichtigen Spender vorgelegten Belege und Nachweise nicht stichhaltig die Gemeinnützigkeit des ausländischen Spendenempfängers im Sinne der nationalen (deutschen) Vorschriften nachweise.[90] Der **Gesetzgeber** hat durch das „Gesetz zur Umsetzung steuerlicher EU-Vorgaben sowie zur Änderung steuerlicher Vorschriften“[91] zwischenzeitlich § 10b EStG so geändert, dass auch Spenden an EU/EWR-ausländische Einrichtungen in Deutschland als Sonderausgaben dann abziehbar sind, wenn die ausländische Einrichtung von der Körperschaftsteuer befreit wäre, wenn sie inländische Einkünfte 45

87 Zu den Anforderungen an den Nachweis siehe etwa FG Berlin-Brandenburg Urt. v. 24.7.2014 – 4 K 12276/11.Die Revision der Finanzverwaltung gegen das Urteil ist beim BFH unter dem Az. I R 54/14 anhängig.

88 Siehe *Hüttemann*, DB 2012, 250 ff.; *Schauhoff/Kirchhain*, DStR 2012, 261 ff.

89 BFH, Urt. v. 27.5.2009 – X R 46/05 = BFH/NV 2009, 1633.

90 EuGH v. 27.1.2009 – C-318/07 „Persche“, Urteilsgründe Rn 60.

91 BGBl I 2010, 836.

erzielen würde (§ 10b Abs. 1, Ziffer 3 EStG). Inzwischen liegen auch **BMF-Schreiben** zu dem Thema vor.[92]

46 Dementsprechend haben ausländische gemeinnützige Körperschaften in Deutschland alle **Voraussetzungen nach den §§ 51 ff. AO zu erfüllen und auch nachzuweisen.**[93] Das wird i.d.R. voraussetzen, dass die Körperschaft auch nach dem nationalen Recht an ihrem Sitz vergleichbar steuerbegünstigt ist.[94] Nach geltender Rechtslage muss eine Organisation mit Sitz in der EU in Deutschland zumindest beschränkt steuerpflichtig sein,[95] um von den deutschen Finanzbehörden als steuerbegünstigt anerkannt zu werden. Ausländische Körperschaften dürfen nicht in größerem Umfang gefördert werden als inländische Körperschaften. Es dürfen keine Zwecke gefördert werden, die nicht (auch) in Deutschland (Inland) grundsätzlich förderfähig sind. Natürlich muss nicht nur die Satzung der betreffenden Körperschaft die Anforderungen nach den §§ 51 ff. AO erfüllen, sondern insbesondere auch die tatsächliche Geschäftsführung.[96] Dabei steht natürlich auch das Instrument der gegenseitigen **Amtshilfe** zur Verfügung.

3. Beispielhafte Betrachtung von FG-Urteilen

47 Das alles scheint durchaus noch „im Fluss", wie beispielhaft einige FG-Urteile, zeigen, die hier näher zu betrachten sind – zumal sie auch **grundlegende Ausführungen zur Gemeinnützigkeit**, zum **Spendenrecht** und zur **verdeckten Gewinnausschüttung** enthalten. Und auch der BFH hat einen neuen Fall zu **Spenden an ausländische Stiftungen** entschieden.

Nach Zurückverweisung an das Ausgangsgericht hat das **FG Münster** im Fall „*Persche*" in seinem Urteil v. 8.3.2012 einen strengen Maßstab angelegt und den Spendenabzug im konkreten Fall schon dem Grunde nach abgelehnt.[97] Es hat rechtlich insbesondere das Folgende grundlegend ausgeführt:[98]

---

92 BMF-Schreiben v. 6.4.2010 – IV C-S-2223/07/005, BStBl I 2010, 236 und v. 16.5.2011 – Az. C-S-2223/07/0005:008; siehe dazu *Klümpen-Neusel*, StiftungsBrief 2011, 148 ff.; *Franke-Roericht*, StiftungsBrief 2012, 148 ff.

93 Siehe BFH/NV 07/805; siehe auch *Musil*, DStR 2009, 2453, 2455; Klein/*Gersch*, AO, § 51 Rn 10 m.w.N. Siehe dort auch zu den nachfolgenden Ausführungen.

94 So auch Klein/*Gersch*, AO, § 51 Rn 10; a.A. zum Spendenabzug *Hüttemann*, IStR 2010, 118.

95 § 2 Abs. 2 Nr. 2 i.V.m. § 2 Nr. 1 KStG.

96 Klein/*Gersch*, § 51 AO Rn 10; *Fischer*, FR 2009, 249; *Buchna/Seeger/Brox*, S. 28 f.

97 FG Münster, Urt. v. 8.3.2012 – 2 K 2608/09 E = DB 2012, 18; siehe dazu *Franke-Roericht*, StiftungsBrief 2012, 148 ff.

98 Siehe im Urteil Rn 43 ff.

- Die Steuerbefreiung scheitere nicht allein aufgrund der **Rechtsform** („grundsätzlich gemeinnützigkeitsunfähige Personengesellschaft"), die ausländische Gesellschaft diene jedoch nach ihren Statuten nicht ausschließlich und unmittelbar steuerbefreiten Zwecken. Sie erfülle zwar mit den in Art. 3 der Statuten benannten Zwecken solche i.S. des § 52 Abs. 2 Nr. 4 und 5 AO (Förderung der Jugend- und Altenhilfe, Förderung von Kultur).
- Unmittelbarer Bestandteil der Definition der Gemeinnützigkeit (§ 52 AO) und auch der Mildtätigkeit (§ 53 AO) sei aber, dass die im einzelnen aufgeführten Zwecke selbstlos gefördert werden. Nach § 55 AO erfordere eine **Selbstlosigkeit** u.a., dass bei Auflösung oder Aufhebung der Körperschaft oder bei Wegfall ihres bisherigen Zwecks das Vermögen der Körperschaft, soweit es die eingezahlten Kapitalanteile der Mitglieder und den gemeinen Wert der von den Mitgliedern geleisteten Sacheinlagen übersteigt, nur für steuerbegünstigte Zwecke verwendet werden darf (**Grundsatz der Vermögensbindung**). In dem zu entscheidenden Fall fehle es jedenfalls an dem Nachweis der Vermögensbindung.
- Die erforderliche Vermögensbindung (§ 55 Abs. 1 Nr. 4 AO) liege nach § 61 AO vor, wenn der Zweck, für den das Vermögen bei Auflösung oder Aufhebung der Körperschaft oder bei Wegfall ihres bisherigen Zwecks verwendet werden soll, in der Satzung so genau bestimmt ist, dass aufgrund der Satzung geprüft werden kann, ob der Verwendungszweck steuerbegünstigt ist. § 61 AO betreffe ebenso wie § 60 AO, wonach die Satzungszwecke und die Art ihrer Verwirklichung so genau bestimmt sein müssen, dass aufgrund der Satzung geprüft werden kann, ob die satzungsmäßigen Voraussetzungen für Steuervergünstigungen gegeben sind, die sog. **formelle Satzungsmäßigkeit**. Die gesetzlich vorgeschriebenen Festschreibungen der Satzungszwecke und der Art ihrer Verwirklichung sowie der künftigen Vermögensverwendung haben die Funktion eines Buchnachweises.[99] Regelungen außerhalb der Satzung genügten deshalb nicht.
- Die formelle Satzungsmäßigkeit sei **auch bei ausländischen Körperschaften** erforderlich.[100] Es bestehe kein Anlass, die ausländische Körperschaft grundsätzlich besser zu stellen als die inländischen Körperschaften. Um den grenzüberschreitenden Spendenabzug aber nicht praktisch gänzlich auszuschließen, dürfte es ausreichen, wenn die ausländische Satzung materiell vergleichbare Festlegungen enthalte, auch wenn bestimmte deutsche Begriffsbestimmungen fehlen.[101] Auch bei Auslegung aller Satzungsbestim-

---

99 Siehe BFH, Urt. v. 12.1.2011 – I R 91/09 = BFH/NV 2011, 1111 und BFH, Beschl. v. 3.9.1999 – I B 75/98 = BFH/NV 2000, 301 – jew. m.w.N.

100 Siehe BMF-Schreiben v. 16.5.2011 – IV C 4-S 2223/07/0005:008, 2011/0381377, BStBl I 2011, 559; *Buchna/Seeger/Brox*, S. 28 f.

101 Vgl. dazu *Hüttemann/Helios*, DB 2009, S. 701 ff.

mungen sei im zu entscheidenden Fall die erforderliche Vermögensbindung nicht erkennbar.

- Selbst wenn für ausländische Zuwendungsempfänger nicht an einem Buchnachweis festgehalten würde, müssten **jedenfalls die materiellen Voraussetzungen der Vermögensbindung** vorliegen. Angesichts der Entlastungsfunktion des Buchnachweises für die Finanzverwaltung habe der Spender auch dazu „stichhaltige Belege“[102] beizubringen. Vorliegend hat sich der Kläger aber trotz der Ausführungen des Beklagten zur erforderlichen Vermögensbindung nicht geäußert.
- Es fehle zudem eine ordnungsgemäße **Zuwendungsbestätigung**. In dem Verfahren vorgelegte Bestätigungen enthielten nicht alle notwendigen Angaben. Durch die Spendenbescheinigung müsse u.a. bestätigt werden, dass die Zuwendung nur zur Förderung begünstigter Zwecke verwendet werde. Von diesem durch die Zuwendungsbestätigung dokumentierten Verwendungsnachweis sei auch bei ausländischen Körperschaften nicht abzusehen.

48 Eine aus meiner Sicht deutlich weniger strenge Haltung als das FG Münster hat hingegen das **FG Bremen** in seinem Urteil vom 8.6.2011 eingenommen, in dem bei genauer Lektüre sogar deutlich mehr Engagement von der Finanzverwaltung verlangt wird.[103]

Nach dem Urteil darf eine deutsche Kapitalgesellschaft eine nicht übermäßig hohe Spende, die im Jahr 2004 an eine in Rom, Italien, im Register für juristische Personen eingetragene, staatlicher Aufsicht unterliegende, gemeinnützige Vereinigung mit Sitz und Ort der Geschäftsleitung in Italien geleistet wurde und für den Bau einer Kirche der russisch-orthodoxen Kirche, Moskauer Patriarchat in Rom, Italien, bestimmt war, trotz der Vorlage einer nicht auf dem amtlichen Vordruck erstellten Zuwendungsbestätigung nach § 9 Abs. 1 Nr. 2 S. 2 Buchst. c KStG abziehen, sofern nicht persönliche Beziehungen des Alleingesellschafters der Kapitalgesellschaft zu der Spendenempfängerin bzw. der russisch-orthodoxen Kirche in Italien bestehen und es sich deswegen bei der Spende um eine verdeckte Gewinnausschüttung handelt. Dazu hat das Finanzgericht grundlegend insbesondere wie folgt ausgeführt:

- Die von der Klägerin geleistete Zuwendung stelle **keine verdeckte Gewinnausschüttung** i.S.d. § 8 Abs. 3 KStG dar. Bei einer Kapitalgesellschaft sei unter einer verdeckten Gewinnausschüttung i.S.d § 8 Abs. 3 S. 2 KStG eine Vermögensminderung oder verhinderte Vermögensmehrung zu verstehen, die durch das Gesellschafterverhältnis veranlasst sei, sich auf die Höhe des Unterschiedsbetrags gemäß § 4 Abs. 1 S. 1 EStG i.V.m. § 8 Abs. 1 KStG

102 EuGH v. 27.1.2009 – C-318/07 „Persche“, Urteilsgründe Rn 60.

103 FG Bremen, Urt. v. 8.6.2011 – 1 K 63/10 6.; siehe dazu die Anm. von *Winheller/Mogck*, ZStV 2012, 140 f. und auch *Franke-Roericht*, StiftungsBrief 2012, 148, 151 f.

auswirke und in keinem Zusammenhang mit einer offenen Ausschüttung stehe.[104] Die Zuwendung finde ihre Veranlassung dann im Gesellschafterverhältnis, wenn die Kapitalgesellschaft ihrem Gesellschafter einen Vermögensvorteil zuwende, den sie bei der Sorgfalt eines ordentlichen und gewissenhaften Geschäftsleiters einem Nichtgesellschafter nicht gewährt hätte[105]

- Der unmittelbaren Zuwendung an einen Gesellschafter stehe die an einen Dritten gleich, wenn auch diese durch das Gesellschafterverhältnis veranlasst sei. Es reiche mithin aus, wenn die Gesellschaft aus im Gesellschafterverhältnis liegenden Gründen einer ihrem Gesellschafter **nahestehenden Person** einen Vorteil zuwende, ohne dass der Gesellschafter unmittelbar oder mittelbar einen Vorteil erlangt. Als Näheverhältnis kommen dabei sowohl familienrechtliche, gesellschaftsrechtliche, schuldrechtliche Beziehungen als auch solche tatsächlicher Art in Betracht.[106] Entscheidend sei demnach nicht, ob dem Gesellschafter selbst ein Vorteil zugeflossen sei, sondern ob die Gesellschaft einen Vermögensnachteil in Kauf nimmt, den ein ordentlicher und gewissenhafter Geschäftsleiter nicht in Kauf genommen hätte und der deshalb, ohne das Hinzutreten des Gesellschafterinteresses, nicht eingetreten wäre.[107]
- Eine **Spende** sei dann als verdeckte Gewinnausschüttung zu werten, wenn die Spende durch die persönliche Beziehung des Gesellschafters zu dem Spendenempfänger beeinflusst sei.
- Ob das Handeln einer Kapitalgesellschaft durch das Gesellschafterverhältnis (mit-)veranlasst sei, müsse im gerichtlichen Verfahren **anhand aller Umstände des konkreten Einzelfalles** beurteilt werden. Die Mitgliedschaft des Gesellschafters bei dem Zuwendungsempfänger könne ein Näheverhältnis begründen. Als weiteres Indiz für das Vorliegen einer verdeckten Gewinnausschüttung könne ein einseitig ausgerichtetes Spendenverhalten gewertet werden, wenn die Zuwendung außerhalb des üblichen Spendenverhaltens der leistenden Körperschaft liege.[108] Für die gesellschaftsrechtliche Veranlassung spreche darüber hinaus, wenn auch in Verlustjahren gespendet worden

104 Siehe Nichtannahmebeschluss des BVerfG v. 26.6.2008 – 2 BvR 2067/07, HFR 2008, 1280, NJW 2008, 3346; BFH-Urt. v. 22.2.1989 – I R 44/85, BFHE 156, 177, BStBl II 1989, 475; v. 22.2.1989 – I R 9/85, BFH 156, 428, BStBl II 1989, 631; v. 7.8.2002 – I R 2/02, BFHE 200, 197, BStBl II 2004, 131; Mössner/Seeger/*Janssen*, KStG, § 8 Rn 161, m.w.N.

105 Siehe BFH-Urt. v. 14.3.1990 – I R 6/89, BFHE 160, 459, BStBl II 1990, 795; v. 2.12.1992 –I R 54/91, BFHE 170, 119, BStBl II 1993; Dötsch/Jost/Pung/Witt/*Klingebiel*, KStG, Bd. 2, § 8 Abs. 3 Teil C, Rn 500; Mössner/Seeger/*Janssen*, KStG, § 8 Rn 163, m.w.N.

106 BFH, Urt. v. 18.12.1996 – I R 139/94 = BFHE 182, 184, BStBl II 1997, 301 m.w.N.

107 BFH, Beschl. v. 19.12.2007 – I R 83/06 = BFH/NV 2008, 988.

108 BFH, Beschl. v. 19.12.2007– I R 83/06 = BFH/NV 2008, 988.

sei, denn ein ordentlicher und gewissenhafter Geschäftsleiter hätte gerade in Verlustjahren nicht gespendet.

- Die **Darlegungs- und Beweislast** für das Näheverhältnis trage das Finanzamt. Zwar spreche bei einer Zuwendung eines Vorteils an eine nahestehende Person der Beweis des ersten Anscheins für eine verdeckte Gewinnausschüttung an den Gesellschafter, jedoch gelte das nur, wenn andere Ursachen für die Zuwendung als das Nahestehen des Empfängers zu einem Gesellschafter auszuschließen seien.[109]
- Die Möglichkeit, auch Spenden an Einrichtungen, die in einem anderen Mitgliedstaat ansässig sind, abzuziehen, sei gegeben, wenn die begünstigte Einrichtung die Voraussetzungen der **nationalen Rechtsvorschriften**, hier also die §§ 51 bis 68 AO, **für die Gewährung von Steuervergünstigungen** erfüllt.[110] Die Zuwendung müsse tatsächlich und zeitnah für die in der Zuwendungsbestätigung angegebenen steuerbegünstigten Zwecke verwendet worden sein.
- Es bedürfe einer **Zuwendungsbestätigung**. Zwar kann nicht verlangt werden, dass diese Bestätigung dem amtlich vorgeschriebenen Vordruck i.S.d. § 50 EStDV entspricht, allerdings muss auch die ausländische Zuwendungsbestätigung alle nach deutschem Recht erforderlichen Angaben enthalten.[111]
- Voraussetzung für die Steuerbefreiung nach § 5 Abs. 1 Nr. 9 KStG sei zudem, dass die **Satzung** der Körperschaft und ihre **tatsächliche Geschäftsführung** die Voraussetzungen der §§ 51 ff. AO erfülle.
- Nach § 61 Abs. 1 AO liege eine steuerlich ausreichende **Vermögensbindung** (§ 55 Abs. 1 Nr. 4 AO) vor, wenn der Zweck, für den das Vermögen bei Auflösung oder Aufhebung der Körperschaft oder bei Wegfall ihres bisherigen Zwecks verwendet werden soll, in der Satzung so genau bestimmt sei, dass aufgrund der Satzung geprüft werden kann, ob der Verwendungszweck steuerbegünstigt sei. Zu berücksichtigen sei jedoch, dass das ausschließliche Abstellen auf den Inhalt der Satzung einer ausländischen Einrichtung diese oft vor unerfüllbare Voraussetzungen stelle. Das Festhalten an einer strengen formalen Satzungskonformität könnte unter Berücksichtigung der Stauffer- und Persche-Entscheidungen des EuGH zu einem Verstoß gegen den EG-rechtlichen Effektivitätsgrundsatz führen. Das **Erfordernis formeller satzungsmäßiger Vermögensbindung** sei, wenn das ausländische Recht eine solche nicht kenne, geeignet, die nach dem Recht des betreffenden Staates errichtete Vereinigung von vornherein aus dem Anwendungsbereich des deutschen Gemeinnützigkeitsrechts auszuschließen. Die Voraussetzungen

109 BFH, Urt. v. 22.2.2005 – VIII R 24/03 = BFH/NV 2005, 1266 = DStRE 2005, 764.

110 BFH, Urt. v. 27.5.2009 – X R 46/05 = BFH/NV 2009, 1633; BMF-Schreiben v. 26.4.2010 – IV C 4 – S 2223/07/0005.

111 *Hüttemann/Helios*, DB 2009, 701, 706.

an die Satzung seien umso mehr dann als erfüllt anzusehen, wenn das Recht des Sitzstaates eine staatliche Vereinigungsaufsicht kenne, deren Aufgabe es u.a. sei, die ordnungsgemäße Verwendung der Vereinigungsmittel für die von der Vereinigung verfolgten Zwecke zu überprüfen.

- Aus alledem wird deutlich, dass eine eingetragene Vereinigung in Italien der staatlichen Aufsicht unterliegt. Diese kontrolliert, dass tatsächlich der satzungsmäßige Zweck ausgeübt wird und kontrolliert zudem die Vermögensbindung. Aus Art. 32 des italienischen Zivilgesetzbuches wird zudem deutlich, dass ein zweckgebundenes Vermögen auch nur derart übertragen werden kann, dass die Körperschaft, die das Vermögen übernimmt, auch die Zwecke der übertragenden Körperschaft verfolgen muss.
- Im Anwendungsbereich der Grundfreiheiten des Unionsrechts dürfen keine überzogenen Anforderungen gestellt werden.[112]
- **Das pauschale Bestreiten des beklagten Finanzamtes** in der mündlichen Verhandlung, dass die Vereinigung nach der Satzung und tatsächlichen Geschäftsführung ausschließlich und unmittelbar gemeinnützigen mildtätigen oder kirchlichen Zwecken diene, erzwinge keine weiteren Ermittlungen des Finanzgerichts. Nachdem sich das beklagte Finanzamt für die Nichtberücksichtigung der im Streit befindlichen Aufwendungen in seiner Einspruchsentscheidung ausschließlich auf die spendenrechtlichen Regelungen des Körperschaftsteuergesetzes bezogen habe, habe es sich im gesamten Klageverfahren ausschließlich auf Ausführungen zu der Frage der verdeckten Gewinnausschüttung beschränkt, obwohl schon aus dem Aussetzungsbeschluss des FG deutlich geworden sei, dass die Frage, ob eine Berücksichtigungsfähigkeit nach § 9 Abs. 1 Nr. 2 KStG gegeben sei, im vorliegenden Verfahren von ausschlaggebender Bedeutung gewesen sei. Die Klägerin habe sich intensiv bemüht, Unterlagen vorzulegen, aufgrund derer sich die abgabenrechtlichen Voraussetzungen der §§ 51 ff. AO prüfen ließen. Das beklagte Finanzamt habe sich im Klageverfahren mit diesen Unterlagen in keiner Weise befasst, sondern sich auf Ausführungen zum mangelnden strukturellen Inlandsbezug (§ 9 Abs. 1 Nr. 2 lit. c KStG i.V.m. § 51 Abs. 2 AO) beschränkt.
- Die von der Klägerin vorgelegte **Spendenbescheinigung** entspreche letztlich auch den materiellen Anforderungen des § 50 EStDV. Hinsichtlich der Zuwendungsbestätigung sei es insoweit nicht schädlich, dass diese nicht dem amtlichen Vordruck entspreche. Unter Berücksichtigung der Rechtsprechung des EuGH sei es mit der Kapitalmarktfreiheit unvereinbar, den Spendenabzug von einem formalen Erfordernis wie einem amtlich vorge-

112 Beermann/Gosch/*Jachmann*/*Unger*, AO/FGO, § 63 AO Rn 52; *Geserich*, NWB 2010, Nr. 18, 1408, 1409.

schriebenen Vordruck abhängig zu machen.[113] Allerdings müsse auch die ausländische Zuwendungsbestätigung alle nach deutschem Recht erforderlichen Angaben enthalten.[114] Die dem FG vorgelegte Bestätigung über Geldzuwendungen vom 8.1.2008 enthalte alle Angaben, die der amtliche Vordruck voraussetze.

- Der **BFH** ist den vom FG Bremen vertretenen Rechtsansichten allerdings nicht gefolgt und hat das Urteil nach Revision der Finanzverwaltung zwischenzeitlich **aufgehoben.**[115]

49 Das **FG Berlin-Brandenburg** hat am 24.7.2014 in einem Fall ein Urteil gesprochen,[116] in dem eine sehr alte britische Universität, die in der Rechtsform einer in Großbritannien als gemeinnützig anerkannten Stiftung englischen Rechts betrieben wird, deutsches Verwaltungsvermögen erworben hatte und nun eine deutsche Steuervergünstigung und Freistellung von der Körperschaftsteuer begehrte. Das FG gab der Klage statt, und das insbesondere unter Hinweis auf die Persche-Entscheidung. In Rn 54 und 55 des FG-Urteils heißt es:

> *„Die Satzung der Klägerin bestimmt, dass das College als „immerwährendes Kollegium des Studiums der Wissenschaften, der heiligen Theologie, der Philosophie und der guten Künste" errichtet wurde. Diese Aussage und die weiteren Bestimmungen der Satzung bzw. der Statuten genügen, um zu prüfen, ob die Voraussetzungen für die Steuervergünstigungen vorliegen. Ausschlaggebend ist, dass die im Einzelnen aufgelisteten Zielsetzungen keinen Zweifel aufkommen lassen, dass sie der Verwirklichung des Stiftungszwecks dienen. Die Satzung belässt gleichermaßen keinen begründbaren Zweifel daran, dass die Klägerin den Satzungszweck selbstlos verfolgt und das Begünstigungsverbot eingehalten wird. Zwar ergibt sich dies nicht wortwörtlich aus der Verwendung der Begriffe „Selbstlosigkeitsgebot" und „Begünstigungsverbot" aus der Satzung. Der Satzung kann aber auch an keiner Stelle Gegenteiliges entnommen werden, was nach der Überzeugung des Senats ausreichend ist (vgl. hierzu BFH-Urt. v. 20. Dezember 2006 I R 94/02, BStBl II 2010, 331).*
>
> *Ohnehin gilt es, bei der Auslegung der Satzungen von Körperschaften, die Steuervergünstigungen wegen Verfolgung gemeinnütziger, mildtätiger oder kirchlicher Zwecke beanspruchen, eine allzu kleinliche „Wortklauberei" (so Tipke in Tipke/Kruse, AO und FGO, § 60 AO Rn 3) zu vermeiden. Die Satzungen haben nicht lediglich den Zweck, die satzungsmäßigen Voraus-*

---

113 *Proff*, IStR 2009, 371, 376.

114 *Hüttemann/Helios*, DB 2009, 701, 706.

115 BFH v. 17.9.2013 – I R 16/12 = DStR 2014, 517; siehe dazu auch *Esskandari/Bick*, ErbStB 2014, 117.

116 FG Berlin-Brandenburg, Urt. v. 24.7.2014 – Az. 4 K 12276/11.

setzungen der Steuervergünstigungen zu erfüllen. Sie dienen auch und oft sogar vorrangig dazu, die Organisation der Einrichtung und die Befugnisse ihrer Organe festzulegen (BFH-Urteile vom 18. Dezember 2002 I R 15/02, BStBl II 2003, 384; vom 20. Dezember 2006 I R 94/02, BStBl II 2010, 331).“

Das Urteil liegt damit auf der Linie der bisherigen Rechtsprechung.[117]

Der **BFH** hat im Januar 2015 die Voraussetzungen präzisiert, unter denen 50
Spenden an eine gemeinnützige Stiftung im EU-/EWR-Ausland gemäß § 10b des Einkommensteuergesetzes (EStG) steuermindernd abziehbar sind.[118] In dem BFH entschiedenen Fall hatte der Kläger einer in Spanien als gemeinnützig anerkannten Stiftung (Fundaciò) einen größeren Geldbetrag gespendet. Diesen wollte er als Sonderausgabe (§ 10b EStG) geltend machen. Das Finanzamt und das Finanzgericht lehnten das ab, insb. weil der Kläger nicht nachgewiesen habe, dass die Voraussetzungen für den Spendenabzug erfüllt seien. Der BFH folgte dem und fand zu folgendem Leitsatz:

„Die Anforderung eines bereits erstellten und bei der ausländischen Stiftungsbehörde eingereichten Tätigkeits- oder Rechenschaftsberichts durch die Finanzverwaltung und durch das FG ist eine unionsrechtlich zulässige Maßnahme der Steueraufsicht. Sie ist sowohl geeignet als auch erforderlich sowie angemessen, um beurteilen zu können, ob die ausländische Stiftung die Voraussetzungen des § 63 AO erfüllt.“

Der BFH hat seine Auffassung insbesondere wie folgt begründet:[119] Voraussetzung für den Spendenabzug an eine in der EU oder im EWR ansässige Stiftung sei, dass der Steuerpflichtige Unterlagen vorlege, die eine Überprüfung der tatsächlichen Geschäftsführung ermöglichten. Es sei daher nicht unionsrechtswidrig, von ihm einen bereits erstellten und der ausländischen Stiftungsbehörde eingereichten Tätigkeits- oder Rechenschaftsbericht der Empfängerin anzufordern. Dem stehe auch nicht entgegen, dass der Spender im Gegensatz zu der begünstigten Einrichtung nicht selbst über alle notwendigen Informationen verfüge. Bereits der Gerichtshof der Europäischen Union habe in seinem Urteil v. 27.1.2009 C-318/07 Persche (Slg. 2009, I-359) entschieden, es sei einem Spender normalerweise möglich, von dieser Einrichtung Unterlagen zu erhalten, aus denen der Betrag und die Art der Spende, die von der Einrichtung verfolgten Ziele und ihr ordnungsgemäßer Umgang mit den Spenden hervor-

117 Siehe dazu auch *Weidmann/Kohlhepp*, DStR 2015, 1273, 1277.

118 BFH, Urt. v. 21.1.2015 – X R 7/13, DStR 2015, 989; dazu *Ritter*, StiftungsBrief 2015, 108. Vorinstanz: Siehe auch FG Düsseldorf, Urt. v. 14.1.2013 – 11 K 2439/10 E = EFG 2013, 678.

119 Siehe BFH-Urteil und auch die zugehörige Pressemitteilung des BFH, Nr. 33 v. 6.5.2015.

gingen. Das FA sei in einem solchen Fall nicht verpflichtet, im Wege der Amtshilfe die entsprechenden Informationen einzuholen.

Zudem hatte der Steuerpflichtige im Streitfall dem FA lediglich eine Spendenbescheinigung vorgelegt, die sich am spanischen Recht orientierte. Dem BFH reichte das nicht. Zwar könne, so der BFH, aus unionsrechtlichen Gründen nicht verlangt werden, dass die Zuwendungsbestätigung einer ausländischen Stiftung dem amtlich vorgeschriebenen Vordruck gemäß § 50 der Einkommensteuer-Durchführungsverordnung entspreche. Zu den notwendigen Bestandteilen der Bestätigung gehöre aber die Erklärung der ausländischen Stiftung, sie habe die Spende erhalten, sie verfolge den satzungsgemäßen gemeinnützigen Zweck und sie setze die Spende ausschließlich satzungsgemäß ein.

Das ist zunächst einmal eine eindeutige Vorgabe. Aus meiner Sicht ist das für den Regelfall in der Praxis auch umsetzbar. In Sonderfällen mag man das anders sehen müssen, so dass im Einzelfall auch einmal belastbare Zeugenaussagen ausreichen können. Das sollte rechtzeitig vorher mit der Finanzverwaltung abgestimmt werden.

4. Fazit

51 Es bleibt ein **gespaltenes Fazit**:

So wichtig und begrüßenswert die Rechtsprechung des EuGH für die jeweiligen Steuerpflichtigen auch sein mag, so unsicher ist die generelle Umsetzung in der Praxis und selbst die Umsetzung im Einzelfall, wie der Fall Persche eindrucksvoll gezeigt hat (siehe oben Rn 42). Es ist hier, auch wenn inzwischen konkretisierende Urteile deutscher Gerichte und auch des BFH vorliegen, (leider) einmal mehr zu empfehlen, im Einzelfall mit Blick auf die konkreten Sachverhaltsdetails den Kontakt und das Gespräch mit dem zuständigen Finanzamt zu suchen, um eine konstruktive Zusammenarbeit zu ermöglichen. Selbst eine Steuerberatungskanzlei, die dem Papst bei einer Audienz einen Scheck über 50.000 EUR überreicht hatte, musste sich von der Finanzverwaltung und dem FG Köln[120] sagen lassen, dass in ihrem besonderen Fall[121] kein Spendenabzug in Betracht komme.

Man sollte sich hier im Übrigen nichts vormachen: Es geht auch um einen **Wettbewerb der nationalen Steuerordnungen**. Eine Prognose, wie dieser Wettbewerb ausgehen wird, lässt sich kaum geben. Man geht aber wohl nicht fehl, wenn man sich darauf vorbereitet, dass der EuGH im Fall des Falles

120 FG Köln, Urt. v. 15.1.2014 – 13 K 3735/10 = IStR 2014, 412.

121 An wen ging die „Spende" überhaupt? Heiliger Stuhl? Vatikanstaat? Katholische Kirche? Siehe dazu *Weidmann/Kohlhepp*, DStR 2015, 1273, 1279.

weiterhin einen durchaus kritischen Blick auf das deutsche „Stiftungssteuerrecht“ werfen wird. Die ggf. noch vom EuGH zu ziehenden Schlüsse werden nicht unbedingt mit unseren „traditionellen“ Rechtsauffassungen in Deutschland übereinstimmen.

Dazu hat der EuGH mit einem Urteil v. 15.11.2012 zu § 4 Nr. 16 lit. e) UStG ein weiteres Beispiel gegeben.[122] Danach sind die unterschiedlichen Voraussetzungen für die Steuerfreiheit ambulanter Pflegeleistungen eines privaten Anbieters und anerkannter Wohlfahrtsverbände europarechtswidrig. Es geht also weiter. 52

Passend dazu konstatiert *Weisheit*, dass das neue (Satzungs-)Feststellungsverfahren nach § 60a AO (siehe Rn 108 ff.) keine Vereinfachung für Auslandsspenden gebracht habe.[123] Auch *Förster* beklagt sich:[124] *„Immer Ärger mit den Nachweisen – Verfahrensprobleme bei grenzüberschreitenden Spenden“*.

Auslandsprojekte[125] und Auslandsförderungen[126] bleiben also nach wie vor „anspruchsvoll“.

C. „Stiftungssteuerrecht“ in der Praxis

I. Die Eckpunkte nach der AO

Die Gemeinnützigkeit und/oder Mildtätigkeit muss sich nicht nur genau aus der **Satzung** der Stiftung ergeben (§§ 59, 60 AO). Die Steuerbefreiung setzt auch voraus, dass eine Stiftung nach ihrer Satzung und tatsächlichen Geschäftsführung ausschließlich und unmittelbar gemeinnützige, mildtätige oder kirchliche Zwecke verfolgt.[127] Der Ausschluss sogenannter extremistischer Körperschaften von der Steuerbegünstigung ist in § 51 Abs. 3 AO geregelt.[128] Die Steuerbefreiungen werden **in den einzelnen Steuergesetzen** in der Regel soweit aufgehoben, als die gemeinnützige Stiftung keine reine Vermögensverwaltung zur Einkunftserzielung betreibt, sondern einen wirtschaftlichen Geschäftsbetrieb (§ 64 AO, siehe dazu Rn 121 ff.). 53

---

122 EuGH, Urt. v. 15.11.2012 – C-174/11 = DStRE 2013, 423.

123 *Weisheit*, StiftungsBrief 2013, 164.

124 *Förster*, DStR 2013, 1516.

125 Praktische Hinweise dazu geben etwa *Klemm/Dreßel*, Stiftung & Sponsoring 06/2014, 34.

126 Näher dazu siehe etwa *Hofmann/Stolte*, Stiftung & Sponsoring 06/2014, 36.

127 *Patt/Patt*, DStR 2005, 1509.

128 Siehe dazu AEAO Nr. 8 bis 12 zu § 51 Abs. 3 AO.

54 Die Satzung einer gemeinnützigen Stiftung muss eine konkrete Regelung dazu enthalten, für welchen gemeinnützigen oder mildtätigen Zweck das Vermögen der Stiftung zu verwenden ist, wenn sie aufgelöst oder aufgehoben wird oder ihr bisheriger Zweck wegfällt (**satzungsmäßige Vermögensbindung**, § 61 AO).

55 Die **tatsächliche Geschäftsführung** muss auf die ausschließliche (§ 56 AO) und unmittelbare (§ 57 AO) Erfüllung der gemeinnützigen Zwecke gerichtet sein und der Satzung entsprechen (§ 63 AO). Hier ist ein zunehmend wichtiges Praxisthema das des (angeblichen) Verbots von Vorratszwecken (siehe Rn 20). Bestehen hier Zweifel, sollte der Stiftungsvorstand einen versierten Berater kontaktieren. Im Zweifelsfall kann auch eine Rücksprache mit dem zuständigen Finanzamt erfolgen.

56 Insbesondere auch auf die praktisch bedeutsame Problematik der **Unmittelbarkeit** der Tätigkeit einer gemeinnützigen Körperschaft und des Einsatzes von **Hilfspersonen** (§ 57 Abs. 1 S. 2 AO) wird nachfolgend näher eingegangen (siehe hierzu Rn 253 ff.).

II. Wesentliche Punkte in der Praxis

1. Spendenabzug (§ 10b EStG)

a) Spende

57 Die Einkommensteuerminderung durch eine Spende soll zu privatem uneigennützigen Handeln anregen und Mittel für gemeinwohlrelevante Zwecke zur Entlastung der öffentlichen Haushalte beschaffen; der Gesetzgeber hat damit die Notwendigkeit anerkannt, staatliche Gemeinwohlverwirklichung durch private uneigennützige und freigebige Gemeinwohlförderung zu ergänzen.[129] Eine „Spende“ i.S.d. § 10b EStG ist zivilrechtlich eine Schenkung und steuerlich eine Ausgabe zur Förderung gemeinnütziger Zwecke, die zugleich unentgeltlich (fremdnützig) und freiwillig geleistet werden muss.[130] Nur Geld- und Sachspenden sind begünstigt. Nach § 10b Abs. 3 EStG ist die Hingabe von Nutzungen und Leistungen vom Spendenabzug ausgeschlossen. Im Einzelfall kommt es in der Praxis erfahrungsgemäß zu schwierigen Abgrenzungsfragen,[131] ob eine Zahlung mit Blick auf die erforderlichen Merkmale der Unentgeltlich-

129 So deutlich FG Baden-Württemberg, Urt. v. 24.2.2014 – 10 K 3811/12 m. zahlr. Nachw.

130 Siehe etwa *Hüttemann*, Rn 8.29 ff. Kritisch zu der herrschenden Spendendefinition *Roecken*, ZStV 2011, 69 f. mit Blick auf aktuelle FG-Urteile.

131 Unterscheide auch „Vereinsbeiträge“, zu deren steuerlicher Behandlung siehe etwa *Bartmuß/Pauls*, ZStV 2013, 8.

keit (Fremdnützigkeit) und der Freiwilligkeit tatsächlich eine Spende ist oder nicht (z.B. „Sponsoring“).[132]

Die für den steuerlichen **Sonderausgabenabzug** grundsätzlich erforderliche **Zuwendungsbestätigung (Spendenbescheinigung)** hat auf entsprechenden amtlichen Mustern zu erfolgen (§ 50 Abs. 1 EStDV). Das ist hier nicht zu vertiefen, es kann „überall“ nachgelesen und auch „gegoogelt“ werden.[133] Einen Sonderausgabenabzug aufgrund einer rückdatierten Spendenbescheinigung gibt es nicht. Das dazu ergangene Urteil des FG Baden-Württemberg vom 24.2.2014[134] betraf eine Zuwendungsbestätigung, die von einer Körperschaft ausgestellt wird, die im maßgeblichen Zeitpunkt der Ausstellung bereits dem Grunde nach zu einer solchen Handlung noch nicht befugt war. Die vorläufige Bescheinigung über die Anerkennung der Stiftung als gemeinnützig wurde erst nach einem Jahreswechsel ausgestellt. Die Zuwendungsbestätigung war daher materiell unrichtig. Sie wurde zudem **rückdatiert**.

Unabhängig davon kommt es in der Praxis immer wieder zu Streit, ob eine Zahlung eine Spende ist oder nicht. In Frage stehen i.d.R. die **Unentgeltlichkeit/Fremdnützigkeit** und die **Freiwilligkeit**. Nicht nur bei etwaigen Unternehmensspenden, die ggf. als verdeckte Gewinnausschüttung gewertet werden (siehe auch Rn 126 f.) streitet man sich, auch sonst wird hier nicht selten gestritten – etwa, wenn eine „Spende“ einen Grundstückskauf erleichtert hat,[135] wenn für den Eintritt zu einem Fest mit Essen und bekannten Künstlern um eine „Spende“ gegeben wurde oder wenn im Umfeld eines Auftrages, den man erhalten wollte, „gespendet“ wurde. Meistens erkennt auch der Laie, dass das dann eigentlich keine Spende ist, da eine Gegenleistung erlangt oder erstrebt wurde.

Die Frage danach, ob eine Zahlung im gemeinnützigen Bereich eine **Spende** 58
ist, für die eine **Zuwendungsbestätigung** zu erteilen ist, ist in der Praxis dennoch häufig Gegenstand von Kontroversen.

Nachgefragt: „Spenden“ als „Abzugsposten“ von einem städtischen Zuschuss?
Die Finanzierung gemeinnütziger und öffentlicher Aufgaben wird angesichts der aktuellen Situation am Kapitalmarkt, der steigenden Kosten und

132 Siehe sogleich Rn 207 ff. Zu verschiedenen Praxisfragen betreffend Zustiftungen und Spenden siehe auch *Schiffer/Glaser*, StiftungsBrief 2014, 230.

133 Zur Bilanzierung bei Spenden sammelnden Organisationen und zu offenen Fragen zur Neufassung der Stellungnahme RS HFA 21 des Instituts der Wirtschaftsprüfer: *Berndt/Schumacher*, Stiftung & Sponsoring. 4/2012, 18 f.

134 FG Baden-Württemberg, Urt. v. 24.2.2014 – 10 K 3811/12; http://www.iww.de/erbbstg/quellenmaterial/id/150925; ausf. dazu *Grewe*, StiftungsBrief 2014, 183.

135 FG Münster, Urt. v. 13.12.2010 – 14 K 1789/08 E, 14 K 1792/08 E = ZStV 2011, 66 ff.

der zunehmenden Aufgaben immer schwieriger. Partnerschaften zwischen Öffentlicher Hand und dem Privatsektor können da ein probater Weg sein. Neudeutsch: PPP Public private Partnership. Dabei gibt es viele Aspekte zu beachten. Einen will ich heute hier anhand eines typisierten Falles beleuchten:

Eine größere gemeinnützige Stiftung betreibt auf „Bitten" einer Stadt eine gemeinnützige Einrichtung in der Stadt und das mit ihrem eigenen Personal. Sie erhält dafür einen erheblichen Personalkostenzuschuss von der Stadt. Die übrigen Kosten für die Einrichtung trägt die Stiftung selbst. Die Stiftung sammelt gezielt Spenden für die Einrichtung durch die Mitarbeiter der Einrichtung. Einige Spenden der örtlichen Bürger erfolgen generell zur Unterstützung der gemeinnützigen Arbeit der Einrichtung, andere erfolgen ausdrücklich für Anschaffungen, die der gemeinnützigen Tätigkeit der Einrichtung dienen sollen. Zudem gibt noch der gemeinnützige Förderverein eines Serviceclubs gezielt einen Betrag für eine Anschaffung für die Einrichtung und zusätzlich generell einen Betrag für die Arbeit der Einrichtung.

Die Stadt kürzt daraufhin umgehend ihren Zuschuss in entsprechender Höhe, da ja wegen der Zahlungen und Spenden für die Einrichtung nicht mehr ein so großer Zuschuss erforderlich sei.

Dazu stellen sich einige Fragen, die endgültig erst nach den Sachverhaltsdetails des einzelnen Falles zu beantworten sind. Die Fragen und grundsätzliche Teilantworten will ich hier aber kurz wie folgt skizzieren:

1.

Die **Zahlungen des Vereins** sind keine Spenden, sondern Zahlungen nach § 58 Nr. 1 oder Nr. 2 AO zur Erfüllung des Vereinszwecks. Der Verein hat deshalb zu kontrollieren, dass die Gelder auch zur Erfüllung des Vereinszwecks entsprechend verwendet werden, d.h. nicht einfach für Personalkosten, die ja typischerweise Verwaltungskosten sind, aufgewendet werden. Soweit der Verein seine Zahlung einer bestimmten Anschaffung gewidmet hat, darf die Zahlung auch nur dafür verwendet werden. Eine Mittelfehlverwendung durch die Stiftung provoziert nicht nur die Frage nach einem eventuellen Verlust der Gemeinnützigkeit, sondern unmittelbar strafrechtliche Folgefragen (§ 266 StGB: Untreue, § 263 StGB: Betrug).

2.

Für die **Spenden** gilt Ähnliches. Hier ist die Zweckbestimmung des Spenders entscheidend. Spendet er für eine bestimmte Anschaffung, so hat die Stiftung diese Spende nur für diese Anschaffung zu verwenden. Aber auch bei einer „unspezifizierten" Spende für die Arbeit der bestimmten Einrichtung der NPO gilt nichts anderes: Die Spende darf nur „zusätzlich" für die Tätigkeit der Einrichtung verwendet werden. Der Spender wollte mit seiner Spende ja gerade der gemeinnützigen Stiftung und konkret der Tätigkeit in der bestimmten Einrichtung dienen und eben nicht der Stadt. Er wollte doch

nicht etwa deren Haushalt entlasten! Er hat der Stiftung für die Einrichtung gespendet. An diese „Zweckauflage“ ist die Stiftung natürlich gebunden. Die Stiftung darf deshalb die Spende auch nicht etwa für eine andere Einrichtung verwenden. Bei einer Mittelfehlverwendung stellen sich die oben angedeuteten strafrechtlichen Fragen.
Es gibt hier also grundsätzlich keine Abzugsposten. Es überrascht mich aber nicht wirklich, dass eine Stadt, die sparen will, und/oder deren Rechnungsprüfungsamt diese nicht eben ganz leichten Konstellationen ggf. falsch einstuft.
Was die betreffende Stadt im Verhältnis zu der Stiftung darf, ist eine andere Frage als die danach, was im Verhältnis zu dem „Spender“ mit den „Spendengeldern“ geschehen darf. Die Antwort auf diese zweite Frage richtet sich nach dem Vertragsverhältnis zwischen der Stadt und der Stiftung. Dieses Vertragsverhältnis berechtigt allerdings die Stiftung nicht zu Rechtsverstößen im Verhältnis zu einem Spender und zu anderen Geldgebern. Hier ist im Einzelfall eine genaue Abstimmung der verschiedenen Rechtsverhältnisse erforderlich. Hier zeigt sich einmal mehr, wie kompliziert die Abstimmung verschiedener Rechtsverhältnisse in der Praxis in einem Projekt sein können. Oftmals mangelt es schon an dem Problembewusstsein der Beteiligten, das sie überhaupt erst zu einer näheren Prüfung der sich stellenden (Rechts-) Fragen veranlassen könnte. Die zunehmende fachliche Spezialisierung erscheint mir nicht selten zusätzlich den an sich erforderlichen Gesamtblick auf die Angelegenheit zu erschweren.
Auf der Startseite der Homepage des Bundesverbandes Public Private Partnership (BPPP)[136] heißt es denn auch wenig überraschend:
„Wer die beste Lösung erreichen will und dabei auch auf alternative Beschaffungsvarianten, z.B. PPP setzt, muss Prozesse beherrschen, umfassende Expertise aus allen Bereichen mitbringen, zusammenführen und einen hervorragenden Überblick über den entsprechenden Markt und die notwendigen fachlichen Kompetenzen besitzen.“
So ist es und das nicht nur, weil wir Juristen „immer alles verkomplizieren“. Aber wir wollen und sollen helfen, Probleme zu antizipieren und so möglichst zu vermeiden. Werben wir also weiterhin für das erforderliche Problembewusstsein bei Projekten, die über Alltagsfragestellungen hinausgehen.

Zur Verdeutlichung: Eine **Gegenleistung,** die einer (unentgeltlichen) Spende entgegenstünde, muss zwar nicht wirtschaftlicher Art sein, es genügt für eine Gegenleistung aber auch nicht bereits jede Art von Vorteil: 59

Die geforderte öffentliche Benennung des Spenders (Danksagung) beispielsweise, die bei diesem im betrieblichen Bereich zu einer Betriebsausgabe führen

136 http://www.bppp.de/

würde, stellt die unentgeltliche Zuwendung im Sinne einer Spende gem. § 10b EStG i.d.R. noch nicht in Frage.[137]

Soweit eine Zahlung an eine gemeinnützige Organisation im Rahmen eines Strafverfahrens erfolgt, ist diese Zahlung nicht freiwillig, und damit steuerlich nicht abzugsfähig.

Eine Zuwendung, die **teilweise** Entgeltcharakter hat, ist ebenfalls vom Spendenabzug ausgeschlossen (z.B. Losverkauf mit Spendenanteil).

60 Ein anschauliches Urteil zum Thema Spende hat der BFH am 12.10.2011[138] gesprochen. Der BFH hat zu folgendem Leitsatz gefunden:

> *„Ist einer Stiftung durch Stiftungsgeschäft vorgegeben, ihr Einkommen ausschließlich für eine bestimmte gemeinnützige Körperschaft zu verwenden, können Zahlungen an diese Körperschaft nicht als Spenden abgezogen werden.“*

Die Klägerin, eine rechtsfähige Stiftung des Privatrechts, betrieb eine öffentliche Sparkasse des Privatrechts i.S.d. §§ 35 ff. des SparkG Schleswig-Holstein. Stifterin war die G, die die Rechtsform eines eingetragenen Vereins hat. Die Klägerin leistete an G zur Förderung gemeinnütziger und mildtätiger Zwecke diverse Zahlungen. G verwandte die Zahlungen ausschließlich für mildtätige und gemeinnützige Zwecke und stellte der Klägerin hierüber Zuwendungsbescheinigungen aus. Das zuständige Finanzamt (Beklagte) lehnte es ab, die Zahlungen an G als Spenden zu berücksichtigen. Die Klage und die Revision waren nicht erfolgreich.

Aus Sicht des BFH haben das Finanzamt und das Finanzgericht zu Recht entschieden, die Zahlungen der Klägerin an G nicht als Spenden gemäß § 9 Abs. 1 Nr. 2 KStG 1999, für die Gewerbesteuer i.V.m. § 7 S. 1 des Gewerbesteuergesetzes 1999, zu berücksichtigen.

Das hat der BFH im Wesentlichen wie folgt begründet (Hervorhebungen durch den Autor):

– *„(Gründe II. 1. b)) Bei einer Stiftung bestimmt [zwar] der Stifter durch das Stiftungsgeschäft u.a., welchen Zweck die Stiftung verfolgt und wie die aus dem Stiftungsvermögen erwirtschafteten Erträge verwendet werden. Er legt die Satzung fest, bestimmt, welche Organe die Stiftung hat, und – soweit ein gesetzlicher Spielraum vorhanden – welche Befugnisse diesen zukommen (vgl. § 81 des Bürgerlichen Gesetzbuchs). Ist die Stif-*

137 Schmidt/*Heinicke*, § 10b EStG Rn 15.

138 BFH, Urt. v. 12.10.2011 – I R 102/10 = DStR 2012, 281; siehe dazu auch die Anmerkung von *Roth*, GWR 2012, 120.

tung jedoch errichtet, verfügt der Stifter ebenso wenig wie jedes andere Rechtssubjekt außerhalb der Stiftung über gesellschafter- oder mitgliedschaftsähnliche Befugnisse. Auch wenn der Stifter selbst Organ der Stiftung wird oder die Zusammensetzung der Organe bestimmt, vollzieht er nur seinen ursprünglichen Willen, wie er im Stiftungsgeschäft niedergelegt ist, und ist hieran wie jede andere Person, die als Organ der Stiftung fungiert, gebunden. Bestimmt der Stifter, dass die Stiftung ihr Einkommen ausschließlich zu seinen Gunsten verwenden darf, handelt es sich bei den nachfolgenden Zahlungen zwar aus seiner Sicht bei wirtschaftlicher Betrachtung um Erträge aus dem einst hingegebenen Stiftungskapital (vgl. Senatsurteil vom 3.11.2010 – I R 98/09, BFHE 232, 22, BStBl II 2011, 417). Dies ändert aber nichts daran, dass die Zahlungen ihren Grund ausschließlich im Stiftungsgeschäft bzw. in der Satzung haben und nicht in einem gesellschafter- oder mitgliedschaftsähnlichen Verhältnis des Destinatärs zur Stiftung. …

- *(Gründe II. 2. a)) … Soweit das Stiftungsgeschäft bestimmt, wem oder welchem Zweck die Erträge der Stiftung zukommen sollen, handelt es sich um Einkommensverwendungen, die das Einkommen grundsätzlich nicht mindern. Wie bei natürlichen Personen, bei denen* ***Aufwendungen****, die weder Betriebsausgaben noch Werbungskosten sind,*[139] *nur abziehbar sind, wenn das Gesetz dies ausdrücklich vorsieht, bedarf es bei Körperschaftsteuersubjekten, die eine außerbetriebliche Sphäre haben, einer besonderen Vorschrift, die den steuermindernden Abzug der Aufwendungen ausdrücklich zulässt. § 10 Nr. 1 KStG 1999 hat für diese Körperschaftsteuersubjekte ebenso wie § 12 Nr. 1 S. 1 des Einkommensteuergesetzes für natürliche Personen nur deklaratorische Bedeutung.*
- *(Gründe II. 2. a)) … Im Streitfall gibt es keine gesetzliche Regelung, nach der die Zahlungen an G steuermindernd geltend gemacht werden können. Die Zahlungen an G sind keine Spenden i.S. des § 9 Abs. 1 Nr. 2 KStG 1999.*

---

139 Zwischenzeitlich hat der BFH die anteilige Zuordnung gemischt veranlasster Aufwendungen zugelassen: BFH, Urt. v. 15.1.2015 – II R 48/13, zugehöriger Leitsatz: „Vorrangig durch den ideellen (außersteuerlichen) Bereich eines Sportvereins (hier: Spielbetrieb) veranlasste Aufwendungen, die durch einen Gewerbebetrieb (hier: Werbung) mitveranlasst sind, können anteilig dem gewerblichen Bereich zuzuordnen sein (Änderung der Rechtsprechung). Die gewerbliche Mitveranlassung kann aber nur berücksichtigt werden, wenn objektivierbare zeitliche oder quantitative Kriterien für die Abgrenzung der Veranlassungszusammenhänge vorhanden sind. Sind die ideellen und gewerblichen Beweggründe untrennbar ineinander verwoben, ist nur der primäre Veranlassungszusammenhang zu berücksichtigen" dazu *Ritter*, StiftungsBrief 2015, 90.

aa) Spenden sind Ausgaben, die vom Steuerpflichtigen freiwillig und ohne Gegenleistung zur Förderung der gesetzlich festgelegten steuerbegünstigten Zwecke geleistet werden (Senatsurteil vom 12.9.1990 – I R 65/86, BFHE 162, 407, BStBl II 1991, 258; Urteil des Bundesfinanzhofs vom 22.9.1993 – X R 107/91, BFHE 172, 362, BStBl II 1993, 874).
bb) Die Klägerin hat ihre Zahlungen an G nicht freiwillig geleistet, sondern weil sie dazu nach ihrer Satzung verpflichtet ist. Sie betreibt zum einen eine Sparkasse. Neben diesem Erwerbszweck legt die Satzung jedoch auch fest, wie die hierdurch erzielten Einkünfte zu verwenden sind: Soweit sie nicht für den Geschäftsbetrieb benötigt werden, sind sie an G auszukehren. Überweist sie Überschüsse an G, handelt sie nicht freiwillig, sondern entspricht damit ihren satzungsmäßigen Vorgaben. …“

Diese Ausführungen des BFH sprechen für sich. Sie geben die aktuelle Rechtslage zur Abgrenzung einer Spende deutlich wieder.

61 Der deutsche Gesetzgeber hat in den vergangenen 15 Jahren ein modernes Stiftungssteuerrecht normiert,[140] denn der Staat kann ganz offensichtlich nur noch eingeschränkt Mittel für die Bereiche Soziales und Kulturelles zur Verfügung stellen.[141] Vor allem auch neue Stiftungen sollen helfen, dieses Defizit vor dem Hintergrund zunehmender Millionenvermögen zumindest teilweise auszugleichen. Das **Gesetz zur weiteren steuerlichen Förderung von Stiftungen** aus dem Jahr 2000[142] und „Hilfen für Helfer“,[143] die oben (siehe Rn 39 ff.) angesprochenen europarechtlichen Fragen im Zusammenhang mit Spenden im Ausland und das **Ehrenamtsstärkungsgesetz sind** hier als Meilensteine zu nennen.

62 Nach der letzten größeren Reform des Stiftungssteuerrechts 2007 wurde nach zähem Ringen der Gesetzgebungsorgane das Gesetz zur Stärkung des Ehren-

140 Zum Spendenrecht siehe ausf. neben den eingangs des Kapitels genannten grundlegenden Werken etwa: *Myßen*, NWB F. 3, 10979; *Brandt*, NWB F. 3, 11165 (unrichtige Spendenbestätigung); *Morlok*, NJW 2000, 761 (Parteispenden); *Wallenhorst/Halaczinsky*, Kap. E (S. 264 ff.). Zum Sonderfall der Aufwandsspenden siehe OFD Frankfurt/M., DStR 2002, 905.

141 Deutlich etwa schon: Die Zeit, Ausgabe 23/2000 – „Zuflucht zu den Spendern“.

142 Gesetz v. 14.7.2000 (BGBl I 2000, 1034). Überblick: StuB 2000, 837. Zu der vorausgegangenen Änderung des Gemeinnützigkeitsrechts durch das Gesetz zur Änderung des InVZulG 1999 vom 20.12.2002 (BGBl I 2000, 1850) siehe *Schmidt, M./Fritz*, DB 2001, 2062.

143 Übersicht bei *Augsten/Höreth/Franken*, ZErb 2007, 153; *Schauhoff/Kirchhain*, DStR 2007, 1985. Ausf. *Manteuffel*, Rote Seiten zu Stiftung & Sponsoring 4/2007. Siehe dort als Beleg auch zu den nachfolgenden einschlägigen Aussagen.

amts vom 21.3.2013 (Ehrenamtsstärkungsgesetz)[144] verabschiedet. Dieses brachte eine Reihe von Änderungen des Stiftungssteuerrechts mit sich, insbesondere bei den gemeinnützigkeitsrechtlichen Bestimmungen der Abgabenordnung (§§ 51 ff. AO). Auch einzelne Vorschriften des zivilrechtlichen Vereins- und Stiftungsrechts wurden geändert. Der Großteil der Gesetzesänderungen ist rückwirkend zum 1.1.2013 in Kraft getreten, während einzelne Regelungen aber auch erst in 2014 oder 2015 wirksam werden.[145] Mit Blick auf das Ehrenamtsstärkungsgesetz ist auch der Anwendungserlass zur AO geändert worden (AEAO 2014).[146]

Übersicht: Wesentliche steuerliche Änderungen durch das Ehrenamtsstärkungsgesetz 2013 63

Bei den steuerlichen Änderungen sind vor allem zu nennen:

- Erleichterter Nachweis der **wirtschaftlichen Hilfsbedürftigkeit** im Rahmen mildtätiger Zweckverwirklichung (§ 53 Nr. 2 AO, ab 1.1.2013, siehe oben Rn 12 ff.).
- Für die bisher umstrittene Form der „Verbrauchsstiftung", d.h. eine Stiftung, die abweichend von dem Grundsatz der Vermögenserhaltung nicht nur die Erträge, sondern auch das Stiftungsvermögen selbst für die Zweckverwirklichung verbrauchen darf, ist nunmehr eine gesetzliche Grundlage geschaffen worden. Danach ist die Errichtung einer **Verbrauchsstiftung** möglich, *„wenn die Stiftung für einen im Stiftungsgeschäft festgelegten Zeitraum bestehen soll, der mindestens 10 Jahre umfasst"* (§ 80 Abs. 1 S. 3 BGB in seiner neuen Fassung; siehe § 2 Rn 14 ff.).[147] Allerdings sind Spenden in das verbrauchbare Vermögen einer solchen Stiftung nicht nach § 10b Abs. 1a EStG steuerlich abzugsfähig! (§§ 80, 81 BGB; § 10b Abs. 1a S. 2 EStG; ab 1.1.2013)
- Verlängerung der Frist für die **zeitnahe Mittelverwendung** um weiteres ein Jahr. Eine zeitnahe Mittelverwendung ist nunmehr gegeben, „wenn die Mittel spätestens in den auf den Zufluss folgenden zwei Kalender- oder Wirtschaftsjahren für die steuerbegünstigten satzungsmäßigen Zwecke verwendet werden" (§ 55 Abs. 1 Nr. 5 AO, ab 1.1.2013).

---

144 BGBl I 2013, 556; näher dazu etwa: *Hüttemann*, DB 2013, 774; *Krebbers*, BB 2013, 2071; *Volland*, ZEV 2013, 320; *Schütz/Runte*, DStR 2013, 1261.

145 Zu Einzel- und Zweifelsfragen bei der zeitlichen Anwendung des Gesetzes siehe *Hechtner/Sielaff*, DStR 2013, 1313.

146 Siehe dazu *Klaßmann/Ritter*, Stiftung & Sponsoring – Rote Seiten 01/2013; *Franke/Weisheit*, StiftungsBrief 2013, 43 ff.; *Hüttemann*, DB 2014, 442; *Kirchhain*, DStR 2014, 289; *Weisheit*, StiftungsBrief 2014, 42.

147 Siehe dazu etwa auch *Vogel*, ZStV 2014, 81.

- Lockerung des sog. **Endowment-Verbots** als Ausnahme zum Gebot der zeitnahen Mittelverwendung (§ 58 Nr. 3 AO).[148] Aufgrund des Gebots zur zeitnahen Mittelverwendung konnten gemeinnützige Einrichtungen ihre durch dieses Gebot gebundenen Mittel einer anderen steuerbegünstigten Körperschaft oder einer juristischen Person des öffentlichen Rechts nicht zur Vermögensausstattung zuwenden. So konnte etwa eine gemeinnützige Stiftung de facto nicht selbst als Stifterin tätig werden, obwohl das zivilrechtlich durchaus zulässig ist. Man spricht insoweit von dem „Endowment-Verbot". Unter bestimmten Voraussetzungen ist es nach der neuen Gesetzeslage ab 1.1.2014 gemeinnützigkeitsrechtlich unschädlich, wenn eine Körperschaft ihre Einnahmenüberschüsse aus der Vermögensverwaltung, Gewinne aus wirtschaftlichen Geschäftsbetrieben und/oder höchstens 15 % ihrer sonstigen zeitnah zu verwendenden Mittel an eine andere steuerbegünstigte Körperschaft zum Zwecke der Vermögensausstattung zuwendet. Dafür müssen sich allerdings die steuerbegünstigten satzungsmäßigen Zwecke der beiden Körperschaften entsprechen, und die zugewandten Mittel und deren Erträge dürfen von der empfangenden Körperschaft nicht für weitere Mittelweitergaben verwendet werden. Eine Stiftung kann unter diesen Voraussetzungen damit in einem bestimmten Maße auch selbst als Stifterin auftreten. Dabei ist der sogenannte **Kaskadeneffekt nicht zulässig**, d.h. eine Empfängerstiftung darf nicht ihrerseits die betreffenden Mittel an eine andere Stiftung zur Vermögensausstattung weitergeben und so der Gebot der zeitnahen Mittelverwendung umgehen.[149]
- Das bisher von der Finanzverwaltung praktizierte Verfahren der **vorläufigen Bescheinigung der Gemeinnützigkeit** ist aus Gründen der Rechtssicherheit durch ein **„Satzungsfeststellungsverfahren"** mit einem gesetzlich geregelten Verwaltungsakt (Feststellungsbescheid) ersetzt, der mit den üblichen verwaltungsrechtlichen Rechtsmitteln angegriffen werden kann (§ 60a AO, ab 21.3.2013).[150]
- Erweiterte Möglichkeiten der gemeinnützigkeitsrechtlich unschädlichen **Rücklagenbildung** (§ 62 AO, siehe Rn 94 ff.).
- Neue Vorgaben für das Ausstellen von **Zuwendungsbestätigungen** (§ 63 Abs. 5 AO, siehe dazu Rn 80 ff.). Nach der in § 63 Abs. 5 AO neu eingefügten Regelung dürfen Körperschaften nur dann Zuwendungsbestäti-

148 Näher dazu *Augsten*, npoR 2013, 220; *Pauli*, in: Stumpf/Suerbaum/Schulte/Pauli, E, § 58 AO Rn 13 ff.

149 *Hüttemann*, DB 2013, 774, 775; *Pauli*, in: Stumpf/Suerbaum/Schulte/Pauli, E, § 58 AO 16.

150 Zu ersten Praxiserfahrungen mit dem neuen Feststellungsverfahren *Sauer/Schütz*, StiftungsBrief 2013, 228; siehe auch *Sachse*, ZStV 2014, 106.

gungen ausstellen, wenn entweder die Anlage zum Körperschaftsteuer- oder Freistellungsbescheid nicht älter als 5 Jahre ist oder, falls ein solcher nicht erteilt wurde, die Feststellung der Satzungsmäßigkeit nach § 60a AO nicht länger als 3 Jahre zurückliegt (§ 63 Abs. 5 AO, ab 21.3.2013).
- Die Haftung des Veranlassers einer falsch ausgestellten Spendenbescheinigung (Stichwort: **Spendenhaftung**[151]) wird, entsprechend der Haftung des Ausstellers, auf Vorsatz und grobe Fahrlässigkeit beschränkt (§ 10b Abs. 4 EStG; § 9 Abs. 3 KStG; § 9 Nr. 5 GewStG, ab 1.1.2013).
- Erhöhung des **Übungsleiterfreibetrags** auf 2.400 EUR/Jahr und des **Ehrenamtsfreibetrags** auf 720 EUR/Jahr (§ 3 Nr. 26, Nr. 26a und Nr. 26b EStG, rückwirkend per 1.1.2013).[152]
- Für den **Sonderausgabenabzug bei Spenden in den Vermögensstock** einer Stiftung gilt nach § 10b Abs. 1a EStG nunmehr für zusammenveranlagte Ehegatten ein Höchstbetrag von 2 Mio. EUR für beide Ehegatten gemeinsam. Die frühere Regelung (1 Mio. EUR für jeden Ehegatten getrennt) und die damit verbundenen Nachweiserfordernisse, aus welcher Vermögensmasse der Eheleute die Spenden geleistet wurden, ist entfallen (siehe Rn 65). Der Sonderabzug gilt jedoch ausdrücklich nicht für Spenden in das (verbrauchbare) Grundstockvermögen einer Verbrauchsstiftung.

Der **Vermögensstockspendenbetrag** für Stiftungen (§ 10b Abs. 1a EStG), der auch für Förderstiftungen gilt, beläuft sich auf 1 Mio. EUR. Auch **Zustiftungen** fallen unter diese Regelung. 64
- Man kann den Abzugsbetrag – ggf. verteilt! – innerhalb von zehn Jahren nur einmal in Anspruch nehmen.
- Der besondere Abzugsbetrag wird nur auf Antrag des Steuerpflichtigen gewährt. Ohne Antrag wendet die Finanzverwaltung die allgemeinen Abzugsregelungen des § 10b Abs. 1 S. 1 EStG an.

Vermögensstockspenden, die nicht innerhalb des 10-jährigen Abzugszeitraums verbraucht werden, gehen, wie das BMF klargestellt hat, in den allgemeinen

151 Siehe dazu etwa FG Niedersachsen, Urt. v. 15.1.2015 – 14 K 85/13, StiftungsBrief 2015, 94.

152 Siehe dazu das BMF-Schreiben v. 21.11.2014 – IV C 4 – S 2121/07/0010:032, npoR 01/2015, 67; siehe dazu *Werner*, ZStV 2015, 105. Zur Umsatzsteuerbefreiung ehrenamtlicher Tätigkeit siehe BMF-Schreiben v. 29.8.2014 – IV D 3 – S 7185/09/10001–04, npoR 01/2015, 71.

unbefristeten Spendenvortrag nach § **10b Abs. 1 EStG** über.[153] In einer Verfügung der Oberfinanzdirektion Frankfurt a.M. vom 13.6.2008 hieß es noch:[154]

> *„Ein Wechsel zwischen § 10b Abs. 1 und Abs. 1a ist nicht zulässig. Stellt der Steuerpflichtige den Antrag auf Berücksichtigung von Spenden nach § 10b Abs. 1a EStG, so hat er dadurch sein Wahlrecht ausgeübt. Übersteigt die Spende in den Vermögensstock einer Stiftung innerhalb des zuwendungsbezogenen Zehnjahreszeitraums den Höchstbetrag von 1 Mio. EUR, kann der 1 Mio. EUR übersteigende Teil* ***nicht***[155] *als Sonderausgabe nach § 10b Abs. 1 berücksichtigt werden.“*

Der Abzugsbetrag ist entgegen der bisherigen Systematik des Spendenrechts beschränkt auf Zuwendungen an Stiftungen des öffentlichen Rechts (einschließlich kirchlicher Stiftungen) und an nach § 5 Abs. 1 Nr. 9 KStG steuerbefreite Stiftungen des privaten Rechts. Nicht erfasst waren/sind andere steuerbefreite Körperschaften – etwa in der Rechtsform des eingetragenen Vereins oder der GmbH![156]

65 Der BFH hatte mit Urt. v. 3.8.2005 zu dem Abzugshöchstbetrag des § 10b Abs. 1 S. 3 EStG bei jeweiligen Zuwendungen durch **zusammen veranlagte Ehegatten** entschieden, dass der Abzugshöchstbetrag für jeden der Ehegatten zu berücksichtigen ist.[157] Jeder Ehepartner habe Anspruch darauf, insoweit für seine Person nicht schlechter gestellt zu werden als ein lediger Spender. Es läge eine mit den Grundrechten nicht zu vereinbarende Benachteiligung vor, wenn Ehepartner wegen ihrer Ehe von Steuerentlastungen ausgeschlossen werden. Das wäre mit den Grundrechten nicht zu vereinbaren. Errichtungsdotationen nach § 10b Abs. 1a EStG standen in dem vom BFH entschiedenen Fall nicht in Frage. Diese Rechtsprechung ist durch das Ehrenamtsstärkungsgesetz ab dem Veranlagungszeitraum 2013 überholt (siehe Rn 63).

66 Die **Höchstgrenzen für den Spendenabzug** in § 10b EStG belaufen sich auf einheitlich 20 % des Gesamtbetrags der Einkünfte oder 4 ‰ der Summe der

---

153 BMF-Anwendungsschreiben zu § 10b EStG v. 18.12.2008 – IV C 4 – S 2223/07/0020, BStBl I 2009, 16, 17 und Stiftung & Sponsoring 1/2009, 40.

154 OFD Frankfurt v. 13.6.2008 – S 2223 A – 155 – St 216. Die Verfügung ist insoweit (!) inzwischen geändert worden.

155 Hervorhebung durch Verfasser.

156 Siehe BFH, Urt. v. 15.9.2010 – X R 11/08 = DB 2011, 1198, zur Begründung der Bevorzugung der Stiftung.

157 BFH, Urt. v. 3.8.2005 – XI R 76/03 = DStRE 2006, 10 = BFH BStBl II 2006, 121. Siehe auch Bayerisches Landesamt für Steuern, Verf. v. 19.6.2006 – S 2223 – 15 St 32/St 33, DB 2006, 1528; siehe auch *Schiffer*, Der Steuerberater 2006, S. 217, damals noch für die „Errichtungsdotation“, den „Vorläufer“ der Vermögensstockspende.

gesamten Umsätze und der im Kalenderjahr aufgewendeten Löhne und Gehälter des Spenders.

Nach § 10b Abs. 1 S. 9 EStG gibt es einen **Spendenvortrag** für Spenden, die über den soeben genannten Höchstgrenzen liegen. 67

Bei **Personengesellschaften** sind zur bilanziellen und steuerlichen Behandlung von Spenden einige Besonderheiten zu beachten.[158] Diese ergeben sich daraus, dass eine Zurechnung der Spende nicht bei der Gesellschaft erfolgt, sondern bei deren Gesellschaftern. 68

Das BMF hat zwischenzeitlich zu Spenden in das zu erhaltende Vermögen einer Stiftung Stellung wie folgt genommen: 69

> **BMF-Schreiben vom 15.9.2014, Anwendungsschreiben zu § 10b Abs. 1a EStG**[159]
> Danach gilt für die Anwendung des § 10b Abs. 1a EStG **ab dem Veranlagungszeitraum 2013** Folgendes:
> Zum zu erhaltenden Vermögen (**Vermögensstock**) einer Stiftung zählen insbesondere
> - Vermögenswerte, die anlässlich der Errichtung der Stiftung zugewendet werden und die nicht zum Verbrauch bestimmt sind,
> - Zuwendungen nach Errichtung der Stiftung mit der ausdrücklichen Bestimmung, dass die Zuwendung der Vermögensausstattung zugutekommen soll (Zustiftungen).
>
> Entscheidend ist die Zweckbestimmung zur dauerhaften Ausstattung bzw. Erhöhung des Stiftungsvermögens.
> **Verbrauchsstiftungen** verfügen nicht über zu erhaltendes Vermögen i.S.d. § 10b Abs. 1a EStG, da das Vermögen der Stiftung zum Verbrauch innerhalb eines vorgegebenen Zeitraums bestimmt ist. Spenden in das Vermögen einer Verbrauchsstiftung sind nach den allgemeinen Grundsätzen des § 10b Abs. 1 EStG zu behandeln.
> Gliedert sich das Vermögen einer Stiftung in einen Teil, der zu erhalten ist und einen Teil, der verbraucht werden kann, gilt:
> - Die Spenden in den Teil des Vermögens, der zu erhalten ist und nicht für den Verbrauch bestimmt ist, sind nach § 10b Abs. 1a EStG abziehbar. Die Spenden in den Teil des Vermögens, der verbraucht werden kann, sind dagegen nach § 10b Abs. 1 EStG abziehbar. Der Spender muss daher gegenüber der Stiftung deutlich machen, für welchen Teil des Vermögens seine Zuwendung erfolgt.

158 Ausf. dazu *Broemel/Endert*, BBK 2013, 407.
159 BMF-Schreiben v. 15.9.2014 – IV C 4-S 2223/07/0006 005 = BStBl I 2014, 1278.

- Enthält die Satzung der Stiftung eine Klausel, nach der das zu erhaltende Vermögen in Ausnahmefällen vorübergehend zur Verwirklichung der steuerbegünstigten Zwecke verwendet werden kann, aber der Betrag dem zu erhaltenden Vermögen unverzüglich wieder zugeführt werden muss, liegt kein verbrauchbares Vermögen vor. Das gilt auch dann, wenn die Stiftungsaufsicht den Verbrauch des Vermögens unter der Bedingung des unverzüglichen Wiederaufholens genehmigt.
- Sind in der Stiftungssatzung Gründe verankert, die eine Auflösung der Stiftung und den anschließenden Verbrauch des Vermögens für die steuerbegünstigten satzungsmäßigen Zwecke der Stiftung bestimmen, so liegt kein verbrauchbares Vermögen vor.

Werden **Ehegatten/Lebenspartner** nach §§ 26, 26b EStG zusammen veranlagt, gilt für diese ein Höchstbetrag von 2 Mio. EUR. Es muss dabei nicht nachgewiesen werden, dass die Spende von beiden wirtschaftlich getragen wurde. Wird innerhalb des Zehnjahreszeitraums zur Einzelveranlagung gewechselt, dann ist der verbleibende Spendenvortrag aufzuteilen. Maßgeblich ist dabei, wer die Spende wirtschaftlich getragen hat. Die bisher abgezogenen Beträge werden dem Ehegatten/Lebenspartner zugerechnet, der die Spende wirtschaftlich getragen hat. Überstieg die Spende den Höchstbetrag für Einzelveranlagte, ist der davon noch verbleibende Anteil nach § 10b Abs. 1 EStG abzuziehen.

Damit hat das BMF uns wichtige Klarstellungen für die Praxis gegeben.[160]

70 **Praxishinweis: Kein Spendenabzug bei einer Stiftung vor Anerkennung**
Ein Spendenabzug ist nach inzwischen wohl herrschender Auffassung erst nach Anerkennung der Stiftung zulässig, da es nach inzwischen wohl ebenfalls herrschender Ansicht eine Vorstiftung nicht gibt (siehe § 3 Rn 112 ff.).[161]

71 Auch die Zuwendung von **Wirtschaftsgütern mit der Ausnahme von Nutzungen und Leistungen** (§ 10b Abs. 3 S. 1 EStG) ist eine Zuwendung gemäß § 10b Abs. 1, 1a EStG, § 9 Abs. 1 Nr. 2 KStG und § 9 Nr. 5 GewStG. Diese Sachspenden[162] sind mit dem gemeinen Wert anzusetzen, was in der Praxis etwa bei Kunstgegenständen naturgemäß Bewertungsdiskussionen mit sich bringen kann.

---

160 Siehe dazu *Sauer/Wägele*, StiftungsBrief 2014, 223.

161 FG Schleswig-Holstein, Urt. v. 4.6.2009 – 1 K 156/04 = DStRE 2009, 1386 ff.; siehe dazu *Wachter*, DStR 2009, 2469 ff.; FG Baden-Württemberg, Urt. v. 8.2.2011 – 4 K 4080/09 = DStRE 2012, 537 ff.; Allg. zur steuerliche Behandlung der Stiftung vor Anerkennung durch die Stiftungsbehörde: *Schiffer/Pruns*, StiftungsBrief, 2010, 207 ff.; siehe auch NK-BGB/*Schiffer/Pruns*, § 84 Rn 10 zur strittigen Frage des Beginns der steuerlichen Privilegierung.

162 Ausf. dazu *Buchna/Seeger/Brox*, S. 446 ff.; *Hüttemann*, Rn 8.31 f.

Praxishinweis: Bewertung von Sachspenden (§ 10b Abs. 3 S. 3 und 4 EStG) 72
Ist die Sachspende (Wirtschaftsgut, z.B. Trikots) unmittelbar vor seiner Zuwendung einem Betriebsvermögen entnommen worden, darf bei der Ermittlung der Zuwendungshöhe der bei der Entnahme angesetzte Wert nicht überschritten werden. Ansonsten bestimmt sich die Höhe der Zuwendung nach dem gemeinen Wert des zugewendeten Wirtschaftsguts. Das gilt allerdings dann nicht, wenn die Veräußerung des Wirtschaftsguts im Zeitpunkt der Zuwendung einen Besteuerungstatbestand erfüllen würde. In allen übrigen Fällen dürfen bei der Ermittlung der Zuwendungshöhe die fortgeführten Anschaffungs- oder Herstellungskosten nur überschritten werden, soweit eine Gewinnrealisierung stattgefunden hat.
Wendet also etwa ein GmbH-Gesellschafter Anteile der GmbH einer gemeinnützigen Stiftung zu, die unter § 17 EStG fallen (Beteiligungsquote von mindestens 1 %), darf die Stiftung in der Zuwendungsbestätigung als Wert nur die fortgeführten Anschaffungskosten ausweisen, die der Sachspender und/oder seine Rechtsvorgänger aufgewendet haben.[163]

Durch § 6 Abs. 1 Nr. 4 S. 4 EStG ist das **Buchwertprivileg** auf Zuwendungen (Spenden) erstreckt, die von § 10b Abs. 1 S. 1 EStG erfasst werden. Der Steuerpflichtige hat hier ein Wahlrecht in der Bewertung (Buchwert ohne Aufdeckung stiller Reserven oder Teilwert/gemeiner Wert).[164] 73

In § 10b Abs. 3 S. 5 und 6 EStG ist die sogenannte **Aufwandsspende** geregelt.[165] 74
Tatsächlich handelt es sich um einen **Verzicht auf Aufwendungsersatz** (oftmals falsch verstandenes Motto: „*Geben Sie mir doch einfach eine Spendenquittung!*"), dem allerdings ein ernsthaft bestehender (Grundlage: Vertrag oder Satzung) und werthaltiger Anspruch zugrunde liegen muss, d.h. letztlich ist es eine abgekürzte Geldspende. Nur wenn diese Voraussetzungen tatsächlich vorliegen, darf überhaupt eine Zuwendungsbestätigung ausgestellt werden. Im Ergebnis wird also etwa der Zahlungsanspruch für die Leistung, auf den der Spender „verzichtet", als zunächst bei ihm zugeflossen angesehen. Er hat im ersten Schritt mithin ein entsprechendes Einkommen, das im zweiten Schritt durch die Spende (Sonderausgabenabzug) wieder entsprechend verringert wird. Hier besteht neben der Gefahr der Haftung aus **§ 10b Abs. 4 EStG** (siehe Rn 82 f.) ersichtlich auch die Gefahr einer „ungewollten" Mitwirkung bei einer Steuerhinterziehung, wenn der „Spender" seine Einnahmen „steuerlich nicht vertieft".

163 *Buchna/Seeger/Brox*, S. 449; *Hüttemann*, Rn 8.33 f.
164 Ausf. dazu *Buchna/Seeger/Brox*, S. 451 f.
165 Ausf. dazu *Buchna/Seeger/Brox*, S. 441 ff.; *Haubrich*, StiftungsBrief 2015, 9; BMF-Schreiben v. 25.11.2014 – IV C 4 – S 2223/07/0010:005, npoR 01/2015, 66.

75 Nach § 10b Abs. 3 S. 4 EStG kann etwa bei Vorstandsmitgliedern auch der Verzicht auf einen pauschalen Aufwendungsersatz als Spende anerkannt werden, wenn dieser angemessen ist. Neben beispielsweise dem Kilometerpauschbetrag für Dienstreisen (= 0,30 EUR/km) kommt hier vor allem ein pauschaler Ersatz für Unterkunft und Verpflegung nach der Sachbezugsverordnung in Betracht. Werden die Pauschalen überschritten, was durchaus zulässig ist, ist ein Einzelnachweis erforderlich.

76 **Praxishinweis: Umsatzsteuer bei „Leistung gegen Spendenquittung"**
Außerdem wird in der Praxis bei der **Aufwandsspende** oft auch übersehen, dass bei einem Unternehmer/Handwerker/Freiberufler, etc., der darauf verzichtet, dass die gemeinnützige Stiftung seine Rechnung wie vereinbart bezahlt, die erbrachte Leistung trotzdem der Umsatzsteuer unterliegt.[166] Die Zuwendungsbestätigung **„neutralisiert" nur die Einnahme**. Der betreffende Spender muss aber die ausgewiesene Umsatzsteuer abführen. Ein insoweit umsatzsteuerpflichtiger Spender hat also nicht nur keinen steuerlichen Vorteil, sondern sogar einen zusätzlichen Umsatzsteueraufwand. Allerdings ist die Umsatzsteuer Teil des spendenabzugsfähigen Betrages; da die Steuerersparnis nur anteilig – ggf. abhängig von dem Grenzsteuersatz des Einzel- oder Mitunternehmers – ist, bildet die Umsatzsteuer aber in jedem Fall eine zusätzliche Belastung.
Die Rechtslage ist bei der **Sachspende** aus einem „Betriebsvermögen" nicht anders. Abschnitt 3.3 Abs. 10 Umsatzsteuer-Anwendungserlass (UStAE) lautet dazu:
„Unentgeltliche Zuwendungen von Gegenständen, die nicht bereits in der Entnahme von Gegenständen oder in Sachzuwendungen an das Personal bestehen, werden Lieferungen gegen Entgelt gleichgestellt. (...) Gegenstände des Unternehmens, die der Unternehmer aus unternehmerischen Gründen abgibt, sind als unentgeltliche Zuwendungen nach § 3 Abs. 1b Satz 1 Nr. 3 UStG zu beurteilen. Hierzu gehört die Abgabe von neuen oder gebrauchten Gegenständen insbesondere zu Werbezwecken, zur Verkaufsförderung oder zur Imagepflege, z.B. Sachspenden an Vereine oder Schulen, ..."

77 **Benefizveranstaltungen** und Wohltätigkeitsveranstaltungen können für eine gemeinnützige Stiftung ausgesprochen interessant sein.[167] Sie bringen Geld in

166 Siehe auch http://vereinsknowhow.de/kurzinfos/ust-spenden.htm (Stand 6.8.2012); Vereinsbrief Ausgabe 01/2006, S. 6 ff.; *Eckeret*, BBK 2012, 476 f.

167 Unterscheide davon „gesellige Veranstaltungen" nach § 58 Nr. 7 AO: Die Steuervergünstigung wird nicht dadurch ausgeschlossen, dass eine Körperschaft gesellige Zusammenkünfte veranstaltet, die im Vergleich zu ihrer steuerbegünstigten Tätigkeit von untergeordneter Bedeutung sind. Siehe dazu etwa *Hüttemann*, Gemeinnützigkeits- und Spendenrecht, Rn 4.29 ff.

die Kasse und erlauben es, Partner, Multiplikatoren und Spender der Stiftung in einem außergewöhnlichen Rahmen einzuladen und ggf. zu ehren. Die steuerliche Behandlung solch einer Veranstaltung ist jedoch nicht einfach. Eine solche Veranstaltung kann sowohl dem steuerpflichtigen wirtschaftlichen Geschäftsbetrieb (siehe Rn 121 ff.) als auch dem steuerbegünstigten Bereich (Zweckbetrieb) zuzuordnen sein.[168] Auch Mischfälle sind denkbar. In diesem „Steuerdschungel" kann man sich leicht verlaufen. Fachliche Begleitung ist da unerlässlich.[169]

Alle diese Steuervorteile gelten **auch** für die nicht rechtsfähigen **Treuhandstiftungen** (zur Steuerpflicht der Treuhandstiftung siehe § 12 Rn 75 ff.). Allerdings ist diese Privilegierung, schon weil hier ein Anerkennungsverfahren fehlt, anders als bei der rechtsfähigen selbstständigen Stiftung streng genommen theoretisch durchaus kritisch zu beurteilen. Die Treuhandstiftung wird aber allseits als Steuersubjekt anerkannt, deshalb und konkret wegen der dem auch im Gemeinnützigkeitsrecht folgenden Praxis der Finanzverwaltung[170] genießen betroffene Stifter einer treuhänderischen Stiftung hier indessen jedenfalls Vertrauensschutz. 78

Praxishinweis: Steuerfreibetrag für Ehrenamtler 79

Wer sich nebenberuflich im mildtätigen, im gemeinnützigen oder im kirchlichen Bereich engagiert, erhält zwar keine Zuwendungsbestätigung, aber einen Steuerfreibetrag i.H.v. 720 EUR im Jahr, den er geltend machen kann, sofern er hier nicht schon von anderen Steuervorteilen profitiert (z.B. Übungsleiterfreibetrag).[171] Voraussetzung ist zudem, dass er diese 720 EUR tatsächlich von der betreffenden gemeinnützigen Organisation erhalten hat.[172]

---

168 Siehe etwa FG München, Urt. v. 8.3.1999 – 7 K 3032/96 (Benefizveranstaltungen als wirtschaftlicher Geschäftsbetrieb).

169 Zur steuerlichen Behandlung siehe etwa Vereinsbrief (IWW) 2010, 3; Vereinsbrief (IWW) 2012, 18.

170 Unveröffentlichtes Schreiben des *Bundesministers der Finanzen* (21.3.2000 – IV C 6 – S 0171 – 54/00), wonach auch unselbstständige Stiftungen von den Regelungen erfasst sind. Siehe dazu *Schindler*, BB 2000, 2077, 2078.

171 § 3 Nr. 26a EStG.

172 Siehe zu den steuerlichen Aspekten einer ehrenamtlichen Tätigkeit auch *Weisheit*, StiftungsBrief 2013, 143 und *Markert*, StiftungsBrief 2015, 105; siehe auch das Anwendungsschreiben des BMF vom 21.11.2014 – IV C 4 – S2121/07/0010:032; siehe dazu *Ritter*, StiftungsBrief 2015, 49;

b) Zuwendungsbestätigung

80 § 50 Abs. 1 EStDV ordnet an, dass Zuwendungen nur abgezogen werden dürfen, wenn sie durch eine Zuwendungsbestätigung nachgewiesen werden. Eine Zuwendungsbestätigung stellt daher nicht lediglich ein bloßes Mittel der Glaubhaftmachung einer einkommensteuerrechtlichen Abzugsposition dar, sondern eine unverzichtbare materiell-rechtliche Voraussetzung für den Sonderausgabenabzug von Zuwendungen.[173] Eine Zuwendungsbestätigung, die von einer Körperschaft ausgestellt wird, die im maßgeblichen Zeitpunkt der Ausstellung bereits dem Grunde nach zu einer solchen Handlung nicht befugt ist, kann danach nicht Grundlage für den Sonderausgabenabzug sein.

81 Die Zuwendungsbestätigung hat auf amtlichem Muster zu erfolgen.[174] Die jeweils amtlich verbindlichen Muster finden sich u.a. unter www.bundesfinanzministerium.de. Für Spenden bis 200 EUR reicht der Bareinzahlungsbeleg bzw. eine Buchungsbestätigung als Nachweis.[175] Nach § 63 Abs. 5 AO dürfen Körperschaften nur dann Zuwendungsbestätigungen ausstellen, wenn entweder die Anlage zum Körperschaftsteuer- oder Freistellungsbescheid nicht älter als 5 Jahre ist oder, falls ein solcher nicht erteilt wurde, die Feststellung der Satzungsmäßigkeit nach § 60a AO nicht länger als 3 Jahre zurückliegt.

82 Bei vorsätzlicher oder grob fahrlässiger **Ausstellung falscher Zuwendungsbestätigungen** wird gehaftet.[176] Dabei und bei zweckwidriger Mittelverwendung ist der **Haftungssatz** nach § 10b Abs. 4 EStG auf 30 % des zugewendeten Betrags begrenzt. Maßgebend für den jeweiligen Prozentsatz ist der Zeitpunkt der Haftungsinanspruchnahme (= Zeitpunkt der Bekanntgabe des Haftungsbescheids) und zwar unabhängig vom Veranlagungszeitraum der Inanspruchnahme.[177] § 10b Abs. 4 EStG enthält dazu eine **Vertrauensschutzregel für den Spender** (Empfänger der Zuwendungsbestätigung).

83 Falsch ist eine Spendenbestätigung, deren Inhalt hinsichtlich derjenigen Angaben, die für den Abzug wesentlich sind, nicht der objektiven Sach- und Rechts-

---

173 FG Baden-Württemberg, Urt. v. 24.2.2014 – 10 K 3811/12 unter Hinweis auf BFH, Urt. v. 19.7.2011 – X R 32/10 = BFH/NV- 2012, 179 m.w.N.

174 Ausf. *Buchna/Seeger/Brox*, S. 493 ff.; BMF-Schreiben (Muster für Zuwendungsbestätigungen) v. 7.11.2013 (IV C 4 -S 2223/07/0018:005); ausf. dazu *Haubrich*, StiftungsBrief, 2014, 125.

175 Das handhaben aber keineswegs alle Finanzämter so. Rechtsgrundlage ist hier § 50 Abs. 2 Nr. 2 EStDV.

176 *Buchna/Seeger/Brox*, S. 483 ff.; siehe etwa auch *Ritter*, StiftungsBrief 2012, 24 ff. zu aktueller Rechtsprechung. FG Berlin-Brandenburg, Urt. v.4.3.2014 – 6 K 9244711 = StiftungsBrief 2014, 164; *Wegner*, StiftungsBrief 2014, 104. Siehe auch oben Rn 63 zum Ehrenamtsstärkungsgesetz.

177 BMF-Schreiben v. 22.4.2009 – IV C 4 – S 2121/07/0010.

lage entspricht. Weist die Bestätigung bestimmte Beträge, die wegen des entgeltlichen Charakters der Zuwendung keine Spenden sind, als solche aus, so ist die Bestätigung unrichtig.[178] Ob im Einzelfall ein Steuerpflichtiger die Unrichtigkeit der Spendenbestätigung gekannt oder grob fahrlässig nicht gekannt hat, entscheidet sich, wie das FG Baden-Württemberg beispielhaft erläutert, nach individuellen Maßstäben. Es genügt jedenfalls nicht, dass er die tatsächlichen Umstände kennt, die zur Rechtswidrigkeit geführt haben. Er muss das – wenn auch laienhafte – Bewusstsein von der Rechtswidrigkeit der Bestätigung selbst gehabt haben. Grob fahrlässig handelt, wer die nach seinen persönlichen Kenntnissen und Fähigkeiten gebotene und zuzumutende Sorgfalt in ungewöhnlichem Maße und in nicht entschuldbarer Weise verletzt. Maßgeblicher Zeitpunkt ist in diesem Zusammenhang die Einreichung der Steuererklärung des Steuerpflichtigen.[179]

2. (Zeitnahe) Mittelverwendung

Eine Stiftung hat ihre Mittel für ihre Zwecke zu verwenden. Nach **§ 55 Abs. 1** 84
Nr. 5 AO müssen steuerbefreite Körperschaften ihre Mittel sogar grundsätzlich **zeitnah** für die satzungsmäßigen Zwecke verwenden.[180] Verwendung in diesem Sinne ist nach dem Gesetz auch die Verwendung der Mittel für die Anschaffung oder Herstellung von Vermögensgegenständen, die satzungsmäßigen Zwecken dienen. Eine zeitnahe Mittelverwendung ist nach dem Gesetz gegeben, *„wenn die Mittel spätestens in den auf den Zufluss folgenden zwei Kalender- oder Wirtschaftsjahren für die steuerbegünstigten satzungsmäßigen Zwecke verwendet werden“* (§ 55 Abs. 1 Nr. 5 AO, ab 1.1.2013).

Werden die Mittel nicht zeitnah verwendet, setzt die Finanzverwaltung in der Regel eine Frist zur Verwendung (§ 63 Abs. 4 AO).

Die **OFD Frankfurt a.M.** hat ihre **Verfügung zur Mittelverwendung** i.S.d. 85
§ 55 Abs. 1 AO in 2014 neu herausgegeben.[181] Die Verfügung enthält insbesondere folgende wesentliche grundsätzliche Aussagen, die ich hier gerne nur etwas gestrafft wiedergeben möchte, da sie eine sehr gute Übersicht und als

178 So FG Baden-Württemberg, Urt. v. 24.2.2014 – 10 K 3811/12 unter Hinweis auf BFH, Urt. v. 12.8.1999 – XI R 65/98, BStBl II 2000, 65. Siehe dazu auch *Grewe*, StiftungsBrief 2014, 257, der auch den Hintergrund der FG-Entscheidung beleuchtet (Anlagemodell am grauen Kapitalmarkt).

179 So FG Baden-Württemberg, Urt. v. 24.2.2014 – 10 K 3811/12 unter Hinweis auf BFH, Urt. v. 2.8.2006 – XI R 6/03, BStBl II 2007, 8.

180 Siehe dazu etwa *Alber/Berg*, FuS, Sonderausgabe 2013/14, 19.

181 Verfügung OFD Frankfurt/M. vom 28.3.2014 (S 0174 A – 16 – St 53).

Auffassung der Finanzverwaltung in der Praxis zugleich zumindest eine gewisse Rechtssicherheit geben:[182]

- Die OFD verweist zunächst darauf, dass nach § 55 Abs. 1 Nr. 1 AO die Mittel der Körperschaft nur für die satzungsmäßigen Zwecke verwendet werden dürfen, mit Ausnahme der in § 58 AO aufgeführten unschädlichen Betätigungen. Die satzungsgemäße Mittelverwendung erlaubt, wie die OFD erläutert, grundsätzlich nur den Einsatz der Mittel für die ideellen Satzungszwecke einschließlich der steuerbegünstigten Zweckbetriebe. Steuerbegünstigte Körperschaften müssen ihre Mittel vorbehaltlich des § 62 AO grundsätzlich zeitnah für ihre steuerbegünstigten Zwecke verwenden. Verwendung in diesem Sinne ist auch die Verwendung der Mittel für die Anschaffung oder Herstellung von Vermögensgegenständen, die satzungsgemäßen Zwecken dienen (§ 55 Abs. 1 Nr. 5 AO). (Das entspricht allgemeiner Meinung.)
- Nicht dem Gebot der zeitnahen Mittelverwendung unterliegen die nach § 62 AO (früher = § 58 Nr. 6, 7, 11 und 12 AO a.F.) zulässigen Rücklagen und Vermögenszuführungen. Darüber hinaus sind Rücklagenbildungen im Bereich der Vermögensverwaltung sowie im steuerpflichtigen wirtschaftlichen Geschäftsbetrieb zulässig, soweit hierfür bei vernünftiger kaufmännischer Beurteilung eine wirtschaftliche Begründung besteht (AEAO Nr. 1 zu § 62 AO). (Auch hier folgt die OFD der allgemeinen Meinung.)
- Der Einsatz des Vermögens einer steuerbegünstigten Körperschaft, einschließlich ihrer freien Rücklagen, zur Einrichtung eines steuerpflichtigen wirtschaftlichen Geschäftsbetriebes ist gemeinnützigkeitsrechtlich unschädlich. Nicht zu diesem Vermögen gehören die zeitnah zu verwendenden Mittel. (Auch das entspricht wie die nachfolgenden Punkte allgemeiner Meinung.)
- Die **Ausstattung einer Kapitalgesellschaft** (z.B. bei einer GmbH die Übernahme der Stammeinlage) ist, wie die OFD betont, die Anschaffung einer Beteiligung, d.h. eine Vermögensumschichtung (siehe dazu auch § 5 Rn 104 ff.). Für die Frage, ob die Kapitalausstattung gemeinnützigkeitsrechtlich unbedenklich ist, ist entscheidend, ob die Empfängerkörperschaft selbst steuerbegünstigt ist und welche Mittel verwendet werden.[183]
- **Ist die auszustattende Körperschaft steuerbegünstigt,** so ist der Einsatz nicht zeitnah zu verwendender Mitteln gemeinnützigkeitsrechtlich unschädlich, da nur eine Vermögensumschichtung vorliegt (vgl. auch AEAO Nr. 2 S. 9 zu § 58 AO). Dies gilt unabhängig davon, ob die Beteiligung Vermögensverwaltung darstellt oder ob sie aufgrund von Einflussnahme auf die

182 Ausf. zu der Verfügung: *Weisheit*, StiftungsBrief 2014, 131.
183 Hier zu hat die OFD ihrer Verfügung eine Übersichtsskizze beigefügt.

laufende Geschäftsführung der Kapitalgesellschaft als steuerpflichtiger wirtschaftlicher Geschäftsbetrieb zu beurteilen ist.

- Nach § 58 Nr. 3 AO können ab dem 1.1.2014 Gewinne aus wirtschaftlichen Geschäftsbetrieben (einschließlich Zweckbetrieben), Überschüsse aus der Vermögensverwaltung sowie höchstens 15 % der sonstigen zeitnah zu verwendenden Mittel explizit zur Vermögensausstattung einer anderen steuerbegünstigten Körperschaft (z.B. gGmbH) hingegeben werden, ohne dass es einer zeitnahen Mittelverwendung bei der Empfängerkörperschaft bedarf (siehe dazu auch Rn 63). Voraussetzung ist aber u.a., dass der mit den hingegebenen Mitteln verfolgte Zweck sowohl von der Geber- als auch der Empfängerkörperschaft gefördert wird (AEAO Nr. 3 zu § 58 Nr. 3 AO) Der Einsatz zeitnah zu verwendender Mittel ist, wie die OFD hervorhebt, auch zulässig, wenn die Empfängerkörperschaft die erhaltenen Mittel ebenfalls zeitnah für ihre steuerbegünstigten Zwecke einsetzt (AEAO Nr. 2 S. 7 zu § 58 Nr. 2 AO). Dies kann auch durch die Anschaffung oder Herstellung von Vermögensgegenständen, die steuerbegünstigten Zwecken dienen, erfolgen (AEAO Nr. 26 zu § 55 Abs. 1 Nr. 5 AO). Das Stammkapital der auszustattenden Körperschaft kann daher auch durch Ausgliederung eines Zweckbetriebes finanziert werden, wenn dieser unmittelbar für die steuerbegünstigten Zwecke der auszustattenden Körperschaft eingesetzt wird (auch darin sehe ich materiell nichts Neues.)
- **Ist die auszustattende Körperschaft nicht steuerbegünstigt**, so ist die Verwendung nicht zeitnah zu verwendender Mittel unschädlich. Die Verwendung zeitnah zu verwendender Mittel ist gemeinnützigkeitsrechtlich schädlich. Dazu verweist die OFD ausdrücklich auf § 63 Abs. 4 AO.
- Die **Kapitalausstattung einer Stiftung** ist mangels Beteiligung des Stifters oder Zuwendenden keine Vermögensumschichtung. In diesem Fall verlassen die Mittel, wie die OFD beschreibt, endgültig den Vermögensbereich der steuerbegünstigten Körperschaft. Ist die Empfängerstiftung nicht als steuerbegünstigte Körperschaft i.S.d. §§ 51 ff. AO anerkannt, ist jeglicher Mitteleinsatz gemeinnützigkeitsschädlich, da die Mittel endgültig dem steuerbegünstigten Bereich entzogen werden. Ist die Empfängerstiftung als steuerbegünstigte Körperschaft anerkannt, ist die Verwendung von Mitteln unter den Voraussetzungen des § 58 Nr. 1, 2 und (ab 1.1.2014) 3 AO zulässig (dazu verweist die OFD auf ihre bereits oben angesprochene Anlage). Das bedeutet, dass der Einsatz zeitnah zu verwendender Mitteln nur unschädlich ist, wenn die Mittel beim Empfänger auch zeitnah verwendet werden (AEAO Nr. 2 S. 7 zu § 58 Nr. 2 AO) oder wenn die Voraussetzungen des § 58 Nr. 3 AO vorliegen. Nicht zeitnah zu verwendende Mittel der Geberkörperschaft (z.B. freie Rücklage) unterliegen auch bei der Empfängerkörperschaft nicht dem Gebot der zeitnahen Mittelverwendung (AEAO Nr. 2 S. 9 zu § 58 Nr. 2 AO).

- Der Erwerb von Anteilen an einer bereits bestehenden steuerbegünstigten Kapitalgesellschaft unter Einsatz zeitnah zu verwendender Mittel verstößt nach Auffassung der OFD gegen das Gebot der Selbstlosigkeit, die Mittel nur für satzungsmäßige Zwecke zu verwenden. Auch lassen die Vorschriften des § 58 Nr. 2, 3 und 10 AO die Anschaffung von Anteilen an einer steuerbegünstigten Körperschaft (z.B. einer gGmbH) nicht zu (AEAO Nr. 2 S. 7 zu § 58 Nr. 2 AO; AEAO Nr. 3 zu § 58 Nr. 3 AO (letzter Satz); AEAO Nr. 12 S. 3 und 4 zu § 58 Nr. 10 AO). Hierfür können allerdings u.a. freie Rücklagen nach § 62 Abs. 1 Nr. 3 AO (§ 58 Nr. 7a AO a.F.) eingesetzt werden. (Nur mit freien, nicht zeitnah zu verwenden Mittel lässt sich ein „Sozialkonzern" mit Tochtergesellschaften aufbauen, siehe auch § 6 Rn 1 ff.).
- Wenn sich die Werte von Leistung (Anteile an der Kapitalgesellschaft) und Gegenleistung (Veräußerungspreis) nach wirtschaftlichen Grundsätzen gegeneinander abgewogen gegenüberstehen, liegt eine Zuwendung i.S.d. § 58 Nr. 2 AO nicht vor. (In der Tat ist das nur eine Vermögensumschichtung.)

Die vorstehenden kurzen Kommentierungen zeigen, dass die OFD-Verfügung nur zur Übersicht zusammenfasst, aber nicht etwas Neues bringt. Damit ist sie eine gute Praxisgrundlage.

86 In der Praxis erfolgt der Nachweis, dass die gesetzlichen Vorgaben zur Mittelverwendung eingehalten worden sind, durch eine **Mittelverwendungsrechnung** als „Nebenrechnung" (Anlage) zur Gemeinnützigkeitserklärung, wobei die Mittel insgesamt den tatsächlichen Verwendungen gegenübergestellt werden.[184] Es liegt auf der Hand, dass die zugehörigen Berechnungsgrundlagen konkret dokumentiert und belegt werden sollten.[185]

87 **Praxishinweise: Notwendigkeit einer (nachträglichen) Satzungsregelung – Skizze einer Entwicklung zur Verwendung von Mitteln für die Vergütung von Organmitgliedern**

Die Einführung des Gesetzes zur weiteren Stärkung des bürgerschaftlichen Engagements haben viele gemeinnützige Körperschaften zum Anlass genommen, **pauschale Aufwandsentschädigungen** oder sonstige Vergütungen an Organmitglieder zu zahlen. Nach dem BMF-Schreiben vom 14.10.2009[186] (siehe **AEAO Nr. 23 zu § 55 Abs. 1 Nr. 3 AO**, ausdrücklich auch für Stiftungen) muss die betreffende Vereins- oder Stiftungssatzung die Bezahlung der Vorstandsmitglieder allerdings ausdrücklich erlauben; andernfalls lag/liegt ein Verstoß gegen das Gebot der Selbstlosigkeit vor, der die Aberkennung der Gemeinnützigkeit zur Folge hat. Aus Billigkeits-

184 Siehe dazu *Nolte*, DStR 2014, 1350 mit Berechnungsbeispielen.

185 Ein ausführliches Berechnungsbeispiel geben und kommentieren *Spitaler/Schröder*, DStR 2014, 2194.

186 BMF-Schreiben v. 14.10.2009 – IV C 4 – S 2121/07/0010.

gründen sah die Finanzverwaltung nach dem BMF-Schreiben von der Aberkennung der Gemeinnützigkeit nur ab, wenn die Zahlungen nach dem 10.10.2007 geleistet wurden, nicht unangemessen hoch waren und die **Satzung bis zum 31.12.2009** dahin **geändert** worden war, dass eine Bezahlung der Vorstandsmitglieder zulässig ist.
Das ist streng genommen nicht nur steuerrechtlich, sondern auch aufsichtrechtlich (!) erforderlich, denn die Satzung regelt das Verhältnis zwischen Stiftung und Organmitglied.
Der Grundsatz der unentgeltlichen Tätigkeit von Vereins- und Stiftungsvorständen ist anschließend durch das Ehrenamtsstärkungsgesetz (siehe Rn 63) gesetzlich festgeschrieben worden *(§ 27 Abs. 3 BGB, ab 1.1.2015)*. Von diesem Grundsatz kann nunmehr nur noch durch eine ausdrückliche Bestimmung in der Satzung abgewichen werden. Erlaubt die Satzung hingegen nicht ausdrücklich die Vergütung der Vorstandsmitglieder, ist diese unzulässig. Die Änderungen in der Praxis sind allerdings nicht sehr einschneidend, da Rechtsprechung und Finanzverwaltung, wie dargelegt, entsprechend bereits in der Vergangenheit verfahren sind.
Gemäß § 4 Nr. 26 Buchst. b UStG sind von den unter § 1 Abs. 1 Nr. 1 UStG fallenden Umsätzen **umsatzsteuerfrei** u.a. die ehrenamtliche Tätigkeit, wenn das Entgelt für diese Tätigkeit nur in Auslagenersatz und einer **angemessenen Entschädigung für Zeitversäumnis** besteht. Nach dem BMF-Schreiben vom 2.1.2012[187] liegt eine angemessene Zeitentschädigung noch vor, wenn die Vergütung einen Stundensatz von 50 EUR nicht übersteigt, sofern die gesamten ehrenamtlichen Tätigkeiten insgesamt den Betrag von 17.500 EUR im Jahr nicht übersteigen. Der tatsächliche Zeitaufwand ist nachvollziehbar zu dokumentieren. Eine vom tatsächlichen Zeitaufwand unabhängige z.B. laufend gezahlte Vergütung führt zur gänzlichen Nichtanwendung der Befreiungsvorschrift.

3. Zuführung von Mitteln zum Stiftungsvermögen

§ 62 Abs. 3 AO[188] enthält eine nach Meinung der Finanzverwaltung abschließende[189] Aufzählung von **Mittelzuführungen zum Vermögen** einer gemeinnützigen Körperschaft, die nicht dem Gebot der zeitnahen Mittelverwendung unterliegen (**Mittelzuführung zum Vermögen ohne Ausschluss der Steuervergünstigung**). Dazu zählen insbesondere auch **Zuwendungen von Todes wegen** an die Körperschaft, wenn der Erblasser keine Verwendung für den 88

187 BMF-Schreiben v. 2.1.2012 – IV D 3 – S 7185/089/1001 = Abschnitt 4.26.1 Abs. 4 Umsatzsteuer-Anwendungserlass.
188 Bis 31.12.2013: § 58 Nr. 11 AO; siehe auch Rn 94 ff.
189 AEAO Nr. 16 zu § 62 Abs. 3 AO.

laufenden Aufwand der Körperschaft vorgeschrieben hat (§ 62 Abs. 3 Nr. 1 AO). Ist also z.B. eine Stiftung ohne weitere Vorgaben des Erblassers (!) als Erbin eingesetzt, darf sie die Erbschaft gemeinnützigkeitsrechtlich unschädlich dem zu erhaltenden Vermögen zuführen und muss diese nicht zeitnah für ihre Zweckverwirklichung verwenden.

89 Nach § 62 Abs. 3 Nr. 3 AO wird die Steuervergünstigung nicht dadurch ausgeschlossen, dass die Körperschaft Mittel ihrem Vermögen zuführt (und nicht zeitnah verwendet), wenn es sich um Zuwendungen handelt, die aufgrund eines Spendenaufrufs „der Körperschaft" erfolgen und aus dem Spendenaufruf ersichtlich ist, dass Beträge zur Aufstockung des Vermögens erbeten werden. Dazu fragt man sich, ob **Spendenaufrufe Dritter** insoweit anders zu bewerten sind.[190] Ich meine, dass es nach dem Sinn des Gesetzes weniger auf die Person des Aufrufenden ankommt, als auf die aus dem Aufruf hervorgehende Erklärung, dass die Beträge als Zuwendung zum Kapital der betreffenden Körperschaft gedacht sind, denn wenn er unter diesen Voraussetzungen spendet, widmet der Spender seine Spende ersichtlich entsprechend. Für diese Erwägung spricht auch der Sachzusammenhang mit der Regelung des § 62 Abs. 3 Nr. 2 AO.

90 **Praxishinweis: Aufruf im Namen der Körperschaft**
In der Praxis lassen sich Probleme bei § 62 Abs. 3 Nr. 3 AO wohl dadurch vermeiden, dass der Dritte im Namen der Körperschaft für diese aufruft. Das sollte im Einzelfall vorsorglich mit der Finanzverwaltung geklärt werden.

91 Nicht geklärt erscheint nach wie vor, ob die Aufzählung in § 62 Abs. 3 AO zu den Möglichkeiten der Mittelzuführung zum Vermögen ohne Ausschluss der Steuervergünstigung als abschließende Regelung anzusehen ist.[191] Gegen die Annahme einer abschließenden Aufzählung spricht, dass es nach allgemeinen Rechtsgrundsätzen allein Sache des Zuwendenden ist, die Art und Weise der Verwendung seiner Zuwendung bei der Empfangskörperschaft festzuschreiben. Ein solches Verständnis der Vorschrift würde die sehr konkrete Aufzählung des § 62 Abs. 3 AO nur als beispielhafte, vorsorglich klarstellende Aufzählung Klarstellung verstehen. Der Wortlaut der Vorschrift (*„Die folgenden Mittelzuführungen ..."*) erscheint mir inzwischen bei genauer Betrachtung kaum eindeutig[192] und eher nicht abschließend. Die Rechtsfrage ist aber so ungeklärt, dass Zweifelsfragen in diesem Zusammenhang vorweg mit dem zuständigen Finanzamt geklärt werden sollten.

---

190 *Hüttemann*, DB 2000, 1584 (1585).

191 Zum damaligen § 58 Nr. 11 AO: Dagegen: *Hüttemann*, DB 2000, 1584 (1585). Dafür: *Myßen*, NWB F. 2, 7429 (7431).

192 Anders noch *Schiffer/Fries* in der Vorauflage.

Als eine weitere besondere Ausnahme vom grundsätzlichen Verbot der Mittelansammlung ist es Stiftungen nach **§ 62 Abs. 4 AO**[193] gestattet, im Jahr ihrer Errichtung und in den drei folgenden Kalenderjahren Überschüsse aus der Vermögensverwaltung sowie Gewinne aus wirtschaftlichen Geschäftsbetrieben (§ 14 AO) ganz oder teilweise ihrem Vermögen zuzuführen (**Mittelthesaurierung in den ersten Jahren**). Ausdrücklich nicht erfasst sind davon Spenden oder sonstige Zuwendungen, die nur unter den Voraussetzungen des § 62 Abs. 3 AO dem Vermögen zugeführt werden dürfen. 92

Hinweis 93

Diese erweiterte steuerliche Möglichkeit der Thesaurierung und Rücklagenbildung darf nicht den Blick auf das **Stiftungszivilrecht** verstellen, denn das Steuerrecht geht nicht etwa dem Zivilrecht vor. Eine entsprechende Rücklagenbildung ist **nur bei entsprechendem Stifterwillen** stiftungsrechtlich zulässig! In der Beratungspraxis wird dies durch entsprechende Hinweise zur Satzungsgestaltung zu berücksichtigen sein.

4. Möglichkeiten zur Rücklagenbildung

Eine steuerbegünstigte Stiftung kann im Rahmen des **§ 62 Abs. 1 und 2 AO** davon absehen, ihre Mittel ganz oder teilweise für steuerbegünstigte Zwecke einzusetzen, und sie stattdessen einer **Rücklage** zuführen.[194] Die Rücklagenbildung dient der dauerhaften Sicherung der Zweckerfüllung sowie der Erhaltung und Steigerung der Leistungsfähigkeit der Stiftung.[195] Das Gesetz nennt dazu nach wie vor die bekannten verschiedenen Arten zulässiger Rücklagenbildung: 94

- Die zur nachhaltigen Zweckerfüllung erforderliche konkrete Rücklage (§ 62 Abs. 1 Nr. 1 AO[196]), insbesondere die **Projektrücklage** zur Finanzierung eines oder mehrerer konkreter Projekte der Stiftung oder auch eine **Betriebsmittelrücklage** für laufende Kosten (z.B. Miete, Löhne).
- Die **Wiederbeschaffungsrücklage** für die beabsichtigte Wiederbeschaffung von Wirtschaftsgütern, die zur Verwirklichung der steuerbegünstigten, satzungsmäßigen Zwecke erforderlich sind (§ 62 Abs. 1 Nr. 2 AO).
- Die **freie Rücklage** (§ 62 Abs. 1 Nr. 3 AO[197]), der jedoch höchstens 1/3 des Überschusses aus der Vermögensverwaltung und 10 % der sonstigen zeitnah zu verwendenden Mittel zugeführt werden dürfen. Wird der Höchstbetrag

---

193 Bis 31.12.2013: § 58 Nr. 12 AO.

194 Siehe generell zu den Möglichkeiten der Rücklagenbildung nach § 62 AO: *Spitaler/Schröder*, DStR 2014, 2144, 2146 ff.

195 So auch *Spitaler/Schröder*, DStR 2014, 2144, 2145 unter Hinweis auf die Gesetzesbegründung der Bundesregierung v. 6.11.2012, BT-Drucks 17/11316.

196 Bis 31.12.2013: § 58 Nr. 6 AO.

197 Bis 31.12.2013: § 58 Nr. 7a AO.

für die Bildung der freien Rücklage in einem Jahr nicht ausgeschöpft, kann diese unterbliebene Zuführung aber in den folgenden zwei Jahren nachgeholt werden.
- **Die Rücklage zum Erwerb von Gesellschaftsrechten** zur Erhaltung der prozentualen Beteiligung an Kapitalgesellschaften (§ 62 Abs. 1 Nr. 4 AO[198]), wobei die Höhe einer solchen Rücklage auf die Höhe einer freien Rücklage nach § 62 Abs. Abs. 1 Nr. 3 AO angerechnet wird.[199]

95 **Praxishinweis: Rücklagenbildung**
Gemeinnützige Stiftungen dürfen selbst dann diese Rücklage bilden, wenn diese Möglichkeit nicht in der Satzung erwähnt ist. Eine Satzungsänderung ist nicht erforderlich. Vorsorglich sollte die Regelung aber ausdrücklich in die Satzung mit aufgenommen werden, um hier jegliche Diskussion zu vermeiden, ob der Stifter diese Möglichkeit der Rücklagenbildung gewollt hat.

96 Sieht eine steuerbefreite Stiftung im Rahmen des § 62 Abs. 1 Nr. 1 AO davon ab, ihre Mittel ganz oder teilweise für steuerbegünstigte Zwecke einzusetzen und führt sie stattdessen einer Rücklage zu, weil ohne die Ansammlung der Mittel die steuerbegünstigten Zwecke nicht nachhaltig erfüllt werden könnten,[200] bildet also beispielsweise eine **Projektrücklage** zur Finanzierung eines oder mehrerer konkreter Projekte, hat sie folgende Punkte zu beachten, die die Finanzverwaltung nach meinen Erfahrungen grundsätzlich sehr ernst nimmt:
- Betreffende Projekte, deren Kosten und der Zeitpunkt der Durchführung müssen bei der Rücklagenbildung konkret beschlossen und dokumentiert sein, sonst wird der Nachweis gegenüber der Finanzverwaltung hinsichtlich der Berechtigung der Rücklage in der Regel misslingen.
- Die Dauer der Rücklagenbildung richtet sich nach dem konkreten Projekt. Diese Dauer erfordert eine plausible Betrachtung/Bewertung. Bis zu zehn Jahre erscheinen möglich.

97 Eine **Betriebsmittelrücklage** für die laufenden Kosten (z.B. Miete, Löhne etc.) hängt in ihrer Höhe von den besagten Kosten und den Einnahmen der Stiftung ab und darf ohne Weiteres eine Zeitspanne von bis zu drei Monaten und ausnahmsweise bis zu zwölf Monaten umfassen.[201]

---

198 Bis 31.12.2013: § 58 Nr. 7b AO.

199 Siehe zur Vorgängervorschrift schon *Götz*, NWB 2008, F. 2, 9757 (9769).

200 Ausf. zur Vorgängervorschrift *Ley*, BB 1999, 626.

201 Siehe *Buchna/Seeger/Brox*, S. 232 f. und *Koenig*, AO, § 58 Rn 21 zur Vorgängervorschrift.

Ein Drittel des Überschusses aus der Vermögensverwaltung (AEAO:[202] „... *ein Drittel des Überschusses der Einnahmen über die Ausgaben*[203] *aus der Vermögensverwaltung ...*“) dürfen als sogenannte **freie Rücklagen** nach **§ 62 Abs. 1 Nr. 3 1. Hs. AO** (früher § 58 Nr. 7a 1. Hs. AO) thesauriert werden.[204] Unter „Ausgaben“ sind Aufwendungen zu verstehen, die dem Grunde nach Werbungskosten sind.[205] Zu dieser Möglichkeit der Rücklagenbildung ist allerdings festzuhalten, dass dieses Drittel im Jahre 2015 bei der gegebenen geringen Kapitalverzinsung typischerweise nicht einmal für den Inflationsausgleich ausreicht, womit der Grundsatz der Vermögenserhaltung (siehe § 5 Rn 56 ff.) aus steuerlicher und stiftungsrechtlicher Sicht jedenfalls nicht in einem absoluten Sinne erfüllt werden kann. Faktisch haben wir hier Verbrauchsstiftungen (siehe auch § 2 Rn 14 ff.). 98

Darüber hinaus ist es steuerlich unschädlich, wenn eine gemeinnützige Körperschaft höchstens **10 v.H.** ihrer „sonstigen“ nach § 55 Abs. 1 Nr. 5 AO zeitnah zu verwendenden Mittel einer freien Rücklage zuführt (**§ 62 Abs. 1 Nr. 3 1. Hs. AO**; früher § 58 Nr. 7a 2. Hs. AO); dazu zählen[206] 99

- Überschüsse aus Zweckbetrieben und Überschüsse aus steuerpflichtigen wirtschaftlichen Geschäftsbetrieben (Gewinne und Verluste aus Zweckbetrieben und aus einheitlichen Geschäftsbetrieben sind jeweils zu saldieren, aber nicht etwa Gewinne aus den einheitlichen wirtschaftlichen Geschäftsbetrieben mit Gesamtverlusten aus Zweckbetrieben.[207]) sowie
- Spenden und Beiträge.

Die 10 %-Regelung ist als Ausgleich für diejenigen gemeinnützigen Körperschaften zu sehen, die mangels besonderer Einkünfte aus Vermögensverwaltung von dem ersten Halbsatz der Regelung des § 62 Abs. 1 Nr. 3 AO keine Vorteile erfahren.[208] Dazu gehören insbesondere Körperschaften mit Zweckvermögen und wirtschaftlichen Geschäftsbetrieben sowie Spendensammelkörperschaften.

---

202 AEAO Nr. 9 zu § 62 Abs. 1 Nr. 3 AO.

203 In der alten Gesetzesvorschrift hieß es noch „Unkosten“.

204 Ausf. zur „Möglichkeit der Eigenkapitalbildung“ bei der steuerbefreiten Stiftung: *Schotenroehr/Schotenroehr*, DStR 2013, 1161 nach Einführung des Ehrenamtsstärkungsgesetzes (siehe Rn 63); *Spitaler/Schröder*, DStR 2014, 2144, 2147 f. Dazu, dass diese Rücklage nach ihrem Sinn und Zweck so frei nicht ist, sondern wie (früher) § 58 Nr. 6 AO a.F. dazu dient, dass die Stiftung ihre steuerbegünstigten satzungsmäßigen Zwecke nachhaltig erfüllen kann, *Schiffer/Pruns*, StiftungsBrief, 2012, 182.

205 AEAO Nr. 9 zu § 62 Abs. 1 Nr. 3 AO.

206 *Spitaler/Schröder*, DStR 2014, 2144, 2148.

207 AEAO Nr. 10 zu § 62 Abs. 1 Nr. 3 AO, siehe auch *Spitaler/Schröder*, DStR 2014, 2144, 2148 m.w.N.

208 *Hüttemann*, DB 2000, 1584, 1585 zur Vorgängervorschrift.

Die Vorschrift wird angesichts der aktuell schlechten Ertragslage auf dem Kapitalmarkt an Bedeutung gewinnen.

100 Als **Bemessungsgrundlage** für die 10 %-Regelung ist trotz des Verweises auf die „sonstigen Mittel“ nach § 55 Abs. 1 Nr. 5 AO und des dort gebrauchten Begriffs des „Zuflusses“, der die Annahme einer Bruttogröße zuließe, nur der bereinigte Nettobetrag heranzuziehen. Dafür spricht neben dem Sinnzusammenhang mit der 1/3-Regelung und der dortigen Bezugsgröße „Überschuss“ der Sinn einer Rücklage. Eine Rücklage kann eben nur aus Überschüssen gebildet werden. Bei der Bemessung der 10 %-Rücklage dürfen im Übrigen die Überschüsse aus der Vermögensverwaltung nicht mit einbezogen werden. Dafür spricht die vom Gesetzgeber im zweiten Halbsatz gewählte Formulierung „darüber hinaus“. **Achtung:** Für die Einnahmen aus den ideellen Bereich (insb. Spende) ist hingegen auf die Bruttoeinnahmen abzustellen.[209]

101 Wird der Höchstbetrag für die Bildung der freien Rücklage in einem Jahr nicht ausgeschöpft, kann diese unterbliebene Zuführung nunmehr nach dem Gesetz in den folgenden zwei Jahren **nachgeholt werden**. Bisher war das unzulässig.[210]

102 Die Stiftung kann die freie Rücklage **jederzeit wieder auflösen**, muss es aber nicht. Sie ist frei darin, die betreffenden Mittel nach (ggf. auch nur teilweiser) Auflösung der Rücklage zeitnah zu verwenden oder ihrem Grundstockvermögen zuzuführen oder ggf. eine neue, andere Rücklage zu bilden, sofern die Voraussetzungen dafür tatsächlich vorliegen. Von diesen Sachverhalten ist die etwaige Umschichtung bei der Anlage des Vermögens der Stiftung zu unterscheiden.

103 Von wesentlicher praktischer Bedeutung ist das **Verhältnis der Rücklagen unter- und zueinander**. Durch die Erweiterung der Möglichkeit zur Bildung freier Rücklagen kann es dazu kommen, dass der Überschuss der Einnahmen über die Ausgaben (Liquidität) in einem Veranlagungszeitraum nicht ausreicht, um alle denkbaren und im konkreten Fall erforderlichen Rücklagen zu dotieren. Ersichtlich können nur tatsächlich vorhandene Mittel in eine Rücklage eingestellt werden.[211]

5. Mittelthesaurierung in den ersten Jahren

104 Als eine weitere besondere **Ausnahme vom grundsätzlichen Verbot der Mittelansammlung** ist es Stiftungen nach **§ 62 Abs. 4 AO** (früher § 58 Nr. 12 AO)

---

209 AEAO Nr. 10 zu § 62 Abs. 1 Nr. 3 AO.

210 Siehe AEAO 2012 Nr. 15 zu § 58 Nr. 7 AO, siehe jetzt AEAO 2014, Nr. 11 zu § 62 Abs. 1 Nr. 3 AO.

211 Das betont auch die Finanzverwaltung, siehe AEAO Nr. 14 Satz 2 zu § 62 Abs. 2 AO.

gestattet, im Jahr ihrer Errichtung und in den zwei folgenden Kalenderjahren Überschüsse aus der Vermögensverwaltung sowie Gewinne aus wirtschaftlichen Geschäftsbetrieben (§ 14 AO) ganz oder teilweise ihrem Vermögen zuzuführen. Nicht erfasst von der Regelung werden damit Spenden oder sonstige Zuwendungen, die nur unter den Voraussetzungen des § 62 Abs. 3 AO (früher § 58 Nr. 11 AO) dem Vermögen zugeführt werden dürfen.

Praxishinweis: Thesaurierung 105
Diese zu begrüßende erweiterte steuerliche Möglichkeit der Thesaurierung und Rücklagenbildung darf nicht den Blick auf das **Stiftungszivilrecht** verstellen, denn das **Steuerrecht geht nicht** etwa dem Zivilrecht **vor**. Eine entsprechende Rücklagenbildung ist nur bei entsprechendem Stifterwillen stiftungszivilrechtlich zulässig. In der Beratungspraxis sollte dieser Zusammenhang durch entsprechende Hinweise zur Satzungsgestaltung berücksichtigt werden.

6. Nachträgliche Erbschaftsteuergestaltung: Erweiterte Erbschaftsteuerbefreiung

Durch eine Neufassung des § 29 Abs. 1 Nr. 4 S. 1 ErbStG ist die **Erbschaftsteuerbefreiung** auf alle Stiftungen ausgeweitet worden, die steuerbegünstigte Zwecke im Sinne der §§ 52 bis 54 AO verfolgen – mit Ausnahme der Zwecke des § 52 Abs. 2 Nr. 23 AO („Freizeitzwecke“). Mithin entfällt nun auch bei diesen Stiftungen die Erbschaftsteuer mit Wirkung für die Vergangenheit, soweit Vermögensgegenstände, die von Todes wegen oder durch Schenkung erworben worden sind, innerhalb von 24 Monaten[212] nach dem Zeitpunkt der Entstehung der Steuer u.a. einer inländischen Stiftung zugewendet werden. Die Vorschrift dürfte nach dem Vorstehenden auch treuhänderische Stiftungen erfassen.[213] 106

Dieser Steuervorteil gilt **nicht**, wenn die steuerbefreite Stiftung Leistungen im Sinne des **§ 58 Nr. 6 AO** (Unterstützung des Stifters und seiner nahen Angehörigen, zu Ausführungen dazu siehe Rn 171 ff.) erbringt oder soweit für die Zuwendung Vergünstigungen insb. nach § 10b EStG in Anspruch genommen werden (§ 29 Abs. 1 Nr. 4 S. 2 ErbStG). Der Gesetzgeber will also offensichtlich einen doppelten steuerlichen Anreiz vermeiden – nach dem Motto: Die Möglichkeit der nachträglichen steuerlichen Gestaltung als Anreiz soll reichen. 107

212 Zur möglichen Gefahr einer Fristenkollision siehe *Schindler*, BB 2000, 2077 (2078).
213 *Meincke*, ErbStG, § 29 Rn 13.

III. „Bescheinigung der Gemeinnützigkeit"

108 Die Steuerfreiheit einer gemeinnützigen Stiftung und insbesondere deren „korrekte“ tatsächliche Geschäftsführung wurden von der Finanzverwaltung bis Frühjahr 2013 grundsätzlich nicht im Vorhinein, sondern nur im Nachhinein überprüft.[214] Die Finanzverwaltung erteilte jedoch eine **„vorläufige Bescheinigung“ der Gemeinnützigkeit**, sobald die Gemeinnützigkeit behördenintern überprüft worden ist.[215] Ein offizieller Bescheid über die Gemeinnützigkeit erging nicht. Die vorläufige Bescheinigung war kein Verwaltungsakt, sondern lediglich eine entsprechende **Auskunft**; sie war widerruflich und galt längstens bis zur Bekanntgabe des erstmaligen Steuerfreistellungsbescheides; höchstens sollte sie 18 Monate gelten.[216] Sie konnte jederzeit ohne sachliche Begründung zurückgenommen werden.

109 Dieses bisherige Verfahren der vorläufigen Bescheinigung der Gemeinnützigkeit ist aus Gründen der für die Praxis so wichtigen Rechtssicherheit durch ein **„Satzungsfeststellungsverfahren“** mit einem gesetzlich geregelten Verwaltungsakt (**Feststellungsbescheid**) ersetzt worden, der mit den üblichen verwaltungsrechtlichen Rechtsmitteln angegriffen werden kann (§ 60a AO). Das neue Verfahren gilt ab dem 21.3.2013.[217] Danach wird die Einhaltung der satzungsmäßigen Voraussetzungen nach den §§ 51, 59, 60 und 61 AO gesondert festgestellt. Die Feststellung der Satzungsmäßigkeit ist für die Besteuerung der Körperschaft und der Steuerpflichtigen, die Zuwendungen in Form von Spenden und Mitgliedsbeiträgen an die Körperschaft erbringen, bindend.

Die Feststellung der Satzungsmäßigkeit erfolgt auf Antrag der Körperschaft oder von Amts wegen bei der Veranlagung zur Körperschaftsteuer, wenn bisher noch keine Feststellung erfolgt ist. Die Bindungswirkung der Feststellung entfällt ab dem Zeitpunkt, in dem die Rechtsvorschriften, auf denen die Feststellung beruht, aufgehoben oder geändert werden.

Tritt bei den für die Feststellung erheblichen Verhältnissen eine Änderung ein, ist die Feststellung mit Wirkung vom Zeitpunkt der Änderung der Verhältnisse aufzuheben. Materielle Fehler im Feststellungsbescheid über die Satzungsmäßigkeit können mit Wirkung ab dem Kalenderjahr beseitigt werden, das auf die Bekanntgabe der Aufhebung der Feststellung folgt. § 176 AO gilt entsprechend, außer es sind Kalenderjahre zu ändern, die nach der Verkündung der

---

214 AEAO 2012 Nr. 3 ff. zu § 59 AO.

215 BFH DStR 1998, 1674; BMF BStBl I 2000, 814 = DStR 2000, 968; AEAO 2012 Nr. 4 ff. zu § 59 AO.

216 AEAO 2012 Nr. 5 zu § 59 AO; OFD Frankfurt FR 1996, 38.

217 Zu ersten Praxiserfahrungen mit dem neuen Feststellungsverfahren *Sauer/Schütz*, StiftungsBrief 2013, 228; siehe auch *Sachse*, ZStV 2014, 106.

maßgeblichen Entscheidung eines obersten Gerichtshofes des Bundes beginnen.

Die eigentliche **Überprüfung der Gemeinnützigkeit** erfolgt im Rahmen des jeweiligen Veranlagungsverfahrens für die betreffenden Steuern und den jeweiligen zeitlichen Steuerabschnitt mit besonderem Blick auf die tatsächliche Geschäftsführung. Es ergeht dann im positiven Fall eine endgültige Bescheinigung der Gemeinnützigkeit („Freistellungsbescheinigung"). Dabei bindet die Finanzbehörde die Entscheidung über eine Steuerbefreiung für die eine Steuerart nicht an die Entscheidung zu einer anderen Steuerart. In der Praxis wird allerdings grundsätzlich die körperschaftsteuerliche Entscheidung auch für die anderen Steuerarten (z.B. Gewerbesteuer) zugrunde gelegt. 110

Ob eine gemeinnützige Stiftung die Voraussetzungen der Körperschaftsteuerbefreiung nach § 5 Abs. 1 Nr. 9 KStG erfüllt, wird im Körperschaftsteuer-Veranlagungsverfahren geprüft und vom Finanzamt durch **KSt-Freistellungsbescheid** festgestellt.[218] Unterhält die gemeinnützige Stiftung einen wirtschaftlichen Geschäftsbetrieb, so dass sie nur teilweise steuerbefreit ist, ergeht ein einheitlicher Körperschaftsteuerbescheid an die gesamte Stiftung, und nicht etwa ein gesonderter Bescheid für den wirtschaftlichen Geschäftsbetrieb. Wie bei anderen Steuerpflichtigen kann die Finanzbehörde zur Überprüfung der Voraussetzungen der Gemeinnützigkeit eine **steuerliche Außenprüfung** anordnen[219] und ggf. die „Gemeinnützigkeit" widerrufen.[220] 111

IV. Angemessenheit der Aufwendungen einer gemeinnützigen Stiftung für die Verwaltung und speziell für Spendenwerbung (Fundraising)

Ein vor allem bei Außenprüfungen gemeinnütziger Stiftungen immer wieder auftauchendes und ggf. die Steuerbefreiung gefährdendes (!) Problem ist die Frage der (steuerlichen) **Angemessenheit des Aufwandes für die Mittelbeschaffung.**[221] Eine Stiftung muss für ihre **Verwaltung** und vor allem auch für eine etwaige **Spendenwerbung** unvermeidlich Mittel aufwenden. Unangemessen hohe Aufwendungen in diesem Bereich können zum Verlust der Gemeinnützigkeit führen und den Haftungstatbestand des § 10b Abs. 4 S. 4 EStG (Fehlverwendung gemeinwohlgebundener Mittel) begründen. In welchem 112

---

218 Siehe OFD Münster DB 1996, 504.

219 Zur Steuerprüfung bei gemeinnützigen Stiftungen und zu **Prüfungsschwerpunkten** siehe Rn 306 ff.

220 Siehe etwa FG Köln DStRE 1999, 721.

221 *Hüttemann*, Rn 5.48 ff.; *Geserich*, DStR 2001, 604.

Umfang hier Mittel steuerunschädlich aufgewendet werden dürfen, ist nach der Rechtsprechung des BFH eine **Frage des Einzelfalls** (siehe auch Rn 286 ff.).[222]

113 Nicht nur aus Anlass einer in der Presse vielfach beschriebenen „Sportwagennutzung" im gemeinnützigen Bereich wurde und wird die **Frage nach der angemessenen Vergütung für hauptamtliche Stiftungsmitarbeiter** und insbesondere Vorstände gestellt. Entscheidend für die Antwort sind die Umstände des konkreten Einzelfalles (große Stiftung, kleine Stiftung, viel Verantwortung oder wenig Verantwortung, Durchführung von Projekten oder „nur" Förderung, ...). Das mag dem geneigten Leser als wenig griffige Antwort erscheinen. Das ist es letztlich auch, aber die Lösung liegt nun einmal im konkreten Fall und in dessen Besonder- sowie Eigenheiten. Leider wird das in der Praxis und bei den „Ämtern", die als „Massenverwaltung" auch im Stiftungsrecht beinahe naturgemäß gerne zu Pauschalierungen und Faustregeln greifen, oftmals „übersehen". An der Beraterzunft liegt es dann, auf die Besonderheiten des Einzelfalles hinzuweisen. Unabhängig davon liegt es auf der Hand: Wer eine professionelle Stiftungsarbeit will, wird die kaum ehrenamtlich oder in sonstiger Weise „billig" erhalten, sondern allenfalls „preiswert". Gute Arbeit kostet ihren Preis und ist ihren Preis wert!

114 Stiftungen befinden sich zudem im freien Wettbewerb auf dem Markt der Führungskräfte. Damit stellen sich die entscheidenden Fragen ausgehend von ebendiesem Markt. Was verdienen vergleichbare GmbH-Geschäftsführer oder AG-Vorstände? (Was ist überhaupt vergleichbar?) Dort werden zunehmend hohe Beträge gezahlt, die von denen im Stiftungsbereich oftmals weit entfernt sind. Kann das im Stiftungsbereich trotz des Wettbewerbs um die Köpfe so bleiben? Wird hier an der falschen Stelle gespart? Praxiszitat: „Ein guter Kopf macht sich bezahlt." Was ist denn ein guter Kopf? Die Antwort liegt, der geneigte Leser ahnt es, im konkreten Einzelfall.

Klar erscheint mir aber auch, dass „Profis" entsprechend vergütet werden wollen. Wir sollten uns von dem in der Praxis immer wieder noch anzutreffenden Gedanken lösen, dass im NPO-Bereich oder besser gesagt in der „Sozialwirtschaft" anders vergütet wird als in der sonstigen Wirtschaft. Wer, wie aus meiner Sicht die große Mehrheit, in der Stiftungswelt Professionalisierung fordert (siehe § 3 Rn 84), der muss auch für eine entsprechende Vergütung offen sein.

222 BFHE 186, 433 = DStR 1988, 1674. Dazu BMF BStBl I 2000, 815 = DStR 2000, 969.

Glücklicherweise hat uns *Sandberg* mit ihrer aktualisierten Vergütungsstudie aus dem Jahre 2014 einige empirisch belastbare Anhaltspunkte gegeben,[223] aber es bleibt dabei: Wir müssen im Einzelfall jeweils ganz genau hinschauen, was angemessen ist. Auf die **Empfehlungen des DZI** bei spendensammelnden (!) Organisationen, wonach ein Verwaltungskostenanteil von unter 10 % als „niedrig" und von 10 bis unter 20 % als „angemessen" sowie von 20 % bis 35 % als „vertretbar" bewertet wird, wird im vorliegenden Zusammenhang oftmals verwiesen.[224] Die Empfehlungen sind aber auch nur pauschal und eben nur für spendensammelnde Organisationen gedacht. Sie mögen als Faustregel dienen. Eine Faustregel ersetzt nicht den Blick auf den Sachverhalt im Einzelfall. 115

So sieht es übrigens auch der BFH,[225] was aber in der Praxis oftmals und nicht selten auch in der Fachliteratur übersehen wird, weshalb ich hier den BFH wörtlich zitieren möchte:

> *„Die Steuerbefreiung gemäß § 5 Abs. 1 Nr. 9 KStG und die Steuervergünstigung gemäß § 10b EStG werden gewährt, um steuerbegünstigte Zwecke zu fördern. Das Ziel wird verfehlt, wenn die Körperschaft die Spenden weitgehend nicht für ihre satzungsmäßigen steuerbegünstigten Zwecke, sondern für ihre eigene Verwaltung und die Spendenwerbung einsetzt. Das Gesetz enthält jedoch keine absoluten oder prozentualen Obergrenzen für die Verwaltungskosten und die Aufwendungen für Spendenwerbung. Entscheidendes Kriterium ist deshalb, ob bei Berücksichtigung der Umstände des Einzelfalles das Ausgabeverhalten der Körperschaft angemessen ist. Angemessen ist ein Ausgabeverhalten, wenn es wirtschaftlich sinnvoll ist und dazu beiträgt, dass ein möglichst hoher Anteil der Mittel unmittelbar und effektiv den hilfsbedürftigen Personen zugute kommt. Zu berücksichtigen ist auch, ob sich die Körperschaft noch in der Aufbauphase befindet, in der sie zunächst und unvermeidbar einen sehr hohen Anteil ihrer Mittel für die Verwaltung und Spendenwerbung verwenden muss."*

Im Sinne einer **Faustregel** lässt sich festhalten: Eine **Quote von 20 % bis 35 %** der Gesamtausgaben wird als vertretbar angesehen.[226] Eine Größenordnung von mehr als 50 % dürfte, auch wenn der BFH keine allgemeine Obergrenze 116

223 *Sandberg*, Führungskräfte in Stiftungen zwischen Ehrenamt und Spitzengehalt – Die Vergütungsstudie 2014, 2015. Siehe zuvor schon: *Sandberg/Mecking*, Vergütung haupt- und ehrenamtlicher Führungskräfte in Stiftungen – Die Ergebnisse der Vergütungsstudie 2007, 2007.

224 http://www.dzi.de/wp-content/pdfs_DZI/Verwaltungskostenkonzept.pdf.

225 BFH, Beschl. v. 23.9.1998 – I B 82/98 = BStBl II 2000, 320, 324.

226 Ausf. *Geserich*, DStR 2001, 604; *Schauhoff*, DStR 2002, 1694.

aufgestellt hat,[227] jedenfalls überzogen sein; in einem solchen Fall fehlt typischerweise die Selbstlosigkeit (§ 57 AO).[228] Klar erscheint mir, dass diese Sätze, die noch aus der „Vorzeit“ hoher Zinsen und geringer Fundraising-Konkurrenz und damit geringer Spendensammelkosten stammen, überdacht werden müssen. Klar erscheint mir dabei allerdings auch, dass der (wohl) typische Spender erwartet, dass der „Löwenanteil“ seiner Spende unmittelbar den gemeinnützigen Zwecken zufließt. Möglicherweise müssen auch wir Spender hier umdenken. Pauschale Denkansätze helfen hier jedenfalls, wie schon diese wenigen Gedanken zeigen, nicht wirklich und wirklich nicht immer weiter. Neue Sachverhalte erfordern neue Gedanken. Die Stiftungsfachwelt ist aufgerufen, sich diese zu machen und sie mit Blick auf den konkreten Einzelfall zu überprüfen und in der Praxis zu erproben.

117 Zu den Verwaltungskosten gehören, was mitunter in der Praxis in beteiligten Kreisen anders gesehen wird, ohne weiteres auch die **Kosten für die Vermögensverwaltung**. Es gilt nicht etwa ein Netto-Prinzip, wonach der Stiftung als Erträge aus der Vermögensverwaltung nur das zufließt, was ihr nach Abzug der zugehörigen Kosten für die Vermögensverwaltung verbleibt. Für die Netto-Auffassung gibt es keine rechtliche Begründung.

D. Unternehmerische Betätigung einer gemeinnützigen Stiftung

I. Steuerbefreiung nur bei Selbstlosigkeit

118 Voraussetzung für die Steuerbefreiung ist neben der Verfolgung steuerbegünstigter gemeinnütziger, mildtätiger und kirchlicher Zwecke, dass diese selbstlos verwirklicht werden. **Selbstlosigkeit** ist nach **§ 55 AO** gegeben, wenn eine Stiftung nicht in erster Linie eigenwirtschaftliche Zwecke verfolgt. Steuerschädlichen Interessen geht die Stiftung dann nach, wenn sie mit ihrer Tätigkeit eigene wirtschaftliche Interessen verfolgt und ihre Tätigkeit darauf abzielt, eigenes Einkommen zu erwirtschaften und das eigene Vermögen zu mehren.

119 Die Steuerbefreiung für gemeinnützige Stiftungen wird deshalb in den einzelnen Steuergesetzen in der Regel insoweit aufgehoben, wie die Stiftung einen wirtschaftlichen Geschäftsbetrieb unterhält. Das hat seinen Grund insbesondere darin, dass die Steuerbefreiung eines wirtschaftlichen Geschäftsbetriebes zu unhaltbaren, volkswirtschaftlich nicht erwünschten Wettbewerbsvorteilen für diesen Betrieb führen würde. Die Steuerbefreiung entfällt für den wirt-

227 Siehe BFH BFH/NV 1999, 1055 und 1089 sowie DStR 1998, 1674.
228 Siehe auch *Geserich*, DStR 2001, 604 (606) m.w.N. zur Rspr. des BFH.

schaftlichen Geschäftsbetrieb, aber grundsätzlich auch nur insoweit, d.h. nicht für sonstige Bereiche der gemeinnützigen Stiftung.

Trotz des gegenteiligen Wortlauts in § 55 Abs. 1 Nr. 1 S. 1 AO können auch steuerbefreite Kapitalgesellschaften ganz ausnahmsweise **Gewinnausschüttungen an ihre Gesellschafter** – beispielsweise eine Stiftung – vornehmen, aber nur wenn diese ebenfalls steuerbefreit sind und diese Mittel zeitnah, ausschließlich und unmittelbar für steuerbegünstigte Zwecke verwenden.[229] Denn damit bleibt der Gewinn im gemeinnützigen Bereich. 120

II. Wirtschaftlicher Geschäftsbetrieb

1. Definition

Der Begriff des **wirtschaftlichen Geschäftsbetriebes**[230] (§ 64 AO i.V.m. § 14 AO) ist nicht identisch mit dem Begriff des Gewerbebetriebes des § 15 EStG. Ein wirtschaftlicher Geschäftsbetrieb ist weiter zu verstehen und umfasst jede selbstständige nachhaltige Tätigkeit, durch die Einnahmen oder andere wirtschaftliche Vorteile erzielt werden und die über den Rahmen einer Vermögensverwaltung hinausgeht.[231] Es müssen aber in jedem Fall alle Tatbestandsvoraussetzungen des § 14 AO gegeben sein. Die Absicht, einen Gewinn zu erzielen, ist für einen wirtschaftlichen Geschäftsbetrieb nicht erforderlich (§ 14 S. 2 AO). 121

Beispiele: Wirtschaftlicher Geschäftsbetrieb einer gemeinnützigen Stiftung 122
Basare oder Flohmärkte, sonstige Verkaufsaktivitäten (z.B. Museumsshop), Restauration, Karnevalsbälle, entgeltliche Dienstleistungen (z.B. Ausrichtung von Tagungen für andere), der Verkauf von Karnevalsorden.[232] Entsprechende Aktivitäten mit nur geringem Umsatz hat der Gesetzgeber allerdings aus der Besteuerung herausgenommen.

Nachfolgend werden verschiedene Steuerrechtsfragen im Zusammenhang mit dem wirtschaftlichen Geschäftsbetrieb zu behandeln sein. Es stellen sich aber in der Praxis auch „unerwartete“ weitere Fragen, die im ehrenamtlichen Eifer gerne übersehen werden. Dafür will ich hier ein Beispiel nennen. 123

229 Ausf. dazu *Gietz/Sommerfeld*, BB 2001, 1501.

230 Siehe dazu insb. *Götz*, NWB 2008, F. 2, 9757 (9768 ff.); *Buchna/Seeger/Brox*, S. 289 ff.; Schauhoff/*Butt*, § 8 Rn 37 ff.

231 BFH BStBl II 1996, 583 (585); FG Köln EFG 1997, 485.

232 Siehe dazu *Ritter*, StiftungsBrief 2012, 145 ff.

Praxisbeispiel: „Gemeinnütziger Verein darf ohne Erlaubnis keine Hunde verkaufen“
Der Tierschutzverein brachte Hunde aus dem Ausland nach Deutschland und gab sie gegen eine „Schutzgebühr“ an neue Halter ab.[233] Der Verein, dessen Mitstreiter nach ihrem Selbstverständnis ohne weiteres den ideellen Vereinszwecken dienten, durfte an sich steuerrechtlich durchaus in Teilen einen solchen wirtschaftlichen Geschäftsbetrieb unterhalten. Die für den Verein handelnden Personen hatten allerdings einen entscheidenden Punkt übersehen. Die Steuerbefreiung war hier nicht das entscheidende Thema. Die zuständige Behörde musste dem Verein nach § 11 Abs. 3 S. 2 TierSchG den Hundehandel untersagen, weil die erforderliche Erlaubnis für das gewerbsmäßige Handeln mit Wirbeltieren fehlte.
In ähnlicher Weise wird etwa auch mitunter übersehen, dass man in einigen Ländern etwa für „Straßensammlungen“ noch eine Erlaubnis nach dem **Landessammlungsgesetz** benötigt. Beispiel: Rheinland-Pfalz.

2. Steuerunschädliche Vermögensverwaltung

a) Abgrenzung

124 Eine **Vermögensverwaltung**, die der Steuerbefreiung nicht entgegensteht,[234] liegt in der Regel vor, wenn Vermögen genutzt, z.B. Kapitalvermögen verzinslich angelegt oder unbewegliches Vermögen vermietet oder verpachtet wird (§ 14 S. 3 AO). Eine gemeinnützige Beteiligungsträgerstiftung vereinnahmt die Ausschüttungen einer Tochterkapitalgesellschaft steuerfrei.[235] Die Körperschaftsteuerbelastung von 15 v.H. bei der ausschüttenden Tochterkapitalgesellschaft wird im Ergebnis zur definitiven Steuerbelastung bei der gemeinnützigen Stiftung. Hinzu kommt allerdings noch die „örtliche“ Gewerbesteuer der Tochterkapitalgesellschaft.

125 Die einbehaltene, bei Ausschüttungen der Kapitalgesellschaft fällige Kapitalertragsteuer beträgt 25 % (§ 43a Abs. 1 S. 1 Nr. 1 EStG) und wird der steuerbefreiten Stiftung auf Antrag vom Bundesamt für Finanzen nach § 44b EStG erstattet.

---

233 Nachricht in StiftungsBrief 2013, 102 unter Hinweis auf OVG NRW v. 14.3.2013 – 20 B 34/1.

234 Ausf. *Eversberg*, in: FS Spiegelberger, 2009, S. 1272 ff. Siehe auch *Tönies*, Stiftung & Sponsoring 2/2001, 28; *Schindler*, BB 2000, 2077. Siehe zur Abgrenzung auch FG München, Urt. v. 29.6.2010 – 1 K 2663/07 = DStRE 2011, 995 f, bestätigt durch BFH Urt. v. 11.10.2012 – IV R 32/10 (US-Lebensversicherungszweitmarkfonds).

235 Siehe etwa *Götz*, NWB 2008, F. 2, 9757 (9772).

b) Beteiligung einer steuerbegünstigten Stiftung an Kapitalgesellschaften

Anders als Beteiligungen an einer Personengesellschaft (siehe dazu sogleich Rn 132 ff.) ist die Beteiligung einer steuerbegünstigten Stiftung an einer **Kapitalgesellschaft** (AG, GmbH), ebenso wie der Erwerb und die Verwaltung von Wertpapieren, grundsätzlich als Vermögensverwaltung[236] einzustufen.[237] Ein wirtschaftlicher Geschäftsbetrieb ist hier im Einzelfall ausnahmsweise nur dann gegeben, wenn die steuerbegünstigte Stiftung auf die laufende Geschäftsführung der Kapitalgesellschaft, an der sie beteiligt ist, tatsächlich in erheblichem Maße Einfluss nimmt.[238] 126

- Ob das bereits bei einer **„beherrschenden Gesellschafterstellung"** oder nur bei einer „Mehrheitsbeteiligung" anzunehmen ist, hängt von der konkreten Ausgestaltung des Einzelfalles ab. Bei einer entsprechenden Gestaltung kann eine Stiftung jedenfalls auch 100 % der Anteile an einer GmbH halten, ohne ihre Steuerbefreiung wegen Gemeinnützigkeit zu verlieren.
- Die betreffende Einflussnahme auf die Geschäftsführung ist dann ohne Bedeutung, wenn die Kapitalgesellschaft selbst ausschließlich Vermögensverwaltung betreibt.[239]
- Mit dem BFH[240] ist davon auszugehen, dass nur ein **aktives Eingreifen** in die Geschäftsführung der Kapitalgesellschaft bewirken kann, dass ein wirtschaftlicher Geschäftsbetrieb entsteht; die bloße Möglichkeit des Eingriffs genügt nicht.[241] Die in der Literatur vertretene Auffassung, bereits die Wahrnehmung gesetzlich vorgesehener Gesellschafterrechte führe dazu, dass die Beteiligung als wirtschaftlicher Geschäftsbetrieb anzusehen sei,[242] ist abzulehnen.[243] Ein „schädlicher" entscheidender Einfluss auf die laufende Geschäftsführung ist in einem Fall der „bloßen Möglichkeit der Einflussnahme" aber wohl dann anzunehmen, wenn die Geschäftsführungsorgane der gemeinnützigen Körperschaft und der Beteiligungsgesellschaft identisch sind (Personalunion).

---

236 Ausf. und anschaulich zur Abgrenzung *Götz*, NWB 2008, F. 2, 10107 (10111 ff.); siehe auch *Werner*, GmbHR 2003, 331. *Kiefer*, Die Abgrenzung von Vermögensverwaltung und wirtschaftlichem Geschäftsbetrieb – unter besonderer Berücksichtigung der Stiftungsproblematik, 2000.

237 Allg. zur Beteiligung gemeinnütziger Körperschaften an Kapital- und Personengesellschaften: *Augsten*, ZStV 2012, 21 ff.; *Klümpen-Neusel*, StiftungsBrief, 2011, 205 ff.

238 BFH BStBl II 1971, 753; Klein/*Gersch*, AO, § 14 Rn 18 m.w.N.

239 *Kümpel*, DStR 1999, 1505 (1508); AEAO Nr. 3 Satz 6 zu § 64 Abs. 1 AO.

240 BFH BStBl II 1971, 753; wie hier *Götz*, NWB 2008, F. 2, 10107 (10112).

241 *Kümpel*, DStR 1999, 1505 (1508).

242 *Roolf*, DB 1985, 1156 (1157).

243 Wie hier *Götz*, NWB 2008, F. 2, 10107 (10112); *Kümpel*, DStR 1999, 1505 (1508); *Schick*, DB 1985, 1812.

- Wenn einige Stimmen in der Literatur einschränkend verlangen, eine Stiftung dürfe steuerunschädlich lediglich „reine Überwachungstätigkeit“ entfalten,[244] wird von diesen übersehen, dass eine Stiftung dem Gebot der ordnungsmäßigen Vermögensverwaltung und der Erhaltung des Vermögensbestands verpflichtet ist, so dass der Gebrauch der Gesellschafterrechte nicht dazu führen kann, dass die Beteiligung als wirtschaftlicher Geschäftsbetrieb angesehen wird.[245]
- Tritt eine Beteiligungsträgerstiftung als eine die Leitungsmacht ausübende **Holding** auf,[246] die an mehreren Gesellschaften beteiligt ist, kann sie der Steuerpflicht nicht entgehen.[247]
- Schwierig ist in diesen Fällen auch die Frage des **Ausgleichs etwaiger Verluste** des steuerpflichtigen wirtschaftlichen Geschäftsbereichs der Stiftung, die nach herkömmlicher Auffassung grundsätzlich den gemeinnützigen Bereich nicht belasten dürfen.[248] Werden bei dem wirtschaftlichen Geschäftsbetrieb laufend **Verluste** erzielt, kann das wegen Mittelfehlverwendung zum Verlust der Steuerbefreiung führen.[249] Es besteht zur Wahrung der Gemeinnützigkeit jedoch die Möglichkeit, den Geschäftsbetrieb gegen Gewährung von Gesellschaftsrechten steuerneutral nach § 20 UmwStG in eine Kapitalgesellschaft einzubringen (siehe auch § 6 Rn 13 ff.). Die bei der zwischengeschalteten Kapitalgesellschaft anfallenden Verluste sollen nicht die Gemeinnützigkeit der Stiftung als solche bedrohen, da sie nicht mehr „automatisch“ zu einer Minderung des Vermögens bzw. der Erträge innerhalb des ideellen Bereichs der gemeinnützigen Stiftung führen, sondern in der Beteiligungskapitalgesellschaft gleichsam thesauriert werden.[250] Die Einzelheiten dazu erscheinen jedoch gegenwärtig noch nicht als abschließend diskutiert, so dass vor einer solchen Gestaltung eine **verbindliche Auskunft der Finanzverwaltung** (siehe § 8 Rn 76) eingeholt werden sollte. Hier sind angesichts der aktuellen Entwicklungen und Erfordernisse unseres Gemeinwesens neue Denkansätze und ein neues Verständnis der bestehenden Regelungen erforderlich, die den bisherigen steuerlichen Rahmen verlassen, den die Finanzverwaltung setzen zu müssen meint. So verlangt etwa der Ansatz des PPP gerade im Interesse der Allgemeinheit, das durch das Gemeinnützig-

---

244 *Hennerkes/Binz/Sorg*, DB 1986, 2217 (2220).

245 Wie hier *Götz*, NWB 2008, F. 2, 10107 (10112); *Lex*, DB 1997, 349 (350); *Schick*, DB 1985, 1812 (1814).

246 Zur Zulässigkeit einer Stiftung als Konzernspitze/Holding siehe *Schwintowski*, NJW 1991, 2736; siehe auch *Rothemann*, Holdingstrukturen und Gemeinnützigkeit, 2011.

247 *Götz*, NWB 2008, F. 2, 10107 (10113).

248 AEAO Nr. 3 bis 7 zu § 55 Abs. 1 Nr. 1 AO; *Buchna/Seeger/Brox*, S. 138 ff.

249 BFH BStBl II 1998, 711; *Buchna/Seeger/Brox*, S. 139 f.

250 So ausdrücklich *Götz*, NWB 2008, F. 2, 10107 (10114 f.).

keitsrecht gefördert werden soll, ein neues Denken. Wir alle sollten uns vor Augen führen müssen, dass das Gemeinnützigkeitsrecht zwar das Bemühen um einen wirtschaftlichen Erfolg verlangt, jedoch naturgemäß nicht etwa den wirtschaftlichen Erfolg selbst.[251] Einen wirtschaftlichen Erfolg kann man nicht als sicher verlangen, man kann sich nur um ihn bemühen.

- Von der im vorstehenden Punkt angesprochenen Frage ist die zu unterscheiden, ob auch **Verluste aus steuerunschädlicher Vermögensverwaltung** die Gemeinnützigkeit gefährden können. Einzelheiten sind umstritten.[252] Aus Sicht der Finanzverwaltung gelten die einschlägigen Regelungen zum Verlustausgleich beim steuerpflichtigen wirtschaftlichen Geschäftsbetrieb (AEAO Nr. 3 bis 7 zu § 55 AO) entsprechend.[253]

Praxishinweis: Verdeckte Gewinnausschüttung bei Stiftungen? 127
Verdeckte Gewinnausschüttungen dürfen bekanntlich das Einkommen einer Körperschaft nicht mindern (§ 8 Abs. 3 KStG). Die Finanzverwaltung fasst ausgesprochen viele Sachverhalte unter den von ihr weit verstandenen Begriff der verdeckten Gewinnausschüttung.[254] Hier kann es auch im Zusammenhang mit Stiftungen zu Problemlagen kommen. Denken wir nur an den Fall, dass eine GmbH, an der der Stifter zu 100 % beteiligt ist, an „dessen" Stiftung „spendet" (siehe auch oben Rn 57 ff.).

Angesichts der aktuell schlechten Situation am Kapitalmarkt stellt sich die 128
Frage nach weiteren **Grenzen der Vermögensverwaltung bei der gemeinnützigen Stiftung**. Folgende Punkte erscheinen mir aktuell generell wesentlich:

- Klar ist erstens, dass die Vermögensverwaltung als Mittel zur Zweckerfüllung der Stiftung erfolgen darf. Das erkennt auch die Finanzverwaltung in der AEAO an.[255]
- Klar ist über diese Selbstverständlichkeit hinaus zweitens aber auch, dass insbesondere eine gemeinnützige Stiftung ihr Vermögen nicht ungenutzt lassen darf, d.h. es **muss** eine Vermögensverwaltung zur Erwirtschaftung von Mitteln für die „zeitnahe" Zweckerfüllung (siehe Rn 84 ff.) erfolgen und zudem darf eine Stiftung nicht dauerhaft Verluste erwirtschaften (siehe Rn 126).[256] Das entspricht dem bereits (siehe § 5 Rn 93) angesprochenen

251 In dieser Richtung auch *Schauhoff*, DStR 1998, S. 701 (705); *ders.*, DStR 2004, 471 (474).

252 *Buchna/Seeger/Brox*, S. 148 ff.; *Orth*, DStR 2009, 1397 ff.

253 AEAO Nr. 8 zu § 55 Abs. 1 Nr. 1 AO.

254 Siehe etwa *Schwedhelm*, in: Streck, KStG, § 8 Rn 142 ff.; *Wagner*, DStR 2011, 1594 ff.; *Schauhoff/Kirchhain*, Stiftungswelt 03/2011, 70 ff.; *Müller-Stüler*, StiftungsBrief 2012, 27 ff. zu BFH, Urt. v. BFH, 12.10.2010 – I R 59/09.

255 Siehe AEAO Nr. 1 zu § 56 AO.

256 Vgl. AEAO Nr. 3 i.V.m. Nr. 3–7 zu § 55 Abs. 1 Nr. 1 AO; siehe dazu etwa auch *Sauer/Schwarz*, StiftungsBrief 2013, 66.

grundlegenden Gedanken, dass zur Vermögensverwaltung „Vergraben alleine nicht genügt".

129 Bei einer **Beteiligung an einer gewerblichen Kapitalgesellschaft** ist entscheidend, dass die gemeinnützige Stiftung nachhaltig ausreichende Erträge für ihre Zweckerfüllung erhält, wobei es nicht entscheidend ist, ob es sich um eine Mehrheits- oder um eine Minderheitsbeteiligung der Stiftung an der Gesellschaft handelt.[257] Da sind in der Praxis nicht selten Zielkonflikte zwischen gemeinnütziger Stiftung und gewerblich tätiger GmbH vorgeprägt.

Beispielsweise will einerseits die Stiftung erhebliche Ausschüttungen für ein großes soziales Projekt, während der GmbH-Geschäftsführer andererseits von der Stiftung als Gesellschafterin den Verzicht auf Ausschüttungen fordert, weil aus seiner Sicht unbedingt im Unternehmen zusätzliche Liquidität neben den bestehenden Bankkrediten für eine wichtige, zukunftsweisende Investition erforderlich ist. Das erfordert von den Stiftungsorganen Verständnis für die Gegebenheiten der Wirtschaftswelt und von der GmbH-Geschäftsführung Verständnis für die Welt der Gemeinnützigkeit. Beides kann man in der Praxis nicht ohne weiteres voraussetzen. Es fordert tatsächlich Menschen mit bestimmten, nicht ganz häufigen Erfahrungen, nämlich möglichst mit solchen aus beiden Bereichen (Wirtschaftswelt und Gemeinnützigkeitswelt). Solche umfassenderen Erfahrungen finden sich in der heuten Zeit der zunehmend geforderten fachlichen Spezialisierung leider immer seltener.

130 Zur Besteuerung von **Anteilen an einer gemeinnützigen Kapitalgesellschaft** gibt es gleichlautende (koordinierte) Erlasse der Obersten Finanzbehörden der Länder vom 9.10.2013,[258] die sich ausschließlich auf unentgeltliche oder teilweise unentgeltliche („gemischte Schenkung") Übertragungen von Anteilen an einer gemeinnützigen GmbH auf eine nicht gemeinnützige Privatperson beziehen. Das ist eine Konstellation, die bei einer an einer gGmbH beteiligten gemeinnützigen Stiftung schon mit Blick auf den Vermögenserhaltungsgrundsatz (siehe § 5 Rn 56 ff.) in aller Regel nicht vorkommen sollte. Der umgekehrte Fall kann jedoch zur Entscheidung anstehen: Eine gemeinnützige Stiftung möchte von einem privaten Gesellschafter dessen Anteile an einer gGmbH erwerben, etwa um mit Blick auf den Zweck der gGmbH ihren eigenen Zweckbetrieb (siehe Rn 150 ff.) zu erweitern. Dabei wird gerne eine steuerliche Barriere übersehen:

Nach § 11 Abs. 2 BewG sind die Anteile an einer Kapitalgesellschaft steuerlich zwar an sich mit dem gemeinen Wert anzusetzen, wobei der der Substanzwert

257 So auch *Sauer/Schwarz*, StiftungsBrief 2013, 66, 69.
258 BStBl I 2013, 1362 = DStR 2013, 2514; ausf. dazu *Kirchhain/Larenz*, DStR 2014, 1941.

der Gesellschaft nicht unterschritten werden darf.[259] Nach § 55 Abs. 1 Nr. 1 S. 2 und Nr. 2 AO dürfen die Gesellschafter einer steuerbegünstigten, gemeinnützige Zwecke verfolgenden Körperschaft jedoch keine Gewinnanteile oder sonstigen Zuwendungen aus Mitteln der Körperschaft erhalten und bei ihrem Ausscheiden oder bei Auflösung oder Aufhebung der Körperschaft nicht mehr als ihre eingezahlten Kapitalanteile und den gemeinen Wert ihrer geleisteten Sacheinlagen zurückerhalten. Damit ist der Kauf solcher Anteile zu einem Marktwert grundsätzlich ausgeschlossen. Der BFH sieht hier grundsätzlich eine Mittelfehlverwendung, und zwar gegebenenfalls sogar einen so schwer wiegenden Verstoß gegen § 55 Abs. 1 Nr. 1 bis 3 AO vor, der die Anwendung des § 61 Abs. 3 AO ermöglicht:[260]

> *„Wie die Klägerin zutreffend vorträgt, sind Anteile an einer gemeinnützigen GmbH, deren steuerbegünstigte Zwecke auch nach dem Anteilseignerwechsel weiterverfolgt werden sollen, für einen steuerpflichtigen Erwerber nicht mehr wert als höchstens der Nominalwert der Anteile zuzüglich des gemeinen Werts der vom bisherigen Gesellschafter geleisteten Sacheinlagen. Denn nur diese, nicht dagegen Gewinne, dürfen an den Gesellschafter ausgekehrt werden (§ 55 Abs. 1 Nr. 1 und 2 AO). Zahlt daher eine steuerbegünstigte Körperschaft für Anteile an einer gemeinnützigen Kapitalgesellschaft einem steuerpflichtigen Anteilseigner mehr als diese Beträge, liegt darin regelmäßig eine Mittelfehlverwendung i.S.d. § 55 Abs. 1 Nr. 1 S. 1 AO, weil dem bisherigen Anteilseigner mehr als der Wert entgolten wird, der den Anteilen bei Fortführung des steuerbegünstigten Zwecks zukommt. Eine steuerbegünstigte Körperschaft darf zwar auf das Vermögen einer von ihr erworbenen steuerbefreiten Kapitalgesellschaft zugreifen, allerdings nur zur Verwendung für steuerbegünstigte Zwecke. Diese Mittel dürfen aber – jedenfalls bei einem steuerpflichtigen Veräußerer – nicht Maßstab für die Bemessung des Kaufpreises für die Anteile an der Kapitalgesellschaft sein, weil andernfalls über den Kaufpreis Gewinne früherer Jahre sowie in anderer Weise erworbenes und gemeinnützigkeitsrechtlich gebundenes Vermögen der erworbenen Kapitalgesellschaft entgegen § 55 Abs. 1 Nr. 1 bis 3 AO an den vormaligen Gesellschafter ausgekehrt würde. Gemeinnützigkeitsrechtliche Einschränkungen des § 55 Abs. 1 AO werden umgangen, wenn dem Gesellschafter mit seinem Ausscheiden über den Kaufpreis aus der steuerbegünstigten Körperschaft genau die Mittel zugewendet werden, die im Fall einer Ausschüttung an ihn wegen Verstoßes gegen § 55 Abs. 1 Nr. 1 bis 3 AO zur*

259 Siehe dazu und zum Folgenden etwa die koordinierten Ländererlasse, BStBl I 2013, 1362 = DStR 2013, 2514, unter Ziffer 1. und 2.

260 BFH, Urt. v. 12.10.2010 – I R 59/09 = BFH/NV 2011, 329; siehe dazu zustimmend *Kohlhepp*, DB 2011, 92; *Wallenhorst*, DStR 2011, 698.

Aberkennung der Gemeinnützigkeit der Körperschaft führen würden. Dies gilt unabhängig davon, ob die Mittel – wie hier – aus dem Vermögen der erworbenen steuerbegünstigten Kapitalgesellschaft oder aus dem Vermögen der steuerbegünstigten Muttergesellschaft selbst an den ehemaligen Gesellschafter geleistet werden.“

131 Soweit ersichtlich sieht das nur *Hüttemann* etwas „gemäßigter“.[261] Er sieht für die BFH-Entscheidung keine gesetzliche Grundlage, weil eine steuerliche Gleichbehandlung von Gewinnausschüttungen und Veräußerungsgewinnen keineswegs selbstverständlich sei. Aus Sicht des Erwerbers sieht er bei einem angemessenen Kaufpreis eine zulässige Mittelverwendung durch den Erwerber (§ 58 Nr. 2 AO). Der Veräußerer habe seinen Gewinn u.U. nach § 17 EStG zu versteuern. *Hüttemann* verweist zudem darauf, dass es dem gemeinnützigen Erwerber nach § 55 Abs. 1 Nr. 3 AO nur „verboten“ sei, einen „unangemessenen“ Kaufpreis zu zahlen, der Kaufpreis sei aber angesichts des wirtschaftlichen Wertes der Anteile nicht unangemessen. Der für den Veräußerer in dem Zusammenhang erforderliche vorherige Ausstieg aus der Gemeinnützigkeit führe, so meint *Hüttemann* weiter, für diesen im Ergebnis aufgrund der zehnjährigen Nachversteuerung zu einer entsprechenden Belastung, die als „latente Steuerlast“ den angemessenen Wert unter fremden Dritten entsprechend verringere.

Tatsächlich dürften die Dinge in der Praxis trotz der an sich überzeugenden Argumentation von *Hüttemann* komplizierter liegen. Die latente Steuerlast wird man als reale Bedingung für den Anteilsverkauf sehen müssen, die der Veräußerer typischerweise erstattet haben will, womit sie zumindest aus seiner Sicht gerade nicht wertmindernd ist. Welche gemeinnützige Stiftung wird zudem schon sehenden Auges an einer solchen – aus Sicht des BFH – Umgehung des § 55 Abs. 1 AO für den Veräußerer mitwirken wollen? Damit bleibt in der Praxis wohl nur der Weg über eine verbindliche Auskunft der Finanzverwaltung, wenn die gemeinnützige Stiftung (d.h. ihre Organmitglieder) hier nicht den Kopf in den Sand stecken und sich Problemen aussetzen will.

c) Beteiligung an gewerblich geprägter Personengesellschaft

132 **Beteiligungen an einer Personengesellschaft** (OHG, KG) werden steuerlich in aller Regel als wirtschaftlicher Geschäftsbetrieb (Mitunternehmerschaft) eingestuft.[262] Das gilt jedoch ausnahmsweise nicht im Falle einer rein **vermögensverwaltenden Tätigkeit** der betreffenden Personengesellschaft.[263]

---

261 *Hüttemann*, Rn 2.18.

262 Siehe nur *Buchna/Seeger/Brox*, S. 295 ff. und 299 ff.; *Kümpel*, DStR 1999, 1505 (1507).

263 BFH BStBl II 1984, 751.

Auch nach Ansicht des Hess. FG unterhält eine gemeinnützige Stiftung durch eine Beteiligung an einer gewerblich geprägten Personengesellschaft, die vermögensverwaltend tätig ist, **keinen wirtschaftlichen Geschäftsbetrieb.**[264] Der **BFH** hat sich in der Revisionsinstanz aus den schon hier dargestellten Gründen ausdrücklich der Ansicht des Hess. FG angeschlossen.[265] Auch die Finanzverwaltung hat sich in Abweichung von dem AEAO 2012 im **AEAO 2014** (Nr. 3 zu § 64 Abs. 1 AO) dieser Auffassung des BFH ausdrücklich angeschlossen.[266] Das **FG Niedersachsen** hat ebenfalls dahingehend entschieden.[267] Das **FG Düsseldorf** hat es hingegen anders gesehen.[268] Danach soll die BFH-Rechsprechung nicht für gewerblich „infizierte" Einkünfte aus einer sogenannten Besitzgesellschaft gelten.[269]

Die Rechtslage ist also durchaus kompliziert. Ich möchte deshalb beispielhaft den Fall des Hess. FG näher betrachten. Die Verfahrensbeteiligten stritten darüber, ob die klagende gemeinnützige Stiftung durch ihre Beteiligungen an gewerblich geprägten Personengesellschaften, die jeweils vermögensverwaltend tätig sind, einen steuerpflichtigen, wirtschaftlichen Geschäftsbetrieb betreibt oder ob es sich insoweit um steuerfreie Vermögensverwaltung handelt. Ersteres meinte das zuständige FA und letzteres die klagende gStiftung. In einem Bescheid über die einheitliche und gesonderte Gewinnfeststellung der Personengesellschaften sind deren Einkünfte und die aus den Beteiligungen wegen der Fiktion des § 15 Abs. 3 Nr. 2 EStG als gewerbliche Einkünfte festgestellt worden. Das Finanzamt sah die Einkünfte als solche aus einem steuerpflichtigen wirtschaftlichen Geschäftsbetrieb (§ 14 AO) und die Feststellung der Gewerblichkeit der Einkünfte durch das für die Personengesellschaften zuständige FA für die Qualifizierung als wirtschaftlicher Geschäftsbetrieb als maßgebend an. 133

Das Hess FG sah die Gewinne aus den Beteiligungen an den Personengesellschaften als solche aus **steuerfreier Vermögensverwaltung**. Es gab damit der gemeinnützigen Stiftung Recht und hat seine Entscheidung insb. mit folgenden Erwägungen **begründet**, die ich hier ausführlicher wiedergeben möchte, weil 134

264 FG Hess., Urt. v. 23.6.2010 – 4 K 2258/09 = EFG 2011, 23.

265 BFH, Urt. v. 25.5.2011 – I R 60/10 = DStR 2011, 1460 ff. m. Anm. *Kraft*; siehe auch *Seemann*, FuS 2011, S. 140 f.; *Weisheit*, DB 2012, 142 ff.; *Kraft*, ZStV 2011, 201 (202 ff.); *Thomalla*, BB 2012, 490 ff.; *Ritter*, StiftungsBrief 2014, 54 ff. – auch zu den beiden neueren FG-Urteilen.

266 Siehe dazu etwa *Hüttemann*, DB 2014, 442, 448.

267 Nieders. FG, Urt. v. 10.10.2013 – 10 K 158/13: Die Beteiligung einer gemeinnützigen Stiftung an einer gewerblich geprägten GmbH & Co KG begründet keinen wirtschaftlichen Geschäftsbetrieb (Revision ist anhängig).

268 FG Düsseldorf, Urt. v. 17.9.2013 – 6 K 2430/13 K = EFG 2013, 1958.

269 Siehe *Ritter*, StiftungsBrief 2014, 54, 57.

sie, wie ich mehrfach aus der Praxis gehört habe, auf den ersten Blick überraschen, bei näherer Betrachtung aber aus meiner Sicht sehr wohl überzeugen:

- Gemeinnützige Körperschaften sind gemäß § 5 Abs. 1 Nr. 9 S. 1 KStG von der Körperschaftsteuer befreit. Die Befreiung ist ausgeschlossen, soweit ein wirtschaftlicher Geschäftsbetrieb unterhalten wird (§ 5 Abs. 1 Nr. 9 S. 2 KStG).
- Ein wirtschaftlicher Geschäftsbetrieb ist nach § 14 S. 1 AO eine selbstständige nachhaltige Tätigkeit, durch die Einnahmen oder andere wirtschaftliche Vorteile erzielt werden und die über den Rahmen einer Vermögensverwaltung hinausgeht. Nicht erforderlich ist dabei die Absicht, Gewinn zu erzielen (§ 14 S. 2 AO); auch eine Beteiligung am allgemeinen wirtschaftlichen Verkehr ist nicht erforderlich.
- Begrifflich besteht nach Ansicht des FG kein Zweifel daran, dass ein Gewerbebetrieb im Sinne des § 15 Abs. 2 EStG zugleich ein wirtschaftlicher Geschäftsbetrieb im Sinne des § 14 AO ist.[270] Für die Beteiligungen an einer gewerblich tätigen Personengesellschaft, bei der der Gesellschafter als Mitunternehmer anzusehen ist, kann aus Sicht des Hess. FG nichts anderes gelten.[271] Die Gewinnanteile stellen, wenn Gesellschafter eine gemeinnützige Körperschaft ist, bei dieser einen wirtschaftlichen Geschäftsbetrieb dar. Dies folgt aus dem System der Besteuerung von Mitunternehmerschaften und gilt, wie das FG betont, gleichermaßen für Kommanditbeteiligungen.
- Etwas anderes gilt jedoch dann, so das FG, wenn es sich bei der Kommanditbeteiligung um eine **Beteiligung an einer gewerblich (nur) geprägten Personengesellschaft** handelt, die vermögensverwaltend tätig ist. Eine solche Personengesellschaft erfüllt mangels gewerblicher Tätigkeit weder die Voraussetzungen des wirtschaftlichen Geschäftsbetriebes noch die eines Gewerbebetriebes im Sinne des § 15 Abs. 2 EStG. Gleichwohl sind die aus der Tätigkeit erzielten Einkünfte aufgrund der Fiktion des § 15 Abs. 3 Nr. 2 EStG einkommensteuerrechtlich als gewerbliche Einkünfte zu qualifizieren. Diese Fiktion gilt jedoch, wie das FG betont, mangels entsprechender Verweisungsnorm nicht für den Bereich der Abgabenordnung, so dass wegen der Ausübung einer vermögensverwaltenden Tätigkeit eben kein wirtschaftlicher Geschäftsbetrieb gegeben ist. Nach der aktuellen Rechtsprechung des BFH betreibe eine Personengesellschaft nur dann einen Gewerbebetrieb, wenn die Gesellschafter in ihrer Verbundenheit zur Personengesellschaft tatsächlich ein gewerbliches Unternehmen im Sinne des § 15 Abs. 2 EStG ausüben.[272]

---

270 BFH, Urt. v. 21.5.1997 – I R 164/94 = BFH/NV 1997, 825.
271 BFH, Urt. v. 27.3.2001 – I R 78/99 = BStBl II 2001, 449 m.w.N.
272 BFH, Urt. v. 25.6.1984 – GrS 4/82 = BStBl II 1984, 751.

- Soweit in der Kommentarliteratur vertreten wird, dass eine Beteiligung an einer mitunternehmerischen – auch an einer gewerblich geprägten (§ 15 Abs. 3 Nr. 2 EStG) – Personengesellschaft stets als wirtschaftlicher Geschäftsbetrieb anzusehen ist,[273] verkennen die Kommentatoren aus Sicht des Hess. FG, dass nur ein originärer Gewerbebetrieb gleichzeitig die Tatbestandsmerkmale eines wirtschaftlichen Geschäftsbetriebs erfüllt.
- Etwas anderes ergibt sich nach Ansicht des FG auch nicht aus der Bindungswirkung der einheitlichen und gesonderten Feststellung zu den fraglichen Gesellschaften. Zwar habe, so das FG, das Betriebsstätten-Finanzamt mit bindender Wirkung (§ 182 Abs. 1 AO) festgestellt, dass die Klägerin aus diesen Beteiligungen Einkünfte aus Gewerbebetrieb erzielt hat (§ 180 Abs. 1 Nr. 2a AO). Dies bedeute jedoch nicht sogleich die Feststellung, dass die Klägerin einen wirtschaftlichen Geschäftsbetrieb unterhielt. Zwar werde im Rahmen des Feststellungsbescheides die Art der erzielten Einkünfte der Personengesellschaft verbindlich festgestellt, insoweit handele es sich auch um ein gemeinschaftlich verwirklichtes Tatbestandsmerkmal. Darüber aber, ob die stets gewerblichen Einkünfte im Rahmen der Gemeinnützigkeit auch steuerbefreit sind, werde erst im Rahmen der Steuerveranlagung der Klägerin entschieden. Wenn die Kommanditbeteiligung nicht als Mitunternehmerschaft an einem gewerblichen Unternehmen angesehen werden könne, weil die Gesellschaft nur eine vermögensverwaltende Tätigkeit ausübe, liege bloße Vermögensverwaltung und damit kein wirtschaftlicher Geschäftsbetrieb vor.
- Der Zweck des Feststellungsverfahrens, verbindliche Vorgaben für alle (materiellrechtlich) an der Einkunftsquelle Beteiligten zu liefern und divergierende Entscheidungen der Finanzämter möglichst auszuschließen, stehe dieser Beurteilung nicht entgegen. Es bestehe ein (wesentlicher) Unterschied zwischen der Art der einkommensteuerlichen Einkünfte, die für alle Beteiligten einheitlich festgestellt werden und dem Umstand, ob die erzielten Gewinne bei dem Einzelnen den Tatbestand eines wirtschaftlichen Geschäftsbetriebes erfüllen. § 14 AO regele insoweit nicht die objektive Steuerpflicht nach den Einzelsteuergesetzen, sondern nur eine sachliche Eingrenzung der subjektiven Steuerbegünstigung. Dabei komme es für die Qualifizierung der Einkünfte, ausgehend vom Sinn und Zweck der Regelung über das Vorliegen eines wirtschaftlichen Geschäftsbetriebes (§ 14 AO), entscheidend darauf an, ob die Klägerin durch die Beteiligung eine wettbewerbsrelevante Tätigkeit ausübe. Der Wettbewerbsschutz aber sei Richtschnur für das Vorliegen eines wirtschaftlichen Geschäftsbetriebes und nicht für die einkommensteuerrechtliche Qualifizierung der Einkünfte.

273 BFH, Beschl. v. 11.4.2005 – GrS 2/02 = BStBl II 2005, 679.

135 Die Begründung überzeugt mich. Sie hat auch den BFH **überzeugt**, der sich ihr angeschlossen hat. Die Entscheidung wirft nicht nur einen formalen und formalistischen Blick auf die Angelegenheit, sondern betrachtet den Sachverhalt und die Gesetzeslage sehr genau. Sie ist mit den Formulierungen sowie dem Sinn und dem Zweck der gesetzlichen Vorschriften des § 14 AO (!) rechtsmethodisch sauber begründet. Die Entscheidung unterscheidet steuersystemgerecht zwischen EStG und AO, denn es geht um die Auslegung einer Vorschrift der AO. Die Entscheidung dient der Praxis. Sie folgt nicht der fiskalischen Sicht des Finanzamtes. Eine Fiktion ist nur dann erforderlich, wenn etwas fingiert werden soll, das es so tatsächlich nicht gibt, nämlich im vorliegenden Zusammenhang den wirtschaftlichen Geschäftsbetrieb nach § 14 AO anstelle der tatsächlich nur gegebenen Vermögensverwaltung nach § 14 AO. In der Abgabenordnung fehlt anders als im Einkommensteuerrecht (§ 15 Abs. 3 Nr. 2 EStG) eine entsprechende Fiktion. Mithin wird in der AO insoweit auch nichts fingiert. Die Vermögensverwaltung wandelt sich „in § 14 AO" mithin auch nicht zu einem wirtschaftlichen Geschäftsbetrieb, sondern bleibt, was sie ist: Vermögensverwaltung. Ein Nichtanwendungserlass der Finanzverwaltung zu dem BFH-Urteil wird nicht erwartet.[274]

d) Kommanditbeteiligung als Sonderfall?

136 Die herrschende Ansicht wertet die Beteiligung einer Stiftung an einer Personengesellschaft grundsätzlich als steuerpflichtigen wirtschaftlichen Geschäftsbetrieb im Sinne des § 14 AO.[275] Entscheidend ist dabei die Mitunternehmerschaft und die Ausnahme ist vermögensverwaltende Personengesellschaft, wie gerade oben angesprochen. Der vermögensverwaltende Bereich betrifft, so die h.M., die Einkunftsarten §§ 20 und 21 EStG, nicht dagegen die gewerblichen Einkünfte aus § 15 EStG. Auch seien die Einkünfte eines Mitunternehmers nicht als bloße Fruchtziehung aus der Vermögenssubstanz anzusehen, sondern es handele sich vielmehr um eine selbstständige, nachhaltige Betätigung mit Gewinnerzielungsabsicht.

137 Diese Ansicht und deren Begründung überzeugen indessen nur bedingt. Besonders deutlich wird das am Beispiel einer **Kommanditbeteiligung**. Das Institut für Finanzen und Steuern etwa wertet die Kommanditbeteiligung nicht anders als eine Beteiligung an einer Kapitalgesellschaft.[276] Begründet wird dies zunächst mit der geänderten steuerrechtlichen Bewertung von Personengesellschaften nach Wegfall der Bilanzbündeltheorie. Danach unterhalten nicht die Gesellschafter den wirtschaftlichen Geschäftsbetrieb, sondern die Gesellschaft.

---

274 *Kraft*, ZStV 2011, 201 (203).
275 Siehe Klein/*Gersch*, AO, § 14 Rn 18.
276 Institut für Finanzen und Steuern Nr. 330, S. 36 ff., insb. S. 41.

Außerdem wird darauf hingewiesen, dass für den Kommanditisten kein wirkliches Mitunternehmerrisiko besteht, da dieser maximal seine Einlage verlieren könne. Er ist also nicht wirklich am Gewinn und Verlust sowie den stillen Reserven der Gesellschaft einschließlich des Geschäftswertes beteiligt. Das Urteil des BFH gibt Anlass, auch in dieser Richtung erneut nachzudenken,[277] zumal sich aus diesem Meinungsstreit auch zwingend ein Dissens in der Beurteilung der Frage ergibt, ob bei dem Verkauf einer Kommanditbeteiligung die Ausschüttung des Veräußerungsgewinns an eine gemeinnützige Körperschaft steuerpflichtig ist.[278]

Wie dargelegt, führt nach der herrschenden Meinung die Beteiligung einer gemeinnützigen Stiftung an einer Mitunternehmerschaft zu einem **wirtschaftlichen Geschäftsbetrieb** und zwar auch bei einer Beteiligung nur als Kommanditistin. Eine Zuordnung zur Vermögensverwaltung soll nicht möglich sein.[279] Richtigerweise ist nach meiner Ansicht aber in einem ersten Schritt danach zu differenzieren, ob die Stiftung sich als Komplementärin oder als Kommanditistin beteiligt hat. Bei der Kommanditbeteiligung ist in einem zweiten Schritt zudem danach zu unterscheiden, welche Intensität und welchen Umfang die Einflussnahme der Stiftung auf die laufenden Geschäfte der Kommanditgesellschaft/Mitunternehmerschaft hat,[280] ob also steuerlich bei der Kommanditistin eine Mitunternehmerschaft auszuschließen ist. 138

Die Finanzverwaltung geht mit der Rechtsprechung[281] und der Literatur[282] davon aus, dass ein steuerpflichtiger wirtschaftlicher Geschäftsbetrieb auch dann vorliegt, wenn die Stiftung lediglich als **Kommanditistin** beteiligt ist, da die Stiftung in die Geschäftsführung und Vertretung der Kommanditgesellschaft eingebunden wird. In ständiger Rechtsprechung vertritt der **BFH** die Auffassung, dass nur ausnahmsweise eine Kommanditbeteiligung als steuerbefreite Vermögensverwaltung eingestuft werden könne. Voraussetzung sei, dass der Kommanditist/die gemeinnützige Stiftung in der Gesellschafterversammlung **kein Stimmrecht** habe und ihr das Widerspruchsrecht gem. § 164 HGB nicht zustehe, dass also keine Mitunternehmerschaft vorliege.[283] Dem Ausschluss des Stimmrechts wird dabei leider der Fall gleichgestellt, dass die Stif-

277 *Matyschik/Schiffer*, StuB 2000, 1102.

278 R 47 Abs. 12 KStR zu § 13 KStG.

279 *Schick*, DB 1999, 1187 (1188).

280 In dieser Richtung auch *Kiefer*, Die Abgrenzung von Vermögensverwaltung und wirtschaftlichem Geschäftsbetrieb – unter besonderer Berücksichtigung der Stiftungsproblematik, 2000, S. 153 (176).

281 BFH BStBl II 1989, 762; *Roll/Grochut*, WiB 1995, 743 (744); *Schick*, DB 1999, 1187 (1188).

282 *Roll/Grochut*, WiB 1995, 743 (744); *Schick*, DB 1999, 1187 (1188).

283 BFH BStBl II 1989, 762.

tung als Kommanditistin in keinem Fall, d.h. auch bei Satzungsänderung und Beschlussfassung über die Auflösung der Kommanditgesellschaft den Mehrheitsgesellschafter in seiner Beschlussfassung hindern kann.

139 Für die Beteiligungsträgerstiftung ist das Halten einer Kommanditbeteiligung unter diesen Voraussetzungen natürlich sehr problematisch. Der Verzicht auf die Gesellschafterrechte führt dazu, dass auch jeglicher Einfluss auf die Geschicke der Gesellschaft verloren geht, was regelmäßig nicht dem Stifterwillen entsprechen dürfte. Als **Ausweggestaltung** kann sich im Einzelfall die **Zwischenschaltung einer GmbH** anbieten, die die Kommanditbeteiligung hält.

e) Gefahr der Betriebsaufspaltung bei Vermögensverwaltung

140 Ist eine gemeinnützige Stiftung mehrheitlich an einer Kapitalgesellschaft beteiligt und überlässt dieser wesentliche Betriebsgrundlagen, besteht die Gefahr, dass die Grundsätze der Betriebsaufspaltung[284] zur Anwendung gelangen.[285]

- Die an sich nur vermögensverwaltende Stiftung wird zum **Besitzunternehmen** und erzielt dann aus der Nutzungsüberlassung **gewerbliche Einkünfte**.
- Sowohl die Beteiligungsverwaltung als auch die Vermietungstätigkeit ist in diesem Fall dem steuerpflichtigen wirtschaftlichen Geschäftsbetrieb zuzuordnen.
- Mieterträge und Gewinnausschüttungen unterliegen dann der Körperschaft- und Gewerbesteuer.[286]
- Keine Anwendung finden die Grundsätze der Betriebsaufspaltung, wenn das Betriebsunternehmen selbst steuerbegünstigt ist oder nur vermögensverwaltend tätig ist.[287]
- Die Grundsätze der Betriebsaufspaltung greifen bereits, wenn die bloße **Möglichkeit** zur **Durchsetzung des eigenen geschäftlichen Willens** im Betriebsunternehmen vorliegt. Die tatsächliche Ausübung des laufenden Einflusses oder gar eine Identität zwischen Vorstand der Stiftung und Geschäftsführung der Betriebskapitalgesellschaft ist nicht erforderlich.[288]
- Teilweise wird die Auffassung vertreten, die Grundsätze der Betriebsaufspaltung führten zur Versagung der Gemeinnützigkeit und damit zur vollen Steuerpflicht.[289] Das geht indessen zu weit, denn eine Stiftung kann nach dem gesetzlichen Leitbild, das durch das seit 2002 geltende Stiftungszivilrecht deutlich bestätigt worden ist, sowohl gemeinnützige Zwecke als auch

---

284 *Götz*, NWB 2008, F. 2, 10107 (10113).
285 BFH BFH/NV 1986, 433.
286 *Schick*, DB 1999, 1187 (1190).
287 AEAO Nr. 3 Satz 9 zu § 64 Abs. 1 AO.
288 BFH BFH/NV 1997, 825; *Lex*, DB 1997, 349 (352).
289 *Sadrinna/Meier*, DStR 1988, 737.

wirtschaftliche Interessen verfolgen (siehe auch § 2 Rn 30 ff. und § 3 Rn 62 ff. (str.)).[290]

Dipl.-Kfm. *Roland Beckers*, Steuerberater, Mönchengladbach: **Gemeinnützigkeit und Betriebsaufspaltung** 141
„Zunehmend kann ich mich des Eindrucks nicht erwehren, dass die Finanzverwaltung vermehrt und oftmals auch gezielt Betriebsaufspaltungen im gemeinnützigen Bereich aufzuspüren oder gar zu konstruieren versucht. Insbesondere die sogenannten ‚Servicegesellschaften' und ihre Gesellschafter geraten dabei immer mehr in den Fokus der Finanzämter.
Die gemeinnützigen Gesellschafter stellen beispielsweise die ihnen gehörenden Grundstücke und Räume ihren gewerblich tätigen Tochtergesellschaften mietweise zur Verfügung. Dabei handelt es sich um die Überlassung wesentlicher Betriebsgrundlagen, mithin also um eine Betriebsaufspaltung. Hierdurch werden die Miet- und Pachteinnahmen aus der steuerbegünstigten Sphäre der Vermögensverwaltung herausgelöst und in den Bereich des steuerpflichtigen wirtschaftlichen Geschäftsbetriebes verlagert.
Meine Beobachtung anlässlich verschiedener Betriebsprüfungen bei gemeinnützigen Trägern ist, dass die Finanzverwaltung ihre anfängliche Zaghaftigkeit offenbar längst aufgegeben hat. In der ersten Zeit ließ sich mit dem Betriebsprüfer meist noch der Kompromiss aushandeln, die Ausgaben in Höhe der Einnahmen zuzurechnen. So wurde zwar eine Betriebsaufspaltung aktenkundig, diese führte mangels Überschusses jedoch nicht zu einer steuerlichen Belastung. Mittlerweile ist vermehrt zu beobachten, dass teilweise recht tollkühn anmutende Kalkulationen angestellt werden, um rechnerische Überschüsse entstehen zu lassen.
Eine Folge ist dann, dass auch die gemeinnützigen Träger selbst einer Körperschaft- und Gewerbesteuerbelastung ausgesetzt werden, und eben nicht nur deren gewerbliche Tochtergesellschaften. Solche Ausgründungen wurden in der Vergangenheit jedoch häufig genug mit der Maßgabe vorangetrieben, die Ertragsteuerbelastungen von den Stiftungen selbst völlig fern zu halten.
Aus Beratersicht kann daher nur eindringlich empfohlen werden, im Rechnungswesen eine möglichst detaillierte Kostenstellenrechnung zu implementieren, um eine verursachungsgerechte Erlös- und Kostenzuordnung dokumentieren zu können. Auch die Höhe der zwischen Stiftung und Tochtergesellschaft zu verrechnenden Miete sollte in regelmäßigen Abständen überprüft und, falls notwendig, den steuerlichen Anforderungen angepasst werden. Unter Umständen können auch Mieterhöhungen erforderlich wer-

290 § 64 Abs. 1 AO. Ferner *Lex*, DB 1997, 349 (352); *Schick*, DB 1999, 1187 (1190).

den, um eventuellen Dauerverlusten im wirtschaftlichen Geschäftsbetrieb und ihren möglichen, schädlichen Folgen für die Gemeinnützigkeit zu begegnen."

f) Veräußerung einbringungsgeborener Anteile

142 Wie oben dargestellt, wird die Steuerbefreiung für gemeinnützige Stiftungen in den einzelnen Steuergesetzen in der Regel soweit aufgehoben, wie die Stiftung einen **wirtschaftlichen Geschäftsbetrieb** unterhält (§ 64 AO i.V.m. § 14 AO). Eine **Vermögensverwaltung**, die der Steuerbefreiung nicht entgegensteht, liegt bekanntlich in der Regel vor, wenn eine gemeinnützige Stiftung Anteile von Kapitalgesellschaften in ihrem Vermögen hält. Anders ist das bei der Veräußerung einbringungsgeborener Anteile.[291] Der Gewinn aus der Veräußerung solcher Anteile ist steuerpflichtig.[292] Der Veräußerungsgewinn gilt als in einem wirtschaftlichen Geschäftsbetrieb entstanden.[293]

143 **§ 5 Abs. 1 Nr. 9 S. 1 KStG** befreit Körperschaften, Personenvereinigungen und Vermögensmassen von der Körperschaftsteuer, die nach der Satzung, dem Stiftungsgeschäft oder der sonstigen Verfassung und nach der tatsächlichen Geschäftsführung ausschließlich und unmittelbar bestimmten begünstigten Zwecken dienen. Wird ein wirtschaftlicher Geschäftsbetrieb unterhalten, ist die Steuerbefreiung insoweit ausgeschlossen (§ 5 Abs. 1 Nr. 9 S. 2 KStG). Im Zusammenhang mit der die Steuerbefreiung einschränkenden Vorschrift des § 21 Abs. 3 Nr. 2 UmwStG a.F. (jetzt § 22 Abs. 4 Nr. 2 UmwStG) wurde im Schrifttum darum gestritten, ob die **Steuerbefreiung** nach § 5 Abs. 1 Nr. 9 S. 1 KStG eine **„persönliche"** i.S.v. § 21 Abs. 3 Nr. 2 UmwStG a.F. ist.[294] Manche sahen hier eine **„sachliche"** Befreiung, die als eben nicht persönliche Steuerbefreiung gerade nicht unter die Ausnahmeregelung des § 21 Abs. 3 Nr. 2 a.F. UmwStG fällt, so dass bei der Veräußerung einbringungsgeborener Anteile eben keine Steuerpflicht entfalle.[295]

144 Nach herrschender Ansicht werden gemeinnützige Körperschaften **persönlich** von der Körperschaftsteuer befreit. Diese **Steuerfreiheit** wiederum ist allerdings **sachlich** hinsichtlich des wirtschaftlichen Geschäftsbetriebes **einge-**

291 BFH DStRE 2003, 71 zum alten § 21 UmwStG. Vorinstanz: Hess. FG EFG 2002, 861; siehe dazu schon *Schiffer*, DStR 2003, 1015.

292 § 21 Abs. 1 S. 1 UmwStG a.F. Siehe jetzt: § 22 Abs. 1 S. 1 UmwStG.

293 § 21 Abs. 3 Nr. 2 UmwStG a.F. Siehe jetzt: § 22 Abs. 4 Nr. 2 UmwStG.

294 Das Wort „persönlich" ist in der Vorschrift durch Gesetz v. 22.12.1999 gestrichen worden, nach herrschender Meinung liegt darin keine materielle Änderung des Gesetzes, siehe *Widmann/Mayer*, Umwandlungsrecht, § 27 UmwStG Rn 103.1.

295 So etwa *Haritz/Wisniewki*, DStR 2000, 221 (224).

schränkt.[296] Dieser herrschenden Ansicht ist der BFH in dem eingangs zitierten Urteil gefolgt. Als Begründung für seine Entscheidung verweist der BFH auf den Gesetzeswortlaut. § 5 Abs. 1 Nr. 9 S. 1 KStG befreie die erwähnten Steuersubjekte von der Körperschaftsteuer, mache für diese also eine Ausnahme von der ansonsten geltenden Regelbesteuerung und treffe damit eine persönliche Zuordnung, auch ohne den Begriff der „persönlichen Steuerbefreiung" zu erwähnen. Dieser Begriff sei § 5 Abs. 1 Nr. 9 KStG und § 5 KStG unbekannt. Der Umstand, dass § 5 Abs. 1 Nr. 9 KStG die im Grundsatz umfassende Steuerbefreiung ihrem Umfang nach für den Fall (sachlich) einschränke, dass ein wirtschaftlicher Geschäftsbetrieb unterhalten werde, ändere daran nichts. Hierdurch werde vielmehr nur eine Gegenausnahme von der persönlichen (subjektiven) Befreiung geschaffen, die nichts daran ändere, dass die Steuerbefreiung eine persönliche sei und als solche die „Person" der gemeinnützigen Körperschaft begünstige. Die Gegenmeinung verkenne zur Steuerbefreiung gemeinnütziger Körperschaften die Wechselwirkung zwischen der grundsätzlichen Steuerpflicht, der aufgrund persönlicher Umstände ausnahmsweise eingeräumten Steuerbefreiung und der diese Befreiung sodann wieder einschränkenden Steuerpflicht aufgrund sachlicher Merkmale als (Rück-)Ausnahme.

Das Ergebnis zu der gemeinnützigen Stiftung in diesem Fall sei, so der BFH, 145
auch sachgerecht, es entspreche Sinn und Zweck der in § 21 Abs. 3 Nr. 2 UmwStG a.F. (jetzt § 22 Abs. 4 Nr. 2 UmwStG) bestimmten Ausnahme von den steuerbefreienden Wirkungen. Die Regelung wolle gerade jene Fälle erfassen, in denen von der Körperschaftsteuer befreite Körperschaften einen wirtschaftlichen Geschäftsbetrieb einbringen, mit dem sie steuerpflichtig sind. Die zwischenzeitliche Streichung des Wortes „persönlich" in der Vorschrift hat nach Ansicht des BFH keine konstitutive Wirkung.[297] Der Ansicht des BFH ist hinsichtlich der grundsätzlichen Steuerpflicht im vorliegenden Zusammenhang nach Sinn und Zweck des Gesetzes zu folgen.

Praxistipp 146

§ 8b KStG als zentrale Norm im Zusammenhang mit der Umstellung des Körperschaftssteuerrechts vom Anrechnungs- auf das Halbeinkünfteverfahren ist, was die Ausnahmen von der Gewinnbesteuerung bei der Veräußerung einbringungsgeborener Anteile angeht (§ 8b Abs. 4 KStG), ab Veranlagungszeitraum 2007 geändert worden.

§ 8b Abs. 4 KStG ist nur noch für einbringungsgeborene Anteile im Sinne von § 21 UmwStG a.F. und für Anteile im Sinne von § 8b Abs. 4 S. 1 Nr. 2

296 Siehe etwa *Hüttemann*, Rn 7.21.

297 BFH DStRE 2002, 171 (173). A.A. *Haritz/Wisniewski*, DStR 2000, 221 (224).

KStG a.F. anwendbar, die auf einer Übertragung bis zum 12.12.2006 beruhen.[298]

3. Gewerbesteuer

147 Ebenso wie § 5 Abs. 1 Nr. 9 S. 2 KStG sieht auch § 3 Nr. 6 GewStG für den wirtschaftlichen Geschäftsbetrieb eine partielle Steuerpflicht vor.[299] Regelmäßig fallen hier Einkünfte aus Gewerbebetrieb an.

4. Verlustabzug – anteiliger Betriebsausgabenabzug

148 Da die Stiftung als Körperschaft einheitlich veranlagt wird, ist ein Verlustausgleich unter mehreren wirtschaftlichen Geschäftsbetrieben der Stiftung möglich.

Bei Ausgaben, die zugleich durch die gemeinnützigen Aktivitäten der Stiftung als auch durch deren (etwaigen) wirtschaftlichen Geschäftsbetrieb verursacht werden, ist es fraglich, ob die Kosten entsprechend anteilig aufgeteilt werden dürfen.[300] In einem Urteil vom 15.1.2015 hat der BFH in Änderung seiner bisherigen Rechtsprechung für eine solche Konstellation zu folgendem Leitsatz gefunden:[301]

> *„Vorrangig durch den ideellen (außersteuerlichen) Bereich eines Sportvereins (hier: Spielbetrieb) veranlasste Aufwendungen, die durch einen Gewerbebetrieb (hier: Werbung) mitveranlasst sind, können anteilig dem gewerblichen Bereich zuzuordnen sein (Änderung der Rechtsprechung). Die gewerbliche Mitveranlassung kann aber nur berücksichtigt werden, wenn objektivierbare zeitliche oder quantitative Kriterien für die Abgrenzung der Veranlassungszusammenhänge vorhanden sind. Sind die ideellen und gewerblichen Beweggründe untrennbar ineinander verwoben, ist nur der primäre Veranlassungszusammenhang zu berücksichtigen."*

Damit ist das bisherige steuerliche Aufteilungsverbot gefallen.

5. Zwei Ausnahmen von der Besteuerung

149 Zum Vorteil steuerbefreiter Körperschaften hat der Gesetzgeber **zwei Ausnahmen** von dem **Grundsatz der Besteuerung des wirtschaftlichen Geschäftsbetriebes** bestimmt:

---

298 Näher dazu Streck/*Binnewies*, § 8b KStG Rn 98 ff.
299 BFH BStBl II 1996, 583 (584); *Seer*, DStR 1997, 436 (440).
300 Siehe dazu *Fritz*, Stiftung & Sponsoring, 03/2015, 36.
301 BFH, Urt. v. 15.1.2015 – I R 48/13.

1. Ausnahme:

Solange die Einnahmen einschließlich Umsatzsteuer aus wirtschaftlichen Geschäftsbetrieben einer gemeinnützigen Körperschaft, die keine Zweckbetriebe sind, insgesamt 35.000 EUR im Jahr nicht übersteigen (Umsatzmindestbetrag), wird die Steuerbefreiung hinsichtlich der Körperschaft- und Gewerbesteuer nicht berührt (§ 64 Abs. 3 AO). In der Praxis handelt es sich bei dem wirtschaftlichen Geschäftsbetrieb einer steuerbegünstigten Stiftung sehr häufig um Fälle, die die genannte Wertgrenze nicht überschreiten. Nach § 64 Abs. 2 AO sind allerdings mehrere steuerpflichtige wirtschaftliche Geschäftsbetriebe einer Stiftung steuerlich als ein wirtschaftlicher Geschäftsbetrieb zu behandeln.

2. Ausnahme:

Die zweite Ausnahme ist der sog. Zweckbetrieb.

III. Zweckbetrieb

Ein steuerbegünstigter **Zweckbetrieb**[302] einer gemeinnützigen Stiftung ist nach 150
§ 65 AO gegeben, wenn

- der wirtschaftliche Geschäftsbetrieb in seiner Gesamtrichtung dazu dient, die steuerbegünstigten satzungsmäßigen Zwecke der Körperschaft zu verwirklichen (Nr. 1),
- die Zwecke nur durch einen solchen Geschäftsbetrieb erreicht werden können (Nr. 2) und
- der wirtschaftliche Geschäftsbetrieb zu nicht begünstigten Betrieben derselben oder ähnlicher Art nicht in größerem Umfang in Wettbewerb tritt, als bei Erfüllung der steuerbegünstigten Zwecke unvermeidbar ist (Nr. 3 – **Unvermeidbarkeit**).[303]

Steuerbegünstigte Körperschaften **gliedern**, etwa um moderne Organisations- 151
strukturen zu erhalten oder Kostenvorteile zu erlangen, verstärkt Zweckbetriebe **aus**. Leicht werden dabei im betriebswirtschaftlichen Gestaltungseifer die gemeinnützigkeitsrechtlichen Anforderungen übersehen.[304] Um nicht über einen Zweckbetrieb **zu unerwünschten Wettbewerbsverzerrungen** zu gelangen,[305] wird in der Rechtsprechung im Übrigen der Fall des Zweckbetriebes

302 Näher *Hüttemann*, Rn 6.165 ff.; *Buchna/Seeger/Brox*, S. 335 ff.; *Kümpel*, DStR 1999, 93; *Hüttemann*, Die Roten Seiten zum Magazin Stiftung & Sponsoring 6/1998.; BFH, Beschl. v. 19.7.2010 – I B 203/09 = BFH/NV 2011, 1.

303 Siehe zu diesem Kriterium: *Block*, ZSt 2009, 119 ff.

304 Näher dazu *Funnemann*, DStR 2002, 2013.

305 BMF BStBl I 2000, 1548 (Nichtanwendung von BFH BStBl II 2000, 705).

als enge Ausnahme gesehen. Für Wettbewerber kann im Fall der unberechtigten Annahme eines Zweckbetriebes eine **Konkurrentenklage** in Frage kommen.[306]

152 **Beispiele: Wirtschaftlicher Zweckbetrieb**

- Anerkannte typische Beispiele sind:[307]
  - die eigene Bewirtschaftung eines Rittergutes durch eine gemeinnützige Stiftung
  - der entgeltliche Musikunterricht einer gemeinnützigen Musikschule
  - die Ladenkette für Konsumwaren aus gemeinnützigen Behindertenwerkstätten, wenn keine anderen Erzeugnisse zugekauft werden.
- Nicht anerkannt als Zweckbetrieb sind dagegen beispielsweise:[308]
  - sog. Dritte-Welt-Läden oder
  - das Anzeigengeschäft im Rahmen einer Vereinszeitung.

153 Der Gesetzgeber hat in § 68 AO einige besondere Zweckbetriebe, wie etwa Altenheime und Kindergärten, besonders hervorgehoben und auch die **Zweckbetriebseigenschaft von Forschungseinrichtungen** (§ 68 Nr. 9 AO) besonders geregelt.[309] Man denke für die Erbfolgegestaltung durch Stiftungen hier nur an die Forschungseinrichtung eines Unternehmens oder einer Universität, die gefördert werden. Bisher wurde in der Praxis ganz überwiegend davon ausgegangen, dass ein in § 68 AO definierter Zweckbetrieb sich nicht an den generellen Kriterien des § 65 AO messen lassen muss. Daran werden in der Praxis jedoch nunmehr Zweifel angemeldet.[310]

154 Gerne möchte ich hier mit der OFD Frankfurt/M.[311] beispielhaft **Integrationsprojekte als Zweckbetriebe** i.S.d. § 68 AO betrachten.[312]

Durch § 68 Nr. 3 AO werden die besonders auf die Bedürfnisse behinderter Menschen zugeschnittenen Beschäftigungsmöglichkeiten weitgehend von § 68 Nr. 3 AO erfasst. Die Regelung des § 68 Nr. 3 lit. c AO ermöglicht es, **Integrationsprojekte** als Zweckbetriebe i.S.d. § 68 AO zu beurteilen.

Integrationsprojekte i.S.d. § 132 SGB IX sind nach der zitierten **Verfügung der OFD Frankfurt/M.** rechtlich und wirtschaftlich selbstständige Unternehmen (Integrationsunternehmen) oder unternehmensinterne oder von öffentlichen Arbeitgebern i.S.d. § 71 Abs. 3 SGB IX geführte Betriebe (Integrationsbetriebe)

---

306 BFH DStR 1998, 11; *Geserich*, Stiftung & Sponsoring 1/1999, 18.

307 Weitere Beispiele m.w.N. bei Klein/*Gersch*, § 65 AO Rn 5.

308 Weitere Beispiele m.w.N. bei Klein/*Gersch*, § 65 AO Rn 5a.

309 Näher dazu *Augsten*, Stiftung & Sponsoring 6/1999, 21.

310 Ausf. dazu *Dehesselles*, DStR 2003, 537.

311 Siehe dazu und zu dem Nachfolgenden die Verf. OFD Frankfurt/M. v. 7.8.2012 (S 0184 A – 17 – St 53).

312 Ausf. dazu („Beschäftigungsgesellschaften") auch *Ritter*, StiftungsBrief 2014, 211.

oder Abteilungen (Integrationsabteilungen) zur Beschäftigung schwerbehinderter Menschen auf dem allgemeinen Arbeitsmarkt, deren Teilhabe an einer sonstigen Beschäftigung auf dem allgemeinen Arbeitsmarkt aufgrund von Art oder Schwere der Behinderung oder wegen sonstiger Umstände voraussichtlich trotz Ausschöpfens aller Fördermöglichkeiten und des Einsatzes von Integrationsfachdiensten auf besondere Schwierigkeiten stößt.

Eine Schwerbehinderung i.S.d. § 132 SGB IX setzt nach der Verfügung einen Grad der Behinderung von wenigstens 50 v.H. voraus (§ 2 Abs. 2 SGB IX). Schwerbehinderten Menschen gleichgestellt sind behinderte Menschen mit einem Grad der Behinderung von weniger als 50 v.H., aber wenigstens 30 v.H., wenn sie infolge ihrer Behinderung ohne die Gleichstellung einen geeigneten Arbeitsplatz i.S.d. § 73 SGB IX nicht erlangen oder nicht behalten können (gleichgestellte behinderte Menschen). Schwerbehinderten Menschen gleichgestellt sind auch behinderte Jugendliche und junge Erwachsene während der Zeit einer Berufsausbildung in Betrieben und Dienststellen, auch wenn der Grad der Behinderung weniger als 30 v.H. beträgt oder ein Grad der Behinderung nicht festgestellt ist. Der Nachweis der Behinderung wird durch eine Stellungnahme der Agentur für Arbeit oder durch einen Bescheid über Leistungen zur Teilhabe am Arbeitsleben erbracht (§ 68 Abs. 4 SGB IX).

Während Integrationsprojekte i.S.d. § 132 SGB IX nach der OFD-Verfügung jedoch mindestens 25 v.H. und in der Regel nicht mehr als 50 v.H. schwerbehinderte Menschen beschäftigen sollen, bedarf es für die steuerliche Beurteilung als Zweckbetrieb nach § 68 Nr. 3 lit. c AO einer Beschäftigungsquote von mindestens 40 v.H. Es ist aus Sicht der OFD also durchaus möglich, dass ein Projekt zwar die Anforderungen des § 132 SGB IX erfüllt, nicht jedoch zur Annahme eines Zweckbetriebs i.S.d. § 68 Nr. 3 lit. c AO führt, weil der Anteil der schwerbehinderten Menschen zwar über 25 v.H., nicht aber mindestens 40 v.H. beträgt.

Nach den Erörterungen der obersten Finanzbehörden des Bundes und der Länder wird, so die OFD Frankfurt/M., die Beschäftigungsquote nach den Grundsätzen des § 75 SGB IX berechnet. Es werden also grundsätzlich nur die Beschäftigten des Integrationsprojektes berücksichtigt, die auf Arbeitsplätzen im Sinne des § 73 SGB IX beschäftigt sind (siehe § 75 Abs. 1 SGB IX). Teilzeitbeschäftigte, die mit einer wöchentlichen Arbeitszeit von weniger als 18 Stunden beschäftigt sind, sind damit nicht berücksichtigungsfähig. Ein über diese Grenze hinausgehender Teilzeitbeschäftigter wird voll angerechnet. Verfügt ein Integrationsprojekt über wenigstens 20 Arbeitsplätze und ist damit beschäftigungspflichtig (vgl. § 71 Abs. 1 SGB IX), kann das Vorliegen der Voraussetzungen der 40 %-Quote über die Anzeige nach § 80 Abs. 2 SGB IX geführt werden.

Für die vorgenannten Einrichtungen sind, darauf weist die OFD Frankfurt ausdrücklich hin, die Grundsätze der Selbstlosigkeit (§ 55 Abs. 1 S. 1 AO) zu beachten.

IV. Zulässigkeit eines Nichtzweckbetriebes nach der Satzung?

155 Mit seiner Entscheidung vom 18.12.2002 hat der BFH einmal mehr ein Urteil veröffentlicht, das von der Finanzverwaltung verlangt, einen genauen Blick auf den zu entscheidenden Einzelfall zu richten.[313] Diese grundsätzliche Erkenntnis mag zwar im Alltag und im Zuge der steuerlichen Massenverwaltung mitunter verloren gehen, der BFH betont sie aber unermüdlich.[314] Kläger war ein eingetragener Vereins- und Kreisverband eines Wohlfahrtsverbandes. Er verfolgte u.a. im Jahr 1999 (Streitjahr) gemeinnützige und mildtätige Zwecke. § 3 seiner Satzung („Sicherung der Steuerbegünstigung") in der Fassung vom 13.3.1998 lautete auszugsweise:

156 *„1. Der Verein verfolgt ausschließlich und unmittelbar gemeinnützige beziehungsweise mildtätige Zwecke im Sinne des Abschnitts „Steuerbegünstigte Zwecke" der Abgabenordnung (...)*

2. Der Verein ist selbstlos tätig; er verfolgt nicht in erster Linie eigenwirtschaftliche Zwecke. Zur Erfüllung seiner Aufgaben kann er sich auch Einrichtungen anderer Rechtsformen bedienen oder solche Einrichtungen schaffen.

3. (...)"

157 Durch Beschluss v. 28.5.1999 wurde S. 2 des § 3 Nr. 2 aus der Satzung gestrichen. Das Finanzamt veranlagte den Kläger für das Streitjahr zur Körperschaftsteuer und setzte diese auf „0". Es war der Ansicht, der Kläger sei nicht von der Körperschaftsteuer befreit gewesen, da § 3 Nr. 2 S. 2 der Satzung damals den Unterhalt steuerpflichtiger wirtschaftlicher Geschäftsbetriebe nicht ausgeschlossen habe. Das Finanzgericht verpflichtete das Finanzamt, den Kläger für das Streitjahr von der Körperschaftsteuer freizustellen. Der BFH wies die dagegen vom Finanzamt eingelegte Revision als unbegründet zurück.

Voraussetzung einer Steuerbefreiung ist bekanntlich, dass sich aus der Satzung der betreffenden Körperschaft (Verein wie Stiftung) ergibt, welche Zwecke die Körperschaft verfolgt (§ 59 AO), dass diese Zwecke den Anforderungen der §§ 52 bis 55 AO entsprechen und dass sie von der Körperschaft ausschließlich

---

313 BFH v. 18.12.2002 – I R 15/02 = BB 2003, 1216. Vorinstanz: FG Berlin, Urt. v. 18.12.2001 – 7 K 7499/00 = EFG 2002, 519; siehe dazu schon *Schiffer*, DStR 2003, 1015.

314 Siehe etwa BFH, Urt. v. 28.6.2002 – IX R 68/99 = StuB 2002, 870 und 914; BFH, Urt. v. 16.4.2002 – IX R 40/00 = StuB 2002, 727 und 819; BFH, Urt. v. 9.10.2001 – VIII R 77/98 = StuB 2001, 1184 und 1233.

und unmittelbar verfolgt werden. Die Satzungszwecke und die Art ihrer Verwirklichung müssen so genau bestimmt sein, dass bereits aufgrund der Satzung geprüft werden kann, ob die satzungsmäßigen Voraussetzungen für Steuervergünstigungen gegeben sind (§ 60 Abs. 1 AO). Für eine Körperschaftsteuerbefreiung müssen die satzungsmäßigen Voraussetzungen während des ganzen Veranlagungszeitraums erfüllt sein (§ 60 Abs. 2 AO). Der neue § 60a AO dürfte diese Sichtweise für die Praxis noch verschärft haben.

Die §§ 2 und 3 Nr. 1 und Nr. 2 S. 1 der Satzung genügten nach Ansicht des BFH 158
im Streitjahr diesen Anforderungen. Wortlaut und Kontext des umstrittenen § 3 Nr. 2 S. 2 der Satzung in der Fassung vom 13.3.1998, der bis zur Eintragung der Satzungsänderung vom 28.5.1999 in das Vereinsregister galt, ließen nach Ansicht des BFH indessen erkennen, dass nicht die Satzungszwecke erweitert worden seien, sondern nur mögliche Modalitäten ihrer Verwirklichung genannt und somit nicht ausgeschlossen worden seien. Die Satzungsbestimmung beschränke die Schaffung und das sich anschließende Unterhalten von Einrichtungen anderer Rechtsformen auf Einrichtungen zur Erfüllung der Aufgaben des Klägers somit auf solche, mit deren Hilfe der Kläger seine in § 2 festgelegten steuerbegünstigten Satzungszwecke hätte wahrnehmen können.

Abschließend schreibt der BFH dem Finanzamt einen **grundsätzlichen Praxis-** 159
hinweis ins Stammbuch:

Bei der Auslegung der Satzungen von Vereinen (Verf.: nichts anderes gilt für Stiftungen), die Steuervergünstigungen wegen Verfolgung gemeinnütziger, mildtätiger oder kirchlicher Zwecke beanspruchen, ist zu berücksichtigen, dass die Satzungen nicht lediglich den Zweck haben, die satzungsmäßigen Voraussetzungen der Steuervergünstigungen zu erfüllen. Sie dienen auch und oft sogar vorrangig dazu, die Organisation der Vereine und die Befugnisse ihrer Organe festzulegen. Aus Gründen der Satzungsklarheit sei daher eher geboten und gerade nicht zu beanstanden, wenn die Satzung ausdrücklich regelt, ob der Verein zur Erfüllung seiner steuerbegünstigten satzungsmäßigen Zwecke einen Nichtzweckbetrieb unterhalten dürfe oder nicht.

Der Hinweis des BFH deckt sich mit der **Praxis der Vertragsjuristen**, die grundsätzlich in einer Satzung auf klare Regelungen zur Organisation der Körperschaft und zu den Befugnissen der Organe drängen, denn es ist der eigentliche Sinn und Zweck einer Satzung, **das Zusammenwirken innerhalb der Körperschaft zu regeln**. Letztlich wirft der BFH dem Finanzamt hier in wohlgesetzten Worten eine einseitige steuerliche Sicht vor, die sich künstlich von dem tatsächlichen Lebenssachverhalt entfernt.

Wie wenig passt dazu das Verlangen der Finanzverwaltung, die Formulierungen 160
der sogenannten **Mustersatzung (Anlage zu § 60 AO)** wörtlich in die Stif-

tungssatzung aufzunehmen, die sie seit dem AEAO 2012 nur in einzelnen Punkten abgemildert hat (siehe auch Rn 273 ff.).[315]

E. Die unbegreifliche und wohl abgeschaffte Geprägetheorie

I. Zur bisherigen Geprägetheorie

161 Bis vor einiger Zeit hatten wir alle uns in der Praxis mit der „unbegreiflichen Geprägetheorie" auseinanderzusetzen. Diese „Theorie" scheint nun abgeschafft worden zu sein (siehe Rn 169 ff.). Es bestehen allerdings nach wie vor Zweifel, wie sogleich zu zeigen sein wird. Die Problematik ist deshalb und zum besseren Verständnis mit Blick auf die Praxis grundlegend zu betrachten. Worum geht es hier?

Ausschließlich und unmittelbar gemeinnützigen, mildtätigen und/oder kirchlichen Zwecken dienenden „Körperschaften, Personenvereinigungen und Vermögensmassen" gewährt der Gesetzgeber nicht zuletzt angesichts knapper Staatsfinanzen erhebliche Steuervergünstigungen.[316] § 56 AO enthält das sog. Ausschließlichkeitsgebot, wonach eine gemeinnützige Körperschaft verpflichtet ist, ausschließlich ihre gemeinnützigen Zwecke zu verfolgen. Nach § 55 Abs. 1 S. 1 AO darf eine gemeinnützige Körperschaft nicht in erster Linie eigenwirtschaftliche Zwecke – zum Beispiel gewerbliche Zwecke oder sonstige Erwerbszwecke – verfolgen (Gebot der Selbstlosigkeit). Aus § 64 AO ist aber ersichtlich, dass ein steuerpflichtiger wirtschaftlicher Geschäftsbetrieb durchaus möglich ist, ohne dass die Gemeinnützigkeit im Ganzen verloren geht. § 55 Abs. 1 S. 1 AO durchbricht das in § 56 AO normierte Gebot der Ausschließlichkeit,[317] denn auch hier werden der gemeinnützigen Körperschaft **gewerbliche Tätigkeiten zur Mittelbeschaffung** ausdrücklich **gestattet**. Diese dürfen jedoch nicht vorrangig („in erster Linie") verfolgt werden und die steuerbegünstigten Satzungszwecke in den Hintergrund drängen.[318] So weit, so gut. Schwierigkeiten ergeben sich regelmäßig bei der Beantwortung der Frage, ob und inwieweit eine steuerbegünstigte Körperschaft bei bestimmten, außerhalb der satzungsmäßigen Zwecke liegenden Tätigkeiten, zur Besteuerung heranzuziehen ist.[319] Aus Sicht der steuerbefreiten Körperschaft ist dabei vor allem die

---

315 AEAO Nr. 2 zu § 60 AO. Kritisch etwa auch *Ullrich*, DStR 2009, 2471 ff.; *Pauls/Eismann*, ZStV 2010, 120 ff.

316 § 5 Abs. 1 Nr. 9 KStG; § 3 Nr. 6 GewStG; § 13 Abs. 1 Nr. 16 ErbStG.

317 *Buchna/Seeger/Brox*, S. 125 ff.

318 BFH BStBl II 1992, 62 (64).

319 *Eversberg*, Die Roten Seiten zum Magazin Stiftung & Sponsoring 5/2001, 2; *Schiffer*, DStR 2002, 1206.

Abgrenzung des steuerpflichtigen wirtschaftlichen Geschäftsbetriebs von der steuerunschädlichen Vermögensverwaltung (siehe Rn 121 ff.) entscheidend. Die Antwort auf die Frage, ab wann der wirtschaftliche Geschäftsbetrieb einer steuerbefreiten Körperschaft der Steuerbefreiung entgegensteht, war lange Zeit eine der schwierigsten Fragen des Gemeinnützigkeitsrechts.[320] Die Praxis der Finanzverwaltung barg insoweit regelmäßig die Gefahr, dass die gemeinnützige Körperschaft ihren steuerbegünstigten Status verloren hätte, wenn „ihr die wirtschaftliche Tätigkeit bei einer Gesamtbetrachtung das Gepräge gab".[321] Diese Gefahr dürfte, wie im Folgenden zu zeigen sein wird, in aller Regel nicht mehr bestehen.[322]

Die Finanzverwaltung reagiert im zunehmenden Maße mit sog. **Nichtanwendungserlassen** auf aus ihrer Sicht „missliebige" Rechtsprechung des BFH.[323] 162
Die Nichtanwendung einer BFH-Entscheidung wird dabei regelmäßig durch ein im Bundessteuerblatt bekannt gegebenes Schreiben des BMF angeordnet. So will die Finanzverwaltung verhindern, dass eine Entscheidung des BFH über den konkreten entschiedenen Fall hinaus eine Wirkung in der Steuerverwaltung entfacht. Auf diese Art und Weise reagierte die Finanzverwaltung mit dem BMF-Schreiben vom 15.2.2002[324] seinerzeit auch auf die grundlegende Entscheidung des BFH zu der Problematik vom 15.7.1998.[325] Sie verfügte damit ausdrücklich die Nichtanwendung der BFH-Rechtsprechung und postulierte zugleich die von ihr fortan vertretene Geprägetheorie.

Der BFH[326] hat Anfang 2007 zu dieser Problematik Stellung genommen und 163
seinen der damaligen Auffassung der Finanzverwaltung entgegengesetzten Standpunkt[327] bestätigt. Die Finanzverwaltung wandte diese Rechtsprechung jedoch bis zum AEAO 2012 nicht an, erläutert aber letztlich nicht, welche Kriterien sie bei ihrer „Gesamtbetrachtung" als entscheidend ansah.[328] In der

320 Ausf. *Schiffer/Sommer*, BB 2008, 2432. Zur Thematik differenzierend auch *Wallenhorst*, DStR 2009, 717; besonders eingehende Kritik etwa auch bei *Eversberg*, Die Roten Seiten zum Magazin Stiftung & Sponsoring 5/2001, 3 ff. sowie bei *Seer/Wolsztynski*, Steuerrechtliche Gemeinnützigkeit der öffentlichen Hand, 2002, S. 214 ff.; siehe ausführlich mit zahlreichen Nachweisen auch schon in der 2. Auflage dieses Buches (§ 10 Rn 100 ff.).

321 Siehe die Formulierung bis 2012 in AEAO Nr. 2 zu § 55 AO; siehe dazu etwa *Hüttemann*, Rote Seiten zu Stiftung & Sponsoring 1/2012, S. 4 f.

322 Siehe etwa *Schiffer*, StiftungsBrief 2014, 81.

323 Deutlich kritisch *Spindler*, DStR 2007, 1061.

324 BMF BStBl I 2002, 267.

325 BFH BStBl II 2002, 162.

326 BFH, Urt. v. 4.4.2007 = BStBl II 2007, 631.

327 BFH, Urt. v. 15.7.1998 = BStBl II 2002, 162.

328 *Hüttemann*, Rn 4.93. Erste nähere Konkretisierungen der Geprägetheorie, OFD Koblenz v. 26.4.2002, StEK AO § 55 Nr. 24.

Praxis blieb damit eine erhebliche Rechtsunsicherheit vor allem dann, wenn die Einnahmen aus wirtschaftlicher Tätigkeit die sonstigen Einnahmen aus Mitgliedsbeiträgen, Spenden oder Zuschüssen der betreffenden steuerbefreiten Körperschaft überwogen.[329] Welche steuerrechtliche Reichweite und Bedeutung das Selbstlosigkeitsgebot für die gemeinnützigkeitsrechtliche Zulässigkeit wirtschaftlicher Betätigungen hat, ist von größter praktischer Bedeutung.[330]

164 Bereits der **Reichsfinanzhof** hatte sich in seiner Rechtsprechung dafür ausgesprochen, dass das Unterhalten wirtschaftlicher Geschäftsbetriebe – gleich welchen Umfanges – solange nicht gemeinnützigkeitsschädlich ist, wie eine Körperschaft ihre Geschäftsführung auf eine ausschließliche Verfolgung ihrer satzungsmäßigen steuerbegünstigten Tätigkeiten ausrichtet. Die wirtschaftliche Betätigung einer Körperschaft war nach früherer Systematik keine Frage der Selbstlosigkeit, sondern allein eine Frage der Ausschließlichkeit.[331] Unter der Rechtsprechung des BFH hat sich zwar die Systematik, nicht jedoch das grundsätzliche Ergebnis dieser Auffassung geändert.

165 Der BFH war schon seit 1989 der Auffassung, dass sich die Grenzen einer wirtschaftlichen Betätigung gemeinnütziger Körperschaften vorrangig aus dem **Gebot der Selbstlosigkeit** ergeben.[332] In späteren Entscheidungen hat der BFH seine Auffassung näher konkretisiert.[333] Zu dem zulässigen Umfang einer wirtschaftlichen Betätigung hat der BFH in seiner grundlegenden Entscheidung vom 15.7.1998[334] herausgestellt, dass eine Körperschaft nicht allein deshalb in erster Linie eigenwirtschaftliche Zwecke verfolge, „weil sie einen wirtschaftlichen Geschäftsbetrieb unterhält und die unternehmerischen Aktivitäten die gemeinnützigen übersteigen". Auch die Tatsache, dass die klagende Stiftung nahezu ihre gesamten Überschüsse aus den wirtschaftlichen Geschäftsbetrieben über mehrere Jahre wieder im Unternehmen reinvestiert hatte, sah der BFH nicht als steuerschädlich an, wenn die betriebliche Mittelverwendung zur Sicherung der Existenz der Geschäftsbetriebe geboten war. Es liefe auch dem Ziel der steuerlichen Förderung gemeinnütziger Zwecke zuwider, „Körperschaften allein wegen der Größe der von ihnen unterhaltenen wirtschaftlichen Geschäftsbetriebe die Möglichkeit gemeinnütziger Tätigkeiten vorzuenthalten".[335]

---

329 *Hüttemann*, FR 2002, 1337 (1339 f.).

330 *Hüttemann*, Rn 4.89; *Seer/Wolsztynski*, Steuerrechtliche Gemeinnützigkeit der öffentlichen Hand, S. 210.

331 RFH RStBl. 1935, 1493; *Seer/Wolsztynski*, Steuerrechtliche Gemeinnützigkeit der öffentlichen Hand, S. 213 m.w.N.

332 BFH BStBl II 1989, 670 (672).

333 BFH BStBl II 1990, 28; BFH BStBl II 2002, 162.

334 BFH BStBl II 2002, 162.

335 BFH BStBl II 2002, 162.

Die praktische Bedeutung des Selbstlosigkeitsgebots ist damit erheblich relativiert worden.[336] In einer neueren Entscheidung hat der BFH seine Auffassung nochmals bekräftigt und dabei wieder verstärkt auf das **Ausschließlichkeitsgebot** abgestellt.[337]

Das Bestimmen einer quantitativen Obergrenze wirtschaftlicher Aktivitäten in der Nähe einer hälftigen Teilung durch die Geprägetheorie widerspricht in der Tat den tragenden Leitgedanken des steuerlichen Gemeinnützigkeitsrechts.[338] Die Steuerbegünstigung gemeinnütziger Körperschaften erfolgt im Hinblick auf die durch sie bewirkte Entlastung der Ressourcen von Staat und Gesellschaft und die dadurch bewirkte Förderung des Allgemeinwohls. Vor diesem Hintergrund ist die Annahme ein Trugschluss, dass die Absicht gemeinnütziger Körperschaften, Gewinne zu erzielen und ihr Vermögen zu mehren, überhaupt im Widerspruch zur Verfolgung steuerbegünstigter Zwecke stünde. Eine solche **sozialromantische Sichtweise** verkennt die Parameter des aktuellen Gemeinnützigkeitsrechts. 166

Steuerpflichtige wirtschaftliche Geschäftsbetriebe, die in erheblichem Umfang dazu beitragen, dass der unterhaltenden Körperschaft Mittel zum Einsatz im ideellen Tätigkeitsbereich zur Verfügung stehen, sind gemessen am Sinn und Zweck des Gemeinnützigkeitsrechts dem Grunde nach eher erwünscht als schädlich,[339] denn je mehr Mittel eine Körperschaft durch ihre steuerpflichtigen wirtschaftlichen Betätigungen ihrer Mittelbeschaffungssphäre zuführt, desto mehr Mittel kann sie folgerichtig im Rahmen der Mittelverwendungssphäre für die von Staats wegen ausdrücklich **erwünschte** Förderung ihrer steuerbegünstigten satzungsmäßigen Zwecke ausgeben. Die von der Finanzverwaltung bislang vertretene Geprägetheorie hatte gerade eher den gegenteiligen Effekt, da sie zu einer unbegründeten **Ungleichbehandlung verschiedener Mittelbeschaffungsaktivitäten** führt.[340] Dadurch wurden insbesondere neue und kleinere Einrichtungen benachteiligt, die sich oftmals nicht allein aus Vermögenser- 167

336 *Hüttemann*, Rn 4.92.

337 BFH BStBl II 2007, 631. Zustimmend auch *Strahl*, DStR 2007, 1468 (1470).

338 Siehe nur *Seer/Wolsztynski*, Steuerrechtliche Gemeinnützigkeit der öffentlichen Hand, S. 218 f.

339 Klarstellend dazu BFH BStBl II 2002, 162 (163): *„Es liefe auch dem Ziel der (steuerlichen) Förderung gemeinnütziger Zwecke zuwider, Körperschaften allein wegen der Größe der von ihnen unterhaltenen wirtschaftlichen Geschäftsbetriebe die Möglichkeit gemeinnütziger Tätigkeiten vorzuenthalten.“*

340 So auch die Kritik von *Hüttemann*, FR 2002, 1337 (1340) am Beispiel der von der Finanzverwaltung praktizierten Ungleichbehandlung von „selbst“ gemeinnützigen Fördervereinen und „reinen“ Fördervereinen, die mit der Grundwertung des § 58 Nr. 1 AO nicht vereinbar ist.

trägen finanzieren können, sondern sich zusätzliche Einnahmequellen durch wirtschaftliche Aktivitäten erschließen müssen.[341]

168 Es gibt kein gesetzliches Verbot, das die Unterhaltung eines wirtschaftlichen Geschäftsbetriebes untersagt. Die **Grenze zu einer unzulässigen wirtschaftlichen Betätigung** wird dann überschritten, wenn der Geschäftsbetrieb nicht mehr funktional den ideellen Zwecken der Körperschaft zu dienen bestimmt ist oder ihnen langfristig nicht dient. Letzteres ist etwa der Fall, wenn der wirtschaftliche Geschäftsbetrieb nicht nur kurzfristig und vorübergehend Verluste (siehe oben Rn 140) erwirtschaftet, dauerhaft keine Gewinne für die Erfüllung des ideellen Zweckes erwirtschaftet oder dauerhaft seine Gewinne thesauriert und nicht an die gemeinnützige Stiftung ausschüttet.[342]

In den genannten Fällen dürfte in der Tat ein Verstoß gegen §§ 55, 56 AO vorliegen. Ein Verstoß läge wohl aber auch vor, wenn der von der steuerbefreiten Körperschaft verfolgte ideelle Zweck lediglich vorgeschoben wäre, um eine wirtschaftliche Betätigung zu fördern und sich durch den Hinweis auf die ideellen Zwecke vom Gemeinnützigkeitsrecht gerade nicht gewollte Wettbewerbsvorteile am Markt zu verschaffen.

II. Aufgabe der Geprägetheorie in AEAO 2012

1. AEAO Nr. 1 zu § 56 AO

169 Nach der starken Kritik in der Literatur und den gegenläufigen Entscheidungen des BFH hat sich die Finanzverwaltung erstmals im AEAO 2012 von der „Geprägetheorie" gelöst. Sie hat auf diesen quantitativen Ansatz ersatzlos verzichtet. Inwieweit eine steuerbegünstigte Körperschaft steuerpflichtige und/oder vermögensverwaltende Tätigkeiten ausüben darf, soll sich nun auch nach Auffassung der Finanzverwaltung nur nach dem Ausschließlichkeitsgebot des § 56 AO beurteilen. Nach Auffassung der Finanzverwaltung[343] besagt das Ausschließlichkeitsgebot, „dass eine Körperschaft nicht steuerbegünstigt ist, wenn sie neben ihrer steuerbegünstigten Zielsetzung weitere Zwecke verfolgt und diese Zwecke nicht steuerbegünstigt sind" (AEAO Nr. 1 zu § 56 AO). Steuerpflichtige und vermögensverwaltende Tätigkeiten dürfen nicht zum Selbst- oder Hauptzweck der Körperschaft werden. Entscheidend sei, dass die Tätigkeit „um des steuerbegünstigten Zwecks willen" erfolgt. Das BMF übernimmt

341 *Hüttemann*, Rn 4.97.

342 Auf diese Konstellation hat etwa *Eversberg* in Fachdiskussionen wiederholt hingewiesen.

343 AEAO Nr. 1 zu § 56 AO.

konsequenterweise in Teilen wörtlich Auszüge aus dem BFH-Urt. v. 4.4.2007 (siehe oben Rn 165).

2. Restzweifel?

Die Aufhebung der Geprägetheorie ist ausdrücklich zu begrüßen. Auf Seminaren ab 2012 wurde allerdings schon wieder die Frage diskutiert, ob die Gedanken der Geprägetheorie über den Ansatz des Ausschließlichkeitsgebots in neuem Gewand in der Praxis weiterleben. Ich will es nicht hoffen. Wir alle werden die Praxis beobachten. 170

F. Die „gemeinnützige Familienstiftung"

Wegen Verstoßes gegen das Gebot der Selbstlosigkeit (§ 55 AO) und das der Ausschließlichkeit (§ 56 AO) ist es gemeinnützigkeitsrechtlich nicht zulässig, generell einen Teil der Erträge der Stiftung an den Stifter oder seine nächsten Angehörigen auszuzahlen. § 58 Nr. 6 AO (Drittelprivileg; früher § 58 Nr. 5 AO) enthält dazu jedoch eine **Sondervorschrift** (lex specialis), die § 55 Abs. 1 Nr. 1 S. 2 AO, § 55 Abs. 3 AO („keine Zuwendungen an Stifter und ihre Erben") vorgeht.[344] Diese vom Gesetzgeber erfundene „gemeinnützige Familienstiftung" gibt in der Praxis immer wieder Anlass zu Diskussionen. Sie wird von potentiellen Stiftern als Gestaltungsansatz zunehmend nachgefragt. Die „Erlaubnis" für die Stiftung zur Zahlung nach § 58 Nr. 6 AO sollte vorsorglich in die Stiftungssatzung aufgenommen werden, da das von der FinVerw zwar nicht immer, aber oft gefordert wird. Nachfolgend werden typische Praxis- und Streitfragen dazu beleuchtet.[345] 171

I. Sinn und Zweck sowie Abgrenzung der Vorschrift

1. Die Ursprünge

Grundsätzlich darf eine steuerbefreite Stiftung ausschließlich ihre steuerbegünstigten satzungsgemäßen Zwecke verfolgen (§ 56 AO, Ausschließlichkeitsgrundsatz). Zudem ist es einer steuerbefreiten Stiftung nach dem Grundsatz der Selbstlosigkeit (§ 55 AO) insbesondere verboten, jegliche Personen, d.h. 172

344 AEAO Nr. 13 zu § 55 Abs. 1 Nr. 1; Klein/*Gersch*, AO, § 58 Rn 8; *Buchna/Seeger/Brox*, S. 225.

345 Ausf. schon *Schiffer*, Der Fachanwalt für Erbrecht, ZErb-Beilage 2006, 51 ff.; *ders*,. BBV, 2007, 332 ff. zu den diversen Streitfragen; siehe auch *Theuffel-Werhahn*, StiftungsBrief 2012, 83 ff, und 108 ff.

eben auch den Stifter und seine Angehörigen, durch Ausgaben, die dem Zweck der steuerbegünstigten Stiftung fremd sind, oder durch unverhältnismäßig hohe Vergütungen zu begünstigen (§ 55 Abs. 1 Nr. 3 AO, Begünstigungsverbot). Die heute in § 58 Nr. 6 AO dazu manifestierte Ausnahmeregelung blickt auf eine **wechselvolle Vergangenheit**.

173 Mit einer Abweichung im Zusammenhang mit einer entsprechenden Auflage für die Stiftung[346] hatte der **Reichsfinanzhof** die Auffassung vertreten, dass, wenn Mittel einer steuerbegünstigten Stiftung auch der Familie des Stifters, z.B. bei der Grabpflege dienten, die Stiftung nicht als ausschließlich gemeinnützig oder mildtätig anerkannt werden könne.[347] Danach musste also die gesamte Tätigkeit einer gemeinnützigen Stiftung den steuerbegünstigten Zwecken dienen.[348] In § 5 Nr. 3 GemeinnützigkeitsVO wurde dann im Gegensatz dazu geregelt, dass eine Stiftung bis zu einem Viertel ihres Einkommens für die Grab- und Andenkenpflege des Stifters verwenden dürfe. Das diente bereits der Förderung der Errichtung steuerbefreiter Stiftungen. Es sollte in Abweichung von der Rechtsprechung eine Rechtsgrundlage zu dem Zweck geschaffen werden, dass potentielle Stifter nicht aus Sorge um die Grab- und Andenkenpflege von der Errichtung einer gemeinnützigen Stiftung abgehalten würden.[349] Noch vor dem Inkrafttreten des § 58 Nr. 5 AO (1977) entschied die Finanzverwaltung, dass aus ihrer Sicht keine Bedenken bestehen, wenn steuerbefreite Stiftungen mit Rentenverpflichtungen zugunsten des Stifters und/oder seiner Angehörigen belastet würden.[350]

2. Das Drittelprivileg

174 Mit § 58 Nr. 6 AO hat der Gesetzgeber dann als Sonderregelung für Stiftungen eine „Ausnahmevorschrift im Verhältnis zu §§ 55, 56 AO" geschaffen, die anzuwenden ist, wenn eine Zuwendung an sich dem Grunde nach gegen das Gebot der Selbstlosigkeit aus § 55 Nr. 1 AO und der Ausschließlichkeit nach § 56 AO verstieße. Danach wird die Steuervergünstigung für eine (selbstständige oder unselbstständige) Stiftung nicht dadurch ausgeschlossen, dass eine Stiftung einen Teil, jedoch höchstens ein Drittel[351] ihres Einkommens dazu verwendet, um in angemessener Weise den Stifter und seine nächsten Angehörigen zu unterhalten, ihre Gräber zu pflegen und ihr Andenken zu ehren.

346 RFH RStBl 1933, 193.
347 RFH RStBl 1929, 519; 1937, 1104.
348 Siehe dazu auch *Schauhoff*, DB 1996, 1693.
349 Siehe nur *Schauhoff*, DB 1996, 1693.
350 OFD Köln Verf. v. 29.6.1976, S 1291 – 30 St 131, FR 1976, 407.
351 Bis zum Vereinsförderungsgesetz v. 18.12.1989 war es nur ein Viertel.

Sinn der Vorschrift ist es, vor dem Hintergrund des besonderen Interesses des Gesetzgebers an der Errichtung gemeinnütziger und mildtätiger Stiftungen, einem potenziellen Stifter, der sich ja durch die Stiftungserrichtung seines betreffenden Vermögens endgültig entäußert, die Sorge zu nehmen, er sowie seine nächsten Angehörigen könnten unvorhergesehener Weise aufgrund der Weggabe von Vermögen an die Stiftung in Not geraten und sich den gewohnten Lebensstil nicht mehr leisten.[352] 175

3. Abgrenzung und Alternativen

Das Gesetz gewährt in § 58 Nr. 6 AO die Möglichkeit der entsprechenden Unterstützung durch die Stiftung, es gibt aber keinen Rechtsanspruch auf diese Unterstützung. Bei Zahlungen nach § 58 Nr. 6 AO handelt es sich grundsätzlich um **freiwillige Leistungen der Stiftung**. 176

Ist im Gegensatz dazu bereits vor Übertragung der Mittel auf die Stiftung eine Beteiligung der betreffenden Personen an den Erträgen des Vermögens der Stiftung festgelegt worden (etwa durch eine Auflage bei der Vermögensübertragung), handelt es sich nicht um Zahlungen im Sinne des § 58 Nr. 6 AO.[353]

Verbindlichkeiten, wie etwa **Auflagen**, die in Ausführung des Stiftungsgeschäftes auf die Stiftung übergehen, **mindern** von vornherein das der Stiftung zugewendete **Vermögen**, denn der zur Erfüllung derartiger Ansprüche notwendige Teil des Stiftungsvermögens steht den satzungsmäßigen Zwecken der Stiftung von Anfang an nicht zur Verfügung. Sie sind in der Praxis als **alternative Lösungsansätze** zu § 58 Nr. 6 AO zu prüfen. Die Erfüllung derartiger Ansprüche stellt keinen Verstoß gegen die Gebote der Selbstlosigkeit und Ausschließlichkeit dar, weshalb für die Anwendung des § 58 Nr. 6 AO insoweit kein Raum ist. Das hat der **BFH** gegen das FG München[354] ausdrücklich klargestellt.[355] Allerdings mindern die betreffenden Ansprüche das auf die Stiftung übertragene Vermögen bereits im Zeitpunkt des Übergangs. Der Stiftung wird nur das nach der Erfüllung der Ansprüche verbleibende Vermögen steuerwirksam im Sinne des § 10b EStG zugewendet.[356] 177

§ 58 Nr. 6 AO kann somit, wie der BFH betont, nach der **Gesetzessystematik** nur dann und insoweit Anwendung finden, wie die Stiftung Leistungen aus 178

---

352 Siehe nur *Buchna*, Stiftung & Sponsoring 4/2003, 18; OFD Magdeburg, Verf. v. 18.5.2004, S 1900 – 22 – St 217/S 0171 – 155 – St 217, Ziffer 2.

353 Siehe nur OFD Magdeburg, Verf. v. 18.5.2004– S 1900 – 22 – St 217/S 0171 – 155 – St 217, Ziffer 2.

354 EFG 1995, 650.

355 BFH BStBl II 1998, 758 = BB 1998, 883.

356 AEAO Nr. 11 bis 13 zu § 55 AO.

ihrem Stiftungsvermögen bzw. aus ihren Erträgnissen erbringt, die dem Gebot der Ausschließlichkeit (§ 56 AO) oder dem Erfordernis der Selbstlosigkeit (§ 55 AO) widersprechen. Schädlich können solche Zahlungen allerdings nur sein, wenn die Körperschaft ihre eigenen Mittel (Stiftungsvermögen und Erträgnisse) für nicht satzungsmäßige Zwecke verwendet. Angemessene Aufwendungen einer Stiftung, die dem Erwerb, der Sicherung und Verwaltung ihres Vermögens dienen, können, so betont der BFH, folglich schon deshalb nicht als schädlich angesehen werden, weil diese von vornherein für satzungsmäßige Zwecke nicht zur Verfügung stehen.

179 Der BFH betont außerdem, dass nichts anderes in den Fällen gilt, in denen in Ausführung des Stiftungsgeschäftes neben positiven Vermögensgegenständen auch **negative Vermögenswerte** (z.B. Verbindlichkeiten gegenüber Dritten) auf die Stiftung übergehen. Auch solche negativen Vermögenswerte mindern von vornherein das der Stiftung zugewendete Vermögen. Der zur Erfüllung derartiger Ansprüche notwendige Teil des Stiftungsvermögens steht den satzungsmäßigen Zwecken der Stiftung von Anfang an nicht zur Verfügung. Es handelt sich insoweit nicht um eigene, in die Dispositionsfreiheit der Stiftung fallende Verfügungen, sondern lediglich um die Erfüllung von vom Stifter begründeten Verpflichtungen. Hierdurch wird niemand aus dem an den Stiftungszweck gebundenen und diesem dienenden (Netto-)Vermögen der Stiftung begünstigt. Solche Fälle können, so der BFH weiter, nicht anders beurteilt werden als die, in denen der Stifter im Rahmen seiner Gestaltungsfreiheit bei der Errichtung der Stiftung Teile seines Vermögens zurückbehält oder sich oder ihm nahe stehenden Personen einen Nießbrauch an einem Teil des gestifteten Vermögens einräumt.[357] Hier wie dort erhält die Stiftung von Anfang an für ihre satzungsmäßigen Zwecke nur ein um die jeweiligen Ansprüche Dritter ermäßigtes Vermögen.

180 **Praxistipp: Stiftungsvermögen ohne Gemeinnützigkeitsbindung**
Es ist im Übrigen jenseits von § 58 Nr. 6 AO auch zulässig, das Stiftungsvermögen und Zustiftungen bei der Hingabe von der gemeinnützigkeitsrechtlichen Vermögensbindung auszunehmen und im Falle des Erlöschens der Stiftung an den Stifter oder seine Erben zurückfallen zu lassen. Geschieht das – auch nur unter bestimmten Bedingungen –, ist bei der Hingabe natürlich kein Spendenabzug möglich.[358]

357 Vgl. Begründung zu Art. 1 Nr. 2 Buchst. a des Regierungsentwurfs des Vereinsförderungsgesetzes, BT-Drucks 11/4176.

358 AEAO Nr. 31 zu § 55 Abs. 3 AO; OFD Magdeburg, Verf. v. 18.5.2004, S 1900 – 22 – St 217/S 0171 – 155 – St 217, Ziffer 2.

II. Typisierte Beispielsfälle

181 Betrachten wir einige bewusst typisiert zugeschnittene Beispielfälle,[359] in denen die Stiftung dem Stifter und seinen Angehörigen jeweils eine Unterstützung i.S.d. § 58 Nr. 6 AO zugesagt hat. Die „Auflösung" der Fälle folgt dann jeweils an geeigneter Stelle im nachfolgenden Text.

182 **Typisierter Fall 1**
Der Stifter, ein Rentner, hatte ein Vermögen von 1,2 Mio. EUR. Davon hat er 1,0 Mio. auf eine gemeinnützige Stiftung als Barvermögen übertragen, weil er keine Angehörigen hat. Die Stiftung erzielt aus dem Stiftungsvermögen ein Einkommen in Höhe von 45.000 EUR. Das ist ihr einziges Einkommen. Der Stifter hat sein Restvermögen von 200.000 EUR verbraucht. Aufgrund der Inflation reicht die Rente des Stifters nicht mehr für seinen bisherigen Lebensstandard.

183 **Typisierter Fall 2**
Wie Fall 1, jedoch mit der Abwandlung, dass der Stifter eine langjährige Lebensgefährtin hat, die nach dem Tod des Stifters eine Unterstützung von der Stiftung will, die diese ihr durch den Stifter, der sich als Stiftungsvorstand eingesetzt hatte, auch zugesagt hat.

184 **Typisierter Fall 3**
Der Stifter hat der Stiftung mit 500.000 EUR den überwiegenden Teil seines Vermögens übertragen. Aus diesen 500.000 EUR erzielt die Stiftung über festverzinsliche Anleihen jährlich eine Rendite von 30.000 EUR. Daneben hat die Stiftung aus Zustiftungen von dritter Seite weiteres Vermögen in Höhe von 1.500.000 EUR, so dass sie insgesamt über ein jährliches Einkommen i.S.d. § 58 Nr. 6 AO in Höhe von 120.000 EUR verfügt. Der Stifter verfügte zum Zeitpunkt der Stiftungserrichtung über ein eigenes Einkommen von 100.000 EUR, das sich später unvorhergesehen dauerhaft auf 50.000 EUR verringert. Der Stifter hat keine Angehörigen.

185 **Typisierter Fall 4**
Der reiche Stifter hat seinen zwei Kindern eine gute Ausbildung zukommen lassen, so dass sie gut verdienen. Er hat ihnen auch erhebliches Vermögen geschenkt. Die Kinder haben deshalb einen hohen Lebensstandard. In seinem Testament hat der Stifter die Errichtung einer gemeinnützigen Stiftung verfügt und ihr 6 Mio. EUR vermacht, aus denen die Stiftung 450.000 EUR Einkommen erzielt.

---

359 Siehe zu Fall 3 und 4: *Buchna*, Stiftung & Sponsoring 4/2003, 18 (19 f.).

III. Aktuelle Problemfelder in der Praxis

186 Problematisch sind in der Praxis vor allem immer wieder die Unterhaltsleistungen durch eine steuerbefreite Stiftung, die in der Praxis nicht selten unbewusst oder auch bewusst irreführend als so genannte **„Stifterrente“** angepriesen werden.[360] Es handelt sich nun wirklich nicht um eine dauerhaft in gleicher Höhe zu zahlende „Rente“. Die oft als „Stifterrente“ gekennzeichneten Gestaltungen, bei denen sich ein Stifter Leistungen als Rente in bestimmter Höhe garantieren lies, hat die Finanzverwaltung inzwischen als unzulässig gekennzeichnet. Es heißt jetzt im letzten Satz von AEAO Nr. 8 zu § 58 Nr. 6 AO: *„Leistungen mit Ausschüttungscharakter, z.B. in Höhe eines Prozentsatzes der Erträge, sind unzulässig.“* Die Finanzverwaltung sah sich wohl angesichts bestimmter Praktiken zu dieser deutlichen Klarstellung veranlasst, obwohl hier nach dem Gesetz unabhängig von dem AEAO ohnehin eine konkrete „Unterhaltsbedürftigkeit“ (siehe Rn 200 ff.) vorliegen muss, die zudem *in jedem steuerlichen Veranlagungszeitraum* jeweils gesondert festzustellen ist.[361]

187 Die Einzelheiten der gesetzlichen Regelung sind auch unabhängig von diesem zentralen Punkt recht kompliziert. Das Gesetz setzt allerdings zu einigen Punkten auch wirklich klare Grenzen, so dass bei einer steuerbefreiten Stiftung die nach dem Gesetz „nur“ unter bestimmten Umständen mögliche Unterhaltsleistung beispielsweise nicht etwa Zweck der Stiftung sein kann. Das ergibt sich schon aus Sinn und Zweck der gesetzlichen Regelung.

1. Der Streit um den Begriff der „nächsten Angehörigen"

188 Es besteht schon Streit um den Begriff der nächsten Angehörigen. Er ist aus Sicht der Finanzverwaltung enger als der Begriff der Angehörigen nach § 15 AO. Er soll nur umfassen (AEAO Nr. 7 zu § 58 Nr. 6 AO):
- Ehegatten
- Eltern, Großeltern, Kinder, Enkel (auch falls durch Adoption verbunden)
- Geschwister[362]
- Pflegeeltern, Pflegekinder.

Das kann mit Blick auf den Sinn und Zweck des § 58 Nr. 6 AO, den Stifter zu einer Stiftung anzuregen (siehe Rn 172 f.), und gerade vor dem Hintergrund der aktuellen Lebensverhältnisse in Deutschland nicht überzeugen.

---

360 So etwa auch *Bettenburg/Hunnius*, ZStV 2012, 187 f.

361 Siehe auch *Hüttemann*, DB 2014, 442, 445.

362 Aus unerfindlichen Gründen fehlt der Hinweis auf die Geschwister bei *Buchna/Seeger/Brox*, S. 227 f.

Nach § 15 AO gehören **Verlobte, Ehegatten sowie Verwandte und Verschwägerte in gerader Linie** zu den Angehörigen. Schon *Schauhoff*[363] hat vermerkt, dass nur, wenn zumindest alle Verwandten des Stifters in gerader Linie aus der steuerbefreiten Stiftung Unterhalt i.S.d. Drittelregelung erhalten können, ein potentieller (idealtypischer) Stifter bereit sein werde, erhebliches Vermögen auf eine gemeinnützige Stiftung zu übertragen. Andernfalls wird er typischerweise doch zwischen den Alternativen der Vermögensübertragung auf die Stiftung und der Versorgung seiner Familie schwanken. Eine Stiftung ist auf die Ewigkeit ausgerichtet, deshalb will der Stifter auch seine Familie auf ewig angemessen versorgt sehen.[364] Die von der Finanzverwaltung geforderte Begrenzung auf die Enkelgeneration überzeugt von daher nicht. Sie lässt sich auch nicht aus dem Gesetz ableiten. Der Einschränkung der Gesetzesregelung auf „nächste" Angehörige wird vielmehr dadurch Rechnung getragen, dass Neffen und Nichten sowie deren Abkömmlinge von der Drittelregelung nicht erfasst werden. Erfasst werden müssen aber alle Abkömmlinge des Stifters, d.h. auch Urenkel usw. 189

Betrachtet man die **Formen des heutigen Zusammenlebens** in unserer Gesellschaft, wird man auch dem Stifter besonders nahestehende Personen als nächste Angehörige im Sinne des Gesetzes zu werten haben.[365] Das sind etwa Personen, zu denen der Stifter ohne eine Adoption eine Beziehung wie zu einem Elternteil aufgebaut hat, ein langjähriger Hausangestellter[366] oder ein Lebenspartner des Stifters und zwar unabhängig davon, ob es sich formal um einen Lebenspartner nach dem Lebenspartnergesetz (LPartG) handelt, der ohnehin zwanglos unter die Vorschrift zu fassen wäre. 190

Buchna[367] tendiert offensichtlich auch in diese Richtung, fordert jedoch in solchen und ähnlichen Fällen stets eine mit dem Finanzamt abzustimmende Einzelfallentscheidung. Dem Sinn und Zweck der Vorschrift, potentielle Stifter generell zum Stiften anzureizen, entspricht es jedoch, hier generell auf die Sichtweise und die Entscheidung des (potentiellen) Stifters abzustellen. Nur so erhält ein (potentieller) Stifter die nötige Sicherheit für sein Vorhaben. Nur er kann entscheiden, wer ihm im besagten Sinne besonders nahe steht. Eine solche Entscheidung entzieht sich der Beurteilung durch einen Finanzbeamten.

Die Lebensgefährtin des Stifters in dem typisierten Fall 2 oben sollte demnach Unterstützungszahlungen nach § 58 Nr. 6 AO erhalten können. Mit Blick auf 191

363 DB 1996, 1693 (1694 f.). Ähnlich *Koenig*, AO, § 58 Rn 14.
364 So auch, *Tipke* /Kruse, § 58 AO Tz 6.
365 So auch *Tipke* /Kruse, § 58 AO Tz 6.
366 Klein/*Gersch*, § 58 AO Rn 6. A.A. *Koenig*, AO, § 58 Rn 14.
367 *Buchna*, Stiftung & Sponsoring 4/2003, 18 (19).

die Auffassung der Finanzverwaltung wird die Stiftung die Zulässigkeit der Zahlung aber wohl über den Rechtsweg erstreiten müssen.

2. Unterhaltsleistungen

a) Einkommen i.S.v. § 58 Nr. 6 AO

192 Unter „Einkommen" i.S.v. § 58 Nr. 6 AO ist die Summe aller steuerpflichtigen und nicht steuerpflichtigen Einkünfte aus den Einkunftsarten des § 2 Abs. 1 EStG zu verstehen, wobei positive und negative Einkünfte saldiert werden.[368] Kein Einkommen im Sinne der Vorschrift sind hingegen Spendeneinnahmen und Zuschüsse sowie natürlich das zu erhaltende „Grundstockvermögen" der Stiftung.

193 Der AEAO hält in Nr. 6 zu § 56 Nr. 6 AO fest, dass bei der Berechnung des maßgeblichen Einkommens Verlustverrechnungsbeschränkungen des EStG mit Ausnahme der des § 15a EStG unbeachtlich sind. Damit ist bis auf die genannte Ausnahme die „tatsächliche Leistungsfähigkeit der Stiftung" maßgebend.[369]

b) Art und Weise der Unterhaltsleistungen

194 Bei den Unterhaltsleistungen i.S.d. Vorschrift darf es sich unstrittig jedenfalls um Sach-, Dienst- oder Geldleistungen für einen geordneten Lebensbedarf (Unterkunft, Kleidung, Ernährung, Ausbildung, persönliche Bedürfnisse) handeln.[370]

195 Die Übertragung von Mitteln der Stiftung mit dem Ziel, dem Begünstigten einen **Vermögensaufbau zu ermöglichen**, soll unzulässig sein.[371] Diese einschränkende Auslegung der Vorschrift widerspricht allerdings dem Unterhaltsgedanken der Hilfe zu Selbsthilfe sowie dem Sinn und Zweck der Vorschrift. Soweit ein Vermögensaufbau der Sicherstellung des Lebensunterhaltes dient, sind entsprechende Zahlungen nach § 58 Nr. 6 AO deshalb richtigerweise sehr wohl möglich. Man denke nur an die Unterstützung einer **Existenzgründung** für ein Kind des Stifters. Das ist ein typischer Fall der Unterhaltsleistung an einen nächsten Angehörigen. Auch insoweit ist also eine weite Auslegung der Vorschrift nach deren Sinn und Zweck geboten.

---

368 *Buchna*, Stiftung & Sponsoring 4/2003, 18 (19); Klein/*Gersch*, AO, § 58 AO Rn 6 a.E.
369 So auch *Hüttemann*, DB 2014, 442, 445.
370 *Buchna*, Stiftung & Sponsoring 4/2003, 18 (19).
371 *Buchna*, Stiftung & Sponsoring 4/2003, 18 (19); *Bettenburg/Hunnius*, ZStV 2012, 187.

3. Die 1/3-Begrenzung

Die Leistungen, die die Stiftung zur Versorgung des Stifters und der übrigen Personen erbringt, dürfen bis zu einem Drittel ihres Einkommens ausmachen. Dabei ergeben sich nicht etwa aus allgemeinen Grundsätzen weitere Einschränkungen, d.h. auch nicht etwa daraus, dass „zu wenige“ Mittel für den ideellen Stiftungszweck verbleiben. Das Gesetz kennt nur die „Ein-Drittel-Grenze“. 196

Entgegen der oben zitierten Ansicht des BFH[372] (siehe oben Rn 177) wendet die Finanzverwaltung die Ein-Drittel-Grenze des § 58 Nr. 6 AO auch auf Fälle an, in denen die Stiftung Verbindlichkeiten gegenüber nächsten Angehörigen des Stifters zu erfüllen hat, die durch Übertragung von mit entsprechenden **Auflagen** belastetem Vermögen auf die Stiftung begründet worden sind.[373] Der BFH hat sehr klar dargelegt und begründet, dass sich das nicht aus dem Gesetz ableiten lässt.[374] Die Frage sollte deshalb möglichst bei der Stiftungserrichtung mit der Finanzverwaltung im Sinne der Rechtsprechung des BFH geklärt werden. Wenn das nicht gelingt und etwa das Finanzamt eine entsprechende verbindliche Auskunft ablehnt, sollte mit Blick auf das klare BFH-Urteil der Rechtsweg beschritten werden (zu den Rechtsmitteln bei Verweigerung einer verbindlichen Auskunft siehe § 8 Rn 76). 197

Für die **Höhe der höchstens zulässigen Zuwendungen** ist nach der Systematik des EStG grundsätzlich das Einkommen des betreffenden Veranlagungszeitraums maßgebend. Bei schwankenden Jahreseinkommen können sich deshalb Probleme für den Leistungsempfänger ergeben. Die Finanzverwaltung wird daher in der Regel die Einkommensentwicklung über einen gewissen Zeitraum berücksichtigen. *Buchna* schlägt vor, dass man sich an den Grundsätzen zur Verlustproblematik in steuerpflichtigen wirtschaftlichen Geschäftsbetrieben von steuerbefreiten Körperschaften[375] orientieren solle.[376] Einmalige Überschreitungen der Ein-Drittel-Grenze etwa zur Beseitigung von Unwetterschäden am Haus des Stifters sollen ausnahmsweise zulässig sein. Das entspricht Sinn und Zweck der Vorschrift. 198

Im **typisierten Fall 1** ergibt sich demnach eine Obergrenze von 15.000 EUR für Zahlungen an den Stifter. Dieser Betrag wird in der Regel eine willkommene Zuzahlung für den Stifter zum Inflationsverlust sein, um seinen Lebensstandard zu erhalten. 199

---

372 BFH BStBl II 1998, 758 = BB 1998, 883.

373 AEAO Nr. 12, 13 zu § 55 AO.

374 Siehe auch *Orth*, DStJG 26 (2003), 224; *Schulz*, DStR 1999, 354 (356); *Tipke* /Kruse, § 58 AO Tz 6.

375 AEAO Nr. 3 ff. zu § 55 Abs. 1 Nr. 1 AO.

376 So *Buchna*, Stiftung & Sponsoring 4/2003, 18 (19).

Im dem **typisierten Fall 3** ergibt sich aus dem Gesamteinkommen der Stiftung eine mögliche jährliche Zahlung an den Stifter von 50.000 EUR. *Buchna* sieht hingegen nur eine mögliche Zahlung von 10.000 EUR aus dem tatsächlich vom Stifter übertragenen Vermögen, da anderenfalls unter Verstoß gegen den Grundsatz der Vermögensbindung (§ 55 Abs. 1 Nr. 4 AO) unzulässig Stiftungsvermögen an den Stifter übertragen werde. Dem ist nicht zu folgen, denn die Zahlung erfolgt hier nur aus dem Einkommen der Stiftung, so dass das Stiftungsvermögen erhalten bleibt. Das Gesetz stellt in § 58 Nr. 6 AO ohne weitere Einschränkungen nur auf das Einkommen der Stiftung ab und gerade nicht auf das der Stiftung vom Stifter übertragene Vermögen. § 58 Nr. 6 AO geht als Ausnahmevorschrift dem § 55 Abs. 1 Nr. 4 AO vor.

4. Der Streit um die Angemessenheit

200 In AEAO Nr. 8 zu § 58 Nr. 6 AO schreiben die Verfasser des Anwendungserlasses die vorschnelle Sicht fort, dass die Unterhaltsleistungen für den Stifter und die nächsten Angehörigen „angemessen" sein müssen. Im Gesetz ist aber nicht von einem „angemessenen Unterhalt" die Rede, sondern davon, dass **„in angemessener Weise"**[377] der betreffende Personenkreis steuerunschädlich **„unterhalten"** werden könne. Darin liegt ein wesentlicher Unterschied.[378]

201 **Maßstab für die Angemessenheit ist aus Sicht der Finanzverwaltung** der Lebensstandard des Zuwendungsempfängers".[379] Nach anderer Auffassung ist der Lebensstandard des Stifters maßgebend,[380] wobei auf den Zeitpunkt der Dotation der Stiftung abgestellt werden soll.[381] Soweit diese Ansichten im Ergebnis überhaupt wirklich gegenläufig sind, ist die Lösung aus dem Sinn und Zweck des Gesetzes zu finden. Da das Gesetz im Sinne der vermehrten Errichtung von Stiftungen ein **etwaiges Versorgungsrisiko** des Stifters und seiner nächsten Angehörigen **abfedern** will (siehe Rn 172 ff.), ist entscheidend, wie die betreffenden Personen ihr Leben finanziell hätten führen können, wenn das betreffende Vermögen nicht auf die Stiftung übertragen worden, sondern bei ihnen verblieben bzw. auf sie übergegangen wäre.[382] Maßgebend sind damit im Einzelfall auch die Ertragskraft des auf die Stiftung übergegangenen Vermö-

---

377 Siehe dazu etwa auch *Bettenburg/Hunnius*, ZStV 2012, 187 f., die in ihrer Darstellung allerdings an der Oberfläche bleiben.

378 Siehe schon *Schiffer*, DStR 2003, 12.

379 AEAO Nr. 8 zu § 58 Nr. 6 AO.

380 *Tipke* /Kruse, § 58 AO Tz 6.

381 *Buchna*, Stiftung & Sponsoring 4/2003, 18 (19).

382 In dieser Richtung auch *Buchna*, Stiftung & Sponsoring 4/2003, 18 (19), der aber sodann inkonsequent wohl auf den Zeitpunkt der Vermögensübertragung abstellen will.

gens[383] und die weiteren im vorangegangenen Absatz angesprochenen Punkte. Kleinlichkeit ist hier nicht im Sinne des Gesetzes.[384]

In dem **typisierten Fall 4** beträgt die Obergrenze für Zahlungen an die Kinder 150.000 EUR. Sie können indessen hier keine Zahlung erhalten, da sie ihren Lebensunterhalt in angemessener Weise selbst bestreiten können. Solange das so ist, darf die Stiftung keine Zahlungen an sie leisten. 202

5. Fazit und Steuerhinweis

Stellt man, wie vorstehend skizziert, konsequent auf den Sinn und Zweck des § 58 Nr. 6 AO ab, lassen sich alle Streitfragen im Sinne des Stiftungswesens und (potentieller) Stifter lösen. Die Finanzverwaltung sollte sich der Rechtsprechung des BFH folgend endlich auch dazu entschließen. Solange sie das nicht tut, bleibt in der praktischen Anwendung der Norm ein erhebliches **Risiko für Stifter und deren nächste Angehörige**, so dass die Intention des Gesetzgebers, das Stiftungswesen zu fördern, sich allenfalls bedingt erfüllen wird. Das gilt umso mehr, als es durchaus „Anbieter“ gibt, die aus meiner Sicht bei der Anwendung der Vorschrift überziehen, was dann wieder zu entsprechenden Reaktionen der Finanzverwaltung führt, die ggf. auch die anderen Anwender treffen (siehe auch § 14 Rn 25 ff.). 203

Bei der **Besteuerung** der Leistungen nach § 58 Nr. 6 AO darf man sich im Übrigen nicht verwirren lassen. Es handelt sich hier **nicht** um echte Familienstiftungen (zu der Besteuerung der dortigen Destinatäre siehe § 8 Rn 34 ff.). Bei der steuerbefreiten „gemeinnützigen Familienstiftung“ hingegen haben die Leistungsempfänger Steuern nach § 22 Nr. 1, S. 2a EStG zu zahlen[385] und zwar ohne die 40 %-ige Freistellung nach § 3 Nr. 40 lit. i) EStG und § 20 Abs. 1 Nr. 9 EStG, denn diese Vorschrift greift nach dem ausdrücklichen Wortlaut des Gesetzes nur für nicht steuerbefreite Körperschaften.[386] 204

383 So dann auch wieder *Buchna*, Stiftung & Sponsoring 4/2003, 18 (19).

384 *Tipke*/Kruse, § 58 AO Tz 6.

385 Siehe *Buchna/Seeger/Brox*, S. 231 m.w.N. Zu der von ihm gesehenen Möglichkeit der Steuerfreiheit beim Empfänger im Fall der einer gemeinnützigen Stiftung auferlegten Rentenverpflichtung siehe *Reich*, DStR 2011, 1742 ff. Zu einem „extremen“ Rechenbeispiel betreffend vorbelastete, d.h. steuerpflichtige Einkünfte bei der gemeinnützigen Stiftung siehe *Theuffel-Werhahn*, StiftungsBrief 2012, 108, 111 f.

386 Siehe Schmidt/*Weber-Grellet*, EStG, § 22 Rn 68.

6. Ausblick: Ersatzerbschaftsteuerpflicht?

205 In der wissenschaftlichen Diskussion wird in jüngster Zeit die Frage aufgeworfen, ob in gewissen Fällen eine gemeinnützige Stiftung nach § 58 Nr. 6 AO auch gleichzeitig als privatnützige Familienstiftung i.S.v. § 1 Nr. 4 ErbStG zu bewerten ist und damit der Ersatzerbschaftsteuer (siehe § 8 Rn 49 ff.) unterfällt.[387]

206 Da eine erbschaftsteuerliche Familienstiftung nach der Ansicht der Finanzverwaltung jedenfalls dann vorliegt, wenn der Stifter, seine Angehörigen und Abkömmlinge zu mehr als einem Viertel bezugs- oder anfallsberechtigt sind (siehe § 8 Rn 52 ff.) und sie einen Einfluss auf die Geschäftsführung haben, könnte man auf den ersten Blick tatsächlich zu einem solchen Ergebnis kommen. So etwa dann, wenn die Familie über eine entsprechende Gestaltung der Stiftungssatzung die Möglichkeit hat, die Kontrolle über die Stiftung auszuüben und außerdem die Anwendung des § 58 Nr. 6 AO in der Satzung zugelassen – oder jedenfalls nicht ausgeschlossen – ist.

Eine solche Sicht ginge aber fehl, denn die mit ihr einhergehenden Ergebnisse sind systematisch unstimmig und würden die Steuerbefreiung der gemeinnützigen Stiftung nach § 58 Nr. 6 AO gemäß § 13 Abs. 1 Nr. 16 lit. b ErbStG ad absurdum führen und damit deren Zweck konterkarieren. Zu Recht weist *v. Oertzen* deshalb darauf hin, dass die Steuerbefreiung nach § 13 Abs. 1 Nr. 16 lit. b ErbStG auch bei Ablauf der dreißigjährigen Frist nach § 1 Abs. 4 ErbStG zumindest entsprechende Anwendung findet. Da § 1 Abs. 4 ErbStG einen Erbfall fingiert, muss dieser fingierte Erbfall konsequenterweise als Zuwendung betrachtet werden, die unter § 13 Abs. 1 Nr. 16 lit. b ErbStG fällt.[388]

G. Sponsoring gemeinnütziger Stiftungen

I. Grundlagen

1. Allgemeines

207 Der gemeinnützige Sektor in Deutschland zeichnet sich bereits seit Jahren durch eine hohe Dynamik aus. Zur Finanzierung dieses Sektors werden zunehmend neue Wege beschritten, wobei das Sponsoring zu einem festen Bestandteil

---

387 So wohl Troll/Gebel/*Jülicher*, ErbStG, § 1 Rn 51. Zur Problematik ausf. *v. Oertzen*, in: FS Spiegelberger, S. 1390 (1393 ff.) m.w.N.

388 Siehe *v. Oertzen*, in: FS Spiegelberger, S. 1390 (1395).

geworden ist.[389] Die Sponsoringausgaben deutscher Unternehmen wurden schon im Jahre 2008 auf über 2 Mrd. EUR im Jahr geschätzt.[390] Dabei birgt die Zusammenarbeit von gemeinnützigen Einrichtungen mit privatwirtschaftlichen Unternehmen allerdings erhebliche ertragsteuerliche und umsatzsteuerliche Risiken, insbesondere bei der Erbringung von Werbeleistungen. Das gilt umso mehr als der so genannte Sponsoringerlass[391] mit seinen einigermaßen greifbaren Regelungen „nur" die Ertragsteuer betrifft und eben nicht die Umsatzsteuer. Die Rechtsprechung des BFH[392] verschärft die Situation zusätzlich, da bereits die bloße Duldung von Werbung Gegenstand eines steuerpflichtigen wirtschaftlichen Geschäftsbetriebs sein kann.

Hinzu kommt, dass der Sponsor und die gesponserte gemeinnützige Stiftung mit einem Sponsoring typischerweise unterschiedliche steuerliche Ziele verfolgen: 208

Dem Sponsor ist aus steuerlicher Sicht zumeist daran gelegen, seine Sponsoringaufwendungen steuermindernd geltend machen zu können.

Im Gegensatz dazu verfolgt die gesponserte gemeinnützige Stiftung typischerweise das Ziel, die Leistung des Sponsors möglichst ungeschmälert für die geförderten Zwecke einsetzen zu können.[393]

Ausgehend davon werden nachfolgend die Problemkreise aufgezeigt und Praxishinweise zur Vermeidung drohender Steuerrisiken gegeben.[394]

2. Sponsoring: Definition

Unter Sponsoring[395] versteht man in steuerlicher Hinsicht die Gewährung von Geld und/oder geldwerten Vorteilen durch ein Unternehmen zur Förderung von Personen, Gruppen und/oder Organisationen in sportlichen, kulturellen, kirchlichen, wissenschaftlichen, sozialen, ökologischen oder ähnlich bedeutsamen gesellschaftspolitischen Bereichen. Hierbei werden durch den Sponsor 209

389 Zum Sponsoring speziell des Bereichs Sport siehe z.B. *Ritter*, Die Roten Seiten zum Magazin Stiftung & Sponsoring 4/2009, 13 ff. und allgemein zum Sponsoring: *Ehlers/Schmidt/Korfmann/Melzer/Klöck/Brixius*, Stiftung & Sponsoring – Rote Seiten 6/2013.

390 Siehe Sponsoring – steuerlich optimal gestalten, Merkblatt Nr. 1611, Ausgabe 1/2008.

391 BMF v. 18.2.1998, BStBl I, 212 f.

392 Urt. v. 7.11.2007 – I R 42/06 = DStR 2008, 505; BFH Urt. v. 2.8.2012 – IV R 25/09 = DStR 2012, 1911, siehe dazu *Wallenhorst*, DStR 2012, 2212.

393 Siehe dazu etwa *Poser/Backes*, Sponsoringvertrag, S. 12 ff.

394 Siehe schon *Schiffer/Sommer*, BBEV 2008, 261 und 292. Siehe auch *Röthel/Konolt*, DStR 2009, 15; *Fries*, StiftungsBrief 2011, 203 f.

395 BMF v. 18.2.1998, BStBl I, 212 f. (Sponsoringerlass betreffend Ertragsteuer!), siehe im Zweifel auch dort zu den nachfolgenden Ausführungen.

auch eigene unternehmerische Ziele der Werbung und der Öffentlichkeitsarbeit verfolgt.[396] In einem weiter verstandenen Sinne werden mitunter auch Privatpersonen, die eine Spende (zur **Spende** siehe Rn 57 ff.) erbringen, als „Sponsoren“ bezeichnet. Dabei ist für die steuerliche Abzugsfähigkeit wesentlich, dass deren Spende freiwillig und ohne Gegenleistung zu erfolgen hat.

Leistungen eines Sponsors, die durchaus auch in der Gewährung von Zeit, Kontakten, Know-how und Erfahrungen bestehen können, beruhen typischerweise auf einer vertraglichen Vereinbarung zwischen dem Sponsor und dem Empfänger der Leistungen (Sponsoring-Vertrag), in dem Art und Umfang der Leistungen des Sponsors und des Empfängers geregelt sind.

3. Der Sponsoringvertrag

210 Der Sponsoringvertrag ist als Vertragstyp **nicht gesetzlich geregelt**. Die Pflichtenkonstellation des Sponsoringvertrags macht jedoch deutlich, dass es sich um einen atypischen gegenseitigen Austauschvertrag handelt, der Elemente mehrerer geregelter Vertragstypen beinhaltet.[397] Nach dem in § 125 BGB normierten Prinzip der Formfreiheit unterliegt der Sponsoringvertrag keiner vorgeschriebenen Form.[398] Darüber hinaus hat sich bislang im Rechtsverkehr kein Vertragsmuster durchgesetzt, das sich als Grundlage für alle Sponsoring-Aktivitäten eignet. Es bedarf somit einer genauen Betrachtung des Einzelfalls durch den juristischen Berater und einer individuellen Vertragsgestaltung. Sinnvollerweise wird angesichts der nachfolgend noch anzusprechenden Punkte der sorgfältig zu verhandelnde und zu formulierende Vertrag aber in jedem Fall schriftlich abgeschlossen. Das gilt auch aus Gründen der Nachweisbarkeit gegenüber der Finanzverwaltung.

211 Allen Sponsoringverträgen eigen ist eine Vereinbarung über die Leistung des Sponsors und die Gegenleistung des Gesponserten:

- Der Sponsor verpflichtet sich, dem Gesponserten zur Förderung von dessen Aktivitäten Geld, Sachmittel oder Dienstleistungen zur Verfügung zu stellen.

---

396 Sponsoringerlass Rn 1: *„Unter Sponsoring wird üblicherweise die Gewährung von Geld oder geldwerten Vorteilen durch Unternehmen zur Förderung von Personen, Gruppen und/ oder Organisationen in sportlichen, kulturellen, kirchlichen, wissenschaftlichen, sozialen, ökologischen oder ähnlich bedeutsamen gesellschaftspolitischen Bereichen verstanden, mit der regelmäßig auch eigene unternehmensbezogene Ziele der Werbung oder Öffentlichkeitsarbeit verfolgt werden.“*

397 Vgl. Palandt/*Grüneberg*, vor § 305 Rn 14.

398 Vgl. Palandt/*Ellenberger*, § 125 Rn 1.

- Im Gegensatz dazu verpflichtet sich der Gesponserte dazu, dem Sponsor über die gesponserte Aktivität bei der Erreichung von dessen werbenden Zielen behilflich zu sein.[399]
- Außerdem finden sich im Sponsoringvertrag oftmals Vereinbarungen zur Zielsetzung, Gefahrtragung sowie zu Leistungsstörungen, Urheberrechten und Wettbewerbsverboten zulasten des Gesponserten.
- Die wesentlichen Unterschiede beim Sponsoring einer gemeinnützigen Stiftung im Gegensatz zum Sponsoring einer nicht steuerbegünstigten Stiftung bestehen im Steuerrecht.

Fallbeispiel: „Forschung hat ihren Preis“ 212
Eine bundesweit tätige gemeinnützige Stiftung möchte ein medizintechnisches Forschungsprojekt in Deutschland durchführen. Da es der Einrichtung an ausreichenden finanziellen Mitteln fehlt, konnte ein großes deutsches Unternehmen aus der Lebensmittelindustrie als Finanzier gewonnen werden. Dieses Unternehmen ist bereit, der gemeinnützigen Einrichtung über einen Zeitraum von fünf Jahren insgesamt 20 Mio. EUR zur Finanzierung des Forschungsvorhabens zur Verfügung zu stellen. Das Forschungsprojekt wird in der Rechtsform einer gemeinnützigen GmbH verwirklicht. Das sponsernde Unternehmen drängt darauf, dass die gemeinnützige GmbH das gesponserte Projekt in der Öffentlichkeit umfassend kommuniziert und dabei die Förderung durch den Sponsor besonders hervorhebt. Die Mittelvergabe und -verwendung soll im Rahmen eines Sponsoringvertrags zwischen der zu gründenden gemeinnützigen GmbH und dem Lebensmittelunternehmen geregelt werden.

II. Ertragsteuer und Sponsoring

1. Der Sponsoringerlass

Es ist, wie bereits angedeutet, zwischen der **ertragsteuerrechtlichen** und der **umsatzsteuerrechtlichen Behandlung des Sponsorings** zu unterschieden. Der sogenannte „Sponsoringerlass“ gilt streng genommen nur für die Ertragsteuer.[400] 213

Der so genannte **Sponsoringerlass**, der die Auffassung der Finanzverwaltung wiedergibt, stammt zwar schon aus dem Jahr 1998; seit damals wurde der einschlägige Anwendungserlass zur Abgabenordnung (AEAO) in den betreffenden Punkten jedoch nicht angepasst.[401] Deshalb kann davon ausgegangen 214

399 Vgl. auch *Poser/Backes*, Sponsoringvertrag, S. 4 f.
400 Sponsoringerlass: BMF v. 18.2.1998, BStBl I, 212 f.; *Buchna/Seeger/Brox*, S. 666.
401 Auch nicht bei der jüngsten AEAO-Änderung vom 31.1.2014.

werden, dass die in AEAO Nr. 9 zu § 64 Abs. 1 AO und im ausführlicheren Sponsoringerlass aufgeführten sogenannten **Duldungsleistungen** (siehe Rn 232 ff.) der gesponserten Körperschaft (hier: Stiftung) auch künftig von der Finanzverwaltung so gesehen werden wie bisher.[402] Im **Zweifelsfall** ist dennoch natürlich vorsorglich eine argumentativ untermauerte **Abstimmung** mit dem zuständigen Finanzamt vorzunehmen.

215 Der entscheidende Text aus dem AEAO sei zur größeren Klarheit zitiert:

- **AEAO Nr. 9 zu § 64 Abs. 1 AO**
  „Danach liegt kein wirtschaftlicher Geschäftsbetrieb vor, wenn die steuerbegünstigte Körperschaft dem Sponsor nur die Nutzung ihres Namens zu Werbezwecken in der Weise gestattet, dass der Sponsor selbst zu Werbezwecken oder zur Imagepflege auf seine Leistungen an die Körperschaft hinweist."
  Ein wirtschaftlicher Geschäftsbetrieb liegt auch dann nicht vor, wenn der Empfänger der Leistungen z.B. auf Plakaten, Veranstaltungshinweisen, in Ausstellungskatalogen oder in anderer Weise auf die Unterstützung durch einen Sponsor lediglich hinweist. Dieser Hinweis kann unter Verwendung des Namens, Emblems oder Logos des Sponsors, jedoch ohne besondere Hervorhebung, erfolgen. Entsprechende Sponsoringeinnahmen sind nicht als Einnahmen aus der Vermögensverwaltung anzusehen. Eine Zuführung zur freien Rücklage nach § 62 Abs. 1 Nr. 3 AO ist daher lediglich i.H.v. 10 % der Einnahmen, nicht aber i.H.v. einem Drittel des daraus erzielten Überschusses möglich."
- **AEAO Nr. 10 zu § 64 Abs. 1 AO:**
  „Ein wirtschaftlicher Geschäftsbetrieb liegt dagegen vor, wenn die Körperschaft an den Werbemaßnahmen mitwirkt. Dies ist z.B. der Fall, wenn die Körperschaft dem Sponsor das Recht einräumt, in einem von ihr herausgegebenen Publikationsorgan Werbeanzeigen zu schalten, einschlägige sponsorbezogene Themen darzustellen und bei Veranstaltungen der Körperschaft deren Mitglieder über diese Themen zu informieren und dafür zu werben (vgl. BFH, Urt. v. 7.11. 2007 – I R 42/06 -, BStBl 2008 II, S. 949). Der wirtschaftliche Geschäftsbetrieb kann kein Zweckbetrieb (§§ 65 bis 68) sein. Soweit Sponsoringeinnahmen unmittelbar in einem aus anderen Gründen steuerpflichtigen wirtschaftlichen Geschäftsbetrieb anfallen, sind sie diesem zuzurechnen."

402 So *Buchna/Seeger/Brox*, S. 304.

2. Unterschiedliche steuerliche Behandlung beim Sponsor und bei der gemeinnützigen Körperschaft

Steuerlich ist beim Sponsoring zu unterscheiden zwischen der Behandlung der Sponsoringleistungen beim Sponsor und der Behandlung bei dem steuerbegünstigten Empfänger (hier: Stiftung).[403] 216

a) Möglichkeiten der steuerlichen Einordnung beim Sponsor

Aufwendungen für das Sponsoring können beim Sponsor sein:[404] 217
- **Betriebsausgaben** (von „Unternehmen") im Sinne des § 4 Abs. 4 EStG (Betriebsausgaben sind die Ausgaben, die durch den Betrieb veranlasst sind);
- **Spenden**, die unter den genannten Voraussetzungen bei Privatpersonen wie bei „Unternehmen" steuerlich berücksichtigt werden dürfen;
- steuerlich nicht abziehbare **Kosten der privaten Lebensführung** (§ 12 Nr. 1 EStG bei Privatpersonen und bei (Mit-)Unternehmern/Gesellschaftern von Personengesellschaften);
- bei Kapitalgesellschaften **verdeckte Gewinnausschüttungen** (vGA, § 8 Abs. 3 S. 2 KStG).

Betrachten wir die Möglichkeiten im Einzelnen!

b) Sponsoringleistungen als Betriebsausgaben des Sponsors

Aufwendungen des Sponsors sind Betriebsausgaben,[405] wenn er 218
- **wirtschaftliche Vorteile**, die insbesondere in der Sicherung oder Erhöhung seines unternehmerischen Ansehens liegen können,[406] für sein Unternehmen erstrebt
  oder
- für Produkte seines Unternehmens **werben** (lassen) will.

Es kommt dabei nach dem Sponsoringerlass ausdrücklich nicht darauf an, ob die Leistungen des Sponsors notwendig, üblich oder zweckmäßig sind. Die Geld- oder Sachleistungen des Sponsors und die erstrebten Werbeziele für das Unternehmen müssen nach dem Sponsoringerlass auch **nicht** gleichwertig sein. Nur bei einem krassen Missverhältnis zwischen den Leistungen des Sponsors und dem erstrebten wirtschaftlichen Vorteil wird nach dem Sponsoringerlass der Betriebsausgabenabzug versagt.

---

403 Sponsoringerlass: BMF v. 18.2.1998, BStBl I 1998, 212 f.

404 Sponsoringerlass Rn 1.

405 Sponsoringerlass Rn 3–6.

406 Siehe BFH, Urt. v. 3.2.1993 – I R 37/91 = BStBl II 1993, 441, 445.

219 **Praxisbeispiele: Betriebsausgaben beim Sponsor**

Betrachten wie einige Praxisbeispiele:[407]

Werbung der Stiftung für Produkte des Sponsor-Unternehmens durch
- Werbung auf Plakaten,
- Werbung in Veranstaltungshinweisen,
- Werbung auf den vom Empfänger der Leistungen benutzten Fahrzeugen oder anderen Gegenständen durch werbewirksame Hinweise (Aufdrucke).

Die **Berichterstattung in Zeitungen, Rundfunk oder Fernsehen** kann einen vom Sponsor angestrebten wirtschaftlichen Vorteil darstellen, insbesondere wenn sie in seine Öffentlichkeitsarbeit eingebunden ist oder der Sponsor an **Pressekonferenzen** oder anderen öffentlichen Veranstaltungen des Empfängers mitwirken und **eigene Erklärungen über sein Unternehmen oder seine Produkte abgeben** kann.

Ein wirtschaftlicher Vorteil liegt natürlich auch dann vor, wenn die gesponserte Stiftung in sonstiger Weise entsprechende Leistungen für den Sponsor erbringt und z.B. seine **Pressearbeit unterstützt** (Argument aus AEAO Nr. 10 zu § 64 Abs. 1 AO). Das wäre eine Dienstleistung der Stiftung für den Sponsor, die mit der Sponsoringleistung steuerpflichtig vergütet würde (siehe Rn 231 ff.).

Wirtschaftliche Vorteile für das Unternehmen des Sponsors können auch dadurch erreicht werden, dass der Sponsor ohne weiteres Zutun der Stiftung (!) durch **Verwendung des Namens, von Emblemen oder Logos des Empfängers** (hier: Stiftung) oder in anderer Weise öffentlichkeitswirksam auf seine Leistungen aufmerksam macht (siehe Rn 233).[408]

c) Sponsoringleistungen als Spenden des Sponsors

220 Zuwendungen des Sponsors, die keine Betriebsausgaben sind, sind als Spenden zu berücksichtigen,[409] soweit sie
- zur Förderung steuerbegünstigter Zwecke freiwillig oder aufgrund einer freiwillig eingegangenen Rechtspflicht erbracht werden
- und kein Entgelt für eine bestimmte Gegenleitung oder Vorteilsgewährung des Empfängers darstellen (uneigennützig[410])
- und nicht in einem wirtschaftlichen Zusammenhang mit einer Leistung des Empfängers (hier: Stiftung) stehen.

407 Das sind nachfolgend ausdrücklich Beispiele aus dem Sponsoringerlass, d.h. Beispiele, die aus Sicht der Finanzverwaltung nach wie vor eindeutig sein dürften.

408 Siehe auch AEAO Nr. 9 zu § 64 Abs. 1 AO.

409 Sponsoringerlass Rn 7.

410 Siehe BFH – XI R 6/03 = DStR 2006, 1975.

Das entspricht dem, was wir bereits oben zu den Spenden ausgeführt haben (siehe Rn 57 ff.).

d) Sponsoringleistungen als nicht abziehbare Kosten des Sponsors

Sponsoringaufwendungen, die weder Betriebsausgaben noch Spenden sind, stellen steuerlich nicht abziehbare Kosten der privaten Lebensführung für einen privaten „Spender“ oder den (Mit-)Unternehmer/Gesellschafter einer sponsernden Personengesellschaft dar.[411] 221

Bei einer Kapitalgesellschaft als Sponsor kann eine verdeckte Gewinnausschüttung an einen ihrer Gesellschafter vorliegen. **Beispiel**: Dem Gesellschafter werden eigene Aufwendungen als Mäzen erspart.

e) Steuerliche Behandlung der Sponsoringleistungen bei einer gemeinnützigen Stiftung

Besonders wesentlich ist aus Sicht der gemeinnützigen Stiftung, wie die Leistungen des Sponsors steuerlich bei ihr behandelt werden. Ist der Empfänger eine gemeinnützige Stiftung, können die Leistungen bei ihr 222
- steuerfreie Einnahmen im ideellen Bereich der Stiftung,
- steuerfreie Einnahmen aus der Vermögensverwaltung der Stiftung (§ 14 AO) oder
- **steuerpflichtige** Einnahmen im Rahmen eines wirtschaftlichen Geschäftsbetriebes der Stiftung sein.

Es gilt hier **kein Korrespondenzprinzip** zwischen der steuerlichen Einstufung der Sponsoringleistung bei dem Sponsor und bei der gesponserten Stiftung. Die steuerliche Behandlung der Leistung beim Empfänger hängt grundsätzlich nicht davon ab, wie die entsprechenden Aufwendungen beim leistenden Unternehmer behandelt werden.[412] Es kann also **beispielsweise** in ein und derselben „Sponsoringzahlung“ eine Betriebsausgabe beim Sponsor vorliegen und dennoch eine steuerfreie Vermögensverwaltungs- oder sonstige Einnahme[413] und damit eben kein steuerpflichtiger wirtschaftlicher Geschäftsbetrieb bei der Stiftung. **Beispiel nach AEAO**: Hinweise auf die Unterstützung des Sponsors auf Plakaten, Eintrittskarten, Veranstaltungshinweise (siehe oben Rn 219).[414] 223

Soweit die steuerbegünstigte Körperschaft gegenüber dem Sponsor keine Gegenleistung zu erbringen hat, liegt grundsätzlich eine steuerfreie **Spende** vor 224

411 Sponsoringerlass Rn 8.
412 Sponsoringerlass Rn 9, 1. Abs., letzter Satz.
413 Argument aus AEAO Nr. 9 zu § 64 Abs. 1 AO am Ende.
414 Siehe AEAO Nr. 9 zu § 64 Abs. 1 AO am Ende.

(siehe dazu Rn 57 ff.). Zum ertragsteuerpflichtigen **wirtschaftlichen Geschäftsbetrieb der gemeinnützigen Stiftung** zählt im Zusammenhang mit Sponsoringleistungen vor allem die **aktiv**[415] betriebene Werbung der Stiftung für den Sponsor und sonstige aktive Unterstützungen des Sponsors durch die Stiftung. Hierzu gehören z.B. folgende Fallgestaltungen:

- Nach der herrschenden Meinung das **Logo und/oder der Name des Sponsors** auf der Internetseite der gemeinnützigen Körperschaft, nur **wenn** mittels **Link** („Klick") auf die Homepage des Sponsors umgeschaltet werden kann (siehe dazu Rn 225).[416] Dabei kommt es nicht darauf an, ob durch die Verlinkung für Produkte des Unternehmens geworben oder allgemein in irgendeiner Form die Sicherung oder Erhöhung des unternehmerischen Ansehens betrieben wird.
- Aktive Werbetätigkeit der steuerbegünstigten Stiftung für den Sponsor (Argument aus AEAO Nr. 10 zu § 64 AO, siehe oben Rn 189), z.B. durch laufendes Inseratengeschäft in der **Vereinszeitschrift**[417] oder durch die Möglichkeit, Beiträge/Artikel in der Vereinszeitung zu schreiben.[418]
- Die Stiftung räumt dem Sponsor das Recht ein, in einer ihrer **Veranstaltungen** die Besucher über Themen oder Produkte des Sponsors zu informieren und dafür zu werben.[419] **Achtung:** Dabei kann auch schon das **Dulden (!)** von Werbung auf Sportveranstaltungen nach Ansicht des BFH ein steuerpflichtiger wirtschaftlicher Geschäftsbetrieb sein.[420] Die Finanzverwaltung sieht das noch nicht so streng (siehe dazu auch Rn 235 ff., Geltung des Sponsoringerlasses).[421] Es bleibt abzuwarten, ob besagte BFH-Entscheidungen über den jeweiligen Einzelfall hinaus wirken. Selbst bei überwiegend steuerpflichtigen Sponsoring-Einkünften ist der Gemeinnützigkeitsstatus der Stiftung gesichert, wenn sie sich trotz ihrer steuerpflichtigen Einnahmen auf die Förderung ihrer gemeinnützigen Zwecke konzentriert.[422]
- Anders wäre es nach besagter Rechtsprechung ggf., wenn unabhängig von der Veranstaltung eine bestimmte abgegrenzte Fläche zur Nutzung überlassen worden wäre.[423] Die Abgrenzung im konkreten Fall ist schwierig.

---

415 Abgrenzung zur „Duldungsleistung".

416 Fin. Min.v. 11.2.2000 – 33 – S 0183- 12/14 – 59238 = DB 2000, 548, – Ziffer 2; Klein/*Gersch*, § 14 AO Rn 16 jew. m.w.N., u.a. mit Hinweis auf BFH, BStBl II, 1983, 27; *Buchna/Seeger/Brox*, S. 304; a.A. FG München – 7 K 4052/03 = EFG 2006, 1362.

417 *Buchna/Seeger/Brox*, S. 304; siehe auch BFH – I R 42/06 = BStBl II, 2008, 949.

418 BFH BStBl II 2008, 949.

419 BFH BStBl II 2008, 949; AEAO Nr. 10 zu § 64 Abs. 1 AO.

420 BFH BStBl II 2008, 949; BFH BStBl II 1992, 101.

421 *Buchna/Seeger/Brox*, S. 304.

422 So FG Berlin-Brandenburg Urt. v. 11.6.2012 – 2 K 2091/09 = ZStV 2013, 111. mit Anm. *Winheller*.

423 BFH BStBl II 2008, 949.

– Werbung auf den vom Empfänger der Leistungen benutzten **Fahrzeugen** oder anderen Gegenständen des Unternehmens durch werbewirksame Hinweise (Aufdrucke), **wenn** die Stiftung die Werbefläche aktiv vermarktet, z.B. vertraglich vereinbarte Werbefahrten durchführt oder auch das „bedruckte“ Fahrzeug werbewirksam im ruhenden Straßenverkehr (an öffentlichen Plätzen, vor Stadien etc.) vereinbarungsgemäß abstellt.[424] **Umsatzsteuerlich** liegt hier wie auch sonst bei reinen Sachleistungen ohne die aktiven Werbefahrten etc. aus Sicht der Finanzverwaltung ein tauschähnlicher Umsatz (§ 3 Abs. 12 S. 2 UStG) mit einer „Duldung“ der Anbringung der Werbung vor.[425] Es fällt dann also (ermäßigte)[426] Umsatzsteuer an und ansonsten der normale Umsatzsteuersatz.

Praxishinweise: Einzelfälle aus Sicht der Stiftung 225
Nachfolgend werden einige in der Praxis immer wieder auftauchende Einzelfälle aus der Sicht einer gemeinnützigen Stiftung betrachtet:

1. Danksagung unter Verwendung des Logos des Sponsors
Wie kann und darf die Danksagung an einen Sponsor aussehen?
Der Sponsoringerlass ist dazu recht eindeutig:[427] Es ist zu unterscheiden zwischen dem, was der Sponsor darf, ohne dass das steuerschädlich für die Stiftung ist und dem, was die Stiftung steuerunschädlich darf.
a) Der Sponsor darf steuerunschädlich, ohne dass es zu einem steuerpflichtigen wirtschaftlichen Geschäftsbetrieb der Stiftung führt, nach entsprechender Gestattung durch die Stiftung den Namen der Stiftung zu Werbezwecken in der Weise nutzen, dass er, d.h. der **Sponsor selbst** zu Werbezwecken oder zur Imagepflege auf seine Leistungen an die Stiftung hinweist.
b) Die Stiftung als Empfänger der Sponsoringleistung darf steuerunschädlich, ohne dass es zu einem steuerpflichtigen wirtschaftlichen Geschäftsbetrieb der Stiftung führt, auf die Unterstützung durch den Sponsor (lediglich) hinweisen – z.B. auf Plakaten, Veranstaltungshinweisen, in Ausstellungskatalogen oder in anderer Weise. Dieser Dankeshinweis, den die Finanzverwaltung als Billigkeitsmaßnahme und damit als steuerunschädlich

424 So etwa auch *Seeger*, Wohlfahrt intern 04/09, 21.
425 *Buchna/Seeger/Brox*, S. 668.
426 *Buchna/Seeger/Brox*, S. 666.
427 Sponsoringerlass Rn 9; siehe auch AEAO Nr. 9 zu § 64 Abs. 1 AO; Sponsoringerlass Rn 9 am Ende.

bewertet,[428] darf unter Verwendung des Namens, Emblems **oder Logos des Sponsors,**[429] jedoch nur ohne besondere Hervorhebung, erfolgen.
Ein **steuerpflichtiger wirtschaftlicher Geschäftsbetrieb der Stiftung** liegt dagegen vor, wenn die Stiftung an den Werbemaßnahmen des Sponsors mitwirkt (siehe Rn 224).[430] Das ist dann auch kein Fall eines ausnahmsweise als Zweckbetrieb (siehe Rn 150 ff.) doch steuerfreien Geschäftsbetriebes.

2. „Sponsoren-Links“

In der Praxis finden sich immer wieder Sponsoren-Links auf den Internetseiten der gesponserten Körperschaft, wo dann z.B. in der vorstehend behandelten Danksagung an den Sponsor sein Name oder Logo angeklickt werden kann, damit man blitzschnell auf die Seite des Sponsors gelangt. Solche Links werden mitunter einfach vergeben, aber auch von potentiellen Sponsoren gerne nachgefragt. Die steuerliche Rechtslage dazu ist aus Sicht der Stiftung leider nicht positiv.
Wenn durch den Link auf die Seiten des Sponsors umgeschaltet/weitergeleitet werden kann,[431] liegt ein steuerpflichtiger wirtschaftlicher Geschäftsbetrieb bei der Stiftung vor. Die Stiftung ist dann Werbeträger für den Sponsor. Dabei kommt es nicht darauf an, ob durch die Verlinkung für Produkte des Unternehmens geworben oder allgemein in irgendeiner Form die Sicherung oder Erhöhung des unternehmerischen Ansehens betrieben wird. Entscheidend ist die Verlinkung auf die Homepage des Sponsors.[432]
Das Finanzgericht München hatte mit Urt. v. 15.5.2006[433] entgegen der traditionell herrschenden Meinung (siehe Rn 224) entschieden, dass steuerbegünstigte Körperschaften, die auf ihrer Homepage einen Link zu einem Sponsor setzen, die Einnahmen dem steuerfreien Bereich der Vermögensverwaltung zuordnen können. Das FG vertrat die allerdings vereinzelt gebliebene Ansicht, dass die Verlinkung auf das Sponsoren-Logo kein wirtschaftlicher Geschäftsbetrieb, sondern der ertragsteuerfreien Vermögensverwaltung zuzuordnen sei.
In der Revisionsinstanz hat der **BFH** seine bisherige kritische Rechtsprechung gegenüber der abweichenden liberalen Auffassung des FG München,

428 *Buchna/Seeger/Brox*, S. 304 m.w.N.

429 So **ausdrücklich** Sponsoringerlass Rn 9 und auch AEAO Nr. 9 zu § 64 Abs. 1 AO. So auch *Buchna/Seeger/Brox*, S. 303.

430 AEAO Nr. 10. zu § 64 Abs. 1 AO.

431 Fin. Min.v. 11.2.2000 33 – S 0183- 12/14 – 59238 = DB 2000, 548, – Ziffer 2; Klein/*Gersch*, § 14 AO Rn 16 jew. m.w.N., u.a. mit Hinweis auf BFH BStBl II 1983, 27; *Buchna/Seeger/Brox*, S. 304.

432 Klein/*Gersch*, § 14 AO Rn 16: „Homepage“.

433 FG München EFG 2006, 1362.

was „Werbeleistungen" für den Sponsor angeht, allerdings bestätigt und ist dem FG München nicht gefolgt. Dabei hat der BFH aufgrund von Besonderheiten des Sachverhaltes ausdrücklich **offen gelassen**, ob die steuerbegünstigte Körperschaft in besagtem Fall, wie das FG München gemeint hat, dadurch, dass sie auf ihrer Internetseite einen Link zu dem Sponsor geschaltet hatte, keine (!) steuerpflichtigen Werbeleistungen für den Sponsor erbracht hat.[434] Man wird also auch künftig mit der schon „traditionellen" herrschenden Ansicht entgegen der Auffassung des FG München davon ausgehen müssen, dass eine Verlinkung auf den Sponsor wie bisher eine steuerpflichtige Werbeleistung bei der gesponserten Körperschaft darstellt.

3. Der Fall des „BMW-Saales"

Nach Auffassung der Finanzverwaltung liegt z.B. etwa auch dann kein steuerpflichtiger Geschäftsbetrieb der Stiftung vor, wenn sie (etwa in einem Museum) einen Saal nach dem Sponsor benennt.[435] Die Finanzverwaltung gibt in ihrer betreffenden Verfügung leider keine Begründung für ihre Auffassung. Es können jedoch die Überlegungen aus der vorhergehenden Ziffer angeführt werden.

4. Fazit:

Der kaum nachvollziehbare Begriff der „Duldungsleistung" im Zusammenhang mit (AEAO Nr. 9 zu § 64 Abs. 1 AO) zeigt es schon. Letztlich darf die gesponserte Stiftung für den Sponsor kaum eine Leistung erbringen, wenn sie nicht in den (ertrag-)steuerpflichtigen Geschäftsbetrieb geraten will: Sie darf zurückhaltend Dank sagen, aber den Sponsor nicht aktiv unterstützen.

3. Einmal mehr: Folgen von Übertreibungen

Wallenhorst weist im Zusammenhang mit dem BFH-Urteil vom 2.8.2012[436] 226
darauf hin, dass es insbesondere im Sportsponsoring zu Gestaltungen gekommen sei, die die großzügige Handhabung durch die Verwaltung in Frage stellen

---

434 BFH BStBl II 2008, 949.

435 Fin. Min.v. 11.2.2000 – 33 – S 0183 – 12/14 – 59238 = DB 2000, 548, – Ziffer 1 ("BMW-Saal").

436 BFH, Urt. v. 2.8.2012 – IV R 25/09 = DStR 2012, 1911; in dieselbe Richtung (Golfturnier): Hess. FG, Urt. v. 22.5.2013 – 11 K 1165/12 = DStRE 2014, 887, Revision eingelegt BFH – IV R 24/13 („*Sind Aufwendungen im Zusammenhang mit der Durchführung eines Golfturniers mit anschließender Abendveranstaltung als Betriebsausgaben abzugsfähig, wenn das Turnier (auch) der Gewinnung von Spendengeldern für eine Sponsorentätigkeit des Veranstalters im sozialen Bereich dienen soll?*").

mussten.[437] Zu dem angesprochenen Urteil hat der BFH zu folgendem Leitsatz gefunden:

> *„Lädt der Unternehmer Geschäftspartner zu einer Schiffsreise ein, sind die Aufwendungen für die Reise und hiermit zusammenhängende Bewirtungen ungeachtet ihrer betrieblichen Veranlassung nicht abziehbar, wenn ein Zusammenhang mit der Unterhaltung der Teilnehmer oder der Repräsentation des Unternehmens nicht ausgeschlossen werden kann.“*

Das klingt noch nicht nach Sponsoring, aber es wird sich zeigen, dass das Urteil sehr wohl eine Bedeutung für das Sponsoring hat.

227 Die Klägerin in dem Verfahren war eine GmbH & Co. KG, die im Streitjahr 2006 einen Umsatz von ca. 28,5 Mio. EUR erzielt hat. Für Geschäftspartner und eigene Mitarbeiter aus dem Vertriebs- und Servicebereich charterte die Klägerin ein historisches Segelschiff für eine sog. Regatta-Begleitfahrt anlässlich der Kieler Woche 2006. Dafür sowie für die Bewirtung der ca. 50 Teilnehmer (davon 13 Mitarbeiter der Klägerin) wendete die Klägerin 10.959,88 EUR zuzüglich 1.753,58 EUR Umsatzsteuer auf. Als abziehbare Betriebsausgabe behandelte sie davon nur 7.317,28 EUR, weil sie davon ausging, die Schreiben des Bundesministeriums der Finanzen (BMF) vom 22.8.2005 – IV B 2 -S 2144-41/05 (BStBl I 2005, 845) und vom 11.7.2006 – IV B 2 -S 2144- 53/06 (BStBl I 2006, 447) zur ertragsteuerlichen Behandlung von Aufwendungen für VIP-Logen in Sportstätten seien auf die Kosten der Regatta-Begleitfahrt entsprechend anzuwenden.

228 Die Kosten der in Frage stehenden Regatta-Begleitfahrt sind nach Ansicht des BFH allerdings insgesamt nicht abziehbare Betriebsausgaben. Nach § 4 Abs. 5 S. 1 Nr. 4 EStG dürfen, so betont der BFH, Aufwendungen für Jagd und Fischerei, für Segeljachten oder Motorjachten sowie für ähnliche Zwecke und für die hiermit zusammenhängenden Bewirtungen den Gewinn nicht mindern, soweit die damit verfolgten Zwecke nicht selbst Gegenstand einer mit Gewinnabsicht ausgeübten Betätigung des Steuerpflichtigen sind (§ 4 Abs. 5 S. 2 EStG). Die Regelung betrifft nach dem Einleitungssatz des § 4 Abs. 5 EStG Betriebsausgaben, also Ausgaben, die durch den Betrieb veranlasst sind (§ 4 Abs. 4 EStG).

Das Abzugsverbot wurde geschaffen, so der BFH mit Nachweisen dazu, weil der Gesetzgeber die genannten Ausgaben "ihrer Art nach als überflüssige und unangemessene Repräsentation" ansah und "im Interesse der Steuergerechtigkeit und des sozialen Friedens" den Aufwand "nicht länger durch den Abzug [...] vom steuerpflichtigen Gewinn auf die Allgemeinheit abgewälzt" wissen

437 *Wallenhorst*, DStR 2012, 2212.

wollte. Ungeachtet ihrer betrieblichen Veranlassung dürfen die Ausgaben danach bei der Ermittlung des Gewinns nicht abgezogen werden. Eines konkret feststellbaren Zusammenhangs mit der Lebensführung des Steuerpflichtigen bedarf es dafür nicht. Vielmehr stellt das Gesetz auf den Zusammenhang der Aufwendungen mit der wirtschaftlichen und gesellschaftlichen Stellung der Geschäftsfreunde des Steuerpflichtigen ab und unterstellt diesen typisiert bei Vorliegen der Voraussetzungen des § 4 Abs. 5 S. 1 Nr. 4 EStG. Deshalb gilt das Abzugsverbot auch für Körperschaftsteuersubjekte, die nach der Rechtsprechung des BFH keine außerbetriebliche Sphäre haben.

Vor diesem Hintergrund hat der BFH § 4 Abs. 5 S. 1 Nr. 4 EStG einschränkend dahingehend ausgelegt, dass das Abzugsverbot nur für solche Aufwendungen gelten soll, die eine Berührung zur Lebensführung und zur wirtschaftlichen und gesellschaftlichen Stellung der durch sie begünstigten Geschäftsfreunde des Steuerpflichtigen haben. Scheidet danach etwa die Verwendung eines Schiffs zu Unterhaltungs- oder sportlichen Zwecken oder zur unangemessenen Repräsentation aus tatsächlichen Gründen aus, weil das Schiff als "schwimmender Besprechungsraum" oder reines Transportmittel genutzt wird, erstreckt sich das Abzugsverbot auf die betreffenden Aufwendungen nicht.

Lässt sich ein Zusammenhang mit der Lebensführung der begünstigten Geschäftsfreunde indessen nicht ausschließen, weil die Aufwendungen für ein Segel- oder Motorschiff für Zwecke der Unterhaltung oder der Repräsentation geleistet werden, handelt es sich um Ausgaben für "ähnliche Zwecke" i.S.d. § 4 Abs. 5 S. 1 Nr. 4 EStG, so dass die Aufwendungen dem Abzugsverbot unterliegen. Welche Größe oder welches Alter das Schiff hat, ist dafür ohne Bedeutung. Dem Begriff "Jacht" lassen sich diesbezügliche Abgrenzungskriterien nicht entnehmen. Er bringt vielmehr den Unterhaltungs- oder Repräsentationszweck des Schiffs zum Ausdruck. Dementsprechend hat der BFH nicht auf die Art des Wasserfahrzeugs, sondern dessen bestimmungsgemäße Verwendung abgestellt.

Die der Klägerin entstandenen Kosten für die Regatta-Begleitfahrt unterliegen danach dem Abzugsverbot des § 4 Abs. 5 S. 1 Nr. 4 EStG. Der Einsatz des Schiffs für Zwecke der Unterhaltung und Repräsentation ist hier nicht nur nicht auszuschließen, sondern steht nach den Feststellungen des FG und dem eigenen Vorbringen der Klägerin fest. Angemessenheitserwägungen im konkreten Einzelfall sind nicht anzustellen. Zweck der gesetzlichen Regelung ist es vielmehr gerade, die zum Ausschluss vom Abzug führende Unangemessenheit von Aufwendungen typisiert zu bestimmen.

Die Klägerin kann sich, so der BFH weiter, nicht zu ihren Gunsten auf die BMF-Schreiben in BStBl I 2005, 845 und in BStBl I 2006, 447 berufen. Einerseits handelt es sich um sog. norminterpretierende Verwaltungsanweisungen, an die die Rechtsprechung schon dem Grunde nach nicht gebunden ist. Andererseits werden auch die Voraussetzungen für die von der Verwaltung zugelassene pauschale Aufteilung von Kosten nicht erfüllt. Zwar ist die Aufteilung nicht auf die Kosten für die Anmietung von sog. VIP-Logen in Sportstätten beschränkt (BMF-Schreiben in BStBl I 2006, 447, Tz. 6). Voraussetzung ist aber in jedem Fall, dass der Steuerpflichtige von einem Veranstalter ein Leistungspaket erhält, das neben dem eigentlichen Besuch der Unterhaltungs- oder Sportveranstaltung zusätzliche Bestandteile wie Werbung und Bewirtung enthält. Um ein derartiges Paket eines auf Sponsoring zielenden Veranstalters geht es im Streitfall aber nicht. Deshalb kommt auch der von der Klägerin geltend gemachte Gesichtspunkt einer auf dem Gleichbehandlungsgrundsatz (Art. 3 Abs. 1 GG) gründenden Selbstbindung der Verwaltung im Hinblick auf die Behandlung von sog. VIP-Logen nicht zum Tragen.

229 *Wallenhorst* folgert daraus,[438] dass der Sponsoringerlass nicht greife, wenn eine PR-Maßnahme von dem Sponsor selbst so geprägt und intern so gesteuert werde, dass er als „Veranstalter" anzusehen ist. Zudem falle der gesamte Betriebsausgabenabzug weg, wenn die PR-Maßnahme in den vom BFH angesprochenen Luxusbereich falle. Das überzeugt. Der BFH hat sich da ganz klar ausgedrückt.

230 Generell sollten Sponsor und Gesponserter im Rahmen von bedeutenden Sponsoring-Aktivitäten die Hilfe steuerlich versierter Berater in Anspruch nehmen, zumindest aber den Sponsoringvertrag mit dem für sie jeweils zuständigen Finanzamt verbindlich (verbindliche Auskunft, siehe § 8 Rn 76) im Voraus oder in sonstiger Weise abstimmen, um auszuschließen, dass Steuern nachzuzahlen sind, wenn die Zulässigkeit des Betriebsausgabenabzugs auf Seiten des Sponsors zu einem späteren Zeitpunkt bei einer Betriebsprüfung verneint wird oder die Einkünfte des Gesponserten einem steuerpflichtigen wirtschaftlichen Geschäftsbetrieb zugeordnet werden.

III. Umsatzsteuer beim Sponsoring

231 Insbesondere aus Sicht der steuerbegünstigten Stiftung (als sonstige Körperschaft) kann die Umsatzsteuer ein erhebliches Steuerrisiko darstellen. Werden die seitens der gesponserten gemeinnützigen Körperschaft für den Sponsor erbrachten Leistungen etwa hinsichtlich ihrer Beurteilung als aktive Werbe- oder bloße Duldungsleistungen falsch eingeschätzt und damit der falsche Umsatzsteuersatz angesetzt oder wird im Extremfall, etwa aus Unkenntnis der Sachlage, gar keine Umsatzsteuer berücksichtigt, sind zumindest Umsatzsteuernachzahlungen die Folge.

---

438 *Wallenhorst*, DStR 2012, 2212, 2215.

1. Geldleistungen des Sponsors und Duldungsleistung des Gesponserten

Tatsächlich sind Sponsoringleistungen in den meisten Fällen umsatzsteuerpflichtig.[439] Es sind eben keine Spenden, die freiwillig und ohne Gegenleistung erfolgen, denn es gibt zumindest eine „Duldungsleistung“ als „Gegenleistung“, d.h. es liegt der für die Umsatzsteuer typische Leistungsaustausch vor, der noch nicht zwingend einen wirtschaftlichen Geschäftsbetrieb bedeutet, da ein solcher bei einer Duldungsleistung eben noch nicht zwingend gegeben ist.[440] Gestritten wird i.d.R. in der Praxis nur über den Steuersatz der Umsatzsteuer (7 % oder 19 %). 232

Bei **Zahlungen** im Rahmen des Sponsorings handelt es sich grundsätzlich um das **Entgelt** für steuerpflichtige Leistungen der steuerbegünstigten Einrichtung an den Sponsor.[441] Entweder liegen nach dem jeweiligen Sponsoringvertrag **konkrete Werbeleistungen** (z.B. Banden- oder Trikotwerbung, Anzeigen, Vorhalten von Werbedrucken, Lautsprecherdurchsagen usw.) **oder Duldungsleistungen** (z.B. durch Aufnahme des Emblems oder Logos des Sponsors in Verbandsnachrichten, Rechenschaftsberichte, Veranstaltungshinweise oder Ausstellungskataloge) vor.[442] 233

Wenn die Stiftung die **Umsatzsteuerpflicht** rechtzeitig erkannt hat, ist diese in der Praxis regelmäßig kein Problem. Die Stiftung rechnet entsprechend gegenüber dem Sponsor mit Mehrwertsteuerausweis ab. Unternehmen als Sponsoren können dann nach entsprechender Rechnungsstellung der Stiftung in der Regel die **Vorsteuer** geltend machen.[443] Die Umsatzsteuerfrage sollte deshalb im Vorfeld klar kommuniziert und in der Sponsoringvereinbarung klar festgehalten werden.

---

439 *Buchna/Seeger/Brox*, S. 667; siehe aktuell auch OFD-Münster v. 2.1.2012 – S 2706 – 54 – St 13 – 33 („Gewinnermittlung bei Betrieben gewerblicher Art „Sponsoring“ der Kommunen“); BMF-Schreiben v. 2.1.2011 (IV D 2 – S 7300/11/10002: „Vorsteuerabzug nach § 15 UStG und Berichtigung des Vorsteuerabzugs nach § 15a UStG unter Berücksichtigung der BFH-Urteile v. 9.12.2010 – V R 17/10, v. 12.1.2011 – XI R 9/08, v. 13.1.2011 – V R 12/08, v. 27.1.2011 – V R 38/09, und v. 3.3.2011 – V R 23/101“).

440 *Buchna/Seeger/Brox*, S. 304 f. (ertragsteuerlicher wirtschaftlicher Geschäftsbetrieb und Duldungsleistung, siehe dort auch zur z.T. von der Auffassung der Finanzverwaltung abweichenden BFH-Rechtsprechung) und S. 666 f. (Umsatzsteuer und Duldungsleistung).

441 § 1 Abs. 1 Nr. 1 UStG.

442 Siehe dazu auch Wallenhorst/*Halaczinsky*, Kap. L Rn 35.

443 *Buchna/Seeger/Brox*, S. 666 f.

234 **Praxishinweis: 19 % oder 7 %?**

1. Sponsoringeinnahmen im Bereich der ertragsteuerfreien **Vermögensverwaltung** (siehe Rn 110 ff.) kann die Stiftung, was im Einzelfall sehr genau zu prüfen ist,[444] beispielsweise erzielen durch:

- Überlassung von Werberechten (Lizenzgebühren), Verpachtung eines Anzeigengeschäfts (z.B. in der Vereinszeitung) oder sonstiger Werberechte an eine Werbeagentur[445]
- (langfristige und simple) Überlassung/Verpachtung von Werbeflächen[446]
- Verpachtung sonstiger wirtschaftlicher Geschäftsbetriebe.[447]

Solche Sponsoring-Einnahmen sind im Rahmen der ertragsteuerfreien Vermögensverwaltung (Duldungsleistung) i.d.R. umsatzsteuerpflichtig mit dem ermäßigten Steuersatz von **7 % (§ 12 Abs. 2 Nr. 8a UStG).**[448] Es sind entsprechende Rechnungen zu stellen.

2. Zum ertragsteuerpflichtigen **wirtschaftlichen Geschäftsbetrieb** der gemeinnützigen Stiftung zählt im Zusammenhang mit Sponsoringleistungen vor allem die **aktiv** (Abgrenzung zur „Duldungsleistung", siehe nachfolgend Rn 235 ff.) betriebene Werbung der Stiftung für den Sponsor und die sonstige aktive Unterstützung des Sponsors durch die Stiftung. Solche Sponsoring-Einnahmen sind im Rahmen eines wirtschaftlichen Geschäftsbetriebes umsatzsteuerpflichtig mit dem „normalen" Steuersatz **von 19 %.**[449] Es sind entsprechende Rechnungen zu stellen.

Ob und wann (noch) eine Duldungsleistung vorliegt, die ertragsteuerlich noch nicht zu einem wirtschaftlichen Geschäftsbetrieb,[450] aber umsatzsteuerlich zum ermäßigten Umsatzsteuer führt,[451] ist eine Frage des konkreten Sachverhaltes im Einzelfall. Aus umsatzsteuerlicher Sicht ist jedenfalls wesentlich, ob ein Leistungsaustausch (Gegenseitigkeitsverhältnis) zwischen Sponsor und Stiftung vorliegt.[452]

235 **Duldungsleistungen** müssten bei der Körperschaft konsequenterweise an sich dem steuerpflichtigen wirtschaftlichen Geschäftsbetrieb zugeordnet werden. Die **Finanzverwaltung** hatte hier jedoch eine Billigkeitsregelung geschaffen

444 Siehe *Buchna/Seeger/Brox*, S. 301 ff. zu der hier im Einzelfall besonders schwierigen Abgrenzung von steuerfreier Vermögensverwaltung und steuerpflichtigem wirtschaftlichen Geschäftsbetrieb.

445 BFH BStBl II 2008, 949.

446 AEAO Nr. 9 zu § 67a AO; siehe auch BFH BStBl II 2008, 949.

447 BFH BStBl II 2008, 949.

448 *Buchna/Seeger/Brox*, S. 666.

449 *Buchna/Seeger/Brox*, S. 667.

450 *Buchna/Seeger/Brox*, S. 304 f.

451 *Buchna/Seeger/Brox*, S. 666.

452 *Buchna/Seeger/Brox*, S. 667.

und behandelte die Duldungsleistungen ertragsteuerlich (Körperschaft-/Gewerbesteuer) und umsatzsteuerlich unterschiedlich.[453] Ertragsteuerlich waren die Duldungsleistungen nicht dem steuerpflichtigen wirtschaftlichen Geschäftsbetrieb zuzuordnen, sondern dem Bereich der steuerfreien Vermögensverwaltung. Im Hinblick auf § 62 Abs. 1 Nr. 3 AO sollten sie hingegen **nicht** dem Bereich der Vermögensverwaltung unterfallen,[454] d.h. Sponsoringeinnahmen sollen nur eingeschränkt (10 %-Klausel) zur Bildung freier Rücklagen führen können. Umsatzsteuerlich unterlagen die Duldungsleistungen der Steuerpflicht mit dem ermäßigten Steuersatz von 7 %.[455]

Diese liberalere Linie wurde auch in der Finanzrechtsprechung verfolgt.[456] Das **FG München** kam zu dem Ergebnis, dass eine bloße vermögensverwaltende Tätigkeit zum Umsatzsteuersatz von 7 % anzunehmen ist, wenn sich der Gesponserte nicht aktiv an Werbemaßnahmen beteiligt, wie es z.B. bei der Gewinnung von Werbekunden oder durch Mitwirkung an der Abwicklung des Werbegeschäfts der Fall wäre. Der insoweit von den Münchner Richtern für die umsatzsteuerliche Behandlung von Werbeleistungen gesetzte Rahmen war recht weit und ließ zumindest Duldungsleistungen, die kein aktives Mitwirken des Gesponserten an den Werbemaßnahmen des Sponsors erfordern, als vermögensverwaltende Tätigkeit zu. 236

Überholt wurde die bis dahin bestehende liberalere Einordnung von Duldungsleistungen – gerade auch in der Praxis der Finanzverwaltung – 2007 durch eine **strenge Rechtsprechung des BFH.**[457] 237

Im konkreten Fall ging es um einen Schützenverein, der durch eine Versicherung gesponsert wurde. Im Gegenzug durfte die Versicherung u.a. in der Sportschützenzeitung werben und bei Veranstaltungen des Vereins einen Stand aufbauen, um über versicherungsbezogene Themen zu informieren und ihre Produkte zu bewerben. Zumindest Letzteres hätte man bei „unbefangener" Betrachtung als „Duldung" ansehen können, doch nach der Auffassung des BFH genügt **nunmehr** für die Begründung einer steuerschädlichen wirtschaftlichen Betätigung einer gemeinnützigen Organisation bereits, dass sie dem

453 Kritisch zur Steuerbefreiung aus „Billigkeitsgründen" *Hüttemann*, Rn 6.158. Demnach soll sich die Steuerfreiheit von Sponsoringeinnahmen, die die geförderte Einrichtung ohne besondere Werbeaktivitäten erzielt, aus § 65 AO ableiten.

454 Siehe OFD Frankfurt/M. v. 7.5.2003 = DStR 2003, 1206 und AEAO Nr. 9 zu § 64 Abs. 1 AO. Die Formulierungen sind verwirrend. Einerseits muss ertragsteuerlich eine steuerbefreite Vermögensverwaltung vorliegen, andererseits soll das gemeinnützigkeitsrechtlich bei § 62 Abs. 1 Nr. 3 AO (freie Rücklage) nicht der Fall sein.

455 OFD Karlsruhe v. 5.3.2001 = DStR 2001, 853.

456 Siehe FG München EFG 2006, 1362.

457 BFH BB 2008, 879.

Sponsor die Vorstellung seiner Produkte und die Werbung für sie auf ihren Veranstaltungen lediglich ermöglicht.

238 Dem soll nicht entgegenstehen, dass die gemeinnützige Organisation z.B. über die Überlassung eines Informationsstands bei ihren Veranstaltungen hinaus keine weiteren Tätigkeiten für den Sponsor erbringt. Der BFH kommt also ausdrücklich zu dem Ergebnis, dass auch ein Dulden von Werbung Gegenstand eines steuerpflichtigen wirtschaftlichen Geschäftsbetriebs sein kann.

239 Gemäß dem Urteil des BFH sind die Sponsorengelder, die ein gemeinnütziger Sportverein auf die dargestellte Art und Weise erhält, körperschaftsteuerpflichtig. Zugleich sind die Gegenleistungen mit dem regulären (19 %) und nicht dem ermäßigten Umsatzsteuersatz von nur 7 % zu versteuern.

240 Das Urteil des BFH ist von weitreichender Bedeutung für die Sponsoringpraxis. Im Ergebnis hat der BFH mit dieser Entscheidung die Möglichkeit, Sponsorenleistungen als Einkünfte aus Vermögensverwaltung einzuordnen, erheblich eingeschränkt.[458]

241 **Praxishinweis: Duldung von Werbeleistungen**

Die bloße Duldung von Werbeleistungen durch eine gemeinnützige Organisation kann im Einzelfall bereits zur Begründung eines steuerpflichtigen wirtschaftlichen Geschäftsbetriebes führen, mit der Folge, dass dann der Regelsatz der Umsatzsteuer von 19 % anfällt. Die Einzelheiten und Abgrenzungen sind aktuell letztlich unklar. Klarheit darüber, ob die Einnahmen dem Bereich des steuerpflichtigen wirtschaftlichen Geschäftsbetriebes oder dem Bereich der Vermögensverwaltung zuzuordnen sind und welcher Umsatzsteuersatz damit anzuwenden ist, erhält man derzeit nur durch eine verbindliche Auskunft (siehe § 8 Rn 76) der Finanzverwaltung.

Die Entscheidung des BFH aus 2007 zeigt noch deutlicher als bisher, dass die Erbringung von Werbeleistungen im Rahmen des Sponsorings einer gemeinnützigen Organisation steuerlich ausgesprochen problembehaftet ist. Der Spielraum für die Vereinbarung von Duldungsleistungen im Rahmen von Sponsoring-Aktivitäten wird damit erheblich verkleinert und birgt für gemeinnützige Organisationen erhebliche umsatz- und ertragsteuerliche Risiken.

Wie groß die Unklarheit leider ist, zeigt zusammenfassend der anschließende Kommentar von *Fries*. Selbst die **Bundessteuerberaterkammer** hat inzwischen dem Bundesfinanzminister eine kritische Eingabe zur steuerlichen Behandlung des Sponsorings bei der Umsatzsteuer vorgelegt.

458 So auch *Scholz/Garthoff*, BB 2008, 1148 (1149).

Die OFD Magdeburg hat eine Verfügung vom 29.4.2010[459] betreffend die **umsatzsteuerrechtliche Behandlung** von Geld- oder Sachleistungen eines Sponsors an steuerbegünstigte Körperschaften erlassen. Überzeugend war und ist diese OFD-Verfügung leider gar nicht.[460] Dazu kann ich mich deshalb nur dem von *Steinsdörfer* und *Manteuffel* veröffentlichten „Plädoyer für mehr Klarheit"[461] anschließen. 242

Das hat wohl das BMF ähnlich gesehen und unter dem 13.11.2012 ein deutlich klareres Schreiben zur **umsatzsteuerrechtlichen Behandlung des Sponsorings aus der Sicht des Zuwendungsempfängers** verfasst.[462] Die Rufe aus der Fachwelt waren also erfolgreich. Nach dem BMF-Schreiben gilt für den Empfänger der vom Sponsor gewährten Zuwendung in Geld oder in geldwerten Vorteilen Folgendes: 243

Die Besteuerung einer Lieferung oder sonstigen Leistung als Umsatz gegen Entgelt nach § 1 Abs. 1 Nr. 1 S. 1 UStG setzt das Bestehen eines unmittelbaren Zusammenhangs zwischen der erbrachten Leistung und dem empfangenen Gegenwert voraus. Der Leistungsempfänger muss identifizierbar sein; er muss einen Vorteil erhalten, der einen Kostenfaktor in seiner Tätigkeit bilden könnte und damit zu einem Verbrauch im Sinne des gemeinsamen Mehrwertsteuerrechts führt.[463] Mit der bloßen Nennung des Sponsors – ohne besondere Hervorhebung – wird diesem vom Zuwendungsempfänger weder ein verbrauchsfähiger Vorteil gewährt, noch werden ihm Kosten erspart, die er sonst hätte aufwenden müssen.

Ausgehend davon ist nach dem BMF-Schreiben der Umsatzsteuer-Anwendungserlass unter Bezugnahme auf das Ergebnis der Erörterungen mit den obersten Finanzbehörden der Länder im Abschnitt 1.1 des Erlasses wie folgt durch Anfügung eines Abs. 23 geändert worden:

> *„Weist der Empfänger von Zuwendungen aus einem Sponsoringvertrag auf Plakaten, in Veranstaltungshinweisen, in Ausstellungskatalogen, auf seiner Internetseite oder in anderer Weise auf die Unterstützung durch den Sponsor lediglich hin, erbringt er insoweit keine Leistung im Rahmen eines Leistungsaustausches. Dieser Hinweis kann unter Verwendung des Namens,*

459 OFD Magdeburg v. 29.4.2010 – S 7100 – 97 – St 243.

460 Siehe dazu *Fries*, StiftungsBrief 2011, 203 f.

461 Stiftung & Sponsoring 5/2010, 48 ff. Siehe auch *Weisheit*, Umsatzsteuer auch bei Sponsoring durch die öffentliche Hand und Gemeinnützige?, StiftungsBrief 2011, 13 ff.

462 BMF-Schreiben vom 13.11.2012 (IV D 2 – S 7100/08/10007:003) = DStR 2012, 2339 = BStBl I 2012, 1169; näher dazu *Weisheit*, StiftungsBrief 2013, 7.

463 Vgl. BFH, Urt. v. 21.4.2005 – V R 11/03 = BStBl 2007 II, 63; BFH, Urt. v. 27.2.2008 – XIR 50/07 = BStBl 2009 II, 426; BFH, Urt. v. 18.12.2008 – V R 38/06 = BStBl 2009 II, 749.

Emblems oder Logos des Sponsors, jedoch ohne besondere Hervorhebung oder Verlinkung zu dessen Internetseiten, erfolgen."

244 Zudem hat das BMF unter dem 25.7.2014 ein Schreiben zur **umsatzsteuerrechtlichen Behandlung des Sponsorings aus der Sicht des Sponsors** unter Bezugnahme auf das vorgenannte BMF-Schreiben verfasst.[464] Danach gilt ergänzend Folgendes:

„Weist umgekehrt der Sponsor auf Plakaten, in Veranstaltungshinweisen, auf seiner Internetseite oder in anderer Weise auf seine Unterstützung ohne besondere Hervorhebung lediglich hin, liegt ebenfalls kein Leistungsaustauschverhältnis vor. Von einem zu vernachlässigenden Hinweis i.d.S. kann jedoch nicht ausgegangen werden, sofern dem Sponsor das ausdrückliche Recht eingeräumt wird, die Sponsoringmaßnahme im Rahmen eigener Werbung zu vermarkten."

Unter Bezugnahme auf das Ergebnis der Erörterungen mit den obersten Finanzbehörden der Länder werden im Umsatzsteuer-Anwendungserlass in Abschnitt 1.1 Abs. 23 nach Satz 2 die folgenden Sätze 3 und 4 angefügt:

„Dies gilt auch, wenn der Sponsor auf seine Unterstützung in gleicher Art und Weise lediglich hinweist. Dagegen ist von einer Leistung des Zuwendungsempfängers an den Sponsor auszugehen, wenn dem Sponsor das ausdrückliche Recht eingeräumt wird, die Sponsoringmaßnahme im Rahmen eigener Werbung zu vermarkten."

Da sehen wir doch jetzt um Einiges klarer, wenn auch, worauf *Fritz* hinweist,[465] eben doch noch nicht alles geklärt ist.

2. Vorsteuerabzug?

245 Nach § 1 Abs. 1 Nr. 1 UStG unterliegen Lieferungen und sonstige Leistungen, die ein Unternehmer im Inland gegen Entgelt im Rahmen seines Unternehmens ausführt, der Umsatzsteuer. Unternehmer ist nach § 2 Abs. 1 S. 1 UStG, wer eine gewerbliche oder berufliche Tätigkeit selbstständig ausübt. Gewerblich oder beruflich ist jede nachhaltige Tätigkeit zur Erzielung von Einnahmen (§ 2 Abs. 1 S. 3 UStG). Nach § 15 Abs. 1 Nr. 1 S. 1 UStG kann der Unternehmer die in Rechnungen i.S. des § 14 UStG gesondert ausgewiesene (geschuldete) Steuer für Lieferungen und sonstige Leistungen, die von anderen Unternehmern für sein Unternehmen ausgeführt worden sind, als **Vorsteuer** abziehen.

464 BMF-Schreiben v. 25.7.2014 – IV D 2 – S 7100/08/10007:003 = ZStV 2014, 187, näher dazu *Werner*, ZStV 2014, 188. Siehe auch *Fritz*, Stiftung & Sponsoring 05/2014, 32, zu den dennoch verbliebenen Fragen.

465 Siehe vorhergehende Fußnote.

Das ist beim Sponsoring im ideellen Bereich jedoch grundsätzlich nicht der Fall, wie ein gut begründetes Urteil des FG Baden-Württemberg aus 2010 zeigt.

Praxisrelevante Rechtsprechung: FG Baden-Württemberg, Urt. v. 29.3.2010 – 9 K 115/06: Kein Vorsteuerabzug für Fahrzeuge im ideellen Bereich 246

In einem „Sponsoring-Vertrag" hatte sich in dem vom FG Baden-Württemberg zu entscheidenden Fall[466] ein gemeinnütziger Verein verpflichtet, auf Sport- und Freizeitkleidung den Schriftzug eines Unternehmens anzubringen. Die Sportler des Vereins mussten bei Siegerehrungen und bei weiteren Terminen diese Kleidung tragen. Der Sponsoring-Partner erhielt das Recht, mit den Sportlern PR-Termine zu veranstalten. Er durfte an der Wettkampfstätte mit Werbebande für sein Unternehmen werben. Er wurde in Publikationen als Hauptsponsor genannt. Als Sponsoringleistung stellte der betreffende Automobilproduzent dem Verein 30 Kfz völlig kostenlos zur Verfügung, die der für den Spielbetrieb nutzte.

Nach Ansicht des FG handelt es sich bei den „Werbeleistungen" um einen tauschähnlichen Umsatz. Es liege nur dann kein wirtschaftlicher Geschäftsbetrieb vor, wenn die steuerbegünstigte Körperschaft für Zuwendungen zur Unterstützung ihrer Tätigkeit allein die Nutzung ihres Namens dulde oder sich darauf beschränke, ohne besondere Hervorhebung auf die Unterstützung durch einen Unternehmer auf Plakaten, in Veranstaltungen, Bekanntmachungen oder Katalogen hinzuweisen. Eine darüber hinausgehende aktive Tätigkeit begründe einen wirtschaftlichen Geschäftsbetrieb (siehe oben Rn 121 ff.). Der Verein habe sich u.a. verpflichtet, „einen bunten Strauß von Einzelmaßnahmen" durchzuführen (Tragen bedruckter Trainings-/Freizeitkleidung, Verkaufsunterstützung bei Verkaufsförderaktionen, Anbringung von Werbeanlagen, Platzierung von Werbespots, Gestellung von Ehrenkarten usw.). Damit scheide für diesen wirtschaftlichen Geschäftsbetrieb die Einstufung als Zweckbetrieb aus. Folglich greife nicht der Umsatzsteuersatz von 7 % nach § 12 Abs. 2 Nr. 8a UStG, sondern der allgemeine Steuersatz von 19 %.

Die Vorsteuer aus Rechnungen des Unternehmens konnte der Verein nach Ansicht des FG aber gleichwohl ziehen, da die erhaltenen Sach- und Dienstleistungen im ideellen Bereich des Vereins genutzt werden. Dabei spiele es keine Rolle, dass an den Fahrzeugen die Werbung des Automobilherstellers angebracht war, denn die Kfz wurden für Fahrten zum Training, zum Wettkampf, zum Arbeitsplatz oder zum Schul- bzw. Studienort usw. genutzt.

466 FG Baden-Württemberg, Urt. v. 29.3.2010 – 9 K 115/06 = ZStV 2010, 226.

Den Nachweis, dass die Kfz tatsächlich nur (!) als Werbeträger eingesetzt wurden, konnte der Verein nicht erbringen.
Da aus seiner Sicht keiner der in § 115 Abs. 2 FGO normierten Revisionszulassungsgründe ersichtlich gewesen ist, hat das Gericht gegen das Urteil die Revision zum BFH nicht zugelassen. Der BFH habe sich insbesondere in seinen Urteilen vom 15.7.1993[467] und vom 4.9.2008[468] dazu geäußert, inwieweit ein Vorsteuerabzug bei der Erzielung von Werbeeinnahmen mit Fahrzeugen möglich ist.

IV. Hinweise zur Gestaltung eines Sponsoringvertrages

247 Aus der steuerlichen Sicht des Gesponserten ist regelmäßig eine Ausgestaltung des Vertrags vorzuziehen, derzufolge er die kommunikativen Maßnahmen des Sponsors lediglich duldet oder allenfalls in diese einwilligt, nicht aber aktiv an der Erreichung der kommunikativen Ziele des Sponsors mitwirkt.[469] Dabei ist allerdings in der Praxis bedauerlicherweise nach wie vor nicht wirklich klar geworden, was unter „aktivem Mitwirken" zu verstehen ist.[470] Außerdem ist aufgrund der oben angesprochenen neueren Rechtsprechung des BFH **auch bei der Vereinbarung von bloßen Duldungsleistungen** äußerste Vorsicht geboten. Das und die unterschiedliche Interessenlage von Sponsor und Gesponserten stellen die beratende Praxis vor nicht unerhebliche Schwierigkeiten.

248 Für die umsatzsteuerliche Einordnung von Werbeleistungen beim Sponsoring gibt es keine **Standardlösung.**[471] Die Parteien des Sponsoringvertrags sollten sich der grundsätzlichen steuerlichen Problematik des Sponsorings bewusst sein und den Vertrag – auch aus steuerlicher Sicht – den Umständen des Einzelfalls anpassen.

249 **Im Fallbeispiel** (siehe Rn 212) drängt das sponsernde Unternehmen darauf, dass die gemeinnützige GmbH das gesponserte Projekt in der Öffentlichkeit umfassend kommuniziert und dabei die Förderung durch den Sponsor besonders hervorhebt. Mit einer solchen weitgehenden Verpflichtung der gemeinnützigen GmbH zur Durchführung von Werbeleistungen zugunsten des Sponsors wäre die Grenze zwischen einer bloßen Duldungsleistung hin zur aktiven Werbeleistung (= aktives Mitwirken bei der Werbung) wohl überschritten. Die

467 BFH, Urt. v. 15.7.1993 – V R 61/89 = BStBl II 1993, 810 ff.
468 BFH, Urt. v. 4.9.2008 – V R 10/06 = BFH/NV 2009, 230 ff.
469 Dazu ausführlich *Poser/Backes*, Sponsoringvertrag, S. 78.
470 Siehe *Hegemann/Klinkertz*, Steuerfallen beim Kultursponsoring, Handelsblatt v. 28.3.2008, S. K 1. (einzusehen unter www.handelsblatt.com).
471 Praxisbeispiele und „Musterformulierungen" bringen z.B. *Ehlers/Schmidt/Korfmann/Melzer/Klöck/Brixius*, Stiftung & Sponsoring – Rote Seiten 6/2013, 13 ff.

von der gemeinnützigen GmbH zu erbringenden Werbeleistungen würden zu Umsätzen im Rahmen eines steuerschädlichen wirtschaftlichen Geschäftsbetriebs führen, die dem allgemeinen Steuersatz von derzeit 19 % unterliegen.

Der insoweit bestehende steuerliche Interessenkonflikt zwischen Sponsor und 250
Gesponsertem lässt sich am ehesten vermeiden, wenn sich der Sponsor das Recht einräumen lässt, mit dem Namen der gesponserten Körperschaft zu werben und die Werbung selbst betreibt.[472]

Darüber hinaus bestand, wie dargelegt, früher die Möglichkeit, dass der Ge- 251
sponserte eine bloße Duldungsleistung erbringt, die ohne besondere Hervorhebung des Sponsors oder Nennung von Werbebotschaften lediglich zur Belastung mit dem ermäßigten Steuersatz von derzeit 7 % führen würde. Dabei war jedoch schon damals, ebenso wie beim Begriff des „aktiven Mitwirkens", letztlich unklar, was unter einem „deutlichen Hervorheben" zu verstehen ist.[473] Aufgrund der oben dargelegten Rechtsprechung des BFH aus dem Jahr 2007 ist der Weg des Sponsorings über Duldungsleistungen nunmehr aber mit dem erheblichen Risiko verbunden, dass der niedrigere Umsatzsteuersatz auch durch Duldungsleistungen insoweit verloren geht.

Aktuell komme ich leider zu der **Bewertung**, dass die umsatzsteuerliche Ein- 252
ordnung von Werbeleistungen beim Sponsoring einer Nonprofit-Organisation in der Praxis nach wie vor problemträchtig ist und vorerst auch bleibt. Die Praxis der Finanzverwaltung und die Rechtsprechung sind insoweit uneinheitlich. Unsicherheiten ergeben sich nicht zuletzt daraus, dass bisher nicht klar geworden ist, was im Einzelnen unter „aktivem Mitwirken" bei Werbemaßnahmen oder der „deutlichen Hervorhebung" im Rahmen von Duldungsleistungen zu verstehen ist. Hinzu kommt die Rechtsprechung des BFH aus dem Jahr 2007, die den Spielraum für die Vereinbarung von Duldungsleistungen im Rahmen von Sponsoring-Aktivitäten nochmals erheblich einschränkt. Vor diesem Hintergrund bleibt zu fordern, dass Finanzverwaltung und Rechtsprechung alsbald zu einer präzisen und deutlichen Formulierung der Begriffe und einer einheitlichen Anwendung in der Praxis finden.

---

472 Siehe dazu *Thiel*, DB 1998, 842 (846).

473 Siehe *Hegemann/Klinkertz*, Steuerfallen beim Kultursponsoring, Handelsblatt v. 28.3.2008, S. K 1. (einzusehen unter www.handelsblatt.com).

H. Das Erfordernis der Unmittelbarkeit und das Hilfspersonenproblem

253 Nach § 51 Abs. 1 S. 1 AO ist Voraussetzung für eine Steuervergünstigung wegen Gemeinnützigkeit, dass die betreffende Körperschaft ausschließlich und unmittelbar gemeinnützige, mildtätige oder kirchliche Zwecke (steuerbegünstigte Zwecke) verfolgt. § 57 Abs. 1 AO normiert das gemeinnützigkeitsrechtliche Erfordernis der Unmittelbarkeit:[474] Eine Körperschaft verfolgt unmittelbar ihre steuerbegünstigten satzungsmäßigen Zwecke, wenn sie selbst diese Zwecke verwirklicht. § 57 Abs. 1 AO postuliert also das Erfordernis der Selbstverwirklichung der Zwecke durch die Körperschaft (hier: Stiftung). Kooperationen, wie sie zunehmend auch im Wirken insbesondere gemeinnütziger Stiftungen zu finden sind, bedeuten dagegen Arbeitsteilung, Verantwortungsteilung, Zusammenarbeiten, Miteinander, Personalüberlassung[475] und mehr. Das geschieht i.d.R. zwischen gemeinnützigen Organisationen, ist aber auch als **Kooperation mit Privatorganisationen** möglich.[476]

Den sich aus dem Erfordernis der Unmittelbarkeit und dem Wunsch nach Kooperationen ergebenden „Gegensatz" hat *Schunk* näher untersucht.[477] Er analysiert **praxisrelevante Kooperationsformen zwischen gemeinnützigen Körperschaften** im Hinblick auf deren Vereinbarkeit mit dem Unmittelbarkeitsgebot nach § 57 AO. Dabei identifiziert er Beeinträchtigungen und erarbeitet Lösungsvorschläge. Seine Untersuchung zeigt verschiedene Kooperationsschranken, die nicht nur auf dem Gesetz, sondern teilweise auch auf zu restriktiven und vom Gesetzesinhalt abweichenden Ansichten der Finanzverwaltung, der Rechtsprechung und des Schrifttums zurückzuführen sind. So gibt er der Praxis wertvolle Hinweise. Wir werden hier mit Blick auf die Praxis zu modernen und praktikablen Lösungen im Sinne der Gemeinnützigkeit gelangen müssen. Da sehe ich noch Nachhohlbedarf bei der Finanzverwaltung, der Rechtsprechung und auch im Schrifttum.

474 Ausf. zum Unmittelbarkeitsgebot etwa: *Schunk*, Kooperationen zwischen gemeinnützigen Körperschaften und das Unmittelbarkeitsgebot nach § 57 AO, Dissertation, 2014, S. 18 ff.

475 Werden für Personalüberlassungen Ersatzzahlungen geleistet, ist das umsatzsteuerpflichtig. Eine Steuerbefreiung nach deutschem Recht kommt in aller Regel nicht infrage. Nach einem Urteil des FG Münster v. 15.10.2014 (5 K 4314/12 U; siehe dazu StiftungsBrief 2015, 47) können die Zahlungen aber nach EU-Recht steuerfrei sein.

476 Siehe zu den entsprechenden Ausnahmen nach der AO etwa *Ritter*, Stiftung & Sponsoring 05/2013, 28. Hilfspersonen etwa müssen bekanntlich nicht gemeinnützig sein.

477 *Schunk*, a.a.O.

Gemeinnützige Holdingstrukturen? 254

Als eine besondere Kopperationsform kann man auch eine Holdingstruktur begreifen. Die Organisation eines Unternehmensverbunds mit einer Holding als „Führung“ an der Spitze ist in der Wirtschaftswelt weit verbreitet. *Rothemann* hat untersucht, ob diese Organisationsform auch für gemeinnützige Körperschaften nutzbar gemacht werden kann.[478] Der Gedanke, die betriebswirtschaftlichen Vorteile einer Holdingstruktur mit den Privilegien des Gemeinnützigkeitsrechts zu kombinieren, liegt nahe. Es fragt sich allerdings, ob eine Stiftung, die „nur“ eine Holdingfunktion ausübt, selbst als gemeinnützig anerkannt werden kann. *Rothemann* begründet für uns, warum auch einer Holding der Status der Gemeinnützigkeit offensteht. Aufgrund der durch die Gemeinnützigkeit vermittelten steuerlichen Privilegien ergibt sich allerdings ein erhöhter Rechtfertigungsbedarf – auch vor dem Hintergrund des europäischen Beihilfenrechts. *Rothemann* setzt sich deshalb ausführlich mit der Frage auseinander, ob Begünstigen für eine gemeinnützige Holding in den Anwendungsbereich des Beihilfenrechts fallen und ob – soweit dies der Fall sein sollte – eine Rechtfertigung möglich ist.
Man kann aktuell wohl Folgendes grundsätzlich festhalten:
Die Übertragung der Überlegungen zu Holdingstrukturen, wie wir sie aus der Wirtschaftswelt kennen, auf Stiftungen und sonstige Körperschaften im gemeinnützigen Bereich ist vor dem Hintergrund der Professionalisierung des Gemeinnützigkeitswesens seit einiger Zeit Thema diverser Fachbeiträge.[479] Das Gemeinnützigkeitsrecht setzt hier allerdings Schranken, die in der freien Wirtschaft „undenkbar“ wären, was auch in der Fachdiskussion ganz deutlich ausgesprochen wird.[480] Die bei Beteiligungsverhältnissen entstehenden Rechtsfragen des Gemeinnützigkeitsrechts (AO) sind zudem in der Fachliteratur umstritten und auch die Finanzverwaltung vertritt ihre ganz eigene Ansicht.[481] Das Thema „Holdingstrukturen“ steht ferner in dem größeren Kontext des insbesondere von der Rechtsprechung noch nicht abschließend geklärten Themas „Zusammenarbeit steuerbegünstigter Körperschaften“.[482] Diese hier skizzierten Zusammenhänge zeigen, dass eine letzte Rechtssicherheit zu dem Thema aktuell kaum zu erreichen ist.

---

478 *Rothemann*, Holdingstrukturen und Gemeinnützigkeit, Dissertation, 2011.

479 Siehe etwa neben *Rothemann: Scherff*, DStR 2003, 727; *Schröder*, DStR 2004, 1815 und 1859; *ders.* DStR 2008, 1069; *Jäck*, StiftungsBrief 2009, 208; *Musil*, DStR 2009, 2453; *Holland*, DStR 2010, 2057; *Schunk*, DStR 2014, 934.

480 Siehe *Musil*, DStR 2009, 2453, 2457.

481 Siehe etwa OFD Frankfurt a.M. v. 19.8.2013 – S 0177 A-6-St 53, Nr. 2.1 zu § 58 Nr. 2 AO; OFD Frankfurt a.M. v. 28.3.2014 – S 0174 A – 16 – St 53, dort Nr. 5.1.1.; so wohl auch AEAO 2014 Nr. 3 zu § 64 AO.

482 Siehe etwa BFH, Urt. v. 6.2.2013 – I R 59/11; BFH, Urt. v. 17.2.2010– I R 2/08.

Damit empfiehlt es sich, bei einem entsprechenden Projekt die einzelnen Schritte sowie die damit verbundenen Rechtsfragen und rechtlichen Argumentationslinien herauszuarbeiten, um die einzelnen Schritte dann bei einer etwaigen Umsetzung im gemeinsamen Dialog mit der Finanzverwaltung abzustimmen.

255 Das Erfordernis der Unmittelbarkeit kann nach dem Gesetz ausdrücklich auch durch Hilfspersonen erfüllt werden, wenn nach den Umständen des Falls, insbesondere nach den rechtlichen und tatsächlichen Beziehungen, die zwischen der Körperschaft und der Hilfsperson bestehen, das Wirken der Hilfsperson wie eigenes Wirken der Körperschaft anzusehen ist.

Auch bei der Beantwortung der Frage nach der für die Steuerbefreiung erforderlichen unmittelbaren (Selbst-)Erfüllung der steuerbegünstigten Zwecke im Fall des Einsatzes von Hilfspersonen[483] ergeben sich in der Praxis immer wieder Schwierigkeiten und Fragen,[484] die hier für diesen häufigen „Kooperationsansatz" beispielhaft näher betrachtet werden sollen. Zum Beispiel bei der Förderung steuerbegünstigter Zwecke im Ausland (§ 52 Abs. 2 AO, siehe Rn 258) ist die Einschaltung von Hilfspersonen eine häufiger Fall.

Nach § 57 Abs. 1 AO verfolgt eine Körperschaft unmittelbar ihre steuerbegünstigten satzungsmäßigen Zwecke, wenn sie selbst diese Zwecke verwirklicht. Das kann aber eben auch durch Hilfspersonen geschehen, wenn nach den Umständen des Falls, insbesondere nach den rechtlichen und tatsächlichen Beziehungen, die zwischen der Körperschaft und der Hilfsperson bestehen, das Wirken der Hilfsperson wie eigenes Wirken der Körperschaft anzusehen ist.

Nach der alten Fassung des AEAO zu § 57 AO begründete ein Handeln als Hilfsperson aus Sicht der Finanzverwaltung grundsätzlich keine unmittelbare eigene steuerbefreite Tätigkeit. Das führte dazu, dass jegliche Tätigkeit einer gemeinnützigen Körperschaft für einen Auftraggeber, der das Wirken vollumfänglich finanziert und durch vertragliche Vereinbarungen steuert, kein Zweckbetrieb sein kann, sondern insoweit stets einen steuerpflichtigen wirtschaftlichen Geschäftsbetrieb begründet. Das war generell kritisch zu hinterfragen, da in der Praxis heute zahlreiche gemeinnützige Körperschaften in enger vertraglicher Kooperation mit der öffentlichen Hand oder anderen gemeinnützigen Körperschaften tätig werden. Wie ist die Rechtslage?

---

483 § 57 Abs. 1 S. 2 AO.

484 Ausf. dazu *Meyn*, npoR 2012, 1 ff.; *Schotenroehr*, DStR 2012, 14 ff.; *Holland*, DStR 2010, 2057 ff.; *ders.*, DStR 2006, 1783 ff.; *v. Holt*, DB 2010, 1791 ff.; *Schiffer*, DStR 2003, 1015 ff.; *Klassmann/Lewejohann*, Die Stiftung 2012, 20 f. Zur etwaigen Gewerbesteuerfreiheit siehe *Orth*, DStR 2012, 116 ff.

I. Die Hilfsperson hilft einer gemeinnützigen Stiftung

Das **Gebot der Unmittelbarkeit** gem. § 57 Abs. 1 S. 2 AO ist auch dann erfüllt, wenn sich die steuerbegünstigte Körperschaft einer gemeinnützigen oder auch nicht gemeinnützigen **Hilfsperson** bedient.[485] Dafür ist dann erforderlich, dass nach den Umständen des Falles, insbesondere nach den rechtlichen und tatsächlichen Beziehungen, die zwischen der steuerbegünstigten Körperschaft und der Hilfsperson bestehen, das Wirken der Hilfsperson wie eigenes Wirken der Körperschaft anzusehen ist, d.h. die Hilfsperson nach den Weisungen der Körperschaft einen konkreten **entgeltlichen** Auftrag ausführt. Hilfspersonen können natürliche Personen, Personenvereinigungen oder juristische Personen sein, wie der AEAO betont. Im Innenverhältnis muss die Hilfsperson an die Weisungen der Körperschaft gebunden sein.[486] Die steuerbegünstigte Körperschaft hat durch Vorlage entsprechender Vereinbarungen nachzuweisen, dass sie den **Inhalt und den Umfang der Tätigkeit der Hilfsperson bestimmen** kann.[487] Als Vertragsformen kommen z.B. Arbeits-, Dienst- oder Werkverträge in Betracht, aber Vorsicht: Der Teufel steckt hier einmal mehr im Detail. Die Tätigkeit der Hilfsperson muss zudem den Satzungsbestimmungen der Körperschaft entsprechen, die nachzuweisen hat, dass sie die Hilfsperson überwacht. Die Körperschaft hat die weisungsgemäße Verwendung der Mittel sicherzustellen. 256

Zur **Beweissicherung** schlägt beispielsweise die OFD Frankfurt/M. in einer Verfügung vom 2.7.1997[488] vor, im Vorhinein eine schriftliche Vereinbarung mit der Hilfsperson zu treffen und darin genau festzulegen, 257

- welche Erfolge und/oder Tätigkeiten die Hilfsperson zu bewirken und/oder auszuführen hat.
  Die steuerbegünstigte Körperschaft muss jederzeit rechtlich und tatsächlich auf die Tätigkeiten der Hilfsperson einwirken können. Dieses Erfordernis ist beispielsweise erfüllt, wenn die Hilfsperson zur Durchführung bestimmter Maßnahmen nur im Namen und für Rechnung des steuerbegünstigten „Auftraggebers“ tätig werden kann;
- wie über die Verwendung der hierfür vorgesehenen Mittel (turnusmäßig) Rechnung zu legen ist.
  Der Hilfsperson sind in der Praxis klare und eindeutige Auflagen hinsichtlich der Durchführung der entsprechenden Maßnahmen und der dabei zu verwendenden Mittel zu machen;

---

485 Siehe nur *Buchna/Seeger/Brox*, S. 205.

486 Siehe etwa *Hüttemann*, Rn 4.45 ff. m.w.N.

487 AEAO Nr. 2 zu § 57 AO.

488 OFD Frankfurt DB 1997, 1745; ein Formulierungsbeispiel für einen ausdrücklichen „Hilfspersonenvertrag“ findet sich bei *Berg*, FuS 2013, 227, 229.

– und wie über die entfalteten Tätigkeiten Bericht zu erstatten ist.

Die Hilfsperson ist zumindest zu verpflichten, zu bestimmten Zeiten Rechenschaft über die Aktivitäten und die verwendeten Mittel abzulegen.[489]

258 **Praxishinweis: Hilfspersonen im Ausland**

Die Unmittelbarkeitsforderung (§ 57 AO) ist bei der Mittelvergabe ins Ausland ersichtlich ein Problem; es sind dazu Fälle bekannt, in denen die Gemeinnützigkeit „gestrichen“ wurde.[490]

Die Hilfspersonenproblematik und vor allem ein Hilfspersonenvertrag mögen zudem vor allem bei dem einen oder anderen Partner im Ausland, der das deutsche Recht naturgemäß nicht kennt, auf Unverständnis stoßen. Er sieht sich als Kooperationspartner und fühlt sich nun als „Hilfsperson“ degradiert; wohl deshalb gibt es in der Praxis viele Beispiele, dass deutsche Stiftungen bei Auslandsprojekten auf ausdrückliche Hilfspersonenverträge verzichten.[491] Tatsächlich ist auch nicht wirklich die Bezeichnung der Regelung der Zusammenarbeit entscheidend und auch nicht die schriftliche Aufbereitung als Vertrag. Es muss noch nicht einmal ausdrücklich ein Vertrag sein. Ein „Bewilligungsbescheid“,[492] der entsprechende „Auflagen“ und Kontrollmöglichkeiten schriftlich festlegt, reicht grundsätzlich auch.[493]

Mit *Berg* ist hier zu fordern,[494] dass die Finanzverwaltung hier bereit ist, bürokratischen Aufwand klein zu halten und auf überzogene Gestaltungsanforderungen und Überwachungspflichten verzichtet. Einmal mehr ist Pragmatismus gerade im internationalen Verkehr kein schlechter Ansatz. Unverzichtbar ist allerdings auch hier der Hinweis, sich im Zweifelsfall vorher mit der Finanzverwaltung abzustimmen.

259 Die Hilfspersonen brauchen nicht Organe, Angestellte oder sonstige Hilfskräfte der steuerbegünstigten Körperschaft zu sein. Die steuerbegünstigte Körperschaft muss aber jederzeit rechtlich und tatsächlich auf die Tätigkeiten der Hilfsperson einwirken können. Dieses Erfordernis ist beispielsweise erfüllt, wenn die Hilfsperson zur Durchführung bestimmter Maßnahmen nur im Namen und für Rechnung des steuerbegünstigten „Auftraggebers“ tätig werden kann. Der Hilfsperson sind in der Praxis **klare und eindeutige Auflagen**

489 Siehe schon BFH BStBl III 1958, 170.

490 www.spiegel.de vom 4.11.2012: „Finanzamt streicht Stiftung Gemeinnützigkeit“. Nach dem Artikel erfolgte die Aberkennung der Gemeinnützigkeit rückwirkend wegen „fehlender unmittelbarer Zweckverfolgung“,

491 Beides vermerkt auch *Berg*, FuS 2013, 229 f.

492 Trotz der irreführenden Bezeichnung ist das natürlich kein Bescheid einer staatlichen Stelle. Das ist ähnlich wie mit den (früheren) „Bankgebühren“.

493 Auch *Berg*, FuS 2013, 229, sieht letztlich die Grenze zwischen beidem als fließend.

494 *Berg*, FuS 2013, 229, 230.

hinsichtlich der Durchführung der entsprechenden Maßnahmen und der dabei zu verwendenden Mittel zu machen. Außerdem ist eine Hilfsperson zu verpflichten, zu bestimmten Zeiten **Rechenschaft** über die Aktivitäten und die verwendeten Mittel abzulegen.

Beispiel für die Tätigkeit als Hilfsperson: (Entgeltliches) Führen einer Krankenanstalt durch eine „fremde" Person, wenn eine unmittelbare Einwirkung auf diese durch die übertragende Körperschaft besteht.[495]

Will die steuerbegünstigte Stiftung oder sonstige Körperschaft ihre Zwecke (auch) durch Hilfspersonen im Sinne des § 57 Abs. 1 S. 2 AO verwirklichen, muss sie das in ihrer Satzung deutlich zum Ausdruck bringen: 260

> **Formulierungsbeispiel: Stiftungssatzungsklausel zum Hilfspersoneneinsatz**
> „Die Stiftung darf sich zur Erfüllung ihrer Aufgaben Hilfspersonen im Sinne des § 57 Abs. 1 S. 2 AO bedienen, soweit sie die Aufgaben nicht selbst wahrnimmt. Die rechtlichen und tatsächlichen Beziehungen zu solchen Hilfspersonen wird die Gesellschaft jeweils so ausgestalten, dass das Wirken der Hilfspersonen auch steuerlich wie eigenes Wirken der Gesellschaft anzusehen ist."

Wenn die Stiftung ganz oder teilweise als „**Förderkörperschaft**" nach § 58 Nr. 1 AO und § 58 Nr. 2 AO tätig wird und „Mittel"[496] für andere steuerbegünstigte Körperschaften beschafft und/oder anderen solchen Körperschaften zur Verfügung stellt, benötigt sie als Mittelbeschaffungskörperschaft entgegen gewisser Befürchtungen[497] **keine Erlaubnis der BaFin** nach dem Zahlungsdiensteaufsichtsgesetz (ZAG). Wir haben einfach nachgefragt und die BaFin hat es uns bestätigt.[498] Die Stiftung hat die Tätigkeit nach § 58 Nr. 1 und Nr. 2 AO aber in ihre Satzung aufnehmen:[499] 261

495 BFH BStBl III 1958, 170.

496 Siehe nur *Buchna/Seeger/Brox*, S. 132: Mittel der Stiftung = sämtliche Vermögenswerte der Stiftung, die in ihrem Eigentum und in ihrer Verfügungsmacht stehen.

497 *Winheller/Auffenberg*, DStR 2015, 589.

498 Siehe dazu *Pruns* (22.7.2015), http://www.stiftungsrecht-plus.de/kommentare-und-mehr/artikel/article/bafin-foerdermittelkoerperschaften-benoetigen-grds-keine-zag-erlaubnis/index.html?tx_ttnews[backPid]=3&cHash=16af36e6a4; dort können Sie auch die Korrespondenz nachlesen; siehe auch § 12 Rn 6 und § 3 Rn 1; siehe etwa auch *Meyn*, Stiftung & Sponsoring 04/2015, 34.

499 Ausf. zur Mittelweitergabe gemeinnütziger Förderkörperschaften: *Kirchhain*, DStR 2013, 2141.

Auch im vorliegenden Zusammenhang spielt in der Praxis vor allem das gemeinnützigkeitsrechtliche Kriterium der **Unmittelbarkeit** eine entscheidende Rolle. Dazu hat das **Hess. FG in 2012** festgehalten:[500]

> *„Die Klägerin hat durch ihre tatsächliche Geschäftsführung ihren Gesellschaftszweck (Förderung der Wissenschaft und des Sports) nicht unmittelbar i.S.d § 57 Abs. 1 Satz 1 AO verwirklicht, weil sie nicht selbst durch ihr zurechenbare Aktivitäten oder tatsächliche Handlungen ihre Gesellschaftszwecke verfolgt hat. Vielmehr hat sie in beiden Streitjahren lediglich die ihr zur Verfügung stehenden und von ihr erwirtschafteten Mittel an andere Körperschaften weitergeleitet. Dies wäre unschädlich, wenn sie durch ihre tatsächliche Geschäftsführung die Voraussetzungen der hier in Betracht kommenden Ausnahmetatbestände gem. § 58 Nr. 1 oder 2 AO erfüllt hätte. Dies ist jedoch nicht der Fall.*
> *… Aus der Regelungssystematik der §§ 57 Abs. Satz 1, 63 Abs. 1 AO und des § 58 Nr. 1 AO und dem Wortlaut des § 58 Nr. 1 AO folgt vielmehr, dass die Mittelbeschaffung i.S.d. § 58 Nr. 1 AO voraussetzt, dass die Steuerbegünstigten Zwecke der geförderten Körperschaft denen der fördernden Körperschaft entsprechen müssen. Denn § 58 Nr. 1 AO stellt eine Ausnahme vom Grundsatz der Unmittelbarkeit dar, die ihrem Wortlaut nach eine Mittelbeschaffung für die Verwirklichung "der steuerbegünstigten Zwecke" einer anderen Körperschaft voraussetzt. Das bedeutet, dass die Mittelbeschaffung auf der Ebene der Fördergesellschaft zu denselben Zwecken erfolgen muss, die auch die geförderte Körperschaft nach ihrer Satzung verfolgt. Jede andere Auslegung des § 58 Nr. 1 AO würde dazu führen, dass der eigene Satzungs- oder Gesellschaftszweck für die Gemeinnützigkeit reiner Fördergesellschaften letztlich keine Rolle mehr spielen würde und eine beliebige Weitergabe an andere steuerbegünstigte Körperschaften zulässig wäre."*

Demnach wären für eine Förderstiftung identische Satzungszwecke (**Zweckidentität**) bei der geförderten anderen gemeinnützigen Körperschaft erforderlich. Das ergibt sich nicht aus dem Gesetz (§ 58 Nr. 1 AO).[501]

In einer Entscheidung zu einer als gemeinnützig anerkannten GmbH hat der **BFH in 2014** zu der Thematik festgehalten:[502]

> *„Nach § 2 ihres Gesellschaftsvertrags verwirklicht die Klägerin ihren Satzungszweck "insbesondere … durch die finanzielle Förderung anderer steuerbegünstigter Körperschaften oder Körperschaften des öffentlichen Rechts,*

500 Hess. FG, Urt. v. 26.4.2012 – 4 K 2239/09 = DStRE 2013, 434; Die Revision der Finanzverwaltung hat der BFH zurückgewiesen (BFH/NV 2015, 235).

501 Kritisch etwa auch *Weidmann/Kohlhepp*, DStR 2015, 1273, 1274.

502 BFH, Urt. v. 25.6.2014 – I R 41/12, BFH/NV 2015, 235.

die der selbstlosen Förderung der Wissenschaft und/oder des Sports dienen". Nach den Feststellungen des FG hat sie in den Streitjahren Zuwendungen an V geleistet, der ausweislich der entsprechenden Freistellungsbescheide der für V zuständigen Finanzbehörde wegen der Förderung der öffentlichen Gesundheitspflege oder der Bekämpfung von Tierseuchen als gemeinnützig anerkannt war. Die tatsächliche Geschäftsführung der Klägerin entsprach somit in den Streitjahren nicht den Bestimmungen, die die Satzung der Klägerin über die Voraussetzungen für Steuervergünstigungen enthält (§ 63 Abs. 1 AO).“

Der BFH hat damit letztlich die Frage, ob das Gemeinnützigkeitsrecht in § 58 Nr. 1 AO eine Zweckidentität bei fördernder und geförderter Körperschaft voraussetzt, nicht beantwortet. Entscheidend für den BFH war hier nur die gesellschaftsrechtliche Seite, nämlich die Satzungsbestimmung, gegen die Körperschaft verstoßen hatte. Damit ist offen geblieben, ob dem Hess. FG auch aus Sicht des BFH zu folgen ist.

Stiftungsrechtlich folgt daraus der **Praxishinweis**, dass Stiftungssatzungen, wenn eine Stiftung keine Zweckidentität will, mit Blick das BFH-Urteil entsprechend weit gefasst werden sollten. Im Verlauf einer entsprechenden Stiftungserrichtung wird sich bei der Abstimmung mit der Stiftungsaufsicht und der Finanzverwaltung herausstellen, wie sie konkret zu dem Thema stehen.

Formulierungsbeispiel: Satzungsklausel zu § 58 Nr. 1 und 2 AO
„Die Stiftung muss nicht alle Zwecke gleichzeitig und in gleichem Maße verfolgen. Der Vorstand entscheidet darüber, welche Zwecke jeweils vorrangig verfolgt werden.
Die Stiftung wird ihre gemeinnützigen Zwecke auch unmittelbar selbst verwirklichen. Sie kann hierzu Projekte durchführen, Einrichtungen und Zweckbetriebe unterhalten. Die steuerlich unschädlichen Betätigungen im Rahmen des § 58 AO sind zulässig. Die Stiftungszwecke können insbesondere auch gemäß § 58 Nr. 1 AO verwirklicht werden. Die Stiftung darf ferner gemäß § 58 Nr. 2 AO ihre Mittel teilweise, d.h. bis zu 50 v.H., auch anderen steuerbegünstigten Körperschaften oder juristischen Personen des öffentlichen Rechts zur Verwendung zu steuerbegünstigten Zwecken zuwenden.“
Zusatz, wenn keine enge Zweckidentität gewollt ist:
„In beiden Fällen müssen die geförderten Zwecke mit den Zwecken der Stiftung kompatibel sein,[503] *d.h. einem der Stiftungszwecke jedenfalls mittelbar dienen.“* **(Str.)**

503 In dieser Richtung auch *Weidmann/Kohlhepp*, DStR 2015, 1273, 1274.

262 Die **Abgrenzung von § 58 Nr. 1 AO und § 58 Nr. 2 AO** bei einer Förderkörperschaft ist in der Praxis schwierig.[504] Das vorstehende Formulierungsbeispiel, das in der Vorauflage noch etwas anders formuliert war, ist deshalb auch nicht unumstritten.

Zu den nach § 58 Nr. 1 AO begünstigten Körperschaften zählen insbesondere **Förder- und Spendensammelstiftungen.**[505] Nach wohl herrschender Auffassung muss hier die Beschaffung von Mitteln nebst zugehörigem steuerbegünstigten Zweck anders als in dem vorstehenden Formulierungsbeispiel als Satzungszweck festgelegt sein.[506] Das soll dann neben den quantitativen Grenzen („Teilweise") das entscheidende Abgrenzungskriterium zu § 58 Nr. 2 AO sein.[507] Angesichts des Wortlauts der Vorschrift („*Die Steuerbegünstigung wird nicht dadurch ausgeschlossen, …*") überzeugt mich diese Auffassung nicht. Mit *Hüttemann* wird man allerdings sagen müssen, dass eine Mittelweitergabe nach § 58 Nr. 2 AO die gemeinnützige Stiftung nicht von der satzungsmäßigen Verpflichtung befreit, die eigenen satzungsmäßigen Zwecke auch selbst unmittelbar zu verfolgen.[508]

263 Für die Praxis gibt es hier einen Trost: Die Antwort auf die Frage, wie die zuständige Finanzverwaltung zu dieser Problematik steht, zeigt sich typischerweise im informellen Abstimmungsverfahren vor Beantragung der Anerkennung der Stiftung, in das bekanntlich auch das zuständige Finanzamt eingebunden wird (siehe § 3 Rn 117 ff.). Spätestens im Verfahren nach § 60a AO (siehe Rn 108 ff.) wird man hier Klarheit erlangen.

264 Die Steuervergünstigung wird neben den an anderer Stelle in diesem Kapitel anzusprechenden Ausnahmen auch nicht dadurch ausgeschlossen, dass[509]
- eine Körperschaft ihre Arbeitskräfte anderen Personen, Unternehmen, Einrichtungen oder einer juristischen Person des öffentlichen Rechts für steuerbegünstigte Zwecke zur Verfügung stellt (§ 58 Nr. 4 AO),
- eine Körperschaft ihr gehörende Räume einer anderen, ebenfalls steuerbegünstigten Körperschaft oder einer juristischen Person des öffentlichen Rechts zur Nutzung zu steuerbegünstigten Zwecken überlässt (§ 58 Nr. 5 AO),

504 *Hüttemann*, Rn 3.182 ff.; *Buchna/Seeger/Brox*, S. 211 ff.
505 Vgl. etwa *Hüttemann*, Rn 3.182.
506 AEAO Nr. 1 zu § 58 Nr. 1 AO; *Hüttemann*, Rn 3.185 m.w.N.
507 So ausdrücklich *Hüttemann*, Rn 3.186, siehe dort auch dazu, dass die Ausdrücke „Mittelbeschaffung" und „Mittelweitergabe" nicht zur Abgrenzung taugen.
508 Siehe etwa *Hüttemann*, DB 2014, 442, 444.
509 Siehe dazu insbesondere aktuell bei *Hüttemann*, Rn 4.33 ff. und Rn 4.64 ff.

– eine von einer Gebietskörperschaft errichtete Stiftung zur Erfüllung ihrer steuerbegünstigten Zwecke Zuschüsse an Wirtschaftsunternehmen vergibt (§ 58 Nr. 9 AO).

II. Gemeinnützigkeit auch der Hilfsperson?

Der AEAO (2014) greift in Nr. 2 zu § 57 AO das bekannte Urteil des BFH vom 17.2.2010[510] auf und übernimmt die dort festgelegten Grundsätze. Die Entscheidung betrifft das arbeitsteilige Zusammenwirken mehrerer steuerbefreiter Körperschaften vor dem Hintergrund des gemeinnützigkeitsrechtlichen Erfordernisses der Unmittelbarkeit und Ausschließlichkeit der Zweckerfüllung. Betroffen war ein Betrieb der Wohlfahrtspflege. Der BFH hat in der Entscheidung zu folgendem Leitsatz gefunden: „*Eine steuerbefreite Körperschaft, die eine andere steuerbefreite Körperschaft bei der Verwirklichung satzungsmäßiger Zwecke gegen Entgelt selbstständig und eigenverantwortlich unterstützt, kann einen Zweckbetrieb unterhalten, wenn sie hierdurch zugleich eigene satzungsmäßige Ziele verfolgt.*“ 265

Zugleich hat der BFH u.a. festgehalten, dass die bloße Überlassung von Arbeitskräften gegen Bezahlung keinen Zweckbetrieb darstellt. Der BFH hat uns mit diesem Urteil einen im Einzelfall ggf. praktikablen Gestaltungsansatz an die Hand gegeben. Damit war die Gesamtproblematik allerdings noch nicht gelöst.

Es erscheint auf den ersten Blick schwierig zu verstehen, dass ein und dieselbe Tätigkeit für zwei Personen die Gemeinnützigkeit vermittelt, nämlich für die auftraggebende (steuerbegünstigte) Körperschaft und für die (steuerbegünstigte) Hilfsperson. Letztere erbringt ihre Tätigkeit **formal betrachtet nicht unmittelbar** gegenüber der Allgemeinheit, sondern nur gegenüber ihrem Auftraggeber. Eine rein formale Sichtweise überzeugt hier jedoch letztlich nicht, da sie den Anforderungen an modernes Wirken und Zusammenwirken von gemeinnützigen Körperschaften nicht entspricht. So bilden etwa zwei gemeinnützige Körperschaften Arbeitsgemeinschaften oder Kooperationen **zur optimierten Erfüllung ihrer jeweils steuerbegünstigten Zwecke**. Vor dem Hinter- 266

510 BFH, Urt. v. 17.2.2010 – I R 2/08, BStBl II 2010, 1006 ff., damit hat der BFH seine frühere Rechtsprechung (BFH Urt. v. 7.3.2007 – I R 90/04 = BStBl II 2007, 628) deutlich relativiert; siehe dazu auch *Holland*, DStR 2010, 2057 ff. Siehe auch BFH v. 6.2.2013 – I R 59/11 = BStBl II 2013, 603 = DStR 2013, 1427 und BFH Urt. v. 27.11. 2013 – I R 17/12 = DStR 2014, 944 sowie dazu *Helm/Hauf*, DStR 2014, 2004. Mit der Frage der arbeitsteiligen Zusammenarbeit gemeinnütziger und gewerblicher Körperschaften und den Auswirkungen auf die Anwendung von § 4 Nr. 18 UStG befasst sich auch *Theobald*, DStR 2011, 946 ff.; ausf. auch *Hüttemann*, Rn 4.54 ff.

grund, dass in der Praxis heute zahlreiche gemeinnützige Körperschaften in enger vertraglicher Kooperation mit der öffentlichen Hand, mit privatwirtschaftlichen Unternehmen oder mit anderen gemeinnützigen Körperschaften tätig werden, war die insoweit bisher von der Finanzverwaltung vertretene Rechtsthese zur Hilfsperson in der Tat nicht zeitgemäß und damit in ihrem Bestand fragwürdig.[511] Diese These hatte, ausgehend von dem Unmittelbarkeitsgebot des § 57 AO (siehe Rn 253) zur Folge, dass arbeitsteilige Kooperationen im gemeinnützigen Sektor erheblich erschwert wurden.[512]

267 Es wundert von daher nicht, dass der BFH mit seiner oben angesprochenen Rechtsprechung auch bisher schon in diese Richtung tendierte. Die Frage, ob eine gemeinnützige Körperschaft selbst gemeinnützige Zwecke erfüllt, sollte sich auch in der Praxis künftig ausschließlich danach beurteilen, ob sie entsprechend ihrer eigenen gemeinnützigen Zielsetzung (zugleich) ihre eigenen gemeinnützigen Zwecke verwirklicht.[513] In dem AEAO 2014 findet sich kein Hinweis mehr auf das restriktive BFH-Urteil aus 2007. Es findet sich im Gegenteil der Kooperationen fördernde Satz:[514] *„Die Steuerbegünstigung einer Hilfsperson ist nicht ausgeschlossen, wenn die Körperschaft mit ihrer Hilfspersonentätigkeit nicht nur die steuerbegünstigte Tätigkeit einer anderen Körperschaft unterstützt, sondern zugleich eigene steuerbegünstigte Satzungszwecke verfolgt.“* Die Hilfsperson darf insbesondere nicht nur eine „marktgängige Dienstleistung“ erbringen.[515]

Es bleibt zu hoffen, dass die Finanzverwaltung ihre aktuelle Rechtsaufassung, die sie im AEAO niedergelegt hat, in der Praxis nicht eng auffasst, sondern ausgehend von den jeweiligen Gegebenheiten im konkreten Fall pragmatisch handhabt.

511 Siehe schon *Schiffer/Sommer*, in: Weitz/Deutsche, Stiftungsagentur GmbH/Pues (Hrsg.), Rechtshandbuch für Stiftungen, Kap. 6.4- Stiftungssteuerrecht: Auslagerung und Ausgliederung/Ausgründung aus steuerbefreiten Stiftungen, (Stand: Februar 2008), S. 5; siehe etwa auch *Schunk*, DStR 2014, 934.

512 Siehe dazu *Hüttemann*, Rn 4.54.

513 Siehe schon *Schiffer/Sommer*, in: Weitz/Deutsche Stiftungsagentur GmbH/Pues (Hrsg.), Rechtshandbuch für Stiftungen, Kap. 6.4 – Stiftungssteuerrecht: Auslagerung und Ausgliederung/Ausgründung aus steuerbefreiten Stiftungen, (Stand: Mai 2008), S. 5.

514 AEAO 2014 Ziffer 2. zu § 57 AO, siehe dazu auch schon *Hüttemann*, DB 2012, 250.

515 So auch *Hüttemann*, Rn 4.55.

Dipl. Betriebswirt *Horst E. Eckhard*, Wirtschaftsprüfer und Steuerberater, Frankfurt/M.: 268

Verwaltungsauffassung zu Hilfspersonen erschwert die Kooperation gemeinnütziger Organisationen

„Größere Projekte im gemeinnützigen Bereich erfordern häufig die Zusammenarbeit der federführenden Organisation mit anderen gemeinnützigen Einrichtungen, die nach ihrer Satzung gleichartige oder ähnliche Zwecke verfolgen. Dies kann in bestimmten Grenzen nach § 58 Nr. 1 bis 4 AO steuerunschädlich durch die Zuwendung von Geldmitteln oder die unentgeltliche Überlassung von Arbeitskräften und Räumlichkeiten geschehen. Die Weitergabe von Geldmitteln scheitert jedoch nicht nur an dem Erfordernis der Unmittelbarkeit in § 57 Abs. 1 S. 1 AO, sondern i.d.R. auch daran, dass die federführende Organisation damit die ihr (durch Förderrichtlinien oder Sponsoringvertrag) aufgegebene Kontrolle über die Verwendung der Geldzuwendung verliert. Andererseits ist eine unentgeltliche Überlassung von Arbeitskräften und Räumlichkeiten durch andere gemeinnützige Einrichtungen gegenüber der federführenden Organisation die Ausnahme. Regelmäßig erfolgt die Einschaltung anderer gemeinnütziger Einrichtungen durch die federführende Organisation daher entgeltlich.

In solchen Fällen ist stets zu prüfen, ob die beauftragte Körperschaft eine Hilfsperson i.S.v. § 57 Abs. 1 S. 2 AO ist. Dies ist zu bejahen, wenn nach den Umständen des Falles, insbesondere nach den rechtlichen und tatsächlichen Beziehungen die zwischen der federführenden Organisation und der beauftragten Körperschaft bestehen, deren Wirken wie eigenes Wirken der federführenden Organisation anzusehen ist. Die beauftragte Körperschaft ist nach Auffassung der Finanzverwaltung, der sich der I. Senat des BFH im Jahr 2007 angeschlossen hat, dann insoweit nicht gemeinnützig tätig, sondern im Rahmen eines wirtschaftlichen Geschäftsbetriebes, der grundsätzlich auch kein Zweckbetrieb sein kann (weil keine eigenen, sondern fremde steuerbegünstigte Zwecke verwirklicht werden). Davon ist die Finanzverwaltung mit dem geänderten Anwendungserlaß zur Abgabenordnung vom 17.1.2012 (Neuformulierung zu § 57 AO) nun insoweit zugunsten gemeinnütziger Körperschaften abgewichen, als bei einer Hilfspersonentätigkeit ein Zweckbetrieb (anstelle eines wirtschaftlichen Geschäftsbetriebes) gegeben sein kann, wenn die als Hilfsperson anzusehende Körperschaft nicht nur die Tätigkeit einer anderen steuerbegünstigten Körperschaft unterstützt, sondern damit zugleich eigene steuerbegünstigte Satzungszwecke verfolgt. Damit wird der steuerlichen Problematik bei der Kooperation gemeinnütziger Unternehmen aber nur für Teilbereiche begegnet.

Praxisfolgen bei Vorliegen eines wirtschaftlichen Geschäftsbetriebes:

1. Überwiegt bei der beauftragten Körperschaft die Tätigkeit als Hilfsperson, kann dies zum Verlust der Gemeinnützigkeit und Steuerpflicht sämtlicher Aktivitäten führen.
2. Anderenfalls führt zumindest der wirtschaftliche Geschäftsbetrieb zu Belastungen mit Körperschaftsteuer und Gewerbesteuer.
3. Die Dienstleistung der beauftragten Körperschaft unterliegt mit dem Regelsteuersatz der Umsatzsteuer.
4. Sämtliche steuerliche Belastungen führen letztlich dazu, dass ein entsprechender Teil der Fördermittel dem Staat zufließt und mithin dem gemeinnützigen Projekt entzogen ist.

Abhilfe:

Interessanterweise hat die Finanzverwaltung die Problematik schon vor Jahren erkannt, sie aber nur für Kooperationen gemeinnütziger Einrichtungen mit der öffentlichen Hand vollständig beseitigt. Handelt eine gemeinnützige Einrichtung im Auftrag einer Körperschaft des öffentlichen Rechts, soll sie insoweit nicht als Hilfsperson angesehen werden, sondern eigene steuerbegünstigte Tätigkeiten verfolgen (z.B. OFD Düsseldorf vom 15.8.2005). Diese Auffassung sollte richtigerweise auch auf die Fälle ausgedehnt werden, bei denen Auftraggeber nicht die öffentliche Hand, sondern eine federführende gemeinnützige Organisation ist, die mit dem jeweiligen Projekt auch selbst die gemeinnützigen Zwecke verwirklicht."

269 Unerheblich ist dabei, wie das Tätigwerden finanziert wird.[516] Die §§ 57, 58 AO verdeutlichen, dass sowohl die ausführende als auch die nur durch Geld- oder Sachmittel fördernde Körperschaft gemeinnützige Zwecke selbst verwirklichen können. Eine Unterscheidung derart, wie ausgeprägt die Rechtsbeziehungen zwischen den Körperschaften ausgestaltet sind, findet sich in der Abgabenordnung nicht. „Unmittelbarkeit" der Zweckerfüllung (§ 57 AO) bedeutet nicht „allein" oder „allein-verantwortlich". Es genügt Mitverantwortlichkeit. § 57 AO regelt nach richtiger Auffassung nur die persönliche Unmittelbarkeit.[517] Entscheidend ist eine Gesamtsicht aus §§ 57, 58 AO,[518] d.h. es ist im konkreten Einzelfall entscheidend, ob das Tätigwerden den eigenen Satzungszwecken der Hilfsperson entspricht und ob eine Wettbewerbslage gegen die Steuervergünstigung spricht, oder ob eine Zweckbetriebskonstellation vorliegt.

516 So auch *Schauhoff*, § 9 Rn 45.

517 So auch *Schauhoff*, § 9 Rn 45.

518 Ausf. *Schauhoff*, § 9 Rn 45, siehe auch *Eversberg*, Die Roten Seiten zum Magazin Stiftung & Sponsoring 5/2001, 6.

Ist die nach der AO erforderliche Unmittelbarkeit nicht gegeben, weil etwa Mittel oder Einrichtungen einer „Hilfsperson“ (unentgeltlich) zur freien Verfügung überlassen werden, so ist zu prüfen, ob es sich um eine **steuerunschädliche Überlassung i.S.v. § 58 Nr. 1, 2, 4 und 5 AO** handelt.[519] 270

Ist die gemeinnützige Körperschaft **unentgeltlich** als „Hilfsperson“ tätig, so liegt in jedem Fall kein wirtschaftlicher Geschäftsbetrieb vor. Vielmehr dürfte in den ersparten Aufwendungen bei dem steuerbegünstigten Auftraggeber, dem die Hilfsperson die Steuerbegünstigung vermittelt, eine **steuerunschädliche Mittelzuwendung nach § 58 Nr. 2 AO** durch die Hilfsperson liegen. 271

Praxishinweis: Überlassung von Arbeitskräften und Räumen 272

§ 58 Nr. 4 AO eröffnet der steuerbegünstigten Körperschaft die Möglichkeit zur Überlassung von Arbeitskräften bei gleichzeitigem Erhalt der Steuerbegünstigung. Über diese gesetzliche Ausnahme vom Erfordernis der unmittelbaren Zweckerfüllung[520] darf eine gemeinnützige Körperschaft (teilweise, d.h. die Arbeitskräfteüberlassung darf nicht ihr einziger Zweck sein) Arbeitskräfte unentgeltlich anderen Personen, Unternehmen oder Einrichtungen oder einer Körperschaft öffentlichen Rechts unentgeltlich überlassen, ohne ihre Steuerbegünstigung zu verlieren. Voraussetzung ist aber, dass die Arbeitskräfte nur „steuerbegünstigte Tätigkeiten“ ausüben; erfolgt die Überlassung der Arbeitskräfte gegen Entgelt, handelt es sich typischerweise um einen steuerschädlichen wirtschaftlichen Geschäftsbetrieb.[521]

Neben Arbeitskräften können auch Räume unentgeltlich zur Verfügung gestellt werden (§ 58 Nr. 5 AO).

I. Weitere Praxishinweise zur Satzung einer steuerbefreiten Stiftung

§ 60 AO nennt die **formellen Anforderungen** an die **Satzung** einer gemeinnützigen Stiftung.[522] Es sind einige Besonderheiten im Vergleich zu der Satzung einer nicht steuerbefreiten Stiftung (siehe allg. § 3 Rn 48 ff.) zu beachten:[523] 273

- Es genügt nicht die allgemeine Zweckangabe, dass gemeinnützige Zwecke verfolgt werden. Die Satzung muss vielmehr so präzise gefasst sein, dass sie klar und eindeutig die Voraussetzungen für die Steuerbegünstigung aufzeigt.
- Es reicht auch nicht aus, in der Satzung festzulegen, einer oder mehrere der in §§ 52, 53 oder 54 AO genannten Zwecke werde verfolgt. Aus der Satzung

519 Siehe nur *Buchna/Seeger/Brox*, S. 206.

520 *Buchna/Seeger/Brox*, S. 221 ff.; siehe auch *Meyn*, npoR 2011, 109 ff.

521 *Buchna/Seeger/Brox*, S. 223 ff.

522 Siehe auch die Mustersatzung, Anlage 1 zu § 60 AO.

523 Ausf. dazu *Schauhoff*, S. 229 ff. Siehe auch *Götz*, NWB F. 2, 7321, 7323.

muss vielmehr klar hervorgehen, auf **welche Art und Weise** die gemeinnützigen Zwecke verfolgt werden sollen.[524]

- Die Rechtsprechung verlangt außerdem, dass der **geförderte Personenkreis** eindeutig in der Satzung festgelegt ist.[525]
- Die Einhaltung dieser satzungsmäßigen Voraussetzungen wird nach § 60a AO von der Finanzverwaltung bindend festgestellt (siehe dazu Rn 108 ff.).

274 Zudem wird von der Finanzverwaltung zunehmend verlangt, dass die **Mustersatzung nach Anlage 1 zu § 60 AO** für Stiftungsneugründungen ab dem 1.1.2009 und bei der Änderung der Satzung bereits bestehender Stiftungen nicht nur inhaltlich, sondern **wörtlich übernommen** wird. Das ergibt sich zwar gerade nicht aus dem Gesetzeswortlaut (§ 60 Abs. 1 S. 2 AO: *„Die Satzung muss die in der Anlage 1* ***bezeichneten Festlegungen*** *enthalten."*), weshalb eine wörtliche Übernahme nicht erforderlich ist, sondern nur eine inhaltliche Übernahme.[526] Um die steuerlichen Vorgaben sicher zu erfüllen, ist im Zweifel aber zu empfehlen, sich schon vorab mit dem zuständigen Finanzamt abzustimmen. Die Forderung nach einer wörtlichen Textübernahme hat ersichtlich auch erhebliche Folgen für bestehende Stiftungen.

275 *Martin Franke*, Rechtsanwalt, Frankfurt/M: **Zwingender Wortlaut bei Formulierung einer Satzung!?**

Aufgrund des durch Art. 10 JStG 09 geänderten § 60 AO ist die sich in der Anlage zu § 60 AO befindende Mustersatzung ab dem 1.1.2009 zwingend anzuwenden. Dies ist durch den neu hinzugefügten S. 2 in Abs. 1 geregelt. Danach ist der in der Anlage 1 zu § 60 AO vorgegebene Inhalt bei der Errichtung einer Körperschaft, aber auch bei bereits bestehenden Körperschaften zu verwenden. Es wird insoweit aber vom Gesetzgeber zugestanden, dass eine notwendige Anpassung jeweils erst bei der nächsten Änderung der Satzung miterfolgen soll. Dies kann aber bei Satzungen einer Stiftung bedeuten, dass sie noch in 100 Jahren vom Wortlaut abweichen. Eine Änderung der Satzung allein aus dem Grunde der Anpassung an den Wortlaut kann jedenfalls derzeit nicht verlangt werden.

Wichtiger Hinweis: Diese an sich positive Übergangsregelung hatte im letzten Jahr wiederholt zur Aberkennung des Status der Gemeinnützigkeit geführt, und zwar in Fällen, in denen Satzungen ausschließlich im zivilrechtlichen Bereich geändert wurden. Die betroffenen Entscheider hatten deshalb keinerlei Veranlassung gesehen, die Finanzverwaltung einzuschalten. Als

---

524 Näher dazu *Osterkorn*, DStR 2002, 16.

525 FG Münster EFG 1993, 188; *Götz*, NWB F. 2, 7321 (7323).

526 Wie hier etwa Klein/*Gersch*, AO, § 61 Rn 2; *Ullrich*, DStR 2009, 2471 ff. m.w.N.; *Pauls/Eismann*, ZStV 2010, 120 ff.

diese davon erfuhr, stellte sie bei Überprüfung der neuen Satzung fest, dass der Wortlaut nicht eingehalten wurde und hat dies zum Anlass genommen, die Gemeinnützigkeitsvoraussetzungen als nicht mehr gegeben anzusehen. Es sollte daher unbedingt in jedem Fall der Satzungsänderung von dem Recht auf kostenlose **Vor**prüfung durch die Finanzverwaltung Gebrauch gemacht werden. Sollte es dennoch zu einer Versagung kommen, ist dringend geraten, eine entsprechende kompetente Beratung in Anspruch zu nehmen.

Bei Errichtung einer neuen Stiftung oder aber, wenn eine Änderung der Satzung ansteht, stellt sich die Frage, ob der Text der so genannten „Mustersatzung" **Wort für Wort** und in der vorgegebenen Struktur übernommen werden muss, oder ob es nicht ausreicht, diesen nur **sinngemäß** zu übernehmen.

Nachdem sich die Finanzverwaltung der an dieser Stelle in den Vorauflagen noch geäußerten Kritik im Wesentlichen angeschlossen hat (siehe die aktuellen Hinweise in dem Anwendungserlass zur Abgabenordnung), kann zusammenfassend empfohlen werden:

Soweit wie möglich, den Wortlaut übernehmen,
soweit notwendig und sachlich begründet hiervon abweichen.

So braucht die Struktur natürlich nicht übernommen werden. Aber die Erfahrung zeigt, dass viele Finanzämter im Rahmen ihrer gesetzlichen Pflicht, die satzungsgemäßen Voraussetzungen zu prüfen und zu bescheinigen, dazu neigen, den exakten Wortlaut zu erwarten. Es ist daher zu empfehlen, wenn im Einzelfall aus guten Gründen von diesem abgewichen wird, dies vorab mit Ihrem zuständigen Sachbearbeiter zu besprechen. Dies führt regelmäßig zu sinnvollen Ergebnissen für alle Beteiligten.

Auch hier gilt, dass für den Fall, dass kein Einsehen auf Seiten der Finanzverwaltung besteht, es hilfreich sein kann, einen erfahrenen Berater einzuschalten, der regelmäßig im Gespräch doch noch zielführend eine sinnvolle Formulierung erwirken kann.

Zur **wörtlichen Verwendung der Mustersatzung**, die seit dem JStG 2009 276 nicht mehr nur Bestandteil des Erlasses, sondern Teil des Gesetzes ist (Anlage 1 zu § 60 AO), nimmt seit 2012 auch der Anwendungserlass ergänzend Stellung (AEAO Nr. 2 und 3 zu § 60 AO). Zwar sollen von der Reihenfolge und vom Aufbau der Mustersatzung Abweichungen zulässig sein, der Wortlaut ist jedoch nach Ansicht der Finanzverwaltung, wie sie sich im AEAO niedergeschlagen hat, in aller Regel exakt in die Satzung der steuerbegünstigten Körperschaft zu übernehmen. Nur wenn die Mustersatzung Formulierungen enthält, die aufgrund der Rechtsform der Körperschaft oder aus anderen Gründen vom Wortlaut her nicht passen, sollen nun Abweichungen zulässig sein. Der AEAO zählt dafür einige Beispiele auf, die jedoch nicht abschließend sind.

277 Die weitere Entwicklung bleibt auch hier einmal mehr abzuwarten. Klar ist allerdings, dass die Finanzverwaltung sich mit einer engen und förmelnden Auslegung des Gesetzes zum Thema Mustersatzung einen Bärendienst erweisen wird, denn dann wird über unzählige Satzungen zumindest bei der Errichtung gestritten werden müssen, was für das ehrenamtliche Engagement in Deutschland sicherlich nicht förderlich sein wird. Im Einzelfall bleibt bis auf weiteres nur die **vorsorgliche Abklärung** mit dem im konkreten Einzelfall zuständigen **Finanzamt**.

278 **Praxishinweis: Satzungsänderungen und Mustersatzung**
Nach AEAO Nr. 3 zu § 60 AO muss die Satzung einer Körperschaft, die bereits vor dem 1.1.2009 bestanden hat, nicht allein zur Anpassung an die Mustersatzung geändert werden. Die strenge Einhaltung der Mustersatzung gilt nur für Körperschaften die nach dem 31.12.2008 gegründet werden oder ihre Satzung mit Wirkung nach diesem Zeitraum ändern.

279 Neben den steuerlichen Anforderungen sind natürlich die **sonstigen rechtlichen Anforderungen** an die Satzung zu beachten. Über die Satzungsgestaltung hinaus darf nicht der Blick auf die Rechts- und Steuerprobleme (siehe Rn 121 ff. zum „wirtschaftlichen Geschäftsbetrieb“) im Zusammenhang mit der Tätigkeit der Stiftung, wie z.B. beim Arbeitsrecht der gemeinnützigen Stiftungen,[527] vergessen werden.

J. Steuerliche Folgen bei Wegfall der Voraussetzungen für die Steuerbefreiung

280 Abschließend stellt sich in diesem Kapitel die Frage, welche steuerlichen Folgen sich ergeben, wenn die Voraussetzungen der Gemeinnützigkeit einer Stiftung wegfallen, ohne dass die Stiftung aufgelöst wird.[528]

I. Mittelfehlverwendung – verbotene Mittelverwendung

281 Eine steuerbefreite Stiftung darf ihr Einkommen (ihre Mittel) nur für gemeinnützige und mildtätige sowie kirchliche Zwecke verwenden. Zum Schutz des Wettbewerbs darf sie ihr Einkommen überdies grundsätzlich nur aus Vermögensverwaltung erzielen. – Auf die Folgen eines wirtschaftlichen Geschäftsbetriebes bin ich oben näher eingegangen (siehe Rn 121 ff.). – Die **Satzung** der Stiftung muss diesen gesetzlichen Anforderungen entsprechen, und die **tat-**

527 Siehe etwa *Lunk/Blome*, Stiftung & Sponsoring 1/1999, 12.
528 Siehe die besonders lesenwerte Bestandsaufnahme von *Becker*, DStR 2010, 953 ff.

sächliche Geschäftsführung der Stiftung muss auf die ausschließliche und unmittelbare Erfüllung der steuerbegünstigten Zwecke gerichtet sein und den Bestimmungen der Satzung über die Voraussetzungen der Steuervergünstigung entsprechen (§ 60 Abs. 2 AO). Sie muss nach § 55 Abs. 1 Nr. 5 AO ihre **Mittel** grundsätzlich **zeitnah für ihre steuerbegünstigten satzungsmäßigen Zwecke verwenden** (siehe Rn 84 ff.).

Die genannten Voraussetzungen für die Steuerbefreiungen müssen zum **Zeitpunkt der Entstehung der jeweiligen Steuer** gegeben sein, d.h. 282
- zum Beginn des Kalenderjahres bei der (früheren und künftigen?) Vermögensteuer und der Grundsteuer,
- zum Ende des Voranmeldungszeitraumes bei der Umsatzsteuer und
- zum Zeitpunkt des Erwerbs bei der Erbschaft- und Schenkungsteuer.

Liegen die Voraussetzungen zu den betreffenden Zeitpunkten nicht vor, so fällt die jeweilige Steuer an.

Hat die Stiftung Mittel angesammelt, ohne dass die Voraussetzungen für die 283 Ausnahmen nach § 62 AO vorliegen (siehe Rn 94 ff.), kann das Finanzamt ihr nach **§ 63 Abs. 4 AO** eine **Frist für die Verwendung der Mittel setzen**. Die tatsächliche Geschäftsführung gilt in diesem Fall der vorübergehenden Mittelfehlverwendung als ordnungsgemäß im Sinne der Abgabenordnung, wenn die Körperschaft die Mittel dann innerhalb der von der Finanzverwaltung festgesetzten Frist für steuerbegünstigte Zwecke verwendet. Die Frist wird i.d.R. max. zwei bis drei Jahre betragen.[529]

Praxishinweis: Wegfall der Steuerbefreiung – Körperschaft- und Gewerbesteuer 284

Bei der Körperschaft- und Gewerbesteuer entfällt die Steuerbefreiung für den **gesamten Veranlagungs- bzw. Bemessungszeitraum**, wenn die Voraussetzungen für die Steuerbefreiung auch nur zu irgendeinem Zeitpunkt des Zeitraumes nicht erfüllt sind, d.h. die Steuerbefreiung entfällt mit Wirkung zu Beginn des Veranlagungs- bzw. Bemessungszeitraumes. Davon unberührt bleiben die allgemeinen Vorschriften der Abgabenordnung über die Verjährung von Steuerforderungen und die Bestandskraft von Steuerbescheiden.

In einem Beschl. v. 12.10.2010 hat der BFH[530] hier zu folgendem Leitsatz gefunden:

Ist die tatsächliche Geschäftsführung einer gemeinnützigen GmbH nicht während des gesamten Besteuerungszeitraums auf die ausschließliche und

529 Wie hier Schauhoff/*Bott*, § 10 Rn 81 m.w.N.

530 BFH, Beschl. v. 12.10.2010 – I R 59/09 = DStR 2011, 20; siehe dazu *Müller-Stüller*, StiftungsBrief 2012, 27 ff.

unmittelbare Erfüllung der steuerbegünstigten Zwecke gerichtet, führt dies grundsätzlich nur zu einer Versagung der Steuerbefreiung für diesen Besteuerungszeitraum. Schüttet eine gemeinnützige GmbH jedoch die aus der gemeinnützigen Tätigkeit erzielten Gewinne überwiegend verdeckt an ihre steuerpflichtigen Gesellschafter aus, liegt ein schwerwiegender Verstoß gegen § 55 Abs. 1 Nr. 1 bis 3 AO vor, der die Anwendung des § 61 Abs. 3 AO ermöglicht.

285 Eine **dauerhafte Mittelfehlverwendung** wird i.d.R. zum Verlust der Gemeinnützigkeit führen.[531] Daneben kann eine Mittelfehlverwendung auch strafrechtliche Folgen haben. Man denke nur an § 266 StGB (Untreue, siehe auch § 5 Rn 26).

II. Verstoß gegen den Vermögensbindungsgrundsatz

286 Noch schärfere Anforderungen stellen die Steuergesetze an die **Einhaltung des Grundsatzes der Vermögensbindung,** d.h. die Pflicht, das Vermögen im Sinne des Stiftungszwecks zu verwenden. Eine Verletzung des Grundsatzes der Vermögensbindung[532] führt dazu, dass die Steuerbefreiung rückwirkend für alle Steuern von Anfang an entfällt. Steuerbescheide können geändert oder aufgehoben werden, es können neue Steuerbescheide erlassen werden für sämtliche Steuern, die **innerhalb der letzten zehn Kalenderjahre** vor der steuerschädlichen Satzungsänderung oder Geschäftsführungsmaßnahme entstanden sind (§ 61 Abs. 3 AO). Wirtschaftlich betrachtet tritt also eine ganz erhebliche Rückwirkung ein.

287 Die Rückwirkung der Verletzung der Vermögensbindung **durchbricht** also die **Bestandskraft von einschlägigen Steuerbescheiden**, nicht jedoch die Verjährungsvorschriften. Ein Änderungs- oder anderer Steuerbescheid wegen der Verletzung der Vermögensbindung kann also zwar für die zehn Jahre vor dieser Verletzung ergehen, aber nur innerhalb der Festsetzungsfrist von vier Jahren nach Ende des Kalenderjahres, in dem die Verletzung erfolgt ist. Eine ähnliche, besondere Vorschrift zur Sanktion einer Verletzung der Vermögensbindung lässt die Erbschaftsteuerfreiheit von Zuwendungen ebenfalls rückwirkend über zehn Jahre entfallen (§ 13 Abs. 1 Nr. 16b S. 2 ErbStG).

288 Für die genannten Folgen der Verletzung der Vermögensbindung gilt der **Verhältnismäßigkeitsgrundsatz. Faustregel** (!) ist hier, dass eine Verwendung des ganzen Vermögens für satzungsfremde Zwecke vorliegen muss.[533] Wegen der

531 Ausf. Schauhoff/*Bott*, § 10 Rn 81 m.w.N.

532 Siehe Schauhoff/*Bott*, § 10 Rn 110 ff.

533 BFH, Beschl. v. 12.10.2010 – I R 59/09 = DStR 2011, 30 ff. (vGA als Mittelfehlverwendung); *Bott*, in: Schauhoff/Bott, § 10 Rn 115 ff.

besonderen Schwere der Folge genügt eine bloß nicht rechtzeitige Mittelverwendung (siehe Rn 84 ff.),[534] die einmalige (irrtümliche) Mittelfehlverwendung für nicht begünstigte Zwecke,[535] eine steuerschädliche Begünstigung durch Ausgaben oder Vergütungen oder auch eine steuerschädliche Abfindung an Organmitglieder der Stiftung allenfalls in **besonderen Missbrauchsfällen**, um die Steuerfreiheit rückwirkend entfallen zu lassen. Anders ist das bei **dauerhafter Fehlverwendung**, dann droht i.d.R. der Verlust der Gemeinnützigkeit.[536]

Praxishinweise zu einigen aktuellen Fragen betreffend die Gefährdung und Aberkennung der Gemeinnützigkeit 289

Die Gefährdung der Gemeinnützigkeit kann etwa mit Blick auf **§ 266 StGB (Untreue)** auch ein Fall für die Staatsanwaltschaft werden.[537]

Mit Blick auf eine BFH-Entscheidung vom 23.2.2012[538] zu einem **Zweckbetrieb** im Zusammenhang mit einem **Integrationsbetrieb** stellt sich die Frage, ob (ausnahmsweise) auch das bloße Nützen eines gesetzlich gewährten Steuervorteils gemeinnützigkeitsschädlich sein kann.[539]

Eine Versagung der Gemeinnützigkeit wegen **verspäteter Abgabe der Steuererklärung** scheidet grundsätzlich aus.[540]

Die Aberkennung der Gemeinnützigkeit wegen **extremistischer Bestrebungen** ist grundsätzlich möglich. Der BFH hat dazu am 11.4.2012 zu folgendem Leitsatz gefunden:[541] „Die (widerlegbare) Vermutung des § 51 Abs. 3 S. 2 AO i.d.F. des JStG 2009 setzt voraus, dass die betreffende Körperschaft (hier: ein islamisch-salafistischer Verein) im Verfassungsschutzbericht des Bundes oder eines Landes für den zu beurteilenden Veranlagungszeitraum ausdrücklich als extremistisch eingestuft wird."

III. Exkurs: Grenzwertige Gestaltungen

In der Wirtschaftspresse und andernorts wird die Stiftung teilweise auch unter 290
Hinweis auf prominente Beispiele aus der Showbranche und der Wirtschaft sehr positiv gewürdigt, allerdings wird nach wie vor oft einseitig der **Aspekt**

534 Normale Folge: Fristsetzung gem. § 63 Abs. 4 AO.
535 Siehe Schauhoff/*Bott*, § 10 Rn 82.
536 Siehe Schauhoff/*Bott*, § 10 Rn 82.
537 Siehe etwa *Lassmann*, ZStV 2010, 141 ff.
538 BFH, Urt. v. 23.2.2012 – V R 59/09 = DStR 2012, 1134 ff.
539 Siehe dazu und zu dem BFH-Urteil: *Leisner*, DStR 2012, 1123 f.
540 FG Münster, Urt. v. 30.6.2011 – 9 K 2469/10 K = DStRE 2012, 802 f.
541 BFH, Urt. v. 11.4.2012 – I R 11/11 = DStR 2012, 1222 ff.

des „Steuersparens“ betont.[542] Nicht ganz selten führt das zu grenzwertigen Gestaltungen oder gar zu solchen, die die Grenzen der Legalität verlassen (vgl. auch Rn 226 ff. und § 14 Rn 25 ff.) und dann durchaus auch einmal bei einer Außenprüfung „auffliegen“ (siehe Rn 306 ff.).

1. Zu viel Beraterphantasie?

291 Grenzwertige Gestaltungsvorschläge führen nach meiner Ansicht zu überzogenen Gegenreaktionen der Aufsichtsbehörden und der Finanzverwaltung. Im Stiftungswesen entfalten wir Berater mitunter viel Phantasie. Die führt dann durchaus auch mal in die Irre. Solch eine überzogene Phantasie führt dann ggf. zu überzogenen Reaktionen. Die vielfach kritisierte Verfügung der OFD Frankfurt/M. vom 30.8.2011 scheint uns dafür ein Beispiel zu sein (siehe § 12 Rn 82 f.).

292 Was überzogene Gestaltungsphantasien angeht, müssen wir Berater uns vor allem an die eigene Nase packen. Ich meine damit nicht nur die oft beschworenen Steuerkniffe, sondern grenzwertige Gestaltungen, die im Bereich der Stiftungen ganz besonders wenig passen (Stichwort: **Stiftungsreife**, siehe § 14 Rn 31 ff.) und die damit Gegenreaktionen der zuständigen Behörden (Stiftungsaufsicht und Finanzverwaltung) provozieren. Ein Beispiel scheint uns ein Gestaltungshinweis von *Blusz*[543] zu sein. Er empfiehlt gemeinnützige Stiftungen als „Zwischenlösung“ zur Erlangung der (bekanntlich verfassungsrechtlich umstrittenen) erbschaftsteuerrechtlichen Betriebsvermögensbegünstigung. Betrachten wir die Ausführungen des Autors einmal näher. Es gibt einiges anzumerken und klarzustellen.

2. Vorspiel des Autors zu seinem Gestaltungsvorschlag

293 Bei in Rechtsform einer Kapitalgesellschaft geführten Unternehmen komme es, so besagter Autor, nicht selten vor, dass der Unternehmer entgegen **§ 13b Abs. 1 Nr. 3 ErbStG** mit nicht mehr als 25 % an der Gesellschaft beteiligt und kein für die erbschaftsteuerliche Privilegierung erforderlicher Poolvertrag abgeschlossen worden sei. So sei dann die Beteiligung insgesamt erbschaftsteuerlich eben nicht begünstigt und unterliege in voller Höhe der Erbschaftsteuer. Es seien deshalb Gestaltungen zu suchen, die den Erben ermöglichten, unabhängig von dem grundsätzlich nicht planbaren Erbfall die steuerlichen Begünstigungsvoraussetzungen doch herbeizuführen. In der letztwilligen Verfügung

---

542 Exemplarisch WiWo 28/1996, 102. („Absolut Legal“); WiWo 17/2001, 190; und etwa: Wirtschaft – Das IHK-Magazin für München und Oberbayern – 02/2011: „Gutes Tun und Steuern sparen“ – (auf: www.muenchen.ihk.de).

543 *Blusz*, Deutscher Anwaltspiegel-Spezial „Private Client“, Ausgabe 3, 2012, S. 18 f.

des Erblassers könnten, um Zeit zu gewinnen, Anordnungen getroffen werden, die den maßgeblichen Zeitpunkt für die Erbschaft-/Schenkungsteuer möglichst nach hinten verschieben und so den Erben einen Gestaltungsspielraum ließen. Das hat der Autor richtig skizziert.

3. Die gemeinnützige Stiftung als Ansatz

Eine dieser Gestaltungsmöglichkeiten seien gemeinnützige Stiftungen. Der Gestaltungsansatz erfordere eine testamentarische Anordnung des Vermögensinhabers, mit der er die Erben mit dem **Zweckvermächtnis (§ 2156 BGB)** belaste, Anteile an dem Familienunternehmen auf eine gemeinnützige inländische Stiftung zu übertragen. Die Anteile am Familienunternehmen würden in der Folgezeit von der Stiftung verwaltet. Aus den Erträgen werde der Satzungszweck der Stiftung finanziert. Der Zweck der Stiftung könne z.B. in der Errichtung eines Kinderheims liegen. Denkbar seien aber „auch andere Zwecke, sofern sie der Gemeinnützigkeit der Stiftung nicht entgegenstünden“. 294

Es überrascht, dass der Autor hier genau betrachtet tatsächlich anführt, dass der **Stiftungszweck** gar nicht im Vordergrund stehen müsse: Er dürfe der Gemeinnützigkeit (nur) nicht entgegenstehen. Tatsächlich muss es sich aber um einen ernst gemeinten Zweck handeln, für den die Stiftung eben gerade errichtet wird. Die Sprache wirkt entlarvend. Solche Bemerkungen wie die von *Blusz* spülen Wasser auf die Mühlen der Stiftungsgestaltungsskeptiker (siehe § 2 Rn 32 ff.). Bestenfalls verbuche ich das hier „nur“ unter „ungeschickte Formulierung“ des Autors. Er wird es so wohl hoffentlich nicht gemeint haben. Auf § 42 AO ist in diesem Zusammenhang hinzuweisen. Ich gehe gleich noch näher darauf ein. 295

Der Vorteil des Zweckvermächtnisses bestehe, so der Autor weiter, darin, dass die Erben den Umfang, die Bedingung und den Zeitpunkt der Leistung an die Stiftung frei bestimmen könnten. Die Übertragung der Anteile auf die gemeinnützige Stiftung erfolge kraft eines Vermächtnisses und sei damit als Erwerb von Todes wegen steuerbar. Tatsächlich wird ein Zweckvermächtnis nach § 2156 BGB alleine nicht ausreichen, muss doch die Bestimmungsbefugnis nach § 2156 BGB mit einer solchen nach § 2151 BGB verbunden sein.[544] Nach § 2151 BGB aber muss der Personenkreis hinreichend bestimmt sein.[545] Es sind also auch Vorkehrungen für die Stiftung zu treffen. Sie muss entweder bereits existieren oder zumindest von Todes wegen errichtet werden (vgl. § 84 BGB), was bekanntlich keine ganz profane Angelegenheit ist (siehe § 3 Rn 28 ff.). Und 296

544 Siehe MüKo-BGB/*Schlichting*, § 2156 Rn 2.
545 MüKo-BGB/*Schlichting*, § 2151 Rn 2.

da redet dann in jedem Fall die Stiftungsbehörde mit, die eine Prognoseentscheidung nach § 80 Abs. 2 BGB zu treffen hat.[546]

297 Die Finanzverwaltung prüft in jedem Fall, ob die Voraussetzungen für eine Steuerbefreiung wegen Gemeinnützigkeit tatsächlich vorliegen. Das dürfte im Einzelfall mit Blick auf das „Durchgangsstadium“, das die Stiftung nur überbrücken soll, problematisch sein. Zumindest ist die Antwort auf die Frage nach der Steuerbefreiung hier umstritten.[547]

298 Die Zuwendung an die Stiftung sei allerdings aufgrund deren Gemeinnützigkeit nach § 13 Abs. 1 Nr. 16b ErbStG steuerfrei. Gleichzeitig sei das Vermächtnis bei den Erben als Nachlassverbindlichkeit nach § 10 Abs. 5 Nr. 2 ErbStG abziehbar. Im Ergebnis werde in einem ersten Schritt die Zuwendung der Anteile am Familienunternehmen damit nicht besteuert. Wie eben angesprochen, dürfte das tatsächlich schon vom Einstieg in die Gestaltung her durchaus zweifelhaft sein. Zweifel erwähnt der Autor aber nicht.

299 Nach § 13 Abs. 1 Nr. 16b S. 2 ErbStG entfällt die Steuerbefreiung mit Wirkung für die Vergangenheit (!), wenn die Stiftung innerhalb von zehn Jahren nach der Zuwendung ihren begünstigten Status verliert. Die ursprüngliche Steuerfestsetzung ist in diesem Fall aufgrund eines rückwirkenden Ereignisses nach § 175 Abs. 1 S. 1 Nr. 2 AO nachträglich zu ändern.[548] Ein zulässiger Rückfall von Vermögen an die Erben ist hier unschädlich, wenn das übrige Vermögen auf eine andere begünstige Körperschaft übergeht oder für begünstige Zwecke verwendet wird (Grundsatz der Vermögensbindung, siehe auch Rn 286 ff.).[549]

4. Weitere echte oder vermeintliche Vorteile

300 Ein Drittel der aus den Anteilen am Familienunternehmen resultierenden Erträge könne ohne Gefährdung der Gemeinnützigkeit dazu verwendet werden, neben dem eigentlichen Satzungszweck auch die nächsten Angehörigen des Stifters in angemessener Weise zu unterhalten. Die Anwendung der von dem

546 Letzteres gilt nicht, wenn eine treuhänderische Stiftung gewählt wird, was allerdings von *Blusz* nicht angesprochen wird. Da redet dann „nur“ die Finanzverwaltung mit (vgl. § 12 Rn 5).

547 Für den Fall der Verbrauchsstiftung siehe dazu ablehnend etwa OFD Frankfurt./M, BB 2008, 2056; zum Streitstand siehe *Hushahn*, npoR, 2011, 73, 75 ff.; NK-BGB/*Schiffer*/*Pruns*, § 80 Rn 23; kritisch im Zusammenhang mit der Verbrauchsstiftung siehe auch *Enzmann*/*Bernsdorf* (Bezirksregierung Köln), Der Weg zur Stiftung – Ein Leitfaden durch das Gründungsverfahren, S. 18: „in der Regel mindestens 10 Jahre ihren Zweck verfolgen“.

548 Siehe so etwa *Kober*, in: F/J/PW, § 13 ErbStG Rn 84, 87.

549 Siehe etwa *Meincke*, § 13 Rn 63.

Autor hier angesprochenen Regelung in § 58 Nr. 6 AO ist möglich, wenn nicht ein Fall des § 29 Abs. 1 Nr. 4 ErbStG vorliegt (Stiftungserrichtung durch die Erben). Die Anwendung ist allerdings gar nicht so einfach, wie der Autor ohne jede Problematisierung suggeriert (siehe Rn 171 ff.). Es ist nicht etwa erlaubt, generell ein Drittel der Erträge an die nächsten Angehörigen auszuschütten.[550] Die Unkenntnis dieser Zusammenhänge hat tatsächlich schon zur Aberkennung der Gemeinnützigkeit bei Stiftungen geführt.

Bei einer bestehenden Mehrheitsbeteiligung könne die Stiftung, so der Autor weiter, auch einen Einfluss auf die Höhe der Ausschüttungen und damit die Höhe ihrer zeitnah zu verwendenden Mittel nehmen. 301

Nun, die Stiftung sollte dabei als Gesellschafterin der Kapitalgesellschaft (siehe oben Rn 126) aber nicht den Bereich der Vermögensverwaltung verlassen und so in einen steuerpflichtigen wirtschaftlichen Geschäftsbetrieb „hinübergleiten" (siehe Rn 121 ff.).

5. Auflösung der gemeinnützigen Stiftung

Sobald der Stiftungszweck erreicht sei, z.B. das Kinderheim errichtet und an eine weitere gemeinnützige Organisation übergeben wurde, werde die Stiftung, so der Autor weiter, aufgelöst und die Anteile auf die Erben übertragen. Nun, das klingt bei dem Autor wiederum ganz einfach. Tatsächlich besteht aber die gemeinnützigkeitsrechtliche Vermögensbindung nach § 61 AO in Verbindung mit § 55 Abs. 1 Nr. 4 und Abs. 3 AO. Diese Vermögensbindung soll sicherstellen, dass das Vermögen, das die Stiftung im Rahmen des Gemeinnützigkeitsrechts (!) gebildet hat, auch auf Dauer für steuerbegünstigte Zwecke verwendet wird. Rückgewährt werden können aber in der Tat die „Einlagen",[551] wobei es nach § 55 Abs. 2 AO auf die Verhältnisse zu dem Zeitpunkt ankommt, in dem die Einlagen geleistet worden sind. Ein Verstoß gegen die Vermögensbindung führt i.d.R. zu einem Verlust der Gemeinnützigkeit, was mit einer umfangreichen Nachversteuerung verbunden ist (siehe Rn 286 ff.). 302

Die Zuwendung der Anteile bei Auflösung der Stiftung, so meint der Autor schließlich, sei zwar steuerpflichtig, allerdings seien die Begünstigungsvoraussetzungen zum Zeitpunkt der Stiftungsauflösung und nicht zum Zeitpunkt des Erbfalls zu prüfen. Dies habe den Vorteil, dass die Erben Zeit gewinnen, um die notwendigen Voraussetzungen für die Steuerbegünstigung herbeizuführen und die Übertragung gezielt vorzubereiten. Sofern die Erben auch Mitglieder der Stiftungsorgane seien, hätten sie zudem die Möglichkeit, auf die Dauer der 303

550 Siehe etwa Klein/*Gersch*, AO, § 58 Rn 6 m.w.N.

551 Siehe auch AEAO Nr. 31 zu § 55 Abs. 3 AO.

Zweckerreichung Einfluss zu nehmen und den Zeitpunkt der Übertragung zu steuern. Dies könne beispielsweise bei börsennotierten Unternehmen, die Kursschwankungen besonders stark ausgesetzt seien, von strategischer Bedeutung sein und folglich die Stichtagsbetrachtung der Erbschaftsteuer entschärfen. Nun, das könnte ggf. passieren, wenn die Stiftung trotz der vorstehend skizzierten Erwägungen überhaupt wunschgemäß errichtet werden kann und von der Stiftungsbehörde anerkannt wird und wenn dann noch die vom Autor angesprochenen Steuerbegünstigungen für die Unternehmensnachfolge bestehen. Bekanntlich sehen hier nicht wenige eine Verfassungswidrigkeit.

6. Fazit

304 Angesichts solcher „gewagter“ Gestaltungsempfehlungen, die aus meiner Sicht die § 42-AO-Infizierung durch die Finanzverwaltung quasi in sich tragen, wundert es uns dann nicht mehr, dass die Stiftungsaufsichtsbehörden etwa der gemeinnützigen Verbrauchsstiftung, die ja auch zeitlich begrenzt ist, nach wie vor skeptisch gegenüberstehen. Nur zur Erinnerung: Es gilt eben auch hier § 42 AO (Missbrauch rechtlicher Gestaltungsmöglichkeiten). Das sich bereits daraus ganz unabhängig von den vorstehenden Anmerkungen ergebende generelle Gestaltungsrisiko liegt auf der Hand. Die entscheidende vorbeugende Frage ist immer:

Wo sollen bei der vorgeschlagenen Gestaltung die erforderlichen außersteuerlichen Gründe liegen?

Der Autor in unserem Beispielsfall beschreibt doch ganz genau die ausschließlich steuerlichen Gründe (siehe nur seine Ausführungen zum Stiftungszweck, Rn 295).

305 Generell ist aus meiner Sicht zu beachten, dass einschlägige grenzwertige Gestaltungen dem Bild des gesamten Stiftungswesens schaden und eben leicht Überreaktionen der zuständigen Behörden bewirken – und das nicht nur für einen konkreten Einzelfall, sondern generell und dann gibt es da „plötzlich“ eine Verfügung einer OFD, die man nicht wirklich versteht (siehe etwa § 12 Rn 82 f.), unter der aber jedenfalls alle leiden und nicht nur der Provokateur.[552] Treten wir Berater doch entsprechenden Gestaltungsvorschlägen ebenso entgegen wie überzogenen Behördenreaktionen! Das bedeutet z.B., dass wir den steuerlichen **Fremdvergleich** einhalten, und das nicht nur bei Familienunternehmen und den dort schon sprichwörtlichen „Verträgen mit nahen Angehörigen“,[553] sondern eben auch bei steuerbefreiten Stiftungen auch. So haben bei-

552 Siehe dazu *Schiffer*, StiftungsBrief 2012, 142; *Schiffer/Pruns*, StiftungsBrief 2012, 182.

553 Zur steuerlichen Anerkennung von Verträgen zwischen nahen Angehörigen (Fremdvergleich) siehe etwa *Gemeinhardt*, BB 2012, 739 ff.

spielsweise bei der **Darlehensgewährung durch eine gemeinnützige Stiftung** nicht nur die Regelungen zur Zinszahlung dem Fremdvergleich zu entsprechen,[554] sondern auch die Regelungen über die Rückzahlung und die Absicherung der Darlehensrückzahlung.[555]

Hiervon zu unterscheiden sind die so genannten **„Stifterdarlehen"**, die typischerweise von einem (Zu-)Stifter einer gemeinnützigen Stiftung zur Zweckerfüllung gewährt werden.[556]

> **Finanzgericht Berlin-Brandenburg: Kein Sonderausgabenabzug bei Darlehensgewährung an den Stifter für Kapitalanlage**
> Die Beteiligten stritten in dem vom FG Berlin-Brandenburg entschiedenen Fall[557] um die Frage, ob bei der Einkommensteuerveranlagung der Kläger Sonderausgaben nach § 10b EStG wegen Zuwendungen in einen Vermögensstock steuermindernd zu berücksichtigen sind. Der Kläger gründete „seine eigene" Stiftung. Das Stiftungsvermögen betrug 30.000 EUR. Stiftungsträger dieser treuhänderischen (nichtrechtsfähigen) Stiftung war eine GmbH. Sitz der GmbH war der Wohnsitz deren Alleingeschäftsführers. Am Tag der Stiftungsgründung verfügte der Kläger/Stifter, dass das Stiftungskapital zu 90 % als Darlehen an ihn selbst ausgegeben wurde. Mit diesem Geld sollten unter Zwischenschaltung eines „Anlagehauses" Kapitalanlagen erworben werden, die als Darlehenssicherheit wiederum an die Stiftung übertragen wurden.
> Solche Anlagemodelle werden zunehmend nicht nur im Hinblick auf § 42 AO kritisch gesehen (siehe § 2 Rn 69 und oben Rn 290 ff.). Kritisch betrachtet wird vor allem, ob die Modelle in jeder Hinsicht einem **Fremdvergleich** standhalten und ob der Spendenabzug zulässigerweise gewährt wurde. Bei Letzterem ist regelmäßig Thema, ob tatsächlich eine echte Spende vorgelegen hat, d.h. insbesondere ob wirklich keine Gegenleistung vom Spendenempfänger gegeben worden ist.
> Aus Sicht des FA jedenfalls entsprach die Auszahlung von nahezu 90 % des Stiftungsvermögens an den Stifter und die Verwendung des Geldes als Geldanlage nicht den Anforderungen an die Verwendung des Stiftungsvermögens für steuerbegünstigte gemeinnützige Zwecke. Vielmehr handele es sich um eine **Kapitalanlage unter Zwischenschaltung eines Konstrukts**

554 AEAO Nr. 15 zu § 55 AO.
555 So auch *Gemeinhardt*, BB 2012, 739, 742.
556 Siehe dazu etwa *Kern/Regierer/Mühling*, Stiftung & Sponsoring 05/2013, 36.
557 Urt. v. 19.11.2013, Az.: 9 K 9151/13, DStRE 2014, 840, NZB eingelegt; siehe dazu *Weidmann/Kohlhepp*, DStR 2015, 1273, 1278.

(Stiftung).[558] Das sei dem Kläger bei Errichtung der Stiftung auch bewusst gewesen, zumindest habe er das erkennen können. Denn er habe parallel zum Stiftungsvertrag diverse weitere Vereinbarungen unterzeichnet, die dazu geführt hätten, dass ihm das eingezahlte Stiftungsvermögen umgehend wieder zur Verfügung gestanden habe. Mit dem bei der Stiftung nur „durchgeflossenen" Geld sei die eigentlich angestrebte Geldanlage erfolgt.
Das FG ist der Auffassung des FA gefolgt. Durch die einkommensteuermindernde Berücksichtigung der Spende nach § 10b EStG solle zu privatem uneigennützigem Handeln angeregt werden und zur Entlastung der öffentlichen Haushalte sollen Mittel für gemeinwohlrelevante Zwecke beschafft werden. Als Spenden i.S.d. § 10b Abs. 1 S. 1 EStG kommen nur solche Aufwendungen in Betracht, die der Steuerpflichtige freiwillig und unentgeltlich im Sinne von fremdnützig geleistet habe.
Ein Spendenabzug sei daher schon dann ausgeschlossen, wenn die Zuwendungen an den Empfänger unmittelbar und ursächlich mit einem von diesem oder einem Dritten gewährten Vorteil zusammenhängen, ohne dass der Vorteil unmittelbar wirtschaftlicher Natur sein müsse.

Also: Es ist hier ganz deutlich zu warnen! Das führt uns beinahe zwanglos zu dem nächsten Abschnitt.

IV. Steuerprüfungen bei gemeinnützigen Stiftungen

306 Das Thema Außenprüfung und Steuerprüfung und damit auch das Thema „Steuerstrafrecht an der Schnittstelle zum Steuerrecht"[559] wird, wie die Praxis leider zeigt, in der Regel bei gemeinnützigen Stiftungen auf die leichte Schulter genommen.[560] Mancher Stifter und nicht wenige Ehrenamtler scheinen dennoch zu denken, dass sie mit „ihrer" Stiftung auf einer Insel der Seligen leben, auf der so etwas wie eine steuerliche Außenprüfung nicht denkbar ist. Das ist ein Fehler: Auch gemeinnützige Stiftungen stehen „im Fokus der Finanzverwaltung"[561] und auch der Sozialversicherungsträger. Es reicht nicht, in gemeinnützigen Stiftungen ehren- oder hauptamtlich Gutes zu tun. Ich wiederhole es

558 In dem Zusammenhang sei auch an die Regulierung des grauen Kapitalmarktes durch das **Kleinanlegerschutzgesetz** erinnert, s. dazu *Heisterhagen/Conreder*, DStR 2015, 1929.

559 Ganz ausf. dazu der Bd. 38 der Deutschen Steuerjuristischen Gesellschaft, herausgegeben von *Mellinghoff*, 2015 mit zahlreichen Beiträgen ausgewiesener Autoren zu dem Thema.

560 Allgemein: *Schiffer*, Steuerprüfung und Betriebsprüfung, 2. Aufl. 2014; praktische Hinweise zur Vorbereitung auf Steuerprüfungen: *Schiffer*, BB 2015, 34.

561 So *Ritter*, StiftungsBrief, 2014, 234, generell zu NPOs.; siehe auch schon *Schiffer*, a.a.O., 117 (gemeinnützige Stiftungen).

auch hier gerne: Das Gute muss auch gut (sprich: professionell) getan werden. Ein besonderer Anreiz so zu verfahren sollte sich auch aus den erheblichen potentiellen **Folgen bei Verstößen** gegen steuerliche Vorschriften und insbesondere gegen solche des Gemeinnützigkeitsrechts ergeben.[562] Es drohen

- die Haftung involvierter Organmitglieder (siehe § 5 Rn 1 ff.) und sonstiger für die Stiftung im betreffenden Zusammenhang tätig gewordener Personen
- die Einleitung eines Ordnungswidrigkeiten- oder sogar eines Strafverfahrens (siehe § 5 Rn 26)
- eine negative TV-, Radio-, Presse- und/oder Internetberichterstattung[563] – etwa über die Einleitung eines strafrechtlichen Ermittlungsverfahrens
- der Verlust der Gemeinnützigkeit (siehe Rn 286 ff.)
- sozialversicherungsrechtliche Konsequenzen (siehe § 5 Rn 124).

Auch bei Stiftungen und insbesondere bei gemeinnützigen Stiftungen finden in der Praxis vor diesem Hintergrund Außenprüfungen (§ 193 Abs. 2 Nr. 2 AO) statt.[564] Bei gemeinnützigen Stiftungen wird vor allem überprüft, ob die tatsächliche Geschäftsführung den steuerrechtlich relevanten Vorschriften der Stiftungssatzung und den gesetzlichen Gemeinnützigkeitsvorschriften entspricht. Wie die Praxis leider zeigt, ist es durchaus möglich, dass bei echten oder vermeintlichen erheblichen Verstößen die Gemeinnützigkeit kurzfristig entzogen wird. Die Stiftungsorgane sollten generell vor allem folgende Punkte bedenken und beachten: 307

- Die Finanzverwaltung verfügt über moderne, EDV-gestützte Prüfungsmethoden etwa auch zur Barkassenprüfung und zur elektronischen Betriebsprüfung.
- Der Steuerpflichtige hat umfangreiche Mitwirkungs- und Aufklärungspflichten, die bei Auslandssachverhalten noch gesteigert sind.
- Kooperationsbereitschaft hat sich in vielen Fällen bewährt. Verzögern der Steuerpflichtige oder von ihm benannte Auskunftspersonen wiederholt den Ablauf der Prüfung, ist auch die Anwendung von Zwangsmitteln (§ 328 AO) – vor allem Zwangsgeld – oder die Vornahme einer Schätzung zulässig, wenn andere Bemühungen keine Abhilfe geschaffen haben.

---

562 Siehe dazu die Übersicht bei *Ritter*, a.a.O., 235.

563 Als spektakuläres Beispiel einer solchen vielfachen Berichterstattung ist der ADAC zu nennen.

564 Ausf. zur Außenprüfung und zu Prüfungsmethoden *Schiffer*, Steuerprüfung und Betriebsprüfung, 2014; siehe auch *Vogelsang/Stahl*, BP-Handbuch: Vor der Betriebsprüfung. In der Betriebsprüfung. Nach der Betriebsprüfung, 2008.

308 *Reiffs* hat schon 1991 anschaulich über die Prüfungsthemen von Außenprüfungen bei gemeinnützigen Vereinen berichtet.[565] Bei gemeinnützigen Stiftungen sind es keine anderen Themen. Die OFD Rheinland hat am 5.12.2008 eine Verfügung dazu herausgeben.[566] Zu vermerken sind vor allem folgende **Prüfungsthemen**, die ich aufgrund meiner Erfahrung ausdrücklich bestätigen kann und die ich hier für gemeinnützige Stiftungen in Stichworten kurz zusammenfassen möchte:

I. Satzungsgestaltung gemäß AO

Ist die Satzung der gemeinnützigen Stiftung formal korrekt (siehe auch Rn 273 ff.)?

II. Tatsächliche Geschäftsführung

Entspricht die tatsächliche Geschäftsführung den Vorgaben in der Stiftungssatzung?

Diese Prüfung betrifft vor allem folgende Punkte:

1. Satzungsmäßige Mittelansammlung und Mittelverwendung.

Es wird insb. die etwaige Mittelfehlverwendung für nicht in der Satzung genannte Zwecke geprüft. Das ist an sich eine absolute Selbstverständlichkeit, führt aber vor allem ehrenamtlich Tätige oftmals an die Grenzen ihres Rechtsverständnisses. Hier droht bei Fehlern nicht nur eine Schadensersatzhaftung, es drohen auch strafrechtliche Folgen insb. wegen Untreue (§ 266 StGB).

2. Abgrenzung des steuerfreien ideellen Bereichs von einem etwaigen (steuerpflichtigen) wirtschaftlichen Geschäftsbetrieb der gStiftung.

3. Kein Verlustausgleich aus dem ideellen Bereich der gStiftung für den etwaigen wirtschaftlichen Geschäftsbetrieb der Stiftung.

4. Spendenpraxis: Spende = freiwillig und ohne Gegenleistung! Fraglich ist mitunter auch die Bewertung von Sachspenden. Daneben sind typischerweise die **„Aufwandsspenden“** und die korrekte Ausstellung von Zuwendungsbestätigungen im Fokus einer Außenprüfung.

5. Sponsoring: Dieser Rechtsbereich ist wegen seiner Kompliziertheit ausgesprochen fehleranfällig (siehe Rn 207 ff.).[567]

---

565 *Reiffs*, Die steuerliche Betriebsprüfung, 1991, S. 205 ff.; siehe auch die ähnliche Auflistung von *Ritter*, StiftungsBrief 2014, 234 f. Zu **Prüfungsschwerpunkten** siehe *Boedicker*, Stiftung & Sponsoring 3/2007, 24. Zur Prüfung der Gemeinnützigkeit am Beispiel gemeinnütziger Vereine siehe „*KTK*“, FR 1985, 612.

566 OFD Rheinland, Verf. v. 5.12.2008 – S 2720-St 154–1/2008.

567 Siehe etwa *Schiffer/Sommer*, BBEV, 2008, 261 ff. und 292 ff.

6. Kooperationen (siehe Rn 253 ff.)

7. Korrekte Handhabung der Umsatzsteuer: Vorsteueraufteilung, 7 %/19 % MwSt., unentgeltliche Leistungen etc.

8. Vertragsgestaltungen

Vor allem: Halten die Verträge der gStiftung einem Drittvergleich/Fremdvergleich („Verträge wie zwischen fremden Dritten", siehe Rn 305) stand?

9. Umsatzsteuerfragen

Das ist ein besonders kompliziertes Feld (siehe Rn 37)

10. ... (Die Aufzählung ist natürlich nicht abschließend, denn das Leben ist so bunt, dass wir alle uns gar nicht alle möglichen Steuerfehler vorstellen können.)

III. Schließlich werden die **steuerlichen Aufzeichnungs- und Buchführungspflichten** geprüft.[568] Hier, wie auch sonst etwa bei Organsitzungen,[569] ist die Vorbereitung das A und O für ein erfolgreiches Überstehen der Steuerprüfung.[570]

Auch ein Besuch der Steuerfahndung ist nicht ausgeschlossen (siehe dazu § 13 Rn 65, 74 ff.). 309

Praxishinweis: Sieben grundlegende Punkte, falls die Steuerfahndung kommt

1. Freundlichkeit und Verbindlichkeit bewahren! „Klima" erhalten und nach Kräften verbessern: Keine Aggressionen!
2. Rechtsanwalt anrufen: Hierauf besteht grundsätzlich ein Rechtsanspruch.
3. Die Steuerfahnder bitten, mit ihren Maßnahmen zu warten, bis der Rechtsanwalt erscheint. Das wird nicht selten gewährt. Auch die Steuerfahndung will keine unnötige Konfrontation.
4. Schweigen zum Sachverhalt! Keine Spontanauskünfte!
5. Der Beschuldigte sollte auf jeden Fall vor irgendeiner Äußerung zur Sache einen Rechtsanwalt konsultieren. Hierauf hat er einen Rechtsanspruch.

568 Dazu betreffend privatrechtliche Stiftungen siehe *Pauls*, ZSt 2009, 107 ff. – dort auch zu der einschlägigen IDW-Stellungnahme zur Rechnungslegung und deren Überarbeitung; siehe auch § 4 Rn 24 ff.

569 Siehe dazu *Schiffer*, StiftungsBrief 2013, 201.

570 Siehe dazu *Schiffer*, Steuerprüfung und Betriebsprüfung, 2014; siehe auch *Kaponig*, Fahrplan zur Aufbereitung der Unterlagen für den Abschlussprüfer, BC 2014, 184 ff.; *Zwirner/Boecker*, Was darf der Abschlussprüfer?, BC 2014, 189 ff.

6. Gedächtnisprotokoll zur Durchsuchung anfertigen.
7. Alles Weitere nur über den Rechtsanwalt erledigen, der je nach Lage des Falls weitere Fachleute beiziehen wird.

§ 10 Stiftungen als Erben

Was bietet dieses Kapitel?
Stiftungen und Erbrecht sind in der Praxis eng miteinander verbundene Themenbereiche. Es erscheint allerdings fraglich, ob auch heute noch die Mehrzahl der Stiftungen ihre volle Vermögensausstattung erst aufgrund einer letztwilligen Verfügung nach dem Tod des Stifters erhält. Klar ist jedenfalls, dass Stiftungen zunehmend bereits zu Lebzeiten errichtet („angestiftet") werden.
Es folgt daher ein Überblick über die wichtigsten Schnittstellen von Erb- und Stiftungsrecht sowie die Wechselwirkungen von Stiftung und Testamentsvollstreckung. Außerdem betrachten wir beispielhaft den Spezialfall eines Künstlernachlasses. Der Gestaltung der Unternehmensnachfolge mit Stiftungen als Sonderfall ist das nächste Kapitel gewidmet.

In zweifelhaften Fällen entscheide man sich für das Richtige.

Karl Kraus (1874–1936)

Übersicht:

A. Grundlagen

I. Stiftungen und Erbrecht

Stiftungen kommen für die Erbfolgegestaltung zur vorweggenommenen Erbfolge und als Erben/Vermächtnisnehmer in der Form der lebzeitig ggf. sogar ausdrücklich dafür geschaffenen Stiftung oder als letztwillig geschaffene Erben in Betracht, und zwar vor allem als Familienstiftungen, als gemeinnützige Stif- 1 tungen oder als mildtätige Stiftungen.[1] Das Modell der lebzeitigen Anstiftungen wurde schon an anderer Stelle ausführlich behandelt (siehe § 3 Rn 39 ff.).

Angesichts der anhaltenden Erbschaftswelle in Deutschland[2] erlangt die Stiftung als „künstliche Erbin“ zunehmend an Bedeutung, vererbt doch der gemeine Staatsbürger, falls er keine natürliche Person als Erben hat, lieber einer Stiftung als letztlich dem Staat. Da lässt allerdings die Meldung aufhorchen, dass das Land NRW in den letzten 5 Jahren vor 2012 mehr als 3.700 Erbschaften im Wert von insgesamt knapp 20 Mio. EUR erhalten hat.[3] Hier besteht offensichtlich noch zusätzlicher Beratungsbedarf für die Beraterzunft.

2 Die Masse der Stiftungen ist bekanntlich steuerbefreit und damit zumindest tendenziell auf der Suche nach Zuwendungen (zum „Fundraising“ siehe auch § 5 Rn 111 ff.). Eine Tendenz, die sich angesichts der aktuellen Kapitalmarktsituation noch verstärkt haben dürfte. Mit dem Blick speziell auf die Suche nach letztwilligen Zuwendungen (Zustiftungen) sprechen manche Beobachter der Szene von **„Erbschaftsmarketing“** oder von **„Erbschaftsfundraising**.[4] Man versteht darunter ein umfassendes Marketingkonzept, etwa für Stiftungen, bei dem gezielte Maßnahmen zur effizienten Beschaffung von Mitteln aus Verfügungen von Todes wegen und/oder auch über lebzeitige oder letztwillige Schenkungen eingesetzt werden.[5] Solche Konzepte haben in den letzten Jahren zunehmend Verbreitung gefunden. Wird der naturgemäß schwierige Bereich eines solchen „Erbschaftsmarketings“ sensibel und verantwortungsvoll gehandhabt, erscheint das als eine sinnvolle Weise der Mittelbeschaffung.[6] Ein zu technisches und gar aggressives Marketing, welches nicht ausreichend Rücksicht auf eine individuelle Beratung und Betreuung der potentiellen Erblasser nimmt, sollte aber auch mit Blick auf das Bild der der betreffenden Stiftung in der Öffentlichkeit unbedingt vermieden werden.

---

1 Ausführlich dazu *Berkel* (DSZ), Stiftung und Erbe, 2012; *Mecking/Schindler/Steinsdörfer*, Stiftung und Erbe, 3. Aufl. 1997; *Förster*, Stiftungen und Nachlass, 3. Aufl. 2010 (Bundesverband Deutscher Stiftungen); v. Campenhausen/Richter/*Hof*, § 6 Rn 68 ff.; *Wachter*, S. 17 ff.

2 Siehe etwa *Berberich*, Focus Money online, 31.5.2012 („Auf Deutschland rollt eine gewaltige Erbschaftswelle zu“).

3 Bonner Generalanzeiger, 30.8.2012, S. 5.

4 Siehe dazu *Urselmann*, S. 91 ff.; siehe etwa auch schon *v. Soden*, StiftungsBrief, 2010, 76.

5 So etwa *Förster*, Deutsche Stiftungen, 01/2003, S. 129.

6 Als ein (positives) Beispiel siehe etwa: „Eine Erbschaft für die Armen“ (MISEREOR), http://www.misereor.de/spenden/testament-erbschaft/eine- erbschaft-fuer-die-armen.html; siehe dazu auch das Interview mit H. Rick und N. Dreßen (2011) auf www.stiftungsrecht-plus.de.

Es gibt kein Sondererbrecht für Stiftungen.[7] Auch für letztwillige Verfügungen zugunsten von Stiftungen gilt die durch Art. 14 Abs. 1 S. 1 GG gewährleistete **Testierfreiheit**, eingeschränkt durch das **Pflichtteilsrecht** (siehe Rn 21 ff.) und (wirtschaftlich betrachtet) zusätzlich durch das **Erbschaftsteuerrecht** (siehe § 8 Rn 4 ff.), wobei **ggf.** wegen **Steuerfreiheit** die Erbschaft- und/oder Schenkungsteuer entfällt (siehe § 9 Rn 34 ff.). 3

Der Erblasser kann im Rahmen der Testierfreiheit Verfügungen zugunsten einer bereits **bestehenden Stiftung** treffen oder eine neue Stiftung **von Todes wegen** (§ 83 BGB) errichten. Letztere gilt im Rahmen der gesetzlichen Fiktion des **§ 84 BGB** für Zuwendungen des Stifters rückwirkend als schon vor dessen Tod entstanden und kann daher ebenfalls letztwillig bedacht werden.

Die Vermögenszuwendung an die Stiftung kann von Todes wegen in erster Linie durch **Erbeinsetzung**, Anordnung eines **Vermächtnisses**[8] oder die Begünstigung durch eine **Auflage** erfolgen.[9]

Die Stiftungserrichtung von Todes wegen ist heute unbestritten möglich. Das ist keine Selbstverständlichkeit, wie ein Blick auf einen berühmten Streit zeigt: Der Kaufmann Johann Friedrich Städel aus Frankfurt war unverheiratet und kinderlos. Im Jahr 1793 plante er erstmals eine Kunststiftung. Es gab einen langen Rechtsstreit um sein Testament. Nach seinem Tode hatten von ihm beauftragte Administratoren bei der Stadt Frankfurt die Genehmigung einer Stiftung beantragt, die er als seine Erbin eingesetzt hatte, und nahmen zugleich in deren Namen die Erbschaft an.[10] Zwei Verwandte fochten das Testament an und klagten auf Herausgabe des Nachlasses, weil niemand Erbe sein könne, der zum Todeszeitpunkt juristisch noch nicht existiert hatte. Der juristische Streit ging über mehrere Instanzen, dauerte von 1817 bis 1828 und endete dann vernünftigerweise (?) mit einem Vergleich, wonach die Kläger ein Viertel des Nachlasses erhielten. 4

Für die Stiftungserrichtung von Todes wegen – durch Testament oder Erbvertrag – gelten die allgemeinen erbrechtlichen **Formvorschriften** (§§ 2231, 2232,

7 Hier wird schon aus Platzgründen auf eine grundsätzliche Darstellung des Erbrechts verzichtet, nachfolgend werden „nur" für die Stiftung wesentliche Einzelaspekte angesprochen. Es wird auf die einschlägige Literatur verwiesen etwa auf *Frieser u.a.* (Hrsg.), Handbuch des Fachanwalts für Erbrecht, 6. Aufl. 2015; *Weirich* (Hrsg.), Erben und Vererben, 6. Aufl. 2010; *Schiffer/Reinke*, Erben, Vererben, Verschenken, 2010.

8 Die Stiftung kann natürlich als Erbin auch mit einem Vermächtnis beschwert sein, siehe dazu etwa *Werner*, ZStV 2014, 86.

9 Siehe etwa *Nieder/Kössinger*, § 15 Rn 283 ff.

10 http://de.wikipedia.org/wiki/Städelsches_Kunstinstitut und http://de.wikipedia.org/wiki/Johann_Friedrich_Städel; *Schlüter/Stolte*, § 1 Rn 7.

2247, 2267, 2276 BGB).[11] Dies bedeutet, dass insbesondere der Stiftungszweck und die verbindliche Vermögenszusage in der letztwilligen Verfügung formwirksam bestimmt sein müssen. Die Ergänzungsbefugnis der Stiftungsbehörde nach § 83 S. 2 BGB kann diese elementaren Mängel nicht heilen.[12]

5 Die gesetzliche „Reparaturregelung“ in § 83 S. 2 BGB ist aber bei genauer Betrachtung konsequent,[13] gilt doch für letztwillige Verfügungen die vom BGH entwickelte sog. **Andeutungstheorie**,[14] wonach dem letzten Willen auch bei einer nur geringen Andeutung in der Verfügung mit Blick auf die Unwiederholbarkeit der Erklärung des Erblassers wenn eben möglich zur Geltung verholfen wird. Eine solche Satzungsergänzung wird indessen dennoch nur in Betracht kommen, wenn im Stiftungsgeschäft/in der letztwilligen Verfügung der Stifter/Erblasser den Stiftungszweck eindeutig angibt und zugleich eine verbindliche Vermögenszusage macht.[15] Zumindest diese beiden **Grundelemente** sind **unverzichtbar**.[16] Sie lassen sich schon rein tatsächlich nicht nur andeuten und dann ergänzen. Es reicht beispielsweise auch nicht aus, diese beiden zentralen Elemente einfach nur und ohne weiteres in einer maschinenschriftlich (!) abgefassten Satzung als Anlage zu dem handschriftlichen Testament festzulegen. Der einfache Hinweis auf die Anlage in dem formgerechten Testament ist noch keine Andeutung.

6 Es ist deshalb dringend dazu zu raten, dass der Erblasser in seinem Testament unmittelbar selbst seinen Stifterwillen formgültig mit den wesentlichen Merkmalen festlegt, die eine Stiftung kennzeichnen (§ 81 Abs. 1 BGB), wie das LG Berlin umfassend noch zu der alten Rechtslage forderte.[17] Nach einer neueren Entscheidung des *OLG Stuttgart*[18] kann eine rechtsfähige Stiftung auch dann formwirksam errichtet werden, wenn zumindest der Wille des Erblassers zur Errichtung einer Stiftung im Testament hinreichend deutlich zum Ausdruck gekommen ist. Allerdings stützt sich diese Entscheidung u.a. auf die Besonderheit des zugrunde liegenden Sachverhalts, dass die maschinenschriftliche Satzung handschriftliche Zusätze der Erblasserin betreffend den Stiftungszweck enthielt.

---

11 *Stumpf/Suerbaum/Schulte/Pauli*, § 83 BGB Rn 6; NK-BGB/*Schewe*, Anhang zu § 1923 Rn 26.

12 NK-BGB/*Schewe*, Anhang zu § 1923 Rn 53; *Wachter*, ZEV 2010, 201, 202.

13 Ausf. NK-BGB/*Schiffer/Pruns*, § 83 Rn 7; siehe auch LG Berlin FamRZ 2001, 450.

14 Siehe etwa: *Bauer*, in: Weirich, Erben und Vererben, 6. Aufl. 2010, S. 221 ff.; BGHZ 286, 41; 94, 36; siehe auch *Schiffer/Scherf*, ZErb 2006, 335 zur wohlwollenden Auslegung letztwilliger Verfügungen.

15 RegE, BT-Drucks 14/8765, 11; Rechtsausschuss, BT-Drucks 14/8894, 11.

16 *Schwarz*, DStR 2002, 1723.

17 Siehe LG Berlin FamRZ 2001, 450.

18 OLG Stuttgart ZEV 2010, 200 mit krit. Anm. *Wachter*, ebendort.

Nach seinem Tod kann der Stifter seine Stiftungserrichtung jedenfalls nicht mehr reparieren. Er sollte nicht einfach darauf vertrauen, dass ein Dritter (hier die Stiftungsbehörde) das in seinem Sinne tut. Die Behörde kann seinen Stifterwillen nur umsetzen, soweit er ihr vorliegt. Der Stifter sollte also ausreichend klar im dargestellten Sinne letztwillig verfügen, wenn er die Stiftung, was grundsätzlich vorzuziehen ist (siehe § 3 Rn 39 ff.), schon lebzeitig errichtet.

Praxishinweis: Stiftung und Absicherung der Familie 7
Abgesehen von den Fällen, dass eine in aller Regel dann nicht gemeinnützige Stiftung als Familienstiftung (siehe § 2 Rn 21 ff.) oder eben einfach „nur" als Ansatz zur Vermögenssicherung („**asset protection**"; siehe § 2 Rn 6) zur Absicherung der Familie eingesetzt wird, können auch bei einer gemeinnützigen Stiftung die Familie und/oder andere nahestehende Personen abgesichert werden.[19] Dazu ist wie folgt zu unterscheiden:
- Möglich ist nach der Abgabenordnung die „steuerbefreite Familienstiftung" nach § 58 Nr. 6 AO (ausf. dazu siehe § 9 Rn 171 ff.).
- Möglich ist es auch die Stiftung, sei sie gemeinnützig oder nicht, bei ihrer Errichtung mit einer Nießbrauchsverpflichtung bezogen auf einen (nicht wesentlichen) Teil des Stiftungsvermögens zugunsten bestimmter Personen zu belasten.
- Möglich ist es zudem, die Stiftung mit einer Rentenverpflichtung zu belasten.
- Ist die Stiftung Erbin, kann sie entsprechend mit einem Vermächtnis belastet werden. Betreffende Personen können natürlich neben der Stiftung auch Miterben sein.
- Die Betreffenden können schließlich auch durch eine (erbrechtliche) Auflage begünstigt sein.

Eine letztwillige Zuwendung an eine bereits bestehende Stiftung ist eine **Zustiftung**, soweit der Erblasser nichts anderes verfügt.[20] In der Stiftungssatzung sollte für diesen Fall vorgesehen sein, dass die Stiftung Zustiftungen (etwa auch in der Form von **Stiftungsfonds**[21]) annehmen darf. 8

Bei seiner Nachlassregelung und seinem zugehörigen Stiftungsprojekt sollte der Stifter sein Augenmerk auch auf die **Nachfolgeregelung für die Stiftungsorgane** „seiner" Stiftung lenken. Oft macht sich der Stifter nicht genügend Gedanken, wie die Stiftung mit engagiertem Personal ausgestattet wird, wenn er nicht mehr selbst zur Verfügung steht („Nach mir die Sintflut") oder die ihm nahe stehenden Personen, die er für eine Mitgliedschaft in den Stiftungsorganen 9

19 Siehe dazu allg. etwa auch *Berkel*, Stiftung und Erbe, 2012, 24.
20 Siehe auch § 62 Abs. 3 Nr. 1 AO für die steuerbefreite Stiftung.
21 Hierzu NK-BGB/*Schiffer/Pruns*, § 81 Rn 49.

ausersehen hat, verstorben sind und seine und deren Nachkommen die Ämter in den Stiftungen nicht übernehmen können und/oder wollen. Hier sollten die Kriterien und die Vorgehensweise möglichst klar und passend in der Stiftungssatzung geregelt werden (ausf. hierzu siehe § 3 Rn 67 ff.).

II. Alternative Gestaltungen

10 Nach fast absolut herrschender Meinung ist eine Stiftungserrichtung durch ein **Schenkungsversprechen von Todes wegen** (§ 2301 BGB) nicht möglich, weil das Stiftungsgeschäft mit Rücksicht auf den Bestand der Stiftung als juristische Person bedingungsfeindlich ist.[22]

Durch **Vertrag zugunsten Dritter auf den Todesfall** hingegen kann eine Stiftung errichtet werden.[23] Dabei ist allerdings umstritten, ob § 84 BGB oder § 331 Abs. 2 BGB oder auch beide Vorschriften anzuwenden sind.[24]

III. Unselbstständige Stiftungen

11 Unselbstständige Stiftungen können **nicht selbst Erbe oder Vermächtnisnehmer** sein, da sie keine juristischen Personen mit eigener Rechtspersönlichkeit sind (siehe § 12 Rn 1 ff.). Erbe oder Vermächtnisnehmer wird dagegen in ihrem Fall der **Treuhänder**, der dann erbrechtlich per Auflage und/oder aufgrund des Treuhandvertrages verpflichtet wird oder ist, den zugewendeten Vermögenswert „für" die Stiftung zu verwenden.[25] Eine Stellung der unselbstständigen Stiftung als „Erbe" oder „Vermächtnisnehmer" ist damit nicht formal, sondern allein bei wirtschaftlicher Betrachtung gegeben.

12 Im Rahmen der erbrechtlichen Gestaltungsmöglichkeiten ist auch die **Errichtung einer treuhänderischen Stiftung von Todes wegen** möglich (ausführlich dazu § 12 Rn 33).

---

22 v. Campenhausen/Richter/*Hof*, § 6 Rn 95. Differenzierend: NK-BGB/*Schewe*, Anhang zu § 1923 Rn 39 ff.

23 *Muscheler*, DNotZ 2003, 661, 675 ff.

24 Siehe NK-BGB/*Schewe*, Anhang zu § 1923 BGB Rn 43, 47 ff.

25 Zur Treuhandstiftung von Todes wegen siehe etwa NK-BGB/*Schewe*, Anhang zu § 1923 Rn 121 ff; v. Campenhausen/Richter/*Hof*, § 36 Rn 117 ff.; *Muscheler*; ZEV 2014, 573; *Schauer*, npoR 2013, 120; *Lange*, ZErb 2013, 324.

B. Erbrecht

I. Erbenstellung

Eine Stiftung als juristische Person tritt wie eine natürliche Person, entweder als **Alleinerbin** oder als **Miterbin** (Erbengemeinschaft), die **Gesamtrechtsnachfolge** nach dem Erblasser an und haftet damit auch für etwaige Verbindlichkeiten. Als Mitglied einer Erbengemeinschaft kann die Stiftung deren Auflösung fordern und im Wege der Zwangsversteigerung betreiben (§§ 2042 Abs. 2, 753 BGB). Um unsinnige Auseinandersetzungen zu vermeiden, sollte der Erblasser grundsätzlich im Wege einer **Teilungsanordnung** (§ 2048 BGB) bestimmen, wer welche Nachlassgegenstände erhält. 13

Eine Stiftung kann auch als **Nacherbin** (§§ 2100 ff. BGB) eingesetzt werden. Die grundsätzliche Unwirksamkeit einer Nacherbeneinsetzung nach Ablauf von 30 Jahren nach dem Erbfall (§ 2109 Abs. 1 S. 1 BGB) kann zugunsten der Stiftung als Nacherbin verlängert werden, wenn der Erblasser etwa nach § 2109 Abs. 1 Nr. 1 BGB die Nacherbfolge für den Fall anordnet, dass in der Person des Vorerben ein bestimmtes Ereignis (insbesondere: Tod des Vorerben) eintritt. Auch in Verbindung mit einem so genannten „Behindertentestament" kann sich die Einsetzung einer Stiftung als Nacherbin anbieten.[26] 14

Probleme bei einer Nacherbengestaltung in Verbindung mit einer Stiftungserrichtung von Todes wegen können sich bei der Frage ergeben, ob die als Nacherbin eingesetzte Stiftung, die als Vermögen „nur" die Nacherbschaft erhält, bereits vor Eintritt des Nacherbfalls **anerkennungsfähig** ist. Die wohl herrschende Meinung geht von einer Anerkennungsfähigkeit nur für den Fall aus, dass der Vorerbe nicht von den Beschränkungen der §§ 2111 ff. BGB befreit ist.[27] Andernfalls könne der befreite Vorerbe den Nachlassbestand relativ frei verbrauchen, so dass der tatsächliche Vermögensbestand der Stiftung noch nicht absehbar sei.[28] 15

Diese pauschale Sichtweise wird von *Schewe* zu Recht kritisiert,[29] da die konkrete Befreiung des Vorerben je nach Gestaltung sehr unterschiedlich ausfallen kann. Eine Anerkennung der Stiftung vor Eintritt des Nacherbfalls erscheint auch deshalb sinnvoll, damit sie die dem Nacherben zustehenden Kontrollrechte (z.B. Auskunftsrecht, § 2227 BGB) ausüben kann. Andererseits kann

---

26 *Weidlich/Dittmer*, ZStV 2010, 68, auch mit weiteren Vorschlägen zur Verknüpfung von Stiftung und Behindertentestament.

27 Siehe etwa Staudinger/*Hüttemann/Rawert*, § 83 Rn 5; v. Campenhausen/Richter/*Hof*, § 6 Rn 83; *Wachter*, S. 18.

28 Siehe v. Campenhausen/Richter/*Hof*, § 6 Rn 83.

29 NK-BGB/*Schewe*, Anhang zu § 1923 Rn 70 ff.

die zunächst vermögenslose Stiftung in dieser Zeit keine Erträge erwirtschaften und mithin noch nicht einmal ihre Verwaltungskosten tragen, was einer Anerkennung als gewichtiges Argument entgegensteht. In der Praxis wird daher wegen der bestehenden Unwägbarkeiten der Nacherbenstellung die Anerkennung durch die Stiftungsbehörde meistens erst nach Eintritt des Nacherbfalls erteilt.[30]

Ein sinnvoller **Gestaltungsansatz** kann es vor diesem Hintergrund sein, die Stiftung letztwillig oder sogar vorweg jedenfalls mit einem gewissen „anerkennungsfähigen" Vermögen auszustatten oder zu bedenken, also „anzustiften" und diese damit existierende oder eben letztwillig entstehende Stiftung zur Nacherbin einzusetzen.

16 Eine Stiftung als **Vorerbin** einzusetzen wird regelmäßig keinen Sinn machen, ist aber – anders als z.B. *Wachter*[31] und wohl auch *Hof*[32] meinen – nicht etwa per se ausgeschlossen. Eine bereits errichtete Stiftung kann ein Vermögen sehr wohl „nur" als Vorerbin nutzen. Voraussetzung ist, dass sie in ihrer Zweckerfüllung nicht davon abhängig ist, d.h. ohne die Vorerbschaft über ein Vermögen verfügt, das die nachhaltige Erfüllung des Stiftungszwecks sicherstellt. Eine Stiftung bei ihrer Errichtung von Todes wegen nur als Vorerbin mit einem „Vorerben-Vermögen" auszustatten wird regelmäßig nicht ausreichen, erscheint aber immerhin bei einem entsprechend zeitlich begrenzten Stiftungszweck nicht ausgeschlossen. Dieser Gedanke ist nicht mit dem der Verbrauchsstiftung (siehe § 2 Rn 14 ff.) zu verwechseln, denn hier geht es ersichtlich nicht um den Verbrauch des Vermögens,[33] da insoweit eine Stiftung als Vorerbin nach §§ 2112 BGB eingeschränkt ist. Sie kann davon auch nicht vollständig befreit werden (§ 2136 BGB).

17 Unter Beachtung dieser Zusammenhänge kann eine Stiftung auch als **Ersatzerbin** eingesetzt werden.

II. Vermächtnis

18 Eine Stiftung kann als **Vermächtnisnehmerin** eingesetzt werden. Sie wird dann zwar nicht Rechtsnachfolgerin des Erblassers, erwirbt aber mit dem Erbfall einen Anspruch gegen den oder die Erben auf Herausgabe des vermachten Gegenstandes (§ 2174 BGB). Durch das Vermächtnis kann der Erblasser der Stiftung einen ganz bestimmten Gegenstand zuwenden, aber bei einem Wahl-

30 So auch *Wachter*, S. 18.

31 *Wachter*, S. 17.

32 v. Campenhausen/Richter/*Hof*, § 6 Rn 85 („prinzipiell").

33 § 80 Abs. 2 S. 2 BGB: „*...Stiftung, die für eine bestimmte Zeit errichtet und deren Vermögen für die Zweckverfolgung verbraucht werden soll (Verbrauchsstiftung)...*".

vermächtnis (§ 2154 BGB) und einem Gattungsvermächtnis (§ 2155 BGB) die „Auswahl" des Gegenstandes auch einem Dritten oder dem Bedachten übertragen. Das mag es in problematischen Einzelfällen der Familie des Erblassers/Stifters erleichtern, die Vermögensübertragung auf die Stiftung innerlich zu akzeptieren.

Es ist auch möglich, eine **Stiftung letztwillig zu errichten** und mit einem ausreichenden **Vermächtnis** auszustatten.

Wenn der Erblasser den Zweck der Zuwendung hinreichend bestimmt hat, kann er sogar die Bestimmung der konkreten Leistung an die Stiftung ebenfalls dem Beschwerten oder einem Dritten überlassen (Zweckvermächtnis, § 2156 BGB).

Ist ein Grundstück Gegenstand des Vermächtnisses, haftet der Beschwerte im Zweifel nicht für die Lastenfreiheit des Grundstücks (§ 2182 Abs. 3 BGB).

III. Begünstigung durch eine Auflage

Der Erblasser kann eine bereits existierende Stiftung letztwillig auch mit einer 19 Auflage (§§ 1940 ff. BGB) bedenken; die Stiftung hat dann allerdings **kein Recht, die Leistung zu fordern** (§§ 1940, 2192 ff. BGB). Dennoch ist die Auflage für den Erben oder Vermächtnisnehmer bindend. Die Vollziehung einer Auflage (§ 2194 S. 1 BGB) können Erben, Miterben und diejenigen Verlangen, denen der Wegfall des mit der Auflage bedachten unmittelbar zustattenkommen würde (z.B. der Nacherbe oder Ersatzerbe). Außerdem kann auch der in einem solchen Fall sinnvollerweise einzusetzende **Testamentsvollstrecker** die Vollziehung der Auflage verlangen (§ 2208 Abs. 2 BGB).

Liegt die Vollziehung einer Auflage im **öffentlichen Interesse**, was bei einer 20 Auflage zugunsten einer gemeinnützigen Stiftung regelmäßig der Fall sein dürfte,[34] kann auch die zuständige Behörde die Vollziehung der Auflage verlangen (§ 2194 S. 2 BGB). Die Behörde ist nicht etwa mit der Stiftungsbehörde identisch, sondern nach Landesrecht zu bestimmen.[35]

IV. Pflichtteil

Pflichtteilsrechte werden im Zusammenhang mit dem Vererben bei Stiftungen 21 nicht selten „übersehen". Ansprüche pflichtteilsberechtigter Angehöriger des Erblassers können für die (letztwillig oder auch lebzeitig) bedachte Stiftung

34 Wie hier *Wachter*, S. 19.

35 MüKo-BGB/*Schlichting*, § 2194 Rn 8 mit zahlreichen Nachweisen in Fn 13.

oftmals eine erhebliche Belastung darstellen. Das **Pflichtteilsrecht**[36] (§§ 2303 ff. BGB) gewährt den Abkömmlingen, den Eltern und dem Ehegatten des Erblassers eine gesetzlich garantierte und zwingende Mindestteilhabe am Nachlass. Die Testierfreiheit des Erblassers wird insoweit gesetzlich beschränkt.[37] Nur unter äußerst engen Voraussetzungen kann in Einzelfällen die Entziehung des Pflichtteils (§ 2333 BGB), die Pflichtteilsunwürdigkeit (§ 2345 Abs. 2 BGB) oder die Pflichtteilsbeschränkung in guter Absicht (§ 2338 BGB) möglich sein.[38]

Ein zuverlässiger Ausschluss des Pflichtteilsanspruchs wird in der Regel nur einvernehmlich über einen vertraglichen Pflichtteils- oder Erbverzicht des Berechtigten (§§ 2346 ff. BGB) erreicht.

22 Die Höhe des Pflichtteils richtet sich nach dem Wert und Bestand des Nachlasses zum Zeitpunkt des Erbfalls.[39] Folglich können lebzeitige Schenkungen des Erblassers an Dritte diesen Nachlasswert, und damit auch den Pflichtteilsanspruch, empfindlich verringern – etwa auch bei einer beschenkten Stiftung. Zum Schutz der Pflichtteilsberechtigten vor einer „lebzeitigen Aushöhlung" ihres Pflichtteilsanspruches steht ihnen für diese Fälle ein **Pflichtteilsergänzungsanspruch** (§§ 2325 ff. BGB) zu.[40] Dabei wird der Wert des verschenkten Gegenstands dem Nachlass für die Berechnung des Pflichtteils wieder hinzugerechnet. Dies gilt allerdings nur für Schenkungen, die **innerhalb von 10 Jahren** vor dem Tod des Erblassers erfolgt sind, wobei sich die Höhe der Anrechnung für jedes verstrichene Jahr um 1/10 reduziert (§ 2325 Abs. 3 S. 1 und 2 BGB). Bei Schenkungen an Ehegatten beginnt diese Frist allerdings nicht vor Auflösung der Ehe zu laufen (§ 2325 Abs. 3 S. 3 BGB). Schuldner des Pflichtteilsergänzungsanspruchs sind der oder die **Erben**, in Ausnahmefällen (§ 2329 BGB) aber auch der oder die **beschenkte Stiftung** selbst.[41] Der Pflichtteilsergän-

36 Für eine umfassende Darstellung des Pflichtteilsrechts muss auf die einschlägige Literatur, z.B. *Mayer/Süß/Tanck/Bittler/Wälzholz*, Handbuch Pflichtteilsrecht, 3. Aufl. 2013, verwiesen werden. Einen lehrreichen Musterfall für eine Alleinerbin gibt *Brüggemann*, Erbfolgebesteuerung, 2012, 218 ff.

37 Palandt/*Weidlich*, § 2303 Rn 1.

38 Im Einzelnen siehe etwa *Muscheler*, Erbrecht, Rn 4257 ff.; Mayer/Süß/Tanck/Bittler/Wälzholz/*Mayer*, § 8 Rn 1 ff.

39 Damrau/Tanck/*Riedel*, § 2303 Rn 30.

40 Ausführlich etwa Mayer/Süß/Tanck/Bittler/Wälzholz/*Pawlytta*, § 7 Rn 1 ff.; *Saenger* zu BGH v. 29.11.2011 – II ZR 306/09, http://www.iww.de/quellenmaterial/120479 (Siegfried Unseld-Stiftung: Aufschiebend bedingte Schenkung einer Unterbeteiligung); siehe dazu auch *Straad*, ZEV 2012, 394 ff.

41 Damrau/Tanck/*Riedel*, § 2325 Rn 94; siehe auch *Siebert*, ErbR 2012, 271 ff.

zungsanspruch ist nach einem Urteil des BGH vom 23.5.2012[42] im Übrigen nicht mehr davon abhängig, dass der Pflichtteilsberechtigte zur Zeit der Schenkung schon pflichtteilsberechtigt war, d.h. schon geboren war.

Da gerade Stiftungen oft beträchtliche Zuwendungen zu Lebzeiten des Erblassers erhalten, ist vor diesem Hintergrund immer auch auf etwaige Pflichtteilsergänzungsansprüche zu achten.

Das Pflichtteilsrecht bei Stiftungen ist in der Praxis generell ein besonderes Thema. Nicht eben selten wird nach unseren Erfahrungen der Berater zu Stiftungen danach gefragt, ob durch eine Stiftung **Pflichtteilsansprüche** (Pflichtteils- und Pflichtteilsergänzungsansprüche) **vermieden werden können**, etwa indem man eine Stiftung als Alleinerbin einsetzt.[43] 23

Die Antwort auf diese Frage war ursprünglich umstritten. So wurde etwa angenommen, bei **Familienstiftungen** stünde den enterbten gesetzlichen Erben kein Pflichtteilsrecht zu, wenn sie durch die Stiftung begünstigt seien („Destinatäre") und die zu erwartenden Zahlungen der Stiftung in angemessener Zeit die Summe des Pflichtteils erreichten.[44] Dem kann jedoch ersichtlich nicht gefolgt werden, hängen doch die Leistungen der Stiftung erst noch von einer Entscheidung des Stiftungsvorstandes ab. Diese Leistungen sind deshalb grundsätzlich zunächst nur als Erwartung einzustufen und eben nicht als ein (Pflichtteils-)**Anspruch**. Zudem erscheint das geforderte Merkmal „angemessener Zeitraum" als zu unkonkret, um eine praktikable Abgrenzung zu ermöglichen. Die völlig herrschende Meinung bejaht denn auch in solchen Fällen **Pflichtteils- und Pflichtteilsergänzungsansprüche** der enterbten gesetzlichen Erben.[45] Zur Pflichtteilsvermeidung bleibt damit in solchen Fällen nur der Weg über **Erb- oder Pflichtteilsverzichtsverträge**.[46] 24

Gleichwohl hatte im Jahr 2002 das **OLG Dresden**[47] in einem besonderen Fall (**Dresdner Frauenkirche**) einen Anspruch aus Pflichtteilsrecht gegen eine gemeinnützige Stiftung verneint und angenommen, der Erblasser habe der Stif- 25

42 Rechtsprechungsänderung: BGH v. 23.5.2012 – IV ZR 250/11, ErbR 2012, 259 ff. m. Anm. *Krüger* (253 f.).

43 Näher dazu *Schiffer*, ZSt 2005, 199.

44 *Steffek*, Die Anforderung an das Stiftungsgeschäft von Todes wegen, 1996, S. 39.

45 Siehe BGHZ 157, 178 = NJW 2004, 1382 m. Anm. *Schiffer*, NJW 2004, 1565; Seifart/v. Campenhausen/*Hof*, § 6 Rn 75, NK-BGB/*Schiffer/Pruns*, § 80 BGB Rn 87 ff.; Münch. Hdb. GesR/*Schwake*, Bd. V, § 79 Rn 177 jew. m.w.N. Siehe zuvor bereits *Asche*, Stiftung & Sponsoring 03/2001, 23; *Rawert/Katschinski*, ZEV 1996, 161.

46 Siehe dazu Werner/Saenger/*Fritsche*, Rn 666; *Theiss/Boger*, ZEV 2006, 143. Ausführliche Gestaltungshinweise zum Pflichtteilsverzicht etwa bei *Hannes*, Kap. A 5. (S. 503 ff.). Zur Problematik missbräuchlicher Pflichtteilsumgehung: *Röthel*, NJW 2012, 337.

47 OLG Dresden NJW 2002, 3181; dazu krit. *Schiffer*, DStR 2003, 14, 15 m.w.N.

tung nichts im Sinne der §§ 2325, 2329 BGB geschenkt, sondern ihr nur Durchgangsvermögen treuhänderisch gebunden zugewandt, welches die Stiftung wirtschaftlich nicht habe bereichern können.

26 Dem (und der damit kurzzeitig entstandenen Verwirrung) ist der **BGH**, der h.M. folgend, unter Hinweis insbesondere auf den Zweck der Pflichtteils(ergänzungs)bestimmungen ausdrücklich entgegengetreten.[48] Die §§ 2325, 2329 BGB sollen eine Aushöhlung des Pflichtteilsrechts durch lebzeitige Rechtsgeschäfte des Erblassers verhindern. Auch wenn der Erblasser mit seiner lebzeitigen Verfügung gemeinnützige ideelle Zwecke verfolgt, kann dies keine andere Beurteilung rechtfertigen. Aus Sicht des Pflichtteilsberechtigten ist der Erfolg einer Schenkung und einer Spende zu Stiftungszwecken identisch.[49] Beides ist im Ergebnis nichts anderes als der Versuch, auf diese Weise einen erheblichen Teil des Nachlassvermögens zum Nachteil des Pflichtteilsberechtigten an einen anderen weiterzuleiten. Dass im Einzelfall die Motive durchaus anerkennenswert sein mögen, ist für die damit einhergehende Pflichtteilsverkürzung ohne Belang.

27 **Praxishinweis: Rücklagenbildung bei der Stiftung?**
Potentielle Spender (§ 2325 BGB) sowie auch potentielle Spendenempfänger (§ 2329 BGB) und deren Berater müssen auch zukünftig zumindest bei größeren Spenden das etwaige Pflichtteilsproblem vorweg klären. Bei pflichtteilsanspruchsbelasteten Schenkungen sollten Stiftungen eine entsprechende Rücklage bilden. Die Gemeinnützigkeit der Stiftung schließt Pflichtteilsansprüche nicht aus. Dies gilt grundsätzlich selbst dann, wenn diese die Existenz der Stiftung bedrohen oder sogar vernichten können![50]
Zur Pflichtteilsvermeidung bleibt auch in solchen Fällen nur der Weg über Erb- oder Pflichtteilsverzichtsverträge nach §§ 2346 ff. BGB, die ggf. mit entsprechenden Abfindungen verbunden werden, oder über eine ausreichende (letztwillige) Begünstigung der Pflichtteilsberechtigten.

28 Im Zuge der Erbrechtsreform 2010[51] wurde zumindest die – vorher praktisch bedeutungslose – Möglichkeit der **Stundung des Pflichtteils** nach § 2331a BGB erweitert. Die Stiftung als Erbin kann danach die Stundung verlangen, wenn die sofortige Erfüllung des Pflichtteilsanspruchs „wegen der Art der Nachlassgegenstände eine unbillige Härte wäre“ (§ 2331a Abs. 1 S. 1 BGB). Trotzdem bleibt die Vorschrift eine Ausnahmeregelung mit nach wie vor hohen Anforderungen. Erhebliche wirtschaftliche Schwierigkeiten sollen für sich genommen

48 BGH NJW 2004, 1598 ff.; näher zu dem Urteil *Schiffer*, NJW 2004, 1565.
49 *Rawert*, NJW 2002, 3151, 3153.
50 Siehe auch Hannes/*Müller*, C. 3.01 Rn 10.
51 Gesetz zur Änderung des Erb- und Verjährungsrechts, BGBl I 2009, 3142.

auch nach neuem Recht nicht ausreichend sein.[52] Außerdem gilt § 2331a BGB von vornherein nicht für den Pflichtteilsergänzungsanspruch gegen den Beschenkten nach § 2329 BGB.[53]

Der Pflichtteilsanspruch und der Pflichtteilsergänzungsanspruch gegen den Erben gem. § 2325 BGB **verjähren** nunmehr nach den allgemeinen Regeln einheitlich in 3 Jahren, wobei die Verjährung mit dem Schluss des Jahres beginnt, in dem der Anspruch entstanden ist und der Pflichtteilsberechtigte hiervon Kenntnis erlangt hat (§§ 195, 199 BGB). 29

Eine Sonderregelung gilt hingegen für die Verjährung des Anspruchs gegen den Beschenkten nach § 2329 BGB. Der Lauf der dreijährigen Verjährung beginnt hier nach **§ 2332 Abs. 1 BGB** bereits kenntnisunabhängig mit dem Erbfall. Zieht sich das stiftungsrechtliche Anerkennungsverfahren nach dem Tod des Stifters (§ 84 BGB) über mehr als 3 Jahre nach dem Erbfall hin, so kann dies daher zur Verjährung des Anspruchs aus § 2329 BGB führen.[54]

V. Widerruf, Ausschlagung und Anfechtung

Das Stiftungsgeschäft von Todes wegen kann, ebenso wie die Erbeinsetzung einer Stiftung, nur unter den erbrechtlichen Voraussetzungen vom Erblasser selbst **widerrufen** werden (§§ 2253 ff. BGB).[55] Ein Widerruf durch die Erben ist ausgeschlossen, denn § 81 Abs. 2 BGB, der unter bestimmten Voraussetzungen auch den Widerruf durch Erben zulässt, gilt nur für das Stiftungsgeschäft unter Lebenden.[56] 30

Bei einer Stiftungserrichtung von Todes wegen hat die Stiftung selbst in Bezug auf die letztwillige Zuwendung des Stifters kein **Ausschlagungsrecht,**[57] denn das Stiftungsgeschäft steht nicht zur Disposition der Stiftungsorgane. Sie sind an den Stifterwillen gebunden (siehe auch § 3 Rn 54 ff.) und erst durch das Stiftungsgeschäft in ihr Amt gelangt. 31

Die bereits bestehende und als Erbin eingesetzte Stiftung kann hingegen die Erbschaft grundsätzlich nach den allgemeinen Regeln (§§ 1942 ff. BGB) ausschlagen, sofern sie damit nicht gegen ihre Satzung und/oder den Stifterwillen verstößt.

---

52 Damrau//Tanck/*Lenz-Brendel*, § 2331a Rn 7.

53 MüKo-BGB/*Lange*, § 2331a Rn 4.

54 Näher hierzu: *Damrau*, ZEV 2010, 12, 15 ff.

55 BGHZ 70, 313; Bamberger/Roth/*Schwarz*/*Backert*, § 83 Rn 8 m.w.N.; allgemein zum Widerruf von Testamenten siehe etwa *Muscheler*, Erbrecht, Rn 1792 ff.

56 MüKo-BGB/*Weitemeyer*, 7. Aufl. 2015, § 83 Rn 16.

57 NK-BGB/*Schewe*, Anhang zu § 1923 BGB Rn 106.

32 Für das Stiftungsgeschäft von Todes wegen gelten die allgemeinen Bestimmungen zur **Anfechtbarkeit** von Verfügungen von Todes wegen (§§ 2078 ff. BGB).[58]

VI. Auskunftsansprüche

33 Auskunftsansprüche spielen im Erbrecht eine wichtige Rolle und kommen in unterschiedlichen Konstellationen vor.[59] Sie können, je nach Ausgangslage, sowohl zugunsten als auch zu Lasten der Stiftung eingreifen.

Ist die Stiftung als **Erbe** eingesetzt, kommen etwa Auskunftsansprüche gegen den Erbschaftsbesitzer (§ 2027 BGB), den Hausgenossen (§ 2028 BGB), den Scheinerben (§ 2362 Abs. 2 BGB) und insbesondere auch gegen den Testamentsvollstrecker (§§ 2215, 2218 i.V.m. §§ 666 ff. BGB) in Betracht. Ist die Stiftung **Nacherbin**, so stehen ihr – sofern sie bereits existiert (siehe oben Rn 14) – diverse Informationsrechte gegenüber dem Vorerben zu (insb. §§ 2121 ff., 2127 BGB).

34 Besondere Probleme bereiten in der Praxis immer wieder Auskunftsverlangen von am Nachlass Beteiligten gegenüber **Banken**. Auskunftsansprüche ergeben sich für diesen Fall nicht aus speziellen erbrechtlichen Vorschriften, sondern aus der schuldrechtlichen Beziehung zwischen Erblasser und Geldinstitut.[60]

35 Äußerst belastend für die Stiftung als Erbin kann der häufig geltend gemachte **Auskunftsanspruch des Pflichtteilsberechtigten** nach § 2314 BGB sein. Dies insbesondere deshalb, da der Pflichtteilsberechtigte nach dieser Vorschrift nicht nur die Erstellung eines Nachlassverzeichnisses, sondern auch die Wertermittlung der Nachlassgegenstände fordern kann.[61] Bei größerem Grundbesitz zieht dies unter Umständen erhebliche Kosten für Sachverständige nach sich, welche dem Nachlass zur Last fallen (§ 2314 Abs. 2 BGB). Sind Ansprüche von Pflichtteilsberechtigten absehbar, so sind die Stiftungsorgane gut beraten auch diese möglichen Kosten bei der Finanzplanung zu berücksichtigen (siehe oben Rn 27).

---

58 Stumpf/Suerbaum/Schulte/Pauli/*Stumpf*, § 81 BGB Rn 54; v. Campenhausen/Richter/*Hof*, § 6 Rn 104.

59 Ausführlich siehe etwa *Sarres*, Erbrechtliche Auskunftsansprüche, 2. Aufl. 2011, sowie die einschlägige Kommentarliteratur. Siehe auch *Linnartz/Linnartz/Maibach/Becker*, Bankauskunft im Erbfall, 2008.

60 Zu Einzelheiten siehe *Linnartz/Linnartz/Maibach/Becker*, Bankauskunft im Erbfall, 2008; *Sarres*, Rn 270 ff.

61 Siehe Damrau/Tanck/*Riedel*, § 2314 Rn 33 ff.

Praxisrelevante Rechtsprechung: Pflichtteil und Auskunft 36
Die einmal errichtete Stiftung mit ihren jeweiligen spezifischen Stiftungszwecken genießt staatlichen Bestandsschutz auch gegenüber ihrem Stifter. Vor allem der Stifter muss deshalb gewillt sein, diesen Bestandsschutz und auch die weiteren Besonderheiten der Rechtsform Stiftung zu akzeptieren („Stiftungsreife“, siehe § 14 Rn 31 ff.). Dazu gehört auch, dass ein Stifter sinnvollerweise Vermögen auf eine Stiftung nicht ohne Einbindung seiner engeren Familie oder gar hinter deren Rücken überträgt. Vor allem die Pflichtteilsberechtigten sollte der Stifter einbinden, wie nicht nur eine Entscheidung des **OLG Karlsruhe** zeigt:
Nach §§ 2314, 2325 BGB analog kann ein Pflichtteilsberechtigter, wie das OLG Karlsruhe betont hat, seine Ansprüche auf Auskunftserteilung und Wertermittlung im Zusammenhang mit der Pflichtteilsergänzung auch gegenüber einer Stiftung geltend machen, die der Erblasser lebzeitig mit Vermögen ausgestattet hat.[62]
Der in § 2325 BGB geregelte Sachverhalt sei, so das OLG Karlsruhe, mit dem Stiftungsgeschäft als einer freigiebigen Transferleistung ohne weiteres vergleichbar. Für die entsprechende Anwendung der Vorschrift des § 2325 BGB auf die Errichtung von Stiftungen unter Lebenden spreche zudem, dass der Gesetzgeber dem Pflichtteilsrecht einen hohen Stellenwert eingeräumt hat. Um eine Aushöhlung des Pflichtteilsrechts zu verhindern, sei § 2325 BGB weit auszulegen. Von dem Auskunftsanspruch erfasst seien auch sonstige Zuwendungen des Erblassers an die Stiftung, die keine Schenkungen, Anstandsschenkungen oder Stiftungsausstattungen sind, wie z.B. Spenden oder Zustiftungen.
Diese Entscheidung ist nur konsequent, da, wie zwischenzeitlich unumstritten ist, eine Stiftung nicht der Pflichtteilsvermeidung dienen kann (siehe auch schon Rn 21 ff.).

VII. Erbfälle mit Auslandsberührung

Wie alle grenzüberschreitenden Rechtsfälle bereitet auch der internationale Erbfall diverse Schwierigkeiten, auf die hier nur kurz hingewiesen werden kann.[63] Im Hinblick auf die Erbeinsetzung oder die Errichtung einer Stiftung von Todes wegen kann eine Auslandsberührung beispielsweise in folgenden Fällen relevant werden: 37

- der Erblasser besitzt nicht die deutsche Staatsangehörigkeit,

---

62 OLG Karlsruhe ZEV 2004, 470.

63 Ausführlich zur Thematik siehe etwa: *Flick/Piltz*, Der internationale Erbfall, 2. Aufl. 2008.

- der Stiftung wird Vermögen (z.B. Immobilien) hinterlassen, das sich im Ausland befindet,
- der Erblasser setzt eine ausländische Stiftung als Erbin ein bzw. errichtet eine solche von Todes wegen (zu Stiftungen im Ausland siehe § 13).

Im letztgenannten Fall ist **§ 84 BGB** entsprechend auch auf Stiftungen anwendbar, die im Ausland errichtet worden sind.[64] Die Rechtsfähigkeit i.S.d. § 84 BGB beurteilt sich dann nach den einschlägigen Vorschriften der ausländischen Rechtsordnung, eine Anerkennung nach § 80 BGB ist nicht erforderlich.

38 Bei Erbfällen im EU-Ausland wird die angestrebte Rechtsvereinheitlichung auch im Bereich des Erbrechts in Zukunft eine größere Rolle spielen. Für alle Erbfälle ab dem 17.8.2015 gilt die **Europäische Erbrechtsverordnung (EU-ErbVO)**,[65] zu der der deutsche Gesetzgeber das **„Gesetz zum Internationalen Erbrecht und zur Änderung von Vorschriften zum Erbschein“** beschlossen hat.[66] Das neue Recht sieht die u.a. eine einheitliche Anknüpfung des Erbstatuts an den letzten „gewöhnlichen Aufenthalt“ des Erblassers vor (Art. 21 Abs. 1 EU-ErbVO – Beispiel: Altersruhesitz des Stifters auf einer Mittelmeerinsel). Das kann angesichts der zunehmend internationalen Vermögen und der Mobilität der Erblasser leicht auch Stiftungen treffen. Es bleibt dem Erblasser nach wie vor die Möglichkeit zur Rechtswahl seines Heimatrechts.[67] Dem deutschen Erblasser bleibt es also unbenommen, deutsches Recht ausdrücklich zu wählen. Entsprechende **Rechtswahlklauseln** sind deshalb in entsprechenden Fällen der Testamentsgestaltung immer zu prüfen.

39 Ist eine Stiftung Erbin, ergeben sich für sie ggf. auch **steuerliche Pflichten aus „schwarzem“ Nachlassvermögen**,[68] das sich erfahrungsgemäß vorzugsweise im Ausland befindet (siehe auch § 13).

---

64 BayObLG NJW 1965, 1428; OLG München ZSt 2009, 169; Palandt/*Ellenberger*, § 84 Rn 1; MüKo-BGB/*Weitemeyer*, 7. Aufl. 2015, § 84 Rn 2.

65 Verordnung (EU) Nr. 650/2012, abrufbar unter: http://eur-lex.europa.eu. Ausführlich zur EU-ErbVO siehe etwa *Simon/Buschbaum*, NJW 2012, 2393; *Vollmer*, ZErb 2012, 227; *Lehmann*, DStR 2012, 2085; *Hinden/Müller*, ErbStB 2013, 97; *Dutta*, FamRZ 2013, 4; *Herzog*, ErbR 2013, 2; *Dorsel*, ZErb 2014, 212; *Süß*, ZErb 2014, 34; *Wachter*, ZNotP 2014, 2.

66 Siehe dazu *Döbereiner*, NJW 2015, 2449.

67 Art. 22 EU-ErbVO. Siehe im Einzelnen auch *Lorenz*, ErbR 2012, 39; *Simon/Buschbaum*, NJW 2012, 2393.

68 Siehe dazu etwa die allg. Darstellung der betreffenden steuerlichen Pflichten von *Warlich*, ZErb 2013, 254 und 281.

C. Ein Spezialfall: Der Nachlass des Künstlers und die Stiftung

Stiftungen finden sich oft auch im Bereich der Kunst. Künstler haben das Bedürfnis, ihre „Kunst" der Nachwelt zu erhalten. Der Künstler kann mittels Stiftung eine seinen Vorstellungen entsprechende **posthume Pflege seines Werks** durch die Stiftungsorgane und eine entsprechende Satzung sicherstellen. Mögliche Problem, die durch mangelndes Interesse und/oder Erfahrung der Erben im Umgang mit dem künstlerischen Nachlass entstehen, können so vermieden werden. Die Stiftung ist in diesem Fall auch eine sinnvolle Alternative zur Einsetzung eines Testamentsvollstreckers.[69] 40

Zu bedenken ist dabei aber, dass das alles auch Einiges kostet. Zudem muss sich jemand als Stiftungsvorstand oder als Treuhänder im Fall einer unselbstständigen (treuhänderischen) Stiftung finden, der im Sinne des Künstlers tätig wird und das i.d.R. ehrenamtlich. Das wird typischerweise nicht ganz leicht sein.

Wegen der besonderen Art des künstlerischen Nachlasses sind hier zudem **spezielle Rechtsfragen** zu berücksichtigen.[70] Hierzu zählen insbesondere der Bereich des vererblichen Urheberrechts (§ 28 UrhG) und der Verwertungsrechte. Auch ist – etwa durch Auflagen – festzulegen, wie mit Kunstgegenständen verfahren werden soll, ob diese zwingend im Stiftungsvermögen verbleiben müssen oder ob der Stiftung eine Möglichkeit zum Verkauf eröffnet wird. 41

Praxisbeispiel: Die (unselbstständige) Künstlerstiftung 42
Ein zeitgenössischer Maler und Bildhauer möchte nach seinem Tod sein künstlerisches Werk erhalten und bekannt machen.
Er verfügt testamentarisch die Errichtung einer unselbstständigen Stiftung, die seinen Namen trägt. Zweck der Stiftung ist die Förderung von Kunst und Kultur sowie die Förderung von Wissenschaft und Forschung, insbesondere im Zusammenhang mit dem Lebenswerk des Künstlers. Die Stiftungszwecke werden satzungsgemäß insbesondere verwirklicht durch:

- Erhalt, Katalogisierung und Archivierung des künstlerischen Werkes,
- Maßnahmen, die den Künstler und sein Werk in der Öffentlichkeit bekannt und erlebbar machen (z.B. Ausstellungen und wissenschaftliche Erforschung),
- allgemeine Maßnahmen zur Förderung der vom Stifter vertretenen Kunstrichtung.

Die Stiftung erhält einen internen Vorstand, dessen erste Besetzung der Künstler testamentarisch festlegt. Für diese Rolle hat er einen guten Freund

69 Siehe auch Dreier/*Schulze*, § 28 UrhG Rn 6 u. Rn 8.
70 Vgl. *Fromm/Nordermann*, § 28 UrhG Rn 7.

begeistern können, der zugleich einen geeigneten Raum zur Lagerung der Kunstwerke vorhält. Der Freund entscheidet unter anderem über die Mittelverwendung und betreibt aktive Öffentlichkeitsarbeit.
Als Stiftungsvermögen stattet der Künstler die unselbstständige Stiftung zum einen bei lebzeitiger Errichtung mit einem Geldvermögen in Höhe von 100.000 EUR aus. Zum anderen vermacht er der Stiftung seine Kunstwerke, von welchen ein begrenzter Teil als „Kernbestand" katalogisiert ist. Dieser Kernbestand von Kunstwerken soll nach der Satzung in seinem Bestand möglichst erhalten und Kunstinteressierten zugänglich gemacht werden. Die anderen Kunstwerke können nach dem Willen des Stifters ohne weiteres veräußert werden, um das Grundstockvermögen der Stiftung zu erhöhen. Eine Veräußerung von Kunstwerken aus dem Kernbestand ist hingegen nur im Sinne des Künstlers und nach einstimmigem Vorstandsbeschluss möglich. Den oben erwähnten Freund setzt der Künstler zu seinem Erben ein.

D. Stiftung und Testamentsvollstreckung

I. Wechselwirkung und Gestaltungsmöglichkeiten

43 Stifter und Erblasser sind gleichermaßen von dem Wunsch nach der **Perpetuierung** des eigenen Vermögens und des eigenen Willens getragen. Hierin liegt die Wechselwirkung zwischen den beiden Rechtsinstituten.[71] In der Praxis kann der Testamentsvollstrecker[72] insb. als Gehilfe und/oder als Organ der Stiftung eingesetzt werden.[73] Auch eine Kontrollfunktion des Testamentsvollstreckers gegenüber den Stiftungsorganen ist möglich. In welcher **Funktion** der Testamentsvollstrecker dabei konkret eingesetzt wird, bedarf sorgfältiger Abwägung, bei welcher i.d.R. Sinn und Zweck der Stiftung den Ausschlag geben werden.[74]

---

71 Bengel/Reimann/*Reimann*, Handbuch der Testamentsvollstreckung, Kap. 5, III. 1., Rn 274.

72 Davon zu unterschieden ist der Nachlasspfleger (§§ 1960 ff. BGB). Die vom Nachlassgericht angeordnete Nachlasspflegschaft dient Sicherung des Nachlasses – etwa bis zur Annahme der Erbschaft oder bis zur Ermittlung eines unbekannten Erben.

73 Siehe schon § 2 Rn 119 ff.; § 3 Rn 31; ausf. *Arnhold*, Die selbstständige Stiftung und der Testamentsvollstrecker, 2010.

74 Siehe auch *Werner*, NWB-EV 07/2015, 1, der die Testamentsvollstreckung der Familienstiftung als Möglichkeit zur Gestaltung einer langfristigen Bindung von Familienvermögen gegenüberstellt.

Praxishinweise: Testamentsvollstrecker und Stiftung 44
Ein Testamentsvollstrecker kann im Zusammenhang mit Stiftungen beispielsweise wie folgt tätig werden:[75]
- Er errichtet die Stiftung für den Erblasser.
- Er „schützt“ eine bereits errichtete Stiftung – etwa indem er sie gegen Pflichtteilsansprüche der Erben „verteidigt“.
- Er stattet eine bereits errichtete Stiftung mit Nachlassvermögen aus (Erbeinsetzung, Vermächtnis).
- Er wird Mitglied eines Stiftungsorgans.

1. Errichtung einer Stiftung durch den Testamentsvollstrecker

Die Errichtung einer Stiftung von Todes wegen kann in der Weise erfolgen, 45 dass der Erblasser in der letztwilligen Verfügung seinen Stifterwillen, die Errichtung der Stiftung und die Vermögenszuwendung ohne alle Einzelheiten festlegt. Unter Umständen kann der Erblasser dies aufgrund seines Gesundheitszustandes gar nicht mehr, so dass die Zeit nur noch für ein „Nottestament“ reicht. In diesem Fall ist die Einsetzung eines Testamentsvollstreckers, der den **Willen des Stifters umsetzt**, dringend zu empfehlen.[76] Der Testamentsvollstrecker hat insbesondere für die Einholung der Anerkennung der Stiftung Sorge zu tragen.

Dabei ist es grundsätzlich sinnvoll, die **Satzung** der Stiftung in ihrer endgültigen Fassung dem Testament beizufügen. Dazu gehört eine entsprechend klare und formgültige letztwillige Verfügung (siehe oben Rn 3 ff.).

2. Stiftung und Dauertestamentsvollstreckung

Die Dauertestamentsvollstreckung ist langfristig angelegt. Stiftungen sind mit- 46 unter sogar auf ewig angelegt. Stiftungen werden nicht selten von Todes wegen mit Hilfe eines Testamentsvollstreckers errichtet. Da wundert es nicht, dass beide Themen in der Praxis mitunter noch dichter zueinander finden.[77] Allerdings ist die Dauertestamentsvollstreckung bei Stiftungen ebenso umstritten wie wohl auch lukrativ. Nach Errichtung der Stiftung von Todes wegen ist der Testamentsvollstrecker zur Freigabe des für die Stiftung vorgesehenen Vermö-

---

75 Siehe etwa die Unterlagen zu dem seit 2010 veranstalteten Seminar „Stiftung, Erbrecht und Testamentsvollstreckung“ der Deutschen Stiftungsakademie (DSA) vom 17.4.2012 (Referenten: *Rott/Schiffer*); siehe auch *Pauli*, ZEV 2012, 461 ff.; *Bergfeld*, Stiftung aktuell – Stiftungsnewsletter, 01/2012, 5 f.; *Arnold*, Die selbstständige Stiftung und der Testamentsvollstrecker, 2010.

76 Siehe auch *Rott/Kornau*, NWB-EV 2010, 386, 389.

77 Siehe dazu auch schon *Schiffer*, StiftungsBrief 2012, 223.

gens auf die Stiftung verpflichtet, was das OLG Frankfurt bezogen auf einen speziellen Fall in folgendem umstrittenen Leitsatz festgehalten hat:[78]

> *„Mit der* ***Stiftung von Todes*** *wegen ist eine* ***Dauertestamentsvollstreckung*** *für die Verwaltung des Nachlasses nicht vereinbar, weil dies mit der Aufgabe des Vorstandes, das Stiftungsvermögen in Eigenverantwortung zu verwalten, und der staatlichen Aufsicht darüber in Widerspruch steht. Ein Testamentsvollstrecker, dessen Aufgaben die Errichtung einer Stiftung von Todes wegen ist, muss darum nach der Anerkennung der Rechtsfähigkeit der Stiftung die Verfügungsbefugnis über den als Stiftungsvermögen zugewendeten Teil des Nachlasses zugunsten der Stiftung freigeben."*

In abgeänderter Ausführung eines Testamentsvollstreckerauftrages war aufgrund eines Vergleiches eine Stiftung errichtet worden.

47 Es ist **umstritten**, ob die Anordnung der Dauertestamentsvollstreckung mit der Einsetzung einer Stiftung als Erbin vereinbar ist.[79] Das OLG Frankfurt verneint das zumindest für den Fall der letztwilligen Stiftungserrichtung durch den Testamentsvollstrecker. Dazu betont das OLG insbesondere, die Unterzeichnung der später genehmigten Stiftungssatzung habe aus Sicht der Beteiligten zugleich dahin verstanden werde müssen, dass der Testamentsvollstrecker seine Bereitschaft erklärt habe, seine Verfügungsbefugnis als Testamentsvollstrecker über den Nachlass zugunsten des Vorstandes aufzugeben. Eine Stiftung mit einer anderen Regelung der Verwaltungsbefugnis als durch den Vorstand hätte nicht genehmigt werden dürfen. Jedenfalls nach dem maßgeblichen hessischen Stiftungsrecht sei es für eine Stiftung unabdingbar, dass der Vermögensstock (Stiftungsvermögen) vom Vorstand der Stiftung verwaltet werde.

48 In der Tat muss, wie das OLG betont, der Vorstand in Eigenverantwortung das Stiftungsvermögen verwalten.[80] Nach § 8 HessStiftungG sind die „Mitglieder der Stiftungsorgane" zur ordnungsgemäßen Verwaltung des Stiftungsvermögens verpflichtet. Würde das Stiftungsvermögen nicht in Eigenverantwortung vom Vorstand, sondern von einem Dritten verwaltet, so bestünde, wie das OLG betont, für die Stiftungsaufsichtsbehörde keine Möglichkeit zu prüfen, ob das Vermögen im Einklang mit den Grundsätzen des § 6 HessStiftungsG verwaltet wird. Tatsächlich kann sich das OLG nicht nur auf das HessStiftungsG stützen, sondern auch auf § 81 Abs. 1 BGB. Dort ist der Vor-

---

78 OLG Frankfurt/M., Urt. v. 15.10.2010 – 4 U 134/10, ZStV 2011, 183 ff.; siehe auch MüKo-BGB/*Weitemeyer*, 7. Aufl. 2015, § 83 Rn 13.

79 Siehe m.w.N. *Reimann*, ZEV 2011 609; *Ponath/Jestaedt*, ZErb 2012, 2253; *Schewe*, ZEV 2012, 236 ff.; *Peiker*, ZStV, 2012, 179 ff.; *Neuhoff*, ZErb 2013, 2013 (Erwiderung auf *Ponath/Jestaedt*); *Ponath/Fink*, KSzW 2014, 182.

80 Vgl. allgemein v. Campenhausen/Richter/*Hof*, § 8 Rn 243.

stand bei der Stiftung als zwingendes Stiftungsorgan genannt, das nicht durch einen anderen Entscheidungsträger von außerhalb der Stiftung ersetzt werden kann. Etwas anderes ist die zulässige Errichtung eines weiteren Organs (z.B. Stiftungsrat, siehe § 3 Rn 75 ff.), mithin könnte der Testamentsvollstrecker als Kontrollorgan (Stiftungsrat) für den Stiftungsvorstand installiert werden. Das erscheint sehr wohl von der Stifterfreiheit gedeckt.

Ponath/Jestaedt halten die Dauertestamentsvollstreckung über das der Stiftung 49
zugewandte Vermögen grundsätzlich für zulässig.[81] Das soll hier nicht im Einzelnen hinterfragt werden.[82] Betonen möchten wir aber doch, dass es einer sehr genauen Prüfung des jeweiligen Einzelfalls bedarf.[83] Dabei wird vor allem genau zu beachten sein, welche Rolle der Testamentsvollstrecker jeweils innehat. Zweifel haben wir etwa, wenn er zugleich Testamentsvollstrecker sein soll/will und Mitglied des Stiftungsvorstandes und dann ggf. beides noch entgeltlich und das u.U. bei einer gemeinnützigen Stiftung. Eine Ausschaltung des Verwaltungsrechts und der Verwaltungspflicht der Stiftungsorgane und auch der Stiftungsaufsicht kann und darf es durch eine Verfügung des Erblassers jedenfalls nicht geben. Da ist dem OLG Frankfurt/M. aus unserer Sicht zu folgen.

Im Fall einer gemeinnützigen Stiftung sind zudem ggf. noch besondere steuerrechtliche Vorgaben als „Preis" für die ganz weitgehende Steuerbefreiung zu beachten:

Bei einer „unangemessenen" Honorierung von Organmitgliedern einer gemeinnützigen Stiftung z.B. droht der Verlust der Gemeinnützigkeit. Bei der Vergütung der Vorstandsmitglieder haben diese ihre Treuepflicht gegenüber der Stiftung und das gemeinnützigkeitsrechtliche Verbot der Zahlung unverhältnismäßig hoher Vergütungen (§ 55 Abs. 1 Nr. 3 AO in Verbindung mit § 8 und § 10 Abs. 6 der Stiftungssatzung) zu beachten (siehe § 9 Rn 112 ff.). Es gelten das Verbot der eigennützigen Ausnutzung der Organstellung und auch das Verbot, sich selbst zu begünstigen.

Bei anderen Sachverhaltskonstellationen als der Stiftungserrichtung von Todes 50
wegen mag eine Dauertestamentsvollstreckung neben der Einsetzung einer Stiftung als Erbin sehr wohl zulässig sein.

Beispiele
- Etwa um die Durchsetzung ausnahmsweise bestehender **Destinatäransprüche** gegen eine Stiftung, die der Erblasser etwa als Auflage für die Stiftung als Erbin verfügt hat, sicherzustellen.[84]

81 *Ponath/Jestaedt,* ZErb 2012, 253 ff; siehe auch *Ponath/Fink*, KSzW 2014, 182.
82 Es wird dazu auf die oben genannte Literatur verwiesen.
83 Siehe dazu auch schon *Schiffer,* StiftungsBrief 2012, 223.
84 *Reimann*, ZEV 2011 609.

- Oder im Fall einer letztwilligen Zustiftung auf eine bereits bestehende Stiftung. Dieser Fall unterscheidet sich nicht von dem einer anderen (natürlichen juristischen) Person als Erbin unter Dauertestamentsvollstreckung. Anders als bei dem oben angesprochenen Fall der Errichtung einer Stiftung von Todes wegen durch den Testamentsvollstrecker behält hier der Stiftungsvorstand seine Verfügungsmacht über sein bisheriges Vermögen.

3. Testamentsvollstrecker als Vollzugsgehilfe der Stiftung

51 Viele, gerade kleinere Stiftungen verfügen nicht über ausreichende Rechtskenntnisse, um **schwierige Nachlassfälle abzuwickeln**. Hier kann der Erblasser durch Einsetzung eines entsprechend versierten Testamentsvollstreckers der Stiftung helfen,[85] den Nachlass möglichst ungeschmälert in das Stiftungsvermögen zu übernehmen.[86]

Werden etwa **Pflichtteilsansprüche** gegen die Stiftung geltend gemacht, verhilft eine richtig gestaltete Testamentsvollstreckung der Stiftung dazu, mit dem Nachlass professionell umzugehen. Der Testamentsvollstrecker erhält eine sog. „Pflichtteilsvollmacht“, die es ihm ermöglicht, die eigentlich nicht in seinen Zuständigkeitsbereich fallenden Pflichtteils- und Pflichtteilsergänzungsansprüche (arg. § 2213 Abs. 1 S. 3 BGB) zu regulieren. Reicht der Nachlass nicht aus, ist es die Aufgabe des Testamentsvollstreckers, durch geeignete Maßnahmen (insbesondere Stellung eines Antrages auf Nachlassverwaltung oder Nachlassinsolvenz) dafür Sorge zu tragen, dass das Stiftungsvermögen nicht für diese Verbindlichkeiten aufzukommen hat.

52 Setzt der Erblasser die Stiftung nicht zum Erben ein sondern wendet ihr ein **Vermächtnis** zu, besteht die Gefahr, dass der Erbe überschuldet ist und das Nachlassvermögen bereits vor Erfüllung des Vermächtnisanspruches von Gläubigern des Alleinerben gepfändet wird. Auch hier hilft die Anordnung von Testamentsvollstreckung, da diese gem. §§ 2205, 2211, 2214 BGB zu einer Trennung von Eigenvermögen und Nachlassvermögen des Erben führt. Solange die Verwaltung durch den Testamentsvollstrecker andauert, ist den Eigengläubigern des Erben der Zugriff auf das Nachlassvermögen verwehrt. Der Testamentsvollstrecker kann der Stiftung das Vermächtnis auskehren und den verbleibenden Rest sodann an die Erben herausgeben.

---

85 Zu häufigen Praxisproblemen, Gestaltungsansätzen und zur Haftungsvermeidung bei der Testamentsvollstreckung siehe etwa *Rott*, ErbR 2015, 397.

86 Siehe auch *Rott/Kornau*, NWB-EV 2010, 386, 387 ff.

4. Testamentsvollstrecker als Organ der Stiftung

Oft ist ein Wunsch des Erblassers und Stifters, dass der von ihm eingesetzte Testamentsvollstrecker als besondere Vertrauensperson auch direkten Einfluss auf das Wirken der Stiftung nimmt. Der Erblasser kann hierzu grundsätzlich testamentarisch anordnen, dass der Testamentsvollstrecker Mitglied eines Stiftungsorgans – i.d.R. des Vorstands – wird. 53

Dabei ist jedoch zu beachten, dass die Wahrnehmung von Vorstandsaufgaben nach überwiegender Ansicht **keine Ausübung der Testamentsvollstreckung** ist.[87] Organstellung und Ausübung des Testamentsvollstreckeramtes müssen stets voneinander getrennt beurteilt werden. Die Befugnisse des Testamentsvollstreckers erstrecken sich lediglich auf den Nachlass, wohingegen die Stiftung gerade nicht Teil des Nachlasses, sondern dessen Inhaberin ist. Wegen der Aufgabentrennung wirkt sich auch eine etwaige Entlassung des Testamentsvollstreckers nach § 2227 BGB nicht unmittelbar auf dessen Organstellung bei der Stiftung aus.[88] 54

Letztlich wird also der als Stiftungsorgan berufene Testamentsvollstrecker in dieser Organfunktion als „Privatperson“ und nicht als Testamentsvollstrecker tätig. Entsprechendes kann der Stifter natürlich sehr wohl in die Stiftungssatzung schreiben. Ob das aber sinnvoll ist, sollte schon wegen etwaiger, nicht wirklich fern liegender Interessenkonflikte in der Person des Organmitglieds und Testamentsvollstreckers im Einzelfall sehr genau geprüft werden.

II. Kontrolle des Testamentsvollstreckers durch die Stiftung

Abgesehen von den vorgenannten Fällen, bei denen der Testamentsvollstrecker für die Stiftung tätig wird, kann es auch angebracht sein, dass die Stiftung Kontrollbefugnisse gegenüber dem Testamentsvollstrecker ausübt.[89] 55

Das deutsche Recht weist dem Testamentsvollstrecker eine starke Stellung zu. Gleichwohl ist es nicht gerechtfertigt, von „ohnmächtigen“ Erben zu sprechen.[90] Der Testamentsvollstrecker unterliegt zwar keiner gerichtlichen Kontrolle und keinem Genehmigungsvorbehalt. Die Kontrolle erfolgt aber durch die Erben, also in der Regel die Stiftung, die ihre Möglichkeiten jedoch oft nur

87 *Hof*, in: Münchener Vertragshandbuch Bd. 1, 6. Aufl. 2005, S. 1254; *Arnhold*, Die Selbstständige Stiftung und der Testamentsvollstrecker, 2009, S. 148; Bengel/Reimann/*Reimann*, Handbuch der Testamentsvollstreckung, Kap. 5 Rn 302.

88 Ausführliche Darstellung bei: *Arnhold*, Die selbstständige Stiftung und der Testamentsvollstrecker, 2009, S. 147 ff.

89 Siehe z.B. *Berkel*, Stiftung & Sponsoring 5/2011, 32, 33.

90 So aber das ManagerMagazin in Heft 3/2009, 74 ff.

in unzureichendem Maße nutzen. Hier bleiben in der Praxis aus Unkenntnis heraus viele Chancen ungenutzt oder es wird erst viel zu spät eingegriffen.

56 **Praxishinweise: Kontrolle des Testamentsvollstreckers**

Die Stiftung sollte beispielsweise folgende Kontrollmöglichkeiten berücksichtigen:[91]

- Der Testamentsvollstrecker muss umgehend ein – bei länger dauernder Verwaltung jährlich aktualisiertes – Nachlassverzeichnis erstellen.
- Die jederzeit möglichen Auskunfts- und Berichtspflichten sind einzufordern.
- Schenkungen des Testamentsvollstreckers sind grundsätzlich verboten.
- Nicht (mehr) für die Testamentsvollstreckung benötigte Vermögensgegenstände sind herauszufordern.
- Bei Pflichtverletzungen des Testamentsvollstreckers: Haftungsansprüche sorgfältig vorbereiten und Entlassungsantrag stellen; gegebenenfalls auch Strafantrag wegen Veruntreuung prüfen.
- Wichtig: Spezialisierte Anwälte[92] sollten rechtzeitig eingeschaltet werden.

91 Nach *Rott*, Wer kontrolliert den Testamentsvollstrecker? Instrumentarien zur Kontrolle des Testamentsvollstreckers, NWB-EV 2009, 389.

92 Sehr instruktiv hierzu OLG Koblenz, Urt. v. 29.5.2008 – 2 U 1620/06, wonach in einem Rechtsstreit gegen einen Testamentsvollstrecker auch eine die gesetzliche Vergütung überschreitende Honorierung des Rechtsanwalts erstattungsfähig sein kann.

§ 11 Unternehmensnachfolge mit Stiftungen

Was bietet dieses Kapitel?
Eine Stiftung im Unternehmensbereich ist, auch wenn sie (zu) oft relativ unbefangen und undifferenziert propagiert wird, eine ganz besondere Materie und eine ganz spezielle Möglichkeit der Nachfolgegestaltung. Sie bietet spezifische Vor- aber auch ganz spezifische Nachteile, die wir im Folgenden vorstellen.
Neben den grundlegenden Gestaltungsmöglichkeiten der unternehmensverbundenen Stiftung betrachten wir insbesondere die Stiftung als Führungsinstrument in einem Unternehmen (Beispiel Stiftung & Co. KG), Doppelstiftungsmodelle und beispielhaft spezielle Einsatzmöglichkeiten gemeinnütziger Stiftungen im Unternehmensbereich.

Nicht jeder Unternehmer, der stiften geht, ist ein Mäzen.

Werner Mitsch, deutscher Schriftsetzer und Aphoristiker (1936–2009)

Übersicht: Rn

A. Stiftungen zur Sicherung von Vermögen und Unternehmen

1 Da hat *Mitsch* recht, aber doch nicht so ganz. Die Regelung der Unternehmensnachfolge entspringt keinem Mäzenatentum, sie ist nicht uneigennützig. Sie betrifft natürlich in erster Linie die Unternehmerfamilie, aber eben auch die Mitarbeiter und deren Familie, die Zulieferer, die Kunden, die Kooperationspartner und daneben z.B. aber auch die Gemeinde, in der das Unternehmen seinen Sitz hat, und deren Gewerbesteuereinnahmen. Die Aufzählung und damit der Blick darauf, dass eine solche Stiftung auch (!) dem Wohle der Allgemeinheit dient (siehe auch Rn 11), ließe sich noch fortsetzen. Von Inhabern geführte Unternehmen sind anerkanntermaßen die **Säulen unserer Volkswirtschaft.**[1] Führt man sich die wirtschaftliche Bedeutung dieser Unternehmen vor Augen, wird deutlich, wie wesentlich die Antwort auf die Frage nach der optimalen Erb- und Nachfolgegestaltung einschließlich der Nutzung der Möglichkeiten einer vorweggenommenen Erbfolge[2] zur Unternehmensnachfolgegestaltung[3] sogar für die gesamte Volkswirtschaft ist.

Eine erfolgreiche Regelung der Unternehmensnachfolge ist anerkanntermaßen die Krönung eines Unternehmerlebens. Die Facetten dieses Themas sind äußerst vielfältig. Einen wichtiger Teilaspekt, nämlich die Möglichkeit der Gestaltung unter Einbeziehung von Stiftungen, behandeln wir in dem vorliegenden

---

1 Manche sprechen auch vom „Rückrat der Gesellschaft"; siehe schon *Graf Lambsdorff*, in: Schlecht & Partner/Taylor Wessing (Hrsg.), Unternehmensnachfolge, S. 7 (http://www.n-tv.de/wirtschaft/empfehlungen/fonds/Inhabergefuehrte-Unternehmen-article674474.html). Das IfM Bonn hat für das Jahr 2006 errechnet, dass 95,3 % aller deutschen Unternehmen Familienunternehmen sind http://www.ifm-bonn.org//uploads/tx_ifmstudies/IfM-Materialien-199_2010.pdf, dort S. 7.

2 Ausführlich dazu etwa *Hannes* (Hrsg.), Formularbuch Vermögens- und Unternehmensnachfolge, 2011, S. 1 ff.; *Schiffer*, in: Hennerkes, Unternehmenshandbuch Familiengesellschaften, 1995, S. 495; *von Hoyenberg*: Vorweggenommene Erbfolge, 2010.

3 Ausf. und generell zur Unternehmensnachfolge etwa *Riedel* (Hrsg.), Praxishandbuch Unternehmensnachfolge, 2012.

Kapitel.[4] Sehr schön finde ich in diesem Zusammenhang mit Unternehmensnachfolge mit Stiftungen die Formulierung „Unternehmensfortführung bei familienlosen Gesellschaften".[5]

Stiftungen stehen mit Unternehmen ersichtlich nicht nur wegen der Regelung der Unternehmensnachfolge in einer Beziehung. Stiftungen können als „Unternehmensstiftungen", wie in den einzelnen Kapiteln dieses Buches immer wieder gezeigt wird, vielfach im Zusammenhang mit Unternehmen stehen.[6]

I. Stiftungsgestaltungen für eine erfolgreiche Unternehmensnachfolge

Über die besondere Möglichkeit einer unternehmensverbundenen Stiftung 2
denken Unternehmer vor allem dann nach, wenn im Kreise der Familie niemand bereit oder in der Lage ist, das Familienunternehmen fortzuführen oder wenn gar keine Abkömmlinge vorhanden sind.[7] Lieber stiften, anstatt zu verkaufen – lieber erhalten, anstatt zu zerschlagen, ist das Motto. Da ist die Stiftung dann ein besonderer Ansatz der „asset protection" (siehe Rn 16 ff.), denn sie soll vor der Zerschlagung durch die Familie schützen. Unternehmerfamilien wünschen in aller Regel, dass das bestehende Familienunternehmen als solches möglichst erhalten bleibt.[8] Sie befürchten oft, dass Interessenkonflikte unter den Erben und/oder das Fehlen geeigneter Unternehmerpersönlichkeiten in der Familie den künftigen Bestand des Familienunternehmens gefährden. Diese Befürchtung ist berechtigt.[9] Da wundert es nicht, dass sich auch die

---

4 Ausf. zum Ganzen bereits *Schiffer/Pruns*, Stiftung & Sponsoring, Die Roten Seiten 5/2011; *dies.*, NWB 2012, 910 ff.; *dies.*, StiftungsBrief, 2012, 3 f; *dies.*, BB 2013, 2755 ff.; *Schiffer*, FS Binz, 2014, S. 596 ff.; *Schiffer*, ZErb 2014, 337; *Schiffer*, Der Aufsichtsrat, 2015, 5; *Schiffer*, StiftungsBrief 2015, 41; siehe z.B. auch schon *Hennerkes/Schiffer*, BB 1992, 1940 ff.

5 So hat *Geck*, ZEV 2015, 401, schlagwortartig seine einschlägige „Fallstudie" überschrieben.

6 Siehe etwa auch *Schindler/Germeroth/Stolte* (DSZ), Stiftungen und Unternehmen, 2010; *Fischer/Baumgartner*, FuS 2014, 70. Siehe auch das Themenheft „Service Guide Stiftungen – Im Mittelpunkt: Familienunternehmen und Stiftungen, Köln, 2015.

7 Ausf. dazu etwa schon *Hennerkes/Schiffer*, BB 1992, 1940; *Schiffer*, FS Binz, 2014, S. 596 ff.; siehe auch *Werner*, NWB-EV 07/2015, 1 („Testamentsvollstreckung vs. Familienstiftung"); *Feick* (Hrsg), Stiftung als Nachfolgeinstrument, 2015.

8 So statt ganz vieler etwa auch *Riedel,* in: Riedel (Hrsg.), Praxishandbuch Unternehmensnachfolge, 2012, S. 1.

9 Siehe nur *Eglau*, Erbe Macht & Liebe – Unternehmerfamilien zwischen Interessen und Emotionen, 2001.

Wirtschaftspresse des Themas immer wieder annimmt.[10] Den Gefahren eines Erbenstreits kann mit einer Stiftungsgestaltung entgegengewirkt werden. Wegen des gewünschten Fortbestehens des Unternehmens und der möglichen Nachhaltigkeit der Stiftungsgestaltung (§ 80 Abs. 2 S. 1 BGB) für die Unternehmensnachfolgeregelung kommen Stiftungen dabei nur in Form der rechtsfähigen Stiftung nach §§ 80 ff. BGB in Frage. Treuhänderische, nicht rechtsfähige Stiftungen sind hier grundsätzlich ungeeignet (siehe Rn 21).

1. „... dann kommt eben keiner an die Spitze"

3 ... befand Anfang der siebziger Jahre ganz resolut im Stile eines klassischen Patriarchen **„Ferry" Porsche**, der Vater des 911, als er feststellte, dass sich die nächste Generation der Familie Porsche (Porsche und Piëch) in der bekannten Sportwagenschmiede nicht in einer Form engagieren wollte, bei der nicht jeder Einzelne glaubte, er allein sei der Chef.[11] Da hätte der Gedanke an eine Stiftung durchaus nahe gelegen. Das gilt umso mehr, als schon 1938 eine Porsche Stiftung errichtet wurde, die „Betriebsangehörige der Firma oder deren nächsten Angehörigen (Eltern, Ehepartner, minderjährige Kinder) im Falle unverschuldeter Notlage" unterstützt.[12] Die Porsche-Familie wählte damals, anders als andere bekannte Unternehmerfamilien (siehe Rn 6 f.),[13] keine Stiftungsgestaltung zur Regelung der Unternehmensnachfolge, sondern zog sich, wie wir heute wissen, mit wechselndem Erfolg für den Hersteller der Kultfahrzeuge, auf Gesellschafterpositionen zurück.

4 In jüngerer Zeit hat dann *Ferdinand Piëch*, der damals auch nicht Nachfolger wurde, „seine" Unternehmensnachfolge mit Stiftungen geregelt. Er soll laut Presseberichten[14] u.a. seine unternehmerischen Beteiligungen auf zwei **österreichische Privatstiftungen** übertragen haben. Ob das wirklich, wie von ihm laut den Berichten gewollt, nachhaltig ist, dürfte noch nicht feststehen. Denn

10 Siehe etwa die „Serie Stiftungsunternehmen" der Wirtschaftswoche im Frühjahr 2012; Beispiel: Bertelsmann, WiWo v. 12.3.2012, 92 ff.

11 *Porsche/Molter*, Ferry Porsche – Mein Leben, 6. Aufl. 2004, S. 271. Ausführlich zu der Entwicklung der Unternehmerfamilie Porsche seit Anfang des 20. Jahrhunderts: *Aust/Ammann*, Die Porsche Saga – Eine Familiengeschichte des Automobils, 2012.

12 http://www.rp.baden-wuerttemberg.de/servlet/PB/menu/1227068_pdrucken/drucken.htm.

13 Hinweis: Wie im gesamten Buch werden in diesem Kapitel aus Gründen anwaltlicher Verschwiegenheit nur Fälle und Beispiele genannt und dargestellt, soweit sie aus öffentlichen Quellen zugänglich sind.

14 Siehe etwa http://www.faz.net/aktuell/wirtschaft/unternehmen/stiftungsmodell-piech-ordnet-sein-imperium-11040996.html.

nach österreichischem Privatstiftungsrecht wird die Stiftung nach 100 Jahren aufgelöst, wenn nicht die Letztbegünstigten entscheiden, dass die Stiftung für maximal weitere 100 Jahre fortbestehen soll.[15] Nach jüngeren Presseberichten machen zudem familieninterne Unstimmigkeiten bereits jetzt eine erste Anpassung der Stiftungskonstruktion erforderlich[16] (zur eingeschränkten Flexibilität einer Stiftungslösung siehe unten Rn 38 ff.).

Klaus Gmeiner, Steuerberater und vereidigter Buchprüfer, Oppenau: **Stiftung und Unternehmensnachfolge** 5

„Die Stiftung in der Unternehmensnachfolge hat für mich in der Beratung zunehmend an Bedeutung. Mittelständische Unternehmen haben oft keinen geeigneten Nachfolger, getreu nach dem Motto: *Der Vater erstellt's, der Sohn erhält's und die vierte Generation studiert Kunstgeschichte*.

In den Beratungsgesprächen über die Zukunft des Unternehmens fließt deshalb zwingend die Rechtsform Stiftung als ein möglicher Denkansatz ein. Denn im Gegensatz zu anderen Unternehmensformen ist die Stiftung die einzige Rechtsform, die keine Anteilseigner, Gesellschafter oder Mitglieder hat. Während sämtliche andere Unternehmensformen unabdingbar vom jeweiligen Eigentümer bestimmt werden, sind die Stiftung und damit auch das mit ihr verbundene Unternehmen für die Dauer der Existenz und Tätigkeit vom Willen des Stifters geprägt – und das auch für die Zeit nach seinem Ableben. Eine Versorgung von „mittellosen" Familienangehörigen kann zumindest für eine gewisse Zeit gewährleistet werden, ohne dass die Einkunftsquelle damit angegriffen wird. In heutiger Zeit ist deshalb die Stiftung für mich ein Instrument der Zukunft, das manches Problem in der Unternehmensnachfolge lösen kann."

15 § 35 Abs. 2 Nr. 3 PSG (österr. Privatstiftungsgesetz); auch § 13 Rn 26.
16 Siehe http://www.wiwo.de/unternehmen/auto/vw-chef-ferdinand-piech-muss-stiftungsmodell-ueberarbeiten/10219766.html.

2. Prominente Beispiele

6 Stiftungen als Mittel zur Unternehmensnachfolge sind Gegenstand zahlreicher mehr oder auch weniger fundierter Abhandlungen.[17] Die nackten Zahlen der Praxis sind allerdings eher bescheiden (siehe § 1 Rn 17).

Über seinen eigenen, auch aus heutiger Sicht noch durchaus typischen Beispielsfall zur Regelung der Unternehmensnachfolge hat der Unternehmer **Reinhold Würth**, damaliger geschäftsführender Gesellschafter der Adolf Würth GmbH & Co KG, einem aus einer Schraubengroßhandlung hervorgegangenen Großhandelsunternehmen, schon im September 1993 in der FAZ berichtet.[18] Beginnend mit der Grundidee im Jahre 1985 hat der Unternehmer mit seinen Beratern bis Sommer 1993 „an dem umfangreichen Vertragswerk für die Sicherung des Familienunternehmens gefeilt". Dieser relativ lange Zeitraum mag auf den ersten Blick erschrecken. Uns sind allerdings durchaus Fälle bekannt, in denen die Regelung der Unternehmensnachfolge weit über 10 Jahre gedauert hat. Entscheidend ist nicht die Dauer, sondern das Ergebnis, das allerdings auch „rechtzeitig" vorliegen muss.

Die Einzelheiten der Stiftungsgestaltung von Reinhold Würth sind nicht allgemein bekannt. Sie dürften auch nicht ganz unkompliziert sein. Jedenfalls gehören, wie schon in der FAZ berichtet wurde, die Anteile an dem deutschen Würth-Teilkonzern fünf deutschen Familienstiftungen. Ein gemeinsamer Aufsichtsrat, der in allen Stiftungen mit denselben Personen besetzt ist, bildet das „Machtzentrum" der Unternehmung. Die Familienstiftungen im Beispiel Würth dienen nicht nur dem Erhalt des Unternehmens über die Generationen, sondern zugleich als Versorgungsstiftungen der materiellen Absicherung der Familienmitglieder. Die Kinder des Unternehmers haben, um die von langer

---

17 Beispiele: *Bruttel/Probst/Schweinsberg*, FuS 2015, 138; *Brandmüller/Klinger*, Unternehmensverbundene Stiftungen, 4. Aufl. 2014; *Naumann zur Grünberg*, ZEV 2012, 569; *Zensus/Schmitz*, NJW 2012, 1323; *Heuser/Frye*, BB 2011, 983 ff. mit kritischen Anmerkungen von *Schiffer* (www.stiftungsrecht-plus.de unter Kommentare, Kommentar v. 7.5.2011; siehe auch § 8 Rn 2); *Freundl*, DStR 2004, 1509, *Götz*, NWB 2008 F. 2, 10107; *Muscheler*, Stiftungsrecht, S. 317 ff.; NK-BGB/*Schiffer/Pruns*, § 80 Rn 51 ff.; *dies.*, Stiftung & Sponsoring, Die Roten Seiten 5/2011; siehe auch schon *Hennerkes/Schiffer*, BB 1992, 1940 ff. Ein ganz bemerkenswertes Beispiel eines „fundierten" Fachtextes hat *Schimpfky*, ZEV 2015, 456 geliefert: auf sieben Textseiten bringt er als Beleg 8 FN und davon ein Gerichtsurteil, zwei Hinweise auf den AEAO, einen Hinweis auf eine OFD-Verfügung, eine Texterläuterung und als einzige Hinweise auf Fachliteratur zitiert er drei Fundstellen aus der Vorauflage dieses Buches.

18 Siehe dazu schon *Hennerkes/Schiffer*, Stiftungsrecht, S. 22 f.; ferner *Venohr*, Wachsen wie Würth, 2006, S. 30 ff.

Hand vorbereitete vorweggenommene Nachfolgeregelung zu ermöglichen, gegen Entschädigung Erb- und Pflichtteilsverzichte erklärt.

Weitere bekannte gegenwärtige und vormalige **Beispiele** von Stiftungen und Stiftungskonstruktionen im Unternehmensbereich sind etwa die Breuninger Stiftung, die Hertie-Stiftung, die Peter Klöckner-Stiftung, die Alfried Krupp von Bohlen und Halbach-Stiftung, die Robert Krups-Stiftung, die Gert Moeller-Stiftung, die Sedus Stiftung, die Peter Eckes KG mit beschränkter Haftung, Niederolm, die mit der Ludwig-Eckes Familienstiftung und der Peter-Eckes-Familienstiftung sogar über zwei Stiftungskomplementäre verfügt, die Lidl und Schwarz Stiftung & Co KG, Neckarsulm, und die Vorwerk Elektrowerke Stiftung & Co KG. Zu nennen sind außerdem Mohn/Bertelsmann, Schickedanz, Bosch, „Aldi", "Lidl", „Haribo" und „dm".[19] Aus jüngerer Zeit sind etwa Peter Pohlmann (Möbeldiscouter Poco-Domäne),[20] Günther Fielmann mit der Fielmann-Familienstiftung hervorzuheben[21] oder auch Heinz Gries („Griesson – De Beukelaer").[22] 7

II. Vor- und Nachteile einer Stiftungsgestaltung

Im unternehmerischen Bereich kann die selbstständige Stiftung in der Tat erhebliche **Vorteile** gegenüber den klassischen erbrechtlichen Instrumenten zur Regelung der Unternehmensnachfolge und Vermögenssicherung haben: Dem Stifter ist im Idealfall durch eine spezifische Stiftungsgestaltung die Möglichkeit gegeben, das Familienunternehmen zu erhalten, die Zerschlagung des Unternehmens durch die Erben zu vermeiden sowie die Fortführung des Unternehmens in der Familie zu sichern, der Unternehmerfamilie als solcher weiterhin Sinn zu geben und damit die Grundlage der Familie zu sichern. Das ist möglich, weil die Organe der Stiftung an den in der **Stiftungssatzung festgeschriebenen Willen** des Stifters **gebunden** sind (siehe § 3 Rn 67 ff.). 8

19 Viele Hinweise finden sich bei *Berndt*, Stiftung und Unternehmen, 7. Aufl. 2003, Rn 1401 ff., 1456 ff., die in der Neuauflage, *Berndt/Götz*, Stiftung und Unternehmen, 8. Aufl. 2009, leider einer Kürzung zum Opfer fielen.

20 www.marktundmittelstand.de „Stiftung tritt Unternehmensnachfolge an" (5.10.2012).

21 Siehe Pflichtmitteilung der Fielmann AG vom 18.12.2012; www.marktundmittelstand.de, dort: *Lüdke*, Nachfolgelösung Familienstiftung (18.6.2013; zuletzt eingesehen am 5.2.2014).

22 Handelsblatt 14.7.2014, S. 22.

9 Das „garantiert“ die Stiftungsaufsichtsbehörde, denn
- die Aufhebung der Stiftung sowie
- zumindest wesentliche Satzungsänderungen bei der Stiftung[23]

bedürfen der Zustimmung der Stiftungsaufsichtsbehörde.[24] Diese wird die Zustimmung nur dann erteilen, wenn die geforderte Satzungsänderung dem tatsächlichen oder mutmaßlichen Willen des Stifters entspricht (§ 4 Rn 57 ff.). Wenn ein Unternehmer – wie es einmal *Hans L. Merkle* gesagt hat – die *„Nutzung des von ihm erwirtschafteten Produktionskapitals als Treuhandaufgabe sieht“*,[25] dann perpetuiert ein Unternehmer mit einer unternehmensverbundenen Stiftung tatsächlich nichts anderes als diese Treuhandaufgabe zum Wohle auch der Allgemeinheit.[26] Dabei ist es ein erfreulicher Befund, dass sich Unternehmen, in die eine unternehmensverbundene Stiftung eingebunden ist, hinsichtlich der Kapitalrendite von börsennotierten Unternehmen praktisch nicht unterscheiden.[27]

10 Der Stifter kann durch eine Stiftung **sehr lange über seinen Tod hinaus** auf die Unternehmensfortführung Einfluss nehmen, was die besondere Attraktivität der unternehmensverbundenen Stiftung ausmacht. Darin liegt aber gleichzeitig auch das sogleich näher zu behandelnde grundsätzliche Problem entsprechender Stiftungsgestaltungen, denn es kann die erforderliche **Flexibilität** der Gestaltung leicht verloren gehen.[28] Jedenfalls aber lässt sich der Wille des Erblassers/Stifters durch traditionelle erbrechtliche Auflagen oder die Anordnung einer Testamentsvollstreckung auf Dauer nur bedingt durchsetzen. Die **Testamentsvollstreckung** z.B. endet grundsätzlich spätestens nach 30 Jahren (§ 2210 BGB, siehe auch § 10 Rn 43 ff.). Auflagen des Erblassers kann sich der leibliche Erbe zudem dadurch entziehen, dass er die Erbschaft ausschlägt und den Pflichtteil verlangt. Auch bei der **Unternehmensnachfolge** ist natürlich die **Pflichtteilsproblematik**[29] zu regeln (siehe auch § 10 Rn 21 ff.).

---

23 Siehe etwa § 5 StiftG NRW und die Kommentierung von *Heuel* dazu, in: StiftG Nordrhein-Westfalen, 2009, § 5 Anm. 3 – auch zu der „nicht vollkommen schlüssigen“ Gesetzesformulierung.

24 S. § 87 BGB (Zweckänderung, Aufhebung).

25 Zitiert nach *Flämig*, DB-Beilage 22/1978, 12.

26 So ausdrücklich *Flämig*, DB-Beilage 22/1978, 12.

27 Zu diesem Befund kommt *Herrmann*, Unternehmenskontrolle durch Stiftungen, S. 194, in seiner 1996 vorgelegten Untersuchung.

28 Siehe etwa die Zusammenfassung zu den bekannten betriebswirtschaftlichen Grenzen von Stiftungsgestaltungen bei *Verstl*, DStR 1997, 674. Siehe ferner auch das Fazit bei *Feick*, BB-Special 6/2006, 13 (18).

29 Zu Pflichtteilsergänzungsansprüchen bei der Unternehmensnachfolge siehe *Beckervordersandfort*, Erbfolgebesteuerung, 2012, 128 ff.

Betrachten wir die wohl wesentlichsten Motive für die Wahl einer Stiftungsgestaltung im Unternehmensbereich einmal genauer: 11

1. Den Erb(en)streit vermeiden

Viele Unternehmensinhaber befürchten, dass Interessenkonflikte unter ihren Erben oder das generelle Fehlen geeigneter Unternehmerpersönlichkeiten in den Folgegenerationen den Bestand des Familienunternehmens gefährden. In der Presse kann man immer wieder über solche Streitigkeiten lesen.[30] 12

In etwa der Hälfte aller Fälle ist in der Praxis schon kein Familienmitglied bereit, die Unternehmensnachfolge anzutreten.[31] Damit steht dann, wenn nicht Vorsorge getroffen wird, der Verkauf des Unternehmens im Raum, falls er sich denn überhaupt bewerkstelligen lässt. Trifft der Unternehmer keine tragfähigen Regelungen, so ist ein Erbstreit, über Wege und Werte i.d.R. unvermeidlich. Bei einem **Streit der Erben in einer Unternehmerfamilie** drohen vor allem 13

- persönliche „Kränkungen und Wunden“,
- die Lähmung des Unternehmens,
- ein von dem Unternehmen nicht zu verkraftender kurzfristiger Liquiditätsentzug,
- ein für das Unternehmen nicht tragbarer Kapitalverlust.

Oft steht dann die Existenz des Unternehmens auf dem Spiel.

Patentlösungen und allgemein gültige Musterlösungen gibt es in solchen Fällen auch für den Einsatz von Stiftungen nicht! Die Erfahrung zeigt, dass hier jeder einzelne Fall eine ganz spezifische Lösung erfordert. Eine Unternehmensnachfolge durch eine Stiftungsgestaltung kann ein gangbarer Weg sein, wenn er zu dem speziellen Lebenssachverhalt passt. Ein Allheilmittel stellt sie aber nicht dar. 14

Der Unternehmer Würth nennt in dem oben erwähnten Artikel die typischen Hauptrisiken bei der Unternehmensnachfolge:

- Den (nicht im Einzelnen steuerbaren) Erbgang nach dem Tod des Unternehmers, der typischerweise mit Liquiditätsentzug auch für privaten Konsum einhergeht, und
- die nicht klar geregelte Management-Nachfolge.

Ebenfalls typisch ist seine Klage, dass gesunde und blühende Familienunternehmen häufig in der dritten oder vierten Generation veräußert werden müs- 15

30 Ausführlich und anschaulich mit zahlreichen Praxisbeispielen: *Eglau*, Erbe Macht & Liebe – Unternehmerfamilien zwischen Interessen und Emotionen, 2001.

31 Siehe etwa *Institut für Mittelstandsforschung Bonn (IfM)*, http://www.ifm-bonn.org/statistiken/unternehmensuebertragungen-und-nachfolgen/#accordion=0&tab=1.

sen, nur weil ein Teil der Erben dem Unternehmen über die Maßen Liquidität entzieht oder „Kasse machen wolle". Er habe das Unternehmen deshalb komplett von der Familie abgeschottet. „Geeigneten" Familienmitgliedern solle zwar die Mitwirkung im Management ermöglicht werden, sofern „guter Wille, Einsatzfreude, gesunde Strebsamkeit und Lernbereitschaft" erkennbar seien. Von einer familieninternen Nachfolgeregelung halte er allerdings wenig.

2. Der Zusammenhalt – asset protection

16 Den Gefahren eines Erbstreits kann mit einer Stiftungsgestaltung entgegengewirkt werden. Besonders wesentlich ist für Unternehmer typischerweise, dass das von ihnen selbst aufgebaute oder ererbte und ausgebaute Unternehmen, das zudem regelmäßig den Hauptteil des Familienvermögens ausmacht, über ihren Tod hinaus zusammengehalten wird. Das **Unternehmen soll nicht zersplittern** (siehe auch oben Rn 1 ff.) und eine hohe Steuerbelastung soll möglichst vermieden werden, um vor allem den Liquiditätsabzug aus dem Unternehmen zu begrenzen. Die Stiftung mit ihrer Ewigkeitstendenz ist hier vor allem wegen ihrer Nachhaltigkeit attraktiv.

17 Eine Stiftungskonstruktion im Unternehmensbereich bietet dem Unternehmer, seinem Nachfolger und dem Unternehmen als sozialer Einheit vor allem den Vorteil der **Sicherung der Unternehmenskontinuität**. Damit kann im objektivierten Interesse aller Beteiligten auch den Gefahren wirkungsvoll begegnet werden, die sich für Familienunternehmen bei einer Mehrzahl von Erben ergeben. Dieser besondere Vorteil der Kontinuität kann jedoch im negativen Fall mit mangelnder Flexibilität einhergehen, worauf noch näher einzugehen sein wird (siehe Rn 38 ff.).

18 Die Praxis zeigt allerdings, dass eine Stiftung, eben so wenig wie sie ein Steuersparmodell ist (siehe schon § 8 Rn 2), keine Allzweckwaffe zur Regelung der Unternehmensnachfolge ist. Es gibt durchaus auch Stiftungen, die im Zuge einer Unternehmensnachfolgeregelung errichtet wurden und ihre Beteiligungen wieder veräußern mussten, weil sich die Rahmenbedingungen geändert hatten.

3. Der Neuanfang

19 Vermögen zusammenhalten, Nachhaltigkeit, Sich-selbst-Verewigen, Erfolgsrezepte festhalten, der Sache und dem Unternehmen dienen, ... – alle diese Punkte spielen typischerweise eine wesentliche Rolle bei den Überlegungen eines Unternehmers, wenn er auf die Möglichkeit des Einsatzes von Stiftungen

zur Regelung seiner Unternehmensnachfolge blickt.[32] Ein zusätzliches wichtiges Motiv wird in dem von Joachim Fest herausgegebenen Buch „Die großen Stifter" angesprochen. Dort schreibt *Klaus von Dohnanyi* auf S. 474 f. über den Stifter Reinhard Mohn:

> *„Als Reinhard Mohn sich entschied, die Bertelsmann Stiftung zu gründen und ihr seine Anteile an der Bertelsmann AG schrittweise zu übertragen, hatte er nicht die Absicht, sein unternehmerisches Lebenswerk zu beenden. Er wollte sein Kapital nicht an die Gemeinschaft ‚zurückgeben': Es hatte ja immer ihm gehört! Mohn wollte mit der Stiftung vielmehr seine Arbeit auf einer anderen Ebene und mit weiterreichenden Zielen fortsetzen oder sogar noch einmal beginnen."*

Stimmt absolut! Während die Regelung der Unternehmensnachfolge grundsätzlich viel mit Beenden und Abschied zu tun hat, bedeutet eine Stiftungsgründung „Neuanfang" und eben kein Ende. Stiftungen können bekanntlich sogar in die „Ewigkeit" reichen.

B. Die grundlegenden Gestaltungsmöglichkeiten

Welche Möglichkeiten und welche Einschränkungen bietet uns das Recht zur 20
Gestaltung der Unternehmensnachfolge mit Stiftungen?

I. Stiftungsarten

Wegen der gewünschten Nachhaltigkeit und Stabilität der Stiftungsgestaltung 21
für die Unternehmensnachfolgeregelung kommen Stiftungen hier nur in Form der rechtsfähigen Stiftung nach §§ 80 ff. BGB in Frage. Treuhänderische, nicht rechtsfähige Stiftungen (siehe § 12) scheiden hier als Ansatz also bereits grundsätzlich aus, denn die treuhänderische Stiftung ist anders als die der staatlichen Stiftungsaufsicht unterliegende rechtsfähige Stiftung eine fragile Rechtsfigur, die stark von der Person des Treuhänders abhängt.[33] Die treuhänderische Stiftung steht und fällt mit dem Treuhänder. Schon deshalb ist die treuhänderische Stiftung i.d.R. für eine Unternehmensnachfolge nicht geeignet.[34] Sie bietet nicht die Rechtssicherheit, die Nachhaltigkeit und die Stabilität einer rechtsfähigen Stiftung. Diese Kernwerte sucht der Unternehmer aber eben typischerweise gerade für die Regelung seiner Unternehmensnachfolge. Allenfalls als eine Übergangslösung würden wir die treuhänderische Stiftung im vorliegenden

32 Zur Psychologie des Vererbens aufschlussreich *Muscheler*, Erbrecht, Band I, Rn 32 ff.
33 Siehe schon *Schiffer*, StiftungsBrief 2015, 1.
34 Zu den steuerlichen Nachteilen eines solchen Ansatzes siehe § 12 Rn 75 ff.

Zusammenhang in Erwägung ziehen (zur „Umwandlung“ einer treuhänderischen in eine rechtsfähige Stiftung siehe § 12 Rn 66 ff.).

1. Die schlicht privatnützige Stiftung

22 Das Stiftungszivilrecht ist, wie wir gesehen haben (siehe § 2 Rn 30 ff.) zweckneutral, denn eine Stiftung kann gem. § 80 Abs. 2 BGB mit jedem beliebigen Zweck errichtet werden, also auch für schlicht privatnützige Zwecke, wenn der Zweck nicht das Gemeinwohl gefährdet. Ob eine Stiftung gemeinnützige oder mildtätige Zwecke verfolgt, ist allein für die Frage der Steuerbefreiung relevant.

23 **Praxisbeispiel: Schlicht privatnützige Stiftung mit Bezug zu einem Unternehmen**

Man könnte beispielsweise eine Beteiligungsträgerstiftung errichten, die Anteile an einem Unternehmen in der Rechtsform der GmbH hält. Sie könnte ausschließlich die Fortbildung der Mitarbeiter des Unternehmens fördern. Das wäre wegen § 52 Abs. 1 S. AO nicht gemeinnützig und wegen des Einkommens der Mitarbeiter typischerweise auch nicht mildtätig. Die Förderung einer Familie läge auch nicht vor, gefördert würden Einzelpersonen. Das wäre eine nicht steuerbefreite, schlicht privatnützige und unternehmensverbundene Stiftung.

2. Unternehmensverbundene Stiftungen

24 Eine rechtsfähige Stiftung kann bekanntlich zu jedem beliebigen Zweck errichtet werden, wenn der Zweck nicht das Gemeinwohl gefährdet (siehe § 3 Rn 62 ff.). Stiftungen können dementsprechend verschiedene unternehmensbezogene Zwecke verfolgen (siehe schon § 2 Rn 30 ff.).

a) Verbot der Unternehmensselbstzweckstiftung?

25 In der Fachliteratur werden aktuell von maßgeblichen Autoren dennoch ganz grundlegende Einschränkungen der Zulässigkeit unternehmensbezogener Zwecke behauptet.[35] Zulässig soll zwar eine unternehmensverbundene Stiftung sein, in der das Unternehmen als Dotationsquelle für einen anderen Zweck dient. Unzulässig soll dagegen eine unternehmensverbundene Stiftung sein, deren alleiniger Zweck im Erhalt des Unternehmens selbst besteht. Man beruft

35 Siehe insbesondere Staudinger/*Hüttemann/Rawert*, (2011), Vorbem zu §§ 80 ff. BGB Rn 136 ff., 150 ff.; *Muscheler*, Stiftungsrecht, 2005, S. 354 ff., 360 ff.

sich auf ein **angebliches Verbot der Unternehmensselbstzweckstiftung.**[36] Eine Stiftung, deren einziger Zweck im Erhalt und in der Mehrung ihres Vermögens besteht, soll stiftungsrechtlich unzulässig sein, weil es an einem nach außen gerichteten Stiftungszweck fehle.

Dazu ist bereits an anderer Stelle grundsätzlich näher Stellung genommen worden.[37] Hier sei deshalb nur noch einmal Folgendes hervorgehoben: Wenn es beispielsweise unbestritten zulässig ist, eine Stiftung mit dem Zweck der „Erhaltung eines historischen Gebäudes" zu errichten, und zwar selbst dann, wenn die Stiftung Eigentümerin dieses Gebäudes ist (Erhalt des Vermögens der Stiftung und dennoch keine Selbstzweckstiftung!),[38] dann kann es auch keinen sachlich tragfähigen Grund gegen eine Stiftung zur Erhaltung eines bestimmten Unternehmens geben.

Praxishinweis: Zulässigkeit der unternehmensverbundenen Stiftung 26

Die verweigernde Praxis verschiedener Landesstiftungsbehörden bei der Anerkennung unternehmensverbundener (Familien-)Stiftungen war in der Vergangenheit oft bedenklich.[39] Es ist davon auszugehen, dass dieser Befund angesichts des insoweit klaren aktuellen Stiftungszivilrechts überholt ist. Zwar ist die unternehmensverbundene Stiftung auch nach der Reform des Stiftungszivilrechts nicht ausdrücklich im BGB geregelt. Doch hat die Bund-Länder-Arbeitsgruppe Stiftungsrecht zur Reform 2002 echte Probleme in der Praxis nicht feststellen können.[40] Dieser Befund ist auch deshalb bedeutend, weil vor allem die soeben genannten Stimmen aus der Wissenschaft nachdrücklich immer wieder echte oder vermeintliche Missbrauchsfälle behaupteten. Einerseits wurde vor diesem Hintergrund eine „Renaissance der Unternehmensstiftung" erwartet,[41] andererseits wurde aus der Wissenschaft ganz grundsätzlich gefordert, der Streit um die Zulässigkeit von unternehmensverbundenen Stiftungen müsse weitergehen.[42] Die herrschende Meinung bejahte allerdings bisher schon vor allem die Zulässigkeit der unternehmensverbundenen Beteiligungsträgerstiftung.[43] Es ist auch

36 Grundsätzlich kritisch zur „Selbstzweckstiftung" etwa *Binz/Sorg*, Unternehmermagazin, 10–2004, 32, 33; siehe aber § 3 Rn 66.

37 NK-BGB/*Schiffer/Pruns*, 2. Aufl. 2011, § 80 Rn 24 ff., 27 ff., 53 ff.; *dies.*, ZStV 2012, 1; siehe auch § 2 Rn 30 ff.

38 Siehe auch § 52 Abs. 2 Nr. 6 AO: „Förderung des Denkmalschutzes und der Denkmalpflege".

39 *Hennerkes/Schiffer/Fuchs*, BB 1995, 207.

40 Bericht der Bund-Länderarbeitsgruppe Stiftungsrecht vom 19.1.2001, S. 52.

41 *Lex*, ZSt 2003, 178 (Editorial).

42 *Hüttemann*, ZHR 167 (2003), 35, 60.

43 Siehe etwa die jeweilige Kommentierung in den Vorauflagen des *Palandt*.

nicht wirklich zu befürchten, dass dadurch „Geist und Gestalt des Stiftungsrechts“ Schaden nehmen.[44]

b) Unternehmensträgerstiftung und Beteiligungsträgerstiftung

27 Wenn im Sinne der Unternehmensnachfolge mit Stiftungen von einer unternehmensverbundenen Stiftung die Rede ist, dann sind insbesondere Unternehmensträgerstiftungen und Beteiligungsträgerstiftungen gemeint. Eine **Unternehmensträgerstiftung** trägt und betreibt das Unternehmen selbst. Dieses Modell ist im Bereich der Unternehmensnachfolge mangels Flexibilität nur bedingt sinnvoll und einsatzfähig. Es gibt aber in der Praxis durchaus Beispiele für solche Stiftungen, wie etwa die (frühere) „Hans-Soldan-Stiftung“, die „Dr. Arthur Pfungst-Stiftung“ und die (frühere) „Carl-Zeiss-Stiftung“, um nur einige zu nennen.

Die Unternehmensträgerstiftung als solche ist wegen des Grundsatzes der gemeinwohlkonformen Allzweckstiftung ohne weiteres zulässig (siehe schon § 2 Rn 30 ff.).

Die Unternehmensträgerstiftung ist auch im Stiftungsgesetz für das Land Brandenburg (zuletzt geändert am 23.9.2008) noch einmal ausdrücklich rechtlich anerkannt worden, denn § 6 Abs. 2 StiftG-Bbg setzt diese Art der Stiftung nach seiner Formulierung („…im Falle des Betreibens eines erwerbswirtschaftlichen Unternehmens…“) gerade voraus.

28 Bei der **Beteiligungsträgerstiftung** betreibt die Stiftung dagegen nicht das Unternehmen selbst. Sie ist vielmehr Allein- oder Mitgesellschafterin einer Personen- oder Kapitalgesellschaft. Eine Stiftung kann sich **an jeder Art von Gesellschaft**, d.h. etwa auch an einer Gesellschaft bürgerlichen Rechts, **beteiligen**. Sie kann persönlich haftende Gesellschafterin einer offenen Handelsgesellschaft oder Kommanditgesellschaft (Stiftung & Co. KG) werden, aber auch Kommanditistin einer Kommanditgesellschaft.[45] Als **Praxisbeispiele** seien hier

---

44 So aber wohl *K. Schmidt*, ZHR 166 (2002), S. 149; ihm antwortend *Schiffer*, BB, Heft 42 2002, Die erste Seite (Kommentar).

45 Ausführlich etwa: *Berndt/Götz*, Stiftung und Unternehmen, Rn 1791 ff.; *Brandmüller/Lindner*, Gewerbliche Stiftungen, S. 77 ff., 90 ff.; *v. Werthern*, Unternehmensverfassungsrecht und Stiftungen, 1986; *Heuel*, Die Entwicklung der Unternehmensträgerstiftung in Deutschland, 2000 (insbesondere zur historischen Entwicklung dieser Art von Stiftung); Bundesverband Deutscher Stiftungen, Die Unternehmensverbundene Stiftung; *Hennerkes/Binz/Sorg*, DB 1986, 2217, 2269 ff.; *Weimar/Delp*, NWB F. 18, 2909; *Goerdeler*, NJW 1992, 1487; *Götz*, INF 2004, 628 und 669; *Schurr*, Die Stiftung mit unternehmerischer Verantwortung, 1998 (grundlegend zur unternehmensverbundenen Stiftung in Deutschland, Österreich und Italien); *Stengel*, Stiftung und Personengesellschaft, 1993.

die Schickedanz Holding Stiftung & Co. KG, Fürth, und die Vorwerk Elektrowerke Stiftung & Co. KG, Wuppertal, genannt.

Da das Unternehmen selbst als Personen- oder Kapitalgesellschaft betrieben wird, also den Vorschriften für die jeweilige Unternehmensrechtsformen unterfällt, bleibt die erforderliche Flexibilität des Unternehmens grundsätzlich erhalten. Eine Beteiligungsträgerstiftung kann für eine Nachfolgegestaltung deshalb unter verschiedenen Aspekten interessant sein. Sie kann etwa

- als Dotationsquelle für durchaus verschiedene Zwecke,
- als Familientreuhänder oder auch
- als Führungsinstrument für das Unternehmen dienen.

Die genannten Aufgaben werden in der Praxis oftmals miteinander kombiniert werden.

Wird eine Stiftung als **Familientreuhänder** eingesetzt, trägt sie vorrangig dafür Sorge, dass bei einer Unternehmensbeteiligung die Beteiligungsrechte i.S.d. Stifters/der Familie ausgeübt werden und dass die Beteiligung der Familie erhalten bleibt. Die Familienmitglieder erhalten dabei regelmäßig keinen Zugriff auf die in der Beteiligung enthaltene Unternehmenssubstanz. Als Destinatäre der Stiftung kommen sie aber in den Genuss der Unternehmenserträge, wobei sie typischerweise keinen Zahlungsanspruch haben.[46] 29

c) Trennung von Stiftungsvermögen und Unternehmensvermögen?

Von *Klinger* wird in Anlehnung an *Brandmüller* behauptet, es existiere für unternehmensverbundene Stiftungen ein Rechtssatz der „Trennung von Stiftungsvermögen und Unternehmensvermögen".[47] *Klinger* gibt hierzu indes keine Nachweise. Er verweist allein auf Regelungen in verschiedenen Landesstiftungsgesetzen, die so oder zumindest ganz ähnlich lauten wie „Das Stiftungsvermögen ist von anderem Vermögen getrennt zu halten." Aber was bedeuten diese Regelungen? Haben sie die von *Klinger* behauptete Bedeutung? 30

Die Beteiligungsträgerstiftung hält Anteile an dem Unternehmen, d.h. an der Gesellschaft. Damit gehört ihr die betreffende Gesellschaft. Die Gesellschaft, z.B. eine GmbH, ist Eigentümerin insbesondere der Betriebsmittel. Über diese verfügt die Gesellschaft, da sie eine selbstständige Trägerin von Rechten und Pflichten ist, eben selbst. Die Stiftung verfügt darüber als Eigentümerin der Gesellschaft nur indirekt. Das Stiftungsvermögen (Anteile an der Gesellschaft) und das Unternehmensvermögen (Eigentum der Gesellschaft) sind getrennten Eigentümern zugeordnet und damit selbstverständlich voneinander getrennt.

46 Siehe nur BFH/NV 2001, 1457, 1460, 1461; BFH BStBl II 1988, 344.

47 *Brandmüller/Klinger*, Unternehmensverbundene Stiftungen, 4. Aufl. 2014, S. 30 ff.; siehe dazu schon *Schiffer*, ZErb 2014, 337.

Dazu bedarf es der besagten Regelungen aus den Landesstiftungsgesetzen aber nicht. Das folgt bereits aus den jeweiligen gesellschaftsrechtlichen Regelungen. Diese haben, wie sogleich zu zeigen sein wird, tatsächlich auch eine andere Bedeutung.

Bei der Unternehmensträgerstiftung verfügt die Stiftung, die hier selbst das Unternehmen direkt trägt und eben nicht nur indirekt über eine, wenn man so will, „dazwischen geschaltete Gesellschaft", selbst über das Unternehmensvermögen. Das Unternehmensvermögen ist hier das Stiftungsvermögen, da es in dem Fall ja gerade keine Trennung zwischen beidem gibt. Es gibt hier eben mit der Stiftung nur einen Vermögensträger, nämlich die Stiftung. Die Stiftung ist das Unternehmen, sie ist mit diesem identisch.[48]

Tatsächlich wird der oben zitierte Rechtssatz in den Landesstiftungen denn auch dahingehend kommentiert, seine eigentliche Bedeutung sei in der Anordnung zu sehen, das (zu erhaltende) Stiftungsvermögen von den für die Zweckverwirklichung verfügbaren Stiftungsmitteln getrennt zu halten, was insbesondere durch getrennte Vermögensaufstellung, Kontoführung und Kassenverwaltung sowie getrennte Buch- und Rechnungsführung sicherzustellen ist.[49] Das ist aber eine Regel, die für alle Stiftungen gilt, und nicht nur für unternehmensverbundene Stiftungen.

3. Familienstiftungen

31 Von einer Familienstiftung spricht man, wenn die Stiftung in erster Linie oder jedenfalls wesentlich den Interessen einer oder mehrerer Familien dient (siehe § 2 Rn 21 ff.).[50] Das macht sie für Unternehmensnachfolge- und Erbfolgegestaltungen besonders interessant. Sie dient typischerweise dazu, größere Vermögen zusammenzuhalten und die Familie zu versorgen. In der Praxis finden sich hier in Verbindung mit Unternehmen oft Mischzwecke (unternehmensverbundene Familienstiftung als Beteiligungsträgerstiftung). Der Umfang der Versorgung der Familie reicht von regelmäßigen Zahlungen an die betreffenden Familienmitglieder bis zur Unterstützung „nur" bei der Ausbildung und in Notlagen. Eine Familienstiftung hat Erbersatzsteuer zu zahlen (ausführlich dazu siehe § 8 Rn 49 ff.).

---

48 Das sieht an sich auch *Klinger* in seiner sehr knappen Darstellung bei *Brandmüller/Klinger* auf S. 8 so; auf S. 30 ff. übersieht er das dann.

49 Siehe etwa *Peiker*, StiftG Hessen, 4. Aufl. 2009, S. 60 f.; *Bruns*, StiftG Baden-Württemberg, 6. Aufl. 2010, S. 85; *Pohley*, StiftG Bayern, 3. Aufl. 1999, S. 49.

50 Staudinger/*Hüttemann*/*Rawert* (2011), Vorbem zu §§ 80 ff. Rn 178 bezeichnen sie als den Prototyp der privatnützigen Stiftung.

Auch eine steuerbefreite Stiftung kann „einen Teil, jedoch höchstens ein Drittel ihres Einkommens dazu verwende[n], um in angemessener Weise den Stifter und seine nächsten Angehörigen zu unterhalten, ihre Gräber zu pflegen und ihr Andenken zu ehren“ (§ 58 Nr. 5 AO). Auf diese und weitere steuerrechtliche Besonderheiten der Familienstiftung wird in diesem Buch an anderer Stelle ausführlich eingegangen (siehe § 8 Rn 17 ff.).

4. Steuerbefreite Stiftungen

Auch im Zusammenhang mit Unternehmen kann eine gemeinnützige Stiftung (siehe § 9) eine sinnvolle Rolle für das Unternehmen wahrnehmen und zugleich der Allgemeinheit dienen. Unternehmenseinkünfte können z.B., wenn das dem Wunsch des Unternehmers entspricht, ganz oder teilweise gemeinnützigen Zwecken zugeführt werden, was als positiver Marketingeffekt für das Unternehmen genutzt werden kann. Unter anderem „Bertelsmann“ gibt dafür immer wieder interessante, aber auch teilweise sehr kontrovers diskutierte Beispiele.[51] 32

5. Alternative Rechtsformen

In der Praxis finden sich neben der „eigentlichen“ Stiftung nach dem BGB auch andere Rechtsformen, namentlich Verein und GmbH, die sich als Stiftung bezeichnen (siehe § 2 Rn 78 ff.). Für den Einsatz zur Unternehmensnachfolge kann vor allem eine Stiftungs-GmbH in Betracht kommen. Ein bekanntes Beispiel dafür ist die „Robert Bosch Stiftung“ GmbH. Sie ist Gesellschafterin der Robert Bosch GmbH.[52] 33

Attraktiv mag eine Stiftungs-GmbH im Vergleich zu einer rechtsfähigen Stiftung im Einzelfall vor allem unter dem Aspekt der Staatsfreiheit (keine Aufsichtsbehörde!) erscheinen. Dabei darf aber nicht verkannt werden, dass es sich nur um eine Lösung „zweiter Klasse“ handelt (siehe § 2 Rn 117), wenn im Sinne einer Vermögensverselbstständigung unter eigenständiger Organisation die auf Dauer angelegte Verwirklichung eines bestimmten Zwecks angestrebt wird. 34

6. Zustiftungen zur Regelung der Unternehmensnachfolge?

Auch die Zustiftung wird mitunter als Ansatz zur Gestaltung der Unternehmensnachfolge angedacht. Die Zustiftung zu einer bereits **bestehenden steuerpflichtigen Stiftung** macht tatsächlich regelmäßig nur dann Sinn, wenn es 35

51 Siehe etwa *Schuler*, Bertelsmann Republik Deutschland, 2010.
52 Siehe http://www.bosch-stiftung.de/content/language1/html/389.asp.

sich um eine von dem Zustiftenden selbst errichtete Stiftung handelt (Fall der „lebzeitigen Anstiftung“, siehe § 3 Rn 39 ff.). Andernfalls hat der Stifter grundsätzlich keine Möglichkeit, gestaltend auf die Stiftung einzuwirken und gibt mit der Zustiftung zu einer bestehenden Stiftung jede Kontrolle über das Unternehmen aus der Hand. Er unterwirft es letztlich dem Willen des Stifters der bereits bestehenden Stiftung.

36 Eine Zustiftung zu einer bereits **bestehenden steuerbefreiten Stiftung** mag zwar steuerliche Vorteile bieten, doch gilt zum einen dasselbe wie schon zu dem Fall der Zustiftung zu einer steuerpflichtigen Stiftung. Zum anderen ist zu zusätzlich bedenken, dass gerade steuerbefreite Stiftungen in aller Regel nicht über eine für den Betrieb eines Unternehmens erforderliche Organisation oder das entsprechende „Personal“ verfügen. Das mag ausnahmsweise anders sein. Jedenfalls ist im Fall der Zustiftung zu einer bereits bestehenden steuerbefreiten Stiftung zu beachten, dass durch die zugestiftete Beteiligung an einer Gesellschaft die gemeinnützige Stiftung nicht den Bereich der Vermögensverwaltung verlässt, d.h. es muss sich bei den Gesellschaftsanteilen regelmäßig um GmbH-Anteile handeln.

Zudem muss die betreffende gemeinnützige Stiftung bereit sein, sich und ihre Organe so einzurichten und zu besetzen, dass ihr die Wahrnehmung der Gesellschafterstellung überhaupt sinnvoll möglich ist. Die Organmitglieder sollten dementsprechend in wirtschaftlichen Sachverhalten bewandert und nicht etwa „nur“ erfahrene Sozialarbeiter sein.

Bereits diese wenigen Erwägungen zeigen, dass die Zustiftung zu einer „fremden“ gemeinnützigen Stiftung ein ganz besonderer Ausnahmefall zur Regelung der Unternehmensnachfolge ist, der in der Praxis kaum einmal in Betracht kommen wird.

II. Besondere Anforderungen an die Gestaltung

37 Bei der Gestaltung der Unternehmensnachfolge stellen sich einige besondere Anforderungen an die Gestaltung, die ein Berater zu berücksichtigen hat.

1. Die erforderliche Flexibilität erhalten

38 Eine Stiftung als Mittel zur Unternehmensnachfolge ist, wie vorstehend bereits mehrfach betont wurde, aufgrund ihrer **Kontinuität** und wegen der Möglichkeit, Streit unter Erben zu vermeiden, besonders attraktiv. Gefährlich für das Unternehmen kann aber genau diese Stetigkeit der Stiftung werden. Kann doch die Stiftungssatzung nur in dem durch den tatsächlich geäußerten oder mutmaßlichen Willen des Stifters gesetzten engen Rahmen geändert wenden. Für die Satzungsänderung ist außerdem grundsätzlich die Zustimmung der

Stiftungsaufsicht erforderlich. Folglich können auch Unternehmen, die in Form von Stiftungskonstruktionen gestaltet sind, auf Änderungen ihres Marktes und der wirtschaftlichen Rahmenbedingungen durch eine Änderung der Unternehmensstruktur nur bedingt reagieren – jedenfalls solange die Stiftungskonstruktion beibehalten werden soll. Das ist besonders gravierend bei einer Unternehmensträgerstiftung. Auch deshalb ist eine solche Stiftung als Ansatz zur Gestaltung einer Unternehmensnachfolge kaum geeignet.

Der Stifter/Unternehmer muss, wenn er eine Stiftungsgestaltung im Interesse 39 des Unternehmens wählt, gemeinsam mit seinem Berater besonders darauf achten, dass die Stiftungsgestaltung die **für das Unternehmen und die Zukunft erforderliche Flexibilität** gewährt. Das ist durch eine sorgfältige Gestaltung der Stiftungskonstruktion und eine überlegte Formulierung der Stiftungsverfassung bei der Beteiligungsträgerstiftung durchaus möglich, denn auf der Ebene der Gesellschaft, an der die Stiftung beteiligt ist, ist qua Rechtsform die erforderliche Flexibilität gegeben. Gewollt „unflexibler“ ist die Stiftung als Gesellschafter. Aber auch auf der Ebene der Stiftung lässt sich eine gewisse Flexibilität erreichen:

- So kann den Stiftungsorganen in der Stiftungsverfassung beispielsweise ausdrücklich die Möglichkeit eingeräumt werden, Anpassungen an veränderte wirtschaftliche Verhältnisse im Bereich der Stiftung durchzuführen. Die Stiftungsaufsichtsbehörde darf, da sie den in der Satzung dokumentierten Stifterwillen zu beachten hat, die Zustimmung zu einem geänderten, den neuen wirtschaftlichen Rahmenbedingungen entsprechenden Verhalten der Stiftung grundsätzlich nicht verweigern.
- Denkbar ist außerdem z.B. eine Ermächtigung in der Stiftungssatzung zu einem Wechsel der Rechtsform des Unternehmens in besonderen Fällen. Hinzuweisen ist auch auf die Möglichkeit, in dem Gesellschaftsvertrag einer Stiftung & Co (KG) den Ausschluss der Komplementär-Stiftung im Wege eines Mehrheitsbeschlusses der Kommanditisten vorzusehen. Ersichtlich ergibt sich in diesen Fällen als Preis für die erhöhte Flexibilität aber die Konsequenz, dass die möglicherweise vom Stifter gewünschte „ewige“ Verbindung zwischen Unternehmen und Stiftung in letzter Konsequenz gelöst werden kann.

Mit einer durchdachten Gestaltung der Stiftungskonstruktion lässt sich also im 40 Einzelfall grundsätzlich die erforderliche Flexibilität erreichen. Das darf jedoch nicht darüber hinwegtäuschen, dass die Flexibilität von Personen- und Kapitalgesellschaften bei einer Stiftungskonstruktion auf Ebene der Stiftung nicht erreicht werden kann.

Praxishinweis: Kapitalmarktrecht und Satzung einer Beteiligungsträgerstiftung?
In besonderen Fällen kann auch das Kapitalmarktrecht für die Abfassung einer Stiftungssatzung bedeutsam sein:[53] Hält eine Beteiligungsträgerstiftung 3 % oder mehr an stimmberechtigten Aktien einer deutschen Aktiengesellschaft, die börsennotiert ist, können auf die die Stiftung beherrschenden Personen kapitalmarktrechtliche Pflichten nach §§ 21 ff. WpHG zukommen.
Es kann zu Stimmrechtsverlusten (§ 28 WpHG) und zu erheblichen Bußgeldern kommen (§ 39 WpHG).

2. Die Besetzung der Stiftungsorgane

41 Die Gestaltungsfreiheit ist groß und mit fachkundiger Unterstützung lassen sich auf den Einzelfall angepasste Lösungen finden. Nicht vergessen darf der stiftungswillige Unternehmer darüber, dass er auch für die „richtige" Besetzung der Stiftungsorgane Sorge tragen muss (siehe auch § 3 Rn 79 ff.).

Die Besetzung der Organe eines Unternehmens ist eine Frage, die sich für Unternehmen in jeder Rechtsform stellt. Gleiches gilt für die Art und Weise der Zusammenarbeit zwischen Geschäftsleitung und Kontrollorgan. Werden hier die richtigen kompetenten Persönlichkeiten gefunden, so dürften sich – abgesehen von der geringeren Flexibilität einer Stiftungskonstruktion – im Falle einer unternehmensverbundenen Stiftung keine zusätzlichen Probleme ergeben.

42 In der Praxis trifft man mitunter aber auf die Ansicht, dass Stiftungsvorstände bei ihrer Tätigkeit schlechter motiviert seien als sonstige Führer von Wirtschaftsunternehmen. Begründet wird das vor allem mit der genannten geringeren Flexibilität von Stiftungskonstruktionen und der damit einhergehenden, in gewisser Weise statischen Haltung des Unternehmens.

43 Außerdem wird darauf verwiesen, dass gelegentlich der regelmäßig bestehende Stiftungsrat die unternehmerische Tätigkeit des Stiftungsvorstandes unnötig einschränke, wobei mitunter die (ehrenamtlichen) Mitglieder des Stiftungsrates nicht die erforderliche unternehmerische Kompetenz hätten. Es erscheint fraglich, ob diese Einwände tatsächlich begründet sind. Die möglichst optimale Besetzung der Organe und deren „Zusammenarbeit" ist jedenfalls kein Problem, das spezifisch für Stiftungskonstruktionen ist. Letztlich ist die Frage nach der richtigen Motivation der Mitglieder der Führungsorgane einer unternehmensverbundenen Stiftung eine Frage nach den für die Aufgabe geeigneten Persönlichkeiten.

---

53 Näher dazu *Hippeli* (Referent bei der BaFin), ZStV 2014, 49.

Die **nachhaltige Besetzung der Stiftungsorgane mit geeigneten Persönlichkeiten** ist für unternehmensverbundene Stiftungen, wenn diese in der Lage sind, passende Vergütungen zu zahlen, i.d.R. ein lösbares Problem. Da ist die ehrenamtliche Besetzung, wie sie für steuerbefreite Stiftungen typisch ist, deutlich schwieriger. Tatsächlich ist die nachhaltig passende Besetzung der Organe mit menschlich wie persönlich geeigneten Persönlichkeiten ein Problem, das vielfach leider noch deutlich unterschätzt wird. 44

Praxishinweise: Besetzung der Stiftungsorgane 45

Es wird von einem Familienmitglied, das in der Leitung einer unternehmensverbundenen Stiftung tätig ist, die wiederum Mehrheitsgesellschafterin und Komplementärin einer Kommanditgesellschaft ist (Stiftung & Co KG), beklagt, es fehle die rechte Motivation für die Familie zur Mitarbeit im Unternehmen und den Organen der Stiftung, da das Unternehmen ganz überwiegend nicht der Familie, sondern der Stiftung gehöre. Hier zeigt sich, dass nicht nur der Unternehmer, sondern ggf. auch seine Familie die nötige „Stiftungsreife" (siehe § 14 Rn 31 ff.) mitbringen muss, um die Vorteile der Stiftungsgestaltung für das Unternehmen zu „begrüßen". Unabhängig davon kann die nachhaltige Organbesetzung in der Praxis zu einem Problem werden.

Anders als die Rechtsform der GmbH & Co. KG, die sehr häufig zu finden ist, ist die Stiftung & Co. KG (siehe Rn 53 ff.) nach wie vor relativ selten. Anders als die Stellung eines GmbH-Geschäftsführers bei einer GmbH & Co. KG ist daher die Position als Vorstand einer Stiftung, die Komplementärin einer Stiftung & Co. KG ist, in der Öffentlichkeit mit einem wesentlich größeren Sozialprestige verbunden. Ähnlich wie für eine Aktiengesellschaft im Vergleich zur GmbH lassen sich für eine Stiftung & Co. KG im Vergleich zur GmbH & Co. KG deshalb nach Erfahrungen aus der Praxis **eher geeignete Führungskräfte** finden.

3. Enteignung der „Stifterfamilie"?

Eine (Familien-)Stiftung mit ihrer Ewigkeitstendenz ist zur Gestaltung der Unternehmensnachfolge für eine Unternehmerfamilie, wie oben angesprochen, vor allem wegen ihrer Nachhaltigkeit attraktiv. Das ist die eine Seite. Auf der anderen Seite fühlen sich die Abkömmlinge des Unternehmers und Stifters wegen der Übertragung auf eine Stiftung statt auf sie als natürliche Personen ggf. „enteignet", und eine Unternehmerfamilie schreckt aus diesem Grunde u.U. davor zurück, das Familienunternehmen auf eine Familienstiftung zu übertragen.[54] Dieser Einwand ist über die Jahre in der Praxis immer wieder zu 46

54 Siehe dazu schon *Schiffer*, FS Binz, S. 596, 599 ff.,

hören.[55] Bereits vor über 20 Jahren beklagte etwa ein Unternehmer, der Vorstand einer solchen Stiftung war, er sei als Familienmitglied von seinen Altvorderen durch die Errichtung der Stiftung enteignet worden. Die Stiftung halte nun die Anteilsmehrheit am Unternehmen, während er nur eine Minderheitsbeteiligung geerbt habe. Ist, wenn man einmal davon absieht, dass das deutsche Recht keinen Erbanspruch, sondern „nur" Pflichtteilsrechte kennt, ein solcher Enteignungseinwand begründet?

Für die Antwort ist eine genauere Betrachtung erforderlich: Überzeugt es, wenn eine Unternehmensnachfolgegestaltung mit einer Familienstiftung als „Enteignung" der Familie gewertet und der Entzug des zivilrechtlichen Eigentums am Unternehmen in den Vordergrund der Betrachtung gestellt wird?

a) Keine entscheidenden Besonderheiten bei der Familienstiftung

47 Führen wir uns noch einmal vor Augen (siehe auch Rn 20 ff.): Bei den unternehmensverbundenen Stiftungen unterscheiden wir vor allem Unternehmensträgerstiftungen und Beteiligungsträgerstiftungen. Eine Familienstiftung dient als unternehmensverbundene Familienstiftung typischerweise dazu, die Familie zu versorgen (Stichwort: „Unternehmensertrag" für die Familiendestinatäre) und den Einfluss der Familie auf das Unternehmen zu erhalten (Stichwort: „Macht" im Unternehmen und/oder in der Stiftung, insbesondere durch Besetzung der Organe mit Familienmitgliedern oder Vertrauten).[56] Die Familienmitglieder erhalten dabei regelmäßig keinen Zugriff auf die in der Beteiligung enthaltene Unternehmenssubstanz (siehe Rn 16 ff.). Die von der Stiftung gehaltenen Anteile sind grundsätzlich auch nicht veräußerbar.[57] Sie sollen über die Familienstiftung ja gerade nachhaltig zusammengehalten werden.

Die Destinatäre kommen über die Gesellschafterstellung der Familienstiftung[58] in den Genuss der Unternehmenserträge, wobei sie typischerweise keinen Zahlungsanspruch haben.[59]

---

55 So ist es offensichtlich auch *Binz* gegangen, siehe *Binz*, Steuerberater-Jahrbuch 1987/1988, 147.

56 Siehe auch *Schiffer/Pruns,* BB 2013, 2755, 2761.

57 Presseberichte zu der **Breuninger Stiftung** zeigen, dass es in Ausnahmefällen bei besonderen Konstellationen nachträglich faktisch und wirtschaftlich doch zur Veräußerung von Anteilen der von einer Stiftung gehaltenen Unternehmensanteile durch die Familie kommen kann; siehe etwa Stuttgarter Zeitung vom 25.6.2012 („Streit um Anteile am Kaufhaus Breuninger", http://www.stuttgarter-zeitung.de/inhalt.landgericht-stuttgart-streit-um-anteile-am-kaufhaus-breuninger.acc033f1–51c8–4f71–96b4–27e983471ade.html.

58 Wenn es eben eine echte, die Familie begünstigende Stiftung ist, siehe dazu auch Rn 31 ff.

59 Siehe nur BFH/NV 2001, 1457, 1460, 1461; BFH BStBl II 1988, 344.

Was bedeutet „Eigentum" an einem Unternehmen in letzter Konsequenz? Es bedeutet Gewinnbezüge (Erträge für die Familie), Stimmrechte (Macht), Zusammenwirken als Unternehmerfamilie, was hier als Schlagwort für verschiedene emotionale, volkswirtschaftliche und betriebswirtschaftliche Aspekte verstanden werden soll, und es bedeutet die grundsätzliche Möglichkeit der Veräußerung der Anteile. 48

Von den genannten Punkten lässt sich, wie sich aus dem Vorstehenden ergibt, lediglich die Veräußerung der Anteile nach deren Übertragung auf eine Familienstiftung typischerweise nicht mehr durchführen. Das aber ist gerade gewollt. Über die rechtsfähige Stiftung[60] sollen das Unternehmen und die Anteile daran zusammengehalten werden, es soll der Zugriff auf das Unternehmen im Sinne von Erträgen und Macht auch für die Folgegenerationen der Unternehmerfamilie und im Interesse auch der Unternehmung als sozialer Einheit (möglichst) erhalten bleiben. *Binz* titulierte den Sachverhalt einmal ganz plastisch als einen gewollten (!) **„goldenen Käfig"**.[61]

b) Unternehmensverbundene Familienstiftung als „goldener Käfig"?

Blickt man auf die Praxis, so fällt auf, dass die **Gesellschaftsverträge von Familienunternehmen**, nicht nur bei Familien mit vielen Anteilseignern,[62] ganz **unabhängig von der Rechtsform** ähnlich wie im Fall der Einbindung einer Stiftung auch auf Langfristigkeit des Unternehmens und Zusammenhalt der Anteile in der Familie ausgelegt sind. So wenig wie das mit Blick auf die für das Unternehmen gewünschte Nachhaltigkeit überrascht, so wenig kann das hier wirklich vertieft werden. Festhalten lassen sich hier aber je nach Rechtsform, in der das Familienunternehmen geführt wird, etwa folgende Stichworte:[63] 49

– Die Fortsetzung darf im Erbfall nur mit Familienangehörigen erfolgen.[64]

---

60 Die Familienstiftung als Verbrauchsstiftung, wie sie neuerdings propagiert wird, siehe *Tielmann*, NJW 2013, 2934, ist ersichtlich ungeeignet zur nachhaltigen Regelung der Unternehmensnachfolge. Kritisch zu dem Vorschlag von *Tielmann* bereits *Schiffer/Pruns*, BB 2013, 2755, 2761.

61 *Binz*, Steuerberater-Jahrbuch 1987/1988, 157.

62 Siehe etwa die Unternehmung Freudenberg mit rund 320 Gesellschaftern http://de.wikipedia.org/wiki/Freudenberg_Gruppe und http://www.freudenberg.com/de/Unternehmen/Struktur/Seiten/FreudenbergCo.aspx.

63 Siehe etwa *Spiegelberger*, Unternehmensnachfolge, 2. Aufl. 2009, S. 277 ff., zu entsprechenden Vertragsgestaltungen bei der Familienpersonengesellschaften; *Riedel*, in: Riedel (Hrsg.), Praxishandbuch Unternehmensnachfolge, § 4 Rn 220 ff.

64 Siehe etwa *Crezelius*, Unternehmenserbrecht, 2. Aufl. 2009, S. 91 ff., zu Mitgliedschaftsrechten und Erbrecht.

- Die Veräußerung von Anteilen an Dritte wird insbesondere durch einstimmige Zustimmungserfordernisse, ggf. verbunden mit Poolverträgen, Gesellschafterausschüssen gegen die Zersplitterung von Stimmen und auch mit Vorkaufsrechten der anderen Gesellschafter, erschwert bis faktisch ausgeschlossen.
- Abfindungsreduzierungen, etwa durch Buchwertklauseln[65] oder Regelungen zu Auszahlungsmodalitäten, sollen den die Liquidität des Unternehmens belastenden Ausstieg von Mitgesellschaftern zusätzlich unattraktiv machen.
- Mit familienfremden Fachleuten besetzte Beiräte[66] sollen, ähnlich den Stiftungsräten bei einer Stiftung, zu einer fachlich effizienten Kontrolle der Unternehmensleitung unabhängig von etwaigen familiären Streitigkeiten führen.

Das entspricht bei genauer Betrachtung dem vom *Binz* angesprochenen „goldenen Käfig“ bei der Familienstiftung. Ein solcher kann also rechtsgestalterisch ähnlich auch ohne den Einsatz einer (Familien-)Stiftung erreicht werden.

50 Auch bei Stiftungsgestaltungen kann es durchaus besondere Konstellationen und Gestaltungen geben, bei denen der „goldenen Käfig“ später wieder aufgesperrt wird. Verwiesen sei beispielhaft auf aus der Presse bekannten und bereits oben angesprochenen Fall Breuninger. Dazu heißt es in der Presseerklärung des LG Stuttgart im Verfahren 22 O 582/11 vom 22.1.2014 u.a. wörtlich:[67]

> *„Die von dem Kaufmann Heinz Breuninger im Jahr 1969 gegründete Heinz Breuninger Stiftung war Alleingesellschafterin der gemeinnützigen Breuninger Stiftung GmbH. Diese hielt sämtliche Anteile an der BSG Beteiligungs-GmbH, einer Obergesellschaft der Breuninger Unternehmensgruppe. … Im Juli 2004 wurde die Heinz Breuninger Stiftung durch einstimmigen Beschluss des Stiftungsvorstands aufgehoben. Hierdurch fiel das Stiftungsvermögen an Dr. Helga Breuninger als Alleinerbin des Stiftungsgründers. Sie veräußerte den Beteiligungsbesitz der Breuninger Stiftung GmbH …“*

Dieses aktuelle Praxisbeispiel zeigt plastisch, dass eine Stiftungssatzung z.B. sehr wohl eine „Anfallklausel“ enthalten kann, die unter bestimmten Umstän-

---

65 Siehe dazu etwa *Riedel*, in: Riedel (Hrsg.), Praxishandbuch Unternehmensnachfolge, § 4 Rn 315 f.

66 Zum freiwilligen Unternehmensbeirat siehe etwa: *Schiffer*, in: Arens/Tepper (Hrsg.), Praxisformularbuch Gesellschaftsrecht, 4. Aufl. 2013, S. 1063 ff.

67 Siehe Presseerklärung des Landgerichts Stuttgart in dem Verfahren: http://www.landgericht-stuttgart.de/pb/,Lde/Startseite/PRESSE+und+VERANSTALTUNGEN/Klaeger+gewinnt+im+Breuninger+Beteiligungsprozess/?LISTPAGE=1195716.

den tatsächlich den Rückfall des Stiftungsvermögens in den Verfügungsbereich der Stifterfamilie ermöglicht. Die Einzelheiten des „Breuningerfalles“ können und sollen hier nicht erörtert werden, da der Fall in der Fachwelt nur aus der Presse bekannt ist. So ist etwa auch nicht bekannt, wie im Einzelnen, die Stiftungsaufsichtsbehörde gemäß § 87 Abs. 1 BGB die „Unmöglichkeit der Erfüllung des Stiftungszwecks“ als enge Voraussetzung für die Aufhebung der Stiftung geprüft hat und wie dazu der Sachverhalt im Einzelnen gewesen ist.

Jedenfalls lässt sich unabhängig davon anlässlich des Praxisbeispiels festhalten, dass auch bei der Einbindung von Stiftungen als Nachhaltigkeitselement in die Unternehmensnachfolge gestalterisch eine Annäherung an die gerade angesprochenen Gestaltungen ohne Einbindung einer Stiftung erfolgen kann und im Ergebnis der „goldene Käfig“ mehr oder weniger vermieden werden kann – je nachdem, was der Stifter bindend in der Satzung festgelegt hat und je nachdem, woran sich die später involvierten Personen halten oder ggf. eben auch nicht halten.

Beide Gestaltungsansätze (mit oder ohne Stiftung) liegen mithin, je nachdem, was im konkreten Fall gewollt ist und festgelegt wird, was den angeblichen „Enteignungsaspekt“ angeht nicht zwingend wirklich weit auseinander. Es besteht jeweils erheblicher Gestaltungsspielraum.

c) Fazit

Der generelle Einwand der Enteignung der Unternehmerfamilie bei einer Anteilsübertragung auf eine Familienstiftung greift also bei genauer Betrachtung nicht.[68] Dennoch findet man diesen Einwand in der Praxis gerade bei den betroffenen Familienmitgliedern. Es ist deshalb Aufgabe des erfahrenen Beraters, auf die notwendige „Stiftungsreife“ (siehe § 14 Rn 31 ff.) bei dem Stifter und seiner Familie hinzuwirken und eventuellen Missverständnissen zur Rechtsform der Stiftung rechtzeitig vor Errichtung der Stiftung zu begegnen. 51

C. Typische speziell unternehmensbezogene Gestaltungen

Bei den speziell auf ein Unternehmen ausgerichteten Stiftungsgestaltungen rückt einerseits der Gedanke der Führung der Unternehmung in den Fokus und andererseits die Gestaltung mit steuerbefreiten Stiftungen. 52

68 So im Ergebnis auch schon *Binz*, Steuerberater-Jahrbuch 1987/1988, 147, 157.

I. Führungsstiftung – insb. die Stiftung & Co. KG

53 Bei der an die GmbH & Co. KG, der wohl beliebtesten Rechtsform für von Familien getragene Unternehmen,[69] ist einer der Grundgedanken, dass hier Macht und Kapital sinnvoll getrennt werden können. Die Macht wird über die Komplementär-GmbH ausgeübt. Das Kapital wird durch die Kommanditisten gestellt. Das Zusammenwirken der Gesellschafter lässt sich im KG-Vertrag relativ frei gestalten – vor allem über festgelegte Mehrheiten bei Gesellschafterbeschlüssen, Vetorechte der Komplementärin und durch Einschränkung der Rechte der Kommanditisten.

54 Die Stiftung & Co. KG[70] ähnelt der GmbH & Co. KG. Die **Stiftung** ist die einzige persönlich haftende Gesellschafterin (**Komplementärin**). Ihr steht gem. §§ 164, 170 HGB die Geschäftsführung zu. Die nachhaltige Trennung von Macht und Kapital lässt sich hier im Sinne der Unternehmenskontinuität noch besser verwirklichen. Über ihre Führungsrolle als Komplementärin ist die Stiftung in der Lage, nach dem Tod des Stifters eine Art Garantie für die Durchsetzung seines Willens zu übernehmen.

55 Ebenso wie die GmbH & Co. KG genießt die Stiftung & Co. KG die Vorteile einer Personengesellschaft bei gleichzeitiger Vermeidung des Haftungsnachteils. Bei der Komplementärstiftung als rechtsfähigem Sondervermögen ohne Gesellschafter ist eine Durchgriffshaftung ausgeschlossen, während eine solche Haftung für die hinter einer Komplementär-GmbH stehenden Gesellschafter durchaus möglich ist.

Auch die Stiftung & Co. KG fällt allerdings unter die sog GmbH & Co.-Richtlinie zur Publizität.[71] Da es keine natürliche Person als persönlich haftender Gesellschafter gibt, ist zu publizieren.[72]

56 **Praxishinweis: Publizität bei der Stiftung & Co. KG und der gGmbH**
„Publizität" wird in modernen Unternehmen sinnvollerweise als Marketinginstrument genutzt. Ähnlich wie bei einem Börsengang dieser Aspekt im Zusammenhang mit der Frage nach der sog. Börsenreife behandelt wird,

69 Zu ihr ausf. *Binz/Sorg*, Die GmbH & Co. KG, 11. Aufl. 2010.

70 Ausf. neben den in Fn 4 in diesem Kapitel gegebenen Nachweisen etwa: *Binz/Sorg*, Die GmbH & Co. KG, § 25 Rn 1 ff.; *Brandmüller/Lindner*, Gewerbliche Stiftungen, S. 77 ff.; *Delp*, Die Stiftung & Co. KG, 1991; Münch. Hdb. GesR/*Gummert*, Bd. 5, § 82 (S. 1257 ff.); *Hävelmann*, Die Stiftung & Co. KG als Unternehmensnachfolge, 2006; *Nietzer/Stadie*, NJW 2000, 3457; *Theuffel-Werhahn*, StiftungsBrief 2015, 114, 133 und 152; Seifart/v. Campenhausen/*Pöllath/Richter*, § 12 Rn 85 ff.; Werner/Saenger/*Saenger*, Rn 907 ff.

71 *Ernst*, DStR 1999, 903, 904.

72 Vgl. § 264a HGB.

ist es eine Frage der an anderer Stelle behandelten „Stiftungsreife“ (siehe § 14 Rn 31 ff.) des Stifters und des Nachfolgegründers, ob die Publizität der Stiftung & Co. KG positiv verstanden und aufgegriffen wird.
Auch eine gemeinnützige GmbH ist im Übrigen publizitätspflichtig. Man mag das bedauern und kritisieren, der Gesetzgeber hat hier aber keine Ausnahmevorschrift erlassen.

Wählt der Stifter zur angemessenen Verstetigung seines Willens die Gestaltung einer Stiftung & Co KG, so ist der Stiftung im Gesellschaftsvertrag der Kommanditgesellschaft eine entsprechend starke Stellung einzuräumen. Es sollte insbesondere bestimmt werden, dass Änderungen des KG-Vertrages jedenfalls in wichtigen Fällen der Zustimmung der Stiftung bedürfen. 57

Soll die Stiftungsaufsicht vermieden oder jedenfalls reduziert werden, kann die Stiftung als **Familienstiftung** (siehe § 2 Rn 21 ff.) ausgestaltet werden, wozu allerdings die unterschiedlichen Bedingungen und Auflagen in den einzelnen Bundesländern im Einzelfall sehr genau zu prüfen sind. 58

Die Stiftung dient hier in Zusammenwirkung mit der Stiftungsaufsicht – wenn die Stiftung nicht als von der Stiftungsaufsicht teilweise „befreite“ Familienstiftung ausgestattet ist –, als verlängerter Arm des Stifters weit über dessen Tod hinaus. Die Aufhebung der Stiftung und auch jede Satzungsänderung bedürfen der Genehmigung der Stiftungsbehörde, die nur erteilt wird, wenn sie dem erklärten oder mutmaßlichen Willen des Stifters entspricht.

Im gegenteiligen Fall dient die Stiftung in Zusammenwirkung mit der Stiftungsaufsicht – wenn die Stiftung eben nicht als von der Stiftungsaufsicht teilweise „befreite“ Familienstiftung ausgestattet ist – als **verlängerter Arm des Stifters weit über dessen Tod hinaus**. Die Aufhebung der Stiftung und auch jede Satzungsänderung bedürfen der Genehmigung der Stiftungsbehörde, die nur erteilt wird, wenn sie dem erklärten oder mutmaßlichen Willen des Stifters entspricht. 59

Die Position des Komplementärs wird bei der Stiftung & Co. KG in aller Regel von einer nicht steuerbefreiten Stiftung eingenommen – und, wie gesehen, häufig von einer Familienstiftung. 60

Für eine gemeinnützige Stiftung hätte diese Position regelmäßig zur Folge, dass sie insoweit einen steuerpflichtigen wirtschaftlichen Geschäftsbetrieb unterhielte (siehe § 9 Rn 121 ff.).

Eine gemeinnützige Stiftung kann sich nur dann steuerunschädlich an einer Personengesellschaft beteiligen, wenn die Beteiligung ausnahmsweise nicht zu einem wirtschaftlichen Geschäftsbetrieb führt. Das ist etwa bei einer gewerblichen geprägten vermögensverwaltenden Personengesellschaft der Fall.[73] Ein entsprechendes steuerliches Ergebnis erzielt man, indem man die etwaige Kommanditistenstellung der gemeinnützigen Stiftung so ausgestaltet, dass steuerlich keine Mitunternehmerschaft mehr vorliegt.[74]

61 Ist ein **Vorstandsmitglied** der Stiftung **gleichzeitig auch Kommanditist** der Kommanditgesellschaft/Stiftung & Co. KG, ist seine **Vorstandsvergütung** eine Sondervergütung nach § 15 Abs. 1 S. 1 Nr. 2 S. 1 Hs. 2 EStG, sofern die Gesellschaft ein Gewerbe i.S.v. § 15 Abs. 2 EStG ausübt. Eine etwaige **Pensionsrückstellung** für ihn betrifft dann ebenfalls eine Sondervergütung, für die ein korrespondierender Anspruch in einer Sonderbilanz aktiviert werden muss.[75] Im Ergebnis wirkt sich eine solche Pensionsrückstellung nicht steuermindernd aus. Nur wenn das Vorstandsmitglied **nicht** gleichzeitig **Kommanditist** der Stiftung & Co. KG ist, kann die Stiftung zugunsten dieses Vorstandes steuerwirksam eine Pensionsrückstellung bilden – natürlich unter Beachtung der allgemeinen Voraussetzungen, denn ein solches Vorstandsmitglied ist steuerlich nicht als Mitunternehmer, sondern als Arbeitnehmer anzusehen.[76] Die Tätigkeitsvergütungen eines solchen Vorstandsmitgliedes sind steuerlich Einkünfte aus nichtselbstständiger Arbeit und zugleich Betriebsausgaben bei der Stiftung (§ Abs. 4 EStG).

II. Doppelstiftungsmodelle

62 In der Praxis findet sich die Kombination einer Familienstiftung mit einer gemeinnützigen Stiftung (sog Doppelstiftung).[77]

---

73 So BFH – I R 60/10 (zu finden auf www.bundesfinanzhof.de unter Entscheidungen), der damit die Vorinstanz Hessisches FG EFG 2011, 23 bestätigt; siehe auch schon *Schiffer* http://www.stiftungsrecht-plus.de/kommentare-und-mehr/artikel/browse/2/article/gemeinnuetzige-stiftung-und-beteiligung-an-gewerblich-gepraegter-personengesellschaft/index.html?tx_ttnews[backPid]=3&cHash=d103940148.

74 Die Mitunternehmerstellung liegt vor, wenn Mitunternehmerinitiative und -risiko übernommen werden, BFH BStBl II 1984, 751; BStBl II 2001, 449; siehe auch *Buchna/Seeger/Brox*, Gemeinnützigkeit im Steuerrecht, S. 299 f.

75 Vgl. BMF, Schreiben v. 29.1.2008 – IV B 2 – S 2176/07/0001; *Götz*, NWB 2008, F. 2, 10107 (10117).

76 BFH BStBl II 1975, 400; *Ebenroth/Willburger*, BB 1992, 1043 (1048).

77 Ja, solche Modelle finden sich durchaus auch in der Praxis, allerdings scheint uns deren Zahl deutlich geringer als die Anzahl der Publikationen dazu.

1. Grundlagen

Dieses Modell lässt sich in zwei Schritten kennzeichnen:[78] 63

1. Schritt:

Der Familienunternehmer überträgt alle seine Gesellschaftsanteile, die nicht benötigt werden, um den Unterhalt der Familie nachhaltig zu sichern, auf eine steuerbefreite, gemeinnützige Stiftung.

2. Schritt:

Die restlichen Anteile überträgt er auf eine Familienstiftung, die die unternehmerische Verantwortung dadurch trägt, dass das Stimmrecht für die von der gemeinnützigen Stiftung gehaltene Anteile ausgeschlossen wird. Dabei wird die gemeinnützige Stiftung gerade nicht mitunternehmerisch an einer Personengesellschaft beteiligt. Sie führt keinen wirtschaftlichen Geschäftsbetrieb.

Das Modell der Doppelstiftung kombiniert die Vorteile einer unternehmens- 64
verbundenen Stiftung mit den Steuervorteilen einer gemeinnützigen Stiftung.[79] Die Unternehmensführung liegt, um die Steuerbefreiung zu erhalten (Stichwort: wirtschaftlicher Geschäftsbetrieb, siehe § 9 Rn 121 ff.), nicht bei der gemeinnützigen Stiftung, sondern bei der Familienstiftung. Der gemeinnützige Bereich stellt also steuerfrei das Betriebskapital bereit, mit dem der Unternehmensvorstand arbeitet.

Mit ihrer gegenseitigen Funktionsbezogenheit arbeiten im Fall der Doppelstif- 65
tung beide Stiftungen in Verantwortung für das Unternehmen zur Erhaltung und Vermehrung der Vermögenssubstanz zusammen. Dabei besteht i.d.R. eine weitgehende organisatorische und personelle Übereinstimmung zwischen den beiden Stiftungen. Gleichzeitig wird nachhaltig ein gemeinnütziger Zweck gefördert. Die Doppelstiftung kombiniert damit auch im besten Sinne des Wortes die „Sinn-Stiftung" in der Form der gemeinnützigen Stiftung mit der Unternehmenssicherung in Form der gesamten Stiftungsgestaltung. Sie ist damit Ausdruck eines verantwortungsbewussten und eigenverantwortlichen Unternehmertums.

---

78 Ausf. *Schiffer*, Doppelstiftungen und Unternehmensnachfolge – Eine Skizze aus deutscher Sicht, in: Eiselsberger (Hrsg.) Jahrbuch Stiftungsrecht 07 (Österreich), Wien/Graz 2007, S. 175 ff.; *ders.*, BBV 2007, S. 214 ff.; siehe auch *Werner*, ZEV, 2012, 244 ff.; *Schuck*, Die Doppelstiftung, 2009; *Auwera*, Die Doppelstiftung – eine Möglichkeit der Unternehmensnachfolge für Familienunternehmen, 2008; *Schnitger*, ZEV 2001, 104 ff.

79 Siehe auch schon *Schiffer*, www.stiftungsrecht-plus.de, Kommentar vom 10.11.2012 (und fortgeschrieben).

2. Gesellschaftsrecht

66 Gesellschaftsrechtlich lässt sich die für Doppelstiftungsgestaltungen typische **Disproportionalität von Gesellschaftsanteilen und Stimmrechten** grundsätzlich problemlos realisieren; das gilt vor allem für Beteiligungen an einer GmbH.

67 Die **Gewinnverteilung** in der GmbH erfolgt grundsätzlich nach dem Verhältnis der Gesellschaftsanteile, soweit im Gesellschaftsvertrag kein anderer Maßstab festgesetzt worden ist. In einer disproportionalen (inkongruenten) Gewinnverteilung[80] liegt kein Verstoß gegen den Gleichbehandlungsgrundsatz, denn die ursprüngliche Satzung mit der betreffenden Regelung wird vom Einverständnis aller Gesellschafter getragen. Bei einer späteren entsprechenden Satzungsänderung ist wegen des Gleichbehandlungsgrundsatzes dementsprechend die Zustimmung aller betroffenen Gesellschafter erforderlich. Steuerrechtlich kann eine solche spätere Änderung problematisch sein.

68 In der GmbH-Satzung können einzelnen Gesellschaftsanteilen ein Mehrstimmrecht verliehen sowie auch Gesellschaftsanteile stimmrechtslos gestellt werden – und zwar anders als bei einer Aktiengesellschaft sogar ohne Ausgleich durch einen Gewinnvorzug, wie er bei einer Doppelstiftungsgestaltung aber grundsätzlich vorliegen wird. Der Stimmrechtsverzicht eines GmbH-Gesellschafters ist nicht schenkungsteuerpflichtig.[81] Dazu hat der BFH zu folgendem Leitsatz gefunden: *„Verzichtet ein Gesellschafter einer GmbH auf ein ihm persönlich zustehendes Mehrstimmrecht, liegt darin auch dann keine freigebige Zuwendung an die anderen Gesellschafter der GmbH, wenn sich der Wert von deren Anteilen an der GmbH dadurch erhöht.“*[82]

Stimmrechtslose Gesellschaftsanteile sind, soweit ersichtlich, in der Praxis eher selten. Ein bekanntes Beispiel ist allerdings die Bosch GmbH. Gerade Unternehmerfamilien können von diesem Gestaltungsansatz sinnvoll Gebrauch machen, der gestalterisch einfacher ist als der Umweg über eine GmbH & Co. KG oder ggf. auch eine Stiftung & Co. KG.

---

80 Zu dieser umstrittenen Thematik siehe etwa: *Birnbaum/Escher*, DStR 2014, 1413 („Fremdvergleich“); *Hübner*, DStR 2008, 1357. Es könnte sich abhängig von der konkreten Sachverhaltskonstellation ggf. die Frage nach schenkungssteuerlichen Folgen stellen. (§ 7 Abs. 8 ErbStG n.F.) Siehe zur disquotalen Einlage des Gesellschafters einer Kapitalgesellschaft als erbrechtlich (!) beachtliche Schenkung mit Pflichtteilsfolgen: *Mylich*, ZEV 2012, 229 ff.; siehe auch *Zimmert*, DStR 2013, 1654.

81 Siehe dazu *Grewe*, Erbfolgebesteuerung, 2013, S. 151.

82 BFH, Urt. v. 30.1.2013 – II R 38/11, DStR 2013, 970 = GmbHR 2013, 668 mit Kommentar von *Binnewies*, ZErb 2013, 183 m. Anm. von *Riedel*, ebendort.

Bei einer **Personengesellschaft** gilt eine **disproportionale Gewinnbeteiligung** nach § 7 Abs. 6 ErbStG als selbstständige Schenkung, die mit dem Kapitalwert anzusetzen ist („*Wird eine Beteiligung an einer Personengesellschaft mit einer Gewinnbeteiligung ausgestattet, die insbesondere der Kapitaleinlage, der Arbeits- oder der sonstigen Leistung des Gesellschafters für die Gesellschaft nicht entspricht oder die einem fremden Dritten üblicherweise nicht eingeräumt würde, gilt das Übermaß an Gewinnbeteiligung als selbstständige Schenkung, die mit dem Kapitalwert anzusetzen ist.*“). Diese Vorschrift bezieht sich allerdings ausdrücklich nur auf Personengesellschaften, greift also im typischen Fall einer Doppelstiftungsgestaltung mit einer GmbH nicht. Bei einer **GmbH** kommen das Gewinnbezugsrecht und der konkretisierte Gewinnanspruch als Schenkungsgegenstand in Betracht. Auch hier sollte es jedenfalls dann zu keinem steuerlichen Problem kommen, wenn die entsprechende Gewinnverteilung bereits in der Satzung der GmbH festgehalten ist, bevor über die Gewinnverteilung eines Wirtschaftsjahres beschlossen wird, denn dann liegt mangels Zuwendungsgegenstandes keine Schenkung vor. 69

Nach Auffassung des **BMF**[83] können entgegen der Rechtsprechung des **BFH**, die dieser jedenfalls für das Vertragsteuerrecht vorgelegt hat,[84] disproportionale Gewinnausschüttungen bei Kapitalgesellschaften als Abweichung vom gesetzlichen Verteilungsschlüssel steuerlich nur anerkannt werden, wenn dafür besondere Leistungen des begünstigten Gesellschafters ursächlich sind. Darauf hat sich die Praxis gegenwärtig einzustellen. Tatsächlich wird sich die BMF-Auffassung in der Praxis bei der Doppelstiftung kaum einmal negativ auswirken, weil die Rechtfertigung für die „Begünstigung“ der Familienstiftung innerhalb der operativen Gesellschaft typischerweise darin liegt, dass Mitglieder der Familie als Mitglieder auch in der Geschäftsführung der operativen Gesellschaft und für den maßgebenden Gesellschafter (Familienstiftung) eben deren Geschäfte führen. Ganz unabhängig davon geht aber hier das Zivilrecht dem Steuerrecht vor, denn die Errichtung der GmbH und deren Satzungsgestaltung, an die die Finanzverwaltung ggf. steuerliche Folgen anknüpfen will, erfolgt nach Zivilrecht,[85] das solche Gestaltungen zulässt. 70

83 BMF-Schreiben v. 7.12.2000 – IV A 2 – S 2810 – 4/00, BStBl I 2001, 47.

84 BFH BStBl II 2001, 43.

85 Siehe *Tipke*, Die Steuerrechtsordnung, Bd. I, 1992, S. 90 f.

71 Die **disquotale Einlage eines Kapitalgesellschafters** führt allerdings steuerlich nach der Fiktion des **§ 7 Abs. 8 ErbStG** zu einer freigiebigen Zuwendung an die Mitgesellschafter.[86] Die Vorschrift lautet:

> *„Als Schenkung gilt auch die Werterhöhung von Anteilen an einer Kapitalgesellschaft, die eine an der Gesellschaft unmittelbar oder mittelbar beteiligte natürliche Person oder Stiftung (Bedachte) durch die Leistung einer anderen Person (Zuwendender) an die Gesellschaft erlangt. Freigebig sind auch Zuwendungen zwischen Kapitalgesellschaften, soweit sie in der Absicht getätigt werden, Gesellschafter zu bereichern und soweit an diesen Gesellschaften nicht unmittelbar oder mittelbar dieselben Gesellschafter zu gleichen Anteilen beteiligt sind. Die Sätze 1 und 2 gelten außer für Kapitalgesellschaften auch für Genossenschaften."*

Satzungsänderungen, wie etwa Änderungen der Gewinnverteilungsabrede oder der Verzicht auf ein Mehrstimmrecht, sind keine Leistungen im Sinne der Vorschrift an die Kapitalgesellschaft.[87]

72 Die vorstehende Skizze zeigt aus unserer Sicht einmal mehr, dass gerade im Bereich von **langfristig über mehrere Generationen angelegten Stiftungen solche** Gestaltungen, die an rechtliche und/oder an steuerliche jeweils aktuell bestehende Grenzen gehen, schon angesichts des im Steuerrecht besonders stetigen Wandels mit Vorsicht zu genießen sind. – Ein Beispiel für diesen Wandel ist die steuerrechtliche Entwicklung bei der disquotalen Einlage.[88] Die Erfahrung zeigt, dass solche an Grenzen gehenden Gestaltungen in der Regel auch gar nicht erforderlich sind, um die gewünschten langfristigen Effekte zu erzielen. Sie entspringen i.d.R. nur einem einseitigen und vor allem auch kurzsichtigen Blick auf das Steuerrecht, der auf Mitnahmeeffekte bei echten oder vermeintlichen Steuervorteilen setzt (siehe auch § 8 Rn 2).

73 **Praxishinweis: Beispiele von Doppelstiftungsmodellen**
Das Modell der Doppelstiftung findet sich in der Praxis z.B. bei großen Familienunternehmen:
Die bekannte **„Robert Bosch Stiftung GmbH"** ist mit über 90 % an der Unternehmung Robert Bosch GmbH, Stuttgart beteiligt.[89] Geleitet wird die Unternehmung Robert Bosch GmbH aber nicht etwa durch die Stiftung

86 Siehe zur disquotalen Einlage des Gesellschafters einer Kapitalgesellschaft als erbrechtlich (!) beachtliche Schenkung mit Pflichtteilsfolgen: *Mylich*, ZEV 2012, 229 ff., zur steuerrechtlichen Diskussion siehe dort, 230; *Brüggemann*, Erbfolgebesteuerung, 2012, 198. Zur subjektiven Seite der disquotalen Einlage siehe *Schulte/Petschulat*, BB 2013, 471.

87 So *Fischer*, in: Fischer/Jüptner/Pahlke/Wachter (Hrsg.), ErbStG Kommentar, § 7 Rn 555.

88 Plastisch dazu *Brüggemann*, a.a.O.

89 Ausf. *Kögel/Berg*, FuS 2011, 13.

GmbH, sondern durch an der Robert Bosch GmbH mit einem „Zwerganteil“ beteiligten Robert Bosch Industrie Treuhand KG, die auch das Stimmrecht aus den Anteilen der Robert Bosch Stiftung GmbH erhalten hat. Diese juristische Konstruktion, die ebenso bei Einsatz einer Stiftung anstelle einer GmbH möglich wäre, dient der deutlichen Trennung zwischen dem Unternehmen einerseits und der gemeinnützigen Aufgabenstellung andererseits. Die Unternehmensführung liegt, um die Steuerbefreiung zu erhalten, nicht bei der gemeinnützigen Stiftung GmbH, sondern bei der Kommanditgesellschaft. Der gemeinnützige Bereich stellt also steuerfrei das Betriebskapital bereit, mit dem der Unternehmensvorstand arbeitet.

Karl Albrecht (Aldi-Süd) ist 2014 gestorben. Sein großes Milliardenvermögen hat er schon in den 1970er Jahren über eine „Stiftungskonstruktion“ geordnet,[90] die er ähnlich gestaltet hat wie sein 2010 verstorbener Bruder Theo Albrecht (Aldi-Nord). Albrecht hat sich für das bekannte „Doppelstiftungsmodell“ entschieden, d.h. das unternehmerische Vermögen auf eine Familienstiftung und auf gemeinnützige Stiftungen übertragen. Kernpunkt der Gestaltung ist die **Siepmann-Stiftung**. Der Zweck dieser Familienstiftung ist es, „die gemeinsamen Interessen der Angehörigen der Familie Albrecht zu wahren und zu fördern“. Karl Albrecht, „dessen“ Vermögen Forbes auf knapp 20 Milliarden EUR schätzt, hat die Siepmann-Stiftung in 1973 errichtet und ihr den Mädchennamen seiner Mutter gegeben. Er war bis 2002 Vorstand der Stiftung, die fast 75 % der Anteile an Aldi Süd und das Markenrecht an Aldi-Süd hält. Bei Aldi-Süd bestehen neben der Familienstiftung die jeweils gemeinnützigen und damit steuerbefreiten Oertl- und Elisen-Stiftung, die der medizinischen Forschung und der Kultur dienen. Die Einzelheiten sind nicht veröffentlicht. Die Quellenlage ist hier unklar. Die gemeinnützigen Stiftungen sollen anfallberechtigt sein, falls keine Abkömmlinge von Karl Albrecht mehr leben.

Zunehmend trifft man auf den Hinweis, die **Bertelsmannstiftung** sei eine solche Doppelstiftung.[91] Das trifft nicht ganz zu. Genau betrachtet ist die dortige Gestaltung zwar ähnlich, aber eben doch viel komplexer. Die Kapitalanteile an der nicht börsennotierten **„Bertelsmann SE & CO KGaA“**, d.h. an einer Kommanditgesellschaft auf Aktien (= eine Aktiengesellschaft, die wie die KG als „Vorstand“ über zumindest einen persönlich haftenden

90 Siehe etwa wikipedia zur Siepmann-Stiftung; www.sueddeutsche.de vom 22.7.2014 "Wie der Aldi Gründer sein Geld vor dem Staat schützte"; Geheimnisse eines Clans, Spiegel 31/2010, 65 ff.; Schiffer, www.stiftungsrecht-plus.de, Kommentar 23.7.2014.

91 Siehe etwa bei wikipedia; siehe auch *Schiffer*, www.stiftungsrecht-plus.de, Kommentar 3.10.2013; die Satzung findet sich hier: https://www.bertelsmann-stiftung.de/fileadmin/files/BSt/Corporate/Organisation/Satzung_BertelsmannStiftung_20140402.pdf (zuletzt eingesehen am 14.1.2015).

Gesellschafter, einen oder mehrere Komplementäre, verfügt) mit einer Societas Europaea (SE) als geschäftsführender Gesellschafterin sind, soweit ersichtlich, wie folgt verteilt:
- die Bertelsmann Stiftung mit 77,6 %,
- die Familie Mohn mit 19,1 % sowie
- mit insgesamt 3,3 % die Reinhard Mohn Stiftung und die BVG-Stiftung.

Sämtliche Stimmrechte werden wie schon in der Vergangenheit schon von der Bertelsmann Verwaltungsgesellschaft (BVG) ausgeübt/kontrolliert.

Zu den damaligen Stimmrechten hat sich *Gunter Thielen*, damaliger Vorstandsvorsitzender der Bertelsmann Stiftung, schon in einem Interview vom 25.10.2010 mit dem Handelsblatt, wie folgt geäußert:[92]

„Die Familie Mohn nimmt ihre Interessen in den Gremien von Bertelsmann wahr. […] Zur Sicherung der Unternehmenskontinuität hat Reinhard Mohn Kapitalanteile und Stimmrechte voneinander getrennt. Das ist rechtlich einwandfrei und durchaus üblich. Die Bertelsmann Stiftung hält 77,4 Prozent der Anteile an dem Bertelsmann Konzern. Diese Anteile sind stimmrechtslos. Alle Stimmrechte werden dagegen von der Bertelsmann Verwaltungsgesellschaft (BVG) kontrolliert. Reinhard Mohn hielt ein Gremium erfahrener Unternehmer unter Einbeziehung der Familie in Form der BVG für besonders geeignet, über Unternehmensangelegenheiten zu entschieden. So entstand eine klare Aufgabenteilung zwischen der gemeinnützigen Arbeit der Bertelsmann Stiftung und den Entscheidungen auf Aktionärsebene der BVG. Gesellschafter der BVG sind Liz Mohn, Dr. Brigitte Mohn, Christoph Mohn, Prof. Werner Bauer, Prof. Jürgen Strube und Prof. Dieter Vogel sowie die BVG-Stiftung. In der BVG werden alle Entscheidungen im Lenkungsausschuss getroffen. Diesem Lenkungsausschuss gehören nur die sechs Personen, nicht aber die BVG-Stiftung an. Alle Mitglieder haben das gleiche Stimmrecht. Reinhard Mohn hat seiner Frau Liz Mohn allerdings sein Vetorecht übertragen.“

Die Bertelsmann-Gestaltung macht sich demnach Überlegungen zunutze, die auch dem Doppelstiftungsmodell zugrunde liegen. Die Bertelsmann-Gestaltung ist aber ersichtlich deutlich komplexer als eine „simple“ Doppelstiftung. Das zeigt, was ggf. alles möglich ist. Ob so eine Gestaltung sinnvoll und auch nachhaltig ist, kann nur in jedem Einzelfall bewertet werden. Eine generelle Beraterempfehlung gibt es (auch) hier nicht.

92 http://www.handelsblatt.com/unternehmen/it-medien/gunter-thielen-wir-sind-keine-heimliche-regierung-seite-all/3572788-all.html (zuletzt eingesehen am 14.1.2015). Das Interview findet sich nicht mehr auf der Homepage der Stiftung.

III. Der Einsatz gemeinnütziger und mildtätiger Stiftungen

Im Unternehmensbereich kann eine gemeinnützige Stiftung auch über die Möglichkeit der Doppelstiftung hinaus eine sinnvolle Rolle spielen und gleichzeitig der Allgemeinheit dienen. Unternehmenseinkünfte können z.B. dem eventuellen Wunsch der Familie entsprechend ganz oder teilweise gemeinnützigen Zwecken zugeführt werden, was durchaus als positiver Marketingeffekt für das Unternehmen genutzt werden kann. Ohne eine gemeinnützige Stiftung könnte das über steuerbegünstigte Spenden nur in begrenztem Umfang geschehen. 74

Daneben bietet sich auch der Einsatz einer (gemeinnützigen) **Stiftung als Familienbank** an.[93] Als Stichwort sind hier Basel II und III zu nennen: Danach soll die Eigenkapitalunterlegung der Banken bei Kreditvergaben stärker nach dem individuellen Kreditrisiko erfolgen, das vorrangig durch ein Bankrating festgestellt wird Das führt zu der Frage der Finanzierung der deutschen mittelständischen Wirtschaft. Die neuen Regeln zur Kreditvergabe sind für deutsche Unternehmen besonders wesentlich, denn in Deutschland sind anders als im anglo-amerikanischen Raum die Unternehmen weniger über die Börse finanziert, als vielmehr über Bankkredite. Angesichts der bekannt schlechten Eigenkapitalausstattung deutscher Unternehmen drohen deshalb höhere und sogar teilweise existenzgefährdende Kapitalkosten. Hier besteht eine sinnvolle und steuergünstige Reaktionsmöglichkeit durch einen geschickten Einsatz von Stiftungen. 75

Eine gemeinnützige Stiftung kann, auch wenn sie nicht unmittelbar an dem Unternehmen beteiligt ist, als Kreditgeber für das Unternehmen fungieren. Sie erwirtschaftet dann entsprechend ihrem Satzungszweck ihr Einkommen durch zinspflichtige Darlehensgewährung an das Unternehmen. Dabei müssen die Bedingungen des Darlehens (Verzinsung, Sicherung etc.) zur steuerrechtlichen Anerkennung grundsätzlich dem Vergleich mit einem von dritter Seite gewährten Darlehen standhalten.

Die Stiftung wird damit zur „Familienbank“. Dadurch wird erstens die Eigenkapitalquote verbessert. Zweitens sinkt damit automatisch der Kreditbedarf. Drittens steigt dadurch die Kreditwürdigkeit.

Zusammenfassen kann man den Ansatz der Stiftung als Gesellschafterin zur Regelung der Unternehmensnachfolge und der gemeinnützigen Stiftung als »Bank« auch durch das oben dargestellte Modell der Doppelstiftung. Im konkreten Fall lassen sich hier sinnvolle Gestaltungen finden, die gleichzeitig der

93 Dazu *Schiffer*, DStR 2002, 1206, 1208; *Döring*, Die Stiftung als Finanzierungsinstrument für Unternehmen, 2010, S. 253 ff.

Allgemeinheit über die gemeinnützige Tätigkeit der Stiftung erheblichen Nutzen bieten. Es ergibt sich eine fruchtbare Verbindung erfolgreichen Unternehmertums mit sehr begrüßenswertem bürgerschaftlichem Engagement.

IV. Stiftungen und Mitarbeiterbeteiligung

76 Die Stiftung ist keine Kapitalgesellschaft. Sie gehört nicht zu den im Mitbestimmungsgesetz abschließend aufgezählten Gesellschaften. Sie ist daher ebenso wie die Stiftung & Co von der Mitbestimmung nach dem Mitbestimmungsgesetz befreit. Möglich bleibt jedoch die Mitbestimmung nach dem Betriebsverfassungsgesetz.

Zu bedenken ist auch, wie sehr Unternehmen, die von Stiftungen dauerhaft mitgetragen werden, sich für eine Mitarbeiterbeteiligung eignen. Gerade in von Stiftungen getragenen Unternehmen lässt sich über eine Mitarbeiterbeteiligung der (vermeintliche) Gegensatz zwischen Arbeitnehmer- und Kapitalgeberinteressen elegant aufheben, stehen doch auf der Kapitalgeberseite, der Stiftung, keine wirklichen Kapitalgeber, die versuchen könnten, einseitig ihre Interessen durchzusetzen. Die Stiftung ist vielmehr eine von Einzelpersonen, Mitgliedern oder Gesellschaftern unabhängige juristische Person. Erinnert sei auch daran, dass gerade der Erhalt eines Unternehmens zwecks Bewahrung einer bestimmten Unternehmenskultur zulässiger Stiftungszweck sein kann.[94]

77 Bei der Integration einer Beteiligungsträgerstiftung in ein Mitarbeiterbeteiligungsmodell (MAB) beherrscht die Stiftung entweder die Gesellschaft (Modell 1) oder sie ist das „Zünglein an der Waage“ (Modell 2)

MAB-Modell 1: GmbH-Beteiligungsstruktur – Stiftung beherrscht Gesellschaft

Stiftung	Unternehmer	MAB
51 %	25 %	24 %

MAB-Modell 2: GmbH-Beteiligungsstruktur – Stiftung als „Zünglein an der Waage“

Stiftung	Unternehmer	MAB
2 %	49 %	49 %

78 Gerade über solche Fallkonstellationen kann eine Stiftung ggf. ein geeignetes Gestaltungsinstrument zur Lösung eines Unternehmensnachfolgeproblems

94 Siehe *Muscheler*, Stiftungsrecht, S. 355, 360 ff.

sein, wenn ein geeigneter Nachfolger nicht vorhanden ist. Im Zusammenhang mit der Aktivierung des enormen Mitarbeiterbeteiligungspotenzials vermeidet eine Stiftung klassischerweise überholte Interessengegensätze, da über die Stiftung eine nicht personenorientierte, sondern eine sachorientierte Entscheidungsfindung sichergestellt wird. Die Stiftung steht hier die Neutralität und Sachorientierung her, die auch von Unternehmerseite für die Unternehmensfortführung und -erhaltung typischerweise gewünscht wird.

V. Eine Stiftung als Kommanditistin

Es besteht Einigkeit darüber, dass eine Stiftung Kommanditistin einer Kommanditgesellschaft sein kann.[95] Wird sie nur als Kommanditistin an einer Kommanditgesellschaft beteiligt, kann sie als solche nur dann der **Unternehmenssicherung** dienen, wenn besondere gesellschaftsrechtliche Vorkehrungen getroffen sind, so dass 79

- sie über die **Stimmenmehrheit** in der Gesellschafterversammlung verfügt und
- die Übertragung/Kündigung anderer Gesellschaftsanteile ihrer **vorherigen Zustimmung** bedarf.

Eine solche Gestaltung lässt sich grundsätzlich nur mit einer nicht steuerbefreiten Stiftung durchführen.

Beteiligt sich eine **gemeinnützige Stiftung** als Kommanditistin, so begründet das in der Regel einen **steuerpflichtigen wirtschaftlichen Geschäftsbetrieb**.[96] Anders ist es aber etwa dann, wenn die Personengesellschaft selbst vor allem vermögensverwaltend tätig ist[97] (näher siehe § 9 Rn 132 ff.). Auch in anderen Fällen kann nach unserer Auffassung ggf. durch geeignete Maßnahmen in dem KG-Gesellschaftsvertrag die Steuerfreiheit der gemeinnützigen Stiftung hinsichtlich der Beteiligung beibehalten werden. Die Beteiligung wird dann nur im Rahmen der **Vermögensverwaltung** gehalten. Will man dieses Ergebnis erzielen, müssen die Mitunternehmerinitiative (= Einfluss auf die Geschäftsleitung) und das Mitunternehmerrisiko der gemeinnützigen Stiftung bei der Kommanditbeteiligung ausgeschlossen werden,[98] so dass steuerlich keine Mitunternehmerschaft mehr vorliegt. Der BFH drückt sich hier in einem Urteil aus 2001 wohl etwas „unklar" aus: Einerseits stellt er ausdrücklich „auf das System 80

95 Siehe Münch. Hdb. GesR/*Gummert*, Bd. V, § 81 Rn 66; siehe auch schon *Roll/Grochut*, WiB1995, 743; *Korte*, WiB 1996, 672 (gemeinnützige Stiftung).

96 BFH, Urt. v. 25.5.2011 – I R 60/10, Rn 9 m.w.N.; BB 2001, 1235 f. Siehe auch schon § 9 Rn 136 ff., und zwar auch zu den Gegenargumenten.

97 BFH, Urt. v. 25.5.2011 – I R 60/10, Rn 10 ff.

98 Wie hier: *Roll/Grochut*, WiB 1995, 746.

der Besteuerung der Mitunternehmerschaft" ab, andererseits meint er im nächsten Satz: Beteiligungen an gewerblich tätigen Personengesellschaften stellen (daher) auch dann keine Vermögensverwaltung dar, wenn sie keinen Einfluss auf die Geschäftsleitung ermöglichten.[99] Man wird den BFH wohl so zu verstehen haben, dass auch er das Kriterium der Mitunternehmerschaft als entscheidend ansieht.

VI. Eine Stiftung als Konzernspitze

81 Eine selbstständige Stiftung kann auch als Holding und Konzernspitze[100] dienen, wobei allerdings, wenn sich ihr Zweck darin erschöpft, Zweifel unter dem Aspekt der nach h.M. unzulässigen Selbstzweckstiftung (siehe § 2 Rn 40 und oben Rn 25 f.)[101] geäußert werden.[102] Der Ausgleich/die Harmonisierung zwischen Stiftungsrecht und Konzernrecht lässt sich gestalterisch lösen.[103]

D. Praxisbeispiel: Vermögenserhaltung als praktisches Problem nicht erst seit der Finanzkrise

I. Ein typisierter Praxisfall

82 Die aktuelle schlechte Situation auf den Finanzmärkten trifft auch Stiftungen jetzt nun schon seit einigen Jahren ganz nachhaltig.[104] Sie haben Probleme, ausreichende Erträge aus dem Stiftungsvermögen zu erwirtschaften. Die Forderung nach professioneller Stiftungsverwaltung rückt damit auch für die vielen ehrenamtlich Tätigen noch mehr als bisher in den Vordergrund (siehe auch § 3 Rn 67 ff.). Gerade für unternehmensverbundene Stiftungen gilt diese Forderung ganz besonders. Wesentliche Punkte der Problematik sollen anhand eines hier typisiert wiedergegebenen Praxisfalles, der sich in der Realität in den wesentlichen Punkten vor mehr als 10 Jahren abgespielt hat, verdeutlicht werden.

---

99 BFH BB 2001, 1235 (unten), 1236 (oben).

100 Zu unterscheiden davon ist die gemeinnützige Stiftung in konzernähnlichen Gestaltungen (siehe § 9 Rn 253 ff.); siehe dazu etwa auch *Sauer/Schwarz*, StiftungsBrief 2012, 167.

101 Näher NK-BGB/*Schiffer/Pruns*, § 80 Rn 27 ff, 53 ff m.w.N.

102 *Schwintowski*, NJW 1991, 2736.

103 Grundlegend dazu *Schwintowski*, NJW 1991, 2740; *Kohl*, NJW 1992, 1922 (mit auch kritischen Hinweisen).

104 Siehe etwa http://www.welt.de/finanzen/article116069004/Finanzkrise-trifft-kleine-Stiftungen-besonders-hart.html; siehe zuvor auch schon Handelsblatt v. 1.9.2009: „Rezession beutelt Stiftungen. Einnahmen gehen deutlich zurück – Bei der Bertelsmann- und der Krupp-Stiftung droht die Dividende auszufallen."

In der Satzung der A-Stiftung heißt es: „*Das bei der Gründung vorhandene Stiftungsvermögen besteht in den Gesellschafteranteilen der B-GmbH und beträgt derzeit 10,0 Mio. EUR (= Verkehrswert).*“ 83

In dem Stiftungsgeschäft hat der Stifter außerdem ausdrücklich festgehalten: „*Das Stiftungsvermögen besteht aus den Anteilen der B-GmbH. In dieser Anlageform sehe ich den besten Schutz gegen inflationäre Einflüsse und auf lange Sicht die höchste Ertragskraft für die Zweckerfüllung der Stiftung.*“

Die B-GmbH ist eine Holding, die wechselnde Anteile an verschiedenen Unternehmen hält. Der Stifter, der mit der B-GmbH über lange Jahre hinweg erhebliche Gewinne erwirtschaftet hatte, hat die A-Stiftung zur fortlaufenden Unterstützung eines gemeinnützigen Zwecks errichtet und ihr sämtliche Anteile an der B-GmbH übertragen. Die B-GmbH wurde wie bisher weiterbetrieben. Sie erwarb Gesellschaften, optimierte deren Unternehmen und veräußerte dann ggf. die Gesellschaften auch wieder – überwiegend mit Gewinn, teilweise aber auch mit Verlust. Während der Stifter auf diese Weise über Jahrzehnte hinweg erfolgreich war, gestaltete sich das Geschäft aktuell deutlich schwieriger. Eine Wirtschaftsprüfungsgesellschaft ermittelte den Unternehmenswert (= Verkehrswert) der B-GmbH mit 20 Mio. EUR und bewertete die Gewinnentwicklung bei der B-GmbH kurzfristig eher negativ, mittelfristig jedoch wieder positiv. Der Stiftungsvorstand fragte sich, ob er möglicherweise gegen den Vermögenserhaltungsgrundsatz verstoßen hatte. § 14 Abs. 1 StiftG RP a.F.[105] beispielsweise lautete dazu wie folgt: „*Das Stiftungsvermögen ist tunlichst in seinem Bestand und in seiner Zusammensetzung zu erhalten.*“

II. Noch einmal: Der Stifterwille als Maßstab der Dinge

Das Stiftungsvermögen hatte der Stifter in dem Fall insbesondere in der Satzung klar umrissen und definiert. Es besteht nach wie vor aus den Gesellschafteranteilen der B-GmbH. Es ist also in seiner tatsächlichen Zusammensetzung – wie es etwa von § 14 Abs. 1, 2. Punkt StiftG RP a.F. gefordert wurde – erhalten geblieben. Es fragt sich deshalb nur, ob das Stiftungsvermögen auch – wie nach der alten Gesetzesfassung gefordert – in seinem Bestand bzw. „ungeschmälert“ – so die neue Fassung in § 7 Abs. 1 StiftG RP – erhalten geblieben ist. 84

105 Vgl. z.B. den heutigen § 7 Abs. 2 S. 1 StiftG Rheinland-Pfalz: (RP) „*Soweit nicht in der Satzung etwas anderes bestimmt ist oder der Stifterwille auf andere Weise nicht verwirklicht werden kann, ist das Stiftungsvermögen möglichst ungeschmälert zu erhalten; […].*“

85 Nach fast allen geltenden Landesstiftungsgesetzen sind die Stiftungsorgane zur **Bestandserhaltung** ausdrücklich verpflichtet (siehe § 5 Rn 57 f.).[106] Dies heißt dem Grundsatz nach im Stiftungsrecht **Verkehrswerterhaltung.** Dies wird auch in Art. 6 Abs. 2 i.V.m. Abs. 3 StiftG Bay angedeutet. Dort heißt es (Hervorhebung nur hier): *„Das Vermögen, das der Stiftung zugewendet wird, um aus seiner Nutzung den Stiftungszweck dauernd und nachhaltig zu erfüllen (Grundstockvermögen), ist ungeschmälert zu erhalten. (Abs. 2) Erträge des Vermögens der Stiftung [...] dürfen nur zu Erfüllung des Stiftungszwecks verwendet werden. Die Zuführung von Erträgen zum Grundstockvermögen, um dieses in seinem Wert zu erhalten, bleibt hiervon unberührt. (Abs. 3)“*. Zur Verkehrswerterhaltung reicht es nicht aus, wenn die Stiftung den Vermögensbestand nur nominell erhält. Das Stiftungsvermögen darf vor allem nicht beträchtlich unter Wert veräußert oder in sonstiger Weise in seinem Wert verringert werden (stiftungsrechtlicher **Grundsatz der Vermögenserhaltung,** siehe § 5 Rn 56 ff.).

86 Belief sich der Verkehrswert des Stiftungsvermögens bei der Errichtung der Stiftung auf die o.g. 10 Mio. EUR, so ist ausweislich des Wirtschaftsprüfer-Gutachtens der Verkehrswert des Stiftungsvermögens erhalten geblieben. Der Wert liegt nach dem Gutachten erheblich über dem Wert, der in der Stiftungssatzung genannt wird. Bei dieser Betrachtung kann hier jedoch nicht stehen geblieben werden, und zwar schon deshalb nicht, weil der Wert von 10 Mio. EUR in der Satzung als „nominal“ bezeichnet wird, d.h. der damalige Wert der gut florierenden Gesamtunternehmung dürfte mit an Sicherheit grenzender Wahrscheinlichkeit über 20 Mio. EUR gelegen haben. Der Grundsatz der Vermögenserhaltung ist hier deshalb genauer zu betrachten.

87 Richtig ist es, dass der Stifter bestimmt, welchen Inhalt der Bestandserhaltungsgrundsatz im konkreten Fall hat. **Maßgebend** ist also der **Stifterwille** (siehe § 3 Rn 54 ff.). Der Stifter kann ihn entweder konkludent oder ausdrücklich äußern, etwa in der Stiftungssatzung oder im Stiftungsgeschäft oder auch in einem zusätzlichen „**Stiftertestament**“, in dem er näher darlegt, was ihn zu und bei der Stiftungserrichtung bewegt hat. In dem typisierten Fall hatte der Stifter im Stiftungsgeschäft sinnvollerweise ausdrücklich seinen Willen zur Frage der Bestandserhaltung des Stiftungsvermögens erklärt. In den Anteilen der B-GmbH, einer Holdinggesellschaft, die in (wechselnde) Tochtergesellschaften investiert, sah er als Anlageform den besten Schutz gegen inflationäre

106 Keine ausdrückliche Regelung enthalten StiftG Bbg und StiftG MV. Dass auch in diesen Ländern das Stiftungsvermögen grundsätzlich in seinem Bestand zu erhalten ist, dürfte sich aber aus der Bestimmung des Vermögens, nämlich der dauerhaften und nachhaltigen Umsetzung des Stiftungszwecks zu dienen, ergeben. Siehe auch Werner/Saenger/*Fritz*, Rn 469, der zutreffend betont, dass die Bestandserhaltung kein Selbstzweck, sondern vielmehr ein der Erfüllung des Stiftungszwecks dienendes Prinzip ist.

Einflüsse und auf lange Sicht die höchste Ertragskraft für die Zweckerfüllung der Stiftung. Das bedeutet, dass der Stifter „auf lange Sicht" ganz bewusst auch erhebliche Vermögensschwankungen in Kauf genommen hat, sei es durch die Veräußerung von Unternehmen, den Erwerb von Unternehmen, die schlechte konjunkturelle Lage im Allgemeinen und Speziellen, sei es durch falsche unternehmerische Entscheidungen in den Tochtergesellschaften usw. So hatte er bisher „sein" Geschäft ja auch betrieben.

Es liegt im **Wesen unternehmerischer Beteiligungen**, dass sie nicht alle und 88
auch nicht gradlinig fortlaufend erfolgreich sind, sondern dass vielmehr ein gegenüber sonstiger Vermögensverwaltung größeres Risiko bei größeren Chancen besteht. Das ist hier nicht zu vertiefen. Der Stifter hat diese Chancen und Risiken für die A-Stiftung nach dem Stiftungsgeschäft jedenfalls ausdrücklich so gewollt. Das ist maßgebend für die Stiftungsorgane und die Stiftungsbehörden. Diese Festlegung des Stifterwillens im Stiftungsgeschäft bedeutet, dass auch erhebliche Schwankungen im Verkehrswert des Stiftungsvermögens vorliegend noch nicht zu einer Verletzung des Vermögenserhaltungsgrundsatzes führen.

Dieser Befund gilt umso mehr, als das Gesetz hier auch davon sprach, dass das 89
Vermögen „tunlichst" – im Sinne von „möglichst" – in seinem Bestand zu erhalten ist. Auch das Gesetz forderte also keine absolute Einhaltung des Grundsatzes, sondern stellte auf die konkreten Verhältnisse des jeweiligen Falles ab und rückte so den Willen des Stifters ebenfalls in den Vordergrund. In den neuen Landesstiftungsgesetzen wird diese Tendenz noch verstärkt, indem dem Stifterwillen oft dadurch Rechnung getragen wird, dass auf mögliche Ausnahmen vom Grundsatz der Vermögenserhaltung in der Satzung Bezug genommen wird, so etwa in § 7 Abs. 2 StiftG RP. Selbst wenn also vorliegend der Wert des Stiftungsvermögens bei der Errichtung der Stiftung deutlich über dem aktuellen Wert gelegen haben sollte, liegt darin noch keine Verletzung des stiftungsrechtlichen Vermögenserhaltungsgrundsatzes, sondern nur der Eintritt eines vom Stifter bewusst in Kauf genommenen Risikos für das Stiftungsvermögen.

Praxishinweis: Klare Formulierung des Stifterwillens 90
Da der Stifterwille der Maßstab ist, sollte ein Stifter seinen Willen zur Vermögenserhaltung und Vermögensverwaltung der Stiftung bei der Stiftungserrichtung möglichst klar formulieren und festhalten, damit es in der Folgezeit dazu keine Zweifel gibt. So haben die Stiftungsorgane einen greifbaren Maßstab für ihre praktische Tätigkeit. Hier kann ein **Stiftertestament** gute Dienste leisten (siehe Rn 87).

III. Praktische Konsequenzen aus den Ertragsschwankungen?

91 Der Vorstand der A-Stiftung hat also tatsächlich kein Problem mit dem Grundsatz der Erhaltung des Stiftungsvermögens. Genau betrachtet stellt sich ihm eine ganz andere wesentliche Frage:

Es fragt sich, wie der Vorstand der A-Stiftung mit den sich bei der vorliegenden Konstellation ergebenden Ertragsschwankungen umgehen sollte. Die Ertragsschwankungen sind zwangsläufig; sie sind durch das spezifische Stiftungsvermögen vorgegeben. Das ist nichts grundlegend Neues. Eine ähnliche Situation findet man etwa auch bei der Bertelsmann-Stiftung, die mit „unternehmerischen Gewinnen" eine große Anzahl langfristiger Projekte fördert und natürlich entsprechende Vorsorge trifft.

92 Dem Vorstand der A-Stiftung bleiben in dem hier typisiert wiedergegebenen Praxisfall folgende grundsätzliche Ansätze, um auf die Ertragsschwankungen im Sinne des Stiftungszwecks zu reagieren:

- Eine Stiftung sollte möglichst keine festen langfristigen Verpflichtungen bindend eingehen, soweit sie Gefahr läuft, sie bei geringem Ertrag (vorübergehend) nicht erfüllen zu können. Das ist in dem typisierten Ausgangsfall jedoch schon deshalb problematisch, weil die langfristige Projektförderung Aufgabe der A-Stiftung ist.
- Der Vorstand der A-Stiftung muss im gesetzlich möglichen Umfang Rücklagen bilden, um Ertragsschwankungen ausgleichen zu können. Mit der Neufassung des § 62 AO hat der Gesetzgeber hier zusätzliche Möglichkeiten geschaffen (siehe § 9 Rn 94 ff.). Diese Rücklagenbildung wird der Vorstand sinnvollerweise mit einer Förderpolitik verbinden, die langfristige Zusagen auf ein für die A-Stiftung in ihrer spezifischen Situation wirklich tragfähiges Maß reduziert.

93 Diese Zusammenhänge sind unter den Stiftungsfachleuten lange bekannt, werden in der Praxis von **Stiftungsorganen** bei ihrer Förderpolitik aber **oftmals verkannt**. Es ist Aufgabe des Beraters einer Stiftung, gerade auch im Unternehmensbereich, auf die vorstehend angesprochenen Punkte immer wieder hinzuweisen und so auf eine langfristig sichere und positive Arbeit entsprechender Stiftungen hinzuwirken.

E. Sieben Schlüsselfragen

Stiftungen sind im Unternehmensbereich in der Tat vielseitig einsetzbar.[107] Und es stimmt ja: Stiftungen wirken langfristig, theoretisch sogar ewig. Das ist eine Binsenweisheit, auch wenn die Verbrauchsstiftung gegenwärtig auf dem Vormarsch ist. Die Erkenntnis gilt vor allem, wenn Stiftungen zur Gestaltung der möglichst dauerhaften Unternehmernachfolge eingesetzt werden. Die Fachwelt hat das, wie vorstehend angesprochen, breit und tief diskutiert. Das ist die eine Seite der Medaille! 94

Die andere Seite ist, dass wir Berater uns mit kreativen Mandanten nicht selten steuerlich motiviert auch an die Grenzen einer solchen Gestaltung und gegebenenfalls sogar darüber hinaus bewegen können – etwa bei einem besonders „ausgefuchsten“ Doppelstiftungsmodell, wenn die eine oder die andere Stiftung gemessen an der Höhe ihrer Unternehmensbeteiligung ausgesprochen viele Stimmrechte, aber nur ganz wenige Gewinnanteile erhält.

Mitunter entsteht auch eine wahre Modell- und Modellierfreude der Berater, die sich in komplexen und langen Ausarbeitungen niederschlägt. Die schließlich gewählte Variante wird dann typischerweise vorsorglich mit einer verbindlichen Auskunft der Finanzverwaltung unterfüttert. Die Finanzverwaltung bestätigt dann die Zulässigkeit der Gestaltung ausgehend von einem ganz konkreten Sachverhalt. 95

Aber ist das wirklich der Weisheit letzter Schluss? Muss man nicht vielmehr darüber hinaus noch ganz andere Fragen stellen? Wir haben hier sieben in solchen Fällen immer wieder auftauchende Schlüsselfragen zusammengestellt: 96

1. Wie wird die Macht der Führungsstiftung effektiv kontrolliert (echtes Vieraugenprinzip, unabhängiges Kontrollorgan etc.), ohne dass ein Funktionärsmanagement entsteht? Es soll doch vielmehr Erfolg versprechendes Unternehmertum gefördert werden. Ganz davon zu schweigen, dass der Mensch bisweilen der Versuchung erliegt, sich selbst zu beglücken, beispielsweise indem er ungebührlich hohe Vergütungen für sich beschließt, wenn er dazu etwa als Stiftungsvorstand die freie Befugnis hat.
2. Wie werden die Organe der Führungsstiftung nachhaltig mit kompetenten und engagierten Persönlichkeiten besetzt? Allein das sich mit den Jahren wiederholende Erfordernis, zwei bis drei Stiftungsvorstände sowie drei bis fünf kontrollierende Stiftungsräte zu berufen, zeigt den hohen Schwierigkeitsgrad dieser Aufgabe.
3. Lohnt sich der dauerhafte Mehraufwand wirklich? Es sind typischerweise zwei Stiftungen und die verschiedenen Gesellschaften des Unternehmens

107 Siehe zu diesem Abschnitt auch schon *Schiffer/Pruns*, BB 2013, 2755, 2762 f.

zu verwalten. Auch dazu braucht es die geeigneten Personen und Steuerberater und Wirtschaftsprüfer etc. All das und vieles mehr kostet bekanntlich Geld. Das Ehrenamt ist hier nicht auf dem Vormarsch!

4. Passt die Gestaltung überhaupt zum Unternehmen und ggf. zur Unternehmerfamilie? Niemand darf sich enteignet fühlen und sich aufgefordert sehen, nach Gegenstrategien zu suchen. Solange die Familie, was ja Sinn der Sache ist, irgendwie mit dem Konstrukt verbunden ist und bleibt, behalten die Mitglieder der Familie zumindest faktischen Einfluss. Die Fachwelt kennt diese Zusammenhänge in negativer Ausprägung unter dem Schlagwort „Lästiger Gesellschafter".
5. Hält die verbindliche Auskunft der Finanzverwaltung in dem für die Stiftung angedachten langen Zeitraum überhaupt? Wurde ausreichend bedacht, dass sich die „verbindliche" Auskunft nur auf einen ganz bestimmten Sachverhalt bezieht, dass sich Sachverhalte aber erfahrungsgemäß im Laufe von Jahrzehnten einmal mehr oder auch einmal weniger ändern, so dass neue Sachverhalte entstehen? Zur Erinnerung: Vor hundert Jahren regierte noch der deutsche Kaiser.
6. Haben die Unternehmensführung und die Unternehmerfamilie die erforderliche Stiftungsreife? Ist den Beteiligten vor allem klar, dass es sich bei dem Weg in die Stiftung faktisch um eine Einbahnstraße handelt und dass sie sich dauerhaft den Regeln der Stiftung unterwerfen? Die Stiftung gehört ja eben nicht dem Unternehmen oder der Familie, sondern sich selbst.
7. Hat das Konstrukt die für den Unternehmensbereich und letztlich auch die für die Familie gebotene Flexibilität?

§ 12 Die Treuhandstiftung

Was bietet dieses Kapitel?
Die Treuhandstiftung wird zunehmend beliebter. Sie liegt aufgrund der bei ihr recht niedrigen Einstiegsschwellen „im Trend“. Es gibt Schätzungen, wonach weit mehr als 40.000 Treuhandstiftungen in Deutschland existieren sollen. Gleichzeitig zeigt die Praxis, dass viele Fragen im Zusammenhang mit der Treuhandstiftung noch gar nicht geklärt sind. In diesem Kapitel werden die für die Beratungspraxis wesentlichen Punkte bei der Errichtung und Verwaltung einer Treuhandstiftung näher erläutert.

Übersicht:

A. Einführung und Überblick

1 Die **Treuhandstiftung**,[1] auch **unselbstständige Stiftung** oder **fiduziarische Stiftung** genannt,[2] erfreut sich in der Praxis großer Beliebtheit.[3] Es gibt zwar keine belastbaren Zahlen zu ihrer Verbreitung, doch schätzt etwa der Bundesverband Deutscher Stiftungen, dass in Deutschland weit über 20.000 Treuhand-

1 Ausf. etwa *Heuel*, Stiftung & Sponsoring 2012, Die Roten Seiten; v. Campenhausen/Richter/*Hof*, § 36 Rn 1 ff. jew. m.w.N.

2 Die Bezeichnung Treuhandstiftung hat sich als Schlagwort für die unselbstständigen Stiftungen eingebürgert. Rechtliche Schlüsse sind hieraus nicht abzuleiten.

3 Zur geschichtlichen Perspektive siehe *von Campenhausen*, in: Deutsches Stiftungszentrum (Hrsg.), Die Treuhandstiftung, S. 9 ff.

stiftungen existieren.[4] Bei der DSGV sind bei Veranstaltungen Schätzungen bis zu 45.000 zu hören. Treffen diese Schätzungen zu, so übersteigt die Zahl der Treuhandstiftungen diejenige der selbstständigen Stiftungen des Privatrechts in Deutschland – ggf. sogar deutlich. Wir halten diese Schätzungen durchaus für realistisch, da die Anforderungen, die bei der Errichtung einer treuhänderischen Stiftung zu erfüllen sind, deutlich geringer sind als die für eine rechtsfähige Stiftung nach BGB und den Landesstiftungsgesetzen.

2 Die Gründe für die Beliebtheit der Treuhandstiftung sind eben vor allem ihre leichte und **ohne Genehmigung durch die Stiftungsbehörde** mögliche Errichtung (siehe Rn 16 ff.) bei gleichzeitiger **Möglichkeit der Steuerbefreiung**, wenn die entsprechenden Vorgaben des Steuerrechts erfüllt sind (siehe Rn 75 ff. und § 9). Außerdem ist eine **Mindestkapitalausstattung nicht erforderlich** (siehe aber auch Rn 78 ff.). Das macht die Errichtung einer Treuhandstiftung für so manchen Stifter besonders attraktiv.[5] Das Recht der Treuhandstiftung gehört damit heute zum essentiellen Know-how des im Bereich der Vermögensnachfolge tätigen Beraters.

3 Da eine staatliche Anerkennung für die Errichtung einer Treuhandstiftung nicht erforderlich ist, weil sie keiner Stiftungsaufsicht unterliegt und weil die Verwaltung vollständig dem Treuhänder übertragen werden kann, kommt sie manchem Stifter entgegen, der aus dem Fehlen der Stiftungsaufsicht auf eine größere Flexibilität schließt.[6] Das ist indessen bei genauer Betrachtung quasi "nur" die B-Seite der oftmals ja gerade gewünschten A-Seite der stärkeren Gebundenheit der rechtsfähigen Stiftung, d.h. das ist eben das **Spannungsfeld** von **Nachhaltigkeit** und Gebundenheit auf der einen Seite und (dennoch) gewünschter **Flexibilität** auf der anderen Seite (siehe auch § 11 Rn 38 ff.).[7] Jedenfalls ist die treuhänderische Stiftung vor allem für Fälle geeignet, in denen **kleinere Vermögen** gestiftet werden sollen und/oder in denen **schnell** – z.B. noch vor Jahresende zur Ausnutzung der Steuervorteile für gemeinnützige Stiftungen (siehe § 9) – gestiftet werden soll.

4 Siehe Pressemitteilung des Bundesverbandes v. 23.4.2012 (www.stiftungen.org/de/presse).

5 Näher zu den praktischen Überlegungen eines Stifters bei der Errichtung einer Treuhandstiftung *Küstermann*, ZStV 2012, 67.

6 In dieser Richtung argumentiert etwa auch *Meyn*, ZStV 2012, 113 f.

7 Zu diesem Spannungsfeld siehe auch *Seyfarth*, Der Schutz der unselbstständigen Stiftung, 2009.

Erich Steinsdörfer, Rechtsanwalt, Essen: **Der leichte Einstieg: Die Treuhandstiftung** 4

„Wer sich zum ersten Mal mit dem Thema Stiftungen beschäftigt, sieht sich bereits aufgrund der relevanten Rechtsvorschriften des Stiftungs- und Steuerrechts sehr schnell einer komplexen Materie gegenüber; dies bevor überhaupt vertiefende Gedanken über die Zwecksetzung, Organisation und Administration möglich sind. Viele Stifter wollen sich jedoch nicht mit bürokratischen Detailfragen, insbesondere nicht mit rechtlichen und steuerlichen Besonderheiten aufhalten, sondern sich auf die Ziele und Inhalte konzentrieren – ich finde zu Recht! Hier bietet sich mit der Treuhandstiftung eine wahre Alternative zum großen Bruder, der rechtlich selbstständigen Stiftung, an. Die folgenden Aspekte geben häufig den Ausschlag pro Treuhandstiftung:

So entfällt bei der Treuhandstiftung das behördliche Anerkennungsverfahren, das durchaus langwierig und aufwändig sein kann. Ebenso unterliegt die Treuhandstiftung im Gegensatz zur rechtsfähigen Stiftung nicht der ständigen Rechtsaufsicht durch die Stiftungsbehörde. Sie ist – was von vielen Stiftern besonders geschätzt wird – flexibler bei notwendigen späteren Anpassungen sowohl in der Zwecksetzung als auch in der Stiftungsorganisation. Schließlich wird das interne Entscheidungsgremium einer Treuhandstiftung von den administrativen Aufgaben entlastet und kann sich voll und ganz auf die Zweckverwirklichung konzentrieren. Nicht zuletzt ergeben sich unter dem Dach des Treuhänders, der als Rechtsträger fungiert und für die Treuhandstiftung unter dem Namen der Stiftung im Rechts- und Geschäftsverkehr tätig wird, regelmäßig Synergieeffekte sowohl hinsichtlich der Verwaltungskosten als auch im Hinblick auf die Zweckverwirklichung, ohne dass die Stiftung ihre Identität damit verliert. Ein verantwortungsvoller Treuhänder trägt dafür Sorge, dass ausschließlich die Stiftung und nicht er selbst in der Öffentlichkeit als Förderer wahrgenommen wird.

Eine wesentliche Aufgabe kann den Stiftern einer Treuhandstiftung jedoch nicht abgenommen werden: Die Auswahl des richtigen Treuhänders. Kriterien für diese Entscheidung sind in der Regel: Erfahrung und Kompetenz in der stiftungsspezifischen Beratung und Administration sowie in einschlägigen rechtlichen, steuerlichen sowie ggf. programmatischen Angelegenheiten, Unabhängigkeit und Neutralität, Transparenz, Einbindung in die für die Stiftung wichtigen Netzwerke sowie absolute Seriosität.

Eine wertvolle Hilfestellung bietet bei der Auswahl des geeigneten Treuhänders das im Jahre 2014 auf Initiative des Bundesverbandes Deutscher Stiftungen eingeführte und erstmalig von einem unabhängigen Gremium vergebene ‚Qualitätssiegel für gute Treuhandstiftungsverwaltung'. Das Qualitätssiegel

> zeichnet Treuhänder aus, die die strengen Vergabekriterien erfüllen und ihre Kompetenz bereits in der Praxis unter Beweis gestellt haben."

5 Trotz ihrer Beliebtheit sind, wie wir noch sehen werden (siehe Rn 7 ff.), gerade die **rechtlichen Grundlagen** der Treuhandstiftung **in vielen Punkten noch nicht wirklich geklärt.**[8] Das führt in der Praxis zu einigen Verwirrungen. Zudem ist, auch wenn die Treuhandstiftung eine attraktive Alternative zur selbstständigen Stiftung des Privatrechts ist, Vorsicht geboten. Für die Errichtung einer unselbstständigen Stiftung verbieten sich nämlich **„Lösungen von der Stange"**[9] genauso wie für die Errichtung einer selbstständigen Stiftung. Der gestalterische Aufwand ist, soll das Stiftungsprojekt erfolgreich sein, nicht notwendigerweise geringer als bei selbstständigen Stiftungen. Zudem wird gerade im Bereich der Treuhandstiftungen vermehrt vor den Umtrieben dubioser Finanzberater gewarnt, die gemeinnützige Treuhandstiftungen ähnlich wie Finanzprodukte vertreiben.[10] Vor diesem Hintergrund sind **verschiedene Verhaltenskodizes** und ein **Gütesiegel** für die Verwaltung von Treuhandstiftungen geschaffen worden.[11] Solche „Vorschläge" dienen jedenfalls insoweit einem guten Zweck, als sie vor den erwähnten dubiosen Angeboten warnen (siehe auch § 14 Rn 25 ff.).

Sie befreien den Berater im Einzelfall allerdings nicht von der Pflicht, sich eigene Gedanken zu machen und selbst zu entscheiden, was aus seiner Sicht und in seiner jeweiligen Verantwortung für den jeweiligen Einzelfall „richtig" ist.

Obwohl treuhänderische Stiftungen nicht der Stiftungsaufsicht unterstehen, sind sie **nicht „staatsfern"**, wenn sie steuerbefreite Zwecke verfolgen. Um die begehrte Steuerbefreiung zu erlangen, muss die Satzung der treuhänderischen Stiftung schließlich ebenso wie die einer rechtsfähigen Stiftung die Voraussetzungen der Gemeinnützigkeit erfüllen (§ 60 Abs. 1 AO, siehe § 9 Rn 273 ff.). Es genügt zudem nicht, nur die Satzung „richtig" zu gestalten, denn wie § 63

---

8 Siehe etwa *Schiffer*, StiftungsBrief, 2011, 81 f.

9 Zu solchen kritisch *Schiffer/Pruns*, Die Stiftung 4/2012, 18; siehe auch schon *Winheller*, npoR 2011, 48.

10 *Winheller*, StiftungsBrief 2011, 110; *ders.*, Stiftung & Sponsoring 4/2012, 22; *Schiffer/Pruns*, Die Stiftung 4/2012, 18.

11 Etwa durch das Deutsche Stiftungszentrum in Essen im Stifterverband für die Deutsche Wissenschaft (www.stifterverband.de) und den Bundesverband Deutscher Stiftungen (www.stiftungen.org); siehe auch *Schindler*, in: Deutsches Stiftungszentrum (Hrsg.), Die Treuhandstiftung, S. 65 ff. Speziell zu dem „Qualitätssiegel für gute Treuhandstiftungsverwaltung" des Bundesverbandes deutscher Stiftungen s. die Kommentare von *Mohr* (2.6.2014) und *Schiffer* (5.7.2014) auf www.stiftungsrecht-plus.de/kommentare-und-mehr.

Abs. 1 AO anordnet, muss die „**tatsächliche Geschäftsführung** der Körperschaft", hier also der Treuhandstiftung, „auf die ausschließliche und unmittelbare Erfüllung der steuerbegünstigten Zwecke gerichtet sein und den Bestimmungen entsprechen, die die Satzung über die Voraussetzungen für Steuervergünstigungen enthält". Die tatsächliche Geschäftsführung wird also **von der Finanzverwaltung überwacht**.

Erlaubnispflicht nach KWG? 6

Für einige Aufregung sorgte in der jüngeren Vergangenheit die Befürchtung einiger Fachautoren, dass für die Tätigkeit als Träger einer oder mehrerer Treuhandstiftungen eine **Zulassung der Bundesanstalt für Finanzdienstleistungsaufsicht (BaFin)** erforderlich sei.[12] So konnte man am 2.5.2011 in den FUCHS-Briefen auf der ersten Seite folgende Überschrift lesen: „*Stiftungen – Straffällig, ohne es zu wissen*". Träger unselbstständiger Stiftungen, so heißt es in dem Artikel, betrieben „*das klassische Geschäft der Vermögensverwaltung*", wofür aber eine „*Zulassung der Bundesanstalt für Finanzdienstleistungsaufsicht (BaFin)*" notwendig sei. Ohne diese Zulassung mache sich der Träger einer unselbstständigen Stiftung strafbar! Betroffen seien davon viele „*Städte, Universitäten, Diözesen, Landeskirchenämter und Verbände, die oft als Treuhänder nicht rechtsfähiger Stiftungen fungieren.*" Der Artikel führte, wohl auch wegen seines alarmistischen Tonfalls, zu erheblicher Verunsicherung in der Praxis. Das hat den Autor *Schiffer* damals veranlasst, bei der BaFin nachzufragen – übrigens aus rein fachlichen Gründen und ohne jeden Auftrag von irgendeiner Seite.

Die Antwort der BaFin[13] hat zur Beruhigung aller Beteiligten beigetragen. Wir zitieren:

- „*Eine umfassende Sorge der Treuhänder, eine nach dem KWG erlaubnispflichtige Geschäftstätigkeit ohne die erforderliche Erlaubnis auszuüben, ist nicht begründet. Eine Erlaubnispflicht wird sich nur in atypisch gelagerten Fällen ergeben.*"
- „*Bei einer entsprechenden Ausgestaltung einer nichtrechtsfähigen Stiftung, die die endgültige Aussonderung des Stiftungsvermögens aus dem Vermögen des Stifters im Rahmen der ‚Zweckbindung des Vermögens auf Dauer' vorsieht, lässt sich eine Erlaubnispflicht vermeiden, ...*"

Damit hat sich dieses Thema jedenfalls für die in der Praxis üblichen Gestaltungen von Treuhandstiftungen erledigt.[14]

12 Ausf. zu dem Thema *Schiffer/Pruns*, npoR 2011, 78.

13 Stellungnahme der BaFin vom 9.6.2011 – einsehbar unter: http://www.stiftungsrecht-plus.de/fileadmin/Schreiben_Bafin-pdf.pdf. Später gab es auch noch eine entsprechende Stellungnahme gegenüber dem Bundesverband Deutscher Stiftungen.

14 Die weiteren Befürchtungen *Fischers*, npoR 2012, 7 dürften eher theoretischer Natur sein. Siehe auch § 9 Rn 261 zu BaFin-Erlaubnisfragen.

B. Rechtliche Grundlagen

7 Der BGH hatte im Jahr 2009 das erste Mal Anlass dazu, sich näher zu Rechtsnatur der Treuhandstiftung zu äußern.[15] Anfang 2015 hat der BGH seine damals getroffenen Aussagen noch einmal aufgegriffen und wie folgt präzisiert:[16]

> *„Unter einer unselbstständigen Stiftung versteht man die Übertragung von Vermögenswerten auf eine natürliche oder juristische Person mit der Maßgabe, dass diese als ein vom übrigen Vermögen des Empfängers getrenntes wirtschaftliches Sondervermögen zu verwalten und zur Verfolgung der vom Stifter gesetzten Zwecke zu verwenden sind. […] Maßgebend sind die allgemeinen schuldrechtlichen und erbrechtlichen Bestimmungen. Der Vertrag über die Errichtung einer unselbstständigen Stiftung kann als Schenkung unter Auflage oder in Gestalt eines fiduziarischen Rechtsgeschäfts als Auftrag beziehungsweise bei Entgeltlichkeit als Geschäftsbesorgungsvertrag geschlossen werden. Entscheidend ist, welche Rechtsform die Parteien gewählt haben [….].“*

8 Damit sind die entscheidenden Punkte angesprochen:

Eine Treuhandstiftung hat rechtlich betrachtet nur den Namen mit der selbstständigen Stiftung des Privatrechts nach den §§ 80 ff. BGB gemein. Für das Verständnis ist es deshalb förderlich, wenn man sich nicht an dem Begriff (rechtsfähige) Stiftung orientiert: Eine **Treuhandstiftung** ist rechtlich gerade **keine Stiftung**, sondern ein wirtschaftliches Sondervermögen. Das Steuerrecht spricht von „Zweckvermögen des privaten Rechts“ (§ 1 Abs. 1 Nr. 5 KStG) als Oberbegriff, unter den eben auch Treuhandstiftungen fallen.[17] Eine Treuhandstiftung ist insbesondere auch keine Vorform der rechtsfähigen Stiftung, wie etwa der Vor-Verein eine Vorform des eingetragenen Vereins ist (zur angeblichen Vorstiftung siehe § 3 Rn 112 ff.).[18] Allerdings kann eine Treuhandstiftung in eine rechtsfähige Stiftung umgewandelt werden (siehe Rn 66 ff.).

---

15 BGH Urt. v. 12.3.2009 – III ZR 142/08, Rn 14 m.w.N.; vgl. auch v. Campenhausen/Richter/*Hof*, § 36 Rn 1 ff.; *Muscheler*, Die Stiftung. Jahreshefte zum Stiftungswesen. 1. Jahrgang 2007, S. 59.

16 BGH Urt. v. 22.1.2015 – III ZR 434/13, Rn 32 = MDR 2015, 286.

17 Blümich/*Rengers*, § 1 KStG Rn 110 m.w.N.

18 BFH Urt. v. 11.2.2015 – X R 36/11 – Rn 47.

Eine Treuhandstiftung ist also ein zwar wirtschaftlich aber nicht auch rechtlich verselbstständigtes Vermögen. Sie ist gerade **keine juristische Person,**[19] was das BVerwG kürzlich in erfreulicher Deutlichkeit bestätigt hat. Das Gericht hat insbesondere festgestellt, dass[20] 9

- eine analoge Anwendung der §§ 80 f. BGB auf Treuhandstiftungen mit der Folge, sie einer rechtsfähigen Stiftung gleichzustellen, vom Gesetzgeber nicht gewollt war;
- Treuhandstiftungen nicht etwa teilrechtsfähig sind wie nicht rechtsfähige Vereine oder Personengesellschaften, die von Gesetzes wegen Träger von Rechten und Pflichten sein können. Eine derartige Gleichstellung ist vom Gesetz nicht vorgesehen und auch nicht gewohnheitsrechtlich anerkannt;
- auch aus der Steuerpflicht der Treuhandstiftung gemäß § 1 Abs. 1 Nr. 5 KStG nichts anderes folgt;
- eine Rechtsfähigkeit auch nicht aus den Grundrechten folgt, da sich aus diesen insbesondere kein Anspruch des Einzelnen auf bestimmte Rechtsformen ableiten lässt.

Vielmehr handelt es sich, wenn von „Treuhandstiftung", „unselbstständiger Stiftung" oder „fiduziarischer Stiftung" die Rede ist, um **Oberbegriffe**, unter die **verschiedene schuld- und erbrechtliche Gestaltungen** zusammengefasst werden, mit denen eine wirtschaftliche Verselbstständigung erreicht werden soll. Es handelt sich nicht um eigenständige rechtliche Begriffe mit Gesetzesautorität. An die Stelle der Formenstrenge des Rechts der juristischen Personen bei der selbstständigen Stiftung tritt bei der Treuhandstiftung, wie auch der BGH in seinem oben (siehe Rn 7) genannten Urteil, noch einmal betont hat,[21] die vertragliche oder erbrechtliche **Gestaltungsfreiheit**. Es hilft deshalb auch nicht weiter, wenn man die Treuhandstiftung als „Stiftung im Rechtssinne"[22]

19 So die Rspr. und die ganz h.M. Siehe jüngst BVerwG, Urt. v. 9.4.2014 – 8 C 23.12, Rn 18 ff. = npoR 2014, 243 mit Anm. von *Rawert*; siehe zu dem Urteil ferner *Schiffer*, ZStV 2015, 61 ff. Siehe im Übrigen nur v. Campenhausen/Richter/*Hof*, § 36 Rn 1 m.w.N.; Staudinger/*Hüttemann*/*Rawert*, Vorbem. 231 ff. zu §§ 80 ff. m. zahlreichen w.N. Die Gegenansicht von *Bruns*, JZ 2009, 840 ff. (ähnlich *Elicker*, ZStV 2012, 135 und 169) dürfte spätestens mit dem genannten Urteil des BVerwG überholt sein.

20 BVerwG Urt. v. 9.4.2014 – 8 C 23.12, Rn 18 ff. (abrufbar unter www.bverwg.de/entscheidungen und bei juris.de).

21 BGH Urt. v. 22.1.2015 – III ZR 434/13 Rn 32; BGH Urt. v. 12.3.2009 – III ZR 142/08, Rn 14.

22 v. Campenhausen/Richter/*Hof*, § 36 Rn 4.

beschreibt, oder wenn man versucht, die rechtsfähige Stiftung und die Treuhandstiftung unter einen gemeinsamen „Stiftungsbegriff“[23] zu fassen.[24]

10 Gemeinsam ist den verschiedenen Gestaltungen das Ziel, eine selbstständige **Stiftung** des Privatrechts nach den §§ 80 ff. BGB **nachzuahmen**, zu „simulieren“.[25] Zu diesem Zweck überträgt der Stifter einer natürlichen oder einer bereits bestehenden juristischen Person als Treuhänder Vermögenswerte mit der **Auflage**, die Vermögenswerte einzusetzen, um den oder die vom Stifter verfolgten Zwecke dauerhaft zu verfolgen.[26] Der **Treuhänder/Stiftungsträger** wird (treuhänderisch) Eigentümer der Vermögenswerte. Die Treuhandstiftung kann selbst mangels Rechtspersönlichkeit kein Eigentum haben.

Als Träger einer Treuhandstiftung kommen grundsätzlich alle natürlichen oder juristischen Personen in Betracht (zu den Kosten einer Treuhandverwaltung siehe Rn 45 ff.). Mithin kann auch eine rechtsfähige Stiftung als Treuhänder tätig sein. Möglich und in der Praxis weit verbreitet sind deshalb z.B. rechtsfähige Stiftungen, die (auch) als Träger von Treuhandstiftungen fungieren („Dachstiftung“[27]).

11 **Praxishinweise: „Dachstiftung“**

Damit eine Stiftung als Treuhänder tätig werden darf („Dachstiftung“[28]), sollte die Satzung der Stiftung eine entsprechende ausdrückliche Erlaubnis enthalten. Sollte der Stifter dagegen nicht wollen, dass die von ihm errichtete Stiftung eine solche Treuhandtätigkeit ausübt, so sollte er das ebenfalls ausdrücklich in der Satzung festhalten. Damit werden dann später Auslegungsprobleme im Zusammenhang mit der Satzung vermieden.

Ggf. ist die Stiftungssatzung entsprechend zu ändern – und das natürlich nur in dem konkreten Rahmen, den der Stifter den Stiftungsorganen in der Satzung vorgegeben hat.

Gerade im Zusammenhang mit der Verwendung des Schlagwortes „Dachstiftung“ (manche sagen auch „**Oberstiftung**“) werden treuhänderische Stiftungen, deren Treuhänderin eben eine Stiftung ist, auch „**Unterstiftun-**

23 Staudinger/*Hüttemann/Rawert*, Vorbem zu §§ 80 ff. BGB Rn 1 ff.

24 Kritisch zu solchen Versuchen ganz allgemein auch Hüttemann/Richter/Weitemeyer/*Reuter*, Rn 4.2 ff.

25 Vgl. Staudinger/*Hüttemann/Rawert* (2011), Vorbem. zu §§ 80 ff. Rn 231; *K. Schmidt*, in: Hopt/Reuter (Hrsg.), Stiftungsrecht in Europa, S. 175, 180 ff. spricht von einer „virtuellen Stiftung“.

26 v. Campenhausen/Richter/*Hof*, § 36 Rn 5 unter Verweis auf *Herzog*, Die unselbstständige Stiftung, 2006, S. 26.

27 Siehe *Studen*, Die Dachstiftung.

28 Ausf. zur Dachstiftung: *Studen*, Die Dachstiftung: Das Tragen und Verwalten von Unterstiftungen unter dem Dach einer selbstständigen Stiftung, 2011.

gen“ genannt, was dem gesellschaftsrechtlichen Begriff „**Untergesellschaft**“ ähnelt. Manche sprechen ebenfalls in Anlehnung an das Gesellschaftsrecht auch von „**Tochterstiftungen**“. Lassen wir uns nicht verwirren, es geht hier nicht um Gesellschaften und Gesellschafter. Stiftungen haben ja keine Gesellschafter oder Mitglieder.

Während die rechtsfähige Stiftung also durch eine einseitige Willenserklärung, das Stiftungsgeschäft gem. § 81 BGB, errichtet wird, bedarf es zur Errichtung einer unselbstständigen Stiftung **immer der Mitwirkung durch den späteren Träger**:[29] 12

- Bei Errichtung der unselbstständigen Stiftung zu Lebzeiten des Stifters (siehe Rn 17 ff.) schließt dieser einen **Vertrag** (Kausalgeschäft) mit dem späteren Stiftungsträger ab und überträgt (Erfüllungsgeschäft) aufgrund dieses Vertrages die Vermögensgegenstände, die später das Stiftungsvermögen bilden. Der Stiftungsträger muss die Annahme des Vertragsangebots des Stifters sowie des Angebots auf Übereignung der Vermögensgegenstände erklären.
- Bei der Errichtung von Todes wegen (siehe Rn 33) muss der spätere Stiftungsträger das ihm im Wege der Erbeinsetzung oder das im Wege einer mit einer Auflage beschwerten Vermächtnisses Zugedachte **annehmen**, nämlich durch Annahme der Erbschaft oder des Vermächtnisses.

Ein Anspruch des Stifters auf Errichtung der Stiftung, wie wir ihn aus § 80 BGB kennen, existiert bei der unselbstständigen Stiftung also nicht.

Da sich die Ausgestaltung der Treuhandstiftung nach schuld- oder erbrechtlichen Regeln richtet, sind weder die Stiftungsvorschriften des BGB noch die Landesstiftungsgesetze anwendbar und zwar auch nicht analog.[30] Die **Errichtung** einer unselbstständigen Stiftung (Treuhandstiftung) erfordert deshalb auch **kein staatliches Anerkennungsverfahren**. Die unselbstständige Stiftung unterliegt keiner staatlichen Aufsicht. Im Fall der Steuerbefreiung wacht aber natürlich die Finanzverwaltung über die Einhaltung der einschlägigen Steuervorschriften (insbesondere §§ 51 ff. AO). Sie führt das Feststellungsverfahren nach § 60a AO durch (siehe § 9 Rn 108 ff.). Die unselbstständigen kommunalen oder örtlichen Stiftungen des öffentlichen Rechts sind im Kommunalrecht des jeweiligen Bundeslandes geregelt. 13

Die bis hierhin skizzierten **Unterschiede** zwischen der Treuhandstiftung und der „echten“, d.h. selbstständigen Stiftung im Sinne der §§ 80 ff. BGB werden durch den üblichen Sprachgebrauch verschleiert. Man spricht, wenn eine Treu- 14

29 Vgl. Staudinger/*Hüttemann/Rawert* (2011), Vorbem. zu §§ 80 ff. Rn 239.

30 *Schindler/Steinsdörfer*, Treuhänderische Stiftungen, S. 6; Staudinger/*Hüttemann/Rawert* (2011), Vorbem. zu §§ 80 ff. Rn 235.

handstiftung gemeint ist, wohl aus Gewohnheit oder ggf. auch ganz bewusst, um sich an das positive Image der „großen Schwester“ anzuhängen, ebenfalls von einer „Stiftung“, von einem „Stifter“, von einem „Stiftungsgeschäft“ und etwa auch von einem „Stiftungsvermögen“.

Richtig ist das nicht. Streng genommen kann nur in den Fällen der §§ 80 ff. BGB von einem „Stifter“, einer „Stiftung“ etc. die Rede sein. Nur in diesen Fällen haben diese Begriffe gesetzliche Autorität. Auch von der „Errichtung“ einer Treuhandstiftung kann deshalb nur im übertragenen Sinne die Rede sein. Richtiger ist es, je nach Fallkonstellation, von dem Zustandekommen eines Vertrages oder von der Annahme einer Erbschaft oder eines Vermächtnisses zu sprechen. Wenn im Folgenden dennoch der überkommene Sprachgebrauch verwendet wird, ist das der allgemeinen Gewohnheit und damit der Einfachheit geschuldet.

Wir müssen uns aber dessen bewusst sein, dass wir nicht von der selbstständigen Stiftung aus denken dürfen, sondern vielmehr von den schuld- und erbrechtlichen Grundlagen ausgehen müssen, die im Fall der unselbstständigen Stiftung dazu verwendet werden, eine der selbstständigen Stiftung möglichst nahe kommende Gestaltung zu erzielen.

15 Wie irritierend dieser **missverständliche Sprachgebrauch** jedenfalls für den juristischen Laien sein kann, wird im Übrigen demjenigen Berater schnell bewusst, der einem Mandanten erklären muss, dass er die „die Stiftung XY“ nicht als Erbin einsetzen kann, weil es sich um eine unselbstständige Stiftung handelt. Erbe kann rechtlich nur der Träger einer unselbstständigen Stiftung sein.[31]

Mehr als nur irritierend ist es, wenn Treuhandstiftungen im **Rechtsverkehr** als „Stiftung“ auftreten, ohne dabei einschränkend darauf hinzuweisen, dass es sich bei ihnen eben nicht um eine rechtsfähige Stiftung handelt. Für die Stiftungs-GmbH als Alternative zur Stiftung ist es etwa anerkannt, dass sie in ihrer Firma den Begriff „Stiftung" führen darf, wenn sie als Treuhänderin ein der Erfüllung eines bestimmten Zweckes gewidmetes Vermögen für gemeinnützige Zwecke verwaltet und durch einen Zusatz ihre Rechtsform (GmbH) eindeutig kennzeichnet, so dass die Gefahr einer Verwechslung mit einer rechtsfähigen selbstständigen Stiftung ausgeschlossen ist.[32] Und damit der Rechtsverkehr auch nicht getäuscht wird und nicht getäuscht werden kann.

---

31 Siehe nur v. Campenhausen/Richter/*Hof*, § 36 Rn 117.

32 So etwa schon *Wochner*, DStR 1998, 1835 m.w.N.

Nichts anderes sollte für den Namen[33]/die Bezeichnung einer treuhänderischen Stiftung gelten. Auch hier muss eine Verwechslung mit einer rechtsfähigen, selbstständigen Stiftung ausgeschlossen sein. Da sollte es keine Zweifel geben – auch weil solche Zweifel auf Dauer dem Stiftungswesen schaden. Im Einzelfall kann geprüft werden, ob hier Missbräuche abzumahnen sind.

C. Die Errichtung einer Treuhandstiftung

Der Stifter kann eine Treuhandstiftung zu Lebzeiten oder von Todes wegen errichten. Auch bei der Treuhandstiftung empfiehlt sich grundsätzlich die Errichtung zu Lebzeiten mit der Option einer späteren Zustiftung (siehe schon § 3 Rn 98 ff.). 16

I. Errichtung zu Lebzeiten des Stifters

Um durch eine lebzeitige vertragliche Gestaltung eine selbstständige Stiftung nachzuahmen, können der Stifter und der Treuhänder entweder einen **Treuhandvertrag** schließen, bei dem die §§ 662 ff., 675 BGB (unentgeltlicher Auftrag/entgeltliche Geschäftsbesorgung) Anwendung finden, oder sie schließen einen **Schenkung**svertrag **unter Auflage** gem. §§ 516, 525 BGB. 17

1. Ist ein Treuhandvertrag zur Errichtung einer Treuhandstiftung geeignet?

Der BGH und die wohl herrschende Meinung im Schrifttum gehen davon aus, dass **beide Vertragstypen zur Errichtung einer unselbstständigen Stiftung geeignet** sind.[34] Demgegenüber spricht sich ein **Teil des Schrifttums** dafür aus, dass **allein die Schenkung unter Auflage** wegen ihrer „stärkeren Endgültigkeit" dem „Begriff der Stiftung" gerecht wird und mit ihm vereinbar ist. Worum geht es im Einzelnen?[35] 18

Bei einem unentgeltlichen Auftrag kann grundsätzlich der Stifter den Auftrag jederzeit widerrufen und der Stiftungsträger kann grundsätzlich jederzeit kündigen. Ein unentgeltlicher Auftrag wird bei einer Treuhandstiftung indessen eher selten vorliegen. Bei einer entgeltlichen Geschäftsbesorgung besteht ein Kündigungsrecht nach Dienstvertragsrecht. Es gelten dann die Beendigungs-/

33 Zum Namensrecht einer Treuhandstiftung vgl. *Heuel*, Stiftung & Sponsoring 4/2012, Die Roten Seiten, S. 10.

34 V. Campenhausen/Richter/*Hof*, § 36; Werner/Saenger/*A. Werner*, Rn 953 ff. jew. m.w.N.

35 Zur Diskussion im Überblick auch *Geibel*, in: Deutsches Stiftungszentrum (Hrsg.), Die Treuhandstiftung, S. 33 ff. mit eigenem Lösungsansatz.

Kündigungsfristen der §§ 620, 621 BGB. Widerruf und Kündigung haben zur Folge, dass der Stiftungsträger die ihm übertragenen Vermögensgegenstände herausgeben muss (§ 667 BGB). Es bestehe mithin je nach Sichtweise die Möglichkeit und/oder die Gefahr, dass das Stiftungsvermögen nicht auf Dauer dem Stiftungszweck erhalten bleibt, weil der Vertrag zwischen dem Stifter und dem Treuhänder beendet werden kann und bei Vertragsende der Treuhänder das Stiftungsvermögen herauszugeben hat.[36]

19 Um sich hier der prinzipiellen zeitlichen Unbegrenztheit der rechtsfähigen Stiftung zumindest anzunähern, kommen ein Verzicht auf das Kündigungsrecht durch den Treuhänder und ein Verzicht auf das Widerrufsrecht durch den Treugeber in Betracht. Der unentgeltlich tätige **Treuhänder** kann, wie sich aus dem Umkehrschluss zu § 671 Abs. 3 BGB ergibt, auf sein **Kündigungsrecht verzichten**. Bei einer entgeltlichen Geschäftsbesorgung gilt für die Kündigung des Treuhänders § 621 BGB, der aber auch vertraglich abdingbar ist.[37] Der Verzicht ist allerdings nicht unbeschränkt möglich: Auf das Recht zur **Kündigung aus wichtigem Grund** können weder der Stiftungsträger noch der Stifter selbst vorab verzichten.[38] Nach dem Tod des Stifters treten zudem dessen Erben in den Vertrag ein, und auch sie haben das Recht zur Kündigung aus wichtigem Grund.

20 Die Kritiker der Errichtung einer Treuhandstiftung mittels eines Treuhandverhältnisses nach Auftragsrecht (siehe auch Rn 29 f.) setzen genau an diesem Punkt an. Aufgrund des nicht abdingbaren Rechts zur außerordentlichen Kündigung aus wichtigem Grund sei die Vermögensübertragung durch den Stifter bei einem Treuhandvertrag niemals ganz endgültig. Eine Kündigung habe nämlich zur Folge, dass der Stiftungsträger das Stiftungsvermögen nach § 667 BGB an den Stifter herausgeben müsse, was die Treuhandstiftung in ihrem Bestand latent gefährde. Eine Stiftung, auch eine unselbstständige, setze aber eine dauerhafte Vermögensübertragung voraus. Eine treuhänderische Stiftung sei deshalb nur als Schenkung unter Auflage denkbar.[39]

---

36 Staudinger/*Hüttemann/Rawert*, Vorbem. zu §§ 80 ff. Rn 242 ff.; MüKo-BGB/*Reuter*, 6. Aufl. 2012, Vorbem zu §§ 80 ff. Rn 98 ff. jew. m.w.N. Moderater jetzt MüKo-BGB/*Weitemeyer*, 7. Aufl. 2015, § 80 Rn 205, mit Blick auf die Privatautonomie der Beteiligten, denen letztlich die Wahl der geeigneten Rechtsform zu überlassen sei (siehe auch Rn 26 ff.).

37 Vgl. Palandt/*Weidenkaff*, § 621 Rn 2.

38 Siehe § 671 Abs. 3 BGB für den unentgeltlichen Auftrag und vgl. Palandt/*Weidenkaff*, § 626 Rn 2 für den entgeltlichen Auftrag in Form des Dienstvertrags.

39 MüKo-BGB/*Reuter*, Vor § 80 Rn 98 ff.; zustimmend Staudinger/*Hüttemann/Rawert*, Vorbem. zu §§ 80 ff. Rn 242 ff.

Insbesondere, so diese kritische Meinung weiter, komme es bei der steuerbefreiten treuhänderischen Stiftung zu dem folgenden Problem: Aufgrund der Verpflichtung zur satzungsmäßigen Vermögensbindung im Fall der Steuerbefreiung (§§ 55 Abs. 1 Nr. 4, 61 AO; ausf. siehe § 9 Rn 286 ff.) darf auch bei einem Treuhandvertrag über die Errichtung einer steuerbefreiten Treuhandstiftung die Kündigung oder der Widerruf nicht zum Rückfall des Stiftungsvermögens auf den Stifter oder seine Erben führen, da sonst die Steuerbefreiung gefährdet ist. Ein Stifter darf sich zwar nach § 55 Abs. 3 i.V.m. Abs. 1 Nr. 2 AO das Recht vorbehalten, das ursprüngliche Stiftungsvermögen zurückzuverlangen, kann dann aber nicht den Sonderausgabenabzug nach § 10b Abs. 1a EStG geltend machen (siehe auch Rn 77). Die Erträge des Stiftungsvermögens unterliegen außerdem zwingend der steuerlichen Vermögensbindung (§ 55 Abs. 3 i.V.m. Abs. 1 Nr. 4 AO). Der Herausgabeanspruch nach § 667 BGB umfasst aber nicht nur das, was der Stiftungsträger zur Ausführung des Auftrags erhalten hat (das Stiftungsvermögen), sondern auch, „was er aus der Geschäftsbesorgung erlangt", also die Erträge des Stiftungsvermögens. 21

Diese rechtlichen Gegebenheiten sollen zur Folge haben, so jedenfalls das Fazit der Kritiker, dass weder mit den Mitteln des Auftragsrechts noch auf der Basis einer entgeltlichen Geschäftsbesorgung eine unselbstständige Stiftung errichtet werden kann. Eine unselbstständige Stiftung soll stets Schenkung unter Auflage sein.[40] 22

Diese Kritik an der Treuhandlösung, die aus unserer Sicht zudem ihre Ableitung aus dem Begriff Stiftung überzieht,[41] was hier nicht näher betrachtet werden soll, übersieht vor allem einen grundlegenden Punkt. Die Regelung der Herausgabe gem. **§ 667 BGB ist dispositives Recht**. Die Rechtsfolge des § 667 BGB kann deshalb von den Vertragsparteien geändert und sogar ganz ausgeschlossen werden.[42] Vertraglich ausgeschlossen werden kann sogar die Vererblichkeit des Anspruchs auf Herausgabe.[43] Der Stifter und der Stiftungsträger können mithin für den Fall des Widerrufs oder der Kündigung des Treuhandvertrags aus wichtigem Grund mit einer vertraglichen Regelung zum einen den Rückfall des Vermögens an den Stifter oder seine Erben ausschließen und zum anderen den Vermögensanfall entsprechend den steuerrechtlichen Vorgaben regeln. 23

40 MüKo-BGB/*Reuter*, 6. Aufl. 2012, Vor § 80 Rn 103; Staudinger/*Hüttemann*/*Rawert*, Vorbem. zu §§ 80 ff. Rn 248. **A.A.** MüKo-BGB/*Weitemeyer*, 7. Aufl. 2015, § 80 Rn 205.

41 Zu ähnlichen methodischen Merkwürdigkeiten bei der Diskussion zur unternehmensverbundenen Stiftung siehe § 2 Rn 33.

42 BGH NJW-RR 1997, 778; MüKo-BGB/*Seiler*, § 667 Rn 2; Palandt/*Sprau*, § 667 Rn 1 jew. m.w.N. zur Rspr.

43 BGH WM 1989, 1813.

Im Übrigen müssen Widerruf und Kündigung nicht zwingend das Ende der Treuhandstiftung selbst bedeuten. Zu denken ist etwa an den Fall, dass der Stifter die Kündigung aus wichtigem Grund aufgrund eines Fehlverhaltens des Treuhänders erklärt. Interessengerecht und von Seiten des Stifters gewollt ist dann nicht die „Auflösung" der Treuhandstiftung, sondern deren „Übertragung" auf einen neuen Stiftungsträger. Eine entsprechende vertragliche Gestaltung kann beispielsweise darin bestehen, dass der Stifter oder ein von ihm bestimmtes internes Organ (siehe Rn 38) das Recht erhält, zu kündigen und den bisherigen Stiftungsträger anzuweisen, das Stiftungsvermögen unverändert auf einen vom Stifter neu bestimmten Stiftungsträger zu übertragen, mit dem der Stifter dann einen neuen Vertrag abschließt oder bereits abgeschlossen hat. Das Stiftungsvermögen bleibt so auch nach der Kündigung als Sondervermögen erhalten und die negativen steuerlichen Folgen eines Vermögensrückfalls werden vermieden.

24 Ein weiterer Ansatzpunkt für die Absicherung der Existenz der Treuhandstiftung ist der „wichtige Grund" für die Kündigung. Der Begriff des wichtigen Grundes muss als abstrakter Rechtsbegriff mit Leben gefüllt werden, wobei alle Umstände des Einzelfalls zu berücksichtigen sind und insbesondere die umfassende Abwägung der Interessen der Vertragsparteien entscheidend ist.[44]

Ein Treuhandstifter wird regelmäßig in zwei Fällen ein berechtigtes Interesse an einer Kündigung haben: Zum einen dann, wenn der Stiftungsträger nicht mehr die Gewähr für den Fortbestand der Stiftung und die Erfüllung des Stiftungszwecks bietet oder zum anderen dann, wenn die Erfüllung des Stiftungszwecks objektiv unmöglich wird und eine Änderung des verfolgten Zwecks aus welchem Grund auch immer nicht in Frage kommt. Der Stiftungsträger wiederum wird insbesondere dann einen wichtigen Grund zur Kündigung haben, wenn ihm die Fortführung der Stiftungsträgerschaft nicht mehr zugemutet werden kann. Das kann etwa finanzielle Gründe (Honorarausfall) haben oder auch durch einen erheblichen Vertrauensbruch zwischen dem Stiftungsträger und dem Stifter, dessen Erben oder den Mitgliedern des internen Stiftungsorgans begründet sein.

In dem Vertrag über die Errichtung der Stiftung und ihre Organisation können der Stifter und der Stiftungsträger beispielhaft wichtige Gründe für eine Kündigung aufzählen und so eine Auslegungshilfe für zukünftige Streitfälle bieten. Zudem können sie wegen der Disponibilität des § 667 BGB im Einzelnen regeln, wie im Falle einer Kündigung aus wichtigem Grund zu verfahren ist, damit die jeweiligen Interessen gewahrt sind. Das erfordert eine genaue Vertragsgestaltung und im Fall der steuerbefreiten Treuhandstiftung bei der Über-

44 Siehe nur Palandt/*Weidenkaff*, § 626 BGB Rn 37 ff. m.w.N.

tragung auf einen neuen Stiftungsträger und bei der Auflösung der Treuhandstiftung zusätzlich eine genaue Abstimmung mit der Finanzverwaltung.

Letztendlich sind damit die **Einwände** gegen die Tauglichkeit eines Auftrags oder einer entgeltlichen Geschäftsbesorgung als Basis für eine Treuhandstiftung **unberechtigt**, da die Folgen des § 667 BGB durch entsprechende Vereinbarung der Vertragsparteien geändert und sogar ganz ausgeschlossen werden können.[45] 25

Auch der BGH hat in seinen beiden Urteilen aus den Jahren 2009 und 2015 auf den oben dargestellten Unterschied der Meinungen hingewiesen. Er hat aber ganz im Sinne der soeben (siehe Rn 23) dargestellten Zusammenhänge zur **Vertragsautonomie** klargestellt:[46] 26

> *„Der Vertrag über die Errichtung einer unselbstständigen Stiftung kann als Schenkung unter Auflage oder in Gestalt eines fiduziarischen Rechtsgeschäfts als Auftrag beziehungsweise bei Entgeltlichkeit als Geschäftsbesorgungsvertrag geschlossen werden. Entscheidend ist, welche Rechtsform die Parteien gewählt haben …“*

Anders ausgedrückt: Die an dem Vertrag zur Errichtung einer unselbstständigen Stiftung unter Lebenden beteiligten Parteien sind aufgrund der **Vertragsautonomie** frei in der Wahl der Gestaltung. Eine davon zu unterscheidende Frage ist die, wie erfolgreich sie dabei sind und welche Vertragsgestaltung sie wählen können und müssen, um eine selbstständige Stiftung zu simulieren.

Praxisrelevante Rechtsprechung: Unbewusst errichtete treuhänderische Stiftung 27

Nach Auffassung des **OLG Oldenburg** kann eine treuhänderische Stiftung auch unbewusst errichtet werden.[47] Worum ging es in dem Fall?

Das Urteil des OLG Oldenburg, in dem es um die Übereignung von Pferden für eine Pferdezucht und zur Förderung des Reitsports ging, womit ein Pferdeliebhaber sein „Lebenswerk“ bewahren wollte und wogegen seine Erbin klagte, mag auf den ersten Blick überraschen. Bei genauerer Betrachtung entspricht es jedoch den von der herrschenden Meinung anerkannten Grundlagen des Rechts der Treuhandstiftung.[48]

---

45 Siehe nur MüKo-BGB/*Seiler*, § 667 Rn 2 m.w.N.

46 BGH Urt. v. 22.1.2015 – III ZR 434/13 = MDR 2015, 286; BGH Urt. v. 12.3.2009 – III ZR 142/08 = NJW 2009, 1738.

47 OLG Oldenburg Urt. v. 18.11.2003 – 12 U 60/03 (abrufbar bei juris.de); der BGH hat die Nichtzulassungsbeschwerde gegen dieses Urteil zurückgewiesen, BGH Beschluss v. 26.1.2006 – III ZR 388/03 (abrufbar bei juris.de).

48 Siehe dazu die ausf. Urteilsanmerkung mit Wiedergabe des OLG-Urteils von *Plodeck*, ZSt 2007, 38.

Das OLG betont insbesondere, dass es Zweck der Zuwendung war, die Pferde aus dem Nachlass zu entnehmen und damit dem Zugriff der Erbin zu entziehen. Mit der Eigentumsübertragung auf die Beklagte für eine Pferdezucht und zur Förderung des Reitsports sei es aufgrund der Umstände des konkreten Falles zur Gründung einer Treuhandstiftung gekommen. Die Tatsache, dass die Beteiligten selbst nicht an die Gründung einer Stiftung gedacht hätten, sei rechtlich ohne Belang. Maßgebend sei alleine, wie sich das Rechtsgeschäft nach außen objektiv darstelle.

Insbesondere dem letztgenannten grundlegenden Argument ist mit *Plodeck* zu folgen.[49] Man könnte auch sagen: Sie wissen oft nicht, was sie (rechtlich) tun! Wie viele GbRs werden z.B. unabsichtlich gegründet oder werden absichtlich gegründet und werden „unversehens" zur OHG. Eine Gesellschaft ist OHG, wenn objektiv die Voraussetzungen für eine OHG vorliegen, mögen die Gesellschafter auch in anderer Verbindung stehen wollen.[50] Verwiesen sei hier schließlich nur noch auf den alten Rechtsgrundsatz „falsa demonstratio non nocet." Betrachten wir den Fall einmal näher!

Dem Stifter/Schenker kam es in dem Fall des OLG Oldenburg auf die Dauerhaftigkeit der o.g. Zwecksetzung an, wodurch auf Dauer ein wirtschaftlich eigenständiges Vermögen gebildet wurde. Das war der Beschenkten (Beklagten) alles bekannt und bewusst. Eine reine Auflagenschenkung ohne Stiftungscharakter schied damit aus. Mithin ist in dem Fall eine Treuhandstiftung errichtet worden. Genau betrachtet, fehlte es nicht an einem entsprechenden Stifterwillen und einem entsprechendem Willen bei der Treuhänderin, es fehlte „nur" das konkrete Stiftungsbewusstsein.[51] Die Beteiligten wussten nicht, wie die rechtliche Gestaltung, die sie „gewählt" hatten, üblicherweise bezeichnet wird. Das aber ist, wie OLG und BGH aufgrund der oben skizzierten Rechtsgrundlagen zu Recht angenommen haben, für die eingetretenen Rechtsfolgen unerheblich. Damit überraschen beide Entscheidungen letztlich nicht.

28 In der Praxis kommt es häufig vor, dass der Stifter und der Stiftungsträger nicht näher bestimmen, welchen Vertragstyp sie wählen. Es ist dann durch Auslegung der einzelnen Regelungen zu ermitteln, was die Vertragsparteien gewollt haben. Klare Regelungen helfen, spätere Streitfälle zu vermeiden. Das setzt allerdings die Kenntnis der unterschiedlichen rechtlichen Grundlagen voraus.

---

49 *Plodeck*, ZSt 2007, 38.

50 Siehe nur Baumbach/*Hopt*, § 105 Rn 7 m.w.N.

51 So auch schon *Plodeck*, ZSt 2007, 38 (42).

2. Der Treuhandvertrag im Einzelnen

Eine eigenständige Regelung des Treuhandvertrages kennt das BGB nicht. Es existiert auch kein allgemein anerkannter Begriff der Treuhand.[52] Typisch für ein Treuhandverhältnis ist jedenfalls, dass der Treugeber dem Treuhänder Vermögensgegenstände oder zumindest die Verfügungsmacht über einzelne Vermögensgegenstände überträgt, beide aber schuldrechtlich vereinbaren, dass der Treuhänder die so gewonnene Verfügungsmacht nur eingeschränkt nach der Maßgabe des schuldrechtlichen Treuhandverhältnisses ausüben darf.[53] 29

Verdeutlichen wir uns, was das für die Treuhandstiftung bedeutet: Die in der Praxis üblichen, aber hier durchaus verwirrenden Begriffe „Stiftungsgeschäft“ und „Stiftungssatzung“ sind genau betrachtet falsch. Ihre Inhalte sind Bestandteil des schuldrechtlichen Treuhandverhältnisses, anders ausgedrückt: Es handelt sich um Vertragsbedingungen, auf die sich Stifter und Treuhänder einigen, und nicht wie bei der rechtsfähigen Stiftung um einseitige Willenserklärungen des Stifters (ausführlich dazu siehe unten Rn 34 ff.).

Welchem Vertragstypus der schuldrechtliche Teil des Treuhandverhältnisses unterfällt, hängt von dessen Ausgestaltung ab.

In der Praxis wird bei der Wahl der Treuhandlösung zwecks Nachahmung einer selbstständigen Stiftung meistens wie folgt vorgegangen: 30

Der Treugeber („Stifter“) überträgt dem Treuhänder („Stiftungsträger“) das zur Erfüllung des „Stiftungszwecks“ vorgesehene Vermögen, entäußert sich also wie bei der Stiftung des Eigentums. Der Treuhänder wird neuer Eigentümer. Er bindet sich aber gegenüber dem Treuhänder durch Abschluss eines Vertrages, indem er verspricht, das ihm übertragene Vermögen nach den Maßgaben des Treugebers so zu verwalten, dass es der Erfüllung des im Treuhandvertrag bezeichneten Zwecks dient. Der Treuhänder besorgt damit ein Geschäft des Treugebers.

- Handelt es sich um eine unentgeltliche Geschäftsbesorgung (**Auftrag, § 662 BGB**) kann der Treuhänder von dem Treugeber Ersatz für solche Aufwendungen verlangen, die er zum Zwecke der Ausführung des Auftrags macht und die er nach den Umständen für erforderlich halten darf (§ 672 BGB).
- Wird der Treuhänder entgeltlich tätig, handelt es sich um einen Dienstvertrag, auf den das Auftragsrecht jedenfalls teilweise Anwendung findet (**entgeltliche Geschäftsbesorgung, § 675 BGB**).

In der Praxis handelt es sich **typischerweise um eine entgeltliche Leistung**, für die sich zahlreiche Anbieter am Markt finden (siehe Rn 39 ff.).

52 Palandt/*Ellenberger*, Überblick v. § 104 BGB Rn 25 m.w.N.
53 Palandt/*Bassenge*, § 903 Rn 33.

3. Die Schenkung unter Auflage

31 Bei der Schenkung unter Auflage überträgt der Schenker (= „Stifter“) der von ihm gewählten Person seines Vertrauens die von ihm der Erfüllung des Stiftungszwecks gewidmeten Vermögensgegenstände unentgeltlich unter der Auflage, sie entsprechend seinen Vorgaben zu verwenden (Schenkung unter Auflage, § 525 BGB). Im Falle der durch eine Schenkung unter Auflage errichteten Treuhandstiftung sind „Stiftungsgeschäft“ und „Stiftungssatzung“ mithin Teil dieser Auflage und nicht von der Schenkung unabhängige Dokumente (ausführlich dazu siehe unten Rn 34 ff.).

Der Beschenkte ist zum Vollzug der Auflage verpflichtet, sobald der Schenker die Vermögensgegenstände auf ihn übertragen hat (§ 525 Abs. 1 BGB). Er muss sich also insbesondere an die Vorgaben des Stiftungsgeschäfts und an die Stiftungssatzung halten. Der Schenker und nach seinem Tod seine Rechtsnachfolger können von dem Beschenkten die Erfüllung der Auflage verlangen.[54] Neben den Erben kann nach dem Tod des Stifters, wenn die Erfüllung des Stiftungszwecks im öffentlichen Interesse liegt, auch die zuständige Behörde die Vollziehung der Auflage verlangen. Zuständig ist bei Schenkungen unter Auflage gerade nicht die Stiftungsbehörde, sondern eine vom jeweiligen Landesrecht bestimmte Behörde.[55] Der Schenker kann das Recht, die Vollziehung der Auflage zu verlangen, auch auf einen Dritten übertragen.[56]

Auch wenn die Vermögensübertragung selbst unentgeltlich erfolgt, verwaltet der Träger die Treuhandstiftung in diesen Fällen typischerweise gegen eine Verwaltungspauschale aus den Erträgen des Stiftungsvermögens.

32 Zwar wird der Treuhänder im Fall der Schenkung nicht wirtschaftlicher Eigentümer der Vermögenswerte, dennoch ist die schenkungsrechtliche Bereicherung bei ihm gegeben, da die Vertrauensstellung als Treuhänder an sich schon als Vorteil bei ihm anzusehen ist.[57] Ein Schenkungsversprechen und mit ihm die Auflage bedürfen der notariellen Beurkundung (§ 518 Abs. 1 BGB). In der Praxis wird diese Form allerdings oftmals nicht eingehalten. Der Mangel der Form wird aber jedenfalls durch die Bewirkung der Leistung (sprich: die Übertragung) geheilt (§ 518 Abs. 2 BGB).

---

54 MüKo-BGB/*Koch*, § 525 Rn 14.

55 Siehe etwa Art. 4 des AGBGB Baden-Württemberg

56 MüKo-BGB/*Koch*, § 525 Rn 14.

57 Werner/Saenger/*A. Werner*, Rn 960 ff.; ausf. Erörterung der Problematik bei Staudinger/*Hüttemann/Rawert*, Vorbem. zu §§ 80 ff. Rn 249 f.

II. Errichtung von Todes wegen

Neben der Einsetzung des Treuhänders einer bereits bestehenden treuhänderischen Stiftung als auflagenbeschwerter Erbe oder Vermächtnisnehmer ist auch die **Errichtung einer treuhänderischen Stiftung von Todes wegen** möglich durch die Beschwerung von Erbe(n) oder Vermächtnisnehmer(n) mit der letztwillig verfügten **Auflage**, eine treuhänderische Stiftung nach den Vorgaben des Erblassers zu errichten.[58] Die Einhaltung der Auflage ist zweckmäßig durch die Einsetzung eines Testamentsvollstreckers zu sichern. Maßgebend und ausreichend für die Wirksamkeit einer solchen Auflage ist, dass dabei die „Zweckbestimmung" i.S.d. § 2193 BGB hinreichend bestimmt ist, woran von der Rechtsprechung keine allzu hohen Anforderungen gestellt werden.[59] Hinreichend bestimmt soll z.B. bereits die Formulierung sein, eine festgelegte Summe für „wohltätige Zwecke" zu verwenden.[60] 33

Nähere letztwillige Vorgaben zu Satzung und/oder Treuhandvertrag sind also nicht erforderlich, wenngleich in der Praxis empfehlenswert. So kann der Erblasser einem Dritten (i.d.R. dem Testamentsvollstrecker) aber auch die Auswahl des Stiftungsträgers und/oder die inhaltliche Fassung von Satzung und Treuhandvertrag nach „billigem Ermessen" überlassen.[61]

III. „Stiftungsgeschäft" und „Stiftungssatzung" bei der Treuhandstiftung?

Für die Errichtung einer selbstständigen Stiftung muss der Stifter das Stiftungsgeschäft vornehmen und darin der Stiftung eine Satzung geben. Aufgrund des bereits oben (siehe Rn 14 f.) angedeuteten unbefangenen Sprachgebrauchs werden die Begriffe „Stiftungsgeschäft" und „Stiftungssatzung" in der Praxis auch bei der Errichtung von Treuhandstiftungen verwendet. 34

In der „Stiftungssatzung" werden die Einzelheiten der Zweckerfüllung und der Verwaltung des Vermögens mit dem Stiftungsträger ausgehandelt und festgehalten. Die Bezeichnung als Stiftungssatzung trifft, wie wir gesehen haben (siehe Rn 29), die rechtlichen Gegebenheiten aber nicht. Tatsächlich handelt es sich entweder um die Ausgestaltung des Treuhandvertrages, also des Auftrags oder der entgeltlichen Geschäftsbesorgung, oder um die Ausgestaltung der 35

58 Ausf. OLG München NJW 2014, 2448 sowie die Nachweise in der vorstehenden Fn.

59 OLG München NJW 2014, 2448. A.A. *Muscheler*, ZEV 2014, 573, der hier nicht § 2193 BGB, sondern nur § 2065 Abs. 2 BGB für anwendbar und nach diesem Maßstab die Auflage für unwirksam hält.

60 Vgl. etwa MüKo-BGB/*Rudy*, § 2193 Rn 2; NK-BGB/*Mayer*, § 2193 Rn 2; OLGE Köln 18, 319: „Verwendung zu römisch-katholisch-kirchlichen Zwecken".

61 OLG München NJW 2014, 2448; *Werner*, ZStV 2014, 144. A.A. *Muscheler*, ZEV 2014, 573.

Auflage im Fall der Schenkung oder der Errichtung von Todes wegen. Ähnliches gilt für das „Stiftungsgeschäft", das etwa die Vermögensübertragung (z.B. Abtretung von Vermögensansprüchen) oder weitere Auflagen enthält. Durch den Gebrauch dieser Begriffe wird die Gefahr von Missverständnissen erhöht. Sie sollten deshalb, wenn überhaupt, nur mit Vorsicht und in dem Bewusstsein und mit der Klarstellung gebraucht werden, welche rechtlichen Sachverhalte (Treuhandvertrag oder Schenkung? Vertragsbedingung oder Auflage?) ihnen zugrunde liegen.

36 Da die „Satzung" der treuhänderischen Stiftung keine Satzung im Rechtssinne ist, sondern eben nur ein schuldrechtlicher Vertrag zwischen zwei Personen (Schenkung unter Auflage/Auftrag oder Geschäftsbesorgung) oder eine erbrechtliche Auflage, kann sie, wenn sich etwa Fehlentwicklungen herausstellen sollten, durch den Stifter (Treugeber) und den Treuhänder zu Lebzeiten des Stifters ggf. **leichter geändert** werden als die einer staatlich anerkannten Stiftung.

37 **Praxishinweis: Ermächtigungen**
Für die Zeit nach seinem Tod kann der Stifter in der Satzung entsprechende Ermächtigungsregelungen zur Satzungsänderung für das interne Organ (siehe sogleich Rn 38 ff.) der Treuhandstiftung vorsehen.

IV. Das (interne) Stiftungsorgan

38 Der Stiftungsträger vertritt die Treuhandstiftung im Rechtsverkehr und trifft alle Maßnahmen zur Erfüllung des Stiftungszwecks, etwa Ausschüttungen an die Destinatäre. Eine Treuhandstiftung benötigt dazu keinen Vorstand. Dennoch wird es sich insbesondere bei größeren Vermögen anbieten, ein internes Organ der Treuhandstiftung zu schaffen, das den **Stiftungsträger berät und kontrolliert** (siehe auch Rn 59 ff.). Insbesondere die Finanzverwaltung ist der Auffassung, dass in bestimmten Konstellationen ein solches Organ vorhanden sein muss, damit eine Treuhandstiftung steuerbegünstigt sein kann, wobei diese Forderung tatsächlich aber keine Stütze im Gesetz findet (ausführlich siehe Rn 82 f.).

In der stiftungsrechtlichen Fachliteratur ist man sich einig, dass eine Treuhandstiftung mit einem internen beratenden und kontrollierenden Organ ausgestattet werden kann.[62] Wenig Beachtung findet dabei aber die **rechtliche Begründung**, weshalb der Stifter den Stiftungsträger unter die Aufsicht eines solchen

62 Siehe nur *Heuel*, Stiftung & Sponsoring 2012, Die Roten Seiten, S. 12 f.; v. Campenhausen/Richter/*Hof*, § 36 Rn 104 ff., 152 ff.

internen Organs stellen kann.[63] Ausgangspunkt ist auch hier die jeweilige rechtliche Ausgestaltung.

Bei einer Stiftungserrichtung durch Schenkung unter Auflage oder durch eine erbrechtliche Auflage ist Ausgangspunkt der, dass der Schenker oder Erblasser das Recht, die Vollziehung der Auflage verlangen zu können, auf Dritte übertragen kann.[64] Gegenstand der Kontrolle des internen Organs ist die Beachtung der gesamten „Satzung“ der Treuhandstiftung, denn diese Satzung ist nichts anderes als eben die Auflage, unter der die Zuwendung erfolgt ist.[65]

Bei der Ausgestaltung der Treuhandstiftung als Auftrag oder Geschäftsbesorgung greift zunächst der Auslegungsgrundsatz des § 664 Abs. 2 BGB oder derjenige des § 675 i.V.m. § 613 S. 2 BGB, wonach der Anspruch auf die Ausführung des Auftrags oder des entgeltlichen Dienstes „im Zweifel nicht übertragbar“ ist. Da es sich aber jeweils eben nur um Auslegungsregeln („im Zweifel“) handelt,[66] folgt daraus, dass der Stifter durch eine ausdrückliche Regelung seinen Anspruch auf Dritte und somit auch auf ein internes Stiftungsorgan übertragen kann. Dasselbe gilt für das Recht, Weisungen zu erteilen (vgl. § 665 BGB) und Auskunft zu verlangen (vgl. § 666 BGB).

Eine weitere grundlegende Frage in diesen Zusammenhang ist die der Reichweite der Kompetenzen dieses internen Organs: Ist es etwa dazu befugt die Treuhandstiftung aufzulösen, sie umzuwandeln oder sogar den Treuhänder auszuwechseln? (Näher dazu siehe unten Rn 61 ff.).

V. Die Auswahl des Treuhänders

Der Stifter kann für den **Treuhänder** einer unselbstständigen Stiftung auf die 39
bereits vorhandene Organisation eines Stiftungsträgers zurückgreifen – etwa auf die des **Stifterverbandes für die Deutsche Wissenschaft** in Essen,[67] der u.a. mit einer jährlichen Publikation die von ihm verwalteten Stiftungen vorstellt. Er kann unter deren jeweiligem Dach z.B. eine treuhänderische Förderstiftung zugunsten der **Deutschen Krebshilfe e.V.**, Bonn,[68] oder zugunsten der **Deutsche Stiftung Denkmalschutz**, Bonn,[69] errichten. Oder er wird sich zur

63 Positive Ausnahme etwa die Begründung bei NK-BGB/*Schewe*, Anhang zu § 1923 Rn 125.

64 MüKo-BGB/*Koch*, § 525 BGB Rn 14; NK-BGB/*Schewe*, Anhang zu § 1923 Rn 125.

65 NK-BGB/*Schewe*, Anhang zu § 1923 Rn 125.

66 Siehe MüKo-BGB/*Müller-Glöge*, § 613 Rn 20; MüKo-BGB/*Seiler*, § 664 Rn 16.

67 Vgl. www.stifterverband.de. Näher zu dem Verband auch *Schindler/Steinsdörfer*, Treuhänderische Stiftungen, S. 20 ff.

68 Siehe www.krebshilfe.de.

69 Siehe www.denkmalschutz.de.

Schaffung der internen Organisation „seiner“ treuhänderischen Stiftung im Rahmen des Stiftungsträgers an den für die privatrechtliche selbstständige Stiftung entwickelten Modellen orientieren (siehe § 3 Rn 48 ff.). Dabei kann und sollte der unselbstständigen Stiftung durchaus ein **eigener Name** – etwa zur Erinnerung an den Stifter – gegeben werden.

40 *Marcus Buschka*, Estate planner (ebs), Geschäftsführer einer Stiftung in Hamburg und Leiter des Teams Stiftungen bei einer dortigen Sparkasse: **Die Treuhandstiftung als alternative Organisationsform**
„Die Treuhandstiftung hat sich fest in der Stiftungslandschaft als die alternative Organisationsform zur selbstständigen Stiftung etabliert. Sie ermöglicht es dem Stifter einfach und unkompliziert – mit einem für ihn geringen Zeit- und Verwaltungsaufwand – das geplante gemeinnützige Wirken nachhaltig zu fördern. Gerade auch vor dem Hintergrund der zunehmenden Dynamik von Entwicklungen in unserer Gesellschaft ist es wichtig, flexibel und möglichst zeitnah auch in der Stiftungslandschaft agieren und reagieren zu können. Im Rahmen des Stifterwillens kann die Satzung der Treuhandstiftung einfacher an diese Entwicklungen angepasst werden. Auch aufgrund dieser Anpassungsfähigkeit kommt der Auswahl des Treuhänders eine große Bedeutung zu. Der Treuhänder entwickelt mit dem Stifter gemeinsam die Satzung nach den Wünschen und Vorgaben des Stifters, „kümmert“ sich um die Verwaltungstätigkeit (Buchhaltung, Spendenmanagement, Marketing etc.) und um die satzungskonforme Erfüllung des Stiftungszwecks. Der Treuhänder muss der vertrauenswürdige Partner des Stifters sein. Nach seinem Ableben ist der Treuhänder hauptverantwortlich für die Fortsetzung und Umsetzung des Stifterwillens. Hier geht es insbesondere um die Betreuung der Stiftung im Sinne des Stifters und nicht um die Interessen des Treuhänders. Dieser großen Verantwortung sollten wir uns als Treuhänder sehr bewusst sein und in der Zukunft verstärkt darauf achten, dass die Seriosität der sich dieser Verantwortung bewussten Treuhänder nicht durch zweifelhafte Anbieter verloren geht. Es droht sonst ein dauerhafter Schaden für eine sehr wichtige Alternative im gemeinnützigen Sektor.“

41 Ersichtlich ist bei der **Auswahl des treuhänderischen Stiftungsträgers** für die unselbstständige Stiftung besondere Sorgfalt anzuwenden. Die Auswahl einer juristischen Person – vor allem des öffentlichen Rechts – hat den Vorteil, dass diese ebenso wie die unselbstständige Stiftung, aber anders als natürliche Personen, zumindest potenziell unsterblich ist. In der Regel werden daher als Stiftungsträger bereits bestehende selbstständige Stiftungen, Gesellschaften, Vereine oder auch Universitäten oder Gemeinden gewählt. Der Stifter sollte dabei besonderen Wert darauf legen, dass der Stiftungsträger über eine Organisation verfügt, deren Kontrollmechanismen (insbesondere Aufsichtsorgane, z.B. Bei-

rat) die Verwendung der treuhänderisch übertragenen Mittel für den gewählten Stiftungszweck sicherstellen.

Entscheidet sich der Stifter für eine **natürliche Person** als Treuhänder, so stellt sich das Problem der **Nachfolgeregelung**. Mitunter wird zur Lösung dieses Problems vorgeschlagen, der Stifter solle die Treuhandschaft an ein von besagter Person bekleidetes Amt (z.B. Bürgermeister, Universitätsrektor) knüpfen, der Nachfolger im Amt werde dann Treuhänder.[70] Das überzeugt nicht. Eine solche Regelung in einem Treuhand- oder Schenkungsvertrag ist ein unzulässiger Vertrag zu Lasten Dritter. Man führe sich nur vor Augen, dass besagter Amtsträger die Treuhandschaft gar nicht übernehmen will. Mit jedem Treuhänder ist ein gesonderter Vertrag zu schließen. Aus diesem Grund bietet es sich besonders an, den Treuhandvertrag mit einer **juristischen Person** abzuschließen. Diese ist in ihrer Existenz unabhängig vom Wechsel ihres Vorstandes. Im Übrigen ist aber auch bei einer juristischen Person als Stiftungsträger für den Fall ihrer Auflösung vorzusorgen, da ansonsten durch die Auflösung des Trägers die Treuhandstiftung aufhört zu existieren. Gleiches gilt ferner für den Fall, dass der Stiftungsträger aus welchem Grund auch immer die Kündigung erklärt. Hier muss bei steuerbegünstigten Treuhandstiftungen insbesondere der Rückfall an den Stifter oder dessen Erben verhindert werden (siehe schon oben Rn 21). Das geschieht mit Hilfe einer Regelung der Fortsetzung der Stiftung mit einem anderen Träger sowie mit der Aufnahme einer Anfallsregelung für den Fall der Auflösung der Stiftung. 42

Bei der Errichtung einer Treuhandstiftung von Todes wegen gilt nichts anderes. Bei der Erbeinsetzung unter Auflage z.B. könnte man die Bestimmung einer ggf. noch gar nicht geborenen natürlichen Person als Nachfolger in die Position des Stiftungsträgers evtl. als eine Nacherbeneinsetzung interpretieren. Diese kann der Nacherbe aber ausschlagen.[71] 43

Michael Rudolf, Rechtsanwalt, Angelbachtal: **Treuhandstiftung – eine Stiftung für alle?** 44
„Bei der gemeinnützigen treuhänderischen oder nicht rechtsfähigen Stiftung ist – im Gegensatz zur rechtsfähigen – weder ein behördliches Anerkennungsverfahren noch regelmäßig eine bestimmte Höhe des Stiftungskapitals vorgeschrieben. Bei der Treuhandstiftung liegen die Verwaltung des Stiftungsvermögens sowie die praktische Stiftungsarbeit beim Treuhänder. Der Stifter muss sich also nicht persönlich um die Anlage des Stiftungskapitals, den Verkehr mit dem Finanzamt und den Destinatären der Stiftung kümmern. Sofern der Stifter dies wünscht, kann er selbstverständlich über seine

70 Werner/Saenger/*A. Werner*, Rn 950.
71 Palandt/*Weidlich*, § 2142 Rn 1.

Mitgliedschaft im Stiftungsvorstand jederzeit und umfassend Einfluss auf die Verwaltung seiner Stiftung nehmen: Auswahl der Destinatäre, Anlage des Stiftungskapitals, Einwerbung von Zustiftungen und Spenden etc.
Die Treuhandstiftung passt sich somit den individuellen Wünschen und Möglichkeiten des Stifters an und kann dementsprechend als die flexiblere Stiftungsform bezeichnet werden. Ein erfahrener und versierter Stiftungstreuhänder wird den Stifter, insbesondere was den Verkehr mit dem Finanzamt und allen das Gemeinnützigkeitsrecht tangierenden Problemen (Gemeinnützigkeitsprofil der Stiftung) anbelangt, beraten und ihn im Einzelfall vor falschen Entscheidungen bewahren.
Der Treuhänder hat somit nicht nur eine unterstützende, sondern auch zusätzlich eine Kontrollfunktion. Der richtige Treuhänder wird dem Stifter im Übrigen auch bei der Fortentwicklung und bei dem Marketing seiner Stiftung mit Rat und Tat zur Seite stehen. Da der Treuhänder regelmäßig eine Vielzahl von Stiftungen verwaltet, kann er zudem deutlich bessere Kapitalanlageergebnisse erzielen, da er insgesamt höhere Summen anlegt, ein weiterer Vorteil der Treuhandstiftung. Die rechtsfähige Stiftung dürfte daher nur für sehr große Vermögen mit firmenähnlicher Verwaltungsstruktur sowie für Familienstiftungen geeignet sein."

45 Professionelle Treuhänder arbeiten in aller Regel mit ihrer bestehenden Organisationsstruktur gegen **feste Honorar- und Kostensätze**. Das hat für den Stifter einer treuhänderischen Stiftung den Vorteil der Vorhersehbarkeit der Verwaltungskosten für seine Stiftung. Zudem dürften die Verwaltungskosten, wenn der Stifter nicht ehrenamtliche „Mitstreiter" gewinnt, bei einem professionellen Treuhänder wegen der Synergieeffekte durch die Verwaltung einer Vielzahl treuhänderischer Stiftungen oftmals niedriger sein als bei einer individuell geschaffenen Struktur.

46 Nachteilig kann im Einzelfall allerdings sein, dass ein professioneller Treuhänder nur nach dem sprichwörtlichen „Schema F" verwaltet und sich entgegen seinem Prospekt tatsächlich nicht in der Lage sieht, auf die spezifischen Wünsche des Stifters/Treugebers einzugehen. Ein wirkliches Problem liegt hier in der Praxis jedoch regelmäßig nicht, denn letztlich ist das nur eine Frage des Preises.

47 **Praxishinweis: Kostenlose Treuhandverwaltung?**
Die Verwaltung von Treuhandstiftungen wurde und wird immer mehr auch als Markt begriffen. Vor diesem Hintergrund ließ uns eine Werbebeilage zu einer Fachzeitschrift Ende 2014 aufhorchen. Eine größere gemeinnützige Stiftung bewarb sich bei den Fachleuten und Lesern der Zeitschrift darum, „kostenfrei" als Treuhänderin treuhänderische Stiftungen aus dem Mandan-

tenkreis der Fachleute betreuen zu dürfen. Zitat (Hervorhebungen durch uns):
„Die persönliche Treuhandstiftung unter dem Dach der ... Stiftung. ...
Die Gründung einer Stiftung erfolgt nach deutschem Recht. Dabei begleiten wir Sie und Ihre Mandanten Schritt für Schritt. *Anschließend übernehmen wir kostenfrei sämtliche administrativen Aufgaben der Stiftungsverwaltung.*
...
Vor der Gründung entscheiden Ihre Mandanten über Zweck, Name und Startkapital der Stiftung. Wir *verfügen über Musterverträge, bereiten die Gründungsurkunde vor, wickeln das Genehmigungsverfahren ab und sorgen für die Anerkennung der Gemeinnützigkeit.* ... Den Stiftungszweck gibt allein Ihr Mandant vor ...“
Das ist eine Ansage! Der Markt für Treuhänder, die ja in der Regel gegen Entgelt tätig werden, wird also ersichtlich härter umkämpft als bisher.
Jede Initiative, die zum Stiften anregt, ist grundsätzlich zu begrüßen. Es stellen sich aber auch Fragen. Wir wollen hier nur drei nennen:

1. Wer zahlt letztlich die Verwaltung der treuhänderischen Stiftungen? Irgendwo muss das Geld ja herkommen. Aus dem Topf der „Dachstiftung“? Wäre der überhaupt frei für eine solche Verwendung, die einem Zweck nach dem Gusto des Treuhandstifters dient? Ggf. würden die betreffenden Mittel dann der Dachstiftung bei der Mittelverwendung fehlen.
2. Was gibt es denn bei der treuhänderischen Stiftung für ein Genehmigungsverfahren? Uns ist keines bekannt. Die „Gründungsurkunde“ ist entweder ein Schenkungsvertrag oder ein Treuhandauftrag (siehe Rn 16 ff.).
3. Sind nicht das Rechtsdienstleistungsgesetz und/oder das Steuerberatungsgesetz zu beachten? Geschieht das?

Wir sind gespannt, was wir dazu noch hören werden.

Es gibt ganz unterschiedliche Typen von Stiftern. Die einen wollen sich selbst kümmern, die anderen wollen lieber **delegieren**. Wer delegieren will, wird sich eher für eine treuhänderische Stiftung entscheiden und auf eine bestehende professionelle Organisation zurückgreifen.[72] Hier kann der Stifter, der das wünscht, die komplette Stiftungsarbeit beispielsweise von der Auswahl des Preisträgers bis zur Ausrichtung der Übergabefeier dem Treuhänder überlassen. 48

Praxishinweis: AGB-Kontrolle auch bei Treuhandstiftungen! 49
„Allgemeine Geschäftsbedingungen sind alle für eine Vielzahl von Verträgen vorformulierten Vertragsbedingungen, die eine Vertragspartei (Verwender)

72 So auch *Martin*, Vermögen & Steuern 06/2002, 21 (22).

der anderen Vertragspartei bei Abschluss eines Vertrags stellt" (§ 305 Abs. 1 S. 1 BGB).
Der AGB-Kontrolle unterliegen damit auch alle Verträge zur Errichtung einer Treuhandstiftung, die unter die oben wiedergegebene gesetzliche Definition fallen.[73] Das gilt nicht nur für den Treuhandvertrag, sondern auch für die Schenkung unter Auflage, denn § 305 spricht allgemein von Verträgen.[74] Für Treuhandverträge hat das z.B. zur Folge, dass eine Vertragslaufzeit von mehr als zwei Jahren nicht durch AGB vereinbart werden kann (siehe § 309 Nr. 9a BGB).[75]

D. Die Aufhebung einer Treuhandstiftung

50 Die treuhänderische Stiftung ist nicht zwingend endgültig.

I. Treuhandverhältnis nach Auftragsrecht

51 Besonderes Augenmerk ist bei der Wahl der Treuhandlösung auf die **Gestaltung der dauernden Zweckerfüllung** zu legen (siehe schon oben Rn 18 ff.). Ein Auftrag kann nämlich grundsätzlich von dem Auftraggeber jederzeit widerrufen und von dem Beauftragten jederzeit gekündigt werden (§ 671 BGB). Für die entgeltliche Geschäftsbesorgung nach Dienstvertragsrecht gelten die Kündigungsfristen der §§ 620, 621 BGB. Widerruf und Kündigung haben zur Folge, dass der Treuhänder die übertragenen Vermögensgegenstände herausgeben muss (§ 667 BGB).

52 Um sich hier der prinzipiellen zeitlichen Unbegrenztheit der rechtsfähigen Stiftung zumindest anzunähern, kommen ein Verzicht auf das Kündigungsrecht durch den Treuhänder und ein Verzicht auf das Widerrufsrecht durch den Treugeber in Betracht.

53 Der unentgeltlich tätige **Treuhänder** kann, wie sich aus dem Umkehrschluss zu § 671 Abs. 3 BGB ergibt, auf sein **Kündigungsrecht** verzichten. Bei einer entgeltlichen Geschäftsbesorgung gilt für die Kündigung des Treuhänders § 621 BGB, der aber auch vertraglich abdingbar ist.[76] Der Verzicht ist aber nicht unbeschränkt möglich. Auf das Recht zur Kündigung aus wichtigem Grund

---

73 Für einen Treuhandvertrag: BGH Urt. v. 12.3.2009 – III ZR 142/08 = NJW 2009, 1738.
74 Alle gegenseitigen Schuldverträge, siehe Palandt/*Grüneberg*, § 305 Rn 3.
75 BGH Urt. v. 12.3.2009 – III ZR 142/08 = NJW 2009, 1738.
76 Vgl. Palandt/*Weidenkaff*, § 621 Rn 2.

kann nicht vorab verzichtet werden.[77] Als wichtiger Grund in diesem Sinne kommt insbesondere die dauerhafte Unmöglichkeit der Zweckerreichung in Betracht. Insoweit sollte in dem Treuhandvertrag eine Regelung aufgenommen werden, die inhaltlich der des § 87 Abs. 1 BGB entspricht.

Ob der Auftraggeber des unentgeltlichen Auftrags auf sein **Widerrufsrecht** 54
nach § 671 Abs. 1 BGB verzichten kann, ist umstritten.[78] Einigkeit besteht jedenfalls darüber, dass ein Widerruf aus wichtigem Grund immer, also auch bei der vorherigen Erklärung eines Verzichts möglich bleibt. Die h.M. hält im Übrigen einen Verzicht auf das Widerrufsrecht zumindest dann für möglich, wenn das beauftragte Geschäft nicht nur den Interessen des Auftraggebers, sondern auch dem Interesse des Beauftragten entspricht, was im Falle einer unselbstständigen Stiftung regelmäßig der Fall sein soll.[79]

Durch den **Tod des Auftraggebers** endet der Auftrag, auch der entgeltliche, 55
„im Zweifel nicht" (vgl. § 672 auf den auch § 675 Abs. 1 BGB verweist). Es empfiehlt sich, durch eine entsprechende Klarstellung in dem Organisationsvertrag, solche Zweifel von vornherein auszuschalten. Nach dem Tod des Treugebers haben dessen Erben weiterhin die Möglichkeit, den Auftrag zumindest aus wichtigem Grund zu kündigen.

Bereits oben (siehe Rn 41 ff.) wurde angesprochen, dass, um im Falle der Kün- 56
digung die Existenz der Stiftung nicht zu gefährden, dafür Vorsorge getroffen werden muss, das Stiftungsvermögen auf einen anderen Treuhänder zu übertragen, so dass die Stiftung fortgesetzt werden kann. Für den Fall der Auflösung einer steuerbegünstigten Treuhandstiftung muss zudem dafür Sorge getragen werden, dass das Vermögen entsprechend § 61 AO weiterhin für steuerbegünstigte Zwecke verwendet wird (Vermögensanfall, Anfallsklausel). Beides ist durch entsprechende vertragliche Gestaltung möglich, da die gesetzlich vorgesehene Rechtsfolge der Herausgabe des übertragenen Vermögens (vgl. § 667 BGB) abgeändert oder abbedungen werden kann.

Für die Errichtung einer steuerbegünstigten Stiftung wird die Finanzverwal- 57
tung darüber wachen, dass eine entsprechende Anfallsklausel in die „Satzung" der Stiftung aufgenommen wird. Im Übrigen ist an eine spätere Vertragsanpassung zu denken. Sollte eine solche nicht möglich sein, kann man etwa daran denken, dass der Stifter seinen Herausgabeanspruch aus § 667 BGB an den von ihm gewählten neuen Treuhänder abtritt, bevor er die Kündigung erklärt.

---

77 Siehe § 671 Abs. 3 BGB für den unentgeltlichen Auftrag und vgl. Palandt/*Weidenkaff*, § 626 Rn 2 für den entgeltlichen Auftrag in Form des Dienstvertrags.

78 Ausf. m.w.N. *Muscheler*, Die Stiftung. Jahreshefte zum Stiftungswesen. 1. Jahrgang 2007, S. 59, 74 ff.

79 A.A. MüKo-BGB/*Reuter*, 6. Aufl. 2012, Vor § 80 Rn 98.

II. Schenkung unter Auflage und Errichtung einer Stiftung von Todes wegen

58 Bei der Errichtung durch eine Schenkung unter Auflage und bei der Errichtung der Stiftung von Todes wegen kommen Kündigung und Widerruf nicht in Betracht, da sie nicht gesetzlich vorgesehen sind.

Im Fall der Schenkung unter Auflage kann die Übertragung der Vermögenswerte allerdings wegen Notbedarfs verweigert werden (§ 519 BGB). Zudem können die treuhänderisch geschenkten Vermögenswerte unter den jeweiligen gesetzlichen Voraussetzungen wegen Nichtvollziehung der Auflage (§ 527 BGB), wegen Verarmung des Schenkers (§ 528 f. BGB) oder wegen groben Undanks (§ 530 BGB) zurückgefordert werden. Diese Fälle dürften tatsächlich eher selten vorkommen, weshalb diese Gestaltung ebenso wie die Errichtung der Stiftung von Todes wegen grundsätzlich endgültiger ist, als diejenige in Form des Treuhandvertrages. Gleichwohl besteht Einigkeit darüber, dass mit den Mitteln des Auflagenrechts Regelungen für die Fälle der Zweckänderung, der Auflösung oder für Satzungsänderung getroffen werden können.[80]

E. Was tun bei Fehlverhalten des Stiftungsträgers?

59 In der Praxis kommt es mitunter vor, dass der Treuhänder nicht so arbeitet, wie der Stifter oder die Mitglieder im internen Stiftungsorgan (Beirat, Kuratorium etc.) es für richtig halten.

60 In den Fällen der **Schenkung unter Auflage** können der Stifter und nach ihm seine Rechtsnachfolger die Vollziehung der Auflage verlangen (§ 525 Abs. 1 BGB). Der Anspruch kann aber durch entsprechende Ausgestaltung des Schenkungsvertrages auch auf das interne Stiftungsorgan übertragen werden.[81] Ein Recht, die Vollziehung der Auflage zu verlangen, hat nach dem Tod des Stifters zudem die zuständige Landesbehörde, wenn der Vollzug der Auflage im öffentlichen Interesse liegt (§ 525 Abs. 2 BGB), was regelmäßig bei steuerbefreiten Stiftungen der Fall sein wird.[82] Eine vergleichbare Reglung trifft § 2194 BGB für die erbrechtliche Auflage.

61 Bei dauerhaften Fehlverhalten des Treuhänders oder wenn sein Fehlverhalten nicht die Erfüllung des Stiftungszwecks betrifft, stellt sich die Frage ob der

80 v. Campenhausen/Richter/*Hof*, § 36 Rn 209 ff.; Staudinger/*Hüttemann/Rawert*, Vorbem. zu §§ 80 ff. Rn 261 ff.

81 Staudinger/*Hüttemann/Rawert*, Vorbem. zu §§ 80 ff. Rn 248 ff. m.w.N.

82 Staudinger/*Hüttemann/Rawert*, Vorbem. zu §§ 80 ff. Rn 248 ff. m.w.N.

bisherige Treuhänder durch einen neuen Treuhänder ausgetauscht werden kann. Die Einzelheiten hierzu sind, soweit ersichtlich, nicht untersucht. Es sind zudem die unterschiedlichen Arten der Errichtung der treuhänderischen Stiftung (siehe Rn 16 ff.) und insbesondere folgende Konstellationen zu unterscheiden.

Hat sich der Stifter in dem Fall des Treuhandvertrags das **Kündigungsrecht** vorbehalten oder übt er berechtigt sein immer bestehendes Recht zur außerordentlichen Kündigung wegen Unzumutbarkeit der Fortsetzung des Vertragsverhältnisses aus, wird der Treuhandvertrag beendet. Damit wird aber gleichzeitig die Treuhandstiftung also solche beendet, denn der Stiftungsträger hat das Stiftungsvermögen nach § 667 BGB an den Stifter oder nach Maßgabe der Regelungen in dem Treuhandvertrag herauszugeben (siehe Rn 20 ff.). Liegt eine steuerbefreite Treuhandstiftung vor, so ist das Stiftungsvermögen entsprechend der vertraglichen Anfallsklausel (§ 61 AO) zu verwenden. 62

Will der Stifter die Treuhandstiftung aber nicht auflösen, so muss der neue Treuhänder den Treuhandvertrag übernehmen. Das kann er aber nur mit Zustimmung aller Vertragsparteien, also auch des bisherigen Treuhänders.[83] Dass der bisherige Treuhänder seinem Ausscheiden zustimmt, ist aber i.d.R. eher unwahrscheinlich. Der Stifter sollte sich deshalb von vornherein das **Recht zur Ernennung eines neuen Treuhänders** im Falle der Kündigung des alten Treuhänders ausdrücklich vorbehalten.[84] Diese Vereinbarung kann dann als bereits im Voraus abgegebene Zustimmung des bisherigen Treuhänders in die Vertragsübernahme durch den neuen Treuhänder gedeutet werden. Eine solche vorherige Zustimmung in eine Vertragsübernahme ist zulässig.[85] Fehlt in dem Treuhandvertrag das Recht zur Ernennung eines neuen Treuhänders, so ist an die Abtretung des Herausgabeanspruchs an den vorgesehenen neuen Stiftungsträger zu denken. Ist der Stifter verstorben, so gelten die vorstehenden Ausführungen für ein Kündigungsrecht seiner Rechtsnachfolger entsprechend. 63

Wollen die Mitglieder des internen Stiftungsorgans (siehe Rn 38 ff.) dem Treuhänder kündigen, ergibt sich das Problem, dass das Organ die Stiftung grundsätzlich nicht nach außen vertritt, denn die Vertretung erfolgt gerade durch den Treuhänder. Man wird jedoch typischerweise annehmen müssen, dass nach dem (zumindest hypothetischen) Willen des Stifters dem internen Organ ausnahmsweise das Recht zusteht, die Stiftung gegenüber dem Treuhänder zu vertreten – ähnlich dem Fall der Vertretung der GmbH durch die Gesellschafter 64

83 Zu den Voraussetzungen eines Vertragsbeitritts Palandt/*Grüneberg*, § 398 Rn 41 ff.

84 Einen Austausch des Treuhänders in diesem Fall halten für möglich *Herzog*, Die unselbstständige Stiftung, 2006, S. 78 f. und *Reuter*, in: v. Campenhausen/Kronke/Werner (Hrsg.), Stiftungen in Deutschland und Europa, 1998, S. 203, 214.

85 Siehe Palandt/*Grüneberg*, § 398 Rn 42, der auf BGH DtZ1996, 57 verweist.

gegenüber dem GmbH-Geschäftsführer. Vorsorglich sollte der Stifter das auch ausdrücklich in die „Satzung" (Treuhandvertrag, Auflage) schreiben, d.h. entsprechend vereinbaren.

65 Sehr viel schwieriger gestaltet sich die Lage, wenn kein Treuhandvertrag geschlossen wurde, sondern die Treuhandstiftung durch eine **Schenkung unter Auflage oder mit Auflage von Todes wegen** errichtet wurde. In beiden Fällen gibt es kein Recht zur Kündigung. Es stellt sich die Frage, ob der Stiftungsträger aufgrund der entsprechenden Auflagen bei einem Verstoß gegen die Auflagen des Stifters durch die Erben des Stifters oder das interne Organ „gezwungen" werden kann, das Stiftungsvermögen auf einen neuen Treuhänder zu übertragen und das unter Beibehaltung der steuerlichen „Identität" der Stiftung. Da der Stiftungsträger die Schenkung, die Erbschaft oder das Vermächtnis inklusive der betreffenden Auflage „angenommen" hat, ist die Frage aus unserer Sicht bei entsprechender Vereinbarung (siehe Rn 34 ff.) zu bejahen.

F. Umwandlung der Treuhandstiftung in eine rechtsfähige Stiftung

66 Oft werden Treuhandstiftungen mit dem Ziel errichtet, sie später in eine rechtsfähige Stiftung umzuwandeln. Teilweise wird der Entschluss zur Umwandlung aber auch erst später gefasst.

Praxishinweis: Bezirksregierung Köln zur Umwandlung einer Treuhandstiftung in eine rechtsfähige Stiftung
Die Bezirksregierung Köln äußert sich in ihrem Bericht „Aktuelles aus der Praxis der Stiftungsbehörde" vom November 2011 wie folgt zur Umwandlung einer Treuhandstiftung in eine rechtsfähige Stiftung:[86]
„1.3 Wie wird eine unselbstständige Stiftung selbstständig?
Unselbstständige Stiftungen haben keine eigene Rechtspersönlichkeit und werden nicht staatlich anerkannt. Sie haben erst dann mit der Stiftungsbehörde zu tun, wenn aus ihnen eine selbstständige Stiftung werden soll.
Wie geht das?
Eine einfache Umwandlung von unselbstständigen Stiftungen in selbstständige Stiftungen ist nicht möglich.
- Vielmehr ist durch den Treuhänder der unselbstständigen Stiftung eine rechtlich selbstständige Stiftung neu zu errichten,
- in die das Vermögen der unselbstständigen Stiftung eingebracht wird.
- Damit dies funktioniert, muss die Anfallsklausel der unselbstständigen Stiftung ggf. entsprechend geändert werden.

86 http://www.bezreg-koeln.nrw.de/brk_internet/publikationen/abteilung02/pub_abteilung_02_aktuelles_stiftungsbehoerde.pdf; dort S. 1 f.

> Am einfachsten ist es, wenn bereits bei der Errichtung der unselbstständigen Stiftung vorgesehen wird, dass zu einem späteren Zeitpunkt eine selbstständige Stiftung errichtet werden soll.
> Zwar gibt es in der Literatur durchaus Stimmen, die andere Verfahrensweisen befürworten. Die genannte Praxis ist aber zwischen den Stiftungsbehörden des Landes Nordrhein-Westfalen abgestimmt und ohne wesentliche Probleme umsetzbar."

Die geschilderte Praxis der Stiftungsbehörden in NRW ist auch aus Sicht der 67
Verfasser der fachlich und rechtlich richtige Weg. Es findet demnach keine „isolierte Neugründung" einer rechtsfähigen Stiftung statt, sondern die Errichtung einer rechtsfähigen Stiftung durch den Treuhänder der unselbstständigen Stiftung als formellem Stifter, die mit der parallelen Auflösung der unselbstständigen Stiftung und der Übertragung von deren Stiftungsvermögen verbunden ist.

Um etwaige Unstimmigkeiten mit der Verwaltung gar nicht erst aufkommen zu lassen, ist der Gesamtvorgang allerdings sinnvollerweise vorweg mit der Stiftungsbehörde und dem zuständigen Finanzamt abzustimmen, um möglichst wenig Reibungsverluste zu haben.

Praxisrelevante Rechtsprechung: Umwandlung einer Treuhandstiftung bei mehreren Stiftern
Wie der BGH[87] zutreffend entschieden hat, können mehrere „Stifter" einer Treuhandstiftung ihre Rechte gegenüber den Treuhändern, insbesondere ihr Weisungsrecht, in der Regel nur gemeinschaftlich ausüben, so dass einer von ihnen allein dem Treuhänder nicht wirksam die Anweisung zur Umwandlung der Treuhandstiftung geben kann.

Die im Einzelnen für eine Umwandlung vorzunehmenden Schritte lassen sich im Folgenden zusammenfassen:

1. Schritt: Vorbereitung der treuhänderischen Stiftung auf die Umwandlung 68

Zunächst muss grundsätzlich die Anfallsklausel der Treuhandstiftung so geändert werden, dass bei ihrer Auflösung die neu zu errichtende rechtsfähige Stiftung anfallsberechtigt wird. Die Änderung der Anfallsklausel kann dabei zweckmäßig durch eine Bedingung mit der Errichtung der rechtsfähigen Stiftung verzahnt werden, so dass im Falle des Ausbleibens der Errichtung der rechtsfähigen Stiftung die Stellung des bisherigen Anfallsberechtigten erhalten bleibt.

87 BGH Urt. v. 22.1.2015 – III ZR 434/13.

Daraus ergibt sich dann im Falle einer steuerbefreiten Treuhandstiftung das folgende weitere Vorgehen:

- Anzeige beim zuständigen Finanzamt, dass die Anfallsklausel der Treuhandstiftung gemäß der Satzung in Abstimmung mit dem Treuhänder dahingehend geändert wird, dass die rechtsfähige Stiftung (im Falle eines "Umwandlungsbeschlusses") nach Anerkennung der Rechtsfähigkeit und Zuerkennung der Gemeinnützigkeit Anfallsberechtigte ist.
- Entsprechende Änderung der Satzung nach Zustimmung des zuständigen Finanzamts.

69 **2. Schritt: Errichtung der rechtsfähigen Stiftung**

Sodann ist die rechtsfähige Stiftung zu errichten (siehe § 3). Es sind also insbesondere die Stiftungssatzung und das Stiftungsgeschäft zu entwerfen und mit der Stiftungsaufsichtsbehörde und ggf. mit dem Finanzamt abzustimmen. Im Anschluss errichtet der bisherige Stiftungsträger als formeller Stifter die rechtsfähige Stiftung. Er verspricht dabei die Ausstattung der rechtsfähigen Stiftung mit einem Stiftungsvermögen. Das ist hier die Übertragung des Gesamtvermögens der treuhänderischen Stiftung unter Beibehaltung der gegebenen Aufteilung in Grundstockvermögen, freie Rücklagen und Stiftungsmittel auf die neu zu errichtende rechtsfähige Stiftung.

70 **3. Schritt: „Umwandlung"**

Gemäß der Satzung der Treuhandstiftung wird die „Umwandlung" der treuhänderischen in eine rechtsfähige Stiftung beschlossen, also die Auflösung der treuhänderischen Stiftung und die Übertragung des Gesamtvermögens auf die rechtsfähige Stiftung. Dieser Beschluss wird ggf. beim zuständigen Finanzamt angezeigt, wenn die Satzung der Treuhandstiftung das vorsieht. Sodann überträgt der Treuhänder das Vermögen auf der Grundlage des „Umwandlungs"-Beschlusses auf die rechtsfähige Stiftung.

Der bestehende Treuhandvertrag endet sodann. Das geschieht entweder aufgrund einer entsprechenden Vereinbarung, aufgrund der Kündigung des Treuhandvertrages oder alternativ durch eine einvernehmliche Aufhebung des Treuhandvertrages (schriftlicher Aufhebungsvertrag). Zu denken ist insbesondere auch an die Reglung etwaiger nachvertraglicher Pflichten des Treuhänders (Herausgabe von Unterlagen, Informationspflichten etc.).

G. Die Treuhandstiftung im Fall der Insolvenz

71 Der Unterschied zwischen den verschiedenen Gestaltungsmöglichkeiten für Treuhandstiftungen zeigt sich auch im Fall einer Insolvenz des Stiftungsträgers oder des Stifters.

Im Falle eines Treuhandverhältnisses hat eine **Insolvenz des Treuhänders** (Stiftungsträgers) zur Folge, dass der Stifter (Treugeber) die Aussonderung der übertragenen Vermögensgegenstände gem. § 47 InsO verlangen kann. Gegen eine Vollstreckung durch Gläubiger des Treuhänders können der Treugeber oder seine Erben im Wege der Drittwiderspruchsklage (§ 771 ZPO) vorgehen.[88] 72

Die **Insolvenz des Stifters** (Treugebers) führt im Fall einer vertraglichen Treuhand grundsätzlich zur **Beendigung des Auftrags oder der entgeltlichen Geschäftsbesorgung** (§§ 115, 116 InsO). Der Insolvenzverwalter kann von dem Treuhänder deshalb nach § 667 BGB die Herausgabe der übertragenen Vermögensgegenstände verlangen, weil mit der Insolvenz des Stifters dessen Verwaltungs- und Verfügungsbefugnisse auf den Insolvenzverwalter übergehen (§ 80 InsO).[89] Da § 667 BGB aber abbedungen oder inhaltlich anders ausgestaltet werden kann, etwa in Form einer Anfallsklausel bei einer steuerbefreiten Stiftung (siehe Rn 23), ist es nur konsequent, wenn der Insolvenzverwalter im Fall der Insolvenz des Stifters ebenfalls keinen Herausgabeanspruch hat. Dieses Ergebnis lässt sich anhand des Wortlauts der §§ 115, 116 InsO insbesondere dadurch begründen, dass das Stiftungsvermögen in diesen Fällen nicht mehr zur Insolvenzmasse gehört, da der Stifter gerade keinen Anspruch auf Rückübertragung mehr hat. Es kommt dann allenfalls noch eine insolvenzrechtliche Anfechtung der Vermögensübertragung durch die Stiftungserrichtung nach Maßgabe der §§ 1 ff. AnfG und §§ 129 ff. InsO in Betracht.[90] 73

Ist die Treuhandstiftung als **Schenkung unter Auflage oder als erbrechtliche Auflage** ausgestaltet, können Gläubiger des Stifters ggf. nur durch Anfechtung gem. §§ 1 ff. AnfG auf die übertragenen Vermögensgegenstände zugreifen. Der Insolvenzverwalter kann unter den Voraussetzungen der §§ 129 ff. InsO anfechten. Die §§ 115, 116 InsO finden keine Anwendung. Dagegen können die Gläubiger des Treuhänders auf das Geschenkte grundsätzlich unbegrenzt zugreifen.[91] Einschränkungen dieser Zugriffsrechte durch vertragliche Gestaltungen werden zumindest diskutiert.[92] 74

---

88 Werner/Saenger/*A. Werner*, Rn 958.

89 Siehe etwa Braun/*Kroth*, InsO, § 115 Rn 6.

90 So *Löhnig*, Treuhand, 2006, 327 ff.

91 Werner/Saenger/*A. Werner*, Rn 965; Staudinger/*Hüttemann*/*Rawert*, Vorbem. zu §§ 80 ff. Rn 255 f. m.w.N.

92 Staudinger/*Hüttemann*/*Rawert*, Vorbem. zu §§ 80 ff. Rn 256 m.w.N.

H. Die Treuhandstiftung im Steuerrecht

75 Die **Treuhandstiftung** ist zwar nicht rechtsfähig, aber gleichwohl **steuerpflichtig** (§ 1 Abs. 1 Nr. 5 KStG, siehe auch § 8 Rn 1 ff.).[93] Als Steuersubjekt ist sie selbst Adressat von Steuerbescheiden und Partei im steuerlichen finanzgerichtlichen Verfahren.[94] Die Steuerpflicht entsteht[95] bei der Errichtung unter Lebenden mit der Übertragung des Stiftungsvermögens auf den Stiftungsträger wenn der Stiftungszweck zu diesem Zeitpunkt durch Vereinbarung mit dem Stiftungsträger feststeht.[96] Bei der Errichtung von Todes wegen entsteht die Steuerpflicht, wie der BFH entschieden hat, bereits mit dem konstitutiven Akt, also etwa dem Eintritt des Erbfalls. Auf die tatsächliche Mittelzuführung kommt es nicht an.[97]

76 Die Treuhandstiftung kann etwa wegen Mildtätigkeit oder Gemeinnützigkeit **steuerbefreit** sein. Dabei ist die Gemeinnützigkeit des Trägers der unselbstständigen Stiftung nicht erforderlich. Allerdings ist in Stiftungsgeschäft und Satzung der unselbstständigen Stiftung die Gemeinnützigkeit festzulegen und festzuhalten, dass die Mittel nur für die vom Stifter festgelegten steuerbegünstigten Zwecke verwendet werden können. Hier wird in der Regel eine sehr genaue Abstimmung des Stiftungszwecks mit dem Aufgabenbereich des vorgesehenen Trägers/Treuhänders erforderlich sein. Das spricht dafür, eine unselbstständige Stiftung bereits zu Lebzeiten zu errichten.

77 Im Falle der Steuerbefreiung genießen der Stifter und die Treuhandstiftung dieselben steuerlichen Vorteile wie die selbstständige Stiftung. Der Stifter kann also insbesondere für die Errichtungsdotation und etwaige Zustiftungen den Sonderausgabenabzug nach § 10b Abs. 1a EStG geltend machen (siehe § 9 Rn 46 ff.). Das setzt nach Ansicht der Finanzverwaltung allerdings voraus, dass der Stifter von der Option nach § 55 Abs. 3 AO, das ursprünglich zugewendete Stiftungsvermögen im Fall der Auflösung wieder herauszuverlangen, keinen Gebrauch gemacht hat.[98]

Wie bereits oben erwähnt (siehe Rn 56), muss außerdem darauf geachtet werden, dass das Stiftungsvermögen nicht „aus Versehen", etwa aufgrund einer Kündigung, an den Stifter oder dessen Erben zurückfällt. Auch bei der Treu-

---

93 Vgl. ferner v. Campenhausen/Richter/*Richter*, § 39 Rn 2 ff., 16 ff.; *Hüttemann*, in: Deutsches Stiftungszentrum (Hrsg.), Die Treuhandstiftung, S. 49 ff.

94 BFH Urt. v. 29.1.2003 – I R 106/00 = ZEV 2003, 258 = BB 2003, 993.

95 Siehe auch *Weisheit*, StiftungsBrief 2012, 63 ff.

96 BFH Urt. v. 24.3.1993 – I R 27/92 = BStBl II 1993, 637.

97 BFH Urt. v. 16.11.2011 – I R 31/10 = BFH/NV 2012, 786.

98 AEAO Nr. 31 zu § 55 Abs. 3 AO.

handstiftung gilt der Grundsatz der Vermögensbindung, so dass die Satzung eine Anfallsklausel enthalten muss (siehe auch § 9 Rn 302 f.).

I. Mindestvermögensausstattung?

Bei gemeinnützigen oder mildtätigen treuhänderischen Stiftungen entscheidet die Finanzverwaltung darüber, ob die entsprechende Steuerbefreiung gewährt wird, weil die gesetzlichen Voraussetzungen (insb. §§ 51 ff. AO) vorliegen. Die Finanzverwaltung ist also hier die einzige staatliche Behörde, die eine „Aufsicht" über die treuhänderische Stiftung wahrnimmt. Diese Aufsicht ist an sich auf die Auswirkungen der Vorschriften des Steuerrechts zu beschränken, gleichwohl geht, wie die Praxis zeigt, die **Oberfinanzdirektion Rheinland (Köln/Düsseldorf)** über ihre steuerrechtlichen Aufgaben hinaus. Diese OFD fordert entgegen der herrschenden Meinung und ohne irgendeine einschlägige öffentliche Verlautbarung (!), dass einer treuhänderischen Stiftung zum Zeitpunkt der Gründung ein Vermögen von mindestens 25.000 EUR zur Verfügung steht, für das ein entsprechender Nachweis erbracht werden muss.[99] Damit bewegt sich die OFD Rheinland in das Terrain des Stiftungszivilrechts. Mündlich begründet sie ihre Auffassung damit, dass das Vermögen der Stiftung ausreichen müsse, damit die treuhänderische Stiftung ihren jeweiligen Zweck erfüllen könne. Das wohne auch dem Gemeinnützigkeitsrecht als Anforderung inne. 78

Das Stiftungszivilrecht geht hier dem Steuerrecht vor, denn die Errichtung der Stiftung, an die dann das Gemeinnützigkeitsrecht mit den steuerlichen Rechtsfolgen (Steuerbefreiung ja oder nein?) anknüpft, erfolgt nach Zivilrecht[100] (Treuhandvertrag[101]). Im Stiftungszivilrecht findet aber die Rechtsauffassung der OFD Rheinland keine Grundlage. Das gilt erst recht für die generelle Forderung nach einem bestimmten Mindestvermögen. Die §§ 80 ff. BGB, die in § 80 Abs. 2 BGB eine generelle Regelung zum Stiftungsvermögen nur für rechtsfähige Stiftungen enthalten, sind auf die treuhänderische Stiftung gerade nicht anwendbar.[102] Im sonstigen Stiftungszivilrecht findet sich keine Vorschrift, die die Auffassung der OFD Rheinland stützen und ihr das Recht zu der Entscheidung darüber geben, ab welchem Vermögensbetrag eine konkrete treuhänderische Stiftung in der Lage ist, ihren jeweiligen spezifischen Zweck, 79

99 Diese OFD hat ihren Standpunkt, soweit ersichtlich, gar nicht veröffentlicht. Siehe aber, auch schon zur Kritik, *Schiffer*, NJW 2006, 2528.

100 Ausführlich zu diesem grundsätzlichen Anknüpfungsprinzip *Tipke*, Die Steuerrechtsordnung, Band I, 1992, S. 90 f.

101 Palandt/*Ellenberger*, Vorbem zu § 80 Rn 10.

102 NK-BGB/*Schiffer/Pruns*, Vorbem zu §§ 80 ff. Rn 22; Palandt/*Ellenberger*, Vorbem zu § 80 Rn 10.

aus dem sich die Vermögenserfordernisse im Einzelfall ergeben,[103] zu erfüllen. Für die rechtsfähige Stiftung findet sich eine solche Vorschrift, wie gesagt, in § 80 Abs. 2 BGB. Dort besteht also die erforderliche Rechtsgrundlage, bei der treuhänderischen Stiftung aber eben gerade nicht. Die Bestimmung der Höhe des Stiftungsvermögens bei einer treuhänderischen Stiftung unterliegt damit der Privatautonomie des Stifters.

80 Im Gemeinnützigkeitsrecht ist eine entsprechende Rechtsgrundlage für die Auffassung der OFD Rheinland ebenfalls nicht zu finden. Eine Mindestvermögensanforderung findet sich im weitgehend rechtsformneutralen Gemeinnützigkeitsrecht überhaupt nicht. Man hört deshalb etwa auch nicht, dass eine solche Forderung für gemeinnützige Vereine erhoben würde. Der allgemeine Hinweis, die Anforderung wohne dem Gemeinnützigkeitsrecht inne, reicht nicht für ein restriktives Verwaltungshandeln, dass einer treuhänderischen Stiftung die „Anerkennung" als gemeinnützig und damit Steuervorteile versagt. Eine solche pauschale Begründung kann bei allem Verständnis für die praktischen Anforderungen einer Massenverwaltung, die die Finanzverwaltung heute notwendigerweise darstellt, nicht hingenommen werden. Die Auffassung der OFD Rheinland widerspricht dem Grundsatz der Gesetzmäßigkeit der Besteuerung, der sich auch auf Steuervergünstigungen, wie sie hier in Frage stehen, erstreckt.[104] Die hier skizzierten Einwände gelten umso mehr, als die Auffassung der OFD Rheinland der herrschenden Meinung und Praxis widerspricht.

81 Entsprechenden Ansinnen der Finanzverwaltung sollte in der Beratungspraxis unter Hinweis auf die herrschende Auffassung deutlich entgegengetreten werden. Ggf. kann die treuhänderische Stiftung im Bereich einer stiftungsfreundlicheren OFD errichtet werden. Die OFD Rheinland ist aufgefordert, ihre rechtswidrige Praxis aufzugeben.

II. Internes Organ als Voraussetzung der Steuerbefreiung?

82 Ebenso kritisch zu sehen ist die „bekannte" Verfügung der OFD Frankfurt a.M. vom 30.8.2011,[105] die für Verwirrung in steuerrechtlicher Hinsicht sorgt.

Ausgehend von der (richtigen) Anforderung, dass treuhänderische Stiftungen für die Inanspruchnahme einer Befreiung von der Körperschaftssteuer wegen der Förderung gemeinnütziger Zwecke (§ 51 ff. AO; § 5 Abs. 1 Nr. 9 i.V.m. § 1 Abs. 1 Nr. 5 KStG) **wirtschaftlich selbstständig** sein müssen (Argument § 3 Abs. 1 KStG), stellt die OFD Frankfurt a.M. in der besagten Verfügung ohne

103 *Schindler/Steinsdörfer*, Treuhänderische Stiftungen, S. 26.

104 *Tipke*, Die Steuerrechtsordnung, Band I, 1992, S. 162 f. m.w.N.

105 Az.: S 0170 A-41-St 53; positiv äußert sich dazu etwa *Werz*, Die Stiftung, 1/2012, 16 f.; kritisch dagegen z.B. *A. Werner*, ZStV 2012, 129, 134.

nähere Begründung auf weitere Tatbestandsmerkmale für die steuerliche Anerkennung einer treuhänderischen Stiftung ab:

- Nach Ansicht der OFD ist das Treuhandvermögen dem Treuhänder nicht zuzurechnen (und damit wirtschaftlich selbstständig), wenn die treuhänderische Stiftung und der Treuhänder **unterschiedliche Zwecke** verfolgen.
- Werden dagegen von der treuhänderischen Stiftung und dem Treuhänder *(vollständig oder teilweise)* **identische Zwecke** verfolgt, soll eine Zurechnung nur unterbleiben, wenn die Treuhandstiftung über eigene Stiftungsgremien verfügt, die unabhängig vom Treuhänder des Stiftungsvermögens über die Verwendung der Mittel entscheiden können.

Damit soll also im zweiten Fall die Einrichtung eines vom Treuhänder unabhängigen internen Organs für die steuerliche Anerkennung – und damit für die Erlangung des Gemeinnützigkeitsstatus – zwingend notwendig sein.

Mit diesen erhöhten Anforderungen schießt die OFD Frankfurt a.M., ohne dies 83
bis heute (2015) wirklich begründet zu haben, über die bestehende Rechtslage hinaus. Aus der Praxis sind uns bisher auch noch keine Fälle bekannt, in denen derart hohe Anforderungen seitens der Finanzverwaltung gestellt wurden. Die OFD sollte dringend ihren Standpunkt überdenken. Es bleibt nur die Vermutung, dass im Zuständigkeitsbereich der OFD Frankfurt a.M. einige Gestalter über echte oder vermeintliche Grenzen hinausgegangen sind und so die besagte Reaktion der OFD „provoziert" haben.[106]

Für potenzielle Stifter, die planen eine treuhänderische Stiftung zu errichten, bleibt aktuell nur der Rat, sich schon **im Vorfeld der Errichtung** umfassend **mit der Finanzverwaltung und dem Stiftungsträger abzustimmen**, damit eine mögliche Steuerbefreiung nicht scheitert.

106 Siehe zu solchen Zusammenhängen schon *Schiffer*, StiftungsBrief 2012, 142 und § 9 Rn 290 ff.

§ 13 Stiftungen im Ausland und Trusts

Was bietet dieses Kapitel?
In der Praxis kommt es, entgegen dem Eindruck, den die Fachpresse und die Wirtschaftspresse erwecken mögen, nicht wirklich häufig zur Errichtung ausländischer Stiftungen und zur Gründung von Trusts. Zu beiden Gestaltungsansätzen wird aber wohl deshalb umfangreich fachlich publiziert, weil dazu in der Beratung immer wieder nachgefragt wird.
Entgegen manchem Vorurteil lassen sich ausländische Stiftungen und auch Trusts sehr wohl seriös und legal nutzen. Beide Ansätze bieten allerdings erhebliche Gefahren. Vor allem für diese will dieses Kapitel sensibilisieren. Nicht nur angesichts der allseits bekannten „Steuer-CDs" schließt dieses Kapitel, honi soit qui mal y pense, mit einigen kurzen Hinweisen zur Möglichkeit der Selbstanzeige im Fall der Steuerhinterziehung.

Übersicht:

A. Typische Fragestellungen – drei Praxisfälle

Im Zusammenhang mit der Beratung von Stiftungsprojekten fallen auch nach 1 den ganzen negativen Berichten zu Stiftungen in Liechtenstein nach wie vor immer wieder die Stichworte **„Trust"** und **„ausländische Stiftungen"**, und das nicht nur im Zusammenhang mit Steuerstrafverfahren gegen mehr oder weniger prominente Zeitgenossen. Mithin sollte der Berater hier zumindest über ein Grundwissen in diesem Zusammenhang verfügen. Ausländische Stiftungen und auch Trusts lassen sich sehr wohl seriös und legal nutzen.[1] Beide Ansätze bringen aber ggf. **erhebliche Gefahren**[2] mit sich, für die der Berater sensibilisiert sein sollte.

Angemerkt: Ein Blick über die Grenzen

Mit Blick auf potentielle andere Denkansätze sei hier nur kurz angemerkt, dass nicht nur Luxemburg sein Bankgeheimnis gelockert hat.[3] Die FAZ meldete am 30.5.2014 im Internet[4] „Schweizer Tiefsteuerkan-tone denken um". Der Kanton Schwyz, bislang als Steuerparadies für reiche Zeitgenossen bekannt, hatte zum ersten Mal seit Jahrzehnten die Einkommensteuer erhöht. Der FAZ-Autor *Dunsch* vermutete dazu, dass damit eine Steuerwende in der Schweiz eingeläutet werde. Nun, das bleibt abzuwarten. Klar aber ist, dass auch international seit geraumer Zeit steuerlich ein rauerer Wind weht. Ich will hier gar nicht die einzelnen Länder aufzählen, die ein Auskunftsverfahren mit Deutschland vereinbart haben. Die viel kritisierte Drohung eines durchaus „locker" formulierenden damaligen Bundesfinanzministers mit der „Kavallerie" ist aber jedenfalls zunehmend „überflüssig". Auch die Schweiz befindet sich zwischenzeitlich in Steuer-Verhandlungen über einen internationalen Informationsaustausch.[5] Viele Steueroasen „trocknen" mehr oder weniger aus, so dass es im internationalen Steuerwettbewerb auch immer weniger entsprechende Wege („Tax Havens") zu legaler Steuergestaltung gibt.

1 Unterscheide davon die Tätigkeit ausländischer gemeinnütziger Stiftungen in Deutschland, siehe auch § 9 Rn 39 ff.; generell zur Gemeinnützigkeit als Schlüssel zur Steuerbefreiung ausländischer Körperschaften in Deutschland siehe *Weiten/Feldner*, ZErb 2013, 88.

2 Siehe schon *Schiffer/v. Schubert*, Erbfolgebesteuerung, 2003, 10. Siehe auch das jeweils durchaus zurückhaltende Fazit der Beiträge von *Jorde/Götz* und *Mutter*, FS Spiegelberg, 2009, S. 1301 (1319 f.) und S. 1330 (1340).

3 www.sueddeutsche.de 10.4.2013: Luxemburg lockert sein Bankgeheimnis; siehe auch *Schiffer*, Steuerprüfung und Betriebsprüfung, S. 16; siehe auch schon Financial Times Deutschland, www.ftd.de vom 12.3.2009 („Vorstoß von Liechtenstein: Der Abstieg der Steueroasen"); spiegel-online, www.spiegel.de vom 12.3.2009 („Steuerhinterziehung: Schweiz, Österreich und Luxemburg rücken vom Bankgeheimnis ab"). Über die andauernde Entwicklung dieses Themas berichtet das BMF auf www.bundesfinanzministerium.de. Siehe etwa auch *Götzenberger*, IStR 2011, 1954 („Die neue Steuer-Amtshilfe nach dem DBA Schweiz").

4 www.faz.net.

5 Siehe etwa *Marquardt* zum automatischen Informationsaustausch über Finanzkonten und zwei einschlägigen Gesetzesentwürfen, BB 2015, Die Erste Seite.

Eine Alternative zur Stiftungs- oder Trusterrichtung im Ausland kann der **Wegzug des Steuerpflichtigen aus Deutschland** sein.[6] Der aber ist nicht nur steuerlich besonders genau zu prüfen. Ein Wegzug (nur) aus steuerlichen Gründen sollte eigentlich ausscheiden, denn in der Praxis sind, wie manche Rückkehr nach Deutschland zeigt, oftmals persönliche Wohlfühlgründe entscheidend. Wer sich in seiner Steueroase aus welchen persönlichen Gründen auch immer nicht wohl fühlt, wird seine Steuerersparnis nicht genießen. Sie wird ihn i.d.R. nicht in der Steueroase halten, wenn, „platt" gesagt, das Heimweh ausbricht. 2

Die folgenden drei (hier verdichtet und typisiert wiedergegebenen) Fälle stammen aus der Beratungspraxis und geben nach meinen Erfahrungen einen guten Überblick über typische Fragestellungen aus der Praxis. 3

Praxisfall 1: „Trust als Wundermittel?" 4
Eine Unternehmerfamilie möchte Vorkehrungen zur Zukunftsabsicherung im unternehmerischen und im privaten Bereich treffen. In einem „exklusiven" Wirtschaftsinformationsdienst hat das Familienoberhaupt dazu den „Tipp" gelesen, dass Trusts besonders vorteilhaft seien. Der steuerliche Berater der Familie wird dazu um eine Bewertung gebeten.

Praxisfall 2: „Ausländische Stiftung I" 5
Ein in Deutschland lebender vermögender Unternehmer will seinen zwei Enkeln jeweils hohe Beträge zukommen lassen. Um Steuern zu sparen, will er das über eine liechtensteinische Stiftung abwickeln, die sich recht unproblematisch errichten lässt. Aus dieser Stiftung sollen die Enkel unwiderruflich begünstigt sein.

Praxisfall 3: „Ausländische Stiftung II" (Typisierter Fall) 6
Das „Büro" einer liechtensteinischen Stiftung wird bei einem Treuhänder in Liechtenstein unterhalten, der zugleich Mitglied des Stiftungsrates (= ausführendes Organ der Stiftung) ist. Der aktive Stifter, der ebenfalls Mitglied im Stiftungsrat ist, führt von Deutschland aus wesentliche Korrespondenz der Stiftung. Natürlich benötigt man deshalb auch in Deutschland zumindest die wesentlichen Geschäftsunterlagen. Um den Aufwand zu minimieren, erledigt man mit der Zeit auch die Buchführung in Deutschland. Einige Jahre nach der Errichtung der Stiftung tagt schließlich auch der Stiftungsrat in Deutschland. Das Stiftungsratsmitglied aus Liechtenstein reist an. Die deutschen Stiftungsratsmitglieder „sparen" sich das Reisen nach Liechtenstein.

6 Grundlegend *Deininger/Lang*, Wegzug aus steuerlichen Gründen, 2. Aufl. 2009.

B. Trusts

I. Vielfältige Trust-Gestaltungen

7 Dem deutschen Recht ist die Rechtsfigur des Trusts **fremd**. Trust-Rechtsverhältnisse sind äußerst **vielschichtig** und zudem in den einzelnen Ländern entsprechend deren Rechtstradition **unterschiedlich** geregelt und gestaltbar.[7]

8 Trusts findet man vorwiegend im angelsächsischen Rechtsraum. Sie werden vor allem in der Wirtschaftspresse zur langfristigen Vermögens-, Erbschafts- und Steuerplanung empfohlen. Es würde den Rahmen dieses Abschnitts sprengen, auf die komplizierten Fragen des (internationalen) Privatrechts[8] und Steuerrechts im Zusammenhang mit Trust-Gestaltungen ausführlich einzugehen. Die Darstellung ist auf einige wesentliche Grundzüge zu beschränken. Wegen der Einzelheiten sei auf die angegebene Literatur verwiesen.

9 Besonders beliebt für die Trust-Gründung sind die britischen Kanalinseln Guernsey und Jersey, empfohlen werden aber auch Gibraltar, Zypern, die Bahamas oder die Cayman-Islands. Auch das liechtensteinische Recht kennt Trust-Gestaltungen. Die britischen Kanalinseln **Guernsey** und **Jersey** sollen hier beispielhaft näher betrachtet werden. Sie haben – und das macht sie für viele attraktiv – ihre eigene Steuerhoheit und erheben weder Schenkung- und Erbschaftsteuer noch Umsatzsteuer oder Kapitalertragsteuer. Die „Inländer" müssen lediglich eine niedrige Einkommensteuer abführen. Diese Steuer gilt auch für auf den Inseln verwaltete Trusts – seien sie von Ausländern oder Inländern. Ausländer sind dagegen (im Übrigen) grundsätzlich nicht steuerpflichtig. Als Großbritannien der EG beigetreten ist, haben die Inseln ihre Steuerprivilegien beibehalten. Das ist in einem Zusatzprotokoll ausdrücklich festgehalten worden. Den Steuerprivilegien droht allerdings nach der gegenwärtigen Diskussion zum Thema „Steuerdumping" innerhalb der EU die Abschaffung.

---

7 Für einen Überblick siehe *Schlüter*, in: Deutsches Stiftungszentrum (Hrsg.), Die Treuhandstiftung, S. 18 ff.; *Häusler*, Stiftung & Sponsoring 6/2006, 38. Ausf. *ders.*, in: Richter/Wachter, Handbuch des Internationalen Stiftungsrechts, 2007, § 12 m.w.N. Siehe ferner *Deininger/Götzenberger*, Internationale Vermögensnachfolgeplanung mit Auslandsstiftungen und Trusts, 2006, Rn 70 ff. *Schiffer*, BBV 2006, 343.

8 Zum Trust im deutschen internationalen Privatrecht siehe etwa *Hoffman*, in: Richter/Wachter, Handbuch des Internationalen Stiftungsrechts, 2007, § 11.

II. Testamentary-trusts und intervivos-trusts

10 Unterschieden werden Trusts vor allem in solche, die in letztwilligen Verfügungen angeordnet werden (**testamentary-trusts**), und in solche, die durch Rechtsgeschäft unter Lebenden errichtet werden (**intervivos-trusts**). Zur Errichtung eines Trusts genügt im Wesentlichen ein **schuldrechtlicher „Treuhandvertrag"** mit einem „Treuhänder" (**Trustee**), in der Regel einem Rechtsanwalt vor Ort oder auch eine dortige, entsprechend spezialisierte Bank. Hier wird die Abhängigkeit des Trusts von bestimmten Personen deutlich, die in ähnlicher Weise bei der unselbstständigen Stiftung besteht (siehe § 12 Rn 9 ff.)

11 Ein Trust und dessen Errichter sind letztlich von der Vertrauensperson, dem Trustee, abhängig. Das gilt auch dann, wenn **zusätzlich** ein **„Protector"** eingesetzt wird. Dann gilt zwar das Vier-Augen-Prinzip, die grundsätzliche Abhängigkeit von in der Regel „weit entfernten" Personen aber bleibt! Der Trustee ist für das Trust-Vermögen und die „Ausschüttungen" an die Begünstigten (**beneficiaries**) aufgrund des Vertrages mit dem Errichter verantwortlich. Das betreffende Vermögen wird ihm zu Eigentum übertragen.

12 Anders als eine Stiftung ist ein Trust also keine juristische Person.[9] Ein Trust kann „vor Ort" dennoch auch gemeinnützig sein.[10] Die Errichtung eines Trusts dauert in der Regel nicht länger als etwa vier Wochen. Dabei kann der Errichter für Dritte **anonym** bleiben. Pauschale Aussagen zu den **Kosten** lassen sich nicht machen. Die Kosten sind sehr individuell – je nach Gestaltung, Ort und Vertragspartner.

III. Fragen der zivilrechtlichen Wirksamkeit

13 Bei der Beantwortung der Frage nach der **zivilrechtlichen Wirksamkeit** eines Trusts ist nach deutschem Recht zu unterscheiden:[11]

- Für die **Errichtung** eines **Trusts von Todes wegen** ist nach deutschem Recht an die Staatsangehörigkeit des Erblassers anzuknüpfen.[12] Es gilt also deutsches Erbrecht, weshalb die dem deutschen Recht unbekannte Anordnung eines Trusts nach § 2084 BGB als Einsetzung eines Treuhänders, eines Dauertestamentsvollstreckers, als Vor- und Nacherbschaft oder als Errich-

9 Zur Teilnahme eines Trusts am allgemeinen Rechtsverkehr und zu der Ultra Vires Doktrin, siehe *Schlüter*, S. 25 f.

10 Siehe *Schlüter*, S. 24 ff. zu Trusts im System der englischen Charities.

11 Ausführlich Deininger/Götzenberger/*Götzenberger*, Internationale Vermögensnachfolgeplanung mit Auslandsstiftungen und Trusts, Rn 94 ff.; *Habammer*, DStR 2002, 425 (426 f.) siehe dort auch zu den folgenden Ausführungen.

12 Erbstatut: Art. 25 Abs. 1 EGBGB.

tung einer ausländischen Familienstiftung auszulegen ist.[13] Die Errichtung eines Trusts durch letztwillige Verfügung ist damit nach deutschem Erbrecht tatsächlich nicht möglich.[14]

- Die **Errichtung** eines **Trusts zu Lebzeiten** ist deutlich unproblematischer. Sie richtet sich nach dem Schuldvertragsstatut, d.h. es gilt der Grundsatz der Parteiautonomie.[15] Der Errichter und der Verwalter des Trusts können also bestimmen, welche Rechtsordnung Anwendung finden soll, wenn ein ausreichender internationaler Bezug besteht. Hat der Trust – wie üblich – seinen Verwaltungssitz im Ausland, ist dieses Erfordernis erfüllt. So kann der Trust unproblematisch errichtet werden. Es gilt das deutsche Pflichtteilsergänzungsrecht mit der bekannten 10-Jahres-Frist und neuerdings der Abschichtungsregelung (§ 2325 BGB), so dass sinnvollerweise entsprechende Verzichtserklärungen eingeholt werden sollten, damit sich hier nach dem Tod des Trust-Errichters keine Probleme ergeben können.

14 Bei der **Übertragung von Vermögen auf einen Trust** ist zu unterscheiden:[16]

- Wird auf den Trust von Todes wegen **im Ausland befindliches Vermögen** übertragen, so gilt nicht deutsches Recht, sondern das Recht des ausländischen Staates, in dem sich das Vermögen befindet (gewohnheitsrechtlicher Grundsatz des Internationalen (Sachen-)Rechts).[17] Mithin könnte der Erblasser beispielsweise auf einen US-Trust nach dem dann geltenden US-Ortsrecht US-Immobilien wirksam übertragen.
- Inländisches (deutsches) **Vermögen** kann nicht wirksam auf einen Trust **übertragen** werden, denn es gilt nach den gewohnheitsrechtlichen Grundsätzen des Internationalen (Sachen-)Rechts die Rechtsordnung des Staates, in dem sich das betreffende Wirtschaftsgut zur Zeit der Übertragung befindet. Dem deutschen Recht aber ist die Rechtsfigur des Trusts fremd. Deshalb können insbesondere deutsche Grundstücke nicht auf einen Trust übergehen.[18] Keine Probleme ergeben sich hier bei der Übertragung von Finanz-

13 Siehe etwa BayObLGZ 2003, 69; KG Berlin ZEV 2012, 593; *Wienbracke*, ZEV 2007, 413.

14 Vgl. *von Oertzen*, IStR 1995, 149.

15 Vormals Art. 27 Abs. 1 EGBGB. Die bisherigen international-privatrechtlichen Vorschriften des EGBGB über vertragliche Schuldverhältnisse (Art. 27 bis 37) sind allerdings mit Wirkung zum 17.12.2009 außer Kraft getreten und durch die Verordnung (EG) Nr. 593/2008 des Europäischen Parlaments und des Rates vom 17.6.2008 über das auf vertragliche Schuldverhältnisse anzuwendende Recht (Rom I = „Rom-I-Verordnung“) ersetzt worden. Nunmehr Art 3 Rom I („Freie Rechtswahl“).

16 *Habammer*, DStR 2002, 425 (427); zu Vermögenstrusts siehe auch *Götzenberger*, NWB-EV, 2012, 225 ff.

17 Fall der Nachlass-Spaltung: Früher Art. 3 Abs. 3 EGBGB, nunmehr Art. 3a EGBGB:

18 Siehe *von Oertzen/Stein/Reich*, ZEV 2013, 109.

mitteln, die sich unproblematisch in einem ersten Schritt ins Ausland und dort auf den Trust übertragen lassen.

IV. Zu den steuerlichen Folgen eines Trusts

Die steuerrechtlichen Konsequenzen einer Trust-Gestaltung variieren naturgemäß mit der Vielfalt der Gestaltungsmöglichkeiten. Sie sind zudem im Einzelnen unter den Fachleuten teilweise umstritten.[19] Jedenfalls die nachfolgenden **allgemeinen Aussagen** lassen sich treffen: 15

1. Ein Trust mit Sitz und Geschäftsleitung im Ausland *kann* in Deutschland beschränkt **körperschaftsteuerpflichtig** sein. Der BFH hat in einem Grundlagenurteil aus dem Jahre 1992[20] zur **Rechtsnatur von Trusts** entschieden, dass ein Trust eine körperschaftsteuerpflichtige Vermögensmasse sein *kann*, wobei die Vermögensmasse als „selbstständiges, einem bestimmten Zweck dienendes Sondervermögen, das aus dem Vermögen des Widmenden ausgeschieden ist und dem eigene Einkünfte zufließen" definiert wird. Die Vermögensmasse ist also schon dann körperschaftsteuerpflichtig, wenn sie „wirtschaftliche" Selbstständigkeit besitzt, auch wenn sie nicht rechtsfähig ist. Damit ähnelt ein Trust tatsächlich der Stiftung, ohne allerdings beispielsweise deren Grad an Unabhängigkeit von bestimmten Personen zu erlangen. 16

2. Ein Trust mit Sitz und Geschäftsleitung im Ausland **kann** in Deutschland im Hinblick auf das besagte BFH-Urteil steuerrechtlich als (ausländische) **Familienstiftung** im Sinne des deutschen Außensteuerrechts einzustufen sein mit den entsprechenden Steuerfolgen nach § 15 AStG (siehe Rn 33 ff.). Zur Einstufung als Familienstiftung reicht schon aus, dass der Stifter oder dessen Abkömmlinge alleine oder zusammen zu mehr als der Hälfte bezugs- oder anfallsberechtigt sind.[21] Dabei soll nach Ansicht des BFH dem in Deutschland unbeschränkt steuerpflichtigen Errichter des Trusts („Settlor") das Trust-**Einkommen** unabhängig von seiner Bezugsberechtigung im Verhältnis zu dem Trust zuzurechnen sein. Damit verlieren Trust-Gestaltungen zur Absicherung des Settlors und seiner Familie ersichtlich viel von ihrem steuerlichen Reiz. 17

3. Seit 1999[22] werden Vermögensübertragungen auf „Trusts" entgegen der früheren Rechtslage (!) von der **Erbschaft-/Schenkungsteuer** erfasst (§§ 3 Abs. 2 18

19 Vgl. *Jorde/Götz*, in: FS Spiegelberger, 2009, 1301 (1312 ff.) m.w.N.

20 BFH BStBl II 1993, 388.

21 Siehe § 15 Abs. 2 AStG.

22 StEntlG 1999/2000/2002.

Nr. 1, 7 Abs. 1 Nr. 8 und 9 ErbStG).[23] Dabei kommt es nicht darauf an, wo sich Sitz oder Geschäftsleitung befindet.

- Nicht nur die Errichtung, sondern auch die spätere zusätzliche Ausstattung des Trusts gilt als steuerbarer Erwerb (§ 3 Abs. 2 Nr. 1 ErbStG).
- Die Auflösung und die erfolgende Auskehrung sowie der Erwerb von Zwischennutzungsrechten gelten als Erwerb unter Lebenden (§ 7 Abs. 1 Nr. 8, 9 ErbStG).[24]

Damit ist manches bis dahin propagierte **Steuersparmodell überholt**.[25] Mit der Übertragung eines Vermögens auf einen ausländischen Trust lassen sich kaum noch Steuern vermeiden.[26]

19 **4. Ersatzerbschaftsteuer** (siehe dazu § 8 Rn 49 ff. m.w.N) fällt in aller Regel nicht an, da die diesbezügliche Ausnahmevorschrift für Familienstiftungen nach den allgemeinen Rechtsgrundsätzen eng auszulegen, d.h. nicht auf Trusts auszudehnen ist.

20 Ein Trust ist nach alledem **grundsätzlich kein Steuergestaltungsinstrument** für deutsche Steuerpflichtige. In dem eingangs geschilderten **„Praxisfall 1“** wäre demnach grundsätzlich von einem Trust abzuraten.

21 Nicht unterschätzt werden sollte zudem die Streitanfälligkeit einer Trust-Gestaltung, wird sich doch ein Familienmitglied, das entgegen seinen Erwartungen nicht bedacht worden ist, weil das Familienvermögen in einen Trust gesteckt wurde, nicht unbedingt immer mit dieser „Enteignung“ zufrieden geben.[27] Ein anschauliches Beispiel für einen **Familienstreit** vor dem Hintergrund einer Trust-Gestaltung schildert die WirtschaftsWoche in Heft 48/1998.[28]

22 Ganz unabhängig davon sei allen, die für **verschwiegene Vermögen** auf einen Trust setzen wollen, gesagt, dass mancher Trust gegenüber der Familie auch schon so verschwiegen gewesen ist, dass das Vermögen schließlich faktisch für manche Familienmitglieder weg war, weil es von ihnen gar nicht mehr nachgewiesen werden konnte. Sie hatten schlicht den falschen Familienmitgliedern getraut. Da hilft dann auch der Anwalt nicht mehr.

---

23 Näher *Mutter*, DStR 2004, 893 (894); *Götz*, StiftungsBrief 2011, 17; siehe auch BFH Urt. v. 27.9.2012 – II R 45/10, DStRE 2013, 209.

24 Siehe etwa BFH BStBl II 2013, 84; ausf. zu den steuerlichen Folgen bei einem Ausscheiden aus Truststrukturen: *Schienke-Ohletz/Kühn*, ZEV 2015, 150.

25 *Siemers*, ZEV 1998, 459. Zu Abgrenzungsfragen siehe *Jülicher*, DStR 2001, 2177 (2181).

26 Zu den Details siehe *Jülicher*, in: Troll/Gebel/Jülicher, ErbStG, § 2 Rn 112 ff. m.w.N.

27 Siehe dazu entsprechende Gedanken im Zusammenhang mit Stiftungen.

28 WiWo 48/1998, 74 („Vater und Sohn Thyssen-Bornemisza kämpfen um die Kontrolle des Familienkonzerns“).

C. Ausländische Stiftungen

I. Beliebte Stiftungsländer

Auch ausländische Stiftungen sind **alternative Ansätze** zu der Wahl einer Stiftung nach deutschem Recht und das auch für die **Nachfolgegestaltung.**[29] Das gilt unabhängig davon, dass auch die Gemeinnützigkeit deutscher Stiftungen nicht an der Staatsgrenze endet,[30] weshalb mit einer inländischen Stiftung auch gemeinnützige Zwecke im Ausland verwirklicht werden können (siehe auch § 9 Rn 43 ff.).[31] 23

Die Motive für die Errichtung einer Stiftung im Ausland sind vielfältig. Es geht in der Praxis nicht nur um Steuervorteile und Steuerhinterziehung oder um die Vermeidung der Ersatzerbschaftsteuer.[32] Häufig wird sich der potenzielle Stifter von der Erwägung leiten lassen, die Errichtung im Ausland sei weniger bürokratisch, er könne hierdurch die Destinatäre aus seiner Familie besser absichern[33] oder er könne dadurch sein Vermögen vor einer interessierten Öffentlichkeit verbergen. Zudem mag auch die Annahme eine Rolle spiele, durch eine ausländische Stiftung ließen sich in wesentlichem Umfang Steuern sparen.[34] 24

Praxishinweise: Steueroasen 25
„Beliebt" sind (waren?) in der Praxis, die sehr einfach zu errichtenden und grundsätzlich (!) verschwiegenen[35] Stiftungen in **Liechten-**

29 Zur „Nachfolgeplanung unter Einsatz ausländischer Stiftungen" siehe *Lange/Sabel*, ZStV 2014, 201 (Bestimmung des Stiftungsstatuts, Probleme bei der Anerkennung ausländischer Stiftungen durch deutsche Gerichte, Gestaltungshinweise).

30 Siehe nur BFH DStR 2007, 438 (ausdrücklich gegen BMF-Schreiben v. 20.9.2006 – IV C 4 – S 0181 – 9/05, BStBl I 2005, 902) im Anschluss an das „Stauffer-Urteil" des EuGH vom 14.9.2006 – Rs. C-386/04, findet sich unter www.curia.eu. Siehe ferner *Buchna/Seeger/Brox*, Gemeinnützigkeit im Steuerecht, 10. Aufl. 2010, S. 60, 283; *Schlüter*, in: Richter/Wachter, Handbuch des internationalen Stiftungsrechts, § 15 Rn 13 ff.

31 Siehe auch *Weiten/Feldner*, ZErb 2013, 88.

32 Siehe etwa die Darstellung der Motivationen für die Einschaltung ausländischer Stiftungen von *Stein*, StiftungsBrief 2013, 93, 94; *Müller*, Die Besteuerung von Stiftungen im nationalen und grenzüberschreitenden Sachverhalt, 2011.

33 Zu den Informations- und Auskunftsrechten von Begünstigten (Destinatäre) nach dem liechtensteinischen und nach österreichischem Recht siehe *Lins*, in: Eiselsberg (Hrsg.), Stiftungsrecht. Jahrbuch 2009, Wien/Graz 2009, S. 367 ff.

34 So vermutet *Götz*, NWB 2000, F. 2, 7379 (7387 a.E., 7388).

35 Die von manchen erhoffte Verschwiegenheit ist tatsächlich zweifelhaft, wie verschiedene CD-Transfers gezeigt haben, über die wir alle in der Presse lesen konnten.

stein,[36] die allerdings zunehmend bei Steuerhinterziehungsfällen genannt wurden, obwohl es natürlich schwarze Schafe überall gibt (siehe auch oben Rn 1). Das Thema der „Steueroase Liechtenstein“[37] wird jedenfalls nicht nur in der Tages- und Wirtschaftspresse diskutiert (siehe unten Rn 45 ff.). In **2009** ist in Liechtenstein ein **neues Stiftungsrecht** in Kraft getreten,[38] denn die Stiftungen sind dort ersichtlich ein ganz wesentlicher Wirtschaftsfaktor, d.h. sie müssen (wieder) funktionieren. Das soll das neue liechtensteinische Stiftungsrecht sicherstellen. Wir werden abwarten müssen, ob es in der Praxis tatsächlich künftig innerhalb eines zusammenwachsenden Europas funktioniert. Zu wünschen wäre es, steht doch die liechtensteinische Stiftung keineswegs generell für den Missbrauch unzulässiger „Steueroptimierung“. In 2013 ist ein DBA zwischen Deutschland und Liechtenstein in Kraft getreten.[39]
Die Verurteilung des Erben zur Auskunftserteilung an den Pflichtteilsberechtigten über Schenkungen im Sinne des § 2325 Abs. 1 BGB kann sich auch auf Vermögensgegenstände erstrecken, die der Erblasser in eine Anstalt oder Stiftung liechtensteinischen Rechts eingebracht hat.[40] Die Entscheidung hat für das Pflichtteilsrecht nicht nur theoretische Bedeutung. Auf das ausländische Vermögen solcher Stiftungen lässt sich i.d.R. nur schwer zugreifen, anders ist das aber für in Deutschland belegenes Vermögen entsprechender Stiftungen.[41] Zudem dürfte die Entscheidung bei Verhandlungen mit den Stiftungsorganen im Ausland helfen. Erste Erfahrungen für Liechtenstein haben diese Erwartung bestätigt.

---

36 Siehe zur bisherigen Rechtslage und zu grundsätzlichen Fragen betreffend die Liechtensteinische Stiftung: *Götzenberger*, in: Deininger/Götzenberger, Internationale Vermögensnachfolgeplanung mit Auslandsstiftungen und Trusts, Rn 201 ff.; *Hennerkes/Schiffer*, Stiftungsrecht, 3. Aufl. 2001, S. 168 ff.; *Busch/Heuer*, Die Roten Seiten zum Magazin Stiftung & Sponsoring 1/2003 (Steuerrecht Liechtenstein); *Schiffer*, Stiftung & Sponsoring 2/2008, 40. Zur aktuellen Situation von Stiftungen in Liechtenstein siehe die Beiträge im betreffenden Themenheft von Stiftung & Sponsoring, Sonderausgabe 2015 sowie die zugehörige Sonderausgabe 2015 der Roten Seiten: *Schurr*, Gemeinnützige Stiftungen in Liechtenstein.

37 Siehe als Beispiel für unzählige Berichte und Artikel nur DER SPIEGEL 13/2009, 64 („Ärger im Paradies – Schlechte Aussichten für Steuerhinterzieher“).

38 Siehe dazu etwa *Meier*, NZZ v. 4.8.2011, S. 31; *Werner*, IStR 2010, 589 („Die Liechtensteinische Familienstiftung“); siehe *Hosp/Langer*, BB 2011, 1948, 1953 („Die liechtensteinische Familienstiftung: Nischenprodukt oder ernstzunehmende Alternative für den deutschen Investor?“); *Schurr*, Stiftung & Sponsoring, 05/2010, 26 f.

39 Ausf. dazu *Gierhacke*, ZErb 2013, 189.

40 BGH, Beschl. v. 3.12.2014 – IV ZB 9/14, ErbR 2015, 139.

41 Das hebt etwa auch *Dutta*, ErbR 2015, 345 in seiner Kommentierung des vorgenannten BGH-Beschlusses hervor; siehe auch Rn 33.

Seit 2009 haben verschiedene vorgebliche oder echte **Steueroasen** ihr „Bankgeheimnis" gelockert und sich zu den OECD-Standards für Transparenz und Informationsaustausch bekannt (siehe oben Rn 1). Damit beginnt sich zu bewahrheiten, was in realistisch eingestellten Expertenkreisen[42] schon seit längerem erwartet wird: Zumindest in Europa hat die Zeit der Steueroasen eine Ende gefunden. Schon 2008 haben sich beispielsweise die Bundesregierung und sowohl **Jersey** als auch **Guernsey** zu einer engeren Zusammenarbeit bekannt, wonach beide Länder in dem jeweils anderen Land Auskünfte zu steuerlichen Belangen erhalten.[43] Wie in der zweiten und dritten Auflage dieses Buches auch ohne die Gabe großer Prophetie prognostiziert, hat sich dieser Trend fortgesetzt und er dauert an.

Zunehmend wichtig in der Beratungspraxis sind das **schweizerische Stiftungsrecht,**[44] das **luxemburgische Stiftungsrecht,**[45] und das **österreichische Stiftungsrecht** geworden.[46] Von manchem wurde die österreichische Privatstiftung als Gestaltungsmittel zur Regelung der Nachfolge wegen seiner, im Gegensatz zu der früher angeblich restriktiven Praxis der deutschen Stiftungsaufsichtsbehörden, recht liberalen Regelungen empfohlen.[47] Dieser Vorteil dürfte sich aber 26

42 Bei manchen Vorträgen von Fachleuten aus den betreffenden Ländern konnte (kann?) man dagegen den Eindruck gewinnen, man höre tatsächlich über Oasen, die völlig unabhängig von ihrer Umwelt und Umgebung sind – trotz aller Globalisierung oder sogar wegen aller Globalisierung. Siehe dazu auch Rn 39 ff. in diesem Kapitel.

43 Siehe Newsletter BMF vom 17.12.2008 (*„Kabinett beschließt Gesetze zum Steuerabkommen mit der Insel Jersey: Abkommen im Kampf gegen Steuerhinterziehung durch Nutzung von Niedrigsteuergebieten wird Gesetz"*) sowie Pressemitteilung Nr. 14/2009 des BMF vom 26.3.2009 (*„Abkommen über Auskunftsaustausch in Steuersachen auf Basis der OECD-Standards mit Guernsey unterzeichnet"*).

44 Siehe dazu etwa *Jakob/Uhl*, NON Profit LAW YEARBOOK 2010/2011, 199 ff.

45 Siehe dazu etwa *Ritter/Gutsche*, StiftungsBrief, 2014, 189 zum bisherigen und geplanten künftigen luxemburgischen Stiftungsrecht.

46 Einen Überblick aus Anlass des 15-jährigen Bestehens des Privatstiftungsgesetzes in Österreich gibt *Eiselsberger*, Stiftung & Sponsoring, 4/2008, 38. Näher: *Althuber/Kirchmayr/Toifl*, in: Richter/Wachter, Handbuch des internationalen Stiftungsrechts, Länderbericht Österreich (S. 1231 ff.); *Götzenberger*, in: Deininger/Götzenberger, Internationale Vermögensnachfolgeplanung mit Auslandsstiftungen und Trusts, Rn 237 ff.; *Wigand*, in: Wigand/Haase-Theobald/Heuel/Stolte, Stiftungen in der Praxis, § 12 Rn 10 ff. *Eiselsber/Haslwanter/Moritz*, Rote Seiten zum Magazin Stiftung & Sponsoring 05/2012; Zu den steuerlichen Aspekten der österreichischen Privatstiftung aus deutscher Sicht siehe *Busch/Heuer*, Die Roten Seiten zum Magazin Stiftung & Sponsoring 1/2003; *v. Löwe*, in: Richter/Wachter, Handbuch des internationalen Stiftungsrechts, § 24; *Kalss/Zollner*, NON Profit LAW YEARBOOK 2010/2011, 211 ff.; *Müller/Melzer*, Journal für Erbrecht und Vermögensnachfolge 2012, 91 („Erfolgsfaktoren für den Generationenwechsel in der Privatstiftung").

47 *Wachter*, DStR 2000, 474 (480).

durch die Reform des deutschen Stiftungszivilrechts (siehe § 3 Rn 2 ff.), wenn nicht erledigt, so doch relativiert haben. Betont wurde zudem auch schon damals, dass die österreichische Privatstiftung wegen der Hinzurechnungssteuer nach § 15 AStG (siehe dazu Rn 33 ff.) kaum steuerliche Anreize bietet,[48] wenn man seinen Wohnsitz nicht endgültig nach Österreich verlegen[49] und sich steuerlich aus Deutschland verabschieden will.

Zu beachten ist zur **österreichischen Familienstiftung** auch, dass sie nur über eine eingeschränkte Ewigkeitstendenz verfügt. Nach § 35 Abs. 2 Ziffer 3. öst. Privatstiftungsgesetz hat der Stiftungsvorstand einen einstimmigen Auflösungsbeschluss zu fassen, *„sobald eine nicht gemeinnützige Privatstiftung, deren überwiegender Zweck die Versorgung von natürlichen Personen ist, 100 Jahre gedauert hat, es sei denn, dass alle Letztbegünstigten einstimmig beschließen, die Privatstiftung für einen weiteren Zeitraum, längstens jedoch jeweils für 100 Jahre, fortzusetzen"*. Kommt ein Beschluss nach diesem Abs. 2 trotz Vorliegens eines Auflösungsgrundes nicht zustande, so kann nach Abs. 3 der Vorschrift jedes Mitglied eines Stiftungsorgans, jeder Begünstigte oder Letztbegünstigte, jeder Stifter und jede in der Stiftungserklärung dazu ermächtigte Person die Auflösung der „Familienstiftung" durch das Gericht beantragen. Die Ewigkeitsplanung einer Unternehmerfamilie hängt also hier nicht nur von dem oder den Stiftern ab.[50] Weitere Details zum österreichischen Stiftungsrecht können hier nicht dargestellt werden.[51]

27 *Dr. Gerhard Wildmoser*, Rechtsanwalt, Linz/Wien: **Die österreichische Privatstiftung**

„Per 31.12.2012 gab es in Österreich ca. 3.400 Privatstiftungen (nach 3.105 zum Ende des ersten Halbjahres 2008). 650 Privatstiftungen sind gemeinnützig. Das in den Privatstiftungen liegende Vermögen wird per Ende 2011 auf etwa 70 Milliarden EUR geschätzt (nach ca. 60 Mrd EUR in 2008). Rund 64 % des Vermögens sind Unternehmensbeteiligungen. Die Beschäftigtenanzahl beträgt etwa 400.000. 24 % des besagten Vermögens sind Immobilienvermögen, die restlichen 12 % sind Geldvermögen. Dass allein aufgrund

48 *Wachter*, DStR 2000, 474 (480) sowie *ders.*, DStR 2000, 1037 (1046 f.). Vgl. auch *v. Löwe*, in: Richter/Wachter, Handbuch des internationalen Stiftungsrechts, § 24 Rn 55.

49 Zur Wohnsitzverlegung aus steuerlichen Gründen siehe *Ettinger*, Wohnsitzverlegung ins Ausland, 2. Aufl. 2007.

50 Das übergehen *Gierhacke/Gierhacke*, FuS 2015, 79.

51 Näher z.B. neben den bereits Genannten auch *Götzenberger*, in: Deininger/Götzenberger, Internationale Vermögensnachfolgeplanung mit Auslandsstiftungen und Trusts, Rn 237 ff.; *v. Löwe*, in: Richter/Wachter, Handbuch des internationalen Stiftungsrechts, § 24.

dieses Volumens die Privatstiftungen in Österreich eine enorme Bedeutung haben, steht außer Diskussion.
Ein nicht unbeachtlicher Teil der Privatstiftungen wurde eingerichtet, um im Erbfall bestimmte Regelungen treffen zu können, wenn auch die freie Gestaltung hier relativ enge gesetzliche Grenzen durch die erbrechtlichen Regelungen zum Pflichtteilsrecht hat. Darüber hinaus war es ohne jeden Zweifel typischerweise ein besonderes Motiv, durch die gegebenen steuerlichen Begünstigungen Erbschafts- und Schenkungssteuer zu vermeiden. Dieses Motiv ist zwischenzeitig weggefallen, da Schenkungs- und Erbschaftssteuer in Österreich abgeschafft wurden, sodass nicht zuletzt dadurch eine gewisse Verunsicherung bei manchen Stiftern dahingehend entstanden ist, ob ein Widerruf der Stiftungen nicht Sinn machen könnte.
Das lenkt den Blick der Stifter sowie jener, die sich beruflich mit dem Stiftungsrecht beschäftigen, verstärkt auf den Kern der Stiftungsidee, nämlich darauf, nachhaltig Vermögen in bestimmter Form gestaltet zusammenzuhalten und eine zukünftige von Familienstreitigkeiten unbeeinflusste Entwicklung des Vermögens zu ermöglichen und es für die Begünstigten über den Tod des Stifters hinaus über Generationen zu erhalten. Das wiederum bedingt eine präzise Ausgestaltung der Stiftungsurkunden und eine klare Definition des Stiftungszweckes; insbesondere in älteren Stiftungsurkunden ist das vielfach nicht der Fall, da Stiftungskonstruktionen, wie ausgeführt, oftmals im Wesentlichen ‚nur' der Vermeidung von Schenkungs- und Erbschaftssteuer dienten.
Ausblick: Die Existenz von Privatstiftungen in Österreich ist nach wie vor aus vielen Gründen unbestritten erforderlich. Der Wegfall der Schenkungs- und Erbschaftssteuer wird nicht dazu führen, dass Stiftungen in Österreich ihre angestammte Bedeutung verlieren. Es wird aber wohl dazu kommen, dass man sich bei Stiftungserrichtungen vermehrt mit dem eigentlichen Zweck, nämlich nachhaltiger Erhaltung und Wahrung von Vermögen und den jeweils zugrunde liegenden Zielsetzungen und konkreten Stiftungszwecken zuwendet."

Anders als zur Liechtensteinischen Stiftung sind zur österreichischen Privat- 28
stiftung keine Gerichtsurteile zu einem „Durchgriff" (vgl. unten Rn 51 ff.) bekannt geworden. Im Zusammenhang mit der internationalen Bekämpfung der Geldwäsche ist aber auch das Recht der österreichischen Privatstiftung novelliert worden, was uns *Katharina Wildmoser-Manhart* sogleich beleuchtet.

Mag. *Katharina Wildmoser-Manhart*, Rechtsanwältin, Linz/Wien, **zur No-** 29
velle des Privatstiftungsgesetzes in Österreich
„Im Rahmen des Budgetbegleitgesetzes 2011 wurde das Privatstiftungsgesetz (PSG) in einigen Punkten geändert (PSG-Novelle 2010). Dies geschah

als Reaktion auf die von der Financial Action Task Force on Money Laundering (FATF) geforderten Maßnahmen im Zusammenhang mit der Bekämpfung von Geldwäsche. Zudem gingen dieser Novelle zwei OGH Urteile voraus, welche aufgrund ihrer Formulierung eine nicht unerhebliche Rechtsunsicherheit verursachten. Die PSG-Novelle ist seit 31.12.2010 in Kraft. Im Folgenden werden die wesentlichen Punkte der Novelle kurz dargestellt:

1. Verpflichtung zur Offenlegung der Begünstigten

Die Stiftungsurkunde sowie die Stiftungszusatzurkunde waren auch schon vor der Novelle in der jeweils geltenden Fassung dem zuständigen Finanzamt vorzulegen, um in den Genuss der steuerlichen Vorteile zu kommen. Dennoch wurde dem österreichischen PSG mangelnde Transparenz in jenen Fällen vorgeworfen, in welchen die Begünstigten weder in der Stiftungsurkunde noch in der Stiftungszusatzurkunde genannt sind, sondern vom Stiftungsvorstand oder einer vom Stifter dazu berufenen Stelle festgestellt werden.

Gemäß Art XI. Abs. 1b PSG sind alle zum 31.3.2011 „bestehenden" (d.h. in der Stiftungsurkunde oder Stiftungszusatzurkunde genannten) oder nach § 5 PSG (von einer vom Stifter dazu berufenen Stelle [z.B. Beirat] oder vom Stiftungsvorstand) „festgestellten" Begünstigten dem für die Erhebung der Körperschaftsteuer der Privatstiftung zuständigen Finanzamt bis zum 30.6.2011 elektronisch mitzuteilen. Für nach dem 31.3.2011 festgestellte Begünstigte besteht eine unverzügliche Meldepflicht.

Eine nicht oder nicht vollständige Erfüllung der Mitteilungspflicht bedeutet eine Verwaltungsübertretung, die eine Geldstrafe bis zu 20.000 EUR je verschwiegenem oder nicht vollständig mitgeteiltem Begünstigten nach sich zieht.

2. Ausdehnung der Unvereinbarkeitsbestimmung auch auf Berater

Vom Amt des Stiftungsvorstandes sind schon bisher der Begünstigte und seine nahen Angehörigen ausgeschlossen. Der Kreis der ausgeschlossenen Personen wurde nun auch auf jene Personen erweitert, die „mit der Wahrung ihrer Interessen im Stiftungsvorstand beauftragt wurden" (§ 15 Abs. 3a PSG). Damit soll der Einfluss der Begünstigten über von ihnen gesteuerte Personen im Stiftungsvorstand weiter zurückgedrängt werden. Wenngleich nach dem Gesetzeswortlaut sonstige – nicht die Wahrnehmung der Interessen im Stiftungsvorstand zum Gegenstand habende – Mandatsverhältnisse für eine Funktion im Stiftungsvorstand grundsätzlich unschädlich sind, wird abzuwarten sein, wie die Rechtsprechung diese neue Bestimmung künftig handhaben wird.

3. „Begünstigtenbeirat"

Nach § 23 Abs. 2 S. 2 PSG dürfen Begünstigte oder deren Angehörige nicht die Mehrheit der Aufsichtsratsmitglieder stellen. Mit seiner „Beiratsentscheidung" nahm der OGH allerdings eine analoge Anwendung des § 23

Abs. 2 S. 2 PSG auf einen aufsichtsratsähnlichen Beirat an, demnach dieser nicht mehrheitlich mit Begünstigten besetzt sein darf.
Die Neufassung des § 14 PSG bringt insofern eine Klarstellung, als sie keine Festlegung für die Besetzung des Beirates vorsieht. Demnach darf der Beirat auch ausschließlich oder mehrheitlich mit Begünstigten besetzt werden. Einzig bei der Abberufung von Vorstandsmitgliedern ergeben sich Einschränkungen: Erfolgt die Abberufung – die in jedem Fall zwingend einer Mehrheit von mindestens ¾ der abgegebenen Stimmen bedarf – ohne wichtigen Grund i.S.d. § 27 Abs. 2 Z 1 bis 3 PSG, darf den Begünstigten nicht die Mehrheit der Stimmen zustehen."

Wegen einzelner weiterer Stiftungsländer wird auf die nachgewiesenen Fundstellen verwiesen.[52]

II. Steuerliche Problempunkte

In der Praxis unterschätzen Mandanten regelmäßig die steuerlichen Problem- 30
punkte im Zusammenhang mit ausländischen (Familien-)Stiftungen, auf die das Vermögen zur Nachfolge übertragen wird.[53]

Schenkungs- und erbschaftssteuerlich ist die Übertragung von Vermögen 31
auf die im Ausland befindliche (Familien-)Stiftung aus deutscher Sicht eine steuerpflichtige unentgeltliche Vermögensübertragung, wobei die Besteuerung des Vermögensübergangs für in- und ausländische Stiftungen gleich erfolgt, die steuerliche Besonderheit liegt in ggf. unterschiedlichen Steuerklassen.[54]

– **Unbeschränkte Steuerpflicht** tritt hinsichtlich der übertragenen Vermögenswerte ein, wenn der Stifter Inländer ist (§ 2 Abs. 1 Nr. 1 ErbStG).

---

52 *Richter/Wachter* (Hrsg.), Handbuch des internationalen Stiftungsrechts, 2007 mit Beiträgen zu Stiftungen in Belgien, China, Dänemark, England, Frankreich, Griechenland, Israel, Italien, Kanada, Liechtenstein, Luxemburg, Niederlande, Österreich, Portugal, Schweden, Schweiz, Spanien, Schweiz, Türkei, USA. Siehe auch Stiftung & Sponsoring 5/2006 (Themenheft Ausland); Frankreich: *Schlüter*, Stiftung & Sponsoring 2/2004, 39; Italien: *Hüttemann*, Stiftung & Sponsoring 2/2000, 29; Luxemburg: *Molitor*, in: Eiselsberg (Hrsg.), Stiftungsrecht. Jahrbuch 2009. Wien/Graz 2009, S. 289 ff.; Niederlande: *van Ween*, Stiftung & Sponsoring 6/2004, 34; Schweden: *Surmatz*, Stiftung & Sponsoring 1/2000, 30; Schweiz: Stiftung & Sponsoring 4/2008 (Themenheft Schweiz); *Degen*, Stiftung & Sponsoring 2/2006, 37; *Richter*, Stiftung & Sponsoring 1/2003, 39 und 2/2003, 39; Spanien: *Grabau/Castello/Hundt*, ZSt 2004, 306; USA: *Keller*, Stiftung & Sponsoring 4/2005, 36; *Schlüter*, ZSt 2005, 3.

53 *Schiffer*, in: Frieser/Sarres/Stückemann/Tschichoflos, Handbuch des Fachanwalts Erbrecht, Kap. 4 Rn 223 ff. m.w.N.

54 Siehe dazu und zu weiteren Einzelheiten etwa *Stein*, StiftungsBrief 2013, 93, 95 ff.; *Götz*, StiftungsBrief 2011, 17; *ders.*, NWB 2000, F. 2, 7379 (7388).

- Ist der Stifter (steuerlich) kein Inländer, kommt **beschränkte Steuerpflicht** in Betracht (§ 2 Abs. 1 Nr. 3 ErbStG), soweit Inlandsvermögen (§ 121 BewG) auf die ausländische Stiftung übertragen wird.
- Ist ein Stifter mit deutscher Staatsangehörigkeit seit dem Wegzug aus Deutschland noch keine fünf Jahre im Ausland ansässig, fällt die Errichtung der Stiftung unter die sog. **erweiterte unbeschränkte Steuerpflicht** (§ 2 Abs. 1 S. 1 Nr. 1 lit. b ErbStG). Der deutsche Staatsangehörige wird steuerlich noch für fünf Jahre als Inländer fingiert.[55]
- Für den **Erwerb** durch die ausländische Stiftung gilt **Steuerklasse III**. § 15 Abs. 2 ErbStG gilt nur für inländische Stiftungen. Auf das „Verwandtschaftsverhältnis des nach der Stiftungsurkunde entferntest Berechtigten zu dem Erblasser oder Schenker" kommt es nicht an.
- Die Steuerbegünstigung für die Übertragung von **Produktivvermögen** gem. § 13a ErbStG kann zwar in Anspruch genommen werden, ist aber mit der zwangsweisen Aufdeckung der stillen Reserven gem. § 16 EStG verbunden.
- Es besteht dann **ausnahmsweise keine Schenkungsteuerpflicht**, weil gar keine Schenkung vorliegt, wenn der Stifter der im Ausland errichteten Stiftung sich umfassende Sonderrechte zur Weisungserteilung an die Stiftungsorgane vorbehalten hat.[56]

32 Bei **Auflösung der Stiftung** fällt das dem Erwerber zufallende Vermögen der Familienstiftung ebenfalls unter das **ErbStG**,[57] falls er einen Wohnsitz in Deutschland hat (§ 2 Abs. 1 Nr. 1 ErbStG) oder Inlandsvermögen i.S.v. § 121 BewG erwirbt. Auch der Rückerwerb durch den Stifter wird stets nach der Steuerklasse III besteuert.[58]

33 **§ 15 AStG** soll die Steuer- und Kapitalflucht aus Deutschland verhindern; es soll der Verlagerung auf ausländische Stiftungen entgegengewirkt werden.[59] Die Besteuerung soll so erfolgen, als wäre die Stiftung in Deutschland steuer-

---

55 Siehe auch *Deininger*, in: Deininger/Götzenberger, Internationale Vermögensnachfolgeplanung mit Auslandsstiftungen und Trusts, Rn 7, der unter Verweis auf *Jülicher*, ZErb 2003, 204 (207) vor sog. „Heimwehphasen" warnt.

56 *Götz*, StiftungsBrief 2011, 17, 18; zu der einschlägigen BFH-Entscheidung vom 28.6.2007 siehe Rn 51 ff.

57 Es gilt als Schenkung unter Lebenden, „was bei Aufhebung einer Stiftung erworben wird" (§ 7 Abs. 1 Nr. 9 ErbStG).

58 BFH BStBl 1990 II, 221; siehe auch § 8 Rn 77 ff.

59 *Vogt*, in: Blümich, EStG, Loseblatt, Stand 08/2014, § 15 AStG Rn 1 f.

pflichtig gewesen.[60] Bei der Vorschrift[61] ist seit dem 26.6.2013 ein Systemwechsel[62] vorgenommen[63] und § 15 AStG der Systematik der Hinzurechnungsbesteuerung (§§ 7–14 AStG) noch stärker angenähert worden:[64]

> *§ 15 Abs. 1 AStG*
> *Vermögen und Einkünfte einer Familienstiftung, die Geschäftsleitung und Sitz außerhalb des Geltungsbereichs dieses Gesetzes hat (ausländische Familienstiftung), werden dem Stifter, wenn er unbeschränkt steuerpflichtig ist, sonst den unbeschränkt steuerpflichtigen Personen, die bezugsberechtigt oder anfallsberechtigt sind, entsprechend ihrem Anteil zugerechnet. Dies gilt nicht für die Erbschaftsteuer.*

Die durch die ausländische Stiftung gewollte **steuerliche Abschottungswirkung** gegenüber der deutschen Finanzverwaltung wird durch diese steuerliche Zurechnung also durchbrochen. Auch **erbrechtlich** ist eine Abschottungswirkung i.d.R. zu verneinen. Die Verurteilung zur Auskunftserteilung an einen Pflichtteilsberechtigten betreffend Schenkungen im Sinne des § 2325 Abs. 1 BGB kann sich auch auf solche Vermögensgegenstände beziehen, die der Erblasser in eine Anstalt oder Stiftung nach liechtensteinischem Recht eingebracht hat.[65]

In einem aus unserer Sicht nach wie vor gültigen Urt. v. 22.12.2010 hat der 34
BFH[66] seine Rechtsauffassung bestätigt, wonach § 39 AO gegenüber § 15 AStG

60 *Winter/Heppe*, BB 2013, 2775.

61 Ausf. zur bisherigen Rechtslage *Kirchhain*, Die Familienstiftung im Außensteuerrecht – Zurechnungsbesteuerung bei ausländischen Familienstiftungen und Trusts nach § 15 AStG, 2010. Siehe auch *Jorde/Neudecker*, in: Eiselsberg (Hrsg.), Stiftungsrecht. Jahrbuch 2009, Wien/Graz 2009, 403 ff. und *Putzer*, taxlex 2009, 323 („Verbesserung für deutsche Stifter in Österreich").

62 Siehe beispielhaft zur Kritik an der bisherigen Fassung: *Wassermeyer*, IStR 2009, 195 („eines Rechtsstaates unwürdig").

63 *Vogt*, in: Blümich, EStG, Loseblatt, Stand 08/2014, § 15 AStG Rn 3.

64 Ausf. zur bisherigen ertragsteuerlichen Behandlung von Auslandsstiftungen siehe *Götz*, StiftungsBrief 2010, 235; zur neuen Rechtslage siehe die Kommentierung von *Vogt*; siehe auch *Blumers*, DStR 2013, 1009 (zu Hess FG v. 14.11.2012 – 10 K 625/08, DStR 2013, 1011); *ders.*, DStR 2013, 171 und *Kraft/Moser/Gebhardt*, DStR 2012, 1773 ff.

65 BGH Beschl. v. 3.12.2014 – IV ZB 9/14, ZEV 2015, 163, ErBR 2015, 139; dazu *GS*, Erbfolgebesteuerung 2015, 40; *Dutta*, ErbR 2015, 345, siehe auch Rn 25.

66 BFH, Urt. v. 22.12.2010 – I R 84/09, NJW-RR 2011, 771 = IStR 2011, 391 mit Anmerkung von *Kirchhain* (siehe auch das inhaltsgleiche BFH-Urteil von demselben Tag (I R 85/09); siehe zur „Zurechnung des Einkommens" auch Hess FG v. 14.11.2012 – 10 K 625/08 = ZEV 2013, 573.

Anwendungsvorrang genießt,[67] und im Übrigen damals zu folgenden Leitsätzen gefunden.[68]

- Die Zurechnung des Einkommens nach § 15 Abs. 1 S. 1 AStG a.F. setzt voraus, dass die ausländische Stiftung eigene Einkünfte erzielt. Dies ist nicht der Fall, wenn die betreffenden Einkünfte unmittelbar dem Stifter zuzurechnen sind.
- Gegen eine Zurechnung des Einkommens einer liechtensteinischen Stiftung nach § 15 Abs. 1 S. 1 AStG a.F. bestehen keine unionsrechtlichen Bedenken.

Entscheidend ist mithin auch, ob es sich um eine transparente oder eine intransparente Liechtensteinische Stiftung handelt.[69]

35 Die EU-Rechtswidrigkeit von § 15 AStG wurde bereits früher diskutiert.[70] Durch das Jahressteuergesetz 2009 wurden dem § 15 AStG damals die Abs. 6 und 7 hinzugefügt. Abs. 6 wurde hinzugefügt, um europarechtliche Bedenken gegen Art. 15 AStG zu berücksichtigen. Diese hatten sich einerseits aufgrund der Entwicklung der EuGH-Rechtsprechung ergeben. Zum anderen betrafen sie die Vereinbarkeit der Vorschrift mit Art. 56 und 18 des EG-Vertrages und, soweit Island und Norwegen betroffen sind, aus Art. 40 EWR-Vertrag.[71] Der damals neu eingefügte Abs. 6 („Europarechtliche Rettungsklausel“) lautet:

> *Hat eine Familienstiftung Geschäftsleitung oder Sitz in einem Mitgliedsstaat der Europäischen Union oder einem Vertragsstaat des EWR-Abkommens, ist Absatz 1 nicht anzuwenden, wenn*
> 1. *nachgewiesen wird, dass das Stiftungsvermögen der Verfügungsmacht der in den Absätzen 2 und 3 genannten Personen rechtlich und tatsächlich entzogen ist und*
> 2. *zwischen der Bundesrepublik Deutschland und dem Staat, in dem die Familienstiftung Geschäftsleitung oder Sitz hat, aufgrund der Richtlinie 77/799/EWG oder einer vergleichbaren zwei- oder mehrseitigen Verein-*

---

67 *Kirchhain*, IStR, 2011, 393; BFH, Urt. v. 2.2.1994 – I R 66/92, BStBl II 1994, 727 (729).

68 Die nicht „andauernde“ Entwicklung vor allem von § 15 AStG bleibt zu beobachten, siehe etwa *Ditz/Quilitzsch*, DStR 2015, 1917, die von einer „gesetzlichen Dauerbaustelle“ schreiben.

69 Siehe *Hosp/Langer*, BB 2011, 1948, 1953.

70 Siehe etwa *Kraft/Hause*, DB 2006, 414.

71 Vgl. ferner Regierungsentwurf Jahressteuergesetz 2009 v. 2.9.2008, BT-Drucks 16/10189, 78. Zu den europarechtlichen Bedenken siehe schon BMF, Schreiben IV B 4 – S 1361/07/0001 v. 14.5.2008, DStR 2008, 1094; *Kellersmann/Schnitger*, in: Richter/Wachter, Handbuch des internationalen Stiftungsrechts, § 23 Rn 70 ff. m.w.N. – dort auch zu den verfassungsrechtlichen Bedenken, siehe Rn 61 ff. Ausf. zu § 15 Abs. 6 AStG: *Kraft/Schulz*, ZSt 2009, 122.

barung, Auskünfte erteilt werden, die erforderlich sind, um die Besteuerung durchzuführen.

Im Regelfall der Praxis ist es allerdings gerade nicht so, dass das Stiftungsvermögen der Verfügungsmacht der betroffenen Personen wirklich rechtlich und tatsächlich entzogen ist. Typischer Sinn und Zweck einer Familienstiftung ist ja gerade die Versorgung der Familie, was bedeutet, dass die Familie die Verfügungsmacht nicht wirklich aus den Händen geben kann (siehe auch Rn 51 ff.), denn dann wäre sie ja auf die „Gnade" dritter Personen in den Stiftungsorganen angewiesen. Gibt die Familie die Macht nur rechtlich formal aus den Händen, behält sie sie aber faktisch (tatsächlich), so greift die Ausnahmeregelung nach § 15 Abs. 6 Nr. 1 AStG gerade nicht. Im Übrigen gilt die Ausnahme ja auch nur dann, wenn die Voraussetzungen der Nr. 2 vorliegen, also entsprechende Auskünfte durch die Finanzverwaltung erlangt werden können. Letztlich dient die Vorschrift also dazu, Steuerhinterziehungen zu verhindern. Damit hat sie für den Normalfall der Praxis keine Bedeutung.

Familienstiftungen im Sinne des Außensteuerrechts sind solche, bei denen der 36
Stifter, seine Angehörigen und/oder seine Abkömmlinge zu mehr als der Hälfte bezugs- oder anfallberechtigt sind (§ 15 Abs. 2 AStG). Unter bestimmten Voraussetzungen gelten auch unternehmensverbundene Stiftungen als solche Familienstiftungen.[72]

- Zugerechnet werden den Betreffenden nach dem Gesetzestext lediglich Vermögen und Einkommen der Familienstiftung. Auswirkungen hat das Außensteuergesetz damit nach dem Auslaufen der Vermögensteuer bis zu deren etwaiger Wiedereinführung (!) zunächst nur noch auf die Besteuerung des Einkommens (Einkommen- und Körperschaftsteuer). Die Errichtung einer Familienstiftung im Ausland ist also demnach kein Steuersparmodell für die Besteuerung des Einkommens eines („inländischen") Stifters und seiner Familie.
- Es sind in jedem Einzelfall die Steuergesetze am Sitz der Stiftung zu beachten. § 15 AStG kann auch zu einer **Doppelbesteuerung** führen, da die Familienstiftung in dem Staat, in dem sie ihren Sitz hat, selbst unbeschränkt steuerpflichtig ist. Die hier möglicherweise anfallenden Steuern sind jedoch z.B. bei der Errichtung in der „Steueroase" Liechtenstein so gering, dass sie zu vernachlässigen sind. Sieht das einschlägige DBA vor, dass die Besteuerung nach der Belegenheit der Stiftung der Bundesrepublik Deutschland zusteht, ist das auch problemlos, weil die Besteuerung nach § 15 AStG und auch nach dem DBA übereinstimmend der Bundesrepublik Deutschland zugewiesen ist. Steht aber nach dem DBA die außer in Liechtenstein ggf. nicht unerhebliche Besteuerung dem ausländischen Staat zu, kann eine Be-

72 Siehe § 15 Abs. 3 AStG.

steuerung in der Bundesrepublik Deutschland zwar an sich nicht stattfinden, weil das DBA insoweit dem AStG vorgeht, das sieht die Finanzverwaltung allerdings anders, wie *Götz* berichtet.[73] Die Doppelbesteuerung ist dadurch zu vermeiden, dass die von der Stiftung im Ausland zu zahlende ausländische Steuer bei dem deutschen Steuerpflichtigen angerechnet wird.[74] In den Jahren 1999 bis 2008 war eine Anrechnung der Erbschaft-/Schenkungsteuer auf die Einkommensteuer nicht möglich, da § 35 EStG a.F. aufgehoben worden war, was eine definitive Doppelbelastung zur Folge hatte.[75] Inzwischen wurde aber der neue § 35b EStG **(Steuerermäßigung bei Belastung mit Erbschaftsteuer)**, der dem damaligen § 35 EStG a.F. ähnelt, eingeführt, so dass ab dem 1.1.2009 die Doppelbelastung jedenfalls für Erwerbe von Todes wegen gesetzlich korrigiert ist.[76]

– Unabhängig davon ist umstritten, ob es eine **Doppelbesteuerung der Leistungen ausländischer Familienstiftungen** gibt.[77] Einige Finanzämter vertreten die Auffassung, dass solche Leistungen sowohl der Schenkungsteuer (§ 7 Abs. 1 Nr. 9 S. 2 ErbStG) als auch der Ertragsteuer (§ 20 Abs. 1 Nr. 9 EStG) unterliegen.[78]

37 Welche Steuersparmöglichkeiten bleiben danach noch, wenn der Wohnsitz in Deutschland beibehalten werden soll? Jenseits der Einkommensbesteuerung bietet eine „ausländische“ Stiftung für einen „inländischen“ Stifter und seine Familie insbesondere folgende **Möglichkeiten zur Steuerersparnis**:

– Weil die gesetzliche Zurechnungsregelung nach ihrem Wortlaut allein die Vermögens- und Einkommensbesteuerung betrifft, hat sie (bei einer unternehmensverbundenen Familienstiftung) keinen Einfluss auf Gewerbeertrag und Betriebsvermögen und ist mithin für die **Gewerbesteuer** bedeutungslos. In der Praxis wird die Ersparnis der Gewerbesteuer aber nur selten im Mittelpunkt der Gestaltungsüberlegungen stehen, da sich ausländische Familienstiftungen nur ausnahmsweise gewerblich betätigen.
– Eine Auswirkung auf die Erbschaft- und Schenkungsteuer ist nach dem ausdrücklichen Wortlaut des Gesetzes ebenfalls ausgenommen (§ 15 Abs. 1 S. 2 AStG). Da die deutsche Erbschaft- und Schenkungsteuer regelmäßig auch bei einer Stiftung im Ausland, wie oben schon angesprochen, anfällt, bleibt dadurch grundsätzlich „nur“ die Möglichkeit, die **Ersatzerbschaft-**

73 *Götz*, NWB 2000, F. 2, 7379 (7388).

74 So schlägt es *Götz*, NWB 2000, F. 2, 7379 (7388) vor.

75 *Götz*, StiftungsBrief 2011, 17, 19; *Götzenberger*, in: Deininger/Götzenberger, Internationale Vermögensnachfolgeplanung mit Auslandsstiftungen und Trusts, Rn 159.

76 *Götz*, StiftungsBrief 2011, 17, 19.

77 Ausf. *Birnbaum*, ZEV 2014, 482; *Weisheit*, StiftungsBrief 2015, 27.

78 Siehe die Hinweise von *Weisheit*, a.a.O.; zweifelnd BFH, Beschl. vom 21.7.2014 – II B 40/14, www.bundesfinanzhof.de.

steuer einzusparen. Das können im Einzelfall allerdings ganz erhebliche Beträge sein (siehe § 8 Rn 49 ff.).

In dem **Praxisfall 2** kann eine ausländische Stiftung also durchaus ein sinnvoller Ansatz sein, um insbesondere die Ersatzerbschaftsteuer zu vermeiden. 38

III. Verkannte Gefahr: Irrtümlicher Stiftungssitz in Deutschland

Unabdingbare Voraussetzung für die gewünschte Steuerersparnis ist, dass die Familienstiftung oder ein als solcher einzustufender Trust **weder den Sitz noch die Geschäftsleitung in Deutschland** hat. Hier wird in der Praxis häufig übersehen[79] und auch in einschlägigen Darstellungen ärgerlicherweise gar nicht erwähnt,[80] dass aufgrund einer „ungeschickten" Handhabung der Leitung der ausländischen (Familien-)Stiftung sich deren Geschäftsleitung, d.h. auch deren Steuersitz (Ort der Geschäftsleitung, § 10 AO) sehr leicht unabsichtlich nach Deutschland verlagern kann. So wird die Stiftung dann steuerlich zu einer inländischen Stiftung mit den entsprechenden Steuerpflichten. Was ist zu beachten? 39

Der **Ort der Geschäftsleitung** ist der Mittelpunkt der tatsächlichen geschäftlichen Oberleitung der Stiftung. Er befindet sich dort, wo der für die Geschäftsführung maßgebende Wille gebildet wird, d.h. wo alle für die Geschäftsführung nötigen Maßnahmen von einiger Wichtigkeit angeordnet werden, was sich nach dem **Gesamtbild der tatsächlichen Verhältnisse des Einzelfalles** bestimmt. Die Bewertung der Angelegenheit durch Finanzbehörden und Finanzgerichte erfolgt also nicht abstrakt, sondern konkret für den jeweiligen Einzelfall aufgrund der diesem zugrunde liegenden Sachverhaltseinzelheiten. Dabei kann sich die tatsächliche geschäftliche Oberleitung der Stiftung auch in den Händen anderer als der offiziellen Stiftungsorgane befinden, etwa auch bei einem aktiven Stifter, der keine Organstellung innehat. Entscheidend ist jeweils, wo die maßgebenden Personen tätig sind. 40

In der **Rechtsprechung** sind hierfür **verschiedene Anhaltspunkte** herausgearbeitet worden. So hat der BFH vor allem als maßgeblich betont,[81] 41
- ob sich ein Büro zur Geschäftsleitung am Sitz der Stiftung befindet,

---

79 Siehe schon *Schiffer*, Stiftung & Sponsoring 5/1998, 22.

80 Beispielsweise von *Olaf Gierhacke/Anja Gierhacke*, FuS 2015, 79 („Einsatzszenarien österreichischer und liechtensteinischer Stiftungen für Unternehmer und vermögende Privatpersonen in Deutschland"). In seiner Promotionsschrift („Rechtliche Fragen der Vermögensnachfolge für deutsche Unternehmer mit deutschen und liechtensteinischen Stiftungen, 2013, 134) erwähnt *Olaf Gierhacke* den Problempunkt sehr wohl noch.

81 BStBl II 1991, 154. Siehe auch BFH BStBl II 1998, 86; BFH BStBl II 1970, 759; BFH BStBl II 1968, 695. Vgl. auch Nds. FG EFG 1970, 316; FG München EFG 1965, 253.

- wo die Geschäftsunterlagen aufbewahrt werden,
- wo die Korrespondenz geführt wird,
- wo sonstige Kontorarbeiten erledigt werden.

42 Besonders leicht **schleichen sich Fehler** bei den drei letztgenannten Punkten ein, so dass eine unabsichtliche Verlegung des Stiftungssitzes nach Deutschland schnell die Folge ist. Dennoch habe ich noch in 2008 einen einstündigen Vortrag eines ausländischen Kollegen über Stiftungen in seinem Land, die man bequem von Deutschland aus errichten könne, gehört, in dem das Thema der „irrtümlichen Sitzverlegung“ nicht auch nur mit einem Wort Erwähnung fand. Auch in dem 2011 erschienenen, an sich gründlichen Aufsatz von *Hosp/Langer*, die beide in Liechtenstein tätig sind, zum Thema liechtensteinische Familienstiftung nach neuem Recht taucht das Thema leider nicht auf.[82]

43 Tatsächlich werden die Fehler in der Praxis selten so gehäuft auftreten wie in dem oben typisiert skizzierten **„Praxisfall 3“**. Die Beratungspraxis des Verfassers zeigt aber, dass sie sich mit der Zeit doch leicht einschleichen. Um hier keinen Fehler zu machen, der nicht gewollte und an sich auch unnötige Steuerzahlungen zur Folge hat, ist die Geschäftsleitung einer **ausländischen Familienstiftung** im Einzelfall fortlaufend sorgfältig mit einem einschlägig spezialisierten Berater fachkundig abzustimmen.

44 **Praxishinweis: Sitztheorie = überholt (EuGH)**

Geht man davon aus, dass z.B. bei einer liechtensteinischen Stiftung die Geschäftsführung von Deutschland aus ausgeübt wird, hätte das zur Folge, dass sich dann der statuarische Sitz im Ausland und, wie oben angesprochen, der Verwaltungssitz (Ort der Geschäftsleitung) in Deutschland befindet. Bei dieser Konstellation nahm die frühere Rechtsprechung nach der **„Sitztheorie“** auch an, dass sich die **Rechtsfähigkeit** nach der deutschen Rechtsordnung bestimmt,[83] was ggf. der Liechtensteinischen Stiftung die Rechtsfähigkeit nähme. Diese Rechtsprechung ist inzwischen **überholt**. Der **Europäische Gerichtshof** hat entschieden, dass es gegen Art. 43 (Abbau der Beschränkungen des Niederlassungsrechts) und Art. 48 EG-Vertrag (Gleichstellung der Gesellschaften) verstößt, wenn eine Gesellschaft, die nach dem Recht des Mitgliedstaats, in dessen Hoheitsgebiet sie ihren satzungsgemäßen Sitz hat, gegründet worden ist und von der nach dem Recht des anderen Mitgliedstaates angenommen wird, dass sie ihren tatsächlichen Verwaltungssitz dorthin verlegt hat, in diesem Mitgliedstaat die Rechtsfähigkeit abgesprochen wird.[84] Das gilt entsprechend auch für eine Stiftung.

---

82 *Hosp/Langer*, BB 2011, 1948.

83 Siehe z.B. BFH BStBl II 1992, 972.

84 EuGH v. 5.11.2002 – Rs. C-208/00, NJW 2002, 3614. Zu diesem Urteil und seinen steuerrechtlichen Folgen siehe *Meilicke*, GmbHR 2003, 793.

Die vormals (rein) liechtensteinische Stiftung bleibt damit auch in Deutschland rechtsfähig, wenn sich ihr Verwaltungssitz in Deutschland befindet.

IV. Beispiel Liechtenstein: Echte Stiftung oder nur „Bankguthaben"?

Die Errichtung von Stiftungen in Liechtenstein ist offensichtlich nicht ganz selten. Nicht ganz selten dienen sie auch, wie nicht nur Zeitungsberichte zeigen, steuerunehrlichen Zielen. Ab 2000 lesen wir von CD-Fällen.[85] Ich will dazu die Zeitungsberichte gar nicht näher zitieren, aber gerne einen Fall, der die Rechtsprechung beschäftigt hat, beispielhaft etwas ausführlicher schildern. 45

Ausländische Familienstiftungen[86] führen wegen der deutschen Hinzurechnungssteuer nach § 15 AStG grundsätzlich zu keiner Ersparnis deutscher Steuern (siehe auch oben Rn 33 ff.).[87] Eine Ausnahme gilt für die Erbersatzsteuer bei Familienstiftungen (siehe oben Rn 37). 46

1. Grundlagen und Besonderheiten der liechtensteinischen Stiftung

Eine liechtensteinische Stiftung lässt sich leicht und innerhalb weniger Stunden errichten. Die liechtensteinische Stiftung erschien zudem lange Zeit recht verschwiegen. Vor allem der letztgenannte Punkt wurde in der Praxis immer wieder betont. Die Motive für die Errichtung einer liechtensteinischen Stiftung können sehr wohl auch im außersteuerlichen Bereich, d.h. etwa in der Familie des originären Stifters liegen; auch hier ist keine pauschale, sondern eine differenzierte Betrachtung dringend angeraten. Allerdings weist die liechtensteinische Stiftung einige markante Unterschiede zur rechtsfähigen Stiftung nach deutschem Recht auf, die ggf. nicht unerhebliche zivil- und steuerrechtliche Probleme in Deutschland nach sich ziehen können.[88] 47

Die **liechtensteinische Stiftung** wird auf Grundlage von Art. 552, § 1 bis 41 des liechtensteinischen Personen- und Gesellschaftsrechts (PGR) als rechtlich und wirtschaftlich verselbstständigtes Zweckvermögen durch einseitige Wil- 48

85 Siehe nur Financial Times Deutschland, www.ftd.de vom 12.3.2009 („Déja-vu in Vaduz").

86 Siehe dazu auch *Piltz*, ZEV 2011, 236 ff. und auch generell zur Familienstiftung; *Linn/Schmitz*, DStR 2014, 2514 zu „offenen Fragen bei der steuerlichen Behandlung liechtensteinischer Familienstiftungen".

87 Siehe schon *Schiffer*, Stiftung & Sponsoring, 5/1998, 22; *Milatz/Herbst*, BB 2011, 1500 ff., zur Besteuerung der Destinatäre einer ausländischen Familienstiftung.

88 Siehe auch *Schürmann*, AnwZert ErbR 18/2013 Anm. 1, 19/2013 Anm. 2, 20/2013 Anm. 2, 22/2013 Anm. 2, 24/2013 Anm. 2 und 2/2014 Anm. 2; *Linn/Schmitz*, DStR 2014, 2541.

lenserklärung des Stifters errichtet.[89] Grundlegende Stiftungsdokumente sind das „Statut“ sowie ggf. ergänzende „Beistatuten“. Zusätzlich können sog. „Reglemente“ zur konkreten Ausführung der Statuten, d.h. häufig zur Bestimmung der Begünstigten, erlassen werden. Oberstes Organ der Stiftung ist in Liechtenstein der „Stiftungsrat“, weitere fakultative Organe sind möglich. Außerdem muss grundsätzlich ein „Repräsentant“ als inländischer Zustellungsbevollmächtigter der Stiftung bestellt werden.

49 Grundsätzlich gilt für die liechtensteinische Stiftung wie auch für die deutsche Stiftung das **Trennungsprinzip** zwischen den Stiftern und Destinatären auf der einen und der Stiftung auf der anderen Seite.[90] Danach ist eine Körperschaft wie die Stiftung rechtlich strikt von den „hinter ihr stehenden“ oder von ihr begünstigten Personen zu trennen. Im Gegensatz dazu steht das Transparenzprinzip, das etwa bei der steuerlichen Behandlung von Personengesellschaften (OHG, KG etc.) zur Anwendung kommt, wonach die Gewinne der Gesellschaft unmittelbar den Gesellschaftern als Einkommensteuersubjekt zugerechnet werden.[91]

50 Anders als bei der deutschen Stiftung kann aber bei der liechtensteinischen Stiftung das Trennungsprinzip teilweise oder sogar gänzlich aufgehoben werden, ohne dass dies die Existenz der Stiftung als eigenständige Körperschaft nach liechtensteinischem Recht berührt. Das liechtensteinische Recht lässt Stiftungsgestaltungen zu, bei denen der Stifter sich das **Zugriffsrecht auf das gesamte Vermögen** vorbehalten kann.[92]

Dem Sprachgebrauch der Praxis folgend, wird demnach bei der liechtensteinischen Stiftung zwischen der **„transparenten“** und der **„intransparenten“ Stiftung** unterschieden. Eine transparente Stiftung liegt vor, wenn sich der Stifter zu seinen Lebzeiten umfassende Herrschaftsbefugnisse über das Stiftungsvermögen vorbehalten und sich deshalb faktisch nicht von seinem Vermögen getrennt hat. Bei einer intransparenten Stiftung sind solche Sonderrechte (wie bei der deutschen Stiftung) hingegen nicht vorbehalten, so dass es rechtlich und tatsächlich zu einer Übertragung des Vermögens auf die Stiftung gekommen ist.[93] Diese grundlegende Differenzierung ist entscheidend für das Ver-

---

89 Ausführlich etwa *Müller/Bösch,* in: Richter/Wachter, Handbuch des internationalen Stiftungsrechts, 2007, Länderbericht Liechtenstein, S. 1063 ff.

90 Siehe nur *Müller/Bösch,* in: Richter/Wachter, Handbuch des internationalen Stiftungsrechts, 2007, Länderbericht Liechtenstein, Rn 13.

91 Vgl. etwa Schmidt/*Wacker*, EStG, § 15 Rn 163.

92 Siehe nur *Müller/Bösch,* in: Richter/Wachter, Handbuch des internationalen Stiftungsrechts, 2007, Länderbericht Liechtenstein, Rn 17 ff.

93 Vgl. etwa *Hosp/Langer*, BB 2011, 1948, 1952; *Söffing*, Steueranwaltsmagazin 5/2010, 177.

ständnis der zur liechtensteinischen Stiftung ergangenen Rechtsprechung deutscher Gerichte. Probleme bereitet dabei aus deutscher Sicht vor allem die transparente Stiftungsgestaltung.

2. Die BFH-Rechtsprechung zur transparenten Stiftung

Der BFH hat sich in einer grundlegenden Entscheidung aus dem Jahr 2007[94] mit der Handhabung einer transparenten liechtensteinischen Stiftung aus Sicht des deutschen Rechts befasst. Dabei ging es um die Rechtsfrage, ob eine lebzeitige Übertragung von Vermögen auf eine solche liechtensteinische Stiftung gemäß § 7 Abs. 1 Nr. 8 ErbStG (bzgl. des „Grundstockvermögens") oder § 7 Abs. 1 Nr. 1 ErbStG (bzgl. nachträglicher „Zustiftungen") der deutschen Schenkungsteuer unterliegt. 51

Der Fall: Eine nur angebliche Stiftung? 52
Das in der Vorinstanz mit dem Rechtsstreit befasste FG Rheinland-Pfalz[95] schildert den **Sachverhalt des Falles** im Wesentlichen wie folgt:
Der Stifter (Kläger) mit Wohnsitz im Inland erteilte am 6.8.1991 dem Rechtsanwalt B (Vaduz/Liechtenstein) als Treuhänder den Auftrag, *„im eigenen Namen, jedoch für Rechnung und demnach im Innenverhältnis auch zu Eigentum des Treugebers, eine liechtensteinische Stiftung"* unter dem Firmennamen „B Stiftung" mit Sitz in Vaduz zu gründen. Zu diesem Zweck stellte er als Stiftungskapital einen Betrag von 30.000 Sfr zur Verfügung. In dem schriftlichen Gründungsauftrag versprach er zudem, *„der Stiftung folgende Vermögen als Zuwendung zu übertragen: ca. DM 1.000.000, derzeit bei D Bank, Filiale N ..."*.
Laut Errichtungsurkunde wurde die B Stiftung am 15.9.1989 *„... mit sofortiger Rechtswirksamkeit im Sinne der Art. 552 – 571 des Liechtensteinischen Personen- und Gesellschaftsrechtes ..."* gegründet. Nach Art. 1 des Reglements vom 23.8.1991 standen dem Stifter *„... zu seinen Lebenszeiten alle Rechte aus dem gesamten Stiftungsvermögen und dessen Ertrag allein zu"*. Art. 4 Absatz 1 des Reglements sah darüber hinaus vor, dass der Stifter *„... jederzeit das Recht [hat], dem Stiftungsrat Abänderungen dieses Reglements aufzutragen"*. Der Stiftungsrat wiederum wurde zunächst von der „P-Anstalt" im Rahmen des am 6.8.1991 geschlossen „Mandatsvertrags" gestellt; er unterlag der Verpflichtung, *„... das Mandat ausschließlich nach den Instruktionen des Auftraggebers auszuüben ..."* (Ziffer III. Absatz 1 des Mandatsvertrages) und *„... auf Verlangen des Auftraggebers oder einer von diesem ermächtigten Drittperson [das] Mandat jederzeit niederzulegen ..."*

94 BFH Urt. v. 28.6.2007 – II R 21/05 = DStRE 2007, 1170.
95 FG Rheinland-Pfalz EFG 2005, 981.

(Ziffer IV. Absatz 1 des Mandatsvertrages). Mit Vertrag vom 4.4.1997 ging das Mandat des Stiftungsrates auf die C Treuhand AG über. Auch sie verpflichtete sich unter der Ziffer II. *„... die Verwaltung der Gesellschaft gemäß den Weisungen des Mandanten auszuüben ...“*

53 Dieser Sachverhalt, über den der BFH im Jahre 2007 zu entscheiden hatte, zeigt einen typischen und in der Praxis häufig auftretenden Fall der Errichtung einer transparenten liechtensteinischen Stiftung (vgl. oben Rn 50). Das FG Rheinland-Pfalz[96] hatte in der Vorinstanz noch eine steuerbare „Schenkung“ (freigiebige Zuwendung) und Übertragung auf die Stiftung in Liechtenstein, entgegen der schon damals wohl herrschenden Literaturauffassung,[97] bejaht. Nach Auffassung des FG sei das Vermögen trotz der umfassenden Herrschaftsbefugnisse des Stifters nach dem Zivilrecht endgültig auf die liechtensteinische Stiftung zur freien Verfügung übertragen worden. Die Stiftung sei, so betonte das FG, damit objektiv im Sinne des Schenkungsteuerrechts bereichert.

Das dem Stifter eingeräumte Recht, über das Stiftungsvermögen durch entsprechende Weisungen an den Stiftungsrat nach Belieben zu bestimmen, rechtfertige es nicht, so ausdrücklich das FG, die Stiftung als rechtlich und tatsächlich nicht frei verfügungsberechtigt und damit als Treuhänder anzusehen.[98] Rechtlich und tatsächlich frei verfügen könne der Empfänger, so das FG, nur dann nicht, wenn er der zivilrechtlichen Verpflichtung unterliege, das hingegebene Vermögen an den Zuwendenden zurückzugewähren[99] oder an einen Dritten weiterzugeben.[100] Diese Fallgestaltung sei nach Aktenlage nicht gegeben, da weder die Satzung noch das Reglement eine unmittelbare Rückgabe- oder Weitergabeverpflichtung des übertragenen Vermögens beinhalte. Soweit Art. 4 Abs. 1 des Reglements dem Stifter das Recht einräume, dem Stiftungsrat Abänderungen des Reglements aufzutragen, habe dieser lediglich die rechtliche Gestaltungsmöglichkeit, das übertragene Vermögen jederzeit an sich oder Dritte auskehren zu lassen. Das sei, so das FG, der Rechtsposition desjenigen vergleichbar, der eine Schenkung unter freiem Widerrufsvorbehalt vornehme. Auch dort habe es der Zuwendende in der Hand, die Vermögensübertragung bestehen zu lassen oder nicht. Schenkungen unter freiem Widerrufsvorbehalt

---

96 FG Rheinland-Pfalz EFG 2005, 981; ausführlich zu dieser Entscheidung siehe noch § 12 Rn 50 ff. in der Vorauflage.

97 Siehe nur *Jülicher*, DStR 2001, 2177.

98 Dazu verweist das FG auf folgende Fundstellen: *„im Ergebnis ohne nähere Begründung ebenso:“ Seiler*, IStR 2004, 781 dort unter 3.; *Randt/Schauf*, DStR 2003, 1369, dort unter 6.5. A.A.: *Jülicher*, DStR 2001, 51, dort unter 3.4; *Mutter*, DStR 2004, 893, dort unter 3.2 a.E.; *Schwedhelm*, DStR 2004, 49, dort unter 5.

99 Dazu verweist das FG beispielhaft auf BFH BFH/NV 1999, 618.

100 Dazu verweist das FG beispielhaft auf BFH, Beschl. v. 22.12.2004 II B 166/03 – nicht veröffentlicht, juris-Dokumenten-Nr.: STRE 200550125.

vermittelten dem Empfänger aber eine vollwertige Rechtsposition, da die Bereicherung letztlich in der Möglichkeit dokumentiert wird, über den Zuwendungsgegenstand zu verfügen und jeden anderen von der Einwirkung auszuschließen.[101] Weder die Satzung noch das Reglement sähen eine Verfügungsbeschränkung der Stiftung vor. Dass das rechtliche und tatsächliche Können der Stiftung durch das Weisungsrecht des Stifters/Klägers gegenüber dem Stiftungsrat schuldrechtlich eingeschränkt war, sei unerheblich.[102]

Im Gegensatz zum FG hat der BFH[103] in dem fraglichen Sachverhalt eine umfassende Herrschaftsbefugnis des Stifters über das Stiftungsvermögen gesehen, die einer Schenkung entgegenstehe. Er findet ausgehend davon zu folgendem **Leitsatz**: 54

> *„Die Übertragung von Vermögen auf eine liechtensteinische Stiftung unterliegt nicht der Schenkungsteuer, wenn die Stiftung nach den getroffenen Vereinbarungen und Regelungen über das Vermögen im Verhältnis zum Stifter nicht tatsächlich und rechtlich frei verfügen kann.“*

Dazu betont der BFH, dass die im Gründungsauftrag, Mandatsvertrag und Reglement vorgesehenen Herrschaftsbefugnisse des Stifters gegenüber der Stiftung einer im liechtensteinischen Stiftungswesen häufigen Gestaltung entsprechen. Der Zweck der Gestaltung bestehe vornehmlich darin, dem ausländischen Kapitalgeber als dem wirtschaftlichen Stifter die Beherrschung der Stiftung, in die er sein Vermögen eingebracht hat, zu sichern. 55

Für die Beurteilung, ob der Empfänger über das Zugewendete im Verhältnis zum Leistenden tatsächlich und rechtlich frei verfügen könne, komme es ausschließlich auf die Zivilrechtslage und nicht darauf an, wem bei wirtschaftlicher Betrachtungsweise das übertragene Vermögen nach § 39 Abs. 2 der Abgabenordnung (AO) zuzurechnen ist.[104] Es genüge auch nicht, wenn der Empfänger nach außen rechtlich wirksam über das Zugewendete verfügen könne. Entscheidend sei das Innenverhältnis des Empfängers zum Leistenden. Sei der Empfänger einer Leistung zivilrechtlich zur Rückgewähr des ihm zu Eigentum Überlassenen verpflichtet, sei er nicht bereichert. Ob eine Rückgewährverpflichtung besteht, richte sich allein nach dem Inhalt des Rechtsverhältnisses, das der Überlassung zugrunde liege.[105] 56

Die Stiftung habe nach den im Gründungsauftrag und im Mandatsvertrag jeweils vom 6.8.1991 sowie im Reglement vom 23.8.1991 getroffenen Regelun- 57

101 Dazu verweist das FG auf BFH BStBl II 1989, 1034.

102 Dazu verweist das FG beispielhaft auf FG Hamburg EFG 1989, 334.

103 BFH, Urt. v. 28.6.2007 – II R 21/05 = DStRE 2007, 1170.

104 Dazu verweist der BFH auf BFH/NV 2001, 908.

105 Dazu verweist der BFH auf BFH-Urteil in BFH/NV 2001, 908.

gen über das vom Kläger auf sie übertragene Vermögen im Verhältnis zu diesem nicht tatsächlich und rechtlich frei verfügen können.

Nach dem Gründungsauftrag sollte, so betont der BFH, der beauftragte Rechtsanwalt als Treuhänder im eigenen Namen, aber für Rechnung und demnach im Innenverhältnis auch zu Eigentum des Klägers als Treugeber eine liechtensteinische Stiftung unter dem Namen BS gründen. Nach Hinterlegung der Stiftungsakten beim LG sollten dem Stifter, also dem Treuhänder, vorbehaltene Rechte automatisch auf den Auftraggeber, also den Kläger, übergehen. Der Treuhandvertrag sollte mit diesem Rechtsübergang beendet sein. Nach dem hiermit übereinstimmenden Reglement stünden dem Kläger zu seinen Lebzeiten alle Rechte am gesamten Stiftungsvermögen und dessen Ertrag allein zu und er habe jederzeit das Recht, dem Stiftungsrat Abänderungen des Reglements aufzutragen.

58 Die in Vaduz/Liechtenstein ansässige P-Anstalt (PA) verpflichtete sich, wie der BFH hervorhebt, zudem in dem Mandatsvertrag, das Mandat als Mitglied des Verwaltungsrates der BS treuhänderisch ausschließlich nach den Instruktionen des Klägers und das Mandat als Repräsentant (Domizilstelle) gemäß Art. 239 bis 243 PGR auszuüben. Ohne Instruktionen sollte die PA weder ermächtigt noch berechtigt, aber auch nicht verpflichtet sein, selbstständig zu handeln. Lediglich bestimmte, durch Gesetze, Recht und gute Sitte sowie die soziale und gesellschaftliche Stellung der PA als Beauftragter begründete Ausnahmen blieben vorbehalten. Die PA verpflichtete sich außerdem, auf Verlangen des Stifters ihr Mandat jederzeit niederzulegen.

59 Diese Vereinbarungen und Regelungen verliehen dem Stifter nach Ansicht des BFH zu seinen Lebzeiten umfassende Herrschaftsbefugnisse über die BS und deren Vermögen. Ihm allein waren die Entscheidungen über die Anlage und Verwendung des Vermögens vorbehalten. Er konnte durch entsprechende Anweisungen auch jederzeit die teilweise oder vollständige Rückübertragung des Vermögens auf ihn persönlich herbeiführen. Die BS war dadurch daran gehindert, über das auf sie übertragene Vermögen ihm gegenüber tatsächlich und rechtlich frei zu verfügen.[106] Dies steht einer Beurteilung der Vermögensübertragung auf die Stiftung als freigebige Zuwendung entgegen.[107] Die Anwendbarkeit des § 49 Abs. 2 TrUG, wonach die Treuanordnung im Rahmen des Gesetzes den Treugebern als solchen, z.B. den Treustiftern, unbeschadet ihrer

---

106 Dazu verweist der BFH auf das zum StraBEG ergangene BMF-Schreiben vom 20.7.2004, DStR 2004, 1387, Antwort zu Frage 19 (1390), ergänzt durch Schreiben vom 16.9.2004, abgedr. bei *Hergeth*, ZErb 2005, 270 (272 f.).

107 Dazu verweist der BFH auf *Jülicher*, DStR 2001, 2177 (2183); *Kamps*, Erbschaftsteuer-Berater 2004, 249 (253); *Mutter*, DStR 2004, 893 (898). Kritisch zur Vorentscheidung auch *v. Löwe/Pelz*, BB 2005, 1601; *Olgemüller*, ZErb 2005, 452.

anderweitigen und gleichzeitigen Stellung als Treuhänder oder Begünstigte, nur insoweit Rechte gegen das Treuunternehmen einräumen kann, als sie, abgesehen von dem Recht zur Überwachung bei gemeinnützigen oder dergleichen Treuunternehmen, nicht in einer fortlaufenden und ausschließlichen Einflussnahme auf die Organisation oder Treugeschäftsführung des Treuunternehmens bestehen, wurde für den Treugeber (Kläger) durch die Statuten der BS ausdrücklich ausgeschlossen.[108]

Schließlich betont der BFH einen vorher in der gesamten Fachdiskussion nicht hervorgehobenen Punkt und führt aus: 60

Die im Gründungsauftrag, Mandatsvertrag und Reglement vorgesehenen Herrschaftsbefugnisse des Stifters gegenüber der BS entspreche einer im liechtensteinischen Stiftungswesen häufigen Gestaltung, deren Zweck vornehmlich darin besteht, dem ausländischen Kapitalgeber als dem wirtschaftlichen Stifter die Beherrschung der Stiftung, in die er sein Vermögen eingebracht hat, zu sichern.[109] Aufgrund der Weisungsunterworfenheit der Stiftung und ihrer Organe gegenüber dem wirtschaftlichen Stifter kann dieser über das bei einer Bank angelegte Stiftungsvermögen **wie über ein eigenes Bankguthaben** verfügen.[110] Es handelt sich dabei um ein **klassisches Strohmanngeschäft**.[111] An der für eine Schenkung wesentlichen Vermögensentäußerung fehle es in einem solchen Fall.[112] Die beherrschende Stellung des Klägers gegenüber der BS könne demnach nicht mit der Vereinbarung eines bloßen freien Widerrufsvorbehalts bei einer Schenkung gleichgestellt werden, der der Besteuerung nach § 7 Abs. 1 Nr. 1 ErbStG nicht entgegenstehe. Ein solcher, ohne weitere schuldrechtliche Absprachen vereinbarter Widerrufsvorbehalt hindere den Bedachten nicht an der freien Verfügung über das auf ihn schenkweise übertragene Vermögen. Erst die Ausübung des Widerrufsrechts und die Herausgabe des Geschenks führten in einem solchen Fall nach § 29 Abs. 1 Nr. 1 ErbStG zum Erlöschen der Steuer mit Wirkung für die Vergangenheit.

Fazit: Die typische transparente liechtensteinische Stiftung ist nach der Rechtsprechung des BFH aus deutscher Sicht als „Stiftung" rechtlich nicht existent. 61

108 Dazu verweist der BFH auf Art. 552 Abs. 4 PGR und auf *Bösch*, Liechtensteinisches Stiftungsrecht, S. 625 ff.

109 Dazu verweist der BFH auf *Bösch*, Liechtensteinisches Stiftungsrecht, S. 461 ff., S. 767 ff.; *Müller/Bösch*, in: Richter/Wachter, Handbuch des internationalen Stiftungsrechts, S. 1082 ff.; *Wagner/Hepberger*, Recht der Internationalen Wirtschaft, 2005, 279.

110 Dazu verweist der BFH auf *Bösch*, Liechtensteinisches Stiftungsrecht, S. 669. Entsprechend auch *Weber/Zürcher*, DStR 2008, 803 (805); *Mutter*, DStR 2003, 893 (898).

111 Dazu verweist der BFH auf *Bösch*, Liechtensteinisches Stiftungsrecht, S. 476, S. 737 f. m.w.N. Unterstreichung im Text = vom Verfasser.

112 Dazu verweist der BFH auf *Bösch*, Liechtensteinisches Stiftungsrecht, S. 700.

Das „Stiftungsvermögen“ ist, wie bei einem Bankkonto, weiterhin dem Stifter (mit den entsprechenden steuerlichen Folgen) zuzuordnen. Zu dem faktisch gleichen Ergebnis einer Durchbrechung der rechtlichen Selbstständigkeit der (transparenten) liechtensteinischen Stiftung mit der Folge, dass das Stiftungsvermögen weiterhin dem wirtschaftlichen Stifter zuzurechnen ist, kam auch das **OLG Stuttgart** in einem Urteil aus dem Jahr 2009.[113] In der Begründung ging das OLG in dem zu entscheidenden Fall allerdings weiter als der BFH, indem es schon die Wirksamkeit der Stiftungserrichtung nach liechtensteinischem Recht wegen eines nichtigen **Scheingeschäfts** verneinte. Die Entscheidung ist allerdings, auch wegen der dortigen Bezugnahme auf eine bereits überholte Rechtsprechung des Liechtensteinischen Staatsgerichtshofes, in der Fachwelt deutlich kritisiert worden.[114]

3. Keine Anerkennung der Stiftung bei „Steuerhinterziehungsfällen"?

62 Eine weitere rechtliche Begründung für die Durchbrechung des Trennungsprinzips bei einer transparenten liechtensteinischen Stiftung lieferte das **OLG Düsseldorf**, allerdings zu einem speziellen Fall, in einer Entscheidung aus dem Jahr 2010.[115] Nach dem der Entscheidung zugrundeliegenden Sachverhalt ging es um eine transparente liechtensteinische Stiftungsgestaltung, deren wesentlicher Zweck die **Steuerhinterziehung** war. Aus einem noch zu Lebzeiten des verstorbenen Stifters eröffneten Steuerstrafverfahren ergab sich, dass er die Stiftung vor allem deshalb gegründet hatte, um die bereits zuvor erfolgte Hinterziehung von Einkommensteuer auf Kapitaleinkünfte weiter fortzusetzen und zu verschleiern.

63 Das OLG Düsseldorf stützte sich in seiner Begründung, anders als das OLG Stuttgart (siehe oben Rn 61), nicht vorrangig auf die etwaige Unwirksamkeit der Stiftungserrichtung nach liechtensteinischem Recht. Darauf komme es letztlich nicht an, da die mit einer liechtensteinischen Familienstiftung verbundene Abschirmwirkung nicht eingreife, wenn sie hauptsächlich der Steuerhinterziehung diene. In diesem Fall sei der liechtensteinischen Stiftung nämlich schon wegen eines **Verstoßes gegen den „ordre public“** (Art. 6 EGBGB) die Anerkennung zu versagen. Das OLG verweist dazu auf ein Urteil des BGH von 1979,[116] wonach Rechtsgeschäfte, nach deren Inhalt Steuerpflichten unmittelbar umgangen werden, ausnahmsweise dann nichtig seien, wenn die **Steuerhinterziehung Hauptzweck des Rechtsgeschäfts** ist.

---

113 OLG Stuttgart Urt. v. 29.6.2009 – 5 U 40/09 = ZEV 2010, 265.

114 Siehe etwa *Daragan*, ZErb 2010, 4.

115 OLG Düsseldorf Urt. v. 29.6.2009 – I-22 U 126/06 = ZEV 2010, 528; siehe auch FG Düsseldorf Urt. v. 2.4.2014 – 4 K 3718/12 Erb, ZStV 2014, 188.

116 BGH Urt. v. 23.3.1979 – V ZR 81/77 = WM 1979, 692.

Die Entscheidung des OLG Düsseldorf ist in der Fachwelt durchaus mit Zustimmung und als im Ergebnis richtig aufgenommen worden.[117] Es ist aber zu beachten, dass die Entscheidung zu einem besonderen Ausnahmefall ergangen ist, bei dem die Steuerhinterziehung tatsächlich (und nachweislich) Hauptzweck der liechtensteinischen Stiftung war. Das Ergebnis lässt sich deshalb nicht ohne weiteres verallgemeinern. So ist mit *Büch*[118] das Urteil wohl auch nicht grundsätzlich als Verdikt gegen die Stiftung liechtensteinischen Rechts zu verstehen, sondern als Sanktion des Verhaltens des hier agierenden Stifters. Oder ggf. als Kritik an seinen Beratern (?), möchte man fragend hinzufügen, was mich zu dem nachfolgenden Kommentar veranlasst hat. 64

Kommentar: Familienstiftung in Liechtenstein und die Berater 65
Zumindest aus der Fachliteratur kennen wir alle das Phänomen der unwirksamen Errichtung einer liechtensteinischen (Familien-)Stiftung.[119]
Unwirksam, weil vom Stifter nicht ernsthaft gewollt.
Unwirksam, weil zur Steuerhinterziehung eingesetzt.
Unwirksam, weil von den Erben der „Stifter" angegriffen.
Das OLG Düsseldorf hatte in 2010 auch über einen solchen Fall zu entscheiden.[120] Das Urteil wird in der ZEV u.a. von den Prozessbevollmächtigten des Klägers ausführlich kommentiert,[121] was in der Fachwelt bisher nicht wirklich üblich ist und deshalb überrascht.
Besonders bemerkenswert ist die in demselben Heft enthaltene zweite **Urteilsanmerkung von** *Wachter*, die ich sehr zur Lektüre empfehle.[122] Er bewertet den Fall als „besonders abschreckendes Beispiel für eine völlig misslungene Nachfolgeplanung", die der Stifter aus Angst vor dem deutschen Fiskus mit 81 Jahren angegangen ist. (Die Steuerfahndung hatte dann rasch einen Blick auf ihn geworfen.) Der Bewertung von *Wachter* stimme ich ausdrücklich zu. Die Erben stritten dann wohl jahrelang unter sich und mit der Finanzverwaltung, jedenfalls erging das OLG-Urteil erst 12 Jahre nach dem Erbfall.

---

117 Siehe etwa *Stucke/Remplik*, ZEV 2010, 533; *Wachter*, ZEV 2010, 534.

118 *Büch*, ZErb 2010, 305, 316. Kritisch zu dem Urteil des OLG *Blum/Lennert*, ErbR 2011, 41 und nach der Zurückweisung der Nichtzulassungsbeschwerde durch den BGH *Lennert/Blum*, IStR 2011, 492.

119 Zuerst veröffentlicht am 25.10.2010 auf www.stiftungsrecht-plus.de. Wenn *Lennert/Blum*, IStR 2011, 492, 496 in ihrer Fn 26 bei mir in diesem Kommentar eine „kritische Auseinandersetzung" mit dem Urteil vermissen, verkennen sie den Kommentar. In dem Kommentar nehme ich den Fall, über den das OLG Düsseldorf zu befinden hatte, „nur" zum Anlass einiger Kommentierungen betreffend die Beraterwelt.

120 FG Düsseldorf, Urt, v. 30.4.2010 – 22 U 126/06; ZEV 2010, 528 ff.

121 *Stucke/Remplik*, ZEV 2010, 533 f.

122 *Wachter*, ZEV 2010, 534 f.

Wie *Wachter* betont, machten die zahlreichen Berater, die dem Unternehmer die Stiftungserrichtung empfohlen hatten, eine „besonders traurige Figur“. Mit den ersten Problemen legten sie ihre Ämter nieder, die sie, wie in solchen Fällen wohl üblich, übernommen hatten. Sie wollten mit der Angelegenheit nichts mehr zu tun haben. Auch dieser Bewertung von *Wachter* kann ich nur zustimmen.
Das alles erinnert mich auch an den „(Werbe-)Vortrag“ eines Spezialisten aus Liechtenstein auf einem Fachkongress vor einigen Jahren. Er warb über eine Stunde für die Errichtung von Stiftungen in Liechtenstein und deren (legale) Steuervorteile. Dabei sprach er mit keinem einzigen Wort das Problem der „irrtümlichen steuerlichen Sitzverlegung“ nach Deutschland an (§ 10 AO: Ort der Geschäftsleitung), das eine solche Stiftung steuerlich regelmäßig ab absurdum führt.[123]
Das liechtensteinische Stiftungsrecht ist kürzlich geändert worden. Bei weitem nicht jede Stiftung in Liechtenstein hat etwas mit Steuerhinterziehung zu tun. Das will ich ausdrücklich betonen, aber: Bitte Augen auf bei besonderen Gestaltungen. Bitte immer genau und kritisch hinsehen – auch auf den Berater. (Wofür steht er? Wie und wodurch verdient er sein Geld? ...)

4. Sonderproblem: Die liechtensteinische Stiftung im Erbfall

66 Schwierige und noch nicht abschließend geklärte Fragen wirft zudem die Handhabung der transparenten liechtensteinischen Stiftung aus Sicht des deutschen Rechts **nach dem Tod des Stifters** auf, was an dieser Stelle nur kurz umrissen werden kann. Das Ausgangsproblem besteht dabei in der rechtlichen Einordnung der transparenten Stiftung in den Kontext des deutschen Erb- und Erbschaftsteuerrechts, das eine solche Konstruktion nicht kennt und folglich auch nicht unmittelbar regelt.

67 Setzt sich die umfassende Verfügungsmacht über das Stiftungsvermögen nach den Grundsätzen der oben genannten BFH-Entscheidung (siehe Rn 51 ff.) bei den Erben des Stifters fort, fällt das „Stiftungsvermögen“ folgerichtig in den Nachlass und ist den Erben so wie „normales“ Geld- und Anlagevermögen mit den entsprechenden Rechtsfolgen zuzurechnen.[124] Gleiches gilt im Ergebnis, wenn die Stiftungserrichtung wegen des Hauptzwecks der Steuerhinterziehung in Deutschland nicht anerkannt würde (siehe oben Rn 62 ff.).

68 In der Vielzahl der Fälle ist die Situation allerdings nicht so einfach wie eben beschrieben. Oft ist nämlich in den Statuten und Reglements einer transparen-

123 Näher dazu siehe noch die 2. Auflage dieses Buches, S. 478 ff.
124 Vgl. *Finn/Schmitz*, DStR 2014, 2541, 2543 f.; siehe etwa auch FG Münster, Urt. v. 11.12.2014, –3 K 764/12 Erb, Erbfolgebesteuerung, 2015, 67.

ten liechtensteinischen Stiftung vorgesehen, dass die Sonderrechte des Stifters mit dessen Tod weitgehend erlöschen. So wird häufig der Mandatsvertrag, der dem Stifter zu Lebzeiten fast uneingeschränkte Weisungsbefugnisse über den Stiftungsrat garantierte, mit dem Tod des Stifters enden. Üblich sind auch Regelungen des Stiftungsreglements, dass dieses nach dem Tod des Stifters durch die Nachbegünstigten nicht mehr oder nur noch unter engen Voraussetzungen abgeändert werden kann. Schließlich kann auch vorgesehen werden, dass der Stiftungsgenuss den Nachbegünstigten nicht mehr uneingeschränkt, sondern nur noch in Form von der Höhe nach begrenzten Ausschüttungen zusteht.

In solchen Fällen wird man wegen des **Wegfalls der Herrschaftsbefugnisse des Stifters** nach dessen Tod nicht mehr von einer transparenten Stiftung i.S.d. BFH-Rechtsprechung ausgehen können, was zu der Frage führt, welche Konsequenzen sich aus diesen Änderungen für die Beurteilung nach deutschem Recht ergeben. Dem liechtensteinischen Stiftungsrecht ist jedenfalls auch eine „Umwandlung" der ursprünglich transparenten Stiftung in eine intransparente Stiftung nicht fremd. Gehen die nicht übertragbaren oder vererbbaren Sonderrechte des Stifters mit dessen Tod unter, verfestigt sich nach liechtensteinischem Recht spätestens zu diesem Zeitpunkt der Stifterwille definitiv und das sog. „**Erstarrungsprinzip**" kommt zur vollen Geltung. Damit liegt das wirtschaftliche Eigentum an dem Stiftungsvermögen ab diesem Zeitpunkt bei der Stiftung.[125] 69

Zusammenfassend können sich so bei einer liechtensteinischen Stiftung nach dem Tod des Stifters aus deutscher Sicht die folgenden **Grundkonstellationen** ergeben:[126] 70

(1) Die Stiftung wurde bereits zu Lebzeiten des Stifters als **intransparente Stiftung** errichtet. Die Beurteilung nach deutschem Recht folgt dann regelmäßig den Grundsätzen einer „echten" ausländischen Familienstiftung ohne Durchbrechung des Trennungsprinzips. Das FG Düsseldorf hat dazu aktuell klargestellt, dass in diesem Fall Leistungen der Stiftung an die Nachbegünstigten (entsprechend den Leistungen einer deutschen Stiftung an ihre Destinatäre) nicht aufgrund eines Vertrages zugunsten Dritter auf

125 Vgl. etwa *Müller/Bösch*, in: Richter/Wachter, Handbuch des internationalen Stiftungsrechts, 2007, Länderbericht Liechtenstein, Rn 12; *Söffing*, Steueranwaltsmagazin 5/2010, 177, 182.

126 Siehe etwa auch *Finn/Schmitz*, DStR 2010, 2541.

den Todesfall erfolgen und somit auch nicht nach § 3 Abs. 1 Nr. 4 ErbStG zu versteuern sind.[127]

(2) Die **Transparenz** der Stiftung setzt sich durch Übergang der umfassenden Herrschaftsbefugnisse auf die Erben **auch nach dem Tod des Stifters** fort. In diesem Fall fällt das Stiftungsvermögen in den Nachlass und ist als Erwerb von Todes wegen zu besteuern.

(3) Die **ursprünglich transparente Stiftung „erstarrt" mit dem Tod des Stifters zu einer intransparenten Stiftung**. Dabei dürfte es sich um die mit den meisten Schwierigkeiten behaftete Fallgestaltung handeln. Die wohl überwiegende Auffassung in der Literatur nimmt hier aus Sicht des deutschen Rechts eine Schenkung auf den Todesfall des Stifters an die Stiftung mit den entsprechenden erbschaftsteuerlichen Folgen (§ 3 Abs. 1 Nr. 2 ErbStG) an.[128]

(4) Sonderfall: **Unwirksamkeit/Nichtanerkennung** der liechtensteinischen Stiftungserrichtung nach deutschem Recht, wenn diese dem **Hauptzweck der Steuerhinterziehung** dient (siehe oben Rn 62 ff.). Auch in diesem Fall verbleibt es bei der Zurechnung des Stiftungsvermögens bei dem Stifter und seinen Erben. Die Rechtsfolgen entsprechen so im Wesentlichen dem oben genannten zweiten Fall (Fortsetzung der Transparenz).

71 Die umfassenden rechtlichen Folgen der einzelnen Konstellationen und möglicher „Variationen" im Einzelfall können hier nicht weiter vertieft werden. Abseits von den oft vorrangig betrachteten steuerlichen Fragen kann die Einordnung der Stiftung in die oben genannten Kategorien z.B. auch Auswirkungen auf das deutsche **Pflichtteilsrecht** haben. So wäre für einen Pflichtteilsberechtigten Abkömmling des Stifters im Fall (2) wegen der Zugehörigkeit des Stiftungsvermögens zum Nachlass der Pflichtteilsanspruch nach § 2303 BGB einschlägig, während im Fall (3) die Schenkung auf den Todesfall einen Pflichtteilsergänzungsanspruch nach § 2325 BGB auslöst. Die Einordnung ist daher ggf. schon wegen der unterschiedlichen Verjährungsregelung der beiden Ansprüche für den Pflichtteilsberechtigten von essentieller Bedeutung.[129]

72 Die Diskussion befindet sich insgesamt ersichtlich noch im Fluss. Ein potentieller deutscher Stifter in Liechtenstein und sein verantwortungsvolle Berater werden sich mit den angesprochenen Problemkreisen jedenfalls vorab ausei-

---

127 FG Düsseldorf Urt. v. 2.4.2014 – 4 K 3718/12 = EFG 14, 855; a.A. noch FG Bremen Urt. v. 16.6.2010 – 1 K 18/10 (5). Siehe auch *Theuffel-Werhahn*, StiftungsBrief 2014, 146, dort auch zur Kritik an der Entscheidung des FG Bremen.

128 *Finn/Schmitz*, DStR 2014, 2541, 2542; *Schürmann*, AnwZert ErbR 2/2014 Anm. 2; *Söffing*, Steueranwaltsmagazin 5/2010, 177, 182.

129 Siehe auch OLG Koblenz Urt. v. 5.3.2014 – 2 W 415/12 zum Auskunftsanspruch des Pflichtteilsberechtigten bzgl. liechtensteinischen Stiftungen.

nandersetzen müssen. Zusätzliche Komplikationen können sich in der Praxis auch aus einer möglicherweise von der deutschen Rechtsprechung abweichenden Beurteilung nach liechtensteinischem Recht ergeben.[130]

D. Selbstanzeige als Ausweg

In Deutschland herrscht Steuerpflicht! Das ist einerseits ebenso richtig wie 73
simpel. Andererseits ist es angesichts der hohen Steuerlast sowie des oft konstatierten Steuerchaos[131] und der nicht selten verfassungswidrigen Steuergesetze[132] nicht ganz unproblematisch. Mancher greift deshalb zur unzulässigen Selbsthilfe in Form der Steuerhinterziehung, die dann die Erben trifft.[133] Man denke nur an die oben (siehe Rn 45 ff.) behandelte Problematik der ggf. nur vorgeblichen Stiftung.[134] Der Gesetzgeber hat im Anschluss an manche **CD-Käufe** durch den Staat[135] zwar das Steuerstrafrecht aktuell ab dem 1.1.2015 erneut verschärft, zeigt aber aus steuerpolitischen Gründen nach wie vor ein gewisses Maß an Verständnis.[136] Er hat exklusiv für das Steuerrecht, d.h. nur für das Steuerrecht und nicht für sonstige Verfehlungen (etwa nicht für solche nach dem Beamtenrecht), nach wie vor den Weg über die strafbefreiende Selbstanzeige nach § 371 AO eröffnet, wenngleich dieser Weg ab 2015 eben nochmals dorniger geworden ist.[137] Ohne wirklich fachkundige Begleitung wird es da künftig wohl gar nicht mehr gehen.[138] Nicht abschließend geklärt erscheint

---

130 Zu möglichen Konflikten der Rechtsordnungen und Wertungswidersprüchen siehe etwa *Söffing*, Steueranwaltsmagazin 5/2010, 177, 182 f.

131 Siehe nur *Tipke*, StuW 1971, 2.

132 Jüngst zu § 15 Abs. 7 AStG etwa *Kleinert/Podewils*, BB 2008, 1819 (1820 f.).

133 *Durst*, Erbfolgebesteuerung 2012, 227 ff. („Der verstorbene Steuerstraftäter – Pflichten und Risiken des Erben").

134 Zur steuerlichen Behandlung der Auflösung von „Hinterziehungsstiftungen" nach der Selbstanzeige: *Stein*, BB 2012, 1449 ff.

135 Zur Tatendeckung beim Ankauf von Steuer-CDs siehe *Schöler*, DStR 2015, 503.

136 Zur Änderung der Selbstanzeigeregelungen fragen *Habammer/Pflaum*, DStR 2014, 2267, ob die Selbstanzeige noch praktikabel bleibt; siehe auch *Bilsdorfer*, DStR 2015, 1660 („Stolpersteine bei der Selbstanzeige").

137 Zur Änderung der Selbstanzeigeregelungen siehe etwa *Habammer/Pflaum*, DStR 2014, 2267; *Hunsmann*, NJW 2015, 113; ausf. zur Steuerprüfung, Steuerfahndung und Selbstanzeige: *Schiffer*, Steuerprüfung und Betriebsprüfung, 2014; siehe auch *Schiffer*, BB 2015, 343 (Vorbereitung); *Neiseke*, FuS 2015, 16 („Familienunternehmer); *Erbrügger/Jehke*, DStR 2015, 385 (Umsatz- und Lohnsteuer).

138 Zur teilweisen steuerlichen Abzugsfähigkeit (Stichwort: Sachverhaltsaufklärung) von Beratungskosten im Zusammenhang mit der Selbstanzeige siehe *Vioebrock/von Lück/Szurbarski*, DStR 2015, 391.

hier das Verhältnis von § 153 AO (Verpflichtung des Steuerpflichtigen zur Berichtigung von Steuererklärungen) zur Möglichkeit der Selbstanzeige.[139]

74 Wer die **Steuerfahndung** mit Hinweis auf die Statistik nur als Papiertiger sieht, mag rein statistisch betrachtet möglicherweise gar nicht völlig falsch liegen; in jedem Fall ist aber immer wieder nachdrücklich davor zu warnen, die Steuerfahndung zu unterschätzen.[140] Im Einzelfall nützt eine solche statistisch pauschale Betrachtung dem betroffenen Steuerpflichtigen ja auch überhaupt nicht. Auch dessen Berater hilft eine solche Sichtweise nicht weiter. Er wird auch nur den geringsten Verdacht jeglicher Beihilfehandlung vermeiden müssen. Die Selbstanzeige ist regelmäßig der richtige Weg im Problemfall. Der Gesetzgeber hat hier einen sehr nützlichen Weg geschaffen, für den, der sich angesichts des deutschen Steuerrechts hat in Versuchung führen lassen. Das gilt nach wie vor, auch wenn die Voraussetzungen für eine erfolgreiche Selbstanzeige, wie oben dargestellt, verschärft worden sind.

75 Die Steuerfahndung kündigt sich nicht an. Unter Verdacht kann man auch unberechtigt geraten. Es ist deshalb besonders wichtig, im Ernstfall auf einen Ablaufplan zurückgreifen zu können. Eine ganz wesentliche Voraussetzung für die Umsetzung eines solchen Alarmplans besteht darin, die ggf. Betroffenen durch einen fachkundigen Rechtsberater auf ihre Rechte und Pflichten hinweisen zu lassen und sicherzustellen, dass der konkrete **„Alarmplan"**, der gemeinsam mit dem Berater erstellt werden sollte, auch eingehalten wird.[141]

Beispiel: Alarmplan für den Steuerfahndungsfall im Unternehmen

1. Ansprechpartner für Steuerfahndung und ggf. Mitarbeiter aus der Belegschaft bestimmen, die den Ablauf im Fall der Abwesenheit der Geschäftsleitung koordinieren und für Zweifelsfragen zuständig sind.
2. Geschäftsleitung bei Eintreffen der Fahndung informieren.
3. Durchsuchungsbeschluss/Ausweise der Steuerfahnder vor Beginn der Durchsuchung einsehen. Nach Abschluss der Durchsuchung besteht ein Anspruch auf Aushändigung des Durchsuchungs- und Beschlagnahmebeschlusses.

---

139 Siehe dazu *Fromm*, DStR 2014, 1747.

140 Zu den Erkenntnisquellen der Finanzverwaltung und der Steuerfahndung siehe etwa: *Bilsdorfer*, Die Informationsquellen und -wege der Finanzverwaltung – Auf dem Wege zum „gläsernen Steuerbürger", 8. Aufl. 2009; *Wehrheim/Gösele*, Inside – Steuerfahndung, 2011. (Bericht eines ehemaligen Steuerfahnders); *Schiffer*, Steuerprüfung und Betriebsprüfung, 2. Aufl. 2014, S. 43 ff und passim.

141 Siehe zu dem Alarmplan schon *Schiffer*, Steuerprüfung und Betriebsprüfung, 2. Aufl. 2014, S. 114 ff.

4. Rechtsanwalt und Steuerberater anrufen (Rechtsanspruch). Fahndungsprüfung bitten, mit den Maßnahmen zu warten, bis Rechtsanwalt erscheint (hier besteht kein Rechtsanspruch!).
5. Namen des Fahndungsleiters sowie der Fahnder erfassen.
6. Erfassen, wer Beschuldigter und wer Zeuge ist. Danach richten sich die Rechte der Betroffenen. Wenn unklar ist, ob der Betroffene Zeuge oder Beschuldigter ist, jedenfalls vor einer Aussage zur Sache stets den selbst gewählten Rechtsanwalt befragen.
7. Schweigen zum Sachverhalt durch den Beschuldigten. Er sollte auf jeden Fall vor einer Äußerung einen Anwalt konsultieren. Hierauf hat er einen Rechtsanspruch. Der Rechtsanwalt wird häufig empfehlen, keine Äußerung vor einer Akteneinsicht vorzunehmen und erst danach zu entscheiden, ob und wie man sich äußert. Aus dem vollständigen, durchgängigen Schweigen zur Sache dürfen keine nachteiligen Schlüsse gezogen werden.
8. „Klima" verbessern: Öffnen des Tresors, der Steuerfahndung einen Raum zur Verfügung stellen, moderaten Ton einhalten.
9. Schädliche Außenwirkungen vermeiden: Polizei und Fahnder möglichst von Kundenräumen fernhalten; Polizeifahrzeuge möglichst im Hof oder in der Tiefgarage parken; beim Abtransport der beschlagnahmten Gegenstände darauf achten, dass diese möglichst über den Hinterausgang/Laderampe in die Fahrzeuge der Steuerfahndung verbracht werden.
10. Zeugen sind zwar zur Aussage verpflichtet, jedoch nur vor der Bußgeld- und Strafsachenstelle oder dem Staatsanwalt. Unter Anerkennung dieser generellen Aussageverpflichtung sollte im Rahmen der Fahndungsdurchsuchung, wenn ein Staatsanwalt zugegen ist und Vernehmungen sogleich durchführen will, darauf hingewirkt werden, dass Zeugen zumindest nicht im Rahmen der Fahndungsmaßnahme vernommen werden. Dies kann immer noch ein bis zwei Tage später erfolgen. Jeder Zeuge hat das Recht, vor seiner Aussage einen Rechtsanwalt seiner Wahl zu konsultieren.
11. Keine Spontanauskünfte, also keine ungefragten Aussagen zur Sache in der irrigen Annahme machen, damit etwas verbessern oder gar die sofortige Beendigung des Ermittlungsverfahrens erreichen zu können.
12. Durchsuchung von Papieren nur durch die Steuerfahndung, Staatsanwaltschaft oder Bußgeld- und Strafsachenstelle. Die Polizei darf nur Papiere versiegeln und mitnehmen. Kompetente Angestellte, Rechtsanwalt oder Steuerberater für jeden Fahnder abstellen, der diesem auf Schritt und Tritt folgt und die Maßnahmen beobachtet ohne sie zu behindern.

13. Fahndungsleiter darum bitten, zumindest die aktuellen Unterlagen, die für das laufende Geschäft benötigt werden, durch Fahnder zu kopieren und Kopien behalten zu dürfen.
14. Detailliertes Beschlagnahmeverzeichnis! Ordner oder Akten sollten nicht nur als solche bezeichnet, sondern möglichst seitenweise fortlaufend durchnummeriert werden. Der Beschlagnahmung sämtlicher Gegenstände sollte vorsorglich widersprochen werden.
15. Die Herausgabe beschlagnahmter Gegenstände, insbesondere Buchhaltungsunterlagen, sollte, sofern keine Kopien gezogen werden können, möglichst besprochen werden. Häufig können zwei bis drei Tage nach der Fahndungsdurchsuchung Kopien der für das Unternehmen für seine Weiterarbeit benötigten Unterlagen bei der Steuerfahndung abgeholt werden.
16. Verhaftungsproblematik für den Beschuldigten abklären, sofern Auslandsreisen anstehen (Urlaubszeit, Geschäftsreisen).
17. Gedächtnisprotokoll von allen Mitarbeitern/Beschuldigten/Zeugen nach der Durchsuchung über den Ablauf, eventuelle Fragen der Fahnder und eventuelle Äußerungen der Befragten anfertigen.
18. Der Durchsuchte ist nach den Durchsuchungs- oder Beschlagnahmehandlungen nicht daran gehindert, Kunden oder Geschäftspartner oder andere Dritte zu unterrichten. Auch Banken sind nach einer Durchsuchung dazu berechtigt. Sie dürften aufgrund des bestehenden Vertragsverhältnisses mit den Kunden sogar verpflichtet sein, ihn zu unterrichten.
19. Alle weiteren Fragen und Probleme sollten spätestens ab jetzt nur durch oder über den Rechtsanwalt und/oder den Steuerberater des Unternehmens geklärt werden.

§ 14 Weitere Praxistipps zur Beratung in Stiftungsgestaltungen

Was bietet dieses Kapitel?
Nachdem das Thema Stiftungen in den vorangegangenen Kapiteln vielfältig fachlich beleuchtet worden ist, finden sich hier erprobte Überlegungen, Hinweise und Tipps zur Beratungspraxis, die ich aus meinen ganz persönlichen Erfahrungen in der Beratung und Begleitung vor allem von Stiftungsprojekten seit 1990 gewonnen habe. Sie als geneigter Leser werden sehen, wie Sie diese Erfahrungen neben Ihren eigenen für sich nutzbringend verwenden können – sei es als Berater, als Mitglied eines Stiftungsorgans oder eben auch als potentieller Stifter.

Übersicht: Rn

A. Beratung in Stiftungsangelegenheiten

Die Beratung in Stiftungsangelegenheiten hat sich zu einem veritablen Beratungsmarkt ausgewachsen. Das kann man mögen oder auch nicht, jedenfalls ist es Fakt. Für alle von diesem Buch angesprochenen beratenden Berufsgruppen und potentiellen Berater ist dieser „Markt“, wie die vorhergehenden Kapitel zeigen, ein ganz weites Feld,[1] in dem ich mich hier nicht verlieren möchte. Ich möchte mich deshalb in diesem letzten Kapitel auf nach meiner Erfahrung besonders wesentliche Punkte konzentrieren. 1

1 Zur Beratung in Stiftungsangelegenheiten siehe zwischenzeitlich auch, *Schiffer*, ZErb 2013, 225.

I. Spezialisierung auf „Lebenssachverhalte"

2 Seit 1987 bin als Rechtsanwalt tätig. Da sammelt sich natürlich manches an Erfahrung an, deshalb fließen hier meine ganz spezifischen Erfahrungen ein. Wir Rechtsanwälte sind ja nicht nur „Organ der Rechtspflege", sondern vor allem Dienstleister.[2] Anwalt zu sein ist kein Allerweltsberuf. Manche sprechen sogar von **„Anwaltskunst"**.[3] Das mag man überzogen finden, jedenfalls aber haben sich die Anforderungen an einen erfolgreichen Berater seit Beginn meiner Berufstätigkeit deutlich erhöht. Das liegt aus meiner Sicht vor allem an folgenden Faktoren:

- Nationale und internationale Großzusammenschlüsse von Beratungs- und Anwaltskanzleien sind zunehmend „normal".[4] Mancher alteingesessener Berater erlebt als nun „nur noch" „local partner" eines Megazusammenschlusses, dass jemand aus der Kanzleiführung in London/New York darüber entscheidet, ob er ein bestimmtes Mandat überhaupt noch annehmen darf, wie sehr er sich spezialisieren darf (muss?) und wie sehr er sich überhaupt noch individuell einer bestimmten Angelegenheit konkret widmen darf und wann er aus der Kanzlei als Partner auszuscheiden hat.
- Einzelne Beraterpersönlichkeiten, aber auch ganze Abteilungen und Bereiche großer Beratungseinheiten gehen immer wieder den Weg solcher Megazusammenschlüsse nicht mit, sondern schließen sich zu kleineren spezialisierten Einheiten („Boutiquen") zusammen oder wandern ab zur Konkurrenz.
- Steuerberater und Unternehmensberater beraten zunehmend erfolgreich dort, wo an sich Anwälte (auch) gefragt wären. Bankmitarbeiter beraten in vielen Bereichen. Die „Geschäftsbereiche „Stiftungen" und etwa auch „Testamentsvollstreckung" stehen auch mit Blick auf eine mögliche „Kundenbindung" gerade bei Banken und Sparkassen hoch im Kurs.
- Die herkömmlichen „Zuständigkeiten" einzelner Berufsgruppen in der Beraterzunft verschmelzen. „Randbereiche" und Spezialitäten wie eben das Stiftungsrecht werden vielfach mit Blick auf echte oder vermeintliche Bedürfnisse des „Marktes" aufgegriffen. Dabei erliegt mancher dem Gedanken, bereits ein einschlägiger Kurs oder auch nur ein längeres Praktikum würden ihn zu einem kompetenten Berater im Stiftungswesen machen. Das ist in

---

2 Siehe dazu etwa *Streck*, AnwBl 2012, 388 ff. („Der Anwalt: Organ der Rechtspflege oder Unternehmer?").

3 *Franzen*, Anwaltskunst, 3. Aufl. 2001; *Jungk*, AnwBl 2012, 376 ff. („Über die Kunst ein guter Anwalt zu sein"); *Zuck*, NJW 2012, 1681 ff. („Der Gute Anwalt – Sein Beruf und seine Berufung").

4 Zur Zukunft der berufsrechtlichen Zusammenschlüsse siehe etwa die Beiträge in Beiheft 13/2015 zu DStR 2015.

aller Regel ein Irrtum – auch wenn ich immer wieder Sonderbegabungen in der Beraterzunft begegnet bin.

- Unabhängig davon steigt die Flut komplizierter Gesetze. Das Steuerrecht z.B. versteht kaum noch ein Berater in seiner Gänze. Erfahrene und angesehene Steuerrechtler sprechen schon seit Jahrzehnten ganz deutlich und plastisch vom „Steuerchaos“.[5] Bei der Rechtsanwendung geht es hier fast immer um nicht einfache Bewertungsvorgänge, d.h. um „schöpferische geistige Akte“,[6] die zu begründen sind, damit sie im Ergebnis überzeugen können (siehe Rn 23). Der Gedanke vom diskussionsfreien und verantwortungsfreien „**Rechtsanwendungsautomaten**“ mag dem einen oder anderen gefallen, weil er z.B. die Verantwortung für seine Entscheidung scheuen mag, der Gedanke ist aber auch in unserem EDV-und-www.-Zeitalter, wo manches automatisiert über Software abläuft, nicht haltbar.[7]
- Das Spezialierungs- und Zertifizierungskarussell dreht sich vor diesem Hintergrund unaufhörlich schneller. Unter bestimmten Voraussetzungen darf sich ein Anwalt als Spezialist auf einem Rechtsgebiet bezeichnen, selbst wenn für dieses Gebiet schon ein Fachanwaltstitel existiert.[8]

Vor allem im Anwaltsbereich werden angesichts der Beraterkonkurrenz vielfach einseitig nach wie vor nur eine weitere fachliche Spezialisierung und zusätzliche **Fachanwaltsbezeichnungen** gefordert[9] und gelebt. Ich bezweifle nach wie vor, ob (alleine) dieser Ansatz zu der gewünschten erfolgreichen und professionellen Beratung sowie Begleitung der Mandanten führt. In aller Regel hat doch das „Problem“ eines Mandanten nicht nur einen Bezug zu einem einzigen Fachgebiet. Der Blick auf den ganzen Fall, auf alle Facetten eines Sachverhaltes und auf die beteiligten Menschen (Persönlichkeiten) erscheint mir grundlegend wichtig. Eine rein fachlich spezialisierte Betrachtung verstellt doch nicht selten den Blick auf eine sinnvolle Lösung, die zu den Wünschen des Auftraggebers (Stifters) passt. Tatsächlich ist oft die in einem ersten Beratungsgespräch von dem Mandanten aufgrund dessen Vorüberlegungen gewünschte Stiftung auch gar nicht der passende Ansatz. Das habe ich in der Beratungspraxis immer wieder erlebt. 3

5 Grundlegend dazu *Tipke*, StuW 1971, 2.

6 *Engisch*, Einführung in das juristische Denken, 2005, S. 164 ff.; *Rüthers*, Rechtstheorie, 1999, Rn 34 f., 45 f., 48 ff., 532.

7 Siehe nur *Engisch*, a.a.O., S. 137, 164.

8 Siehe etwa *Dahms*, NJW-Spezial 2015, 126 unter Hinweis auf aktuelle BGH-Rechtsprechung.

9 Man betrachte nur die Flut von Aufsätzen dazu in den Kammerzeitschriften und im Anwaltsblatt oder google das Thema.

Mein Doktorvater, *Prof. Dr. Karl-Heinz Böckstiegel*, Köln, hat, was ich in jungen Jahren gar nicht recht verstanden habe, weil ich Sicherheit im Gesetz und im Recht gesucht habe, vor allem als erfahrener Schiedsrichter immer wieder betont: **„Die Lösung liegt im konkreten Fall!“** Je älter ich werde, desto mehr begreife ich, dass das generell ein guter Lösungseinstieg ist. Ist doch vor Lösungen von der Stange gerade bei Stiftungen nachhaltig zu warnen.[10] Eine solche pauschale Lösung basiert in aller Regel auf einer „unpassenden“ Beratung – man könnte auch sagen „auf gar keiner echten Beratung“. Bei näherer Betrachtung wird man oftmals sehen, dass ein entsprechender „Berater“ eine solche Lösung nur „verkauft“. Häufig handelt es sich um ein Modell, das er sich im stillen Kämmerlein ausgedacht hat, um es an die Frau und den Mann zu bringen, ohne dabei deren Wünsche und Bedürfnisse objektivierend zu betrachten und in seinen Lösungsvorschlag einzubringen.

Praxisbeispiele zur (nicht) objektivierenden Beratung

Auf der Hand liegt, was derjenige einem Stiftungsinteressenten raten wird, der eben „nur“ auf Stiftungen (oder gar: nur auf treuhänderische Stiftungen) spezialisiert ist. Ja, man kann bedauerlicherweise wirklich zunehmend beobachten, dass versucht wird, bestimmte Stiftungsgestaltungen (Modelle), wie z.B. standardisierte treuhänderische Stiftungen, regelrecht zu „vertreiben“ – und das nicht selten sogar durch im Stiftungswesen kurz „angelernte“ Vertriebsleute.

Erlebt habe ich auch, dass ein Vertriebsnetzwerk sich einen StB/WP/RA „eingekauft“ hatte und diesen in einem Schnellkurs auf das Stiftungswesen trimmen lies, um ihn dann im Netzwerk als „den“ Stiftungsfachmann zu verkaufen. Später hat man sich schließlich zerstritten und einen echten Fachmann gesucht, dessen Bedingungen für eine **objektivierende Beratung** aber „überraschenderweise“ nicht akzeptieren können.

4 Bei solchen „Vorfällen ist es kein Wunder, dass mancher Stifter dann gar nicht verstanden hat, was man ihm „geraten“ hat, sich letztlich falsch beraten fühlt. Nicht selten wollte er genau betrachtet gar keine Stiftung und wundert sich später, dass er aus der Sache nicht mehr herauskommt. Der potentielle Stifter wird in einem solchen Fall entgegen dem Eindruck, den der „Berater“ typischerweise zu erwecken versucht, zu seinen Fragen und Problemstellungen ja auch gar nicht beraten, ihm wird vielmehr ein „Rechtsprodukt“ (Modell) „aufgedrückt“. Das Produkt wird ihm verkauft. Jedem Branchenkenner sind solche Auswüchse schon begegnet. Sie werden mitunter sogar von gutem Willen getragen und beruhen dann „nur“ auf fehlendem Sachverstand und fehlender Erfahrung.

10 Siehe dazu bezogen auf treuhänderische Stiftungen: *Schiffer/Pruns*, Die Stiftung 4/12, 18 f. („Vorsicht bei Treuhandstiftungen „von der Stange“); siehe auch § 1 Rn 2.

Es reicht auch nicht, einfach einen Fachmann in ein Ehrenamt – z.B. einen Stiftungsrat – zu berufen, so dass er von dort aus preiswert beraten kann/soll. Das beschreibt uns *Dr. Klement*, Wirtschaftsanwalt aus Wien.

> *Dr. Felix Klement*, Rechtsanwalt, Wien: **Beratung und Ehrenamt**
> „Eine professionelle Beratung kann letztlich nicht wirklich im Ehrenamt erfolgen. Sorgfältige und kreative Beratungsleistungen sind in allen Gebieten sehr aufwändig. In aller Regel genügt es deshalb nicht, einfach nur fachkundige Ehrenamtsträger zum Mitwirken zu begeistern und zu hoffen, dass diese die Probleme en passant lösen. Beratung ist per se kein Ehrenamt. Im österreichischen Vereinsgesetz (§ 24 Abs. 1) reduziert der Gesetzgeber ähnlich wie in § 31a des deutschen BGB deshalb die Haftung von unentgeltlich tätigen Organen und Rechnungsprüfern in Vereinen zu Recht auf grobe Fahrlässigkeit."

Eine Spezialisierung nur auf bestimmte Rechtsgebiete geht schon deshalb in die falsche Richtung, weil sich das Leben nicht nach bestimmten Rechtsgebieten richtet. Anstelle, aber jedenfalls neben die Spezialisierung auf rechtliche Fachgebiete, sollte aus meiner Sicht eine **Spezialisierung des Beraters auf Lebenssachverhalte** treten,[11] die eine Gesamtbetrachtung der wirtschaftlichen, rechtlichen, steuerlichen und menschlichen Aspekte eines zu lösenden Problems oder Problembereichs fördert. „Erben und Vererben" oder auch „Unternehmensnachfolge" z.B. führt eben nicht nur zu Erbrechtsfragen und auch nicht nur zu den in Deutschland so beliebten Steuerfragen. Nein, es sind sehr viel mehr Aspekte betroffen: Ganz viel Menschliches, Familienrecht, Gesellschaftsrecht, finanzielle Fragen und Betriebswirtschaft etc. Die Fragen sind natürlich in den jeweiligen Lebenssachverhalten oftmals ähnlich, so dass eine entsprechende Spezialisierung (auch ohne entsprechenden Titel), die zu einem einschlägigen Erfahrungsschatz führt, sinnvoll ist. Ein solcher **Lebenssachverhalt** ist auch derjenige der **Stiftungen** mit seinen vielfältigen, in den vorangehenden Kapiteln angesprochenen Facetten. Hier treffen insbesondere Wirtschaftsrecht, Erbrecht, Steuerrecht, Betriebswirtschaft und grundlegende menschliche Aspekte aufeinander. Die Kenntnis der Möglichkeiten einer Stiftungsgestaltung ist wohl heute für jegliche Erb- und Nachfolgeberatung nicht nur im Unternehmensbereich unverzichtbar, sobald etwas größere Vermögen betroffen sind. Letzteres aber ist, wie wir alle wissen, zunehmend der Fall, da gegenwärtig die Vermögen der Nachkriegs- und Aufbaugeneration übertragen und vererbt werden. 5

11 Siehe schon *Schiffer*, Der Unternehmensanwalt, 1997, 176, 178; ähnlich jetzt etwa *Wiedemann*, NJW 2014, 3419, 3423 „Fachanwalt für das Recht der Älteren". Ich frage mich allerdings, warum er direkt schon wieder einen weiteren „Fachanwalt" fordert.

Die herrschende Meinung in der Praxis sieht das oftmals anders. So finden wir im Stiftungswesen etwa die Spezialisten für Fundraising und dort „Unterspezialisten" für Fundraising bezogen auf bestimmte Lebenssachverhalte (!) – beispielsweise im Hochschulbereich. Auf den ersten Blick erscheint das durchaus als sinnvoll! Aber ist das nicht zu eng? Fehlt da nicht der Überblick? Wäre nicht ein Blick über den Tellerrand sinnvoll – auch um zu lernen? Das sind nur einige der Fragen, die sich hier stellen.

6 **Praxishinweis: Stiftungsberater als Spezialisten oder Generalisten**
Spezialisierung ist in der Beraterzunft noch immer des Thema der Stunde (siehe auch § 1 Rn 1 ff.). Es gibt beispielsweise über 20 Fachanwaltschaften (Fachanwalt für Erbrecht, Fachanwalt für Arbeitsrecht etc.). Eine Spezialisierung auf bestimmte Rechtsgebiete geht aber eben schon deshalb in die falsche Richtung, weil sich das Leben nicht nach bestimmten Rechtsgebieten richtet.[12] Passend wäre eine Spezialisierung auf bestimmte Lebenssachverhalte.

Ab und an kommt es mir vor, wie bei dem fiktiven Arzt, der sagt, er sei auf den Kopf spezialisiert und da auf das Ohr – genau genommen auf das linke Ohr. Dort dann auf das Ohrläppchen. Da mache ihm keiner etwas vor – auf der ganzen Welt. Die drei anderen, entsprechend spezialisierten Kollegen kenne er sehr gut. Das ist natürlich nur ein Witz. Der Anwalt, der sich standhaft weigerte, mit mir über einen Anstellungsvertrag eines leitenden Managers auch nur zu sprechen, obwohl er natürlich im Studium sehr wohl Vertragsrecht gelernt hat (haben sollte?), ist aber (leider) Realität. Er bestand von vornherein darauf, einen Arbeitsrechtsspezialisten hinzuziehen. Dabei ging es nur um ein grundsätzliches vertragsrechtliches Problem.

Mit dieser Polemik möchte ich das Augenmerk des geschätzten Lesers auf drei Punkte lenken, die mir für die Praxis ganz wichtig sind:

- Seien wir doch problembewusst und trauen wir uns mit gesundem Menschenverstand, über den Tellerrand zu schauen. Auch eine gewisse **Randahnung** zu einem Thema kann weiterhelfen. Wenn es wirklich erforderlich ist, wird man dann einen (größeren) Spezialisten hinzuziehen.
- Seien wir doch auf bestimmte Lebenssachverhalte (z.B. Stiftungen, Familienunternehmen etc.) **spezialisierte Generalisten** mit dem Mut zur Randahnung. Ein gutes Methodenwissen wird uns dabei in der Praxis erfahrungsgemäß mehr helfen als die etwa tausendste, morgen wieder überholte Einzelkenntnis zu einem steuerlichen Spezialproblem.
- Bei aller Gestaltungsfreude im Einzelfall sollte gerade bei der nachhaltig wirkenden Errichtung einer Stiftung der **Blick auf die Wirkung des**

12 Siehe auch *Schiffer*, StiftungsBrief, 2014, 122.

Ganzen[13] nicht verloren gehen. Manches, was nach einer formalen Einzelbetrachtung (noch) möglich erscheint, geht mit Blick auf das Ganze eben doch nicht! Als kickende Kinder hatten wir eine ganz einfache Regel: *Drei Ecken = ein Elfmeter!* "Genau" erwiderte einmal eine Betriebsprüferin, als ich ihr launig diesen Satz zu einem Prüfungsfall sagte.

Gefragt ist noch immer und immer wieder die fachlich kompetente und **engagierte Beraterpersönlichkeit**, die sich in bestimmten Lebenssachverhalten nicht nur juristisch oder steuerlich auskennt, sondern die Sachverhalte aufgrund von Fachwissen und Erfahrung in ihrer Gänze erfasst. Die eingangs des Buches (siehe § 1 Rn 4) angesprochenem „Angebote“ zur Beratung eines potentiellen Stifters in „ein bis zwei Stunden“ mit anschließendem Stiftungskonzept für „seinen“ Fall, muten vor diesem Hintergrund besonders absurd an. Die oben (siehe Rn 3) bereits angesprochenen Lösungen von der Stange, die sich allenfalls in einer solche kurzen Zeitspanne erläutern lassen, passen eben oftmals nicht wirklich zu dem konkreten Lebenssachverhalt des Stifters. Man kann es kaum oft genug betonen. Das Mindeste an Beratung wird sein müssen, dass der Berater genau prüft und begründet, ob und ggf. warum ein Standardstiftungsmodell im konkreten Fall zu den Stiftern, zu deren Vorstellungen und zu deren Situation passt. Er wird ggf. weiter prüfen müssen, ob im Einzelfall etwas für den Stifter anzupassen ist. Letztlich wird zu prüfen sein, ob die angedachte Stiftung auch in der aktuellen und der für die Zukunft vorstellbaren Situation die richtige Wahl ist. Selbst wenn der Berater so gründlich vorgeht, ist nicht auszuschließen, dass sich in der Zukunft herausstellt, dass die Stiftung wegen geänderter Verhältnisse nicht mehr die geeignete Lösung ist. Ich verweise dazu nur auf die Situation am Kapitalmarkt, die sich in den letzten 10 Jahren dramatisch geändert hat. 7

Angemerkt: Analyse der Motive, Vorstellungen, Wünsche Absichten des Stifters als Erfolgsgarant für die Beratung 8

Schon ab dem ersten Gespräch mit dem Stifter sollte der Berater die Motive (siehe § 1 Rn 19 ff.), Vorstellungen, Wünsche und Absichten des Stifters gemeinsam mit dem Stifter erarbeiten.[14] Nur dann wird er überhaupt und zudem möglichst frühzeitig (kritisch) bewerten können, ob die Stiftung oder doch eine andere Rechtsform zu den Erwartungen und Vorstellungen des Stifters passt (Schlagwort Stiftungsreife, siehe dazu sogleich Rn 31 ff.). Eine Stiftungsidee reift oft erst über einen langen Zeitraum. Da ist dann nicht selten erhebliche Geduld des Beraters gefragt. Mit zunehmendem Alter werden Stifter, wie wir alle, nicht unbedingt entscheidungsfreudiger. Dabei erscheint es mir als eine Selbstverständlichkeit, dass der Berater den

13 Siehe dazu auch *Schiffer*, StiftungsBrief 2014, 41.
14 Ausf.: *Schiffer*, StiftungsBrief 2015, 121.

vom Stifter gewünschten Stiftungszweck nicht beeinflusst – und das schon gar nicht aus Eigeninteresse.
Zudem sollte der Berater die Familienverhältnisse des Stifters, die Haltung der Familie zu dem Stiftungsprojekt sowie die Einkommens- und Vermögensverhältnisse des Stifters sowie ggf. auch der Familie kennen. Dazu befragt der Berater den Stifter und im besten Falls auch die Familie. Zudem bittet er um einschlägige Unterlagen (Steuererklärungen, Jahresabschlüsse etc.) Das ist mitunter heikel. Ich habe es deshalb grundsätzlich als sinnvoll erlebt, frühzeitig den Steuerberater des Stifters einzubinden.
Bei alledem ist natürlich immer wieder die Sozialkompetenz oder altmodisch gesagt das "Fingerspitzengefühl" des Beraters gefragt.

9 Das Stiftungsrecht und das Stiftungssteuerrecht sind, wie bereits angesprochen, zu **kompliziert** und zu **komplex**, als dass der Laie und/oder der nicht informierte Berater sich alleine zurechtfinden könnte. Besonders wesentlich für unternehmensbezogen stiftende Unternehmer – aber nicht nur für diese – ist typischerweise, dass ihr (Familien-)Vermögen über ihren Tod hinaus zusammengehalten wird. Das Vermögen soll nicht zersplittern, und eine hohe Steuerbelastung soll möglichst (!) vermieden werden, um vor allem den Liquiditätsabzug aus dem Unternehmen zu begrenzen. Daneben wird häufig über die Hingabe größerer Geldbeträge für gemeinnützige Zwecke nachgedacht. Wesentlich konkreter sind die gedanklichen Ansätze potenzieller Stifter zumindest in der ersten Phase ihrer Überlegungen häufig nicht. Dem gilt es, durch eine behutsame Beratung abzuhelfen, die den potenziellen Stifter zunächst dabei unterstützt, seine Vorstellungen zu konkretisieren. Patentlösungen und allgemein gültige Musterlösungen gibt es dazu nicht! Die Erfahrung zeigt, dass beinahe jeder einzelne Fall, wie oben angesprochen, eine ganz spezifische Lösung erfordert. Die **Beratungspflichten** des einzelnen Beraters richten sich nach den Gegebenheiten des jeweiligen Einzelfalles. Vor allem wenn sich die Beratung zu einem Dauermandat auswächst, können sich daraus zusätzliche Beratungspflichten ergeben.[15]

10 *Dr. Christoph Mecking*, Rechtsanwalt und vormals leitender Stiftungsfunktionär, Berlin: **Beratung bei der Stiftungserrichtung**
„Wie bei einer Unternehmensgründung hat der Stifter bei der Errichtung seiner Stiftung vieles zu bedenken. Wegen des grundsätzlichen Anspruchs auf „ewige" Dauer der Stiftung ist er aber in seinen Nachbesserungsmöglichkeiten beschränkt. Wie dort ist auch hier eine Beratung und Gestaltung

15 Siehe dazu etwa OLG Koblenz, Urt. v. 15.4.2014, 3 U 633/13, DStRE 2015, 955 (Aufgaben eines Steuerberaters); siehe dazu die Urteilsanmerkung von *Hömig/Matz*, DStR 2015, 966.

durch einen ausgewiesenen Spezialisten regelmäßig sinnvoll. Sie zeichnet sich neben rechtlicher und praktischer Kompetenz durch ihre Unabhängigkeit aus.
Der Stiftungsexperte hat zunächst die **Stiftungsreife** (siehe sogleich Rn 31 ff.) des Stifters zu ermitteln und dessen oft vielfältigen Motive zu ordnen. Neben gemeinnützigem Engagement bestehen häufig legitime Eigeninteressen: eine tragfähige Unternehmensnachfolge, die Versorgung der Familie, eigene Betätigungswünsche, steuerliche Optimierung. Die gefundenen Stiftungsziele und das bereitgestellte stifterische Vermögen sind in einen Ausgleich zu bringen. Das Rechtsgewand ist auf die konkrete Situation anzupassen. Interessenkonflikte sind zu erkennen und präventiv zu regeln. Widersprüche zwischen Stiftungs- und Steuerrecht sind auszugleichen, etwa in den Leitlinien für eine sachgerechte Vermögensverwaltung. Bei unterschiedlichen Auffassungen von Finanzverwaltung, Rechtsprechung und Beratungsliteratur hat der Berater Stellung zu beziehen und die gefundene Lösung mit den zuständigen Behörden verbindlich zu klären. Auch Unterschiede im Stiftungsrecht und in der Praxis der Stiftungsaufsicht in den einzelnen Bundesländern bedürfen der Berücksichtigung, um zu einer optimalen Standortwahl zu kommen.
Stiften soll Freude machen – und die wird sich nachhaltig nur bei einer optimal eingestellten Stiftungslösung einstellen.“

Der Stifter ist regelmäßig in rechtlichen Dingen eher unerfahren und wird daher leicht durch eine Beratung „überfahren“, deren Schwerpunkt von Anfang an auf den nicht leichten rechtlichen und steuerrechtlichen Fragen eines Stiftungsprojektes liegt. Die detaillierte Erörterung der anstehenden Rechtsfragen mit einem Stifter führt (jedenfalls zu Beginn der Beratung) eher dazu, dass dieser mehr verwirrt als in die Lage versetzt wird, seinen gedanklichen Ansatz zu konkretisieren. Die **juristische Technik** ist Sache des spezialisierten Rechtsberaters. Der Rechtsanwalt sollte hier seinen **Mandanten nicht überfordern**. 11

Praxishinweis: Ein Muss – die verständliche Sprache, gesprochen und geschrieben 12
In der Praxis gibt es in der Beratung gerade auch in der nicht eben einfachen Materie des Stiftungswesens immer wieder Kommunikationsmissverständnisse. Die müssen wir Berater (Das ist eine Binsenweisheit!) möglichst vermeiden. Tatsächlich ist das leicht gesagt und eher schwer getan. Gerne möchte ich das an einem Beispiel illustrieren:
Das Handelsblatt vom 28.3.2011 hat uns auf S. 28 eine frohe Botschaft verkündet. Wohl hunderte Millionen Briefe versenden die Versicherungsgesellschaften im Jahr. Wir kennen das alle: Zu viel unverständliches Deutsch,

verschrobene Formulierungen, Fachausdrücke, „Juristendeutsch", Schachtelsätze etc.
Nach dem HB-Artikel haben viele Versicherungsmitarbeiter Angst, sich durch eine einfachere Sprache in rechtliche Probleme zu verstricken. Das mag stimmen oder auch nicht. Ich vermute allerdings, dass eine unklare Sprache gerade der Grund für manches Rechtsproblem sein dürfte.
Schön wäre es, wenn die Versicherungen sich wirklich auch auf diesen Weg machten ... und die Politiker, die Ärzte, die Professoren, die Lehrer, ... nun, letztlich wir alle und auch unsere Kinder. Denn, mal ehrlich: Verstehen Sie Ihre Kinder und deren Sprache noch wirklich? Ich erinnere mich, dass ich meinen Eltern auch immer wieder mal übersetzen musste, was wir als Jugendliche so sprachen. Wir wollten ja auch gar nicht immer verstanden werden. Womit wir dann wohl wieder bei den Versicherungen wären, oder? Oder eben auch bei uns Beratern! Jedenfalls könnten auch wir oft klarer und deutlicher, d.h. verständlicher formulieren. (Dieses Buch wird trotz aller Sorgfalt, die wir versucht haben, an den Tag zu legen, leider auch negative Beispiele dafür liefern.) Arbeiten wir daran! Die Sprache ist unser Hauptwerkzeug. Jedenfalls fasse ich mir als Anwalt an meine eigene Nase und nehme den Artikel als Aufforderung, im Bemühen (!) um eine klare Sprache nicht nachzulassen.

13 Die Kunst des Beraters bei Stiftungserrichtungen und sonstigen Stiftungsberatungen sollte auch darin bestehen, die unerlässlichen und wesentlichen juristischen Fragen dem Stifter in verständlicher Art und Weise nahe zu bringen oder, soweit seine Kompetenz überschritten ist (Bitte auch das Rechtsdienstleistungsgesetz beachten!), über einen Netzwerkpartner nahe bringen zu lassen. Sodann sollte gemeinsam nach einer Lösung gesucht werden, die überschaubar und für den oder die Stifter nachvollziehbar, aber vor allem (auch in Zukunft!) **praktisch handhabbar** ist. Dabei spielen steuerliche Aspekte eine wesentliche Rolle. Es ist jedoch für den Bereich des Stiftungsrechts (wie auch sonst) mit Nachdruck davor zu warnen, eine rechtlich zulässige Gestaltung allein aus steuerrechtlichen Erwägungen zu wählen. Dafür ist der Atem des Steuergesetzgebers viel zu kurz. Kein Rechtsgebiet ist so stetigen Änderungen und Verkomplizierungen unterworfen wie das Steuerrecht. (Man denke nur an das andauernde Reformwerk „Unternehmensbesteuerung"!) Zu fordern ist bei einer Stiftungs- und einer Nachfolgegestaltung allerdings in jedem Fall eine steuerliche Optimierung der gewählten Konstruktion. Auch die steuerbefreite Stiftung ist allerdings **kein Steuersparmodell** (ausführlich dazu siehe § 8 und § 9). Dieser Umstand kann gegenwärtig bei der Beratung in Stiftungsprojekten vor dem Hintergrund ausführlich in der Öffentlichkeit dokumentierter Steuerskandale gar nicht deutlich genug betont werden!

Nachgefragt: Einseitige steuerliche Betrachtung? 14
Das Steuerrecht spielt bei der Beratung in Stiftungsfragen eine nicht zu unterschätzende Rolle.[16] Auf spezielle steuerrechtliche Fragen wird in § 8 und § 9 eingegangen. Rein steuerliche Gründe sollten jedenfalls nicht ausschlaggebend für die Wahl einer Stiftungskonstruktion sein. Dafür ist einerseits das Steuerrecht zu schnelllebig und andererseits eine Stiftung zu langfristig angelegt.
Wenn demgegenüber, wie es in der Fachliteratur oft zu beobachten ist, **eine (über-)betont steuerliche Betrachtung** verschiedener rechtlicher Gestaltungsmöglichkeiten vorgenommen wird,[17] ist das zu einseitig.
Natürlich müssen auch Berater ihre Leistungen anbieten und „vermarkten“. Fachaufsätze zu schreiben ist da eine probate Möglichkeit, wobei alles rund um „Steuern sparen“ offenbar besonders gut funktioniert. Wohl deshalb begegnen uns immer mehr Ausführungen über die angebliche und/oder echte Vorteilhaftigkeit gewisser Gestaltungen. Mitunter scheint es sogar, als lebten manche Publikationen nur noch davon. Die „cash-GmbH“, die dank bestimmter Vorteile für unternehmerisches Vermögen helfen soll, Erbschaftsteuer zu sparen, ist aus meiner Sicht so ein Fall.[18] Aber es werden auch Randerscheinungen vielfach thematisiert, etwa Familienstiftungen, von denen in Deutschland gerade einmal rund 500 existieren. Es finden sich fast mehr Verlautbarungen über diese Rechtsformexoten als es überhaupt praktische Beispiele gibt. Problematisch erscheint mir dabei der ausschließliche Blick auf das vergängliche Steuerrecht und die vermeintlichen oder echten Steuervorteile.
Es kann doch wirklich nicht sein, dass bei einer tendenziell auf die Ewigkeit ausgerichteten Stiftung nur oder überwiegend das heutige Steuerrecht interessieren soll. Haben wir gerade das Steuerrecht doch als Chaos[19] im beschleunigten Änderungsmodus kennen- und fürchten gelernt. Einseitige

16 Zum Folgenden siehe schon *Schiffer* (http://www.unternehmermagazin.de/aktuelles/nicht-nur-steuern-zahlen/); *Schiffer/Pruns*, BB 2013, 2755; den nachfolgenden Fragen ausdrücklich folgend etwa *Klinger*, in: Brandmüller/Klinger, S. 137 f.

17 Siehe etwa *Jansen*, Stiftungsformen zur Gestaltung der Vermögensnachfolge, 2013, mit zahlreichen aktuellen steuerlichen Belastungsvergleichen; siehe etwa auch § 8 Rn 2.

18 Man lese nur, was das Bundesverfassungsgericht in seiner Erbschaftsteuerentscheidung vom 17.12.2014 Deutliches zu der von so vielen Beratungseinheiten unter Ausblendung von § 42 AO bis zuletzt propagierten „cash-GmbH“ gesagt hat, siehe dazu auch die Besprechung des Urteils von *Schiffer*, npoR 2015, 4 mit zahlreichen Nachweisen.

19 Siehe nur *Tipke*, StuW 1971, 2; siehe auch *Wachter*, GmbHR 2013, R113; *Schiffer*, Steuerprüfung und Betriebsprüfung, 2014, 13 ff.

Auslegungen führen hier nur in die Irre. Bei solchen „Spar-Dich-reich-Ansätzen“ fallen viele zielführende Fragen unter den sprichwörtlichen Teppich. Ich will hier einige zum Thema „Unternehmensnachfolge durch Stiftungen“ nennen, die sich mir über die Jahre erschlossen haben:[20]

1. Was ist mit den Menschen, die von der Unternehmernachfolge durch Stiftungen betroffen sind?
2. Wie geht man etwa mit den Abkömmlingen um, die sich nicht ganz selten enteignet fühlen und die für das Vorhaben einer „Familienstiftung“ oder einer unternehmensverbundenen Stiftung erst gewonnen werden müssen?
3. Passt diese oder jene Form der Stiftungsgestaltung oder eine Stiftung überhaupt zum Unternehmen und zu den Mitgliedern der Unternehmerfamilie?
4. Wie findet man die richtigen Protagonisten, die das Unternehmen für die Stiftung und durch die Stiftung steuern sollen?
5. Wie beantwortet man die nicht eben profane Frage der nachhaltigen Erst- und Neubesetzung der Stiftungsorgane?
6. Welche Auswirkungen hat die inzwischen geklärte Verfassungswidrigkeit des aktuellen Erbschaftsteuerrechts im Zusammenhang mit der Unternehmernachfolge?
7. Wie wirkt sich die Mitwirkung der Stiftungsaufsicht auf die Stiftung und das mit ihr verbundene Unternehmen aus?
8. Wie stattet man eine Stiftung mit der erforderlichen Flexibilität für das Unternehmen aus?
9. Ergeben spezielle Gestaltungen auch betriebswirtschaftlich Sinn?
10. Wie geht man mit den tendenziellen Nachteilen, etwa der prinzipiellen Starrheit und Unumkehrbarkeit von Stiftungsgestaltungen (Ewigkeitstendenz) um?

All das wird gerne übersehen, wenn das Thema Steuern bei dem Berater einseitig im Vordergrund steht. Aktuelles Steuerrecht darf aber gerade nie der entscheidende Maßstab für langfristige unternehmerische Entscheidungen sein. Vor allem dann nicht, wenn es um so langfristige Festlegungen wie die Gestaltung einer Unternehmernachfolge geht, und schon gar nicht im Hinblick auf Stiftungsgestaltungen, die ja grundsätzlich eine Einbahnstraße sind und deshalb in sämtlichen wichtigen Punkten zur Unternehmerfamilie passen müssen.

Es bleibt nichts anderes als übrig, als offen zu sein und zu bleiben für die Vor- und auch die Nachteile einer gepriesenen Möglichkeit! Gemeint ist

20 Zu all diesen Fragen finden sich Antwortvorschläge in den vorhergehenden Kapiteln.

einmal mehr die „gute alte“ **Gesamtbetrachtung**, bezogen auf den konkreten Einzelfall. Bei einer Stiftung gilt das für einen außerordentlich langen Zeitraum. Sie ist, wie etwa die Fuggerei in Augsburg zeigt, grundsätzlich auf immer angelegt. Das übersteigt die sonst üblichen Planungshorizonte von drei bis fünf Jahren doch sehr. Alle Aspekte wirklich adäquat zu würdigen mag also im Zuge des Tempos und der Tendenz zur Überspezialisierung unserer Tage schwer sein.[21] Unerlässlich ist es trotzdem, es zu versuchen – ganz besonders, wenn es um die viele Menschen betreffende Zukunft eines Unternehmens geht.

Leider werden diese Punkte in der Praxis nicht oder jedenfalls nicht durchgehend beherzigt, was ggf. zur Folge hat, dass die Stiftung ungewollt in ein unverdient schlechtes Licht gerückt wird.[22]

Martin Franke, Rechtsanwalt, Frankfurt/M., langjähriger Berater und Begleiter von Stiftungen kommentiert zum Thema: **Stiftungen, ein Beitrag für ein Mehr an Gerechtigkeit** 15
Stiftungen sorgen strukturell für ein bisschen mehr an Gerechtigkeit in unserer Welt. Indem ich das während meiner Lebenszeit erworbene Vermögen in eine Stiftung einbringe, setze ich drei deutliche Akzente, die für mich, meinen Nächsten und die Gesellschaft wichtig sind:

1. Ich lasse los. Ich gebe weg. Das Einbringen von Vermögen in eine Stiftung bedeutet immer, dass dieses Vermögen nicht mehr mir gehört, sondern von nun an der Stiftung.
2. Das gestiftete Vermögen habe ich als Stifter erworben. Aber bei genauer Betrachtung ist offensichtlich, dass ich es nur im Rahmen der gesellschaftlichen Gegebenheiten und regelmäßig nur mit Hilfe anderer erwerben konnte. Mit meiner Entscheidung, das Vermögen nunmehr in eine Stiftung einzubringen, die Satzungszwecke verfolgt, die der Allgemeinheit zugutekommen, erkenne ich diesen Umstand an und gebe der Gemeinschaft etwas von dem zurück, das sie mir gegeben hat.

21 Siehe dazu auch den letzten Abschnitt dieses Kapitels.

22 So bin ich z.B. bei der Lektüre eines Newsletters auf folgende Überschrift gestoßen: „Unternehmensstiftung: Steuerersparnis und Nachfolgeregelung für Unternehmer – Die legale gemeinnützige Stiftung ‚Made in Germany'“.

Beim Stiften in diesem Sinne kommt der uralte Gedanken des Halljahres[23] zum Tragen: Ein jeder darf im Rahmen der gegebenen Regeln Vermögen erwerben, wie er möchte und es ihm möglich ist. Gerade bei einem erheblichen Vermögenserwerb geht dieser häufig bis regelmäßig zu Lasten Dritter. Aber immer nach Abschluss einer Generation soll die nächste Generation die Chance haben, unbelastet neu anfangen zu können, für sich selbst zu wirtschaften.

Dem heute wieder festzustellenden Trend in Gesellschaft und Wirtschaft, Wachstum dadurch zu erkaufen, dass wir immer mehr Schulden zu Lasten der nächsten Generation anhäufen,[24] womit wir uns an dieser vergehen,[25] nur damit es uns heute besser geht, steht der Gedanke der Stiftung entgegen.

Neben diesen beiden grundlegenden Aspekten setzt die Stiftung einen weiteren, manchmal vielleicht auch nur unbewussten, aber dennoch wegweisenden Akzent:

3. So ist die Stiftung ein deutliches Zeichen, dass nicht der Konsum und schon gar nicht „Schulden machen" der Weisheit letzter Schluss ist, sondern dass es darum geht, möglichst erst gar keine Schulden zu machen, sondern für den gewünschten Konsum anzusparen und für magere Jahre vorzusorgen, indem soweit möglich Überschüsse gebildet werden, die sinnvoll und kapitalerhaltend angelegt und verwaltet werden.

   Denn gewirtschaftet wird in der Stiftung grundsätzlich nur mit den Zinserträgen, ohne dass das Stiftungskapital in seiner Substanz angegriffen wird. Plötzlich ist es möglich, Gutes zu tun, das Leben zu fördern, ohne gleichzeitig zukünftige Generationen zu belasten, sondern ihnen dauerhaft, sozusagen „ewig" Eigenkapital zu Verfügung zu stellen, mit dem Gutes getan werden kann. Dies wird zu Recht von der Bevölkerung als absolut lobenswert angesehen und so der Stifter in Ehren gehalten.

---

23 Auch Erlass- oder Jubeljahr genannt, das alle 50 Jahre durchgeführt werden soll. Nach diesem alten Gedanken, der sich schon der Bibel findet (siehe 3. Mose Levitikus 25, 8 ff.) wurden die Sklaven ohne Unterschied freigelassen, verkaufte und verpfändete Grundstück kamen ohne Entschädigung aus fremden Händen wieder an den ursprünglichen Besitzer oder seine rechtmäßigen Erben zurück, und alle Schulden wurden erlassen. Damit sollte für einen gerechten Neustart innerhalb der nächsten Generation gesorgt werden. Im Christentum wurde dieser Gedanke als Idee seit dem 14. Jahrhundert wieder aufgegriffen und ist im globalen Kontext seit dem „Erlassjahr 2000" wieder hochaktuell („Jubilee 2000").

24 *Sedlácek*, Die Ökonomie von gut und böse, 2012.

25 Unsere Rechtsordnung duldet zu Recht keine Vereinbarungen zu Lasten Dritter. Aber den stillschweigenden Konsens der Gesellschaft zu Lasten derer, die nicht an den Entscheidungen beteiligt, aber von ihnen unmittelbar nachteilig betroffen sind, werden undiskutiert hingenommen.

Sind die Stiftungszwecke darüber hinaus auch noch gemeinnütziger Natur, gelten die oben dargestellten Gedanken umso mehr.
Ich möchte aus diesen Überlegungen heraus die Stifter und uns Berater dazu ermutigen, nicht jede Gestaltungsmöglichkeit, die denkbar ist, zu benutzen, sondern gerade auch diese Grundgedanken der Stiftung zu erhalten und zu fördern. Natürlich gibt es absolut legitime Gründe, das Stiftungskonzept in der einen oder anderen Weise zu modifizieren[26] und den individuellen Gegebenheiten anzupassen.[27] Aber die Herausforderung ist es, nur im erforderlichen Umfang und mit Augenmaß einzugreifen und zu gestalten, und so nicht den Stiftungsgedanken durch Gestaltung gänzlich oder doch weitestgehend zu entleeren. So ist z.B. auch in Niedrigzinsphasen die Verbrauchsstiftung nicht die einzige richtige Antwort, sondern durch geschicktes und sinnvolles Stiftungsmanagement können Vermögensverschiebungen vorgenommen werden, die Erträge nachhaltig erwirtschaften. Einem solchen Vorgehen wird sich wohl keine sachorientierte Stiftungsaufsicht verschließen.
Und so wünsche ich den Stiftern viel Mut loszulassen und ein so dringend notwendiges Zeichen in unsere Zeit zu setzen, dass es auch anders zu gehen kann, nämlich gerechter! Und uns Beratern wünsche ich Augenmaß und Weisheit, die Stifter hierbei sachgerecht und angemessen zu begleiten. In diesem Sinne wünsche ich uns allen viel Erfolg!

Eine weitere Beobachtung aus der Praxis ist, dass man sich bei der Beratung in Stiftungsprojekten zu wenig bespricht. Mangelnde Kommunikation zwischen Berater, Stifter, Stiftungsorganmitgliedern und Behörden ist nicht selten der Grund für ein nicht optimales Beratungsergebnis. 16

Praxishinweis: Beratung in Stiftungsprojekten – Bitte im Gespräch bleiben

Am Anfang der Gestaltung eines Stiftungsprojektes steht typischerweise eine **vage Grundidee** des Stifters, die dieser zusammen mit seinem Berater entwickelt und/oder **konkretisiert**. Der Berater wird dabei immer die juristischen und steuerrechtlichen Möglichkeiten im Auge behalten und seinem Mandanten eine angemessene Lösung vorschlagen. Ein Stifter wird vor einer zu komplexen Gestaltung, die er letztlich nicht durchschaut, in der Regel (zu Recht) zurückscheuen. Er wird sein Stiftungsprojekt auf die lange Bank schieben oder es direkt aufgeben.

---

26 Es sei hier beispielhaft nur an die angemessene Angehörigenregelung gedacht.

27 Bei einer Stiftung zu Lebzeiten z.B. dem Stifter das Recht einzuräumen, noch gestaltend auf „seine“ Stiftung einzuwirken oder im Rahmen der Nachfolgeregelungen, die weitere Entwicklung maßgeblich noch über den Tod hinaus mitzubestimmen.

Stiftungsrecht und Stiftungssteuerrecht sind ja auch nicht wirklich einfache Materien![28] Auch dieses Buch zeugt davon. Jeder Stiftungsberater oder sogar ein Jeder in der Stiftungswelt weiß es: Da helfen nach meiner Erfahrung nur persönliche Gespräche – mit dem Stifter und ggf. mit den beteiligten Behörden. Bleiben wir also bitte hartnäckig und drängen darauf – auch wenn ein (weiteres) Gespräch zunächst verweigert wird. Die Gründe für eine etwaige Gesprächsverweigerung können vielfältig sein: Arbeitsbelastung, Unerfahrenheit, Unsicherheit etc. Aber wir wissen es doch eigentlich alle: Wer sich in die Augen schaut und seine Gedanken im Dialog erläutert, kann besser klar machen, was er meint. Und er versteht in aller Regel auch sein Gegenüber viel besser.

Kürzlich habe ich es wieder einmal ganz konkret erfahren: Nach einem Briefwechsel stockte das Stiftungsprojekt. Ein Gespräch war zunächst nicht möglich. Nach einigem wohldosierten Drängeln kam es doch zustande. Im Gespräch vor Ort kam es dann innerhalb weniger als 30 Minuten zu einer Erledigung der Angelegenheit. Bei der Bundesfinanzakademie habe ich zum Abschluss eines vor Finanzbeamten aus ganz Deutschland zum Thema Stiftungen gehaltenen Vortrages gefragt, was die Beamten sich von der Beraterschaft wünschen. Heraus kam vor allem ein Punkt: In Problemfällen bitte persönlichen Kontakt über Telefon oder ein Gespräch. Das überrascht nicht wirklich, ist aber doch schön zu hören. Bleiben wir also im Gespräch! Es dient der (gemeinsamen) Sache, wenn alle Seiten das so sehen!

Eine gute Gesprächsvorbereitung, die durchaus auch mit der anderen Seite im Sinne einer Tagesordnung abgestimmt werden sollte, ist unerlässlich. Sie ist eine wesentliche Grundlage für den Gesprächserfolg. Tun wir das nicht als Allerweltsweisheit und Selbstverständlichkeit ab, sondern besinnen uns im oftmals hektischen Berufsalltag immer wieder darauf. Der Gesprächspartner wird ein solches professionelles Vorgehen in aller Regel begrüßen. Und nach meiner Erfahrung spart es im Ergebnis sogar Zeit. Also: Im Gespräch bleiben.

17 Zu beobachten ist auch, dass **Stifter** nicht selten kurz vor Abschluss des Stiftungsprojektes vor dessen tatsächlicher Umsetzung **zurückschrecken**. Sie zögern, den letzten Schritt zu vollziehen und das für die Stiftung vorgesehene Vermögen tatsächlich auf diese zu übertragen. Um eine endgültige Entscheidung zu vermeiden, wird dann nicht selten der Weg der Errichtung einer **Stiftung von Todes wegen** gewählt. Gerade die Errichtung einer Stiftung von Todes wegen birgt aber die Gefahr, dass das Stiftungsprojekt nicht im Sinne des Stifters umgesetzt wird. Nach seinem Tode kann der Stifter auf etwaige Fehlentwicklungen in der Anfangsphase der Stiftung oder auf geänderte Um-

28 Siehe auch schon *Schiffer*, StiftungsBrief 2013, 163.

stände keinen Einfluss mehr nehmen. Er muss sich absolut auf den entsprechend beauftragten Testamentsvollstrecker und/oder die von ihm eingesetzten Stiftungsorgane verlassen. Die Errichtung einer Stiftung von Todes wegen ist daher häufig nur die zweitbeste Lösung (siehe auch § 3 Rn 39 ff.).

Praxishinweis: Zweitberater 18
In jedem Fall muss sich ein potenzieller Stifter intensiv mit seinem Stiftungsprojekt befassen. Eine kompetente fachliche Beratung ist dabei grundsätzlich unerlässlich. Dabei ist es übrigens auch nicht unüblich, dass z.B. der erstberatende „Hausanwalt" für ein Stiftungsprojekt einen in der Spezialmaterie erfahrenen und ausgewiesenen Kollegen als Zweitberater hinzuzieht. Bekanntlich kann nicht jeder alles gleich gut.

Bei Spezialproblemen und für Spezialfragen ist grundsätzlich auch **Spezialwissen** erforderlich, das der Berater sich erst einmal aneignen muss, bevor er einschlägige Erfahrungen sammeln kann. Deshalb können entsprechende Seminare der verschiedenen Anbieter, deren Prospekte wir alle fortlaufend erhalten, und auch Lehrgänge, wie der Zertifizierungslehrgang der Deutschen Stiftungsakademie,[29] zur Qualifizierung angeraten sein.[30] Ein Erfolg versprechender Ansatz gerade für kleinere Beratungseinheiten ist hier die Zusammenarbeit in **interdisziplinären Netzwerken**[31] aus Steuerberatern, Rechtsanwälten, Wirtschaftsprüfern und sonstigen Beratern. Diese Netzwerke können mehr oder weniger eng geknüpft sein bis hin zu einer durchsetzungsstarken Dachmarke. Der erhebliche Kostendruck durch den Verwaltungsaufwand einer Großkanzlei entfällt bei diesem Ansatz. Die Flexibilität sowie die Mandantennähe kleinerer Einheiten bleiben erhalten. Pure Größe ist nicht der Maßstab! Der Markt arbeitet für die kleineren, flexiblen Einheiten. Das gilt für den Bereich der Stiftungen ganz besonders. 19

Winfried Helmes, Stiftungsfreund und vormals Leiter des Stiftungsmanagements einer Bank in Köln/Bonn: **Beratung von Stiftungen im Netzwerk**
„Um als Stifter Gutes zu tun, muss man kein Millionär sein. Allerdings braucht ein Stifter qualifizierte Beratung. Meist wird im Bankenbereich

29 www.stiftungsakademie.de.

30 Ich bin hier in der Bewertung allerdings befangen, weil ich als Dozent und Prüfer in diese Lehrgänge eingebunden bin. Ob und inwieweit ein Absolvent solcher Kurse dann den Titel „zertifizierter XY" führen darf, hängt nach der aktuellen Rechtsprechung des BGH (Urt. v. 9.6.2011 – I ZR 113/10, NJW 2011, 8 = GRUR 2012, 214) insbesondere davon ab, ob er die wettbewerbsrechtlichen Anforderungen erfüllt, die der BGH betont hat.

31 Siehe dazu etwa *Lutz/Lang*, DStR 2014, 1994 („Kooperation und Netzwerke – Zauberformel für Kanzleierfolg?").

nur Vermögensverwaltung angeboten, während das Stiftungsmanagement unseres Hauses alles aus einer Hand anbietet: Stiftungs- und Vermögensmanagement.
Erfahrung und Kompetenz aus neun von unserer Bank errichteten selbstständigen Stiftungen mit einem Stiftungskapital von rund 90 Millionen EUR, aus der Betreuung von sechs Bürgerstiftungen in Bonn und in Köln und aus den errichteten und betreuten selbstständigen oder treuhänderischen Kundenstiftungen bilden die solide Basis für die Stiftungsberatung und für unser aktiv gelebtes Netzwerk, aus dem sich die gesellschaftliche Verantwortung unseres täglichen Handelns im gemeinnützigen Bereich ergibt.
Hinter der Frage nach der Errichtung einer Stiftung kann auch ein praktisches Problem aus dem Unternehmensbereich stecken. Nicht jeder Mittelständler findet einen geeigneten Unternehmensnachfolger. Hier kann eine Stiftung eine Option sein. Sei es, dass ein Unternehmen in eine Stiftung eingebracht wird oder dass eine Stiftung einer von mehreren Gesellschaftern des Unternehmens wird – etwa als geschäftsführende Komplementärin einer Stiftung & Co KG oder als Mitgesellschafterin beispielsweise einer GmbH. Falls die Stiftung im letztgenannten Fall nicht unmittelbar in die Geschäftsführung eingreift, kann sie auch gemeinnützig sein. Als Familienstiftung kann eine Beteiligungsträgerstiftung der Unterstützung der Stifterfamilie dienen (Familienstiftung).
Das ist ein weites Feld von Möglichkeiten für den Einsatz von Stiftungen, um das Stiftungsvermögen möglichst für den vom Stifter gewählten Zweck zusammenzuhalten. Hier zählen nicht nur einschlägige Erfahrungen aus der Beratung, sondern auch spezielles Fachwissen, das ein Netzwerk von Fachleuten beisteuert. So erhalten Stifter die Grundlage, um erfolgreich zu fördern, was ihnen am Herzen liegt."

20 Wohl kein Mandant erwartet von seinem Berater fachliche Omnipotenz und vollständiges präsentes Wissen. Die meisten **Mandanten erwarten** aber dennoch vor allem, dass sich ihr Berater aus echtem Interesse für sie engagiert, ein offenes Ohr hat, professionell arbeitet und das dem Mandanten verdeutlicht.[32] Ein echtes Interesse für die Stiftungswelt und das Stiftungswesen dürfte demnach für eine erfolgreiche Beratung ausgesprochen hilfreich sein. Zudem sind Stifter oft ältere Menschen. Wie auch immer man die Abgrenzung zum Älter-

32 Ausf. zu den Erwartungen eines Mandanten an „seinen" Anwalt schon *Schiffer*, Die Kanzlei 4/1999, 37.

werden definiert,[33] so sollte man nicht verkennen, dass die Beratung älterer Menschen mitunter eine besondere Aufgabe und Herausforderung ist.[34]

Nachgefragt: Checklisten und moderne Beratung?

Vor einiger Zeit erzählte mir jemand, er habe eine ganz tolle Beraterin.[35] Die habe hervorragende Checklisten und so alles im Griff. Da war ich doch ein wenig erstaunt. Natürlich muss der Berater viel von seinem Fach verstehen und einiges dazu wissen, aber ob sich das in Checklisten manifestieren lässt?

Checklisten sind wertvoll. Sie helfen uns, zu einer bestimmten Angelegenheit möglichst nichts zu vergessen. Auch ich habe schon viele Checklisten geschrieben – zum Stiftungsrecht, zum Unternehmenskauf, zum Ehevertrag, zum Vererben etc. Ich bin kein Gegner von Checklisten. Aber ein Maßstab oder Ausweis einer guten Beratung sind Checklisten nicht.

Wir kennen sie, die mehr oder weniger guten Beraterwitze. Zum Beispiel den von den Anwälten auf dem Meeresgrund, die ein guter Anfang sein sollen. (Für was eigentlich?) Oder die von dem theoretisch sehr versierten Berater, der praktisch ohne jede Erfahrung ist und deshalb zwar ein Ergebnis theoretisch blendend hergeleitet hat, das nur leider für die Praxis total daneben liegt.

Warum erwähne ich das hier? Weil da nicht nur ein Kern Wahrheit darin liegt. Beratung will erfahren sein und das Lernen hört da niemals auf. Beratung bedeutet vor allem auch, den „Fall zu lesen", seine Eigen- und Besonderheiten zu verstehen und z.B. auch Schwer- und Kernpunkte zu erarbeiten, Lösungskorridore zu identifizieren. Das ist deutlich mehr, als in Checklisten zu schauen oder in einem Fachbuch nachzulesen. Noch viele weitere Aspekte scheinen mir hier erheblich.

Wer etwa gelernt hat, sich durchzuboxen und sich einseitig durchzusetzen, wird als Berater und Begleiter für gemeinsame Lösungen zweier oder mehrerer Seiten kaum erfolgreich sein können. Wer nur (s)eine Seite sieht, auch nicht. Wer einmal Familienunternehmer und Familienunternehmen längerfristig begleitet hat, kann ein Lied davon singen. Etwa davon, dass es nicht immer ganz einfach ist, bei "seinem" Mandanten dafür zu werben, auch die Sicht der anderen Seite wahrzunehmen und in den Lösungsansatz mit einfließen zu lassen. Diese "Weisheit" gilt ersichtlich nicht nur bei Familien-

33 Mit zunehmendem Alter schiebe ich die Grenze immer weiter nach oben. Schon lange finde ich den angeblichen Satz des Beatles-Seniors *Paul McCartney* „Trau keinem über 30!" nicht mehr richtig.

34 Beispielsweise *Wiedemann* hat das generell untersucht, NJW 2014, 3419. Er betont richtigerweise den „Schutz älterer Menschen" und die mannigfaltigen Herausforderungen in der Beratungspraxis.

35 Siehe auch *Schiffer*, StiftungsBrief 2014, 61.

unternehmen, sondern nach meiner Erfahrung in jedem Beratungsprojekt. So liegt denn auch das wahre Wissen, das eine Checkliste beinhaltet, zwischen den Zeilen.
Halten wir die Checkliste in Ehren, aber „ein wenig Mehr" darf (muss!) es schon sein!

21 Das Stiftungswesen ist ein **modernes und zukunftsweisendes Beratungsfeld.** Stiftungen sind offensichtlich keine Modeerscheinung, sondern begleiten die Beraterzunft schon seit Jahrhunderten und erfreuen sich aktuell eines besonderen Interesses. Unternehmensverbundene Stiftungen (siehe § 11) beispielsweise werden mehr oder weniger reflektiert und traditionell als „Chance für den Mittelstand" und als „Weg zur Unternehmenssicherung"[36] sowie als „Instrumente dauerhafter Vermögensbindung"[37] gepriesen. Ihnen wird „eine Vielzahl von Vorzügen" attestiert.[38] Ein wenig generelle kritische Reflektion der Schwachstellen und vor allem der konkrete Blick im Einzelfall sind schon angeraten (siehe auch oben Rn 14). Wer hier seriös und nachhaltig berät, wird sich auf Dauer seinen guten Ruf schaffen und kann dann getrost auch auf „unsachliche Werbung" verzichten.[39]

Auch außerhalb des unternehmerischen Bereiches gewinnt die Stiftung als Ansatz „zwischen Altruismus und der Vermögensnachfolgeplanung"[40] für die Erbfolgegestaltung offensichtlich generell an Bedeutung.[41] Das zeigt sich u.a. in der großen Anzahl einschlägiger Publikationen.[42] Inzwischen hat der Bundesverband Deutscher Stiftungen[43] sogar ein **Stiftungs-TV**[44] initiiert.

---

36 Siehe etwa *Nietzer/Stadie*, NJW 2000, 3457; *Götz*, NWB F. 2, 7329; *Feick*, BB 2006, BB-Special 6, 13 (18): „zahlreiche Chancen und Vorteile"; *Götz*, INF 2004, 669 (673); *Heuser/Frye*, BB 2011, 983 ff. (Kritisch gerade zu diesem Aufsatz *Schiffer*, www.stiftungsrecht-plus.de „Für Sie gelesen …" am 7.5.2011. Ein wenig generelle kritische Reflektion der potentiellen Schwachstellen dieses Ansatzes und vor allem der konkrete Blick im Einzelfall sind schon angeraten.).

37 Siehe *Wochner*, MittRhNotK 1994, 89; *Turner*, DB 1995, 413; *Turner/Doppstadt*, DStR 1996, 1448.

38 *Jahn*, GmbH-Steuerpraxis 2010, 102; *Blumers*, DStR 2012, 1, hat „sieben Vorzüge" gefunden.

39 *Huff*, BRAK_Mitteilungen 2015, 158 mit einer Bestandsaufnahme zur unsachlichen Werbung von Rechtsanwälten.

40 Siehe *Herfurth/Dehesselles*, Private 02/2002, 16 ff.

41 Siehe etwa *Gesmann-Nuissl*, BB 2006, BB-Special 6, 2 (7 f.); *Müller/Schubert*, DStR 2000, 1289; *Schindler*, Stiftung & Sponsoring 2/2008, 30; *Schindler/Meyn*, Stiftung & Sponsoring 1/2009, 18; *Schleitzer*, Stiftung & Sponsoring 4/2007, 26.

42 Siehe das Literaturverzeichnis, welches nur einen kleinen Teil der beinahe unüberschaubaren Literatur nennt.

43 www.stiftungen.org.

44 www.stiftungs-tv.de.

Übersicht: Fachzeitschriften zum Stiftungswesen 22

Die Zahl der Zeitschriften zum Stiftungswesen hat seit der ersten Auflage dieses Buches deutlich zugenommen. Erfreulicherweise hatte ich schon die Gelegenheit, mit (beinahe) allen diesen Zeitschriften zusammenzuarbeiten und mit manchen sogar ganz intensiv. Ich bin also, es sei offen gesagt, ausgesprochen befangen. Mache sich also ein jeder, der im Stiftungswesen unterwegs ist, ein eigenes Bild von diesen Zeitschriften. Zu nennen sind aus meiner rein subjektiven Sicht und in zufälliger Reihenfolge vor allem:

Stiftung & Sponsoring[45]

Die „Mutter" der Zeitschriften in diesem Bereich im nunmehr (2012) schon 14. Jahrgang mit allen Stiftungsthemen und der jeweils ausführlichen Beilage „Rote Seiten" zu einem Fachthema. Dazu gibt es eine erfreulich ausführliche Webpräsenz.

Magazin Stiftungswelt[46]

Hier finden sich neben aktuellen Rechts- und Steuerthemen auch Hintergrundberichte aus der Stiftungsszene und z.B. Literaturhinweise.

Zeitschrift zum Stiftungs- und Vereinswesen (ZStV)[47]

Das ist eine betont fachliche Zeitschrift. Hier findet man vor allem wissenschaftliche Beiträge. Das Vereinswesen ist zusätzlich zum Stiftungswesen in den Themenkanon „aufgenommen" worden.

Der StiftungsBrief[48]

Das ist eine neuere Zeitschrift, die sehr auf Praxisnähe setzt.

npoR[49]

Die vor allem „virtuelle" Fachzeitschrift des Instituts für Stiftungsrecht und das Recht der Non-Profit-Organisationen an der Bucerius Law School, die es aber auch gedruckt gibt. Die npoR hat sich durch ihr engagierten Team zu beachtenswerten Fachzeitschrift entwickelt.

Die Stiftung[50]

Das ist eine Zeitschrift, die in Aufmachung und Inhalt eher eine Art Magazin ist. Es finden sich z.B. aufschlussreiche Berichte über Stiftungstagungen. Sie verfügt über einen umfangreichen online-Bereich.

---

45 www.stiftung-sponsoring.de.

46 http://www.stiftungen.org/de/publikationen/unsere-publikationen/magazin-stiftungswelt.html.

47 www.zstv.nomos.de.

48 www.iww.de/sb.

49 http://www.npor.de/

50 www.die-stiftung.de.

nwb[51]
In den nwb-Zeitschriften finden sich zunehmend Beiträge zum Stiftungswesen. Das ist aus meiner Sicht deshalb besonders erfreulich, weil andere große, themenübergreifende Fachzeitschriften für das Sonderthema Stiftungen in der Vergangenheit oftmals nur widerstrebend Platz einräumen wollten oder ihn auch ganz offen gestrichen haben. Im online-Bereich wird der Stiftung erfreulicherweise auch viel „Platz" eingeräumt.
FuS
In dieser Zeitschrift finden sich auch immer wieder Aufsätze zum Stiftungswesen.

23 Der vorstehende kleine Fachzeitschriftenüberblick zeigt einmal mehr, wie viel man zum Thema schreiben und lesen kann. Bei der praktischen Falllösung hilft das allerdings nur bedingt. Ich möchte deshalb auch hier[52] **eine grundsätzliche methodische Lösungshilfe** kurz beschreiben.

Praxishinweis: Bindung an Recht und Gesetz – Hinweise zur Falllösung und Stiftungsberatung
Vor einiger Zeit habe ich von einem Vorsitzenden Richter zu einer steuerrechtlichen Spezialfrage den Satz gehört: *„Ich würde ja gerne helfen, aber ich bin an Recht und Gesetz gebunden."*
Drückt sich da jemand um seine Verantwortung? Da habe ich ganz wenig Zweifel. Die Anwendung von Recht und Gesetz heißt doch letztlich nichts anderes, als ausgehend von der betreffenden Rechtsregel (rechtliche) Wertungen oder Abwägungen im konkreten Einzelfall vorzunehmen, wonach der spezifische Sachverhalt unter die Regel passt oder eben nicht.[53] Wir Juristen nennen das Subsumtion. Aus dem zu beurteilenden Sachverhalt ist eine Schlussfolgerung bezogen auf die in Frage stehende Rechtsregel zu ziehen (oder umgekehrt). Mithin steht die Entscheidung eben nicht von vorneherein wirklich fest. ("Helfen zu wollen", ist dabei übrigens kein Kriterium! Es geht um die Subsumtion als (Be-)Wertungsvorgang.) Wer, wie der oben zitierte Richter, suggeriert, einen solchen Wertungsvorgang gebe es nicht, weil er als Richter an die Entscheidung des Gesetzgebers gebunden sei, die für den konkreten Fall ohne Weiteres feststehe, erweckt zumindest den Eindruck, er wolle sich vor der ihm obliegenden Wertungsentscheidung drücken. Er legt damit zugleich den Gedanken nahe, er wolle keine Verantwortung für Subsumtion übernehmen.

---

51 www.nwb.de.

52 Siehe dazu auch schon den Kommentar von *Schiffer* vom 7.4.2014 auf www.stiftungsrecht-plus.de und *ders.*, StiftungsBrief, 2014, 102.

53 Siehe dazu sehr deutlich etwa *Engisch*, Einführung in das juristische Denken, 2005, S. 164 ff.

Um es ganz deutlich zu sagen:
Der Gedanke an einen mechanisch/automatisch funktionierenden „Gesetzanwendungsautomaten“ mag den einen oder anderen, der meint, sich so vor der Entscheidungsverantwortung drücken zu können, faszinieren. Der Gedanke ist aber ersichtlich überholt und wird heute – selbst in unserer von der EDV beherrschten Zeit – nicht mehr ernsthaft vertreten.[54]
So weit, so gut. Aber wie wird denn aber nun entschieden? Wie wird gewertet?
Da hat uns *Fritjof Haft*, ein bekannter Rechtslehrer, eine wichtige Hilfe an die Hand gegeben. Er hat in seiner "Einführung in das juristische Lernen" die so genannte **Normalfallmethode zur Lösung von Problemfällen** dargestellt. (Man lese das einmal in einer der vielen Auflagen des Buches nach!)
Die Methode bietet jenseits der klassischen rechtswissenschaftlichen Methodenlehre eine **praktische Denkhilfe**. Sie führt im Idealfall zu Fall-Lösungen, zu überzeugenden Argumentationen und **Begründungen** sowie auch zu Ansätzen für Gestaltungen von Verträgen und Satzungen.
Die Methode geht in ihrer Reinform, die ich hier etwas abwandele, von dem Normalfall aus: Man macht sich diesen und dessen Lösung bewusst, d.h. man blickt auf den Standardfall der jeweiligen juristischen Norm. (Beispiel § 81 BGB: Vorstand einer Stiftung = eine Person). Ausgehend davon lassen sich dann Lösungsansätze für Sonderfälle und Problemfälle erlangen. So kann man etwa auch den gerichtlich entschiedenen "Normalfall" und dessen Lösung mit dem besonderen Fall, dem Problemfall, vergleichen, um durch den Blick auf die Abweichungen im Sachverhalt Lösungshinweise auch für den Problemfall zu erlangen. Versuchen wir das einmal ausgehend von unserem obigen, simplen Beispiel zum Stiftungsvorstand zu durchdenken. Dazu stellen wir uns vor, wir wüssten ganz wenig zur Stiftung und deren Gestaltung. (Natürlich hinkt auch dieses Beispiel, aber versuchen wir es.) Was ist der Normalfall einer Stiftung nach dem Gesetz?
Schwer zu sagen, aber möglicherweise ist es der Fall eines vermögenden Stifters, der eine Summe für den Stiftungszweck stiftet. Er wählt eine Person seines Vertrauens als Stiftungsvorstand aus, die ihren Nachfolger dann selbst bestimmt. Das ist nach dem Gesetz unproblematisch. Stellen wir uns vor, in unserem Problemfall gäbe es nicht nur einen Stifter, sondern fünf Stifter, die jeweils eine erhebliche Summe für die Stiftung zur Verfügung stellen und deshalb bei der Gestaltung natürlich auch mitreden wollen. Passt da noch der Ein-Personenvorstand nach dem Gesetz?
Wohl eher nicht: Fünf Stifter ähneln eher einem Personenkreis, der eine Gesellschaft errichten möchte. Die Gesellschaft wäre also ein vergleichbarer

54 *Engisch*, Einführung in das juristische Denken, 2005, S. 137, 164.

Normalfall. Die fünf Stifter werden sich eher nicht auf nur eine Vertrauensperson einigen. Sie wollen sich ggf. jeder in der Stiftung vertreten wissen. Sie werden typischerweise auch eher eine Kontrolle wünschen als nur ein Stifter, d.h. etwa einen Mehrpersonenvorstand und ein Kontrollorgan (Vieraugenprinzip, Kontrollprinzip etc.) wollen. Das alles sind vergleichsweise einfache Überlegungen, die uns der Vergleich mit dem Normalfall recht leicht in unser Blickfeld bringt und uns ebenso leicht auch auf die entsprechende Regelungen in Gesellschaftsverträgen, z.B. einer Aktiengesellschaft, blicken lässt.
Mithin werden wir den fünf Stiftern von vorneherein eine entsprechende Organstruktur vorschlagen, d.h. Zwei- bis Drei-Personenvorstand und ein aus drei Personen bestehender Stiftungsrat als Kontrollorgan. (*Kontrollüberlegung – ganz so einfach ist es in der Praxis dann ja doch nicht: Wo kriege ich dauerhaft/nachhaltig alle die Personen zur Besetzung der Organe her?)*
Man kann das auch zur "**Extremfallmethode**" nach *Haft* fortschreiben und versuchen, einen Extremfall zu bilden. Für einen Extremfall liegt eine Lösung nicht selten deutlicher auf der Hand als für den Normalfall. Was wäre im Rahmen unseres Stiftungsbeispiels ein solcher Extremfall? Eine Stiftungserrichtung mit über 1.000 Stiftern, die jeweils eine kleine Summe stiften und die sich alle (!) in der Stiftung wiederfinden wollen. Führen diese extremen Sachverhaltsdetails zu neuen, zusätzlichen Lösungsansätzen für die Organstruktur der Stiftung?
Das dürfte angesichts dieser engagierten Menschenmasse tatsächlich so sein. Man könnte in einem ersten Schritt wie folgt überlegen: Die 1.000 Menschen können ersichtlich weder alle in den Vorstand noch in den Stiftungsrat. Welche Rechtsform ist als vergleichbarer "Normalfall" für 1.000 Personen geeignet und welchen Lösungsansatz bietet diese Rechtsform? Ein Verein oder eine Aktiengesellschaft wären geeignet. Dort finden sich die Mitgliederversammlung und die Aktionärsversammlung. Ein ähnlicher Gedanke wäre eine "Stifterversammlung". Diesen Gedanke könnten wir auch für unsere fünf Stifter nutzen, die ggf. ihre fünf Familien in der Stifterversammlung dauerhaft vertreten sehen wollen. In einem zweiten Schritt wäre zu überlegen, welche Rechte die Stifterversammlung haben könnte. Sie könnte beispielsweise die drei Stiftungsratsmitglieder wählen, die dann ihrerseits die Vorstandsmitglieder bestimmen.
Den Extremfall gibt es natürlich schon in der Praxis: Es ist die Bürgerstiftung. Diese wäre übrigens aus meiner Sicht oftmals besser ein Verein. Stiftung klingt und wirkt aber besser, oder?
Ich hoffe, dieses kleine methodische Gedankenspiel nach *Haft* hilft dem geneigten Leser weiter. Da mögen die universitären juristischen Methodiker

zu dieser kleinen „unwissenschaftlichen“ Skizze ggf. die Nase rümpfen. Das halte ich aber gerne aus.

II. Stiftungsberatung als Projektmanagement

Der Berater einer Stiftung wird vielfach Manager der von ihm für seine Mandanten bearbeiteten Probleme sein – als eine Art Projektmanager. Als bewusster **Beratungsansatz** wird das Projektmanagement von Beratern, die sich eher als Fachspezialisten denn als Manager begreifen, aber wohl noch immer eher selten gesehen. 24

Projektmanagement[55] wird in der Wirtschaft bei einmaligen, komplexen und zeitlich begrenzten Vorhaben (Projekten) eingesetzt. Ziel ist eine bessere und schnellere Lösung als sie innerhalb der „normalen“ Unternehmensstruktur zu erwarten ist. Ein Projektmanagement mobilisiert und koordiniert die Fach- und Managementkompetenz der Mitarbeiter des Unternehmens organisationsübergreifend, fachübergreifend und unabhängig von der bestehenden Struktur ergänzt durch Fachkräfte von außen. Hier liegt z.B. der konkrete Ansatzpunkt für den Estate Planner. Struktur und Verfahren eines Projektmanagements unterscheiden sich naturgemäß stark je nach Größe und Komplexität der Projekte, nach innovativem Gehalt und Risikostruktur der Projekte, nach Integrationsbedarf unternehmensfremder Elemente, nach Informations- und Steuerungsbedarf.

Ein wesentlicher Faktor für ein erfolgreiches Projektmanagement ist das **Projektteam**. In einem Team ergänzen sich im Idealfall Fähigkeiten und Persönlichkeiten. Die Verantwortung dafür liegt häufig ausdrücklich oder auch nur faktisch bei dem Stiftungsberater. Dieses Einsatzfeld und diese Möglichkeiten müssen wir nutzen! Generell tun wir das noch viel zu wenig. In jedem Fall muss klar sein, wer das Projekt führt, sonst steigt die Versuchung, die Verantwortung hin- und her zu schieben. Das führt nicht nur unweigerlich zu Verzögerungen, sondern kann ein Projekt auch vollständig scheitern lassen. Erforderlich sind klare Projektmanagementregeln.

III. Grenzwertiges?

In der Beratung ist immer wieder Phantasie gefragt. Beraterphantasie führt aber mitunter auch in die Irre. **Überzogene Beraterphantasie** führt dann ggf. 25

55 Es wird auf die einschlägige Managementliteratur verwiesen. Siehe auch *Schiffer*, Der Unternehmensanwalt, 221 f.

zu entsprechend überzogen Gegenreaktionen.[56] Die vielfach kritisierte Verfügung der OFD Frankfurt/M. vom 30.8.2011 (siehe dazu oben § 12 Rn 82 f.) scheint mir dafür ein schönes Beispiel.

Für überzogene Gestaltungsphantasien scheint mir der Gestaltungshinweis von *Blusz*[57] ein markantes Beispiel zu sein. Er empfiehlt gemeinnützige Stiftungen als "Zwischenlösung" zur Erlangung der bekanntlich damals schon verfassungsrechtlich umstrittenen erbschaftsteuerrechtlichen Betriebsvermögensbegünstigung (siehe dazu § 8 Rn 8 f.). Bei als Kapitalgesellschaften geführten Unternehmen komme es, so der Autor, nicht selten vor, dass der Unternehmer mit nicht mehr als 25 % an der Gesellschaft beteiligt sei und (noch) kein für die erbschaftsteuerliche Privilegierung erforderlicher Poolvertrag abgeschlossen worden sei. Eine Gestaltungsmöglichkeit seien hier gemeinnützige Stiftungen. Der Erblasser könne die Erben mit dem Zweckvermächtnis (§ 2156 BGB) belasten, Anteile des Familienunternehmens auf eine gemeinnützige inländische Stiftung zu übertragen. Der Zweck der Stiftung könne z.B. in der Errichtung eines Kinderheims liegen. Denkbar seien aber „auch andere Zwecke, sofern sie der Gemeinnützigkeit der Stiftung nicht entgegenstünden".

26 Tatsächlich muss es sich aber doch wohl um einen ernst gemeinten gemeinnützigen Stiftungszweck handeln, für den die Stiftung errichtet wird. Solche Darstellungen wie die von *Blusz* spülen Kritikern wie *Rawert* und *Reuter* Wasser auf die Mühlen ihrer Stiftungsgestaltungsskepsis. Bestenfalls buchen wir das hier "nur" unter "ungeschickte Formulierung" des Autors. Er wird es so wohl hoffentlich nicht gemeint haben. Auf § 42 AO ist in diesem Zusammenhang hinzuweisen, ohne dass ich hier auf weitere steuerliche Problempunkte des Gestaltungsvorschlages eingehen möchte.[58]

27 Auch zivilrechtlich ist der Gestaltungsvorschlag zweifelhaft. Ein Zweckvermächtnis nach § 2156 BGB alleine dürfte nicht ausreichen, muss doch die Bestimmungsbefugnis nach § 2156 BGB mit einer solchen nach § 2151 BGB verbunden sein.[59] Nach § 2151 BGB aber muss der Personenkreis hinreichend bestimmt sein.[60] Es sind also weitere Vorkehrungen für die Stiftung zu treffen. Sie muss entweder bereits existieren oder zumindest von Todes wegen errichtet werden (vgl. § 84 BGB), was bekanntlich nicht eben eine ganz profane Angele-

56 Die Beraterzunft ist wohl dann „selbst schuld". Genau betrachtet ist es wohl wie in Goethes „Zauberlehrling", wo es allerdings bekanntlich gut ausgeht: „... *Die ich rief, die Geister, werd ich nun nicht los. In die Ecke, Besen! Besen! Seid's gewesen. Denn als Geister ruft euch nur, zu seinem Zwecke, erst hervor der alte Meister.*"

57 *Blusz*, Deutscher Anwaltspiegel-Spezial "Private Client, Ausgabe 3, 2012, S. 18 f.

58 Ausf. dazu der Kommentar von *Schiffer* vom 23.6.2012 auf www.stiftungsrecht-plus.de.

59 Siehe nur MüKo-BGB/*Schlichting*, § 2156 BGB Rn 2.

60 MüKo-BGB/*Schlichting*, § 2151 BGB Rn 2.

genheit ist. Und da redet dann in jedem Fall die Stiftungsbehörde mit, die bekanntlich eine Prognoseentscheidung nach § 80 Abs. 2 BGB zu treffen hat. Wir sehen also: Nicht jeder auf den ersten Blick nett klingende Gestaltungsvorschlag ist tragfähig, sondern ggf. sogar mehr als grenzwertig.

„*Finanzamt streicht gemeinnütziger Stiftung die Gemeinnützigkeit*" schrieb z.B. spiegel-online am 4.11.2012 zu einer Stiftung aus Norddeutschland, die erhebliche Spendengelder weitergeleitet haben sollte, ohne ihre gemeinnützigen Zwecke unmittelbar zu verfolgen.[61] Solches und Ähnliches ist gar nicht so selten, weil sich z.B. gut meinende Ehrenamtler und ebensolche Stifter in den nicht einfachen Regeln des Gemeinnützigkeitsrechts verfangen und weil hier auch steuerliche Berater an die Grenzen ihrer Erfahrung und ihres Wissens stoßen. 28

Dazu passt, dass wir in der Presse und auch in Fachorganen nach wie vor „zigfach" lesen, **wie man (angeblich) mit Stiftungen Steuern sparen kann** (siehe auch § 8 Rn 2). Der Bundesverband Deutscher Stiftungen hat am 25.2.2013 in einem Leserbrief zu einem solchen Artikel Stellung genommen.[62] Der Artikel diskreditiere, so der Generalsekretär des Bundesverbandes Fleisch, auf sachlich falscher Basis all jene, die mit Stiftungen Gutes tun. In der Tat, die im Stiftungswesen bewanderte Fachwelt weiß, was auch der Bundesverband betont: Die gemeinnützige Stiftung ist kein Steuersparmodell: Wer in das Grundstockvermögen einer Stiftung stiftet oder einer Stiftung spendet, gibt seine betreffenden Vermögenswerte prinzipiell unwiderruflich weg. So dient er der betreffenden Stiftung und damit dem Gemeinwohl. Dafür darf er bei uns in Deutschland in begrenztem Umfang die Zuwendung steuerlich abziehen. Wie bei anderen (Alltags-)Spenden auch geben Stifter und Zustifter jeweils erheblich mehr für wohltätige Zwecke aus ihrem Vermögen weg, als sie wegen Gemeinnützigkeit Steuervorteile erhalten. Von "Steuern sparen" kann da keine Rede sein, eher davon, dass der Staat durch die Steuervorteile die Erfüllung der gemeinnützigen Zwecke "subventioniert", die der Allgemeinheit dienen. Wir Berater müssen das sehen und begreifen. Beraten wir hier in einem anderen Sinne, so ist das mehr als grenzwertig. Es geht fehl (siehe auch § 9 Rn 290 ff.). 29

Angemerkt: Missverständnisse 30

Die Geschichte der Beratung ist wohl immer wieder auch eine solche der Missverständnisse.[63] Was soll man gegen ein Missverständnis tun? Nun, na klar: Klarheit schaffen, z.B. klare Verträge verabreden und das am besten schriftlich. Ja, ich weiß: Das ist besserwisserisch und natürlich geht das im

61 Siehe schon www.stiftungsrecht-plus.de

62 http://www.stiftungen.org, Stichworte: Leserbrief, 25.3.2015, „Irreführung mit Halbwissen".

63 Siehe www.stiftungsrecht-plus.de, Schiffer-Blog vom 8.9.2014.

Alltag nicht immer wirklich. Und: Natürlich verlässt man sich immer wieder darauf, dass das Gegenüber einen schon richtig verstanden hat. Da gibt es dann aber ab und an die (böse) Überraschung: "*Ich habe aber doch ... und ich habe aber doch nicht gemeint, ...*" Das kommt vor (auch bei Rechtsanwälten) und sollte uns nicht ärgern, aber klüger machen. Da leidet dann der Nächste ggf. drunter, dem wir dann nicht mehr vertrauen.
Was sagt der Jurist: "*Wer schreibt, der bleibt!*" Aber er sagt auch: "*Keine Regel ohne Ausnahme.*"
Merken Sie etwas? Für unseren Berateralltag gibt es im Nachhinein immer klügere Antworten (siehe auch oben Rn 23) und eigentlich nicht wirklich Klarheit von vornherein. Also: Schauen wir mal, wie es beim nächsten Mal so klappt.
Eines sollten wir aber bei alledem in keinem Fall verwechseln: Umsatz und Gewinn. Da wirkt dann alles ganz anders. Also: Bitte die Kosten immer bedenken und beim Gewinn abziehen. Und dann auch noch an die Steuern denken. „Netto-netto" ist manches dann doch oft sehr, sehr klein – z.B. das Honorar nach Abzug von Kosten und Steuern. Näher zum Honorar siehe sogleich unter Rn 66 ff.

B. Das Erfordernis der Stiftungsreife

I. Das Erfordernis der Kontrolle von Stiftungen

31 Berater, die in Stiftungsangelegenheiten tätig sind, und auch die Stiftungsaufsichtsbehörden stehen nicht selten vor dem Problem des Auseinanderfallens von Stiftungssatzung und Stiftungswirklichkeit (besonders gemeinnützigen Stiftungen droht wegen der davon abweichenden tatsächlichen Geschäftsführung der Verlust der Gemeinnützigkeit, siehe § 9 Rn 286 ff.). Es ist ja auch nicht eben ganz leicht, in dieser Spezialmaterie fehlerfrei tätig zu sein und zu beraten. Dazu sollen hier abschließend für die Themen Stiftungsreife (näher zu diesem Begriff sogleich Rn 50 ff.), Corporate Governance und Honorar einige Hinweise aus der Praxis gegeben werden, ohne hier in „wissenschaftlicher Breite" diese Themenbereiche erschöpfen zu können und zu wollen.

32 **Nachgefragt: Private setzen verbindliche Regeln?**
Nicht verkennen sollten wir dabei, dass in Deutschland **Stifter- und Stiftungsfreiheit** herrscht (siehe § 3 Rn 8 ff.) Natürlich sind dabei die rechtlichen Rahmenbedingungen vor allem des Stiftungsrechts und des Stiftungssteuerrechts zu beachten. Davon handelt dieses Buch. Auch von Verbänden geschaffene Regeln können als Maßstäbe zu beachten sein (siehe etwa § 4 Rn 24 ff., „IDW-Grundsätze"). Entsprechende Gütesiegel, Zertifizierungen und sonstige „Regeln guter Stiftungspraxis", dürfen wir aber nicht als zwin-

gend bindende „Ersatzgesetze" begreifen.[64] Solche Vorgaben und Regelwerke sind von privaten Institutionen und damit aus Sicht des Stifters von dritter Seite geschaffen worden, d.h. sie sind eben gerade nicht entweder vom demokratisch legitimierten Gesetzgeber und/oder eben auch nicht privatautonom vom Stifter oder den Stiftungsorganmitgliedern gesetzt worden. Die betreffenden Regeln finden dennoch etwa als Haftungsmaßstab[65] der (angeblich?) herrschenden Meinung, Eingang in die Rechtsprechung. Oder sie werden vom Stifter oder später von den Stiftungsorganen in sein/dessen privatautonom geschaffenes Regelwerk oder Anstellungsverträge[66] implementiert und erhalten so ihre Anwendungsberechtigung. Diese Zusammenhänge sollten uns Anlass geben, immer sehr genau zu prüfen, ob die betreffenden privaten Regelwerke tatsächlich Geltung beanspruchen dürfen.

Steuerbegünstigte gemeinnützige Stiftungen und auch nicht steuerbegünstigte Stiftungen werden, wie in diesem Buch an verschiedenen Stellen erläutert wird, aus den verschiedensten Gründen errichtet. Neben **philanthropischem Engagement** stehen hinter dem Wunsch zur Errichtung einer Stiftung nicht selten zugleich (**legitime!) Eigeninteressen**, wie etwa die Hoffnung auf eine dauerhafte Nachfolgeregelung für das Familienunternehmen, finanzielle Interessen, die langfristige Sicherung des Familienvermögens, das Wachhalten der Erinnerung der zukünftigen Generationen an die Person des Stifters oder eine sonstige bedeutende Person, deren Namen die Stiftung trägt. Zunehmend findet man auch das Zusatzmotiv der steuergünstigen Öffentlichkeitsarbeit bei unternehmensnahen gemeinnützigen Stiftungen. 33

Die **Ziele einer Stiftung** werden in der Stiftungssatzung und dort insbesondere in den Regelungen zum Stiftungszweck, aber nicht zwingend nur dort, ausdrücklich festgelegt. Die Stiftungszwecke bestimmen sich ausschließlich **nach dem Willen des Stifters** (siehe insb. § 3 Rn 51 ff.). Nach der Anerkennung durch die Aufsichtsbehörden ist der Stiftungszweck grundsätzlich der Disposition des Stifters und der von ihm gewählten Stiftungsorgane entzogen. Maßstab ist die Regelung in der Stiftungssatzung. Daran haben sich alle Beteiligten durchgehend zu halten. Da mag beispielsweise das Gemeinnützigkeitsrecht vor allem in der Auslegung durch die Finanzverwaltung als noch so „hinderlich" erscheinen. Es ist zu beachten! Zweifelsfragen sind mit den Behörden, wenn eben möglich, vorher zu klären, damit sich die Stiftungsorganmitglieder und 34

---

64 So aber wohl *Burgard*, in: Nietsch/Weller/Kiesel (Hrsg.), Kulturstiftungen, 104 („ Verbandsaufgabe").

65 Hier ist zu beachten, dass neben die „Compliance-Haftung" auch eine Haftung aus anderen Gründen treten kann – etwa eine Haftung aus wettbewerbsrechtlicvhen Gründen, siehe generell dazu etwa *Hohmuth*, GmbHR 2014, 1249.

66 Näher dazu etwa *Hohmuth*, BB 2014, 3061.

auch die Stiftungsberater nicht hinterher Vorwürfen und (Schadensersatz-)Forderungen ausgesetzt sehen. Manches funktioniert eben bei einer gemeinnützigen Stiftung nicht so wie in der „freien Wirtschaft. Ich erinnere hier nur an **§ 55 AO** (Grundsatz der **Selbstlosigkeit**):

Bei Auflösung oder Aufhebung der gemeinnützigen Stiftung oder bei Wegfall ihres bisherigen Zwecks darf das Vermögen der Stiftung oder einer sonstigen gemeinnützigen Körperschaft, soweit es die eingezahlten „Kapitalanteile" übersteigt, nur für steuerbegünstigte Zwecke verwendet werden (Grundsatz der **Vermögensbindung**, Abs. 1 Ziffer 4. i.V.m. Abs. 3). Die (Zu-)Stifter und deren Erben dürfen bei Auflösung oder Aufhebung der Stiftung nicht mehr als ihre „eingezahlten Kapitalanteile" (= gestiftetes Vermögen) zurückerhalten (Abs. 1 Ziffer 2. i.V.m. Abs. 3). Ganz generell darf die Stiftung oder eine sonstige Körperschaft keine Person (auch nicht den Stifter und/oder Organmitglieder) durch Ausgaben, die dem Zweck der Stiftung fremd sind, oder durch unverhältnismäßig hohe Vergütungen begünstigen (Abs. 1 Ziffer. 2.). Schon von daher sind gewinnorientierte Investitions- und Exitstrategien, wie wir sie aus der Wirtschaftswelt kennen, für „Social Entrepreneure" gegenwärtig grundsätzlich zum Scheitern verurteilt. Verkaufen kann man eine Stiftung ohnehin nicht, weil sie bekanntlich keine Gesellschafter/Eigentümer hat. Das zu erkennen und zu akzeptieren, gehört auch zur **Stiftungsreife** bei gemeinnützigen Stiftungen. Eine entsprechende Erkenntnis ist gerade bei erfolgsverwöhnten Unternehmern, die es gewohnt sind, nach ihrem Willen zu gestalten und erfolgreich Grenzen auszuloten, nicht ganz leicht zu erwirken. Da hört man als „Ermöglichungsanwalt" dann auch einmal den Vorwurf, ein „Verhinderungsanwalt" zu sein. Hier gilt es einen kühlen Kopf zu bewahren und dem Mandanten (Stifter, Stiftung, Stiftungsorganmitglied etc.) den aktuell sichersten Weg aufzuzeigen sowie über die Risiken deutlich und belegbar aufzuklären, damit der Mandant eine fundierte Entscheidung treffen kann.

35 Vor allem die Formulierung und Ausgestaltung des Stiftungszwecks, aber auch die Satzung insgesamt bedürfen, wie bereits in den vorangehenden Darstellungen immer wieder ausführlich dargestellt wurde, ganz besonderer Sorgfalt. Die **Erfüllung des Stiftungszwecks** nach den Vorgaben der Satzung (tatsächliche Geschäftsführung) obliegt dann den vom Stifter bestimmten Stiftungsorganen, deren Arbeit durch die staatlichen Stiftungsaufsichtsbehörden überwacht wird (siehe § 4 Rn 29 ff.). Bei der steuerbefreiten gemeinnützigen Stiftung kommt wegen der Einhaltung der Vorschriften des Gemeinnützigkeitsrechts die Kontrolle durch die Finanzverwaltung hinzu (siehe etwa § 9 Rn 306 ff.). Die Finanzverwaltung achtet wenn möglich noch genauer als bisher schon auf die Einhaltung der §§ 51 ff. AO (siehe etwa den bei § 9 Rn 305 angesprochenen Fall). Da gebe man sich keinen Illusionen hin. Von den Finanzbehörden wird vor allem geprüft, ob die tatsächliche Geschäftsführung einer gemeinnützigen Stiftung

auf die ausschließliche und unmittelbare Erfüllung der steuerbegünstigten Zwecke gerichtet ist und den Bestimmungen entspricht, die die Stiftungssatzung über die Steuervergünstigungen enthält (§§ 63, 59 AO). Außerdem werden insbesondere die satzungsmäßige Vermögensbindung der Stiftung (§ 61 AO) und – wie die aktuelle Praxis zeigt – die zeitnahe Verwendung der Mittel der Stiftung geprüft, ggf. im Wege der Außenprüfung (siehe § 9 Rn 308).

Eine **interne Kontrolle**, wie sie ein Verein durch seine Mitglieder und eine Gesellschaft durch ihre Gesellschafter erfährt, fehlt bei der Stiftung.[67] Die Stiftung hat weder Mitglieder noch Eigentümer, die diese Funktion übernehmen könnten. 36

Eine gewisse Kontrolle außer der durch einen **Stiftungsrat**, der aber eben auch selbst Organ (!) der Stiftung ist, wird durch die **Destinatäre** der Stiftung und den **Stifter** ausgeübt, die in der Regel ein materielles oder ideelles Eigeninteresse an einer satzungsgemäßen Zweckerfüllung der Stiftung haben, aber eben keine eigenen Ansprüche etwa auf Auskunft gegenüber den Stiftungsorganen (siehe § 3 Rn 109). Regelmäßig ist in der Stiftungssatzung ausdrücklich auch ein Anspruch der Destinatäre auf Leistung (Förderung) durch die Stiftung ausgeschlossen.

Die **Aufsichtsbehörden** sind für ein (schnelles Eingreifen) i.d.R. auf „stiftungsinterne“ Hinweise angewiesen. Die Rolle, die die Destinatäre dabei spielen, ist praktisch zu vernachlässigen. Sie sind weder an der Stiftungsführung beteiligt, noch haben sie einen konkreten Einblick in die Geschäfte der Stiftung. Familienstiftungen und unternehmensverbundene Stiftungen bilden insoweit eine Ausnahme, als die Familienmitglieder oder Unternehmensangehörige häufig in einer besonderen Nähebeziehung zur Stiftung stehen, die ihnen zumindest einen begrenzten Einblick in die interne Stiftungstätigkeit ermöglicht. 37

Die Einrichtung einer wirksamen (inneren) **Kontrolle** der Stiftungstätigkeit, d.h. **eines internen Kontrollsystems,**[68] obliegt folglich im Wesentlichen dem **Stifter.**[69] Er kann durch eine besonnene Ausgestaltung der Stiftungssatzung und die kluge Regelung zur Besetzung der Stiftungsorgane späteren Unregelmäßigkeiten in der Stiftungsführung frühzeitig begegnen – auch für die Zeit nach seinem Tod. Ist er Mitglied eines Stiftungsorgans (Stiftungsvorstand oder Stiftungsratsmitglied), kann er zusätzlich einwirken. Dies setzt jedoch voraus, dass sich der Stifter selbst an die Stiftungssatzung gebunden fühlt. 38

67 Wie bedeutend die interne Stiftungskontrolle ist, zeigt sich etwa bei einem Blick auf die Haftungsgefahren für Organmitglieder, siehe § 5 Rn 1 ff.

68 Ausf. dazu *Koss*, ZStV 2014, 171.

69 Folgend etwa *Burgard*, in: Nietsch/Weller/Kiesel (Hrsg.), Kulturstiftungen, 101.

II. Beispiel: Verstöße gegen den Stiftungszweck

39 Wie die Praxis zeigt, treten vor allem Probleme auf, wenn der Stifter selbst unmittelbar oder mittelbar durch die von ihm (faktisch) kontrollierten Stiftungsorgane oder wenn eben diese Stiftungsorgane – nach dem Tod des Stifters – autonom gegen den Stiftungszweck und den rechtlichen Rahmen der Stiftung verstoßen. Ein solcher **Verstoß** kann verschiedene Gründe haben.

40 Mitunter sind Verstöße auf **schlecht formulierte Stiftungssatzungen** zurückzuführen, in denen der ursprüngliche Stifterwille nur unzureichend zum Ausdruck kommt. Die Stiftungswirklichkeit hat sich in solchen Fällen oft schleichend von der Stiftungssatzung und dem Stiftungszweck entfernt. Es werden beispielsweise bei einer unternehmensverbundenen Familienstiftung, die einst zur Erhaltung des Familienunternehmens und zur finanziellen Absicherung der Familie des Stifters errichtet worden ist, mit der Zeit die Ausschüttungen an die Destinatäre als nicht mehr so „wesentlich" empfunden. Die **„Ausschüttungspolitik"** der Stiftung wird vorrangig von den Interessen des Unternehmens bestimmt. Oder es gerät umgekehrt das kurzfristige Familieninteresse einseitig zu Lasten des Unternehmens in den Vordergrund. Diese Interessen widersprechen zunehmend denen der Familiendestinatäre. Oder es werden bei einer unternehmensnahen gemeinnützigen Stiftung unter Verstoß gegen den Grundsatz der zeitnahen Mittelverwendung die Mittel der Stiftung verspätet ausgezahlt und „vorübergehend" dem Unternehmen zugeführt, um dieses in Krisenzeiten zu unterstützen.

41 Teilweise werden an die Gründung der Stiftung auch **falsche Vorstellungen und Erwartungen** geknüpft (siehe auch Rn 45), die vom Stiftungszweck grundsätzlich nicht gedeckt sind und/oder vom Stiftungsrecht nicht gedeckt werden können. So bieten Stiftungsgestaltungen – etwa die Stiftung & Co. KG – gerade im Unternehmensbereich, wie oben dargestellt, regelmäßig eine geringere Flexibilität als andere Rechtsformen für Unternehmen, was durchaus nicht jedem Stifter bewusst (geworden) ist. Das kann an ihm selbst liegen, wenn er sich etwa mit der Angelegenheit nicht wirklich näher beschäftigt hat, oder auch an dem Berater, der nicht ausführlich genug beraten hat.

42 In **seltenen Missbrauchsfällen** werden, wie die Praxis leider zeigt, durch die Stiftungserrichtung etwa auch gemeinwohlwidrige Ziele verfolgt, die mit dem Wesen der Stiftung von vornherein unvereinbar sind. Solche Stiftungen sind

nicht anerkennungsfähig und werden regelmäßig gegen das Gemeinwohl verstoßen.[70]

Der in der Praxis häufigste Fall ist aber wohl der, dass sich ein Stifter trotz Beratung oder eben wegen fehlender passender Beratung letztlich der vollen **Tragweite „seiner" Stiftungserrichtung** nicht wirklich bewusst ist. Der Stifter erkennt nicht wirklich, dass die Stiftung ein sehr langlebiges, von ihm unabhängiges Gebilde ist, dessen Wirkung sich auf die Ewigkeit richtet. Die Stiftung eignet sich eben nicht zur Verfolgung kurzfristiger oder gar kurzsichtiger Ziele. Die einmal anerkannte Stiftung genießt mit ihrem jeweiligen spezifischen Stiftungszweck staatlichen Bestandsschutz – auch gegenüber dem Stifter. Stiftern ist mitunter nur schwer zu vermitteln, dass sie mit der wirksamen Stiftungserrichtung das Eigentum an dem Stiftungsvermögen verlieren. Dieses geht auf die Stiftung über, ohne dass der Stifter dadurch Eigentum an der Stiftung erlangt. Die Stiftung ist ausschließlich sich selbst und ihrer Satzung verpflichtet. 43

Letztlich ist es wohl nicht selten eine **Mischung** aus enttäuschten Erwartungen und Unkenntnis der Grundprinzipien des Stiftens, die in der Praxis zu Verstößen gegen die Stiftungssatzung führen. So scheuen Stifter mitunter auch den vermeintlich mühsamen Weg über die behördlich genehmigte Satzungsänderung. Sie sehen hierin einen unnötigen Formalismus und betrachten das Stiftungsvermögen nach wie vor als ihr Vermögen. Sie akzeptieren nicht, dass Stiftungszweck und Stiftungsvermögen ihrer freien Disposition entzogen sind und verfahren mit der Stiftung so, wie sie es für angemessen halten. Die Kontrolle durch die Stiftungsorgane versagt in diesen Fällen mitunter, weil die Organe durch den Stifter kontrolliert werden. 44

Praxishinweis: Fehlvorstellungen zur Stiftung als Rechtsform: 45
Typisch sind nach meinen Erfahrungen etwa **Äußerungen** wie die folgenden von Stiftern zu „ihren" Stiftungen:[71]
„Was soll das? Kann ich jetzt bei meiner Stiftung nicht einmal mehr über mein eigenes Geld verfügen?"
„Da reden die Behörden dann bei meinem Geld mit, das ich der Gemeinnützigkeit gegeben habe."

70 Siehe dazu den bereits erwähnten sog. „Republikanerfall", der über drei Instanzen lief: VG Düsseldorf NVwZ 1994, 811; OVG Münster NVwZ 1996, 913; BVerwG NJW 1998, 2545. Kritisch zu diesem Urteil: *Reuter*, in: Hopt/Reuter, Stiftungsrecht in Europa, S. 139 ff. Verteidigend: *Andrick*, Stiftung & Sponsoring 6/2002, 23 (25). Unter diesem Aspekt wurde auch die angestrebte Stiftungserrichtung desjenigen, der einen Bankierssohn erst entführt und dann getötet hatte, (Ich will den Namen hier gar nicht nennen!) lebhaft diskutiert; siehe dazu etwa *Veltmann*, ZSt 2006, 150 ff.

71 Siehe etwa *Lautenschläger*, in: Stifterverband-W & W 3/2005, 30, 33, 35 und passim.

Hier müssen wir Berater frühzeitig aufklären, was wie geht und was nicht geht. Nur in seltenen Fällen werden sich Stifter als nicht „beratungsresistent" erweisen. Auch das habe ich aber natürlich erlebt – einen völlig entrückten Stifter, der nur seine Meinung bestätigt haben wollte und für Hinweise gar nicht offen war. Er war es nach vielen, vielen Erfolgsjahren nicht mehr gewohnt, auch nur eine ansatzweise kritische Meinung zur Kenntnis zu nehmen, hatte er doch sein Umfeld „erfolgreich" aus „Zustimmern" zusammengesetzt. In solchen Fällen verkennt der Stifter z.B. dann auch, dass sich eine Stiftungssatzung – anders als eine testamentarische Verfügung – nicht nach jeweiliger Gemütslage einfach abändern lässt. Hier ist eine stringente und klare Beratung besonders gefragt – und dazu auch ganz deutlich die finanzielle und mentale Unabhängigkeit des Beraters!

46 Bei den nicht steuerbefreiten Familienstiftungen spielen ggf. auch persönliche **Vorlieben und Abneigungen** zwischen Stifter, Stiftungsorganen und Destinatären eine besondere Rolle. Sie können die jeweilige Stiftungspolitik im Einzelfall durchaus stark beeinflussen. Der materielle Schaden, der für Stiftung und Gesellschaft aus solchen Verstößen entsteht, ist jedoch meist gering, wenn die Stiftung die Erträge weiterhin ausschüttet.

47 Viel größer als der etwaige materielle Schaden ist oft der Vertrauensschaden, den die vorstehend angesprochenen „Verstöße" bei den Stiftungsorganen, den Destinatären und schlimmstenfalls auch in der Öffentlichkeit hinterlassen. In der Praxis sind Verstöße oft auch nur schwer feststellbar. Die Aufsichtsbehörden sind auf Hinweise Dritter angewiesen, die sich etwa durch das Vorgehen des Stifters benachteiligt fühlen. Es kommt deshalb nicht ganz selten vor, dass entsprechende Verstöße jahrelang „unbeachtet" bleiben.

48 Mitunter wird ein einschlägiges Problem mit oder nach dem Tod des Stifters bekannt. Es bleibt dann den Hinterbliebenen nur übrig, mit Hilfe von Aufsichtsbehörden und Stiftungsanwälten eine vertretbare Lösung zu erarbeiten. Dies wird dadurch erschwert, dass bei der Neufassung eines Stiftungszwecks die Absicht des Stifters stets zu berücksichtigen ist. Aus einem vorgeschobenen Stiftungszweck lassen sich aber nur selten brauchbare Lösungen herleiten.

49 **Praxishinweis: Untreue (§ 266 StGB)?**

Untreue ist in der Praxis ein Thema auch bei Stiftungen. Bei jeder Mittelfehlverwendung stellt sich automatisch die Frage, ob zugleich ein Verstoß gegen diese Strafrechtsnorm vorliegt.[72] Leider ist der Untreuetatbestand recht unscharf.

72 Siehe etwa auch *Altenburger*, BB 2015, 323: „Unternehmerische (Fehl-)Entscheidungen als Untreue? Eine gefährliche (Fehl-)Entwicklung".

Das Bundesverfassungsgericht hat durch Beschl. v. 23.6.2010 in drei miteinander verbundenen Verfahren[73] über die Anwendung und Auslegung des Tatbestandes der Untreue (§ 266 Abs. 1 StGB) unter dem Gesichtspunkt des Bestimmtheitsgebotes des Art. 103 Abs. 2 GG entschieden. Einerseits hat das BVerfG wenig überraschend die im juristischen Schrifttum zum Teil bezweifelte[74] Verfassungsmäßigkeit des Untreue-Tatbestandes als gegeben angesehen. Andererseits hat es in einem Fall die Bewährungsstrafe, die wegen Untreue ergangen war, wegen Verletzung des Rechts der Beschwerdeführer aus Art. 103 Abs. 2 GG aufgehoben und diese Sache an das Landgericht Berlin zurückverwiesen. Der Untreuetatbestand lasse eine konkretisierende Auslegung zu, die die Rechtsprechung in langjähriger Praxis umgesetzt und die sich in ihrer tatbestandsbegrenzenden Funktion grundsätzlich als tragfähig erwiesen habe.
In dem BVerfG-Beschluss findet sich folgende interessante „historische" Ausführung, die die Relevanz des Themas für Stiftungen hervorhebt (dort Rn 6 ff.):
„Das Strafgesetzbuch des Norddeutschen Bundes vom 31.5.1870 erweiterte diesen Tatbestand in mehrfacher Hinsicht; diese Fassung des Untreuetatbestands wurde unverändert als § 266 in das Reichsstrafgesetzbuch vom 15.5.1871 (RGBl S. 127) übernommen. Sie lautete:
Wegen Untreue werden mit Gefängnis, neben welchem auf Verlust der bürgerlichen Ehrenrechte erkannt werden kann, bestraft:
1) Vormünder, Kuratoren, Güterpfleger, Sequester, Massenverwalter, Vollstrecker letztwilliger Verfügungen und ***Verwalter von Stiftungen****, wenn sie absichtlich zum Nachteile der ihrer Aufsicht anvertrauten Personen oder Sachen handeln; ...*"

III. Was erfordert die „Stiftungsreife"?

Wir haben gesehen, dass vieles beim Erfolg eines Stiftungsprojektes vom Stifter abhängt. Wir haben auch gesehen, wie wichtig eine Kontrolle der Stiftungstätigkeit ist. Eine Kontrolle des Stifters selbst erscheint weder sonderlich praktikabel noch ist sie letzten Endes wirklich erforderlich. Schließlich entäußert sich der Stifter eines Gutteils seines Vermögens,[75] um einen bestimmten Zweck zu verfolgen. Es ist zuvorderst in seinem eigenen Interesse, dass die Stiftung ihr satzungsmäßiges Ziel erreicht. Dazu sollte der Stifter aber gewisse **persönliche Qualifikationen** erfüllen, um die Stiftung zu einem Erfolg zu führen. Diese 50

73 BVerfG – 2 BvR 2559/08, – 2 BvR 105/09, – 2 BvR 491/09, NJW 2010, 3209.

74 Siehe etwa *Fischer*, Strafgesetzbuch, § 266 StGB Rn 5 m.w.N.

75 Nur zur Erinnerung: Er könnte das Vermögen auch einfach verschwenden, verprassen, sinnlos ausgeben, beliebig verschenken, ... und den Rest vergeuden.

Qualifikationen können – in Anlehnung an den Begriff der Börsenreife bei der Aktiengesellschaft – als **Stiftungsreife** bezeichnet werden.[76]

51 Ein Unternehmer, der mit seinem Unternehmen an die Börse gehen will, muss nicht nur eine Vision und eine „Geschichte“, die Phantasie zulässt, haben, sondern vorher der ihn begleitenden Bank und der Öffentlichkeit seine **„Börsenreife“** nachweisen. Dazu gehört u.a., dass er gewillt ist, neue Aktionäre als Partner zu akzeptieren und deren Belange angemessen zu berücksichtigen. Dazu muss er insbesondere zu einer ausreichenden Publizität und Öffentlichkeitsarbeit bereit sein, anderenfalls wird der Markt seinem Börsengang keinen Erfolg bescheren. Der Markt kontrolliert die an der Börse eingeführte Aktiengesellschaft.

52 Vor allem folgende Kriterien für eine entsprechende **„Stiftungsreife“** lassen sich festhalten:

- Der **Stifter** muss gewillt sein zu akzeptieren, dass er mit der Stiftung eine eigenständige, von seinem Willen zukünftig unabhängige juristische Person ins Leben ruft, mit der Folge, dass
  - er nach der Stiftungserrichtung nicht mehr frei über das gestiftete Vermögen verfügen kann, und dass
  - er in seinem Handeln ebenso an die Stiftungssatzung gebunden ist wie die Stiftungsorganmitglieder und dass
  - er nur noch die Rechte hat, die er sich wirksam in der Stiftungssatzung „vorbehalten“ hat – etwa als Mitglied eines Stiftungsorgans (siehe auch § 3 Rn 67 ff.).
- Bei einer gemeinnützigen Stiftung sollte der **Stifter** zudem erkennen, dass
  - ihm mit der Stiftung ein wirkungsvolles, staatlich geschütztes Instrument zur Verwirklichung seiner individuellen Ziele zur Verfügung gestellt wird, das weit mehr darstellt als ein bloßes Steuersparmodell und dass
  - die nicht eben ganz einfachen Regeln des Gemeinnützigkeitsrechts einzuhalten sind.

53 Die allermeisten Stifter sind erfahrungsgemäß bereit, diese Kriterien zu erfüllen. Es ist letztlich die Aufgabe der **Stiftungsberater**, den Stiftern das hierzu erforderliche Wissen und Problembewusstsein zu vermitteln. Ein Stiftungsberater sollte

- seinen Mandanten umfassend über die möglichen Folgen der Stiftungserrichtung aufklären, damit keine falschen Erwartungen entstehen, die später

76 Siehe NK-BGB/*Schiffer/Pruns*, § 80 Rn 90 ff.; ausf. schon *Schiffer/Bach*, Stiftung & Sponsoring, 4/1999, 16 und 5/1999, 21; *Schiffer/v. Schubert*, DB 2000, 437. Dem dort entwickelten Ansatz ausdrücklich folgend z.B. *Wachter*, Stiftungen, Kap. B Rn 59; *Otto*, Handbuch der Stiftungspraxis, S. 399, aber etwa auch *Mecking*, siehe oben Rn 10.

enttäuscht werden und die zu einer Missachtung der Stiftungssatzung führen können,
- im Gespräch mit dem Stiftungswilligen dessen teilweise recht vagen und oft nicht näher definierten Vorstellungen möglichst umfassend in den Stiftungszweck einfließen lassen.

Darüber hinaus treffen den Stiftungsberater besondere **Hinweispflichten**. Er genießt das Vertrauen des Stifters und ist ihm gegenüber zur Objektivität und Unabhängigkeit verpflichtet. Der verbreiteten Vorstellung von der Stiftung als reinem Steuersparmodell hat er entgegenzuwirken. Zudem sollte er auf eine **Entmystifizierung der Stiftung** hinwirken und den Stifter auf die besondere Verantwortung, die mit der Stiftungserrichtung einhergeht, umfassend vorbereiten. 54

Praxishinweis: Stiftungszahlungen und die Anrechnung sozialrechtlicher Leistungen 55

Nicht ganz selten begegnet man im Stiftungswesen der Frage, ob über eine Stiftung Leistungen an bestimmte bedürftige Destinatäre erfolgen können, ohne dass diese Leistungen auf sozialrechtliche Ansprüche angerechnet werden.

Die Frage liegt nahe, wenn man die finanzielle Situation des bedürftigen Betroffenen verbessert will. Das hier bestehende Spannungsverhältnis liegt aber auch auf der Hand. In § 17 Abs. 3 SGB I heißt es dazu, ohne unmittelbare Auswirkung auf den jeweiligen Einzelfall beinahe resignierend:

„In der Zusammenarbeit mit gemeinnützigen und freien Einrichtungen und Organisationen wirken die Leistungsträger darauf hin, daß sich ihre Tätigkeit und die der genannten Einrichtungen und Organisationen zum Wohl der Leistungsempfänger wirksam ergänzen. Sie haben dabei deren Selbstständigkeit in Zielsetzung und Durchführung ihrer Aufgaben zu achten. Die Nachprüfung zweckentsprechender Verwendung bei der Inanspruchnahme öffentlicher Mittel bleibt unberührt. Im übrigen ergibt sich ihr Verhältnis zueinander aus den besonderen Teilen dieses Gesetzbuchs; § 97 Abs. 1 Satz 1 bis 4 und Abs. 2 des Zehnten Buches findet keine Anwendung."

Küstermann/Staats haben die schwierige Rechtslage aufgearbeitet.[77] Sie kommen, was tatsächlich wenig überrascht, zu dem Ergebnis, dass es sich um ein ganz weites Feld handelt. Sie sehen keine pauschale Lösung, sondern verweisen auf die Prüfung des Sachverhaltes im jeweiligen Einzelfall. Es ist immer nach der jeweiligen gesetzlichen Spezialregelung zu prüfen, welches Einkommen auf die staatliche Sozialleistung anzurechnen ist.

Im Einzelfall erscheint beiden Autoren deshalb jeweils eine Rücksprache mit dem betreffenden Sozialleistungsträger geboten. Diesem Ratschlag kann

77 *Küstermann/Staats*, ZStV 2011, 51.

ich mich nur ausdrücklich anschließen. Er gilt ganz besonders, wie auch die Autoren betonen, für solche Stiftungen, die nach dem Text ihrer Satzung – oder auch nur stillschweigend (Auslegung!!) – staatliche Leistungen nicht ersetzen dürfen.

C. Corporate Governance und Compliance bei Stiftungen

56 Wenn wir uns mit dem Thema Stiftungsreife in Bezug auf die Möglichkeiten und Grenzen, vor allem für die Tätigkeit von Stiftungsorganmitgliedern, beschäftigen, stoßen wir früher oder später auch auf die Schlagworte **„Corporate Governance"** (deutsch = Grundsätze der Unternehmensführung) und **Compliance**.[78] Compliance bedeutet nichts anderes als Regeltreue und Regelkonformität. Es ist nicht nur so, dass ein Stiftungsberater diese Themen kennen sollte. Nein, sie bieten ihm sogar eine große **Beratungschance**. Deshalb sollen hier die wesentlichen Punkte dazu festgehalten werden.

Aktuell haben Corporate Governance und Compliance die größte praktische Bedeutung bei börsennotierten Unternehmen, aber auch für mittelständische Unternehmen und Familienunternehmen sowie für die die rechtsfähige Stiftung gewinnen sie zunehmend an Bedeutung. So wird auch für Stiftungen und sonstigen NPO vermehrt die Frage nach der Einführung von Corporate Governance-Regeln und -Systemen für eine ordnungsgemäße Tätigkeit der Stiftungsorgane und der sonstigen Mitwirkenden gestellt. Die Regeln müssen dann auch nachhaltig umgesetzt werden. Es ist eine **Compliance-Organisation**[79] zu schaffen. Sogar so eine altehrwürdige Organisation wie das IOC ist den Erkenntnissen aus der Welt der Wirtschaft gefolgt und hat einen **„Compliance-Beauftragten"** eingesetzt.[80]

Nachgefragt: Compliance-Berichte in der steuerlichen Betriebsprüfung?
Auch in der Stiftungswelt wird die Frage gestellt, ob etwaige (interne) Compliance-Berichte in der steuerlichen Betriebsprüfung vorzulegen sind. Hier kann wohl „Entwarnung" gegeben werden. *Werder/Rudolf* begründen überzeugend, warum eine solche Pflicht nicht besteht.[81] Danach dürfen die Prüfer nur Auskunft über die betreffenden Sachverhalte und ggf. Vorlage der betreffenden Primärurkunden verlangen.

---

78 *Schiffer*, ZCG 2006, 143; *Gräwe*, ZStV 2013, 81; ausf. zur Coporate Governace bei Kulturstiftungen („Foundation Governance"): *Burgard*, in Nietsch/Weller/Kiesel (Hrsg). Kulturstiftungen, 87; *Ritter*, StiftungsBrief 2014, 176.

79 Siehe schon *Schiffer*, ZCG 2006, 143.

80 Bonner Generalanzeiger, 2.1.2015, 11.

81 *Werder/Rudolf*, BB 2014, 3094.

Eine andere Frage ist allerdings, ob im Einzelfall eine entsprechende Konfrontation mit dem Steuerprüfer sinnvoll oder ob nicht eine „Kooperation" vorzuziehen ist.[82]

Teil einer Compliance-Organisation können auch **Ombudsfrauen und Ombudsmänner** sein, wobei verschiedene Ansätze zu unterscheiden sind.[83] Der Ombudsmann kann als externe und unabhängige Person tätig werden, die, die aus der Stiftung heraus bei dem Verdacht eines Regelverstoßes in der Stiftung angesprochen werden kann. Solche Ombudsleute für interne Angelegenheiten kennen wir bereits aus der Wirtschaft.[84] In der Stiftungswelt sind sie noch ganz vereinzelt, wobei einzuräumen ist, dass die dortige Verschwiegenheit keine wirklich verlässliche statistische Einschätzung zulässt. Neben diesen Ombudsleuten für interne Angelegenheiten kennen wir solche aus der Wirtschaft, die sich um Kundenbeschwerden kümmern (Beispiele: Banken[85] und Versicherungen[86]). Solche Ombudsleute für externe Angelegenheiten finden sich vereinzelt auch in der Stiftungswelt.[87] 57

Beispiele für Maßstäbe im Sinne von Corporate Governance-Regeln für Stiftungen 58

Handlungsprinzipien und -maßstäbe für Stiftungen hat nicht nur der Bundesverband Deutscher Stiftungen mit seinen Grundsätzen guter Stiftungspraxis,[88] sondern etwa auch der Deutsche Sparkassen- und Giroverband[89] entwickelt. Nachdem das Deutsche Stiftungszentrum in Essen im Stifterverband für die Deutsche Wissenschaft schon vor längerer Zeit „Grundsätze guter Stiftungsverwaltung" vorgestellt hat, ist nun der Bundesverband

82 Zur konsensualen Konfliktlösung in der anwaltlichen Beratungspraxis siehe statt vieler etwa *Engel*, ErbR 2014, 508.

83 Ein Überblick zu der Vielfalt der Ombudsleute findet sich bei: de.wikipedia.org/wiki/Ombudsmann.

84 Beispiel: http://www.handelsblatt.com/unternehmen/management/koepfe/winfried-hassemer-daimler-holt-sich-ehemaligen-verfassungsrichter/6143166.html. Der dort aufgeführte Ombudsmann ist auch von Außenstehenden ansprechbar.

85 Siehe etwa: www.test.de/Ombudsmann-Kosten-und-Aerger-ersparen-1574055–0/.

86 Siehe etwa www.test.de/Versicherungsombudsmann-Die-Beschwerde-lohnt-sich-4383876–0/; http://www.pkv-ombudsmann.de/.

87 Beispiel: www.bankkaufmann.com/meldung-356624.html.

88 www.stiftungen.org/fileadmin/bvds/de/News_und_Wissen/Grundsaetze_Guter_Stiftungspraxis/BvDS_Grundsaetze_Guter_Stiftungspraxis_erw._Neuauflage_2010.pdf; http://www.stiftungen.org/de/news-wissen/grundsaetze-guter-stiftungspraxis.html; siehe auch die ausführliche Buchausgabe, 2014.

89 www.sparkassenstiftungen.de/index.php?id=14.

Deutscher Stiftungen, Berlin, mit seinen „Grundsätzen Guter Verwaltung von Treuhandstiftungen“ („Treuhandverwaltungs-Grundsätze“) gefolgt.[90] Obwohl ich ab und an durchaus Zweifel an der umfassenden deutschen „Regelfreude“ habe,[91] finde ich es doch absolut richtig, dass mit solchen Ausarbeitungen die Professionalisierung in der Stiftungswelt weiter vorangetrieben wird. Die zunehmende Begeisterung, die der Rechtsform Stiftung entgegenschlägt, hält noch keinesfalls ausreichend mit den für eine erfolgreiche Stiftungsarbeit erforderlichen fachlichen Kenntnissen Schritt. Die besagten Regeln und Grundsätze sind, was mitunter verkannt wird, nicht ohne weiteres rechtlich bindend (siehe auch oben Rn 32). Sie können aber wertvolle Hilfen und Anregungen für die Praxis geben.

59 Das Thema **Corporate Governance** und Compliance ist ersichtlich ein ausgesprochen weites Feld. Der Begriff ist letztlich „nur“ ein Schlagwort. Der Begriff stammt aus dem anglo-amerikanischen Rechtsraum und findet sich bei genauer Betrachtung noch in der (wissenschaftlichen) Begriffsklärung.[92] Diese Begriffsfindungsdiskussion kann hier jedoch dahinstehen, denn jedenfalls beschäftigt man sich unter dem neudeutschen Schlagwort Corporate Governance mit dem Setzen und Einhalten von **Regeln, die für Mitarbeiter und insbesondere für die Organe von Unternehmen gelten.**[93] Diese Regeln können mit unterschiedlich weit reichendem Regelungscharakter[94] (etwa obligatorisch, freiwillig, unverbindlich; Gesetz, Richtlinie, Absichtserklärung) von unterschiedlichen Interessengruppen gesetzt werden, etwa durch den Gesetzgeber, die Inhaber, die Mitarbeiter, das Unternehmensaufsichtsorgan (Beirat, Aufsichtsrat), die Geschäftspartner und die menschliche Gesellschaft an sich. Corporate Governance ist letztlich weniger ein starres System von Regelungen, sondern eher ein Prozess, der sich nach den jeweils aktuellen Anforderungen weiterentwickelnder Grundsätze und Normen bestimmt, d.h. fortlaufend in der praktischen Erprobung ist. Die EU-Kommission hat ein Europäisches Corporate-Governance-Forum eingerichtet, das die Konvergenz der nationalen Corpo-

90 Siehe dazu www.stiftungen.org/ggt.

91 Siehe schon oben Rn 32 zur rechtlichen Bedeutung solcher Regelungen.

92 Siehe z.B. schon *Berndt*, ZCG 2006, 1 (enge und weite Auslegung des Begriffs); *Burgard,* in: Nietsch/Weller/Kiesel (Hrsg). Kulturstiftungen, 89.

93 Siehe zu dem Stichwort und zu den nachfolgenden Ausführungen etwa unter www.wikipedia.org; *Berndt*, ZCG 2006, 1; *Hüffer*, AktG, 9. Aufl. 2010, § 161 Rn 2; *Winkeljohann/Kellersmann*, ZCG 2006, 8; *Wolf*, AWR 2004, 167; *Schäfer/Baumann*, NJW 2011, 3601 m.w.N. („Compliance-Organisation“); *Bacher/Nothhelfer*, BBK 2015, 568 und 612; *Benecke/Groß*, BB 2015, 693 (außerordentliche. Kündigung).

94 Die nur begrenzten Möglichkeiten der Regulierung einer effektiven Corporate Governance betont etwa *Berndt*, ZCG 2006, 1.

rate-Governance-Kodizes fördern sowie die Kommission beraten soll.[95] In Deutschland sind Corporate-Governance-Grundsätze im Corporate-Governance-Kodex fixiert.[96] Zusätzlich wird Corporate Governance als „Best-Practice-Modell“ diskutiert und empfohlen.[97]

„Gute“ Corporate Governance soll vor allem für verantwortliche, qualifizierte, transparente und auf den langfristigen Erfolg ausgerichtete Unternehmensführung sorgen. Wesentliche Stichworte dazu sind: Unternehmensstrategie, Organbesetzung, Organkompetenz, Organkontrolle, Berichtswesen, Risiko- und Chancenmanagement, Vergütungsstrukturen, Rechnungslegung, Abschlussprüfung und Publizität. Corporate Governance soll so aktuell vor allem das Vertrauen von Aktionären und Investoren in den Kapitalmarkt stärken. Dabei soll sie aber nicht stehen bleiben. Zusätzlich wird diskutiert, die Idee der Corporate Governance für weitere Bereiche nutzbar zu machen wie für KMU,[98] aber eben auch für Stiftungen. 60

Die (gemeinnützige) Stiftungsarbeit wird also zunehmend professioneller. Das ist nicht neu, aber nachhaltig zu begrüßen. Zur Corporate Governance werden schon länger Fragen nach der Kontrolle der Stiftungsorgane,[99] nach den Grundsätzen einer ordnungsgemäßen Stiftungsverwaltung[100] oder nach den Grundsätzen guter Stiftungspraxis (siehe oben Rn 58) gestellt und es werden Vorschläge dazu entwickelt. Die Welt der Wirtschaft liefert dabei viele Vorbilder. So wird uns in der Stiftungswelt künftig vermehrt auch das Thema „Tax-Compliance“[101] treffen, was angesichts des deutschen, kaum überschaubaren Steuerrechts eine erhebliche Belastung ist. 61

Ebenso wie in der Wirtschaftswelt wird es in der Stiftungswelt zumindest bei größeren Stiftungen künftig auch **Ombudsfrauen und Ombudsmänner** geben, die von Mitarbeitern der Stiftungen bei Regelverstößen kontaktiert werden können (siehe Rn 57).

---

95 Siehe zu den EU-Ansätzen auch *Gebhardt*, ZCG 2006, 13.
96 www.corporate-governance-code.de.
97 So etwa schon *Wolf*, AWR 2004, 167; *Steuber*, DStR 2006, 1182.
98 *Winkeljohann/Kellersmann*, ZCG 2006, 8.
99 Plastisch etwa *Steuber*, DStR 2006, 1182 („Kontrolle oder Moral“).
100 Siehe z.B. schon *Neuhoff*, Die Roten Seiten zu Stiftung & Sponsoring 2/2003 („Versuch einer Stiftungsethik“).
101 Siehe generell zu diesem Thema *Aichberger/Schwartz*, DStR 2015, 1691 und 1758 („Tax Compliance – der Vorstand im Fokus?“) mit Hinweisen zur Errichtung eines Tax-Risk-Managements.

62 Ein modernes, betriebswirtschaftlich orientiertes[102] **Stiftungsmanagement** (siehe § 4 Rn 8 ff.) und eine angemessene Kostenrechnung mit einem praxistauglichen Berichtswesen zur Planung und Kontrolle der „Unternehmung" Stiftung[103] werden zunehmend als Basis einer erfolgreichen Stiftungsarbeit erkannt und gefordert (siehe auch oben Rn 24). Der konkreten Evaluation und der Qualitätssicherung in der Stiftungspraxis wird vermehrt Aufmerksamkeit gewidmet.[104] Um eine langfristig erfolgreiche Stiftungstätigkeit sicherzustellen, reicht es in der Tat nicht aus, nur die Mittelverwendung zu dokumentieren und zu kontrollieren. Es sind auch für Stiftungen in der Tat ggf. Nützlichkeitsstandards, Durchführungsstandards (einschließlich Fairnessstandards) und Genauigkeitsstandards im Sinne von Best-Practice-Regelungen zu erarbeiten. Darin sollte sich die aktuelle Diskussion zur Corporate Governance bei Stiftungen aber nicht erschöpfen. Nicht vergessen werden darf, dass das Haftungsrecht für Mitglieder von Stiftungsorganen einerseits natürlicher Ausgangspunkts für eine „Best-Practice" ist, andererseits aber von den beteiligten Kreisen noch immer unterschätzt wird.

63 **Praxishinweis: Stärkung des individuellen Vertrauens**

Verdeutlichen sich die Mitglieder eines Stiftungsorgans die oben dargestellten **Haftungsregeln** (siehe § 5 Rn 1 ff.), ist auch schon viel im Sinne einer Corporate Governance für Stiftungen getan. Die Haftungsregeln werden von den bereits vorgelegten oder derzeit noch diskutierten Best-Practice-Regelungen für die Tätigkeit von Stiftungsorganen beeinflusst. Entscheidend für die „ordnungsgemäße und gewissenhafte Geschäftsführung einer Stiftung" erscheint in erster Linie weniger ein (genereller) Corporate-Governance-Kodex für Stiftungen als vielmehr die Stärkung des individuellen Vertrauens in die persönlichen Fähigkeiten und die Integrität der jeweiligen Mitglieder der Stiftungsorgane für deren jeweiliges Umfeld.[105] Persönliches Vertrauen aber wird bekanntlich immer wieder individuell auf vielfältige Art und Weise erarbeitet und nicht etwa vorrangig durch Rechtsregeln. Hier sind und bleiben **Moral und Ethik** entscheidende Stichworte.

64 Je nach Stiftungstypus wird man zudem unterscheiden:
- Best-Practice-Regeln werden beispielsweise bei einer **Familienstiftung** typischerweise zunächst der Stifter bei der Gründung in der Satzung oder

102 Siehe etwa die empirische Studie zur betriebswirtschaftlichen Orientierung von Stiftungen, die *Sandberg* vorgelegt hat: Stiftung & Sponsoring 1/2006, 39; www.stiftungsmanagement-projekt.de.

103 Ausf. *Sandberg*, Die Roten Seiten zum Magazin Stiftung & Sponsoring 1/2001.

104 Ausf. *Beywl/Henze/Mäder/Speer*, Die Roten Seiten zum Magazin Stiftung & Sponsoring 2/2002.

105 In dieser Richtung für eine „Unternehmensführung" auch *Berndt*, ZCG 2006, 1 (7).

etwa einem „Stiftertestament“ und künftig die Familie bezogen auf ihren konkreten Fall, etwa über einen Familienrat als in der Satzung festgelegtes freiwilliges Überwachungsorgan der Stiftung, festlegen. Die Allgemeinheit ist hier insoweit nicht betroffen.

- Auch bei einer **unternehmensverbundenen Stiftung** stellt sich je nach Zweck die Frage nach der Corporate Governance aus Sicht der betroffenen Personenkreise (Stifter, Familie, Unternehmen). Die Allgemeinheit ist auch hier insoweit nicht betroffen.
- Bei **gemeinnützigen Stiftungen** kommt aufgrund der gewährten Steuerfreiheit das Interesse der Allgemeinheit als Ansatzpunkt für Corporate Governance Regelungen zu den bereits genannten Hauptinteressengruppen Stifter und Destinatäre hinzu.[106]

Hinweis: Zehn Empfehlungen für gemeinnützige Unternehmensstiftungen 65

Der Arbeitskreis Unternehmensstiftungen des Bundesverbandes Deutscher Stiftungen hat sich eines besonderen Themas angenommen – der gemeinnützigen Unternehmensstiftung. Der Arbeitskreis unter der Leitung von Ekkehard Winter hat 10 Empfehlungen[107] für diese besondere „Art“ von Stiftungen verabschiedet, die künftig weiter bearbeitet werden sollen.
Die Empfehlungen möchte ich hiermit ausdrücklich zur Lektüre empfehlen.

D. Das passende Honorar

I. Stundenhonorare

Eine wesentliche Besonderheit **beratender Tätigkeit** ist, dass der Rechtsanwalt oder sonstige Stiftungsberater häufig im Rahmen von Dauermandaten tätig ist, d.h. er betreut für diese Mandanten mehr oder weniger intensiv gleichzeitig verschiedene Angelegenheiten. Dabei ist der Tätigkeitsumfang für eine konkrete Angelegenheit häufig nur schwer abzugrenzen. Wie soll z.B. ein Besprechungstermin zwischen Unternehmer/Stiftungsvorstand und Anwalt, bei dem zahlreiche Angelegenheiten einer Unternehmensstiftung unterschiedlich intensiv angesprochen werden, honorartechnisch auf die einzelnen Angelegenheiten aufgeteilt werden? Von der Sache her bieten sich hier deshalb Stunden- und/oder Tageshonorare an.[108] So wird dann auch in der Praxis regelmäßig auch bei 66

106 Siehe etwa *Steuber*, DStR 2006, 1182 (1185 f.); *Wolf*, AWR 2004, 167 (171) jew. m.w.N.

107 www.stiftungen.org/fileadmin/bvds/de/Termine_und_Vernetzung/Arbeitskreise/AK_Unternehmensstiftungen/10_Empfehlungen_endversion.pdf.

108 Zur Erstattungsfähigkeit von Zeithonoraren in Gerichtsverfahren siehe *Saenger/Uphoff*, NJW 2014, 1412 ff.

Dauermandaten[109] verfahren. Dieser Themenbereich wird hier beispielhaft **aus meiner Sicht als beratender Rechtsanwalt**[110] betrachtet, denn ersichtlich kann ich nur das aus eigener Erfahrung beurteilen. Die Betrachtung soll Anhaltspunkte für andere Stiftungsberater geben.

67 Zur Höhe von echten und angeblichen **Rechtsanwalts- und Beraterstundenhonoraren** hört man die verschiedensten und zum Teil auch abenteuerlichsten Angaben.[111] Die Tageshonorare von McKinsey, der bekannten Unternehmensberatung, beispielsweise sollen[112] für Herrn Henzler, den damaligen McKinsey-Chef in Deutschland, oder für einen sonstigen Direktor dieses Beratungsunternehmens schon 1996 bei umgerechnet über 5.000 EUR gelegen haben und für einen „normalen" Consultant immer noch bei 1.600 bis 2.000 EUR.[113] Das ergibt bei einem 10-Stundentag ein Stundenhonorar zwischen jedenfalls 160 bis 500 EUR. Die Stundenhonorare für Unternehmensanwälte sind ähnlich. 600 EUR (netto) oder je nach Bedeutung der Angelegenheit auch deutlich mehr pro Stunde für erfahrene Wirtschaftsanwälte sind heute nach meinen Erfahrungen nicht mehr selten.

68 **Honorare und Konditionen der Beratung** sind heute auch Marketinginstrumente des Anwalts und sonstigen Beraters.[114] Der Anwalt oder Berater wird die **Honorarfrage** im Gespräch mit seinem Mandanten jedenfalls sinnvollerweise

- zu einem frühen Zeitpunkt
- offensiv und mit größter Selbstverständlichkeit sowie Offenheit angehen und
- eine schriftliche Honorarvereinbarung treffen.

Beide Seiten sollten frühzeitig wissen, woran sie sind. Das schließt unangenehme Missverständnisse aus.

---

109 Zur Vergütung eines Anwalts im Dauermandat siehe *Schneider*, AnwBl 2009, 208; zur Vergütungsvereinbarung von Steuerberatern siehe *Lotz*, DStR 2009, 1716.

110 Zur Entwicklung der Rechtsanwaltsvergütung in 2013 siehe etwa *Mayer*, NJW 2014, 1780.

111 Das erinnert mich oft an die hohen Rabatte, die immer nur die anderen beim Kauf ihrer Autos (angeblich?) erzielen.

112 Nach Angaben der WiWo, Heft 22/1996, 12.

113 Die Honorare anderer Unternehmensberatungsfirmen sind nach dem WiWo-Bericht ähnlich.

114 Einen lesenswerten Überblicksaufsatz zum „Kanzleimarketing" am Beispiel von Steuerberatungskanzleien hat *Hausmann*, DStR 2013, 1961, geschrieben.

Praxishinweis: Bestimmung des Stundensatzes 69

Bei der Bestimmung des Stundensatzes in einer Stiftungsangelegenheit wird der Anwalt oder sonstige Berater vor allem folgende Aspekte in seine Überlegungen mit einbeziehen:[115]

- Die Kostenstruktur seiner Kanzlei/seines Unternehmens (kostenorientierte Preisbestimmung),
- den Gegenstandswert der Angelegenheit (z.B. Höhe der Steuerzahlung, Höhe einer Schadensersatzforderung, gemeinnützige Stiftung, unternehmensverbundene Stiftung),
- die Bedeutung der Angelegenheit (z.B. Unternehmensnachfolgeberatung),
- den für den Mandanten zu schaffenden Mehrwert,
- die fachlichen Schwierigkeiten der Angelegenheit (Stiftungsrecht ist ein Spezialgebiet; schwieriger Sachverhalt; festgefahrene Angelegenheit),
- die Situation des Auftrag gebenden Mandanten (Beispiele: Ein junges Unternehmen in der Aufbauphase, das eine Perspektive als langjähriger Mandant bietet, dessen aktuelle Liquidität naturgemäß jedoch „eng" ist. Gemeinnützige Stiftung oder unternehmensverbundene Stiftung),
- den Umstand, dass es sich um ein Dauerberatungsmandat mit einem insgesamt hohen Auftragsvolumen handelt,
- seinen konkreten Einsatz (z.B. auch am Wochenende),
- seine Verantwortung im konkreten Fall,
- sein Haftungsrisiko,
- aber natürlich auch seine aktuelle Auslastung (Wertprinzip, nachfrageorientierte Preisbestimmung),
- die Honorarsätze der Konkurrenz (branchenorientierte Preisbestimmung) und
- bei größeren Kanzleien/Unternehmen: Marktanteilgewinnungsüberlegungen.

Für Stiftungsangelegenheiten dürfte ein Stundenhonorar auch bei gemeinnützigen Stiftungen aktuell (2015) jedenfalls für spezialisierte Rechtsanwälte (d.h. aber eben nur für die Beratung und nicht etwa für die Amtsführung z.B. als Vorstand) wohl grundsätzlich nicht unter 250 EUR liegen, was im Einzelfall natürlich zu verhandeln[116] ist. Vor allem im nicht gemeinnützigen Bereich kann das Honorar tatsächlich auch deutlich höher liegen – etwa bei der Gestaltung einer Unternehmensnachfolge. Bei kleinen gemeinnützigen Stiftungen wird sich mitunter gar kein Honorar erzielen lassen. Das schadet in der Regel auch nicht, wenn es nicht zum Regelfall wird, denn wir sollten nicht vergessen, dass 70

115 Siehe etwa schon *Kärmer/Kohn-Lehnhof*, AnwBl 1997, 306.

116 Zum „guten" Verhandeln beim Anwalthonorar siehe *Heussen*, AnwBl 2009, 157.

gerade die Tätigkeit als Rechtsanwalt („Organ der Rechtspflege") eine soziale Verpflichtung mit sich bringt. *Wolfgang Ebner*, ein erfahrener Kollege aus Wien, bringt es auf den Punkt:

> *MMag. Wolfgang Ebner*, Rechtsanwalt, Wien: **Pro bono-Beratung?**
> „Als Rechtsanwalt wird es mir ständig aufs Neue bewusst, dass rechtliches Know-How und die Tätigkeit eines kompetenten Beraters oftmals ein wesentliches Kriterium für wirtschaftlichen oder persönlichen Erfolg oder eben auch den Untergang, die Insolvenz, den Konkurs bedeuten kann.
> Denkt man an Menschen, die wirtschaftlich und damit oft einhergehend vom Wissenshorizont her benachteiligt sind, stellt sich für den Rechtsberater die Frage nach der sozialen Verantwortung. Eine ehrenamtliche Rechtsberatung steht im Spannungsverhältnis zum Zeitbudget, zur eigenen Kompetenz in spezifischen Fragestellungen (sowie damit verbundenen Haftungsrisiken) und zu wirtschaftlichen Notwendigkeiten. Mir erscheint in diesem Zusammenhang besonders wichtig, für verfahrenshilfebefohlene Mandanten, die mir zur unentgeltlichen Vertretung zugewiesen wurden, eine Leistung zu erbringen, die der Vertretung anderer Mandanten um nichts nachsteht."

71 Der Anwalt oder sonstige Berater sollte, um nicht zu hohe Honorarsummen auflaufen zu lassen, sein Honorar zeitnah, d.h. **spätestens vierteljährlich** abrechnen. Eine monatliche Abrechnung ist natürlich grundsätzlich noch sinnvoller.

72 Unerlässlich für ein Erfolg versprechendes Gebührenmanagement ist es, dass der Berater das Honorar für die von ihm erbrachte Tätigkeit seinem Mandanten nachvollziehbar verdeutlicht. „Leistungstransparenz" heißt das Stichwort. Der Berater wird also für erbrachte Stunden zeitnah einen **Tätigkeitsnachweis** („time-sheet") vorlegen. In jedem Fall ist dazu zu raten, intern einen Stundennachweis zu führen, schon um Nachfragen des Mandanten zum Aufwand des Beraters beantworten zu können, auch wenn der Auftraggeber im Einzelfall ausdrücklich keinen Stundennachweis wünschen sollte.

II. Pauschalhonorare als Alternative?

73 Anstelle von Stundenhonoraren wird mitunter ein Pauschalhonorar nachgefragt – etwa weil der Auftraggeber (Stifter, Stiftung) nur einen bestimmten Betrag aufwenden kann oder will. Pauschalhonorare bergen ersichtlich das ggf. nicht unerhebliche Risiko, dass der Anwalt oder sonstige Berater es naturgemäß nicht in den Händen haben, wie zeitaufwendig beispielsweise eine Unternehmensnachfolgelösung über eine Stiftung beispielsweise wegen der nicht einzuschätzenden Uneinigkeit innerhalb der Familie sein wird. Damit ist grundsätz-

lich keiner Seite gedient. Es ergibt sich eine Art Glückspiel. Ich arbeite deshalb nur in Dauermandaten gegen Pauschalhonorare.

Praxishinweis: Pauschalhonorar 74
Vorsorglich sollte der Berater ein etwaiges Pauschalhonorar mit einer bestimmten Höchststundenzahl verbinden, um sein Risiko zu begrenzen. Wird diese Stundenzahl überschritten, so wird erneut verhandelt oder es gilt automatisch ein vorher schriftlich vereinbarter Stundensatz („Mischhonorarsystem").

E. Der Blick in die Zukunft

Dieses Buch ist voller aktueller rechtlicher und steuerlicher Fragen im Zusammenhang mit Stiftungen.[117] Das mag als riesiger Berg erscheinen. Und dann soll man es auch noch für die Zukunft „rechtssicher"[118] gestalten. 75

Was ist noch steuerfreie Vermögensverwaltung und was schon steuerpflichtiger wirtschaftlicher Geschäftsbetrieb? Was ist eine im Sinne des § 55 AO angemessene Vorstandsvergütung? Was ist eine sinnvolle Organstruktur für eine bestimmte Stiftung – auch mit Blick auf typischerweise schwer zu findende Nachfolger für aktuelle Organmitglieder? Unter welchen Voraussetzungen fällt die Erbersatzsteuer bei einer Stiftung an? Das kann alles ausgesprochen verwirrend wirken. Alle diese hier beispielhaft genannten Fragen „verführen" uns Berater zum genauen Blick auf die (Rechts-)Lage in der Gegenwart, damit wir eine Antwort geben können.

Natürlich ist dieser Blick unumgänglich. Satzungsregelungen etwa, die ausgehend von der aktuellen Rechtslage falsch sind, treffen die Stiftung sofort. Bei der Betrachtung der Gegenwart dürfen wir aber gerade bei der Stiftungserrichtung nicht stehen bleiben. Wir müssen hier wirklich den Blick in die künftigen Jahrhunderte wagen – und das mit unseren notwendigerweise durch die Vergangenheit geprägten aktuellen Erkenntnissen. Die sind aus der Sicht künftiger Generationen natürlich beschränkt und unvollständig. (Nur am Rande und noch einmal auch an dieser Stelle: Der simple Rückgriff auf irgendein Muster, und sei es von der zuständigen Stiftungsaufsichtsbehörde, verbietet sich da ganz besonders!) Der Inhalt „unserer" Stiftungssatzung wird dann allerdings gegebenenfalls erst Jahrzehnte oder auch Jahrhunderte später beurteilt. Ich hatte einmal z.B. eine Satzung aus den 1880er Jahren vorliegen.

117 Siehe auch *Schiffer*, StiftungsBrief 2013, 185.
118 Ein ebenso beliebtes wie unsinniges „Reklamewort" der Zunft der Fortbildungsanbieter, siehe dazu etwa *Schiffer*, www.stiftungsrecht-plus.de, Schiffer-Blog vom 23.2.2010.

76 Das ist das **Dilemma der Stiftungsberater**: Sie gestalten auf Jahrhunderte in die Zukunft – und das mit dem zukünftig natürlich überholten Wissen von heute.

In einem Streitfall urteilen Behörden oder Gerichte dann aufgrund ihrer aktuellen Sicht und ihrer bis dahin gemachten zusätzlichen Erfahrungen. Die Erfahrungen aus den Folgejahren finden sie ja in den Akten und in Schriftsätzen und das in der Regel auch ganz prima aufbereitet. So können sie leicht zurückblicken und klug urteilen. Wir Berater können das ersichtlich nicht von vornherein. Wir müssen in eine unbekannte weite Zukunft blicken. Bei keiner anderen Vertragsgestaltung reicht der Blick so weit in die Zukunft wie bei einer Stiftung. Wir müss(t)en bei der Gestaltung einer Stiftungssatzung folglich versuchen, die nachträgliche Betrachtung unserer Nachkommen im Kopf vorwegzunehmen. Genau betrachtet ist das ausgeschlossen (siehe auch § 3 Rn 51). Dennoch oder gerade deshalb müssen wir natürlich mit Sichtweisen leben wie mit derjenigen, die mir im Jahre 2009 ein Richter unterbreitete, als er ganz unbefangen rückblickend meinte: *„Das hätte der Stifter 1968 anders machen müssen."* Und das übrigens bezogen auf eine Steuer, die erst deutlich nach 1968 eingeführt wurde. Dazu mag sich jeder seinen Teil denken. Ich kommentiere das hier nicht.

Bleiben wir dennoch wohlgemut und mutig, aber auch bedacht – nicht nur bei der Gestaltung von Stiftungssatzungen! Gegeben wir uns Mühe und vertrauen wir auf die Vernunft sowie Weitsicht der uns folgenden Generationen! Etwas anderes bleibt uns ohnehin nicht übrig.

Für die Zukunft können wir vor allem mit dem Inhalt einer aus heutiger Sicht gut durchdachten Stiftungssatzung durchaus die nachfolgenden Generationen anregen und ihnen etwa in der Präambel oder einem zusätzlichen „Stiftertestament" (siehe § 3 Rn 56) zum besseren Verständnis vom Stifter selbst erklären lassen („Stifterwille"), aus welchem Beweggrund was wie in der Satzung geregelt worden ist. Umsetzen müssen es künftig die Nachkommenden. Wir können allerdings für die hier skizzierte Sichtweise werben und so im besten Fall die Sichtweise der künftigen Beurteiler schärfen, damit sie nicht ganz so „unbefangen" wie der oben zitierte Richter in die Vergangenheit schauen und an die Angelegenheit herangehen.

Stichwortverzeichnis

Fette Zahlen = §§, magere Zahlen = Randnummern